Grundthemen der Literaturwissenschaft: Poetik und Poetizität

Grundthemen der Literaturwissenschaft

—

Herausgegeben von
Klaus Stierstorfer

Wissenschaftlicher Beirat
Martin Huber, Barbara Korte, Schamma Schahadat,
Christoph Strosetzki und Martina Wagner-Egelhaaf

Ralf Simon (Hrsg.)

Grundthemen der Literaturwissenschaft:
Poetik und Poetizität

DE GRUYTER

ISBN 978-3-11-076465-9
e-ISBN (PDF) 978-3-11-041064-8
e-ISBN (EPUB) 978-3-11-041081-5
ISSN 2567-241X

Library of Congress Cataloging-in-Publication Data

Names: Simon, Ralf, editor.
Title: Grundthemen der Literaturwissenschaft : Poetik und Poetizität / Ralf Simon (Hrsg.).
Description: Boston : De Gruyter, 2018. | Series: Grundthemen der Literaturwissenschaft
Identifiers: LCCN 2018007424 | ISBN 9783110407808 (hardback)
Subjects: LCSH: Poetics. | BISAC: LITERARY CRITICISM / General.
Classification: LCC PN1044 .G78 2018 | DDC 808.1--dc23 LC record available at https://lccn.loc.gov/2018007424

Bibliografische Information der Deutschen Nationalbibliothek
Die Deutsche Nationalbibliothek verzeichnet diese Publikation in der Deutschen Nationalbibliografie; detaillierte bibliografische Angaben sind im Internet über http://dnb.dnb.de abrufbar.

© 2021 Walter de Gruyter GmbH, Berlin/Boston
Dieser Band ist text- und seitenidentisch mit der 2018 erschienenen gebundenen Ausgabe.
Satz: Dörlemann Satz, Lemförde
Druck und Bindung: CPI books GmbH, Leck

www.degruyter.com

Die Reihe bietet substanzielle Einzeldarstellungen zu Grundthemen und zentralen Fragestellungen der Literaturwissenschaft. Sie erhebt den Anspruch, für fortgeschrittene Studierende wissenschaftliche Zugänge zum jeweiligen Thema zu erschließen. Gleichzeitig soll sie Forscherinnen und Forschern mit speziellen Interessen als wichtige Anlaufstelle dienen, die den aktuellen Stand der Forschung auf hohem Niveau kartiert und somit eine solide Basis für weitere Arbeiten im betreffenden Forschungsfeld bereitstellt.

Die Bände richten sich nicht nur an Studierende und WissenschaftlerInnen im Bereich der Literaturwissenschaften. Von Interesse sind sie auch für all jene Disziplinen, die im weitesten Sinn mit Texten arbeiten. Neben den verschiedenen Literaturwissenschaften soll sie LeserInnen im weiten Feld der Kulturwissenschaften finden, in der Theologie, der Philosophie, der Geschichtswissenschaft und der Kunstgeschichte, in der Ethnologie und Anthropologie, der Soziologie, der Politologie und in den Rechtswissenschaften sowie in der Kommunikations- und Medienwissenschaft. In bestimmten Fällen sind die hier behandelten Themen selbst für die Natur- und Lebenswissenschaften relevant.

Münster, im November 2017　　　　　　　　　　　　　　　　Klaus Stierstorfer

Inhaltsverzeichnis

Zu diesem Band – *Ralf Simon* —— IX

I   **Poetik und Poetizität: Übersicht, historischer Abriss, Systematik** – *Ralf Simon* —— 3

II   **Historischer Abriss: Geschichte der Poetik, historische Poetologien**
- II.1   Poetik in der Antike – *Gyburg Uhlmann* —— 61
- II.2   Geschichte der Poetik im Mittelalter – *Gert Hübner (†)* —— 86
- II.3   Poetik in der frühen Neuzeit (Italien – Frankreich – Deutschland) – *Dietmar Till* —— 104
- II.4   Poetologische Positionen um 1800 (Klopstock bis Jean Paul) – *Ulrich Gaier* —— 126
- II.5   Poetiken der Frühromantik – *Rüdiger Campe* —— 157
- II.6   Poetiken des 19. Jahrhunderts (Realismus) – *Dirk Göttsche* —— 175
- II.7   Poetik um 1900: George, Hofmannsthal, Rilke – *Manfred Koch* —— 201
- II.8   Poetik populärrealistischer Erzählliteratur – *Moritz Baßler* —— 224
- II.9   Lyrik: Exemplarische Autorpoetiken im 20. Jahrhundert – *Frieder von Ammon* —— 234
- II.10   Erzählprosa: Exemplarische Autorpoetiken im 20. Jahrhundert – *Matthias Bauer* —— 252

III   **Zentrale Fragestellungen**

III.1   **Theorie der Poetizität – vom russischen Formalismus zur Dekonstruktion**
- III.1.1   Russischer Formalismus: Nomenklatur der Poetizität – *Aage A. Hansen-Löve* —— 279
- III.1.2   Michail Bachtin und Julia Kristeva: Dialogik und Intertextualität – *Rainer Grübel* —— 299
- III.1.3   Poetizität und Philologie: Roman Jakobson – *Hendrik Birus* —— 314
- III.1.4   Roland Barthes: Von der Semiologie zur Lust am Text – *Ruth Signer und Hubert Thüring* —— 329
- III.1.5   Poetik als Dekonstruktion – *Anselm Haverkamp* —— 342

III.2 Felder der Poetik

- III.2.1 Lyrische Sprechsituation – *Stephan Jaeger* —— 361
- III.2.2 Poetische Selbstreflexivität in Vers, Strophe und Gedicht – *Heinrich Detering* —— 372
- III.2.3 Poetik der Funktion Autorschaft – *Matthias Schaffrick* —— 383
- III.2.4 Kritik und Poetik – *Klaus Birnstiel* —— 399
- III.2.5 Theorie der Prosa – *Ralf Simon* —— 415
- III.2.6 Gattungspoetik – *Rüdiger Zymner* —— 430

IV Interdisziplinäre Implikationen und Konzepte: Kulturpoetiken

- IV.1 Text als Paradigma der Kulturwissenschaft – *Philipp Schweighauser* —— 445
- IV.2 Poetologie des Wissens – *Joseph Vogl* —— 460
- IV.3 Mündlichkeit, Schriftlichkeit – *Simon Aeberhard* —— 475
- IV.4 Poetizität der Gefühle – *Fritz Breithaupt* —— 491
- IV.5 Poetik der Medien – *Jochen Hörisch* —— 498
- IV.6 Rhetorizität und Poetizität der Philosophie – *Andreas Hetzel* —— 512
- IV.7 Poetiken des Materiellen – *Martin Endres* —— 529
- IV.8 Poetik des Raums – *Stephan Günzel* —— 542
- IV.9 Poetik des Rahmens – *Till Dembeck* —— 559
- IV.10 Poetik der Zeit – *Helmut Hühn* —— 575

Literatur —— 599

Register der Namen und Begriffe —— 673

Sachregister —— 690

Zu diesem Band

Überlegungen zum Konzept dieses Bandes sind der folgenden Einleitung zu entnehmen; sie werden dort im Rahmen einer umfassenden These zum Verhältnis von alteuropäischer Poetiktradition und Poetizität vorgetragen. An dieser Stelle ist vor allen Dingen Dank zu sagen: dem Verlag für die stets unterstützende Orientierung, vor allem aber Sina Dell'Anno, Danielle Schwab und Emmanuel Heman für die unverzichtbare Hilfe, die weit über Redaktionsarbeit und Textkorrektur hinausging. Den Beiträgerinnen und Beiträgern dieses Bandes gebührt der herzliche Dank für die intensiven und konzentrierten Texte.

Es gelten die Konventionen der neuen Rechtschreibung, allerdings unter Ausnutzung der in ihr möglichen Lizenzen, die schweizerdeutsche Varianten ebenso zulassen wie Annäherungen an die älteren Gepflogenheiten, welche mitunter näher an der etymologischen Verwurzelung der Sprache liegen – eine Sachlage, die für geisteswissenschaftliches Argumentieren nicht unerheblich ist.

Basel im Januar 2018   Ralf Simon

I Poetik und Poetizität

Ralf Simon
Poetik und Poetizität: Übersicht, historischer Abriss, Systematik

Zu den Konzeptentscheidungen für das vorliegende Handbuch

Im Rahmen einer umfangreichen, auf 13 Bände angelegten Handbuchreihe zu den *Grundthemen der Literaturwissenschaft* einen Band zur Poetik zu platzieren, wirft einige grundlegende Fragestellungen auf. Beinahe jede thematische Poetologie wird in den jeweils entsprechend ausgerichteten Bänden abgehandelt werden. Würde der vorliegende Band den naheliegenden Weg einer Darstellung der Poetikgeschichte, der Gattungstheorie, des Formbegriffs und schließlich der literaturwissenschaftlichen Theorien und Methoden gehen, dann würde eine bloße Wiederholung des in den anderen Bänden Gesagten unausweichlich sein.

Jenseits der Fragen, die sich aus der Platzierung in der Gesamtreihe der *Grundthemen der Literaturwissenschaft* ergeben, ist schon die Sachbestimmung von ‚Poetik' eine komplexe Angelegenheit. Zunächst ist Poetik seit Aristoteles der Name für eine Textsorte, die sich mit der Frage nach dem, was Dichtung sei und wie sie hervorgebracht werden könne, beschäftigt. Das daraus entstandene Paradigma der normativen Gattungspoetik (Trappen 2001) wird im 18. Jahrhundert aufgelöst, sichtbar dadurch, dass sich Konkurrenztheorien etablieren: zunächst die philosophische Ästhetik mit einem oft entschiedenen Schwerpunkt bei der Dichtung, dann das Genre der Autorenpoetiken, schließlich die vorerst nationalphilologisch orientierte akademische Literaturwissenschaft. ‚Poetik' von diesen Theoriegenres zu trennen, wäre nicht sachgerecht; zugleich kann das vorliegende Handbuch nicht auch eine Darstellung der Ästhetik und der Literaturwissenschaft leisten wollen. Schließlich etabliert sich im 20. Jahrhundert mit dem russischen Formalismus das Konzept einer allgemeinen Literaturwissenschaft, die ihr konzeptuelles Zentrum in der Frage nach der Poetizität als dem spezifischen Differenzkriterium poetischer Texte gegenüber nicht poetischen Texten erblickt. Spätestens mit dieser Initiative teilt sich das Feld: Poetik und Theorie der Poetizität sind zwei unterschiedliche Prinzipien, sie folgen verschiedenen Paradigmen, sie haben weithin differente institutionelle Verankerungen.

Man kann, um der folgenden Argumentation vorzugreifen, den Gegensatz schematisieren, indem man Poetik als Versuch versteht, durch Mimesis bestimmte Handlungsformen theoretisch zu fassen, die mittels Rhetorik zur Formpoetik der Gattungen führen. Poetizität folgt als Theorie hingegen dem antimimetischen

Impuls einer Darstellung sprachlicher Selbstreferenzen. Sofern sprachliche Selbstreferenz grundsätzlich rekursiv angelegt ist, lässt sich von den Verfahren der Poetizität behaupten, dass sie durch fortgesetzte Selbstanwendung beliebig zu steigern sind und also im Extremfall die Endlichkeit der Form unterlaufen.

Blickt man auf diese Schematisierung, dann entsteht eine grundsätzliche Asymmetrie: Einerseits kann man die Geschichte der Formpoetik seit Aristoteles mit ihren Transformationen in Richtung Ästhetik, Autorenpoetiken und Literaturwissenschaft erzählen, bis man innerhalb dieses Narrativs beim russischen Formalismus ankommt. Dieser aber unterbricht das erzählbare Kontinuum, sofern Poetizitätstheorie ein Gegenkonzept zur Formpoetik ist. Deshalb kann es keinen einfachen historischen Abriss der Poetik geben. Andererseits sind die Verfahrensweisen und die Figuren der poetischen Selbstbezüglichkeit, durch die sich die Poetizität intern definiert, immer schon Teil der alten Poetik gewesen. Somit gilt: Poetikgeschichte lässt sich teilweise als Sachbestimmung der Poetizität darstellen, teilweise aber auch als deren dezidiertes Gegenteil. – Es entsteht also eine Spannung zwischen Poetikgeschichte und Poetizitätssystematik, die mit der Spannung von Mimesis versus Darstellung, Form versus Selbstreferenz und pragmatischer Rhetorik versus dekonstruktiv eingesetzter *elocutio* konvergiert.

Für den vorliegenden Band wurden aus dieser Sachlage verschiedene Konsequenzen gezogen. Erstens: Die poetikgeschichtlich angelegten Artikel suchen in den historischen Semantiken auch die möglichen Bezüge zu Theorielagen, die auf Poetizität verweisen. Zweitens: Poetik wird nicht primär als Gattungspoetik verstanden, da der zugrunde liegende Formbegriff nur die eine Seite des spannungsvollen Theoriefeldes adressiert. Drittens: Ein Schwerpunkt liegt bei Artikeln, die sich systematisch und historisch rekonstruierend der Frage der Poetizität widmen. Viertens: Ein weiterer Schwerpunkt skizziert die kulturtheoretische Ausweitung des Poetizitätskonzepts zu einer allgemeinen Kulturpoetik.

Weil die traditionelle Interpretation von ‚Poetik' von den anderen Handbüchern der Reihe mitbedacht wird, gewinnt der vorliegende Band die Möglichkeit, das spannungsreiche Verhältnis von Poetik und Poetizitätstheorie zum eigentlichen Nukleus zu machen. Dies impliziert, dass entgegen einer langen Tradition nicht mehr die Lyrik im Zentrum steht. Die alten Poetiken haben das Dichterische über das Kriterium der Versifizierung definiert; infolgedessen wurde Versrede – im Gegensatz zur Prosa – zum thematischen Gegenstand, an dem die poetologischen Bestimmungen erarbeitet wurden. Poetizität hat von der Theorieidee her jedoch keinen intrinsischen Bezug zum Gedicht, im Gegenteil, der russische Formalismus ist stärker an Prosatexten orientiert, wie etwa Viktor Šklovskijs *Theorie der Prosa* von 1925 zeigt.

Schließlich sei auf eine weitere Entscheidung hingewiesen: Da die *Grundthemen der Literaturwissenschaft* in deutscher Sprache erscheinen werden, finden auch im gegenwärtigen Handbuch viele Artikel ihre Gegenstände in der deutschsprachigen Literatur. Von der Sache her hat Poetik europäische, Poetizitätstheorie interkulturelle Hintergründe. Wenn gleichwohl der historische Abriss spätestens seit dem 18. Jahrhundert an der deutschen Literaturgeschichte orientiert ist, so soll dies allein exemplarischen Charakter haben. Dass eine die ehemaligen Nationalphilologien und die gegenwärtige postkoloniale Situation umfassende Darstellung den Rahmen eines Handbuchs sprengen würde, ist evident. Die faktische Orientierung vieler Artikel an der deutschsprachigen Literatur sei an dieser Stelle markiert, sie wirkt natürlich in vielfacher Weise auf die argumentativen Formationen zurück. Zugleich gilt, dass sich die gegenwärtige Germanistik der postkolonialen Situation gestellt hat; auch dies ist an den Texten deutlich zu erkennen.

Gliederung des Bandes

Im ersten Teil findet sich ein „Historischer Abriss" der Poetikgeschichte. Sie wurde oft dargestellt, in umfassenden Überblicken (Markwardt 1937–1967; Braak 2001; Wiegmann 1977; Doležel 1990; Jung 2007; Knape 2006; Petersen 2000; Richter 2010), in Handbuchartikeln (Wiegmann 1996; Fricke 2003; Robert 2015) und in Form von Textsammlungen (Allemann 1971; Rötzer 1982; Vietta 2012). Angesichts dieser Forschungslage wird in diesem Handbuch auf eine konzentrierte Darstellung Wert gelegt (Beiträge von Uhlmann, Hübner, Till, Gaier, Campe, Göttsche, Koch, Baßler). Sie wird ergänzt durch gewisse thematische Schwerpunkte, die ins Feld der poetikgeschichtlichen Aufarbeitung gehören (von Ammon, Bauer).

Der zweite Teil – „Zentrale Fragestellungen" – ist zweigeteilt. Zunächst finden sich Beiträge, die den russischen Formalismus und seine Folgen referieren, sich also den Theorieentwürfen widmen, die das Theorem der Poetizität entwickeln (Hansen-Löve, Grübel, Birus, Signer und Thüring, Haverkamp). Hiernach folgen Texte zu einigen zentralen Feldern der poetologischen Debatte (Schaffrick, Birnstiel, Simon, Zymner), darunter zwei Texte zur Lyrik (Detering, Jaeger).

Der dritte Teil – „Interdisziplinäre Implikationen und Konzepte" – verfolgt die kulturwissenschaftliche Ausweitung der Poetik (Schweighauser) mit ihren neuen Gegenstandsfeldern (Vogl, Aeberhard, Breithaupt, Hörisch, Hetzel, Endres, Günzel, Dembeck, Hühn).

Diese Gliederung verweist auf einen sowohl sachlich als auch historisch gegebenen Zusammenhang, wenngleich er hier nur sehr lückenhaft dargestellt werden kann. Im Gegensatz zu einem Lexikon kann ein Handbuch immer nur exemplarisch verfahren. So leisten die Beiträge zwar durchaus eine lexikalische

Erfassung ihres Gegenstandsbereichs, aber sie nehmen sich auch die Lizenz, Forschungsdesiderate zu benennen und sie argumentativ zu bearbeiten; sie haben zudem die Möglichkeit, eigene Positionen herauszustellen. Dieses argumentative Surplus bildet das Gegengewicht zur Idee der Vollständigkeit, die einem Lexikon angemessen wäre.

Gliederung der Einleitung

Diese Einleitung unternimmt den Versuch, den bereits skizzierten Antagonismus von Poetik (Form) und Theorie der Poetizität (Selbstreferenz) als den theoretischen Hintergrund des Handbuchkonzepts transparent zu machen.

Die erste argumentative Sequenz dieser Darstellung rekonstruiert die Geschichte der alten Poetik bis ins 19. Jahrhundert und stellt dabei den Mimesisbegriff in seinem Zusammenhang mit der Semantik der Form in den Vordergrund (Abschnitt 1 und 2). Die zweite Argumentationslinie schließt einerseits historisch mit dem russischen Formalismus an, etabliert aber mit dem Paradigma der Poetizität beziehungsweise der poetischen Funktion und ihrem Prinzip der sprachlichen Selbstreferenz das Gegenkonzept zu Mimesis und Form (Abschnitt 3 und 4). Die dritte Schwerpunktsetzung nähert sich dem gegenwärtigen Stand poetologischen Nachdenkens (Abschnitt 5 und 6). Thematisch werden Überlegungen zum Prinzip der ästhetischen Rahmung (als Expansionsmodus der poetischen Funktion), zur Ausweitung der poetischen Funktion zu einer Kulturpoetik und damit zusammenhängend zur Wissenspoetik angestellt. Abschließend wird die These vorgestellt, dass die Dekonstruktion die beiden einander widerstreitenden Paradigmen der Formpoetik und der rhetorisierten Poetizität auf aporetische Weise zusammenführt (Abschnitt 7). Durch die ganze Darstellung hindurch wird sich eine Debatte der poetischen Funktion nach Roman Jakobson erstrecken. Die Einleitung folgt also dem Grundriss des ganzen Bandes, arbeitet aber zugleich Thesen zum Verhältnis von Poetik und Poetizitätstheorie heraus, um der Abfolge der Beiträge einen argumentativen Rahmen zu geben.

1 Poetik. Ihre Geschichte und ihr grundlegendes Kategorienset

Begriff ‚Poetik'

Der Begriff ‚Poetik' bezeichnet das Herstellungswissen und die Herstellungsanleitung für poetische Texte, später auch und zunehmend primär das Reflexionswissen über die spezifischen Eigenschaften poetischer Texte. Schon diese Definition ist komplex. Reflexions- und Herstellungswissen entsprechen zwei verschiedenen Wissensordnungen, die epistemologische Kompetenz impliziert keine generische (Japp 1988, 226–229). Gleichwohl, der Terminus Poetik legt genau dies nahe: Dichtung sei herstellbar. Als substantiviertes Adjektiv liegt griech. *poietikós* (schaffend, dichterisch) zugrunde (*poieín*: machen, dichten), die Wendung *poietiké téchne* führt dann schon die Bedeutung einer Fertigkeit und Kunst (*téchne*), als Dichtkunst, mit sich, und impliziert den Zusammenhang von Herstellen und Wissen. Das Wort ‚Poetik' gibt also ein umfassendes und verführerisches Versprechen, nämlich die zur Herstellung führende Einsicht in die Quellenergie des Poetischen. Und diese Einsicht wird offenkundig nicht über esoterische Verfahren, über Schwellenüberschreitungen, Initiationen und magische Praktiken erlangt, sondern ziemlich pragmatisch: *téchne* verweist ebenso auf eine Handwerkskunst wie der Begriff *ars* (*poetica*). Ein Rationalitätsversprechen zeigt sich, zugleich ist es aber von sehr komplexer Natur, weil es Herstellungs- und Reflexionswissen ebenso umfasst wie Herstellungspraxis. Diese mehrfache Schichtung, die sich schon im Wortverstand findet, ist eine Bürde für das Gesamtkonzept der Poetik, und sie zeichnet dafür verantwortlich, dass recht unterschiedliche Konzepte unter diesem Namen zu finden sind.

Aristoteles: Poetik

Zentral ist die fragmentarisch überlieferte *Poetik* des Aristoteles (335 v. Chr.), ihr sind Überlegungen Platons vorangegangen, ebenso wie Bemerkungen in der antiken Philosophie und Literatur. Aristoteles' *Poetik* wird als der Beginn der Gattungstradition angesehen, ihr sei deshalb eine etwas ausführlichere Darstellung eingeräumt.

Vorausgeschickt sei eine Bemerkung zu dem wohl zentralsten Terminus der *Poetik*: Der Begriff der Mimesis wird gemeinhin mit dem Wort Nachahmung übersetzt. Jürgen H. Petersen (2000, 37–52) argumentiert hingegen, dass das Wort *mimesis* in der römischen Antike durch das Wort *imitatio* übersetzt worden sei und dass erst dessen Übersetzung zum deutschen Wort Nachahmung geführt habe; Darstellung sei jedoch die bessere Übersetzung (s. dagegen Beitrag Uhlmann in diesem Band). Bestimmte Stellen in der *Poetik* legen den Begriff der Darstellung nach Petersen nahe, so zum Beispiel die Reflexionen über die Mimesis des Unmöglichen, die schon vom Wortverstand her besser als Darstellung des Unmöglichen formulierbar wären. Petersens Argument ist sowohl philologisch als auch theoriebezogen widersprochen worden, so habe er den modaltheoretischen Sinn des aristotelisch Möglichen und Unmöglichen nicht bedacht (Schmitt in Aristoteles 2011, 118, bes. 209–213). Von den Übersetzungsfragen abgesehen, hat der Nachahmungsbegriff eine durch die Jahrhunderte laufende Begriffsgeschichte nach sich gezogen, zu deren Pointe unter anderem gehört, dass im 18. Jahrhundert der Begriff der Darstellung (s. o.) als Gegenbegriff zum Terminus der Nachahmung verstanden wurde (Menninghaus 1994). Auch aus diesen Gründen wird hier an ‚Nachahmung' als Übersetzung von ‚Mimesis' festgehalten.

Die ersten Sätze der *Poetik* lauten: „Was Dichtung als Kunst ist und was ihre Arten sind, welche bestimmte Potenz eine jede hat und wie man einheitliche Handlungen [Mythen] komponieren muss, wenn eine Dichtung kunstgemäß verfasst sein soll, außerdem, wie viele und welche Elemente etwas zu Dichtung machen – darüber wollen wir sprechen und ebenso auch über die anderen Gesichtspunkte, die bei einer methodischen Untersuchung von Dichtung beachtet werden müssen. [...] Epische und tragische Dichtung also, außerdem die Komödie, die Dithyrambendichtung und der größte Teil der Kunst des Aulos- und des Kitharaspiels sind grundsätzlich alle Nachahmungen. Sie unterscheiden sich aber voneinander in dreifacher Hinsicht: dadurch, dass sie in verschiedenen Medien nachahmen, dadurch, dass sie Verschiedenes, oder dadurch, dass sie auf verschiedene Weise, d. h. nicht im selben [Darstellungs-]Modus nachahmen." (Aristoteles 2011, 3 = 1447 a8–a15)

Mit entschiedenem Zugriff stellt Aristoteles die Weichen. Von der Dichtkunst zu reden heißt, von ihren Gattungen (Arten) zu reden. Gattungen definieren sich aus der Zusammenfügung von Handlungen. Wie immer man dies später konkret ausgefüllt hat und wie immer auch Aristoteles es getan hat, das grundsätzliche argumentative Paradigma ist transparent und klar. Literarische Gattungen sind Formen (so ist hinzuzufügen), welche mit Handlungsweisen zusammenhängen beziehungsweise aus solchen resultieren (zum Handlungsbegriff in der *Poetik*: Ricœur 2007, I, 77–79, 87–104; Schmitt in Aristoteles 2011, 105–117).

Aristoteles selbst öffnet sofort den Fächer: Nachahmungen haben je verschiedene Medien, je verschiedene Gegenstände, je verschiedene Weisen. „Verschiedene Medien" bedeutet (Abschnitt 1): Melodie, Rhythmus, Tanzfiguren, Versformen durch bestimmte metrische Schemata, für die Dichtkunst die ganzen Mittel der Rhetorik etc. „Verschiedene Gegenstände" bedeutet (Abschnitt 2): Die

Nachahmung kann gute oder schlechte Menschen betreffen. Zunächst legt Aristoteles fest: „Gegenstand dichterischer Nachahmung sind handelnde Menschen. Notwendigerweise aber haben diese entweder ausgebildete Anlagen oder vernachlässigte." (Aristoteles 2011, 4 = 1448 a1) Fuhrmann übersetzt schlicht und das Missverständnis einseitig moralischer Qualifikation hervorrufend, dass die handelnden Menschen „notwendigerweise entweder gut oder schlecht" sind (Aristoteles 1982, 7). Festzuhalten ist, dass die Nachahmung ein klares Ziel hat: handelnde Menschen hinsichtlich ihrer Eigenschaft gut oder schlecht zu sein, im Sinne von ausgebildeten oder vernachlässigten Anlagen. In der Begriffsgeschichte der Nachahmung ist fast immer zu lesen, dass es um die Nachahmung der Natur gehe oder gar um die der Welt. Die *imitatio naturae* ist jedoch sehr weit entfernt von dem, was bei Aristoteles zu lesen ist (Kablitz 2009). Hier hat sich begriffsgeschichtlich offenkundig eine sehr starke Verschiebung ergeben, wohl auch durch die lateinische Übersetzung und ihre intensive Rezeption (Petersen 2000). Man kann das Wort ‚handelnd' durchaus auffächern: In Bezug auf das Drama ist die Handlungsweise anders als in Bezug auf die Lyrik oder in Bezug auf das Epos. Somit ist auszuweiten: Gegenstand der Nachahmung sind die Handlungsformen, die der Mensch als guter oder schlechter, mehr oder weniger ausgebildeter auszuführen in der Lage ist.

Der „Modus der Darstellung" (Aristoteles 2011, 5 = 1448 a18) wird so aufgefächert: „Denn auch in denselben Medien und bei denselben Gegenständen kann die Nachahmung einmal im Modus des Berichts eines Erzählers geschehen – entweder mit einem Wechsel der Erzählperspektive, wie Homer es macht, oder in ein und derselben, nicht wechselnden Perspektive –, oder die nachahmenden (Künstler) lassen alle (Charaktere) als Handelnde und Akteure auftreten." (Aristoteles 2011, 5 = 1448 a20) Man kann erstens in der „Rolle eines anderen" (so übersetzt Fuhrmann in Aristoteles 1982, 9) berichten: Hier beschreibt Aristoteles die Narration, die durch einen Erzähler mitgeteilt wird. Man kann zweitens berichten, indem man ohne Wechsel als derselbe spricht: Aristoteles nennt hier die Sprechsituation der Lyrik. Man kann drittens alle Figuren als handelnde Akteure auftreten lassen: Das ist offenkundig die Art und Weise, wie im Drama exponiert wird. Diese kurze Unterscheidungssequenz definiert also die Sprechsituationen der drei grundlegenden Nachahmungsformen Erzählung, Lyrik, Drama, ohne dadurch die Gattungstrias als solche zu definieren (Schmitt in Aristoteles 2011, 258–268). Der Bezug zum Handlungsbegriff wird nun deutlich: Die Nachahmung von kommunikativer Interaktion, also die Nachahmung des Miteinandersprechens führt in der Dichtung zum Modus des Dramatischen; die Nachahmung einer Gemütsäußerung, also die Nachahmung einer wie immer gearteten Selbstaussage führt in der Dichtung zum Modus des Lyrischen; die Nachahmung einer zielgerichteten Handlungssequenz, also die Nachahmung lebensweltlicher

Praxis als Verfolgen von Handlungszielen führt in der Dichtung zum Modus des Narrativen. Damit sind die drei großen menschlichen Verhaltensweisen benannt: Menschen sprechen miteinander, Menschen äußern sich, Menschen verfolgen Handlungsziele. In poetische Form, also in die Besonderheiten rein sprachlicher Darstellung übersetzt, heißt dies: Es gibt grundlegend das Dramatische, das Lyrische, das Narrative. Mit Schmitt ist zu betonen, dass damit noch nicht die Gattungstrias Drama, Lyrik und Epos hergeleitet ist (Schmitt in Aristoteles 2011, 254). Aber sie ist handlungstheoretisch fundiert; deshalb wurde hier vom Dramatischen statt vom Drama etc. gesprochen.

Im nun folgenden vierten Kapitel gibt Aristoteles in aller Kürze eine Begründung dafür, warum es Dichtung gibt. Nachahmung als Grund von Dichtung liege in der Natur des Menschen: „[...] gerade dadurch unterscheidet sich der Mensch von den anderen Lebewesen, dass er die größte Fähigkeit zur Nachahmung hat; auch die ersten Lernschritte macht er durch Nachahmen –, und auch, dass alle Freude an Nachahmungen empfinden (, gehört zur Natur des Menschen)" (Aristoteles 2011, 6 = 1448 b5). Dichtung wird also in der Natur des Menschen fundiert, Poetik folglich in Anthropologie. Dieser Grundtopos der Poetik erscheint in vielfacher Abwandlung in der Geschichte des Abendlandes. Eine Theorie des *animal symbolicum*, nach der der Mensch Nachahmung symbolisch generalisieren kann und dies durch die Sprache tut, kann hier anschließen, man denke etwa an Ernst Cassirers *Philosophie der symbolischen Formen* (1923–1929). Auch Tiere ahmen zweifelsohne nach, sie bleiben aber in ihrer instinkthaften Verhaltensweise gefangen, während Menschen ihre Nachahmung symbolisch zum Gegenstand weiterer symbolischer Tätigkeiten machen können. Wenn der Mensch nachahmt und wenn er seine Nachahmungen symbolisch generalisiert und objektiviert, dann transformiert er seine Nachahmungen in Sprache. Benutzt er einerseits Sprache pragmatisch, um auf die Wirklichkeit einzuwirken, so dient sie ihm andererseits auch dazu, seine Nachahmungsfähigkeiten zu steigern und sie im Modus des Spiels auszuprobieren. Dies macht ihm, wie Aristoteles sagt, Freude (dazu Schmitt in Aristoteles 2011, 281–283). Es macht Freude, Nachahmungen im Unernst durchzuspielen, sie auszuprobieren, um damit die Kräfte der Welterfassung auszumessen. Diese Freude führt zur Dichtung. Das Argument ist ein sehr ernsthaftes, denn es versteckt sich in ihm der Ansatz zu einer sehr komplexen Sprachtheorie. Die zweifache Quelle der Dichtung – die Nachahmung und die Freude an der Nachahmung – meint nichts anderes, als dass unsere sprachlichen Fähigkeiten diese doppelte Quelle haben: Menschen haben Sprache entwickelt, weil sie erstens in Ermangelung eines besonderen Talents alle möglichen unspezifischen Nachahmungen praktizieren und zweitens, weil sie dies symbolisch generalisieren und an der symbolischen Sphäre als solcher Freude haben. Es ist eine Freude an einer selbstreferentiellen Tätigkeit: rekursive Anwendung der Sprache auf die Sprachfähigkeit. Sprache ist irreduzibel auch die Lust an der Sprache selbst, die Freude an der Elaborierung des symbolischen Kosmos. Dichtung ist mithin nicht etwas, was noch sekundär hinzukommt, wenn man an symbolischer Generalisierung Freude haben möchte. Dichtung ist der Ausdruck einer ganz notwendigen selbstbezüglich-lustvollen Erprobung der symbolischen Fähigkeiten überhaupt, also (um einen Anachronismus zu wagen): Poetizität. Nur so kommt der Mensch überhaupt zur Sprache: nicht allein durch Nachahmen, sondern auch durch ein affirmatives Verhältnis zum Nachahmen auf der Ebene symbolischer Generalisierung. Dichtung ist der Ort, an dem diese zweite Quelle als solche zu sich kommt, sich darstellt (Darstellung statt Mimesis).

Somit ist die Formulierung, dass die Dichtkunst in der Anthropologie fundiert ist, zumindest zu modifizieren. Die interessante Wendung bei Aristoteles besteht darin, dass diese Anthropologie selbst schon mit der Notwendigkeit der Freude an der symbolischen Tätigkeit arbeitet. Insofern wird nicht die Dichtung in der Anthropologie fundiert, sondern die Anthropologie selbst kommt genuin ohne Dichtung gar nicht aus; die Dichtung ist selbst irreduzibel Teil der Anthropologie.

Das vierte Kapitel der *Poetik* kann zum Anlass genommen werden, einige Wesensbestimmungen des Dichterischen hinzuzufügen (Schmitt in Aristoteles 2011, 281–283; Ritter 1953, 10). In der *Metaphysik* (Kap. VI.1) des Aristoteles werden drei menschliche Tätigkeitsformen unterschieden. Zentral sind die Betrachtung und das Anschauen vor allem der göttlichen Prinzipien, der Name dafür lautet: Theorie. Die zweite menschliche Tätigkeitsform bezieht sich auf das Handeln, also: Praxis. Die dritte menschliche Tätigkeitsform ist das Hervorbringen, Herstellen, Machen: Poiesis. Diese Gliederung überrascht: Mit der Unterscheidung von theoretischer Anschauung und praktischem Handeln lässt sich sehr kompakt arbeiten, das Hervorbringen ist hingegen komplex und passt nicht so recht zu den ersten beiden Tätigkeiten. Theoretisch anschauend reagiert der Mensch auf die Welt als Ganzes hinsichtlich ihrer Prinzipien, praktisch handelnd reagiert er auf die in der Welt vorkommenden Ereignisse oder arbeitet auf die Umsetzung von Zukünftigem hin – insofern sind diese beiden Tätigkeiten naheliegende Auseinandersetzungen mit dem Vorhandenen. Bei der Poiesis aber setzt sich der Mensch mit etwas auseinander, dessen Existenz sich nur der eigenen Hervorbringung verdankt; heute würde man von Performativität sprechen (s. u.).

Die Poiesis ist eine Art Zwischensumme von Theorie und Praxis. In der Auseinandersetzung mit einem Kunstwerk verhält man sich durchaus betrachtend, also zumindest teilweise im Modus der Theorie, der Terminus der ästhetischen Anschauung (Willems 1989) ist in diesem Zusammenhang eingebürgert. Aber das Kunstwerk verdankt sich auch einer menschlichen Praxis, nämlich einem konkreten Herstellungsprozess. Im Falle der Tragödie zielt der tragische Prozess wiederum auf etwas Praktisches ab, nämlich auf den Prozess der Katharsis beim Rezipienten. Poiesis borgt sich also sowohl etwas von der Theorie als auch etwas von der Praxis. Die Kunst bringt als praxisanaloges Hervorbringen ein theorieanaloges Ergebnis hervor. Auch hinsichtlich der Zeitdimensionen wird diese chiastische Formation deutlich. Das theoretische Anschauen bezieht sich auf etwas zurück, das vorhanden ist, es hat also einen wesentlichen Vergangenheitsbezug. Das praktische Handeln entwirft sich voraus auf etwas, das zu erreichen ist, es hat also einen wesentlichen Zukunftsbezug. Die poietisch hervorgebrachte Kunst ist zeitlich gesehen wiederum eine Art von chiastischer Synthese: Im Kunstwerk ist jedes einzelne Moment immer schon vermittelt (Vergangenheit), während es immer noch interpretiert werden muss (Zukunft) – und genau dies ist die andauernde Gegenwart des Kunstwerks (Simon 2016a, 63–66). Somit nimmt die Poiesis die beiden Zeitdimensionen von Theorie und Praxis in die andauernde Gegenwart des Hervorgebrachten auf. Kunst stellt sich in einen ontologischen Zwischenbereich von Theorie und Praxis (vgl. Petersen 2000, 51, der die *Poetik* als Theorie der Fiktionalität interpretiert).

Mit dieser Reflexion über die drei Tätigkeitsbereiche führt ein Weg zurück in die *Poetik* des Aristoteles. Im berühmten neunten Kapitel entwickelt er nämlich ein weiteres Argument zum ontologischen Sonderstatus der Kunst (vgl. auch 25. Kap.), wenn er die Aufgabe des Dichters darin sieht, die Darstellung der inneren Wahrscheinlichkeit von etwas zu leisten. Ein Historiker und ein Dichter unterscheiden sich dadurch, „dass der eine darstellt, was geschehen ist, der andere dagegen, was geschehen müsste. Deshalb ist die Dichtung auch philosophischer und bedeutender als die Geschichtsschreibung. Die Dichtung nämlich stellt eher etwas Allgemeines, die Geschichtsschreibung Einzelnes dar" (Aristoteles 2011, 14 = 1451 b5). Das Mögliche ist zunächst ontologisch nicht vorhanden (wenngleich aber angelegt), im Gegensatz zum Wirklichen oder Notwendigen. Wenn es im Kunstwerk erscheinen soll, muss es hervorgebracht werden (Poiesis). Erneut wird der Begriff der Dichtung ontologisch in einen Bereich des Dritten gegenüber dem theoretischen Anschauen und dem praktischen Handeln gesetzt. Wenn also in der Dichtung dasjenige zu lesen ist, was hätte geschehen können, dann liegt eine kontingenzbefreite Alternative zum Realen vor. Aus historischen Gründen kann Aristoteles noch keinen Begriff von Fiktion haben, aber alle seine Argumente laufen darauf hinaus, in der *Poetik* den Seinsstatus der Dichtung als Fiktion zu bestimmen: Poiesis als dritter Bereich, die Freude an der selbstständigen Elaborierung des Symbolischen, die Mimesis des Möglichen – diese drei Argumente bilden ein Ensemble, das die wesentliche Funktion hat, Fiktionalität zu verstehen.

Den quantitativ größten Bereich der *Poetik* nimmt die Theorie der Tragödie ein. Aristoteles analysiert die Einheit der Handlung, die verschiedenen Stationen einer Tragödie wie Peripetie und Wiedererkennung, die Struktur der

Bühnenhandlung (Prolog, Episode, Exodos, Parodos etc.), die Eigenheiten des tragischen Charakters, weder ein Schuft noch ein makelloser Mann zu sein, die tragische Konstellation, die Wahrscheinlichkeiten, Schürzung und Lösung des Konflikts, schließlich auch die sprachliche Form. Die Tragödie hat die Funktion der Katharsis, also der Reinigung der Affekte. Genauer: Der Text der Tragödie hat seine Zielbestimmung in der Theateraufführung, die Theateraufführung hat ihre Zielbestimmung in der Reinigung der Affekte beim Zuschauer, der affektgereinigte Zuschauer hat seine Zielbestimmung darin, mündiges Mitglied der Polis zu sein (Kommerell 1984, 58–60). Da die Dichtung schon integrales Moment von Aristoteles' Anthropologie ist, ist die Zweckbestimmung der Dichtung, am Ende die Gesellschaftlichkeit des Menschen herzustellen, nur konsequent – denn der Mensch ist nach Aristoteles daraufhin angelegt, ein gesellschaftliches Wesen, *zoon politikon* zu sein. Der Prozess der Tragödie ist insofern eine Selbstverständigung des Menschseins, die vom *animal symbolicum* zum *zoon politikon* führt.

Nach Aristoteles: Die alte Poetik und die Rhetorik

Als zweite grundlegende Poetik des Abendlandes gilt Horaz' *Ars poetica* (zwischen 23 und 8 v. Chr.) (Fuhrmann 1992). Es sind vor allem zwei Bestimmungen, die sich dem Dichtungsbegriff eingeschrieben haben: erstens das Postulat *ut pictura poesis* (V. 361) – also dass die Dichtung wie ein Bild funktioniere, bildlichen Charakters sei – und zweitens die Funktionsbestimmung, dass sie Nutzen und Vergnügen (*prodesse et delectare*, vgl. V. 330) verbinden solle, also auf vergnüglich-unterhaltende Weise den Nutzen hervorzubringen habe, durch aufschlussreiche Beispiele zu einem richtigen Leben zu führen. Horaz' Poetik hat nicht den Tiefgang des Aristoteles, es handelt sich eher um eine Abfolge von Lehrsätzen, Maximen und Aufmunterungen, die aber umso mehr gerade durch ihren gnomischen Charakter wirkmächtig geworden sind.

Zum Dreigestirn der antiken Poetiken gehört schließlich die Schrift *Über das Erhabene* (wahrscheinlich erste Hälfte des 1. Jahrhunderts n. Chr.) des Pseudo-Longinus. Hier wird die plötzliche Kraft der Dichtung, ihr zerreißender Charakter, ihr Aufschwung in eine ganz andere Wirklichkeit herausgestellt. Neben der die Poetik bislang dominierenden *téchne* findet sich nun der Enthusiasmus, es ist keine Rede mehr von einer in die Polis oder in die Urbanität eingebundene Funktion der Dichtung.

Diese beiden Texte bilden zusammen mit Aristoteles das Paradigma der antiken Poetik (vgl. Beitrag Uhlmann in diesem Band; Fuhrmann 1992), wobei die europäische Rezeptionsgeschichte sehr wechselhaft verläuft: So war die Poetik des Aristoteles im Mittelalter weithin unbekannt (jedoch Schmitt in Aristoteles

2011, 92–93) und Horaz eher randständig. Für die Geschichte der Poetiken wurde ein anderes Buch wichtig, nämlich Quintilians *Institutio oratoria* (ca. 90 n. Chr.), die souveräne Summe der römischen Rhetorik. Man nennt gewöhnlich Ciceros *De oratore* (55 v. Chr.) und die anonyme *Rhetorica ad Herennium* (80 v. Chr.) zusammen mit Quintilians Lehrbuch als die drei großen römischen Rhetoriken, denen die frühere Rhetorik des Aristoteles an die Seite zu stellen ist. Die Rhetorik kennt ebenfalls die Verbindung von Herstellungswissen und Herstellungsanleitung. Die Querverbindungen zwischen Poetik und Rhetorik zeigen sich schon in der Gliederung und den Aufbauschemata. Wichtig sind dabei zunächst die fünf *rhetorices partes*. Die *inventio* beschäftigt sich mit der Auffindung der Argumente und Beweisgründe; die *dispositio* gliedert den Aufbau des Vortrags nach bestimmten Wirkabsichten; die *elocutio* ist für die Ausformulierung der Gedanken durch Tropen oder Figuren zuständig; die *memoria* behandelt die Techniken des Auswendiglernens der Rede; *actio* und *pronuntiatio* bilden die Lehre von der öffentlichen Präsentation des Vortrags durch Mimik, Gestik, Stimmführung. Für die Textproduktion fallen die beiden letzten Arbeitsschritte meist weg oder werden zumindest marginal.

Ein weiterer Baustein der Rhetorik, der in den Poetiken wichtig geworden ist, ist die Lehre von den Redegattungen und Stilebenen. Seit Aristoteles unterscheidet man Gerichtsrede (*genus iudiciale*), politische Entscheidungsrede (*genus deliberativum*) und Lob- und Festrede (*genus demonstrativum* oder *genus laudativum*), den Anlässen entsprechend bestimmte Verfahrensweisen. Insbesondere die Festrede ist für die Dichtung interessant. Eng damit hängen die drei Stilebenen zusammen: *genus humile* (schlichter Stil ähnlich der Alltagssprache, arbeitet besonders mit einfacher Argumentation), *genus medium* oder *mixtum* (mittlerer bzw. gemischter Stil, typisch etwa für den wissenschaftlichen Vortrag), *genus grande* oder *sublime* (gehobener bzw. erhabener Stil).

Diese Stilebenen und mit ihnen die Ständeklausel etablieren eine Höhenlage der Mimesis, nach der Ernst und Tragik dem hohen Stil, das Alltägliche aber nur der Komik zugeordnet werden. Erich Auerbach erzählt in seiner berühmten Abhandlung *Mimesis. Dargestellte Wirklichkeit in der abendländischen Literatur* (1946) eine Art von Gegengeschichte, indem er von zwei Einbrüchen der Mimesis in die klassische Lehre von den Höhenlagen ausgeht (Auerbach 2015, 515–518): Der Realismus des 19. Jahrhunderts, vor allem aber das Christentum haben gegen die antike Stilregel das Alltägliche zum Gegenstand durchaus ernster und tragischer Darstellung gemacht, was Auerbach auf die christliche Figuraldeutung zurückführt, die ein komplexes Spannungsverhältnis zum Mimesisparadigma unterhält (Auerbach 2016, s. darin auch das Vorwort von Balke). Diese alternative Geschichte der Mimesis, die unter anderem mit der Ästhetik des Hässlichen zusammenhängt (Jauß 1968), findet freilich keinen Eingang in den Diskurs der

Textsorte Poetik – weshalb an sie hier nur mit einer exkurshaften Bemerkung erinnert sein soll.

Die eigentliche Hochzeit der dem rhetorischen Paradigma folgenden Poetiken (s. Beitrag Till in diesem Band) beginnt in der Renaissance, zentral ist Julius Caesar Scaliger mit seiner umfangreichen Regelpoetik *Poetices libri septem* (1561). Das Werk ist eine Mischung aus Horaz, Platon und wiederentdecktem Aristoteles, eine gelehrte Zusammenstellung des bis dahin bekannten Materials zur Poetik. Vor allem wird die in der Antike so nicht formulierte und wirkmächtige Idee vorgetragen, dass sich die Dichtung durch die versifizierte Form von der Nichtdichtung unterscheide. Scaligers Buch hat für das Argumentationsschema der Regelpoetik weitreichende Folgen. Die nun sehr erfolgreiche Textgattung ‚Poetik' führt in Italien, Frankreich, England und Deutschland zu einer reichen Textproduktion.

Martin Opitz' *Buch von der Deutschen Poeterey* (1624) folgt dem Plan von Scaliger, wenngleich es entschieden kürzer ist. Opitz hat den Ehrgeiz, durch seine Dichtungslehre die deutsche Poesie auf europäisches Niveau zu heben. Schon der erste Blick auf die Kapitelgliederung zeigt die Abhängigkeit von der Rhetorik; so lautet etwa die Überschrift des fünften Kapitels: „Von der zuegehör der Deutſchen Poeſie/ vnd erſtlich von der invention oder erfindung/ vnd Diſpoſition oder abtheilung der dinge von denen wir ſchreiben wollen." (Opitz 1624, 29) Es handelt sich um die ersten beiden *partes rhetorices*, nämlich *inventio* und *dispositio*. Das „VI. Capitel" handelt dann von der *elocutio*: „Von der zuebereitung vnd zier der worte." (Opitz 1624, 39) Blickt man zur Herstellungsanleitung des Sonetts, dann findet man zunächst eine Herleitung des Namens (von frz. *sonner*, klingen), dann den Verweis auf „etzliche Holländer", die von „klinegetichte[n]" sprechen, woraus das Wort ‚Klinggedicht' abgeleitet wird. Es folgt die Beschreibung des Reimschemas als Exemplifizierung des Klingens und sodann als Beispiel ein von Opitz selbst gedichtetes Sonett – erneut wird der Bezug zwischen Herstellungswissen und Herstellen unmittelbar nahegelegt (Opitz 1624, 62–63).

Opitz' wohl wirkmächtigste Bestimmung ist seine Definition der deutschen Metrik (s. Beitrag Detering in diesem Band): Die komplexe metrische Struktur, die in der quantitierenden Prosodie der antiken Sprachen fundiert ist, sei für die deutsche Sprache mit ihrer qualitativen Prosodie nicht durchführbar (vgl. Wagenknecht 1989, 11–38), prosodisch seien nur die beiden alternierenden Versfüße Jambus (⏑–) und Trochäus (–⏑) zu benutzen. Also verhängt Opitz sein berühmtes prosodisches Regelgesetz für die deutsche Dichtung: „Nachmals iſt auch ein jeder verß entweder ein iambicus oder trochaicus; nicht zwar das wir auff art der griechen vnnd lateiner eine gewiſſe gröſſe der ſylben können inn acht nemen; ſondern das wir aus den accenten vnnd dem thone erkennen/ welche ſylbe hoch vnnd welche niedrig geſetzt ſoll werden." (Opitz 1624, 57)

An dieses vermeintliche Gesetz hat sich die gesamte Barockdichtung gehalten. Ausgeglichen wird die dadurch entstehende metrische Monotonie durch den Reim, der ja in der antiken Dichtung fehlt. Deshalb ist bei Opitz die genannte Definition des Sonetts als Klinggedicht so wichtig. Es war erst Friedrich Klopstock in der zweiten Hälfte des 18. Jahrhunderts, der die Regelpoetik von Opitz hinsichtlich der metrischen Gesetze infrage stellte und den Beweis antrat, dass die deutsche Dichtung sehr wohl in der Lage sei, komplexere metrische Formen zu benutzen. Mit Opitz beginnt die Textreihe deutscher Poetiken, sie verzeichnet wichtige Werke wie Georg Philipp Harsdörffers *Poetischer Trichter* (1648–1653) oder Philipp von Zesens *Deutscher Helicon* (1640). Dieses Genre wird weit ins 18. Jahrhundert hineinreichen, noch Johann Christoph Gottsched folgt mit seinem *Versuch einer critischen Dichtkunst vor die Deutschen* (Leipzig 1729/1730) dem Paradigma der Regelpoetiken (s. u.).

Für eine eher systematische Betrachtung lassen sich zwei Punkte festhalten. Erstens: Die Poetiken sind in ihrer argumentativen Struktur sowohl im Gesamtaufbau als auch in der Feinjustierung der Argumente von der Rhetorik abhängig. Vom Standpunkt eines Rhetorikhistorikers aus würde man wohl sogar sagen können, dass die Poetiken als Nebenzweig der Rhetorik zu betrachten wären. Wenn im 18. Jahrhundert sowohl die rhetorischen Lehrbücher als auch die Poetiken ihr Ende finden, heißt dies aber nicht, dass Poetologie und Rhetorizität aufhören würden, zueinander ins Verhältnis zu treten. John Bender und David Wellbery (1996) zeigen, dass die Rhetorik als solche gleichsam strukturell wird, in die Latenz der Tiefenstrukturen absinkt, dort zwar unsichtbar wird, jedoch umso wirksamer bleibt (umfassender: Till 2004). In der Tat gibt es in der Geschichte der Poetik immer wieder hochinteressante neue Wiederaufnahmen der Rhetorik, etwa seit den 1980er Jahren in der Dekonstruktion (s. u.), die vor allen Dingen bei Paul de Man und Harold Bloom stark an der Rhetorik orientiert ist. In systematischer Hinsicht heißt das: Poetik ist ohne intensive Beschäftigung mit der Rhetorik nicht zu denken. Natürlich ist es insbesondere die *elocutio*, die für die Frage der Dichtungstheorie wichtig ist, man denke nur an die zentrale Rolle der Metapherndebatte innerhalb der Literaturwissenschaft (vgl. stellvertretend Haverkamp 1996a und Haverkamp 1998). Nicht wenige Theoretiker behaupten, dass Dichtung ganz wesentlich darin besteht, die in der Sprache immer schon vorhandene Struktur der Übertragung besonders intensiv zu markieren und herauszuarbeiten (Bender und Wellbery 1996). Dichtung wäre dann eine solche Sprachtätigkeit, die die in der Alltagssprache vergessene Metaphorizität wieder herausstellt, sich dabei aber keinesfalls nur auf die Metapher beschränkt, sondern sämtliche Tropen und Figuren erneut aktualisiert. Es handelt sich gewissermaßen um eine Umkehrung: Opitz hat von der ‚Zubereitung und Zier' der Worte gesprochen, also die *elocutio* als eine Art von Einkleidung (*ornatus*) verstanden. Sein Modell war, dass man sich zunächst poetische Themen sucht (*inventio* via Topik), diese Themen gliedert (*dispositio*), um sie dann in zierliche Worte zu kleiden. In dieser Idee wird die Alltagssprache als Basis genommen, und der Dichter versucht, sie besonders zuzubereiten. Ganz anders, nämlich geradezu umgekehrt, argumentieren viele moderne Theoriebildungen zum Verhältnis von Rhetorik und Poetik: Hier wird die Alltagssprache als eine Art von verschliffener und selbstvergessener Sprachtätigkeit verstanden, die eigentlich auf einer grundlegenden Form der Übertragung basiert. Das Hervorkehren dieser Übertragung vermittelst der rhetorischen Tropen und Figuren würde dann quasi den Kokon der Alltagssprache durchbrechen und zu einer ursprünglichen Sprache zurückführen, welche spürbar zu machen die Aufgabe der Dichtung ist. Genau dies meinen Bender und Wellbery (1996), wenn sie davon sprechen, dass die Rhetorik latent in den Tiefenstrukturen wirksam sei.

Zweitens: Opitz geht die einzelnen Gattungen durch und definiert sie, indem er Regeln benennt. Regelpoetik ist nichts anderes als Poetik der Formen. Bei Opitz wird Form relativ äußerlich verstanden, aber es ist klar, dass die Regelpoetiken mit ihrem impliziten Formbegriff die Form, verstanden als Gattungstheorie, für die Dichtungstheorie zentral machen, selbst wenn das Wort als solches nicht einmal prominent auftaucht.

Gottscheds *Critische Dichtkunst* (1729/1730) steht einerseits in der Tradition der barocken Poetiken, unterläuft sie aber zugleich. Sein erfolgreiches und mehrfach neu aufgelegtes Buch fängt mit der kompletten Übersetzung von Horaz' *Ars poetica* an. Damit wird einer der für die Poetik zentralen Texte zitiert, aber er wird in deutscher Übersetzung zugänglich gemacht und somit einer möglichen Quellenkritik unterzogen. Gottsched referiert nicht nur auf die lateinische Autorität, er stellt vielmehr in einem reformatorischen Akt in Sachen Poetik den Text selbst zur Verfügung. Der *Versuch einer critischen Dichtkunst* ist eine rationalistische Poetik. Es ist nicht mehr die normgebende Antike, es sind nicht mehr die Semantiken der Standesunterschiede, die das definitorische Zentrum ausmachen. Auf der ersten Seite von Gottscheds eigenem Text findet sich die lakonische Bestimmung: „Sie [i. e. die Poesie] hat ihre erste Quelle in den Gemüthsneigungen des Menschen" (Gottsched 1962, 67), dessen Haupteigenschaft darin besteht, dass er „zum Nachahmen geneigt" (Gottsched 1962, 68) sei. In dem Maße, in dem sich das Nachahmen vervollkommnet, entsteht die Dichtung. Damit ist die Poesie aus der Natur des Menschen abgeleitet und nicht aus Autoritäten oder kulturellen Gegebenheiten und Traditionen. Die Ableitung der Poetik aus dem Prinzip der Naturnachahmung folgt der Schulphilosophie von Christian Wolff, in der Deduzierbarkeit als methodengestützter Rationalitätsnachweis gilt. Gottscheds aufklärerische Poetik nennt also ein anthropologisches Prinzip (Nachahmung), steigert es zur Kunstfertigkeit und leitet daraus die poetischen Formen ab.

Die Nachahmung wird schnell mit der aufklärerischen Tugendlehre verbunden. So soll die Dichtung Exempel der Tugenden und Laster dem Zuschauer unterrichtend, in anschaulicher Konkretheit, deshalb die Empfindungen rührend und die Leidenschaften reinigend, vorführen, so dass er auf angenehme Weise nicht allein belehrt, sondern vor allem gebessert wird (Gottsched 1962, 91). Die Poesie, die auf diese Weise eingesetzt wird, muss sich, als Nachahmung der Natur, „durch die Aehnlichkeit mit derselben" (Gottsched 1962, 92) auszeichnen, sie muss also wahrscheinlich bleiben, weshalb die Wahrscheinlichkeit die Haupteigenschaft aller poetischen Erfindung ist. Die Regeln der Kunst stimmen mit der Vernunft und der Natur überein und werden aus ihnen hergeleitet (Gottsched 1962, 95). Der Charakter eines Poeten muss aus diesem Grund eine ‚gesunde Vernunft' haben (Gottsched 1962, 97); die Natürlichkeit der Dinge muss auf eine richtige Weise wahrgenommen werden. Von dieser Position aus unterliegt die barocke Rhetorik mit ihrem ‚künstlichen Schwulst' und ihrer virtuosen Manieriertheit einer scharfen Kritik. Der gute Geschmack des Poeten vermeidet alle Übertreibung und versucht, die Rhetorizität weitgehend in den Hintergrund zu schieben. Es geht also nicht um einen hypertrophen Witz, um eine freigelassene Einbildungskraft, sondern vielmehr um die Fähigkeit, vernünftige Fabeln (im Sinne von: *plot*) zu erfinden, in denen die Unterscheidung von Lastern und Tugenden fast handgreiflich zutage tritt (Gottsched 1962, 161).

18. Jahrhundert: Plurale Diskurslandschaft

Mit Klopstocks Lyrik, mit Gotthold Ephraim Lessings poetologischen Überlegungen, ab den 1760er Jahren mit Johann Gottfried Herders Theorieentwürfen entstehen neue Debattenzusammenhänge, für die Gottsched und seine Opponenten Johann Jakob Bodmer und Johann Jakob Breitinger immer noch gern genannte, der Polemik dienende Gegenpositionen abgeben. Ein Wendepunkt in der Geschichte der Poetik zeichnet sich ab, abzulesen etwa an der Wichtigkeit des Kritikbegriffs (s. Beitrag Birnstiel in diesem Band). Ebenso wie ab der zweiten Hälfte des 18. Jahrhunderts die Lehrbücher zur Rhetorik an Bedeutung verlieren, wird das Ende der Poetiken als Textsorte eingeläutet (zu den Gründen für diese Entwicklung s. Kap. 2). Dies heißt freilich nicht, dass poetologische Reflexionen aufhören. Ganz im Gegenteil, die poetologische Theoriebildung explodiert geradezu, aber sie nimmt im sich verändernden Diskurssystem der Literatur einen anderen Systemort ein. Am Ende der Regelpoetik bildet sich der ästhetische Nominalismus mit seinen individualisierenden Positionen. Mit Lessing und Klopstock treten zum ersten Mal hauptberufliche Dichter auf den

Plan, die den Versuch unternehmen, das Dichten zum Broterwerb zu machen. Beide sind auch Theoretiker, aber es kehren sich die Prioritäten um. Klopstock ist vor allen Dingen Poet und erst sekundär poetologisch Reflektierender, und auch bei Lessing steht zumindest bei der Dramenproduktion das Verfassen eigener poetischer Texte über der reflektierenden Auseinandersetzung. Der theoretisierende Dichter schreibt poetologische Texte, die sich in einer schwer bestimmbaren Mittelstellung zwischen allgemeiner Poetik und Selbstverständigung hinsichtlich des eigenen Schreibens befinden (s. Beitrag Gaier in diesem Band).

Autorenpoetiken treten ab dem 18. Jahrhundert als neues Genre an die Stelle der alten Poetik (zum 20. Jahrhundert: Schmitz-Emans et al. 2009). Sie reklamieren durchaus einen starken Allgemeinheitsanspruch, sind aber zugleich auf die jeweilige individuelle Formation eines poetischen Œuvres bezogen. Die schon markierte Differenz zwischen generischer und epistemologischer Kompetenz kehrt bei den Autorenpoetiken verschärft wieder. Das Ende der Regelpoetik führt zu einer sehr unübersichtlichen Diskurslandschaft. Für die deutsche Tradition wird man sagen können, dass die Autoren um 1800, also großzügig gesprochen die Sequenz von Lessing, Klopstock und Herder bis zur Romantik die wahrscheinlich dichteste Konstellation von poetologischer Reflexion und poetologisch komplexer Poesie darstellt. Es handelt sich dabei um die Werke von Autoren, die historisch gesehen noch den Kontakt zur alten Regelpoetik haben, sich von ihr aber abwenden, ohne dabei den Geltungsanspruch des alten Paradigmas aufzugeben. Diese Überschneidung von autorzentrierter Poetik und umfassenderem Geltungsanspruch führt in eine Situation diffuser Epistemologie. Sie wird dadurch verschärft, dass in der Mitte des 18. Jahrhunderts ein weiterer Akteur die Bühne betritt: die philosophische Ästhetik.

Alexander Gottlieb Baumgarten hat in der Mitte des 18. Jahrhunderts mit seiner *Aesthetica* (1750/58) eine neue philosophische Disziplin begründet, die sich zunächst aus einer anthropologietheoretischen Fragestellung entwickelt hat, aber schnell zu einer allgemeinen Kunsttheorie geworden ist (Solms 1990; Paetzold 1983, 8–54; Baeumler 1981). Mit dem Niedergang des Theorietyps der normativen Regelpoetik und dem nominalistischen Aufstieg der Autorenpoetiken etabliert sich in der Philosophie eine allgemeine Theorie der Kunst. Damit tritt die philosophische Ästhetik hinsichtlich der umfassenden Theoretisierung aller Gattungen und Formen zwar das Erbe der alten Poetiken an, tut dies aber unter neuen Prämissen, schon indem sie die Dichtung in den Zusammenhang der anderen Künste einbindet. Mit Baumgartens *Aesthetica* etablieren sich zudem neue Prinzipien: An die Stelle einer an der Mimesis orientierten Poetik tritt die Idee der Darstellung der unteren Vermögen, was zugleich auch einen rhetorikgeschichtlichen Paradigmenwechsel von handlungsbezogener Pragmatik hin zu darstellungsbezogener Konzentration auf die Lehre von den Tropen und Figuren nach sich zieht (Campe et al. 2014; Linn 1991). Die Ästhetik erlebt eine schnelle und steile Karriere, an der insbesondere auch Autoren beteiligt sind, die zugleich auf dem Feld der Poetik arbeiten und als Dichter hervortreten: Herder, Schiller, Karl Philipp Moritz sind zu nennen, die Frühromantiker (s. Beitrag Campe in diesem Band), unter anderem Jean Paul.

Für die Geschichte der Poetik ist im 19. Jahrhundert die Etablierung der akademischen Literaturwissenschaft entscheidend. Erste Lehrstühle für Germanistik werden in der Mitte des Jahrhunderts eingerichtet, in den letzten drei Jahrzehnten des 19. Jahrhunderts wächst die Germanistik zu einem großen akademischen Fach und beginnt ihre unselige Karriere als ideologische Zulieferantin der nationalchauvinistischen Politik des deutschen Kaiserreichs. Es entstehen in diesem Zusammenhang die ersten akademisch-literaturwissenschaftlichen Poetiken, zu nennen ist insbesondere die *Poetik* (1888) von Wilhelm Scherer. Insgesamt ist aber die akademische Literaturwissenschaft im 19. Jahrhundert vor allen Dingen Editionsphilologie und Literaturgeschichtsschreibung (Fohrmann 1989; Weimar 1989).

Überblickt man die Situation zu Beginn des 20. Jahrhunderts, dann findet sich eine diffuse Gemengelage: Poetik ist die Bezeichnung für die von den Autoren selbst formulierten Poetiken (Autorenpoetiken), für die eher marginale Fortsetzung der alten Poetiken bis hin zu Handbüchern zur Stilistik, für die der Dichtung gewidmeten Passagen in den philosophischen Ästhetiken, schließlich für Überlegungen der sich etablierenden akademischen Literaturwissenschaften. Es handelt sich um sehr unterschiedliche institutionelle Orte, von der Publizistik mit der Textsorte ‚poetologisches Manifest' (Anz et al. 1994) über die Universität bis zur poetologischen Textproduktion der Schriftsteller (s. Beitrag Göttsche in diesem Band). Angesichts derart differierender Theorierahmen, Adressatenstrukturen und diskursiver Regularien wird man ein komplexes Nebeneinander beschreiben müssen, Konstellationen vielfacher Überschneidungen, aber auch eine Situation von mitunter aneinander vorbeilaufenden Diskursen und Debatten.

Russischer Formalismus

Viele Geschichtsschreiber der Literaturwissenschaft behaupten, dass der eigentliche Begriff der Literaturwissenschaft, so, wie er heute etabliert ist, erst zu Beginn des 20. Jahrhunderts formiert wurde. Es ist der russische Formalismus, der um 1920 herum mit entschiedener Energie das Projekt einer systematischen Literaturwissenschaft in Angriff nimmt (s. Beitrag Hansen-Löve in diesem Band;

Erlich 1973; Hansen-Löve 1978; Striedter 1969; Striedter 1971). Der junge Jakobson war Mitglied dieser Gruppe, zu der weiterhin zählten: Viktor Šklovskij, Boris Ėjchenbaum, Jurij Tynjanov, um die wichtigsten zu nennen. Der Zugriff ist zunächst von der damals herrschenden philosophischen Schule, der Phänomenologie Edmund Husserls und ihrem Theorem der phänomenologischen Reduktion auf den Wesenskern einer Sache geprägt. 1921 formuliert dies Jakobson mit einer erstaunlichen Radikalität: „Poesie ist Sprache in ihrer ästhetischen Funktion. Somit ist Gegenstand der Literaturwissenschaft nicht die Literatur, sondern die Literarizität, d. h. dasjenige, was das vorliegende Werk zum literarischen Werk macht. [...] Wenn aber die Literaturwissenschaft eine Wissenschaft werden will, ist sie genötigt, das ‚Verfahren' als ihren einzigen ‚Helden' zu akzeptieren." (Jakobson 2007b, I, 16) Jakobson schließt explizit die Interpretation von poetischen Texten als Gegenstand einer möglichen Literaturwissenschaft aus. Literaturwissenschaft beschäftigt sich nicht mit Literatur. Ihr einziger legitimer Gegenstand ist die Literarizität beziehungsweise Poetizität, also jener Wesenskern, auf den durch eidetische Reduktion zu kommen sei. Jakobson ist auf der Suche nach dem Differenzkriterium, mit dem sich poetische Sprache von jeder möglichen anderen Sprachform unterscheiden lässt. Auch der Weg zur Klärung dieser Fragestellung wird angedeutet: Das ‚Verfahren' – sein Hauptakteur ist die poetische Funktion – ist der einzige Held einer solchen Wissenschaft.

Innerhalb des Diskurssystems Literatur ist diese Initiative eine radikale und durchgreifende. Die Zeit der Regelpoetiken war vorbei; Regelpoetiken sind Ende des 19. Jahrhunderts höchstens Gegenstand literarhistorischer Rekonstruktion. Allgemeine Fragen der Kunsttheorie, also auch der Literatur, wurden in dem seit dem 18. Jahrhundert entstandenen Genre der philosophischen Ästhetik abgehandelt. Nach wie vor denken Dichter theoretisch über ihre eigene Autorenpoetik nach. Zuweilen wird dieses Nachdenken verallgemeinert, zum Beispiel dann, wenn Epochensemantiken definiert werden. Damit ist also das Feld, das einmal durch die Textsorte ‚Poetik' bestellt wurde, mit relativ unklaren Grenzziehungen aufgeteilt, vielleicht eher: verteilt. Nun tritt mit dem russischen Formalismus mit Vehemenz die Literaturwissenschaft auf den Plan, um die Frage nach der Poetizität als ihr systematisches Zentrum zu entdecken. Jakobson geht es auch um die diskursive Legitimation einer akademischen Disziplin, die sich nicht dadurch konstituieren kann, dass sie sich anderer Disziplinen bedient. Eine akademische Disziplin braucht eine klare Anfangsfragestellung, und sie wird in der Fokussierung auf ‚Poetizität' gefunden.

Die Literaturwissenschaft tritt in dieser Sichtweise mit der Frage nach der Poetizität das Erbe der alten Poetik an. Es kommt nun also darauf an, die Gemeinsamkeit und die Differenz zwischen den beiden Akteuren ‚Poetik' und ‚Poetizitätstheorie' zu verstehen. Die alte Poetik ist vor allem eine Theorie der Form gewesen. Die seit dem Beginn des 20. Jahrhunderts entstehende Theorie der Poetizität ist hingegen eine Theorie der sprachlichen Selbstreferenz, die sich über ein Ensemble von Verfahren explizieren lässt. Form und Selbstreferenz werden zwar oft als einander stützende Konzepte verhandelt, aber sie bilden, näher betrachtet, doch zwei grundverschiedene Prinzipien, die in bestimmten Fällen auch auseinandertreten und dabei sogar in eine Opposition geraten können. Eine binäre Schematisierung kann näherungsweise so aussehen:

Poetik	Theorie der Poetizität
die alte Poetik als Theorie der Form	Poetizität als Theorie der sprachlichen Selbstreferenz
Mimesis, bezugnehmend auf Handlung	sprachliche Verfahren, Darstellung
Rhetorik als Theorie pragmatischer Angemessenheit	Linguistik/Strukturalismus, rhetorische *elocutio*
Paradigma: Lyrik	Paradigma: Prosa

Dass die alte Poetik Theorie der Form gewesen ist, wird am anschaulichsten dadurch, dass sie vor allem Theorie der literarischen Gattungen gewesen ist. Der Begriff der Form impliziert eine gewisse Gestalthaftigkeit, die verhindert, dass man die Komplexität der Form beliebig steigern kann, weil sie darüber ihr Geordnetsein wiederum verlieren würde (s. Kap. 2).

Ganz im Gegensatz dazu kann sprachliche Selbstreferenz beliebig oft immer wieder auf sich angewandt und folglich so komplex werden, dass sie jegliche Form sprengt. Während die alte Poetik vom Begriff der Nachahmung (Mimesis) ausging und also der poetische Text auf das Nachgeahmte außerhalb seiner selbst verwies, behauptet die Theorie der Poetizität, dass Dichtung vor allen Dingen mit sich selbst beschäftigt sei: Dichtung entsteht durch eine Reihe von Manipulationen an der Sprache, durch ein Set von Verfahren, die selbst sprachlicher Natur sind und die Sprache so verändern, dass die Aufmerksamkeit ganz in dieser Selbstbezüglichkeit befangen bleibt. Solche Verfahren können sein: Entautomatisierung, Abweichung, Abschweifung, Bildbruch, Deformation der erzählerischen Ordnung, Spürbarkeit der Zeichen durch unkonventionelle Schreibung, Parallelismen, Einführung von Erzählperspektiven, unübliche Sujetfügung, Markierung von ästhetischen Rahmen, Verschiebung, Verzögerung, Ersetzung etc. Der frühe russische Formalismus besteht vor allem darin, solche Verfahrenslisten herauszuarbeiten (s. Beitrag Hansen-Löve in diesem Band). Alle diese Verfahren haben ihren Referenzgegenstand in der Sprache selbst – deshalb: sprachliche Selbstreferenz.

Man sieht unmittelbar, dass die alte Poetik einen Außenbezug sucht – sowohl mit dem Begriff der Mimesis als auch durch die tiefgreifende strukturelle Verwandtschaft mit der Rhetorik. Denn Mimesis hat einen Referenzbezug, und durch Mimesis von Handlung lässt sich aus den menschlichen Handlungstypen das Formrepertoire ableiten (s. o.). Hingegen sucht die neue Theorie der Poetizität sprachimmanent die Verfahren poetischer Selbstbezüglichkeiten, und offenkundig kennen Selbstreferenzen aufgrund ihrer fortlaufenden rekursiven Selbstanwendung keine Stoppregel. Weil die Poetizitätstheorie auf die Immanenz der Sprache gerichtet ist, ist ihr neuer Bundesgenosse die Linguistik, und zwar in strukturalistischer Ausprägung. Die Poetizitätstheorie sucht ebenfalls die Nähe zur Rhetorik, aber weitgehend nur zur *elocutio*. Die für die Rhetorik konstitutive pragmatische Verankerung im Redekontext und in der Angemessenheit der Rede für die Adressaten wird in Theorien poetischer Selbstreferenz gerne unterschlagen. Entsprechend ist zum Beispiel der Dekonstruktion der Vorwurf gemacht worden, einen reduzierten Rhetorikbegriff zu haben (Vickers 1988, 453–457; Till 2004, 42).

Immanente Poetiken, Fundamentalpoetik, Poetologien (20. Jahrhundert)

Dass der russische Formalismus das Erbe der alten Poetik antritt, wird dadurch möglich, dass das neue Prinzip der Selbstreferenz durchaus über eine lange Wegstrecke hinweg mit dem alten Prinzip der poetischen Form kompatibel ist. Aber die neue Idee der Poetizität als sprachliche Selbstreferenz tritt eben auch in Opposition zur alten Poetik, weil sie faktisch ein ganz neues Nachdenken über poetische Texte in Gang setzt. Diese Dynamik führt zu einer Reihe von weiteren Poetikbegriffen, drei von ihnen seien kurz angeführt.

Erstens: Für die Literaturwissenschaft des 20. Jahrhunderts ist der Begriff der immanenten Poetik (zum Begriff: Blumenberg 1966) zentral. Gemeint ist zunächst, dass jeder poetische Text die Regel seines Verstandenwerdenwollens mit sich führt. In diesem Sinne hat ein Gedicht eine immanente Poetik, aber ebenso hat die Gedichtsammlung, in der es zu finden ist, eine solche. Eine immanente Poetik ist auch der Werkphase des Dichters zuzuschreiben, schließlich auch dessen Gesamtwerk, welches in eine Epoche mitsamt ihrer immanenten Poetik eingefügt ist.

Technisch wird die immanente Poetik eines Textes dadurch hergeleitet, dass bestimmte thematische Momente eines Textes tropologisch als Aussagen über die Machart des Textes benutzt werden. So versucht zum Beispiel in Heinrich von Kleists Erzählung *Die Verlobung in St. Domingo* (1811) die Hauptperson Gustav des

Nachts durch die Hintertür Einlass in ein Haus zu finden, in dem sie sich Schutz erhofft. Roland Reuß (1988) hat argumentiert, dass diese Szene poetologisch zu lesen sei: Durch die Vordertür kommt man in diesen Text nicht hinein, allerhöchstens durch eine Hintertür, aber der Versuch von Gustav zeigt, dass selbst dieses Ansinnen zu keiner eindeutigen Lösung führt. Dieses Beispiel macht deutlich, dass mit genügend Phantasie letztlich jede thematische Konstellation als Aussage über die immanente Poetik eines Textes gelesen werden kann. Es wird zu begründen sein, warum sich in der Tat für dieses Sprachspiel keine Stoppregel formulieren lässt (s. u.).

Zweitens: Ein weiterer im 20. Jahrhundert innerhalb der Literaturwissenschaft auftauchender Begriff von Poetik findet sich im Konzept der sogenannten Fundamentalpoetik (vor allem der 1960er Jahre; Allemann 1969; Allemann 1957). Gemeint ist damit eine Variante der Sprachphilosophie, sofern sie Grundstrukturen der Sprache aus der Dichtung zu entwickeln versucht. Die These, der zufolge die Dichtung ihre Kraft daraus zieht, dass sie Kontakt zu frühesten sprachlichen Verfahren hat, etwa zum Mythos oder zur Magie, hat eine lange Tradition; Giambattista Vico und Herder haben dies im 18. Jahrhundert behauptet, in Aufnahme der Traditionslinien der kratylischen Sprachtheorie. Martin Heidegger hat betont, dass der Dichter im Gegensatz zum Philosophen das Ursprüngliche zu sagen vermag und an eine Tiefendimension der Sprache heranreiche, welche nur in der Dichtung sichtbar zu machen sei. Eigentümlich an der Dichtung sei etwa auch, eine Eigenzeit (s. Beitrag Hühn in diesem Band) und einen nur in ihr existierenden Raumentwurf zu haben. Es gibt eine Zeit der Einbildungskraft und eine raumschaffende Funktion der Einbildungskraft: Mit Bezug auf Heidegger hat etwa Emil Staiger von der Zeit als Einbildungskraft des Dichters gesprochen (Staiger 1939). Fundamentalpoetik platziert die Poetizität in der Tiefendimension der Sprache und spricht der Dichtung das Vermögen zu, einen hermeneutischen Schlüssel für diese Dimension namhaft zu machen.

Drittens: Der Terminus der Poetik erlebt eine nachgerade inflationäre Verwendung. Ein nur oberflächiger Blick auf die gegenwärtige Forschungslandschaft zeigt, dass nahezu alles als Poetik gedacht werden kann. Es gibt eine Poetik des Schmerzes (Borgards 2007), eine Elektropoetik (Gamper 2009), eine Poetik der Fremdheit (Bollack 2000), eine Poetik der Stadt (Dirscherl 2016), eine Poetik des Sozialstaats (Roloff 2016), eine Poetik der Auserwählung (Goślicka 2015) oder eine Poetik der Gefühle (s. Beitrag Breithaupt in diesem Band). Die Liste ließe sich endlos fortsetzen. Offenkundig gilt jedes ‚Thema' als geeignet, den Status eines ‚epistemischen Gegenstands' zu erreichen und folglich hinsichtlich seiner Poetik befragt zu werden. Es scheint ein faktischer Plural zu existieren, statt Poetik oder Poetizität also: Poetologien. – Woher kommt diese Inflation der Poetologien, deren Zusammenhang mit poetischer Textualität nur noch locker, mit der Regelpoetik gar nicht gegeben zu sein scheint?

In der jüngeren Vergangenheit hat sich die Erweiterung der Literaturwissenschaft zur Kulturwissenschaft vollzogen (s. Beitrag Schweighauser in diesem Band; s. zudem Abschnitt 6), dabei wurde der Textbegriff zu einer basalen Verstehenskategorie auch für die Kultur. Im Umfeld dieser Theoriebildungen ist vor allem der Begriff des Performativen wichtig geworden. Entstanden in der Sprechakttheorie der 1950er Jahre, meint der Terminus des performativen Sprechaktes, dass es eine Sprachverwendung gibt, in welcher das Sprechen unmittelbar die Wirklichkeit schafft, die es im Sprechakt aussagt. Viele soziale Praktiken sind vor allem über diese besondere Form des Hervorbringens zu verstehen – also über ein Hervorbringen, in dem eine symbolische Tätigkeit etwas erzeugt, das über die pure Zeichentätigkeit hinausgeht. Man kann mit Worten Tatsachen schaffen, und es lässt sich hier eine vage Analogie zur Dichtung ziehen: Poiesis wird in die Nähe zum Performativen gestellt.

Auf der Basis solcher Grundannahmen erteilt sich die gegenwärtige Literaturwissenschaft die Lizenz, als ‚Wissenspoetik' (s. u.) zu agieren und die in den poetischen Texten dargestellte Fabrikation der thematischen Einheiten als Modell für Kulturwissenschaft zu nehmen. Das methodologische Relais zur alten Poetik und zur Poetizitätstheorie besteht in den zwei Verallgemeinerungen der Poiesis zur Performativität und der poetischen Textualität zum Textmodell.

Was also heißt Poetik, wenn man sich auf historische Suche begibt? Unterscheiden lassen sich:
- Regelpoetik in der Textsorte Poetik seit Aristoteles (Bezug zur Rhetorik, Bezug zum Mimesisbegriff, Poetik der Formen und Gattungen),
- Autorenpoetiken: die vom Dichter selbst als Theorie formulierte Poetik (etwa seit dem 18. Jahrhundert),
- immanente Poetik: die im dichterischen Text vorhandene implizite Poetik, auch: die immanente Poetik einer Werkphase (z. B. Poetik von Goethes Alterswerk), eines Gesamtwerks (z. B. Goethes poetologische Grundannahmen), einer Epoche (z. B. Poetik des Realismus),
- poetologische Theoriebildung in philosophischen Ästhetiken (z. B. die Theorie der Tragödie in Georg Wilhelm Friedrich Hegels Ästhetik),
- Poetizität als Theoriebildung der Literaturwissenschaft (Bezug: sprachliche Selbstreferenz, ausgehend von Verfahren und Kunstgriffen),
- Fundamentalpoetik: Poetik als Theorie, die der poetischen Sprache eine exklusive Tiefendimension im Kontext einer allgemeinen Theorie der Sprache zudenkt,
- Kulturpoetik als Poetologien: Kultur als Text und als Performativität.

2 Das Mimesisparadigma und der Begriff der Form

Folgt man der Systematik von Paul Ricœur (2007, I, 87–135), dann ist bei Aristoteles eine *mimesis I* als Welt der Handlung anzusetzen, die in einer *mimesis II* konfiguriert wird und zu den poetischen Formen führt. In der *mimesis III* findet dann eine Rekonfigurierung im Rezeptionsakt statt, welche wiederum auf die Handlungswelt zurückwirken kann, am deutlichsten in Aristoteles' Katharsisbegriff. Die poetische Form entspringt bei Aristoteles aus der Redesituation (s. o. Poetik 1448 a20–a24), in der Poetikgeschichte ist es dann Charles Batteux, dem die Integration der Lyrik ins Nachahmungsparadigma durch eine weitere Anthropologisierung gelingt (s. dazu Beitrag Zymner in diesem Band), so dass Nachahmung von interaktiver Handlung (Gespräch, Kommunikation), von gerichteter Handlungsabfolge (Praxis-Handeln) und von Ausdrucksbedürfnissen zu der bekannten Gattungstrias von Drama, Epos und Lyrik führt (Trappen 2001). Form ist in der Poetiktradition die Durchgestaltung oder Konfiguration (Ricœur) dieser Handlungsbezüge gemäß der rhetorischen Systematiken von Redeanlass, Redekontext und Redeadressierung. Mimesis und Form gehören also untrennbar zueinander, ihre Verbindung wird durch den Handlungsbegriff gewährleistet.

Nun besitzt Form eine reiche und komplexe Begriffssemantik (Burdorf 2004), die nicht ausschließlich auf die Poetik des Aristoteles bezogen werden kann. Wladyslaw Tatarkiewicz (2003, 317–355) unterscheidet in seiner Begriffsgeschichte fünf Grundbedeutungen des Formbegriffs:

Form A: Form bedeutet Anordnung von Teilen. Es geht um Zusammenstellung, Gefüge, Proportion, Symmetrie, Harmonie, mitunter sogar Zahlenverhältnisse, Rhythmus. Form A ist in den Künsten vor allen Dingen bei der Architektur und der Malerei zentral. Eine zweite Dimension dieses Begriffs besteht in der Idee, dass die Form eine Art selbstständigen Glanz besitzt (*splendor, claritas*), als Erscheinung hervortritt und lichthaften Wesens ist.

Form B: Dieser Formbegriff meint sinnlich wahrnehmbare sprachliche Form. Klang und Fügung der Wörter im syntaktischen Zusammenhang sind in der Dichtungstheorie zentral und treten im Fall der Poesie in den Gegensatz zum Begriff des Inhalts (Ingarden 1969).

Form C: Der dritte Formbegriff legt seinen Schwerpunkt auf die Grenze oder Kontur des Objekts, also auf Figur und Gestalt vor allem der Oberfläche der Körper. Der Unterschied zu Form A besteht darin, dass hier die Zeichnung, der Umriss, die Skizze intendiert ist, während bei Form A auch die schwere Materialität oder bei der Malerei die Farbe mit im Spiel ist.

Form D: Der vierte Formbegriff ist ein philosophischer und nimmt seinen Ausgang bei Aristoteles. Entelechie heißt bei Aristoteles die formende Energie, die jedem Wesen angehört und die dessen inneren Kern ausmacht. Der Formbegriff wird auf die Ebene einer generativen Tätigkeit verlegt. So hat eine Pflanze etwa eine innere Form, die sich vom Samen über die Blüte bis zum Verblühen erstreckt, ohne an einem einzigen Punkt alle Bestimmungen vorweisen zu können. Form ist die zielgerichtete Organisiertheit des ganzen Prozesses. Goethes Formbegriff, der Bezug zur Morphologie und damit eine nicht unbedeutende Tradition der Literaturwissenschaft gehören in diesen Zusammenhang (Jolles 1958; Müller 1974).

Form E: Ebenfalls in der philosophischen Erkenntnistheorie beheimatet ist der fünfte Formbegriff, der von der Existenz apriorischer Formen ausgeht, die vor den Erscheinungen liegen und diese aus sich entlassen. Das antike Vorbild ist die Ideenlehre Platons. Subjektiviert und in die Erkenntnistheorie eingeschrieben ließe sich an Kants apriorische Anschauungsformen Raum und Zeit und an die apriorischen Kategorien denken.

Es gibt offenkundig eine Bestimmung, die alle diese Formbegriffe gemeinsam haben. Form A impliziert eine erkennbare Stabilität, die als sichtbare proportionierte Organisation nach außen tritt (*claritas, splendor*). Form B kann in der Dichtung als sinnliche Markierung der Sprache erscheinen – es handelt sich um sprachliche Selbstreferenz –, aber dennoch ist hier eine Art von Stoppregel eingebaut: Die sinnliche Markierung der Sprache wird doppelt kontrolliert, einerseits durch die Harmonisierung mit dem ausgesagten Inhalt, andererseits durch die Harmonisierung einer sinnlichen Markierung mit den anderen sinnlichen Markierungen. So entsteht erneut Form als harmonische Proportion auf dieser Ebene der sprachlichen Materialität. Form C gewinnt ihre Begrenztheit und Anschaulichkeit durch den Linienzug der Zeichnung. Form D als Entelechie hat ebenfalls eine klare Begrenzung: Die Entelechie der einen Pflanzensorte hat zwar mehrere Zustände, aber diese hängen in sich kontinuierlich und harmonisch zusammen und unterscheiden sich klar von einer anderen Entelechie. Form D bringt mit dem Prozesscharakter Zeitlichkeit ins Spiel, aber ohne die Begrenztheit zu verlieren. Schließlich ist Form E als apriorische Form klarerweise vom empirisch Erscheinenden abgegrenzt, aber als diese apriorische Form gegen die anderen apriorischen Formen ebenfalls differenziert.

Dieser kurze Durchgang durch die fünf Formbegriffe zeigt, dass Form wesentlich distinkten Charakters ist, sie lässt sich in jedem Fall von Nichtform oder von anderen Formen unterscheiden. Es gibt Grenzen nach außen, ihnen entsprechen von der Innenseite her gesehen Stoppregeln. Diese Distinktheit ist mit der Anschaulichkeit der Form (reales Anschauen oder innere Anschaulichkeit, vgl. Willems 1989) verbunden, so dass der Form trotz innerer Komplexität eine gestalthafte Abgeschlossenheit zukommt. Formprozesse gehen nicht endlos weiter, weder zeitlich noch hinsichtlich der Komplexität. Sie streben vielmehr auf eine Art von Erfüllungszustand hin. Entsprechend findet sich in der Kunst die Rede von der Formvollendetheit. Gedacht ist hier ein Maximum der Formung, in der das Telos der Form ganz bei sich ist. Solche Formvollendung ist durchaus dialektisch zu denken. Eine übermäßige Durchformung des Materials führt zu einer Erstarrung der lebendigen Impulse, das Kunstwerk erfährt gleichsam den Tod eines übertriebenen Klassizismus. Form ist paradoxerweise dann vollendet, wenn sie eine dynamische Mitte zwischen gestalthafter Proportion und lebendig bleibenden, dynamischen Impulsen findet. Deutlich ist aber, dass Form hinsichtlich der Durcharbeitung der im Kunstwerk vorhandenen Momente irgendwann innehalten muss. Im Gegensatz zur poetischen Selbstreferenz und ihrer rekursiven Selbstanwendung findet die Form ein Ende: bei ihrer Anschaulichkeit.

Die Geschichte der alten Poetik lässt sich als Bewegung zwischen mimetischem Außenbezug und dessen formhafter Bewältigung erzählen. Rhetorik ist dabei die Vermittlungsstelle, welche die mit der Mimesis gegebenen Handlungsformen in dichterische Formen übersetzt. Mimesis verweist auf die Handlungsablauftypen, welche rhetorisch durchgearbeitet werden. Man könnte diesen Formbegriff geradezu als Kreuzklassifikation von unterschiedlichen Komponenteneinheiten darstellen: Mimesis von Handlung, Interaktion oder Ausdruck führt zu Narration, Drama oder Lyrik. Stillagen (hoher, mittlerer, niedriger Stil) werden durch die Ständeklausel mit entsprechendem Personal (Landbevölkerung, Bürgertum, Herrscherkaste) und korrespondierenden Handlungsorten (Land, Stadt, Hof) verbunden. Im Drama entspricht dies zunächst der dichotomischen Differenzierung von Komödie und Tragödie, zu der sich schnell ein mittlerer Übergangsbereich etabliert. Die Narration unterscheidet zwischen ländlich situierter Idylle, städtisch situiertem Roman und mit Staatsangelegenheiten befasstem Epos. In der Lyrik ist das Thema der Liebe in der unteren Stilebene beim Volkslied beheimatet, in der oberen Stilebene beim Sonett. Diese Überkreuzung von realismusaffiner Mimesis (Auerbach 2015) der Praxisformen einerseits und rhetorischer Schematisierung von Angemessenheitsszenarien und ihren Stillagen andererseits erzeugt in den alten Poetiken den Kanon der poetischen Formen.

Dieses Formparadigma gilt etwa bis zur Mitte des 18. Jahrhunderts. Man hat die in diesem Zeitraum stattfindende Transformation der historischen Semantik vielfach beschrieben. Die durchaus nicht einheitliche Liste der Stichworte ist lang: Subjektivierung und Genieästhetik (Schmidt 2004), Apriorismus der Transzendentalphilosophie, Aufstieg des Romans als neues Paradigma der Poetik (Lämmert et al. 1971), bürgerliche Kultur und Öffentlichkeit, Entdeckung und

Theoretisierung der Sinnlichkeit (Solms 1990), neue geschichtsphilosophische Konzeptbildungen (Steinwachs 1986), Autonomieästhetik etc. In der Folge dieser vielfachen, auf verschiedenen Ebenen vollzogenen und in sich spannungsreichen Gesamtbewegung, in der sich alteuropäische Semantiken und beginnende Modernität durchdringen (Koselleck 1979b), lockert sich das durch die Rhetorik stabilisierte Verhältnis von Mimesis und Form. Form dynamisiert und verzeitlicht sich, Mimesis tritt im 18. Jahrhundert in produktive Spannung zum Begriff der Darstellung der inneren Seelenvermögen als neuem Gegenstand poetischer Rede (Hart-Nibbrig 1994) – insgesamt werden Form und Mimesis gegeneinander zunehmend frei und fungibel. Damit ist die alte Poetik nicht mehr aufrechtzuerhalten. Konstruktivistische Modelle treten auf (z. B. Friedrich Hölderlins *Über die Verfahrensweise des poetischen Geistes*, 1800), sensualistische Poetiken werden formuliert (Herder), Mimesis wird neu gedacht, z. B. semiotisch durch Lessing (*Laokoon*, 1766) oder typologisierend durch Goethe (*Einfache Nachahmung der Natur, Manier, Styl*, 1789) etc.

Infolge der gegenseitigen Loslösung von Mimesis und Form wird mithin das Feld frei, um die beiden Begriffe nicht nur neu zu konstellieren, sondern sie auch unabhängig voneinander zu denken. Ein Apriorismus der Form (Tatarkiewicz 2003, 346–347) kann Mimesis weit zurückdrängen, während sich zugleich Mimesis in Mimikry (Theodor W. Adorno) fundieren kann, als mimetisches Begehren (René Girard) oder als mimetisches Vermögen (Walter Benjamin) denkbar wird, ohne unmittelbar die Übersetzung in Form ansteuern zu müssen. Denkbar werden auch Steigerungen des Mimesisparadigmas bis hin zu einer Aufnahme des Konzepts der *natura naturans* (Blumenberg 2001b, 9–46), so dass vom *alter-deus*-Konzept her ein Bezug zur Ideenlehre, also zum Apriorismus der Form entsteht – eine Konstellation, die in der europäischen Geistesgeschichte tief verankert ist, aber ihre Modernepotentiale erst spät ausformuliert.

Erneut führt das Erzählen von Poetikgeschichte zu einer Situation diskursiver Diffusität. ‚Um 1800' vollzieht sich die Auflösung des Paradigmas der alten Poetiken, das 19. Jahrhundert etabliert keine neuen Prinzipien, wohl aber eine Ausdifferenzierung der institutionellen Strukturen (moderne Universitäten mit neuer Fächerstruktur, ausformulierter literarischer Markt). Es ist erst das 20. Jahrhundert, welches poetikgeschichtlich den entscheidenden Impuls zu geben vermag, den Formbegriff durch das Konzept der poetischen Selbstreferenz abzulösen und ihn – gemäß der hier aufgestellten These – durch ein Gegenprinzip zu kontern.

3 Poetizität als sprachliche Selbstreferenz (Roman Jakobson)

Mit dem russischen Formalismus betritt in der Geschichte der Poetik eine Theorie die Bühne, die genau diejenige Inflationierung beschreibt und damit auch nobilitiert, welche durch die Gestalthaftigkeit der Form unterbunden werden soll. Wenn die Differenzqualität poetischer Texte zu nichtpoetischen Texten, also ihre Literarizität oder Poetizität, in einer bestimmten Art und Weise der sprachlichen Selbstreferenz zu suchen ist, welche sich insbesondere durch eine lange Liste von Verfahren und Kunstgriffen darstellt, kennt solche Selbstreferenz keine Stoppregel: Rekursion ist prinzipiell immer wiederholbar bis hin zu einer gestaltsprengenden Dichte der poetischen Kodierung. Es deutet sich an, dass die Tradition der Poetiken mit ihrem Formparadigma ein komplexes Verhältnis zur Poetizitätstheorie mit ihrem Paradigma der Selbstbezüglichkeit unterhält. Um dieses Verhältnis genauer zu fassen, gilt es zunächst, den Poetizitätsbegriff einer Auslegeordnung zuzuführen.

Der Ausgang sei bei Jakobson und seiner berühmten Definition von Poetizität aus dem Jahre 1961 genommen. „The poetic function projects the principle of equivalence from the axis of selection into the axis of combination." (Jakobson 1981, 27) In der deutschen Übersetzung: „Die poetische Funktion projiziert das Prinzip der Äquivalenz von der Achse der Selektion auf die Achse der Kombination." (Jakobson 1979d, 94) Die übliche Lesart dieser Formulierung konzipiert den poetischen Text als eine solche fortlaufende Rede (Achse der Kombination, Syntagma), die durch eine intensive, dem Ähnlichkeitsprinzip unterstellte Wiederholung von Paradigmaelementen (Achse der Selektion) ausgezeichnet ist. Kurioserweise wurde nie beachtet, dass Jakobson nicht von der Projektion der Äquivalenzen, sondern von der des Äquivalenzprinzips spricht. Wenn man ebenentheoretisch Prinzip und Prinzipiiertes unterscheidet, dann ist der Inhalt des Paradigmas, das Prinzipiierte, nicht mit seinem Prinzip zu verwechseln. Ein Text wird nach Jakobsons Formel nicht dadurch poetisch, dass er eine höhere Rekurrenzdichte gegenüber nichtpoetischen Texten hat; Poetizität besteht nicht darin, dass überdurchschnittlich oft aus relativ wenigen Paradigmen ausgewählt wird, um so Äquivalenz herzustellen.

Gleichwohl, Jakobson wurde genauso interpretiert, also missverstanden. Roland Posner (1972, 210–211) formalisiert Jakobson dahingehend, dass Paradigmainhalte gleichsam auf das Syntagma ausgeschüttet werden, so dass der Text permanent sein Paradigma variiert. Jürgen Link (1983, 166) konzipiert das Paradigma aus semantischen Oppositionen, deren Paraphrasierungen die Dichte poetischer Texte erzeugen. Friedrich Kittler deutet die poetische Funktion als

Realisierung von Paradigmainhalten auf Syntagmaebene: „So klar definierte es Jakobsons poetische Funktion, daß sie die vertikale Ordnung etwa eines Reimlexikons noch auf die horizontale Ordnung der Zeit legt." (Kittler 1990, 198) Erhard Schüttpelz (1996, 312–315, 489) versucht durch komponentenanalytische Reduktionsexperimente nachzuweisen, dass Parallelismen in nichtpoetischen Texten nicht weniger oft anzutreffen sind als in sogenannten poetischen und schließt daraus, dass Jakobsons poetische Funktion nicht geeignet sei, das Differenzkriterium der Poetizität formulieren zu können. Harald Fricke (1977) geht so weit, die Anzahl der Metaphern in einem literaturwissenschaftlichen Text mit der Anzahl der Metaphern in einem poetischen Text zu vergleichen, um festzustellen, dass die literaturwissenschaftlichen Texte mitunter poetischer sind – sofern man dieses Kriterium anlegt. Allen diesen teils sehr umfangreichen und empirisch gestützten Studien ist gemein, dass sie Jakobsons präzise Formulierung schlichtweg nicht wahrgenommen haben. Die Projektion eines Prinzips auf das Syntagma ist nicht die Projektion der prinzipiierten Inhalte auf das Syntagma.

Für dieses – übrigens sehr erfolgreiche und produktive Missverständnis – kann man Gründe namhaft machen. Man hat den Unterschied des osteuropäischen Strukturalismus zum Ferdinand de Saussure folgenden westeuropäischen Strukturalismus (Schmitz 1998) zu wenig berücksichtigt und Jakobson dem Modell der strukturalen Semantik zugeordnet. Hinzu kommt, dass Jakobson wohl gar nicht durchgängig als Strukturalist zu denken ist, gerade seine poetologischen Texte stehen eher in der Folge des Formalismus. Schließlich ist Jakobsons Literaturwissenschaft eher rhetorikgeschichtlich zu denken, durchaus im Gegensatz zur strukturalistischen Systematik. In diesem Sinne liest Hendrik Birus Jakobsons Verfahren sehr viel offener, fast als Anarchismus einer inflationären Analysevielfalt (Birus in Jakobson 2007b, I, XIII–XLVIII und Beitrag Birus in diesem Band). Jakobsons rhetorikaffine, osteuropäische Strukturalismus- oder gar Formalismusvariante folgt eigenen Denkfiguren, welche sich nicht auf die strukturalistische Deutung herunterbrechen lassen, dass die Projektion des Äquivalenzprinzips eigentlich die Projektion der Äquivalenzen der semantischen Paradigmen meine.

Re-entry der Funktionen in die Funktionen

Dass die poetische Funktion nicht einfach nur viele Äquivalenzen aufbietet, sondern grundsätzlich als eine transformierende Tätigkeit aufgefasst werden muss, geht aus einer Bemerkung hervor, die Jakobson gegen Ende seines Aufsatzes macht: „Der Vorrang der poetischen Funktion vor der referentiellen löscht den Gegenstandsbezug nicht aus, sondern macht ihn mehrdeutig. Die doppeldeutige Botschaft findet ihre Entsprechung in einem geteilten Sender, einem geteilten Empfänger und weiter einer geteilten Referenz." (Jakobson 1979d, 111) Die poetische Funktion übt nicht einfach nur eine quantitative Überlegenheit über die anderen Funktionen aus, sie verändert sie vielmehr, indem sie sie zerteilt, aufspaltet, ‚doppel-deutig' macht. Dies führt zu dem Systemgedanken, dass die poetische Funktion transformierende Kraft hat, indem sie die anderen Funktionen poetisiert.

Jakobson kommt zu seinem Funktionenschema, indem er Karl Bühlers (1978, 28) Organonmodell durch die drei Funktionen ergänzt, die Claude Elwood Shannon und Warren Weaver (1949) hinzugefügt haben. Dort liegt ein nachrichtentechnisches Kalkül zugrunde, dessen Ziel in der Vermeidung von Rauschen besteht (Kittler 1993; Schüttpelz 2001). Bühlers Modell hat eine störungsfreie Kommunikation von Sachverhalten (Jakobson: referentielle Funktion) zwischen Sender (Jakobson: emotive Funktion) und Empfänger (Jakobson: konative Funktion) unterstellt. Um aber die Zeichenübermittlung gegen Störungen (engl. *noise*, Rauschen) abzusichern, sind weitere Funktionen nötig: Sofern der Kommunikationskanal störanfällig ist, muss er eigens markiert werden (phatische Funktion), sofern die Stimme wenig prägnant ist, muss sie aufgeraut, also auf materialer Ebene charakteristisch gemacht werden (poetische Funktion), sofern sichergestellt werden muss, dass die Nachricht angekommen ist, muss sie reformuliert bestätigt werden (metasprachliche Funktion).

Man wird nun die durchaus rätselhafte Formulierung von der ‚Projektion des Äquivalenzprinzips' so deuten können, dass die poetische Funktion die Prinzipien der anderen Sprachfunktionen durch Poetisierung äquivalent setzt. Wenn die poetische Funktion tatsächlich die komplette Funktionsmatrix der Sprache durcharbeitet und ummodelliert, dann wird es – Jakobsons Schema der Sprachfunktionen aufnehmend – die folgenden fünf poetischen Äquivalenzprinzipien geben, die, auf die Verlaufsachse der Sprache projiziert, die Sprache ‚poetisieren'. Es geht also um einen Re-entry der anderen Funktionen in die poetische Funktion:

1. poetisierte Emotivität = pluralisierter Sender (Funktion Autorschaft)
2. poetisierte Konativität = pluralisierter Empfänger (Leserkonstrukte)
3. poetisierte referentielle Funktion = Fiktionalität
4. poetisierte Metasprache = immanente Poetik
5. poetisierte phatische Funktion = poetische Schreibszene

Erstens: In der Literaturwissenschaft werden unterschieden: der empirische Autor und die Funktion Autorschaft, der Dichter und das lyrische Ich, der Schriftsteller und der Erzähler, in einer Erzählung mehrere narrationsgenerierende Akteure, also Suberzähler. Für den poetischen Text gilt, dass es nicht einen Autor gibt, sondern eine vielfach aufgeteilte und verstreute Funktion Autorschaft, die zusammenzutragen (äquivalent zu setzen) dem Lesen aufgetragen ist. Poetisierung teilt den Sender (Jannidis et al. 2000; Schaffrick und Willand 2014b).

Zweitens: Auch der Empfänger eines poetisierten Textes ist aufgespalten und pluralisiert. Als erster Leser des Textes ist der Schriftsteller selbst anzunehmen. Noch nahe am Produktionsprozess gibt es weitere Leser: Korrekturleser, Textsetzer, Druckfahnenleser, schließlich die ersten Rezensenten, die zeitgenössischen Leser, dann die zeitlich entfernten Leser, schließlich wissenschaftliche Leser, vielleicht den idealen Leser oder Modell-Leser (Iser 1972; Eco 1987a). Auch diese Leserkonstrukte werden im Text verstreut – man denke an intradiegetische Erzähler, an Herausgeberfiktionen etc. – und durch die poetische Funktion ‚ähnlich' gemacht.

Drittens: Die poetische Funktion verändert die referentielle Funktion, sie dreht sie geradezu um. Die Selbstreferentialisierung der Fremdreferenz führt zunächst zu einer Umlenkung der Aufmerksamkeit von der sprachlichen Referenz hin zur sprachlichen Selbstbezüglichkeit, weitaus umfassender aber zu einer der Sprache folgenden Konstruktion von immanenten Welten. Man nennt dies Fiktionalität.

Viertens: Wenn die poetische Funktion die metasprachliche poetisiert, dann heißt dies, dass der poetische Text eine immanente Ebene der Selbstbeobachtung (‚Metasprache') kennt, die gleichwohl das Kontinuum der poetischen Welt nicht verlässt. Auch dieser Gedanke ist längst bekannt, es handelt sich um die immanente Poetik (s. o.). Radikal verstanden kann durch diese Poetisierung grundsätzlich jede thematische Sequenz einer Dichtung als Allegorie ihrer Poetik interpretiert werden. Wenn der Verdacht nicht abgewiesen werden kann, dass jede thematische Einheit immer auch eine Allegorie der Lektüre sein kann, dann gibt es für diese Form der immanenten Poetisierung des Textes keine Stoppregel. Die Dekonstruktion hat daraus ihre Schlüsse gezogen (s. u.).

Fünftens: Die phatische Funktion, also die Markierung des Kommunikationskanals, wird in der Grammatik des poetischen Textes zur Schreibszene. Tatsächlich kennt fast jede einigermaßen umfangreiche und ihre Register ausformulierende Dichtung die Szene des Schreibens, thematisch oder auch allegorisiert. Wenn man es mit einer systemischen Rekonstruktion Jakobsons ernst meint, wird man auch die poetisierte Phatik zu den konstituierenden Äquivalenzprinzipien der Poesie zählen müssen (zur Schreibszene s. u.).

Jede der fünf nichtpoetischen Funktionen ist sinnvoll poetisierbar, es handelt sich bei dieser Formalisierung um das, was Jakobson die „Grammatik der Poesie" nennt (1979d, 116). Damit liegt ein Kriterium für Poetizität vor: Ein Text ist dann poetisch, wenn er alle anderen Funktionen transformiert hat. Diese Definition hat gegenüber den bisherigen Versuchen, die Quantität der Rekursionsdichte empirisch zu bestimmen, den immensen Vorteil, eine tiefenstrukturelle Dimension anzugeben.

Die fünf nichtpoetischen Sprachfunktionen bilden also dann die Äquivalenzprinzipien des poetischen Textes, wenn sie von ihm poetisiert worden sind. Die drei zu Bühlers Modell hinzukommenden Funktionen sind dabei allesamt selbstbezüglicher Natur. Deshalb sind sie auch schwer auseinanderzuhalten: Fast immer konvergieren immanente Poetik (poetisierte Metasprache) und literarische Schreibszene (poetisierte Phatik). Infolge der Ergänzung Bühlers durch Shannon und Weaver lässt sich also sagen: Poesie minimiert Rauschen. Jurij Lotman (1972, 118–121, bes. 118) schreibt in diesem Sinne: „Die Kunst aber [...] besitzt die Fähigkeit, Rauschen in Information zu verwandeln." In der Dichtung kann nie entschieden werden, ob nicht doch eine zunächst unwichtige Stelle (Hintergrund) entscheidend wird (Vordergrund). Poesie setzt die informationstheoretische Differenzierung von Vorder- und Hintergrund in dem Sinne in Bewegung, dass jedes Moment immer auch Vordergrund sein könnte. Indem der poetische Text virtuell jedes Zeichen aufraut, es einer möglichen poetologischen Allegorie einliest, es mehrfach aufgespalten sendet und adressiert, es als Markierung des Schreibens deutet und es in die Kohärenz einer fiktionalen Welt einfügt, kann es immer das wichtigste Zeichen werden – und dies gilt strukturell für jedes Moment des Textes. Poesie versetzt die Sprache in ein wechselndes Variantenspiel von Vorder- und Hintergrund und damit in einen Prozess unendlicher Semiose auf allen ihren Ebenen. Anders formuliert: Poesie besteht darin, dass verschiedene Arten der sprachlichen Selbstbezüglichkeit freigesetzt werden, ohne dass sie durch referenzorientierte Pragmatik einer Stoppregel unterliegen. Eine solche Pragmatik lag im Modell der alten Poetik vor: Mimesis verbürgte Referenz, zur Form führende Rhetorik eine pragmatische Stoppregel. Poetizität aber stellt Selbstreferenz auf Dauer.

Zu einer Typologie der poetischen Selbstreferenzen

Die hier angedeutete Interpretation der Jakobson-Formel hat zutage gefördert, dass die materiale Selbstbezüglichkeit der poetischen Funktion zu einer Poetisierung der anderen fünf Funktionen führt, die mithin Modi der poetischen Selbstreferentialität werden. Dies ist der primäre Sinn der Kategorie ‚Poetizität', man kann also das fünffache Re-entry-Gefüge als ‚Grammatik der Poesie' bezeichnen. Um genau zu sein: Die in den anderen fünf Funktionen zentralen Funktionselemente werden durch die Poetisierung vervielfacht und in die Textur verstreut, um dort ein dichtes Gefüge von Äquivalenzen zu bilden. In diesem Sinne kann man Jakobson als Denker von Ähnlichkeiten rekonstruieren und überraschenderweise seinen Formalismus als eine Lehre vom Ähnlichen: Ähnlich gemacht oder äquivalent gesetzt werden thematische mit poetologischen Elementen, aufgespaltene Teile der Sender- und Empfängerfunktionen, die an sich schon selbstbezüglich angelegten Funktionen (s. o.) und natürlich auch die vielfachen Materialitäten der Sprache selbst, von denen Reim, Assonanz oder Parallelismus die hervorstechendsten sind.

Wenn Jakobsons initiale Intuition weiterhin Geltung beanspruchen kann, dann lässt sich Literaturwissenschaft als Disziplin nur über eine Theorie der Poetizität plausibel machen, also nur durch das möglichst genaue Wissen davon, was poetische Texte von anderen unterscheidet. Der Weg zu einer Antwort liegt nun vor: Poetizität ist wesentlich sprachliche Selbstreferenz (poetische Funktion), die einen so starken transformativen Zug hat, dass sie eine Reihe weiterer Selbstreferenzen erzeugt, vorderhand die genannten fünf Re-entrys der anderen Funktionen in die poetische Funktion.

Erstaunlicherweise liegt in der Literaturwissenschaft keine durchgeführte, aus dem Prinzip der poetischen Funktion abgeleitete Typologie poetischer Selbstreferenzen vor, obwohl dies das Zentrum des Konzepts ‚Poetizität', als generativer Kern der Disziplin ‚Literaturwissenschaft', sein müsste. Typologien mit kleinerem Extensionsanspruch existieren natürlich, aber sie haben sich nicht weithin durchsetzen können: Michael Scheffel (1997, bes. 54–56) hat sechs Typen selbstreflexiver Narrativität aufgestellt, Blooms Systematik des Fehllesens (1997, 109–138) ist zugleich eine Typologie textueller Selbstverhältnisse, linguistische Stratifikationen sind typologisierend ausgewertet worden (Posner 1972, 204), semiotisch wurde der poetische Text als Koexistenz von Zeichentypen gedacht (Titzmann 2003). Es seien im Folgenden einige zu Jakobsons poetischer Funktion kompatible Hinweise gegeben.

Erstens: Wenn man Jakobsons Lehre vom Ähnlichen ernst nimmt, dann kann es nicht nur um semantische Ähnlichkeiten gehen. Die Semiotik führt weit, aber nicht zur Gänze in das Gebiet, in dem Ähnlichkeit primär analog (nicht diskret, nicht schriftaffin) formiert ist: Es handelt sich um die Bildlichkeit. Dass Dichtung bildlichen Charakters sei, ist ein Topos vor allem der Neuzeit (Simon 2011, 15–21). Wenn es gelänge, Bildlichkeit als Ähnlichkeitsform von der Visualität zu lösen und folglich – jenseits einer nur intermedialen Verknüpfung von Bild und Text – Bildlichkeit als genuines Textprinzip zu denken (Simon 2009), dann würde sich andeuten, dass Selbstreferenz als Ähnlichkeitsrelation zwischen poetischer Funktion und Bildlichkeit zu denken ist.

Zweitens: Jakobsons Systemformel von der Projektion des Äquivalenzprinzips ist bislang immer nur als Verfahren der Textexpansion (*amplificatio*) gedacht worden. Tatsächlich zeigen Jakobsons Hinweise (1979d, 111) auf die poetische Etymologie, dass die poetische Funktion auch nach innen wirkt: Sie zerteilt

(Dihärese) das sprachliche Material bis in die kleinsten Elemente und setzt auch diese äquivalent, sowohl hinsichtlich der *phoné* (Lauttextur) als auch schriftlich (Anagrammatik: Haverkamp 2000; Starobinski 1980). Die Ebene einer Motivierung des Buchstäblichen ist konstitutiver Teil der poetischen Funktion (Simon 2012a).

Drittens: Die poetische Funktion erstreckt sich auf die kompletten grammatischen Register der Sprache. Wenn Jakobson von grammatischen Metaphern (Jakobson und Pomorska 1992, 98–109) oder von „grammatischen Tropen und Figuren" (Jakobson 1979d, 116) spricht, dann weist er syntaktischen Strukturen poetische Funktionalität zu. Die Linguistik trifft die folgenden Ebenenunterscheidungen: Phonetik (distinktive Elemente, die Ebene des Klanges und der Aussprache), Morphologie (die Ebene der verschiedenen Formen, die ein Wort annehmen kann), Syntax (die Ebene der grammatisch geregelten Reihenfolge der Worte), Semantik (die Ebene der Bedeutung der Worte), Pragmatik (die Ebene des Kontextes und der referenzorientierten Intentionalität). Ein Ausbuchstabieren der poetischen Funktion wird jede dieser Ebenen zu bedenken haben.

Viertens: Poetische Selbstreferenz wird natürlich auch durch traditionell poetische Verfahren erzeugt, so bei der versifizierten Rede durch metrische und strophische Kunstgriffe und durch Gattungsformen (s. Beitrag Detering in diesem Band). Die für einen Kulturkreis geltenden Genrekonventionen limitieren und kanalisieren die poetische Textur und führen zu engen Selbstbezüglichkeiten. – Argumentationsstrategisch lässt sich hier sehen, dass vom Standpunkt der Poetizität aus die Formen als gemäßigte Modi der poetischen Selbstreferenz betrachtet werden (während vom Standpunkt der Formen her die Poetizität limitiert werden muss, um die Gestalthaftigkeit zu bewahren).

Fünftens: Die Tropen und Figuren der rhetorischen *elocutio* stellen ein mächtiges Instrument poetischer Selbstreferenzen zur Verfügung. Während sich die alte Poetik auf die ganze Rhetorik mit ihrer pragmasemiotischen Verankerung bezogen hat, benutzen Poetizitätstheorien meist nur die *elocutio*. Gérard Genette spricht in diesem Sinne von einer restringierten Rhetorik (Genette in Haverkamp 1996a, 229–252). Von der Angemessenheit (*aptum*) auf einen Redezweck befreit, nimmt die Komplexität vor allem der Tropen schlagartig zu, wie an der ausufernden Debatte über die Metapher zu sehen ist (Haverkamp 1996a; Haverkamp 1998). Tropen werden tendenziell paradox, weil sie immer nur innerhalb der Tropen und Figuren weiterverweisen und keine stabilisierende externe Referenz zugesprochen bekommen. Die Dekonstruktion hat diesen selbstreferentiellen Zug der vom sonstigen rhetorischen Apparat befreiten *elocutio* ins Zentrum ihrer Poetizitätsthese gestellt (s. u. und Beitrag Haverkamp in diesem Band).

Sechstens: Eine nicht unwichtige sprachliche Selbstreferenz ist die Schriftbildlichkeit (Mersmann 2015). Ein Sonett hat man in der Regel schon gesehen, bevor man es liest. Es gibt verschiedene Arten, Schriftbildlichkeit poetisch zu markieren. Stefan George hat für seine Gedichtbände eine eigene Type kreiert. Peter Weiss schreibt ohne Absätze in großen Textblöcken, so dass der Leser einer geradezu unüberwindlichen Mauer gegenübersteht. Arno Schmidt formuliert in kleinen *snapshots*, so dass der Text nervös und schnell aussieht. Die vielleicht wichtigste Dimension dieser poetischen Materialität ist aber das Manuskript, dem in der neueren Forschung eine poetische Eigenlogik zugeschrieben wird (s. u. und Beitrag Endres in diesem Band).

Diese sechs Felder poetischer Selbstreferenz – hinzukommend zu den fünf Re-entrys der Funktionen in die poetische Funktion – seien genannt. Poetizität stellt sich als Ausformulierung dieser in Selbstbezüglichkeit versetzten Register der Sprache dar. Damit ist eine kompakte Theorieformation der poetischen Funktion gegeben.

Im Folgenden sollen drei aktuellere Felder der Poetizitätstheorien exemplarisch erörtert werden, wobei stets der Anschluss an die poetische Funktion Jakobsons gesucht wird. Zuerst findet sich eine Ausdeutung der poetisierten Referentialität (Rahmensetzungen, Abschnitt 4), dann eine Analyse der realen Materialität (Materialität des Schreibens, Abschnitt 5), schließlich folgt die Ausweitung der poetischen Funktion zu einer kulturpoetischen Funktion und ihrem offenen Plural der Poetologien (Abschnitt 6). Der letzte Abschnitt zur Dekonstruktion (Abschnitt 7) wird dann die Opposition von Poetik und Poetizitätstheorie engführen.

4 Rahmen (Poetisierung der referentiellen Funktion)

Für das Beiwerk des Textes – Titel, Untertitel, Inhaltsverzeichnis, Überschriften, Fußnoten, Register, Klappentext – hat Genette (1989) den Terminus der Paratexte geprägt (s. Beitrag Dembeck in diesem Band). Zunächst scheinen Paratexte vor allem pragmatische Funktionen zu haben. Sie erleichtern die Orientierung im Text und diejenige über den Text bis hin zu seiner Auffindbarkeit in Archiven. Dass Texte überhaupt adressierbar geworden sind und nicht im ununterschiedenen Kontinuum der fortlaufenden Schriftrolle verschwinden, ist eng verknüpft mit medientechnischen Innovationen (Buchdruck: Giesecke 1991), als Paratextualisierung des Textes beschreibbar (Illich 1991). Damit kommt der Paratextualität textkonstitutive Funktion zu, durchaus auf einer ontologischen Ebene.

Dass man auch eine poetologische Konstitutionsfunktion (,Poetizität') mit Paratexten verbinden kann, wird einsichtig, wenn man sich an einen Akt der Rahmensetzung erinnert, der zu Beginn des 20. Jahrhunderts Kunstgeschichte geschrieben hat. Marcel Duchamp besorgte sich 1917 ein Urinal, nannte es *Fountain* und stellte es in einem der Kunst gewidmeten Raum aus. Zur Verwunderung und Empörung der Zeitgenossen ist damit zum ersten Mal ein Kunstwerk vorhanden, an dessen materiale Herstellung der Künstler keinerlei Arbeit verwendet hat. Der ästhetische Akt besteht nur darin, dass ein Rahmen gegeben wird, der sich in der Benennung und in der Platzierung genügt. Literaturwissenschaftlich gesprochen: Es liegt eine Paratext-Operation ohne bearbeiteten Inhalt vor. Das Resultat gilt nach wie vor als Kunst, so wie Peter Handkes Gedicht *Die Aufstellung des 1. FC Nürnberg vom 27.1.1968*.

Aus dem Gesagten lässt sich beinahe ein Syllogismus ableiten: Wenn es erstens offenkundig möglich ist, dass der Rahmen die Ästhetizität erzeugt, und wenn zweitens Paratexte die Rahmen von Texten sind, dann sind die Paratexte der Ort, an dem wesentliche Auskünfte über die Poetizität der Dichtung zu gewinnen sind. Dies sei mit zwei Argumenten ausgeführt.

Bei Jean Paul findet sich das Phänomen einer extensiven Paratextualisierung. Bevor der Leser zur Idylle von *Quintus Fixlein Leben [...]* gelangt, muss er ein *Billet an meine Freunde, anstatt der Vorrede*, sodann die *Geschichte meiner Vorrede zur zweiten Auflage*, eine Dichtung *Die Mondfinsternis* und schließlich ein zweiteiliges *Musteil für Mädchen* durchlaufen. Till Dembeck (2007; vgl. auch Wirth 2008) analysiert entsprechende Phänomene bei Jean Paul, der die Autonomie der Kunst durch lauter halbpoetische Texte – paratextuelle Vorreden und Digressionen – infrage stellt und somit quasi den Text in die Welt hinaus wuchern lässt, während andererseits der Autonomieraum des Textuellen dadurch permanent vergrößert wird. Es entsteht ein oszillierendes Spiel mit der Grenze zwischen Welt und Fiktion, eine Übergangszone (Wirth 2009). Die Vorrede koppelt zweifach an, einerseits selbstreferentiell an die ästhetische Fiktion, andererseits fremdreferentiell an die Welt, die sie adressiert. Im Ergebnis bleibt das Spiel mit der Grenze zwischen Fiktion und Nichtfiktion ein Spiel und neigt sich deswegen der Seite der Fiktion zu. Die Rahmenstrategien werden zunehmend in den Textinnenraum hineingefaltet und intrinsisch motiviert. Der Autor vervielfältigt sich in seinen Verdoppelungen, differenziert sich in Schreiber, Überlieferer, Herausgeber, Dichter, Beschimpfer der Rezensenten etc.; die Vorrede bekommt eine Vorrede, der Roman einen Appendix und dieser wieder einen, die Überschrift eine zweite und sodann eine Erklärung. Die Pluralisierung der Autorschaft entspricht der poetisierten Emotivität, die Pluralisierung der Adressierungen von Welt der poetisierten referentiellen Funktion (s. o.).

Wenn dieser textuelle Wucherungsmodus den Bereich des Poetischen ausweitet, dann ist in der Konsequenz dieser Überlegungen die autonomieästhetische Werkeinheit nicht nur über den Begriff der Schließung, sondern auch über den Begriff der Erweiterung zu denken. Der Begriff des Kunstwerks als Monade, die starke Theorie der poetischen Selbstreferenz, die intensive Stabilität nach innen durch die Form – alle diese Denkmodelle basieren auf der Grundvorstellung eines sich Zusammenziehens, eines in sich Gehens, einer starken Konzentration auf sich selbst. Vielleicht kann aber die Autonomie des Ästhetischen gerade auch über die entgegengesetzte Bewegung gedacht werden. Der Text geht aus sich heraus, er multipliziert die Struktur der ästhetischen Rahmung, er extendiert seine Paratextualität und gewinnt dadurch den Raum einer immer größeren Fiktionalität und Poetizität.

Jakobsons poetische Funktion, die im aktuellen Zusammenhang im Modus der poetisierten Referentialität zu denken ist, muss also offenkundig nicht nur textuell als Texterweiterung (*amplificatio*) gedacht werden, sondern auch referentiell: als permanente Ausweitung des Bereichs des Ästhetischen, als Grenzverschiebung nach außen hin.

Ein zweites rahmentheoretisches Argument sei hinzugefügt. Lotman geht in *Die Struktur literarischer Texte* (zuerst 1970) von der asymmetrischen Anfangsunterscheidung von System und Umwelt aus: Systeme stehen der Umwelt nicht gegenüber, sie sind in sie eingebettet, aber durch eine starke selbstbezügliche Tätigkeit von ihr abgekapselt. Signalisiert wird die Abgrenzung zur Umwelt bei poetischen Texten durch paratextuelle Rahmungen. Der zweite Schritt bei Lotman (1972, Kap. 8) besteht nun darin, dass diese in sich abgeschlossene Einheit bestrebt sein muss, eine innere Komplexität zu entwickeln, die tauglich ist, die Komplexität der Umwelt intern abzubilden. Der Text vollzieht eine Operation, welche eine Unterscheidung einführt, ein elementares A versus B, damit überhaupt etwas da ist, das sich in Bezug auf etwas anderes positionieren kann. Die im Innenraum des Systems etablierte Trennlinie zwischen den semantischen Bereichen A und B wird nun durch einen Handlungsträger (Aktant, Akteur) überschritten. Die beruhigte und definierte Semantik des Ausgangsbereiches („Sujetlosigkeit': Lotman 1972, 329–340) wird in die unbekannte und potentiell gefährliche Semantik des Zielbereichs überführt, der Handlungsträger hat Abenteuer zu bestehen (Begriff des ‚Ereignisses': Lotman 1972, 332). – Was passiert also, wenn der Romanheld den Bereich wechselt? Er trifft auf jemanden, es findet also im zweiten Bereich eine Konfrontation statt. Wenn sich die Kontrahenten gegenüberstehen, entsteht definitorisch eine Doppelbindung: Die Akteure sind sowohl Kontrahenten als auch verbunden darin, dass sie sich aus nichts anderem heraus definieren als aus der Tatsache ihrer Opposition („Ko-Opposition': Lotman 1972, 123, 216 u. ö.). Mit der Ko-Opposition tritt nun der erzählerische Text in sein eigentliches Tun ein, es geht um die ergebnisoffene Aushandlung der beiden semantischen Felder, die sich in der Gestalt zweier Protagonisten gegenüberstehen.

Rahmen- und raumtheoretisch lässt sich also sagen, dass zuerst überhaupt ein Rahmen gesetzt wird, dieser dann intern durch Aufspaltung verdoppelt wird, so dass ein Handlungsträger die Ausgangssemantik in die andere Hälfte des Rahmens mitnimmt, wo erneut durch die Konfrontation die Verdoppelung der Rahmen entsteht, was die Akteure wiederum auszuhandeln haben, womit sie erneut einen Rahmen schaffen. So formuliert ist der ganze Prozess der Erzählung nichts anderes als eine permanente Produktion von ästhetischer Rahmung (Simon 2013c) bei gleichzeitig vonstattengehender Raumerzeugung (zur Poetik des Raums s. Beitrag Günzel in diesem Band).

Die Semantik der Rahmensetzung lässt sich, auf der Spur des Erzählerischen bleibend, einer weiteren Überlegung zuführen. Klaus Weimars (1994) Theorie des Erzählers findet zu einer Kommunikationsstruktur des infiniten Regresses, der aus einer Abfolge von eingeschachtelten Rahmen besteht. In der Schematisierung zu einer trichterförmigen Struktur wird eine narrative Kommunikationsform stets durch eine tieferliegende ermöglicht:

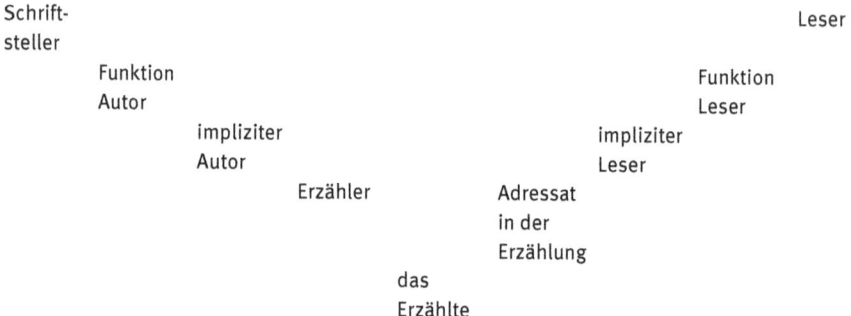

Von oben nach unten betrachtet – also in den Trichter der poetisierten Emotivität hinein – scheint die Erzählung eine Mitteilung zu sein, die ein Sender an einen Empfänger verschickt, als ob auf einer ontologisch manifesten Ebene ein reales Subjekt (Schriftsteller) seine Nachricht an ein ebenso reales Subjekt (Leser) richtet, quasi nach dem Modell eines Briefwechsels. Aber der Schriftsteller als empirische Person schlüpft in eine funktionale Rolle (‚Funktion Autor'), in der er seinen Text schreibt – er nimmt quasi in einem Rahmen (‚System Literatur') Platz, dessen Regelcharakter ebenfalls dafür sorgt, dass das Ziel dieses Sprechens ein systemgenerierter Rollenentwurf (‚Funktion Leser') ist. Literatur lesen heißt, in Rollendispositive zu schlüpfen, gerahmte Kommunikationsspiele zu befolgen. Innerhalb des Rahmens ‚Literatur' entsteht eine Idealvorstellung davon, wer der Autor dieses Textes gewesen sein kann und wer der adressierte Leser sein soll: Man nennt diese modellhaften Vorstellungen ‚impliziter Autor' (Booth 1991, 74) und ‚impliziter Leser' (Iser 1972) oder ‚Modell-Leser' (Eco 1987a, bes. 61–82). Der ‚Erzähler' im eigentlichen Sinne ist derjenige, der im Text als Erzähler auftritt. Am sichtbarsten geschieht das beim Ich-Erzähler, der als Person mit einer eigenen Biographie und eigens markierten Sprechakten auftreten kann (zur komplexen Terminologie der Erzählperspektiven: Genette 1994). Entsprechend kann der ‚Adressat in der Erzählung' als imaginierte Person, die sich den Bericht des Ich-Erzählers anhört, vorhanden sein. Erst das, was der Erzähler tatsächlich erzählt, ist die ‚Erzählung'. Der eigentliche Kern des Erzählvorganges, die Erzählung selbst, wird also im Kommunikationssystem der Erzählung von der einen Instanz auf die nächste Instanz verschoben, jede etablierte Position wird durch eine dahinterliegende oder tiefergestaffelte fundiert, wobei dieser Prozess konzeptuell in einen infiniten Regress münden kann, wie etwa in Italo Calvinos Roman *Wenn ein Reisender in einer Winternacht* (1979).

Auch das Erzählte ist nun aber nicht die eigentliche Substanz, also der Inhalt der Rahmung, wie bei Lotman zu sehen war. An dieser Stelle lässt sich nämlich in Weimars Überlegungen die Formalisierung einsetzen, die an Lotman gewonnen wurde. Das Erzählte ist, so zeigte sich dort, selbst wiederum aus Rahmensetzungen zusammengefügt. Der komplette narrative Prozess ist mithin als komplexe Rahmungstätigkeit beschreibbar, das ganze System der Erzählung besteht aus einer einzigen paratextuellen Schachtelung, aus lauter Akten der ‚Poetizitätssetzung'. Folglich: Rahmensetzungen und Paratextualität sind konstitutiv für ‚Poetizität', analog zur Ästhetizität erzeugenden Rahmungsfunktion in den bildenden Künsten (s. Duchamp).

Der Systemort, an dem diese Überlegungen zu platzieren sind, ist die poetisierte referentielle Funktion, welche textimmanent von der poetisierten Emotivität motiviert wird. Es ist in der Tat nicht so einfach, die Frage zu klären, wie man sich die Selbstreferentialisierung der Fremdreferenz vorstellen soll: Die referentielle Funktion verweist auf den Kontext, während ihre Poetisierung auf Selbstreferenz gerichtet ist. Aber ein näherer Blick auf Paratextualität als Rahmensetzung zeigt, dass gerade hier die gleichsam außenpolitische Grenze der Poetizität verhandelt wird, also die Frage des doppelten Bezuges zu Fremd- und Selbstreferenz. In diesem Sinne wird man den Prozess des Hereinholens der Fremdreferenz in die poetische Selbstreferenz so interpretieren können, wie Jean Pauls Paratexte immer wieder die Probe auf die Kraft der Selbstreferentialisierung von Fremdreferenz machen. So lautet also die Beobachtung: Die Poetisierung der referentiellen Funktion besteht in der fortgesetzten Formalisierung des poetischen Textes durch immer weitere Rahmensetzungen – eingeschachtelte wie nach außen gebaute. Fiktionalität (als Selbstreferentialisierung von Fremdreferenz) ist Umdeutung von Rahmensetzungen, vielleicht präziser: Oszillation von Rahmendefinitionen.

Da die poetische Funktion grundsätzlich dazu führt, dass Textsequenzen einander ähnlich werden (Äquivalenz, Parallelismus etc.), gilt dies auch für die paratextuellen Rahmensetzungen: Die poetische Funktion macht die Staffelung der Rahmen einander ähnlich. Es ähneln sich impliziter Autor und impliziter

Leser, erzählungsinterner Erzähler und Adressat in der Erzählung etc. Die in einem Text etablierten Raumgrenzen – die Texttopographie – bauen auf einem Rhythmus solcher Ähnlichkeiten auf, so dass in dieser Weise eine ‚Verinhaltlichung' des rahmensetzenden Formalismus stattfindet. Indem der poetische Text seine auf den verschiedenen Ebenen angesetzten Rahmungen einander anähnelt, wird die Kohärenz der fiktionalen Welt gestärkt. Die Paratextualität, die aus dem poetischen Text herauswächst und an die nichtfiktionale Referenzwelt ankoppelt, wird durch diese Verähnlichungen inhaltlich der Seite der Poetizität zugeordnet.

Diese grundlegende Figur lässt sich nicht nur für die Erzählung plausibilisieren. Viel deutlicher wird beim Drama durch die Einteilung in Akte und Szenen die Rahmung betont, es liegt ein geradezu ostentatives Herausstellen des Prinzips der Rahmensetzung vor. Bei der Lyrik ist die Frage der immanenten Struktur ästhetischer Rahmung komplexer angelegt. Wahrscheinlich wird man, wenn das Gedicht als Gang von Tropen und Figuren zu denken ist (Simon 2011, 31–55), deren Konstellation als Rahmungstätigkeit rekonstruieren müssen.

5 Materialität des Schreibens

Seit geraumer Zeit liegt eine Poetik des Schreibprozesses vor (s. Beitrag Endres in diesem Band), die sich mit der konkreten Produktion poetischer Texte auseinandersetzt und also stark mit dem Editionsgeschäft verbunden ist. In der Geschichte der germanistischen Editionsphilologie fand in den 1970er Jahren ein Paradigmenwechsel statt. Die Frankfurter Hölderlin-Ausgabe hat die Manuskriptseite faksimiliert und die direkte Umschrift und Entzifferung auf der gegenüberliegenden Seite topographisch entsprechend abgedruckt. Damit wurde der Leser in einem radikal demokratischen Akt zum Editor promoviert und konnte sich selbst an der Entzifferung der Manuskriptseite beteiligen. Während das alte Editionsmodell den kreativen Prozess der Dichtung bis zur Endfassung darstellen wollte und deshalb alle Textzeugen in zeitlicher Staffelung jeweils der einen endgültigen Textstelle zuordnete, basiert die neue Edition auf einem räumlichen Modell. Jede Textfassung wird zunächst in ihrer Synchronizität betrachtet, die einzelne Stelle also in Bezug auf ihre Nachbarstellen im jeweiligen Manuskript. Es werden gleichsam Querkohärenzen in der Materialität der Überlieferungsträger gesucht. Anstelle der vertikalen Zeitlinie eines unterstellten kreativen Telos steht nun das Neben- und auch Übereinandergeschriebensein der Worte in ihrer konkreten topologischen Anordnung im Zentrum der Edition. Wenn man nun die idealistische Metaphysik einer Rekonstruktion des kreativen Prozesses fallen lässt und sehr viel materialistischer das Eigenrecht der Überlieferungsträger ins Zentrum stellt, dann drängt sich die Vermutung auf, dass die Textdarbietung traditioneller historisch-kritischer Ausgaben eine falsche Systemidee hat. Sie ignoriert, dass jede Bearbeitungsstufe vor allem ihre synchrone Kohärenz hat – so zumindest lautet die These der Herausgeber der Frankfurter Ausgabe Hölderlins.

Die neue Hölderlin-Ausgabe war nicht nur editionsphilologisch wichtig, sie hat auch eine neue Poetologie in Gang gesetzt. Das zentrale Stichwort ist hierbei der Terminus der Materialität (Röcken 2008). Blickt man auf die Tradition der Poetik zurück, so kann man behaupten, dass die Umorientierung von der Zeitdimension auf die synchrone Raumdimension des Überlieferungsträgers durchaus den angestammten Ort der Poetik neu interpretiert. Wie im Herstellungsparadigma der alten Poetik steht nun das tatsächliche Schreiben im Zentrum. Wo die alte Poetik durch ein normatives Regelwerk die Hervorbringung von Dichtung zu steuern versucht hat, rekonstruiert jetzt die neue Editionsphilologie minutiös den Prozess der Herstellung auf der Basis vorliegender Materialitäten. Nach all den Ausweitungen, die der Poetikbegriff bis hin zur Kultur- und Wissenspoetik erfahren hat, findet in der neuen Editionsphilologie der minimalistische Rückgang auf die allerkleinste Keimzelle des Schreibens statt. Man möchte geradezu das Kratzen des Bleistifts auf dem Papier rekonstruieren, zumal diese Szene nicht selten beschrieben worden ist, etwa bei Friedrich Nietzsche: „In meiner Stube ist es todtenstill – meine Feder kratzt nur auf dem Papier – denn ich liebe es schreibend zu denken, da die Maschine noch nicht erfunden ist unsere Gedanken auf irgend einem Stoffe, unausgesprochen, ungeschrieben, abzuprägen. Vor mir ein Tintenfaß, um mein schwarzes Herz drin zu ersäufen, eine Scheere um mich an das Halsabschneiden zu gewöhnen, Manuscripte, um mich zu wischen und ein Nachttopf." (Nietzsche BAW II, 71)

Ist es für das Verständnis einer Dichtung wichtig, die Materialität des Schreibprozesses zu kennen? Formuliert ein Dichter, der mit einer schnelllaufenden Tintenfeder auf einem glatten Papier schreibt, anders als ein Dichter, der mit einem harten Bleistift auf einem grobkörnigen Papier herumkratzt? Wenn er das Papier verletzt, wird sich dies in der Dichtung niederschlagen? Ebenfalls von Nietzsche stammt die bekannte Aussage, dass das Schreibzeug an den Gedanken mitarbeitet (Nietzsche KSB VI, 172).

Nimmt man diese Aussage ernst, dann entsteht ein abgründiges Theorieproblem. Subjekt des Dichtens ist nicht mehr allein der Dichter, sondern die gesamte materielle Disposition, die unter dem Terminus ‚Schreibszene' zusammengefasst wird (Campe 1991; Stingelin 2004b). Die Schreibszene meint das diskontinuierliche Ensemble von prägenden Außenfaktoren, die allesamt an der Signifizierung des körperlichen Schreibprozesses mitarbeiten. Papierqualität, Schreibgerät, Unterlage, Sitzposition, Beleuchtung, das ganze Ensemble der Umwelteinflüsse, die unmittelbar zuhandenen Hilfsmittel: Dies alles wird zu einem starken determinierenden Zusammenhang, der das dichtende Subjekt in nicht unwesentlichem Sinne bestimmt. Materialität, so aufgefasst, wird zu einer Außenbedingung, der eine eigene Art von Aktivität, ein Agens-Status im Sinne von Bruno Latour (2007) zukommt. Derjenige Begriff der Materialität, der bei Jakobson die sinnliche Seite des sprachlichen Zeichens bezeichnet und dessen Gekörntheit herausstellt, bleibt sprachintern (s. o.). Die Materialität, die die neue Editionsphilologie meint, ist radikaler gedacht. Es geht um materielle Dispositive, die der Sprache äußerlich sind und die als reale Dichte der Welt in die symbolische Tätigkeit hineinragen. Was immer der Dichter reimt, die Frage, mit welchem Schreibzeug und auf welchem Papier er schreibt, zielt auf eine andere Ebene. Eine Poetik des Materiellen in diesem Sinne macht den paradoxen Vorschlag, von etwas zu sprechen, das dem menschlichen Subjektstatus vorausliegt, aber dennoch im Entstehungs- und Herstellungsprozess des poetischen Textes eine generierende Aktivität innehat. Es geht, pointiert gesagt, um eine Poetik des Nichtmenschlichen, eine Poetik des Agierens dinghafter Akteurpositionen.

Die neue Editionsphilologie entdeckt unter der Überschrift ‚Poetik des Materiellen' solche Materialitätsdispositive, die nicht mehr durch die idealistische Ästhetik, nach der das Material oder der Stoff der Dichtung bearbeitet und bewältigt werden soll, fassbar ist (vgl. zur historischen Rekonstruktion dieser Position: Benne 2015). Denkt man etwa an die Bleistiftgebiete von Robert Walser, an die Tagebücher von Franz Kafka oder an die Kritzeleien von E.T.A. Hoffmann, dann wird sofort evident, dass sich auf der Ebene der Manuskripte etwas ganz anderes abspielt als das, was man am Ende in den Studienausgaben zu lesen bekommt. Viele Effekte kommen durch Querverweise auf Manuskriptebene zustande. Zufällig steht in der Zeile über dem Wort, das gerade geschrieben werden soll, ein anderes Wort, welches gewissermaßen sinnlich ausstrahlt und das zu schreibende Wort beeinflusst. Dies kann man nur entdecken, wenn man auf die Manuskriptseite schaut. Im Sinne dieser Radikalphilologie wäre es von vornherein falsch, überhaupt einen konstituierten Text in einer Druckfassung zu konsultieren. Wer ein Reclam-Heftchen liest, hätte schon den wesentlichen Fehler gemacht; er säße einem textualistischen Missverständnis auf und meinte, dass Texte nur aus internen Logiken resultierten.

Materialität in den verschiedenen besprochenen Facetten stellt eine Herausforderung für das Konzept der Poetizität dar. Die Selbstreferentialität der poetischen Funktion wird durch die Eigenlogik nichtmenschlicher Materialität infrage gestellt. Folglich ist der Begriff der ‚Poetik des Materiellen' ein Grenzbegriff, weil er eine nicht im schreibenden Subjekt verortete Herstellungsaktivität impliziert. Aber gerade deswegen arbeitet die poetische Selbstreferenz umso stärker daran, sich diese inkompatible Materialität eben doch zu eigen zu machen. Wenn die poetische Funktion darin besteht, die Fremdreferenz der anderen Funktionen zur Selbstreferenz zu machen, dann trifft sie beim Dispositiv externer Materialität auf die Tatsache, dass nicht alles in Immanenz zu überführen ist. Dies gilt gewiss auch für die emotive und für die konative Funktion: Im Text lassen sich Sender und Empfänger aufspalten und pluralisieren, aber gänzlich sind auch diese Konstituenten sprachlicher Kommunikation nicht immanent zu machen. Jakobson hat deshalb wohlweislich auch nur von verschiedenen Aufmerksamkeitsdispositiven gesprochen, die das „Augenmerk auf die Spürbarkeit der Zeichen" (Jakobson 1979d, 93) richten und den Gegenstandsbezug nicht auslöschen, sondern ihn ‚nur' mehrdeutig machen (Jakobson 1979d, 111).

6 Kulturpoetische Funktion: Text als Welt

Die Poetik hat im Begriff der Kulturpoetik in den letzten zwei Jahrzehnten eine immense Ausweitung erfahren (stellvertretend: Bachmann-Medick 1996; Biti 1997; s. Beitrag Schweighauser in diesem Band). Erneut führt der Weg zurück zu den Anfängen der strukturalistischen Linguistik am Beginn des 20. Jahrhunderts. Mit dem Entwurf des Strukturalismus ging sofort die Forderung nach einer allgemeinen Zeichentheorie oder Semiotik einher. Sowohl Saussure als auch Jakobson haben diese Forderung schnell erhoben, ihnen folgten Linguisten wie der dänische Glossematiker Louis Hjelmslev oder auch der frühe Roland Barthes (1979; s. Beitrag Thüring und Signer in diesem Band). Umberto Eco (1987b) ist als Theoretiker der Semiotik hervorgetreten; schnell entdeckte man, dass es Vorläufer gab, deren wichtigster Charles Sanders Peirce ist, der schon im 19. Jahrhundert eine umfassende Zeichentheorie entwickelt hat.

Es ist die Terminologie des linguistischen Strukturalismus, die eine interessante Verallgemeinerung in Aussicht stellt. Die Unterscheidung zwischen Syntagma und Paradigma beschreibt in der Linguistik, dass die fortlaufende Rede in ihrer grammatikalisch geregelten Verknüpfungsform (Syntagma) eine vertikal dazu stehende Archivfunktion impliziert, so dass zu jedem Ort im horizontal verlaufenden Syntagma eine Wahl der jeweiligen Elemente getroffen wird: das Paradigma. Kann man diese Grundsatzunterscheidung für die Sprache auch auf die Kultur anwenden? Lässt sich die Tour de France als ein großer Mythos beschreiben, der eine klare Verlaufshandlung hat und an jedem seiner Orte eine Reihe von Varianten zulässt (Barthes 2010a, 143–156)? Das Textmodell wird zum basalen Operationsmodell für die Analyse von Kultur: Kultur funktioniert wie Text. Man kann als Semiotiker seinen Gegenstandsbereich auf ganze mythologische Systeme, Alltagskulturen, das Fernsehen, die Kulturindustrie, die Regularien der öffentlichen Politik etc. ausweiten und sie nach den grundlegenden Schemata strukturalistischer Terminologie analysieren (vgl. auch Lotmans (1974b) Kulturkybernetik).

Theoriegeschichtlich kommt mit dem Begriff der Performativität ein zweites Moment mit starker Affinität zum Begriff der Poetik hinzu. Performativität bezieht sich zurück auf den performativen Sprechakt, den der analytische Philosoph John Langshaw Austin im Rahmen seiner Sprechakttheorie analysiert hat (Bachmann-Medick 2009; Fischer-Lichte 2012; Hempfer und Volbers 2011; zentrale Theorietexte der Performativitätsdebatte in: Wirth 2002c). Der performative Sprechakt hat die Eigenschaft, Sprechen und Hervorbringen identisch zu setzen. Während sonst Sprache als Zeichentätigkeit von der Welt als des durch die Sprache Bezeichneten klar unterschieden ist, unterläuft der performative Sprechakt diese Unterscheidung. Zeichentätigkeit hat hier ontologische Macht, entsprechend ist Michel Foucaults Machtanalyse ein wichtiges Ingrediens des Performativitätsbegriffs (Nestler 2014, bes. 46–48). Der Theorieerfolg des Performativitätsbegriffs erklärt sich gewiss auch daraus, dass er Standards der Aufklärung unterläuft. Wer im Zusammenhang gepflegter Semantik argumentiert, erhebt einen Geltungsanspruch, der durch Begründung auszuweisen ist. Die Aufklärung verpflichtet zur Explikation und Transparentmachung der Theorieannahmen, sie verbietet es, Sprache gleichsam direkt, ohne zwischengeschaltete Reflexion zu benutzen. Der performative Sprechakt tut aber genau dies, er schafft unmittelbar Tatsachen. An die Stelle einer begründungsintensiven Praxis und einer noch begründungsintensiveren Theorie treten ein Herstellen, ein Machen und ein unmittelbares Inswerksetzen. Der aristotelische Begriff der Poiesis hat hier gewisse Analogien: In der Tat wurde die Theorie der Performativität auch sehr schnell von der Literaturwissenschaft in Anspruch genommen, gerne in dem oft zu hörenden Satz, dass der poetische Text darin besteht, das zu tun, was er sagt. Poetizität resultiert aus der Identifikation von zeichenbezogener Verfahrensweise des Textes und seiner daraus resultierenden Existenz. Wenn ein Gedicht das tut, was es sagt, dann setzt es sich performativ ins Werk und ist von keiner von außerhalb her legitimierenden Begründungsinstanz abhängig.

Kombiniert man die beiden Theorieeinheiten ‚Kultur als Text' und ‚Performativität', dann wird dem Textmodell, das schriftbezogen und systemorientiert ist, der schnelle mündliche Coup des performativen Sprechaktes unterstellt, wodurch eine erhebliche Dynamik ins Spiel kommt. Wenn man weiterhin mit Jakobson argumentieren möchte, dann hat mit der Ausweitung des Textbegriffs als Basisschema für kulturelle Tätigkeiten die poetische Funktion eine entsprechende Universalisierung erfahren. Moritz Baßler (2005a) spricht von einer kulturpoetischen Funktion. Stephen Greenblatt (1990) beschreibt etwa in seinen Shakespeare-Studien den großen Dramatiker als die zentrale Umschaltstelle für die gesamten kulturellen Zirkulationen seiner Zeit. Er liest die elisabethanische Epoche so, wie vorher Literaturwissenschaftler ein einzelnes Drama, indem er literarische und nichtliterarische Texte heranzieht, aber auch soziale Praktiken, alltagskulturelle Verrichtungen etc. Diese Kontexte werden so geordnet, dass zwischen ihnen Austauschverhältnisse entstehen, ähnlich der substituierenden Metapher in der Poesie. Diese Zirkulationen und Ersetzungen sind letztlich immer nach Äquivalenzprinzipien angeordnet. Die elisabethanische Kultur erscheint als dichtes Gefüge von Abhängigkeiten, Tauschformen, Zirkulationsmodi, Ähnlichkeiten, Nachbarschaften – so dicht und kohärent, wie sonst nur Kunstwerke beschrieben werden. William Shakespeares Dramen werden so nicht mehr als Produkte eines genialen Subjekts gedacht, sondern als Ort, an dem diese Energien zusammengekommen sind. Greenblatts Verfahren hat einen doppelten Effekt: Einerseits wird nicht mehr zwischen kanonischen Texten mit hoher literarischer Qualität und umgebenden schlechteren Texten unterschieden. Man hat nur ein dichtes Gefüge. Andererseits wandert die Poetizität von der Literatur in dieses dichte Gefüge der Kultur hinüber. Poetizitätstheoretisch ist dies eine ambivalente Bewegung, sie hat die Kehrseite eines neuen Positivismus, der ohne ästhetische Wertung auszukommen versucht. So faszinierend Greenblatt auch schreibt, am Ende ist Shakespeare nur noch ein Systemort in der Zirkulation, und schon der nächste Forscher, der nicht das Ingenium von Greenblatt besitzt, wird sein Verfahren in eine positivistische Recherche zweit- und drittklassiger Texte überführen.

Man kann eine Verallgemeinerung vornehmen: Die doppelte These, Kultur funktioniere nach dem linguistikaffinen Textmodell und kulturelle Tätigkeit sei wesentlich performativ, wendet zwar die poetische Funktion auf die Kultur an, nimmt dabei aber den zunehmenden Verlust genuin ästhetischer Verfahrensweisen in Kauf, so dass zugleich ein Poetizitätsabbau stattfindet. An diesem Punkt wird exemplarisch deutlich, wo die Grenzen der Kulturpoetik liegen. Eine allgemeine Zeichentheorie der Kultur kann sich nicht der komplexen Raffinesse poetischer Texte widmen. Es geht ihr eher um eine Globalisierung der Bedeutungsanalyse, nicht um das genaue Lesen des Buchstäblichen. Zwar können etwa Claude Lévi-Strauss oder Barthes für sich in Anspruch nehmen, die Herstellungslogik kultureller Einheiten analysiert zu haben – insofern liegt eine Poetik der Kultur vor –, aber dies alles bleibt auf der Ebene der Bedeutung, während Jakobsons poetische Funktion nicht nur das genaue Lesen des spürbar gewordenen Zeichens auf der Ebene seiner Materialität verlangt, sondern vor allem die Einsicht in die Grammatik des Poetischen als poetisierende Transformation aller Sprachfunktionen. Für die Poetizität ist Bedeutungsanalyse nach dem Modell der strukturalen Semantik (Greimas 1971) nicht der archimedische Punkt, sondern eine eher nachgelagerte Analyseeinheit. Der Preis, der zu zahlen ist, wenn das Paradigma Poetizität vom

Text und seiner Materialität abgelöst und zum Textmodell gemacht wird, besteht einerseits im Verlust der Buchstäblichkeit, an die Jakobson seinen Gedanken der Poetizität substantiell gebunden hat, andererseits darin, dass die transformative Energie der poetischen Funktion vernachlässigt wird.

Wissenspoetik

Aus der sehr umfassend angelegten Kulturpoetik heraus hat sich in den letzten zwei Jahrzehnten das Konzept der Wissenspoetik entwickelt (Vogl 1997; Vogl 1999; Pethes 2003; Borgards et al. 2013; anders gelagert: Schlaffer 1990). Noch entschiedener markiert hier der Bezug auf Foucault den Ausgangspunkt, nunmehr sind es vor allem die drei epistemischen Apriori, die in *Les mots et les choses* (1966) entwickelt wurden. Wissen entdeckt sich als ein von vielfachen Praktiken erzeugtes Konzept. Es ist zudem geprägt von Zufällen im Forschungsprozess, von methodisch nicht operationalisierbaren Intuitionen, von schieren Machtprozessen, es ist nicht selten geleitet von vagen Modellvorstellungen, Metaphern und Bildern. Vor allem ist Wissen immer historisch imprägniert, folglich wird auch gegenwärtiges Wissen einmal als historisch kontigenzbehaftet betrachtet werden. Zudem folgt Wissensproduktion oft weithin unthematisiert gelassenen Prämissen. Schon in der Antike wurde Wissen unterschieden von bloßer Wahrnehmung (*aisthesis*), technischem Herstellen (*poiesis, praxis*) und unkritischer Meinung (*doxa*) (s. Beitrag Vogl in diesem Band). Damit Wissen begründbar, operationalisierbar, lernbar werden kann, wird die vorwissenschaftliche Meinung ausgeschieden, ebenso die ungeprüfte Naivität unmittelbarer Wahrnehmung, schließlich auch die lebensweltliche Praxis technischer Fertigkeiten. Wissen ist insofern immer schon ein sehr künstliches Konzept, dem einige Abstraktionen vorangehen.

Diese (hier nur kurz benannte) Reihe von Theoremen lässt ‚Wissen' als mehrfach hinterfragbares epistemisches Ensemble erscheinen. Aus diesen Beobachtungen zieht die Wissenspoetik die Schlussfolgerung: Wenn Dichter Wissenssysteme fiktionalisiert in ihren poetischen Texten darstellen, dann tun sie mit dem Wissen etwas, das verborgenerweise zu dessen Konstitutionsbedingungen zählt. Also ist gerade Dichtung der Ort, an dem man die Kontingenzstruktur von Wissen studieren kann. Im Kern von Wissen steckt mithin eine Poetologie, welche starke Konvergenzen mit der Poetologie hat, die in dichterischen Texten zu finden ist. Dass Dichtung grundsätzlich ‚fremde' Sinnsysteme verhandelt, ist ein Gemeinplatz; in den 1970er Jahren war etwa ‚Gesellschaft' ein primärer Bezugspunkt literaturwissenschaftlicher Forschung. Die Wissenspoetik knüpft an den Darstellungsaspekt epistemisch formierter Sinnsysteme an, um durch die an sich darstellungsbewusste Dichtung die poetologische Struktur von Wissen aufzudecken.

Bei der Wissenspoetik findet der gleiche ambivalente Tausch statt, der schon bei der Kulturpoetik zu beobachten war. Die poetische Funktion wird maximal erweitert, sie erweist ihre Macht sogar auf einem Feld, das geradezu das Gegenteil von Dichtung zu sein scheint. Aber der Preis, der für diese Erweiterung zu zahlen ist, besteht nach wie vor darin, dass die spezifische literarische Poetizität, die an der Verfasstheit des Buchstäblichen der poetischen Textur manifest zu machen ist, anhand des epistemischen Gegenstandes Wissen unterschlagen wird. Es ist also nur eine relativ schwache poetische Funktion, die sich auf diese Weise vergrößern kann. Gleichwohl kann man die poetische Funktion so reformulieren, dass eine gewisse Gliederung wissenspoetologischer Grundannahmen sichtbar wird:

- poetisierte Funktion Autorschaft = entautomatisierte Wissenssysteme, die in der Poesie nicht mehr allein auf operationalisierte Erkenntnisinteressen ihrer Produzenten, sondern auf deren personale Konkretheit bezogen werden (Pluralisierung der Senderfunktion);
- poetisierte Konativität = entautomatisierte Wissenssysteme, die nicht mehr epistemisch funktional adressierbar sind, sondern individualisierte Rezeptionen ansprechen;
- poetisierte Referentialität = Fiktionalisierung von Wissen;
- poetisierte Phatik = poetische Darstellung der im Wissen verschluckten Darstellungsmodi, Markierung der Darstellungsformen jeden Wissens;
- poetisierte Metasprache = Wissen wird durch seine Entautomatisierung zu sich und seiner vermeintlichen Nomothetik selbstreferentiell.

7 Dekonstruktion

Seit den 1980er Jahren ist eine Literaturtheorie wirksam geworden, deren poetologische Grundannahme die Unterscheidung Form versus Selbstreferenz als ihr eigentliches Prinzip benutzt (zur Dekonstruktion: Culler 1988b). Definiert sei hier in einem entschiedenen Zugriff: Dekonstruktion ist die negative Dialektik von Form und Selbstreferenz. Diese Definition ist nicht kanonisch, sie würde von einigen Vertretern der Dekonstruktion mit Skepsis quittiert werden und bedarf also der Plausibilisierung. Zunächst aber: Dekonstruktion benutzt sprachliche Selbstreferenz – insbesondere mit Bezug auf die rhetorische *elocutio* – , um die vermeintliche Stabilität der Form zu unterwandern. Dieses Unterwandern bleibt negativ, weil der poetische Text in der Sichtweise der Dekonstruktion die permanente Aktivität ist, Form gegen Selbstreferenz zu profilieren und gleichzeitig Selbstreferenz als Subversion von Form zu unterstützen.

Eine erste Überprüfung der Definition lässt sich an dem Evidenzmoment deutlich machen, dass sich die Dekonstruktion kaum solchen Texten widmet, die vor allen Dingen auf der Seite elaborierter poetischer Selbstreferenz stehen. Niemand hat je versucht, Jean Paul oder Arno Schmidt zu dekonstruieren. Dekonstruierbar sind Texte mit starkem Formmoment, entsprechend besteht der Kanon der Dekonstruktion sehr weitgehend aus klassischen Autoren wie Rainer Maria Rilke, Goethe, Marcel Proust, Kleist, Schiller, Shakespeare, Dante Alighieri, William Wordsworth, John Milton, Stéphane Mallarmé, Hölderlin, Honoré de Balzac, Charles Baudelaire, Gustave Flaubert etc.

Es ist an dieser Stelle eine zeittheoretische Neudeutung des Terminus ‚poetische Selbstreferenz' vorzunehmen, um die Nähe zur Dekonstruktion tatsächlich herzustellen. Ein Grundgedanke von Jacques Derrida besteht in der konsequenten Weiterführung des Differenzbegriffs von Saussure; wieder ist also die strukturale Linguistik der Ausgangspunkt. Saussure hat im *Cours de linguistique générale* (1916) Bedeutung als ein Netz von Differenzen beschrieben, in dem ein Begriff seine Bedeutung aus der Differenzqualität zu seinen Nachbarbegriffen gewinnt (zu Saussure und dem problematischen Status des *Cours*: Jäger 2010). Das Feststellen einer stabilen Bedeutung würde es erforderlich machen, das ganze differentielle Gefüge zu durchlaufen, weil jede definitorische Feststellung weitere Nachbarbegriffe in Anspruch nehmen müsste. Erst das evaluierte Gesamtsystem einer kulturellen Enzyklopädie könnte, so das Gedankenexperiment, Bedeutung ‚feststellen'. Derrida fügt nun das zeittheoretische Argument hinzu, nach dem dieses Durchlaufen des Bedeutungskosmos so viel Zeit in Anspruch nimmt, dass sich währenddessen das ganze System verschiebt, durch jede einzelne Operation in ihm, letztlich also auch durch diese Evaluation selbst. Das Sprachsystem ist nach dieser Zeit nicht mehr dasjenige, das es am Anfang gewesen ist, die Zeichen sind allesamt ein wenig von ihrem Ort verrückt worden. Derrida nennt das *différance*: ein Kunstwort, das die permanente Tätigkeit der Differenzierung als Prozess einer andauernden Verschiebung bezeichnet (die zentralen Texte zur *différance* in Derrida 2004).

Die poetische Selbstreferenz forciert diesen Prozess der Zeichenverschiebung, ganz im Gegensatz zur Form, die ihn tendenziell – im Modus anschaulicher Gestalthaftigkeit – anzuhalten versucht. Derridas Theorem stellt letztlich das komplette linguistische Konzept der strukturalen Semantik infrage: Es entsteht die Idee einer Produktion von Bedeutung, die per definitionem eine permanente Verschiebung der Bedeutung ist, ein andauerndes Nichtidentischwerden. Die Identität von Produktion und Verschiebung liegt schon sehr nahe an dem Kunstwort Dekonstruktion.

Paul de Man übersetzt Derridas Impuls in eine „Rhetorik der Zeitlichkeit" (de Man 1993b, 83–130), kreuzt also Zeitreflexion und Rhetorik. Sie stellt ihm eine

Terminologie zur Verfügung, um die seltsamen Hakenschläge der Sprache, ihre Finten und Fallen nachzeichnen zu können. Gemeint ist mit ‚Rhetorik' ausdrücklich die *elocutio* („Tropen und Figuren (sie sind es, die der Begriff *Rhetorik* hier bezeichnet [...])"; de Man 1988, 35), eine Verkürzung, der vehement widersprochen wurde (Vickers 1988, 453–457). Unter dieser Prämisse schreibt de Man in seinem programmatischen Aufsatz *Semiologie und Rhetorik*: „Rhetorik ist die radikale Suspendierung der Logik und eröffnet schwindelerregende Möglichkeiten referentieller Verirrung. Und obgleich es vielleicht etwas weiter vom allgemeinen Gebrauch entfernt ist, würde ich nicht zögern, die rhetorische, figurative Macht der Sprache mit der Literatur selber gleichzusetzen." (de Man 1988, 40) Literatur ist nach diesem Gedanken die Ausformulierung der sehr grundsätzlichen Eigenschaft der Sprache, Referenz zu adressieren und also ‚eigentlich' sein zu wollen, sie aber zugleich zu verfehlen, weil Sprache intern die Unterscheidung von eigentlich versus uneigentlich nicht fixieren kann, ‚figurativ' bleibt und ‚referentielle Verirrung' produziert. In der Dichtung wird diese Eigenschaft der Sprache eigens herausgestellt: „Die Dekonstruktion ist nichts, was wir dem Text hinzugefügt hätten, sondern sie ist es, die den Text allererst konstituiert hat. Ein literarischer Text behauptet und verneint zugleich die Autorität seiner eigenen rhetorischen Form." (de Man 1988, 48)

Nur weil der Text in sich selbst dekonstruktiv ist, entsteht der Widerspruch zwischen dem Aussagen und dem Ausgesagten: Beides findet am gleichen Ort statt, Objektbestimmung und metasprachliche Zuweisung werden uno actu getätigt, treten aber notwendig auseinander (*différance*), um ihr rhetorisches Spiel zu beginnen. In der Tat ist ja nach Jakobson jede thematische Sequenz des Textes immer auch als immanente Poetik allegorisierbar (s. o.). Das Lesen einer Dichtung kann nicht entscheiden, ob ihre Aussagen über die Figuralität figural oder wörtlich verstanden werden sollen, da in der Immanenz des literarischen Textes das Lesen jedes Satzes von eben dieser Entscheidung abhängt, die schon hätte getroffen sein sollen, bevor man mit der Lektüre begann, die aber doch nur in der Lektüre selbst und nicht in einer abstrakten Verfügung herbeizuführen wäre. Eine vertrackte Situation der Unentscheidbarkeit (*undecidability*) entsteht: Jedes Lesen (*reading*) gerät unweigerlich zu einem falschen Lesen (*misreading*), da die Figuralitätsthese, wird sie wörtlich genommen, figural vice versa unterwandert wird (vgl. diese Formulierungen bei Simon 2009, 194–195). So wird Literarizität als das negative Wissen von der Unentscheidbarkeit dieser Alternative – Figuralität versus Wörtlichkeit, unendlich fortlaufende Selbstreferenz versus Form – kenntlich.

Allegorie und Ironie

Das Lesen eines poetischen Textes ist nichts anderes als ein Sichbewegen in diesem Paradoxon. Lesen ist insofern eine verzweifelte Tätigkeit: In jedem Moment müsste man entscheiden, ob man das Gelesene nun wörtlich oder figural nimmt, aber da diese Entscheidung nicht zu treffen ist, schiebt man sie auf: *différance*. Das Lesen versinkt nun freilich nicht in einer ratlosen Agonie, sondern es ist höchst produktiv. Der Leser bildet Thesen; in de Mans Worten: Er bildet Allegorien des Lesens. – Dies führt zum Allegoriebegriff und zur eng damit zusammenhängenden Ironie.

Allegorie und Ironie haben eine strukturelle Gemeinsamkeit: In der allgemeinsten Definition sagen sie etwas und meinen damit etwas anderes und implizieren darin eine diskontinuierliche Beziehung zwischen Zeichen und Bedeutung (de Man 1993b, 106). Die Ironie sagt etwas in einer solchen Art und Weise, dass sie sich zugleich vom Gesagten distanziert und es ironisch verkleinert (de Man 1993b, 105–127). Die Allegorie verweist mit einer Sequenz durch ein System von untereinander zusammenhängenden Bezügen auf einen anderen Sinn (Kurz 2009, 30–69). Beide Tropen haben die Eigenart, eigentlich schon Figuren zu sein: Tropen werden solche rhetorischen Verfahrensweisen genannt, die ein Wort durch ein anderes ersetzen (wie z. B. die Metapher oder die Metonymie), während Figuren auf die Positionen in der syntaktischen Struktur abzielen (wie z. B. der Parallelismus oder der Chiasmus). Allegorie und Ironie werden den Tropen zugeordnet, weil sie nicht auf die Syntax der Rede abzielen; aber sie haben doch figuralen Charakter, weil sie sehr umfangreiche Textsequenzen erfassen können. Wenn jedes Lesen ein Akt des Allegorisierens ist, dann findet eine Art von doppeltem Diskurs statt, in dem eine vorhandene Textsequenz auf ein interpretatorisches Konstrukt abgebildet wird. Niemand liest einfach nur, indem er ausschließlich entgegennimmt; Lesen ist immer Mitkonstruieren (Iser 1976; Eco 1987a) – und dieses Mitkonstruieren folgt nach de Man der Allegorie.

Zugleich ist Lesen ironisch. Die Macht des Autors hört in dem Moment auf, in dem er den Text herausgibt; die Macht des Lesers übernimmt die Deutungshoheit. Ein reflektierter Leser wird seine Macht wiederum bedenken und mit großer Wahrscheinlichkeit auf sie mit Ironie reagieren. Denn tatsächlich birgt diese Übernahme der Macht die große Enttäuschung, statt einer neuen Erfahrung nur die eigene Deutung zu vollziehen. Die Übernahme der Macht, also das Lesen, ist eine sehr ambivalente Angelegenheit, die gleichwohl unumgänglich ist. Deshalb ist Ironie die adäquate Reaktion: Ein fortgeschrittener Leser weiß, dass er allegorisieren muss, aber er ironisiert dieses Tun, um durch diese Selbstrelativierung vielleicht doch mehr Alterität und weniger egozentrierten Eigensinn zu erlangen.

Die Ironie ist also ihrerseits die kontingenzbewusste Relativierung der notwendigen, mit jeder Dichtung einhergehenden allegorischen Grundstruktur.

Wenn die Dekonstruktion in dieser Weise die Allegorie und die Ironie zu den Haupttropen der Dichtung und des Lesens erklärt, steht hinter dieser Initiative eine weit zurückreichende Debatte (de Man 1993b, 83–105). In Goethes klassischer Phase, die für weite Teile der deutschen Literaturwissenschaft paradigmabildend war, war zweifelsohne das Symbol die wichtigere Trope, während die Allegorie als eine bloße Verstandestätigkeit geringgeschätzt wurde. Braucht die Allegorie konventionelle Vereinbarungen, damit von der vorliegenden Rede auf den allegorischen Sinn geschlossen werden kann, ist das Symbol dadurch ausgezeichnet, dass es eine reale Teilhabe zum Symbolisierten unterhält. Das Symbol steht für ontologische Partizipation, Identität und Klassik, die Allegorie hingegen für zufällige Vereinbarungen, Differenz und Barock. De Mans Dekonstruktion ist mit ihrem Votum für die Allegorie antiklassizistisch und gegen die Identitätsphilosophie gerichtet, zumal wenn die Allegorie mit der strukturell analogen Ironie infiziert wird und also verschärfend eine Selbstdistanzierung (*différance*) hinzukommt. Somit zeigt sich, dass Poesie ein in sich gespaltener und gegenläufiger Prozess ist, der aus einer instabilen Investition von Sinn und dem gleichzeitigen Entzug von Sinn besteht, eine Doppeltheit (Dekonstruktion), die in den Texten selbst ausgetragen wird und sich im Verhältnis von Text und Interpret wiederholt.

Prosopopöie

Die Prosopopöie ist die Steigerung der Apostrophe. Diese adressiert jemanden oder etwas, und für den Fall, dass eine Antwort erfolgt, liegt eine Prosopopöie vor (Menke 2000). Die Prosopopöie ist die Trope der Verlebendigung, sie gibt Dingen, verstorbenen Personen oder abstrakten Wesenheiten eine Stimme, sie ist die Stimmverleiherin. De Man hat sie in einem sehr einflussreichen Aufsatz zur Poetik der Autobiographie (de Man 1993a, 131–146) als den rhetorischen Mechanismus analysiert, der die Wahrheitsfrage des autobiographisch Berichteten (Faktum versus Fiktion) als Oszillationsform von Anrede (Apostrophe) und Antwort (Prosopopöie), also als rhetorische Grundfigur aufdeckt: Der gegenwärtige Dichter ruft sein vergangenes Ich an und erhält im Prozess seines konstruierenden Schreibens eine Antwort. Mit diesem Coup, die Autobiographie der Trope der Prosopopöie einzulesen, wird die ontologische Paradoxie von Faktizität und Fiktion in die Tätigkeit einer rhetorischen Trope aufgelöst: „Es ist die Figur der Prosopopöie, die Fiktion der Apostrophierung einer abwesenden, verstorbenen oder stimmlosen Entität, wodurch die Möglichkeit einer Antwort gesetzt und der Entität die Macht der Rede zugesprochen wird. Eine Stimme setzt einen Mund voraus, ein Auge und letztlich ein Gesicht, eine Kette, die sich in der Etymologie des Namens der Trope manifestiert: *prosopon poien*, eine Maske oder ein Gesicht (*prosopon*) geben. Die Prosopopöie ist die Trope der Autobiographie, durch die jemandes Name [...] so verstehbar und erinnert wird wie ein Gesicht. Bei unserem Thema, der Autobiographie, geht es um das Geben und Nehmen von Gesichtern, um Maskierung und Demaskierung, Figur, Figuration und Defiguration." (de Man 1993a, 140)

De Mans Aufsatz geht weit über die Gattung der Autobiographie hinaus. Tatsächlich bezieht die Lektüre das Gesamtwerk eines Dichters auf die große Einheit der mit dem Eigennamen gegebenen Referenz: Ein Goethe-Text wird sofort im Referenzrahmen des vorhandenen ‚Goethe-Bildes' gelesen. Die Prosopopöie ist eine Grundfigur des Verstehens, sofern sich das Verstehen als Ausdeutung eines Autornamens abspielt. Seitdem Autoren Gesamtwerke haben, schreiben sie im Referenzrahmen der Prosopopöie. In diesem Sinne ist das Lesen Prosopopöie, weil sich schon die Texte aus dieser Struktur heraus formieren.

Auch diese Überlegung ist eine Dekonstruktion eines mächtigen Paradigmas: Die klassische Hermeneutik, die das Verstehen in den Rahmen des jeweiligen Autornamens gestellt hat, wird nun als Formation einer rhetorischen Verfahrensweise lesbar.

Misreading (Harold Bloom)

Das Lesen ist – so ein Zwischenfazit – eine verzweifelte Angelegenheit, weil es unlösbar in dem Paradox steckt, die Frage, ob eine Sequenz eigentliche oder uneigentliche Rede ist, aufzuwerfen und nicht lösen zu können. Zudem ist das Lesen eine Machtergreifung gegen den Machtwillen des Autors, welche aber die negative Seite hat, gerade erfahren zu wollen, was vom Autor und vom Text kommt und nicht von der allegorisierenden Aktivität des Lesens, weshalb das Lesen sich selbst in die Geste der Ironie zurücknimmt. Sofern das Lesen mit dem Autornamen zusammenhängt (Prosopopöie), entsteht eine weitere Paradoxie, die daraus resultiert, dass das Subjekt, das den Text schreibt, einerseits dem Text zugrunde liegt und ihm vorausgeht, andererseits aber erst durch diesen Text überhaupt als Diskurssubjekt konstruiert wird, also Effekt und nicht Ursache ist. Offenkundig wird das Lesen in den Theorieüberlegungen der Dekonstruktion zu einer ziemlich komplexen und zudem negativen Tätigkeit: Man kann geradezu formulieren, dass Lesen Fehllesen, *misreading*, ist.

Bei Bloom (1995; 1997) liegt eine umfangreich entwickelte Theorie des Fehllesens vor. Die systematische Verfehlungsstruktur des Lesens beruht auf der Annahme, dass starke Dichter starke Dichter fehlinterpretieren, um den Raum für ihre eigene Dichtung zu gewinnen. Während Interpreten versuchen, einer Dichtung ‚gerecht' zu werden, versuchen starke Dichter eine Art von Fehldeutung, um für sich selbst einen literarischen Ort zu gewinnen. Bloom denkt Literaturgeschichte als eine Abfolge von rituellen Tötungsakten, von systematischem Fehllesen. Man sieht, dass auch hier der Terminus des Lesens zunächst in der Dichtung selbst verankert ist und nicht sofort den Prozess der Rezeption bezeichnet. Bloom entwickelt eine komplexe Theorie, in der ein idealtypisches Verlaufsmuster im Zentrum steht. Jeder starke Dichter nimmt eine initiale Identifikation mit einem Vorgänger vor, um aus dieser Mimikry zentrale mimetische Impulse zu beziehen. Diese Identifikation, die in der Maske eines anderen vonstattengeht, muss freilich revoziert werden, wenn ein Dichter nicht einfach nur der Ephebe seines Meisters bleiben will. Er versucht, um sich zu befreien, seinen adoptierten Vater zu töten, indem er ihm einen fingierten, aber als wesentlich deklarierten Fehler unterschiebt. Aus diesem Modell entwickelt Bloom (1997, 111) eine Landkarte der Fehllektüren, der notwendigen Missverständnisse und Ungerechtigkeiten in einer agonal angelegten Literaturgeschichte. Bei Bloom ist das Werk eines starken Dichters für den Epheben zuerst eine geschlossene Form, die er nachahmt: Es liegt also der alte Konnex von Form und Mimesis vor. Dann aber findet eine Kehre statt; der zukünftige starke Dichter interpretiert das Werk seines Vorbildes um, er installiert gewissermaßen eine Serie von falschen exegetischen Relationen, die Bloom als formdestruierende Rhetoriken bestimmt.

Wenn man bereit ist, von den konservativen Implikationen einer Literaturgeschichte männlich kodierter Ödipus-Szenen abzusehen, ist das Konzept radikal. Das falsche Lesen ist der innerste Motor der Literatur, sowohl die Mimesis (Poetik) als auch die Selbstreferenz (Poetizität) unterliegen einer notwendigen Verfehlungsstruktur. Bloom dekonstruiert das alte *imitatio*-Paradigma, er entwickelt sechs Rationes der Negativität, die er psychoanalytisch und rhetoriktheoretisch fundiert. Damit gerät das Lesen in ein schwieriges Verhältnis. Kann man ein auf *misreading* basierendes kanonisches Werk ‚richtig' lesen? Wenn Form als Machtwille und Selbstreferenz als Kanonzerstörung reinterpretiert werden, um ein mehrfach gestaffeltes Szenario von Aporien zu entwerfen, dann zeigt sich erneut, dass Dekonstruktion als negative Dialektik von Form und Selbstreferenz zu denken ist.

Form versus Selbstreferenz (Dekonstruktion)

Das Theorem, dass die Dekonstruktion die negative Dialektik von Form und Selbstreferenz sei, wurde mit Derrida in einem ersten Schritt zeittheoretisch als *différance*, als permanenter Aufschub reformuliert, zweitens wurde rhetoriktheoretisch das Lesen als Allegorisierung und Ironie gedeutet, um in einem dritten Schritt die Prosopopöie als Trope der Verlebendigung zu verstehen. Die ironisierte Allegorie und die Prosopopöie entwickeln komplexe Szenarien des Lesens, in denen der permanente Aufschub der Unterscheidung von eigentlich und uneigentlich durchgeführt wird. Mit anderen Worten: De Mans Deutung von Derridas zeitphilosophischer Dekonstruktion führt zu einer Rhetorik der Zeitlichkeit, welche die sprachliche Selbstreferenz (Poetizität) zu einem permanenten oszillierenden Prozess dynamisiert. Damit ist eine intensive Neudeutung sprachlicher Selbstreferenz gegeben, die bei Bloom konsequent als konstitutive Verfehlungsstruktur gedacht wird.

Der Zusammenhang mit der ästhetischen Form ist nun ein ganz einfacher. Ist erst einmal entdeckt, dass der Wille der Form zur Stabilität sprachlich immer mit der oszillierenden Bewegung der Rhetorik, also mit der nicht stillzustellenden Unterscheidung von eigentlich und uneigentlich infiziert ist, dann wird deutlich, dass jede ästhetische Form, also der Zug zur Konstruktion, immer sofort auch ein Zug zur Destruktion ist, also Dekonstruktion. Form will Stabilität, literarische Sprache will permanente Bewegung, der poetische Text ist die Verschränkung beider Dynamiken. Form sucht Identifizierbarkeit und dies impliziert Wiederholung, für die Dekonstruktion ist Wiederholung jedoch Verschiebung – also impliziert jede Form notwendigerweise ihre Infragestellung.

Mit einem Blick auf die grundlegenden Unterscheidungen, die in diesem Abriss des Verhältnisses von Poetik und Poetizitätstheorie getroffen wurden, kann man sagen: Wenn Form mit Nachahmung zusammenhängt und wenn Poetizität beziehungsweise Selbstreferenz mit Darstellung zu tun hat, dann wird der Wille zur Nachahmung als Referenzbezug unterwandert durch den Willen zur Selbstdarstellung der Sprache. Was poetikgeschichtlich als Unterscheidung von Poetik und Poetizitätstheorie zu differenzieren war, versteht die Dekonstruktion als eine Art von systematischem *double bind* zwischen referenzbezogener Nachahmung von Welt einerseits und selbstbezüglicher Darstellung sprachlicher Möglichkeiten andererseits. Das eine unterwandert das andere, und Dichtung ist die Darstellung dieser gegenseitigen Unterwanderung, wobei sie zu keiner Vermittlung führt, sondern ein permanenter Prozess bleibt. Poetische Texte sind keine fertigen Werke, sondern Gebilde, die ihr Gebildetsein zugleich unterwandern und deshalb immanent-prozesshaften Charakters sind. Dekonstruktion, so interpretiert, versammelt also die Geschichte des Verhältnisses von Poetik und Poetizitätstheorie, und nicht zufällig tut sie das durch den erneuten Rekurs auf die Rhetorik, welche in dem alten Modell der Poetik die Nachahmung mitsteuerte, während sie in dem neuen Modell der Poetizität als *elocutio* ebenfalls ihren Platz, aber einen anderen, innehat. De Man deutet die Rhetorik als Darstellung der Grundparadoxie der Sprache, stets Referenz herstellen zu wollen, dies aber ebenso sicher verfehlen zu müssen (de Man 1988, 40, 45): „So auch die Sprache: sie stößt immer und trifft nie." (de Man 1988, 127)

Ohne eine fachgeschichtliche Teleologie behaupten zu wollen, lässt sich doch die Dekonstruktion als Engführung eben genau der Spannung von Poetik und Poetizitätstheorie verstehen. Somit wären hier die Fäden, die zu Beginn dieser Einleitung gelegt worden sind, wieder zusammengeführt – und zwar in der Weise, nach der nun tatsächlich der behauptete Konflikt zwischen Poetik und Poetizitätstheorie evident wird. Als negative Dialektik von Form und Selbstreferenz markiert die Dekonstruktion beides: die Unterscheidung von Poetik und Poetizitätstheorie und ihre gegenseitige Abhängigkeit; dies aber jenseits einer möglichen Position der Vermittlung.

II Historischer Abriss: Geschichte der Poetik, historische Poetologien

Gyburg Uhlmann
II.1 Poetik in der Antike

1 Poetik: Wortbedeutung und Wissenschaftssystematik

Nicht nur das Wort ‚Poetik' (von griech. *poietike (téchne)*, abgeleitet vom Verbum poiein, machen, herstellen), sondern auch die Frage nach dem und die Texte über das, was Dichtung ist, haben ihre Wurzeln in der klassischen griechischen Antike und finden in den wichtigsten Texten – in den Platonischen Dialogen, der *Poetik* des Aristoteles, der *Ars poetica* des Horaz und der traditionell Pseudo-Longin zugeschriebenen Schrift *Über das Erhabene* – unterschiedliche, jedoch immer die Poetik als Wissenspraxis reflektierende Verwirklichungen. Der im Wortstamm enthaltene Herstellungsaspekt wird in den Poetiktraktaten der Antike nicht explizit reflektiert. Selbst bei Aristoteles und im antiken Aristotelismus gibt es keine expliziten Argumentationen zur Lokalisierung der Poetik im Rahmen der aristotelischen wissenschaftssystematischen Dreiteilung *theoria – praxis – poiesis* (Aristot. metaph. 1025b22 ff., 1036b36 ff.). Ihr Gegenstand wird gleichwohl klar von anderen benachbarten Disziplinen abgegrenzt. Den verschiedenen Poetiken, die in der Antike entwickelt wurden, gemeinsam sind die Betonung der ethisch-didaktischen Funktion, die Dichtung haben kann, und – in jeweils radikal unterschiedlicher Weise – die Reflexion der spezifischen Sprachlichkeit dichterischer Produkte. Daraus ergibt sich die Nähe der Poetik zur Ethik und zur Logik, die als Wissenschaft verstanden wird, die es mit der Versprachlichung von etwas Erkanntem beziehungsweise Gedachtem zu tun hat.

2 Formen der Poetik in der Antike: ein Überblick

In der Antike wird (explizite) Poetik als Antwort auf die Frage verhandelt, was gute Dichtung ist. Damit kann Poetik zu einer normativen Praxis werden. Dies geschieht vor allem dann, wenn der Dichtung wie zum Beispiel in sophistischen und hellenistischen Entwürfen (Stoa, Horaz etc.) konkrete, unmittelbar erzieherische Aufgaben zugewiesen werden, deren Umsetzung auf der Basis eines Regelkanons geschehen soll. Im Unterschied dazu führt die Identifizierung des Gegenstands mit seinem besten Zustand (Platon, Aristoteles, Neuplatonismus) in eine Begründungsbewegung, die nach den Prinzipien beziehungsweise Prämissen des Dichtens und der Rezeption von Dichtung sucht, weil die spezifische

Potenz von Dichtung in anthropologischen, ethischen, erkenntnistheoretischen und didaktischen Kontexten bestimmt wird.

Dies kann sowohl präskriptiv als auch deskriptiv verwirklicht werden. Oft spielt diese Unterscheidung aber auch gar keine Rolle, weil antike Methoden nicht mittels der in der Moderne relevanten Dichotomie von deduktiven und induktiven Verfahren adäquat beschrieben werden können. Poetik wird in der Antike häufig in einen allgemeinen, von der Philosophie vorgegebenen, wissenschaftssystematischen Rahmen gesetzt, der je nach intellektueller Verortung sehr unterschiedlich sein und das Verhältnis zwischen einzelnen Dichtungstexten, die als Beispiel oder Beleg verwendet werden, und allgemeinen Prämissen oder außerliterarischen Prinzipien unterschiedlich bestimmen kann.

Bei Platon, Aristoteles sowie in der neuplatonisch geprägten Spätantike steht die Frage nach dem *ergon* (Werk, innere Funktion) der Dichtung im Zentrum. Dieses wird in seiner bestmöglichen Verwirklichung betrachtet und aus der Bestimmung der spezifischen Vermögen des Menschen (mithin anthropologisch) sowie deren Ausbildung als Charakterzüge und Verwirklichung in einzelnen Handlungen (mithin ethisch) heraus begründet. Hellenistische und römische Poetiken verfahren demgegenüber eher praxisbezogen und bestimmen Poetik primär als Regelpoetik, die helfen soll, bestimmte Handlungsformen einzuüben. Kriterien der Poetizität werden im Zuge dessen im Hellenismus vor allem formal bestimmt. Die Beziehung zwischen Dichtung und Bildkunst und die Bedeutung der Medialität rücken in den Fokus (Horaz) und werden in Weiterentwicklung rhetorischer Verfahrensweisen und unter dem Einfluss stoischer Wissenskonzepte zu Beiträgen zu einer allgemeinen Theorie des Schönen beziehungsweise der Ästhetik genutzt (Pseudo-Longin). In allen Diskussionen steht die Einheit des Dichtungswerks als Ziel der dichterischen Praxis im Mittelpunkt. Ihre Verwirklichung wird jedoch auf sehr unterschiedliche Arten gesucht: Hellenistische Poetiken und besonders Horaz plädieren für eine an den Einheiten der historischen Erfahrungswirklichkeit der Rezipienten orientierte Komposition von Handlungen und Gegenständen. Das hat die Konsequenz, dass hier Dichtungstheorie eine starke rezeptionsästhetische Komponente erhält und dass eine intensive historische Lokalisierung der Dichtung Teil des literarkritischen und poetologischen Reflexionsprozesses ist. Platon und Aristoteles hingegen erschließen das Prinzip der Einheit eines Dichtungswerks, indem sie nach den Aspekten und Merkmalen suchen, die hinreichend für die spezifische Erfassung des dargestellten Gegenstands sind. Dieser analytische Prozess wird mit der Erkenntnis vollendet, was eigentlich die spezifische Sachbestimmtheit des dargestellten Gegenstands (griech. *eidos*) ausmacht und was eine hinreichende Erkenntnis erlaubt. Diese in möglichst reiner und prägnanter Form in einem bestimmten Medium auf eine bestimmte Art und Weise darzustellen, wird als primäre Aufgabe des Dichters betrachtet, ungeachtet der Frage, ob eine solche Verwirklichung bereits eine faktische oder eine mögliche historische Realität besitzt, das heißt, ob es diese Handlung so oder ähnlich bereits einmal gegeben hat oder nicht.

Im Unterschied zu den expliziten philosophischen Poetiken verfahren implizite Poetiken je nach historischer Verortung auf unterschiedliche Weise selbstreflexiv, intertextuell und philologisch. In frühgriechischer und klassischer Zeit verlassen sie gewöhnlich den intrapoetischen oder intradiegetischen Kontext nicht, das heißt, sie haben einen Bezug zur dargestellten Handlung oder dem dargestellten Gegenstand und erfüllen mit Blick auf diesen eine bestimmte Funktion. In der Ilias und besonders in der *Odyssee* gibt es zwar bewundernde Erzählungen von singenden Dichtern (Phemios, Demodokos), diese werden aber nicht als Anlass für explizit selbstreferentielle Reflexionen auf den Akt des Dichtens oder die Poetizität der eigenen Erzählungen genutzt. Der für die Handlung zentrale Bericht des Odysseus von den Leiden und Abenteuern seiner Irrfahrten bei den Phäaken ist als Ich-Erzählung wie ein Sängervortrag gestaltet und rückt damit das Dichten in den Fokus, ist aber zugleich als ein Teil der Handlung des Epos komponiert und stark mit dieser verflochten. Auch bei Hesiod, in der frühgriechischen Lyrik und in der attischen Tragödie und Komödie bleibt dies (in enger Auseinandersetzung mit Homer) im Wesentlichen so. Das ändert sich erst in der Zeit nach dem Tod Alexanders des Großen, die wir Hellenismus nennen, und in der die Dichtung im Zusammenspiel mit der Entwicklung hochspezialisierter philologischer Praktiken und Literarkritik im Umkreis der Bibliothek von Alexandria Bestrebungen nach Autonomie und Autarkie verwirklicht, wobei die Frage nach der Poetizität von Texten eine neue unabhängige Bedeutung erhält. Im Römischen, vor allem in der frühen Kaiserzeit, entwickeln sich vielfältige Formen selbstreflexiver und selbstreferentieller poetischer Verfahrensweisen (z. B. bei Ovid), die ihre historische Position in der Rückschau auf eine lange Tradition antiker Dichtungsformen sowie in der transferierenden Weiterentwicklung alexandrinischer Praktiken und der rhetorischen Tradition nutzt, um Poetik als Theorie einer eigenen, imaginativen Welterschaffung zu etablieren und auszudifferenzieren.

3 Platon und die Sophistik

Schon vor Platon (427–347 v. Chr.) war die Theorie der Dichtung eng mit der Theorie und Praxis des Redens verflochten. Die Sophisten des 5. Jahrhunderts, von deren Poetik wir Fragmentarisches vor allem von Gorgias von Leontinoi fassen können, bestimmen die Poetizität eines Textes entsprechend ihrer universell organisierten und mithin unabhängig vom Gegenstand konzipierten

Redekunst formal durch seine metrisch gebundene Form (Gorg. Hel. 9). Platon und später Aristoteles widersprechen dieser formalen Bestimmung und setzen an die Stelle der Metrizität die Nachahmung (griech. *mimesis*) als Kriterium für Dichtung beziehungsweise Literatur. Nachahmung wiederum gewinnt ihre substantielle Qualität als Literatur (oder Kunst) nicht aus dem Medium, in dem die Nachahmung stattfindet oder dem Modus, wie nachgeahmt wird, sondern aus dem Gegenstand, der nachgeahmt wird, und der Art, wie dieser Gegenstand in der Nachahmung erkennbar gemacht wird. Damit erhält die Poetik eine Rolle im Kontext der Erkenntnistheorie und eine bestimmte Funktion für die Wissensbildung und wird weniger unter rhetorischen Gesichtspunkten betrachtet.

Bei Platon bedeutet dies, dass er seine Theorie der Dichtung und ihrer Funktionen in Verbindung mit der Ideenlehre entwickelt. Diese ist das Zentrum seiner Erkenntnistheorie, weil sie eine Antwort auf die Frage nach dem hinreichenden Kriterium für jegliches Wissen von etwas überhaupt liefert. In der Ideenlehre spielen nun eben diese beiden Komponenten – Analyse und Didaktik – die zentrale Rolle. Daher verhandelt Platon die Poetik sowohl unter pädagogischen als auch erkenntnistheoretischen Perspektiven. Im engeren Sinn entfaltet Platon ein Konzept von Poetik und Kunsttheorie als erkenntnistheoretische Analyse im Dialog *Sophistes* und in der *Politeia*, wobei Letztere auch die pädagogischen Aspekte betont. Im *Sophistes* soll geklärt werden, was ein Sophist ist (Erker 2016). Dabei ergibt sich, dass ein Sophist dadurch charakterisiert ist, dass er eine bestimmte Nachahmungskunst praktiziert, nämlich diejenige, die (falsche) Meinungen auf täuschende Weise nachahmt (soph. 264d). Nachahmung aber sei, so definiert es Platon in diesem Kontext in einer bemerkenswert allgemeinen Formulierung, das Hervorbringen von Bildern. Bilder wiederum seien etwas, das etwas anderem, einem Vorbild, ähnlich sei (soph. 240a). Zur Erläuterung und Hinführung zu dieser Bestimmung des Sophisten wird zunächst das Beispiel des Angelfischers und dann zur Präzisierung das des Malers angeführt (soph. 234b5–234b10). So, wie ein Maler mithilfe der Bildkunst Nachahmungen hervorbringe, die dem Seienden namensgleich (griech. *homonyma*), aber nicht mit ihnen identisch sind und damit in den Augen der Unerfahrenen eine Sachkenntnis vortäuschen kann, mache es auch der Sophist mit seiner Wortkunst, wie Sokrates in einer vorläufigen, später (soph. 268c8–268d4) präzisierten Definition sagt (vgl. soph. 234c2–234c7).

Der entscheidende Aspekt dabei ist, dass der Maler etwas erzeugt, das von etwas anderem verschieden ist, das aber als mit diesem identisch präsentiert wird. Damit kann er diejenigen, die unerfahren und nicht im Unterscheiden ausgebildet sind, täuschen. Erkenntnistheoretisch macht dieses Beispiel deutlich, dass auf der Ebene von bloßen Meinungen von einem Gegenstand, die kein Begründungswissen enthalten, etwas, das nur ähnlich aussieht wie etwas anderes, für identisch mit diesem anderen gehalten werden kann. Meinungen sind daher täuschungsanfällig. Der Sophist nutzt das aus. Indem Platon im Nachgang dieses Beispiels die Unterscheidung zwischen zwei Arten der Nachahmung einführt (soph. 235b7–235c7), macht er deutlich, dass Malkunst oder Kunst im Allgemeinen (Dichtung eingeschlossen) nicht notwendig eine Täuschungskunst ist, sondern dass sie genauso eine Technik sein kann, mit der ein Sachverhalt besser und auf anschauliche Weise erkennbar gemacht werden kann, wenn sich denn derjenige, der die Nachahmung ausführt, an der tatsächlichen Einheit des Gegenstands, der dargestellt wird, orientiert und nur solche Aspekte aufnimmt, die wirklich zu dem Gegenstand dazugehören und ihn wirklich erkennbar machen. Denn Platon unterscheidet zwischen einer eikastischen, das heißt bildnerischen, und einer phantastischen, das heißt vorstellungshaften oder scheinbildnerischen, Kunst (griech. *eikastike téchne* und *phantastike téchne*). Während die zweite den Gegenstand nicht darstellt, wie er ist, sondern wie er zu sein scheint, ohne den wirklichen Sachverhalt zu kennen (soph. 236b4–236c5), kann die erste einen wichtigen Beitrag zur Erkenntnis des Gegenstands durch die Methode der Veranschaulichung leisten. Dieser Beitrag erweist sich – in platonischer Terminologie – als das eigentliche ‚Werk' (griech. *ergon*) der Kunst (und Dichtung) (soph. 235e3–235e4), das heißt als das, worauf alle Teile als auf ihr inneres Ziel hin geordnet sind. Dieses rückt damit ins Zentrum der Poetik und gibt zugleich an, was gute Dichtung ist, weil die Bestimmung von etwas über sein ‚Werk' nach Platon am besten und im eigentlichen Sinn über die Bestheit (griech. *arete*) dieses Werks erfolgt (rep. 352d9–353d1).

Damit steht die Unterscheidung dieser beiden Nachahmungskünste in direkter Relation zu den Überlegungen, die Platon in vielen Dialogen (in der *Politeia*, z. B. rep. 475d1–480a13, im *Timaios*, Tim. 27d5–28a4, sowie im *Menon*, Men. 97c4–97d10) und in den Tugenddialogen, z. B. *Ion*) anstellt zum für ihn grundlegenden Unterschied zwischen einem bloß meinungshaften Denken (*doxa*), das sich nur auf das äußere Erscheinungsbild und die Faktizität eines Gegenstands bezieht, und einem wirklichen Wissen von etwas (griech. *logos, dianoia, episteme*), über das Rechenschaft abgelegt werden kann und das ein Wissen um die bestimmten Ursachen dieses Gegenstands ist. Durch die Beschreibung der am Schein eines Gegenstands orientierten nachahmerischen Täuschungskunst als Phantastike wird deutlich gemacht, dass die Vorstellungskraft (griech. *phantasia*) allein nicht dazu in der Lage ist, eine Nachahmung zu schaffen, die den Gegenstand wirklich (neu) erkennbar macht, sondern dass ein Zusammenwirken der Vorstellungskraft mit der Vernunft (griech. dianoia bzw. logos) notwendig ist. Auf diese Einsicht führt auch die berühmte Dichtungskritik im zehnten Buch der *Politeia* hin, indem sie sich zuspitzend auf solche (schlechte) Dichtung konzentriert, bei der die Vernunft nicht (oder genauer: nicht als sie selbst) am Nachahmungsprozess beteiligt und daher als sophistisch gekennzeichnet wird (rep. 596d1). Diese schlechte Dichtung nennt Platon hier ‚mimetisch', wobei er die Bedeutung des Begriffs Mimesis gegenüber dem weiteren Begriff, den er in den Büchern zwei und drei im Kontext der Kritik der traditionellen Dichtung verwendet hatte, einschränkt (rep. 595a5; vgl. Büttner 2000, 185). Weil diese schlechte, mimetische Dichtung nicht auf das *ergon* der darzustellenden Sache schaut, sondern nur auf seine Erscheinungsweisen, bezeichnet Platon ihre Produkte als „Drittes von der Wahrheit" (rep. 598b6–598c6, 599a1), denn sie haben keinen zusätzlichen Erkenntniswert, weil die Dichtung nicht sichtbar macht, was die Sache wesentlich ausmacht. Dabei hält Platon ausdrücklich als Kriterium für gute Dichtung fest, dass der gute Dichter, wenn er, worüber er dichtet, gut dichten wolle, als ein Wissender (griech. *eidota*) dichten müsse (Plat. rep. 598e3–598e5). In didaktischer Hinsicht ist die schlechte, bloß an den Erscheinungen orientierte Dichtung im Sinne des Erziehungskonzepts, das die Politeia entwickelt, besonders deswegen problematisch, weil sie nicht sichtbar macht, dass man für ein wirklich sicheres Wissen von den Gegenständen mittels der Vernunft auf ihr bestimmtes *ergon* schauen müsse, und weil sie ein falsches Scheinwissen erzeuge. Daher und im Wissen um den starken Einfluss, den Dichtung und Kunst auf die Seele der Zuhörer ausüben können (wie aus der Diskussion um den dichterischen Enthusiasmos im Dialog *Phaidros* deutlich wird), plädiert Platon dafür, dass diese Art von schlechter Dichtung in dem ideal gerechten Staat nicht zugelassen wird. Dieser Konsequenz widerspricht die zentrale Rolle, die Platon der Dichtung insgesamt im Staat in der grundlegenden Bildung der Kinder zuspricht (rep. 376e3–376e6), nicht. Denn sie erkennt ausdrücklich die Erkenntnis erhellende und bereichernde Funktion von Bildern, dichterischer Rede und künstlerischer Produkte an und geht dabei aus von Überlegungen über die spezifischen Vermögen des Menschen und ihre schrittweise Kultivierung, wie unter anderem aus dem Malerbeispiel in der *Politeia* deutlich wird (rep. 500d4–501c9). Voraussetzung dafür ist aber eine qualitative Unterscheidung zwischen verschiedenen Arten von Dichtung, die sich nach dem Kriterium richtet, an dem sich die mimesis orientiert. Eine Dichtung, die sich rein auf sinnliche und vorstellungshafte Merkmale stützt, bezeichnet Platon als (zumindest potentiell) täuschend. Sie erfülle das spezifische *ergon* von Kunst und Dichtung nicht, mehr von einer Sache erkennbar zu machen. Wie stark Platon die Rolle der Dichtung unter didaktischen und pädagogischen Perspektiven bewertet, erhellt auch aus der Kritik an der traditionellen Dichtung im zweiten und dritten Buch der *Politeia*. Denn hier ist der Maßstab explizit die Rezeptionsfähigkeit von Kindern, also ihre Fähigkeit, mittels höherer Erkenntnisvermögen als dem sinnlichen Meinen Texte zu verstehen. Auch wenn dichterische Texte einen Hintersinn (griech. *hyponoia*) hinter dem literalen besitzen, so ist dies in der hier eingenommenen Perspektive nicht relevant, weil es die Zuhörer beziehungsweise Leser nicht erreicht: „Diese [Dichtungen] sollten nicht zugelassen werden in unserer Stadt, mögen sie nun mit einem verborgenen Sinn gedichtet sein oder ohne. Denn der junge Mensch ist nicht dazu in der Lage zu unterscheiden [(griech. *krinein*)], was der verborgene Sinn ist und was nicht; aber was er in diesem Alter in seine Meinungen aufnimmt, das pflegt schwer wieder auszuwaschen und abzuändern zu sein. Deshalb muss man es als Allerwichtigstes betrachten, dass das, was sie zuerst hören, auf das allerschönste mit Bezug auf die Tugend erzählt ist." (rep. 378d6–378e4) Vieles erscheint Platon an Homer und Hesiod nicht für die Kinder rezipierbar, weil für ihre Erkenntniskompetenz die wahren Einsichten, die die Dichtungen über Götter und Heroen enthalten, nicht erschlossen werden können. Das eigentliche *ergon* der Dichtungen, ihre spezifische Poetizität ist daher für diese Rezipienten nicht existent oder führt sie in ihren ethischen Einsichten in die Irre.

Die Platonischen Dialoge sind selbst bildlich, das heißt, die philosophischen Argumentationen sind in ein narratives Szenario eingebettet und verwenden eine Vielzahl an Bildern, Gleichnissen, Metaphern, Mythen und andere Formen bildlicher Rede. Sie tragen daher ihre eigene Poetizität in sich, die Platon, wie erläutert, als allgemeines Konzept explizit philosophisch definiert. Dass Platon seine eigene schriftstellerische Arbeit als vorbildlich betrachtet hat, geht explizit aus Äußerungen in den *Nomoi* und im *Symposion* hervor: In den *Nomoi* fordert der Athener, der die Rolle des Gesprächsführers innehat, die Dichtung, die jungen Menschen vorgelegt werde, solle nach dem Vorbild der Gespräche gebildet sein, die er gerade mit seinen Gesprächspartnern führe (leg. 811c–812a). Im *Symposion* (symp. 223d) findet sich eine Andeutung, aus der ersichtlich wird, dass Platon sich selbst als den Dichter betrachtet, der dazu in der Lage ist, in verschiedenen Gattungen gut zu dichten. Im Kontext des *Symposion*, in dem gezeigt wird, dass der Mensch nicht alles aus sich selbst hervorbringt, sondern bestimmten Wirkkräften wie zum Beispiel der Macht der Schönheit (für die Aphrodite steht) unterliegt, verweist dies auf einen hohen Anspruch. Denn Platon geht grundsätzlich davon aus, dass die Dichter meist nur in einer Gattung dichten können und also einer Muse zugehörig sind, die jeweils für eine bestimmte (rationale) Wirkkraft steht (rep. 395a–395b, Ion 534b–534c). Der Grund, der für diese Spezialisierung angegeben wird, ist, dass sich die verschiedenen Dichtungsgattungen nach Platon dadurch unterscheiden, dass sie unterschiedliche Charaktere und ihre Handlungen darstellen (rep. 395a1–395b7). Die Dichter aber hätten zumeist nur eine Begabung für eine Charakterhaltung, weil sie nur für eine bestimmte Wirkkraft empfänglich seien und diese erkennen könnten. Neben dieser enthusiastischen Rezeptivität, für die die Musenbegeisterung (Phaidr. 244a ff.) und der traditionelle Musenanruf stehen und mittels derer diese philosophisch definiert werden, gibt es aber nach Platon auch die Möglichkeit, aus eigener rationaler

Durchdringung der Charaktere und Dinge diese wesensgemäß darzustellen. Diesen Anspruch also sieht Platon in seiner eigenen Dichtung verwirklicht und erkennt darin das Ideal guter Dichtung, die über ihre eigenen Gegenstände und Verfahrensweisen Rechenschaft abzulegen (griech. *logon didonai*) in der Lage ist – eine Fähigkeit, die Platon den meisten traditionellen Dichtern abspricht (so vor allem im Dialog *Ion*). So reflektieren die platonischen Dialoge ihre eigene Poetizität, die als Ideal guter Dichtung beschrieben und in den Praktiken der Veranschaulichung philosophischer Sachverhalte vorgeführt wird.

Im Zentrum des Interesses steht bei Platon damit in Auseinandersetzung mit der formalen Bildungs-, Wissens- und Rhetorikkonzeption der Sophisten des 5. Jahrhunderts die bestimmte Möglichkeit, dichterische Praktiken durch rationale Begründungen zu validieren und formale Qualitäten von Dichtung mit Blick auf ihre Funktion der – die grundlegenden menschlichen Fähigkeiten reflektierenden – anschaulichen Vermittlung von Erkenntnissen über die Gegenstände der Dichtung zu entwickeln beziehungsweise zu bewerten.

4 Aristoteles

Aristoteles (384–322 v. Chr.) knüpft als Schüler Platons, der von 364–344 v. Chr. in der Platonischen Akademie in Athen lernte und forschte, an grundlegende Konzepte zur *Poetik* bei Platon an, akzentuiert und kontextualisiert diese aber neu. Die Poetik des Aristoteles (griech. *Peri poietikes*) ist die erste aus der griechischen Antike überlieferte wissenschaftliche Abhandlung aus dem Bereich der Kunsttheorie. Sie stammt wie alle erhaltenen Schriften des Aristoteles aus dem Kontext des Unterrichts in der Akademie beziehungsweise des Lykeions (der Schule des Aristoteles, des späteren Peripatos). Sie wurde wegen des oft verkürzenden Redestils und des Fehlens bestimmter kulturhistorischer, im Umfeld der Poetik diskutierbarer Fragestellungen in der Geschichte der Rezeption oftmals als dunkel, unfertig, fragmentarisch, skizzenhaft oder literarisch unzureichend beschrieben. Eine konsequente Analyse der Literarizität der Schriften des Aristoteles stellt derzeit noch ein Forschungsdesiderat dar. Es lässt sich aber für die *Poetik* bestimmen, welche Funktionen dieser Stil und die Anlage der Schrift besitzen, die sicher im Umkreis der Schulen kursierte, auch wenn mit einer gewissen Vorläufigkeit der öffentlich gemachten und überlieferten Fassung zu rechnen ist. Die *Poetik* ist durch Querverweise mit anderen Schriften des Aristoteles vernetzt und grenzt dadurch ihren Gegenstandsbereich innerhalb der aristotelischen Wissenschaftssystematik klar ab. Die Tatsache, dass sowohl sogenannte exoterische (poet. 1454b18), an ein breiteres Publikum gerichtete Schriften als auch

Schulschriften (poet. 1456a34–1456a36) wie zum Beispiel die Ethiken mit ihrer Handlungstheorie als implizit zugrunde gelegte Referenztexte benannt werden, zeigt eine enge Verflechtung zwischen den verschiedenen Texttypen und ihren intendierten Leserschaften.

Die Schrift beginnt wie bei Aristoteles häufig mit einem programmatischen Satz, der Gegenstand und Methode spezifisch charakterisiert und damit die Schrift eindeutig für ein bestimmtes Publikum strukturiert und rezipierbar macht: „Über die Dichtkunst selbst und ihre Arten, welche bestimmte Potenz eine jede besitzt, und wie man die Mythen zusammenstellen muss, wenn die Dichtung gut sein soll, [...] darüber wollen wir sprechen, wobei wir zuerst mit dem beginnen, was der Natur nach das Erste ist." (poet. 1447a1–1447a13). Damit ist anknüpfend an Platons *ergon*-Lehre die Suche nach Kriterien für gute Dichtung als der eigentliche Gegenstand angekündigt und nicht eine Beschreibung der Extension des Dichtungsbegriffs und auch nicht eine Aufzählung oder Charakterisierung aller möglichen Dichtungsgattungen. Aristoteles konzentriert sich vielmehr auf diejenigen Gattungen, die seiner Ansicht nach das, was Dichtung leistet, in primärer und ausgezeichneter Weise verwirklichen. Diese sind Epos, Tragödie und Komödie. Analoges gilt auch für literaturgeschichtliche und kulturgeschichtliche Aspekte und Fragen: Auch diese werden nur insofern und insoweit aufgenommen, wie sie nach Aristoteles' Auffassung für die Klärung der gestellten Frage, was gute Dichtung ausmache, notwendig sind. Mit dem *Mythos* klingt der Zentralbegriff der *Poetik* des Aristoteles an: Unter *Mythos* versteht Aristoteles nicht primär eine althergebrachte Erzählung über Heroen und Götter, sondern die dichterische Komposition einer Handlung, von der kein Teil fehlen oder umgeordnet werden kann, ohne das Ganze ins Wanken zu bringen (poet. 1451a31–1451a35). Der *Mythos*, der aufbauend auf Platon (Plat. Phaidr. 268d3–268d5) als „Komposition von Handlungen" (griech. *systasis ton pragmaton*, poet. 1450a4–1450a5, 1450a15, 1450a32–1450a33) definiert wird, zielt „gleichsam [als] die Seele der Dichtung" (poet. 1450a38) darauf, in einer einzelnen Handlung konkret und anschaulich den individuellen Charakter des Handelnden sichtbar zu machen (poet. 1450a20–1450a22, 1451b6–1451b10). Denn nur auf diese Weise ergibt sich eine wirkliche Einheit der Dichtung (poet. 1451a28). Aristoteles verweist hierfür darauf, dass dies eine Forderung in allen Künsten sei (poet. 1451a30–1451a31), wenn denn, wie er im ersten Satz sagt, die Dichtung beziehungsweise das Kunstwerk gut und schön sein soll – der hier verwendete griechische Begriff *kalos* impliziert beides. ‚Schön' und ‚gut' aber ist etwas, wenn es eine bestimmte Einheit ist, in der alle Teile des Ganzen zusammenstimmen (vgl. Plat. Phaidr. 264c2–264c6). Aristoteles begründet dieses Prinzip in der *Poetik* selbst nicht, sondern nimmt es als allgemein geteilten Konsens der Zielsetzung von Kunst (poet. 1451a16) zur Prämisse. Als etwas, worüber noch kein Konsens besteht und welches das eigentliche *ergon* des Dichters sei, stellt Aristoteles die Art und Weise heraus, wie eine wirkliche Einheit in der Darstellung einer Handlung erzeugt werden kann, indem er verschiedene aus seiner Sicht unzureichende und zu äußerliche Methoden ablehnt (poet. Kap. 8 passim) und mittels seines spezifischen Nachahmungskonzepts und seiner Definition des Mythos eine neue Antwort präsentiert. Die Tatsache, dass diese wesentlichen Elemente seiner *Poetik* (meist mehrfach) benannt und in Erinnerung gerufen werden, zeigt, dass die Schrift didaktisch ausgerichtet ist und sich an ein bestimmtes, zwar nicht gänzlich unvorbereitetes, aber doch im Einzelnen noch zu belehrendes Publikum richtet.

Diese Frage nach einer organischen Einheit der Dichtung, in der alle Teile und Aspekte oder Formelemente zu einem gemeinsamen *ergon* der Dichtung zusammenwirken, steht bei Aristoteles im Zentrum seiner Begründungsbewegung. Dabei konzentriert er sich – mit einer Akzentverschiebung gegenüber Platon – mehr auf konkrete poetische Praktiken, die für das Erreichen einer solchen, die Darstellung zusammenhaltenden Einheit erforderlich sind, woraus der Eindruck entstehen kann, die Poetik sei eine normative Poetik. Das ist sie allerdings nur in dem Sinn, dass sie den Rahmen anthropologisch herleitet und wissenschaftssystematisch kontextualisiert, in dem sich die für die Dichtung spezifische und zu erzielende Lust bewegt, nicht in dem Sinn, dass sie einen dezidierten und für alles gleichermaßen geltenden Regelkanon aufstellt. Indem ihre Beschreibungen und Analysen guter Dichtung immer den Bezug zur Frage nach den Prinzipien der Lust an Dichtung und Kunst suchen, beweist die Aristotelische *Poetik*, dass ihre Grundbegriffe und Herleitungen zu dem, was gute Dichtung ausmacht, historisch anpassbar sind und sich in wandelnden institutionellen Bedingungen und solchen der Gattungen und Funktionen von Dichtung kontextualisieren lassen.

Im Sinne der analytischen, das heißt, vorgegebene Meinungseinheiten auflösenden, und anagogischen, das heißt, verbreitete Vorstellungen und den Sprachgebrauch zum Ausgangspunkt nehmenden, Methode wird auch der Nachahmungsbegriff (griech. *mimesis*) zunächst für die Kunstdefinition als etwas zugrunde gelegt, über das allgemeiner Konsens herrscht: Alle Künste sind wesentlich Nachahmung von etwas (1) in etwas anderem (2) auf eine bestimmte Art und Weise (3) (poet. 1447a15–1447a18). Gegenstand (1), Medien (2) und Modus (3) der Nachahmung erzeugen die Differenzierung der verschiedenen Kunstarten. Der griechische Begriff Mimesis bedeutet entgegen einer verbreiteten Auffassung in der modernen *Poetik*-Forschung (z. B. Petersen 2000, 12 u. ö.) tatsächlich ‚Nachahmung', impliziert dabei allerdings keineswegs ‚Nachahmung der sinnlich wahrnehmbaren Natur' und stellt dementsprechend auch keine Reduktion des Kunst- und Dichtungsbegriffs gegenüber dem Darstellungsbegriff dar (Schmitt in Aristoteles 2011, 209). Über den Konsens hinausführend argumentiert

Aristoteles für eine Definition der Poetizität eines Textes mittels ihres Gegenstands und gegen eine formale Bestimmung (poet. 1447b14–1447b16). Dieser Gegenstand wird anthropologisch hergeleitet (Kap. 4), und zwar durch zwei Beobachtungen: 1. die besondere Begabung des Menschen zur Nachahmung (der Mensch sei das am meisten zur Nachahmung begabte Lebewesen; griech. zoon mimetikotaton, poet. 1448b7) und 2. die besondere Freude des Menschen an Nachahmungen. Diese Freude wiederum wird als eine Freude, die mit dem Erkennen einhergeht, bestimmt. Freude entsteht, wie Aristoteles in der *Nikomachischen Ethik* sagt (NE 1174b33), immer zugleich mit einer gelingenden Erkenntnis. Und auch die für die Nachahmung spezifische Freude begleite eine Erkenntnis. Aristoteles sagt: „Deshalb freuen sie sich, wenn sie Bilder betrachten, weil sie beim Betrachten lernen und schließen, was ein jedes ist, z. B. dass dieser jener ist." (poet. 1448b15–1448b17) Nur dann, wenn der Gegenstand, der dichterisch dargestellt wird, grundsätzlich bekannt ist, kann dieser Lernprozess und dieses Erkennen stattfinden. Nur dann stelle sich, so Aristoteles, eine Freude ein, „insofern es eine Nachahmung ist" und nicht nur aufgrund der hervorragenden Ausführung des Kunstwerks (poet. 1448b17–1448b19). Dass mit dieser Erkenntnis kein bloßer Identifikationsakt gemeint ist, präzisiert Aristoteles im berühmten neunten Kapitel, in dem das bestimmte *ergon* des Dichters (poet. 1451a37) zusammenfassend bestimmt wird. Die Dichtung wird nämlich als eine solche Darstellung von Handlungen definiert, die zeigen, dass „einem wiebeschaffenen Menschen Wiebeschaffenes zukommt zu sagen oder zu tun gemäß dem Notwendigen oder Wahrscheinlichen" (poet. 1451b8–1451b9). Es geht hier um eine individuelle Charakterisierung, die durch die Darstellung einzelner Handlungen, die den Durchblick auf den Charakter des Handelnden erlauben, ermöglicht wird und nicht durch allgemeine reflektierende Kommentare des Dichters (poet. 1460a5–1460a8). Dem entspricht auch die Gegenstandsbestimmung von Dichtung im Allgemeinen und die daraus abgeleitete Grundunterscheidung, aus der heraus die Genese der Dichtungsgattungen von Aristoteles erklärt wird: Dichtung ist nach Aristoteles immer Darstellung von handelnden Menschen, die entweder gut (vgl. rep. 1324a12–1324a13) oder schlecht sind, weil dies die Basisunterschiede im Bereich der Charaktere sind (poet. 1448a1–1448a4, 1448a8–1448a9; vgl. NE 1106a14–1106b35). In Kapitel 13 bemüht sich Aristoteles insbesondere um den tragischen Charakter, der weder an Tugend (griech. *arete*) herausragt, noch auch eine Schlechtigkeit an sich hat, durch die er zu Fall kommt, sondern der grundsätzlich gut ist, aber einen bestimmten Fehler (griech. *hamartia*) begeht (poet. 1453a7–1453a10). Diese Präzisierung zeigt, dass es zwischen guten und schlechten Charakteren eine Vielheit an Abstufungen und individuellen Ausprägungen gibt und dass es Aristoteles für die Bestimmung guter Dichtung um diese unterschiedlichen Charaktere geht. In deren Einzelschicksalen kann der Zuhörer oder

Zuschauer etwas Bestimmtes erkennen, Lust daran haben und daraus lernen (poet. 1448b12–1448b18).

Dass Aristoteles einzelne menschliche Handlungen als den Gegenstand von Dichtung im Allgemeinen bestimmt und damit vermeintlich den Gegenstandsbereich restriktiv beschränkt, erklärt er anthropologisch aus der menschlichen Begabung und Neigung zum Nachahmen. Schon Kinder lernen durch Nachahmung, das heißt, sie imitieren das Handeln anderer in ihrem eigenen Handeln. Auf dieser Ebene bewege sich auch die Dichtung, indem sie etwas Einzelnes darstelle, das man als eine Nachahmung von Einzelnem erfassen (poet. 1448b16–1448b17) und auf das man sein eigenes Handeln beziehen könne. Die für die Rezipienten (relativ) leichte Erfassbarkeit und Beziehbarkeit der dargestellten Handlungen auf den Charakter der Handelnden sowie auch auf sich, also den Rezipienten (poet. 1448a4–1448a5, 1449b27–1449b28, 1453a4–1453a7), sind dabei von großer Bedeutung. Nicht wissenschaftliche Beweise oder allgemeine Charakterstudien (poet. 1450a16–1450a17, 1450a20–1450a25), sondern anschaulich betrachtbare Einzeldinge in der Entwicklung einer Handlung werden von der Dichtung vorgeführt. Wenn Aristoteles im neunten Kapitel sagt, die Dichtung stelle mehr das Allgemeine dar, die Geschichtsschreibung hingegen das Einzelne (poet. 1451b6–1451b7), dann definiert er dieses hier gemeinte Allgemeine im folgenden Satz: Dieses sei die individuelle charakterliche Beschaffenheit der Protagonisten, auf die sich die einzelnen dargestellten Handlungen mit Notwendigkeit oder Wahrscheinlichkeit beziehen lassen sollen (poet. 1451b8–1451b9). Die Interpretation des Begriffs des Wahrscheinlichen wird in der *Poetik*-Forschung kontrovers diskutiert (z. B. Halliwell 1998, 96–108; Halliwell 1987, 105–112; Schmitt in Aristoteles 2011, 310–313; Kloss 2003, 160–183). Er ist bei Aristoteles – entgegen einer langen in der Renaissancepoetik beginnenden Tradition – ebenso wie der Begriff der Notwendigkeit kein Zentralbegriff, sondern wird gemeinsam mit dem Notwendigen zur modalen Bestimmung des Zusammenhangs zwischen (charakterlicher) Möglichkeit (vgl. an. 412a9–412a12) und Handlungsgeschehen verwendet (poet. 1451a37–1451a38, vgl. 1451a27–1451a28, 1455a7–1455a8, 1455b10–1455b12). Eine kausallogische Notwendigkeit oder Wahrscheinlichkeit diskutiert er in der *Poetik* nicht und hält sie hierfür auch nicht für relevant, weil für die Dichtung vielmehr die Entfaltung einer Handlungseinheit, wie sie in der Ethik analysiert wird (Cessi 1987), relevant ist. Neben dem genannten kennt Aristoteles außerdem einen Wahrscheinlichkeitsbegriff, der die Erwartungshaltung und den Erfahrungshorizont der Zuschauer oder Zuhörer zum Maßstab nimmt. So entstehen die paradoxen Formulierungen, etwas könne zugleich wahrscheinlich (*eikos*) und dem Wahrscheinlichen entgegen (*para to eikos*) sein. Hier wird die Wahrscheinlichkeit, die sich aus einer gewissen Charakterfestigkeit ableitet und erwartbar macht, wie ein Individuum handelt, gegen die Wahrscheinlichkeit der allgemeinen Erwartungshaltung des gesunden Menschenverstands abgewogen (poet. 1456a24–1456a25, 1461b15, 1452a3–1452a4).

Die Dichtung solle also immer konkret an den einzelnen anschaulichen Handlungen bleiben und mit diesen ein Verstehen von menschlichen Verhaltensweisen und charakterlichen Potenzen ermöglichen. Diese Nähe zum Konkreten ist für Aristoteles der Grund, in seiner Poetik eine Vielzahl an Beispielen aus der frühgriechischen und klassischen griechischen Dichtung, vor allem aus Homer und den drei großen Tragikern Aischylos, Sophokles und Euripides, heranzuziehen, die entweder ausführlich oder stichwortartig einen bestimmten Aspekt der Komposition guter Dichtung (oder des Scheiterns an diesem Anspruch) verdeutlichen sollen. Die historische Verortung spielt für ihn dabei keine bedeutende Rolle. Denn auch wenn Aristoteles Interesse an der Genese der poetischen Gattungen zeigt (poet. Kap. 4), so doch nicht um ihrer selbst willen, sondern weil die historische Faktizität von etwas, diesem Etwas und der Begründungsbewegung, die Aristoteles vollzieht, Plausibilität verleiht (poet. 1451b16–1451b19). Für Aristoteles haben zudem nicht alle historischen Instanzen die gleiche Wertigkeit, sondern er misst sie an ihrer Nähe zur oder Entfernung von der Verwirklichung dessen, was Dichtung zu sein vermag, wenn sie gute Dichtung ist (poet. 1449a14–1449a15). Hier gibt es Konjunkturen und ebenso auch Zeiten, in denen diesen für Aristoteles grundlegenden Qualitätsmaßstäben weniger Aufmerksamkeit geschenkt wurde (das gilt z. B. für die nachhomerische Epik, die für uns in Fragmenten als kyklische Epik fassbar wird). Die Geschichte der Poetik ist nach Aristoteles demnach weder teleologisch organisiert, noch bindet er die Verwirklichung bestimmter Formen der Dichtung an eine bestimmte Zeit oder identifiziert sie mit dieser.

Die Beziehbarkeit auf die und die Ähnlichkeit mit den Zuschauern beziehungsweise Rezipienten spielt für wesentliche Theoriebausteine der Poetik eine zentrale Rolle: für die *Katharsis*-Lehre und die damit verbundene Lehre von Furcht und Mitleid, für die Lehre vom tragischen Charakter und seinem Verhältnis zum Zuschauer usw. Eben durch die Anschaulichkeit der einzelnen im Vollzug dargestellten Handlungen ist Dichtung leicht rezipierbar. Der Dichter soll durch die Art seiner Mimesis das Inbeziehungsetzen zu eigenen Verhaltensformen und Charaktertendenzen bei seinen Rezipienten fördern, indem er eine bestimmte, mimetische Lust erzeugt, die der Rezipient erfahren kann, wenn er das dargestellte Geschehen auf die nicht unmittelbar sichtbare, aber erschließbare Ebene des Charakterlichen durchschaut.

Verschieden von dieser eigentlichen mimetischen Lust, und das heißt von der für Aristoteles der Kunst gemäßen und die Poetizität definierenden, ist eine ästhetische Lust, die Freude an der vollkommenen technischen Perfektion der Fertigung oder an der Farblichkeit des betrachteten Gegenstands hat (poet.

1448b18–1448b19). Diese schließt Aristoteles keineswegs aus der Poetik aus, weist ihr aber eine dezidiert untergeordnete, weil nicht für das *ergon* der Dichtung spezifische Funktion zu.

Ähnliches gilt für die sprachliche Form der Dichtung, deren grammatische und sprachtheoretische Basis Aristoteles ebenfalls in der *Poetik* skizziert (Kap. 20–22) und für Untersuchungen zu Gedanken und Argumenten, die als Redestrategien in eine sprachliche Form gebracht werden (bei Aristoteles unter dem Begriff der dianoia verhandelt, poet. 1456a34–1456b8, vgl. 1403a). Der Gegenstand der Poetik wird dabei wissenschaftssystematisch von demjenigen der Grammatik und Rhetorik abgegrenzt (poet. 1450b6, 1456a34–1456a35, bes. 1456b8–1456b19). Sprachliche Ausdrücke werden nur deswegen mit einer gewissen Ausführlichkeit behandelt, weil es in der Dichtung häufig besondere, vom alltäglichen Sprachgebrauch abweichende Sprechweisen und Sprachformen gibt, deren Funktion und Angemessenheit mit Blick auf das eigentliche *ergon* der Dichtung Aristoteles in der Poetik beleuchten will. Die gedanklichen Prinzipien, die in Redestrategien umgesetzt werden, werden gänzlich in die Disziplin der Rhetorik verwiesen. Tatsächlich taucht in der erhaltenen Rhetorikvorlesung der Begriff Dianoia erst spät, im Übergang vom zweiten zum dritten Buch auf, das auf die *Poetik* verweist und deren Behandlung der Lexis, also der sprachlichen Form, voraussetzt (rhet. 1404b5–1404b8). Er wird dort der Lexis als Gegensatz von ‚Was' zum ‚Wie' der Rede gegenübergestellt (poet. 1456a34–1456a36; rhet. 1403a34–1403b2; Rapp in Aristoteles 2002, 801–804, bes. 802). Im Sinne dieser Systematik umfasst die Dianoia jedoch alles, was in der Rhetorik in den ersten beiden Büchern behandelt worden ist (Rapp in Aristoteles 2002, 804), nämlich alles das, womit der Redner das Überzeugende ermittelt (rhet. 1403b19–1403b20). Das ist für den Dichter relevant, weil auch er Reden komponieren muss, die zu den Charakteren passen und deren Handlungsabsichten erkennbar werden lassen; er benutzt diese Kompetenzen aber eher, als dass sie zu seinen spezifischen Aufgaben gehören. Auch hier also ist alles konsequent auf die Komposition einer nachgeahmten Handlung ausgerichtet.

5 (Griechische) Hellenistische Poetiken

Aus hellenistischer Zeit ist vor Horaz beziehungsweise Dionysios von Halikarnass nur eine einzige philosophische Schrift zur Poetik (fragmentarisch) überliefert, nämlich die Schrift *Über Gedichte* (*Peri poiematon*) des Epikureers Philodem (ca. 110–40 v. Chr.), dessen Werke durch den Überlieferungszufall der Konservierung in der Lava des Vesuvs in Herculaneum erhalten blieben. Die Schrift fasst vor allem hellenistische Poetiken zusammen und bewertet sie kritisch und bisweilen polemisch. Im Zentrum der erhaltenen Textstücke wird die perfekte Harmonie zwischen Wortklang und Gedanke beziehungsweise Wohlklang und Wortkomposition als Inbegriff guter Dichtung herausgestellt, ohne dass der Gegenstand der Dichtung reflektiert wird (Greenberg 1990; Obbink 1995). Dazu gehört auch die Diskussion früherer Autoren, deren Stil zum Ideal erhoben und deren Vorzüge gegeneinander abgewogen werden. Diese als Imitatio auctorum fassbare klassizistische Mimesis-Lehre wirkte tief und nachhaltig vom Hellenismus bis in die Spätantike hinein und darüber hinaus und ist für uns in einem systematischen Werk der Schulliteratur mit dem Namen des Rhetoriklehrers Quintilian (ca. 35–96 n. Chr.) verbunden.

Die beschriebene Lücke in der Überlieferung ganzer Schriften, aber auch von umfangreichen Zitierungen, die für weite Teile der philosophischen Texte dieses Zeitraums vom 4. bis zum 1. Jahrhundert v. Chr. besteht, hat neben kontingenten Ursachen auch Gründe in der wissenschaftssystematischen Gewichtung der Poetik durch die im Hellenismus dominanten Philosophenschulen der Stoa, des Epikureismus und der Skepsis. Denn zitiert werden in der kaiserzeitlichen Antike und Spätantike aus deren Corpora vor allem Texte zur praktischen Ethik. Das entspricht genau der Priorisierung dieses Themenfeldes in den hellenistischen Philosophien selbst, für die Philosophie und Wissenschaft immer einen expliziten Zweck in der moralischen Praxis haben musste. Es überrascht daher nicht, dass neben den in der Grammatik verhandelten klanglichen Aspekten von Dichtung (mit vielen Beziehungen zur Musik) und der Stilkritik die überlieferte traditionelle Dichtung (vor allem Homer, Hesiod und die Tragiker) insbesondere unter dem Gesichtspunkt ihrer moralischen Vorbildfunktion betrachtet und häufig abgelehnt wird. Die wenigen philosophischen Fragmente deuten dabei auf eine formale Bestimmung der Poetizität von Dichtung hin. Die moralische Funktionsbestimmung knüpft in der Terminologie an das vorhellenistische Mimesis-Konzept an und versteht Dichtung als Nachahmung von menschlichen und göttlichen Dingen (z. B. Poseidonios zit. v. Diog. Laert. 7,60 = Poseidonios, Fr. 458 (Theiler)), die der Belehrung dienen kann. Anders als bei Platon unterbleibt dabei aber eine Begründungsbewegung, die einen theoretischen Zusammenhang zwischen der dargestellten Handlung, dem Akt der Mimesis, und den anthropologischen und erkenntnistheoretischen Prinzipien herzustellen strebt. Die theoretisch relativ simplen Allegoreseformen hellenistischer Philosophen erfüllen einen solchen theoretischen Anspruch nicht (Bernard 1990).

Komplexer, jedoch ebenfalls nicht der Suche nach bestimmten Ursachen zugeneigt sind die impliziten Poetiken hellenistischer Dichtungstexte sowie ihrer philologischen und literarkritischen Kontexte, die im Hellenismus im Zuge der Begründung der Homerphilologie und der Gründung der Bibliothek von Alexandria im Umkreis des Museions am Hof der Ptolemäer neue Verbindungen eingehen. Auch hier ist die Überlieferung schwierig, aber zumindest vorhanden: In den von dem Dichterphilologen Kallimachos von Kyrene (ca. 310 bis 245 v. Chr.) verfassten Werken zum Beispiel liegt Dichtung vor, die zugleich Dichtungsreflexion und Arbeit an der Poetizität von Texten ist. Ähnliches lässt sich über Apollonios von Rhodos oder die Verfasser der in der *Anthologia Graeca* überlieferten fiktiven Grabepigramme aus hellenistischer Zeit sagen. Dabei rückt die Geschichtlichkeit von Literatur ebenso in den Fokus wie ihre Materialität, die Prozessualität des Dichtens und die verschiedenen Ebenen der Rezeption (Radke 2007). Die Fülle aitiologischer Narrative spiegelt nicht nur eine vermeintlich typisch hellenistische Suche nach dem Entlegenen, sondern ein Konzept von Dichtung, das die Begründungssuche für die Dichtung in ihre Geschichte verlegt. Die allgegenwärtige Verflechtung des Motivs des Kindlichen, der Kindheit und des Neuen mit der Frühzeit des Kosmos und des Erzählens und Dichtens entwirft eine eigene, neue Poetik als Maßstab der späten Dichtung der alexandrinischen Dichter, die ihr Spätersein als die Klassiker der griechischen Literatur kontern mit der Imagination ihrer absoluten Frühheit, die an der Tradition vorbei einen Blick auf die absoluten Anfänge der großen Gegenstände der traditionellen Dichtung zu werfen und diese zu verändern erlaubt. Die dichterische Imagination tritt damit auf der der Dichtung eingeschriebenen Reflexionsebene an die Stelle der rationalen Begründungsstrategien. Diese Befreiung der Vorstellungskraft geht einher mit der Entwicklung der Homerphilologie und hochdifferenzierter philologischer Praktiken überhaupt: Während diese eine vollständige technische Sektion des Dichtungstextes als etwas historisch Gewordenes vornimmt und den Text in seiner Materialität und formalen Bestimmtheit bewältigt, entwirft die Imagination des Dichters ihre eigenen Regeln in offen willkürlicher Freiheit. Die Nähe zu dem von Kallimachos (durch sein Ordnungssystem der umfangreichen Autorenverzeichnisse, der sog. Pinakes) geprägten Ort vollständiger, den ganzen Erdkreis umfassender Wissensordnung sowie die Zubereitung kanonischer Autoren für den Schulunterricht durch die Bibliothekare und Philologen in der Bibliothek von Alexandria hat Einfluss auf die im Museion oder in dessen Umkreis dichtenden Autoren (Harder 2013). Sie reflektieren in ihrer Dichtung die Ordnung des Wissens und die Rolle der Dichtung darin, wobei durch Kallimachos das Ideal einer in sich stilistisch vollendeten und intertextuell gelehrt ausgreifenden Kleinformdichtung etabliert wurde. Auch an anderen Orten hellenistischer Wissensbildung (z. B. in Pergamon) verbreiten sich solche impliziten Poetiken und ein neues Selbstbewusstsein der Dichter. Die (Homer-)Philologie und die Homerkommentierung bleiben noch für mehrere Jahrhunderte ein zentraler Schauplatz poetischer Reflexionen und wirken stark auf die römische (neoterische und augusteische) Dichtung und ihr Dichtungsverständnis.

6 Horaz

Zwischen Kallimachos und Horaz sind für uns nur wenige Stationen der Geschichte der Poetik inhaltlich fassbar. Systematisch am bedeutendsten sind solche Poetiken, die die seit Platon und Aristoteles für die Dichtungstheorie zentrale Kategorie der Mimesis nun mit den Mitteln der Rhetorik als Imitatio auctorum neu erfinden, also als eine Stillehre, die kanonische Autoren der griechischen Klassik als Vorbild für bestimmte Formen der Sprachkunst etabliert. Zu derartigen Dichtungstheoretikern gehört neben dem schon genannten Philodem der Rhetoriklehrer Dionysios von Halikarnass (ca. 60–30/29 v. Chr.), dessen Schrift Über die Nachahmung lediglich in einer Epitome des 5. Jahrhunderts n. Chr. erhalten ist (Kaminski 1998).

In Horaz' (65–8 v. Chr.) später als *Ars poetica* bekannt gewordener Versepistel liegt die erste umfassende Poetik nach Aristoteles vor. Im Sinne der Gattung des Lehrgedichts und der Epistel mit didaktischem Inhalt tritt Horaz nicht mit dem Anspruch auf, eine innovative Theorie zu entwerfen, sondern er bringt bekannte Lehrinhalte auf gekonnte Weise in Verse und dichterische Sprache (Fuhrmann 1973, 100–101). Horaz' Schrift ist ein Kondensat hellenistisch-römischer Poetiktraditionen und enthält zudem konzeptionell zentrale Elemente, die aus der hellenistisch-römischen Rhetoriktradition (und dort besonders aus Ciceros Werken) stammen: Dazu gehören die erwähnte Imitatio auctorum als Aufgabe des Dichters, die Lehre von den drei Stilen, die drei officia des Redners – Belehren (docere), Erfreuen (*delectare*) und emotional Bewegen (*movere*) (Hor. ars 333–334) –, verstanden als Officia auch des Dichters, das Aptum beziehungsweise Decorum als konstitutives Kriterium zur Bewertung von Dichtung (Hor. ars 73–118, 153–178) sowie die daraus ableitbare Regel der Darstellung typischer Charaktere (Hor. ars 120–124) und von Konventionellem (z. B. Hor. ars 227–230, 244–250), das sowohl aus der historischen Erfahrungswelt abstrahiert als auch in einer reinen Form als Ideal stilisiert wird (Cic. off. I,97–98). Diese Eklektik, die poetisch gelungene Versprachlichung und der weitgehende Verzicht auf Polemik machen Horaz' *Ars poetica* zu einem mit dem Anspruch der systematischen Vollständigkeit, dogmatischen Endgültigkeit und durch die Einfachheit der Regeln unmittelbaren Anwendbarkeit auftretenden Kompendium hellenistischer Dichtungstheorie und Stilkritik, das aus der Rhetoriktheorie sowohl den Akzent auf das Formale der Dichtung und ein formales Dichtungsverständnis als auch die Orientierung an der Wirkung auf die Rezipienten gewinnt (Kappl 2006, 13–15).

Die poetische Versprachlichung rückt für den Autor ins Zentrum: Es ist keine didaktische Literatur im Sinne der Aristotelischen, in der die Inhalte durch und während der Art der Vermittlung entwickelt werden, sondern die Didaktik wird vor allem durch eine prägnante, mit einprägsamen Junkturen und Bildern arbeitende Verskunst entwickelt. Gut memorierbare Lehrsätze erhalten mittels rhetorischer Mittel, Wohlklang und Rhythmus prominente Positionen im Text. „Der trifft den Nagel auf den Kopf, der das Nützliche mit dem Angenehmen mischt,/ zugleich um den Leser zu unterhalten und um ihn zu ermahnen." (Omne tulit punctum qui miscuit utile dulci/lectorem delectando pariterque monendo, Hor. ars 343–344). Bei Sätzen wie diesem wird der moralische Gehalt in kurzen, variabel miteinander zusammengesetzten Worten und Wortgruppen vermittelt. Dabei stehen das Memorieren und das Präsenthalten von Regeln im Vordergrund. Die Lehrsätze Horaz' versprachlichen diese Form der mit Mustern und Regeln operierenden Didaktik nicht nur, sie ersetzen die für Aristoteles typische Frage nach dem Warum und der hinreichenden Definition. Die dichterische Sprache ist selbst Teil der Erzeugung von Plausibilität und praktischem Nutzen.

So wie Aristoteles fragt auch Horaz nach den Kriterien guter Dichtung, setzt die Forderung der Einheit des Dichtungswerks an die höchste Stelle und arbeitet dies im ersten Teil vor allem werkästhetisch (Hor. ars 1–294), im zweiten (Hor. ars 295–476) mit Blick auf die Anforderungen an die Person des Dichters sowie mit Blick auf die Rezipienten durch. Anders als bei Aristoteles aber findet die Kreativität der Einbildungskraft des Dichters nicht im genauen Begreifen eines individuellen Charakters ihr regulierendes Kriterium, sondern sie erhält ihre Grenzen durch die Lebenswelt und die Erfahrungshorizonte der Rezipienten. Der Dichter dürfe nicht beliebig Teile miteinander zusammenbinden, die in dieser Verbindung in der Wirklichkeit nicht vorkommen. Kreative Freiheit wird als hohes Gut bejaht, doch an die Denk- und Erfahrungsgewohnheiten der Zuhörer und Leser zurückgebunden (Hor. ars 9–13), weil diese als alleiniger Einheitsgarant aufgefasst werden (Hor. ars 14–23). Damit ist das aus der Rhetorik stammende Decorum zum Prinzip guter Dichtung und ihrer Einheit erhoben. Zum Regelwerk gemacht erweist sich dies schnell als Prinzip für eine Typisierung und Konventionalisierung von Charakteren und anderen Elementen, aus denen die Dichtung zusammengefügt wird. Die Darstellung müsse in jedem Fall in sich stimmig sein: Ausdrucksweise und Lebensstand müssen ebenso zusammenpassen wie es eine innere Stimmigkeit, und das heißt eine Wahrscheinlichkeit der Abfolge der Ereignisse in der Handlungsstruktur geben müsse. Das Decorum als Prinzip führt daher sowohl zu einem Katalog an streng reglementierten Typen (Hor. ars 156–178) und Darstellungskonventionen (z. B. Hor. ars 120–125) als auch dazu, dass die Wahrscheinlichkeit des Geschilderten, das an dem Erfahrungshorizont der Zuschauer oder Zuhörer gemessen wird, die Handlungskomposition prägt. Horaz gewinnt diese Orientierung aus der Rezeption hellenistischer Rhetoriken, die wir in der anonym überlieferten *Rhetorica ad Herennium* fassen können (Rhet. Her. 1.16). Angesichts des bindenden Regelwerks und der empfohlenen Orientierung an der traditionellen Darstellung eines Gegenstands oder Charakters ist der Hinweis, den Horaz gibt, der Dichter solle in keinem Fall zum bloßen Imitator werden (Hor. ars 131–135), wichtig. Er spiegelt Diskussionen um die Abhängigkeit des Nachahmenden von traditionellen Vorgaben oder von den Dingen, die er darstellt. Das verweist auf eine für uns nicht mehr konkret fassbare hellenistische Tradition, in der der Mimesis-Begriff die – von Aristoteles abweichende – einschränkende Wendung genommen hat. Gerade auch durch den von Horaz' Lehrwerk zementierten Katalog an Altersstufen und Rollen, die aus der Alltagslebenswirklichkeit abstrahiert sind, kann der Dichter nur wenig Spielraum für seine Kreativität gewinnen, ist er doch seiner ureigenen Aufgabe, Charaktere verständlich zu machen und in ihrem Handeln zu individualisieren, enthoben. Diese Einschränkung des Gestaltungsspielraums zu einem engen Regelkorsett trifft auch die Kategorien Zeit und Ort. Denn bei Horaz gibt es nun tatsächlich – anders als bei Aristoteles – quantitativ absolute Grenzen (Hor. ars 189–190).

Als eine der ersten Anforderungen an den Dichter wird die Sensibilisierung für den richtigen Stil und das richtige Maß an Neuheit in der Wortwahl genannt (Hor. ars 46–72) (ein Thema, das bei Aristoteles vorkommt, doch an nachgeordneter Stelle), fortgesetzt durch eine Geschichte der Versmaße und der Gegenstände und Gattungen, für die sie festgelegt seien (Hor. ars 73–98).

Die Ansätze zu einer Geschichte der Gattungen gerinnen Horaz zu einer Geschichte der Imitatio und Aemulatio der Griechen (Hor. ars 268–291). Wegen einer Notiz des Horazkommentators Porphyrios (3. Jahrhundert n. Chr.), die *Ars poetica* sei ein Referat des hellenistischen Dichtungstheoretikers Neoptolemos von Parion, wird die Beziehung zu dem nur fragmentarisch überlieferten Werk kontrovers diskutiert. Wahrscheinlich ist, dass die klassizistischen Elemente bei Horaz auf den Einfluss des Neoptolemos zurückzuführen sind. Zu diesen Elementen gehört die Fokussierung auf die drei großen Gattungen, zumal diese nicht die zeitgenössische Wirklichkeit des Horaz spiegelt, in der die dramatischen Gattungen praktisch keine Rolle spielten, die Horaz in seiner Ars aber ausführlich bespricht.

Horaz setzt in der *Ars* explizit die poetischen Prinzipien des Kallimachos (Hor. ars 291–294) als Stilideal ein, die er seiner eigenen Dichtung zugrunde legt. Eine intensive Form der Verknüpfung von impliziter und expliziter Poetik ist das Ergebnis, in dem Dichtung und Wissen eine enge Verbindung miteinander eingehen. Folgerichtig positioniert sich Horaz in der Abwägung von Ingenium und Ars in Opposition gegen jede Form der Genieästhetik (Hor. ars 296–332) und für eine harmonisierende Verbindung beider Ursprünge guter Dichtung (Hor. ars 408–411). Dass die kunstgemäße Durchgestaltung vor allem nach den Prinzipien der Rhetorik konzipiert wird, zeigt auch das berühmte Diktum „aut prodesse volunt aut delectare poetae/ aut simul et iucunda et idonea dicere vitae." [Nützen wollen die Dichter oder erfreuen/ oder zugleich Angenehmes und das, was einen praktischen Nutzen bringt für's Leben, sagen.] (Hor. ars 333–334)

7 Über das Erhabene (Pseudo-Longin)

Die Schrift *Über das Erhabene* (*Peri hypsus*) ist anonym mit nur einer unabhängigen Handschrift (und einigen weiteren von dieser abhängigen Textzeugen) überliefert und hat in der Antike keine Spuren ihrer Rezeption hinterlassen. Bereits im Mittelalter wurde einer der beiden herausragenden Rhetoriklehrer der frühen Kaiserzeit als Autor vermutet: Kassios Longinos (213–273 n. Chr.) oder Dionysios von Halikarnass. Francesco Robortello folgte in seiner Autorenzuweisung der wichtigsten Handschrift und nahm 1554 n. Chr. Longinos als Autor an. Diese Zuordnung ist jedoch deswegen nicht haltbar, weil es in der Schrift eindeutige Hinweise auf eine Entstehungszeit in der ersten Hälfte des 1. Jahrhunderts gibt.

Es handelt sich um eine rhetorische Schrift, die ihr Thema der rhetorischen Stillehre entnimmt, die aber mit ihren Erörterungen über die Erzeugung von Wirkung durch Sprachgewalt weit über Reden hinaus auch auf philosophische und poetische Texte ausgreift.

Das Erhabene wird in der Schrift als Stil definiert, und zwar als der Stil par excellence. Er wird dabei unversehens zum Paradigma für die Grenzen sprengende und Erschütterung ebenso wie Begeisterung auslösende Wirkmacht künstlerisch gestalteter Rede. „Das Erhabene zerreißt, wenn es im richtigen Moment hervorbricht, alle Dinge wie ein Blitz und zeigt unmittelbar die gesammelte Wirkmacht des Redners" (sublim. 1.3–1.4; vgl. sublim. 22.4, 35.4). Auch wenn *in* der Schrift Fragen der Qualität von Texten und Dichtung im Besonderen diskutiert werden, ist der zentrale Fokus nicht auf gute Dichtung ausgerichtet, sondern auf die Größe der Dichtung, die Größe der Seele des Dichters und die Größe der Empfindung, die den Rezipienten überkommen und mitreißen kann. Das Große aber ist als eine Kategorie mit kosmischen Dimensionen gedacht, die alle Begrenzungen der Rationalität, ja sogar der Endlichkeit des Menschen zu transzendieren in der Lage ist und damit eine aus der Formalität der Sprache herrührende Entgrenzung menschlicher Möglichkeiten und emotionaler Beschränkungen darstellt. Auch wenn der explizite Skopos der Schrift die Auffächerung der möglichen Mittel, etwas Erhabenes zu produzieren, ist, so erschöpft sie sich nicht in einer Inventio, Figuren und Tropen, Diktion und Satzkomposition umfassenden Stilistik (s. Disposition der Themen in sublim. Kap. 8), verbleibt also nicht auf der rein sprachlich-rhetorischen Ebene. Stattdessen werden psychologische und anthropologische, ethische und erkenntnistheoretische Gesichtspunkte aufgegriffen und miteinander amalgamiert. Eine systematische Begründungsbewegung, in der nach den bestimmten anthropologischen oder ethischen Prinzipien und hinreichenden Ursachen des Erhabenen gefragt wird, findet also nicht statt. Auch auf eine genaue begriffliche Abgrenzung zu affinen Kategorien wie dem Pathos (sublim. 8.2–8.3, 9.11–9.13) und dem enthusiasmos verzichtet der Text. Paradigmatisch ist die Formulierung, das Erhabene sei ein „Echo der Größe einer Seele" (sublim. 9.2: hypsos megalophrosynes apechema), deren Wahrheit nicht philosophisch argumentativ begründet oder in ihren Bestandteilen definiert wird. Der Text nähert sich vielmehr rhetorisch mittels einer Fülle von Beispielen aus den kanonischen Autoren, allen voran der *Ilias* Homers der zu beschreibenden Sache an. Nur indirekt lassen die Beispiele die Folgerung zu, dass der Autor alles das für erhabene Gegenstände hält, bei dessen Anblick der Betrachter erschaudert ob der schieren, menschliches Maß überschreitenden Größe. Diese Erhabenheit übertrage sich, so drückt es der Autor der Schrift an einer früheren Stelle aus, so sehr auf das Selbstgefühl des Rezipienten, dass er sich so mit dem Text verbunden fühle, als habe er ihn selbst hervorgebracht (sublim. 7.3).

Reich ist der Zitatenschatz der Schrift insgesamt, deren rhetorischer Argumentationsweise wir zum Beispiel die Überlieferung des berühmten Fragments 31 der frühgriechischen Lyrikerin Sappho verdanken (Phainetai moi kenos isos theoisin ...).

Die Schrift trägt aber nicht nur den rhetorischen Charakter durch ihre Argumentation mit Exempla und rhetorisch verkürzenden Schlüssen an sich, sondern auch ihre eigene erhabene Poetizität in sich. Sie arbeitet mit Bildern, wo das Rationale nach Ansicht des Autors zu versagen droht; sie setzt immer wieder aufs Neue an, um das Erhabene zu fassen zu bekommen, und demonstriert damit prägnant das Wesen des schlechthin unfassbaren Gegenstands; sie spiegelt schließlich mit einer Verknüpfung von Argumentation und vorstellungshafter Bildlichkeit das rhetorische Programm, das die Verbindung von sprachlicher oder dichterischer Téchne (also erlernbarer Kunstfertigkeit) mit einer Naturbegabung fordert (sublim. 2.2).

Mittels des Großen und Überwältigenden, die wesentliche Aspekte des Erhabenen sind, positioniert der Autor seinen Text explizit als Gegenprogramm zur hellenistischen Poetik des Lepton („Feinen', s. Kall. Ap. 105–112; ait. Fr. 1,10–1,40), indem er – mit einer poetologisch stark besetzten Metapher – den gewaltig mitreißenden Strom und Ozean gegenüber dem klaren reinen Bach gegen Kallimachos (Kall. ait. Fr. 1,11) den Vorzug erteilt. Der Text erweist sich damit als rhetorische Programmschrift des Klassizismus.

8 Neuplatonismus und Aristotelismus in der Spätantike

Vom 3. Jahrhundert n. Chr. an steigen Platonismus und Aristotelismus wieder zu den diskursbeherrschenden Philosophien auf und lösen die hellenistischen intellektuellen Strömungen ab. Die Schriften des Aristoteles und Platons werden in den philosophischen Schulen der Spätantike im Rahmen des Curriculums über Jahrhunderte hinweg gelesen und kommentiert. Die *Poetik* des Aristoteles jedoch fand in dieser breiten Kommentierungsbewegung fast keine Beachtung. Ähnliches gilt für die dichtungstheoretischen Passagen in den Dialogen Platons. Die Gründe hierfür sind vielschichtig. Zu den wichtigsten gehört die neue wissenssystematische Einordnung und Gewichtung der sprachlich-rhetorischen Künste und Theorien. Während die Logik – und damit auch die Sprachtheorie – in der Stoa und in den hellenistischen Theoriemodellen insgesamt als zentraler Teil der Philosophie entwickelt und studiert wurde, fasste die Schule des Aristoteles, der Peripatos, die Logik als Werkzeug (griech. *organon*) für die eigentliche Philosophie auf. Während nun aber die logischen Schriften des Aristoteles, die seit der Spätantike den Namen ‚Organon' erhielten, in der propädeutischen Phase des Philosophieunterrichts so umfassend gelehrt wurden, dass diese Texte sowohl in der Spätantike als auch in den verschiedenen mittelalterlichen Kulturen die meistkommentierten und meistüberlieferten Aristotelischen Schriften sind, gilt dies für die *Poetik* nicht. Der Grund dafür ist, dass die *Poetik* kein Werkzeug zur Analyse philosophischer Argumente an die Hand gibt, sondern auf einem einfachen Niveau Beispiele für Handlungen und ihre in den Charakteren begründeten Ursachen anschaulich macht.

Im Neuplatonismus, also der Bewegung, die mit Plotin (205–270 n. Chr.) beginnend eine neue Form der Platonlektüre und der neuen, konsequenten Reflexion platonischer Konzepte etablierte, wenden sich die führenden Autoren vornehmlich dem Bereich des Begrifflichen, der Ratio und dem Intellekt und ihren Prinzipien zu. Eine eigene, die Rationalität übersteigende Potenz wird dem wahrnehmbar Schönen und auch dem Schönen der Künste und der Dichtung nicht zugesprochen. Im Sinne einer anagogischen, also das Denken zum Begrifflichen hinaufführenden Methode aber erkennen die Platoniker sinnlicher Schönheit und Dichtung eine bestimmte, veranschaulichend unterstützende Funktion zu. Dies gilt insbesondere für die Methode der allegorischen Mythendeutung und Mythenapologie.

Plotin hat sich selbst als Exeget Platons verstanden (enn. V 3,8). Auch wenn seine Traktate im formalen Sinn keine Kommentarwerke zu Schriften Platons sind, so liegen den Argumentationen doch jeweils zentrale platonische Referenztexte zugrunde. Dies gilt auch für die beiden Traktate, in denen sich Plotin mit dem

Schönen befasst (enn. I 6; enn. V 8). Plotin hat keine Poetik geschrieben und hat sich in seinen philosophischen Texten insgesamt an keiner Stelle intensiv mit Dichtungswerken und deren Kritik oder systematischen Fragen auseinandergesetzt. Trotzdem kommt ihm in der Geschichte der Poetik eine wichtige Funktion zu, weil er die platonische Lehre vom Schönen in sein philosophisches System integriert hat und damit einen konzeptionellen Zugriff für die weitere Rezeption bereitgestellt hat. Der zentrale Ansatz dieses Zugriffs ist die Neuformierung und Explizitmachung der anagogischen Methode für die Ästhetik und Kunsttheorie, die Platon mit dem berühmten ‚Aufstieg zum Schönen' im Dialog *Symposion* vorgeprägt und mit seinen dichtungskritischen Schriften ideentheoretisch begründet hatte. Für Plotin ist die Hinwendung der rationalen menschlichen Seele zu ihren intelligiblen, ihr Sein und Erkennen bedingenden Prinzipien das eigentliche Ziel. Konsequent ist die Beschreibung der Sinnlichkeit und der Beschäftigung der Seele mit dem Körperlichen entweder als Verlust und Makel (Porph. vit. Plot. 1) oder als bloßer Anfang eines zu bewältigenden Aufstiegs, einer Wendung nach Innen gedacht. Diese Umwendung der Seele ist bei Plotin ebenso wie bei Platon (Plat. rep. 521c1–521d6) eine Begründungsbewegung, das heißt eine Bewegung, die nach den bestimmenden Ursachen und Prinzipien von etwas sucht (Plot. enn. I 6,1,18–I 6,1,19). Diese erreicht ihre Vollendung zuerst auf der Ebene des Intellekts (griech. nous), die der Bereich der platonischen Ideen ist, und dann auf der Ebene des alles begründenden und aus sich hervorbringenden Prinzips des reinen Einen. Sinnliche Schönheit findet ihre Begründung nach Plotin wesentlich in einem nur mit dem Denken erfassbaren Logos (enn. I 6,13) oder Eidos (enn. I 6,12). Etwas Wahrnehmbares ist demnach nur als etwas Bestimmtes und als solches erkennbar durch seine Anteilhabe an etwas Intelligiblen (*metoche eidous*, enn. I 6,11,3). Aus dieser Anteilhabe entstehen auch die Einheit der Teile von etwas, das schön ist, und ihr harmonisches Zusammenstimmen. Diese Analyse folgt Platons *Hypothesis des eidos*, also seiner Einführung und Begründung der Ideenlehre (z. B. Plat. Phaidr. 100a3–102a9) und seinen Analysen der Ursachen sinnlicher Schönheit im *Symposion* (Plat. symp. 210a5–210d8). Sie folgert außerdem ebenso wie Platon, dass die wahre Schönheit nicht die sinnliche, in der körperlichen Materie verwirklichte ist, sondern die begriffliche Schönheit. Zu dieser muss man folglich aufsteigen und sie – vermittelt über die Schönheit im seelischen Bereich (Plot. enn. I 6,19–I 6,29) – als das eigentliche Ziel und die Vollendung der Betrachtung (griech. *theoria*) des Schönen erstreben (Plot. enn. I 6,30–I 6,44). Von dort aus gesehen aber muss das sinnliche Schöne als bloßes Abbild und Abglanz dieser eigentlichen, göttlichen Schönheit erscheinen (Plot. enn. I 6,38).

Mit Musik und Bildkunst beziehungsweise Architektur befasst sich Plotin mehrfach (enn. I 6,3,28–I 6,3,33, I 6,41,7–I 6,41,15; enn. V 8,1–V 8,17). Die Dichtkunst hingegen wird nur im Zusammenhang mit der Mythenallegorese aufgerufen. Es handelt sich dabei um eine von den Platonikern entwickelte, auf eine Stelle in der *Politeia* zurückgehende (Plat. rep. 378d6–378d7) Exegesetechnik, die im Sinne der beschriebenen anagogischen Methode in dichterischen Texten nach weiteren Bedeutungsebenen sucht, die die Durchsicht auf diese Begründungsebenen des Sinnlichen und der sinnlich wahrnehmbaren Handlungen im Bereich des Intelligiblen erlauben (Bernard 1990). Plotin betreibt anders als Platon keine didaktisch motivierte Mythen- und Dichterkritik (Plat. rep. 377a12–377ad7). Stattdessen benutzt er mit Odysseus (Plot. enn. I 6,39) und Narziss (Plot. enn. I 6,8,11–I 6,8,12) zwei Figuren des traditionellen Mythos als Bild für den Aufstieg zum Intelligiblen beziehungsweise den Abstieg der Seele in die Körperwelt. Vorsichtig vermutet Plotin bei Homer den adhortativen Hintersinn hinter der Erzählung, wie Odysseus Kirke und Kalypso verlässt, um in die Heimat zurückzukehren, dass wir uns aufmachen und so wie Odysseus unzufrieden sein sollen mit der bloßen körperlichen Lust und die wahre Lust am Schönen in der Heimat der Seele im Intelligiblen finden sollen (enn. I 6,39,3–I 6,39,6). Explizit formuliert er die Prinzipien der Mythenallegorese für seine Deutung des Platonischen Eros-Mythos aus dem *Symposion* (enn. III 5,43–III 5,94; vgl. auch enn. III 6,104). Mythen sind Erzählungen von einzelnen Handlungen. Deshalb, so Plotin, zerlegten sie das, was der Zeit nach zugleich ist, ins Nacheinander, webten jedoch Belehrungen an die Rezipienten in ihren Text hinein, mit deren Hilfe die Sacheinheiten wieder zusammengefügt werden könnten (enn. III 5,86–III 5,87). Diese Theorie philosophischer Mythen wird – unterschieden von der Exegese dichterischer Mythen – im späteren Platonismus im Kontext neupythagoreischer Strömungen systematisierend weiterentwickelt (Olymp. in Grg. 46,4–46,6, S. 237,24–239,30; Olymp. in Grg. 47,1, S. 242,18–243,15; s. auch Sallust. de dis IV; Ammon. in Int. 249,1–249,25; Philop. in de an. 69,30–70,2, 116,23–116,26; Anon. Proll. 7,19–33; Prokl. theol. Plat. I,28,120,19–I,28,121,11; Janka und Schäfer 2002; Morgan 2000). Das neue Interesse an der Mythenexegese findet seinen Niederschlag bereits bei dem Plotinschüler Porphyrios, von dem eine Allegorese einer Szene aus der *Odyssee* überliefert ist (Porphyrios, *De antro nympharum*), und wird in den ausführlichen Exegesen zu Platons Dichterkritik der *Politeia* durch den bedeutendsten Platonkommentator der Spätantike, Proklos (412–485 n. Chr.), systematisch weiterentwickelt. Proklos verstärkt die Andeutung in der Politeia, es könnte einen Hintersinn hinter den an der Oberfläche philosophisch falschen Götter- und Heroendarstellungen der traditionellen Dichtung geben, der nur für die jungen Leserinnen und Leser nicht begreifbar sei. Homer und Hesiod gelten Proklos als göttlich inspirierte Dichter (Prokl. rep. I 177,4–179,2, 192,6–205,23), deren wesentliche philosophische Leistung die Darstellung des Zusammenhangs zwischen dem Sinnlich-Wahrnehmbaren und dem Intelligiblen sei, an dem jenes vermittels des Seelischen Anteil habe (Prokl. rep. I 71,21–86,23).

Proklos hat in seinen kommentierenden Traktaten und den fortlaufenden Kommentaren aufbauend auf den Aristoteleskommentaren des Peripatetikers Alexander von Aphrodisias (um 200 n. Chr.) eine eigene Form didaktischer Prosa entwickelt, die den zu interpretierenden Text strukturiert, philosophisch deutet und philologisch bearbeitet, die aber auch in Exkursen die gewonnenen Erkenntnisse systematisch ordnet.

Die Form der Plotinischen Schriften verwirklicht die didaktischen Prinzipien der Philosophie Plotins auf wieder andere Weise. Sie sind als permanenter Dialog mit dem Rezipienten gestaltet, der dessen Mitwirkung und Mitdenken einfordert. Dazu gehören verschiedene Techniken: das Referieren auf und Aufgreifen allgemein verbreiteter Auffassungen und Praktiken; verkürzte Argumente, die aus vorangegangenen Argumentationen oder dem weiteren Kontext ergänzt werden müssen; Fragen, die vom Autor zwar selbst beantwortet werden, die aber keine rhetorischen Fragen sind, sondern das Denken weiterführen und auf Aporien hinweisen wollen; die asyndetische Reihung von Argumenten, die verschiedenen Perspektiven auf einen Sachverhalt folgen oder unterschiedliche mögliche Einwände und Differenzierungsnotwendigkeiten aufzeigen und nicht zuletzt die Verwendung von metaphorischer und bildlicher Rede und von Beispielen aus der traditionellen Dichtung, allen voran Homer, die durch Anschaulichkeit und die vorausgesetzte Vertrautheit mit den Beispielen das Erfassen des philosophisch Gemeinten befördern sollen. Die Begründungsbewegungen der Plotinischen Schönheitstheorie finden damit ihre Verwirklichung auch in der Form der Rede.

Weiterführende Literatur

Aristoteles (^{2}2011). *Poetik*. Übers., hrsg. und erl. von Arbogast Schmitt. Berlin.
Büttner, Stefan (2000). *Die Literaturtheorie bei Platon und ihre anthropologische Begründung*. Tübingen.
Flashar, Hellmut (1979). „Die klassizistische Theorie der Mimesis". *Le classicisme à Rome aux I^{ers} siècles avant et après J.-C*. Hrsg. von Hellmut Flashar. Genève: 79–97.
Halliwell, Stephen (^{2}1998). *Aristotle's Poetics*. Chicago.
Horn, Hans Jürgen (1989). „Stoische Symmetrie und Theorie des Schönen in der Kaiserzeit". *Aufstieg und Niedergang der römischen Welt*. Bd. II/36. Hrsg. von Hildegard Temporini und Wolfgang Haase. Berlin/New York: 1454–1472.
O'Meara, Dominic J. (1993). *Plotinus: An Introduction to the Enneads*. Oxford.
Radke, Gyburg (2007). *Die Kindheit des Mythos. Die Erfindung der Literaturgeschichte in der Antike*. München.
Rutherford, Richard (2007). „Poetics and literary criticism". *The Cambridge Companion to Horace*. Hrsg. von Stephen Harrison. Cambridge: 248–261.

Gert Hübner (†)
II.2 Geschichte der Poetik im Mittelalter

Jede historische Identifikation kultureller Praktiken als ‚poetisch' setzt einen Reflexionsbegriff voraus, dem die Praktiken und das ihnen implizite Wissen ihrerseits historisch vorangehen. Solche Reflexionsbegriffe können Produkte genuin moderner Wissensordnungen sein – wie etwa ‚schöne Literatur' eines der philosophischen Ästhetik ist – und trotzdem Erbschaften vormoderner Diskursgeschichten mit sich führen, die für ihre zumindest partielle Applizierbarkeit auf vormoderne Praktiken sorgen. Gleichwohl gibt es zwischen modernen Poetizitäts- und vormodernen Dichtungsbegriffen auch erhebliche Differenzen. Der Dichtungsbegriff des westlichen (‚lateinischen') Mittelalters war seinerseits eine Erbschaft der römischen und – über diese vermittelt – der griechischen Antike, und er war diskursgeschichtlich konkurrenzlos: Nur die Applikation dieses Begriffs konnte – und kann bis heute – kulturelle Praktiken als ‚poetische' identifizieren. Dies galt und gilt auch für diejenigen volkssprachlichen Praktiken, die wahrscheinlich nicht oder zumindest nicht primär aus der Rezeption antiker römischer Vorbilder hervorgingen. Aus diesem Grund werden im Folgenden zunächst Kernaspekte des Dichtungsbegriffs der lateinischen Bildungstradition, im Anschluss daran diesem Begriff subsumierbare volkssprachliche Praktiken und historische Reflexionen solcher Praktiken skizziert. Die Fülle der poetischen Praktiken und des ihnen impliziten kulturellen Wissens kann hier selbstverständlich nicht dargestellt werden.

1 Poetologie: Versifikation, Rhetorik

Das gelehrte mittelalterliche Reflexionswissen über Dichtung beruhte wegen des schulischen Lektürekanons einerseits auf der horazischen *Ars poetica* (Horaz 1980), andererseits auf einem rhetorischen Modell, das schon bei Cicero erkennbar und in Quintilians *Institutio oratoria* (Quintilian 2006) systematisch ausgeführt ist. Demgegenüber blieb das in der aristotelischen *Poetik* (Aristoteles 2011) entwickelte Konzept eines – vor allem gegenüber demjenigen der Historiographie behaupteten – eigenständigen Erkenntniswerts erfundener *mimesis* menschlicher *praxis* bereits in der Antike randständig und im westlichen Mittelalter mangels Textüberlieferung lange unbekannt. Obschon die arabisch rezipierte und kommentierte aristotelische *Poetik* im 13. Jahrhundert auf Latein zugänglich gemacht wurde (Minio-Paluello 1968), entfaltete sie erst im italienischen Humanismus seit der Mitte des 16. Jahrhunderts größere Wirkungen.

Bei Horaz (zur mittelalterlichen Rezeption Friis-Jensen 2015) ist das Differenzkriterium der Dichtung – in Übereinstimmung mit der antiken Standardposition – die Versifikation. Dass alle Verstexte im Unterschied zu allen Prosatexten als Dichtung klassifiziert wurden, machte eine funktionale Distinktion so gut wie unmöglich: Horaz operierte mit den auch für Prosatexte geltenden rhetorischen Funktionen *docere* (informieren), *movere* (Affekte erregen) und *delectare* (Wohlgefallen erzeugen) sowie dem Begriffspaar *prodesse* (nutzen) und *delectare* (erfreuen). Weil *delectatio* in der rhetorischen Begriffstradition vor allem das wissensbasierte Wohlgefallen an der technischen Qualität der Rede – nicht zuletzt den elokutionären Formulierungsverfahren, im Fall versifizierter Rede zudem der Metrik – meinte, implizierte der ‚formale' Dichtungsbegriff allerdings doch eine Funktionsbestimmung, die sich als Einstellung des Produktions- und Rezeptionsinteresses auf die – im Sinn des antiken *téchne*- respektive *ars*-Begriffs – technisch-artifizielle Qualität des Textes deuten lässt. Dies legte eine Konvergenz mit der Konzeption des *genos epideiktikon* (*genus demonstrativum*) nahe, die auf die *Rhetorik* von Aristoteles zurückgeht (Aristoteles 1999; Kopperschmidt 1999). Aristoteles bezeichnete mit diesem Terminus Festreden als dritte rhetorische Gattung neben Gerichtsreden und politischen Beratungsreden; epideiktische Reden haben Lob oder Tadel, aber keine Streitfrage zum Gegenstand und lenken das Interesse der Adressaten deshalb auf das vom Redner ‚vorgezeigte' rhetorische Können. Auf der Gemeinsamkeit zwischen rhetorischem Epideixis-Begriff und ‚formalem' Dichtungsbegriff beruhte die Tendenz der spätantiken Rhetorik, Dichtung generell der epideiktischen Redegattung zu subsumieren; mit dem unterstellten primären Interesse an der Gemachtheit des Textes tendierte dies zu einem Autoreferentialitätskonzept. Poetische Selbstbezüglichkeit wurde indes weder als Konsequenz noch als Ursache von Entpragmatisierung gedacht: Ein poetisches Fürstenlob behielt seine pragmatische Funktion als Fürstenlob, auch wenn das primäre Interesse seiner Kunstfertigkeit galt. Prototypische Aktualisierungen des Konzepts gab es etwa in der lateinischen Hofdichtung der Karolingerzeit (Godman 1985); das höchste Maß an Kontinuität bestand im byzantinischen Osten (Floris 2012; Jeffreys 2003).

Quintilians Modell gelangte durch spätantike Rhetorik-Traktate ins westliche Mittelalter; die Rezeption der *Institutio* selbst beruhte vor dem Humanismus vor allem auf Florilegien und blieb insgesamt peripher (Lehmann 1934). Für die Wirkungsmacht im spätantiken und mittelalterlichen Schulunterricht (Cizek 1994) war vor allem die Einschätzung von Dichtung als rhetorisches Übungsfeld verantwortlich: Die schulische Erklärung der Texte von Musterautoren (*enarratio poetarum*), deren produktive *imitatio* und *aemulatio* (Nachahmung und Überbietung) sowie die Lektüre grammatischer wie rhetorischer Traktate zur Vermittlung von Textproduktionsregeln gingen dabei Hand in Hand; der Grammatikunterricht war eher für Dichtererklärung und Metrik, der Rhetorikunterricht für Textproduktion und elokutionäre Formulierungsverfahren (Figuren, Tropen, Stilgattungen) zuständig. Das Modell wurde in allen ‚Renaissancen' von der karolingischen über diejenige des 12. und 13. Jahrhunderts bis zur humanistischen mit zunehmender Intensität und Systematik aktualisiert, weshalb bei allen historischen Unterschieden stets eine ähnliche Konfiguration erkennbar ist: Rezeption vorchristlicher und spätantiker lateinischer (im Humanismus auch griechischer) Dichter, produktive *imitatio* und *aemulatio* (Letztere zunächst inhaltlich in Gestalt der Christianisierung paganer Inhalte, seit dem 12. Jahrhundert vor allem als technische Optimierung), Rezeption antiker Rhetorik- und Poetiktraktate, Neuproduktion von Rhetorik- und seit dem späteren 12. Jahrhundert auch von Poetiktraktaten. Der lateinische Grammatik- und Rhetorikunterricht vermittelte auf dieser Basis einen Begriff von Dichtung als Produkt lehr- und lernbarer Techniken und stellte das Interesse an poetischen Texten auf die Erkenntnis und Beherrschung dieser Techniken, mithin auf das sprachliche Artefakt als solches ein. Ein derartiges Interesse wurde durchaus auch anderen Arten von Texten entgegengebracht, wie etwa die rhetorischen Predigtlehren (*artes praedicandi*) oder die Brief- und Urkundenlehren (*artes dictandi*) zeigen; die Reflexion der Verfahren diente hier jedoch der Optimierung klar definierter pragmatischer Funktionen.

Dass die rezeptive und produktive Beschäftigung mit Dichtung dagegen die Schulung in den sprachlich-textuellen Techniken um ihrer selbst willen in den Vordergrund rückte, zeigen besonders gut die als Schulbücher für den Rhetorikunterricht konzipierten *Artes poetriae* des 12. und 13. Jahrhunderts (Kelly 1991; Murphy 2005; Knapp 2014). Sie enthalten keine Verslehre, weil diese Bestandteil des Grammatikunterrichts war, sondern sind auf topische *inventio*, Vorlagenbearbeitung und Figurenlehre konzentriert. So entwickelte Matthäus von Vendôme in seiner *Ars versificatoria* (späteres 12. Jahrhundert; Matthäus 1988) im Rekurs auf Ciceros *De inventione* (Cicero 1998) ein Modell topischer *inventio* als *descriptio* von Personen und Orten, bei der jedem Gegenstand von dessen Begriff implizierte Eigenschaften attribuiert werden, erklärte Figuren und Tropen und stellte Verfahrensweisen der Stoffbearbeitung (*executio materiae*) sowohl für aemulative Wiederbearbeitungen bereits vertexteter als auch für Erstbearbeitungen neuer Stoffe zusammen. Galfred von Vinsauf, der mit seiner einflussreichen, bis ins 17. Jahrhundert benutzten und kommentierten *Poetria nova* (um 1210; Gallo 1971; Woods 2010) eine Überbietung der ‚alten' horazischen Poetik beanspruchte, erläuterte amplifikatorische und abbreviatorische Verfahren der Vorlagenbearbeitung (*tractatio materiae*), konzipierte die Figuren- und Tropenlehre mittels einer neuen Unterscheidung zwischen leichtem und schwerem Schmuck (*ornatus facilis/difficilis*) als Maßstab für den technischen Schwierigkeitsgrad der Textproduktion und übernahm aus der Tradition der *Aeneis*-Kommentare die erzähltheoretische Differenzierung zwischen *ordo naturalis* und *ordo artificialis* („natürliche' und umgestellte Geschehensfolge). Gervais von Melkley (*Ars poetica*, um 1215; Gervais 1965) und Johannes von Garlandia (*Parisiana Poetria*, um 1240; Johannes 1974) konstituierten ihren Gegenstand von vornherein genuin rhetorisch, insofern sie das Verfassen von Vers- und Prosatexten behandelten, freilich ohne den Dichtungsbegriff vom Verskriterium abzulösen. Gervasius beförderte Bedeutungsübertragungsverfahren (*idemptitas, similitudo, contrarietas* – Identität, Ähnlichkeit, Gegensätzlichkeit) zum Klassifikationsprinzip für Formulierungstechniken; Johannes konzipierte die drei Stilgattungen (*genera dicendi*; Quadlbauer 1962) auf der Basis einer Systematisierung der Werke Vergils gegenstandsabhängig (Hirten, Bauern, Adelige) und entwickelte außerdem eine Klangpoetik, die Verfahren der lautlichen Überstrukturierung auf rhetorische Figurenbegriffe zurückführte.

Wegen dieses besonderen Interesses an der Klangform rekurriert die *Parisiana Poetria* mit der Bestimmung silbenzählender Verse als *musica rithmica* außer auf den rhetorischen auch auf den musiktheoretischen Dichtungsbegriff, den das Schulfach *musica* im Curriculum der *artes liberales* als Standardwissen vermittelte. Anders als Grammatik und Rhetorik wies die Musiktheorie dem Vers einen denkbar maximalen, indes von jedem spezifischen Inhalt unabhängigen Erkenntniswert zu (Jeserich 2008): Boethius, dessen *Institutio musica* (vor 526; Boethius 1867) jahrhundertelang als Lehrbuch diente, hatte von Augustinus den Begriff der *musica* als auf Zahlhaftigkeit (*numerositas*) beruhender Ordnung übernommen; Augustinus seinerseits hatte in *De musica* (um 390; Augustinus 1990) als prototypischen Fall nicht die Tonintervalle, sondern die im quantierenden („metrischen') Vers streng geregelte alltagssprachliche Differenz zwischen langen und kurzen Silben behandelt. Wie alles, was die zahlhafte Ordnung der Schöpfung wahrnehmbar und intelligibel macht, war Versrede demnach als abgemessene Klangordnung *musica*; ihre *numerositas* bestand für Boethius wegen der Analogie zur Intervalllehre in hörbarer *consonantia* und *harmonia*. Die *Epistola de armonica* Reginos vom Prüm (um 900; Regino von Prüm 1989) differenzierte auf dieser Grundlage zwischen *musica artificialis* im heutigen Sinn von Vokal- und Instrumentalmusik und *musica naturalis*, der Regino sowohl Versrede als auch die von der Bewegung der Gestirnssphären erzeugte *musica mundana* (Sphärenharmonie) subsumierte. Seitdem diente der Begriff *musica naturalis* in Musiktraktaten zur Bezeichnung der Versrede als Klangordnung. Im Gefolge der Ausbreitung des silbenzählenden („rhythmischen') Verses, auf den bereits Beda Venerabilis (*De arte metrica*, um 700; Beda 1991) das augustinisch-boethianische Konzept der *numerositas* übertragen hatte, und im Rekurs auf den boethianischen *consonantia*-Begriff wurde seit dem 13. Jahrhundert – so etwa in der musiktheoretischen *Ars dictandi* des Thomas von Capua (vor 1239; Thomas 1929) – außerdem der Reim in das Konzept integriert, wodurch die Einschätzung des rhythmischen Verses als Verbindung silbenzählender *numerositas* und reimender *consonantia* zum festen Bestandteil des musiktheoretischen Dichtungsbegriffs avancierte: In der Klangform eines jeden Verses war die Geordnetheit der Schöpfung hörbar.

Eine erheblich geringere Rolle als die Implikationen des ‚formalen' Dichtungsbegriffs spielte in den mittelalterlichen lateinischen Diskurstraditionen der Wirklichkeitsbezug der Dichtung, mit dem Aristoteles ihren spezifischen Erkenntniswert begründet hatte. Das Thema wurde nicht systematisch in Traktaten behandelt, sondern tritt in Gestalt argumentativer Topoi zutage, deren Aktualisierung sich unterschiedlichen Anlässen verdankt (Knape 1984; Knapp 1997; Knapp 2005). Die Kernbegriffe lieferte die rhetorische *narratio*-Lehre mit ihrer durch Ciceros *De inventione* und die im Mittelalter ebenfalls Cicero zugeschriebene *Rhetorica ad Herennium* (Herennium 1994) überlieferten, in Isidors von Sevilla *Etymologiae* (um 620/630; Isidor 1985) referierten und deshalb breit rezipierten Taxonomie *historia*, *argumentum* und *fabula* (Darstellung faktisch wahren, unwahren möglichen und unmöglichen Geschehens); als Modellfälle dienten in der Regel Prosahistoriographie und Versepik, antike römische Komödie (Terenz) sowie Tierfabel. Kriterien für ‚Wahrheit' konstituierten an erster Stelle die jeder Erkenntniskritik entzogene, aber prinzipiell als auslegungsbedürftig eingeschätzte biblische Offenbarung, an zweiter autoritative schriftliche Überlieferungstradition, idealerweise mit einer in der schriftlichen Überlieferung selbst behaupteten initialen Augenzeugenschaft. Erfindungslizenzen, insbesondere für Figurenreden und Beschreibungen, wurden im Anschluss an die antiken römischen Vorbilder auch der Prosahistoriographie eingeräumt (Burrichter 1996); die dafür genutzten Verfahren topischer *inventio* indizieren als drittes Wahrheitskriterium die Übereinstimmung mit dem Wahrscheinlichkeitswissen (Hübner 2014). Auf das Überlieferte verpflichtet waren Prosahistoriographen wie Versepiker dagegen beim Geschehensverlauf, insofern er die epistemische Funktion der *historia* begründete: Die Zusammenhänge zwischen menschlichem Handeln und seinen Konsequenzen hatten allgemeingültige Gesetzmäßigkeiten oder zumindest Wahrscheinlichkeitsregularitäten zu exemplifizieren, die ihrerseits als durch menschliches Handeln nicht veränderbar, sondern in der Schöpfungsordnung verankert und deshalb überzeitlich galten. Mit der faktischen Wahrheit des dargestellten Geschehens belegte die *historia* – als Prosageschichtsschreibung wie als Versepik – dabei zugleich die Wahrheit der Generalisierung (Stierle 1973; Seifert 1977; Werner 1987; von Moos 1988); *argumentum* und *fabula* konnten dagegen mit erfundenem Geschehen Generalisierungen nur exemplifizieren, aber nicht belegen.

Auf diesen Distinktionen beruhende Topoi zur Thematisierung des Wirklichkeitsbezugs handlungsdarstellender Dichtung treten vorzugsweise in Erscheinung, wo einer *historia* produktionsseitig zugewiesene oder rezeptionsseitig unterstellbare Wahrheit zweifelhaft war. Dabei konnte etwa dem Vers mit dem Blick auf den Formzwang ein geringeres Maß an Wahrheitsäquivalenz als der Prosa oder den Dichtern eine größere Neigung zur topischen *inventio* als den Geschichtsschreibern attestiert werden (von Moos 1976). Die Einschätzung paganer antiker Epen als *historia* machte – wie etwa im Fall der *Aeneis* – die Standardisierung spezieller Deutungsverfahren für die göttlichen Akteure nötig (Personifikationsallegorie, Euhemerismus; Brinkmann 1980). Unproblematisch war dagegen die Versifikation von nicht bezweifeltem Wahrem; der prototypische und in der christlichen Dichtungsgeschichte früheste Fall ist die spätantike Bibelepik (Herzog 1975). Auch offenkundig Erfundenes wie Tierfabeln, deren exemplarischer Erkenntniswert stets hoch geschätzt wurde und die deshalb einen festen Platz im Schulunterricht hatten (Grubmüller 1977), bedurfte keiner komplizierteren Legitimation. Diskursgeschichtlich ganz randständig blieb der *argumentum*-Begriff: Weil der Erkenntniswert von Handlungsdarstellung eng mit der Exemplifikation und Begründung von Allgemeingültigem assoziiert war, erlangte nur die Differenz zwischen Wahrem und Unwahrem, nicht aber die zwischen möglichem und unmöglichem Unwahren epistemologische Relevanz.

Ein auf die Erkenntnisfunktion der Dichtung konzentriertes, in der neuplatonischen Diskurstradition verankertes poetologisches Konzept entstand im 12. Jahrhundert im personalen Umfeld der Domschule von Chartres (Lemoine 1998; Bezner 2005; Halfen 2011); impulsgebend wirkte dabei das integumentale Auslegungsverfahren in einem Bernardus Silvestris zugeschriebenen *Aeneis*-Kommentar (Bernardus 2008). Die *Aeneis* war nicht nur die in der lateinischen Gelehrtenkultur am meisten geschätzte epische Musterdichtung; Vergil wurde zudem unter den paganen römischen Dichtern ein Ausnahmestatus besonderer göttlicher Inspiration wegen der Deutung der vierten Ekloge als Vorhersage der Geburt Christi zugeschrieben. Die chartrensische Auslegung der *Aeneis* als *integumentum* (Einkleidung, Verhüllung) der Lehre von den Lebensaltersstufen ging über die verbreitete Deutung der Götter als allegorische Personifikationen von Seelenkräften und Tugenden kategorial hinaus, insofern sie die gesamte Textkonstruktion erfasste. Dichtung erschien dadurch als eine zweite, allegorisch verhüllte Form der Philosophie und insbesondere in der produktiven Aktualisierung des Konzepts in den allegorischen Epen *De planctu naturae* und *Anticlaudianus* Alains de Lille (Alanus ab Insulis, gest. 1202; Alanus 2013; Alanus 1966) auch der Theologie (zu Reflexen in der deutschsprachigen Dichtung vgl. Huber 1988). Um 1300 griff Dante das Konzept auf; vor allem im Florentiner Neuplatonismus wurde es später den humanistischen Wissensmodellen der *prisca theologia* und *philosophia perennis* integriert (Schmidt-Biggemann 1998).

2 Poetik volkssprachlicher Dichtungen

Die Konzentration des ‚formalen' Dichtungsbegriffs auf Versifikation und mittels der rhetorischen Figurenlehre erfassbare Formulierungsverfahren führte dazu, dass die Gelehrten volkssprachliche kulturelle Praktiken als ‚Dichtung' einschätzten, wenn sie diese Kriterien erfüllten – und so verhält es sich im Prinzip bis heute. Volkssprachliche ‚Dichter' sind zuerst im irischen sowie im nord- und westgermanischen Sprachraum belegt. Rechtsquellen aus dem im 5. Jahrhundert christianisierten Irland kennen seit dem 8. Jahrhundert einen wahrscheinlich älteren Rechtsstand des *file* oder *fili* (‚Seher', lateinisch glossiert mit *poeta*; Ní Dhonnchadha 2006). Die *filid* standen in enger Beziehung zu den Stammeskönigen, die sie nach festgelegten Tarifen belohnten, und waren außer für Herrscherlob und -schelte für das kulturelle Gedächtnis im Sinne des Rechts- und Vergangenheitswissens zuständig. Nachrichten über Konflikte mit der irischen Mönchskultur, die neben einer reichen lateinischen Literatur auch volkssprachliche Versdichtung hervorbrachte, sind nicht erhalten. Der *fili*-Status war offenbar erblich und erforderte eine vermutlich in christlichen Klöstern situierte zwölfjährige, in sieben Qualifikationsstufen unterteilte Ausbildung vor allem in Versmaßen, verständniserschwerend-exklusiven Ausdrucksweisen und Erzähltraditionen. Einige, aber nicht alle Quellen unterscheiden die *filid* von weniger oder gar nicht ausgebildeten Barden (*baird*). Die älteste erhaltene altirische Poetik, die wie einige etwas jüngere Texte auf die zahlreichen Versmaße konzentriert ist, stammt wahrscheinlich noch aus dem 10. Jahrhundert (Thurneysen 1891; Ó hAodha 2006).

Laut der isländischen Überlieferung von Namen und Texten in Handschriften aus dem 12. und 13. Jahrhundert gab es seit dem 9. Jahrhundert – noch vor der Christianisierung also – zuerst in Norwegen, später in Island Skalden (Uecker 2004; die Etymologie von *skáld* ist umstritten). Ihre silbenzählende, sowohl end- als auch stabgereimte Dichtung umfasste ein breites Themenspektrum einschließlich des Herrscherlobs, jedoch offenbar nur am Rand Götter- und Heldenlieder, die in anderen als den skaldischen Versmaßen, ausschließlich stabgereimt und im Unterschied zur Skaldendichtung anonym überliefert sind. Soweit aus der Überlieferung erschließbar, waren Skalden, anders als die irischen *filid*, kein eigener Rechtsstand, sondern Adelige mit einer Spezialkompetenz. Eine Skaldenpoetik ist die im Text selbst so genannte *Edda* (Pálsson 2012; Etymologie umstritten) des lateinisch gebildeten Isländers Snorri Sturluson (gest. 1241), die als Kernkompetenzen Versmaße und als genuin dichtersprachlich eingeschätzte *kenningar* (‚Kennzeichnungen') behandelt. Weil die Metonymien und Metaphern der Kenninge (‚Unwetter der Waffen' für Schlacht, ‚Feuer des Himmels' für Sonne) oft mythologisches Wissen voraussetzten (‚Land Fafnirs' für Gold, ‚Ymirs Blut' für

Meer), informiert Snorri auch über Götter- und Heldengeschichten; die paganen Götter macht er mittels euhemeristischer Erklärung christlich akzeptabel (van Nahl 2013). Möglicherweise sollte die um 1270 in Island von einem unbekannten Redaktor angelegte Sammlung von Götter- und Heldenliedern, die seit dem 17. Jahrhundert ebenfalls als ‚Edda' bezeichnet wird (zur Differenzierung von der ‚Snorra-Edda' heute ‚Lieder-Edda'; Dronke 1969–1997; Uecker 2004), ebenfalls dichtungsrelevantes Wissen zur Verfügung stellen. Der sprachhistorische Datierungsspielraum für ihre Texte reicht zurück bis ins 9. Jahrhundert; die meisten sind jedoch wahrscheinlich, auch dort, wo sie auf älteren Erzähltraditionen beruhen, Produkte des 12. und 13. Jahrhunderts.

Schlechter als die Skalden des nordgermanischen Sprachraums sind im westgermanischen diejenigen ‚Dichter' belegt, die auf alt(angel)sächsisch *skop* oder *schop* hießen (Klingenberg 1984; Etymologie umstritten); vereinzelte Belege des Worts gibt es auch in der alt- und mittelhochdeutschen Überlieferung (*skopf, schopf, schof*). Die heute gängigen Vorstellungen stammen im Wesentlichen aus der Handlungsdarstellung im *Beowulf* (Mitchell und Robinson 1998), dessen Datierung umstritten ist (Orchard 2003). Möglicherweise lag die Entstehung des Textes nahe bei derjenigen der einzigen Handschrift (um 1000), jedenfalls handelt es sich um ein schriftlich konzipiertes Buchepos eines gelehrten Klerikers. Am dänischen Königshof, den Beowulf zur Ordnungswiederherstellung durch Monsterbeseitigung aufsucht, gibt es einen *schop*, der ein Krieger ist und drei Auftritte bei abendlichen Festgelagen hat. Beim ersten singt er ein wörtlich wiedergegebenes Kosmogonielied, das auf dem biblischen Schöpfungsbericht beruht; beim zweiten ein nicht referiertes Lied auf Beowulfs zuvor dargestellten heroischen Kampf, das er am selben Tag während der Rückkehr der Krieger zur Königshalle mündlich im Sattel gedichtet hat; beim dritten ein wörtlich wiedergegebenes Lied über die als Wissensbestand vorausgesetzte Schlacht zwischen Dänen und Friesen um die Finnsburg. Weniger Glauben als diese – gelehrt-schriftliterarische – Darstellung mündlicher ‚Dichtung' als Medium des kulturellen Gedächtnisses in der Hand eines kriegeradeligen Experten für Versifikation und Formulierungsverfahren fand in der modernen Forschung die Cædmon-Geschichte der *Historia ecclesiastica gentis Anglorum* von Beda Venerabilis (um 730; Beda 1997): Demnach dichtete um 670 ein zuvor unauffälliger Viehknecht des Klosters Whitby aufgrund göttlicher Inspiration einen volkssprachlichen Hymnus, woraufhin er von den beeindruckten Mönchen ins Kloster aufgenommen wurde und fortan in sächsische Verse fasste, was er im lateinischen Klosterunterricht an christlicher Wahrheit lernte. Der von Beda zitierte *Cædmon-Hymnus* (O'Donnell 2005) ist die älteste erhaltene altangelsächsische Dichtung; als keiner erworbenen Fertigkeit verdanktes, unmittelbar göttliches Gnadenwirken konnte man sich geistliches Dichten im lateinischen Westen noch lange vorstellen (Lutz 1984).

Vom mündlich versifizierten kulturellen Gedächtnis gelangte in den frühmittelalterlichen Klöstern, die als einzige kulturelle Orte der Schriftlichkeit dafür in Frage kamen, wenig auf heute erhaltenes Pergament (Millet und Sahm 2014; Millet 2008). In der lateinischen Geschichtsschreibung belegte Einwände zeigen, dass die Gelehrten Heldenlieder wegen der Versifikation und den als sprachliche Stilisierung aufgefassten Formulierungsverfahren dem lateinischen Dichtungsbegriff subsumierten und nach den Kriterien des *historia*-Begriffs beurteilten: Wo die schriftliche lateinische Überlieferung nicht mit ihnen übereinstimmte, hatte sie den höheren Geltungsanspruch. Nicht mit solchen Einschätzungen steht im Einklang, dass ein unbekannter Fuldaer Mönch im 9. Jahrhundert das stabgereimte *Hildebrandslied* (Haug und Vollmann 1991) auf die erste und letzte Seite einer lateinischen Handschrift eintrug. Für Wahrheit im *historia*-Sinn optierten zur selben Zeit die volkssprachlichen Bibeldichtungen (Haubrichs 1995): Der Weißenburger Mönch Otfrid orientierte sich für sein althochdeutsches *Evangelienbuch* (Otfrid 2004–2010) am Vorbild der spätantiken lateinischen Bibelepen samt ihren Formulierungsverfahren, wählte das Versmaß der lateinischen Hymnenstrophe und stellte in lateinischer Prosavorrede und althochdeutschem Versprolog ausführliche poetologische Reflexionen an; der unbekannte Dichter des altsächsischen *Heliand* (Cathey 2002) benutzte dagegen den Stabreimvers und die Formulierungsverfahren des Heldenlieds. Erst um 1200 bearbeitete der unbekannte Dichter des *Nibelungenlieds* mündliche Erzähltraditionen als schriftlich konzipiertes Buchepos; die in der gesamten Überlieferung auf den Text folgende ‚Klage' beansprucht dafür *historia*-Wahrheit (Heinzle 2013; Schulze 2013).

Im entstehenden romanischen Sprachraum ergab sich eine geringere Differenz zwischen Volkssprachen und gelehrtem Schriftlatein als im übrigen Westen, weil die germanischsprachigen Zuwanderer – Ost- und Westgoten, Franken, Burgunder, Langobarden – in Italien, Gallien und Spanien trotz ihrer jeweiligen Herrschaftsbildung die vulgärlateinischen Idiome der Eroberten übernahmen. Dies hatte offenbar auch Konsequenzen für die poetischen Praktiken: Nachrichten über Entsprechungen zu *fili, skáld* und *skop* sind aus der Romania nicht überliefert; die lateinischen Quellen kennen nur Sammelbezeichnungen für stets abwertend erwähnte Schausteller aller Art (*histrio, ioculator*). Die älteste erhaltene altfranzösische Dichtung ist ein Heiligenlied (*Cantilène de Sainte Eulalie*, um 880; Berger 2004), die älteste altfranzösische Verschriftlichung einer heroischen Erzähltradition die *Chanson de Roland* (um 1100; Short 2010). Ob Formulierungsverfahren der mündlichen Tradition hier eher bewahrt oder eher gelehrt fingiert sind, ist genauso umstritten wie beim *Nibelungenlied*. Wie das Rolandslied konnten die ihm folgenden Chansons de geste (Jones 2014) als *historia* gelten, weil sie mit ihren heiligen Protagonisten aus der Karolingerzeit der Gattung Heiligenlegende nahestanden (Bastert 2010). Rigoristische Vorbehalte gegen die auch im deutschen und oberitalienischen Sprachraum rezipierten Geschichten sind eher selten belegt: So beurteilte etwa der oberitalienische Hofkleriker Thomasin von Zerklaere in seinem mittelhochdeutschen Lehrgedicht *Der welsche gast* (um 1215; Thomasin 1965; Starkey 2013) nicht nur Artus und die Artusritter, sondern mit König Karl (dem Großen) und Alexander (dem Großen) auch Protagonisten der üblicherweise als *historiae* eingeschätzten Gattungen Chanson de geste und Antikenroman als Fälle der unter generellen Unwahrheitsverdacht gestellten, durch ihre exemplarische Funktion aber gleichwohl gerechtfertigten höfischen Erzähldichtung.

Als Vers-*historia* tritt mit dem frankoprovenzalischen *Roman d'Alexandre* (um 1120; Mölk und Holtus 1999) eines nicht identifizierten Alberics der älteste Antikenroman auf; erhalten ist allerdings nur der Textbeginn. Das Wort *romans* – zu lateinisch *romanice* – bedeutete ‚in romanischer Sprache' und diente vom 12. Jahrhundert an als Bezeichnung für längere französischsprachige Verserzählungen; ein Gegensatz zur *historia*-Wahrheit wurde damit nicht angezeigt. Im Unterschied zu den Chansons de geste hatten die altfranzösischen Antikenromane schriftliche lateinische Vorlagen. Eine Gattungstradition (Mora-Lebrun 2008) entstand nicht schon mit Alberic, sondern erst seit den 1150er Jahren am normannischen Londoner Königshof, wo die neue Plantagenet-Dynastie offenbar an der trojanischen Herkunft des ersten britischen Königs Brutus interessiert war: Laut der *Historia Britonum* (9. Jahrhundert; Nennius 1980) und Geoffreys von Monmouth *Historia regum Britanniae* (1136; Geoffrey 2007) war der Namensgeber der Briten und Gründer des neuen Troja London ein Urenkel des Aeneas gewesen. Thematisch waren die Antikenromane indes auf das neue höfische Ritterideal einschließlich der höfischen Liebe konzentriert. Die lateinischen Textvorlagen sind insbesondere im anonymen *Roman d'Eneas* (um 1155; Petit 1997) und in Benoîts de Sainte-Maure *Roman de Troie* (um 1160; Benoît 1904–1912) mittels der im lateinischen Grammatik- und Rhetorikunterricht des 12. Jahrhunderts gelehrten und in den *Artes poetriae* dokumentierten Verfahren bearbeitet (Petit 1985; Kelly 1992); für die narrative Liebesdarstellung dienten Ovids Werke als Vorbild. Neben ausführlichen *descriptiones* konstituierten in erster Linie dialogische und monologische Figurenreden – also jene Techniken, die auch Prosahistoriographen Lizenzen zur topischen Erfindung boten – das gattungstypische Profil poetischen Erzählens: So besteht die im *Roman d'Eneas* gegenüber Vergil neue Episode mit der Liebe zwischen Eneas und Lavinia beispielsweise vorwiegend aus Gedankenreden; Benoît amplifizierte zwei kurze spätantike lateinische Prosahistorien über den Trojanischen Krieg vor allem durch Beschreibungen und Figurenreden auf mehr als 30.000 Verse. Heinrich von Veldeke überbot im mittelhochdeutschen *Eneasroman* (um 1170/1190; Heinrich 1992) die poetischen Verfahren seiner altfranzösischen Vorlage noch, während Herbort von Fritzlar im *Liet von Troye* (um 1200;

Herbort 1837) durch die radikale Kürzung von Benoîts Beschreibungen und Figurenreden eine Restituierung historiographischen Erzählens anstrebte (Lienert 2001; Herberichs 2010).

Die in den Antikenromanen etablierten Verfahren poetischen Erzählens kennzeichnen ebenso wie die Themen Ritterschaft und Liebe auch die Romane der *matière de Bretagne* (Kelly 1992), die wahrscheinlich mündliche keltische Erzähltraditionen der britischen Inseln und der Festlandsbretagne aufgriffen. Im Unterschied zu den antiken Geschichten standen die ‚bretonischen' jedoch unter *fabula*-Verdacht (Burrichter 2010): So deutete etwa Wace in seinem *Roman de Brut* (1155; Wace 1938–1940), einer Bearbeitung der Artusvita aus Geoffreys von Monmouth *Historia regum Britanniae* in altfranzösischen Versen für den Londoner Hof, Zweifel an der Wahrheit der nur mündlich kolportierten *aventures* von den Artusrittern an, während er Artus und seine Taten selbst – wie seine lateinischen Vorlage – mit *historia*-Anspruch präsentierte. Unter den Reaktionen auf die verschiedentlich belegten Vorbehalte stechen in der Konstituierungsphase des ‚bretonischen' Romans zwei hervor:

Der unbekannte Dichter des in der zweiten Hälfte des 12. Jahrhunderts möglicherweise noch vor den Artusromanen Chrétiens de Troyes verfassten *Roman de Partonopeu de Blois* (Collet und Joris 2005) erteilte sich im Prolog mit einem Verweis auf den exemplarischen Erkenntniswert prinzipiell aller Erzählungen zunächst Generalabsolution: Selbst die erfundenen *fables* der Heiden – das größte denkbare Gegenteil von *historia* – lehrten den Unterschied zwischen richtigem und falschem Handeln. Seine Erzählung, eine typische Feengeschichte nach dem auch anderweitig belegten Mahrtenehen-Muster (Simon 1990, 35–46; Schulz 2004), erweist sich dann jedoch als *historia*-tauglich: Die Handlung ist in die Zeit von König Chlodwig, das heißt zwischen die Handlungszeiten der Antikenromane und der Chansons de geste, eingeordnet; der Protagonist ist der Sohn des Grafen von Blois; die Protagonistin, eine oströmische Kaisertochter und keine Fee, beherrscht die *artes magicae* und überführt das keltische Wunderbare damit ins Wahrscheinlichkeitswissen des 12. Jahrhunderts; am Ende verteidigt Partonopeu seine Herrschaft über das an die Alexander-Historien erinnernde Land östlichen Reichtums in einem an die Chanson-de-geste-Schlachten erinnernden Krieg auf wunderfreie Weise gegen einen unmirakulösen Aggressor.

Chrétien de Troyes hat dagegen weder im *Erec* (um 1170; Chrétien 1992) noch in seinen anderen Artusromanen *historia*-Verträglichkeit hergestellt. Der *Erec*-Prolog begründet den Wert des Textes mit dem gelehrten Wissen (*estuide, essience*), das es dem Bearbeiter ermögliche, aus der zerrissenen Überlieferung einer Erzählung von Begebenheiten (*conte d'avanture*) einen schönen Zusammenhang (*bele conjointure*) zu extrahieren (*trahir*). Das Produkt wird am Prologende als *estoire* angekündigt, ohne dass das danach erzählte Geschehen mit dem zeitgenössischen Wahrscheinlichkeitswissen konkordant und auf diese Weise *historia*-tauglich gemacht wäre. Die Literaturwissenschaft deutete *conjointure* als Bezeichnung für die sinntragende Strukturierung der Episodenfolge (Doppelweg), die ihrerseits eine durch die mündliche keltische Überlieferung eröffnete Konstruktionslizenz ausgenutzt habe, und entdeckte im *Erec*-Prolog deshalb das Dokument eines allerdings nur ansatzweise auf Begriffe gebrachten Fiktionalitätsbewusstseins (Haug 1992). Unabhängig von der Frage, wie gut der moderne Fiktionalitätsbegriff die historische Konstellation erfasst (Glauch 2009; 2014a; 2014b), lassen sich die beiden skizzierten Optionen in der weiteren Geschichte der ‚bretonischen' Romane sowohl im französischen wie auch im deutschen und italienischen Sprachraum als Pole eines Spektrums identifizieren: So strebten die altfranzösischen Prosazyklen, deren Entstehung um 1200 einsetzt, den Anschluss an historiographische Erzählverfahren an; das Artusreich ist nach dem Vorbild der britischen lateinischen Historiographie in der Weltchronologie situiert, zugleich jedoch zu einer abgeschlossenen Epoche gemacht, indem an die Stelle der bei Geoffrey von Monmouth kolportierten Entrückung und verheißenen Wiederkehr des einstigen und künftigen Königs sein Tod und der sämtlicher Ritter rückt (Combes 2001; Dover 2003). Am anderen Ende der Skala stehen Versromane wie die mittelhochdeutsche *Krone* Heinrichs von dem Türlin (um 1230; Heinrich 2012), der die arthurische Welt mit forcierter Imaginationskraft als erkennbar fabulöses höfisches Reich immerwährender Abenteuer, Jugend und diesseitiger Glückseligkeit präsentiert.

Auch wenn höfische Romane während ihrer gesamten mittelalterlichen Geschichte ebenso wenig zum Gegenstand von Poetiktraktaten wurden wie französische und deutsche Heldenepen, dokumentieren zahlreiche poetologische Reflexionen in Prologen, Epilogen und Digressionen die gelehrten Bildungshorizonte der Romandichter. Besonders reichhaltige Beispiele dafür bietet der *Tristanroman* Gottfrieds von Straßburg (um 1210; Gottfried 2011; Gottfried 2013) mit einem wirkungspoetologischen Prolog, der unter anderem die Funktion von Dichtung als konsolatorischem Remedium in einer Auseinandersetzung mit Ovid diskutiert, und einem produktionspoetologischen Literaturexkurs, der deutschsprachige höfische Musterdichter kanonisiert und bei der Behandlung des höfischen Romans als Stilkunst auf die *Poetria nova* Galfreds von Vinsauf anspielt.

Aus der um 1100 begründeten Tradition der altokzitanischen Trobadordichtung (Zink 2013) gingen dagegen im 13. und 14. Jahrhundert mehrere Poetiken hervor (Fleischman 1995). Der okzitanische Sprachraum war im 12. Jahrhundert wegen eines dichten Städtenetzes und einer weitgehenden Verstädterung der Aristokratie die kulturell avancierteste Region des lateinischen Westens; im Gefolge der Albigenserkriege des frühen 13. Jahrhunderts übernahm Oberitalien, das wie Katalonien zum Wirkungsraum der Trobadors gehörte, diese Position.

Die Trobadors (von *trobar* für Worte und Melodien ‚finden') waren Dichterkomponisten aus unterschiedlichen Geburtsständen, darunter auch dem Hochadel. Sie entwickelten früh ein Gattungssystem inhaltlich differenzierter Liedtypen und ein Spektrum vor allem durch Reimstellungsmuster konstituierter Strophenformen. Charakteristisch für die Trobadorpoetiken ist die Kombination okzitanischer Grammatik, die auf Sprachnormierung zielt und die Überlegenheit des Okzitanischen als Dichtersprache gegenüber den anderen romanischen Idiomen behauptet, mit der Erklärung des Liedtypensystems und der Strophenformen. Der älteste erhaltene Text dieser Art sind die *Razos de trobar* (‚Regeln des Dichtens') des Katalanen Raimon Vidal (um 1210; Vidal 1972), die in der zweiten Jahrhunderthälfte von Girolamo Terramagnino da Pisa versifiziert (*Doctrina de cort*) und um 1300 von Jofre de Foixà (*Vers e regles de trobar*) in einer Prosabearbeitung erweitert wurden. Die ausführlichsten Informationen bieten die *Leys d'amors* (‚Gesetze der Liebe'; Anglade 1919–1920) des Tolosaner Juristen Guilhem Molinier, von denen neben zwei okzitanischen Fassungen (1341; 1356) zwei katalanische Bearbeitungen erhalten sind. Die *Leys* gingen aus dem ‚Consistori del Gay Saber' hervor, einer städtischen ‚Gesellschaft des freudigen Wissens' zur Pflege der Trobadordichtung in Toulouse. Auch Molinier behandelte Gattungen, Strophenformen und okzitanische Grammatik, subsumierte jedoch vorab die Trobadordichtung der Moralphilosophie – wegen der Liebe als Thema – und beanspruchte für sie auf dieser Grundlage den Rang einer Wissenschaft (*sciensa*).

Nicht zum Gegenstand von Poetiken wurden die altfranzösische Trouvèrelyrik und der mittelhochdeutsche Minnesang, die beide an das trobadoreske Vorbild anknüpften. Thema des ältesten französischen Poetiktraktats, der *Art de dictier* (‚Kunst des Dichtens', 1392; Deschamps 1994) von Eustache Deschamps, sind nicht die Liedtypen und Strophenformen der Trouvères des 12. und 13. Jahrhunderts, sondern die in der Mitte des 14. Jahrhunderts von Guillaume de Machaut etablierten *formes fixes* (Rondeau, Virelai, Ballade etc.). Sie waren ursprünglich musikalische Liedformen, die Deschamps jedoch in seiner umfangreichen poetischen Produktion zur – freilich weiterhin auch musikalischen Kompositionen unterlegbaren – Leselyrik machte. Gleichwohl operierte gerade Deschamps in der *Art de dictier* mit der Bestimmung der Versrede als *musique naturele* im Sinn des oben skizzierten musiktheoretischen Dichtungsbegriffs, der seit Augustinus und Boethius stets auch die Klangform von Sprachversen eingeschlossen hatte. Davon abhängig ist der Rhetorikbegriff der ‚Art de dictier' und der auf sie folgenden ‚Arts de seconde rhétorique' des 15. und frühen 16. Jahrhunderts (Langlois 1902): ‚Zweite Rhetorik' meint hier prinzipiell volkssprachliche Dichtung im Unterschied zur lateinischen als ‚erster Rhetorik'; ‚Rhetorik' ist entgegen dem traditionellen Begriffsgebrauch als Bezeichnung für Versrede stets mit *musica naturalis* identifiziert. Wegen ihres musiktheoretischen Dichtungsbegriffs konzentrieren sich alle Poetiken in der Deschamps-Tradition (Jeserich 2008) auf als sprachliche Klangkunst verstandene Vers-, Strophen- und Reimformen.

Die ebenfalls in der trobadoresken Tradition stehende italienische Liebeslyrik des 13. Jahrhunderts war offenbar seit ihren von der staufischen Hofkanzlei beeinflussten sizilianischen Anfängen über die toskanische Fortsetzung bis zum Dolce stil nuovo an rhetorischen Textproduktionslehren, insbesondere den Stillehren der *artes dictandi* orientiert (Buck 1965), die eigentlich die von Notaren an Kanzleien zu verfertigenden Prosabriefe und -urkunden zum Gegenstand hatten. Um 1300 hätte die Praxis in eine – lateinische – Poetik münden können, wenn Dantes Traktat *De vulgari eloquentia* ('Über volkssprachliche Beredsamkeit', 1303/1304; Dante 2012; Dante 2015; Raffi 2004) kein Fragment geblieben wäre. Jedenfalls gibt das Fertiggestellte zu erkennen, dass auf die Behandlung der allgemeinen Geschichte der Sprachen, der romanischen Idiome Französisch, Okzitanisch und Italienisch, der italienischen Dialekte sowie des Toskanischen als dem Latein gleichwertiger Dichtersprache eine Erläuterung italienischer Liedgattungen und Versifikationsformen, möglicherweise auch eine Stillehre nach dem Vorbild der lateinischen *genera-dicendi*-Taxonomie hätte folgen sollen. Unter den poetologischen Kommentaren Dantes zu eigenen Gedichten in der *Vita nuova* (vor 1295; Dante 2011b; Molli 2010) und im *Convivio* (um 1306; Dante 1996–2004; Wittschier 2009) wurde die allegorische Deutung der stilnovistischen Beatrice als Philosophie und die daran anschließende Auslegung einer Liebeskanzone nach der Methode des vierfachen Schriftsinns im *Convivio* besonders wirkungsmächtig. Dante griff hier wie auch in einem Brief an Cangrande della Scala (*Epistola XIII*, zwischen 1316 und 1320; Dante 1993), der für die *Commedia* (1307–1321; Dante 2011a) einen vierfachen Sinn beansprucht, das chartrensische Konzept der Dichtung als allegorischer Verhüllung philosophisch-theologischen Wissens auf; die *Commedia*-Figur Vergil lässt sich bei Kenntnis der integumentalen *Aeneis*-Exegese als deutungsgeschichtliche Anspielung verstehen. Die Sinnvielfalt der *Commedia* als poetisch eingekleideter *summa* des philosophisch-theologischen Wissens (Grzybowski 2015) suchte und fand die Kommentartradition seit Boccaccio mit methodisch-systematischem Eifer (Malato und Perna 2011–2014; Seriacopi 2013).

Das Konzept des allegorisch verhüllten philosophisch-theologischen Lehrgedichts liegt ebenfalls dem zweiten Teil des altfranzösischen *Roman de la Rose* (1270/1280; Strubel 2008; 2012) zugrunde. Sein Verfasser Jean de Meun war in den lateinischen Bildungstraditionen genauso bewandert wie Dante, schrieb seiner Textkonstruktion jedoch eine ironische Distanz gegenüber allem Wissen ein. Gelehrt hatte bereits der erste Teil des Rosenromans (um 1225/1230) begonnen, dessen Verfasser Guillaume de Lorris den Erkenntniswert der in der Erzählung entfalteten Traumallegorie eingangs mit einem Verweis auf den Kommentar von Macrobius zum *Somnium Scipionis* (5. Jahrhundert; Armisen-Marchetti 2001) rechtfertigte; die – wahrscheinlich durch die *Psychomachia* von Prudentius (um 400; Prudentius 2011) angeregte – Personifikation von Seelenkräften und Tugenden benutzte er zur allegorischen Einkleidung einer höfischen, zugleich jedoch auf Ovid rekurrierenden *ars amatoria* (Minnis 2001). Dass sich eine solche Anleitung zum richtigen Handeln der Moralphilosophie zuordnen ließ, bot Jean de Meun offenbar die Anschlussmöglichkeit für sein poetologisches Konzept, das im Rekurs auf die beiden am ausführlichsten verarbeiteten lateinischen Quellen freilich weit über Guillaumes Vorgabe hinausgeht: Was Jeans personifizierte *Raison* an Wissen vermittelt, stammt zum größten Teil aus dem Mund der Philosophia-Personifikation von Boethius (*De consolatione philosophiae*, 523/525; Boethius 2006); die personifizierte *Nature* hat ihr Wissen aus dem allegorischen Epos *De planctu naturae* Alains de Lille und indiziert damit zugleich die chartrensische Herkunft der Poetologie. Es war dieser zweite Teil, der dem *Roman de la Rose* seine bis in die Mitte des 16. Jahrhunderts exorbitante Rezeptionsgeschichte in Text und Bild bescherte. Zur ihr gehört neben der Kommentierung mittels der Schriftsinnverfahren durch Jean Molinet (um 1500; Devaux 2006) und – die Zuschreibung ist allerdings ungesichert – Clément Marot (1526; Baridon 1954–1957) eine große Menge allegorischer Dichtungen in verschiedenen Volkssprachen.

Das neuplatonische Konzept der Dichtung als uneigentlicher Form von Philosophie und Theologie lässt sich – außer in den poetischen Produkten selbst – wegen seiner engen Assoziation mit dem rhetorischen Modell allegorischer Bedeutungseinkleidung und dem theologischen Modell bibelexegetischer Bedeutungsenthüllung nach dem vierfachen Schriftsinn am ehesten in Kommentartraditionen greifen; systematisch reflektiert wurde es in keinem mittelalterlichen Poetiktraktat. Von den Bestimmungskriterien der Versifikation und der Formulierungsverfahren konnte auch dieses Konzept den Dichtungsbegriff nicht ablösen, weil am Ende doch wieder nur sie es ermöglichten, Dichtung von der ‚eigentlichen' Philosophie und Theologie zu unterscheiden.

Eine vom gelehrten *ars*-Konzept beeinflusste, gleichwohl spezifische Poetologie entwickelten im 13. und frühen 14. Jahrhundert die mittelhochdeutschen Sangspruchdichter. Sie wurde nicht in Poetiken, sondern in Sangsprüchen reflektiert, die die *kunst* zum Thema machten (Obermaier 1995), und begründete einen Traditionsbildungsprozess langer Dauer, weil sich die städtischen Meistersinger im 15. und 16. Jahrhundert als Erben der Sangspruchdichter einschätzten. Im Kontext des Meistergesangs entstanden dann auch – zumeist als Meisterlied versifizierte und *schulkunst* genannte – systematische Poetiken (Hahn 1984). Die Sangspruchdichter waren Fahrende und, so jedenfalls ihre Selbstdarstellung, wegen dieses prekären sozialen Status genötigt, ihrer Gattung beim höfischen Publikum Geltung zu verschaffen. Zu diesem Zweck gaben sie ihren Gesang (*sanc*) im Anschluss an den gelehrten Dichtungsbegriff als Vermittlung von Wissen (*wîsheit*) in poetisch-artistischer Form (*kunst*) aus; als gelehrte Dichter bezeichneten sie sich mit dem Begriff *meister* (Lehnbildung zu *magister*), ihre gelehrte Dichtungskompetenz als *meisterschaft* (Wenzel 2012). Das Konzept trat nicht nur in rhetorisch und epistemisch komplizierten Sangsprüchen zutage, sondern führte auch zur Darstellung aemulativer Wettstreitpraktiken in Sangspruchform (*Wartburgkrieg*; Hallmann 2015) und seit dem 14. Jahrhundert zur Entstehung eines gattungsspezifischen Musterdichterkatalogs (Henkel 1987; Brunner 1975). Ebenso wie später die Meistersinger beanspruchten die Sangspruchdichter für ihre gesungene Wissenskunst einen ursprünglich adeligen (König David) und von Gott in besonderer Weise begnadeten Status, der ihren Wert über den aller anderen *künste* erheben sollte; die soziale Inferiorität der fahrenden Dichter ließ sich auf diese Weise sowohl gegenüber den adeligen Adressaten als auch – durch den Rekurs auf das gesungene Wissen – gegenüber den lateinischen Gelehrten kompensieren (Hübner 2015).

Wegen der konstitutiven Bedeutung des Verses in allen skizzierten Traditionszusammenhängen wäre es selbstwidersprüchlich gewesen, Prosatexte dem Dichtungsbegriff zu subsumieren. Die Ausläufer des Problems reichen bis ins 18. Jahrhundert; die philosophische Ästhetik hat es – unbeschadet der Traditionsüberhänge beim Wortgebrauch – mit der Ersetzung des ‚formalen' Dichtungsbegriffs durch den erkenntnistheoretisch begründeten der ‚schönen Literatur' gelöst. Der begriffsgeschichtlich klaren vormodernen Distinktion standen praxisgeschichtlich allerdings erheblich komplexere Verhältnisse gegenüber. Die antiken Rhetoriktraktate neigten deshalb vor allem in den Ausführungen zur *lexis* respektive *elocutio* seit Aristoteles dazu, nach technischen Verfertigungsregeln verfasste Prosa zwischen Dichtung und Alltagsrede zu situieren – ungebunden, aber sich selbst an einem Maßstab ausrichtend, wie es bei Cicero (Cicero 1997 III,184) heißt: Die elokutionären Verfahren – Figuren, Tropen, Stilgattungen – gehörten zur *eloquentia* des Redners wie des Dichters; rhetorische Prosa sollte zwar kein Metrum, aber rhythmische Satzperiodenschlüsse (*clausulae*; Aumont 1996) haben, deren Formen sich an die Metren anlehnen. Die spätantike Subsumtion der Poetik unter die Rhetorik war nur unter dieser konzeptionellen Voraussetzung einer – freilich erst in der Moderne so genannten – ‚Kunstprosa' (Norden 1915) möglich und hatte eine nicht ganz randständige Auswechselbarkeit von gebundener und ungebundener Rede zur Folge: Die in den Schulen mindestens bis ins 12. Jahrhundert praktizierten rhetorischen Vorübungen (*progymnasmata*, *praeexercitamina*; Cizek 1994) konnten genauso wie die in den *Artes poetriae* des 12. und 13. Jahrhunderts gelehrte Stoffbearbeitung in Vers und Prosa gleichermaßen erfolgen; die Versifikation von Prosavorlagen und die Prosaauflösung von Versvorlagen gehörten lange zum Übungsrepertoire des Grammatik- und Rhetorikunterrichts. Gervais von Melkley und Johannes von Garlandia integrierten die *ars dictandi* als rhetorische Anleitung für die Produktion von Prosabriefen und -urkunden in die *ars poetriae*; im 13. Jahrhundert benutzten italienische Dichter die *ars dictandi* zur Produktion von Verstexten. Zudem hatte die spätantike Rhetorik unter dem Etikett *declamatio* Textsorten etabliert, in denen Gerichts- und Beratungsrede als *controversia* und *suasoria* anhand erfundener Fälle exerziert wurden (Schröder 2003); dies waren Prosagattungen mit fiktiven Inhalten, deren Fiktionalität gattungskonstitutiv und an der Unwahrscheinlichkeit der Fälle erkennbar war. Antike Tierfabeln gab es ohnehin in Vers und Prosa; lateinische Prosaexempelsammlungen wurden für volkssprachliche narrative Dichtung genauso exzessiv benutzt wie für Prosapredigten (Haug und Wachinger 1991).

Volkssprachliche ‚Prosadichtung' entstand, ohne dass es einen Begriff dafür geben konnte, wo Versgattungen als Prosagattungen fortgesetzt wurden wie der höfische Roman im Prosaroman oder kleinepische Formen (Fabliau, Märe) in Prosanovelle und Prosaschwank. Die Prosaromane wurden als *estoires* oder *historien* bezeichnet, Prosanovellen waren *novelle*, Prosaschwänke, wie auf dem Titelblatt von Georg Wickrams *Rollwagenbüchlein* (1555; Wickram 1992), *schwenck vnd Historien*. Eine maximal unspezifische Option bot der Buchbegriff; so hat etwa Johannes von Tepl seinen *Ackermann* (um 1400; Johannes von Tepl 1994; Dröse 2013), den er selbst wahrscheinlich am ehesten für eine volkssprachliche *declamatio* halten konnte, in der frühneuhochdeutschen Vorrede als *buchlein* und im lateinischen Begleitbrief als *libellus* bezeichnet. Dem Brief zufolge soll der *Ackermann* die *essencialia* der Rhetorik demonstrieren; wie nicht zuletzt die Rhythmisierung der frühneuhochdeutschen Prosa nach den *clausula*-Regeln dokumentiert, handelt es sich bei dieser Rhetorik um die *ars dictandi* der Prager Kanzlei. Eine ‚Prosadichtung', als die er heute firmieren mag, konnte der *Ackermann* um 1400 begrifflich genauso wenig sein wie die aus Versgattungen entstandenen Prosagattungen; an ihrer Erfolgsgeschichte ist der vormoderne Dichtungsbegriff am Ende gescheitert. Doch wirkt er fort, wo immer Poetizität mit der Einstellung des Produktions- und Rezeptionsinteresses auf die Gemachtheit oder Geformtheit des Textes bestimmt wird.

Weiterführende Literatur

Haug, Walter (²1992). *Literaturtheorie im deutschen Mittelalter. Von den Anfängen bis zum Ende des 13. Jahrhunderts. Eine Einführung.* Darmstadt.
Kelly, Douglas (1992). *The Art of Medieval French Romance.* Madison.
Knapp, Fritz Peter (2014). „Poetik". *Germania Litteraria Mediaevalis Francigena (GLMF). Handbuch der deutschen und niederländischen mittelalterlichen literarischen Sprache, Formen, Motive, Stoffe und Werke französischer Herkunft. Bd. 1: Die Rezeption lateinischer*

Wissenschaft, Spiritualität, Bildung und Dichtung aus Frankreich. Hrsg. von Fritz Peter Knapp. Berlin/Boston: 217–242.

Minnis, Alastair J. und Ian Johnson (Hg.) (2005). *The Cambridge History of Literary Criticism.* Bd. 2: *The Middle Ages.* Cambridge.

Moos, Peter von (1993). „Was galt im lateinischen Mittelalter als das Literarische an der Literatur? Eine theologisch-rhetorische Antwort des 12. Jahrhunderts". *Literarische Interessenbildung im Mittelalter.* Hrsg. von Joachim Heinzle. Stuttgart/Weimar: 431–451.

Ueding, Gert et al. (1994). „Dichtung". *Historisches Wörterbuch der Rhetorik.* Bd. 5. Hrsg. von Gert Ueding. Tübingen: Sp. 668–736.

Dietmar Till
II.3 Poetik in der frühen Neuzeit (Italien – Frankreich – Deutschland)

1 Grundlagen: Das rhetorische Modell der Dichtungstheorie

Der literaturwissenschaftliche Terminus ‚Poetik' hat wenigstens vier unterschiedliche Bedeutungen. Ihr Gemeinsames besteht darin, dass sie in Anknüpfung an das griechische Verb *poiein* (herstellen, machen) auf den Produktionsprozess von Dichtung fokussieren, abgeleitet davon auch auf das Produkt dieses Prozesses im Sinne einer bestimmten ‚Machart' oder ‚Faktur' (vgl. Fricke 2003; Till 2003):
(1) ‚Poetik' kann eine bloß deskriptive Beschreibung von wiederkehrenden Verfahren, Stilen, allgemeinen Regularitäten oder Mustern literarischer Texte sein, die etwa zur Konstitution einer Gattung (Beispiel: ‚Poetik des Romans im 18. Jahrhundert') herangezogen werden. Fricke schlägt für diese Verwendung den Begriff ‚Poetologie' vor (Fricke 2003, 100).
(2) ‚Poetik' kann dann spezieller diejenigen Regeln und Verfahrensweisen bezeichnen, die ein Dichter implizit und nicht notwendig bewusst-reflektiert befolgt. Hier spricht man auch von ‚impliziter Poetik' oder ‚werkimmanenter Poetik' (Beispiel: ‚Poetik der Prosa Thomas Bernhards').
(3) Die bis ins 18. Jahrhundert dominierende Bedeutung ist die von ‚Poetik' als normative Anweisung zum Herstellen (*poiesis*) von Literatur, die regelmäßig mit (mehr oder weniger affirmativen) Bezügen auf die Antike operiert. Die klassische Rhetorik ist die grundlegende Theorie für die Poetik, die man auch als ‚Regelpoetik' oder ‚Anweisungspoetik' bezeichnet, weil sie das Moment der Lehr- und Lernbarkeit des Dichtens betont. Dies zeigt sich nicht zuletzt in aus dem Bereich des Handwerks genommenen Metaphern wie die vom ‚Feilen' am Text in der *Ars Poetica* des Horaz (Horaz ars 291). Solche Poetiken sind deshalb häufig in Form von didaktisch angelegten Lehrbüchern (‚Poetik' als Textsorte) gestaltet, die im Schulunterricht eingesetzt werden. Sie können aber auch, wie die seit der Antike als *Ars poetica* bezeichnete Versepistel *Ad Pisones* des Horaz zeigt, selbst in literarischer Form vorliegen. Anweisungspoetiken bedienen sich rhetorischer Schemata zur Beschreibung des Produktionsprozesses und zur Legitimierung literarischer Normen. Rhetorische Kategorien strukturieren Poetiken, indem sie auf der Ebene der Textsortenspezifik Kategorien und Einteilungsschemata übernehmen. Die Theoretiker greifen dafür auf das schon von Cicero (De orat. I,70, III,27) gebrauchte Argument zurück, dass Poesie wie Rede gleichermaßen als

Formen der *eloquentia* (Beredsamkeit) gelten. Die Poesie als ‚gebundene Rede' (*oratio ligata*) unterscheidet sich von der Prosarede (*oratio soluta*) auf formaler Ebene primär durch das Kriterium der Ligation (Asmuth 1996; Till 2012), an das dann noch von der Prosarede distinkte Stilideale geknüpft werden (Figuration bzw. Ausschmückung: Dichtung als *oratio figurata*; poetische Lizenz und ‚Kühnheit' des Ausdrucks; Anschaulichkeit und Fiktionalität; Mündlichkeit der Rede vs. Schriftlichkeit des Gedichtes; vgl. Aristoteles, rhet. 1404a; Quintilian, inst. X,1,28–1,29). Funktional lässt sich das Verhältnis von Poesie und Rede damit kaum als komplementär beschreiben (so Knape 2006, 69). Denn von „grundsätzlichen Unterschieden zwischen Rhetorik und Poetik, von Poesie und Prosa" findet sich in den Poetiken wenig: „Poesie und Prosa sind beides Formen der Rede, ihre Technik stimmt in vielem überein und läßt sich auf den gleichen Gegenstand anwenden." (Dyck 1991, 39)

Normative Poetiken beschreiben und regulieren Poetizitäts- beziehungsweise Literarizitätskriterien für eine Gesellschaft oder Gruppe in einer bestimmten Sprache. Die Kenntnis der poetischen Normen wird damit zur Voraussetzung für Produktion wie auch für Rezeption von Poesie. Da sie Gegenstand des Poetik- und Rhetorikunterrichtes war, kodifiziert diese Form der Poetik sozial Normen der Gelehrtenliteratur. Über die Prinzipien der *imitatio* (Nachahmung) und *aemulatio* (Wettstreit mit dem Ziel der Überbietung) hat diese Literatur einen engen Bezug zu den antiken Literaturen. Nicht selten ist ihre Sprache das (Neu-)Lateinische. Dichterideal der rhetorisierten Poetik ist damit der von Macrobius in die Diskussion eingeführte ‚gelehrte Dichter' (*poeta doctus* oder *poeta eruditus*; Reichert 2003). Das Modell der Anweisungspoetik gerät konsequenterweise in dem Moment in die Krise, in dem das Herstellen von Dichtung nicht mehr als reflektierende, durch Normen regulierte und auf eine vorgängige (v. a. antike) Tradition bezogene Tätigkeit verstanden wird. Gegenmodelle des *poeta doctus* sind produktionsästhetische Konzepte wie ‚Genie', ‚Inspiration', ‚Erleben', ‚Ausdruck' usw.

Daneben ist (4) ein weitgefasster Begriff von ‚Poetik' zu unterscheiden, mit dem in der kulturwissenschaftlichen Literaturwissenschaft die spezifische textuelle Verfasstheit kultureller Phänomene bezeichnet wird (‚Poetik der Kultur').

2 Die Textsorte ‚Poetik'

Poetiken – im Sinne der dritten Spielart von ‚Poetik' – haben durchaus unterschiedliche Ausprägungen, dabei aber einen Kern wiederkehrender Inhalte und Strukturen.

Inhalte

Grundlage für das rhetorische Poetikmodell sind drei topische Inhaltsaspekte: Sprachtheoretisch grundlegend ist erstens die Trennung von *res* (Sachen/Inhalte) und *verba* (Worte), die metaphorisch schon in der Antike in die Metapher der ‚Einkleidung' gebracht wurde (vgl. Müller 1981). Aus dieser Unterscheidung leiten zweitens bereits die antiken Rhetoriker ein produktionsästhetisches Modell ab, das Herstellen und ‚Aufführen' (im Falle der mündlich präsentierten Rede) in einen Fünfschritt (*officia oratoris*, ‚Aufgaben des Redners' oder *partes rhetoricae*, ‚Teile der Rhetorik') untergliedert. Dieses Modell erlangt vor allem über die kaiserzeitlichen Horaz-Kommentare und die spätantike Grammatiktradition Gültigkeit auch für den Bereich der Dichtung. Das rhetorische Modell macht den Produktionsprozess von Dichtung handhab- und durch die Untergliederung in fünf aufeinander bezogene Phasen operationalisierbar: *inventio* (Findung der Gedanken), *dispositio* (Gliederung bzw. Anordnung), *elocutio* (sprachliche Ausarbeitung, ‚Vertexten'), *memoria* (Auswendiglernen), *actio/pronuntiatio* (Vortrag). Naturgemäß sind nur die ersten drei der fünf Arbeitsschritte für die Dichtung in ihrer textuellen Dimension relevant (Sequenzialisierung des Herstellungsprozesses). Dieses Textproduktionsmodell wird drittens dann in ein Bildungskonzept integriert, das vom Dichter nicht nur eine naturgegebene Anlage (*natura, ingenium*), sondern auch Kenntnis der zugehörigen Theorie (*ars*) verlangt, wozu auch die produktive Auseinandersetzung mit Mustertexten (*exempla*) gehört. Erst beides zusammen macht den perfekten Dichter. Dieser (bzw. sein dichterisches Produkt) steht immer im Fokus der Poetik, die nicht empirisch-deskriptiv vorgeht, sondern Prinzipien literarischer Wertung zu Kriterien der Produktion macht. Zur Kenntnis der Theorie kommt die Lektüre vorbildlicher Autoren, welche die *ars* anschaulich machen und zur dichterischen Nachahmung einladen. Dichtungstheoretische Normen werden also durch Theorie wie literarische Praxis vermittelt. Zugang zu Bildungsinstitutionen ist somit letztlich Voraussetzung für die Produktion poetischer Texte, was das Dichten zu einer Sache von Bildungseliten macht (Eruditionsprinzip). Viertens ist innerhalb des rhetorischen Literaturmodells Dichtung nicht autonomer Selbstzweck, sondern in zweifacher Hinsicht pragmatisiert: Zunächst ist Poesie stets funktional eingebunden in soziopolitische, vielfach ritualisiert wiederkehrende Anlässe (Kasualität, Gelegenheitsliteratur), die der Dichter poetisch so ausgestaltet, dass damit eine bestimmte sozialpolitische Funktion (Totengedenken, Trauerbewältigung, Herrschaftsrepräsentation sind nur die einfachsten) realisiert wird. Die aus der antiken Epideiktik abgeleiteten Formen der Gelegenheitsdichtung ermöglichen zudem eine Übertragung rhetorischer Normen auf die Literatur. Sodann beansprucht die Dichtung, unmittelbar lebenspraktische Kenntnisse zu vermitteln. Das Ideal philosophischer ‚Weisheit' (*sapientia*) verbindet sich nach antikem Vorbild mit dem der ‚Beredsamkeit' (*eloquentia*). Auf diese Weise mit nützlichem Wissen ausgestattet, das ihm der Rhetorik- und Poetikunterricht-Unterricht vermittelt, empfiehlt sich der Dichter zugleich für eine Laufbahn im Dienste eines Fürsten (vgl. Robert 2003, 117–120). Für diesen ganzen Zusammenhang einer Einbettung der Dichtung in die Lebenswelt steht die von Horaz geprägte topische Formel, dass die Poesie ‚nützen' und ‚erfreuen' solle („aut prodesse volunt aut delectare poetae", Horaz ars 333), die von den Theoretikern dann durch das aus der Rhetorik stammende Prinzip des *movere* (emotionales Bewegen) erweitert wird. Das bedeutet, dass modernistische Konzepte von literarischer beziehungsweise ästhetischer Autonomie nur mit Einschränkungen auf die frühneuzeitliche Poetik zu übertragen sind (Knape 2006, 84). Insofern sind auch die Kriterien von ‚Poetizität' innerhalb des rhetorischen Modells stets wirkungsästhetisch begründet.

Strukturelemente

Frühneuzeitliche Poetiken haben als Textgattung wiederkehrende Strukturelemente. Idealtypisch lassen sich acht Kapitel einer Poetik unterscheiden (auch wenn es eine solche idealtypische Poetik in der Realität so nicht gegeben hat):
(1) Den Auftakt bilden oft grundsätzliche Ausführungen zum *Wesen der Poesie*, häufig auch (zumal in christlichem Kontext) mit *apologetischer Stoßrichtung*. Ziel der Ausführungen ist es, die besondere Dignität der Poesie durch Rückgriff auf anerkannte, vor allem antike Autoritäten (bisweilen auch aus dem christlichen Kontext, etwa Kirchenväter) zu erweisen. Häufig vorgebrachte Argumente sind die von der Dichtung als ‚verborgene Theologie' oder der Dichtung als ‚erste Philosophie'. Oft verweisen die Autoren auf das (hohe) Alter der Poesie, das deren besondere Würde beweist (Ancienitätsargument), bisweilen wird auch das Argument der besonderen dichterischen Inspiration (*furor poeticus*, Enthusiasmus) vorgetragen, das der Dichtung einen exklusiven Charakter zuweist. Dass solche Passagen mit den stärker von der Rhetorik her entwickelten inhaltlich nicht zu vereinbaren sind, ist allerdings kein Widerspruch. Denn gerade die Eingangskapitel der Poetiken bilden vielfach ein vom technischen Rest abgetrenntes ‚Argumentationssystem' (Dyck 1991), dessen rhetorische Funktion Lob und Apologie der Poesie durch argumentative Bezugnahme auf topische Gewährsmänner ist. Gerade dieses Kapitel darf deshalb nicht als produktionsästhetische Grundlegung der nachfolgenden Poetik verstanden werden.
(2) Vielfach enthalten Poetiken – vor allem in den Eingangskapiteln – Überlegungen zu Kanonfragen, die bisweilen in Anfänge einer Literaturgeschichte münden. Hier reflektieren die Poetiken auch über Ursprünge der Dichtkunst.

Diese Kapitel dienen oft der strategischen Positionierung, indem Kanones musterhafter Autoren und Texte aufgestellt werden, die nach dem Modell von Vorzug und Fehler (*virtutes* und *vitia*) stilistische Muster auf unterschiedlichen sprachlichen Ebenen (Lexik, Syntax, Prosarhythmus bzw. *compositio* etc.) formulieren. Diese Kapitel geben auch Raum für Überlegungen zum Verhältnis der eigenen volkssprachlichen Tradition zu den antiken Literaturen, das grundsätzlich in den Bezugsmodi der Konkurrenz und Überbietung konzeptualisiert werden kann.

(3) Die produktionsästhetische Ausrichtung frühneuzeitlicher Poetiken bedingt, dass sich in den Dichtungstheorien häufig mehr oder weniger ausführliche Kapitel zu Fähigkeiten und Funktionen des Dichters finden. Hier orientieren sich die Lehrbücher überwiegend an der rhetorischen Tradition (vermittelt auch über die ‚rhetorisierte' *Ars poetica* des Horaz), die vom Dichter eine entsprechende Anlage (*natura*, *ingenium*) in Kombination mit Ausbildung und Kenntnissen in der Theorie (*ars*) verlangt. Dabei stellt sich bisweilen das Problem, wie der besondere Vorzug des Dichters vor dem Redner begründet werden kann. Dazu greifen die Verfasser von Poetiken auf den Topos *poeta nascitur, orator fit* zurück, um das inkommensurable Moment der Dichtung zu betonen. Dies führt gleichwohl nicht dazu, dass die Poetiken selbst dann auf die Behandlung der Kunstlehre (*ars*) verzichteten. Auch hier handelt es sich um einen begründenden Topos im Rahmen eines Argumentationssystems, der produktionsästhetisch folgenlos bleibt, ohne dass die Zeitgenossen dies notwendig als Widerspruch wahrgenommen hätten. Zunächst als Randerscheinung und vergleichsweise spät (in Deutschland erst mit Beginn des 18. Jahrhunderts) rückt das Publikum als eigenständige, das heißt über die Poetizität von Dichtungen urteilende Instanz in den Fokus der Theoriebildung. Systematischer Ansatzpunkt ist die Kategorie des ‚Geschmacks', der aus dem rhetorischen Begriff des *iudicium* abgeleitet und zur entscheidenden Instanz ästhetischer Urteilsbildung wird. Sozialgeschichtlicher Hintergrund ist die Trennung von Produzent und Rezipient, die mit der Ausweitung der Leserschaft und der Infragestellung des Konzepts der Gelehrtenliteratur einhergeht (Gabler 1982). Psychologische Ästhetiken des 18. Jahrhunderts setzen an dieser Stelle an. Damit wird der einzelne Mensch mit seinen psychologischen Vermögen zum Maßstab für Poetizität.

(4) Poetiken adaptieren Elemente der *inventio* (Findungslehre) aus der Rhetorik, vor allem die Topik. Dieser Adaptationsprozess hat, je nach zugrunde gelegtem Topikkonzept, wenigstens zwei Aspekte: Zunächst den konkreten der Argumentfindung bei der Produktion eines poetischen Textes. Die Übertragungsmöglichkeit von der Rede zur Poesie wird möglich aufgrund der Ansicht (die sich schon bei Quintilian findet), dass die Dichtung ein rhetorisches Genus ist und dem *genus demonstrativum*, der Lob- und Tadelrede (Epideiktik), zuzuordnen ist. Die Topik der epideiktischen Rede, wie sie von antiken Autoren (vor allem

Quintilian, Pseudo-Dionysios von Halikarnassos, Menander Rhetor) entwickelt wird, ist damit auf die Poesie (jedenfalls in ihrer Kasualform) übertragbar. Mit dieser auf der Ebene der konkreten Produktion angesiedelten Vorstellung von literarischer Argumentfindung unmittelbar zusammen hängt dann eine zweite Vorstellung von Topoi (*loci communes*), die auf der Ebene der literarischen Tradition und der literarhistorischen Reihenbildung angesiedelt ist und die stärker materialbezogen (Metapher vom „Vorratsmagazin", Curtius 1993, 89) ist. Topoi werden somit „Klischees, die literarisch allgemein verwendbar sind, sie breiten sich über alle Gebiete des literarisch erfaßten und geformten Lebens aus" (Curtius 1993, 79–80). In der frühen Neuzeit bildet sich eine Lesepraxis, bei der Gelesenes (also Zitate, Aussprüche berühmter Personen, Sprichwörter, Argumente) in *commonplace books*, Florilegien oder Kollektaneen gesammelt und nach topischen Gesichtspunkten abgelegt werden. Sie halten auf diese Weise schriftlich Gespeichertes für die künftige Textproduktion verfügbar. Solche Kollektaneen, Thesauri, poetischen Wörterbücher, Nachschlagewerke zur Mythologie und Ikonologie etc. erscheinen auch gedruckt und bilden eine eigenständige Textgattung poetischer Hilfswissenschaft (Plett 1994, 19 nennt sie „topische Poetiken").

(5) Im Kontext der *inventio*, häufiger aber (nach antikem Vorbild) der *dispositio* handeln Poetiken Fragen der Gattungslehre ab. Dabei ist zunächst der Kanon der antiken Gattungen vorbildgebend, was die Poetiken tendenziell in Konflikt etwa mit volkssprachlichen Gattungen wie der Romanze oder dem Roman bringen kann, für die es in der Antike kein Vorbild gibt. Die Behandlung dieses Problems kann unterschiedlich, von der Integration bis zum Nebeneinander oder gar der Omission nichtantiker Gattungen ausfallen. In diesen Kontext gehört auch die Behandlung der Frage der Gattungshierarchien, konkret die Frage nach dem Vorrang von Tragödie (so Aristoteles in seiner *Poetik*) oder Epos (in der frühen Neuzeit vielfach in Anknüpfung an Vergils *Aeneis*-Epos praktiziert). Vergleichsweise spät wird der Roman als spezifisch neuzeitlich-‚moderne' Gattung in das Gattungssystem integriert (im deutschen Sprachraum zuerst 1688 in Albrecht Christian Rotths *Vollständiger deutscher Poesie*).

(6) Poetiken enthalten mehr oder weniger umfangreiche Vers- und Strophenlehren. Dabei gilt der Grundsatz, dass die metrische Bindung (Versifizierung) zwar als absolut notwendig erachtet wird, damit ein Text als ‚Poesie' gilt, zugleich aber rhetorischer Schmuck (Figuration) hinzukommen muss. Die frühen humanistischen Poetiken greifen an dieser Systemstelle auf die antike und mittelalterliche Grammatiktradition (Diomedes, Alexander de Villa Dei) zurück, in deren Zuständigkeit für die *ennaratio poetarum* im Rahmen des Unterrichts Fragen der Metrik gehörten, und inkorporieren sie in das sich neu konstituierende Wissensfeld der Poetik (Robert 2007a). Dabei ergibt sich einmal mehr ein Spannungsfeld

von antiken, mittellateinischen und neuzeitlich-volkssprachlichen Formen von Metrik und Strophik.

(7) In Poetiken finden sich mehr oder weniger umfangreiche Kapitel zur Stillehre, wobei hier die Anleihen beziehungsweise auch einfach Übernahmen aus der Rhetorik besonders augenfällig sind. Zentral sind die in der klassischen Rhetorik unter der Systemstelle *elocutio* abgehandelten Stilvorschriften (*virtutes dicendi*): *Latinitas* (Sprachrichtigkeit), *perspicuitas* (Klarheit), *aptum* (Angemessenheit) und *ornatus* (Schmuck). Im Regelfall ist die Rubrik *ornatus* die zentrale, denn hier wird die Lehre von den Tropen und rhetorischen Figuren abgehandelt. Nicht selten finden sich hier umfangreiche Listen mit Termini, korrespondierenden Beispielen und auch Aussagen zur (vor allem emotionalen) Wirkung (Dyck 1991, 81). Bisweilen ist auch eine Art Arbeitsteilung zwischen Rhetorik und Poetik zu beobachten, insofern die Verfasser von Poetiken einfach auf die Abhandlung des Themas in den Rhetoriken verweisen (Dyck 1991, 93). Für die Dichtungstheorie wichtig ist dann die Lehre von den drei Stilarten (*genera dicendi*), dem niederen, mittleren und höheren Stil, die sich jeweils durch den aufgewendeten Redeschmuck unterscheiden. Diese für den Schulunterricht gedachte Typologie wird bei Cicero (Cic. orat. 69) mit den drei Wirkungsfunktionen der Rede verbunden: *docere – delectare – movere* (Belehren – Erfreuen – Bewegen). Über die spätantike und mittelalterliche Poetik werden die drei Stilarten fest mit korrespondierenden Gegenständen verbunden: „Form und Stil des sprachlichen Kunstwerks liegen also nicht im Ermessen des Dichters oder Redner, sondern sie sind immer sach- und wirkungsgebunden." (Dyck 1991, 93).

(8) Schließlich enthalten Poetiken im Regelfall auch Mustertexte. Diese können als Zitate in unterschiedlicher Länge in den Text inkorporiert oder in separater Form den Theoriekapiteln beigefügt werden. Vor allem für die volkssprachliche Literatur sind diese Muster wichtig, denn in ihnen und durch sie konstituieren die Autoren literarische Normen und liefern zugleich Textmaterial zur Nachahmung (*imitatio*).

Reichweite der Normierung

Poetiken normieren die literarische Produktion und liefern damit zugleich Kriterien für Poetizität (die nach dem rhetorischen Schema von *virtus* und *vitium* positiv, aber auch negativ formuliert sein können). Dabei stellt sich die Frage nach der Reichweite der Normierung. Poetiken nach dem Modell des Lehrbuches normieren im Regelfall nicht die komplette literarische Produktion. Drei Fälle sind prinzipiell denkbar: (1) Es gibt poetologische Reflexionen natürlich auch außerhalb der Textsorte ‚Poetik' (Plett 1994, 5; Knape 2007, 8–9). Zu denken wäre an Prologe, Vorreden, Nachworte, Widmungstexte unterschiedlicher Natur, die dem eigentlichen literarischen Text beigefügt sind (poetologische Paratexte; vgl. Stockhorst 2008). Diese Texte können unterschiedliche Normierungsgrade und -intentionen aufweisen. Ein wichtiges Beispiel für diese Form der Gattungspoetik ist der Roman, der erst spät in die Poetiken Einzug hält. (2) Auch innerhalb der Poetiken selbst gibt es ‚Spielräume' in Form von Normierungslücken (Barner 2000). Die Regulierungswut, welche die Poetiken mit ihren umfangreichen und detaillierten Vorschriften betreiben, lässt durchaus Raum für Unreguliertes und Diversität (Wesche 2004). Zudem sind im Konzept der poetischen Lizenz (*licentia poetica*) Abweichungen von den Normen bereits in den Poetiken kodifiziert. (3) Schließlich gibt es zahlreiche Beispiele für literarische Texte und ganze Gattungen, die von den Normierungsbemühungen der Poetiken deshalb nicht erfasst werden, weil sie nicht in den Bereich der Gelehrtenliteratur fallen. Hier ist zu denken an vielfältige Formen der ‚Volkspoesie' und der gegen-gelehrten Dichtung, die es natürlich zu allen Zeiten auch gegeben hat (Grimm 1998).

3 Grundzüge einer Geschichte der frühneuzeitlichen Poetik (Italien/Frankreich/Deutschland)

Italien

Die eminente Bedeutung der Dichtungstheorie der italienischen Renaissance liegt einerseits in der zeitlichen Priorität, andererseits in der Intensität und Dichte der poetikbezogenen Werke sowie der Theoriediskussion begründet (Buck 1972, 31; vgl. insgesamt Weinberg 1961; Galand-Hallyn und Hallyn 2001). Dabei stellt sich, wie bei Epochenkonstrukten ja fast immer, die Frage nach dem Beginn: Karl Vossler (1900) lässt die Geschichte der Poetik in der italienischen Frührenaissance mit Dantes *De vulgari eloquentia* (ca. 1303–1305) beginnen, die von der neueren Literatur allerdings als ein Werk des Mittelalters klassifiziert wird (Buck 1972, 11). Die in lateinischer Sprache verfasste Schrift will eine theoretische Grundlage für das Dichten in der Volkssprache (*volgare*) schaffen, indem sie die volkssprachliche Produktion an den herausragenden Dichtern der Antike (v. a. Horaz und Vergil) misst. Programm Dantes und der sich anschließenden Theoriereflexion ist zunächst Apologie der Dichtung im Kontext eines gegenüber der Poesie grundsätzlich distanziert bis feindlich eingestellten Christentums. Die Präsenz antiker Götter versuchte man mit dem Argument zu rechtfertigen, dass dies lediglich allegorische Darstellungen seien, unter denen eine nützliche christliche Wahrheit verborgen sei (Buck 1972, 14; vgl. Buck 1952). Man griff also auf einen Interpretationsmodus zurück, den Gregor der Große selbst für die Heilige Schrift empfohlen hatte. Das Ergebnis ist eine ‚theologische Poetik'. Zudem stand seit Platons Dichterkritik im zehnten Buch der *Politeia* der Vorwurf im Raum, dass alle Dichter lügen und deshalb aus dem platonischen Idealstaat zu verbannen seien. Dieser Vorwurf, der letztlich Lüge mit Fiktion verwechselt, gehört zu den grundlegenden Topoi der Dichtungskritik (und -apologie) in der frühen Neuzeit. Ziel der Humanisten ist vor diesem Hintergrund vor allem die soziale Aufwertung des Dichters (Buck 1972, 11). Äußerer Ausdruck hierfür ist die seit dem Beginn des 14. Jahrhunderts belegte Praxis der Dichterkrönung (zuerst 1315 Albertino Mussato in Padua), die einen antiken Brauch programmatisch erneuert. Die vielleicht berühmteste Dichterkrönung ist diejenige Petrarcas am 8. April 1341 auf dem römischen Kapitol, wobei der Ort die Präsenz der antiken Tradition symbolisieren sollte, in die Petrarca sich ostentativ stellte. Zentral für dessen am rhetorischen Ideal der *eloquentia* orientiertes Dichtungskonzept ist das aus Ciceros Rede *Pro Archia* (Arch. VIII, 18) abgeleitete Ideal des *poeta theologus*: Dichterische Produktion bedarf des göttlichen *furor poeticus*, der die Nähe des Dichters zum Priester verbürgt und die Dignität der Dichtung garantiert. Zudem bezieht sich auch Petrarca auf das unter anderem von Laktanz angeführte Argument, dass der poetische Text nur Hülle für einen wahren Kern sei: „Je schwieriger die Auffindung der verborgenen Wahrheit ist, desto größeren Genuß bereitet die Dichtung dem Leser." (Buck 1972, 16) In gewisser Weise wird dieser Strang der Dichtungsapologie durch Bezug auf allegorische Auslegungsverfahren dann in Giovanni Boccaccios Mythenhandbuch *Genealogie deorum gentilium libri* (1360–1374) fortgeschrieben. Hier finden sich auch wichtige Ausführungen zum Konzept der dichterischen Nachahmung (*imitatio*): Dichtung wird als *symia naturae*, also als – positiv verstandenes – ‚Nachäffen' der Natur gedeutet, wofür der Dichter umfassendes Wissen aller Dinge braucht (Konzept des *poeta eruditus*). Dieser Argumentationsstrang einer Aufwertung der Dichtung als umfassendes Wissensgebiet wird von Coluccio Salutati in *De laboribus Herculis*, einem Kommentar zu Senecas Tragödie *Hercules furens*, fortgesetzt. Die Dichtung ist hier allen anderen Wissensgebieten überlegen, auch der Theologie und der Philosophie, was mit der „Allseitigkeit ihrer Thematik" (Buck 1972, 17) begründet wird. Dichter und Redner werden dabei prinzipiell gleichgestellt, denn sie unterscheiden sich nur äußerlich aufgrund des „Gebrauch[s] der metrischen Form" (Buck 1972, 17–18). Dass die Poesie im Sinne der rhetorischen Epideiktik verstanden wird, zeigt sich daran, dass Lob (*laudatio*) und Tadel (*vituperatio*) die zentralen Funktionen auch der Dichtung darstellen.

Insgesamt bestimmt die Auseinandersetzung mit Dichtung den Kern der *studia humanitatis* dar. Stellvertretenden hierfür kann Leonardo Bruni stehen, der auch ein im 15. Jahrhundert einflussreiches Studienprogramm formuliert hat, das den Nutzen der Lektüre antiker Autoren damit begründet, dass sie vorzügliche „Kenner aller Wissenschaften" seien; Homer sei ein Begründer der griechischen Philosophie, der Sokrates, Platon und Pythagoras gelehrt habe; Vergil ersetze die „Lektüre jedes Philosophen" (Buck 1972, 18). Der Bezug auf die klassische Rhetorik (Cicero und auch Horaz' *Ars poetica*) begründet die Ansicht, dass die Produktion literarischer Texte etwas grundsätzlich Lehr- und Lernbares sei. Damit unmittelbar verbunden ist das Konzept der *imitatio auctorum*, also der Nachahmung, Auseinandersetzung und sogar des Übertreffens (*aemulatio*) der antiken Literatur. Metapherngeschichtlich einflussreich war hier das ‚Bienengleichnis' aus Senecas 84. Brief an Lucilius: „Wie die Biene den Nektar, den sie aus verschiedenen Blüten gesammelt hat, zu einem neuen Produkt, dem Honig verarbeitet, soll der Geist des Autors sich seine verschiedenen Lektüren assimilieren und sie in ein eigenes Werk verwandeln." (Buck 1972, 19; Stackelberg 1956) Das Produkt einer so verstandenen ‚Nachahmung' ist also keine einfache Kopie, vielmehr soll der Dichter im Wettstreit mit der Antike Neues hervorbringen. Die Kataloge nachahmenswerter Autoren nennen regelmäßig Cicero als Vorbild für die Prosa, Vergil für die Poesie. Im 16. Jahrhundert entstehen dann (etwa mit Bartolomeo Riccis *De imitatione libri tres*, 1541) eigenständige Theoriewerke zur Problematik der Nachahmung.

Im Kontext dieser Vorstellung, dass literarisches Schreiben stets die Auseinandersetzung mit einer vorbildlichen literarischen Tradition bedeutet, entsteht in der Generation nach Petrarca das Konzept des ‚Ciceronianismus', indem die Stilmerkmale der Prosa Ciceros gesammelt und zu einem normativen Kodex erhoben werden. Diese Entwicklung beginnt mit Gasparino Barzizza, der die „uneingeschränkte Nachahmung Ciceros [...] zum obersten Gesetz" (Buck 1972, 20) erhebt. Die Fixierung auf die impliziten Normen der Prosa Ciceros führte um 1500 zu einer Reihe von Kontroversen und einer intensiven Produktion vielfach auch polemischen Schriftguts in ganz Europa (ausführlich dargestellt bei Robert 2011). Wichtige Protagonisten sind Angelo Poliziano, der gegen Paolo Cortes die Lockerung der engen Cicero-*imitatio* fordert, die ein Hindernis literarischer Innovation bedeutete. Im Briefwechsel mit Pietro Bembo legitimiert Gianfrancesco Pico della Mirandola sein weiter verstandenes Nachahmungskonzept durch Verweis auf die Ideenlehre Platons: Die Idee der Schönheit zeige sich niemals in einem einzigen Werk und bei einem einzigen Autor, weshalb es nicht zielführend sei, einen Autor wie Cicero zum Muster zu erheben. Bembo entgegnete auf dieses Argument, dass es aber wohl doch unstrittig sei, dass Cicero dem Ideal insgesamt am nächsten gekommen sei. Überhaupt ist Bembo bei der Etablierung einer volkssprachlichen Literatur, die sich die Antike als Norm setzt und mit ihr konkurriert, die zentrale Figur. In seinem Werk *Prosa della volgar lingua* erhebt er den Stil von Dante, Petrarca und Boccaccio zum Ideal. Sie werden zur Grundlage einer volkssprachlichen Poetik, die ansonsten ganz auf den Konzepten der klassischen Rhetorik aufsetzt. Das Regulativ der Angemessenheit (*decorum*) wird dabei zum Zentralbegriff.

Ende des 15. Jahrhunderts entstehen dann die ersten humanistischen Poetiken im Sinne von Lehrbüchern der Dichtkunst. Sie orientieren sich an der antiken Rhetorik Ciceros und auch Quintilians und der Versepistel *Ars poetica* des Horaz. Letztere wurde in Tradition der spätantiken Horaz-Auslegung bei Pseudo-Acron und Porphyrios als Lehrbuch interpretiert (Fuhrmann 1973, 193). Die 1490–1492 verfasste Poetik des Bartolomeo della Fonte macht den Anfang, rasch gefolgt von einer Serie von Werken mit ähnlicher Ausrichtung, etwa Christoforo Landinos Horaz-Kommentar von 1482 (vgl. Stillers 1988, 91–106), der der Versepistel die rhetorische Struktur von *inventio*, *dispositio* und *elocutio* unterlegt, oder Girolamos Vidas bis ins 18. Jahrhundert erfolgreiches Werk *De arte poetica libri tres* (1527). Charakteristisch an diesen Theoriewerken ist neben der Rhetorikanbindung, dass sie etwa die Tragödie vergleichsweise sparsam kommentieren (Fuhrmann 1973, 195), was vor dem Hintergrund einer spärlichen Produktion verständlich wird. Diese Gewichtung sollte sich erst im Gefolge der Wiederentdeckung der *Poetik* des Aristoteles verschieben (Buck 1972, 24). Dafür wird das Epos ausführlich traktiert, wobei etwa Vida Vergil als Musterautor über Homer stellt, ja überhaupt die von Aristoteles (*Poetik*, Kap. 26) postulierte Überordnung der Tragödie über das Epos umkehrt (Fuhrmann 1973, 195).

Neben der Anbindung an die Tradition der Rhetorik aktivieren die Theoretiker mit dem Platonismus beziehungsweise Neuplatonismus einen Theoriestrang, der stärker die Inkommensurabilität dichterischer Produkte (auch gegen die Rhetorik) betont. Zentral hierfür ist der platonische Begriff des *enthousiasmós* (lat. *furor poeticus*), der etwa von Leonardo Bruni aufgegriffen wird. Dominant wird der Bezug auf die dichterische Inspiration dann im Florentiner Neuplatonismus um Marsilio Ficino, der den Primat der Dichtung durch Integration in eine Kosmologie der Sphärenharmonie begründet (Wels 2009, 197–258): Gerade die Poesie sei es, die dem Göttlichen am nächsten komme. Die antiken Dichter Orpheus, Homer, Hesiod und Pindar sind hierfür Vorbild. Die Konsequenz dieser Auffassung literarischer Produktion ist die Abkoppelung von der Rhetorik: „[J]ede normative Poetik widerspricht ihrem Wesen" (Buck 1972, 26). Christoforo Landino fasst den Dichter als gottähnlichen „Schöpfer einer eigenen Welt" (Buck 1972, 26; Tigerstedt 1968) auf. Literarische Produktion gilt als eine dem Schöpfungsakt wenigstens analoge Tätigkeit, was der Dichtung Exklusivität verschafft. Diese Auffassung von der Dichtung als *creatio* gerät natürlich in Widerspruch zum rhetorischen Prinzip der *imitatio auctorum*. In Francesco Patrizis *Della poetica* (1586) sind *furor poeticus* und *imitatio* dann scharfe Gegensätze. Patrizi formuliert eine frühe Genietheorie, die das Schaffen des Dichters als völlig unabhängig von jeglicher Außenwelt versteht (Buck 1972, 28). Bis zum Beginn des 16. Jahrhunderts sind es somit zwei antike Theorieformationen, welche die Grundlage der Literaturtheorie bilden: Einerseits die antike Rhetorik, zu der auch Horaz' *Ars poetica* zählt, andererseits der Platonismus beziehungsweise Neuplatonismus. Beide Ansätze sind unvereinbar, da die Rhetorik das Moment des Lehr- und Lernbaren betont, das geradezu den Gegensatz von Vorstellungen inspirierter Poesie darstellt. In der Praxis allerdings kommt es vielfach zu einem Nebeneinander beider Vorstellungen (Fuhrmann 1973, 189). Offensichtlich hatten die frühneuzeitlichen Theoretiker in der Frage der Kohärenz der Theorien reduzierte Anforderungen, was letztlich ein Resultat ihrer topischen Vorgehensweise ist.

Mit Beginn des 16. Jahrhunderts – und dann verstärkt seit den 1520er und 1530er Jahren – tritt mit der neuentdeckten aristotelischen *Poetik* ein dritter Theoriestrang auf den Plan, der die Diskussion innerhalb der italienischen Poetik der nächsten 50 Jahre befruchten wird (ausführlich Kappl 2006), gleichwohl etwa die *Ars poetica* des Horaz weiterhin eine zentrale Größe bleibt, die mit der aristotelischen *Poetik* in unterschiedlicher Weise amalgamiert wird (vgl. Herrick 1946). Gesamteuropäisch betrachtet stellt die Auseinandersetzung mit dem „poetologischen Aristotelismus" eine Konstante der literarästhetischen Diskussion bis ins 18. Jahrhundert (Gotthold Ephraim Lessing, Sturm und Drang, Jakob Michael Reinhold Lenz) oder gar bis Bertolt Brecht dar. Der Text hat zunächst „einige Mühe, sich in der literarästhetischen Diskussion des 16. Jahrhunderts Gehör zu verschaffen" (Fuhrmann 1973, 197). Die *Poetik* war ein schwer zu verstehender Text, es gab keine Auslegungstradition, und die handschriftliche Überlieferung ist vergleichsweise komplex. Eine erste, insgesamt stark fehlerbehaftete Übersetzung publizierte Giorgio Valla zwar schon 1498, aber erst mit der Edition von Aldus Manutius 1508 war der griechische Originaltext in einer zuverlässigen Ausgabe im Druck greifbar. Die Folge war eine intensivierte Beschäftigung mit der Dichtungstheorie des Stagiriten, die allerdings erst langsam Fahrt aufnahm. Sehr einflussreich war dann die Ausgabe des Originaltextes mit zuverlässiger lateinischer Übersetzung, welche Alessandro Pazzi 1536 vorlegte. Nun wurde die *Poetik* auch Gegenstand der akademischen Lehre (Buck 1972, 30), und der Text wurde in den folgenden Jahrzehnten intensiv kommentiert: 1548 von Francesco Robortello, 1560 von Pietro Vettori, 1570 schließlich von Lodovico Castelvetro im ersten volkssprachlichen Kommentar (*Poetica d'Aristotele vulgarizzata et sposta*; Buck 1972, 30–31; Fuhrmann 1973, 199; insg. Stillers 1988), wobei dies nur die wichtigsten aus einer Vielzahl von Kommentaren sind. In gewisser Weise wird die aristotelische *Poetik* von den Zeitgenossen missverstanden, weil man sie (in Tradition der Rhetorik) als „normative Poetik" (Buck 1972, 29) verstand, während Aristoteles deskriptiv argumentiert hatte: „Man neigte dazu, eigene Vorstellungen über das Wesen der Dichtung und der einzelnen Gattungen in den aristotelischen Text hineinzuinterpretieren." (Buck 1972, 29)

Den Höhepunkt des poetologischen Aristotelismus stellen die 1560er und 1570er Jahre dar, wobei die Werke von Castelvetro und Julius Caesar Scaliger die vermutlich wichtigsten sind. In Castelvetros Kommentar sind erstmals die drei Einheiten von Ort, Zeit und Handlung vorhanden, die in der aristotelischen *Poetik* nur kursorisch traktiert werden. Dabei fordert er, das Postulat der Einheit der Handlung zu lockern, wie überhaupt dieser Text von ausgeprägtem „Widerspruchsgeist" (Fuhrmann 1973, 202) geprägt ist. Vor allem lehnt Castelvetro jegliche moralische Zwecksetzung von Poesie nachdrücklich ab. Mit dessen *Poetik*-Interpretation ist schließlich auch diejenige Phase der Auslegungsgeschichte erreicht, in der sich der Kommentar immer mehr vom Originaltext löst und Züge einer eigenständigen Theoriebildung trägt (Stillers 1988, 233–276). Die Entwicklung der Poetik ist also, wie Manfred Fuhrmann dies durchgeführt hat, als Auslegungstradition antiker Texte rekonstruierbar (Fuhrmann 1973).

Für die gesamteuropäische Diskussion wesentlich einflussreicher sind die *Poetices libri septem* des Julius Caesar Scaliger (postum 1561; Scaliger 1994, XI–LXIII). Obwohl Scaliger, der mit Pierre Ronsard befreundet war, primär auf die neulateinische Dichtung zielt, hat er „gerade die volkssprachliche Produktion, zumal die französische, erheblich beeinflusst" (Fuhrmann 1973, 203). Fuhrmann gilt er deshalb geradezu als „humanistische[r] Zuchtmeister" (Fuhrmann 1973, 203). Aber auch die neulateinische Poetik des Niederländers Gerhard Johannes Vossius (*Poeticae Institutiones*, 1647) hat er geprägt, ebenso die deutschsprachige Poetik von Baltasar Kindermann, der noch 1664 vom „göttliche[n] Scaliger" (zit. n. Fuhrmann 1973, 204) spricht. Neu an Scaligers äußerst umfangreichem Theoriewerk, das er in sieben Bücher untergliedert, ist die Ordnungs- und Systematisierungsleistung. Scaliger nimmt für sich in Anspruch, „exakter als Aristoteles" zu sein (Trappen 2001, 39). Sein Vorhaben ist es, die gesamte Poetiküberlieferung auf der Grundlage dialektischer Methoden (unter dem Einfluss von Rudolf Agricolas *De inventione dialectica*, gedr. 1515) mit wissenschaftlichem Anspruch neu zu begründen. Er lässt sich insofern treffend als ein „Arrangeur ihrer Überlieferung" (Robert 2007b, 255) bezeichnen. Die an Schulen und Universitäten gelehrte Dialektik Agricolas war zunächst eine Form der Argumentation (Trappen 2001, 42): Mit Hilfe sogenannter Dihairesen, also logischen Untergliederungen, unternahm es Scaliger, die Theorie der Dichtung systematisch neu zu erfassen. Den Zentralbegriff des ‚Gedichtes' (*poema*) untersucht Scaliger mit Blick auf drei von Aristoteles entlehnte Differenzierungskategorien (*dihairesis*): 1. Was wird im Gedicht nachgeahmt (*res* der Dichtung), 2. mit welchen (sprachlichen) Mitteln wird nachgeahmt (*versus* bzw. Metrik), 3. wie wird nachgeahmt (*modus* bzw. Redekriterium) (Trappen 2001, 55)? Diese Unterscheidungen dienen dann der Aufteilung des Stoffes auf einzelne systematische Bereiche beziehungsweise Bücher. Insgesamt soll auf diese Weise eine wissenschaftlich begründete Dichtungstheorie formuliert werden. Allerdings findet sich bei Scaliger auch eine Reihe traditioneller Bestimmungen, etwa im Bereich der Gattungslehre, die im Grunde zwei Gattungsbegriffe kennt (Trappen 2001, 68–77), einen traditionellen, der auf Diomedes und andere zurückgeht, und einen dialektischen. Ein „methodisch gelenkte[r] Zugriff" (Trappen 2001, 76) gelingt Scaliger nicht, was allerdings seiner Wirkung gerade auf die deutsche Barockpoetik keinen Abbruch tut. Schlussendlich traditionell sind auch die theoretischen Positionen: In Bezug auf das Verhältnis von *ars* und *ingenium* vertritt Scaliger eine konventionelle Position, die auf Horaz und die klassische Rhetorik zurückgeht, wobei der Begriff des *ingenium* insofern „in platonischen Farben" (Fuhrmann 1973, 206) geschildert wird, als Scaliger den Dichter als zweiten Gott bezeichnet und damit die schöpferisch-kreative Seite des Dichtungsaktes betont. Zentrales Vorbild ist für Scaliger dabei Vergil (vgl. Vogt-Spira 2002). Das zeigt sich einerseits an Scaligers Konzept einer idealisierenden Nachahmung, welche auf die *Aeneis* zurückgeführt wird (Fuhrmann 1973, 208 zu Scaliger III,25), andererseits aber auch in der ausführlichen Diskussion der Kategorie der Angemessenheit (*decorum*), die hier im Sinne des „standesgemäße[n] Betragen vornehme[r] Personen" (Fuhrmann 1973, 209) verstanden wird. Dieses höfische Verhaltensideal sieht Scaliger nicht beim ‚rohen' Homer, sondern beim kultivierten Vergil mustergültig verwirklicht (Robert 2007b, 257–263).

Frankreich

Für die Entwicklung der Poetik im Frankreich des 16. Jahrhunderts ist charakteristisch, dass sich die Neurezeption der antiken Klassiker gegenüber Italien mit einer Phasenverschiebung von mehr als einem halben Jahrhundert vollzieht. Deutlich zeigt sich dies an der Rezeption der aristotelischen Poetik, die in Frankreich erst mit dem Beginn der Klassik um 1625 intensiv wird. Ein „Renaissancedenken" (Fuhrmann 1973, 231) lässt sich seit der zweiten Hälfte des 16. Jahrhunderts etwa in Joachim du Bellays *Défence et illustration de la langue française* (1549) beobachten, die Anschluss an die Normen und Modelle der antiken und der italienischen Literatur sucht und das Dichten in der Volkssprache postuliert. Die Dichter der ‚Pléiade', zu der neben du Bellay auch Pierre Ronsard gehört, experimentieren vor allem auf dem Feld der Lyrik. Mit dem Übergang zur Klassik ab den 1620er Jahren fokussiert im Kontext der Aristoteles-Rezeption die Theoriebildung stärker auf das Drama (Fuhrmann 1973, 215). Kernkonzepte der Klassik (hier der Frühklassik bis etwa 1659) sind in Jean Chapelains Vorrede zum Epos *L'Adone* des

Italieners Giambattista Marini (1623) zusammengefasst: Die Orientierung an einer als vorbildlich empfundenen Antike, die Orientierung der Poetik an Vernunft und Regel, die Fixierung der moralischen Zwecksetzung von Dichtung, schließlich im Drama die Beachtung der drei Einheiten. Insgesamt findet sich in Chapelains *Préface* das „Lehrgebäude der französischen Klassik" (Fuhrmann 1973, 218; vgl. Bray 1927). Zu erwähnen sind schließlich George de Scudérys Werk *La poétique*, von dem 1639 nur der erste Teil erschien und das sich die Verbreitung der Gedanken Scaligers zur Aufgabe machte, sowie François Hédelins (Abbé d'Aubignac) zentrale Dramentheorie *Pratique du Théâtre* (1657). Die französische Hoch- und Spätklassik seit etwa 1660 wird dann durch zwei Werke repräsentiert: die *Trois Discours*, welche Pierre Corneille 1660 seiner Gesamtausgabe der Dramen voranstellte, sowie die *Art poétique* (1674) des Nicolas Boileau, der in Versgestalt (und damit in Nachahmung von Horaz) eine wirkmächtige Synthese der Gedanken der Literaturtheorie der französischen Klassik vorlegte. Zentral sind dabei stets die Konzepte von ‚Klarheit' (*clarté*) und natürlicher Ordnung (*ordre*), die Vorrangstellung von Konzepten wie dem der Vernünftigkeit (*raison*) und der Leitung der dichterischen Produktion durch vernünftig begründete literarische Normen. Genie und Einbildungskraft müssen sich dem unterordnen. Mit der Zentralstellung von Regeln und Ratio werden also die „irrationalen Voraussetzungen der Dichtung, die Phantasie, die Empfindungen" (Fuhrmann 1973, 221) in ihrer Geltung beschnitten (im Unterschied etwa zu den Dichterkonzepten des Florentiner Neuplatonismus). In Weiterführung dieser Entwicklung ist es dann nicht verwunderlich, dass sich das 18. Jahrhundert als Zeitalter der Vernunft zugleich als Zeitalter der Prosa bezeichnet hat. Die Vernunft hat dabei grundlegende Funktionen: Sie ist Fundament der Regeln (die sich eben stets vernünftig begründen lassen); sie reguliert und zügelt die Einbildungskraft (in der Funktion eines allgemeinverbindlichen, nicht individuell-subjektiven *iudicium*); sie ist – mit Blick auf Leser und Publikum überhaupt – kritischer Maßstab auch für die Beurteilung von Dichtung. Hierfür werden mit Instanzen wie dem *bon sens* oder dem *bon goût* – im 18. Jahrhundert dann dem ‚Geschmack' – eigene Kategorien eingeführt. Die Fundierung der Dichtung auf unveränderlichen Regeln ist veränderlichen Vorstellungen wie denjenigen von Historizität und Kulturalität entgegengesetzt und gerät spätestens mit der Historisierung kultureller Normen im Kontext der *Querelle des Anciens et des Modernes* (seit 1688) in fundamentale Kritik. Der Streit um den Vorrang der *antiqui* oder *moderni* hat Folgen für das Konzept der Nachahmung (*imitatio naturae*), für das Normen wie Schlichtheit, Natürlichkeit, Naivität – kurzum: die Ausrichtung an der Wahrheit (*verité*) – postuliert werden. ‚Natürlichkeit' allerdings heißt nicht einfach nur ‚unbearbeitete Darstellung'; vielmehr postulieren die Theoretiker eine idealisierende Form der Nachahmung, die vor allem auch die Gebote des literarischen *decorum* (*bienséance, convenance*), wie etwa die Darstellung von Hässlichkeit, das Zeigen von Morden und Gräueltaten auf offener Bühne, beachtet. Distanziert eingestellt sind die Theoretiker gegenüber der Kategorie des ‚Wunderbaren', was sich auf der Bühne in der Ablehnung des die Handlungslogik durchbrechenden *deus ex machina* zeigt. Zugleich wird aber konzediert, dass vor allem im Kontext christlicher Themen ein gewisses Maß an Wunderbarem notwendig ist, um die Wirkung der Texte sicherzustellen. Hinzu kommt die Norm der Wahrscheinlichkeit (*vraisemblance*), die auf Aristoteles' *Poetik* (Kap. 9) zurückgeht und die Voraussetzung dafür darstellt, dass Dichtung überhaupt moralisch wirksam sein kann. Auf dieser Vorstellung basieren auch die ‚drei Einheiten', die in der aristotelischen *Poetik* allenfalls angedeutet werden (Kap. 8: Einheit der Handlung; Kap. 5: Einheit der Zeit; zur Einheit des Ortes sagt Aristoteles selbst nichts). Daneben sind immer auch die äußeren Gegebenheiten etwa von Bühnentechnik und Theaterbauten zu berücksichtigen.

Dass die Theorie der französischen Klassik sich schließlich nachdrücklich auf die Antike bezieht, bedeutet nicht automatisch, dass die antiken Mustertexte grundsätzlich kritiklos durchgehen. Vielmehr müssen auch diese den Normen der Vernünftigkeit folgen, was für den nachahmenden Autor im Zweifelfall bedeutet, dass er auswählen muss und von den antiken Werken nur dasjenige nachahmen darf, was „auf vernünftige Weise vernünftige Zustände" (Fuhrmann 1973, 224) darstellt. Dies hat Folgen vor allem für die Gattung des Epos, für die Vergils *Aeneis* ein Mustertext darstellt, während die Regelbindung im Bereich des Dramas sich lockerer zeigt. Überhaupt orientiert sich die Gattungspoetik weniger an Aristoteles (der über die Tragödie hinaus ja auch in dieser Hinsicht nur vergleichsweise knappe Ausführungen zum Epos zu bieten hat), sondern an Horaz. Zentral ist dabei die Ablehnung der Mischgattungen (wie Hirtendrama, Tragikomödie, komisches Heldenepos), die noch zu Beginn des 17. Jahrhunderts beliebt waren und nun mehr und mehr aus dem Gattungsspektrum verschwinden (Fuhrmann 1973, 235).

Deutschland

Lange galt in der germanistischen Literaturwissenschaft, dass eine relevante Poetikproduktion nicht vor dem Beginn des Barock, präziser: mit Martin Opitz' *Buch von der Deutschen Poeterey* (1624) einsetze. Erst das 17. Jahrhundert sei „*das* Zeitalter der deutschen Poetik" (Asmuth 1994, 96). Diese Vorstellung, die zugleich auf der literarhistorischen Einschätzung einer gegenüber den europäischen Nachbarn verspäteten (Kultur-)Nation aufsetzt, ist in der Forschung der vergangenen Jahrzehnte gründlich revidiert worden. Hintergrund ist nicht zuletzt eine intensivierte Beschäftigung mit der neulateinischen Literatur und dem Renaissance-Humanismus in Deutschland. Man schätzt, dass zwischen dem Ende des 15. und dem Beginn des 17. Jahrhunderts (also zwischen Konrad Celtis und Opitz; Entner 1972) zwischen 40 und 70 Poetiken erschienen sind, von denen die allermeisten in lateinischer Sprache abgefasst sind – nicht weniger als in dem Jahrhundert zwischen Opitz und Johann Christoph Gottscheds *Critischer Dichtkunst* (1730) (Zahlen nach Asmuth 1994, 96). Dabei zeigt sich, dass die deutschen Theoretiker durchaus auf der Höhe der europäischen Diskussion argumentieren, die sie in ihren Filiationen allerdings in erster Linie rezipieren. Seltener gelingt es (vielleicht mit Ausnahme der Schriften des vor allem in Basel und Freiburg im Breisgau wirkenden niederländischen Gelehrten Erasmus von Rotterdam), Argumente dann auch wieder in den europäischen Diskurs zurückzuspielen.

Dabei zeigt sich, ähnlich wie am Beispiel der Entwicklungen in Italien, dass die Frage der Epochenschwelle von ‚Mittelalter' und ‚(früher) Neuzeit' komplex ist, denn es gibt Kontinuitäten und Neuerungen gleichermaßen und gleichzeitig. Traditionell ist, dass sich die frühen Anweisungspoetiken, wie etwa Celtis' *Ars versificandi et carmina* (1486), zunächst an der Bezeichnung der mittelalterlichen *ars versificatoria* orientieren und primär Fragen der Prosodie und der lateinischen Verstheorie behandeln. Sie greifen dabei auf spätantikes und mittelalterliches Gedankengut zurück (Robert 2003, 20; Worstbrock 1983). Zugleich ist die Abgrenzung zu anderen Textsorten und Wissensfeldern (noch) nicht klar, etwa (in spätantiker Tradition) zur Grammatik, in der ebenfalls Probleme der Prosodie und Metrik behandelt wurden. Schließlich erscheinen zu diesem Thema auch eine Reihe von eigenständigen Metriken, etwa von Jakob Wimpfeling (*De arte metrificandi libellus*, 1505) oder im 16. Jahrhundert von Jakob Micyllus (*De re metrica libri tres*, 1561). Eine weitere Textgattung sind die Elegantien, die „schöne Textstellen und Ausdrucksmuster" (Knape 2006, 9) zusammenstellen (nicht zuletzt vor dem Hintergrund des Ciceronianismus); teilweise fallen darunter auch Nachschlagewerke zur antiken Mythologie und Stoffgeschichte.

Dies führt unmittelbar zur durchaus komplexen Frage, was überhaupt das Neue an der humanistischen Poetik sei. Eine Antwort könnte sein, weniger auf die (vielfach traditionellen) Inhalte zu fokussieren, als die ‚Poetik' als eine neue ‚Systemstelle' (Jaumann 1995, 49) im Gefüge der sich um 1500 neu konfigurierenden Wissensfelder zu begreifen: „Das Neue der humanistischen Verslehre gegenüber der ihr vorausliegenden spätmittelalterlichen Tradition zeigt sich weniger in objektiv neuen Aussagen über Wesen und Bestimmung der Dichtung als vielmehr in der Rekombination topischer Argumente oder in Verschiebungen funktionaler und disziplinärer Zuordnungen." (Robert 2007a, 48)

Innovativ an Celtis' Poetik ist die Betonung stilistischer Merkmale als Proprium der Poesie. Er betont, dass Dichtung *oratio figurata*, also einerseits formal metrisch gebundene Rede sei, andererseits aber stilistisch auf der Ausgestaltung der Sujets mit Mitteln der rhetorischen Anschaulichkeit (*evidentia*) basiere (Robert 2003, 65–66; Asmuth 1994). Hier weist die Poesie auch eine Nähe und Übergängigkeit zur (narrativen) Fiktionsbildung auf, insofern die *evidentia* in literarische Illusionsbildung (*simulacrum*) mündet, die zum Kernkonzept von Poetizität erklärt wird. Robert nennt Celtis' *Ars versificandi* deshalb zu Recht eine „Rhetoro-Poetik" (Robert 2003, 71).

Daneben erscheinen auch in Deutschland Kommentare zu Einzelwerken, etwa von Joachim Camerarius (*Commentatio explicationum omnium tragoediarum Sophoclis*, 1534/gedr. 1556), und zu den Theorieschriften des Horaz (z. B. Jodocus Willich: *Commentaria in artem poeticam Horatii*, 1545; Johannes Sturm: *Commentarii in artem poeticam Horatii*, Straßburg 1576; vgl. Richter 2011), während die Aristoteles-Kommentierung vergleichsweise spärlich ist (hier wäre auf *De tragoediae constitutione liber* des Niederländers Daniel Heinsius hinzuweisen, der 1611 in Leiden erschien und unter anderem von Opitz stark rezipiert wurde). Alle diese Werke bedienen sich nicht zuletzt bei den bereits erschienenen Kommentaren der europäischen Nachbarn und erscheinen mit zeitlicher Verzögerung. Eine erste „Gesamtpoetik" (Knape 2006, 9) legt 1518 Joachim Vadian (Watt) vor (*De poetica et carminis ratione*). Beim Aufstieg des Dramas, das im 17. Jahrhundert in erster Linie im Kontext des Schultheaters gepflegt wurde, spielte Luthers positive Haltung dem Theater gegenüber eine wichtige Rolle. Dies hing nicht zuletzt mit der „Verwendbarkeit des Theaters als besserer Kanzel", ja der „Propagandawirkung des Schauspiels" (Asmuth 1994, 106) zusammen. Dieses gilt insbesondere auch für den Theaterbetrieb der Jesuiten, dem eine umfangreiche Poetikproduktion korrespondiert (Jacobus Pontanus: *Poeticarum institutionum libri tres*, 1594; Jacob Masen: *Palaestra eloquentiae ligatae*, 1657).

Einen poetikgeschichtlichen Einschnitt markiert dann Opitz' *Buch von der Deutschen Poeterey* (1624). Opitz knüpft an die gesamteuropäische Diskussion an, welche die Grundlage allen Nachdenkens über Dichtung sei: Er nennt demonstrativ Aristoteles, Horaz, Vida und Scaliger als seine primären Quellen (wobei er Aristoteles wohl nur vermittelt durch frühneuzeitliche Kommentatoren wie Heinsius gekannt haben wird) (Fuhrmann 1973, 254). Als eigene Leistung nimmt Opitz für sich in Anspruch, gerade „das[,] was vnsere deutsche Sprache vornemlich angehet" (Opitz 2002, 13), darzulegen. Es geht also darum, die Regeln der europäischen Poetik einerseits *in* der Volkssprache zu erklären, andererseits aber vor allem auch solche Regeln (zusammen mit den notwendigen Exempeln, die Opitz erfindet oder aus anderen Sprachen übersetzt) *für* eine (künftige) deutschsprachige Poesie erst zu formulieren. Zentrum von Opitz' Projekt ist es also „das Renaissance-Modell [...] nach Deutschland zu verpflanzen" (Fuhrmann 1973; Robert 2007c). Dieses Unternehmen hat aber nicht nur eine kulturpatriotisch-literarische Dimension; vielmehr geht es Opitz ganz zentral auch um eine gesellschaftliche „Aufwertung der Poesie und des Poetenstandes" (Garber 1984, 138). Die Einbettung der Dichtung in die höfisch-adelige Welt kann nur dann gelingen, wenn die Poesie ein gewisses „formales Niveau" erreicht, das der „Würde des Anlasses" (Garber 1984, 138) entspricht. Opitz denkt dabei in erster Linie an das Gelegenheitsgedicht auf standeshöhere Personen, also Fürsten und andere Mitglieder der Höfe. Dabei positioniert er in antiker Tradition nicht zuletzt den Poeten als Vermittler von Weisheit (*sapientia*) und politischen Ratgeber in der Tradition der Epideiktik. Insgesamt soll auf diese Weise die deutschsprachige Dichtung an das internationale Niveau herangeführt werden. Die Programmatik der Opitz'schen Reformbemühen knüpft dabei demonstrativ an das humanistische Programm der Antikenorientierung an – und nicht an Traditionen wie den Meistersang des 15. und 16. Jahrhunderts (der ebenfalls eine eigenständige Poetik hervorgebracht hat) (vgl. Knape 2006, 16–17). Opitz' nachhaltigster Erfolg ist die Einführung des akzentuierenden Betonungsprinzips mit alternierender Hebung, das unter den Dichtern der Zeit fast unmittelbar Akzeptanz fand. Er wendet sich damit zugleich von rivalisierenden Metriken wie dem romanischen Modell ab, wie auch seine Bemühungen um sprachlichen Purismus und der Verweis auf die angestammte Poesietradition der Deutschen bei aller Orientierung an den europäischen Modellen doch schlussendlich auf das ‚Eigene' deutschsprachiger Dichtung zielen.

Im Jahrhundert zwischen Opitz und Gottsched erschienen etwa 40 deutschsprachige Poetiken (ausschließlich in protestantischen Gebieten; im katholischen Milieu blieb man dem Lateinischen verhaftet; andere zählen 100 Poetiken) (vgl. Knape 2006, 17). Diese Lehrbücher sind durchaus unterschiedlich – in Anlage, Umfang und Programmatik –, knüpfen aber überwiegend an die Opitz'sche Reformprogrammatik an. Es gibt Poetiken, die deutlich auf das Gelegenheitsgedicht fokussieren (Balthasar Kindermann: *Der deutsche Poet*, 1664 u. a.), Ansätze einer Literaturgeschichte (Daniel Georg Morhof: *Unterricht von der Teutschen Sprache und Poesie*, 1682), schließlich auch theoretische Neuansätze, die an das Systematisierungsbemühen Scaligers anknüpfen wollen (Albrecht Christian Rotth: *Vollständige deutsche Poesie*, 1688) – und dabei auch den Roman, über den im 17. Jahrhundert nur in Paratexten (vor allem Vorreden) reflektiert wird, in die Diskussion der Gattungspoetik einbeziehen. Daneben existiert, wie in allen europäischen Literaturen, der Strang einer spezifisch christlichen Poetik (Sigmund von Birken: *Teutsche Rede-bind- und Dicht-Kunst*, 1679), deren Theoretiker stärker das Moment der Inspiration durch den Heiligen Geist betonen (Kemper 1995). Alles in allem aber bleibt auch für diese Poetiken die humanistische Dichtungsauffassung und damit die Rhetorik Grundlage.

Man kann die Geschichte der deutschen Poetik bis ins 18. Jahrhundert als Resultat zweier Wellenbewegungen sehen, die ihre eigene Position jeweils in

Bezug auf Vorangegangenes formulieren: Sind es bei Opitz und seinen Nachfolgern die Poetik des italienischen Renaissance-Humanismus (mit Vida und Scaliger), die zentrale Bezugspunkte werden, so kann man in Gottscheds *Versuch einer critischen Dichtkunst vor die Deutschen* (zuerst 1729/1730) die französische Klassik als normativen Bezugsrahmen ausmachen. Zwar setzt der Leipziger Poetikprofessor seinem Buch eine deutsche Übersetzung von Horaz' *Ars poetica* voran, tatsächlich ist aber Aristoteles mit seiner *Poetik* der wichtigere Bezugsautor; die Tragödie in französischer Tradition des ‚heroischen Trauerspiels' ist de facto zentrale Gattung, wohingegen Gattungen wie Oper, auf dem Theater der Zeit praktizierte (und erfolgreiche) Darstellungsformen wie die Stegreifpossen oder dramatische Typenmodelle wie der Harlekin scharf abgelehnt werden. Allerdings findet sich auch bei Gottsched die traditionelle Überordnung des Epos über die Tragödie (was das Problem mit sich brachte, dass es in deutscher Sprache kein vorzeigbares Epos gab – ein Defizit, dass auch Otto von Schönaichs *Herman oder das befreite Deutschland* von 1753 nicht beseitigen konnte). Die Orientierung am klassizistischen Modell von *ordre* und *clarté* führt zur Abwertung der deutschsprachigen Dichtung des Spätbarock, also auch Gottscheds eigener Zeit, deren Hyperbolik mit dem von ihm kreierten Begriff des ‚Schwulstes' abgelehnt wird.

Die Anknüpfung an Aristoteles (der „beste Kritikus" der Griechen; Gottsched 1962, 97) bringt folgerichtig mit sich, dass das poetologische Zentralkonzept der *Critischen Dichtkunst* die ‚Nachahmung' ist: Ein Poet sei ein „geschickter Nachahmer aller natürlichen Dinge" (1751, 98). Dem Begriff der Nachahmung aufseiten der Produktion korrespondiert die Kategorie der Wahrscheinlichkeit, die festlegt, was Objekte und Modi der Nachahmung sein sollen, damit sich der wirkungsästhetische Effekt von Dichtung – die Moraldidaxe – einstellen kann. Gottsched nimmt in dieser Frage eine rigoristische Position ein, die sich etwa darin zeigt, dass er auch an Homers Epen zahlreiche Unwahrscheinlichkeiten tadelt. Im Falle des tragischen Helden schlägt Gottsched eine Figurenkonzeption vor, die zwischen dem Ideal der distanzierenden ‚Bewunderung' (*admiratio*) der *tragédie classique* und Aristoteles' Postulat des ‚gemischten Charakters', der dadurch erst Identifikationsmöglichkeiten ermöglicht, changiert. Dass er mit Blick auf die emotionale Funktion der Tragödie die im Barock verbreitete neostoizistische Theorie der Abhärtung vertritt, zeigt, dass Gottscheds Poetik an vielen Stellen an den eigenen Ansprüchen scheitert.

Hervorzuheben ist, dass es zwischen Scaligers *Poetici libri septem* und Gottscheds *Critischer Dichtkunst* überraschende Parallelen gibt. Die Dichtungstheorie der frühen Neuzeit entwickelt sich offenbar innerhalb eines theoretischen Rahmens, der über die Jahrhunderte doch nur eine begrenzte Anzahl an Positionen und Optionen ermöglicht: Beide beziehen sich affirmativ auf die antike

Dichtungstheorie (Aristoteles und Horaz) und stellen sie doch zugleich unter den Vorbehalt, ihre poetologischen Regeln ‚kritisch', das heißt mit Mitteln der Rationalität und Logik, prüfen zu wollen. Scaliger zieht hierzu die Dialektik Agricolas heran, Gottsched die Logik des Philosophen Christian Wolff. Bei Gottsched fällt das Resultat der kritischen Prüfung vielfach wenig überraschend aus: Die ‚Regeln der Alten' stimmen überwiegend mit denen der Logik überein; das klassizistische Literaturkonzept basiert also nicht nur auf einem affirmativen Traditionsbezug, es ist auch ‚wahr' und damit schlussendlich nicht revisionsfähig. Nur vor diesem Hintergrund ist die Schärfe zu verstehen, mit der Gottsched und seine Anhänger im Literaturstreit mit den ‚Schweizern' Johann Jakob Bodmer und Johann Jakob Breitinger argumentierten. Dabei ist überraschend, dass auch die beiden Schweizer zunächst von einer ähnlichen Position ausgegangen waren, denn ihren Traktat *Von dem Einfluß und Gebrauche der Einbildungs-Krafft* (1727) widmen sie Wolff, in dessen Nachfolge sie ankündigen, „alle Theile der Beredtsamkeit in mathematischer Gewißheit" auszuführen und damit die „wahren Gründe" (Bodmer und Breitinger 1727, Vorrede, Bl. b^r; vgl. Till 2004, 399) aufzudecken, warum ein Kunstwerk gefällt. Aus solchen Programmen einer in der rationalistischen Philosophie gegründeten Poetik geht Mitte des 18. Jahrhunderts auch das Projekt der ‚Ästhetik' hervor, dessen Begründer Alexander Gottlieb Baumgarten (*Aesthetica*, 1750/1758) dann die Bindung an die antike und frühneuzeitliche Tradition zugunsten einer innerlogischen Ableitung ästhetischer Konzepte aus erkenntnistheoretischen Grundbegriffen (Gottfried Wilhelm Leibniz' *Meditationes de cognitione, veritate et ideis*, 1684) in den Hintergrund treten lässt (Franke 1972). Man kommt nicht umhin zu konstatieren, dass die frühneuzeitliche Poetik als Wissensformation damit an ein gewisses Ende kommt. Es wird aber nicht nur der Traditionsbezug bei Baumgarten gekappt, ab den 1730er Jahren lässt sich auch eine fundamentale Umorientierung von der Anleitung zur Produktion von Poesie hin zur Erklärung der Wirkung von Literatur, also der Rezeption, beobachten (Weimar 2003, 63–64). Damit aber steht das rhetorische Modell der Poetik insgesamt zur Disposition. Manifest ist dies etwa in der *Critischen Dichtkunst* Breitingers (1740) mit ihrem Zentralbegriff des ‚Wunderbaren'. Begrifflicher Ausdruck dieses Paradigmenwechsels ist nicht zuletzt der Terminus des Geschmacks, der auf der Seite eines Lesers angesiedelt ist, der die Normen und Regeln der Poetik gar nicht mehr zu kennen braucht, um Dichtung genießen zu können. Mit der Aufspaltung von Produktion und Rezeption gerät schließlich auch für die frühneuzeitliche Literatur (jedenfalls ihren hier interessierenden ‚gelehrten' Strang) das Konzept des *poeta eruditus* beziehungsweise *poeta doctus* in die Kritik.

Weiterführende Literatur

Fuhrmann, Manfred (1973). *Einführung in die antike Dichtungstheorie*. Darmstadt.
Knape, Joachim (2006). *Poetik und Rhetorik in Deutschland 1300–1700*. Wiesbaden.
Till, Dietmar (2004). *Transformationen der Rhetorik. Untersuchungen zum Wandel der Rhetoriktheorie im 17. und 18. Jahrhundert*. Tübingen.
Trappen, Stefan (2001). *Gattungspoetik. Studien zur Poetik des 16. bis 19. Jahrhunderts und zur Geschichte der triadischen Gattungslehre*. Heidelberg.

Ulrich Gaier
II.4 Poetologische Positionen um 1800 (Klopstock bis Jean Paul)

1 Philosophie

Die Poetologen des 18. Jahrhunderts stehen in langen Traditionen und verstehen als ‚poetisch' die Verbindung der drei Denkschulen des Rationalismus, des Sensualismus und des Imaginismus mit den Verfahren der Deduktion aus der Vernunft, der Induktion aus der sinnlichen Beobachtung und der Analogisierung oder Unterscheidung durch die Einbildungskraft. Die drei Erkenntnisformen hat schon Aristoteles in der *Poetik* (Kap. 9) als Interesse des Philosophen an ewigen Wahrheiten, als Interesse des Ereignisse in Annalen aufzeichnenden Historikers und als Aufgabe des Dichters bestimmt, der das, was man in der Polis für wahrscheinlich und richtig annimmt, in Erzählungen (*mythoi*) festhält, die in einem Modell möglicher Ereignisse und Handlungen ein Mittleres zwischen Immer und Jetzt, zwischen Wahrheit und Zufall darstellen. Im 18. Jahrhundert hat Christian Wolff (1679–1754) diese Interessen als erkenntnistheoretische Weltzugänge mit ihren Graden der Wahrheit und ihren Methoden als Vernunft, Einbildungskraft und sinnliche Erfahrung unterschieden und ihnen *ratio, sensus communis* und *experientia domestica* als Allgemeinheits- und Zuverlässigkeitsgrade zugeordnet. Für die Vernunftwahrheiten sei der Philosoph, für die jeweilige Privaterfahrung jeder Mensch zuständig, der Dichter aber mit seiner *facultas reductionis* bringe Sachverhalte auf den Begriff und entwickle mit seiner *facultas fingendi* dazu *fabulae* (griech. *mythoi*), literarische Stoffe als Modelle der wahrscheinlichen Erfahrung und des empfehlenswerten Handelns. ‚Lebendige Erkenntnis', Bereitschaft zum Handeln und Lust entstehen, wenn in einem gegebenen Fall die Aussagen dieser drei Weltzugänge und damit der Mensch mit sich, mit seiner Welt und Umwelt zusammenstimmt (vgl. insgesamt Gaier 1993b, 728–730). Diese anthropologische Poetik wird bis zu Immanuel Kants *Kritik der Urteilskraft* weitergeführt.

Wolffs Schüler Alexander Gottlieb Baumgarten (1714–1762) sah in Wolffs Behandlung der Sinnlichkeit Mängel, die er in seiner *Aesthetica*, der Lehre von der Sinnlichkeit und ihrer Vervollkommnung, definierte und mit Hinweisen zur Verbesserung versah. In seiner Habilitationsschrift *Meditationes philosophicae de nonnullis ad poema pertinentibus* (1735) greift er zunächst auf Wolff und Aristoteles mit der Unterscheidung von *methodus historicorum, methodus ingenii* und *methodus rationis* zurück, auf Gottfried Wilhelm Leibniz mit der Aufstufung der

Erkenntnis von den dunkel-verworrenen über die klar-verworrenen Perzeptionen bis zu den deutlichen Apperzeptionen, die Bewusstsein und Aufmerksamkeit voraussetzen, entweder als Begriffe unmittelbar einleuchten oder durch Zeichen (Wörter) symbolisch vermittelt sind (vgl. Leibniz: *Meditationes de cognitione, veritate et ideis*, 1684). Aus der Lehre des Aristoteles, das Werk des Dichters habe Anfang, Mitte und Ende wie die Welt (*Poetik*, Kap. 7), leitet Baumgarten im Umkehrschluss ab, dass nicht wie bei Aristoteles ein erster Beweger den Anstoß für die Welt gab, sondern Gott als *poietes*, Schöpfer, handelte, dass deshalb die Welt eine Dichtung und eine für die Menschen überschaubare Offenbarung der Herrlichkeit Gottes ist. Ästhetik nennt er eine Wissenschaft von den unteren Erkenntnisvermögen und eine Lehre für deren Perfektionierung. Wie Leibniz war er der (neuplatonischen) Überzeugung, dass der dunkel-verworrene ‚Grund der Seele' (dazu Adler 1990) mit dem Kosmos in Verbindung stehe und durch die im *Phaidros* des Platon geschilderten Begeisterungen „als Ganzes emporgehoben und von größerem Atem erfüllt wird und bereitwillig darreicht, was wir vergessen oder noch nie erfahren haben und natürlich auch nicht vorhersehen können" (Baumgarten 1986, 317). Die sinnliche Erkenntnis ist dann bis zur Vollkommenheit geschult, wenn sie Fülle, Größe, Wahrheit, Klarheit, Gewissheit und Lebendigkeit erstens in einer einzigen Vorstellung vereint, zweitens untereinander zur Zusammenstimmung bringt (Baumgarten 1986, 14). Dies ist die Kunst, schön zu empfinden; sie kann sich auf die schöne Denkart auch des Verstandes und der Vernunft ausbreiten. Ideale Lebensform, am *virtuoso* Anthony Ashley-Cooper Shaftesburys orientiert, lebt für Baumgarten der *felix aestheticus*, der aber nicht wissenschaftlich oder geschäftlich arbeiten darf, der in Künsten, Musik und Dichtung dilettiert und seinen Geschmack (das verworren-klare Urteil über den Vollkommenheitszustand der Sinne) pflegt. – Die skizzierten Grundgedanken Wolffs und Baumgartens werden für die folgenden Generationen zu Grundlagen und Aufgaben ihrer eigenen Poetologie.

2 Friedrich Gottlieb Klopstock (1724–1803)

Der große Erneuerer der deutschen Dichtung wurde in Quedlinburg geboren, kam 1739 an die Fürstenschule Schulpforta und beschloss nach der Lektüre von Homer, Pindar, Vergil und Horaz, ein christliches Heldengedicht zu schreiben; nach einer schon 1746 entworfenen Prosavorstufe entwickelte er den deutschen Hexameter, der die nach Längen und Kürzen zählende griechische und lateinische Metrik in die mit betonten und unbetonten Vokalen arbeitende deutsche Metrik übertrug. Als *Der Lehrling der Griechen* – so der Titel eines seiner frühesten

Gedichte – schrieb er auch elegische Distichen, Oden nach antiken metrischen Vorgaben sowie mit selbst erfundenen Metren; er schrieb pindarische Hymnen in freimetrischen Versen nach der Meinung der damaligen Zeit, Pindar habe keine metrischen Gesetze gekannt und, da Götter keine menschlichen Gesetze anerkennen, gottbegeistert und gesetzlos gesungen. In der ersten Fassung von *Des Dichters Freunde/Wingolf* singt er zwar nur ein „Lied", deshalb in gleichen Strophen, fragt aber: „Willst du zu Strophen werden, o Lied, oder/Ununterwürfig, Pindars Gesangen gleich,/Gleich Zevs erhabenen trunkenen Sohne,/Frey aus der schaffenden Seele taumeln?" (Klopstock 1948, 85) Wenn er einen pindarischen Gesang wie *Dem Allgegenwärtigen* schreibt, ordnet er ihn zwar in vierzeilige Strophen, wohl um darzutun, dass dies noch immer kein echter pindarischer Hymnus ist, aber die Zeilen sind unregelmäßig lang, nicht auf eine wiederkehrende Melodie singbar, allenfalls madrigalisch zu komponieren. Um hier nicht in Prosa zu fallen, wie Gotthold Ephraim Lessing vermutet (LitBr III, 103), entwickelt Klopstock die Wortfußtechnik. Wortfüße sind semantisch-rhythmische Einheiten von zwei bis acht Silben, denen Klopstock bestimmte Stimmungsqualitäten wie „Sanftes", „Starkes", „Heftiges" etc. zuordnet. Johann Gottfried Herder in seinen Fragmenten *Über die neuere deutsche Literatur* weiß nicht, „ob diese neue glückliche Versart nicht eher die *natürlichste* und *ursprünglichste* Poesie genannt werden könnte, in alle kleinen Teile ihrer Perioden aufgelöset, deren jeden man als einen einzelnen Vers eines besonderen Silbenmaßes betrachten könnte" (Herder FA 1, 232). Die Wortfüße sind eben diese kleinen Teile, die ihr besonderes Silbenmaß haben. So definierte Klopstock als „Starkes" etwa „Donnergeräusch" –◡◡–, „mit des Weltmeers Schall" ◡◡– – –; als „Heftiges" etwa „im Gefecht" ◡◡–, „zu der vertilgenden" ◡◡◡–◡◡ (Klopstock 1857, Bd. 10, 138–141). Was Klopstock hier leistet, beschreibt Wilhelm Heinse in seinem Roman *Hildegard von Hohenthal*, wo er auch die Wortfußtabellen Klopstocks abdruckt, am Beispiel des Gesangs: „Und aus diesem allen zusammen entspringt die höchste Wirkung, die Musik leisten kann; nämlich der Sinn der Worte geht in die Zuhörer mit seiner ganzen Stärke und Fülle über, ohne daß man die Musik, ja sogar die Worte nicht merkt, und in lauter reine Empfindung versenkt ist." (Heinse 1903, 14) Demnach wird durch diese Dichtung der ganze Mensch mit Körper und Geist, Sinnen und Empfindungen in ein einziges Aufnahmeorgan verwandelt, das durch die Medien Wort und Musik berührt wird. Was aber da berührt, dem liegt Sinn, Wort, Musik zugrunde und wirkt sich erst sekundär als Sinn in ganzer Stärke und Fülle und als Empfindung in reiner Form aus. Man kann sich aus Heinses Beschreibung der normalen Versfüße klarmachen, wie allumfassend dieses Grundlegende ist: „Die Füße insgesamt sind die mannigfaltigen Formen der Bewegung in ihrer Reinheit von der Materie abgesondert. Die Mittel, wodurch sie sich dem Gehör äußern, sind Töne und Worte; und durch Töne und Worte stellt die Kunst die Wirklichkeit in der Natur selbst dar." (Heinse 1903, 357) Dabei heißt „Darstellen[,] überhaupt [...] Merkmale von etwas geben, wodurch es der Seele gegenwärtig wird" (Heinse 1903, 109). Wirklichkeit, das Wirkende und Bewegende, herrscht in der Natur, zu der auch der Mensch gehört; die Kunst vergegenwärtigt das Wirkende und Bewegende überhaupt und lässt es in der Seele geschehen. Heinse sucht zum Beispiel am Menschen *die* Wirklichkeit auf, die der Jambus darstellt: „Er bewegt sich am öftesten mit Händen, Armen, Füßen und Beinen. Wir finden gleich die Form, wenn er mit der Rechten aushohlt und zuschlägt. Die kurze Sylbe drückt die Bewegung aus, die lange die auffallende Kraft. An den Beinen ist sie ein Sprung, ein rasch fortgesetzter Doppelschritt. Wollen wir noch andere Theile des Körpers nehmen? Ein zum Kusse gehaschter Mädchenkopf. Nun die Worte, welche diese Handlung ausdrücken: *ich schlug, ich sprang, ich schritt, ich küsste sie.*" (Heinse 1903, 357) Der Sinn dieser Worte ist nur Ausdruck; Darstellung sind die fünf Jamben als Naturformen der Bewegung, der An- und Abspannung, wie ja auch *tonos/tonus* die Spannung einer Saite, eines Flitzbogens oder des Blutdrucks bezeichnet. Klopstock hat dieses energetische Weltbild nicht so ausführlich analysiert wie Heinse, aber die Wortfußtechnik, die auch dessen poetologischen Ausgangspunkt bildet, zielt genau darauf. Ich analysiere die Strophen 1 und 3 der Ode *Das neue Jahrhundert* von 1760, die der Regentschaft des von dem Minister Graf Bernstorff unterstützten dänischen Königs Friedrich V. (1746–1766) gewidmet ist (Klopstock 2010, 209):

Weht sanft auf ihren Grüften, ihr Winde!	◡–◡–◡–|◡–◡	sanft sanft
Und hat ein unwissender Arm	◡–◡|◡–◡◡–	sanft heftig
Ausgegraben den Staub der Patrioten	–◡–◡|◡–|◡◡◡–◡	sanft munter heftig
Verweht ihn nicht!	◡– – –	ernst
[...]		
O Freyheit,	◡– –	stark
Silberton dem Ohre!	–◡–◡–◡	sanft
Licht dem Verstand', und hoher Flug zu denken!	–◡◡–|◡–◡–◡	stark sanft
Dem Herzen groß Gefühl!	◡–◡|–◡–	sanft ernst

Bei diesen Einteilungen der Zeilen in Wortfüße und damit Zuordnungen zu den Stimmungswerten sind oft Entscheidungen zu treffen; es handelt sich ja nicht um ein Metrum, sondern um einen Rhythmus, an dem der deklamierende Rezipient mit seiner Sinngebung und Empfindung konstitutiv beteiligt ist und mitdichtet.

Wer ebenfalls mitdichtet, ist Gott: Klopstocks Dichtung ist in vielem ‚heilige Poesie', wie schon seine Abschiedsrede von Schulpforta und sein Aufsatz *Von der heiligen Poesie* (1755) belegt, der die Kopenhagener Ausgabe des *Messias* begleitet (vgl. Malinowski 2002, 47–88). Der Dichter, vom heiligen schaffenden Geist inspiriert, ist ebenfalls schöpferischer Geist und wirkt mit dem Vater und dem

Sohn an der Zurückholung der Menschen und der Natur. Die Dichtkunst soll, wie die ersten Zeilen des *Messias* ausweisen, vom *creator spiritus* geweiht werden, ihn nachahmen und dem Sprecher als heilige Fähigkeit zugeführt werden, die er dann, selbst geweiht, fast wie ein Jünger Jesu als Botschaft verbreitet.

Natürlich muss ein solcher Beauftragter sich auf diese Aufgabe vorbereiten und sich als Mensch des 18. Jahrhunderts so weit wie möglich Gott nähern. Dazu musste Klopstock die in der Aufklärungszeit übliche Stufung der Erkenntnisfähigkeiten umkehren, Vernunft und Verstand als unterste, Gefühl und Gottdurchdrungenheit als oberste Stufe verstehen und in seiner Dichtung ersteigen. Dabei half ihm, wie der Titel seines Aufsatzes *Von der besten Art zu denken* (Klopstock 1839, Bd. IX, 155–161) lehrt, das Büchlein *De triplici ratione cognoscendi Deum* des Neuplatonikers Heinrich Cornelius Agrippa von Nettesheim (Agrippa 1970 [1600], Bd. II, 454–481). Ausgehend von der *furores*-Lehre Platons und der Neuplatoniker beschreibt Agrippa analog dem Buch der Natur, dem Alten und dem Neuen Testament die Stufen des rationalen, des vorstellend-deutenden und des mit ganzem Herzen begreifenden Erkennens Gottes. Die beiden ersten Erkenntnisformen werden nicht verworfen, aber gereinigt: Von der untersten wird die vom Teufel eingegebene Argumentiererei weggelassen, von der Vorstellungserkenntnis die falschen Phantasmata. Die so gereinigte *ratio* und *phantasia* werden mit allen Seelenkräften des Eros aufs höchste angespannt und vereinigt, um in die *mens*, den Geist, aufzusteigen und Gott mit ganzem Herzen zu begreifen (*capere toto pectore*). So kennt Klopstock „eine kalte metaphysische" Art, über Gott zu denken, zweitens „Betrachtungen", die „eine freiere Ordnung mit gewissen ruhigen Empfindungen" verbinden, aber in Gefahr geraten, „Gott nach sich zu beurteilen". „Sich der obersten Stufe nähern, nenne ich, wenn die ganze Seele von Dem, den sie denkt [...], so erfüllt ist, dass alle ihre übrigen Kräfte von der Anstrengung ihres Denkens in eine solche Bewegung gebracht sind, dass sie zugleich und zu einem Endzweck wirken." (Klopstock 1839, Bd. IX, 160–161) So vorbereitet kann der Dichter Gott, den schaffenden Geist und die Schöpfung denken und in seiner Dichtung anderen Menschen mitteilen, sie begeistern, ihnen die Totalität ihres Daseins, die Vereinigung mit Freunden und der Natur spürbar machen und durch sein Wort zum Bewusstsein bringen.

So lautet die erste Strophe der Ode *Der Zürchersee*: „Schön ist, Mutter Natur, deiner Erfindung Pracht/Auf die Fluren verstreut, schöner ein froh Gesicht,/Das den großen Gedanken/Deiner Schöpfung noch einmal denkt." (Klopstock 2010, 95–97) Die Natur denkt, erfindet, schafft sich selbst und ist gleichzeitig Mutter ihrer selbst und des Sprechers. Eine große Einheit aller Dinge wird angeredet und gedacht, zugleich aber auch gesteigert: die Pracht der *natura naturata* ist „auf die Fluren verstreut", nicht als Einheit wahrnehmbar, wohl aber denkbar als großer Gedanke der Schöpfung, wobei Schöpfung sowohl das Schaffen wie auch das Geschaffene bezeichnen kann. Diesen Gedanken denkt ein „Gesicht": Der menschliche Geist, der den Gedanken wiederholt, steigert zunächst zur Einheit, was er als Erscheinung verstreut wahrnimmt, und lässt es auf dem Gesicht, das sieht und gesehen wird, als frohe Einheit wiedererscheinen. Deshalb, so der Sprecher, ist dieses Gesicht „schöner", zum einen, weil es ein Menschengesicht ist, zum anderen, weil darauf, der Wahrnehmungsfähigkeit anderer Menschen angepasst, der schaffende Gedanke einer Schöpfung zur Erscheinung kommt. Eine ganze Theologie, physikotheologische Naturphilosophie, Anthropologie, Ästhetik, Poetologie ist in dieser Strophe verdichtet: Es ist das neuplatonische Denken des Einen (vgl. Beierwaltes 1985), das sich dann auch in dieser hieroglyphischen Verdichtung niederschlägt (vgl. Jacob 1997, 169; Kaiser 1963, 55–56).

Warum geht das Gedicht überhaupt weiter? Weil es die Schöpfungsgeschichte neu erzählt, und zwar in der Selbsterschaffung des Menschen. Klopstock folgt der Schöpfungsgeschichte nach 1 Mos, 1–2: Schöpfungsgeschichte der Welt, Selbstschöpfungsgeschichte des die Schöpfung noch einmal denkenden Menschen. Herder muss das Gedicht studiert haben, denn die Schöpfungsgeschichte besprach er in einem ganzen Werk als *Älteste Urkunde des Menschengeschlechts* und wies diese „Schöpfungshieroglyphe" in allen Kulturen des Mittelmeerraums nach. Alexander der Große ist ihm derjenige, der „sich an sich selbst zum Gotte schafft" (Herder FA 1, 34). Schon bei Klopstock, nimmt man die Schöpfung als *poiesis*, ist die denkende Nachschöpfung Poesie der Poesie, die Selbstschöpfung *poiesis* des Menschenpoeten und die strukturelle Befolgung der Regeln der Schöpfungshieroglyphe eine Poesie im schöpferischen Wettstreit mit Gott und Natur. Im Blick auf die Struktur der Schöpfungshieroglyphe schrieb Herder: „Hieher also *Dichter* und *Künstler*! hier das größte Ideal und Vorbild Eurer Kunst vom Himmel hinunter! Ein Gemälde des sanftesten und unermeßlichen Inhalts, *Natur in Ruhe* und *Natur in Bewegung*, das sich zuletzt in der herrlichsten Bildnerkunst voll *Kraft, Bewegung, Ratschluß, Bedeutung* und *Schönheit* im *Gottesbilde, dem Menschen* endet." (Herder FA 5, 299) Diesem Aufruf sind viele Dichter gefolgt, Johann Wolfgang Goethe, Friedrich Hölderlin, Jean Paul, Friedrich Schlegel, Novalis und andere. Sie haben wie Herder bei Klopstock gelernt.

3 Gotthold Ephraim Lessing (1721–1789)

Lessing lernte von Wolff, den er in seinen poetologisch äußerst wichtigen *Abhandlungen über die Fabel* fast durchgängig benutzt. In der zweiten Abhandlung *Von dem Gebrauche der Tiere in der Fabel* greift er auf Wolffs Bestimmung der Aufgabe des Dichters zurück, die Vorstellung vom Wahrscheinlichen und

Richtigen in Fabeln zur anschauenden Erkenntnis zu bringen. Dies gelinge am besten, so Wolff, durch ein Wissen über Pflanzen, Tiere und Menschen, das allgemein bekannt ist und feststeht (*quod in vulgus constat*). Generell sind Fabeln literarische Stoffe (*mythoi* nach Aristoteles, lat. *fabulae*). Diesen allgemeinen Fabelbegriff, der auch für Epen und Dramen gelte, schränkt Lessing zu Beginn der ersten Abhandlung auf die Tierfabel Aesops ein. Auf die Frage, warum der Fabulist Tiere verwende, antwortet Lessing: „Ich setze sie in die *allgemein bekannte Bestandheit der Charaktere*." (Lessing FA IV, 380) Man weiß allgemein, dass der Fuchs listig und der Wolf gewalttätig ist, das heißt, nicht wie bei Wolff wird allgemeines Weltwissen in der Fabel vorausgesetzt, sondern spezifisches Fabelwissen, das in seiner ‚Bestandheit' nicht geändert werden darf (zu Lessings Fabeltheorie: Eichner 1974, Jahn 2000).

Dieses Verfahren ist äußerst folgenreich. Allgemein bekannte ‚Bestandheit' haben Fabeln im Sinne von literarischen Stoffen, haben überlieferte Gattungen, haben anthropologische Erwartungen, philosophische Systeme, theologische Dogmen. Lessings theoretisches, kritisches und poetisches Werk ist gerichtet auf Überwindung des Veralteten, Reinigung und Weiterentwicklung dessen, was noch Bestand hat.

Die Weiterentwicklung der Rezipienten aber kann nur die Poesie leisten, an deren anthropologischer Fundierung sich Lessing versucht. Seinen bekannten Satz von 1756/1757 „*Der mitleidigste Mensch ist der beste Mensch*, zu allen gesellschaftlichen Tugenden, zu allen Arten der Großmut der aufgelegteste" (Lessing FA III, 671) hat Lessing in der *Hamburgischen Dramaturgie* (1767–1770) revidiert. Friedrich Nicolai hatte in seiner Abhandlung *Von dem Trauerspiele* gegen Aristoteles' Auffassung von der reinigenden Funktion des Mitleids in der Tragödie die sensualistische Meinung vertreten, es komme nur auf die Erregung von Leidenschaften an, zu denen er Schrecken, Furcht, Mitleid des Zuschauers sowie die Leidenschaften der Personen des jeweiligen Stücks zählte. Diese, so Lessing in seinem Antwortbrief „im Nov. 1756", seien keine Affekte des Zuschauers, Schrecken sei „plötzliche Überraschung des Mitleides" (vgl. Mendelssohn 1986, 89), und Bewunderung sei „das entbehrlich gewordene Mitleiden" (Lessing FA III, 670). Hinsichtlich des Mitleidbegriffs und seiner von der Forschung bisher nicht erkannten Herleitung von Wolff war Lessing einig mit dem dritten Briefschreiber und Freund Moses Mendelssohn. Dieser hatte 1755 in seinen Briefen *Über die Empfindungen* definiert, Mitleid sei „nichts, als die Liebe zu einem Gegenstande, mit dem Begriffe eines Unglücks, eines physikalischen Uebels, verbunden, das ihm unverschuldet zugestoßen" (Mendelssohn 1986, 89–90). Die diesem Mitleidsbegriff zugrunde liegende Liebe ist auch die Basis für Lessings anthropologische Aussage, der mitleidigste Mensch sei „der beste Mensch", wobei nicht „beste", sondern „Mensch" zu betonen ist. Wolff hatte den Zusammenhang zwischen Liebe und Mitleid so exponiert: „Wer den andern liebet, der ist bereit aus seinem Wohlstande Vergnügen zu schöpfen. Also ist er auch bereit, aus seinem Unglück Mißvergnügen zu schöpfen, oder gar darüber sich zu betrüben. Das Mißvergnügen und die Traurigkeit über eines andern Unglück heißet *Mitleiden*. Und demnach entstehet das Mitleiden aus der Liebe." (Wolff GW I/2, § 461, vgl. Wolff GW I/4, § 407, Wolff GW II/5, §§ 687–704) Diese Liebe gehört zur Natur des Menschen (Wolff GW I/4, § 771) und bedeutet deshalb, da wir leider oft von unserer gottgewollten Natur abweichen, eine sittliche Pflicht (Wolff GW I/4, § 767). Würden wir alle einander lieben wie uns selbst, wären wir die besten gottgewollten Menschen und könnten glückselig nebeneinander leben, „zu allen gesellschaftlichen Tugenden, zu allen Arten der Großmut" die aufgelegtesten. Man sieht, wie grundlegend Wolff für Lessing ist, der seine Anregungen jedoch weiterentwickelt, indem er auf Emotionen setzt, um eine unbewusste Bereitschaft zu erzeugen, die erst die Aufgelegtheit zu gesellschaftlichen Tugenden gewährleistet.

Mendelssohn hat ihm anlässlich des Superlativs „mitleidigste" ein Problem gestellt, das er erst in der *Hamburgischen Dramaturgie* durch Rückgriff auf Aristoteles lösen kann: Übertriebenes Mitleid verzärtelt den Menschen, lässt ihn jeden Maßstab für die Beurteilung des Verhaltens und Handelns eines Menschen verlieren und pauschal auch den bestraften Verbrecher oder Lasterhaften bemitleiden. Peter Michelsen (1966, 565) meint: „Lessing geht in seiner Antwort auf diesen Einwand nicht ein, und auch später hat er sich – soweit ich sehen kann – nicht damit auseinandergesetzt." Im Gegenteil, praktisch alles, was zur Tragödie in der *Hamburgischen Dramaturgie* gesagt wird, ist Antwort auf dieses Problem. Das wird am eindrücklichsten daran erkennbar, dass das in der Tragödie poetisch erregte Mitleid die Reinigung der normalen Mitleidsbereitschaft von ihren Extremen des Zuwenig („Kälte", Lessing W VI, 262) und des Zuviel (Mendelssohn: „Zärtlichkeit") leisten soll: „So muß die Tragödie, wenn sie unser Mitleid in Tugend verwandeln soll, uns von beiden Extremis des Mitleids zu reinigen vermögend sein; welches auch von der Furcht zu verstehen. Das tragische Mitleid muß nicht allein, in Ansehung des Mitleids, die Seele desjenigen reinigen, welcher zu viel Mitleid fühlet, sondern auch desjenigen, welcher zu wenig empfindet." (Lessing FA VI, 574) Wie ist eine solche Reinigung möglich? Im Gegensatz zum normalen Menschen ist der tragische Charakter völlig durchsichtig und widerspruchsfrei so gestaltet, dass gute Eigenschaften, tragischer Fehltritt (*hamartia*) und Unglück logisch konsequent auseinander folgen. Das anlässlich seiner entstehende Mitleid entspricht also den Kriterien der Konsistenz und der Absichtlichkeit (Lessing FA VI, 349): Der geniale Dichter sollte „ein Ganzes machen, das völlig sich rundet, wo eines aus dem andern sich völlig erkläret [...]" (Lessing FA VI, 577–578). Der tragische Charakter erhält damit anthropologische Bestandheit: Wenn das Werk des Genies eine in sich vollkommene Welt zeigt, müssen auch die darin lebenden Menschen die Forderung der Vollkommenheit an sich stellen lassen und zeigen, dass der Mensch an seiner konstitutiven Unvollkommenheit scheitert. In seiner Personenführung wird der Dichter alles so natürlich laufen lassen, „daß wir bei jedem Schritte, den er seine Personen tun läßt, bekennen müssen, wir würden ihn, in dem nemlichen Grade der Leidenschaft, bei der nemlichen Lage der Sachen, selbst getan haben; daß uns nichts dabei befremdet, als die unmerkliche Annäherung eines Zieles, von dem unsere Vorstellungen zurückbeben" (Lessing FA VI, 339). Lessing hat den Konflikt zwischen unendlichem Anspruch und anthropologisch endlicher Leistung zum Thema der Tragödie gemacht – schon in *Miss Sara Sampson* ist der mündige Mensch von Unmündigen umringt, die ihm keinen Beistand geben und ihn schutzlos den Egoisten ausliefern (Ter-Nedden 1986, 41 dagegen diagnostiziert bei Sara „selbstverschuldete Blindheit"). Bei Emilia Galotti ist es der Konflikt zwischen dem Bild der Reinheit, das sie von sich hat, und der Erfahrung der Verführbarkeit, wie auch die anderen Personen sich ein Bild von ihr machen und sie in diesem Bild fesseln. Mit diesem Bezug zum ersten Gebot geht Lessing weit über Aristoteles hinaus, mit dem er sich in der *Hamburgischen Dramaturgie* fruchtbar auseinandersetzt – auch eine philologisch interessante, die Rezeption der *Poetik* in der Renaissance einbeziehende Arbeit wie Kim (2002) kann diesen Schritt in die Moderne nicht fassen, mit dem Lessing die antiken Götter und ihren fürchterlich durchgesetzten Anspruch auf bedingungslose Verehrung ins Innere des Menschen verlegt.

Ähnlich innovativ ist Lessing hinsichtlich des Komischen und seiner im gesellschaftlichen Gebrauch befindlichen Gattungen. Vergleichbar mit der Überbietung der Tragödientheorie durch die tragische Lesart der *Emilia Galotti* (sie lässt sich zugleich als bürgerliches Trauerspiel oder *drame bourgeois* nach Denis Diderot lesen) ist die Überbietung der Komödientheorie und der Komödiengattungen durch *Minna von Barnhelm*. Notgedrungen beschäftigte sich Lessing schon früh mit Lachen, Lächerlichem, Komischem, Absurdem, nicht nur durch Wolff, der sich einlässlich dazu geäußert hatte (Wolff GW II/5, §§ 730, 743–745; Wolff GW I/2, §§ 454–458), sondern auch, weil er sich gegen seinen strengen Vater verteidigen musste. Dem Pastor in Kamenz bekannte er am 28 April 1749, „den Titel eines deutschen Moliere" erringen zu wollen, weil es auch einem Christen erlaubt sein müsse, über das Laster zu lachen und es in Komödien zu schildern (Lessing FA XI/1, 24). Vor allem soll uns die Komödie „zur Fertigkeit verhelfen, alle Arten des Lächerlichen leicht wahrzunehmen. Wer diese Fähigkeit besitzt, wird in seinem Betragen alle Arten des Lächerlichen zu vermeiden suchen, und eben dadurch der wohlgezogenste und gesittetste Mensch werden" (Lessing FA III, 671). Der lachende Mensch ist der beste Mensch, könnte man ergänzen, und auch hier hätte Mendelssohn vor den Extremen des kritiklosen unmoralischen Lachens über alles und des hochmütigen Verlachens warnen können. Indem

Lessing den komischen Charakter wie den tragischen in seinen Eigenschaften mischt und transparent macht (Lessing FA VI, 322–323, 349–350), übt er den Rezipienten ein, nicht mehr über alles ungereimt Scheinende und gesellschaftlich Abweichende pauschal zu lachen, sondern das Ungereimte und Absurde (Wolffs Ausdrücke) immer mit dem Blick auf seine Entstehungsgründe im Charakter und im Zusammenleben der Menschen zu sehen. So wird das Lachen wie das Mitleid anthropologisch gereinigt und die Meinung von 1756 überwunden: Erst im poetisch konsistenten Charakter mit den daraus fließenden lächerlichen Verhaltensweisen wird das Lachen eine sittliche Handlung, die das Gelingen und Nichtgelingen menschlichen Zusammenlebens auf seine Gründe hin durchschaut und im komischen Charakter den unvollkommenen Menschen überhaupt belacht. Zugleich kritisiert dieses verstehende Lachen die materialen Normen der Gesellschaft, die den Abweichler ausgrenzt. Das Lachen der Minna, mit dem sie Tellheim zur Vernunft bringen will, ist viel grausamer und unmenschlicher als sein „schreckliches Lachen des Menschenhasses" (Lessing FA VI, 83).

Minna von Barnhelm ist der poetologisch interessanteste Text Lessings (Gaier 1991): Lessing lässt wegen Tellheims undurchschaubaren Verhaltens Minna die gängigen Komödientypen an ihm ausprobieren: *commedia dell'arte*, italienische Komödie, Verlachkomödie, *comédie d'analyse* und die tragische Variante des *Othello*, von dem Tellheim den Namen hat. Paul Werner, der seinen realen Namen trägt, spielt mit Tellheim noch eine rührende Komödie durch wie Just mit seiner Pudelgeschichte – alle diese Komödien scheitern deshalb, weil sie nicht mehr die Funktion einer dramatischen Gattung erfüllen, ein gesellschaftliches Problem vorzuführen und einen Lösungsvorschlag dafür plausibel zu machen (vgl. Hempfer 1973; Voßkamp 1977; Zymner 2003; Nünning 2007). Die Wirklichkeit, an der sie alle, manchmal fast tragisch, scheitern, ist der Zustand der von Friedrich dem Großen nach dem Siebenjährigen Krieg freigestellten Soldaten – daher die Rückdatierung des Stücks auf 1763 und der Untertitel *oder Das Soldatenglück*. Die meisten Namen sind entweder echt (Paul Werner, Generalkriegskasse, Hofstaatskasse), ähnlich (Marloff, Riccaut, Bruchsall, der „König von Spanien") oder bedeutend (Tellheim, Minna, „die Großen") – das Stück ist nach Goethes Erkenntnis „die erste, aus dem bedeutenden Leben gegriffene Theaterproduktion, von specifisch temporärem Gehalt, die deßwegen auch eine nie zu berechnende Wirkung that" (zit. n. Lessing FA VI, 829). Der Komödientyp aber, den Lessing verwendete und an dessen Härte alle anderen zuschanden gehen, ist die *comédie sérieuse* nach Diderots *Discours sur la poésie dramatique* und dem Musterstück *Le père de famille*, die Lessing 1760 übersetzte. Darin sollen nicht mehr Charaktere auf die Bühne gebracht werden, sondern Menschen in ihren gesellschaftlichen Bedingungen, Rollen, Berufsverpflichtungen und in ihren Auseinandersetzungen mit der institutionellen, gesellschaftlichen und privaten

Lebenswirklichkeit. Das kann immer nur temporär geschehen – deshalb bei der *Minna* die vielen Zeitbezüge und das Desinteresse der heutigen Theatermacher daran. Aber Lessing setzt durch die vielen Komödiengattungen die darin jeweils einfachen Personen wieder zu vollen Charakteren zusammen, schafft mit der Satire auf Friedrich dem Großen, der Tellheim umgerechnet um circa eine Million Euro bestehlen will, das erste Kriminalstück auf dem deutschen Theater, plädiert in der Gegenüberstellung der Militärdiktatur Preußen mit dem liberaleren Sachsen für eine Gesellschaftsreform und geht schon damit weit über die Theorie der Komödie hinaus.

Auch in den Religionen geht es um ‚Bestandheit' (s. o.): Sie machen nach Lessing komplexe Zusammenhänge reduktionistisch begreifbar wie das Werk des genialen Poeten die Welt, stiften eine Sprache, Rituale, Handlungsformen, stiften Formen der Zugehörigkeit und Nichtzugehörigkeit, mithin Krieg, Hass, Verfolgung Andersgläubiger. Lessing musste das erfahren. Als Bibliothekar in Wolfenbüttel veröffentlichte er ab 1774 *Fragmente eines Ungenannten* (Hermann Samuel Reimarus, 1694–1768), in denen Kritik am christlichen Offenbarungsglauben, an der Gottessohnschaft Jesu und an der Lehre von der Erlösung sündiger Menschen geübt wurde. Mangels Kenntnis des verstorbenen Verfassers wurde Lessing der Autorschaft verdächtigt, schrieb in Erwiderung auf die entrüstete Attacke des Hamburger Hauptpastors Johann Melchior Goeze elf *Anti-Goeze* (1778) und erhielt von seinem Fürsten Publikationsverbot in dieser Sache. Lessing wich aus. *Die Erziehung des Menschengeschlechts* (1777/1780) sucht klarzumachen, dass die Geschichte des Menschen von seinen primitiven Anfängen bis zur Gegenwart einen Prozess der sittlichen Verbesserung erkennen lässt, und zwar weil Gott ihnen Lehrbücher gegeben habe: Im *Alten Testament* ist Gott gegenwärtig, belohnt und bestraft das Volk Israel für Gehorsam und Ungehorsam unmittelbar jetzt und hier. Wenn dieses Lehrbuch ausgelernt ist, kommt ein neues. Das *Neue Testament* verschiebt Belohnung und Strafe in die Zeit nach dem Tod und macht den Einzelnen haftbar für seine Sünden – Jesus hat die Menschen ja nur von der Altlast der Erbsünde erlöst. Auch dieses *Neue Testament* kann man weglegen, wenn man gelernt hat, das Gute zu tun nicht wegen der unmittelbaren oder der ewigen Strafe, sondern weil es das Gute ist. Dann ist man weise wie Nathan, und Lessings Schauspiel *Nathan der Weise* (1779) kann man als drittes Testament verstehen, das Lessing von seiner alten Kanzel der Theaterbühne herunterpredigt und damit den Theologen einen „ärgeren Possen als zehn Fragmente" (Lessing FA XII, 186) spielt.

Poetologisch geht das Stück weit über Lessings Religionstheorie hinaus und bringt ihre kritische Weiterführung poetisch zur anschauenden Erkenntnis: Die Ringparabel ist ein Bild (Allegorie) der Religionen und ihrer Leistung, das Wunderbare, nämlich die jenseits der Erkennbarkeit liegenden Wirkungen, mit dem

Wunder zu erklären, dass der Besitzer durch einen Ring vor Gott und den Menschen angenehm wird, wo er doch nur sich selbst darum bemühen muss. Nun ist die Ringparabel selbst quasi der Edelstein in dem Ring einer Handlung, die voll der unwahrscheinlichsten Handlungsfügungen ist. Diese Unwahrscheinlichkeiten und Wunder zeigen als Märchen, mit dem Lessing seine Zeitgenossen abspeist, dass alle Menschen untereinander verwandt und vertraut sind, dass alle Kulturen und Religionen nur Bilder und Sprachen sind, die nicht nur sich selbst gelten lassen sollen, sondern die einander verstehen und helfen können, die Bedrohungen von außen und innen zu überstehen. Poetologisch kann nur das Märchen und das Märchen des Märchens vom Menschen, der das Gute um des Guten willen tut, die Menschen überzeugen, wie Saladin auf die Morddrohung und Geldforderung zu verzichten: ein Märchen!

4 Johann Gottfried Herder (1744–1803)

Obwohl Lessing Aufklärer und Herder Stürmer und Dränger sein soll, hat Herder nicht nur von seinen Lehrern Kant und Johann Georg Hamann, sondern auch von Lessing bedeutende Anregungen erhalten. Er entwickelt sie aber weiter wie alles, was er übernimmt. So wandelt er Lessings allgemein bekannte ‚Bestandheit' der Fabeltiere um in ‚poetische Bestandheit' und erweitert die Geltung wieder auf Mythen und literarische Stoffe. Deren neuerer Gebrauch soll die Schwäche der zeitgenössischen Deutschen hinsichtlich Sinnlichkeit und Leidenschaften sowie Einbildungskraft und Phantasie kompensieren, bis die Fähigkeit zu neuer Mythologie gewachsen ist. Poesie ist nach Hamann „die Muttersprache des menschlichen Geschlechts" (Hamann 1968, 81); poetische ‚Bestandheit' bewahrt deshalb etwas von dieser Ursprache. Das gilt für die auf Lessings Anregung hin von Herder gesammelten und in Übersetzungen bearbeiteten Volkslieder (Herder FA III, 69–430 mit Kommentar 848–1198), die nicht Lieder aus dem Volk, sondern für das Volk im Sinne der Rück- und Vorbildung der zeitgenössischen Deutschen zu ‚ganzen Menschen' sind. Poetische ‚Bestandheit' gilt für die deutsche Sprache, die durch das abstrakte Denken zu vergreisen droht und die Herder durch Übersetzungen und Pflege bestimmter literarischer Gattungen in den Fragmenten *Über die neuere deutsche Literatur* zu therapieren sucht. Poetische ‚Bestandheit' gilt, aufgrund der von Herder angenommenen Wechselwirkung zwischen Sprache und Denken, parallel zu der Bereicherung der Sprache für die Bereicherung des Denkens um die sinnlich-affektiven Erfahrungen und um die Fähigkeit, Analogien, Bilder, Mythen zu erfinden. Denn das Erkennen soll die ursprüngliche poetische Totalität wiedergewinnen; Herder erreicht dies, indem er das induktive

Verfahren des Historikers, das deduktive des Philosophen und das abduktive des analogisierenden Dichters als „triceps" (Herder FA I, 98) bündelt und zu einer in sich beweglichen Einheit verbindet. Als *triceps* argumentiert er in seinen Werken, irritierend für die Leser und besonders für die Philosophen, die sich nicht daran gewöhnen mögen, ein Problem aus drei Perspektiven zu betrachten. Sie verachten Herder noch heute als verworrenen Denker, was dann auf Nichtphilosophen abfärbt (z. B. Oschmann 2007, 33).

Um bei den Zeitgenossen wieder die verlorene Vollständigkeit des Sprechens und Denkens herbeizuführen, stellte Herder seinen Stil nach Johann Jakob Breitingers Empfehlungen zur ‚herzrührenden Schreibart' auf eine Logik und Rhetorik des Affekts um – unvollständige Sätze, Ausrufe, Fragen, Kraftausdrücke, Hervorhebungen, Gedankenstriche – und nach Breitingers Lehre von den Gleichnissen und Bildern auf den Gebrauch kühner Metaphern und auf das Denken in Analogien: Das heißt, er schuf den Stil und das Bewusstsein des sogenannten Sturm und Drang, worin ihm Goethe, Jakob Michael Reinhold Lenz, Friedrich Maximilian Klinger, Heinrich Leopold Wagner und andere folgten, zumal er in seinem Aufsatz über William Shakespeare (Herder FA II, 498–521) gerade für die Dramatiker eine bedeutende Poetik der „Weltseele" (Herder FA II, 514, 520) entwarf. Zum Beispiel sah er im *King Lear* „alle Nebenumstände, Triebfedern, Charaktere und Situationen dahineingedichtet – Alles im Spiel! zu Einem Ganzen sich fortwickelnd – zu einem *Vater-* und *Kinder-, Königs-* und *Narren-* und *Bettler-* und *Elend-Ganzen* zusammen geordnet, wo doch überall bei den Disparatsten Szenen Seele der Begebenheit atmet, wo Örter, Zeiten, Umstände selbst möchte ich sagen die heidnische *Schicksals-* und *Sternenphilosophie*, die durchweg herrschet, so zu diesem Ganzen gehören, daß ich Nichts verändern, versetzen, aus andern Stücken hieher oder hieraus in andre Stücke bringen könnte. Und das wäre kein Drama?" (Herder FA II, 511) Dieser Sturm-und-Drang-Poetik folgten die genannten Dramatiker; Goethe mit seiner Rede *Zum Schäkespears Tag* und Lenz mit seinen *Anmerkungen übers Theater nebst angehängten übersetzten Stück Shakespeares* führten die Poetik noch weiter. Hamann empörte sich unter anderem über von Herder im *Ossian*-Briefwechsel (Herder FA II, 485–486) gelobte Auslassungen der Artikel („Knabe sprach", „Röslein sprach"): „Die Gräuel der Verwüstung in Ansehung der deutschen Sprache, die alcibiadischen Verhunzungen des Articuls [, Alkibiades kupierte seinem Hund den Schwanz], die monströse Wortkuppelreyen, der dithyrambische Syntax und alle übrigen licentiae verdienen eine öffentliche Ahndung, und verrathen eine so spasmodische Denkungsart, daß dem Unfuge auf eine oder andere Art gesteuert werden muß." (Hamann, zit. n. Herder FA III, 897)

Als sich der Sturm und Drang bei Gottfried August Bürger und anderen totgelaufen hatte, rief Herder die sogenannte Klassik aus. Schon in den *Fragmenten* hatte er den Begriff „klassisch", das heißt musterhaft, für Schriftsteller gebraucht, die in bestimmten Gattungen „schöne Prosa" schrieben und damit anderen zum Muster dienen konnten (Herder FA I, 200 u. ö.). 1785 gab er nun in der ersten Sammlung seiner *Zerstreuten Blätter* 304 Epigramme aus der *Anthologia graeca* in kongenialer Übersetzung unter dem Titel *Blumen aus der griechischen Anthologie gesammlet* nebst einem Aufsatz *Anmerkungen über die Anthologie der Griechen, besonders über das griechische Epigramm* heraus (Auswahl und Kommentar: Herder FA III, 761–766, 1422–1436). Nachdem Lessing das witzige, auf die oft satirische Schlusspointe zugespitzte Epigramm der Martial-Tradition gepflegt und gerühmt hatte, nahm Herder, um das Gleichgewicht in der Gattung herzustellen, griechische Epigramme auf, die deiktisch im Sinne von Denksteinaufschriften darauf hinweisen, wer da begraben liegt und warum man ihm Stein und Aufschrift gewidmet hat. Dieser Gattungstypus – zweiteilig, kurz, Distichen – wurde durch Herders Initiative Mode in Weimar seit Beginn der 1780er Jahre; Karl Ludwig von Knebel zum Beispiel schickte Caroline Herder ein Stück Wild zum Geburtstag mit einem Distichon. In seiner Vorrede macht Herder auch klar, dass er nur die Gattungs*form* übernimmt: „Oft mußte ich den ganzen Gedanken umkehren oder wenigstens für unsre Zeit anders wenden" (Herder FA III, 762). Er übernahm die Form (mit der von Klopstock ins Deutsche übertragenen Metrik) und füllte sie in seinen Nachdichtungen der griechischen Originale mit modernem Inhalt. Das war schon sein Verfahren in *Vom neuern Gebrauch der Mythologie* gewesen: „Da unsre höhere Stufe der Kultur so viel am Denken gewinnt, als sie an dem sinnlichen Erkennen verlieren möchte: so suche man einen neuen Geist in die Fabeln zu hauchen, daß Götter und Helden nicht als starke, wilde Männer ihrer Zeit gemäß handeln, sondern einen Zweck durchschimmern lassen, der sich für uns passet." (Herder FA I, 454) So wie sich hier bei den Mythen und beim Epigramm, der Elegie und der Ode die überlieferte Form mit ihren poetischen Konnotationen und der moderne geistigere Sinn gegeneinander profilieren und eine sentimentalische Intertextualität der Kulturen erzeugen, so verfahren die ‚Klassiker' aufgrund der Initiative Herders durchweg. Goethe, ‚antiker Form sich nähernd', schreibt keine römische Elegie, kein venezianisches Epigramm, kein Hexameterepos, ohne einen germanisierenden Herrmann und eine gräzisierende Dorothea, vor der Französischen Revolution flüchtend, schließlich zu vereinen. Schon die Frankfurter Hymnen sind – „Stock Wurzeln Steine den Trott" (Goethe HA I, 47) – bis in die Sprechgegenwart hinein modernisierte pindarische Hymnen. Friedrich Schiller liefert nicht nur die Theorie in *Über naive und sentimentalische Dichtung*, sondern schafft zum Beispiel in seiner *Elegie* (*Der Spaziergang*) eine Kulturgeschichte, der er die Landschaft im Dreieck Stuttgart, Hohenheim, Rotenberg unterlegt; Gattungstradition und metrische Form der antiken Elegie sind gewahrt.

Herder hat sogar mit seiner 1777 in zweiter Fassung veröffentlichten Schrift *Von Ähnlichkeit der mittlern englischen und deutschen Dichtkunst nebst Verschiedenem, was daraus folget* (Herder FA III, 47–58; vgl. Herder FA II, 530–562) die sogenannte Romantik begründet. Wenn er schreibt: „Der Strich von Romantischer Denkart läuft über Europa" (Herder FA III, 50; Herder FA II, 552), meint er den „Märchengeist" (Herder FA III, 51), das Interesse an Ritterromanen, Sagen, Märchen, Balladen, das die ‚Romantiker' in ihren Dichtungen weiterführen – schon Goethe hat zum Beispiel mit *Erlkönig* (auch wieder die dänische Ballade *Erlkönigs Tochter* in Herders *Volksliedern* modernisierend) begonnen, während Dichter wie Ludwig Tieck, Novalis, Joseph von Eichendorff eine Welt im Konjunktiv fingieren, „als flöge sie nach Haus" (vgl. Eichendorffs Gedicht *Mondnacht*). Auch hier ist Goethe mit seinem *Märchen* am Ende der *Unterhaltungen deutscher Ausgewanderten* (1795) vorangeschritten. Für die Sammlungen und Dichtungen von Volksliedern, Sagen, Märchen, Balladen im 19. Jahrhundert, die ironische Reflexion auf das Romantische, das Klassische, das Stürmische, das Aufklärerische etwa bei Heine ist Herder der große, aber nie genannte Anreger.

Doch genug von den Begriffen sogenannter Epochen, für deren nur begrenzte Brauchbarkeit Herder das beste Beispiel ist. Herder strebt die Totalität der Sprache, des Denkens und der Denkmethoden (*triceps*) an und setzt dafür erfolgreich Therapien wie Übersetzung, Pflege von Gattungen und Schreibarten in Gang. Da ihm die Poesie als ursprüngliche Totalkunst dafür besonders wichtig ist, korrigiert er im *Ersten Kritischen Wäldchen* Lessings *Laokoon*, wo der Malerei und bildenden Kunst das Nebeneinander im Raum, der Dichtung mit der Folge artikulierter Töne die Handlung in der Zeit zugeordnet wird. Herder widerspricht: Artikulierte Töne in der Zeit ergeben Musik, Dichtung schildert aber Gegenstände, Landschaften, Körper neben Vorgängen und Handlungen. Schon in seiner ersten Abhandlung *Versuch über das Sein* leitet Herder aus dem ganz „unzergliederlichen" Sein neben den Begriffen *juxta* und *post* (Raum und Zeit) auch das *per*, die „Kraft" ab, als Unzergliederliches in den Ursachen (Herder FA I, 15, 20). Mit „Kraft" sind Ursachen, Zweckursachen, Motive und Gründe handelnder Personen benannt, durch sie werden Gegenstände im Raum versetzt, Veränderungen in der Zeit bewirkt. Kraft liegt also dem Raum und der Zeit voraus und ist deshalb göttlich. Deshalb korrigiert Herder in seiner theologisch, philosophisch, anthropologisch zentralen Schrift *Gott. Einige Gespräche* (1787) den verehrten Baruch de Spinoza, der von René Descartes die Vorstellung von Gott nicht als unendlich, sondern als räumlich ausgedehnt übernommen hatte, statt wie bei der Zeit deutlich zwischen Ewigkeit und Dauer zu unterscheiden (Herder FA IV, 705–708). Kraft ist Gott, „wir sind mit Allmacht umgeben, wir schwimmen in einem Ozean der Allmacht" (Herder FA IV, 712). Wenn nun Kraft nach dem *Ersten Kritischen Wäldchen* Grundlage der Poesie und göttlich ist, ist Poesie, wie schon Klopstock sagte, ‚heilige Poesie'. Bischof Robert Lowth hatte in seinem Werk *De sacra poesi Hebraeorum* (1753) wichtige Teile des *Alten Testaments*, besonders die *Psalmen* und das *Hohelied* als heilige Poesie der Hebräer bezeichnet; der Übersetzer, Orientalist und Kommentator Johann David Michaelis trug 1758 noch einiges bei, diese Dichtungen als menschengemachte rituelle Gesänge zu entzaubern. Angesichts der zunehmenden Schwierigkeit der Theologen, persönliches Eingreifen Gottes in die Welt und die Schicksale nachzuweisen, wie es in den Psalmen erfleht wird, verstand man die Bibel immer säkularer und die menschliche Poesie immer sakraler (Gaier 2008) – Hölderlin baut später ein System von Göttern und Halbgöttern auf; Goethe zeichnet im *Prolog im Himmel* des *Faust* den Herrn und Mephistopheles als religiöse Konstrukte der Erzengel. Aber Herder macht schon im Titel seines Lowth weiterführenden Werks *Vom Geist der ebräischen Poesie* (1782/1783) (Herder FA V) deutlich, dass er mit dem an Montesquieus *esprit*-Begriff orientierten „Geist" den Zusammenhang eines historischen Kultursystems meint, das sich in der Zeit wandelt und auch absterben kann. Dieser Zusammenhang ist also nicht der „unendliche Zusammenhang", der für Herder als Philosophen „Gott" heißt (Herder FA VI, 161–162), sondern ein endlicher, auflöslicher Zusammenhang. Herder hat hier von Friedrich Christoph Oetinger gelernt, der in seiner *Theologia ex idea vitae deducta* (1765) Leben in Gott als unauflösliches, in den Lebewesen aber auflösliches Band der sieben Schöpfungskräfte der Welt definiert (Gaier 2003). So liegt auch der von Herder in der *Ältesten Urkunde des Menschengeschlechts* (1774/1776) beschriebenen „Schöpfungshieroglyphe" (nach 1 Mos, 1–2) das kabbalistische System der sieben (unteren) Sephirot zugrunde. Dieses ist „systematologisch" geordnet nach der von Herder dynamisierten Systemtheorie Johann Heinrich Lamberts (Gaier 2007); auch ein Organ ist ein (auflösliches) „System von Kräften" (Herder FA V, 776–777, 791), ein lebender Organismus demnach ein System von Systemen. Erkenntnistheoretisch stellt Herder in der Schöpfungshieroglyphe ein System der basalen Formen des Denkens wie Einheit, Trennung, Vereinigung, Steigerung, Parallelismus und schließlich zweier Systeme von Trennung und Vereinigung fest (Gaier 2006, 118–125; Gaier 1998, 7–12). Anthropologisch wendet der Mensch die Hieroglyphe auf sich selbst an, schöpft sämtliche Aspekte eines Gegenstandes aus, lernt selbst dabei, vollständig zu denken, schafft sich also denkend in die Nähe Gottes und seines Blicks auf den Gegenstand: Genau dies ist der poetologische Vollzugsmodus der entstehenden hieroglyphischen Poesie.

5 Karl Philipp Moritz (1756–1793)

Die Romane *Anton Reiser* und *Andreas Hartknopf*, einige theatralische Versuche und sprachphilosophische Schriften hatte Moritz veröffentlicht, als er den *Versuch einer Vereinigung aller schönen Künste und Wissenschaften unter dem Begriff des in sich selbst Vollendeten* (1785) publizierte, seine erste grundlegende Abhandlung zur Ästhetik (Moritz 1962, 3–9). Sie ist im Untertitel „An Herrn Moses Mendelssohn" gerichtet und bekennt sich damit wie dieser zum Platonismus und Neuplatonismus; Moritz hatte 1778 den englischen Neuplatoniker Shaftesbury gelesen (Moritz 1962, xxxiii); Herders und Goethes Neuplatonismus waren ihm bekannt. Der Titel der Schrift richtet sich gegen *Les Beaux-Arts, réduits à un même principe* des Abbé Charles Batteux (1746, mit den wichtigen Ergänzungen des Übersetzers Johann Adolf Schlegel 1751/1752), der in der Nachahmung der ‚schönen Natur', des Einfachen, Wahren, Symmetrischen, harmonisch Geordneten die rational begründete Aufgabe aller Künste gesehen hatte. Was Batteux zur Nachahmung vorschlug, waren äußerliche Beschaffenheiten und Merkmale, für die er mathematische und geometrische Gründe angeben konnte, weil sie mit dem rationalen Bild von der Natur als einer großen Maschine übereinstimmten. Wenn Moritz nun von dem Begriff des *in sich selbst Vollendeten* spricht, meint er das, was Shaftesbury als innere Form bezeichnet hatte und Goethe als „geprägte Form, die lebend sich entwickelt" formulierte (*Urworte orphisch*, V. 8; Goethe HA I, 359).

Dieser Begriff spielt zu dieser Zeit eine bedeutende Rolle, wird er doch in der Epigenesetheorie der Biologie, die die frühere Präformationstheorie revolutionär umstürzte, fruchtbar angewendet. Hauptvertreter dieser neuen Denkform ist Johann Friedrich Blumenbach, der 1781 ein Buch *Über den Bildungstrieb und das Zeugungsgeschäfte* geschrieben hatte – wahrscheinlich hat Moritz auch den bei ihm so wichtigen Begriff der Bildung (vgl. auch Bildungskraft, bildende Nachahmung) übernommen. Der Begriff der Epigenese vermag es gegenüber dem starren äußerlichen Konzept der Präformation, Phänomene wie die Metamorphose des Schmetterlings, die Reparaturfähigkeit der um ihren Schwanz gekommenen Eidechse und den Phantomschmerz, der ein inneres Bild des ganzen Körpers voraussetzt, in dem das fehlende Glied erhalten bleibt, zu erklären. Der Gedanke der inneren Form in ihrer Flexibilität stammt von Plotin, der die Einkörperung einer göttlichen Idee als besser oder schlechter gelungen gesehen hatte – besser, wenn „das innre Wesen auf der Oberfläche durchschimmert" (Moritz 1962, 96), schlechter, wenn die materielle Hülle undurchsichtig, „unorganisiert" ist (Moritz 1962, 97) –; Hölderlin schreibt später vom Aorgischen, Friedrich Wilhelm Joseph Schelling vom Anorgischen.

Schön ist dann das „in sich selbst Vollendete", dessen „innere Zweckmäßigkeit" bewirkt, dass es nicht als von etwas abhängig oder als nützlich betrachtet wird, sondern „um sein selbst willen" Vergnügen bereitet (Moritz 1962, 3-7). Kunstschönes ist darüber hinaus vom Menschen gemacht und wie bei Lessing dem Menschen überschaubar: „Jedes schöne Ganze aus der Hand des bildenden Künstlers, ist daher im Kleinen ein Abdruck des höchsten Schönen im großen Ganzen der Natur; welche das noch *mittelbar* durch die Hand des Künstlers nacherschafft, was unmittelbar nicht in ihren grossen Plan gehörte." (Moritz 1962, 73) Der Mensch ist also Teil der Natur, in dem sie sich selbst ergänzt und übertrifft und nach Klopstocks *Zürchersee* den großen Gedanken ihrer Schöpfung „noch einmal denkt" (Moritz 1962, 14), ja, „er ruft in der Schöpfung, die ihn umgiebt, eine neue Schöpfung hervor. [...] Mitten im Schooße der Natur steigt zwischen Bergen, Thälern und Flüssen, plötzlich eine Stadt empor mit Pallästen, Statüen, Gemählden, Tempeln, Schauspielen, Musik und Tanz." (Moritz 1962, 13) Das ist, nach der *Platonica theologia* Marsilio Ficinos (Buch XIV), die Kulturaufgabe des Menschen, in der er die Natur erhält, pflegt, verbessert und der ursprünglichen Idee Gottes einer überall schönen transparenten Natur näherbringt. Dies wurde wie gesagt durch die opake Materie verhindert, die der Mensch quasi als Alchimist, die Schöpfung veredelnd, neu schaffen soll. Wo wir doch nicht ganz Gott werden können, werden wir „Zernichter" und betrachten „nun in der Geschichte, im Trauerspiel, und in Gedichten unser Werk mit Wohlgefallen" (Moritz 1962, 56).

„Das Zugrundegehen ist eben so etwas Tragisches, die Seele Erschütterndes, dessen Anblick wir uns sehr gerne gefallen lassen, sobald es nur uns selber nicht mit betrifft." (Moritz 1962, 56) Dazu ist das Kunstwerk da, welches, wenn es schön ist, durch seine Selbständigkeit und innere Zweckmäßigkeit sich nicht nur als „zartes und doch getreues Bild des höchsten Schönen ründen" muss (Moritz 1962, 76), sondern in der Tragödie die Unausweichlichkeit des Unheils mit innerer Notwendigkeit zeigt (Moritz 1962, 91) und damit den Betrachter sich selbst angenehm vergessen lässt: „Wir opfern in dem Augenblick unser individuelles eingeschränktes Dasein einer Art von höherem Dasein auf. Das Vergnügen am Schönen muß sich daher immer mehr der uneigennützigen *Liebe* nähern, wenn es ächt sein soll." (Moritz 1962, 5) Das ist der Eros im *Symposion* Platons, der dem Schönen nachjagt und dadurch gesteigert wird; es ist die Liebe zum Schönen in Platons *Phaidros*, die in manischer Entzückung die in den irdischen Leib gefallene Seele wieder beflügelt und den seligen Göttern näherbringt.

Poetisch ist also für Moritz, was den Menschen seinem Menschsein nähert: „Höher aber kann die Menschheit sich nicht heben, als bis auf den Punkt hin, wo sie durch das Edle in der Handlung, und das Schöne in der Betrachtung, das Individuum selbst aus seiner Individualität herausziehend, in den schönen Seelen sich vollendet, die fähig sind, aus ihrer eingeschränkten Ichheit, in das Interesse der Menschheit hinüber schreitend, sich in die Gattung zu verlieren." (Moritz 1962, 88) Damit steht die Kunst der utilitaristischen Tendenz der Gesellschaft diametral entgegen: „Die herrschende Idee des *Nützlichen* hat nach und nach das Edle und Schöne verdrängt"; veredelt müssen die Menschen werden, damit jeder „jeden einzelnen Menschen immer zugleich als Zweck und Mittel[] und nicht bloß als ein nützliches Thier betrachtet[;] [...] darin besteht eigentlich die *wahre* Aufklärung" (Moritz 1962, 17–18). Das leisten Erziehung, Kunst und Poesie.

6 Johann Wolfgang Goethe (1749–1832)

Goethe wusste genau, warum er in Rom 1786 bis 1788 und in Weimar 1788/1789 zwei Monate mit Moritz zusammenarbeitete, hatten doch beide abgesehen von der Herkunft viele gemeinsame Voraussetzungen und Interessen und konnten gewissermaßen als Koautoren Moritz' Hauptwerk *Über die bildende Nachahmung des Schönen* ausarbeiten. Goethe dokumentiert das dadurch, dass er einen langen Auszug aus dem Werk in die *Italienische Reise* aufnimmt (Goethe HA XI, 534–541; Moritz 1962, 76–83). Beide waren Neuplatoniker; Goethe legte seiner frühen Privatreligion den „neuen Platonismus" zugrunde (Goethe HA IX, 350) und sah deshalb hieroglyphische Verdichtung und Mehrfachlesbarkeit als konstitutive Eigenschaften des poetischen Kunstwerks. So sprach er immer wieder von der Inkommensurabilität des *Faust* (vgl. Goethe HA III, 457); dieser ist Dichtung, zugleich Dichtung über Dichtungen und Texte, und ist wegen dieser Überdetermination mit Sinn vielfach lesbar und nie ausschöpfbar. Das entspricht Kants Bestimmung der „ästhetischen Idee" als „Vorstellung der Einbildungskraft, die viel zu denken veranlaßt, ohne daß ihr doch irgendein bestimmter Gedanke, d. i. *Begriff*, adäquat sein kann, die folglich keine Sprache völlig erreicht und verständlich machen kann" (Kant 1995, 413–414). Das hat Goethe im § 49 der *Kritik der Urteilskraft* gelesen und sah sich in seiner Auffassung von Dichtung durch den Philosophen bestätigt.

Herder hatte ihn längst in ästhetische Ideen und Poetologie eingeführt. Ihm schrieb er im Juli 1772: „Seit vierzehn Tagen les' ich eure Fragmente, zum erstenmal, ich brauch' euch nicht zu sagen was sie mir sind. Dass ich euch von den Griechen sprechenden, meist erreichte hat mich ergötzt, aber doch ist nichts wie eine Göttererscheinung über mich herabgestiegen, hat mein Herz mit warmer heiliger Gegenwart durch und durch belebt, als wie *Gedanck* und *Empfindung* den *Ausdruck* bildet. So innig hab' ich das genossen." (Goethe HABr I, 133) Herder hat erkannt, „daß *Gedanke* und *Wort*, *Empfindung* und *Ausdruck* sich zu einander verhalten wie Platons *Seele* zum *Körper*" (Herder FA I, 405–409). Nach Ficinos Interpretation des *Phaidros* sei „der schöne Körper ein *Geschöpf*, ein *Bote*, ein *Spiegel*, ein *Werkzeug* einer *schönen Seele*" (Herder FA I, 404, deutlicher 136–137), das heißt, die Seele bildet sich den ihr genau entsprechenden Körper. So wählt oder bildet sich der Gedanke ein unauswechselbares Wort – Goethes „Knaben-morgen-/Blütenträume" –, die Empfindung einen unauswechselbaren Ausdruck: „Ein Zauber bleit mich nieder,/Ein Zauber häkelt mich wieder" (Goethe HA I, 46, 100). Wo Wort und Sprache beim Ausdruck der Empfindung versagen, musst du, redet Herder den Dichter an, „den *natürlichen* Ausdruck der Empfindung künstlich vorstellen, wie du einen Würfel auf der Oberfläche zeichnest; du mußt den ganzen Ton deiner Empfindung in dem Perioden, in der Lenkung und Bindung der Wörter ausdrücken: du mußt ein Gemälde hinzeichnen, daß dies selbst zur Einbildung des andern ohne deine Beihülfe spreche, sie erfülle, und durch sie sich zum Herzen grabe" (Herder FA I, 403). Hier ist es die grammatische Form, die leidenschaftlich unterbrochene herzrührende Schreibart Breitingers, die den stilistischen Ausdruck der Stürmer und Dränger und hier auch Goethes mit ihrer Rhetorik der Natürlichkeit poetisch macht.

Gleich nach diesen Überlegungen legt Herder mit den sieben (nach der Schöpfungshieroglyphe geordneten) Fragmenten *Vom neuern Gebrauch der Mythologie* eine erste Theorie der Intertextualität vor, die Goethes poetisches Schaffen weithin anleitet. Der Begriff der ‚poetischen Bestandheit'" wurde oben bei Herder kurz angesprochen; für ihn sind die Mythen wichtig „um ihrer *allgemeinen Bestandheit*, um ihrer *hohen poetischen Nebenbegriffe*, um ihres *Lichts der sinnlichen Anschauung* willen" (Herder FA I, 435) – also zugleich, um den *triceps* in der Befriedigung des topischen Wissens, in der Erweckung der poetischen Einbildungskraft und im schönen Empfinden der sinnlichen Anschaulichkeit (Klarheit und Licht nach Baumgartens Ästhetik) darzustellen. Wenn Goethe nach der Empfehlung Lessings im *17. Litteraturbrief* den Fauststoff etwa um 1769 aufnimmt, geht es ihm um einen allgemein bekannten, von den Deutschen geliebten Stoff, den auch statt des genialen Christopher Marlowe der geniale Shakespeare hätte behandeln können. Es geht ihm um die sinnliche Anschaulichkeit, mit der ein zwischen unendlichem Anspruch an sich selbst und dem niederschmetternden Bewusstsein seiner Endlichkeit in absoluter anthropologischer Tragik zerrissener Mensch dem Zuschauer vorgeführt wird. Es geht ihm um die Herausforderung der poetischen Einbildungskraft, eine höhere Wirklichkeit über der Renaissancekultur des historischen Faust und dem zeitgenössischen Interesse an einer Experimentalfigur zu erfinden, die alles wissen, alles leisten, alles genießen, alle Verbrechen begehen will und dabei doch noch Anwärter auf Erlösung sein kann. Auch andere Stoffe – *Götz von Berlichingen, Egmont, Tasso* – umspannen Renaissance und Gegenwart; wieder andere gebrauchen Mythen verschiedener Kulturen neu – *Iphigenie auf Tauris, Prometheus, Ganymed, Achilleis, Pandora, Reineke Fuchs, West-östlicher Divan* –; neue Mythen werden erfunden: *Stella, Wilhelm Meister, Die Geheimnisse, Die natürliche Tochter*. Neueren Gebrauch klassischer Formen leistet ihre Füllung mit zum Teil die Zeitgenossen provozierendem modernem Gehalt: *Römische Elegien, Venezianische Epigramme, Herrmann und Dorothea, Xenien*.

Herder lehrte ihn hieroglyphisch denken und dichten. Zunächst nach der Schöpfungshieroglyphe: *Faust I* hat sieben Akte, Margarete/Gretchen spricht und singt sieben Monologe, viele Szenen wie etwa *Wald und Höhle* haben sieben Teile (vgl. Goethe 2011, 649–650), *Wilhelm Meisters Lehrjahre* haben sieben plus eins (die *Geschichte der schönen Seele*) Bücher. Die Theorie der Intertextualität und die Poetik der Schöpfungshieroglyphe führt Goethe in mehrfacher Weise weiter. Zunächst ist zum Beispiel der *Faust* eine Dichtung aus und über Dichtungen. So ist das Gretchendrama in der *Urfaust*-Fassung ein bürgerliches Trauerspiel mit Faust als dem Verführer und unschlüssigen Liebhaber, mit einem bürgerlichen Mädchen, das in ein „edles Haus" (Goethe HA III, 86, 388) aufsteigen will, und einem böswilligen Freund und Ratgeber, wie es Lessing in *Emilia Galotti* gezeigt hatte. Wenn Goethe nun die *Hexenküche* vorschaltet und mit deren Schlusssatz „Du siehst, mit diesem Trank im Leibe,/Bald Helenen in jedem Weibe" (V. 2603–2604; Goethe HA III, 84) Shakespeares *Sommernachtstraum* zitiert sowie *Walpurgisnacht* und *Walpurgisnachtstraum* kurz vor den Schluss des Aktes stellt, dann wird damit ein deutlicher intertextueller Bezug zu diesem kosmischen Stück angekündigt. Nun inszenieren bei Shakespeare Handwerker den tragischen Liebestod von Pyramus und Thisbe auf lächerliche Weise, während die Handlungen der Naturgötter Oberon und Titania, des Herzogs Theseus und der Amazonenkönigin, der beiden jugendlichen Paare bürgerlicher Herkunft alle Variationen von Hass, Zwang, Befreiung, Verwirrung, Klarheit durchspielen; bei Goethe kommen Oberon, Titania, Puck in dem unspielbaren *Walpurgisnachtstraum* vor, die Varianten der Beziehung auf allen Ebenen erscheinen in den Vierzeilern, die die zentralen Themen des *Faust* Revue passieren lassen (Goethe 2011, 732–748). Das blutrünstige Handwerkerstück erscheint jedoch im traurigen Schicksal Gretchens zwischen Mutter, Bruder, Marthe, Faust, Mephistopheles und der „Stimme von oben" (Goethe HA III, 145). Das ist Intertextualität, neuerer Gebrauch eines Stoffes durch Umstülpung der Vorgabe Shakespeares. Dass Goethe bezüglich der Beziehungen Gretchen/Faust und Marthe/Mephistopheles bis zu wörtlich übersetzten Zitaten aus Molières *Dom Juan* geht (Gaier 2012, 790–792), ist nur eine von vielen dialogischen Beziehungen allein im Gretchendrama. Die Theorie zu dieser punktuellen oder über längere Strecken in den Text eingebetteten Intertextualität gibt der Direktor im *Vorspiel auf dem Theater*: „Die Masse könnt ihr nur durch Masse zwingen,/Ein jeder sucht sich endlich selbst was aus./Wer Vieles bringt, wird manchem etwas bringen;/Und jeder geht zufrieden aus dem Haus./Gebt ihr ein Stück, so gebt es gleich in Stücken!/Solch ein Ragout es muß euch glücken;/Leicht ist es vorgelegt, so leicht als ausgedacht./Was hilft's wenn ihr ein Ganzes dargebracht,/Das Publikum wird es euch doch zerpflücken." (V. 95–103; Goethe HA III, 11) Jeder der drei Exponenten – Direktor, Dichter, Schauspieler – hat seine eigene Poetik; alle drei werden im *Faust* poetisch umgesetzt: die Poetik des Dichters mit dem kunstvollen in sich vielfältig verwobenen, aus lauter selbständigen Einheiten bestehenden Ganzen; die Poetik des Schauspielers, der einen interessanten, mit allerlei Staunenswertem wie Engeln, Teufel, Hexen, Homunkulus, Helena fröhlich operierenden „Roman" (V. 165) erzählen will, um das Publikum für sich einzunehmen; endlich der Direktor, der mit seiner Poetik für intertextuell ‚wieder aufgewärmte' zugkräftige Passagen schwärmt. Eine solche dreifache Poetik für eine einzige Dichtung ist einmalig in der Weltliteratur.

Nicht genug damit: der *Faust* ist auch ein Text und eine Dichtung über Texte. In jedem der sieben Akte versucht Faust auf eine andere Art, sich Gott zu nähern und ihn am Ende gar zu übertrumpfen. Diese Strebungen der Seele, Gott zu werden, sind Thema des Buchs XIV von Ficinos *Platonica theologia*. Die erste Strebung geht auf absolutes Wissen und absolute Güte; aufgrund seiner kreatürlichen Beschränkung kann der Mensch beides nicht erreichen. Um dieses unlösbare Problem zu behandeln und Ersatz für den unerkennbaren und unerreichbar guten Gott zu schaffen, wurde die Wissenschaft der Theologie begründet, um Vorstellungen von Göttern oder Gott und Rezepte für gutes oder böses Handeln bereitzustellen: Mythologien, Religionen, Konfessionen, Kirchen mit ihrem ganzen Apparat funktionalisieren die Regierungen für ihre Hexenverbrennungen, Kreuzzüge, heiligen Kriege, bei denen es doch immer nur um die Macht geht. Diese erste Strebung der einander bekämpfenden „Übermenschen" (V. 490; Goethe HA III, 23) hat im *Faust* ihren Schwerpunkt im Gelehrtendrama, aber die Religionsproblematik durchzieht mit der Erfindung immer neuer, von Akt zu Akt im Sinne der Schöpfungshieroglyphe gesteigerter Religionen den ganzen *Faust*. Goethe führt hier einen Diskurs, setzt sich mit den Theologen und ihren überzogenen Ansprüchen auseinander und endet ironisch: Der Herr, der sich seiner Sache im *Prolog im Himmel* so sicher ist, macht sich am Ende aus dem Staub, eine Herrin regiert, dem Teufel wird mit nicht ganz sauberen Mitteln Fausts Seele geklaut. Diesen das ganze Stück durchziehenden, von Goethe dem dezidierten Nichtchristen lebenslang sehr ernst genommenen Diskurs, der aus dem Stück eine theologische Abhandlung in poetischen Bildern macht, kann man ‚Lesart' (Gaier 2012) nennen.

Faust ist in diesem Sinne Text und, da theoretisch, argumentativ, kritisch in starken poetischen Bildern mit Himmel und Hölle, Olymp und Hades samt ihren Bewohnern geführt, Dichtung über diesen Text. Im Gretchendrama hat die naturphilosophische Lesart ihren Schwerpunkt, im ersten Akt die magische, in den folgenden Akten die historische, soziologische, ökonomische und anthropologische Lesart. Diese Texte sind nicht nur in sich, sondern durch das ganze Stück miteinander verwoben; Goethe verwendet dafür das Bild des Gewebes (V. 509, 1922–1927), versteht auch die *Encyclopédie* als Gewebe (Goethe 2011, 528–529) und damit den *Faust* als poetisches ‚Kleid' der Gottheit, wissenschaftlich als Enzyklopädie, poetologisch als Transzendentalpoesie im Sinne Friedrich Schlegels (*Athenäums*-Fragment 116).

Durch diese Vertextung und Überlagerung von Dichtung und sieben Sinnprovinzen ist prinzipiell jede Stelle im Text mehrfach lesbar. Alle diese Prozesse der Vereinigung und Verdichtung, der Ausbreitung und Vereinzelung zusammengenommen ergeben die Vorstellung einer sozusagen atmenden und lebenden Schöpfungshieroglyphe. Sie ist gewissermaßen eine Urpflanze der Dichtung, in der der Sprecher der *Zueignung* den Samen, *Vorspiel auf dem Theater* und *Prolog im Himmel* die Kotyledonen, die sechs folgenden Akte die sich im Stängel zusammenziehenden, in immer komplexeren Blättern ausbreitenden Wachstumsphasen darstellen, bis mit dem *Finis* am Ende sich nicht nur Gretchen und Faust in höhere Sphären gehoben, sondern auch der Autor sich froh „vom Bösen", das heißt der Materie des Fauststoffs erlöst hat (V. 11805–11806; vgl. 11934–11937, 11954–11957, 11985–11986) und sich und dem Leser den reinen Samen „erster Jugendkraft" (V. 12091) reichen kann.

Man darf über *Faust* nicht vergessen, dass Goethe alle Gattungen der europäischen Literatur studiert und oft in exemplarischer Form neu gebraucht hat, dass er neben *Faust* in vielen anderen Dichtungen alle Metren, Gesangstypen und Literaturstile kulturhistorisch sinngemäß verwendet hat (Gaier 2012, 739: „Chronotextualität"). Wer nach Formen der Poetizität fragt, wende sich an Goethe.

7 Friedrich Schiller (1759–1805), Friedrich Hölderlin (1770–1843)

„Ach mein Schiller, mein herrlicher Schiller!" Das rief der kranke Hölderlin aus, als Johann Georg Fischer bei einem Besuch 1841 das Gespräch auf Schiller brachte (Hölderlin StA VII/3, 300). Schiller und Hölderlin haben vieles gemeinsam. Beide waren Württemberger, in Marbach beziehungsweise Lauffen am Neckar geboren, gelitten unter dem despotischen Herzog Carl Eugen, geflohen vor dem Herzog beziehungsweise seinem Konsistorium, gestorben 1805 beziehungsweise gemütskrank geworden 1806. Gemeinsame Freunde und Bekannte waren Carl Philipp Conz, Gotthold Friedrich Stäudlin, Jakob Friedrich Abel, Charlotte von Kalb, Johann Friedrich Cotta, Johann Gottlieb Fichte, Herder, Goethe, Friedrich Immanuel Niethammer, Schelling und andere. Sie wurden beide von den Illuminaten ins Visier genommen, Schiller durch den in der Geheimgesellschaft mächtigen

Abel, Hölderlin durch Stäudlin; der Herzog von Augustenburg stiftete Schiller eine Pension, damit er eine neue Charta der Illuminaten schreibe (daraus wurden die *Kallias-Briefe*, später die *Ästhetischen Briefe*); Hölderlin wurde von einem Illuminaten zum anderen weitergereicht. Schiller schrieb den *Don Carlos* und gestaltete nach dem zehnten der *Briefe über Don Carlos* den Marquis Posa als Illuminaten (Schiller SA XVI, 86–87); Hölderlin zeichnet die unheimlichen Freunde Alabandas im *Hyperion* als Illuminaten, denen sich Alabanda am Ende ausliefert und von denen er den Tod erwartet. Schiller und Hölderlin begrüßten die Französische Revolution; die Nationalversammlung erhob Monsieur „Gillé" [i. e. Schiller] zum Ehren-Citoyen, Hölderlin übertrumpfte die französischen Revolutionshymnen mit seinen elf Tübinger Hymnen, den Anrufungen an die Göttinnen und „Geisterköniginnen" (Hölderlin MA I, 134). Schiller schrieb die Briefe *Über die ästhetische Erziehung des Menschen*, um ein Unheil für die Menschheit, wie er die Französische Revolution 1793 nach der Abschlachtung der Girondisten verurteilte, künftig zu vermeiden. Hölderlin bezeichnete Marat als „schändlichen Tyrannen" und „Volksschänder" (Hölderlin MA II, 501) und schilderte im zweiten Band des *Hyperion* genau dieses Unheil.

Beide studierten den Neuplatonismus: Schiller beurteilte in seinen *Philosophischen Briefen* die Theosophie des Julius als zwar zeit- und situationsbedingte, aber anzuerkennende Schwärmerei; Hölderlin entwickelte seine Kant, Fichte, Schiller überwindende, Hegel und Schelling auf den Weg zum objektiven Idealismus führende Anthropologie, Erkenntnistheorie und Ästhetik aus platonischen und neuplatonischen Grundlagen. Hölderlin und Schiller waren Nichtchristen; Schiller schrieb 1788 die *Götter Griechenlandes* und beklagte den religiösen Alleinvertretungsanspruch des Christentums. Hölderlin lebte nach dem theologischen Examen 1793 mit kurzen Unterbrechungen im deutschen, schweizerischen, französischen Exil: Er wollte nicht Pfarrer werden, und dass er nicht predigen wollte, kostete ihn vermutlich die Stellen in der Schweiz und Bordeaux.

Beide studierten intensiv Kant und waren in Jena mit Fichte vertraut. Schiller dankt seinem Freund Fichte in den *Ästhetischen Briefen* für die Erläuterung der Wechselwirkung (Schiller SA XII, 46); Hölderlin hörte Fichte, gab ihm wichtige Hinweise, ging bei Schiller ein und aus, bis ihn Goethe verdrängte. Er hatte Schiller schon mit dem *Fragment von Hyperion* in Sachen Anthropologie und Poetik bedeutend gefördert, weshalb Schiller große Stücke auf den jungen Philosophen hielt und bei den *Ästhetischen Briefen* gerne seinen Rat annahm (vgl. Waibel 2000). Beide kannten Herder; Schiller setzte sich mit Herder seit einem Treffen 1787 auseinander, organisierte die *Ästhetischen Briefe* nach dessen Systematologie, der in den *Ideen* nach dem Prinzip ‚nature kicks back' geschrieben hatte: „Zugleich ergibt sichs, daß wo in der Menschheit das Ebenmaß der Vernunft und Humanität gestört worden, die Rückkehr zu demselben selten anders als durch gewaltsame

Schwingungen von einem Äußersten zum andern geschehen werde." (Herder FA VI, 654) So erkennt der Briefschreiber Schiller durch die Französische Revolution das Ebenmaß der Humanität durch leidenschaftliche Wildheit und rationalistische Barbarei gestört und hofft auf Reinigung durch den Orestes Goethe nach dem Vorbild des systematologischen „Maximums" der Griechen (Briefe 3–9); die Briefe 10 bis 16 schwingen ins abstrakte Extrem der Anthropologie von Formtrieb, Sachtrieb, der befreienden Ausgleichshoffnung des Spieltriebs und der ‚lebenden Gestalt'; in den Briefen 17 bis 23 schwingt das Pendel von der Theorie mit kleinerer Amplitude in die psychologische Praxis hinüber, zugleich aber fällt Schiller von Hölderlins systematologischer Beihilfe in einen Kantianismus zurück, der Schönheit und Humanität nur als Mittel für zu erreichende Moralität pädagogisch einsetzen will; eine weitere, wenn auch kleinere Amplitude hat die historische Praxis in den Briefen 24 bis 27, wo Schiller zunächst in der Geschichte drei Fehlentwicklungen im Verhältnis zwischen Unendlichem und Endlichem beschreibt, Reflexion als ästhetischen Zustand der Selbstwahrnehmung entdeckt, eine Phänomenologie dieser Aisthesis entwickelt und bei „einigen wenigen auserlesenen Zirkeln" vollkommene Individuen als utopische Versprechung eines ästhetischen Staats findet (Schiller SA XII, 119–120). Damit ist er beim Gegenteil dessen angekommen, auf was er ursprünglich ausging, nämlich eine Revolution in Staat und Gesellschaft (Schiller SA XI, 9). Goethe hat ihn mit seinen gleichzeitig in den *Horen* veröffentlichten *Unterhaltungen deutscher Ausgewanderten* und insbesondere mit dem *Märchen*, in dem das Zusammenwirken unvollkommener, ja unvollständiger Wesen Großes und Schönes bewirkt, korrigiert; Hölderlin ging im Athenerbrief des *Hyperion* über beide hinaus und identifizierte die „wundergroße That des Theseus, die freiwillige Beschränkung seiner eignen königlichen Gewalt" (Hölderlin MA I, 682) nicht nur als den Ursprung der attischen Demokratie, als Modell einer künftigen Schweiz und eines künftigen Europa, sondern auch als Grundlage aller Kultur und Phänomenologie innerer Schönheit.

Mit Fichte bekam Schiller Schwierigkeiten, nicht nur weil der Philosoph mit üblicher Frechheit ihm 1795 das Manuskript *Über Geist und Buchstab in der Philosophie* zur Veröffentlichung in den *Horen* einreichte, wo er zunächst, ohne Schiller zu erwähnen, die *Ästhetischen Briefe* neu schrieb, dann aber Schillers Begriffsgebrauch etwa bei ‚Natur', ‚Form', ‚Stoff' als beliebig angriff. Schiller lehnte den Aufsatz ab, veröffentlichte aber in den *Horen* den ersten Teil des Aufsatzes *Über die notwendigen Grenzen beim Gebrauch schöner Formen* (Schiller SA XII, 121–149) unter dem Titel *Von den notwendigen Grenzen des Schönen besonders im Vortrag philosophischer Wahrheiten*. Er will ‚schön' schreiben, seine Begriffe sollen den schönen Menschen befriedigen, ohne bloßes Geflunker zu sein. Herder hatte wegen des Kraftbegriffs eine ähnliche Kontroverse, versicherte, auch Kant wisse nicht, was Ursache, Zweckursache, Grund, Absicht sei; Herder ziehe den Kraftbegriff zur Bezeichnung alles Wirkenden vor, weil er sich bequem in den verschiedensten Disziplinen von der Psychologie bis zur Physik finde und verwenden lasse. Solche systematologischen Begriffe, mit denen man die auseinanderdriftenden Disziplinen wieder auf ihre gemeinsame Basis zurückführen konnte, wollte auch Schiller benutzen.

Mit Kant setzte sich Schiller schon in *Über Anmut und Würde* auseinander, wo er in der Kritik an Kants rigorosem Pflichtbegriff die Neigung einführte und in der utopischen ‚schönen Seele' das Zusammenwirken beider als Anmut oder Grazie bezeichnete nach Johann Joachim Winckelmanns Definition: „Die Grazie ist das vernünftig Gefällige." (Winckelmann 1925, I, 155) Das war Hölderlin wieder ein Anlass, den Verehrten zu übertrumpfen, der die Kant'sche „Analyse des Schönen und Erhabenen [...] zum Theil in s. Schrift über Anmuth und Würde" „vereinfacht, und von der andern Seite vielseitiger" gemacht habe, „der aber doch auch einen Schritt weniger über die Kantische Gränzlinie gewagt hat, als er nach meiner Meinung hätte wagen sollen" (Hölderlin MA II, 551). Dieser „Aufsaz über die *ästhetischen Ideen*" soll 1796 „Neue Briefe über die ästhetische Erziehung" heißen (Hölderlin MA II, 615) und ist mit hoher Wahrscheinlichkeit das *Fragment philosophischer Briefe/Über Religion*, das Hölderlin 1797 Hegel bei seinem Einstand in Frankfurt am Main als Gegenposition zum *Ältesten Systemprogramm des deutschen Idealismus* vorlegte.

Geschichtsphilosophisch verteidigte Schiller in der Schrift *Über naive und sentimentalische Dichtung* Goethes *Römische Elegien*, die er in den *Horen* abgedruckt hatte und deren Freizügigkeit das prüde Weimarer Publikum empörte. Naiv, *nativus*, natürlich hätten eher die Griechen gefühlt und gedichtet, sentimentalisch sehnten sich eher die Modernen nach der verlorenen Natur, Goethe aber zeige in den inkriminierten Elegien die Synthese der Gegensätze. Unter den von Schiller besprochenen Dichtungsgattungen leiste dies nur die Idylle, zu deren echter Realisierung jedoch die Änderung der Gesellschaft oder die Auffindung einer „Klasse von Menschen" nötig sei, „welche, ohne zu arbeiten, tätig ist [...]. In einer solchen Volksklasse [...] würde sich der naive Charakter mit dem sentimentalischen also vereinigen, daß jeder den andern vor seinem Extrem bewahrte und, indem der erste das Gemüt vor Überspannung schützte, der andere es vor Erschlaffung sicherstellte." (Schiller SA XII, 249) Das ist schon der zentrale Gedankengang der Rezension *Über Bürgers Gedichte* (1791): „Bei der Vereinzelung und getrennten Wirksamkeit unsrer Geisteskräfte, die der erweiterte Kreis des Wissens und die Absonderung der Berufsgeschäfte notwendig macht, ist es die Dichtkunst beinahe allein, welche die getrennten Kräfte der Seele wieder in Vereinigung bringt, welche Kopf und Herz, Scharfsinn und Witz, Vernunft und Einbildungskraft in harmonischem Bunde beschäftigt, welche gleichsam den *ganzen Menschen* in uns wieder herstellt." (Schiller SA XVI, 227) Auch hier geht

Hölderlin über Schiller hinaus, im Verhältnis zu den Griechen durch die allgemeine Kulturtheorie, die er im ersten Boehlendorff-Brief vom 4. Dezember 1801 skizziert, wonach eine Nation in die Schule des Fremden gehen muss, um das Eigene wie das Fremde frei gebrauchen zu lernen. So habe Homer, ausgehend vom „heiligen Pathos", „die abendländische *Junonische Nüchternheit* für sein Apollonsreich zu erbeuten, und so wahrhaft das fremde sich anzueignen" gewusst. „Bei uns ist es umgekehrt." Ausgehend von der verstandesmäßigen Nüchternheit mussten sich die Abendländer das heilige Pathos, das orientalische „Feuer vom Himmel" aneignen, wurden durch den leidenden Christus bis zu der Gegenwart geführt, wo sie wieder umlernen und zu ihrer verstandesgeprägten Natur zurückkehren können, um über Verstand und Leidenschaft frei zu verfügen. Hölderlin lobt Boehlendorff: „Du hast an Präzision und tüchtiger Gelenksamkeit so sehr gewonnen und nichts an Wärme verloren, im Gegentheil, wie eine gute Klinge, hat sich die Elastizität Deines Geistes in der beugenden Schule um so kräftiger erwiesen." (Hölderlin MA II, 912) Die Deutschen, das zeigt Casimir Ulrich Karl Boehlendorffs und Hölderlins Dichtung, haben den Weg zu sich selbst gefunden, während die Griechen in der Künstlichkeit stecken blieben: „Dabei ward aber/ Das Vaterländische von ihnen/Versäumet und erbärmlich gieng/Das Griechenland, das schönste, zu Grunde." (Hölderlin MA I, 430) Diese Kulturtheorie ist also poetologisch höchst relevant, schon dadurch, dass sich eine Reihe der späten Gesänge mit den Problemen des Kulturaustauschs, der Rückkehr in die Heimat, der leitenden Genien Christus, Herakles, Dionysos befassen.

Die Schiller'sche Forderung des ‚ganzen Menschen', der nur durch die Dichtkunst wiederherzustellen ist, hat ihre lange Tradition im 18. Jahrhundert (Gaier 1993b) und bestimmt als Lehre vom Wechsel der Töne zusammen mit der Schöpfungshieroglyphe (als „gesezlicher Kalkul") Hölderlins Dichtung und poetologische Schriften von 1796 bis 1806. Noch 1804 schreibt er: „Das Gesez, der Kalkul, die Art, wie, ein Empfindungssystem, der ganze Mensch, als unter dem Einflusse des Elements sich entwikelt, und Vorstellung und Empfindung und Räsonnement, in verschiedenen Successionen, aber immer nach einer sichern Regel nacheinander hervorgehn [...]" (Hölderlin MA II, 309–310). Die Schöpfungshieroglyphe fand er in Kirchenliedern, bei Klopstock, Oetinger, Herder; auch zum Wechsel der Töne fand er Anregungen bei Klopstock, bei Herders *triceps* und Psalmenanalysen, in Heinses Musiktheorie, vor allem aber in Platons *Politeia* und *Politikos* (Gaier 2014b, 254–264) sowie in Aristoteles' *Poetik*. In seine anspruchsvolle poetologische Theoriebildung bezog Hölderlin nach dem Austausch mit Heinse 1796 neben antikisierenden Versmaßen auch Klopstocks Lehre und Anwendung der Wortfüße ein, erneuerte die Mythologie (Gaier 2014a, 265–289) und war sich mit dieser Verfahrungsart bei jeder Dichtung sicher, „das Schöne hervorgebracht" (Hölderlin MA II, 309) zu haben. Das Schöne ist nach Platons *Phaidros* und *Sym-*

posion der ins Auge fallende Vorschein des Göttlichen. Er befeuert, wie auch die von Goethe zitierten *furores* der Eros-Begeisterung, den Menschen und bringt ihn dem Göttlichen näher (Gaier 1993a, 165–176). Mit diesem ungeheuren Anspruch, nicht nur *ein* Schönes herzustellen, sondern *das* Schöne, und mit seiner ‚heiligen Poesie' auch den Rezipienten zu heilen und zu heiligen, hat Hölderlin wohl Recht behalten: Von den Besprochenen ist er der meistübersetzte und meistbedichtete ‚Dichter der Dichter'.

Schiller bezog sich mit seinen Werken oft auf Tatsächliches. *Die Räuber* und *Kabale und Liebe* sind württembergische Schlüsseldramen, *Don Carlos, Wallenstein, Maria Stuart, Die Jungfrau von Orleans, Wilhelm Tell, Demetrius* sind Nationaldramen, die im Falle von *Wilhelm Tell* sogar einen die Nation begründenden Mythos schufen. Hölderlin plante mit seinem fragmentarisch gebliebenen *Tod des Empedokles* eine Tragödie, die Napoleon warnen sollte und liegenblieb, als dieser die Alleinherrschaft ergriff. Abgesehen von dieser unmittelbaren Aktualität stellt Hölderlin in dem Schicksal und der Gefahr des ‚Retters' die historischen Figuren Empedokles, Christus, den Spartanerkönig Agis und Napoleon hintereinander, lässt wie Kleist im *Amphitryon* die mythischen Figuren Amphitryon auf Zeus, Herakles auf Christus durchscheinen. Hölderlin schreibt damit eine Tragödie über ein anthropologisches, historisches und theologisches Gesetz, nach dem der falsche Priester, der sich Gott genähert zu haben behauptet, wie Semele vom Blitz des Zeus getroffen und verbrannt wird (Hölderlin MA I, 263–264).

Das ist auch Hölderlins persönliche Erfahrung: Schiller, der sich mehrfach für ihn eingesetzt hatte, verurteilte wie der in diesem Fall verständnislose Goethe die eigenen Wege und hohen, auch gegen ihn gerichteten Ansprüche des Schützlings, gab ihm eine „alberne" Übersetzungsaufgabe, wies das Ergebnis zurück und antwortete schließlich nicht mehr, obwohl ihm Hölderlin versicherte: „von Ihnen dependir' ich unüberwindlich" (Hölderlin MA II, 655). Schiller, seit 1794 von Goethe in Beschlag genommen, arbeitete mit ihm bei *Wilhelm Meisters Lehrjahre, Faust, Xenien* und dem Weimarer Theater zusammen und setzte auf Außenwirkung. Hölderlin aber wurde von Friedrich Wilhelm Waiblinger auf den Tübinger Österberg mitgenommen, schmauchte sein Pfeifchen und lobte die Aussicht.

8 Jean Paul Friedrich Richter (1763–1825)

Unter den Dichtern ‚um 1800' sticht Jean Paul als derjenige heraus, der einen scharfen Dualismus ausgeprägt hat. Sein Studium in Leipzig macht ihn mit Ernst Platners Anthropologie (*Anthropologie für Aerzte und Weltweise*, Leipzig 1772) und mit dem Satiriker Johann Karl Wezel (vgl. Langner 2013, 68–76) bekannt. Die

Anthropologie entwickelt sich im 18. Jahrhundert aus der Frage, wie unter den Prämissen des Cartesianischen Zweisubstanzendualismus die Einheit des Menschen gedacht werden kann; man sucht das Verbindende von Geist und Körper (*commercium mentis et corporis*). Diskutiert werden in der zeitgenössischen Debatte verschiedene Denkmodelle (Schings 1980): ein mittleres, Geist und Körper verbindendes Element (z. B. Schillers Mittelkraft, später: Spieltrieb; vgl. Riedel 1985), materialistische Reduktion des Geistes auf körperliche Dispositive (*influxus physicus*), Entwicklung des Körpers aus der bauenden Kraft der Seele (*anima Stahlii*; vgl. Müller 1983, 38–43), Synchronisierung von Geist und Körper durch Leibniz' prästabilierte Harmonie nach der Modellvorstellung auf ewig synchron geschalteter Uhrwerke und schließlich ad hoc geschehendes Eingreifen Gottes mit dem Ziel, Geist und Körper in Übereinstimmung zu bringen (Okkasionalismus). Jean Paul verarbeitet diese anthropologietheoretischen Grundkonzepte zu Satiren (vgl. Gaier 2010a; Schmidt-Biggemann 1975). Sein Frühwerk (1780er Jahre) lässt sich als umfassende Rekapitulation dieser Thesenlagen verstehen, so imaginiert er zum Beispiel die Möglichkeit, dass sich die synchron geschalteten Uhrwerke verstellt haben und ein Gelehrter immer erst Jahre später zu denken in der Lage ist, was sein Körper vorher schon niedergeschrieben hat. In solchen satirischen Erfindungen spricht sich ein tiefer Skeptizismus gegenüber dem Synthese- und Vermittlungsdenken aus.

Die spätere Poetik Jean Pauls (ab 1790), dargelegt in seinem theoretischen Hauptwerk *Vorschule der Ästhetik* (1804), systematisiert diesen umfassenden und mit Negativität getränkten Dualismus. Der Roman wird hier nicht von einer Idee der Handlung her und auch nicht aus dem epischen Grundmotiv der Darstellung von Weltbegebenheiten entwickelt, sondern als „Rennbahn der Charaktere" (Jean Paul W I/5, 252) verstanden. Unterschieden werden drei – selbst schon satirisch angelegte – Charakterkonstrukte: der Idylliker, dessen Kunst, glücklich zu sein, sich aus einer umfassenden Selbstbeschränkung herschreibt („Vollglück in der Beschränkung", Jean Paul W I/5, 258), der hohe Mensch, der sich in der empfindsam-erhabenen Tonlage auf das Transzendieren, die Überschreitung der körpergegebenen Grenzen ausrichtet, und der Satiriker, der zwischen boshaft kalkulierter *reductio ad materiam* und empfindsamem Idealismus hin und her wechselt, den Wechsel als Humor inszenierend (Bergengruen 2003). Entsprechend unterscheidet Jean Paul drei Schreibweisen: niederländischer, italienischer und deutscher Roman (Jean Paul W I/5, 253–257). Dem entsprechen bei Hölderlin die freilich nicht satirisch angelegten Charakterkonstrukte des naiven, idealischen und heroischen Menschen, die einander im *Hyperion* bilden oder töten und zu Dichtern machen (Gaier 1993a, 178–220, 266–272).

Jean Pauls Texte der 1790er Jahre sind weitgehend diesen drei Tonlagen zugeordnet. Der Idylliker lässt sich nach dem Modell des *influxus physicus* verstehen, freilich, wie etwa im *Schulmeisterlein Wutz*, nur unter der Prämisse der erheblich komplexer gewordenen Grundidee, dass Wutz sich seine Beschränktheit selbst induziert und somit seine *Art Idylle* (so der Untertitel) eine rekursiv verfahrende Produktivität ist, deren auslösende inszenatorische Kraft im idyllischen Ergebnis vollkommen verdrängt wird (Pietzker 1985). Der oft als Hauptwerk bezeichnete Roman *Titan* (1800–1803) kann als ‚italienischer Roman' gelten. Es handelt sich um Jean Pauls Auseinandersetzung mit Weimar und um eine tiefgehende Kritik des Klassizismus, Formalismus und Ästhetizismus: Der Staatsroman kann teilweise als Schlüsselroman gelesen werden, in dem Jean Paul die Weimarer als hohe Menschen auftreten und scheitern lässt. Albano, der Held und Regent, dessen komplexe Bildungsgeschichte erzählt wird, endet schließlich als platonischer Herrscher auf dem Thron (Kiermeier 1980): Seine ‚Platonisierung' hat den ambivalenten Preis eines vollständigen Verlusts der vitalen und individualisierenden Charakterzüge zu entrichten. Der Eheroman *Siebenkäs* (*Blumen-, Frucht- und Dornenstücke oder Ehestand, Tod und Hochzeit des Armenadvokaten F. St. Siebenkäs im Reichsmarktflecken Kuhschnappel*, 1796–1797) berichtet von einem Doppelgängerpaar: Der sich mit Ehezank herumplagende Satiriker Siebenkäs und der Humorist Leibgeber inszenieren am Ende einen Scheintod, um Siebenkäs in der Identität Leibgebers ein neues Leben zu ermöglichen. – Diese drei Texte machen stellvertretend deutlich, dass Jean Paul wie auch Hölderlin im *Hyperion* in hochkomplexer Weise die Interaktion der Charaktere als Interaktion anthropologietheoretischer Positionen versteht. Seine poetischen Texte sind somit auch inszenierte Philosophie, zum Beispiel in der Auseinandersetzung mit Fichte (Koch 2013), mithin zugleich poetologische Selbstverortungen.

Vor allem aber mischt Jean Paul diese unterschiedlichen Ausprägungen anthropologischer Grundpositionen und lässt sie im Raum seiner Texte gleichzeitig und nicht selten konfrontativ aufeinandertreffen. Sind schon die Charakterkonstruktionen selbst satirisch gedacht, so entsteht in ihren im Roman gestalteten Auseinandersetzungen eine Welt schiefer und komischer Situationen. Jean Pauls Humor ist in diesem Sinne – entgegen der im 19. Jahrhundert entstehenden Semantik des Humorbegriffs – keinesfalls versöhnlich, sondern vielmehr Ausdruck einer Verzweiflung, ein „Lachen, worin noch ein Schmerz und eine Größe ist" (Jean Paul W I/5, 129). Humor wird als Verkehrung der Verhältnisse verstanden („das umgekehrte Erhabene", Jean Paul W I/5, 125), als ein Aufstieg zum Himmel mit dem Hintern zuerst, also zugleich als Höllenfahrt (Jean Paul W I/5, 129), von der auf die Welt zurückschauend ein Schlachtfeld der Negativität und des närrischen Unsinns erblickt und zur „humoristischen Lebens-Verachtung" (Jean Paul W I/5, 129) wird.

Indem Jean Paul derart auf Negativität und dualistischer Unversöhntheit von Geist und Körper besteht, findet er zu poetologischen Konzepten, die ‚um 1800' singulär sind. So folgt er zum Beispiel nicht einer triadischen Geschichtsspekulation nach dem Muster unvermittelte Naivität, Entfremdung, vermittelte Unmittelbarkeit (Steinwachs 1986). Vielmehr geht schon sein Griechenbild (*Vorschule*, IV. Programm) nicht von einer Ontologie des Naiven aus, sondern konstruiert eine Reihe von nur temporär gelingenden Ausgleichsszenarios dichotomer Verhältnisse, welche durch den Einbruch des Christentums in eine innere Unendlichkeit fallen: „Der Geist stieg in sich und seine Nacht und sah Geister." (Jean Paul W I/5, 93) So entsteht erneut eine Dualität zwischen gewesener griechischer Sinnlichkeit und negativer Unendlichkeit des Geistes, aber ohne angedeutete Synthesemöglichkeit. Vielmehr buchstabiert Jean Paul diese Nichtidentität auf allen Ebenen aus, vom Buchstäblichen des A B C als einer in ihren Zirkularitäten eingeschlossenen Zeichentätigkeit (*Leben Fibels, des Verfassers der Bienrodischen Fibel*, 1812) bis zu den metaphysischen Dimensionen der Gnosis (Simon 2016b).

Weiterführende Literatur

Alt, Peter-André (³2007). *Aufklärung. Lehrbuch Germanistik.* Stuttgart/Weimar.
Baeumler, Alfred (1981). *Das Irrationalitätsproblem in der Ästhetik und Logik des 18. Jahrhunderts bis zur Kritik der Urteilskraft.* Darmstadt.
Herrmann, Hans Peter (1970). *Naturnachahmung und Einbildungskraft. Zur Entwicklung der deutschen Poetik von 1670 bis 1740.* Bad Homburg v. d. H./Berlin/Zürich.
Scherpe, Klaus R. (1968). *Gattungspoetik im 18. Jahrhundert. Historische Entwicklung von Gottsched bis Herder.* Stuttgart.
Ter-Nedden, Gisbert (1986). *Lessings Trauerspiele. Der Ursprung des modernen Dramas aus dem Geist der Kritik.* Stuttgart.

Rüdiger Campe
II.5 Poetiken der Frühromantik

Sicher hatten die Frühromantiker in Jena und Berlin in der Zeit zwischen 1795 und 1804 – man denkt zuerst an Friedrich und August Wilhelm Schlegel, an Friedrich von Hardenberg, der sich Novalis nannte, und Friedrich Schleiermacher, an Dorothea Veit, Caroline und Friedrich Wilhelm Joseph Schelling, an Ludwig Tieck und Bettina und Clemens Brentano (Behler 1992; Pikulik 1992; Endres 2017) – zur Poetik viel zu sagen. Das heißt aber nicht, dass Poetik als Lehre von der literarischen Kunstübung ihre Sache war. In diesem Sinn kann man eigentlich nur die *Vorlesungen über philosophische Kunstlehre* nennen, die August Wilhelm Schlegel 1798/1799 an der Universität in Jena hielt. Poetik (oder Kunstlehre) ist der Gegenstand des ersten Teils, hier mit den beiden Unterpunkten Sprachtheorie und Theorie der Gattungen. Im zweiten Teil folgen die Geschichte der Poetik, eingeteilt in die Geschichte der antiken Theorie von Dichtung, Rede und Musik und die Geschichte der modernen Ästhetik (A. W. Schlegel KAV I, 1–177; Solger 1970, 395–471). Mit diesen zweimal zwei Teilen ist aber auch die Frage aufgeworfen, wie die ‚Kunstlehre' und das ‚Philosophische' an ihr eigentlich zueinander stehen. Damit kommt man erst ins Zentrum dessen, was die Frühromantiker an der Poetik interessiert hat – zum Versuch nämlich, das, was man vor ihnen Poetik genannt hat, in neue und weitere Zusammenhänge zu stellen und damit hinsichtlich Anspruch und Reichweite nachhaltig zu erweitern.

Ein gutes Beispiel für die Arbeit auf beiden Seiten – für Poetik im engeren Sinn und die transformierende Zuordnung zu weiteren Bereichen – findet sich in Friedrich Schlegels berüchtigtem Aufsatz *Über die Unverständlichkeit*. Er erschien in der programmatischen Zeitschrift der Frühromantiker, dem *Athenäum* (1798–1800), im Jahr 1800. Um die Figur der Ironie zu erläutern, die wesentlich für die Poetik der Unverständlichkeit sei (Strohschneider-Kohrs 1977, 273–282; Fohrmann 1994; Landgraf 2006), zitiert Schlegel ein eigenes Fragment, das er auch im *Athenäum* veröffentlicht hatte: „Die Französische Revolution, Fichtes Wissenschaftslehre und Goethes Meister sind die größten Tendenzen des Zeitalters." (F. Schlegel KFSA I/2, 198) Der Zusammenhang, in den Literatur in diesem Fragment gestellt wird, könnte nicht breiter und größer sein: Johann Wolfgang Goethes Roman (die *Lehrjahre*) wird zusammengebracht mit der Revolution, die Europa und die Welt verändert hat, und mit der neuesten Fassung von Wissenschaft und Philosophie, wie sie im deutschen Idealismus vorliegt. Die Ironie, die zu Missverständnissen Anlass gibt, sieht Schlegel im Wort „Tendenzen". Leser könnten leicht glauben, er halte die *Athenäum*-Autoren und sich selbst für diejenigen, die diese Tendenzen zusammenführen und zum Abschluss bringen. Das, sagt Schlegel, hieße aber die Ironie in der sprachlichen und gedanklichen Wendung von der ‚Tendenz' zu übersehen. Im „Dialekt der *Fragmente*" zeige das Wort ganz im Gegenteil an, dass Tendenzen wesentlich unabgeschlossen sind (F. Schlegel KFSA I/2, 367).

Handelt es sich nun um eine abenteuerlich ausgreifende Deutung der Zeit? Oder um die enge poetologische Erläuterung eines Worts im eigenen Aufsatz? Für den frühromantischen Poetiker liegt darin keine ausschließende Alternative: Die politischen, wissenschaftlichen und philosophischen Zusammenhänge der Gegenwart begreift man, legt Schlegel nahe, nur poetisch – oder besser poietisch (das Wort von der griechischen Bedeutung von *poiesis* her verstanden: machen, herstellen). Das heißt, man begreift sie nur aus dem Prozess des Werdens und Entstehens heraus und nicht von einem angenommenen Endpunkt her. Das ist nach Schlegel die einzig sinnvolle, und zwar eben ironische Bedeutung von ‚Tendenz' in seinem Fragment: Das Zeitalter, will er verstanden wissen, ist wesentlich eines von laufenden Prozessen, von Verfahren des Herstellens und Machens und nicht von abgeschlossenen, vorliegenden Ergebnissen. In dieser poetischen und poietischen Pointe liegt der Sinn der Zusammenstellung eines literarischen Werks (Goethes *Meister*), das herkömmlich auf Poetisches spezialisiert ist, mit der poietischen Politik der Zeit und ihrem philosophischen Denken der Poiesis. In dieser Selbstdeutung überschreitet die Poetik ihre angestammte Region, die Dichtung, in zwei Hinsichten, die sich trotz ihrer Gegensätzlichkeit auch wieder nicht trennen lassen: Literatur, das wäre die eine Folgerung, verschwindet als das besondere Gebiet und die besondere Tätigkeit des Dichtens, wenn man Poetik im weiten Sinne einer politischen, wissenschaftlichen, ja weltgeschichtlichen ‚Poietik' sieht. Man kann es aber auch anders verstehen. Dann ermächtigt die poetisch-poietische Tätigkeit ihren angestammten Gegenstand, die Literatur, in einem bisher ungekannten Maße und gibt ihr Zuständigkeit und Wirkung bis ins Politisch-Philosophisch-Geschichtliche hinein. Die Transformation im einen oder anderen Sinn, die mit dem Begriff des Poietischen verbunden ist, wird noch wichtiger, wenn man auf Schlegels Begrifflichkeit des Werkzeugs (Holland 2006) und darüber hinaus auf die zwischen Technik und Biologie changierende Bedeutung des Organs im weiteren Umfeld romantischer Künstler, Wissenschaftler und Philosophen achtet (Weatherby 2016). Über die ‚Poietik' wird Poetik auch zu Theorie und Praxis dessen, was wir heute die Frage der Technik (*téchne*) nennen würden.

Es ist aber trotzdem sinnvoll, die Poetik der Schlegels und ihrer Mitarbeiter im engeren Zusammenhang mit dem Literarischen, sozusagen im Moment der Transformation der Dichtung zur Literatur und darüber hinaus vorzustellen. Die wichtigste Operation der frühromantischen Poetik besteht nämlich in dieser Überschreitung des literarisch Poetologischen mit den Mitteln des literarisch Poetologischen (Lacoue-Labarthe und Nancy 2016; Menninghaus 1987). Was aus dieser Operation politisch folgt, was ihr philosophisch zu Grunde liegt und was sie im Sinne der Frühromantiker zu einer wissenschaftlichen und sogar technischen Operation macht, findet sich in der Überschreitung der Dichtung zum modern Literarischen.

Unter zwei Überschriften lassen sich Aspekte dieser Operation vorstellen: Das eine sind die Systematik und die Geschichte der Formen der frühromantischen Poetik – dabei geht es vor allem um die Frage der Gattungen und der Gattung überhaupt, um die Frage des Werks und seines Verstehens. Das andere sind die Medien und Verfahren dieser Poetik – dabei geht es um das Schreiben, Sprechen und Mitteilen und schließlich um die Kommunikation im weiteren Sinn einer Neuen Mythologie, einer Mythologie nämlich für nachmythologische Zeiten.

1 Die Formen der Poetik

Zu den Grundlagen der sich selbst transformierenden Poetik und Poiesis der Frühromantiker zählt die philosophisch interpretierte Geschichte der Dichtung – die *Querelle des anciens et des modernes*, die vom Wettstreit zwischen alter und neuer Literatur und Wissenschaft handelt und nach Prinzipien ihrer Unterscheidung fragt (Jauß 1973). Friedrich Schlegel ist hier der Wortführer, aber die philologischen Studien und Übersetzungen seines Bruders August Wilhelm, insbesondere aus dem Griechischen, spielen eine große Rolle (Benne 2015; Canal 2017), ebenso Überlegungen Schleiermachers über die Prinzipien des Textverstehens, die er um die Jahrhundertwende für die Arbeit am platonischen Korpus und für das Bibelstudium entwickelt (Schleiermacher KGA I, Bde. 2 und 3; Frank 1977; Arndt und Dierken 2016).

Man kann sich den Sinn dieser Überlegungen an zwei Veröffentlichungen Friedrich Schlegels aus den Jahren des ersten programmatischen Auftritts der Frühromantiker klarmachen. Die eine Publikation heißt *Über das Studium der Griechischen Poesie*. Schlegel arbeitet an diesem Großessay 1795–1796 und bringt ihn 1797 – im Jahr vor dem ersten Heft des *Athenäum* – zum Druck. Die andere Veröffentlichung ist das *Gespräch über die Poesie*, ein fiktiver Dialog zum selben Themenkreis, der den letzten Jahrgang des *Athenäum* im Jahre 1800 eröffnet (Behler 1992).

Der *Studium*-Aufsatz ist eine einigermaßen verwirrende Lektüre. Entgegen dem Titel geht es nämlich nicht wirklich um ruhige, historische Ausbreitung von Wissen über griechische Dichtung. Schlegel arbeitet stattdessen die Grundlage für eine Geschichte der Dichtung überhaupt aus. Diese Geschichte ist, wie erwähnt, nach der Vorgabe der *Querelle des anciens et des modernes* aufgefasst. Schon lange vor den Frühromantikern hatte sich die Wertungsfrage, ob die antiken oder die modernen Dichter besser seien, zur Erklärungsfrage verschoben, in welcher Hinsicht und warum sich die Dichtung der Neuen von der der Alten unterscheide. So sehr Schlegels Hin- und Herspringen zwischen griechischer Dichtung und der auch ‚romantisch' genannten Moderne seit Dante und Miguel de Cervantes verwirrt – sein Ansatz zu ihrer Unterscheidung könnte schneidender und einfacher nicht sein. Er setzt die geschichtliche Differenz unmittelbar mit einer systematischen gleich (Campe 2014). Die systematische Unterscheidung nimmt er dabei aus der jüngsten Philosophie, nämlich aus Immanuel Kant (Jaeschke und Arndt 2012, 222–230). Kant hatte zu ganz anderen Zwecken die Philosophie unterschieden in die Erkenntnis der Natur und ihrer Gesetze einerseits und das Verständnis der praktischen Vernunft, das Handeln des moralischen Subjekts aus Freiheit andererseits. Bei Schlegel stellt sich nun die Entwicklung der poetischen Gattungen im klassischen Griechenland und in abnehmender Strenge im Hellenismus und der römischen Antike als ein Naturgeschehen dar. Die antike Gattungsgeschichte kann und muss nach Schlegel als ‚Naturgeschichte' geschrieben werden, als handle es sich um Tiere und Pflanzen in Linné'scher Klassifikation. Die Geschichte der Literatur bei den Modernen ist dagegen die Geschichte einzelner Werke, die von der freien Hervorbringung des poietischen Subjekts aus verstanden werden müssen. „Entweder die Freiheit oder die Natur muß der menschlichen Bildung den ersten bestimmenden Anstoß geben, und dadurch die Richtung des Weges, das Gesetz der Progression, und das endliche Ziel der ganzen Laufbahn determinieren [...]. Im ersten Fall kann die Bildung eine *natürliche*, im letztern eine *künstliche* heißen." (F. Schlegel KFSA I/1, 230)

Was bedeutet das für die Poetologie der Formen der Dichtung, das heißt der Gattungen? Diese Frage ist und bleibt bei Schlegel das Herzstück der Theorie beim Studium des Poetischen. Denn Theorie bedeutet für Schlegel zuerst und vor allem das Wissen von den ‚Dichtarten' (F. Schlegel KFSA I/1, 238, 246–250, 273–274; F. Schlegel KFSA I/2, 154, 337; A. W. Schlegel KAV I, 59; Scherpe 1968; Hamacher 1998a). Wenn man vom Gegensatz der Natur und der Freiheit ausgeht, haben die Modernen zwar keine anderen Gattungen als die Alten, aber sie haben ein anderes Verhältnis zu ihnen. In der griechischen Antike treten das Idyll und die Elegie, das Epos und das Drama aus sozialen, politischen, rituellen und anderen Gründen mit Notwendigkeit auf. Der romantische oder moderne Dichter hat die Gattungen dagegen wie in einem Sortiment vor sich, aus dem er frei wählt. Was darüber als poetisches Werk entsteht, kann dann aber keine neue, moderne Gattung repräsentieren. Eine solche aus Freiheit getroffene Wahl unter Gattungen kann Vermengen und Verbinden von Gattungen bedeuten, aber auch die Umstellung von eidetisch vorbildlichen Formen überhaupt auf die sich dynamisch in jedem einzelnen Fall erst herausbildende Form. Die Theorie geht also den Alten gegenüber historisch vor: Sie verzeichnet die Gattungsformen in der Folge ihres Auftretens in der griechischen Literatur. Bei den Modernen ist die Theorie produktiv: Sie leitet das Verfahren an, Formen zu verbinden, zu vermengen oder überhaupt Form hervorzubringen. Es ist aber beide Male dieselbe Theorie der Dichtarten. Einmal bedeutet sie historisches Wissen und Anschauung, einmal Produktion aus Wissen und Begriff.

Das ist Schlegels Grundformel für eine sich selbst transformierende Poetik im *Studium*-Aufsatz. Erst nachdem er diese erste Anwendung Kant'scher Konzepte aus den ersten beiden Kritiken (Naturgesetz vs. Freiheit) auf das Material der Literaturgeschichte durchgeführt hatte, sah er Friedrich Schillers subtileren Versuch in *Über naive und sentimentalische Dichtung* (1795), die Alten und die Neuen nach Maßgabe der dritten Kritik – Kants Ästhetik – durch das Kriterium der Reflexion zu unterscheiden. Schlegel hat diese Wendung noch in den *Studium*-Aufsatz einbezogen, ohne aber sein Argument wirklich umzubauen (Schiller FA VIII, 706–810; Jauß 1973). Im *Gespräch über die Poesie* von 1800 verfeinert nun Schlegel sein früheres Argument. Schon im *Studium der Griechischen Poesie* waren Natur und Freiheit nicht nur Gegensätze der Poetik gewesen, sondern auch unterschiedliche Dominanten in einem einheitlichen Prinzip der Poiesis. Von ihr geht Schlegel in seinem Dialog nun aus: Alle Poiesis, heißt es jetzt, ist Umformung von Geformtem (F. Schlegel KFSA I/2, 290). Das ist der Gedanke, der im *Studium*-Aufsatz die Naturdominante der Antike (die vom Vorrang des Geformten ausgeht) mit der Freiheitsdominante der Moderne (die vom Vorrang des Umformens ausgeht) verbindet. Wenn man aber nun, wie Schlegel es im *Gespräch* tut, nicht mehr die Geschichte von der großen Kehrtwende zwischen Antike und Moderne zu Hilfe nimmt, wie kann man dann das Verfahren einer sich selbst durch Umformen formenden Poiesis erfassen? Schlegel tut das, indem er vier Aspekte dieses formend-umformenden Vorgehens zum Thema macht: Er spricht erstens von der Geschichte der Dichtarten – dem Verlauf des Prozesses im Großen der Kulturgeschichte. Er spricht zweitens von der Entwicklung der Stile im Werk Goethes – vom Verlauf des Prozesses aus der Perspektive des poetischen Subjekts. Drittens (und die beiden ersten Punkte in einer ersten Hinsicht thematisierend) spricht er von der Mythologie und fordert nach der antiken eine moderne – und mit dem Thema der Mythologie ist nach dem Vorbild der Antike nun eigens herausgestellt, dass alle Dichtung sich aus einem vorangehenden Reservoir speist, das heißt: an Geformtes anschließt. Und schließlich spricht er viertens (wieder die beiden ersten Punkte reflektierend) vom Roman – und mit dem Roman hebt Schlegel hervor, was in der Moderne nicht nur an die Stelle des Epos, sondern jeder herkömmlichen Gattung überhaupt tritt. Denn der Roman ist nichts anderes als der Rahmen für die Mischung von Gattungen oder aber die Umstellung von Formvorgabe auf die Herstellung von Form.

Was heißt das nun für eine Poetik, wie wir sie herkömmlich als Anweisung oder Theorie der Verfahren im literarischen Werk verstehen und wie August Wilhelm Schlegel sie auf den ersten Blick in seinen Jenenser Vorlesungen noch einmal vorzutragen scheint? Oft hat man die Theorie des Romans als Antwort auf diese Frage genommen (Behler 1992; Campe 2009). Der Roman in der Moderne bildet im *Gespräch* aber nur einen Aspekt, und seine Theorie ist darum auch nur im Zusammenhang der Gesamtkonzeption des Dialogs schlüssig. Trotzdem steht die Romantheorie bis heute für frühromantische Poetik im Ganzen (Polheim 1966, 134–234). Das erstaunt nicht nur, weil Friedrich Schlegel selbst an seinem Spiel mit den Wörtern ‚Roman' und ‚romantisch' nur wenige Jahre festgehalten hat. Es gibt seinerseits nur zwei greifbare – aber eben wirkmächtige – Einlösungen der Romantheorie: Das ist einmal, in der Theorie, die Rezension zu Goethes *Lehrjahre des Wilhelm Meister* (1798). In dieser Besprechung gibt Schlegel viele Anhaltspunkte zur Idee der Gattungsmischung und zur Dynamik der Formgebung; auch wenn es nicht immer leichtfällt, sie mit der unbefangenen Lektüre von Goethes Roman zusammenzubringen. Das andere ist, in der Praxis, sein eigener Versuch, einen Roman zu schreiben (*Lucinde*, 1799), in dem er nachhaltig die Zusammenfügung von Gattungen, ja von verschiedenen Medien (Brief, Rede, Manuskript) zum Bauprinzip macht. Alles in allem stand in der Wirkungsgeschichte der Frühromantik das bloße Hervorheben der Romantheorie und in ähnlicher Weise auch die einseitige Betonung des Fragments im Vordergrund. Dadurch verlor man aber aus den Augen, dass für Schlegel das Zusammensetzen fragmentierter Formen wie in Roman und Aphorismus immer im großen Zusammenhang der Umformung des Geformten stand.

Kritik und Ironie

In einer sich selbst transformierenden Poetik verweist geschichtliches Einordnen und Werkverstehen – die ‚Allgemeine Hermeneutik', die Schleiermacher entwickelte und seit 1810 als Professor an der Berliner Universität vortrug (Schleiermacher KGA II/4; Jaeschke und Arndt 2012, 276–305; Arndt und Dierken 2016) – auf eine poetisch-rhetorische Figuren- und Tropenlehre. Die umfassenden Entwürfe zum Wissen über Literatur und Kultur, wie sie die Brüder Schlegel vorgelegt haben, und die Überlegungen zu poetischen Figuren, die typischerweise eher die Fragmente im *Athenäum* bevölkerten, sind zwei Seiten derselben Sache. Das gilt besonders für zwei Konzepte, die sich in der Wirkungsgeschichte der frühromantischen Poetik mit dem Roman verbunden haben, obwohl sie ein ganz unterschiedliches Herkommen haben. Gemeint sind die Kritik und die Ironie (Benjamin GS I, 7–122; Behler 1988). Man kann tatsächlich das Verhältnis der Nichtgattung des Romans zu den kleineren, Schlegel zufolge in ihm verwendeten Gattungen wie Märchen, Idyll, Anekdote und anderen einerseits als ein Verfahren der Kritik, andererseits als ironische Figuration auffassen. Walter Benjamin hat in seiner Dissertation *Der Begriff der Kunstkritik in der deutschen Romantik* von 1920 Kritik und Ironie mit großer Wirkung durch einen auf das Kunstwerk bezogenen Begriff der Reflexion interpretiert und zusammengeführt. Unterschiedliche Formzusammenhänge können danach innerhalb des Werks so aufeinander verweisen, dass sie sich in einem fortlaufenden gegenseitigen Reflexionsprozess als Kontinuum begründen (Menninghaus 1987; Schumacher 2000; Avanessian 2015). Die Einheit des Werks ist dann objektiv im ‚Medium' (Benjamin) dieser Reflexion gegeben, wobei der Prozess des Reflektierens in seinem Fortlaufen innerhalb des Mediums gleichzeitig offenbleibt (Benjamin GS I, 36–37). Die hermeneutische Rückschau der Kritik und die poetologische Figur des ironischen Sicherhebens der einen über die andere Form (und der einen Gattung über die andere) ergänzen einander in der Konstruktion des Werks (Strohschneider-Kohrs 1977; Japp 1983; Behler 1988; Schumacher 2000).

Diese Interpretation verdankt sich der Engführung von Motiven, die bei Friedrich Schlegel selbst allerdings in unterschiedlichen Kontexten auftreten. Den Kritikbegriff hat Schlegel – in enger Tuchfühlung mit Schleiermachers Entwicklung hermeneutischer Grundsätze (Schleiermacher KGA II/4) – eigentlich doch eher im Zusammenhang einer Produktions- und Rezeptionsgeschichte von dichterischen Werken entwickelt (Benjamin GS I, 7–122; Campe 2015; Dehrmann 2015). In seinem Aufsatz *Vom Wesen der Kritik* (1804), den er für eine Auswahl aus Gotthold Ephraim Lessings Schriften verfasst hat, entwickelt er das Vorgehen der Kritik ganz nach Maßgabe seiner Geschichte der Dichtung von der Antike bis zur Moderne. Kritik heißt grundsätzlich für Schlegel ganz wie für Schleiermacher: dem Besonderen seinen Platz im Ganzen geben. Weil in der antiken Naturgeschichte der Gattungen und der ihnen verpflichteten Werke der Zusammenhang des Ganzen immer schon vorgegeben ist, konnte es nach Schlegel für die Kritik hier „nicht schwer sein", „die Stelle zu finden, die das Einzelne im Ganzen einnehme". (F. Schlegel KFSA I/3, 53) Darum sieht gerade die Kritik der Alten oftmals subjektiv und willkürlich aus. Sie weiß sozusagen nicht, was sie immer schon gewusst hat. Umgekehrt in der Moderne: In der ‚künstlichen Bildung' der Freiheit ist der Zusammenhang des Ganzen immer nur eine Konstruktion aus dem Vermögen der Kritik heraus. Es ist die radikale Subjektivität der Kritik in der Moderne, die sie so objektiv – das heißt so auf Ganzheit eingeschworen – aussehen lässt.

Anders als die Kritik ist die Ironie ein spezifisch Schlegel'sches Konzept, das er in den Fragmenten des *Athenäum* und da fast immer aus einer zeitlosen Typik von Diskursen heraus entwickelt (Strohschneider-Kohrs 1977; Frank 1989, 307–316, 360–379; Behler 1988; Avanessian 2015; Rush 2016). Das *Lyceum-Fragment*

43, das um die Ironie kreist, ist darin zugleich eine Theorie des Fragments selbst (Lacoue-Labarthe und Nancy 2016): „Die Philosophie ist die eigentliche Heimat der Ironie [...]: denn überall wo in mündlichen oder geschriebenen Gesprächen, und nur nicht ganz systematisch philosophiert wird, soll man Ironie leisten und fordern [...]. Freilich gibts auch eine rhetorische Ironie, welche sparsam gebraucht vortreffliche Wirkung tut, besonders im Polemischen [...]. Die Poesie allein kann sich auch von dieser Seite bis zur Höhe der Philosophie erheben, und ist nicht auf ironische Stellen begründet, wie die Rhetorik. Es gibt alte und moderne Gedichte, die durchgängig im Ganzen und überall den göttlichen Hauch der Ironie atmen." (F. Schlegel KFSA I/2, 152) Ironie ist hier also die Figur, die Allgemeines und Einzelnes zueinander ins Verhältnis setzt. Philosophie wird ironisch, wo sie in dem ihr unveräußerlichen Anspruch auf das Allgemeine des Systems in urbaner Weise ein Stück nachlässt. Die Rhetorik, deren Absehen auf Wirkung umgekehrt Inbegriff der jeweiligen Stelle und des Einzelnen ist, versucht ironisch über sich hinaus zu zielen. Poetische Ironie ist das Verfahren, die Mitte zwischen Allgemeinem und Einzelnem und damit auch zwischen Philosophie und Rhetorik zu halten (Mergenthaler 2012, 29–43).

Das ist es, was Schlegel in der Fortsetzung des *Lyceum-Fragments* 42 „transzendentale Buffonerie" nennt (Feldman 2010, 143-144). Sie hat, erläutert Schlegel, zwei Seiten. Die eine Seite: „Im Innern, die Stimmung, welche alles übersieht, und sich über alles Bedingte unendlich erhebt [...]". Das, kann man sagen, ist die Benjamin'sche objektive Ironie des Werks. In den von Schlegel hier angebotenen Ausdrücken: Es ist das Philosophische, auf das Allgemeine Gerichtete des poetischen Verfahrens, das sich über das Rhetorische am Verfahren, das Einzelne der Wirkung, das es doch auch ist, hinaushebt. Die andere Seite: „[...] im Äußern, in der Ausführung die mimische Manier eines gewöhnlichen guten italiänischen Buffo" (Schlegel KFSA 1/2, 152). Mit dieser zweiten Seite unterstreicht Schlegel, dass die poetische Ironie aber auch nicht Philosophie werden kann. Die Überwindung der rhetorischen Jeweiligkeit in philosophischer Allgemeinheit ist nur die innere Entsprechung zur äußeren Form der Buffonerie, die dem Rhetorischen verwandt bleibt. Ähnlich vertrackt hatte Schlegel schon im Aufsatz *Über die Unverständlichkeit* seine „Übersicht vom ganzen System der Ironie" resümiert: Ziel aller Ironie wäre es, „wenn sich eine Ironie fände, welche die Eigenschaft hätte, alle [...] Ironien zu schlucken und zu verschlingen". Aber diese philosophische Fixierung der poetischen Ironie in Objektivität „würde nur auf kurze Zeit helfen können". Es würde, argwöhnt Schlegel, „bald eine neue Generation von kleinen" – also nicht philosophischen, sondern wieder rhetorischen – „Ironien entstehn" (F. Schlegel KFSA I/2, 369–370). Die Ironie ist nach Schlegel also nicht nur die von Benjamin in den Vordergrund gerückte innere und philosophische Form (die Objektivität des Prozesses und seines Mediums), sondern immer auch äußere und rhetorische Form (die Verfahrensseite des im Medium laufenden Prozesses).

Komödie und Komödientheorie

Die Engführung von Kritik und Ironie zum Werk, in dem Theorie und Praxis verbunden sind, ist in der Zeit der Frühromantik trotz Schlegels *Lucinde* weniger in Romanen erfolgreich gewesen als in Komödien. Das trifft vor allem auf zwei Stücke des hochbegabten, aber nicht unbedingt der Theorie zugeneigten Tieck zu (Szondi 1976; Strohschneider-Kohrs 1977, 283–336; Scherer 2003). Dem Berliner Salon der Romantiker angehörig und fast im gleichen Alter wie Friedrich Schlegel, schreibt er 1797 *Der gestiefelte Kater – Ein Kindermärchen in drei Akten, mit Zwischenspielen, einem Prologe und Epiloge* und 1798 *Die verkehrte Welt – Ein historisches Schauspiel in fünf Aufzügen*. Die beiden Stücke vollziehen mit den Mitteln der Ironie die Kritik derjenigen poetischen Form, die seit Aristoteles und von Schlegel bestätigt die geschlossene Form des poetischen Werks überhaupt repräsentiert: des Dramas (F. Schlegel KFSA I/1, 131, 470–471). Sie schöpfen die Möglichkeiten dieses Unternehmens im Prinzip auch schon aus. *Der gestiefelte Kater* überspült die Einheit des Dramas, die auf dem Vorrang der Handlung beruht, durch die märchenhaften Ereignisse auf der Bühne. Das Gerüst von Akten, Zwischenstücken, Prolog und Epilog wird rückwirkend dadurch umso sichtbarer. *Die verkehrte Welt* vollzieht dagegen auf allen Ebenen die Reflexion des Theaters im Theater und damit die Kritik des Dramas durch objektive Ironie. Gleich am Anfang des ersten Akts statuiert Pierrot dafür das Exempel, wenn er von der Bühne ins Parterre springt, um Zuschauer zu werden, während kurz danach Herr Grünhelm, der Zuschauer, aus dem Parterre aufsteigt, um endlich mitspielen zu können (Tieck W II, 278–282).

Auch Schlegels eigene Komödientheorie kann man als eine zu seiner allgemeinen Wissensgeschichte der Literatur hinzukommende weitere Grundlegung der frühromantischen Poetik auffassen. Sie reicht allerdings über die formalistische Ästhetik der Tieck'schen Stücke entschieden hinaus. In einem kleinen Aufsatz zur griechischen Komödie, den Schlegel schon 1794 veröffentlicht hatte, unternimmt er von der Seite der Komödie aus etwas, was erst Georg Wilhelm Friedrich Hegel in der Tragödientheorie der *Phänomenologie des Geistes* (1807) und der *Ästhetik* wieder erreicht: das Verständnis der Dramen- als Sozialform. Hegel wird mit Aristoteles sagen, dass die geschlossene Form der Tragödie auf der zentralen Stellung der Tat des tragischen Helden in ihr beruht. Und diese Tat markiert das Heraustreten des Individuums aus der gemeinschaftlichen Ordnung des Sittlichen in die institutionelle Welt von Gesellschaft und Recht, wo der Einzelne und das Ganze sich dann fremd gegenüberstehend wiederfinden (Hegel W III, 342–354; Hegel W XV, 521–527). Schlegels Theorie der Komödie als Auftakt zur frühromantischen Poetik ist wie das vorausgenommene Gegenargument: Die ursprüngliche Form der griechischen Komödie ist nach Schlegel eine Feier der Freude, ein Fest, das die Gemeinschaft sich selbst gibt (F. Schlegel KFSA I/1, 19–33). Als ein solches Fest hat die Komödie weder Handlung noch Form; sie ist nichts anderes als eine Zuwendung von Chor und Spiel an das Publikum (Parekbase) (Polheim 1966, 212–221). Diese ursprüngliche Komödie ist also nicht im ästhetischen Sinne schön, sondern sie findet ihre Form rituell in der Religion und sozial im Widerstreit und Miteinander der Bürger in der Polis. Wenn dann in der neuen Komödie Handlung und ästhetische Form Einzug gehalten haben, ist das Fest der Freude vorbei. Die Komödie hat sich der tragischen Handlung unterworfen und hat sich damit als ästhetische Form von der rituellen und politischen Gemeinschaftlichkeit getrennt. Die gelungene aristophanische Komödie ist nach Schlegel das Ausbalancieren der beiden Entwicklungsstufen. Sie hat gerade so viel Handlung und Form, dass sie im ästhetisch Schönen zugleich noch das form- und handlungsfreie Fest der Freude durchscheinen lässt.

2 Verfahren und Medien der Poetik

Im Umkreis der philologischen, wissensgeschichtlichen und hermeneutischen Großprojekte der Brüder Schlegel und Schleiermachers, auch der Editions- und Übersetzungsarbeit Tiecks ist eine eigentliche Poetik der Frühromantik nur der Zielpunkt oder auch die unsichtbar bleibende Voraussetzung. Die elementare Operation dieser Poetik, die Selbsttransformation der Poetik im hergebrachten Sinn in eine allgemeine Poiesis, ist von den Großprojekten zum literarischen Wissen (Benne 2015) niemals ganz abzulösen. Sie tritt außer in August Wilhelm Schlegels *Vorlesungen* nirgendwo geradewegs und vollständig auf. Die Engführung von Kritik und Ironie zum Beispiel muss man eher als eine nachträgliche Konstruktion im 20. Jahrhundert verstehen, als dass einer der Beteiligten um 1800 sie konzentriert so ausgesprochen hätte. Das ist kein bloß historisches Detail, und es hat nicht nur mit der kurzen Zeit der Ausarbeitung der frühromantischen Positionen zu tun. Nur von den Großprojekten her ist auf der Schlegel'schen und Schleiermacher'schen Seite der Frühromantik die Grundoperation der Selbsttransformation begründet.

Es gibt aber wichtige Texte aus der Frühromantik, die eine eigentliche Poetik zum Gegenstand haben. Ohne künstliche und falsche Abgrenzungen zwischen Personen und Gruppierungen zu behaupten, kann man sagen, dass sie eher aus der Feder Novalis' und, am Rande der frühromantischen Gesprächskreise, Friedrich Wilhelm Joseph Schellings und seines Schülers Karl Wilhelm Ferdinand Solger stammen als von den Schlegels. Allerdings – das schon vorausgeschickt – muss man hier mit dem umgekehrten Befund rechnen: Dort, wo von einer Poetik thematisch und direkt gesprochen wird, erscheint sie zugleich als Deckname oder jedenfalls Perspektivierung einer anderen, allgemeinen Form von Theorie. Poetik in diesem Sinn ist eine bestimmte Weise, das Anliegen der Philosophie zu betreiben (Lacoue-Labarthe und Nancy 2016; Rush 2016).

Im Mittelpunkt dieser Überlegungen steht ein fragmentarischer Textkomplex von Novalis, die *Dialogen* und der *Monolog* (Strohschneider-Kohrs 1977, 250–273; van Eikels 2000). Novalis hatte mit diesen Stücken offenbar eine Publikation im *Athenäum* geplant. Bei aller Ungewissheit der Datierung kann man für ihre Ausarbeitung an das Jahr 1798 denken. Dass es sich um Texte über Poetik handelt, scheint das Ich des *Monologs* vorauszusetzen: „Wenn ich damit das Wesen und Amt der Poesie auf das deutlichste angegeben zu haben glaube", heißt es gegen Ende des Bruchstücks (Novalis WTB II, 438). Mindestens zwei Ebenen der Einschränkung gibt es aber für die Annahme des Monolog-Ichs, dass es tatsächlich „Wesen und Amt der Poesie auf das deutlichste angegeben" hat. Die erstere, engere Ebene ist die des Monologs selbst: Der Monolog ist, das versichert er selbst, eine Kunstform der Rede, die nie einfach und unverstellt sagt, was sie sagt. Die weitere Ebene ist die Absonderung des *Monologs* aus den vorangehenden *Dialogen* – aus ihrer der Alltagserfahrung näherliegenden Sprech- und Mitteilungsform und den mit ihr verbundenen Themenkreisen.

Genetisch, könnte man sagen, kommt der *Monolog* vor den *Dialogen*. Denn im *Monolog* geht es um ,Sprechen und Schreiben' im Allgemeinen. Ausgangspunkt der *Dialogen* ist dagegen der Blick in den neuesten Buchkatalog der Leipziger Buchmesse, ein in jeder Hinsicht von der Gutenberg-Galaxie informierter Blick. Phänomenal und der Reihenfolge im Text nach sind dagegen die *Dialogen* das Erste. Während der *Monolog* sich selbst als „eine närrische Sache" dem Leser vorstellt, setzen die *Dialogen* unvermittelt und ohne jede einschränkende Bemerkung ein. A. und B. debattieren über Bücher, Schriftstellerei und eine Art nietzscheanischer Lebensästhetik; und sie diskutieren das Schreiben und Lesen von Büchern erst auf der Seite der Humaniora und des Geistes und dann auf der Seite der Wissenschaften von der Natur. Der Monolog, in dem sich das Ich mit sich selbst in seinen Grundoperationen Sprechen und Schreiben ins Verhältnis setzen wird und der in die Poetik ausläuft, ist also eine Art Abstraktion und Essenz, gewonnen aus der Dialektik des Gesprächs von A. und B. mit ihren Hinsichtnahmen auf Geist und Natur. Mit diesem Aufbau – so bruchstückhaft er vorliegt – stellt der Gesamttext aus *Dialogen* und *Monolog* das idealistische (Fichte'sche) Grundschema einer Reduktion der Zweiheit (Ich und Nicht-Ich) auf die Einheit

(Ich) beziehungsweise der Entfaltung der (Ich-)Einheit in die (Ich- und Nicht-Ich-)Zweiheit dar. Er tut das aber im Gewand – in der thematischen und der medialen Besonderung – des Gutenberg-Literarischen: Im Medium von Mono- und Dialogie geht es um das in Büchern niedergelegte Wissen vom Geist und von der Natur. Mit der Frage nach der Poetik am Ende des Monologs stellt sich darum auch die Frage, ob diese mediale und thematische Sonderung eine bloß sekundäre – nur poetische – Einkleidung für die Erörterung des Verhältnisses des Einen zur Zweiheit (des Ich zur Entgegensetzung von Ich und Nicht-Ich) ist oder ob es die primäre und vielleicht sogar einzig mögliche – die im ausgezeichneten Sinn poetische – Eröffnung des Zugangs zu einer solchen Erörterung darstellt (Frank und Kurz 1977; Rush 2016).

Damit kommt man zur engeren und noch heikleren Einschränkung der Feststellung, das Monolog-Ich habe sich mit sich selbst über die Kulturtechniken Sprechen und Schreiben verständigt. Denn der *Monolog*, in dem Ich dies tut, ist nicht nur Abstraktion aus dem Dialog oder nachgelieferter Ausgangspunkt für die *Dialogen* über die Bücher, die vom Geist und von der Natur handeln. Der *Monolog* tut das außerdem in einer dem Kreter-Paradox ähnlichen Art und Weise. Analog zum Satz des Kreters, dass alle Kreter lügen, hat man es mit einer Art Poetik-Paradox zu tun: Alles Sprechen und Schreiben über etwas, so heißt es, wird notwendig von seinem Gegenstand abgelenkt. Denn der Eigenwert des Zeichensystems der Sprache spricht von sich aus und vom Sprechenden und Schreibenden unkontrollierbar in dessen Sprechen oder Schreiben hinein. Der poetische Gebrauch der Sprache überlässt sich nun diesem Eigenwert oder Eigensinn des Zeichensystems der Sprache. Er lässt, statt über etwas sprechen zu wollen (oder während man nur so tut, als ob man über etwas sprechen wolle), die Sprache im Sprechen und Schreiben einfach und ungehindert sich selbst äußern. Diese poetische Äußerung unterliegt keiner Verzerrung, weil sie gar nicht mehr vorrangig darauf abstellt, was der Sprechende oder Schreibende über einen bestimmten Gegenstand sagen will. Wenn dieser Satz über die Poetik zutrifft, muss er aber falsch sein. Denn als Satz über die Poetik wird er ja nach seiner eigenen Behauptung durch den Eigensinn der Sprache von dem abgelenkt, was er sagen will. Diesem Paradox kann man entkommen, wenn man annimmt, dass der Satz über die Poetik seinerseits ein poetischer Satz gewesen ist. Aber dann kann er auch kein Satz über die Poetik gewesen sein. Man wüsste in diesem Fall also gar nicht, was ein poetischer Satz ist. Denn nur als poetischer Satz, also als Satz, der nicht über das spricht, über das er spricht, wäre der Satz über die Poetik denkbar. Man kann zusammenfassen: Die *Dialogen* und der *Monolog* behandeln das Grundthema der idealistischen Philosophie vom Ich oder Einen und dem Nicht-Ich oder der Zweiheit, ausgehend von seiner sprachlichen Zugänglichkeit in poetischer Sprachverwendung. Aber die besondere Aufmerksamkeit auf Darstellung in der poetischen Verwendung der Sprache führt auch darauf, dass man in ihr nie hätte sagen können, was man sagen wollte – einschließlich des Satzes über die Poetik selbst. Damit ist die Poetik zwar nur ein besonderer, aber auch der einzig mögliche Zugang zum Grundthema der Philosophie. Als Sprachverwendung, die das Gerinnen jeder in ihr vorgebrachten Äußerung zum behauptenden Satz wieder zurücknimmt, spricht sie die Theorie einer nur als Vorgang möglichen und damit als Theorie unmöglichen Setzung des Nicht-Ich durch das Ich aus (Molnár 1970; van Eikels 2000).

Dass Novalis die monologische – das heißt die das Ich und seine Selbstverständigung mit dem Nicht-Ich betreffende – Sphäre und damit die Poetik aus dem Verhältnis von Dialog und Gespräch heraus begreift, macht sie mit der allerdings einfacher gebauten romantischen Version der Rhetorik bei Adam Müller vergleichbar. Beides, Novalis' Poetik und Müllers Rhetorik, steht in dieser Hinsicht übrigens wieder mit Schleiermachers Hermeneutik in Verbindung. Im Verhältnis zwischen Monolog und Dialog findet man also die eigentlich systematische Anstrengung der Frühromantiker, Poetik beziehungsweise in anderer Ausarbeitung Rhetorik zu begreifen – wobei Schleiermachers allgemeine Theorie des Verstehens und der sprachlichen Verständigung als eine dritte und grundlegende Form der Ausarbeitung zu sehen ist. Schleiermacher spielt also in beiden frühromantischen Gruppen eine Schlüsselrolle: bei den Philologen und Literarhistorikern, den Schlegels, und bei den Sprachtheoretikern und Philosophen der Mitteilung, Novalis und Müller (Jaeschke und Arndt 2012, 230–244, 263– 275). Allerdings geschieht das in diskursiver Form weitgehend erst im Nachhinein, bei Schleiermachers späterer Vorlesungstätigkeit an der Berliner Universität (seit 1810).

Die Theorie der Poetik, wie sie Novalis im *Monolog* angibt, spiegelt tatsächlich genau, wie und an welcher Stelle er in seinen *Fichte-Studien* (begonnen 1795) zum Themenkreis von Sprache, Zeichen und Mitteilung kommt (Molnár 1970; Frank 1989, 248–261; Jaeschke und Arndt 2012, 195–200). „Denken", formuliert Novalis in den *Fichte-Studien*, ist „[f]reyes successives Isolieren außerm Raume". „Sprechen und Schreiben" – das heißt, die Sphäre, die der *Monolog* erschließt – ist dasselbe wie das Denken, „nur auf eine bestimmte Art im Raume" (Novalis WTB II, 12). Bevor Novalis in den *Fichte-Studien* zu dieser Kongruenz zwischen Denken und Sprechen beziehungsweise Schreiben gelangt, hat er vom Fichte'schen Ich und Nicht-Ich und seiner eigenen Kritik daran gehandelt: Das Ich, kritisiert Novalis, könne das Nicht-Ich nicht einfach aus eigenem Vermögen setzen. „Es muß ein Nichtich seyn, damit Ich sich, als Ich setzen kann." (Novalis WTB II, 12) Man muss also, anders als zumindest Novalis Fichte versteht, von einer Ich und Nicht-Ich „umschließende[n] Sfäre" (Novalis WTB II, 12) ausgehen (Frank und Kurz 1977; Frank 1989, 262–286). Diese umschließende Sphäre heißt bei Novalis im ersten Zugang die Sphäre von „Gott und Ich" (Novalis WTB II,12). Gott ist schon mit und vor dem Ich da – ganz so, wie Schleiermacher es 1799 in der Schrift *Über die Religion* sagt, die er, ohne sich als Autor zu nennen, im Untertitel als *Reden an die Gebildeten unter ihren Verächtern* richtet (Schleiermacher KGA I/12; Frank 1977). Novalis nennt dann aber eine zweite Weise, wie sich eine das Ich und das Nicht-Ich umschließende Sphäre denken lässt. Diese zweite Vorstellung von einer umschließenden Sphäre bietet die Theorie des „Medium[s]" von Sprache, Zeichen und Mitteilung. Das Nicht-Ich, das schon mit und vor dem Ich da ist, ist in diesem Fall, wie Novalis ihn nennt, „der zweite Bezeichnende". Ihn muss man schon angenommen haben, um einen „ersten Bezeichnenden" denken zu können. Vom bloßen (ersten oder einzigen) „Bezeichnenden" her gäbe es nämlich nur zufällige und willkürliche Äußerungen oder Darstellungsversuche und damit kein eigentliches Bezeichnen. Die notwendige Bestimmtheit, die Sprache und Zeichen voraussetzen, gibt es nur, insofern der freie Akt des (ersten) Bezeichnenden sich am angenommenen „Schematismus" von Zeichen und Bezeichnetem im „zweiten Bezeichnenden" ausrichtet und sich damit an ihn bindet (Novalis WTB II, 12–14). Der sozusagen monologisch freie Akt der Bezeichnung durch den Bezeichnenden setzt mit anderen Worten die Notwendigkeit in der Beziehung von Zeichen und Bezeichnetem in der dialogischen Mitteilung und damit die Existenz eines „zweiten Bezeichnenden" voraus. Wenn es in Novalis' *Monolog* dann später heißt, poetischer Gebrauch der Sprache sei es, das Sichselbstsprechen der Sprache zu Wort kommen zu lassen, dann heißt das von den *Fichte-Studien* aus gesehen so viel wie: Poetisch ist es, die Sphäre, in der meine (des Bezeichnenden) Freiheit mit der Notwendigkeit der Beziehung auf den anderen (den zweiten Bezeichnenden) verschränkt ist, in meinem Sprechen und Schreiben zu Worte kommen lassen.

Ein politisches, aber auch disziplinatorisches Seitenstück zu Novalis' Poetik ist schon nach der eigentlichen Zeit der Frühromantik die Idee der Rhetorik, die Müller in seinen *Zwölf Reden über die Beredsamkeit und deren Verfall in Deutschland* (1812) entwickelt hat (Strohschneider-Kohrs 1977, 161–214; Balke 2004). Poetik war bei Novalis über den Begriff der Sprache an Dialoge und Hinsichtnahme auf den Schematismus der Zeichenkonstruktion im anderen verwiesen. Die Rhetorik, die Müller vorschwebt, operiert dagegen über den Begriff der Kommunikation; und sie hat es auf Meinen und Wollen – auf die Seele – des anderen abgesehen. In einer Formulierung, die die alten Kampf- und Kriegsmetaphern der Rhetorik in ganz eigener Weise verwendet, sagt Müller, der erfolgreiche Redner wolle seine „Beute nicht tot haben wie der gemeine Eroberer", sondern „im vollen Sinne des Worts lebendig" (Müller 1967, I, 308). Es geht nicht um affektive Überredung im direkten Sinn, sondern um Überredung zur Anerkennung. In Müllers Worten: Die Rede wolle „ihren Gegner nur zwingen und reizen, niederzuknien vor der Wahrheit[,] die größer ist als sie beide" (Müller 1967, I, 308). Mit der Wahrheit, die größer ist als der Redner und sein Kontrahent, meint Müller nicht etwa eine neutrale, dem Kampf der Meinungen entzogene Instanz. „*Jede wahre Rede*", formuliert er, „*ist also Gespräch*: in dem Munde des einen Redners sprechen notwendig zwei, er und sein Gegner" (Müller 1967, I, 308). Die Wahrheit der rhetorischen Rede und die Wahrheit, von der der eine den anderen überzeugen will, ist die Gegnerschaft, die sie verbindet. Jeder Streit ist in dieser Rhetorik vom Gesichtspunkt der Einheit der beiden Positionen, ihrer gegenseitigen Abhängigkeit als Streitenden gesehen – das, kann man sagen, ist das disziplinatorische Moment (Balke 2004). Aber es ist auch so, dass die Einheit des Gesprächs, die bereits in meiner Rede und in der Rede des anderen wirksam ist, niemals zur Einheit jenseits des Streits wird. Sie ist und bleibt die Einheit der Entgegensetzung der Zwei, ihres Widerstreits (Müller 1967, I, 310–336; Müller 1967, II, 215–220). Man muss sich aber nur die Passage aus Schleiermachers späterer *Dialektik* vergegenwärtigen, die Manfred Frank unter den Titel *Hermeneutik und Dialektik* gestellt hat, um zu verstehen, wie stark Schleiermacher die sprach- und kommunikationstheoretische Grundlegung der frühromantischen Poetik des Novalis und indirekt auch die Positionen Müllers angeregt und dann wieder nachträglich resümiert hat. „Die Irrationalität der einzelnen", sagt Schleiermacher, „*kann nur ausgeglichen werden durch die Einheit der Sprache, und die Irrationalität der Sprachen durch die Einheit der Vernunft*" (Schleiermacher HuK, 410). Der Satz zeigt aber auch schlaglichthaft, worin sich philosophische Hermeneutik und hermeneutische Philosophie, wie wir sie aus Schleiermachers Berliner Vorlesungen kennen, von den frühromantischen Positionen unterscheiden. Die anfängliche Entgegensetzung und folgende Versöhnung zwischen dem Einzelnen, seiner Freiheit und seinem „Keimentschluss" (Schleiermacher HuK, 186–187) auf der einen Seite und dem systemhaft Ganzen von Sprache, Kultur, Vernunft, aber auch schon dem Werk des Autors selbst auf der anderen Seite findet sich weder bei Novalis noch später bei Müller. Gerade darum aber kann Novalis die radikale Theorie der Poetik formulieren, wonach poetisch derjenige Sprachgebrauch ist, der sich dem Sprechen der Sprache – der ‚Einheit der Sprache' in Schleiermachers Worten – überlässt. Das geschieht bei Novalis allerdings um den Preis, dass dieser Satz selbst poetisch ist, aber nicht ein Satz über die Poetik sein kann. Und sogar Müllers Rhetoriktheorie, wonach die rhetorische Rede dann erfolgreich ist, wenn sie ohne Rest die Einheit von Rede und Widerrede in sich enthält, gibt noch eine letzte Vorstellung von dieser Strenge des frühromantischen Gedankens. Poetik – und Rhetorik – heißt in der Frühromantik die Selbsttransformation des Poetischen in die Philosophie der Sprache und der Mitteilung oder in die Sprache und Mitteilung der Philosophie.

In einer Steigerungsform, die ebenso ironisch gemeint war, wie sie wirkmächtig geworden ist, hat Friedrich Schlegel dieses Programm der frühromantischen Poetik im *Gespräch über die Poesie* auf den Punkt gebracht. Er tut das in dem Teil des Gesprächs, der *Rede über die Mythologie* heißt (F. Schlegel KFSA I/2, 311–322). Schlegel gibt ihn an eine Figur namens Ludoviko, hinter der oft ein Philosoph, Fichte oder mit größerer Wahrscheinlichkeit Friedrich Wilhelm Joseph Schelling, gesehen worden ist. In der Poetik-Poiesis, die die Umformung des Geformten meint, fällt dem Mythos die Rolle des jeweils schon Geformten zu, das zur Umformung jeweils anfänglich bereitliegt. Bevor irgendeine Form der freien Schöpfung ihr Werk beginnen kann, muss immer schon Stoff in Form gebunden sein, woran die Freiheit ihr Werk dann anknüpfen kann. Der Mythos der olympischen Götterwelt spielt diese Rolle für das griechische Epos und Drama. Verglichen mit der Freiheit der Schöpfung in der Moderne, hat aber alle griechische Poesie überhaupt den Status von Naturpoesie. Und so können die Modernen aus der philosophischen Erkenntnis der Dichtung heraus wahrnehmen, dass der ganze Verlauf der antiken Dichtung nichts anderes als das unaufhörliche Weiterwachsen des Mythos gewesen ist. Die Dichtung, die sich am Mythos durch Umformen nährt, wird darüber selbst mythisch. Dieses mythische Kontinuum wird erst im Nachhinein durch die Idee der Freiheit, durch Philosophie also, sichtbar. In diesem Augenblick ist es aber auch für alle zukünftige Zeit abgebrochen. Die philosophische Idee der Freiheit ist natürlich älter als der deutsche Idealismus, aber in ihm wird sie doch am deutlichsten artikuliert. Die neue Mythologie, ohne die es Poesie niemals, also auch nicht in der Moderne gibt, kann folgerichtig nur die Idee der Freiheit sein. Der neue Mythos, der Mythos der Moderne, ist darum nun nicht mehr geformter Stoff – wie der durch Philosophie erkannte Mythos der olympischen Götter –, sondern stoffdurchdrungene Form – die Vorgeschichte des philosophischen Idealismus in seiner Anwendung auf die Natur. Der neue Mythos ist das Werk von Baruch de Spinoza, verstanden als Nährboden der Naturphilosophie des deutschen Idealismus. An diesem neuen Mythos, der der Text der Naturphilosophie ist, kann dann alle moderne Poetik, also die Poiesis der Geschichte, der Politik und des Denkens anschließen.

3 Literatur und Philosophie

Den ganz unterschiedlichen Überlegungen über die Formen der Poetik (Gattungen, Figuren) und über ihre Verfahren (ihre Medien, ihre Grundlage in der Sprache und in der Kommunikation) in den Jahren der Frühromantik ist gemeinsam, dass sie das Poetische jeweils als Selbstumwandlung bestimmen. Das Poetische transformiert sich selbst in ein Geschehen von politischer und geschichtlicher Dimension; und es tut das durch seinen Bezug zur Philosophie. Zwei wichtige

Interpretationen dieses Anspruchs lassen sich unterscheiden. In ihrem Buch *Das Literarisch-Absolute* haben Philippe Lacoue-Labarthe und Jean-Luc Nancy die Literaturauffassung der Frühromantiker so charakterisiert: Die Ebene, auf der die Literatur ihre Konzepte und ihre Einheit finde, so zeigen sie, liegt grundsätzlich außerhalb der Literatur, auf der Ebene der Philosophie und des philosophischen Systems. Ähnlich wie vor ihnen schon Benjamin lenken sie mit dieser Deutung den Blick von der Literatur auf das Denken. Dass die Literatur ihre Bestimmung im Absoluten der Philosophie hat, ist andererseits aber auch eine Qualität der Literatur selbst (Lacoue-Labarthe und Nancy 2016). Aber bedeutet das, dass es ein sozusagen speziell literarisches Absolutes gibt (was dem Begriff des Absoluten zu widersprechen scheint) oder dass die Literatur gar nichts Spezifisches hat (aber dann ist mit dem Hinweis auf sie auch nichts gewonnen)? Friedrich Kittler hat in seiner Vorlesung zu den *Philosophien der Literatur* dagegen herausgearbeitet, mit den Romantikern – er meint allerdings mehr Hegel als Friedrich Schlegel – falle die Literatur unter die Diskursregie der Philosophie, während griechisch und bis zu einem gewissen Grad überhaupt alteuropäisch die Literatur in ihrem Sprechen und Schreiben dem philosophischen Nachdenken vorausgehe (Kittler 2013). Es ist nicht unbedingt ein Einwand gegen Kittler, aber etwas, das zu bedenken wäre und womit er sich nicht beschäftigt hat: dass genau das ja Friedrich Schlegels These im *Studium der Griechischen Poesie* gewesen war. Antike Dichtung, so hieß es bei Schlegel, ist Naturgeschichte der Literatur, romantische Literatur ist Literatur aus Freiheit. Was bedeutet es, dass Kittler diese Diagnose (zugegeben mit einem anderen Zungenschlag als Schlegel) eher wiederholt als analysiert?

Man muss das Argument der Frühromantiker auf jeden Fall doppelt verstehen. Einmal im Sinne einer Spezialisierung und Autonomisierung: Die Poetik der Frühromantik lehrt insoweit, wie aus der traditionalen Dichtung mit ihren vielen Gattungen und den Anschlussstellen für sie in Ritus, Politik und Gesellschaft das in sich geschlossene Gebiet der autopoietischen Literatur wird. Dann muss man das frühromantische Argument aber auch im Sinne einer das Dichterisch-Literarische überhaupt hinter sich lassenden Selbstermächtigung begreifen: Die Poetik der Frühromantiker zeigt in diesem Sinne, wie Dichtung oder Literatur über sich hinausgeht und Formung des Lebens überhaupt betreibt oder die Sprache und ihr System als die Implikation jedes Mitteilungsprozesses zur Geltung bringt. Dass diese beiden Auffassungen möglich sind, heißt dann auch, dass die Poetik der Frühromantik selbst nicht ein Arsenal von Formen oder eine Liste von Verfahren bietet. Als Selbsttransformation ist sie stattdessen das Verfahren der Form und die Form des Verfahrens. Solche Verfahren der Formen beziehungsweise eine solche Form des Verfahrens sind auch Stellungnahmen zur Frage nach *techne* und Technik in der Moderne.

Weiterführende Literatur

Campe, Rüdiger (2014). „Das Argument der Form in Schlegels ‚Gespräch über die Poesie'. Eine Wende im Wissen der Literatur". *Merkur* 68.777 (2014): 110–121.
Frank, Manfred (1989). *Einführung in die frühromantische Ästhetik. Vorlesungen*. Frankfurt a. M.
Lacoue-Labarthe, Philippe und Jean-Luc Nancy (2016). *Das Literarisch-Absolute. Texte und Theorie der Jenaer Frühromantik*. Übers. von Johannes Kleinbeck. Wien/Berlin.
Landgraf, Edgar (2006). „Comprehending Romantic Incomprehensibility. A Systems-Theoretical Perspective on Early German Romanticism". *Modern Language Notes* 121.3 (2006): 592–616.
Menninghaus, Winfried (1987). *Unendliche Verdoppelung. Die frühromantische Grundlegung der Kunsttheorie im Begriff absoluter Selbstreflexion*. Frankfurt a. M.
Weatherby, Leif (2016). *Transplanting the Metaphysical Organ. German Romanticism between Leibniz and Marx*. New York.

Dirk Göttsche
II.6 Poetiken des 19. Jahrhunderts (Realismus)

Deutlicher als in der Romantik treten in der Poetik des Realismus im 19. Jahrhundert Theoriediskurs (philosophische Ästhetik, Poetik als Textsorte) und literarische Praxis (die vielfältigen Autorpoetiken zwischen dem Frührealismus der Restaurationsepoche und dem Spätrealismus am Jahrhundertende) in ein Spannungsverhältnis. Allenfalls im programmatischen Realismus des Nachmärz – bei Autoren wie Gustav Freytag, Berthold Auerbach, Robert Prutz, Otto Ludwig oder Friedrich Spielhagen – scheint die Differenz zwischen Realismustheorie und literarischer Poetologie vorübergehend aufgehoben. Die Werke der heute kanonischen Autoren (wie Adalbert Stifter, Theodor Storm, Gottfried Keller, Theodor Fontane oder Wilhelm Raabe) entsprechen der programmatischen Poetik des Realismus jedoch nur teilweise und zumeist gerade nicht in ihren poetologisch interessantesten Aspekten. Die Epochenforschung zum Realismus, die bis in die jüngste Vergangenheit wesentliche literaturpolitische Topoi des programmatischen, ‚bürgerlichen' beziehungsweise ‚poetischen' Realismus der 1850er Jahre fortgeschrieben hat, hat die lange Vorgeschichte des Realismus seit der Spätaufklärung, sein ambivalentes Verhältnis zu der literaturpolitisch verworfenen ‚Romantik' und die subtilen Verschiebungen im realistischen Literatursystem zwischen Jahrhundertmitte und Jahrhundertende lange marginalisiert. Das seit den 1990er Jahren im Gefolge neuer Forschungsansätze (z. B. Aust 2000a; Ort 1998; Wünsch 2007; Stockinger 2010) wieder gewachsene Interesse am literarischen Realismus des 19. Jahrhunderts, zu dem nicht zuletzt neue kultur- und medienwissenschaftliche Ansätze ihren Beitrag leisten, hat dagegen den Blick geschärft für das Verhältnis von Kontinuitäten und Verschiebungen, poetologischem Konsensus und Heterogenität im Feld der realistischen Poetik.

Die Geschichte der Poetik in der Literatur des 19. Jahrhunderts lässt sich heute weder als einfache Abfolge von Epochen schreiben, noch steht das Jahrhundert ausschließlich im Zeichen des Realismus. Es geht bei der vorgeschlagenen Ausweitung des Blicks auch nicht um eine Rückkehr zu dem universalistischen Realismusbegriff, der durch Erich Auerbachs einflussreiche Studie *Mimesis* (1946) in Konkurrenz zu einem literar*historischen* Realismusverständnis tritt. Die jüngere Forschung hat vielmehr deutlich gemacht, dass realistische Poetik im 19. Jahrhundert von Beginn an eine Auseinandersetzung mit jenen spezifisch modernen Problemstellungen ist, auf die schon die Romantik reagiert: die „Verzeitlichung" (Koselleck 1979b, 19) von Geschichte, Wissen und Erfahrung im Gefolge von Aufklärung und Französischer Revolution, die Entstehung des modernen (bürgerlichen) Subjektverständnisses sowie einer modernen Anthropologie und Psychologie, die Säkularisierung und Historisierung metaphysischer Sinnhorizonte, die im Laufe des 19. Jahrhunderts auch die von Johann Gottfried Herder und Georg Wilhelm Friedrich Hegel begründete Geschichtsphilosophie wieder in Frage stellt, die koloniale Expansion in einen tendenziell globalen Handels-, Herrschafts- und Kommunikationsraum, die Entwicklung eines modernen Literatur- und Medienmarktes sowie die Beschleunigung sozio-ökonomischen, technologischen und alltagsweltlichen Wandels im Zuge des immer weitere Lebensbereiche erfassenden Modernisierungsprozesses, der auch tradierte Sozialitätsmodelle zunehmend in Frage stellt. Anders als noch bei Erich Auerbach oder in Silvio Viettas Genealogie der Moderne (z. B. Vietta 1992) werden die Poetiken des deutschsprachigen Realismus heute als Teil des europäischen Weges von Aufklärung und Romantik zur literarischen Moderne verstanden. Edward McInnes und Gerhard Plumpe sehen die „Literatur des Realismus" in diesem Sinne „gerade darin" als „spezifisch modern, daß sie ihre ‚Realität' selbst entwarf", statt politischen Programmen zu folgen (McInnes und Plumpe 1996, 9). Die literarischen Modelle realistischen Erzählens – und es ist die Erzählliteratur, in der die Poetik der Realismus sich am prägnantesten ausfaltet – ermöglichten „das imaginative Durchspielen und Variieren von Wirklichkeitskonstruktionen, die die Gesellschaft ernsthaft beschäftigen, d. h. die Simulation von Alternativen gerade da, wo üblicherweise Unausweichlichkeit vermutet wird" (McInnes und Plumpe 1996, 7). Die Poetiken des Realismus entwerfen ästhetische Reflexionsmodelle zeitgenössischer und historischer Wirklichkeit und Erfahrung, in denen die mimetische Leistung realistischer Darstellung epistemologische sowie zeitbeziehungsweise diskurskritische Qualität gewinnt. Dazu gehört im Kontext des 19. Jahrhunderts neben der ästhetischen weithin auch eine ethische Dimension, die aus zumeist bürgerlichen Perspektiven politische, soziale und moralische Herausforderungen der Zeit modelliert und ggf. Stellung bezieht.

1 Anfänge und Grundzüge realistischer Poetik in Literaturtheorie und Literaturkritik

Die ersten Ansätze realistischer Poetik entwickeln sich bereits zwischen 1790 und 1830, bevor sie in den 1840er Jahren prägnantere Konturen gewinnen und sich nach 1848/1849 zu einem Spielfeld verwandter poetologischer Optionen ausweiten, die das „poetologische Koordinatensystem" (Ort 2007, 20) der Literatur bis um 1900 beherrschen. Leitmotivisch ist für die Theoriegeschichte realistischer Poetik im 19. Jahrhundert im deutschsprachigen Raum – deutlicher als bei den europäischen Nachbarn – eine dialektische Vermittlung von ‚Realismus' und ‚Idealismus', die ‚subjektiven Idealismus' (in der literaturpolitischen Sprache des programmatischen Realismus: ‚Romantik') ebenso verwirft wie die ungefilterte ‚Nachahmung' der Wirklichkeit (literaturpolitisch: ‚Naturalismus', ohne dass damit bereits jene Naturalismusbewegung gemeint ist, die in den 1880er Jahren zu einem der Ansatzpunkte der literarischen Moderne wird).

Mit dieser auf Ausgleich angelegten Dialektik von Realismus und Idealismus bleibt die Theorie des Realismus bis in das späte 19. Jahrhundert hinein dem Erbe des philosophischen Idealismus und seiner um 1800 entwickelten Ästhetik verpflichtet. Für den Anfang der Begriffsgeschichte steht das Briefgespräch zwischen Friedrich Schiller und Johann Wolfgang Goethe, in dem Schiller „unser[e] Ideen über realistische und idealistische Dichtung" zwischen zwei Extreme stellt: Der Künstler, der das „Wirkliche" aus dem Auge verliert, „wird idealistisch und, wenn sein Verstand schwach ist, gar phantastisch"; jener, der „bei dem Wirklichen stehen [bleibt]", wird „realistisch und, wenn es ihm ganz an Phantasie fehlt, knechtisch und gemein" (Brief an Goethe vom 14. September 1797; Goethe MA 8.1, 417–418). Während Schiller sich auf der Seite des ‚Idealen' sieht, besteht Goethe auf seinem „realistischen Tic" (Brief an Schiller vom 9. Juli 1796; Goethe MA 8.1, 211). Idealismus und Realismus werden dialektisch als sich wechselseitig befruchtende, gegensätzliche und doch komplementäre poetologische Prinzipien verstanden.

In der Nachfolge dieses „konventionellen Synthesemodells" (Plumpe 1992, 171) steht noch die Theoriediskussion des programmatischen Realismus im Nachmärz bei Autoren wie Prutz, Ludwig oder Friedrich Theodor Vischer. Ablesen lässt es sich am terminologischen Spiel mit Vermittlungsformeln wie ‚Real-Idealismus' und ‚Ideal-Realismus', am literaturpolitischen Zeitschriftenstreit zwischen Freytags und Julian Schmidts *Grenzboten* einerseits und den *Unterhaltungen am häuslichen Herd* andererseits, in denen Karl Gutzkow eine Synthese von „Idealismus und Realismus" fordert (zit. n. Bucher et al. 1981, 111), oder forschungsgeschichtlich an dem Versuch, zwischen einem „an Hegel anknüpfenden, mehr am außerliterarischen ‚Was' der Darstellung interessierten ‚bürgerlichen Realismus' im engeren Sinne (Schmidt, Freytag) und dem ‚poetischen Realismus' im weiteren Sinne (Ludwig, Fontane, Keller)" zu unterscheiden (Ort 2007, 21).

Die Vermittlung nimmt die Gestalt einer ‚Verklärung' an, welche die vorfindliche Wirklichkeit auf ihre ‚wahre' Form hin zu transzendieren sucht. Realistische Poetik in dieser Tradition will die Dinge nicht zeigen, wie sie sind, sondern wie sie sein sollten. Auf diese Weise konstituiert sich der ‚bürgerliche' Realismus programmatisch als ein ‚poetischer' mit normativem Anspruch. Dies ist im ‚bürgerlichen Realismus' der *Grenzboten* besonders deutlich, wenn Schmidt 1855 beispielsweise fordert: „Der Roman soll das deutsche Volk da suchen, wo es in seiner

Tüchtigkeit zu finden ist, nämlich bei seiner Arbeit" (zit. n. Bucher et al. 1981, 73). Es gilt aber ebenso für den ‚poetischen Realismus' Ludwigs, der künstlerische Darstellung darauf verpflichtet, den „Zusammenhang" der Welt in der Literatur „sichtbarer" zu machen „als in der wirklichen [Welt]", nämlich „die Mannigfaltigkeit der Dinge [...] durch Harmonie und Kontrast für unsern Geist in Einheit" zu bringen (zit. n. Bucher et al. 1981, 102). Dass solche Ästhetik zugleich bürgerliche Wertungen impliziert, zeigt zum Beispiel Berthold Auerbachs Rückgriff auf die Krankheitsmetaphorik aus Goethes Romantikkritik in seinem Lob von Kellers Novellen: „Der gesunde Realismus ist die Freude an der Welt, an der wirklichen Welt, wo sich immer aus der Erkenntniß auch die Schönheit und Gesetzmäßigkeit offenbart." (1856, zit. n. Bucher et al. 1981, 105) Indem die Kritik an der ‚Kunstperiode' in den 1860er Jahren zurücktritt und einer neuen Klassikerverehrung Platz macht, wird Goethe für die späteren Autoren des Realismus zum poetologischen Vorbild.

Das angestrengte Bemühen um eine Synthese von Realismus und Idealismus in der doppelten Abgrenzung gegen den ‚subjektiven Idealismus' der Romantik und den ‚Naturalismus' des bloßen ‚Daguerreotypierens' produziert freilich gegenläufig eine Spaltung zwischen ‚Erscheinung' und ‚Wahrheit' der Wirklichkeit, die sich der Realismustheorie bis hin zu Georg Lukács und dem sozialistischen Realismus des 20. Jahrhunderts einschreibt. Diese Spaltung zwingt die Autoren dazu, „die Differenz von ‚Realität' und ‚Zeichen' selbst in ihre dargestellten Welten einzuführen – etwa durch erzählerische Rahmung oder ironische Distanzierung" (Ort 2007, 12) –, und fungiert so als Katalysator literarischer Selbstreflexion und Innovation. Avanciertes realistisches Schreiben ist dadurch besonders sensibilisiert für die Perspektivität, Partialität und Vergänglichkeit menschlicher Sinnentwürfe, den begrenzten Geltungsanspruch aller Repräsentation und die Brüchigkeit der gleichwohl normativen bürgerlichen Ordnung. Dies zeigt sich in der Häufigkeit von Entsagungsmotiven (vgl. Baßler 2015, 31–90), aber auch in der besonderen Bedeutung des Humors als literarischer Verfahrensweise, die durch „ständige[n] Horizontwechsel" und „doppelte[s] Licht" das „Spannungsverhältnis" zwischen „Gegenstand und Vermittlung" offenhält (vgl. Preisendanz 1963, 255, 246, 12–13) und so die Widersprüche der dargestellten Welt zugleich zur Anschauung bringt und relativiert. In diesem Sinne stellt zum Beispiel Fontane (W III/1, 395–396) an Walter Scott den „sich immer gleich bleibenden Humor" heraus, „der alles trägt, alles durchdringt und durchleuchtet" und dadurch auch „alles verklärt".

Von nachhaltiger Bedeutung für Form und Praxis realistischer Poetik ist nicht zuletzt die Überkreuzung der Realismus-Idealismus-Debatte mit der aus Hegels Ästhetik übernommenen und im Verklärungskonzept bereits mitschwingenden historisierenden Antithese von Poesie und Prosa, die kulturgeschichtlich beziehungsweise geschichtsphilosophisch, nicht gattungstheoretisch gemeint ist. Die „zur *Prosa* geordnete Wirklichkeit" der modernen Welt hat den „*ursprünglich poetische[n]* Weltzustand" Hegel zufolge verloren. Es sei daher die Aufgabe des Romans als „der modernen *bürgerlichen* Epopöe", „der Poesie [...] ihr verlorenes Recht wieder [zu] erringe[n]", nämlich zum einen durch die Konzentration auf den „Konflikt zwischen der Poesie des Herzens und der entgegenstehenden Prosa der Verhältnisse sowie dem Zufalle äußerer Umstände", zum anderen dadurch, dass der Roman „wie das Epos die Totalität einer Welt- und Lebensanschauung" zur Darstellung bringt (Hegel W XV, 392–393). Aus der Perspektive Hegel'scher Ästhetik versteht sich der programmatische Realismus im Nachmärz daher als die Auseinandersetzung mit der ‚Prosa' der modernen Welt im Hinblick auf ihre ‚poetischen' Potentiale. Vischer nennt in diesem Sinne als Optionen realistischer Poetik im Roman die ‚Zurückverlegung' der Handlung in vormoderne Zeiten, die „Aufsuchung der grünen Stellen mitten in der eingetretenen Prosa" und „die Reservirung gewisser offener Stellen, wo ein Ahnungsvolles, Ungewöhnliches durchbricht und der harten Breite der Wirklichkeit das Gegengewicht hält" (Vischer 1857, zit. n. Bucher et al. 1981, 216).

Die Verklärungspoetik des Realismus steht der Romantik damit näher als die programmatischen Abgrenzungsgesten zu erkennen geben: Das „Projekt der Verklärung" beerbt poetikgeschichtlich das Poetisierungsprogramm „frühromantische[r] Kunstreligion", allerdings um den Preis, dass der „Glanz des Idealen [...] unter den Bedingungen einer objektiv zur Prosa geordneten Welt nicht [mehr] der Vor-Schein eines Transzendenten, sondern ein bloßer, ein poetischer Schein" und damit poetologisches ‚Wiedergängertum' ist. Die überraschende „Wiederkehr romantischer Themen und Motive" (Begemann 2013, 239–240) in der Literatur des Realismus hat also intrinsische Gründe in der ästhetischen Umsetzung der epistemologischen Spannung zwischen Wirklichkeit und Idee, Objektivem und Subjektivem. Aus dieser Spannung gewinnt realistisches Schreiben seine kritische Kraft und Legitimation; sie beinhaltet jedoch immer auch die Gefahr, dass die Behauptung einer „den Dingen immanenten, wesentlichen Wahrheit" (Begemann 2013, 236) in bloßen poetischen Schein (z. B. in der Form von Sentimentalität, Kitsch oder Ideologie) umschlägt. Gegen ältere Befunde, Phantastisches habe im Realismus keinen Platz, hat die neuere Forschung daher festgestellt, dass an den überraschend häufigen „Phänomenen des Wunderbaren und Gespenstischen" in den Werken von Storm, Raabe, Fontane und anderen „wesentliche poetologische Probleme des poetischen Realismus verhandelt werden" (Begemann 2013, 240; vgl. Göttsche und Saul 2013).

Zunehmend fragwürdig wird im Laufe der Modernisierungs- und Differenzierungsprozesse im 19. Jahrhundert der von Hegel übernommene Anspruch des Romans auf „epische Totalität". Ihn realisiert der realistische Roman teils (v. a.

bei Gutzkow, Auerbach und Spielhagen) in der Form des großen panoramatischen Zeit- und Gesellschaftsromans, häufiger jedoch durch die in Hegels Lektüre von Goethes *Wilhelm-Meister*-Romanen bereits vorgeprägte Synthese von Zeit- und Bildungsroman. Der realistische Roman verbindet dann, so die poetologische Vorgabe, „ein treues Spiegelbild der aktuellen Gesellschaft" angesichts der krisenträchtigen „Umbildung der kulturellen Verhältnisse" (Spielhagen 1898, 4) mit dem Primat eines „Helden", der „die Kongruenz der Teile und damit die Harmonie des Ganzen" gewährleistet (Spielhagen 1969, 72–73). Schon Vischer spricht vom ‚Romanhelden' „nur im ironischen Sinne", nämlich als dem „verarbeitende[n] Mittelpunct" des Romans, „in welchem die Bedingungen des Weltlebens, der leitenden Mächte[,] der Culturſumme einer Zeit, die Maximen der Gesellschaft, die Wirkungen der Verhältnisse zusammenlaufen" (zit. n. Bucher et al. 1981, 217).

Damit tritt neben Realismus und Idealismus, Prosa und Poesie eine dritte Dialektik idealistischer Tradition in die Grundbestimmungen realistischer Poetik: die Vermittlung von Einzelnem beziehungsweise inkommensurablem Individuellen mit einem gleichwohl weiterhin erwarteten sinnhaften Ganzen in der gattungsspezifischen Kunstgestalt realistischen Schreibens. In den für den Realismus des 19. Jahrhunderts zentralen narrativen Formen äußert sich diese Dialektik in der konstitutiven Spannung zwischen einem mimetischen Impuls, der sich auf die Eigenlogik seiner Gegenstände und die Kontingenz moderner Wirklichkeitserfahrung einlässt – auf diese Weise wird die Palette darstellungswürdiger Sujets zunehmend erweitert –, und dem Anspruch des Erzählens auf die Kohärenz einer ‚Geschichte' aus dem Geist bürgerlicher Weltanschauung und Sinnerwartung. Spielhagens Romantheorie ist das deutlichste Beispiel für den Versuch, die grundlegenden „Antinomien des Realismus" (Jameson 2013) durch strikte Objektivität der Darstellung nach dem Vorbild des klassischen Dramas zu bannen und so die Kunstanstrengung realistischer Repräsentation unsichtbar zu machen. Allerdings hält sich nicht einmal Spielhagen selbst als Romanautor an seine Vorgaben (vgl. Göttsche 2001, 678–731), und andere Autorpoetiken des Realismus (namentlich das selbstreflexive und diskursive Erzählen Raabes) laufen dem Objektivitätsdogma solcher Illusionsästhetik diametral entgegen. Die Forschung hat seit den 1960er Jahren gegenläufig die zunehmende Subjektivierung des Erzählens im 19. Jahrhundert herausgearbeitet (z. B. Meyer 1961 zur Intertextualität; Preisendanz 1963 zum Humor; Ohl 1968 zu Bildlichkeit und Perspektivik).

In der literarischen Praxis entsteht im Laufe des Jahrhunderts ein breites Spielfeld unterschiedlicher Vermittlungsformen von ‚objektiver' Wirklichkeit und ‚subjektiver' Wahrnehmung. Die inneren Antinomien des Realismus erweisen sich als eine der wichtigsten Quellen seiner Produktivität. Auffällig ist – insbesondere im Vergleich mit der zentralen Rolle der Musik in der Poetik der Romantik – die leitmotivische Orientierung an Paradigmen visueller Wahrnehmung: von der bildenden Kunst über zeitgenössische Medien wie Diorama und Panorama bis hin zu Daguerreotypie und Photographie als vermeintlich bloße ‚Ablichtungen' des Wirklichen. Die Häufigkeit poetologischer Bildmetaphern in Titeln, Untertiteln und poetologischen Vorworten (Sittengemälde, Zeitbild, Lebensbild etc.) indiziert die Orientierung an visuellen Medien in der Modellierung vielfältiger und heterogener Wahrnehmungen (‚Bilder') zu einem ästhetischen Ganzen (‚Bild'). Der Bildtopos verdeutlicht einmal mehr, dass die Darstellungsanstrengung realistischen Erzählens auf die Sichtbarmachung von Erfahrungen, Gefühlen, Milieus, Personen und Gegenständen als künstlerisch gestaltete Reflexion wirklicher Welten angelegt ist.

Insgesamt lässt sich festhalten, dass die Innovationsleistungen realistischen Erzählens seit dem frühen 19. Jahrhundert durch die idealistisch geprägten Formeln realistischer Literaturtheorie nur unzulänglich erfasst werden. Erst die immanente Poetik der Texte erlaubt es, die Literatur des deutschsprachigen Realismus als eine reflektierte Antwort auf die modernen Krisen- und Umbrucherfahrungen seit der Jahrhundertwende 1800 zu begreifen, die sich auf der Höhe gleichgerichteter Entwicklungen in der englischen und französischen Literatur bewegt. Gleichwohl ist in der Literaturkritik seit den 1820er Jahren ein zunehmendes Interesse an der zeitgenössischen – politischen, historischen, aber auch alltagsweltlichen – Wirklichkeit als Gegenstand der Literatur festzustellen. So stellt Carl Ludwig Nicolai neben den historischen Roman den „Roman aus der jetzigen Welt" (Nicolai 1819, 197), der die Aufgabe habe, „die Originalität des Zeitalters" zur Anschauung zu bringen (Nicolai 1819, 104). Willibald Alexis entwickelt bereits 1823 entscheidende Elemente der vom programmatischen Realismus dreißig Jahre später ausformulierten Romanpoetik in seiner einflussreichen Walter-Scott-Rezension: Gegen die „Kunstromane" der (romantischen) *Wilhelm-Meister*-Nachfolge sieht Alexis (1823, 4–5, 11) bei Scott die „*Wahrheit des Lebens*", „das wirkliche Leben" dargestellt, und zwar so, dass Scotts „treu poetisches Bild des Lebens" (historische) Wirklichkeit und „Idee" beziehungsweise „Gedanken" miteinander vermittelt (Alexis 1823, 7). Schon Alexis betrachtet „Objektivität" als „[d]as höchste Gesetz aller Poesie" und sieht den „Sieg der Objektivität über die Subjektivität" (Alexis 1823, 30–31) bei Scott in dem Zurücktreten des „Helden" zugunsten der „mit aller Genauigkeit geschildert[en]" „Außendinge" realisiert (Alexis 1823, 6). Der „Held" ist dann (wie später bei Vischer) nur noch eine „Mittelsperson" (Alexis 1823, 33) für „das Wesen jener [dargestellten] Zeiten, die Eigenthümlichkeiten, die Sitten, die Ansichten und Meinungen" (Alexis 1823, 13). „Reflexion" (Alexis 1823, 8) steht daher schon hier der „objektiven Darstellung des Lebens" im Weg (Alexis 1823, 12). Im Gefolge der Neubegründung des Romans als „zeitgeschichtliche[m] Sittenroman" (Wienbarg 1973, 256–257) in der Poetik des Jungen Deutschland begreifen seit den späten 1830er Jahren auch die Konversationslexika den Roman als „Begleiter und Wortführer aller socialen Zustände und Veränderungen", als einen „Spiegel [...] der fluctuirenden Stimmungen seiner Zeit" (Brockhaus 1838, 962, 985). Über Rudolf Gottschalls *Poetik* (1858) lässt sich diese Linie poetologischer Reflexion, in der der Roman als Leitgattung realistischer Literatur begriffen wird, bis in die Literaturkritik und Literaturwissenschaft der zweiten Jahrhunderthälfte verfolgen. So behauptet zum Beispiel Fontane in seiner Rezension von Freytags *Ahnen* 1875, für „die Erzählliteratur der letzten 150 Jahre" insgesamt gelte: „Der moderne Roman soll ein Zeitbild sein, ein Bild *seiner* Zeit." (Fontane W III/1, 319)

2 Gattungspoetische Perspektiven

Damit sind bereits auch zwei der drei Gattungen angesprochen, die für die Entstehung realistischer Poetik im frühen 19. Jahrhundert zentrale Bedeutung besitzen: der Roman, vor allem der historische und der mit ihm eng verwandte Zeitroman. Hinzu tritt die Novelle, die nicht zuletzt aus mediengeschichtlichen Gründen (als bevorzugte Gattung der im Laufe des Jahrhunderts für das literarische Leben immer wichtiger werdenden Zeitschriften) eine entscheidende Rolle spielt. Im weiteren europäischen Kontext fungiert der historische Roman allemal als Katalysator realistischen Erzählens, das heißt, realistische Autorpoetiken entstehen hier aus einem durch die romantische Entdeckung der Geschichte vermittelten Resonanzverhältnis von dargestellter Vergangenheit und aktuellen Problemstellungen. Dies gilt für den ‚Vater' des neueren historischen Romans, Sir Walter Scott (v. a. *Waverley*, 1814) – dem neben Charles Dickens und William Makepeace Thackeray wichtigsten englischen Vorbild des deutschen Realismus –, aber ebenso für die historischen Romane von Victor Hugo, Alexandre Dumas und anderen oder Alessandro Manzonis *I promessi sposi* (1827) (vgl. Geppert 1976; Geppert 2009). Noch die späte Entstehung des spanischen Realismus bei Benito Pérez Galdós bedient sich in den 1880er Jahren des Formats des historischen (Sitten-) Romans (vgl. Labanyi 1993). Insbesondere die Wirren der napoleonischen Kriege geben als radikale Kontingenzerfahrung und traumatische Einsicht in die Unkalkulierbarkeit der Geschichte bei Autoren wie Honoré de Balzac, Stendhal, Leo Tolstoi und Fontane (*Vor dem Sturm*, 1878) Anstöße zur Entwicklung realistischer Darstellungsverfahren, die auf konventionelle oder romantische Modellierungen verzichten (vgl. Engberg-Pedersen 2015).

In der deutschsprachigen Literatur sind die Anfänge realistischer Poetik in diesem Sinne deutlicher im frühen Zeitroman beziehungsweise in ‚historischen Romanen aus der Gegenwart' zu greifen, die sich an den Folgen der Französischen Revolution, des Widerstands gegen Napoleon und der Enttäuschung liberaler und nationaler Hoffnungen durch die nach 1815 einsetzende Restauration abarbeiten (vgl. Göttsche 2001; Göttsche 2013/2014). Anders als die Epochenromane der Spätromantik – wie Achim von Arnims *Gräfin Dolores* (1810) oder Joseph von Eichendorffs *Ahnung und Gegenwart* (1815) – sind frühe Zeitromane aus dem Kontext der Spätaufklärung poetologisch Vorläufer des Realismus. Von Christian August Vulpius' *Szenen in Paris, während und nach der Zerstöhrung der Bastille* (1790/1791) aus lässt sich zum Beispiel das Verfahren des Zeitbildes als zentrales Moment realistischer Poetik über die Romane der 1848er-Revolution bis zu Zeitroman und Kleiner Prosa der zweiten Jahrhunderthälfte verfolgen (vgl. Göttsche 2018). Wie darüber hinaus die romantische Entdeckung der Geschichte in die Entstehung realistischer Poetik im Zeitroman einfließt, zeigt exemplarisch Caroline de la Motte Fouqués *Die beiden Freunde* (1824), ein Rückblick auf die 100-Tage-Herrschaft Napoleons, dessen Form auf den Gesellschaftsroman Gutzkows, Spielhagens und Fontanes vorausweist (vgl. Göttsche 2001, 473–484).

Die Bildmetapher in Vulpius' *Szenen*, die eine szenisch-dialogische „Gemäldegallerie" „interessante[r] Szenen" aus der Revolution (‚Bilder') mit der „Uebersicht über das Ganze" („ein *ganzes* Bild") verbinden (Vulpius 1790/1791, I, 3–4; Vulpius 1790/1791, III, xi–xii.), verweist auf eine weitere, oft übersehene Quelle realistischer Darstellung in der Literatur des 19. Jahrhunderts: die Prosaskizze und verwandte Formen Kleiner Prosa (Reisebilder, Feuilletons) als intermediale Modellierungen eines modernen beobachtenden Blicks auf die Erscheinungswelt zunächst der Großstadt als dem paradigmatischen Ort der Moderne, aber zunehmend auch ländlicher und marginaler Räume. Es handelt sich hier wiederum um ein europäisches Phänomen (vgl. Lauster 2007), das auch in der deutschsprachigen Literatur Erzählprosa und Journalismus miteinander verbindet und visuelle Medien (Kupferstich, Diorama, Panorama, den Blick des Flaneurs, die Photographie) zur Innovation literarischer Darstellungstechniken nutzt. Zielt die große Form des Romans auf ,epische Totalität', so die kleine Form der Prosaskizze auf Prägnanz und Repräsentanz der Einzelbeobachtung, die ihren Ort vor allem im Feuilleton hat. Die Skizzenliteratur des Vormärz ist zugleich eine Schule der Beschreibungsgenauigkeit, die spätestens seit den 1840er Jahren in der Form von Genrebildern, kleinen Novellen und Erzählungen auch in den Hauptstrom realistischer Literatur einfließt. Stifters *Studien* (1844–1850) oder frühe Raabe-Texte wie die Aufzeichnungen in seinem Erstlingsroman *Die Chronik der Sperlingsgasse* (1856) oder die Skizze *Einer aus der Menge* (1858) sind Beispiele für diese poetologischen Verbindungslinien zwischen der Kleinen Prosa des Vormärz und der Poetik realistischer Erzählkunst.

Der quasi ethnographische Blick auf bestimmte Milieus der eigenen Gesellschaft entdeckt und modelliert im Genrebild die Besonderheiten zum Beispiel regionaler Kultur (Dorfgeschichte), jüdischen Lebens (Leopold Komperts *Geschichten aus dem Ghetto*, 1848/1860) oder vergangener Zeiten (Wilhelm Heinrich Riehls *Kulturgeschichtliche Novellen*, 1856). Er bewährt sich als mimetischer Impuls jedoch auch als Medium der (oft moralisierenden) Sozialkritik und des melancholisch gefärbten urbanen Bicks auf ländliche Räume abseits der Modernisierung. Während die an Eugène Sues *Mystères de Paris* (1842/1843) anschließende Darstellung des entstehenden Industrieproletariats und aktueller Modernisierungskonflikte durch den Sozialroman des Vormärz (Ernst Willkomm, Luise Otto-Peters, Robert Prutz u. a.) in der Literaturkritik des programmatischen Realismus nach 1850 dem Naturalismusverdikt verfällt, erweist sich die durch Auerbachs *Schwarzwälder Dorfgeschichten* (1843–1854) geprägte Dorfgeschichte als eine Schlüsselgattung, die wesentlich zur Durchsetzung des realistischen Paradigmas in der deutschen Literatur beitrug, indem sie „im Moment der Globalisierung" „gegen eine realitätsferne Idyllik" und angesichts bedrohlicher Modernisierungserfahrungen „regionale Lebensbilder mit pädagogisch-didaktischer Zwecksetzung" entwarf (Aust 2000a, 89–90).

Die „kompositorischen Prinzipien der Auswahl, Akzentuierung, Typisierung und Symbolisierung" verbinden die Dorfgeschichte mit der Gattung der Novelle, in der „sich der Realismus [...] am prägnantesten verwirklicht hat" (Aust 2000a, 87). Dies hat nicht nur mit der zentralen Stellung der Novelle auf dem literarischen Markt zu tun – als zeitschriftentaugliche kürzere Form, die anschließend in teils kanonbildenden Anthologien wie Paul Heyses *Deutschem Novellenschatz* (ab 1871) zirkuliert –, sondern auch damit, dass sich Theorie und literarische Praxis hier deutlicher entsprechen als beim Roman. Heyses Gattungsdefinition ist mit ihrer Anknüpfung an die grundlegenden Novellenbestimmungen Goethes und der Romantik durchaus charakteristisch: „Wenn der Roman ein Cultur- und Gesellschaftsbild im Großen, ein Weltbild im Kleinen entfaltet, bei dem es um ein gruppenweises Ineinandergreifen oder ein concentrisches Sichumschlingen verschiedener Lebenskreise recht eigentlich abgesehen ist, so hat die Novelle in einem einzigen Kreise einen einzelnen Conflict, eine sittliche oder Schicksals-Idee oder ein entschieden abgegrenztes Charakterbild darzustellen und die Beziehungen der darin handelnden Menschen zu dem großen Ganzen des Weltlebens nur in andeutender Abbreviatur durchschimmern zu lassen." (Heyse 1871, zit. n. Bucher et al. 1981, 371) Dem Realitätsgehalt der (nach Goethe) ‚sich ereigneten unerhörten Begebenheit' entspricht eine gesteigerte Kunstanstrengung, die Storm (in Analogie zur Objektivitätsforderung an den Roman) in den Vergleich mit der Leitgattung Drama gefasst hat: „die heutige Novelle ist die Schwester des Dramas und die strengste Form der Prosadichtung". Auch wenn namhafte Autoren wie Raabe und Fontane mit ihren Erzähltexten mittlerer Länge solche Grenzziehungen zwischen Roman und Novelle sowie die damit verbundene Verpflichtung auf „die geschlossenste Form" (Storm 1881, zit. n. Bucher et al. 1981, 368) wieder unterlaufen, gelang vielen Autoren des Realismus mit den Mitteln der Novelle eine wirkungsvolle Umsetzung des Anspruchs auf Vermittlung von ‚Realismus' und ‚Idealismus', Kontingenzerfahrung und Sinngebung. Dass die Novelle seit Giovanni Boccaccio zudem mit geselligem Erzählen in Gefahrensituationen verbunden ist, eröffnet nicht nur die Option zusätzlicher kontrapunktischer Bezüge zu einer gegebenenfalls abgründigen Erfahrungswelt, sondern auch die Möglichkeit der Verwendung von Rahmenerzählungen mit eingelagerten Binnenerzählungen kontrastierenden Inhalts, der Vervielfältigung der Erzählerstimmen und der Wiedereinführung narrativer Diskursivität – jener Techniken also, in denen realistisches Erzählen selbstreflexiv wird und der ‚Objektivität' seiner Form die ‚Subjektivität' moderner Weltsicht einschreibt. – In Lyrik und Drama fällt der Realismus hinsichtlich seiner poetischen Leistungen wie auch seiner poetologischen Überlegungen hinter die Komplexität narrativer Texte deutlich zurück (zum Drama vgl. McInnes 1996; Vogel 2007; zur Lyrik vgl. Selbmann 2007).

3 Autorpoetiken des Frührealismus (Hauff, Droste-Hülshoff, Stifter)

In der Praxis literarischen Erzählens sind Poetiken des Realismus bereits deutlich vor dem programmatischen Realismus der 1850er Jahre etabliert, in spannungsvollen Verhältnissen von Konkurrenz und Anverwandlung zum Erbe der Spätaufklärung, zur Romantik, zum intellektuellen Liberalismus des Jungen Deutschland und zur politisch-operativen Poetik des Vormärz. Ein anschauliches Beispiel für die Entstehung realistischen Erzählens in der Auseinandersetzung mit der Romantik bietet Wilhelm Hauffs Novelle *Das Bild des Kaisers* (1827), in der das neue Strukturmodell der Tieck'schen Dialognovelle geschichtspolitisch adaptiert wird, um einerseits liberale Ideale gegen die Restauration zu behaupten, andererseits aber das traumatische Erbe der Zeit zwischen Französischer Revolution und den sogenannten Befreiungskriegen zu bewältigen (vgl. Göttsche 2013/2014). In einer Gesellschaft, in der man angesichts der fortdauernden politischen Konflikte auch nicht „*eine* Familie" findet, „die nicht [...] die verschiedensten Gesinnungen in sich schlösse" (Hauff 1969, I, 626), besitzt szenisch-dialogisches Erzählen seinen doppelten Sinn als Zeitpanorama und als ausgleichende Verarbeitung der Gegensätze im Sinne jener gesellschaftlichen Vermittlungsbemühungen, um die realistisches Erzählen im 19. Jahrhundert immer wieder kreist (vgl. Hamann 2014): „Unterschiedliche Napoleon-Mythisierungen treten in den Gesprächen der Figuren zueinander in Konkurrenz. Dabei werden persönliche Erinnerungen des kommunikativen Gedächtnisses mit offiziellen Deutungsmustern des kulturellen Gedächtnisses konfrontiert" (Beßlich 2007, 179), bis sich alle Kontrahenten angesichts einer Kopie von Jacques-Louis Davids bekanntem Gemälde *Bonaparte beim Übergang des Sankt Bernhard* (auf das der Titel der Novelle anspielt) darauf einigen können, dass zumindest der junge Napoleon „ein großer Geist" gewesen sei (Hauff 1969, I, 641).

Nicht romantische Allegorisierung also bestimmt die Figurenkonstellation, sondern soziale und politische Repräsentanz sowie Generationszugehörigkeit, die sich genretypisch im Mikrokosmos zweier befreundeter Familien verdichtet. Der nicht zufällig weiblich kodierte Ausgleich (im Zimmer der emanzipierten jungen Anna von Thierberg) vermittelt pragmatisch zwischen dem Napoleon-Hass des Restaurationsdiskurses (ihr Vater), melancholischer Napoleon-Erinnerung (General von Willi), liberaler Hoffnung auf deutsche Einheit (Robert Willi, ihr Verlobter) und antinapoleonischem preußischen Patriotismus (der besuchende Vetter Albert von Rantow). Die symbolische Raumstruktur unterstreicht den Genderdiskurs der Novelle: Hauptschauplatz ist ein Abschnitt des Neckartals, der – ganz im Sinne der noch für den Spätrealismus charakteristischen Verschränkung von „Verzeitlichung des Raumes" und „Verräumlichung der Zeit" (Ohl 1968, 144–155) – als Zeitpanorama entworfen ist. Die mittelalterliche Burg des mediatisierten Freiherrn von Thierberg und das im Renaissancestil erbaute „neue Schloß" des napoleonischen Generals liegen sich „wie Bilder der alten und neuen Zeit" gegenüber, „auf einem steilen Waldberg" „auf der Nordseite" beziehungsweise „auf der Südseite gegenüber an einem sanften Rebhügel". Zugleich werden „diese Kontraste durch das lieblichste Tal, durch den Fluß vereinigt, der bald hierhin, bald dorthin zu den Bergen sich wendet" (Hauff 1969, I, 592–593). Das heißt, der Fluss nimmt in der Raumsemantik die gleiche Position ein wie Anna in der Konfiguration. Hauff arbeitet bereits mit jener symbolischen Überformung konkreter Orte, Erfahrungen und Lebenswelten, in der die ‚realistische' Dialektik von Wirklichkeit und Idee zum Austrag kommt.

Diese Symbolisierung ist jedoch das Produkt des romantisierenden Blicks des preußischen Besuchers und wird als solche Subjektivität von seinem schwäbischen Gesprächspartner sogleich ironisiert. Schon hier zeigt sich jenes „Strukturmodell des Poetischen Realismus", das Moritz Baßler (2015, 56) in Texten der zweiten Jahrhunderthälfte identifiziert: Da realistische Poetik „immer beides will: Realismus *und* Verklärung", entwirft der Erzählprozess „Bedeutungscodes", die sich aber „regelmäßig verbrauchen", ohne dass „der Anspruch auf einen solchen Code [...] aufgegeben" würde (Baßler 2015, 54). Das Medium solcher Sinngebungsanstrengung ist hier (wie oft) die symbolische Welt der Romantik. In diesem Fall zitiert Hauff die bekannte Eröffnungspassage aus Arnims *Gräfin Dolores*, um sie zugleich zu konterkarieren, denn die ganze Konstellation der beiden Schlösser gehört aus der Perspektive der jungen Protagonisten bereits der Vergangenheit an. Die Verlobung zwischen den Kindern der politischen Kontrahenten hat ihren geschichtspolitischen Sinn in der Eröffnung der Möglichkeit einer neuen Zukunft jenseits der Konflikte der Vergangenheit; „Anna und Robert [beginnen] ihr gemeinsames Leben mit einem realistisch geklärten Blick jenseits der Romantik" (Beßlich 2007, 205). Das Inventar der Romantik wird auch in der Motivwelt der Novelle zum Material eines selbstreflexiven realistischen Erzählens, dessen dialogische Multiperspektivität auf der Einsicht in die Perspektivität aller Wirklichkeitsdeutung beruht.

In dieser epistemologischen Frage berührt sich Hauffs Frührealismus mit den ganz anders gelagerten frührealistischen Elementen in Annette von Droste-Hülshoffs Novelle *Die Judenbuche* (1842), deren gezielte Aussparungen und Ambivalenzen die Deutung des Geschehens (und insbesondere die Antwort auf die Frage nach den Schuldigen an den Morden an dem Förster Brandis und dem Juden Aaron) dem Leser übertragen. Als „Sittengemälde aus dem gebirgichten Westphalen" – so der Untertitel – steht die Novelle trotz ihrer bis in die frühen 1820er Jahre zurückgehenden Entstehungsgeschichte der in den 1840er Jahren entstehenden Dorfgeschichte nahe. Die Arbeit mit einem historischen Kriminalfall, dessen Situierung in einem konkreten regionalen Handlungsraum (räumlich und zeitlich abseits der modernen Großstadt), die auktorialen Erzählerkommentare zu den empirischen, sozialen und rechtlichen Mängeln der dargestellten feudal-ländlichen Welt, der sozialpsychologische Blick auf die Entwicklungsgeschichte des Protagonisten Friedrich Mergel, des vermeintlichen Mörders, sowie die Perspektivität der Darstellung verbinden die *Judenbuche* mit dem Realismus. Der intertextuelle Ausgangspunkt – die Kontrafaktur der *Geschichte eines Algierer-Sklaven* (1818) ihres Onkels August von Haxthausen – verknüpft Droste-Hülshoffs kanonische Novelle zudem überraschend mit der literarischen Spätaufklärung, was sich zum Beispiel auch an dem seinerzeit beliebten Motiv der türkischen Gefangenschaft, den vermeintlichen Geistererscheinungen oder der religiösen Motivik zeigt. Auf andere Weise als bei Hauff dient aber auch die Romantik als Folie für den Entwurf eines Raumes möglicher Sinngebungen, die nie Eindeutigkeit erlangen: die schauerromantischen Motive, die Darstellung von Mergels illegitimem Cousin als seinem Doppelgänger und die Überhöhung der titelgebenden Judenbuche zu einem Symbol, das freilich mehrdeutig zwischen Rache, Reue und dem Gedenken antisemitischer Gewalt changiert, stellen romantische Topoi in den Dienst frührealistischer Darstellung.

Wo Schmidt als Repräsentant des programmatischen Nachmärz-Realismus in idealistischer Tradition „das Überwiegen des ‚Prosaischen'" und ein Fehlen „poetischer Verklärung" bemängelte (so Begemann 1999, 94), erkennt die heutige Forschung in der scheinbaren Brüchigkeit der *Judenbuche* eine poetologische

Komplexität, die das deutsche Erzählen erst im Spätrealismus wieder erreicht hat. Das Gegeneinander von neutestamentarischer Empathie und alttestamentarischem Rachedenken, das Gleiten der Erzählerposition zwischen historischer Auktorialität und ausdrücklich begrenztem Wissen, die Rätsel der Bildlichkeit und die Leerstellen des Kriminalfalls, die den Leser auf sein eigenes Urteil zurückwerfen, stellen sich dann als Ausdruck eines ‚gezielten Kalküls' dar, einer „grundsätzliche[n] Erkenntnisskepsis" (Begemann 1999, 101–102), die zwar der normativen Poetik des bürgerlichen Nachmärz-Realismus widerspricht, in der weiteren Geschichte des Realismus im 19. Jahrhundert aber ihren festen Platz hat. Zu denken wäre hier etwa an die schwierige Erarbeitung eines realistischen Erinnerungsdiskurses aus der autobiographischen Erzählung traumatischer Kriegserfahrung in Alexis' Erstlingsnovelle *Iblou* (1823/1830) (vgl. Göttsche 2013/2014), an Storms Rahmennovellen mit ihrer Adaptierung romantischen Inventars zur realistischen Reflexion abgründiger Erfahrung oder an die kritische Reflexion auf die Macht des öffentlichen Bewusstseins in der *Judenbuche* am Leitfaden des Personalpronomens ‚man', die in Raabes *Horacker* (1876) mit Blick auf die ganz anderen Verhältnisse der Gründerzeit wiederkehrt.

Stifter markiert wie Auerbach den Beginn der Hauptphase realistischer Poetiken in den 1840er Jahren. Die wiederholte Überarbeitung der Texte oder die Berufung auf „das sanfte Gesetz" (Stifter 1961, 10) evoziert bei Stifter eine Ordnungsidee, die sich allerdings sich mit Blick auf die Abgründe hinter dem idyllischen Schein und die Einbrüche des Katastrophalen als „ein bloßes *Postulat*" erweist (Begemann 2007, 74–75). In der Novelle *Der Hochwald* (1841) zum Beispiel, an der die Entstehung realistischer Poetik aus der Dekonstruktion der romantischen zu beobachten ist, führt der Rückzug aus den Wirren des Dreißigjährigen Krieges in die Abgeschiedenheit einer vermeintlich bergenden Gebirgsnatur zur Zerstörung der Idylle – der Burg, deren Ruine das Rahmenmotiv liefert, ebenso wie der Liebenden. Hier (wie später in *Bunte Steine*) erweist sich die ausführlich in ihrer Schönheit beschriebene Natur als eine Welt eigener Ordnung, deren radikal fremde (naturgeschichtliche und geologische) Zeitlichkeit für menschliche Belange letztlich keinen Platz hat. Romantische Einheitsgefühle werden als Projektionen einer Subjektivität kenntlich gemacht, die (wie durchweg bei Stifter) das objektive ‚Wesen der Dinge' verkennt.

Im Bildungsroman *Der Nachsommer* (1857) bestimmt die normative Ordnung der Dinge in Natur und Kultur dann ein Bildungsprogramm, das ins Museale und Künstliche umschlägt und nur von einem ‚Helden' zu bewältigen ist, der selbst als „musterhafte Un-Person" und „reines Kunstprodukt" konzipiert ist (Begemann 2007, 78). In seinem historischen Roman *Witiko* (1865/1867) schließlich überträgt Stifter die von seinen Figuren moralisch-pädagogisch geforderte Wendung zu den Dingen entschiedener als zuvor auch auf seinen literarischen Stil: Es kommt zu einer „‚Objektivierung' des Schreibens", einer formelhaften „Ritualisierung" und „zunehmenden Abstraktheit des Erzählens" zum Beispiel durch Parataxe, Metaphernverzicht und Selbstrepräsentation der Dinge, durch die das Subjekt weitgehend eskamotiert wird (Begemann 2007, 82–84). Infolgedessen wird der späte Stifter als ein Vorläufer der literarischen Moderne gesehen. Der poetologische Rahmen des programmatischen Realismus, die Synthese von Realismus und Idealismus, ist hier infolge eines tiefen Kulturpessimismus überschritten.

4 Der programmatische Realismus in Nachmärz und Gründerzeit

Die Poetik des Realismus ist in der ästhetischen Theorie (Auerbach, Vischer), Literaturkritik und literarischen Praxis zwar bereits in den 1840er Jahren fest verankert. Indem die Niederlage der Revolution von 1848 gegen die Kräfte der ‚Reaktion' konkurrierenden Paradigmen (wie dem intellektuellen Liberalismus des Jungen Deutschland sowie der operativen Poetik und sozialkritischen Literatur des Vormärz) den Boden entzieht und auch die Spätromantik an ihr Ende kommt (Eichendorff stirbt 1857), setzt sich der programmatische Realismus als die angemessene literarische Antwort auf eine Epoche der ‚Realpolitik' im Laufe der 1850er Jahre als dominantes Paradigma durch. Er kann sich dabei auf die Expansion des Zeitschriftenmarktes sowie auf das Wirtschaftswachstum in einer Phase beschleunigter Industrialisierung und Modernisierung stützen, welches bürgerlichem Selbstbewusstsein neue Nahrung gibt, sowie später auf das bürgerlich-liberale Projekt nationaler Einigung, das 1859 mit dem Schiller-Jahr und der Gründung des Nationalvereins neue Dynamik gewinnt. Einig sind sich die Vertreter des programmatischen Realismus in der doppelten Ablehnung des ‚Naturalismus', den sie der sozialkritischen Vormärzliteratur vorwerfen, und des ‚subjektiven Idealismus' der Kunstperiode, insbesondere der sogenannten ‚Romantik', wobei der Begriff auch die als ‚idealistisch' diskreditierte Literatur des Vormärz einschließt. Die Durchsetzung des realistischen Paradigmas betrifft jedoch auch Werke der Autoren des Realismus selbst. So lässt sich beispielsweise im Vergleich von Erst- und Zweitfassungen prominenter Romane wie Auerbachs *Neues Leben* (1852/1858) oder Spielhagens Erstling *Problematische Naturen* (1861/1889) ablesen, wie die Orientierung am Prinzip der ‚Objektivität' zur Bereinigung der Texte von vermeintlich ‚subjektiven' und ‚romantischen' Zügen wie diskursiven Erzählerkommentaren, Figurenreflexionen und Zerrissenheitstopik führt (vgl. Göttsche 2001, 665–666, 687–689). Gleichwohl überdeckt die scharfe Abgrenzung von der ‚Romantik' in der literaturpolitischen Rhetorik des programmatischen

Realismus die Wiederkehr romantischer Motive in den idealistischen Elementen realistischer Erzählkunst, die Anknüpfung zum Beispiel an die volkskundlichen und historischen Erkenntnisinteressen der Romantik, die Transformation romantischer Poetisierungsprogramme in der Verklärungspoetik des Realismus, die Metamorphose romantischer Ironie in humoristische Verfahren, die epistemologischen Kontinuitäten zwischen avancierten Formen romantischen und realistischen Erzählens sowie die fortgeführte Auseinandersetzung mit zeitgenössischer Wissenschaft (vgl. Göttsche und Saul 2013).

Das Paradigma des realistischen Romans im Nachmärz beispielsweise, Freytags Erfolgsroman *Soll und Haben* (1855), will – so das Vorwort – angesichts der „Verwirrung der letzten Jahre", der „Mutlosigkeit und müde[n] Abspannung der Nation" in einer „Zeit, wo die stärksten politischen Leidenschaften in das Leben jedes einzelnen dringen", „dem Volke einen Spiegel seiner Tüchtigkeit vorhalten". Im Sinn der *Grenzboten*-Poetik sucht Freytag den Ausgleich zwischen „den Gesetzen des Lebens und der Dichtkunst", „Idee" und „praktische[r] Tendenz" (Freytag 1977, 9–10). Im Zentrum seiner bürgerlichen Werteordnung stehen vor allem die ‚Idee' der „freie[n] Arbeit" als Grundlage von „Zivilisation und Fortschritt" und der Anspruch, „das arbeitsame Bürgertum zum ersten Stande des Staates" zu machen (Freytag 1977, 331). Dieses normative Programm begründet die Vorrangstellung des vorbildhaften ‚Helden' und seiner bürgerlichen Welt in einer Synthese von Bildungs- und Zeitroman, die für die realistische Romanpoetik der zweiten Jahrhunderthälfte prägend wird. Freytags Romanpoetik erkauft bürgerliche Selbstbehauptung jedoch mit einer dreifachen Abgrenzung und Abwertung: polemische Adelskritik und eine frühe Form von politischem Antisemitismus (beide zugleich als Kritik an Modernisierung, Industrialisierung und ‚amerikanischem' Kapitalismus) sowie das Projekt der Ostkolonisation vermittels gewaltsamer ‚Eroberung' polnischen Landes, die mit der Überlegenheit der deutschen ‚Arbeit und Kultur' gegenüber den Polen begründet wird (Freytag 1977, 624). Diese programmatisch ‚bürgerliche' Form realistischer Poetik gründet also auf einem politischen Identitäts- und Machtdiskurs, der antimodern, antisemitisch und rassistisch andere ausschließt (vgl. Krobb 2005).

Der Versuch, ein solches ideologisches Programm im Sinne der Vermittlung von ‚Leben' und ‚Dichtkunst' poetisch zu legitimieren, führt allerdings zu bezeichnenden inneren Brüchen. Gleich das zweite Kapitel ist durch intertextuelle Anspielungen als eine Kontrafaktur von Eichendorffs *Aus dem Leben eines Taugenichts* (1826) angelegt, in dem der Protagonist auf dem Wege zu seiner Lehre im Warenhaus Schröter im Garten eines Herrenhauses das „Zauberbild" (Freytag 1977, 23) romantischer Aufbruch-, Natur- und Liebesträume erlebt; die Überwindung der Faszination für die mit dem Adel assoziierte Welt der ‚Romantik' wird eine seiner zentralen Bildungsaufgaben. Dieser Abgrenzungsgeste steht jedoch die Darstellung des normsetzenden bürgerlichen Handelshauses als wirtschaftsgeschichtlich veraltet – der Roman spielt im Vormärz, nicht in der Gegenwart sprunghafter Modernisierung nach 1850 – und romantisch überhöht gegenüber: Phantastische Motive wie die guten Hausgeister, die märchenhafte Gipskatze in Anton Wohlfarts Zimmer und der Glanz der Ferne auf den gehandelten Kolonialwaren verleihen dem „Strom der Kapitalien, dessen Bewegung das Menschenleben erhält und verschönert" (Freytag 1977, 818), den poetischen Schein der Verklärung. Aus romantischem Erbe ist auch die Darstellung der Ostkolonisation nach dem Abenteuerschema der nordamerikanischen *western frontier*. Von hier aus erweist sich der verwandelnde Rückbezug auf romantische Prätexte und Modelle geradezu als ein Leitmotiv realistischen Erzählens, auch wenn es bei anderen Autoren keineswegs wie bei Freytag um „die Poesie des Geschäfts" (Freytag 1977, 326) geht. Auerbachs Dorfgeschichten zum Beispiel beziehen sich auf Clemens Brentanos *Geschichte vom braven Kasperl und dem schönen Annerl* (1817) zurück, die Binnengeschichte in Storms *Immensee* (1850) arbeitet mit der Blumensymbolik aus Novalis' *Heinrich von Ofterdingen* (1802), Kellers *Die Geisterseher* (1881) lesen sich als Umerzählung von E.T.A. Hoffmanns *Ein Fragment aus dem Leben dreier Freunde* (1818), und Raabes humoristisches und intertextuelles Verfahren in *Vom alten Proteus* (1875) reflektiert die Möglichkeiten und Grenzen literarischer Darstellung unter den Bedingungen der modernen Welt in unmittelbarer Anknüpfung an die Poetologie der Frühromantik (vgl. Göttsche und Saul 2013).

Dass die Poetik des programmatischen Realismus, wie Freytag sie vertritt, nicht die einzige Spielart realistischen Erzählens nach 1848 ist, belegt exemplarisch Gutzkows neunbändiger Zeitroman *Die Ritter vom Geiste* (1850/1851), der, im Gegensatz zu Freytags Synthese von Bildungs- und Zeitroman, das konkurrierende Strukturmodell des großen panoramatischen Gesellschaftsromans repräsentiert. In einem poetologischen Vorwort hat Gutzkow diesen Neuansatz programmatisch reflektiert und seinen „Roman des Nebeneinanders" emphatisch vom Individualroman und dessen pragmatischem „Nacheinander" abgehoben (Gutzkow 1850/1851, I, 6–7). Im Anschluss an den Sozialroman des Vormärz zielt die vieldimensionale Gesellschaftsdarstellung im Nebeneinander sozial repräsentativer Räume und Figurengruppen sowie parallel geführter, gleichwohl miteinander verwobener Handlungsstränge auf ein „Panorama unserer Zeit" (Gutzkow 1850/1851, I, 9), das die geistes- und kulturgeschichtlichen „Zeitfragen" (Gutzkow 1850/1851, IX, 292), die Sozialgeschichte (von der aristokratischen Oberschicht bis zu den neuen Arbeiterslums) und die politische Geschichte der Epoche in ihrem Zusammenspiel exemplarisch zur Anschauung bringt. Der ‚Roman des Nebeneinander' will eine ‚Weltanschauung' im wörtlichen Sinne bieten, die auf die Orientierungskrise der sich ausdifferenzierenden modernen Wirklichkeit antwortet, die von der Gleichzeitigkeit des Ungleichzeitigen und Heterogentität geprägt wird. In der zugleich sozialgeschichtlichen und epistemologischen Begründung seiner Poetik wendet sich Gutzkows vormärzlich geprägter Liberalismus gegen die ‚Realpolitik' des Nachmärz und die Literaturpolitik der *Grenzboten*. In seinem szenisch-dialogischen Erzählen folgt sein ‚Roman des Nebeneinanders' dagegen denselben poetologischen Präferenzen wie der programmatische Realismus.

Spielhagen, zu Lebzeiten einer der produktivsten, erfolgreichsten, aber auch umstrittensten Autoren des Realismus, steht ideologisch dem kritischen Liberalismus Gutzkows näher als dem konservativen Freytags. Während er in seinen literaturkritischen Schriften den programmatischen Realismus der *Grenzboten* fortschreibt, wechselt er in seinem eigenen Romanwerk zwischen den von Gutzkow und Freytag entwickelten Strukturmodellen des großen panoramatischen Gesellschaftsromans und der Synthese aus Bildungs- und Zeitroman, oft in der realismustheoretisch als ‚subjektiv' verworfenen Ich-Form. Arbeitet Spielhagen sich in der Zeitdiagnose seines Erstlings *Problematische Naturen* (1861/1862) noch an der (‚romantischen') Zerrissenheitstopik des Vormärz ab, wird er mit Romanen wie *In Reih' und Glied* (1866), *Hammer und Amboß* (1869), *Sturmflut* (1877) oder *Ein neuer Pharao* (1889) zu einem der schärfsten Beobachter seiner Zeit (Industrialisierung, Reichsgründung, Gründerzeitkrise, Sozialdemokratie u. a.). In seinen späten Texten wie *Sonntagskind* (1893) oder *Freigeboren* (1900) findet er schließlich zu kleineren Formaten und konzentriert sich auf Probleme des modernen Subjekts (vgl. Göttsche 2001, 678–731; Sammons 2004). Hier nähert sich ein Autor des programmatischen Realismus thematisch den Problemstellungen der jungen literarischen Moderne, um zugleich jedoch seine Poetik gegen diese neue Herausforderung zu verteidigen.

5 Autorpoetiken des Spätrealismus (Fontane, Raabe)

Der Übergang von der Phase des programmatischen Realismus in der Jahrhundertmitte zum Spätrealismus der 1880er und 1890er Jahre lässt sich nicht genau datieren, zumal er von der Werkentwicklung der einzelnen Autoren abhängt. Gleichwohl sind bei den im Folgenden exemplarisch betrachteten Autoren Verschiebungen im ‚poetologischen Koordinatensystem' ihres Schreibens festzustellen, durch die sich der Abstand von der programmatischen Phase des Realismus vergrößert. So hat der von Paul Heyse 1877 als „Shakespeare der Novelle" gefeierte (zit. n. Amrein 2016, 294) Keller in seinen Novellenzyklen in einem oft inkalkulablen Humor sowie in den Kompositionsprinzipien der Variation, der

Kontrapunktik, der Episoden- und Figurenverdopplungen und der parabolischen Zuspitzung Verfahren problemoffener realistischer Gestaltung gefunden, in denen das Wirkliche gegenüber der Sinnanstrengung des Erzählens widerständig bleibt und eine Selbstüberschreitung des Realismus auf dem Weg in die Moderne stattfindet (Müller 2007, 101–102). Auch Storms Novellistik findet zu erheblichen Modernepotentialen, indem sie ein zunehmend selbstreflexives Erzählen entwickelt, das mit Künstlerfiguren (Künstler-Bürger-Gegensatz), Erinnerungsstrukturen, mehrbezüglichen Bildkomplexen, den Grenzen des Realen (Unheimliches und Wunderbares) und perspektivischen Vermittlungsprozessen (Rahmenerzählungen) arbeitet (Neumeyer 2007).

Fontane hat sich über Jahrzehnte als Literaturkritiker in die poetologischen Debatten eingeschaltet, so in dem frühen Aufsatz *Unsere lyrische und epische Poesie seit 1848* (1853), welcher im Einklang mit dem programmatischen Realismus steht. Dieser ist für Fontane „*die Kunst*" selbst; „[u]nsere moderne Richtung ist nichts als eine Rückkehr auf den einzig richtigen Weg" (Fontane W III/1, 238). Die „erste Blüte [dieses] modernen Realismus" sei Freytags Roman *Soll und Haben*, den Fontane als „eine Verdeutschung [...] des neueren englischen Romans" sieht (Fontane W III/1, 294). Der „moderne Roman" soll „ein Bild *seiner* Zeit" geben (Fontane W III/1, 319), jedoch nach Maßgabe jener „ästhetischen Gesetze" (Fontane W III/1, 451), auf die Fontanes Humorbegriff zielt, wenn er von „humoristische[r] Durchdringung" (Fontane W III/1, 399–400) oder – missverständlich – vom „Darüberstehn", dem „heiter-souveräne[n] Spiel mit den Erscheinungen des Lebens" spricht (Fontane W III/1, 461). Wenn er in einem Brief an Heyse neben den „Einheits-Roman" (Individualroman) den „Vielheits-Roman" (Gesellschaftsroman) stellt – eine Analogiebildung zu Gutzkows ,Roman des Nebeneinander' –, so betont er zugleich die Bedeutung der „Composition", durch die „Vielheit zur Einheit" werde (Fontane W IV/2, 639). Dies ist mitzudenken, wenn Fontane es als die „Aufgabe des modernen Romans" bestimmt, „ein Leben, eine Gesellschaft, einen Kreis von Menschen zu schildern, der ein unverzerrtes Wiederspiel des Lebens ist, das wir führen" und „dessen Gestalten sich in die Gestalten des wirklichen Lebens einreihen" (Fontane W III/1, 568). Realistische Mimesis ist hier zugleich eine rezeptionsästhetische Kategorie, ein ,Realismuseffekt' (Barthes), der sich der literarischen Form verdankt.

Zur „,objektiven' Erzähltechnik" in Fontanes eigenem, spät einsetzenden Erzählwerk gehört in diesem Sinne „neben der Perspektivierung des Erzählberichts" vor allem „das Verfahren der Gesprächsführung" (Aust 2000b, 441), also die prägnante Dialogizität von Fontanes Erzählkunst, wie sie sich exemplarisch in seinem späten Zeit- und Gesellschaftsroman *Der Stechlin* (1897/1898) zeigt (vgl. Göttsche 2001, 733–738). Deutlicher als in früheren Romanen verzichtet der Autor hier auf die Modellierungstechniken des Familienromans; die Handlung wird auf ein Minimum zurückgefahren; im Mittelpunkt stehen (meist gesellige) Gespräche, in denen der Roman ein diskursives, perspektivisch gebrochenes Totalbild der dargestellten Gegenwart entwirft, ohne die thematisierten gesellschaftlichen, sozialen und politischen Konflikte – die Konkurrenz von Adel und Bürgertum, das Erstarken der Sozialdemokratie, den Kastengeist des preußischen Junkertums, den wachsenden Antisemitismus, die Stellung des Deutschen Reiches im Konzert der imperialen Großmächte usw. – mit eigenen Handlungsräumen ausstatten zu müssen. Diese „dialogische Facettierung" der Welt (Ohl 1968, 156) in Fontanes Zeitroman stellt zweifellos einen „Höhepunkt" (Steinecke 1987, 166) sowohl in der Geschichte des deutschen Gesellschaftsromans als auch realistischer Autorpoetik dar. Sie impliziert konsequente Perspektivität der Darstellung sowie ein kritisches Sprachbewusstsein, das Fontanes Erzählen an die Schwelle zur Moderne führt. Die Techniken der Gesprächsdarstellung – Dialogführung, Anspielung, Zitat – dienen nicht zuletzt der Sprachkritik als Mentalitäts- und Zeitkritik im Spiegel der ausgestellten Sprache und Sprechweisen. In diesem Zusammenhang haben Humor und Ironie ihre besondere Funktion als Verfahren der Relativierung sich absolut setzender Standpunkte und als Kritik von Wahrheits- und Geltungsansprüchen, die historisch obsolet geworden sind. Dubslav von Stechlins „Selbstironie" und „Humanität" (Fontane W I/5, 9) sowie seine Vorliebe für das Paradoxe verkörpern exemplarisch die (sprach-)kritische Grundhaltung des Romans gegenüber den Überzeugungen und Ideologien seiner Zeit. Fontane entwickelt in seinem Spätwerk eine avancierte, durch „‚Vielschichtigkeit' und ‚Modernität'" (Plett 2007, 8) charakterisierte „narrative Poetik", die seinem Werk seine „besondere Stellung zwischen Tradition und Moderne" sichert (Grawe und Nürnberger 2000, 955).

Die Skepsis gegenüber der Theorie des Realismus und überhaupt poetologischen Äußerungen zum eigenen Werk ist von allen Spätrealisten bei Raabe sicher am stärksten ausgeprägt. In der Tat bleiben seine wenigen (zumeist nachgelassenen) poetologischen Äußerungen hinter dem Reflexionsniveau seiner Werke zurück (vgl. Göttsche 2016). Schon früh besteht er auf seinem „eigenen Weg" als Schriftsteller abseits der „ausgetretene[n] Heerstraße" (Raabe SW, Ergänzungsbd. II, 27) und gegen das Objektivitätspostulat des programmatischen Realismus auf Subjektivität: „Ein ächter Dichter sagt *Ich*!" (Raabe SW, Ergänzungsbd. V, 337). Dieser Anspruch auf Eigenständigkeit zeigt sich nicht nur in seiner Abgrenzung von dem „Dichter-Journalisten" Spielhagen (Raabe SW, Ergänzungsbd. II, 183) und der Kritik an der Verklärungspoetik und Sentimentalität, die er Storm und Wilhelm Jensen vorwirft – „Niemand muß nüchterner in die Welt hineinsehen, als ein rechter Romanschreiber." (Raabe SW, Ergänzungsbd. V, 420) –, sondern auch in seinem unzeitgemäßen Bekenntnis zu Jean Paul (vgl. Raabe SW, Ergänzungsbd. IV, 54). Die „gedichtete Dichtungstheorie" (Schrader 1989) seines selbstreflexiven und diskursiven Erzählens setzt wie jenes Jean Pauls auf die aktive Mitarbeit des Lesers: Vom „*wirkliche[n] Inhalt*" seiner Texte habe „der Leser" „ein Drittel" „selber sich herauszudenken, [zu] fühlen und [zu] empfinden" (Raabe SW, Ergänzungsbd. II, 344).

Raabes literarische Entwicklung führt in diesem Sinne von der verwandelten Wiederanknüpfung an Vormärztraditionen (im Nachmärz) über die kritische Annäherung an den programmatischen Realismus (in Texten der frühen 1860er Jahre wie der *Soll-und-Haben*-Kontrafaktur *Der Hungerpastor*) zu eigenständigen Modellen realistischen Erzählens im mittleren und späteren Werk. Hier hat der Autor die ideologischen, epistemologischen und literarischen Parameter des Realismus immer schärfer auf die Probe gestellt, um am Jahrhundertende in der Infragestellung des bürgerlichen Selbst- und Weltverständnisses schließlich an die Schwelle zur zeitgleich sich entfaltenden Moderne zu gelangen (vgl. Göttsche 2007). Eines der markantesten Merkmale seines Realismus ist die Hartnäckigkeit, mit der seine Werke leitende Themen, Problemstellungen, Figurenkonstellationen, Motive und Fragen immer wieder von Neuem aufgreifen und so die im jeweiligen Werk erreichten ‚Lösungen' in „narrativen Experimenten" (Detering 1990) stets neu und zunehmend radikal hinterfragen, ohne das „poetologisch[e] Koordinatensystem" des Realismus (Ort 2007, 20) tatsächlich zu verlassen. Jenseits der ökonomischen Notwendigkeiten seiner Existenz als Berufsschriftsteller versteht Raabe sein Schreiben damit als ein Projekt, nicht als Umsetzung einer feststehenden Poetik (vgl. Göttsche et al. 2016).

Diese Autorpoetik kündigt sich bereits in Raabes Erstlingsroman *Die Chronik der Sperlingsgasse* (1856) an, dessen kontrapunktisches Erzählen unterschiedliche und gegensätzliche Positionen innerhalb und außerhalb der bürgerlichen Welt gleichgewichtig entfaltet, um bürgerliches Selbstverständnis polyperspektivisch zur Reflexion zu stellen. Die Aufzeichnungen des alten Chronisten Wachholder und des jungen Karikaturisten Strobel, in denen sich komplementär Bürgerlichkeit und antibürgerliche Abenteuerlust, Altersmelancholie und ein vormärzlich geprägter Liberalismus gegenüberstehen, entfalten im „Wechselspiel" (Raabe SW I, 75) von Vergangenheit und Gegenwart an der Berliner Sperlingsgasse einen Mikrokosmos deutscher Wirklichkeitserfahrung im 19. Jahrhundert, eine „Bühne des Weltlebens, wo Krieg und Friede, Elend und Glück, Hunger und Überfluß, alle Antinomien des Daseins sich widerspiegeln" (Raabe SW I, 17). Die Formulierung indiziert exemplarisch die sentimentale Kontrasttechnik, die die Zeitkritik in Raabes Frühwerk noch überschattet. Poetologisch jedoch antizipiert die *Chronik* bereits die komplexen Modellbildungen von Raabes Spätwerk, beispielsweise in *Die Akten des Vogelsangs* (1896), deren Titel bereits auf die neuerliche Wiederaufnahme rekurrenter Problemstellungen und Topoi verweist: Die Kontrapunktik der Erzählstimmen verschärft sich hier zur abgründigen Kritik der vom Erzähler Karl Krumhardt verkörperten bürgerlichen Welt durch seinen Antipoden und Freund Velten Andres (anagrammatisch: andere Welten), der sich bürgerlichen Werten wie Besitz, Leistung, Erfolg und Ehe radikal verweigert; die Ambivalenz der Sperlingsgasse als eines idyllischen Gegenraums, in dem zugleich jedoch „die Geschichte eines Hauses [...] die Geschichte der Zeit" abbildet (Raabe SW I, 92), weicht der Funktion des ebenfalls großstädtischen Vogelsangs als Paradigma von Industrialisierung, Modernisierung, Stadt- und Wirtschaftswachstum und den damit einhergehenden sozialen und mentalen Umschichtungen; das Ethos sozialer Moralität, das Raabes Außenseiterfiguren und Patchwork-Familien immer wieder gegen die Konflikte und Krisen der bürgerlichen Ordnung stellen, greift nicht mehr; das selbstreflexive Erzählverfahren, in dem ein sich erinnernder Ich-Erzähler – gegen die Objektivitätsforderungen des programmatischen Realismus – über Bedingungen und Funktionen seines Schreibens reflektiert, gewinnt zeitkritische und epistemologische Prägnanz, indem sein Gegenstand – Velten Andres' „siegreich gewonnene[r] Prozeß gegen meine, gegen unsere Welt" (Raabe SW XIX, 295) – die Grundlagen bürgerlicher Identität und Wertordnung in Frage stellt. Zugleich aber verliert auch das Leben außerhalb der bürgerlichen Ordnung, das Andres als vermeintlicher „Weltüberwinder von Leichtsinns Gnaden" (Raabe SW XIX, 308–309) verkörpert, den Glanz romantischen Abenteurertums, denn der Hoffnungsträger hat sich in seinem Freiheitstraum ‚verklettert' (Raabe SW XIX, 381) und endet in heilloser Verzweiflung und Tod. Raabe spitzt seine wiederkehrenden Problemstellungen im Spätwerk also aporetisch zu; von ‚Verklärung' kann hier keine Rede mehr sein.

Diese Pointierung spätrealistischer Poetik zeigt sich nicht nur in Raabes in der Ich-Form erzählten Chronistenromanen, sondern auch in der heterodiegetisch beziehungsweise auktorial verfassten Linie seines Werks, in der die konsequente Perspektivität seines Erzählens die Form einer ausgeprägten Diskursivität annimmt, die humoristische Züge hat und der Dialogtechnik Fontanes diametral entgegensteht. Besonders greifbar wird diese Diskursivität oft in den Eingangskapiteln der Texte, in der Raabes Erzähler entweder mehrmals ansetzen, bevor die ‚Geschichte' in Gang kommt, oder sich in scheinbaren Abschweifungen ergehen, um zum Beispiel intertextuelle Referenzräume zu eröffnen oder die Literarizität des Erzählten ins Bewusstsein zu heben. Die Novelle *Zum wilden Mann* (1874) beispielsweise beginnt mit einem Exkurs über das Wetter, an dessen Ende „der Erzähler mit aufgespanntem Schirm von links, der Leser, gleichfalls mit aufgespanntem Schirm, von rechts" bei heftigem Regen Zuflucht in dem Schauplatz der Handlung, der titelgebenden Apotheke in einem Harzdorf, finden: „[W]ir sind darin, in dem Hause sowohl wie in der Geschichte vom *Wilden Mann!*" (Raabe SW XI, 163). Die humoristische Durchbrechung der epistemologischen Grenze zwischen Realität und Fiktion signalisiert vom Beginn der Novelle an ein selbstreflexives Erzählen, das über die Konstellation der Binnenerzähler – der bürgerliche Apotheker Kristeller, der seinen relativen Wohlstand einer Schenkung verdankt, und sein einstiger Wohltäter, der Abenteurer August Mördling, der aus der Auswanderung nach Amerika als brasilianischer Oberst zurückkehrt, um seine Schenkung nun mit Zinsen zurückzufordern – wiederum kontrapunktisch die Grundlagen der bürgerlichen Ordnung in Frage stellt, nun jedoch in einem globalen Rahmen, der die koloniale Erweiterung der Welt reflektiert.

Ausdrücklicher als andere Autoren des Realismus setzt sich Raabe in seinen Texten kritisch mit Kolonialismus, kapitalistischer Globalisierung und dem sprunghaften Wandel der Lebenswelt im Prozess beschleunigter Modernisierung auseinander. Oft geschieht dies mit Hilfe des Chronotopos der Heimkehr, in der der Rückkehrer seine Ausgangswelt ebenso verwandelt vorfindet wie sich selbst; eine Rückkehr in die Vergangenheit ist nicht möglich, Zeitkritik und Zeitreflexion greifen Hand in Hand (vgl. Göttsche 2000). In *Zum wilden Mann* allerdings steht dieses Motiv im Zeichen einer verstörenden Umkehr kolonialer Machtverhältnisse: Hier ist Brasilien der Raum der Moderne und des Fortschritts, der im provinziellen Deutschland das Kapital und Know-how zum Aufbau einer globalen Industrie sucht – sei es durch die Produktion von Fleischextrakt (Mördlings erster Plan) oder durch Ausbeutung von Kristellers Likörrezept (das lukrativere Geschäft). Dass der Apotheker seiner Ausbeutung zustimmt und am Ende fast bankrott zurückbleibt, trägt wesentlich zum Verstörungspotential dieser Novelle bei. Die vielfältigen und widersprüchlichen Deutungsversuche der Forschung (vgl. Göttsche et al. 2016, 149–157) belegen rezeptionsgeschichtlich die kalkulierte Mehrdeutigkeit der Novelle.

Nicht minder skeptisch setzt sich Raabe in seinen zahlreichen historischen Erzählungen und Romanen mit geschichtsphilosophischen Modellen, dem Fortschrittsglauben seiner Zeit und der Geschichtspolitik zwischen Nachmärz und Kaiserreich auseinander: Einzelne frühe historische Romane wie *Nach dem großen Kriege* (1861) sind noch auf das Projekt nationaler Einheit ausgerichtet (vgl. Göttsche 2013), aber Raabes historische Gedächtnispoetik rückt schon bald von heroischen Figuren und teleologischen Narrativen ab (vgl. Paulus 2014), um in späten Texten wie *Das Odfeld* (1888) die Sinnhaftigkeit von Geschichte dann grundsätzlich in Frage zu stellen. Gestaltet Raabe in seinem historischen Erzählen durchweg „Geschichte aus der Sicht der Betroffenen" (Schrader 1973, 33), so indizieren die vergeblichen Versuche der Figuren im *Odfeld*, die Zeichen der Zeit in der dargestellten Kriegswelt des Siebenjährigen Krieges zu lesen, die epistemologische Problemstellung einer nachmetaphysischen Moderne, die widersprüchlich durch die Vervielfältigung der Zeichenangebote und deren Unlesbarkeit gekennzeichnet ist. Die extensive Intertextualität, die Raabes Erzählen durchgängig charakterisiert, gewinnt hier ihren spezifischen poetologischen Sinn in der Evokation multipler Bezugsrahmen – von Antike und Bibel über Shakespeare, Goethe und Schiller bis zu themenspezifischen Intertexten aus der dargestellten Epoche sowie (v. a. im früheren Werk) aus der unmittelbaren Gegenwart –, von denen keiner noch letzte Verbindlichkeit beanspruchen kann. Die epistemologischen Grundzüge von Raabes Autorpoetik in seinem späteren Werk werfen daher exemplarisch die Frage nach dem Verhältnis zwischen dem Spätrealismus und der in den 1890er Jahren sich gleichzeitig entfaltenden Moderne auf.

6 Realismus, Naturalismus und Moderne

Das Verhältnis der Poetiken des (Spät-)Realismus zu jenen der in den 1890er Jahren zeitgleich anbrechenden ästhetischen Moderne wird seit langem kontrovers diskutiert. Einerseits zeigen die Spätwerke von Autoren wie Stifter, Storm, Fontane und Raabe Berührungspunkte mit der beginnenden Moderne. Andererseits weist vor allem die systemtheoretisch geschulte Forschung auf die kategorialen Unterschiede zwischen den Poetiken des Realismus und jenen der Moderne hin und schließt: „Kein deutschsprachiger Realist von Rang läuft zur Moderne über [...]" (Baßler 2013b, 5); vielmehr „fahren" die Autoren des Spätrealismus „das eigene programmatische Modell – ohne strukturale Lösung, aber durchaus mit literarischem Gewinn – immer wieder gegen die Wand, die undurchdringlich zwischen Poetischem Realismus und literarischer Moderne steht" (Baßler 2015, 89). Übergänge finden sich aus dieser Perspektive um 1900 erst in der Nachfolgegeneration bei Autoren wie Detlev von Liliencron, Oskar Panizza, Robert Walser oder Arthur Schnitzler, die noch nicht einer emphatischen Moderne folgen, sondern auf je eigenwillige Weise an Elementen „des poetisch-realistischen Schreibprogramms" festhalten (Baßler 2013b, 20).

In den Autorpoetiken des Spätrealismus selbst finden sich durchaus unterschiedliche Haltungen zur anbrechenden Moderne. Spielhagen greift die Herausforderung direkt auf und setzt sich zum Beispiel in der Novelle *Alles fließt* (1897) thematisch-motivisch vor allem mit Impressionismus und Décadence auseinander, ohne seine Schreibweise allerdings zu ändern (vgl. Göttsche 2000, 170–171). Raabe radikalisiert in seinem letzten Romanfragment *Altershausen* (1902) seine literarische Kritik bürgerlicher Subjektivität und Sozialität bis hin zum Zerbrechen des ‚Ich' und zur grotesken Verzerrung bürgerlicher Erfahrungswelt; passagenweise findet sich ein innerer Monolog. Die experimentelle Überschreitung der eigenen epistemologischen und poetologischen Voraussetzungen verfährt – trotz vergleichbarer Problemstellungen – jedoch in ganz anderen Bahnen als zum Beispiel in Hugo von Hofmannsthals *Chandos*-Brief (1902) oder bei Robert Walser. Conrad Ferdinand Meyers Renaissancenovellen dagegen stiften Verbindungen zum Renaissancekult des Fin de Siècle, und an den Spätrealismus Ferdinand von Saars konnte der junge Hofmannsthal anknüpfen.

Eine besondere Rolle spielt im Verhältnis von Realismus und Moderne der in den 1880er Jahren aufkommende Naturalismus, für den vor allem der französische Romancier Émile Zola sowie der norwegische Dramatiker Henrik Ibsen als Vorbilder galten. In seiner literaturtheoretischen Sprache knüpfte der Naturalismus weiterhin durchaus an den idealistisch geprägten programmatischen Realismus an: Karl Bleibtreu fordert einen „Realismus", der „die naturalistische Wahrheit der trockenen und ausdrucklosen Photographie [...] mit der künstlerischen Lebendigkeit idealer Composition verbindet"; die „höchste Gattung des Realismus" ist für ihn „der *sociale* Roman" (Bleibtreu 1887, zit. n. Brauneck und Müller 1987, 44–45). Die Romantikkritik des programmatischen Realismus kehrt bei Wilhelm Bölsche in der Ablehnung des „metaphysischen Standpuncte[s]" wieder; anvisiert wird nun allerdings ein „Realismus im neuen Sinne", der die Welt vom „Standpunkt des Naturforschers" betrachtet (Bölsche 1887, zit. n. Brauneck und Müller 1987, 98, 110, 104). Das Gleiche meint Heinrich Harts Begriff „*objektiver* Realismus", der als „Realismus von heute" „modern" sei, da er vom Weltbild der modernen Naturwissenschaften ausgeht (H. Hart 1889, zit. n. Brauneck und Müller 1987, 123). Bei seinem Bruder Julius wird der Bruch mit der literarischen Tradition deutlicher im charakteristischen Aufbruchgestus der Moderne: ‚Realismus heute' heiße „*Neuerung* und *Erneuerung*, die *Bekämpfung des Alten*, die *Feindschaft gegen das Herkömmliche*" (J. Hart 1889, zit. n. Brauneck und Müller 1987, 129). Entsprechend bekräftigen die Brüder Hart zum Beispiel zwar Spielhagens Romanverständnis – „Der Roman soll ein Weltbild geben, ein Bild der Zeit, je umfassender, je tiefer, um so besser" –, verwerfen jedoch seine Romane (1884, zit. n. Brauneck und Müller 1987, 207–208). Tatsächlich durchbrechen die Autorpoetiken des Naturalismus in Drama, Prosa und Lyrik in ihren Sujets wie in ihren Verfahrensweisen die Grenzen des etablierten ‚realistischen Literatursystems' und markieren den Beginn der Poetiken der Moderne.

Jenseits der Frage nach dem Verhältnis der Poetiken des Spätrealismus zu jenen des Naturalismus und der Klassischen Moderne um 1900 gibt es abseits der Avantgarden und in poetologischem Widerspruch zu ihnen einen ‚Realismus *neben* der Moderne', der sich zwischen 1890 und 1945 etwa im Kolonialroman, in der Heimatliteratur oder im populären historischen Roman äußert (vgl. Göttsche 2013). Davon zu unterscheiden ist der ‚Realismus *nach* der Moderne', dessen Poetik an der ausgebildeten Moderne geschult ist, wie etwa bei Bertolt Brecht (Giles 2012) oder in der Neuen Sachlichkeit. Hier beginnt die Nachgeschichte des Realismus beziehungsweise die Geschichte neorealistischer Poetiken, die sich allerdings in nationaler Beschränkung auf die deutschsprachige Literatur und ohne Berücksichtigung der visuellen Medien (Film, Fernsehen, digitale Medien) nicht schlüssig beschreiben lässt. Der sozialistische Realismus des 20. Jahrhunderts ist hier ebenso zu nennen wie jene Synthese aus Realismus und Moderne, welche die westdeutsche Nachkriegsliteratur im Umfeld der Gruppe 47 prägte, oder die Wiederkehr realistischer Poetiken in einer Gegenwartsliteratur, die gegen die Postmoderne nach einer (epistemologisch gleichwohl komplexen) neuen Einfachheit der Sprache und Darstellung sucht.

Weiterführende Literatur

Baßler, Moritz (2015). *Deutsche Erzählprosa 1850–1950. Eine Geschichte literarischer Verfahren*. Berlin.
Begemann, Christian (Hg.) (2007). *Realismus. Epoche – Autoren – Werke*. Darmstadt.
Göttsche, Dirk (2001). *Zeit im Roman. Literarische Zeitreflexion und die Geschichte des Zeitromans im späten 18. und im 19. Jahrhundert*. München.
McInnes, Edward und Gerhard Plumpe (Hg.) (1996). *Bürgerlicher Realismus und Gründerzeit 1848–1890*. München.
Ort, Claus-Michael (1998). *Zeichen und Zeit. Probleme des literarischen Realismus*. Tübingen.

Manfred Koch
II.7 Poetik um 1900: George, Hofmannsthal, Rilke

Einleitung

Stefan George, Hugo von Hofmannsthal und Rainer Maria Rilke figurieren in Literaturgeschichten gewöhnlich als die drei Gründungsfiguren einer deutschen Lyrik der Moderne. Georges und Hofmannsthals Publikationen der 1890er Jahre und Rilkes Werk ab der Jahrhundertwende markieren gegenüber dem dürftigen Niveau deutscher Lyrikproduktion in der zweiten Hälfte des 19. Jahrhunderts einen Neubeginn, der den Wiederaufstieg der deutschen Literatur zu weltliterarischer Geltung im ersten Drittel des 20. Jahrhunderts einleitete.

Das Eröffnungsheft von Georges Zeitschrift *Blätter für die Kunst* (BfdK) fordert, oppositionell zum Naturalismus, eine neue „geistige kunst", deren Stoßrichtung George mit einer aus Frankreich importierten Formel benennt: „eine kunst für die kunst". Obwohl gleich anschließend die Rubrizierung einer solchen L'art-pour-l'art-Ästhetik unter „schlagworten" wie „Symbolismus Dekadentismus Okkultismus" (BfdK I/1892, 1,1) abgelehnt wird, ist die Berufung auf jene von Charles Baudelaire ausgehende und von Stéphane Mallarmé zum Projekt einer *poésie pure* radikalisierte Dichtungspraxis und -theorie offenkundig, die schon damals unter dem Oberbegriff Symbolismus diskutiert und in der Literatur des 20. Jahrhunderts als grundlegend für die Entwicklung moderner Lyrik in den meisten europäischen Sprachen anerkannt wurde (vgl. Friedrich 1985). Mit der Rezeption symbolistischer Poetik fand auch die deutsche Lyrik ab 1890 – mit einiger Verspätung also – Anschluss an die literarische Moderne.

George hat Baudelaire übersetzt und war für kurze Zeit Gast bei Mallarmés legendären Dienstagabendempfängen. Sein erstes Zusammentreffen mit Hofmannsthal im Winter 1891/1892 stand im Zeichen intensiver Diskussionen über die neue französische Poetik: Hofmannsthal notiert im Tagebuch unter dem Datum 21. Dezember 1891: „Stefan George. (Baudelaire, Verlaine, Mallarmé, Poe, Swinburne)." (Hofmannsthal HKA XXXIII, 143) In Rilkes Werk kommt es 1902, mit der Übersiedlung nach Paris, zu einem deutlichen Qualitätssprung, nicht zuletzt aufgrund einer nahezu religiösen, durch den Bildhauer Auguste Rodin vermittelten Hinwendung zu Baudelaire. Sofern alle drei Autoren sich der von Paris ausgehenden *modernité* zugehörig fühlten, ist ihre – ebenfalls nicht unumstrittene – Zusammenstellung als ‚deutsche Symbolisten' durchaus legitim. Freilich müssen sogleich auch die Differenzen betont werden. Mallarmés Poetik zielt auf eine amimetische Dichtung, in der die Kohärenz eines Werks sich allein aus der evokativen Kraft des Sprachmaterials ergibt. Die Bezugnahme auf eine gegenständliche Wirklichkeit, auf Vorgänge in der Handlungswelt soll, soweit dies eben möglich ist, getilgt werden. Das Gedicht konstituiert sich als reines Beziehungsgefüge des klanglichen, rhythmischen und metaphorischen Potentials seiner Wörter. So entwickelt Mallarmé in seinem Frühwerk *Hérodiade* aus dem Namen der Hauptfigur die Dimension des ‚Heroischen', die assoziativ das Bildfeld von ‚Helm/Waffe' heraufbeschwört, welches wiederum in Verbindung mit den goldenen Haaren der Heldin und deren Glanz ins Bildfeld des ‚Spiegels' überführt wird – jenes Spiegels, den das Gedicht mit der entschiedenen Präsentation seiner Poetizität sich selbst vorhält (vgl. Szondi 1975, 31–138). Der Fortgang der Verse ist nicht mehr bestimmt durch wiedererkennbare Realia; er vollzieht sich vielmehr als Flechten eines Beziehungsnetzes klanglicher und bildlicher Entsprechungen (*correspondances*). Mit Roman Jakobson gesprochen: „Die Äquivalenz wird", radikal wie nie zuvor, „zum konstitutiven Verfahren der Sequenz erhoben" (Jakobson 1979d, 94), die poetische Funktion verabsolutiert.

Zwar schließen George, Hofmannsthal und Rilke fast einhellig an Mallarmés Diktum an, Gedichte seien aus Wörtern (und nicht aus Ideen) zu verfertigen. Am prägnantesten ist vielleicht Hofmannsthals Formulierung in dem Vortrag *Poesie und Leben* (1895), man müsse endlich begreifen, „dass das Material der Poesie die Worte sind, dass ein Gedicht ein gewichtloses Gewebe aus Worten ist" (Hofmannsthal HKA XXXII, 185). Daraus ergibt sich die Forderung, an die Stelle von Gefühlsausdruck den konsequenten Bau einer autonomen Formwelt zu setzen. Das – gerade auch in Opposition zur zeitgenössischen deutschen Dichtung – extrem gesteigerte Formbewusstsein bedingt bei allen dreien die Abkehr von den Mustern herkömmlicher Erlebnislyrik. Mallarmés Weg zu einer von aller Referenz zu reinigenden *poésie pure* wird im deutschen Symbolismus indessen nur ein Stück weit mitgegangen. In unterschiedlicher Weise bleiben die Begründer der lyrischen Moderne in deutscher Sprache zugleich einem ästhetischen Konservatismus verhaftet. Bei George ist das Erneuerungsprojekt verknüpft mit dem Anspruch, einen monumentalen Klassizismus zu restaurieren. Hofmannsthal sah sich sehr viel mehr als Erbe einer reichen literarischen Tradition (v. a. der Goethezeit) denn als Formrevolutionär im Sinn von Arthur Rimbauds emblematisch gewordenem Diktum aus *Une saison en Enfer*: „Il faut être absolument moderne." [Es ist notwendig, absolut modern zu sein.] (Rimbaud 1873, 52) Rilkes Frühwerk steht im Zeichen einer Anverwandlung der Liturgik mittelalterlicher Gebetsbücher; das Gedicht als ‚Gebet', empfangen durch ein göttliches ‚Diktat', bleibt ein Grundtopos seiner Poetik. Bei allen dreien ist – ungeachtet ihres Muts zur Hermetik – unverkennbar, dass das Gedicht ein Medium lebensweltlicher Aussagen bleiben soll. Ihre Lyrik nimmt insbesondere da ausgesprochen lehrhafte Züge an, wo sie in den Chor der zeitgenössischen Kulturkritik einstimmen. Alle drei begreifen Literatur nicht einfach nur als Sphäre des autonomen Sprachexperiments. Der Dichtung wird vielmehr zugetraut, die zerrissene Gesellschaft der Moderne auf den Weg der Heilung, ja des Heils zurückführen zu können. Es ist diese Kontinuität des kunstreligiösen Denkens idealistischer und romantischer Provenienz, die dem deutschen Aufbruch in die literarische Moderne sein besonderes Profil verleiht und die Tendenz zur Befreiung von der Referenz stets einhergehen lässt mit der gegenläufigen, Dichtung zum Organ letztgültiger Aussagen über die Verfassung des menschlichen Daseins zu machen.

1 George: Homoerotik und Formvergottung

Georges Poetik ist in allen ihren Facetten bestimmt durch den Gestus totaler Distinktion. Die Grundunterscheidung ist die von ‚erhabenem Dichter' auf der einen und ‚gemeiner Menge' auf der anderen Seite. Der Horaz-Vers „Odi profanum vulgus et arceo" [Ich hasse das gemeine Volk und halte es mir fern] (Hor. carm. III,1,1) prangt als Motto über dem programmatischen George-Portrait C. A. Kleins in den *Blättern für die Kunst* 1892 (BfdK I/1892, 1,45; George hat den Aufsatz wohl selbst diktiert). Innerhalb dieser Dichotomie ergeben sich mehrere Optionen der dichterischen Selbstinszenierung. Der Akzent kann einmal stärker auf dem tragischen Schicksal des sozialen Außenseiters liegen; dominant ist dann die Beschwörung von Einsamkeit, Melancholie, Martyrium. Der Solitär kann andererseits auftreten als Herrscher in einem selbstgeschaffenen Gegenreich. Die Erfahrung des Ausgegrenztwerdens verwandelt sich in diesem Fall in die triumphale Gebärde des Autokraten (der freilich in Georges Werk seine Selbstmächtigkeit nie rein genießt). Da seine Ausnahmestellung auf der – von wechselseitiger Verachtung geprägten – Abhebung von der „unheiligen menge" (George GSW XVII, 47) beruht, haftet den Verfügungen dieses Kunstsouveräns stets etwas von der Aggressivität des Verfemten an. Zwei der bedeutendsten frühen George-Interpreten haben in der Militanz des Abgrenzungsakts den Kern von Georges Poetik ausgemacht: Max Kommerell mit seiner Bemerkung, George sei der erste deutsche Lyriker, der „die Dichtung auf Gewalt gestellt hat" (Kommerell 1969, 232), und Walter Benjamin mit der brieflichen Mitteilung an Theodor W. Adorno, man müsse „den Trotz als den dichterischen und politischen Fundus in George" benennen (Benjamin an Adorno, 7. Mai 1940, Benjamin Briefe II, 853).

Dass Georges Außenseitertum nicht zuletzt mit seiner homoerotischen Veranlagung zu tun hat, wird nach einer langen Tabuisierungsgeschichte im 20. Jahrhundert in der heutigen Forschung nicht mehr ernsthaft bestritten. Seither rückt deutlicher in den Blick, dass Georges Werk in einer Poetik des gleichgeschlechtlichen Eros fundiert ist. Zum einen kreisen die Gedichte über weite Strecken um eine Preisung des schönen männlichen „leibs". Zum anderen sind sie von Beginn an gekennzeichnet durch eine zweite basale Distinktion: die „rigorose Ausgrenzung des Weiblichen" (Osterkamp 2010, 22). Nicht nur der ‚Staat' des späten George konstituiert sich über den Ausschluss von Frauen. Die Abwehr des Weiblichen und die Selbstvergewisserung im mann-männlichen ‚Blickbund' sind vielmehr die Handlungsmuster, auf denen George um 1890 die Sprechhaltung seiner Lyrik gründet (Bozza 2016).

Die „Angst vor der Frau als Verführerin zum Geschlechtlichen" (Oelmann 1992, 302) durchzieht Georges Werk vom frühen Erzählgedicht *Prinz Indra* (um 1885) bis weit in die 1890er Jahre hinein. Feminine Auflösungswesen – Najaden, Sirenen, Nymphen – geistern durch *Die Fibel*, den 1901 veröffentlichten Gedichtband, der die vor 1890 entstandenen Gedichte enthält. Das lyrische Ich hat vor ihnen auf der Hut zu sein; verfällt es ihren Lockungen, büßt es mit Scham, Selbsthass und verdoppeltem Ekel. Im Schlussteil *Legenden* kombiniert George zwei Erzählgedichte von 1889 – *Erkenntnis* und *Frühlingswende* – mit dem vermutlich erst um 1900 entstandenen jambischen Gedicht *Der Schüler*, an dem sich die Konstellation von originärer Weiblichkeitsabwehr und befreiendem Übergang zum homoerotischen Blicketausch exemplarisch nachvollziehen lässt (vgl. Oelmann 2012). *Erkenntnis* und *Frühlingswende* beschwören das Schreckbild eines Beilagers mit der Frau („tierische zuckungen", die dem Jüngling das „herz voll gift und reuezorn" füllen; George GSW I, 86). Der „Schüler" hingegen erinnert sich, wie ihm einst im Spiegel „meines eignen leibs geheimnis" aufging und er die Erschütterung begriff, die „jenes blonde kind der jüngste schüler/Das oft mich mit den grossen augen sucht", in ihm auslöste (George GSW I, 92–93). Auch die gleichgeschlechtliche Attraktion wirkt zunächst verstörend, das Ich entfernt sich von dem Epheben und geht auf Reisen. Dort aber, in der Distanz, erfährt es umso heftiger die gliederlösende Macht des Eros als inspirierende, dichterischen Atem verleihende Instanz: „es drang in mich ein hauch/Und wuchs zu solchem brausen so gewaltig/Und schmerzlich dass ich selbst mich nicht mehr kannte." (George GSW I, 92)

Zur Verbannung des Weiblichen und der Inspiration aus der Erinnerung homoerotischer Erregung tritt als drittes Element die Einschließung in den männlichen Schreibraum. Schon der Jüngling in *Frühlingswende* flieht vor der Frau zu einem „lieben orte" am Fluss, wo er „hohle rohre kunstvoll [...] schneidet" (George GSW I, 90). Die Verschanzung im „schilfpalast" (so heißt der Ort im Gedicht *Ursprünge* von 1904) ist nach Peter von Matt die „Kernszene" des gesamten Werks (von Matt 1994, 257). Am schilfbewehrten Ort waltet Georges prototypische Jünglingsfigur als König eines Gegenreichs, für das er eine eigene Sprache erschafft, die dann von seinen Gefolgsleuten übernommen wird. George hat tatsächlich in seinen ersten 20 Lebensjahren drei verschiedene Kunstsprachen kreiert.

In den Gedichten um 1890 ist der Gesellschaftsflüchtling noch allein. Indem er die „hohlen rohre kunstvoll schneidet", erbaut er indessen schon die Sprach- beziehungsweise Kunstpalisade, die langfristig nicht nur ihn, sondern auch seine „folger" vor den Zudringlichkeiten des niederen, gemeinen Lebens schützt. *Weihe*, das Eröffnungsgedicht des ersten von George für gültig erachteten Lyrikbandes *Hymnen* (1890), beginnt mit dieser Szenerie: „Hinaus zum strom wo stolz die hohen rohre/Im linden winde ihre fahnen schwingen/Und wehren junger wellen schmeichelchore/Zum ufermoose kosend vorzudringen." (George GSW II, 10) Das Weibliche erscheint hier nicht mehr in Gestalt dämonischer Wassernixen, sondern generalisiert zum Weichen, Verführerischen schmeichelnder Uferwellen. Gegen deren horizontalen Andrang erbaut das Gedicht die vertikale Wehr der „hohen rohre". Im Rückgriff auf das berühmte „exegi monumentum" [ich habe mir ein Denkmal errichtet] des Horaz (Hor. carm. III,30,1), Georges klassisches Vorbild in den 1890er Jahren, könnte man sagen, dass die Gedichte sprachgestisch die Errichtung eines monumentalen, streng gefügten Lyrikbaus ostentativ vorführen. *Erkenntnis* und *Frühlingswende* waren noch redselige Erzählungen, die unter der rollenlyrischen Verkleidung unschwer das persönliche Drama der sexuellen Identitätssuche des Autors erahnen ließen. Damit ist es in den *Hymnen* und den folgenden Gedichtbänden vorbei. Nicht dass die Thematik von Einsamkeit und Liebessehnsucht verschwunden wäre. Aber George verweigert von nun an immer konsequenter jede Art von konventioneller Liebessprache, die an die Tradition der Erlebnislyrik anschließen würde. Stattdessen erschafft er gleichsam eine vierte Kunstsprache, diesmal deutsch. Es ist ein Deutsch, das er wiederum der eigensinnigen Auseinandersetzung mit dem Französischen Baudelaires (ab 1889 datieren die Übersetzungen von Gedichten aus den *Fleurs du mal*) abgewonnen hat, und er legt großen Wert auf das Befremdliche seines Stufe für Stufe deutlicher herausgemeißelten poetischen Gegendiskurses: „ganze verse dünken uns aus einer anderen sprache", lässt er seinen Adlatus Klein über die Bände *Hymnen*, *Pilgerfahrten* und *Algabal* sagen (BfdK I/1892, 2,48). Diese neue, ganz eigene, unverkennbar George'sche Rede ermöglicht auch eine mythisch-kultische Stilisierung der Homoerotik, indem sie sich selbst als Formung eines männlich harten, ästhetisch ebenmäßig gestalteten Sprachleibs präsentiert. Deshalb sind die Gedichte in hohem Maß selbstreflexiv, die Szenerie der Schilfrohre lässt sich entsprechend als Schreibszene (*stilus*) entziffern, in der das Schreiben sich gegen die Weiblichkeit wappnet.

Der antike Rhetorikbegriff der „harten Fügung", den der Georgeaner Norbert von Hellingrath zur Charakterisierung von Hölderlins späten Hymnen eingeführt hat, wurde 1967 von Hubert Arbogast erstmals auf Georges Lyrik angewandt. En détail beschreibt Arbogast, wie George zwischen 1887 und 1891 seinen charakteristischen „brachylogischen Stil" (Arbogast 1967, 65) entwickelte, der sich durch „einen bisher unbekannten Grad von Dichtigkeit" (Arbogast 1967, 40), Kargheit und Strenge des Ausdrucks auszeichnet. Georges sprachliche Kondensierungsverfahren – Vermeidung des Artikels, Auslassen des finiten Verbs, Verkürzung von Nebensätzen zur Apposition, einfache statt zusammengesetzte Verben, Eliminierung von Präfixen etc. – sind geeignet, eine linear-glatte, einfühlende Lektüre zu verunmöglichen; sie bewirken stattdessen ein veritables Formerlebnis. Die Instanz, die hier spricht, lässt sich demgemäß nicht mehr als Subjekt wahrnehmen, das ‚sich ausspricht', persönliche Erfahrungen artikuliert, sondern geradezu als Kraft, als Wille zur Form im starken Hervortreten des performativen Moments des Gedichtvollzugs. Mit diesem Gestus wird der höhere semantische Raum durch das ubiquitäre Sakralvokabular (Weihe, Altar, Opferschale, Psalter etc.) als exklusiver Bezirk einer Kunstreligion ausgewiesen. Dem entspricht rhythmisch das gemessene, feierliche Schreiten, das zur dominanten Gangart der George-Verse wird.

Die Bände *Hymnen*, *Pilgerfahrten* und *Algabal* kreisen um ein Ich, das Selbstmächtigkeit aus Triebverzicht und konsequenter Hingabe an seinen Beruf der ästhetischen Formgebung zu gewinnen versucht. Exemplarisch setzt das Gedicht *Im Park*, das in den *Hymnen* auf *Weihe* folgt, eine solche Poetik der Entsagung in Szene. In einem prachtvollen Park, der offensichtlich zugleich eine „Schreiblandschaft" ist (Simon 2011, 235), sieht sich der Dichter einer Flut von außen anbrandender erotischer Energie ausgesetzt. Die ihn umgeben, „[e]mpfinden heiss von weichem klang berauscht ·/Es schmachtet leib und leib sich zu umfahen." Der Poet indessen hat Abstand zu wahren: „Der dichter auch der töne lockung lauscht./Doch heut darf ihre weise ihn nicht rühren/Weil er mit seinen geistern rede tauscht://Er hat den griffel der sich sträubt zu führen." (George GSW II, 11)

Die gegenstrebige Verbindung von asketischem Geist im Schreibakt und verlockend sinnlichem Leib, die das Parkgedicht modellhaft vorexerziert, bildet das energetische Zentrum von Georges Lyrik der 1890er Jahre. Die Texte lehren poetologisch die Abstandnahme von erotischer Erfüllung um des Gelingens der Form willen. „Doch bei dieser ‚Transformation' kühlen die Affekte in der Form des Gedichts eben nicht aus, sondern setzen sich in ‚heiße' Bilder um. Genau über dieses Problem der affektiv geladenen und damit expressiv wirkenden Sprache wird in den Gedichten seit den *Hymnen* ständig reflektiert." (Kauffmann 2015, 216–217)

Der georgeisch durchritualisierte Eros nimmt um die Jahrhundertwende zunehmend mythische Gestalt an. 1899, im *Teppich des Lebens*, erscheint er als „nackter Engel" (George GSW V, 10), 1904 bis 1907, ausgehend von Georges Verzückung durch den Münchner Gymnasiasten Maximilian Kronberger, als neuer

Lichtgott mit dem Namen „Maximin". Der Engel des *Teppich-Vorspiels* ist sodann Inspirationsinstanz und Bote (*angelos*) des „schönen lebens" (George GSW V, 10). Er gehört damit zu einem Ensemble höherer Wesen, die in Georges Werk – wie einst die Musen – für die dichterische Eingebung zuständig sind. In den frühen Gedichtbänden installiert George an diesem transzendenten Ort noch weibliche Figuren: die Herrin in *Weihe*, die Wissensvolle in *Neuländische Liebesmahle*, die Göttin in *Auf der Terrasse*. Es gibt demnach in dieser Phase eine Aufspaltung der Weiblichkeitsimago. Die Abwehr speziell gegen weibliche Gier gilt den „niedren mägden" (George GSW I, 25), den Wasser- und Schlammwesen. Auf der anderen Seite gebiert die generelle Angst vor der sexuellen Befleckung ein Reinheitsphantasma, das in makel-, weil letztlich geschlechtslosen Inspirationsgöttinnen Gestalt annimmt. Schon Mitte der 1890er Jahre ist Georges formalistische Reinigung des Eros indes so weit fortgeschritten, dass er die idealisierte mann-männliche Liebe nun auch wirklich als Mann (bzw. göttlichen Jüngling) auftreten lassen kann.

Von Anfang an zeigen die Texte jedoch unterschiedslos eines: Die Göttinnen und Götter sind Projektionen seiner Selbstmächtigkeit. „Schon das erste Gedicht der *Hymnen* zwingt die Muse zum Kuss und platziert die Inspiration als Gewalttat des Inspirierten." Das Paradox der George'schen „Produktion des Göttlichen" (Simon 2011, 215) formuliert am bündigsten ein Vers über den mythopoetischen Gott Maximin: „ich geschöpf nun eignen sohnes" (George GSW VI/VII, 109). Dass der Dichter unverhohlen zugibt, die höhere Macht, der sein Werk sich verdankt, selbst geschaffen zu haben, weist erneut auf den Primat der Form.

Mit dem *Teppich des Lebens* (die Gedichte entstanden zwischen 1895 und 1899) vollzieht George programmatisch die Wende zum „schönen leben", sprich: zu einer Poesie, die nicht einfach mehr ästhetische Gegenwelt evozieren, sondern ästhetische Erziehung in der realen Welt praktizieren will. Die Umbesetzungen werden in den *Vorspiel*-Gedichten des Bandes klar markiert. Das lyrische Ich lässt den melancholischen Grundton („kümmernis", „versenkter sinn"; George GSW V, 10) hinter sich, aus dem einsamen Pilger wird der Hohepriester der Liebe in einer heroischen Kultgemeinschaft (*Vorspiel XII*). Rom als klassische Orientierungsgröße wird ersetzt durch Griechenland: „Eine kleine schar zieht stille bahnen/ Stolz entfernt vom wirkenden getriebe/Und als losung steht auf ihren fahnen:/ Hellas ewig unsre liebe." (George GSW V, 16)

Die „kleine schar" hält sich in Georges folgenden Gedichtbänden und in der Publizistik des George-Kreises nicht mehr nur „stolz entfernt vom wirkenden getriebe", sondern überzieht es zunehmend mit Bannflüchen aus dem Arsenal der zeitgenössischen Kulturkritik. Der eigentliche George-Kreis konstituiert sich zu Beginn des 20. Jahrhunderts als geisteskriegerischer Orden, der gegen das Unheil der Moderne – „das entgötterte und ameisenhafte Wirrsal des Heute"

(Friedrich Gundolf 1908, 164) – die Erlösung durch einen künftigen Eros setzt, den *er* bereits modellhaft vorlebt und durch Erziehung der deutschen Jugend verallgemeinern will. Man kann hier durchaus vom Projekt einer poetischen „Anthropotechnik" (Eschenbach 2011, 34) sprechen. Die bis in den körperlichen Habitus reichende Durchformung der Anhänger, die durch die Rituale des Kreises bewerkstelligt wird (Gedichtdeklamation, eigenes Schreiben als Mimikry des Meisters, Stilisierung des Äußeren nach modellhaften Photographien, Stilisierung der Handschrift, des Gangs, der Stimmführung), soll zum gesellschaftlichen Gestaltungsprinzip überhaupt werden.

Mit der Berufung auf Hellas nimmt George die antike *paiderasteia* in Anspruch, die institutionalisierte Knabenliebe des klassischen Griechenlands. Platon wird für die Georgeaner zum Gewährsmann für die historisch-mythisierende Nobilitierung der Homoerotik unter den Leitbegriffen übergeschlechtliche Liebe und „pädagogischer Eros" (vgl. Oestersandfort 2012, 656). Die platonische Ideenlehre gibt das Modell vor, wie die Verbindung von Geist und Leib zu denken ist. So, wie bei Platon alles physische Geschehen fundiert ist in der höheren Wesenheit der Ideen, soll in Georges Kosmos jede Handlung realer Körper getragen sein von einer transzendenten Idee reiner Schönheit. Diese übersinnliche Sphäre ist aber nichts anderes als Georges Sprache und das von ihm gestiftete Ritualbündel (s. auch Braungart 1997).

Die Unterscheidung zweier Lebenshälften, in denen George zuerst – bis etwa 1900 – als Ästhet und dann als Staatsgründer auftritt, hat ihre Berechtigung. Unübersehbar sind freilich auch die Kontinuitäten. Sie treten deutlicher hervor, wenn man einen frühen form- von einem späteren kulturrevolutionären George absetzt. Das Übergreifende ist die wütende Opposition des Außenseiters gegen die herrschende Moral. Grundlegend für das Gesamtwerk ist „Georges Hass auf das Bürgertum, das für ihn identisch war mit dem sozialen Inbegriff sämtlicher Fehlentwicklungen der Moderne – der Ökonomisierung, Mechanisierung, Abstraktion aller Lebensverhältnisse im Zeichen der großen Masse" (Osterkamp 2010, 31). Das Frühwerk will zwar ausdrücklich nur den Kampf um eine neue *Kunst* führen, meint aber immer schon das Elend des geistigen Lebens in Deutschland überhaupt mit. Ebenso ist schon in den Phantasmen des Prinzen, der sich mit willigen Gefolgsleuten in den Schilfpalast zurückzieht, das Modell der literarischen Gruppe um einen Dichter-Führer angelegt. Der Kunstbildner George will von Beginn an auch Menschenbildner sein, seine plastische Kraft zunächst an einem Zirkel Gleichgesinnter und schließlich an einer ganzen nachrückenden Generation bewähren. Von einer „umformung des lebens" wird programmatisch bereits 1896 in den *Blättern für die Kunst* gesprochen (BfdK III/1896, 1,1). Nach 1900 gewinnt es Konturen: Es geht um die Wiedergeburt einer Gesellschaft, die in geschlossenen mythischen Weltbildern lebt und von elitären Männerbünden geleitet wird. Dass diese Gesellschaft Realität werden, sein „Neues Reich" wirklich über die Welt kommen könnte, hat George selbst wohl nicht ernsthaft geglaubt. „Vielleicht dauert es noch hundert Jahre", hat er einmal auf eine diesbezügliche Frage geantwortet. „Für den lieben Gott ist das nicht lang." (zit. n. Osterkamp 2010, 239) Zum Doppelantlitz Georges gehört, dass nicht wenige seiner Anhänger so lange nicht warten wollten und sich 1933, in Georges Todesjahr, fatalerweise für ein anderes Reich entschieden, während andere Mitglieder des George-Kreises für die ganze Spannbreite zwischen Emigration und Widerstand stehen.

2 Hofmannsthal: Universelles Vergleiten und ekstatische Präsenz

Vor Jahrzehnten schon hat Karl Pestalozzi darauf hingewiesen, dass man „das Wasser geradezu als den Grundstoff von Hofmannsthals Welt bezeichnen" könne (Pestalozzi 1958, 21). Das Spektrum der Flüssigkeiten wurde seitdem von der Forschung kontinuierlich erweitert. In einem brillanten Aufsatz von 2003 hat David Wellbery eine Lektüre des *Chandos-Briefs* (1902) im Zeichen von Milch und Blut vorexerziert. Zuvor hatte bereits Konrad Heumann (1999) die aquatische Beschaffenheit der Hofmannsthal'schen Luftströme herausgearbeitet. Einigkeit dürfte heute darin bestehen, dass eine Rekonstruktion von Hofmannsthals Poetik sich vor allem mit dem Bildfeld des Strömens und Fließens zu befassen hat. Es handelt sich, so könnte ein erster grober Befund lauten, durchgängig um eine Poetik der Liquidität.

Wenn ein Autor um 1900 sein Schreiben auf Prozesse des ‚Fließens' oder ‚Flutens' gründet, ergibt sich daraus freilich noch kein individuelles Profil. Es ist die gängige Metaphorik, mit der damals Philosophen und Schriftsteller sich dem Phänomen des ‚Lebens' zu nähern versuchten. Leben ist demnach die Strömung, die durch alles hindurchgeht, Subjekt und Objekt gleichermaßen durchpulst und die Vielheit der Einzeldinge und -wesen zum All-Einen zusammenschließt. Im Anschluss an Arthur Schopenhauer und Friedrich Nietzsche wird diese Totalität nicht mehr, wie noch in idealistischen Konzepten des All-Einen, als in sich vernünftiger Prozess begriffen, sondern als blinder physischer Drang. Die Vereinigungsmacht ‚Leben' ist zugleich sinnlose Zerstörungsgewalt. Aus dieser Denkfigur erklärt sich der zwischen Auflösungslust und Auflösungsschrecken oszillierende Grundton der Lebensbeschwörung um 1900, der sich auch bei Hofmannsthal findet.

Wellbery spricht zu Recht von der „hermeneutischen Peinlichkeit", die darin besteht, Hofmannsthal permanent mit seinen eigenen zeitgeistnahen Schlagwörtern – „Fluidum des Lebens", „Gegenwart des Unendlichen" – auszulegen, „als wären sie nachvollziehbare Semanteme" (Wellbery 2003a, 307–308). Vermeiden lässt sich der Rekurs aufs ‚Mystische', die ‚All-Einheit', das ‚Sein' – oder wie immer die Apostrophierungen des absoluten Lebens heißen mögen – freilich nicht. Aber man kann zumindest ein höheres Maß an Präzision im Grenzenlosen erreichen, indem man der konkreten Gestaltung von Hofmannsthals Strömen nachgeht. Zu diesem Zweck empfiehlt es sich, zwei Texte ins Zentrum zu stellen, die auch chronologisch die Mitte des Werks markieren und lange schon kanonischen Rang als Gründungsdokumente einer Poetik der Moderne erlangt haben: der sogenannte *Chandos-Brief (Ein Brief)* von 1902 und das *Gespräch über Gedichte* von 1904.

Ein Gutteil der Forschungsliteratur zum *Chandos-Brief* geht der Frage nach, was die All-Einheitserlebnisse des ‚frühen' Chandos – vor seiner Sprachverzweiflung – von denen des ‚späten' Chandos, der Francis Bacon sein literarisches Verstummen zu erklären versucht, unterscheidet. Wellbery hat dafür zwei prägnante Obertitel vorgeschlagen: (1) Die Glückszustände gehören in den Rahmen „einer Laktopoetik – einer Poetik des Milchstroms" (Wellbery 2003a, 291);(2) die Offenbarungsaugenblicke lassen sich einer „sakrifiziellen Poetologie" (Wellbery 2003a, 298) zuordnen, die um das strömende Blut im Akt des Tieropfers kreist. Ich übernehme diese terminologische Vorgabe, um daran Grundzüge der zwei Werkhälften aufzuzeigen.

Zunächst zur Laktopoetik. Chandos schildert sein verlorengegangenes Glück als eine „Art von andauernder Trunkenheit", in der ihm „das ganze Dasein als eine große Einheit" erschienen sei (Hofmannsthal HKA XXXI, 47). Der ironische Unterton, der von Beginn an vernehmbar ist (auf das einleitende „Um mich kurz zu fassen" folgt ein endlos anschwellender Satz), kulminiert in der Beschreibung einer Gebirgsszenerie, in der Natur- und Literaturerfahrung miteinander verschmelzen: „wenn ich auf meiner Jagdhütte die schäumende laue Milch in mich hineintrank, die ein struppiges Mensch einer schönen, sanftäugigen Kuh aus dem Euter in einen Holzeimer niedermolk, so war mir das nichts anderes, als wenn ich [...] aus einem Folianten süße und schäumende Nahrung des Geistes in mich sog." (Hofmannsthal HKA XXXI, 47) Durch beherzte Anleihen beim Alpenhüttenkitsch wird die Sprechhaltung gezielt ins Parodistische überführt. Der hier über sein vergangenes Ich berichtet, mokiert sich unüberhörbar über einen infantilen Jüngling, der seine Muttermilch primär aus Büchern „sog".

Chandos führt wortprunkend vor, wie er immer noch schreiben könnte, wenn ihm diese Art von Rhetorik nicht mittlerweile zutiefst suspekt wäre. Hofmannsthal zielt damit auf den Konflikt, der im Zentrum seines Frühwerks steht und den er später, in der Selbstdeutung von *Ad me ipsum*, als „ambivalenten Zustand zwischen Praeexistenz und Leben" (Leben hier im Sinn von sozial verantwortlicher Existenz) bezeichnet hat. Dieser „Zwischenzustand" wird im Gesamtwerk dargestellt nach dem mythischen Modell eines (Sünden)-Falls in die Reflexion, das der begnadete Eklektiker Hofmannsthal mal in Anlehnung an die biblische Paradiesgeschichte, mal aber auch im Rückgriff auf buddhistische oder platonische Lehren entwickelt. Die Grundkonstellation wurde bereits von der Bewusstseinsphilosophie um 1800 mythopoetisch umkreist: Das Subjekt ist als selbstbewusstes Ich herausgetreten aus der Einheit des Seins (menschliche Subjektivität ist nach Novalis „ein Seyn außer dem Seyn im Seyn"), trägt aber in sich die Erinnerung an die ungeschiedene Ursphäre und trachtet im Jugendalter, dorthin zurückzukehren. Erst mit zunehmender Reife ist es bereit, sich auf die konkrete Welt der Einzeldinge einzulassen, den postlapsarischen Zustand zu akzeptieren. Lord Chandos bringt diese Einsicht, durchaus verzweifelt, auf den Punkt: „Mein Fall ist in Kürze dieser:" (Hofmannsthal HKA XXXI, 49)

In einer späten Notiz spricht Hofmannsthal einmal von der Möglichkeit, die „Offenbarungen durch die Ausübung der Dichtkunst empfangen" zu können (Hofmannsthal HKA XXXVII, 150). Viele seiner Gedichte aus den 1890er Jahren lassen sich geradezu als Demonstration eines solchen Ersprechens des höchsten „Lebens" verstehen. „Von allen Seiten strömen in Wellen die Elemente des kegelförmigen Daseins ein"; so wird in einem Tagebucheintrag von 1895 ein „hoher erregter Zustand" beschrieben (Hofmannsthal HKA XXXVIII, 304–305). Die Wellen, die das Ich zur universellen Verzückung emportragen, sind beim jungen Hofmannsthal häufig die Überlieferungsströme der Literatur. Offenbarung göttlichen Lebens ist Offenbarung des epiphanen Lesens, die wiederum zur Schreibinspiration wird. Auch darauf hat Pestalozzi bereits hingewiesen: Hofmannsthals Dichten, schreibt er, habe „etwas von einem aufs höchste gesteigerten Lesen an sich" (Pestalozzi 1958, 94). Ralf Simon hat diesen Befund 2012 an Hofmannsthals prominentestem poetologischen Gedicht *Ein Traum von großer Magie* (1895) bestätigt. Der Magier, der hier mit weit ausholender Gebärde alles mit allem verbindet, ist originär ein Leser; er ruft vergangenes Leben herbei, wie es nur einer tut, der aus literarischen Quellen schöpft: „Er bückte sich und zog das Tiefe her./Er bückte sich, und seine Finger gingen/Im Boden so, als ob es Wasser wär." (Hofmannsthal HKA I, 52) Aus diesem Fundus generiert der Zauberkünstler die Schätze der eigenen Poesie. „Die große Magie ist nichts anderes als die Beschreibung einer Bibliothekserfahrung." (Simon 2012b, 44)

Schreiben als Verflüssigung und erneute Kristallisierung von Traditionsbeständen – so ließe sich die Dichtung des jungen Hofmannsthal mit ihrer geradezu unheimlichen Verfügung über ein breites Spektrum literarischer Formen und Techniken aus mehreren Sprachen umreißen. Das Sich-emportragen-Lassen vom literarischen Sprachstrom – den Chandos, der ‚Folianten'-Sauger, retrospektiv als Milchstrom denunziert – steht indessen unter der ständigen Gefahr der reflexiven Brechung. In *Ein Traum von großer Magie* ist die immanente Distanz zum Sprachzauber, den der Text entfaltet, durch den Rahmen vorgegeben: Nicht das Ich stellt sich als Magier vor; es ‚fand' das Magische in einem Traum, aus dem es erwacht ist. Immer häufiger begegnen im Werk der zweiten Hälfte der 1890er Jahre Figuren, die den Fall aus der ungebrochenen Seins- und Sprachinnigkeit instantan erleben, ihre anschwellende, sprühende Rede plötzlich abbrechen und verstummen. Die Wiederverzauberung der Welt im poetischen Klangkörper will nicht mehr gelingen.

Die Anmaßung der aufs Lebensganze ausgreifenden Rede begreift der junge Hofmannsthal zugleich als ethische Verfehlung. Darum geht es in seiner Kritik des Ästhetizismus (bzw. ‚Ästhetismus'). Hofmannsthals Gedichte der 1890er Jahre präsentieren ein Subjekt, das sich in gleitenden Weltbeziehungen bewegt. Im Gedicht *Vorfrühling* (1892) firmiert diese Subjektivität als Frühlingswind, der durch alles hindurchläuft, -fliegt, -gleitet; in den *Terzinen über Vergänglichkeit* (1894) ist es umgekehrt die Ding- und Menschenwelt, die am Ich vorbei-„gleitet und vorüberrinnt" (Hofmannsthal HKA I, 45). Vorgestellt wird eine Prozessualität von begriffslosen Sensationen und/oder dämmrigen Bewusstseinsvollzügen im Grenzbereich von Schlafen und Wachen. Die sogenannten „hypnagogen Bilder", die sich einstellen, wenn man „[m]it halbgeschloss'nen Augen abends sitzt,/ Nicht völlig wacht, noch völlig schläft und träumt" (Hofmannsthal HKA I, 38), sind für Hofmannsthal wichtige Impulsgeber des Schreibens (vgl. Pfotenhauer 2006, Schneider 2006). Inneres und äußeres Sehen erweitern gleichermaßen die wahrnehmende Instanz ins Kosmische hinein: Selbstgefühl erscheint als Allzusammenhang.

Die Helden von Hofmannsthals lyrischen Dramen sind buchstäblich Figurationen jenes impressionistischen Weltbezugs, den das Gedicht *Vorfrühling* ins Bild des gleitenden, alles streifenden Windes fasst. Sie sind Passanten des wirklichen Lebens, gehen an allem – auch an ihren Mitmenschen – nur vorbei, vermeiden Bindung und Treue. Die Welt ist ihnen nichts als ein Spiel von Erscheinungen, dem sie sich überlassen im Versuch, die umfassende Lebenseinheit wiederzuerlangen. Misslingt die *unio*, umgeben sie sich mit Kunstwerken als Offenbarungssubstituten.

Ästhetismus ist demnach der Versuch, die ästhetische Wahrnehmung auf Dauer zu stellen. Sinnvoll ist die ästhetische Einstellung aber nur als *ein* Element im Ensemble unserer divergierenden Bewusstseinsvollzüge. Sie ermöglicht das Heraustreten aus den pragmatischen Zwängen der Alltagswelt, bleibt damit aber an diese gebunden, lebt förmlich von den Festlegungen der sozialen Existenz. Dies nicht begreifen zu wollen, ist die Verfehlung von Hofmannsthals Ästheten, die sie deshalb folgerichtig in ihrer eigensten Domäne büßen müssen. Sie negieren die Verbindlichkeiten des gesellschaftlichen Miteinanders und geraten dadurch auch in ein schiefes Verhältnis zur Kunst. Ästhetische Wahrnehmung als Lebensform macht sie zu Zuschauern des eigenen Lebens; die Kunst, als Dauerpuffer gegen die niedere Realität eingesetzt, wird schal, weil ihre Freisetzungsenergie nicht mehr verspürt wird. Dem Misstrauen gegen die ins Unverantwortliche anschwellende Sprache korrespondiert beim jungen Hofmannsthal der schon in *Der Tor und der Tod* (1893) deutlich artikulierte Widerwille gegen die sterile Kunstwelt, in die der Ästhet sich einschließt (Claudio – Klausur).

Aus dieser Erfahrung ergibt sich der ‚Weg ins Soziale', den Hofmannsthal seine Figuren nach 1900 gehen lässt. Die Bindung durch Ehe und Kindererziehung, die nun ein zentrales Thema des Werks wird, ist dabei stets verknüpft mit der Entscheidung für ein ästhetisch abgerüstetes, sozial verantwortliches Sprechen. Die All-Einheitserlebnisse verschwinden freilich nicht. Aber sie verändern ihren Charakter. Ernüchterte Alltagswelt und ekstatische Entrückung treten deutlich auseinander. Die Ekstasen werden jetzt erst zu etwas „völlig Unbenannte[m] und wohl auch kaum Benennbare[m]" (Hofmannsthal HKA XXXI, 50). Der Unsagbarkeitstopos begegnet zwar in Hofmannsthals Werk von Beginn an. Nun aber kommt es durch eine extreme temporale Zuspitzung der Offenbarungsaugenblicke zu einer Neuakzentuierung von Verstummen und Schweigen als literarischen Ausdrucksmodi. Wie später Ludwig Wittgenstein im *Tractatus* schränkt Hofmannsthal den Bereich des redlicherweise Sagbaren erheblich ein und unterstreicht die Bedeutung dessen, worüber man schweigen muss. Das „Mystische" – um Wittgensteins Terminus aufzugreifen (Wittgenstein 1980, 115 = *Tractatus* 6.522) – ist sprachlichem Zugriff entzogen. Aber es ‚zeigt' sich. Auf ein solches nonverbales Erscheinen jener Dimension, die dem gewöhnlichen Leben allererst Sinn verleiht, ist Hofmannsthals Spätwerk ausgerichtet. Es muss – da der Schriftsteller sein Medium ja nicht verlassen kann – ein Erscheinen in der Sprache beziehungsweise im Zusammenspiel mit Sprache sein. Deshalb geht Hofmannsthal über die engeren Grenzen der Literatur hinaus und setzt als Opernlibrettist auf die expressive Kraft der Musik, als Ballett- und Pantomimenlibrettist auf die des menschlichen Körpers. Auch als Lustspielautor arbeitet Hofmannsthal in hohem Maß mit nonverbalen Ausdrucksmitteln: Blicke, Gebärden, Momente stummen Innehaltens. In seinen Konversationskomödien wird zwar durchaus geredet (und meist nicht wenig; eine Poetik des Schweigens beim späten Hofmannsthal liegt gewiss nicht auf der Traditionslinie, die zu Samuel Beckett führt), doch ist alles in den Dialogen so leicht Dahergesagte eingelassen in weite Räume des Unausgesprochenen. Dezenz – ein Lieblingswort des späten Hofmannsthal – gebietet, den Mitmenschen nicht durch generalisierende Begriffe zum Fall zu machen. Das wahre Geschehen zwischen zwei Individuen – wahr in dem Sinn, dass es ihrer Singularität gerecht wird – spielt sich im Wortlosen ab. So gesehen gibt es auch in Hofmannsthals reinen Sprechdramen eine durchgehende Musik hinter (oder über) den artikulierten Sätzen.

Der Unsagbarkeit der Ekstasen entspricht ihre Unverfügbarkeit und ihre zeitliche Begrenztheit. Das ist das entscheidende Novum der Blut- und Opferpoetik im zweiten Teil des *Chandos-Briefs* und im *Gespräch über Gedichte*. Nur für Momente, die „herbeizuführen auf keine Weise in meiner Gewalt steht", schreibt Chandos (Hofmannsthal HKA XXXI, 50), steht in der entzauberten Alltagswelt die Zeit stille; dann wird auf einmal „vollste erhabenste Gegenwart" (Hofmannsthal HKA XXXI, 51) spürbar. Es handelt sich um ein deutlich verändertes Modell der Ich-Entgrenzung. Pointiert gesagt: Partizipation am universellen Leben im Frühwerk ist „Vergleiten in alles als Teilhabe an allem" (Kaiser 1991, 340). Partizipation im Spätwerk ist der abrupte, gewaltsame Schnitt, der in den anderen Zustand führt. Die erhöhten Augenblicke, die Chandos nach seinem Sturz in den Sprachekel beschieden sind, haben die temporale Struktur der Plötzlichkeit. Während Entrückung im Frühwerk sich häufig über ein Kontinuum anschwellender, vom Subjekt forcierter Schönheitserfahrung vollzieht, wird Chandos schlagartig von Unschönem ergriffen: zunächst von banalen Gegenständen (eine Gießkanne, eine Egge auf dem Feld), dann von ausgesprochen brutalen Szenarien. Sein stärkstes Einheitserlebnis hat er in der Vision des Todeskampfs eines „Volks von Ratten", die man auf seine Anweisung hin gerade vergiftet hat (Hofmannsthal HKA XXXI, 51). Für einen schockhaften Moment wird sein Alltagsbewusstsein zunichte, und es kommt in seinem Inneren zu einer rückhaltlosen Identifikation mit der leidenden Kreatur. Zugleich ist dieser Moment beglückend, weil ihm darin eine zuvor nie geahnte „Gegenwart der Liebe" (Hofmannsthal HKA XXXI, 52) zu allem Lebendigen – gerade auch den verachteten, hässlichen Wesen – aufgeht.

Der ekstatische Mitvollzug des Tiertods wird im *Gespräch über Gedichte* zum Gründungsakt des poetischen Symbols. Am Anfang, so der Hauptredner Gabriel, war das Tieropfer, das der ohnmächtige Urmensch dem „furchtbaren Unsichtbaren" anstelle eines in letzter Sekunde vermiedenen Opfers seiner selbst darbrachte. In einem rauschhaften Substitutionsakt schlachtet er einen Widder, ist aber in dem Moment, da er dessen Blut an den eigenen Armen herabrinnen fühlt, eins mit dem sterbenden Tier: „einen Augenblick lang muß er geglaubt haben, es sei sein eigenes Blut, einen Augenblick lang [...] muß er die Wollust gesteigerten Daseins für die erste Zuckung des Todes genommen haben: er muß, einen Augenblick lang, in dem Tier gestorben sein, nur so konnte das Tier für ihn sterben. [...] Das Tier starb hinfort den symbolischen Opfertod. Aber alles ruhte darauf, daß auch er in dem Tier gestorben war, einen Augenblick lang. Daß sich sein Dasein, für die Dauer eines Atemzugs, in dem fremden Dasein aufgelöst hatte. – Das ist die Wurzel aller Poesie [...]." (Hofmannsthal HKA XXXI, 80–81) Die Passage ist umstritten wie wenige in der Hofmannsthal-Forschung. Hans-Jürgen Schings hat hervorgehoben, dass die Kette der Augenblicksbetonungen (viermal heißt es „einen Augenblick lang") zuletzt kulminiert in der Formulierung „für die Dauer eines Atemzugs". Der blutigen Opferpoetik, die Interpreten wie Wellbery hier ausgemacht haben, setzt er eine „Poetik des Hauchs" entgegen. Das Tieropfer diene nur der analogischen Veranschaulichung der gänzlich andersgearteten – nämlich sich über den „Seelen-Hauch" (Schings 2003, 330) vollziehenden – Auflösung des dichterischen Subjekts ins All-Eine. Tatsächlich beschwört Gabriel nur wenig später die „mystische Frist eines Hauchs" (Hofmannsthal HKA XXXI, 82), in der der Mensch ins All-Leben eintreten könne.

Hofmannsthal zielt aber wohl nicht auf eine Alternativsetzung von Blut oder Hauch, sondern auf deren unauflösliche Zusammengehörigkeit. Wenn es am Ende aber heißt, das gelungene Gedicht vermittle „einen Hauch von Tod und Leben" (Hofmannsthal HKA XXXI, 85), dann wird im „Hauch" auch das ekstatisch-körperliche, blutige Hineingerissenwerden in den Tiertod beschworen. Die einen zuckenden Augenblick während Todeserfahrung, die den Menschen seine unvordenkliche Gemeinschaft mit der stummen Kreatur spüren lässt, ist der vehemente Lebensimpuls der Poesie.

Augenblicke, die im Schock des Plötzlichen die Erregungszustände urzeitlicher Opferrituale einströmen lassen – das ist eine Ästhetik im Zeichen Nietzsches. Der modernen Kunst obliegt es demnach, die im Lauf des abendländischen Zivilisationsprozesses verschütteten Energien archaischer Welterfahrung wiederzubeleben und ihre religiöse Kraft für die zersplitterte Gegenwartsgesellschaft nutzbar zu machen. Dass diese Konjunktion von Moderne und chthonischer Antike in Hofmannsthals Augen nicht unproblematisch war, zeigt sein ebenfalls kurz nach 1900 entstandenes Drama *Elektra*. Der korybantische Tanz, den Elektra am Ende des blutigen Stücks aufführt, bleibt ein folgenloses tödliches Ereignis. Elektra inszeniert einsam, vom Autor deutlich aus modernem Blickwinkel als Hysterikerin gezeichnet, ihre urtümliche Ekstase (vgl. Vogel 1997). Die heraufbeschworenen Energien verpuffen gleichsam in ihrem finalen Kollaps; sie fließen nicht zusammen zu einer Ausdrucksgebärde, die mit kultischer Kraft ein ganzes Kollektiv ergreifen könnte. Auch in den *Augenblicken in Griechenland* (1908) geht es über weite Strecken um den Wunsch, unmittelbar-leiblich jene ferne Vorwelt zu verspüren, von der das moderne Subjekt doch durch eine gewaltige Kluft getrennt ist. Die Schwierigkeit, wo nicht Unmöglichkeit eines kollektiven Eintauchens in die Erfahrungswelt des archaischen Griechentums dürfte der Grund sein, warum Hofmannsthal sich bei seinen Versuchen einer Wiederbelebung kultischen Theaters in der Moderne – er war Mitbegründer der 1920 eröffneten Salzburger Festspiele – zuletzt an die christliche Tradition des Mysterienspiels hielt.

3 Rilke: Kontemplation und mimetisches Erleben

Die Poetik der klassischen Moderne steht im Zeichen gesteigerter Intermedialität. Besondere Bedeutung kommt dabei der Text-Bild-Beziehung zu. Im Unterschied zu Georges regelrechter Bildpolitik, die er unter anderem mit seinen fotografischen Portraits betreibt (Mattenklott 1985), sind Hofmannsthal und Rilke Schriftsteller, deren Œuvre in erheblichem Maß durch die Rezeption von bildender Kunst geprägt ist. Rilkes Poetik lässt sich überhaupt nur schlüssig aus seinen Schriften zur Malerei und Skulptur rekonstruieren. Gemäß der üblichen Periodisierung von Rilkes Werk kann man in diesem Zusammenhang schematisch drei Poetikkonzeptionen unterscheiden, die hier unter den Titeln ‚Vorwand und Geständnis' (Frühwerk), ‚absichtsloses Schauen' (mittleres Werk) und ‚reiner Bezug' (Spätwerk) abgehandelt werden sollen.

Lyrik als sprachlicher Ausdruck tiefster Empfindungen („Geständnis") anhand von äußeren Gegebenheiten („Vorwand") – das ist der Kern der noch deutlich von Romantizismen geprägten Dichtungslehre des jungen Rilke. Vorausweisend an den Texten des Jahres 1898, die – am prominentesten der Prager Vortrag *Moderne Lyrik* (Rilke RSW V, 360–394) – diese Poetik entwickeln, ist das Motiv der Umwegigkeit. Der direkte Zugriff auf das Gefühl wird in Frage gestellt, das Gedicht vermittelt Subjektivität über objektive Korrelate, die – wie Rilke ausdrücklich betont – mit dem Seelengeschehen „nichts [...] zu tun" haben (Rilke RSW V, 366). Die stofflichen Vorwände für die „kaumbewußten, ganzintimen Empfindungen" (Rilke RSW V, 385) spricht Rilke hier noch eher kursorisch als ‚Dinge' an; in den folgenden Jahren wird ‚Ding' sein poetologischer Schlüsselbegriff.

Rilkes Schreiben kreist durchwegs um diesen Vorgang: die Aufladung von ‚Dingen' mit einem psychischen Geschehen, das dadurch überhaupt erst greifbar wird, eine sublime Gestalthaftigkeit gewinnt. „Wir kennen den Kontur/des Fühlens nicht: nur, was ihn formt von außen", heißt es in der *IV. Duineser Elegie* (Rilke RSW I, 697). Die Unterschiede zwischen den Werkphasen betreffen die Akzentuierung des Subjekt- oder des Objektpols. Rilke selbst hat ein triadisches Modell für die Interpretation seines Werdegangs vorgezeichnet. Das subjektive Frühwerk wird demzufolge mit der Übersiedlung nach Paris 1902 abgelöst durch eine auf dingliche Objektivität („sachliches Sagen") ausgerichtete Poesie und Poetik, bevor etwa ab 1912/1913 eine erneute, höchststufige Wendung hin zur Subjektivität erfolgt: „Werk des Gesichts ist getan,/tue nun Herzwerk" (Rilke RSW II, 85). Dieses allzu simple Schema ist nur unter einer Voraussetzung akzeptabel: wenn man festhält, dass es Rilke auf allen drei Stufen um die Zurücknahme beziehungsweise Unterminierung der Subjekt-Objekt-Entgegensetzung ging. Sofern die *Duineser Elegien* und die *Sonette an Orpheus* Lehrdichtung sind, formulieren sie eine poetische Anthropologie, die zugleich heftige Kritik der modernen, wissenschaftlich-technischen Totalobjektivierung der Natur ist. Das konstitutive ‚Gegenüber-Sein' des Menschen – sprich: die Intentionalität unseres Bewusstseins, das notwendig Bewusstsein von etwas ist – erscheint in der *VIII. Elegie* als schicksalhafte Exklusion aus der Einigkeit der Naturwesen: „Zuschauer, immer überall/dem allem zugewandt und nie hinaus" (Rilke RSW I, 716). Der neuzeitliche Zivilisationsprozess hat diese Außenstellung des Menschen zementiert, indem nun definitiv Formen eines interpersonalen Umgangs mit Natur – Tiere, Pflanzen, Steine – als irrational denunziert und dem Bereich unstatthaften Aberglaubens zugewiesen werden. Freilich sind jene Erfahrungen, die die Ethnologie zu Rilkes Zeit als typisch für den Animismus indigener Völker beschrieb (ein Projektionsbegriff, der die okzidentale Subjekt-Objekt-Trennung als das Normale voraussetzt), nicht gänzlich verschüttet. In besonderen Augenblicken kann für Rilke auch ein Europäer des 20. Jahrhunderts die exzentrische Seinsposition verlassen und wieder eintreten in eine Sphäre ungeschiedenen Bezugs zu den Naturvorgängen. In solchen Momenten wird das, was er sonst äußerlich distanziert wahrnimmt, zu einem Geschehen im „Weltinnenraum" (Rilke RSW II, 92). Vögel für die tierische und aufsteigende Bäume für die pflanzliche Natur sind die paradigmatischen ‚Gegenstände', an denen Rilke im Spätwerk eine solche momenthaft-innige Seinserfahrung vorführt. Es handelt sich um einen Akt des leiblich-emotiven Mitvollzugs von Naturereignissen *vor* jeder Unterscheidung von Ich und Welt. Da die Grammatik unserer Sprache(n) aber die Subjekt-Objekt-Trennung verlangt, lässt sich der Vorgang nur paradox formulieren: „Die Vögel fliegen still/ durch uns hindurch. O, der ich wachsen will,/ich seh hinaus, und *in* mir wächst der Baum." (Rilke RSW II, 92) Rilke evoziert hier wohlgemerkt kein diffuses Aufgehen im All-Einen, sondern die instantane Teilhabe an einer sinnlich-konkreten Naturerscheinung (wie der Flugkurve eines Vogels am Abendhimmel). Deshalb führt der Begriff „Mystik" für die Rubrizierung dieses anderen Zustands in die Irre. Sinnvoller ist es, in Anlehnung an Benjamin und Adorno von „mimetischem Erleben" zu sprechen (Schuster 2011, 180; Bürger 2013).

Am „Weltinnenraum" als Fluchtpunkt von Rilkes ästhetischen Überlegungen lässt sich verdeutlichen, was deren Konstante seit den Schriften von 1898 ausmacht. Immer geht es um das Hineingelangen in Wahrnehmungsvollzüge, die die gewöhnliche Subjekt-Objekt-Dichotomie und die damit verbundene kategoriale Zurichtung der Erscheinungswelt unterlaufen. Nur die Suspendierung der Bedeutungsordnungen, in denen uns – kognitiv wie emotional – die vertraute Alltagswelt erschlossen ist, bringt demnach gültige Kunst hervor. Das geduldige Einüben einer solchen sinnabstinenten Aufmerksamkeit macht für Rilke einen Gutteil der Arbeit des Künstlers aus.

Unter dem Leitbegriff ‚Schauen' entwickelt Rilke etwa ab 1900 ein Konzept ästhetischer Kontemplation, das in vielem dem Programm ‚reinen Sehens' in der Kunsttheorie Conrad Fiedlers verwandt ist (Rilke hatte eine Zeitlang – wenn auch nachlässig – Kunstgeschichte studiert). Im Zentrum von Rilkes Schriften zur bildenden Kunst stehen zunächst nicht die fertigen Werke, sondern die mentalen Techniken, denen sie ihre Entstehung verdanken. Das bildnerische Schaffen muss nach Rilke ausgehen von einer kreativen Entleerung – man könnte auch sagen: einer Reinigung – des Blicks. Der Künstler soll lernen, alles belanglos Subjektive im Wahrnehmungsvollzug auszuscheiden. Kein Wissen, keine persönlichen Gefühle und Erinnerungen, keine freudigen oder bangen Erwartungen dürfen in die rückhaltlose Aufmerksamkeit auf die phänomenale Präsenz des Sujets hineinwirken. Dieses apersonale Schauen – ‚Niemandes Auge' gleichsam – attribuiert Rilke 1902 in dem Aufsatz *Von der Landschaft* (Rilke RSW V, 516–522) erstmals einem idealen Maler; vier Jahre später hat seine hochflammende Cézanne-Begeisterung vor allem damit zu tun, dass ihm hier in den Schilderungen von Paul Cézannes Arbeitsweise durch Emile Bernard, jenes ichlose Schauen, das zugleich für eine eigentümliche Entwirklichung des Angeschauten sorgt, modellhaft vorgegeben erscheint. „Wie ein Hund" sei Cézanne vor seinem Motiv gesessen und habe „einfach geschaut" (Rilke RCz, 38), bis der gewöhnliche Gegenstand mit den Eigenschaften, die ihm üblicherweise zugeschrieben werden, verschwunden sei – eine „anonyme Arbeit" (Rilke RCz, 41), die „Seiendes auf seinen Farbeninhalt" zusammenziehe (Rilke RCz, 50). Rilke beschreibt damit, was Cézanne selbst seine Verwandlung der realen Sujets – einer Landschaft, eines Obstensembles usw. – in *sensations colorantes* nannte: sinnliche Farbdaten als Ertrag einer eintrainierten Aufmerksamkeit für die reine Phänomenalität des Angeschauten. Die Mal-Arbeit hat diese Seh-Arbeit zur Voraussetzung. Die *sensations colorantes*, eine Art von optischem Rohmaterial im Gedächtnis des Künstlers (einem begriffslosen, sinnenhaften Gedächtnis), materialisieren sich auf der Leinwand in Form von Farbflächen (*taches*), die der Maler gemäß einer Eigenlogik der Farben zum Bild kombiniert. Cézannes Malerei, so Rilke, gehe „unter den Farben vor sich [...]. Ihr Verkehr untereinander: das ist die ganze Malerei." (Rilke RCz, 55) Gleichwohl präsentieren die Bilder am Ende wiedererkennbare Realia: Personen, Früchte, die Montagne Sainte-Victoire. Cézannes amimetisches Verfahren mündet in aufrechterhaltene Gegenständlichkeit, doch so, dass die Gegenstände zu Kippfiguren werden, die – fernab vom klassischen Illusionismus – immer auch die Eigenmächtigkeit des Mediums Farbe demonstrieren. Cézannes „Frau im roten Fauteuil" ist, wie Rilke schreibt, ein „großer Farbenzusammenhang" (Rilke RCz, 58) und doch auch (noch) eine Person auf einem Sitzmöbel. Dieses Cézanne'sche „Gleichgewicht" (Rilke RCz, 59) von Abstraktion und Wirklichkeitstreue empfand Rilke als wahlverwandt mit seiner eigenen Kunst.

Schon vor seinem Cézanne-Erlebnis hatte Rilke den Bildhauer Rodin als Künstler portraitiert, der, um den eingespielten Mustern mimischen und gestischen Ausdrucks zu entkommen, sich bewusst in ein sinnfreies Anschauen und

Formen hineinbegibt. Die Arbeit des Bildhauers, so Rilkes zentraler Gedanke in der Rodin-Monographie (1902), darf in keinem Stadium unter das Diktat einer leitenden Konzeption, eines bestimmten Ausdruckswillens gestellt werden. Keine Ausrichtung auf etwas, was ‚dargestellt', was damit ‚gemeint' sein soll, darf in die Produktion einfließen. Auf Absichtslosigkeit sind bereits die Modelle zu trainieren. Der Zeichner Rodin verhält sie in steter Bewegung, um zu verhindern, dass sie in Posen verfallen. Was entborgen werden soll, sind gerade jene kleinen Hemmungen, Zögerungen, Zuckungen, Entspannungen, Drehungen oder Gliederspreizungen, die dem auf Bedeutung geeichten Blick gewöhnlich entgehen. Dazu bedarf es beim beobachtenden Künstler einer besonderen Notationstechnik. Das Auge des Zeichners muss zum reinen, intentionslosen Medium für die Hand werden, die impulsiv die Bewegungen des Modells nicht zusammengefasst aufs Papier überträgt, sondern – selbst zitternd, schwankend und gelöst – mitvollzieht. Durch dieses mimetische Mitschreiben erarbeitet Rodin sich ein gewaltiges Archiv bis dato unfixierten körperlichen Ausdrucks: „Indem er das Modell nicht aus dem Auge verlor und seiner erfahrenen und raschen Hand ganz das Papier überließ, zeichnete er eine Unmenge niegesehener, immer versäumter Gebärden auf, und es ergab sich, daß die Kraft des Ausdrucks, die von ihnen ausging, ungeheuer war." (Rilke RSW V, 178) – Denselben Gesetzen wie dieses seismographische Zeichnen untersteht die eigentliche Skulpturierungsarbeit. Auch das Modellieren in Ton muss, wie Rilke ausführt, „absichtslos", „namenlos" vonstattengehen. Die Hand soll formen, „ohne zu wissen, was gerade [entsteht], wie der Wurm, der seinen Gang macht im Dunkel von Stelle zu Stelle" (Rilke RSW V, 217; ein Fall von haptischer Kontemplation). Die Unzahl der gesehenen und in Zeichnungen festgehaltenen Körperbewegungen soll unreflektiert aus dem sensomotorischen Gedächtnis des Künstlers in die modellierende Hand einfließen, die – von „Stelle zu Stelle" sich forttastend – schließlich den Gesamtkörper hervorbringt.

Die Skulptur als Verkehr der steinernen Flächen untereinander, das Gemälde als Verkehr der Farben untereinander – zwanglos ergibt sich daraus die Analogie zur Literatur. Das Konzept des Gedichts als Verkehr der Wörter untereinander ist am ehesten greifbar in dem Pariser Brief an Lou Andreas-Salomé vom 10. August 1903. Rilke schreibt dort, sein Studium der Rodin'schen Arbeit habe ihn auf die „Zelle" der eigenen Kunst geführt – „liegt das Handwerk vielleicht in der Sprache selbst, in einem besseren Erkennen ihres inneren Lebens?" Sein Arbeitsmaterial gebe ihm das „Grimm'sche Wörterbuch" vor (Rilke R/AS, 106). Wie die bildenden Künstler müsse er lernen anzuschauen, sich gerade auch in das „Geringe", „Unscheinbare" (Rilke R/AS, 107) zu versenken, um daraus den Formungsprozess im eigenen Medium hervorgehen zu lassen. Rilke hat seine *Neuen Gedichte* speziell darin als Entsprechungen zur Kunst Rodins und Cézannes begriffen, als er auch in ihnen das Gleichgewicht von Abstraktion und Gegenständlichkeit gewahrt sah. Zum einen handelt es sich – mit Hugo Friedrichs Ausdruck – um ein „Dichten von der Sprache her" (Friedrich 1985, 32), das, unbekümmert um referentielle Zwänge, rückhaltlos das metaphorische, klangliche und rhythmische Potential der Wörter entfaltet und damit die Aufmerksamkeit der Leser auf das Medium Sprache selbst lenkt. Zum anderen sind es eben doch ‚Dinge', die in den Gedichttiteln vorgestellt und durch das Sprachgeschehen der folgenden Verse mit lebensweltlicher Bedeutung aufgeladen werden.

An Rodins wie an Cézannes Werken lässt sich gleichermaßen eine Dynamisierung der dargestellten Gegenstände beobachten, die sich der Befreiung der künstlerischen Mittel von realistischen Vorgaben verdankt. Die Statue aus unzähligen, in unterschiedlichen Neigungswinkeln angebrachten Flächen ist ein Lichtfang par excellence; Rodins Plastiken wirken bei entsprechender Beleuchtung, als seien sie von rotierenden Kraftfeldern umgeben (Rilke spricht von der Versetzung der Skulpturkonturen in „schwingende Luft", wodurch der „Stein geradezu [...] aufgelöst" werde; Rilke RSW V, 198). Cézannes *Montagne Sainte-Victoire* ist keine ausgestaltete, ‚fertige' Landschaft; sie steigt vielmehr aus dem wogenden Widerspiel der *taches* erst auf, scheint sich im Augenblick der Betrachtung jedes Mal neu zu bilden. In vergleichbarer Weise sind die ‚Dinge' der *Neuen Gedichte* Körper, die durch das Einschießen sprachlicher Energie in Bewegung versetzt werden (übergreifend zu Rilkes Poetik der Bewegung und seinem Zentralbegriff der Schwingung vgl. Schuster 2011). Das ist die unmittelbare Erfahrung bei der Lektüre dieser Lyrik. Ein Strom von Metaphern, Vergleichen, Assonanzen und Alliterationen lässt das, was der Leser gewöhnlich mit dem singulären Terminus des Gedichttitels verbindet, ins Schwanken geraten, ja, führt häufig in die Dimension völliger Unverständlichkeit. Nicht zufällig ist Schwindel eines der Hauptmotive des Zyklus. Inhaltlich wird über die Beschwörung von Rotationsbewegungen, die bis zum Wirbel gesteigert werden können, vermittelt, was das Gedicht als Gang ins Asemantische (in die Entgegenständlichung) vollzieht. *Das Karussell*, eine Art verkapptes Beschleunigungssonett, das zuletzt in einen Aufruf bloßer Farbsensationen mündet, ist hierfür ein repräsentatives Beispiel. Im ersten Teil der *Neuen Gedichte* folgen auf *Das Karussell* mit *Spanische Tänzerin* und *Der Turm* zwei weitere Drehgedichte. Letzteres ist besonders instruktiv, weil es die Dreh- mit einer Aufstiegsbewegung verbindet. Weit davon entfernt, das konkrete Bauwerk (dem Untertitel zufolge der „Tour St. Nicolas, Furnes"; Rilke RSW I, 532) zu beschreiben, evoziert das Gedicht über ein lyrisches Du einen – wie die vielen Enjambements suggerieren – Wendeltreppengang vom „Erd-Inneren" (V. 1) hinauf zum „Himmel" (V. 15). Der Eintritt in den Himmelsraum – das Betreten der Aussichtsplattform – hat epiphanen Charakter: „Blendung über Blendung" (V. 15). Aus der dreifachen Erfahrung eines Abgrunds unten (Erdinneres), eines „Abgrunds" oben (das Glockengestühl wird zum Bild für die männlichen Geschlechtsorgane, V. 8–12) und des befreienden Lichts, unter dem Eindruck also der chthonischen Gewalten der Tiefe und der kosmischen Kräfte des Himmelsraums, gewinnt am Ende ein unscheinbarer „Weg" (V. 20–27), auf den der Blick von oben fällt, symbolische Prägnanz: Es ist der Lebensweg, der sinnerfüllt ist, solange die – zerstörenden wie rettenden – Elementarmächte darin wirksam bleiben.

Das Gedicht *Der Ball* führt einen solchen Bewegungsablauf in Reinform vor, deshalb genoss es Rilkes besondere Wertschätzung. In dieser Perspektive findet schon in vielen *Neuen Gedichten* das im Spätwerk beschworene Eingehen in den Schwingungsraum des Universums statt. Immer wieder erfahren irdische ‚Dinge' eine stetige Dynamisierung und geraten so in jene kosmischen Kraftbahnen, die für Rilke am sinnfälligsten in der transitorischen Flugkurve eines Vogels Gestalt annehmen. Sofern der Eintritt in diesen Raum, die ‚Wendung', für Rilke der inspiratorische Grundakt ist, lassen sich die *Neuen Gedichte* auch durchweg als poetologische Gedichte lesen (Eckel 1994). Sie thematisieren ‚Dinge', demonstrieren in 189 Fallstudien aber vor allem das Einströmen übermächtiger (Sprach)-Energie in beliebige Sujets, die dadurch gleichsam emporgehoben und zu sternbildartigen Sinnfiguren transformiert werden.

Das Spätwerk ist der Versuch, mimetisches Erleben direkt zu vergegenwärtigen. Und es ist zugleich eine großangelegte poetische Reflexion über die Möglichkeit und die rettende Kraft mimetischen Weltverhaltens im Rationalisierungsprozess der Moderne. Nicht mehr werden einzelne Gegenstände durch raffinierte Wahrnehmungs- und Versprachlichungsprozesse in eine vertikale – himmelwärtsstrebende oder auch in den Abgrund reißende – Bewegung versetzt. Etwa ab 1910 geht Rilke auf Distanz zu seinem Verfahren, die numinosen kosmischen Gewalten in ‚Dinge' förmlich einzubinden und sie auf diese Weise selektiv als *Entgrenzungskraft an begrenzten Körpern* zu evozieren. Stattdessen thematisieren die Gedichte nun deutlich das fühlende Subjekt unter dem Einfluss der unermesslichen Kräfte des Alls. Das lyrische Ich erfährt sich innestehend in einem Raum voller Impulse, die zu mimetischer Partizipation einladen: „Es winkt zu Fühlung fast aus allen Dingen" (Rilke RSW II, 92). Die wahre Teilhabe ist indessen nicht willentlich erreichbar; das Subjekt kann sich in einem Akt bedingungsloser Selbstöffnung nur „hinhalten" (Rilke RSW II, 75; dies muss es allerdings, bis hin zur Auslöschung der lebensweltlichen Person), der ‚Vorgang' selbst bleibt Geschenk. Ereignet er sich, ist das Ziel keine amorphe Verschmelzung mit dem übermächtigen Geschehen; dieses ergreift das Subjekt vielmehr von vornherein als *Bewegungsfigur*. Stets geht es um den sinnlich-prägnanten und zugleich emotiven Mitvollzug eines konkreten Handlungsablaufs, wie ihn auch die anorganische Natur darbieten kann, so wenn die sichtbare ‚Neigung' eines Bergkamms hinab zu einer Wiese, die Linie im Raum, innerlich zugleich als Zu-Neigung und damit als präzise Gefühlskurve agiert wird (Rilke RSW II, 139–140). Solche Resonanzeffekte gibt es dann auch in der Gegenrichtung. Auf den ‚Herzschwung' des Subjekts antwortet eine mitschwingende Natur. Erfahrungen dieser Art vermitteln momenthaft die Gewissheit eines Einbezogenseins menschlichen Fühlens in das Gesamtschauspiel der Natur. Darauf beruht das Konzept einer Lyrik, die sich, ausgehend von der Klage über den Objektivierungszwang unseres Bewusstseins, zuletzt doch als Rühmung ganzheitlichen Seins versteht.

Mit einem mimetischen Akt, dem innigen Mitvollzug des Aufragens eines Baums, beginnen die *Sonette an Orpheus*: „Da stieg ein Baum." (*Sonette* I,1; Rilke RSW I, 731) Wo immer solche Teilhabe gelingt, die Unterscheidung von ‚äußerem' und ‚innerem' Vorgang hinfällig wird und sich der „reine Bezug" (*Sonette* II,13; RSW I, 759) einstellt, handelt es sich gemäß Rilkes Mythopoetik um orphisches Geschehen. Orpheus ist in diesem Sinn die umfassende Chiffre für mimetische Augenblicke, in denen die gründende Seins-Musik vernehmbar wird: „Ein für alle Male/ists Orpheus, wenn es singt." (*Sonette* I,5, RSW I, 733)

Das poetisch missglückte, poetologisch aber aufschlussreiche zweite Sonett greift das alte Programm des anonymen Anschauens auf in der Figur eines Mädchens, das im lyrischen Ich schläft und in diesem Zustand – das heißt unterhalb der Schwelle des deutlichen Bewusstseins – Welt aufnimmt: „Sie schlief die Welt." (Rilke RSW I, 732) Charakteristisch ist nun aber die Verlagerung vom Visuellen ins Auditive. Das subliminale Mädchen schläft im „Ohr" des lyrischen Ich! Das erste Sonett hatte bereits den Vorgang mimetischen Erlebens sprachmagisch zum Klangereignis gemacht: „Da stieg ein Baum. *O reine Übersteigung!/O Or*pheus singt! *O hoher* Baum im *Ohr!"* (*Sonette* I,1; RSW I, 731) Die ‚Übersteigung' ist letztlich nichts Sichtbares (es geht im Gewahren der äußeren Baumgestalt um den Vollzug seiner inneren Lebenskraft). Sie wird zur Erfahrung nur für einen Leser, der selbst ganz Ohr ist und sich der Levitationskraft der jambischen Assonantik dieser Verse ergibt. Der sympathetisch als Gefühlskurve mitvollzogene Aufschwung des Baums (durchaus vital-erotisch auch eine Erektion) ereignet sich für den Hörer der *Sonette* als ‚übersteigendes' Klanglineament.

Grob vereinfacht könnte man die Poetologie der zwei Eingangssonette folgendermaßen umreißen: Grundlegend ist der mimetische Akt, in dem das Subjekt sich zum Resonanzkörper umfassender Schwingung macht. In diese Disposition der Offenheit fließt ein, was jene Mädchen-Instanz im Ich an namenloser Welterfahrung sammelt und in einem entsprechend irreflexiven, rein sensuellen Gedächtnis bewahrt. Aus dieser Verbindung heraus können Texte als Hörfigurationen entstehen – immer bedroht vom Entgleiten („wo sinkt sie hin aus mir?" *Sonette* I,2; RSW I, 732) des willentlich nicht verfügbaren Erinnerungsmaterials sinnlicher Wahrnehmungen und psychischer Erregungen. Der Prozess des Schreibens war, wie Rilke schon 1911 betont hat, für ihn in erster Linie „Eingehen auf eine innere Akustik" (Rilke RBr, 280).

Die überbordende Musikalität der *Sonette an Orpheus* konstituiert, aufs Ganze des Zyklus gesehen, einen Raum polyphoner „Schwingung" – vgl. in dem Sonett „Sei allem Abschied voran" die Verse über den „unendlichen Grund deiner innigen Schwingung" (*Sonette* II,13; RSW I, 759) – aus 55 Klangkörpern, die verschiedenartigste Aspekte des menschlichen Lebens ansprechen, von den großen Themen Liebe und Tod bis hin zum Früchteverzehr und dem Bedienen moderner Maschinen. In diesem poetischen Kosmos korrespondiert kraft des vereinigenden Melos alles miteinander. Permanent lösen visuelle Bewegungsmuster, akustische Klangbahnen und psychische Erregungskurven einander aus; Sichtbares wird zu Hörbarem, wird zu Fühlbarem in *einem* vibrierenden Raum resonierender Ansteckung. Solches Zusammenspiel hat durchaus noch metaphysische Konnotationen. Im Anschluss an die alte Tradition der pythagoreischen Sphärenharmonik beschwört Rilke eine „Musik der Kräfte" (*Sonette* I,12; RSW I, 738), die den Kosmos durchwaltet und ihn zum schönen Ordnungsgefüge verhält. Anders als in den Klangbahnen der *Sonette* ist diese sphärische Ordnung freilich nicht mehr zu haben. Das ist die Einsicht des großartigen Reiter-Sonetts (*Sonette* I,11; RSW I, 737–738), das jene Sinnfiguren, die die *Sonette* wie Sternbilder vorzeichnen, als poetische Kreationen einbekennt. Oder besser gesagt: sie preist. Rilkes *Sonette* stehen auch in der kürzeren Tradition von Nietzsches ‚Artisten-Metaphysik', derzufolge das menschliche Dasein und die Welt nurmehr im Augenblick ästhetischer Erfahrung ewig gerechtfertigt erscheinen. Sie sind insofern eine poetische Ontodizee, die ihr Werk der ästhetischen Wiederverzauberung der Welt selbst reflektiert: „Auch die sternische Verbindung trügt/Doch uns freue eine Weile nun/der Figur zu glauben. Das genügt." (*Sonette* I,11; RSW I, 738)

Weiterführende Literatur

Braungart, Wolfgang (1997). *Ästhetischer Katholizismus. Stefan Georges Rituale der Literatur.* Tübingen.
Gerok-Reiter, Annette (1996). *Wink und Wandlung. Komposition und Poetik in Rilkes „Sonette an Orpheus".* Tübingen.
Mattenklott, Gert (1985). *Bilderdienst. Ästhetische Opposition bei Beardsley und George.* Berlin.
Osterkamp, Ernst (2010). *Poesie der leeren Mitte. Stefan Georges Neues Reich.* München.
Simon, Ralf (2012b). „Die Szene der Einfluß-Angst und ihre Vorgeschichten. Lyrik und Poetik beim frühen Hofmannsthal". *Hofmannsthal-Jahrbuch* 20 (2012): 37–77.
Wellbery, David (2003a). „Die Opfer-Vorstellung als Quelle der Faszination. Anmerkungen zum Chandos-Brief und zur frühen Poetik Hofmannsthals". *Hofmannsthal-Jahrbuch* 11 (2003): 281–310.

Moritz Baßler
II.8 Poetik populärrealistischer Erzählliteratur

1 Kann es eine Poetik des Populären geben?

Populäre Kulturen sind Kulturen der Rückkopplung, die in der Moderne insbesondere über den Markt erfolgt. Angebot und Nachfrage regulieren sich gegenseitig und bringen entsprechende Produkte hervor. Eine Poetik im engeren Sinne, als produktionsseitige explizite oder implizite Aussage über Machart, Sinn und Zweck der Werke, ist in einem solchen Dispositiv zunächst kaum zu erwarten, und wo sie doch vorkommt, stößt sie aus traditioneller Sicht auf Misstrauen. Wenn man mit der Frankfurter Schule den basalen Warencharakter kulturindustrieller Erzeugnisse unter Marktbedingungen betont (Adorno 1977, 338), gilt produktionsseitig als ihr alleiniger Zweck der des finanziellen Gewinns, alles darüber hinaus Behauptete wäre, analog zu Warenästhetik und Werbung (Haug 2009), strukturell als Lüge zu entlarven.

Tatsächlich ist eine auktorial verstandene Poetik unter Marktbedingungen in zweierlei Hinsicht zu relativieren: Sie steht zum einen, anders als beispielsweise in den historischen Avantgarden, nicht über dem ökonomischen Imperativ des Sichverkaufens. Jede explizite oder werkästhetisch deutlich ausgestellte Poetik gehört demnach selbst zum Angebot, das auf eine Nachfrage trifft (etwa nach Unterhaltung, aber auch nach Authentizität, Teilhabe an ‚Kultur' etc.). Das gilt selbst für explizit konsumkritische, ihre eigene Medialität reflektierende Poetiken. Zum anderen richtet sich jede spezifische Poetik in der Logik der Rückkopplung immer schon an einer aktuellen oder potentiellen Nachfrage aus, das heißt, zum Träger einer erfolgreichen Poetik werden „Stilgemeinschaften normalisierten Spektakels" (Venus 2013, 67), Rezipientengruppen, die gemeinsam mit der Angebotsseite die kulturelle Ikone hochhalten (MacCannell 1986, 426). Kulturanalytisch lässt sich demnach sinnvoll fragen und untersuchen, welche Poetik(en) in einer gegebenen Kultur besonders nachgefragt werden. Im Folgenden geht es in diesem Sinne um Eigenschaften des global erfolgreichen Erzählstils, der sich unter internationalen Markt- und Medienbedingungen seit der zweiten Hälfte des 20. Jahrhunderts ausgebildet hat.

2 Realismus nach der emphatischen Moderne

Für die Gesamtheit populärer Erzählliteratur während und nach der literarischen Moderne gilt, dass sie ihrem Verfahren nach realistisch verfasst ist. Realismus als Verfahren meint dabei eine Textur, die in der Lektüre den automatischen Übergang von der Textebene (der Ebene der Zeichen) zur Darstellungsebene (vor allem der dargestellten Welt, der Diegese) ermöglicht (Baßler 2015, 29). Dies gelingt dadurch, dass der Text über kulturell eingeführte Frames und Skripte organisiert ist, die der Dekodierung keinerlei Widerstand entgegensetzen. Dem Modell-Leser bieten sich solche Texte folglich als ‚leichte' Lektüren dar (Bode 1988, 148–149), er hält sich, mit anderen Worten, nicht mit der primären Zeichenebene auf, sondern befindet sich quasi immer schon auf der Ebene des Dargestellten, die dann ihrerseits, im Sinne des Lotman'schen Begriffs von Literatur als Zeichen zweiter Ordnung, als „sekundäres System", das „auf und über der natürlichen Sprache errichtet wird" (Lotman 1993, 39), zum Bedeutungsträger werden oder auch spektakulär sich selbst genügen kann. Hier ist eine Strukturgleichheit realistisch verfahrender Narrative mit dem zu erkennen, was Roland Barthes als Mythos bezeichnet (Barthes 2010a, 258–259). Ein über sein Verfahren bestimmter Realismus kann durchaus nichtrealistische Gegenstände, zum Beispiel Gespenster, fantastische Welten oder Zukunftsszenarien, zum Inhalt haben.

Während die literarische und a fortiori die emphatische Moderne mit dieser Art realistischen Verfahrens ausdrücklich bricht, orientiert sich die populäre Literatur bereits seit dem frühen 20. Jahrhundert – und zwar keineswegs nur die Trivialliteratur, sondern das Gros bürgerlicher Lektüre – durchgehend an erfolgreichen realistischen Mustern des 19. Jahrhunderts. Dabei bilden sich Genres wie der Kriminalroman, der Liebesroman, der Heimatroman, der Abenteuerroman, der historische Roman, der biographische Roman, Science-Fiction-, Western- und Horrorliteratur aus, die bis heute populär sind. Der Großteil der Nachfrage nach fiktionalen Erzählungen in den vollständig alphabetisierten westlichen Überflussgesellschaften richtet sich also, so ließe sich generalisieren, nicht auf interessante, experimentelle Formen, sondern auf interessante Inhalte, präsentiert in generisch erwartbaren Mustern, an deren Prägung ab den 1930er Jahren besonders auch der Hollywoodfilm mitwirkt. Zu den Urtexten des *International Style* der Gegenwart werden dann nicht Autoren wie James Joyce, André Breton oder Alfred Döblin, sondern eher Ernest Hemingway, J. R. R. Tolkiens *Lord of the Rings*, Gabriel García Marquez' *Cien años de soledad* und insgesamt der Boom des südamerikanischen *realismo magico*; daneben bestehen die alten Genres weiter. Verfilmbarkeit und generell eine transmediale Verwertbarkeit (Hörspiel, Hörbuch, Fernsehserie, Computerspiel) sowie nicht selten eine Mehrfachadressierung an Erwachsene und Jugendliche erweisen sich als willkommene Eigenschaften. Im deutschsprachigen Raum artikulierte sich ab den späten 1980ern ein Bedürfnis nach einem ‚Neuen' Erzählen in diesem Sinne; als erfolgreiche Beispiele können seither etwa Patrick Süskinds *Das Parfüm*, Bernhard Schlinks *Der Vorleser*, Daniel Kehlmanns *Die Vermessung der Welt* und Wolfgang Herrndorfs *Tschick* gelten. Eine auch ökonomisch neue Dimension erreicht die populärrealistische Literatur mit Joanne K. Rowlings *Harry-Potter*-Reihe.

Nach dem Durchgang durch die Formexperimente der emphatischen Moderne werden realistische Verfahren nicht mehr naiv, sondern in Kenntnis der Alternativen kalkuliert eingesetzt. Überall dort, wo populärrealistische Texte ihrem poetischen Selbstverständnis nach nicht einfach unterhalten wollen (in solchen Fällen könnte man von hedonistischem Realismus sprechen), sondern eine Teilhabe an Hochkultur und Kunst im emphatischen Sinne beanspruchen, gehört eine poetologische Rechtfertigung ihrer Verfahren, häufig in Abgrenzung zu (längst vergangenen) experimentellen, modernistischen Formen, zu ihrer Grundausstattung. Diese Poetik eines „Realismus mit schlechtem Gewissen" (Baßler 2013a, 35) findet sich explizit unter anderem in Schlinks *Der Vorleser*, in Kehlmanns Poetik-Vorlesungen (Kehlmann 2007) und Karl Ove Knausgårds *Sterben*.

3 Elemente einer impliziten Poetik populärrealistischen Erzählens

Verlässlichkeit

Von einer impliziten Poetik lässt sich, zumindest bei populären Formaten, erst dann sprechen, wenn mehr als ein individuelles Werk von ihr geprägt ist. Die modellbildende Kraft bestimmter Eigenschaften dieser Texte und vor allem ihrer Erwünschtheit auf Rezipientenseite zeigt sich daran, dass sie über ein größeres Korpus hinweg stabil bleiben. Sie werden damit für den Rezipienten, der sein Geld und seine Zeit in sie investiert, erwartbar. Auf dem Buchmarkt erfolgt die Kommunikation solcher erwartbaren Eigenschaften, sofern es sich nicht ohnehin ausdrücklich um Serien handelt (s. u.), einerseits über Genrebezeichnungen oder andere Signale, die Genres avisieren (z. B. durch Titelgebung, Zugehörigkeit zu einer Reihe oder Umschlaggestaltung), andererseits über Autorennamen (z. B. Eugenie Marlitt, Stephen King). Sie übernehmen eine Funktion, die der des Markennamens anderer Konsumprodukte analog ist: das Versprechen verlässlicher Qualität.

Die Lesbarkeit über die konventionellen kulturellen Kodes, die das realistische Verfahren definiert, gehört bereits zu diesen versprochenen Qualitäten. Hinzu kommt die Verlässlichkeit hermeneutischer Kodes (Rätsel – Auflösung), oftmals in genrespezifischen Ausprägungen (z. B. Kriminalroman). In trivialrealistischen Erzählungen lässt sich beobachten, dass diese doppelte Verlässlichkeit noch einmal massiv verstärkt wird durch eine ‚prästabilierte Frame-Harmonie', die sich insbesondere über die Figuren ins Werk setzt (Baßler 2015, 100–111). So ist etwa in Spielhagens *Sturmflut* trotz programmatisch ‚objektiven' Erzählens (also dem Verzicht auf Erzählerkommentare) durch wechselseitige Charakterisierung, Physiognomik etc. von Beginn an klar, welche der auf dem Schiffsdeck versammelten Figuren positive, verlässliche Charaktere sind und welche nicht, ja es ist auch klar, welche beiden Figuren füreinander bestimmt sind; und man kann sich darauf verlassen, dass die Narration diese prästabilierte Harmonie in der Folge auch einlöst. Das Gleiche gilt etwa für die auktoriale Figurencharakterisierung bei Eugenie Marlitt oder die homodiegetische bei Karl May. Extrem kleinschrittig erfolgt etwa in *Winnetou* die serielle Wiederholung der Figur ‚Bezweiflung der Fähigkeiten des Helden – Probe – Bestätigung'. In Hedwig Courths-Mahlers *Die Inselprinzessin* steht das Füreinanderbestimmtsein der beiden Paare nie in Frage. Wenn sich, etwa auf der Überfahrt zur Insel, die ‚Falschen' kennenlernen, erfolgt sofort eine auktoriale Klärung. Die Spannung ist also immer schon in der verlässlichen Erwartung der ‚richtigen' Lösung aufgehoben. Das Muster setzt sich bis in den Hollywoodfilm fort. Traditionell als populär oder trivial verstandene Eigenschaften wie Spannung und Action werden durch diese Grundstruktur aufgefangen und relativiert. Tendenziell liegt „die Wahrheit" in populärrealistischen Texten nicht mehr, wie traditionell, „am anderen Ende des Wartens" (Barthes 1987, 79), sie ist also nicht mehr Funktion des Narrativs, sondern wird von Beginn an immer schon vorausgesetzt. „Nur scheinbar", so Umberto Eco über James Bond, „ist der ‚gelbe Roman' eine Informationen produzierende Maschine, in Wahrheit wird in ihm nur Überfluß [lies: Redundanz, M. B.] produziert. [...] Das Vergnügen des Lesers besteht somit darin, an einem Spiel teilzunehmen, dessen Figuren und Regeln – und sogar dessen Ausgang – er kennt" (Eco 1994, 294).

Ein besonders erfolgreiches, genre- und medienübergreifendes Strukturmuster populärrealistischen Erzählens ist die sogenannte Heldenreise, die auf der Basis früher Studien (Joseph Campbell, Vladimir Propp) heute in zahlreichen Ratgebern zum Abfassen erfolgreicher Romane und Drehbücher kodifiziert ist (z. B. Christopher Vogler 1998, Joachim Hammann 2007). Sie enthält eine ganze Reihe von (variierbaren) Elementen und Stationen wie Berufung des Helden, Weigerung, Helferfiguren, Überschreiten der Schwelle, Bewährungsproben, Versuchungen, Apotheose, Überwindung des Hauptgegners, Rückkehr in den Alltag etc., die insgesamt das Verhältnis einer Alltags- zu einer magischen oder Abenteuerwelt voraussetzen, in der der Held, im Gegensatz zur ersteren, *Agency* entwickeln kann. Die populärrealistische Poetik erweist sich darin als Gegenstück zur Poetik des modernen Romans, dem die Unerzählbarkeit einer unübersichtlich gewordenen Welt und die Unmöglichkeit von *Agency* jenseits eines ‚heroischen Weltzustandes' (Hegel W XIV, 415) für ausgemacht gelten. Die komplexen formalen Lösungen, die der Roman als Inbegriff der „modernen, *bürgerlichen* Epopöe" angesichts dieser Probleme erarbeitet (z. B. der *Ulysses*), kämpfen dabei mit einem Problem, das schon Georg Wilhelm Friedrich Hegel bemerkte: Was ihnen „fehlt, ist der *ursprünglich* poetische Weltzustand, aus welchem das eigentliche Epos hervorgeht" (Hegel W XIV, 452) – und der mit seinen Möglichkeiten zur Übersicht, Personalisierung und Identifikation offenbar auch einen großen Anteil an der Nachfrage nach fiktionalen Narrationen überhaupt bedingt. Populärrealistische Diegesen dagegen (z. B. *Middle Earth* in *Lord of the Rings*) sind im Hegel'schen Sinne zumindest in wesentlichen Teilen poetisch und heroisch: „Die Verhältnisse objektiver Sittlichkeit" verwirklichen sich hier noch „durch die handelnden Individuen selbst und deren Charakter" (Hegel W XIV, 414). Dazu wird die Diegese zumeist magisch oder abenteuerlich erweitert und dabei zugleich enorm komplexitätsreduziert. Fantasy zeigt sich hier als das idealtypische Genre des Populären Realismus. Alternativ zu Abenteuerwelten sind auch Inselsituationen als Diegesen beliebt (z. B. Hotel, WG, Gefängnis, Raumschiff, dystopische Kleingruppe), in denen ein überschaubares und vor allem beschränktes Figurenarsenal auf engstem Raum agiert.

Die hypertrophe Verlässlichkeit der Strukturen und Figuren trägt ebenso wie die Poetizität der Diegese dazu bei, die Strukturen dieser Texte für Rezipienten ‚bewohnbar' zu machen.

Serialität

„Wann immer populäre Kulturen einen Aufmerksamkeitserfolg erzielen, kristallisiert an diesem Erfolg sofort ein Konvolut ähnlicher Produkte. Jedes Faszinosum geht unmittelbar in Serie, strahlt aus, metastasiert und bezieht immer mehr Rezipienten in die spezifische Form spektakulärer Selbstreferenz ein." (Venus 2013, 67) Auch diese Regel lässt sich mit der Marktförmigkeit populärer Produkte in Beziehung setzen: „Aufmerksamkeitserfolg" heißt zumindest potentiell eben auch monetärer Erfolg, und der will ausgenutzt und auf Dauer gestellt werden durch das Angebot „ähnlicher Produkte". Über Variation und Selektion (Nachfrage) erfolgt dabei eine spezifische Art kultureller Evolution. Unter Marktbedingungen tendieren erfolgreiche Formate also ganz generell zum Seriellen, das gilt auch für den populärrealistischen Erzähltext. Wie im Pilotfilm jeder Fernsehserie werden die Besonderheiten seiner Diegese und formalen Machart immer schon als potentiell modellbildend exponiert (bzw. gepitcht).

Serielle Formate betonen per definitionem Äquivalenz und stehen dadurch dem metonymischen Prinzip des Realistischen (Jakobson 1974a, 135) prima facie entgegen: „Serialität besteht in genau dem Maße, in dem über den Text verteilte Abschnitte eines Syntagmas nicht mehr als kontig, sondern als äquivalent aufgefasst werden." (Baßler 2014a, 349) Das ist besonders augenfällig im Fall der reinen Episodenserie (*series*) à la *Bonanza* oder *The Simpsons*, bei der die Handlung zu Beginn jeder neuen Folge auf Null gestellt wird. Die Episoden stehen zueinander in einem reinen Äquivalenzverhältnis, es gibt keine Kontiguität, kein metonymisches Fortschreiten der Handlung über die Episodengrenzen hinweg. Die implizite Poetik ist eine der Variation des Narrativs bei gleichbleibender Diegese. Während die Diegese (Raum, Zeit, Setting, Figurenkonstellation etc.) das ikonische Zeichen ist, das die Stilgemeinschaft hochhält, und somit die Semiotik des Spektakels nach Dean MacCannell garantiert, bleiben die einzelnen Narrative demgegenüber kontingent und nachgeordnet, auch wenn es hier im Verlaufe längerer Serien durchaus zu seriellen Überbietungsstrukturen (Jahn-Sudmann und Kelleter 2012) und schließlich zu Abnutzungserscheinungen kommen kann. In der impliziten Poetik des Seriellen kehrt sich also das Verhältnis von Narration und Diegese gegenüber der klassischen Narratologie um: Erstere bringt Letztere nicht nur nicht hervor, wie noch Gérard Genette meint (Genette 1994, 17), sondern die Diegese ist, als die erwartbare und bewohnbare Struktur, geradezu die Verkaufsidee, der Markenkern, dem die Nachfrage gilt, und somit gegenüber all ihren Narrationen das Primäre.

Weniger klar sieht die Sache am anderen Pol des Serienspektrums aus, so bei der reinen Fortsetzungsserie (*serial*) à la *The Sopranos* oder *Game of Thrones*. (Die allermeisten Serien mischen Elemente der Episodenserie und der Fortsetzungsserie in einer Art Zopfstruktur.) Wo sind hier Äquivalenzen zu erkennen, was unterscheidet sie, mit anderen Worten, von der allgemein üblichen stückweisen Rezeption eines längeren epischen Textes oder dem Fortsetzungsroman? Zum einen kann auch hier die Wahrheit nicht erst in der narrativen Schließung (*clôture*) offenbar werden, zumal diese Serien in der Produktion ja häufig zum Ende hin offen sind. Schließung findet sich also allenfalls als binnengliederndes Element, neben ihrem Gegenteil, dem Abbruch im spannendsten Moment (Cliffhanger). Zum anderen ist hier ein Verfahren besonders verbreitet, das auch sonst im Populären Realismus seit den 1920er Jahren (John Roderigo Dos Passos, Hans Fallada, Wolfgang Koeppen u. a.) häufig anzutreffen ist: die Shortcuts (Baßler und Nies 2018). Diese Discoursform einer mehrsträngigen Erzählung, die die einzelnen Stränge in kleine Teile schneidet und neu kombiniert, kann als eine Art *Re-entry* des Episodischen am Fortsetzungspol gelesen werden. Was bei sukzessiver Erzählung der Stränge als rein metonymische Kontiguität aufgefasst worden wäre, sozusagen die Selbstähnlichkeit der jeweiligen Diegese, wird allein dadurch, dass es von Schnipseln anderer Erzählstränge unterbrochen wird, als Äquivalenzmuster erfahrbar („jetzt sind wir wieder bei den Dothrakis'). Die Shortcuts bewirken so eine Art Spürbarkeit der Diegese und damit erneut eine Aufwertung derselben gegenüber der Narration. Die einzelnen Erzählstränge könnten oft kaum einen eigenständigen Text tragen, dagegen kommt es in der Kombinatorik der Shortcuts neben der Selbstäquivalenz auch zur Anmutung einer Äquivalenz der diversen Stränge untereinander, die schließlich eine Art panoramatische Hypermetonymie bilden (Altholm bzw. Neumünster in Falladas *Bauern, Bonzen und Bomben*, South Los Angeles in Robert Altmans Film *Short Cuts*, der Short Stories von Raymond Carver nach diesem Verfahren verarbeitet, Wisteria Lane bei *Desperate Housewives*). Diese kann dann auch auf der Handlungsebene durch die Begegnung von Figuren aus unterschiedlichen Strängen bestätigt werden.

Insgesamt erweist sich in populärrealistischen Erzähltexten die Diegese als dominant gegenüber der Narration. Über die Diegese als ‚bewohnbare Struktur' kann ein Erzählmodell auf Dauer gestellt werden, sich als Markenkern etablieren und eine stabile Stilgemeinschaft bilden, die dem Produkt die Treue hält. Wo ein erfolgreicher Text in Serie geht, bleibt die erzählte Welt weitgehend stabil und die Narrationen variieren. Die neuere Entwicklung in der Fernsehkriminalreihe *Tatort*, dass nämlich die Ermittlerteams gegenüber den einzelnen Fällen massiv an Bedeutung gewinnen und Fälle, in einem weiteren Schritt, nurmehr interessant sind, wenn Ermittler persönlich darin involviert sind, illustriert diese generelle Tendenz.

Gemeinschaftsfähiger Sinn (Mythos)

Realistische Literatur ist ein Zeichen zweiter Ordnung, in dem per definitionem der Übergang von der ersten Zeichenebene zur Darstellungsebene automatisiert (und damit narkotisiert) ist. Die Textbedeutung ist damit als „sekundäres semiologisches System" (Barthes 2010a, 258) strukturgleich mit dem, was Barthes als Mythos bezeichnet. Diese mythische Dimension, als Vorstellung einer allgemeinen Bedeutsamkeit und speziellen Bedeutung der Texte, gehört mit zum Angebot populärrealistischer Erzählungen und ist konstitutiv auch für die entsprechenden Stilgemeinschaften. Dabei lassen sich ihrer impliziten Poetik nach zwei Tendenzen unterscheiden, je nachdem, ob die Texte beanspruchen, am System der Kunst (z. B. Hochliteratur) im emphatischen Sinne teilzuhaben, oder nicht. Mit Pierre Bourdieu (1999) würde man populäre Texte zunächst generell dem Feld der Massenkultur und nicht dem der eingeschränkten Produktion zuweisen. In einem System, das generell über Märkte und Massenmedien organisiert ist, wird diese klare Unterscheidung jedoch problematisch. Kulturelles Kapital ist nurmehr ein mögliches Angebot unter vielen auf einem Feld, in dem es immer auch um ökonomischen Erfolg und mediale Aufmerksamkeit geht. Mit dieser Feststellung ist wohlgemerkt – und entgegen den Annahmen Theodor W. Adornos – eine grundsätzlich ästhetische Dimension kulturindustrieller Angebote noch nicht in Zweifel gezogen. Entscheidend ist hier die Seite der Nachfrage: Das Geschmacksurteil postuliert eine „allgemeine Stimme" (Kant 1995, 88), die sich in der Stilgemeinschaft der Rezipienten und Käufer realiter verkörpert. Das Fürgutbefinden (und Fürgutbefundenwerden) geht dabei allen Vernunftgründen (z. B. Argumenten ethischer Natur, Beobachtungen zur Qualität und Machart, Interpretationen) voraus; es kann diese nach sich ziehen, bleibt ihnen gegenüber jedoch immer primär und sozusagen im Recht. Dies macht auch eine Neubestimmung der Funktion von Kritik gegenüber populären Texten erforderlich.

Populärrealistische Erzähltexte, die das Bedürfnis der Rezipienten nach der Teilhabe an Hochkultur bedienen, organisieren sich um Zeichen herum, die sich bereits als Marker von Kunst und Bedeutsamkeit im emphatischen Sinne bewährt haben. Eco spricht hier von *Midcult*: „Hat ein Stilmittel zu einer Botschaft mit Prestige gehört, so gewinnt es für ein Publikum, das auf vornehme Erfahrungen aus ist, ein spezifisches Gewicht." (Eco 1994, 88) Da eine Poiesis auf Textebene, wie sie die avantgardistischen Texte des 20. Jahrhunderts kennzeichnet, qua Verfahren ausgeschlossen ist, handelt es sich dabei zumeist um diegetische Zeichen und allenfalls um Makroverfahren (wie die Shortcuts). Das ermöglicht die gewünschte Kombination von leichter Konsumierbarkeit und der Suggestion, „daß der Leser im Genuß dieser Reize eine privilegierte ästhetische Erfahrung vervollkommne" (Eco 1994, 64). Eben dies macht die „strukturelle Lüge" (Eco 1994, 90) des *Midcult* aus. Solche diegetischen Marker einer im definierten Sinne ‚mythischen' Bedeutsamkeit können zum Beispiel archaische Ding- und Warenwelten beziehungsweise Vokabeln sein (einhergehend mit einer Vermeidung z. B. von Markennamen), Accessoires der Hochkultur (z. B. klassische Musik), schwere Zeichen (wie Auschwitz, eine Krebskrankheit, Drastik etc.), aber auch vage Verweise auf Allgemeinmenschliches, magische Elemente, Genies, außergewöhnliche Kunstwirkungen und Ähnliches. Der populärrealistische Text erhebt durch das Erzählen von solchen bedeutungsschweren Dingen und höheren Sphären implizit den Anspruch, an der entsprechenden Bedeutsamkeit teilzuhaben, auch wenn dieser Anspruch qua Verfahren, etwa durch den zumeist *well-made plot*, nicht eingelöst werden kann (von Genies erzählen garantiert noch keine Genialität). Wo es zu expliziten poetologischen Äußerungen kommt, gelten diese, wie erwähnt, meist einer Aufwertung realistischer und der Abwertung experimenteller Texte und Bilder. Vermieden wird in *Midcult*-Texten zumeist aber auch die diegetische Darstellung kulturell weniger valorisierter Kunst, etwa aus Populär- und Popkultur. Texte dieser Art werden, wenn sie populär werden, nicht nur Verkaufserfolge, sondern eben auch kulturell durch Preise, Rezensionen und akademische Aufmerksamkeit valorisiert (z. B. Hemingways *The Old Man and the Sea*, Schlinks *Der Vorleser*, Kehlmanns *Die Vermessung der Welt* oder Filme wie *Das Leben der Anderen*).

Midcult ist bislang überwiegend als Strategie populärrealistischer Einzeltexte zu beobachten (auch wenn eine autofiktionale Erzählserie wie Knausgårds *Min Kamp* davon reichlich Gebrauch macht). Im engeren Sinne generische und serielle Formate der Populär- und Popkultur (häufig auch der Jugend- und Crossover-Literatur) dagegen vertrauen offenbar leichter auf die Bewohnbarkeit ihrer Strukturen und auf ihre spektakulären Attraktionswerte. Sie bilden Stilgemeinschaften jenseits eines bürgerlichen Hochkulturanspruchs aus, die einen hedonistischen Realismus ohne schlechtes Gewissen goutieren, wodurch sich *Midcult*-Effekte erübrigen. Analog zur neueren Warenästhetik könnte man sagen, dass hier der Anspruch auf einen Gebrauchswert vollständig aufgegeben ist zugunsten des Fiktionswertes (Ullrich 2013, 7–30), der als solcher bewusst bleibt. Niemand käme heute mehr auf den Gedanken, den *Lord of the Rings* als Allegorie auf unsere Welt, die NS-Zeit oder Ähnliches zu lesen, stattdessen bildet er die Vorlage für zahlreiche fiktive und Spielszenarios. Bedeutung im klassischen Sinne wird dabei abgelöst durch die Bewohnbarkeit der Strukturen, die für die Stilgemeinschaften dennoch nicht bloße Unterhaltung bleiben muss, sondern als eine ‚Bedeutung zweiter Ordnung' zu einem wichtigen Bestandteil des Lebens und Selbstverständnisses werden kann (Fankultur, Fanfiction etc.). Barthes' Mythenkritik ebenso wie Adornos Theorie von Konsumindustrie als Antiaufklärung gingen noch wie selbstverständlich davon aus, dass diese warenförmigen Mythen von unserer (einen) Welt handeln. Heute stellt sich die Situation eher so dar, dass alternative Welten angeboten werden, die ihre Rezipienten für wechselnde Zeitspannen, in wechselnder Intensität und insgesamt eher spielerisch gern bewohnen. Man könnte hier von einem ludischen Dispositiv sprechen (Erdbeer 2016), das das Zeitalter einer vermeintlichen „Universalität des Erzählens" (Koschorke 2012, 9) ablöst.

4 Poetizität?

Die implizite Poetik des Populären Realismus ist die Poetik einer warenförmigen Erzählliteratur. Ein fraglicher Punkt bleibt, ob eine solche, durchweg realistisch verfahrende Literatur überhaupt noch poetisch im Jakobson'schen Sinne sein, also über die Bildung nicht bereits kulturell usualisierter Äquivalenzen Neues hervorbringen kann oder ob sie qua Verfahren zur „Umkleidung eines Immergleichen" (Adorno 1977, 339) verdammt ist. Die oben genannte Definition von Serialität liest sich wie eine Variante von Jakobsons Definition der poetischen Funktion der Sprache, die bekanntlich „*das Prinzip der Äquivalenz von der Achse der Selektion auf die Achse der Kombination*" projiziert, wodurch die „Äquivalenz [...] zum konstitutiven Verfahren der Sequenz erhoben [wird]" (Jakobson 1979b, 94). Wenn aber, wie im Shortcuts-Verfahren, die äquivalenten Elemente kein Paradigma, sondern ein Syntagma (einen Erzählstrang) konstituieren, findet dann im Moment des Vergleichs über die Spürbarkeit der Diegese (Jakobson 1979b, 93 spricht von einer „Spürbarkeit der Zeichen") hinaus überhaupt Semantisierung statt, zieht also die formale Äquivalenz eine semantische nach sich (Jakobson 1979b, 108)? Immerhin könnte man zum Beispiel in der spielerisch-ubiquitären Äquivalentsetzung von Handlungsverläufen (in Episodenserien) die Auslotung von Möglichkeiten erkennen, die eine gegebene Diegese bereithält. Indem die angebotsseitig unerlässliche Variation auf eine nachfrageseitige Selektion trifft, findet womöglich, selbst auf diesem Gebiet eines vermeintlich topisch-realistischen Erzählens, doch eine Art kultureller Evolution statt.

Weiterführende Literatur

Baßler, Moritz (²2005b). *Der deutsche Pop-Roman. Die neuen Archivisten.* München.
Baßler, Moritz (2013a). „Realismus – Serialität – Fantastik. Eine Standortbestimmung gegenwärtiger Epik". *Poetiken der Gegenwart. Deutschsprachige Romane nach 2000.* Hrsg. von Silke Horstkotte und Leonhard Herrmann. Berlin/Boston: 31–46.
Kleiner, Marcus S. und Thomas Wilke (Hg.) (2013). *Performativität und Medialität Populärer Kulturen. Theorien, Ästhetiken, Praktiken.* Wiesbaden.
Ullrich, Wolfgang (2013). *Alles nur Konsum. Kritik der warenästhetischen Erziehung.* Berlin.

Frieder von Ammon
II.9 Lyrik: Exemplarische Autorpoetiken im 20. Jahrhundert

In seiner ‚Marburger Rede' *Probleme der Lyrik* aus dem Jahr 1951 – einem der zentralen und meistzitierten ‚autorpoetologischen' Texte eines deutschsprachigen Lyrikers aus dem 20. Jahrhundert – hat Gottfried Benn auf eine für die moderne Lyrik charakteristische „Doppelsichtigkeit" der Autoren hingewiesen: „Wir finden in der modernen Literatur Beispiele von Gleichrangigkeit in einem Autor von Lyrik und Essay. Fast scheinen sie sich zu bedingen. Außer Valéry nenne ich Eliot, Mallarmé, Baudelaire, Ezra Pound, auch Poe, und dann die Surrealisten. Sie waren und sind alle an dem Prozeß des Dichtens ebenso interessiert wie an dem Opus selbst. [...] Dies, ich bitte es zu beachten, ist ein moderner Zug." (Benn SW, VI, 11) Auch wenn man diesen Befund mit Blick etwa auf Johann Wolfgang Goethe (dessen aus Gedichten und einem Prosaanhang bestehender *West-östlicher Divan* jene von Benn angesprochene ‚Gleichrangigkeit' bereits exemplarisch verwirklicht), auf Friedrich Schiller, Friedrich Hölderlin und die Lyriker der (Früh-)Romantik historisch ausweiten muss, so hat Benn hier doch eine markante Tendenz insbesondere der modernen Lyrik benannt: die nach dem Geltungsverlust der normativen Poetiken im 18. Jahrhundert immer größer werdende Bedeutung der poetologischen Selbstreflexion der Lyriker, die sich in einer Fülle entsprechender Texte niederschlägt und die auch Auswirkungen auf das Agieren der Autoren im literarischen Feld hat. Diese Tendenz lässt sich (mit den genannten und einigen anderen Vorläufern) ungefähr seit dem Entstehen der modernen Lyrik in der zweiten Hälfte des 19. Jahrhunderts beobachten und ist auch im frühen 21. Jahrhundert noch virulent (Brandmeyer 2016a; 2016b).

Ein (von Benn ungerechterweise nicht genannter) Schlüsseltext aus dem deutschsprachigen Bereich ist die im Jahr 1899 veröffentlichte Schrift *Revolution der Lyrik* von Arno Holz. Holz formuliert hier das poetologische Programm seines lyrischen Hauptwerks *Phantasus* (von dem damals gerade erste Proben erschienen waren), doch sein Anspruch geht weit darüber hinaus. Die Prämisse seines Programms lautet: „Man revolutioniert eine [...] Kunst nur, indem man ihre Mittel revolutioniert." (Holz 1899a, 23) In diesem Sinn verabschiedet er nun vehement und wortreich das Metrum und postuliert stattdessen den „notwendigen" oder „natürlichen Rhythmus" (Holz 1899a, 44–45). Hart geht er auch mit dem Reim ins Gericht, den er für „abgegriffen" und „langweilig" hält und den er aus der deutschen Literatur „hinauskomplimentier[en]" möchte: Während der Erste, der „auf Sonne Wonne", „auf Herz Schmerz und auf Brust Lust" gereimt habe, ein „Genie" gewesen sei, sei der, der dies Jahrhunderte später immer noch tue – so sein geradezu klassisches Verdikt –, ein „Kretin" (Holz 1899a, 26–27). Einige dieser ‚Poetologeme' haben eine lange Wirkungsgeschichte aufzuweisen und werden teilweise heute noch diskutiert: Nachdem zum Beispiel Bertolt Brecht in seinem Essay *Über reimlose Lyrik mit unregelmäßigen Rhythmen* von 1938/1939 an Holz angeknüpft hatte (dies allerdings wiederum, ohne seinen Namen zu nennen) (Brecht GBA 22/1, 357–365), hat etwa Peter Rühmkorf in seinem Essay *agar agar – zaurzaurim. Zur Naturgeschichte des Reims und der menschlichen Anklangsnerven* von 1981 Holz' Kritik des Reims wissenschaftlich fundiert widersprochen (Rühmkorf 1981, 132); darauf folgte in seinen Frankfurter Poetikvorlesungen von 2001 Robert Gernhardt (Gernhardt 2010, 68), und wenig später bezog dann auch Jan Wagner in seinem ‚Gespräch' *Das Stück Eis auf dem Ofen* von 2010 Stellung zur Frage des Reims, wobei er wiederum auf Holz rekurrierte (und auch die Positionen Brechts, Rühmkorfs und Gernhardts mitreflektierte) (Wagner 2011, 90).

Dieses Beispiel verdeutlicht die Selbstständigkeit, die der autorpoetologische Diskurs gewinnen kann und die er seit der Zeit um 1800, insbesondere aber im Verlauf der vergangenen rund 150 Jahre tatsächlich oft gewonnen hat, gerade auch im deutschsprachigen Bereich. In solchen Fällen mit Benn von einer ‚Doppelsichtigkeit' der Autoren und einer ‚Gleichrangigkeit' von Lyrik und Autorpoetik zu sprechen, ist somit nicht übertrieben. Damit verdeutlicht dieses Beispiel aber auch die große Relevanz des autorpoetologischen Diskurses für die moderne Lyrik sowie umgekehrt die große Relevanz der modernen Lyrik für die Poetik. Die Lyrik mag in der Moderne ihre einstige Bedeutung als Paradigma der Poetik zwar verloren haben, doch zweifellos ist sie auch seitdem noch von grundlegender Bedeutung. Im Grunde haben sich alle modernen Lyriker intensiv und produktiv auf dem Gebiet der Autorpoetik betätigt. Zwar gibt es Fälle von Lyrikern, die auf diesem Gebiet vergleichsweise zurückhaltend geblieben sind; ein Beispiel wäre etwa Stefan George, der sich den Konventionen des Literaturbetriebs zeitlebens verweigert hat und insofern kaum mit poetologischen Texten traditioneller Art an die Öffentlichkeit getreten ist (andererseits sind seine Gedichte aber oft hochgradig poetologisch) (Beßlich 2003), ein anderes Beispiel wäre Christine Lavant, deren besondere Lebens- und Schreibumstände zu einer weitgehenden Abstinenz der Autorin auf dem Gebiet der Autorpoetik geführt haben. Doch das sind Ausnahmen. Der Regelfall in der modernen Lyrik sind eben solche Autoren, die – um noch einmal Benn zu zitieren – „an dem Prozeß des Dichtens ebenso interessiert [sind] wie an dem Opus selbst".

Im vorliegenden Beitrag wird ein Überblick über die Autorpoetiken deutschsprachiger Lyriker des 20. Jahrhunderts gegeben, also über die – wie man sagen könnte – ‚Lyrikerpoetiken' dieses Jahrhunderts. Nach einigen systematisierenden Vorüberlegungen wird der Fokus dann auf Benn, Brecht, Paul Celan und Thomas Kling und damit auf vier Lyriker gerichtet, deren Poetiken von grundlegender

Bedeutung waren (und teilweise noch immer sind) für die Debatten und Kontroversen, die im 20. (und 21.) Jahrhundert über Lyrik geführt wurden.

1 Lyrikerpoetiken des 20. Jahrhunderts: Prolegomena zu einer Systematik

Der Begriff ‚Lyrikerpoetik' soll im Anschluss an eine einschlägige Definition als „das von einem Schriftsteller entwickelte Ensemble von Schreibintentionen, Dichtungsprinzipien sowie handwerklichen Kunstgriffen, das sein eigenes Werk programmatisch kennzeichnet und begründet, aber nur sekundär auf Allgemeingültigkeit abzielt" (Köhnen 2007, 62), verstanden werden. Eine Lyrikerpoetik ist die Gesamtheit aller poetologischen Äußerungen, die ein Lyriker im Lauf seines Lebens macht, zunächst einmal ganz unabhängig von der Form der jeweiligen Äußerung. Sie ist somit das Ergebnis eines komplexen (und nicht immer vollständig rekonstruierbaren) Prozesses, der oft diskontinuierlich verläuft, was nicht selten auch zu Widersprüchen und Verwerfungen führt: So war etwa Benns poetologische Position im Jahr 1951, in dem er seine ‚Marburger Rede' hielt, eine völlig andere als im Jahr 1921, in dem mit *Epilog* seine erste poetologische Äußerung in Essayform erschienen ist; und diese Unterschiede werden gerade auch an der Tatsache erkennbar, dass Benn eine ganze Passage aus dem Essay in die Rede übernommen hat, wobei diese Passage in ihrem neuen Zusammenhang eine ganz neue Bedeutung gewinnt. Solche (Dis-)Kontinuitäten sind bei der Analyse einer Lyrikerpoetik zu bedenken, und zwar in ihren (werk-)biographischen, (literatur-)historischen und sonstigen für die jeweilige Äußerung relevanten Kontexten.

Auch die Formen der einzelnen poetologischen Äußerungen sind zu berücksichtigen. Um hier Ordnung zu schaffen, bietet sich eine Reihe grundlegender Differenzierungen an. So könnte erstens danach gefragt werden, ob es sich bei der entsprechenden Äußerung um eine lyrikinterne oder -externe Äußerung handelt, ob sie also – mit dem üblicherweise in diesem Zusammenhang verwendeten Begriff – als ‚immanente' oder ‚implizite Poetik' in einem poetologischen Gedicht formuliert wird (Hildebrand 2003; Pott 2004; Brandmeyer 2016a) oder aber in anderen, nichtlyrischen Gattungen beziehungsweise Textsorten wie dem Essay oder der Rede. Ein Beispiel für den ersten Fall wäre Ernst Jandls Gedicht *diskussion* (Jandl 1997, 6, 147), in dem die Frage nach der Definition von Lyrik aufgeworfen (und als unbeantwortbar dargestellt) wird. Der Status einer solchen lyrikinternen poetologischen Äußerung unterscheidet sich von dem einer lyrikexternen. Die Tatsache, dass sie in einem Gedicht gemacht werden, kann poetologischen Äußerungen zum einen eine besondere Dignität verleihen: Wenn Rainer

Maria Rilke in seinen *Sonetten an Orpheus* die Frage nach der Möglichkeit von Dichtung in der Moderne stellt, hat dies ein größeres Gewicht, als wenn er diese Frage in einem Essay gestellt hätte. Zum anderen kann die auf der Inhaltsebene eines Gedichts formulierte poetologische Position auf der Ebene der Form realisiert oder aber auch konterkariert werden. Ersteres passiert immer wieder in den *Sonetten an Orpheus*, wenn die in ihnen formulierte orphische Poetik durch eine besondere Musikalität der Verse gewissermaßen beglaubigt wird (Zarnegin 1999); Letzteres findet sich beispielsweise in Robert Gernhardts Gedicht *Materialien zu einer Kritik der bekanntesten Gedichtform italienischen Ursprungs*, einer wüsten Polemik gegen das Sonett, die aber selbst in Sonettform gehalten ist, sodass hier Inhalt und Form in ein poetologisches Wechselspiel von Negation und Affirmation treten (Gernhardt 2008, 109).

Die Form einer lyrikinternen poetologischen Äußerung bietet dem Autor auch die Möglichkeit, sich von der im Gedicht formulierten Position partiell oder sogar vollständig zu distanzieren, denn – wie spätestens seit der Einführung der Kategorie des ‚lyrischen Ichs' durch Margarete Susman im Jahr 1910 auch für die Lyriker des 20. Jahrhunderts selbstverständlich ist – der fiktive Sprecher eines Gedichts ist ja nicht identisch mit dessen empirischem Autor. Insofern kann dieser aber auch nicht ohne Weiteres auf die Aussagen jenes festgelegt werden. Anders sieht es aus, wenn der empirische Autor selbst sich – wie etwa Benn bei seiner ‚Marburger Rede' – öffentlich äußert; in solchen Sprechsituationen wird eine Unterscheidung der Instanzen schwierig.

Zweitens könnte im Hinblick auf den Bereich lyrikexterner poetologischer Äußerungen danach gefragt werden, ob es sich dabei um selbstständige oder unselbstständige Äußerungen handelt. Während etwa Benns ‚Marburger Rede' oder auch sein Essay *Epilog* für sich stehen, also selbstständige Äußerungen sind, gibt es auch solche Äußerungen, die als Ko- oder Paratexte von vornherein im Kontext eines (oder mehrerer) anderer Texte stehen und insofern als unselbstständige Äußerungen zu beschreiben wären. Ein Beispiel dafür ist die *Einleitung*, die Benn für die im Jahr 1955 erschienene Anthologie *Lyrik des expressionistischen Jahrzehnts* geschrieben hat (Benn SW, VI, 208–220): ein Paratext also, dessen primäre Funktion es war, die in der Anthologie enthaltenen Gedichte aus der Sicht eines prominenten Zeitzeugen zu perspektivieren (und auf diese Weise den Verkauf der Anthologie zu befördern). Gleichwohl enthält dieser Paratext aber auch Poetologeme des einstigen Expressionisten Benn, die bei einer Analyse seiner Lyrikerpoetik unbedingt berücksichtigt werden müssten.

Zu den unselbstständigen poetologischen Äußerungen gehören briefliche Äußerungen. Benns Briefwechsel mit dem Bremer Großkaufmann Friedrich Wilhelm Oelze ist ein klassisches Beispiel für eine Autorenkorrespondenz mit hochgradig poetologischer Substanz (BennOelze; Kraft 2016). Weil Benn (wie im Übrigen auch sein Briefpartner) offenbar schon frühzeitig an eine mögliche Veröffentlichung der Briefe gedacht hat, veränderte sich der Status der in den Briefen gemachten poetologischen Äußerungen, die auf diese Weise von privaten Mitteilungen zu gewissermaßen offiziösen, Authentizität nur suggerierenden Verlautbarungen wurden.

Drittens könnte – und dies gilt wiederum in erster Linie (aber nicht nur) für den lyrikexternen Bereich – nach der Medialität einer poetologischen Äußerung gefragt werden, nach der Tatsache also, ob es sich um eine schriftliche oder mündliche Äußerung handelt (von Ammon 2016). Im Lauf des 20. Jahrhunderts wächst die Bedeutung von poetologischen Reden, Vorlesungen und Vorträgen aller Art. Texte wie Ingeborg Bachmanns Frankfurter Poetikvorlesungen von 1959/1960 oder Celans Büchner-Preis-Rede *Der Meridian* aus dem Jahr 1960 gehören zum Kernbestand der Diskussionen über Lyrik im 20. Jahrhundert. Manche mündlichen Äußerungen werden nicht auch in schriftlicher Form veröffentlicht; dies zeigt etwa der Fall Rudolf Borchardt, der in den 1920er Jahren regelrechte Redetourneen durch Deutschland unternommen hat, ohne aber die dabei gehaltenen Reden in jedem Fall zu publizieren (Borchardt 1995). Außerdem kann die schriftliche Fassung einer Rede auch von ihrer mündlichen Fassung abweichen. Benns ‚Marburger Rede' ist im Wortlaut, den er unter dem Titel *Probleme der Lyrik* in Marburg vorgetragen hat (Benn 2004, CD 4, Track 7–16), nicht identisch mit dem später unter dem gleichen Titel publizierten Text. Dass auch wichtige inhaltliche Dimensionen von Reden beziehungsweise Vorlesungen verlorengehen können, wenn man bei der Analyse nur deren schriftliche Fassungen berücksichtigt, zeigen etwa Jandls Frankfurter Poetikvorlesungen aus den Jahren 1984/1985: Nachdem Jandl sie gehalten hatte, wurden diese Vorlesungen, wie üblich, zunächst in Buchform publiziert (Jandl 1985); auf diese, ihrer performativen Elemente notwendigerweise beraubten Fassung hat sich in der Folge dann auch die Jandl-Forschung bezogen. Mittlerweile liegt aber ein Filmmitschnitt der Vorlesungen auf DVD vor (Jandl 2010), und dieser Mitschnitt macht deutlich, wie stark die poetologische Position, die Jandl in Frankfurt entwickelt hatte, mit seiner damaligen Performanz verknüpft war. Insofern bleibt jede Analyse, die sich ausschließlich auf den gedruckten Text der Vorlesungen bezieht, unvollständig.

2 Gottfried Benn

Die zentrale Bedeutung Benns (1886–1956) für die deutschsprachige Lyrik des 20. Jahrhunderts (und darüber hinaus) ist unbestritten; 60 Jahre nach seinem Tod gilt er mit Recht als ein ‚Klassiker der Moderne'. Diese Bedeutung beruht vor allem auf seinem lyrischen Werk, aber auch das Korpus seiner poetologischen Äußerungen zur Lyrik hat eine große Wirkung entfaltet (Mattern 2009). Im Mittelpunkt steht die bereits mehrfach erwähnte ‚Marburger Rede' *Probleme der Lyrik*, bei der es sich – nach Celans Büchner-Preis-Rede *Der Meridian* – um die einflussreichste poetologische Äußerung eines deutschsprachigen Lyrikers des 20. Jahrhunderts handeln dürfte. Hinzu kommen weitere poetologische Äußerungen Benns: in anderen Reden (Burdorf 2007) und Vorträgen, in Essays, in Briefen (insbesondere in dem ebenfalls bereits erwähnten Briefwechsel mit Oelze), in autobiographischer und experimenteller Prosa wie *Doppelleben* und *Der Garten von Arles* (Reents 2009) und – nicht zuletzt – in Gedichten (Grätz 2003). Im Folgenden sollen zwei Texte aus diesem Korpus herausgegriffen und näher beleuchtet werden.

Das poetologische Gedicht *Staatsbibliothek* wurde zum ersten Mal im Jahr 1925 in dem Gedichtband *Spaltung* veröffentlicht; das Gedicht stammt also aus einer mittleren Werkphase, die einen Übergang zwischen Benns stark vom Expressionismus geprägten Frühwerk und seinem sich an anderen Paradigmen orientierenden Spätwerk bildet. Auf der Suche nach einer neuen poetologischen Position tritt jetzt „das Moment künstlerischer Selbstreflexivität in den Vordergrund". *Staatsbibliothek* kann „[s]owohl in formaler als auch in inhaltlicher Hinsicht" als „beispielhaft für Benns mittlere Schaffensphase" gelten (Grätz 2003, 243). Als Ausgangspunkt des Gedichts dient die Staatsbibliothek als Symbol der kulturellen Überlieferung: „Staatsbibliothek, Kaschemme,/Resultatverlies,/Satzbordell, Maremme,/Fieberparadies:/wenn die Katakomben/glühn im Wortvibrier,/und die Hekatomben/sind *ein* weißer Stier –//wenn Vergang der Zeiten,/wenn die Stunde stockt,/weil im Satz der Seiten/*eine* Silbe lockt,/die den Zweckgewalten,/reinem Lustgewinn/rauscht in Sturzgestalten/löwenhaft den Sinn –: [...]" (Benn SW, I, 85). Dieses Symbol erfährt im Gedicht eine radikale Umdeutung, die Bibliothek wird „von einem Ort der Traditionsbewahrung zum geradezu mythischen Ermöglichungsgrund künstlerischer Produktivität" (Grätz 2003, 245). Benn operiert dabei mit starken Kontrasten: einerseits zwischen Inhalt und Form, andererseits aber auch formintern (so steht die traditionelle Strophenform in einem Spannungsverhältnis zu den kühnen Neologismen, den unabgeschlossenen syntaktischen Formen und den extravaganten Reimpaaren). Insgesamt sieht sich der Leser „mit einem Sprachgebilde konfrontiert, das die Realitätsbezüge aufhebt, die grammatikalische Ordnung zerrüttet und die kausallogischen und raumzeitlichen Zusammenhänge negiert – kurz: das eine vollständige Auflösung der modernen Bewusstseinsstruktur sprachlich in Szene setzt" (Grätz 2003, 255). Dies ist zugleich die poetologische Pointe des Gedichts: „[D]ionysische Auflösung und rauschhafte Steigerung" werden „zur Voraussetzung für die Regeneration der künstlerischen Schaffenskräfte" erklärt (Grätz 2003, 254). Benns poetologische Position, die er in Essays wie *Epilog, Zur Problematik des Dichterischen* und

Der Aufbau der Persönlichkeit entwickelt hatte beziehungsweise bald darauf entwickeln sollte, wird in *Staatsbibliothek* „in erstaunlich unmittelbarer Weise [...] in dichterische Praxis um[ge]setzt" (Grätz 2003, 256). In der poetischen Praxis entsteht eine erhebliche Suggestivkraft gegenüber den diskursiv argumentierenden Essays. Poesie und Poetik fallen zusammen und potenzieren sich gegenseitig, in *Staatsbibliothek* verdichtet sich Benns poetologische Position der 1920er Jahre wie in einem Brennspiegel.

Benns Poetik hat sich im Lauf seines Lebens stark verändert; nicht zufällig kommt dem Begriff der Verwandlung dabei eine Schlüsselrolle zu (Anacker 2007). Diese Veränderungen beziehungsweise Verwandlungen werden deutlich, wenn man *Staatsbibliothek* mit *Probleme der Lyrik* vergleicht (Fischer 2016b und Fischer 2016a). Dass Benn vom Rektor der Marburger Universität eingeladen worden war, im Rahmen der Internationalen Ferienkurse der hessischen Hochschulen zum Thema „Formkräfte der Moderne in Denken und Kunst" über Lyrik zu sprechen, zeigt, dass seine Rehabilitierung nach der Zeit des Nationalsozialismus gelungen war und er in der Nachkriegsliteratur nun eine privilegierte Rolle spielte (1951 erhielt er etwa auch den Georg-Büchner-Preis). Entsprechend trat Benn voller Selbstbewusstsein auf und betrieb Literatur- und Werkpolitik in eigener Sache, indem er gegen andere Strömungen der Nachkriegslyrik polemisierte, so etwa gegen die Naturlyrik, den Lettrismus oder die Konkrete Poesie, die er als „eine Art rezidivierenden Dadaismus" abtat (Benn SW, VI, 13); mit Hans Sedlmayr griff er auch einen bekannten konservativen Kunsthistoriker an. In erster Linie ist die ‚Marburger Rede' jedoch die „poetologische ‚Summe'" seines Werks sowie, „aus seiner Sicht, der modernen Lyrik überhaupt" (Kraft 2016). Zu diesem Charakter einer Zusammenfassung passt auch, dass Benn (der parallel zur Abfassung der Rede an einer Essaysammlung arbeitete) auf ältere Texte zurückgriff, darunter *Epilog und lyrisches Ich*; eine längere Passage daraus bildet „genau die Mittelachse" der Rede. Doch die poetologische Position der 1920er und 1930er Jahre wurde jetzt „modernisiert und aktualisiert" (Fischer 2016b, 311); Themenkomplexe, die früher zentral gewesen waren, wurden weggelassen, so die politisch heikle Züchtungsidee, die Gedanken der mystischen Partizipation sowie die Vorstellung des Dionysischen. Auch den Bezug auf Friedrich Nietzsche schwächte er insgesamt ab, wenngleich der von ihm übernommene Begriff der „Artistik" (Benn SW, VI, 14 u. ö.) in *Probleme der Lyrik* noch immer eine grundlegende Rolle spielt.

Ein zentraler Aspekt, der auch wirkungsgeschichtlich von Bedeutung war, sei hier besonders betont: Laut Benn ist das moderne Gedicht „in sich ruhend, aus sich leuchtend, voll langer Faszination" (Benn SW, VI, 19), es ist „anachoretisch[]" (Benn SW, VI, 16), „autonom" (Benn SW, VI, 23); an anderer Stelle fällt in diesem Zusammenhang auch der Begriff des „absolute[n] Gedicht[s]" (Benn SW, VI, 36). Gemeint sind damit Gedichte, bei denen ein stark ausgeprägtes

Formbewusstsein einhergeht mit einer Tendenz zur Entreferenzialisierung. Diese Konzeption, die sich auf Novalis zurückführen lässt, ist seit Charles Baudelaire und Stéphane Mallarmé zentral für die moderne Lyrik; in den deutschsprachigen Bereich wurde sie durch George, Hugo von Hofmannsthal und Rilke vermittelt. Wenn Benn sich im Jahr 1951 auf das absolute Gedicht beruft, greift er somit auf einen poetologischen Topos zurück, der ein halbes Jahrhundert zuvor virulent gewesen war. Benn versucht, einen Diskurszusammenhang, der durch die Literaturpolitik des Nationalsozialismus unterbrochen worden war, in der Nachkriegszeit wiederherzustellen.

Wirkungsgeschichtlich folgenreich war in diesem Kontext vor allem der (ebenfalls topische) Gedanke, dass das absolute Gedicht „an niemanden gerichtet" sei, dass es also einen „monologische[n] Zug" aufweise (Benn SW, VI, 40). Genau in diesem Punkt hat Celan Benn wenige Jahre später vehement widersprochen. Man kann diesen Streit um den Monolog- beziehungsweise Dialogcharakter des modernen Gedichts als eine der grundlegenden poetologischen Debatten in der deutschsprachigen Lyrik des 20. Jahrhunderts bezeichnen.

Aber auch sonst wären ohne *Probleme der Lyrik* viele Debatten in der zweiten Jahrhunderthälfte anders verlaufen; mit Recht wurde der Text deshalb als „ars poetica" (Bender 1964, 9) der Nachkriegszeit bezeichnet. Dem entspricht auch die frühzeitig einsetzende Anthologisierung (und damit auch Kanonisierung) des Textes durch die Literaturwissenschaft: *Probleme der Lyrik* wurde in den 1960er Jahren (wenn auch jeweils gekürzt) in die beiden einflussreichsten Sammlungen autor- beziehungsweise lyrikerpoetologischer Texte des 20. Jahrhunderts (Allemann 1971, 344–358) beziehungsweise der Moderne aufgenommen (Höllerer und Hartung 2003, I, 329–340), später dann auch in eine einschlägige Sammlung von Texten zur Lyriktheorie (Völker 2000, 358–365).

3 Bertolt Brecht

Brecht (1898–1956) ist in vielerlei Hinsicht der Antipode Benns (Aurnhammer et al. 2009), nicht nur im Hinblick auf die Lyrik, sondern gerade auch poetologisch. Die Poetik, mit der Brecht sich beschäftigte, ist gänzlich anders gelagert, auch im Hinblick auf Umfang und Form (Ostmeier 2003; Schneider 2009). Zwar hat Brecht wie Benn eine große Zahl poetologischer Gedichte geschrieben, doch hat er keine weithin beachteten poetologischen Reden und Vorträge gehalten, auch poetologische Essays gibt es nur wenige von ihm, und sie sind oft kurz. Andererseits kommt bei ihm mit dem *Arbeitsjournal* eine besondere und gerade im Hinblick auf seine Lyrik sehr ergiebige Quelle hinzu. Einige von Brechts poetologischen Äußerungen zur Lyrik haben intensive Wirkungen hervorgerufen, und zwar auch über den deutschsprachigen Bereich hinaus, was unter anderem damit zusammenhängt, dass sie in die erwähnten einschlägigen Sammlungen aufgenommen wurden (Völker 2000, 309–311, 326–328, 338–339; Höllerer und Hartung 2003, II, 543–549).

Der Essay *Über reimlose Lyrik mit unregelmäßigen Rhythmen* entstand im Jahr 1938 und wurde ein Jahr später in der von Brecht mitherausgegebenen Moskauer Exilzeitschrift *Das Wort* veröffentlicht (Morley 2003). Er steht somit im Kontext der sogenannten Expressionismusdebatte, bei der es im Kern um die Bedeutung der modernen Literatur für Klassenkampf und Antifaschismus ging. Doch der Text stellt ebenfalls Fragen, die von grundlegender Bedeutung für die Diskussion über Lyrik sind. Zu Beginn greift Brecht einen Vorwurf auf, der seiner Aussage nach schon oft und zuletzt anlässlich seiner kurz zuvor entstandenen *Deutschen Satiren* von (nicht genauer bezeichneten) Kritikern gegen seine Gedichte erhoben worden sei: Wie er dazu käme, „so was" – nämlich Texte ohne Metrum und Reim – „als Lyrik auszugeben" (Brecht GBA XXII/1, 357)? Im Zentrum von Brechts Poetik steht das Prinzip der „gestische[n] Formulierung" (GBA XXII/1, 360 u. ö.), nach der der Rhythmus eines Verses ganz dem spezifischen Gestus des darin formulierten Inhalts und seiner sozialen Prägung, aber keinen anderen, äußerlichen Gesetzmäßigkeiten entsprechen solle. Eine zusätzliche metrische Organisation der Verse wird in diesem Zusammenhang zwar nicht gänzlich ausgeschlossen, doch ist diese eben keinesfalls mehr zwingend. Brecht argumentiert, dass eine „feste regelmäßige Rhythmik" (gemeint ist ein Metrum) einer formalen Neutralisierung der „Unstimmigkeiten im gesellschaftlichen Leben der Menschen" gleichkomme. Im Gegensatz dazu habe er diese „Disharmonien und Interferenzen" in den Versen seiner Gedichte (und Theaterstücke) einfangen wollen (GBA XXII/1, 359). Angestrebt ist eine Rhythmik, die den gegenwärtigen Zustand der Gesellschaft ‚abbildet' und schon insofern politisch ist. So soll die Rhythmik der Verse von „aus dem Volk kommender Rhythmik" beeinflusst sein, die Brecht zum einen bei „improvisierten Sprechchören bei Arbeiterdemonstrationen" und zum anderen bei einem Berliner Straßenhändler gehört habe; des Weiteren arbeite aber auch die Werbung mit unregelmäßiger, gestischer Rhythmik. Das Prinzip der „gestische[n] Formulierung" – gepaart mit Reimlosigkeit – eigne sich mithin für politische Lyrik: „Es handelte sich darum [i. e. bei den *Deutschen Satiren*, die ursprünglich über den Rundfunk verbreitet wurden], einzelne Sätze in die ferne, künstlich zerstreute Hörerschaft zu werfen. Sie mußten auf die knappste Form gebracht sein, und Unterbrechungen (durch die Störsender) durften nicht allzu viel ausmachen. Der Reim schien mir nicht angebracht, da er dem Gedicht leicht etwas In-sich-Geschlossenes, am Ohr Vorübergehendes verleiht." (GBA XXII/1, 364)

Brechts Formensprache gehorcht also einer wirkungsästhetischen Logik: Sie passt sich ganz den Erfordernissen der jeweils intendierten Funktion eines

Textes an. Im Fall der *Deutschen Satiren* ist dies eine primär politische Funktion, die Gedichte sollten in erster Linie zum Kampf gegen Hitler beitragen. Hinzu kommt aber noch eine weitere Begründung. Laut Brecht hat sich „[d]ie akustische Umwelt" des 20. Jahrhunderts „außerordentlich verändert": „Ein amerikanischer Unterhaltungsfilm zeigte in einer Szene, wo der Tänzer Astaire zu den Geräuschen der Maschinenhalle steppte, die verblüffende Verwandtschaft zwischen den neuen Geräuschen und dem Jazz mit seinem Stepprhythmus." (GBA XXII/1, 363) Die Rhythmik seiner Verse sollte also nicht nur den Erfordernissen wirkungsvoller Kommunikation entsprechen und den Zustand der Gesellschaft abbilden, sondern auch den Veränderungen der „akustische[n] Umwelt" Rechnung tragen. Dazu gehört der Jazz, durch dessen spezifische neuartige Rhythmik auch die Rhythmik seiner und anderer Gedichte des 20. Jahrhunderts nicht unberührt bleiben dürfe.

Die Wirkung dieses Essays war groß. Zahlreiche Lyriker haben sich darauf berufen, sowohl in ihrer Poetik als auch in ihrer lyrischen Praxis, aber auch in der Lyrikkritik und Lyrikologie hat sich der Begriff des ‚gestischen Rhythmus' oder die Bezeichnung ‚reimlose Lyrik mit unregelmäßigen Rhythmen' etabliert (Burdorf 2015, 126–127).

Berühmt ist auch Brechts im Jahr 1939 entstandenes, aber erst 1956 veröffentlichtes poetologisches Gedicht *Schlechte Zeit für Lyrik* (Brecht GBA XIV, 432). Postuliert wird zunächst der Verzicht auf die traditionellen Formen („In meinen Liedern ein Reim/käme mir fast vor wie Übermut") und Themen der Lyrik („Die grünen Boote und die lustigen Segel des Sundes", „Die Brüste der Mädchen"). Angesichts der Bedrohung durch Hitler-Deutschland könne man guten Gewissens nur noch wirkungsbezogene politische Lyrik verfassen: „In mir streiten sich/ Die Begeisterung über den blühenden Apfelbaum/Und das Entsetzen über die Reden des Anstreichers./Aber nur das zweite/Drängt mich zum Schreibtisch." Doch dieses Postulat wird – mittels des rhetorischen Stilmittels der *praeteritio* – konterkariert durch die ausdrückliche Benennung der Themen und Formen, die nun nicht mehr in Frage kämen, und zwar in Formulierungen von einer besonderen und geradezu demonstrativ poetischen Kraft („die lustigen Segel des Sundes", „in meinen Liedern ein Reim"). Brecht nutzt hier also auf virtuose Weise die traditionellen Möglichkeiten der Lyrik, um eine Paradoxie zum Ausdruck zu bringen, die seiner poetologischen Position inhärent ist und die im Gedicht nicht aufgelöst wird. Mit Jan Knopf könnte man dies dahingehend interpretieren, dass Lyrik ‚in finsteren Zeiten' nur dadurch zu rechtfertigen sei, „daß sie sich diesem Selbstwiderspruch stellt und ihre eigene Negation einplant, was übrigens eine Vorwegnahme der späteren Debatten um eine Lyrik nach Auschwitz bedeutet" (Knopf 2003, 267).

4 Paul Celan

Im Zentrum dieser Debatten, die von entscheidender Bedeutung für die (nicht nur) deutschsprachige Lyrik in der zweiten Hälfte des 20. Jahrhunderts waren (Kiedaisch 1995), stand und steht Celan (1920–1970) (Bogumil-Notz 2009). Seine *Bremer Rede* (*Ansprache anlässlich der Entgegennahme des Literaturpreises der freien Hansestadt Bremen*) aus dem Jahr 1958 (Lehmann 2012a) und die Rede *Der Meridian*, die Celan bei der Entgegennahme des Georg-Büchner-Preises im Jahr 1960 in Darmstadt hielt (Böschenstein 2012), sind Schlüsseldokumente der Lyrik-Diskussion in der zweiten Hälfte des 20. Jahrhunderts; sie werden schnell in Anthologien aufgenommen (Höllerer und Hartung 2003, 2, 695–696, 696–701; Allemann 1971, 461–463; Völker 2000, 385–389). Hinzu kommen der im Jahr 1948 veröffentlichte Essay *Edgar Jené und der Traum vom Traume* (Goßens 2012), der Rundfunkessay *Die Dichtung Ossip Mandelstamms* von 1960 (Lehmann 2012b) und *Die Ansprache in Israel* von 1969 (Olschner 2012b), zudem eine Reihe verstreut publizierter kleinerer Texte (Olschner 2012a), sowie nachgelassene theoretische Prosa (Wiedemann 2012). Celans Poetik liegt allerdings vor allem in seiner Dichtung selbst vor, fast alle seine Gedichte weisen eine poetologische Dimension auf.

Die *Bremer Rede* ist ein zwar kurzer, aber für Celans Poetik umso wichtigerer Text, denn in ihm formuliert Celan „wesentliche Voraussetzungen und Grundsätze" seines Werks (Lehmann 2012a, 160). Celan hielt diese Rede am 26. Januar 1958, nachdem man ihn mit dem Bremer Literaturpreis ausgezeichnet hatte. Dieser Kontext erklärt die Verweise auf den Bremer Lyriker Rudolf Alexander Schröder und die ‚Bremer Presse' als einen mit dieser Stadt verbundenen Verlag, durch dessen Veröffentlichungen (an denen Schröder beteiligt gewesen war) Bremen – nach Celans Auskunft – zuerst „Umriß" für ihn gewonnen hatte: „Aber Bremen, nähergebracht durch Bücher und die Namen derer, die Bücher schrieben und Bücher herausgaben, behielt den Klang des Unerreichbaren." (Celan HKA XV/1, 23) Implizit wird damit schon an dieser Stelle das Schicksal Celans und seiner Familie im fernen Czernowitz (seine Eltern wurden im Holocaust ermordet, er selbst überlebte nur mit Glück) angesprochen.

Die *Bremer Rede* ist konzise gegliedert: Auf eine kurze Einleitung, in der Celan mit (unmarkiertem) Bezug auf Martin Heideggers Freiburger Vorlesungen *Was heißt denken?* Reflexionen über den (nicht nur etymologischen) Zusammenhang von Danken, Denken und Gedenken anstellt und indirekt damit bereits die Erinnerung als zentrales Moment seiner Lyrik anspricht, folgt ein erster, autobiographischer grundierter Teil, in dem Celan auf das Land seiner Herkunft verweist: die Bukowina (deren Namen er allerdings nicht nennt). Zugleich verweist er damit auf die Symbiose von jüdischer Kultur und deutscher Sprache – für die er exemplarisch Martin Bubers Übersetzung der *Chassidischen Geschichten* ins Deutsche anführt –, eine Symbiose, die es vor dem Zweiten Weltkrieg (u. a.) in der Bukowina gegeben hatte, die nun jedoch zerstört und – mit Celans Begriff – der „Geschichtslosigkeit" anheimgefallen war. Indem Celan in seiner Rede aber nun eine „topographische Skizze" jener „Gegend, in der Menschen und Bücher lebten", entwarf (Celan HKA XV/1, 23), trat er dem Prozess des Vergessens (und Verdrängens) der Geschichte entgegen; implizit sprach er damit erneut auch den Holocaust (und sein Verschweigen im Nachkriegsdeutschland) an. Darauf folgt ein zweiter, sprachreflexiver Teil, der „als Bekenntnis C.s zur ‚erreichbar', ‚unverloren' und ‚nah gebliebenen' deutschen Sprache gedeutet werden [darf]" (Lehmann 2012a, 162). Zentral ist dabei jedoch die Tatsache, dass diese Sprache auch die Sprache der Mörder war: „Aber sie [i. e. die Sprache] mußte nun hindurchgehen durch ihre eigenen Antwortlosigkeiten, hindurchgehen durch furchtbares Verstummen, hindurchgehen durch die tausend Finsternisse todbringender Rede. Sie ging hindurch und gab keine Worte her für das, was geschah; aber sie ging durch dieses Geschehen. Ging hindurch und durfte wieder zutage treten, ‚angereichert' von all dem." (Celan HKA XV/1, 24) Den Abschluss der Rede bildet ein dritter Teil, in dem Celan nunmehr explizit das poetologische Programm seiner Lyrik formuliert: Sein Schreiben charakterisiert er dabei als „Identitäts- und Orientierungssuche sowie auch als Wirklichkeitsentwurf, als Tätigkeit eines von Verletzungen und Exterritorialität gepeinigten Autors", als ein Schreiben zudem, „das sich vereindeutigenden Richtungs- und Sinnzuweisungen eines selbstmächtigen Autors entzieht" (Lehmann 2012a, 163). Ein (nicht zuletzt auch wirkungsgeschichtlich) zentraler Punkt ist außerdem die Dialogizität des Gedichts, die Celan mittels einer so anschaulichen wie einprägsamen Metapher umschreibt: „Das Gedicht kann, da es ja eine Erscheinungsform der Sprache und damit seinem Wesen nach dialogisch ist, eine Flaschenpost sein, aufgegeben in dem – gewiß nicht immer hoffnungsstarken – Glauben, sie könnte irgendwo und irgendwann an Land gespült werden, an Herzland vielleicht." (Celan HKA XV/1, 24) Die Metapher vom Gedicht als Flaschenpost ist von Ossip Mandelstam entlehnt, aber auch Theodor W. Adorno hatte sie verwendet. Dieser Doppelbezug macht bereits deutlich, dass ein Aspekt der Dialogizität des Gedichts dessen Dialog mit anderen Texten ist, also eine stark ausgeprägte Intertextualität (Lehmann 2012a, 163): Neben den bereits genannten Autoren und Texten verweist Celan auf Rudolf Borchardt und seine *Ode mit dem Granatapfel*, auf zeitgenössische Lyriker wie Günter Eich (auf dessen zwei Jahre zuvor auf dem Schriftstellerkongress in Vézelay gehaltene Rede er anspielt) und nicht zuletzt auch auf eigene Texte (wie etwa *Sprachgitter*). Dialogizität meint aber vor allem den maskierten Dialog von Dichter und Leser: In Celans Poetik adressiert ein Gedicht immer eine konkret gedachte Situation, immer auch eine als tatsächlich unterstellte Reaktion des Lesers; es ist konstitutiv interpersonal, auf die irreduzibel individuelle Reaktion angewiesen. Daraus resultiert der polemische Bezug auf Benns ‚Marburger Rede', in der der „monologische Zug" des modernen Gedichts betont wurde. Celans Gedichtverständnis ist einer solchen Autonomieästhetik diametral entgegengesetzt: „Gedichte sind auch in dieser Weise unterwegs: sie halten auf etwas zu. Worauf? Auf etwas Offenstehendes, Besetzbares, auf ein ansprechbares Du vielleicht, auf eine ansprechbare Wirklichkeit." (Celan HKA XV/1, 24)

Das Gedicht *WEGGEBEIZT* entstand im Jahr 1963 in Paris und wurde zuerst zwei Jahre später in einer bibliophilen Ausgabe unter dem Titel *Atemkristall* veröffentlicht, bevor Celan es wiederum zwei Jahre später in seinen Gedichtband *Atemwende* aufnahm. Laut Sieghild Bogumil handelt es sich dabei um ein „Schwellengedicht" mit „programmatische[m] Charakter, der den gesamten Kontext der Wende im Schaffen Celans, den die *Atemwende* ankündigt, das heißt aber letztlich seine gesamte Dichtung überstrahlt" (Bogumil 2002, 134). Zentral ist, dass Celan in *WEGGEBEIZT* die implizit bereits in der *Bremer Rede* gestellte Frage nach der Möglichkeit von Lyrik nach Auschwitz aufgreift: „Kann es ein lyrisches Sprechen geben, das zwar nicht explizit sagt, ‚was geschah', dies aber gleichwohl in sich aufnimmt und so das eigentlich Unsagbare – das Geschehene, für das es keine Worte gibt – doch erfahrbar macht?" (Saße 2003, 296) Das Paradoxon der Zeugenschaft (Baer 2002, 175–216) kreuzt sich mit einer Traumasprache (Baer 2002, 19–30): Celan als Überlebender steht außerhalb des Todeskollektivs der Shoah und bleibt doch gebunden an eine Erfahrung, der er entronnen ist; so wird seine Sprache eine zutiefst zerstörte, die sich gegen ihre eigene Möglichkeit wendet, aber selbst dies noch einmal, als doppelte Inversion (Hamacher 1998c, 324–368) poetologisch in sich aufnimmt.

Das Gedicht beginnt mit einer scharfen Abgrenzung von einer Lyrik, die sich dieser poetologischen Aporie nicht stellt, kritisiert wird die Sprache der Uneigentlichkeit, das bunte Gerede: „WEGGEBEIZT vom/Strahlenwind deiner Sprache/das bunte Gerede des An-/erlebten – das hundert-/züngige Mein-/gedicht, das Genicht." (Celan HKA VII/1, 31) ‚Wegbeizen' konnotiert eine ätzende Säure, analog den Ätzungen, die im Prozess der Graphiktechniken eingesetzt wird. Das Gedicht wurde im Rahmen einer Sonderausgabe zusammen mit einer Radierung von Gisèle Celan-Lestrange publiziert. So unterliegt das „Genicht" der falschen Rede einer im Säurebad vollzogenen Wegätzung. „Strahlenwind" hingegen kann auf die Atomkatastrophe verweisen, aber auch auf das helle Licht der jüdischen Gnosis: Beide Konnotationen vernichten in einer schroffen Geste das „bunte Gerede". Von daher nimmt das Gedicht seinen „Weg" über den „Schnee" und die „Gletscherstuben" des zweiten bis hin zum farblosen „Atemkristall" des dritten Abschnitts, der als zentrale poetologische Chiffre den Zielpunkt des Textes bildet: „Tief/in der Zeitenschrunde,/beim/Wabeneis/wartet, ein Atemkristall,/dein unumstößliches/Zeugnis." (HKA VII/1, 31) Celans poetische Geographie arbeitet mit dem Denkbild des Versickerns der Worte der Getöteten ins Erdreich oder auch mit dem Bild ihres Einfrierens. Für diese erstarrte Sprache der Opfer sind die Gletscherstuben „gastlich" (zweite Strophe), nämlich ein Archiv („Wabeneis"), in dem die ungehörten Worte des Todesmoments („unumstößliches/Zeugnis") aufbewahrt bleiben – wobei sich Celan jeglicher Andeutung über ihr Auftauen enthält.

Mit Günter Saße (Saße 2003, 305) kann man diese im Gedicht zurückgelegte Bewegung als eine „Reflexion lyrischer Praxis" interpretieren: Das Gedicht erforscht „das *bunte Gerede des An-/erlebten*" und führt dabei ‚alle Tropen und Metaphern ad absurdum', es beizt sie weg. Damit ist die Frage ‚Lyrik nach Auschwitz?' bejaht, aber unter Vorbehalt, denn ungebrochen ist dies nach Celans Auffassung eben nicht möglich; es ist nur möglich in Form eines äußerst komplexen, bis an die Grenze der Unverständlichkeit vieldeutigen Sprechens, das sich konventionellen Begriffen von Schönheit und Wohlklang radikal entzieht und sich seiner eigenen Problematik jederzeit voll bewusst ist. In *WEGGEBEIZT* wird ein solches Sprechen exemplarisch vorgeführt.

5 Thomas Kling

Nachdem er in der öffentlichen Wahrnehmung eine Zeit lang im Schatten Durs Grünbeins gestanden war, gilt Thomas Kling (1957–2005) inzwischen als „der zweifellos bedeutendste[] Lyriker seiner Generation" (Braun 2005); sein Einfluss auf seine wie auch auf die folgenden Generationen deutschsprachiger Lyriker kann kaum überschätzt werden (von Ammon et al. 2012). Auch bei ihm erstreckt sich dieser Einfluss nicht nur auf die Lyrik, sondern auch auf die Poetik. Das Korpus der poetologischen Äußerungen Klings ist umfangreich: Zuerst erschien der Essay *Itinerar* (Kling 1997), daraufhin der Essayband *Botenstoffe* (Kling 2001); Klings letztes zu seinen Lebzeiten erschienenes Buch *Auswertung der Flugdaten* (Kling 2005) enthält sowohl Gedichte als auch Essays (Stockhorst 2011). Hinzu kommen teilweise an entlegener Stelle erschienene Texte (von Ammon 2012; Kling 2012). Ähnlich wie bei Celan (einer wichtigen Bezugsfigur für Kling; s. May 2012) haben auch bei Kling viele Gedichte eine poetologische Dimension.

Näher eingegangen sei an dieser Stelle zunächst auf *Itinerar* (1997), den wohl einflussreichsten poetologischen Essay Klings, Ausschnitte daraus wurden in die Anthologie *Theorie der modernen Lyrik* aufgenommen (Höllerer 2003, 2, 945–947). Auffällig ist der selbstbewusst-provokante Gestus dieser ersten poetologischen Stellungnahme Klings, die nicht davor zurückschreckt, in der Haltung eines elitären und streitbaren Nonkonformisten andere Autoren zu beleidigen: „Die Dichterlesungen der 80er Jahre müssen denen der 70er geähnelt haben. In den 80ern jedenfalls waren sie piepsig und verdruckst, vor allem aber von peinigender Langeweile." (Kling 1997, 9) Gleichwohl knüpft der gehaltvolle poetologische Essay bewusst auch an die ‚alte' Poetik an, etwa an die *Ars poetica* des Horaz oder an barocken Poetiken. Unkonventionell ist bereits die Form dieses Essays: Wie der Titel markiert, rekurriert Kling auf die spätantike Gattung des *itinerarium*, genauer: des *itinerarium pictum*, der bebilderten Wegbeschreibung beziehungsweise Marschkarte. Entsprechend hat er Photographien in den Text integriert, die ihn in programmatischen, poetologisch signifikanten Posen zeigen: zuerst vor dem Relief Oswalds von Wolkenstein in der Sakristei des Brixner Doms, wobei Kling Oswalds Pose bewusst nachahmt (Kling 1997, 61). Diese Photographie visualisiert somit das (auch im Text des Essays formulierte) *imitatio*-Verhältnis zwischen Kling und Oswald, allerdings mit einem ironischen Augenzwinkern (das sogar auf dem Bild zu sehen ist, weil Kling auch Oswalds Einäugigkeit nachahmt) (Waltenberger 2012). Die zweite Photographie zeigt Kling als skrupulös-genauen Betrachter eines mittelalterlichen Freskos (Kling 1997, 65). Damit wird zum einen der emphatische intermediale Bezug auf die bildenden Künste visualisiert (Korte 2012, 28–30), der im Text des Essays – allerdings nicht beschränkt auf die bildenden Künste – ebenfalls explizit formuliert wird: „Die Einbeziehung *aller* existierenden Medien ist gefragt." (Kling 1997, 15) Zum anderen wird die seit der Antike geführte *ut-pictura-poesis*-Diskussion aufgerufen. Hinzu kommen weitere poetologische Themen, etwa der Komplex der Performanz, dem Kling eine immense Bedeutung beimisst – wobei er den Begriff allerdings programmatisch durch den der ‚Sprachinstallation' ersetzt – (Stockhorst 2011, 120–123; Meyer-Kalkus 2012), sowie eine Auseinandersetzung mit dem Komplex der Hermetik (Stockhorst 2011, 124–128). Alle diese Themen münden in eine – in erster Linie freilich metaphorische – Definition des Gedichts, die an einer zentralen Stelle des Essays platziert ist: „Gedichte sind hochkomplexe (‚vielzüngige', polylinguale) Sprachsysteme. Kommunikabel und inkommunikabel zugleich: Hermes als Hüter der Türen und Tore, in diesen Eigenschaften des Doorman, Schleusenwärters und Botenstoffbeförderers tritt er in Erscheinung, ein Wirklichkeitsmixer, Reaktionsfähigkeit ist gefragt. Er hat darüber hinaus Zutritt zur Totenwelt: zu (elektronischen) Bibliotheken. Das Gedicht baut auf Fähigkeiten der Leser/Hörer, die denen des Surfens verwandt zu sein scheinen, Lesen und Hören – Wellenritt in riffreicher Zone." (Kling 1997, 55) Diese ‚Definition' bildet einen Nukleus der Poetik Klings in den 1990er Jahren (und darüber hinaus) und wurde aufgrund von Klings großem Einfluss auf die deutschsprachige Lyrik wegweisend auch für andere Autoren.

Kling hat eine große Zahl poetologischer Gedichte geschrieben. Als Beispiel soll hier das für die Poetik seines ‚Spätwerks' (Kling ist im Alter von nur 48 Jahren gestorben) zentrale Gedicht *Bärenmarke, Moorfunde* aus dem Gedichtband *Sondagen* von 2002 angeführt werden. Das Gedicht entwirft zunächst die Szenerie einer Moorlandschaft, die als eine Art historisches Archiv gedeutet wird, denn jeder, der sich in dieser Landschaft bewegt, hinterlässt dort – gewollt oder ungewollt – Spuren: „das spielt sich ab im grünen bereich. hier unten: so ne art nor-/ discher safaripark, kameraüberwacht. oder ne gegend, küstennähe,/wo grenzgänger ans limit geht, knicks in der pupille. blickgrannen,/harte büsche. heide, borstig. eichen und moor: in küstennähe/sumpfgebiete, mooreiche, vorgebliche öden. ranger der moore,/wanderer in grenzgeländen, die ihre füße aufsetzen, vorsichtig./kurz, die trotzdem leserliche stapfen hinterlassen. kennungen/im grünen bereich." (Kling 2006, 756) Das Lesen vielfältiger Spuren im Moor wird daraufhin poetologisch gewendet: Es wird zu einer Metapher für die Methode des (Geschichts-)Lyrikers Kling, der in seinen Gedichten (den späten zumal) unentwegt mit dem Lesen von Spuren aller, bevorzugt aber historischer Art beschäftigt ist, und dies bevorzugt an Stellen, für die sich sonst niemand interessiert (Korte 2012, 34–36; Trilcke 2012). Bezeichnend ist, dass Kling die Spuren im Moor mit Metaphern aus der bildenden Kunst beschreibt: Neben dem „bilderteppich" (und damit einer uralten Gattung) verweist er auf „drippings" (wie sie in der ersten Hälfte des 20. Jahrhundert von Max Ernst entwickelt und in der zweiten Jahrhunderthälfte dann vor allem von Jackson Pollock bekannt gemacht wurden). An dieser Stelle wird der emphatische intermediale Bezug auf die bildenden Künste, den Kling bereits in *Itinerar* formuliert hatte, noch einmal aufgegriffen und dem Leser – diesmal mit den Möglichkeiten des Gedichts – so anschaulich wie suggestiv vor Augen geführt. Den Zielpunkt von *Bärenmarke, Moorfunde* bildet schließlich eine weitere metaphorische ‚Definition' des Gedichts: „leute. das nennt sich kartenlesen im unverzeichneten – und so was/nennt sich gedicht." In dieser paradoxen Formulierung ist die Poetik des späten Kling gleichsam in nuce enthalten. Dazu passt auch, dass er sich in das Gedicht selbst eingeschrieben hat, und zwar in Gestalt des „bienenwolfs" (also einer Wespenart). Denn die Wespe war gleichsam das Wappentier Klings; über dieses Insekt hat er zahlreiche, immer auch poetologisch grundierte Gedichte geschrieben, und mit einem gelb-schwarz gestreiften Pullover ist er bei Lesungen oft in Erscheinung getreten (Knoblich 2014, 272–280). Insofern ist die im Gedicht genannte „kennung des bienenwolfs" die Kennung Klings, der als Spurenleser im Moor dort selbst seine Spuren hinterlassen hat.

6 Ausblick

Das von Benn in der genauen Mitte des 20. Jahrhunderts beschriebene Phänomen der ‚Doppelsichtigkeit' von Lyrikern und die damit verbundene ‚Gleichrangigkeit von Gedicht und Essay' beziehungsweise Lyrik und Poetik ist mit dem 20. Jahrhundert keineswegs zu Ende gegangen (Lampart 2016). Wie es scheint, ist das genaue Gegenteil der Fall: Das Interesse für die Poetik überwiegt jetzt manchmal sogar schon das für die Lyrik. Ein aktuelles Beispiel dafür ist der Lyriker, Essayist und Romancier Marcel Beyer (*1965): Nachdem er im Jahr 2013 die Ernst-Jandl-Dozentur für Poetik in Wien bekleidet hatte, erhielt er im Jahr 2014 den Oskar-Pastior- und den Kleist-Preis, wofür er sich mit Reden bedankte, die poetologisch jeweils höchst aufschlussreich waren (Beyer 2014; Beyer 2015b); darauf folgte dann noch – in demselben Jahr – die Lichtenberg-Poetikdozentur in Göttingen (Beyer 2015a). Doch mit einem derart hohen ‚Output' an poetologisch relevanten Texten stellte das Jahr 2014 bei Beyer keine Ausnahme dar: Im Jahr 2015 sprach er etwa im Rahmen der ersten wissenschaftlichen Tagung zu seinem Werk unter dem Titel *Zwischen Giftschrank und Glorie. Texte, die mich beim Schreiben beeinflusst haben* im Wuppertaler Literaturhaus, und im Rahmen der Veranstaltungs- und Veröffentlichungsreihe *Zwiesprachen* hielt er einen Vortrag im Lyrik Kabinett München (wo er 2006 bereits eine ‚Münchner Rede zur Poesie' gehalten hatte; Beyer 2006; Beyer 2016). Und damit noch immer kein Ende: Im Januar und Februar 2016 hat Beyer die Frankfurter Poetikvorlesungen und damit die renommierteste und traditionsreichste Vorlesung dieser Art in Deutschland gehalten.

Sicherlich ist dies ein extremes Beispiel, doch es zeigt unmissverständlich, dass es zu Beginn des 21. Jahrhunderts eine regelrechte Konjunktur von Autorpoetiken im Bereich der Lyrik gibt (allerdings nicht nur dort). Ihr entspricht eine Pluralisierung der dafür zur Verfügung stehenden Formen. Nicht nur die Zahl der Anlässe hat sich durch neue Dozenturen und Preise erhöht (Schmitz-Emans et al. 2009, 445–465), daneben sind auch ganz neue Formen poetologischer Reflexion entstanden, darunter auch solche, die nicht oder nur teilweise vom Literaturbetrieb abhängig sind. Neu ist etwa die Form der kollektiven Lyrikerpoetik: Ein Beispiel dafür ist der Band *Helm aus Phlox. Zur Theorie des schlechtesten Werkzeugs*, der die (im Austausch miteinander entstandenen) poetologischen Reflexionen von Ann Cotten, Daniel Falb, Hendrik Jackson, Steffen Popp und Monika Rinck und damit von fünf einflussreichen Lyrikern der jüngeren Generation dokumentiert (Cotten et al. 2011). Von großer Bedeutung für die Debatten und Kontroversen über die Lyrik der Gegenwart ist auch das ‚Lyrikkollektiv' G 13, das einen Blog unterhält und sich dort unter anderem über poetologische Fragen austauscht (vgl. http://gdreizehn.com/).

Wollte man die jetzige Situation resümieren, könnte man also sagen, dass das Interesse für Lyrikerpoetiken gegenwärtig so groß ist wie wahrscheinlich niemals zuvor in der Literaturgeschichte, und dies sowohl auf der Seite der Produzenten als auch auf der der Rezipienten.

Weiterführende Literatur

Brandmeyer, Rudolf (²2016b). „Poetiken der Lyrik: Von der Normpoetik zur Autorenpoetik". *Handbuch Lyrik. Theorie, Analyse, Geschichte.* Hrsg. von Dieter Lamping. Stuttgart/Weimar: 2–15.
Cook, Jon (Hg.) (2004). *Poetry in Theory. An Anthology 1900–2000.* Malden, MA.
Höllerer, Walter (Hg.) (2003). *Theorie der modernen Lyrik.* Neu hrsg. von Norbert Miller und Harald Hartung. 2 Bde. München/Wien.
Schmitz-Emans, Monika, Uwe Lindemann und Manfred Schmeling (Hg.) (2009). *Poetiken. Autoren – Texte – Begriffe.* Berlin/New York.
Schuhmann, Klaus (Hg.) (1995). *Lyrik des 20. Jahrhunderts. Materialien zu einer Poetik.* Reinbek bei Hamburg.

Matthias Bauer
II.10 Erzählprosa: Exemplarische Autorpoetiken im 20. Jahrhundert

1 Der Begriff ‚Autorpoetik'

Unter den Begriff ‚Autorpoetik' fallen alle Äußerungen von Schriftstellern, die Auskunft über die Tätigkeit der Textproduktion geben – in Form einer Poetikvorlesung oder Preisrede, eines Werkstattberichtes oder Essays, eines Arbeitsjournals, Tagebuchs oder Interviews. Auch Kommentare in einem Erzählwerk können Aufschluss über die persönlichen und gesellschaftlichen Voraussetzungen der literarischen Praxis, den performativen Akt des Schreibens oder Wirkungsabsichten liefern (vgl. Bickenbach 2001, 38–39). Die Grenze zwischen expliziter und impliziter Poetik ist schwer zu ziehen; eine klare Entwicklungslinie nur in groben Zügen auszumachen. Der allgemeine Wandel „von der Regel- zur Werkstattpoetik entsprach der zunehmenden Subjektivierung und Pluralisierung im Übergang von der Moderne zur Postmoderne" (Lützeler 1994a, 11). Gleichwohl kann eine Autorpoetik auch eine Gattungspoetik sein. Im Übrigen schließt die Reflexion der spezifischen Eigenarten, die den Personalstil eines Autors ausmachen, keineswegs aus, dass andere aus dieser Reflexion generelle Schlussfolgerungen ziehen und wiederum als Regel auffassen, was als Regelbruch intendiert war. Zu bedenken ist schließlich ein rhetorisches Moment: Eine Autorpoetik kann der Selbstrechtfertigung dienen und muss daher als Legendenbildung in eigener Sache begriffen werden – als Regel der Auslegung und als Entwurf einer Autorimago.

2 Die Spannweite der Autorpoetik im 20. Jahrhundert (Bachtin, Kertész, Benjamin, Grass, Camus)

Henry Fieldings Roman in *The History Of Tom Jones* (1749; Fielding 1985), der knapp hundert Jahre vor Edgar Allan Poes *Philosophy of Composition* (1846) erschien und als Architext der Autorpoetik gilt (vgl. Bickenbach 2001, 39), gründet auf dem Selbstverständnis des Verfassers, eine eigene fiktive Welt zu erzeugen oder die bereits vorhandenen Weisen der Welterzeugung zu übertreffen. Das lässt sich zunächst, wiederum exemplarisch, an *The Sot-Weed Factor* (revidierte Fassung 1967; dt. *Der Tabakhändler*) des amerikanischen Schriftstellers John Barth (*1930) veranschaulichen. Barth erhebt nämlich den Anspruch, „a plot that was fancier than *Tom Jones*" (zit. n. Ruth 1984, 107) erdacht zu haben. Sein Roman entwickelt eine komplexe Intrige, die zugleich eine Kontrafaktur des Pocahontas-Mythos und eine Metafiktion der literarischen Tradition darstellt. In seinem Essay *The Literature of Exhaustion* (1967) führt Barth zu dieser Erzählanlage aus: „If this sort of thing sounds unpleasantly decadent, nevertheless it's about where the genre began, with *Quixote* imitating *Amadis of Gaul*, Cervantes pretending to be Cid Hamete Benengeli (and Alonso Quijano pretending to be Don Quijote), or Fielding parodying Richardson. ‚History repeats itself as farce' – meaning, of course, in the form or mode of farce, not that history is farcical." (Barth 1967, 79)

Aufschlussreich ist die Nähe von Barths Poetik zur 1934/1935 entworfenen Romantheorie von Michail M. Bachtin (1895–1975). Sie geht davon aus, „daß die europäische Romanprosa im Prozeß der freien (umformenden) Übersetzung fremder Werke entsteht" (Bachtin 1979, 260) und zwei komplementäre Entwicklungslinien ausbildet, die mit den zentripetalen und zentrifugalen Kräften des sprachlichen Lebens zusammenhängen: „[D]er Roman orchestriert seine Themen, seine gesamte abzubildende und auszudrückende Welt der Gegenstände und Bedeutungen mit der sozialen Redevielfalt und der auf ihrem Boden entstehenden individuellen Stimmenvielfalt" (Bachtin 1979, 157). Die ideologische Differenzierung der einzelnen Figuren(stimmen) – von Bachtin ‚Polyphonie' genannt – und die stilistische Pluralisierung des Romans, in der sich die Verschiedenartigkeit und Vielzüngigkeit der sozialen Rede (‚Heteroglossia') bricht, erzeugen in Verbindung mit seiner intertextuellen Machart eine Art Multiversum, das den Totalitätsvorstellungen in Georg Wilhelm Friedrich Hegels Ästhetikvorlesungen (gehalten 1826) und der darauf aufbauenden *Theorie des Romans* (1914/1915) von Georg Lukács, die am Maßstab des Epos festhält, widerstreitet. Mit einigem Recht kann der *Ulysses* (1922) von James Joyce (1882–1941), den Bachtin unter Stalin nicht erwähnen durfte (falls er ihn gekannt haben sollte), deutlicher noch als das Werk von Fjodor Dostojewskij (1821–1881), auf das er sich ausdrücklich bezieht, als Inbegriff des modernen Romans aufgefasst werden, da er die *stream-of-consciousness*-Technik an den Agon der alltäglichen Kommunikation und den intertextuellen Zuschnitt der literarischen Welterzeugung koppelt.

Bachtins Relevanz lässt sich aber nicht nur anhand des *Ulysses* belegen, der in der Geschichte des Romans Epoche gemacht hat, sondern beispielsweise auch daran, dass sich ein thematisch und stilistisch mit Joyce kaum vergleichbarer Autor wie Imre Kertész (1929–2016) bei seinen poetologischen Überlegungen im *Galeerentagebuch* (1992, dt. 1993) ausdrücklich auf den russischen Gelehrten bezieht. Wenn Kertész bemerkt, „[d]er Mensch lebt in ewiger Aussprache, im ewigen Zeichengeben, einem ewigen Dialog, jede Gebärde ist Ausdruck" (Kertész 1993, 92), argumentiert er im Sinne der Romantheorie von 1934/1935 und gleichlautender Äußerungen Bachtins in anderen Essays, zum Beispiel in *Epos und Roman. Zur Methodologie der Romanforschung* (1941). Erklärt er jedoch: „Die Kunst vermittelt Erleben, das Erleben der Welt und dessen ethische Konsequenzen" (Kertész 1993, 239), so klingt dies wie ein Echo auf Bachtins frühen Aufsatz *Kunst und Verantwortung* von 1919, dem seine erste, bereits zwischen 1924 und 1927 entstandene Romantheorie verpflichtet ist. Sie kreist um das Verhältnis von *Autor und Held in der ästhetischen Tätigkeit* (Bachtin 2008a). Das Ethos des Autors ergibt sich danach aus seinem Privileg, das Leben des Helden von außen abrunden und beurteilen zu können. Dieses Privileg hat der Autor nur im Rahmen seiner literarischen Tätigkeit. Im ‚wahren' Leben kann er das eigene Dasein ebenso wenig wie das eines anderen vollenden und abschließend beurteilen. Gleichwohl erlaubt die (fiktive) Geschichte des Helden einen Rückschluss auf die Realität: dass es nämlich auch in der Wirklichkeit kein Alibi gibt, da niemand so leben kann, als ob er statt seines eigenen Daseins das eines anderen führen würde (vgl. Bachtin 2008a).

Eine Verantwortlichkeit in diesem existentialistischen Sinne – das ist die Verbindung zur späteren Romantheorie – kann es für Bachtin aber nur geben, weil das Leben immer ein Zusammenleben mit anderen darstellt, so dass sich das Dasein des einen Menschen, der Urheber seiner eigenen Lebensgeschichte sein soll, an das Dasein der anderen Menschen richtet, denen diese Geschichte erzählt wird. Kertész ratifiziert auch diese Überlegungen, wenn er im *Galeerentagebuch* notiert: „Das Leben, jedes Leben ist ohne Zweifel ein Erzählen. Und dieses Erzählen hat ohne Zweifel stets ein und denselben Gegenstand: das Leben. Die Künstler verdichten diese Erzählung dann für den, an den sie sich richtet und der sie ohne Zweifel hören will." (Kertész 1993, 248) Sieht man in dieser existenzial-poetologischen Aussage das Credo eines Autors, der mit dem *Roman eines Schicksallosen* (1975, dt. 1996) das Beispiel eines Lebens unter den Bedingungen der denkbar schlimmsten Verfinsterung von Sinn und Menschlichkeit geschildert hat, lässt sich die Bandbreite der Autorpoetik wie der Romantheorie im 20. Jahrhundert ermessen: Sie reicht von der größtmöglichen Freiheit der literarischen Weltgestaltung, die der intertextuell verfasste, dialogisch strukturierte Roman bietet, weil in ihm – mit Jean Paul zu reden – „fast alle Formen liegen und klappern können" (Jean Paul W I/5, 248), bis zu der äußersten Not einer Selbstbehauptung durch Schreibakte, die, auf ihre nackte Performanz reduziert, Einspruch gegen die totalitäre Infragestellung des Menschen erheben, die seiner Vernichtung vorausgeht.

Wie sich die Autoren in diesem Spannungsfeld ‚verorten' und wie sie das Terrain des Romans vermessen, lässt sich immer nur anhand von Einzelfällen darlegen, die signifikant, aber nicht unbedingt repräsentativ sind. Gerade in dieser Hinsicht reflektiert die Variationsbreite der Autorpoetik im 20. Jahrhundert

Walter Benjamins Einschätzung: „Die Geburtskammer des Romans ist das Individuum in seiner Einsamkeit, das sich über seine wichtigsten Anliegen nicht mehr exemplarisch aussprechen kann, selbst unberaten ist und keinen Rat geben kann. Einen Roman schreiben heißt, in der Darstellung des menschlichen Daseins das Inkommensurable auf die Spitze treiben." (Benjamin GS II, 443) Es heißt aber auch, diese Darstellung dennoch zu veröffentlichen und auf jene Responsivität der stillen Lektüre zu hoffen, die sich weniger in unmittelbaren Reaktionen als – zeitlich verschoben, oft verdeckt und in andere Geschichten verstrickt – in den Deutungen bekundet, von denen der Rezipient in seinem Selbst- und Weltverständnis Gebrauch macht.

Erwähnenswert sind in diesem Zusammenhang die Überlegungen von Günter Grass (1927–2015) zum *Schreiben nach Auschwitz* (1990) – eingedenk des späteren Eingeständnisses seiner Zugehörigkeit zur Waffen-SS. Grass wendet sich gegen die Versuchung, den Mauerfall von 1989 als Auflösung der Diskurssituation zu verstehen, die durch den Zivilisationsbruch des Holocaust entstanden war und seine Tätigkeit bis zum *Tagebuch einer Schnecke* (1972) bestimmt hatte. „Mit dem *Tagebuch* schließt Grass seine epische Abrechnung mit der deutschen Geschichte. Das Buch ist einerseits Zeugnis einer persönlichen Verbindung von Ästhetik und staatsbürgerlichem Engagement, andererseits Protokoll des öffentlichen Rapprochements zwischen der Literatur und der Republik. In den folgenden Werken wendet sich Grass von der deutschen Geschichte ab und der Dialektik der Zivilisation zu" (Roberts 1994, 236–237), die freilich weiterhin im Sinne von Max Horkheimer und Theodor W. Adorno als ‚Dialektik der Aufklärung' verstanden wird und daher keinesfalls losgelöst von der Shoah zu sehen ist, die ein bruchloses Weiterschreiben – sei es von Gedichten, sei es von Romanen oder Theaterstücken – ausschließt. Folgerichtig steht die (vorläufige) Werkbilanz von 1990 „im Zeichen des historisch Inkommensurablen" (Roberts 1994, 238), wobei Grass weniger das Inkommensurable des individuellen Daseins als des kollektiven Geschehens meint.

Bei Benjamin war die Unbegreiflichkeit des menschlichen Daseins noch anders gedacht – als Folge jener umfassenden Welterneuerung, die statt mühseliger Gemeinschaft einen Zustand schafft, in dem die Einsamkeit die Kehrseite der Bequemlichkeit bildet, die der technische Fortschritt ermöglicht. Der Unterschied wird deutlich, wenn Grass auf seine Zeit in Paris und seine Begegnung mit Paul Celan (1920–1970) zu sprechen kommt: „Ich verdanke Paul Celan viel: Anregung, Widerspruch, den Begriff von Einsamkeit, aber auch die Erkenntnis, daß Auschwitz kein Ende hat." (Grass 1990, 30)

Zuspruch und Dreinrede, Anregung und Widerspruch in einer historischen Situation der Einsamkeit, die seit der Shoah eine andere Dimension als jene Vereinzelung hat, die sich aus entfremdeter Arbeit ergibt – das sind die Eckpunkte einer Romanpoetik und -praxis, die Bachtins Auffassung, das eigene Wort sei stets ein halbfremdes Wort (vgl. Bachtin 1979, 185), ebenso bestätigt wie seine Idee von der Verantwortlichkeit des Künstlers, der sich der historischen Situation, die sein Dasein bestimmt, unmöglich entziehen kann. Wenn die Bachtin-Interpretation von Julia Kristeva zutrifft, „ist Intertextualität ein Begriff, der anzeigt, wie ein Text die Geschichte ‚liest' und sich in sie hineinstellt" (Kristeva 1972c, 255). Die Lesart der Geschichte, die sich in der Schreibweise der Grass'schen *Hundejahre* manifestiert, weist, so gesehen, eine Selbst- und eine Fremdreferenz auf. Sie lässt Rückschlüsse auf das Geschichtsbild des Autors, aber auch auf sein Rollenverständnis als politischer Autor zu. Die viel zitierte Aussage im *Tagebuch* – „Ein Schriftsteller, Kinder, ist jemand, der gegen die verstreichende Zeit schreibt." (Grass 1974, 98) – rückt die Erinnerungsarbeit der Literatur in den Mittelpunkt der Aufmerksamkeit, ist aber auch unter dem Aspekt der Sisyphos-Nachfolge zu sehen. Der junge Grass hat sich, von Albert Camus (1913–1960) beeinflusst, als ‚Mensch in der Revolte' begriffen, der gegen die Absurdität des 20. Jahrhunderts aufbegehrt. Der aus Algerien stammende französische Autor hatte in seinem berühmtem, bereits 1942 veröffentlichten *Le Mythe de Sisyphe* konstatiert: „Für den absurden Menschen geht es nicht mehr um Erklärungen und Lösungen, sondern um Erfahrungen und Beschreibungen. Alles beginnt mit einer scharfsichtigen Gleichgültigkeit. [...] Die Auslegung ist vergänglich, aber der sinnliche Eindruck bleibt und mit ihm die unaufhörlichen Anrufe eines quantitativ unerschöpflichen Universums. Hier, begreift man, liegt der Ort des Kunstwerks." (Camus 1984, 80)

Die Romane von Camus und Grass haben, oberflächlich betrachtet, wenig gemeinsam. Aber der sinnliche, auch das Unschöne, Ekelerregende und Widerwärtige einschließende Beschreibungsexzess, der an vielen Stellen der *Danziger Trilogie* offensichtlich ist, lässt in Verbindung mit jener Sinndiätetik, die sich als Vorbehalt gegenüber ideologischen Erklärungen und Lösungen artikuliert, einen tieferen Zusammenhang erkennen – zumal dann, wenn man bedenkt, wie sehr Grass insgeheim in dem Bewusstsein schrieb, als Heranwachsender durch ein Verbrecherregime getäuscht und missbraucht worden zu sein. Wer aus dem Notstand einer Verzweiflung über das Weltgeschehen und die eigene Verstrickung darin schreibt, gibt Camus auf eine Weise recht, die Grass' Leser 1990 noch nicht ahnen konnten: „Das Kunstwerk ist die Inkarnation eines Dramas des Verstandes, gibt aber nur einen indirekten Beweis davon." (Camus 1984, 82) Von hier aus ließe sich das Kräftespiel von Sprachgewalt, Einbildungsvermögen und Geltungsbedürfnis, Selbstermächtigung und Verdrängung im literarischen Schöpfungsakt bei Grass womöglich neu bestimmen, neu bewerten. In seiner Prosa sind die unaufhörlichen Anrufe des quantitativ unerschöpflichen Universums in einzigartiger und doch beispielhafter Art mit jener Stimme des Gewissens verschränkt, die mit der eigenen Geschichte hadert.

3 Autorpoetik und Mythopoetik (Wolf, Frischmuth)

Die Querbezüge zwischen Bachtin und Kertész oder Grass und Camus ergeben kein System der Autorpoetik im 20. Jahrhundert. Sie werfen Schlaglichter auf eine Dynamik, die sich aus der Sinnkrise der modernen Welt ergibt. Unabhängig davon, ob man diese Krise geschichtsphilosophisch oder realhistorisch, individualpsychologisch oder kultursoziologisch begründet, verdeutlichen bereits die wenigen, bislang erwähnten Beispiele den Abstand zwischen den Autorpoetiken des 20. und denen des 18. und 19. Jahrhunderts. Während etwa Fieldings Erzähler stolz und gelehrt, aber niemals schulmeisterlich auf den Plan tritt, geht Barth in seinem poetologischen Essay *The Literature of Replenishment* (1980) von einem Zustand der kulturellen Erschöpfung aus, der – typisch postmodern – dadurch überwunden werden soll, dass der Romanautor die mündlichen Quellen der Erzählkunst anzapft: das Epos und die Sage, die vormoderne Erzählkunst eines Geoffrey Chaucer (1343–1400) oder die legendäre Pocahontas-Fabel. Die Mythopoetik hat bei Barth einen anderen Stellenwert als bei Joyce, dessen *Ulysses* als Umschrift der *Odyssee* unter den Bedingungen der Moderne gelesen werden kann. Gerade die jeweils individuelle Akzentuierung der Mythopoetik unterstreicht jedoch den dialogischen Charakter der Autorpoetik im 20. Jahrhundert. Belegen lässt sich diese Aussage unter anderem an den Äußerungen zweier Schriftstellerinnen, die hier – wiederum stellvertretend für andere – rekapituliert werden sollen.

Christa Wolf (1929–2011) hat sich in ihrem Prosawerk zunehmend von der Doktrin des sozialistischen Realismus emanzipiert und eine Sensibilität für Identitätsumbrüche entwickelt, in deren Schilderung die Autorin Anleihen bei der Gehirnforschung nimmt. Wie schon in ihrem autobiografischen Roman *Kindheitsmuster* (1976) stellt Wolf auch in *Voraussetzungen einer Erzählung: Kassandra* (1983) einen Bezug zwischen dem Netzwerk der Synapsen und dem (mitunter labyrinthischen) Gewebe des literarischen Werkes her, in dem sich intra- und intertextuelle Bezüge überlagern. Auf Penelope und Ariadne anspielend, wendet sie sich gegen das einsträngige, männliche Denken und das Konzept der linearen Fabel. Indem sie ihre Frankfurter Vorlesung als Erzählung anlegt, gelangt sie zu „einer Art [der] performativen Poetik" (Ryan 1994, 85), das heißt, sie blickt nicht theoretisch-distanziert auf das eigene Schreiben, sondern vollzieht die Textproduktion narrativ nach, indem sie von einer Griechenlandreise berichtet, das Arbeitstagebuch zu *Kassandra* (1983) aufschlägt und einen Brief wiedergibt, den sie einer anderen Schriftstellerin geschrieben hat – gefolgt von der Erzählung selbst. „Ein Modell des weiblichen Schreibens findet sie bei Ingeborg Bachmann, in der ‚namenlosen Frau' aus *Malina* und in der Protagonistin Franza, die ihre Geschichte nicht zu einem abgerundeten Kunstwerk gestalten kann." (Ryan 1994, 89) Als metapoetische Erzählung handelt *Kassandra* von der Diskrepanz zwischen männlicher Rolle und weiblicher Wahrnehmung, zwischen Entschiedenheit und Verunsicherung, zwischen einem in sich geschlossenen Weltbild und einer ergebnisoffenen Welterkundung, der allein die Form der Erzählung angemessen ist, die sich verwirren muss, um dem Umstand Rechnung zu tragen, dass der Mensch, mit Wilhelm Schapp (1884–1965) zu reden, immer schon ‚in Geschichten verstrickt' ist, wenn er das Wort ergreift (Schapp 2012).

Barbara Frischmuth (*1941) greift auf ähnliche Metaphern, auf „Gespinst" und „Gewebe" zurück, bezieht sich auf „ein Netz von Bedeutungen" (Frischmuth 2009, 10) und betont die Vorläufigkeit und Offenheit ihrer Poetik. Ihre Romane verbinden – darin Christa Wolfs Erzählung *Kassandra* vergleichbar – den Erzählfaden des Mythos mit einer Analyse der Gegenwart. Frischmuth beruft sich auf das Urbild der großen Mondgöttin, das älter ist als das Patriarchat und die Reduktion der Frau auf die unselbständige, nicht kreative Funktion einer Muse (vgl. Frischmuth 2009, 55–73). In ihrer *Demeter*-Trilogie (1986–1990) benutzt sie die antike Göttin der Fruchtbarkeit und ihre Tochter Kore/Persephone für eine Legendenbildung, die sich um weibliche Attribute wie Mütterlichkeit und Natürlichkeit rankt. Neben diese Genealogie stellt Frischmuth in ihren Münchner Poetikvorlesungen *Traum der Literatur – Literatur des Traums* (1990; dazu Lützeler 1994b) die historische Trias dreier Dichterinnen aus Japan, Deutschland und Brasilien: Murasaki Shikibu (978–1016), Hildegard von Bingen (1098–1179) und Clarice Lispector (1925–1977). Sie stehen – anders als Kassandra, deren Vision vom Alptraum des Krieges handelt, der einer grausamen, männlichen Handlungslogik folgt – für eine friedliche, weibliche Ästhetik der „Nutznießung" (Frischmuth 2009, 7), die Genuss und Nutzen zu verbinden sucht, ohne dass sich die Autorin ‚entfrauen' oder ‚entmuttern' muss, „um als literaturfähig zu gelten" (Frischmuth 2009, 91).

4 Schreiben im Zeichen der Pluralität: Komplexität, Kontingenz und Konjektur (Loetscher, Musil, Eco)

Unter der Überschrift *Vom Erzählen erzählen* (1988) geht Hugo Loetscher (1929–2009) in seiner Poetikvorlesung von der sozialen Situation des modernen Autors aus (Siegrist 1994). Der Schriftsteller erlebt sich, wie jeder andere auch, „als Schnittpunkt eines Beziehungsnetzes" (Loetscher 1988, 105), so dass „er in dem

Moment, da er sich nach innen ausrichtet, ein Ich entdeckt, das sogleich nach außen weist, auf eine Welt der heterogensten Welten [...]. Er kann nicht ‚ich' sagen, ohne zugleich die anderen zu meinen" (Loetscher 1988, 107). Mit der Autonomie des Schriftstellers wird auch die Authentizität der Literatur relativiert. „Schreiben hat von vornherein mit Rollenverhalten zu tun, mit Schauspielerei, indem sich einer in verschiedene Figuren versetzt" (Loetscher 1988, 52) und Sprachen ausprobiert. Aufgrund der Tatsache, dass sich keine Sprache mit der Wirklichkeit deckt, wird die Ironie für den Schriftsteller zu einem Konstituens der Literatur (vgl. Loetscher 1988, 69–70). Sein Wechsel zwischen verschiedenen Erzählweisen entspricht einer permissiven Ästhetik, die sprachliche Festlegungen vermeidet – doch Loetscher benennt auch das Problem dieser pluralistischen Schreibweise, das Dilemma von Beliebigkeit und Notwendigkeit (vgl. Loetscher 1988, 92–93). Hinzu tritt das Problem der Simultaneität, das im Erzählen eine neue Dimension erhält, „sie ist ebenso ein absurdes Nebeneinander wie verborgene und offensichtliche Interdependenz" (Loetscher 1988, 114).

Loetscher, der Bachtin an keiner Stelle seiner Vorlesung erwähnt, aber Ausdrücke wie ‚Erzählweise' oder ‚Sprache' nur im Plural denkt und den Autor konsequent als Gemeinschaftswesen, als *zoon politikon*, versteht, nennt einen Schriftsteller, der ihm schon wegen seiner ‚konstruktiven Ironie' wichtig ist: Robert Musil (1880–1942; vgl. Loetscher 1988, 68). Musil unterscheidet 1918 in *Skizze der Erkenntnis des Dichters* den aktiven vom reaktiven Typus des Dichters und schreibt über Letzteren: „Man könnte ihn beschreiben als den Menschen, dem die rettungslose Einsamkeit des Ich in der Welt zwischen den Menschen am stärksten zu Bewusstsein kommt. Als den Empfindlichen, für den nie Recht gesprochen zu werden vermag. Dessen Gemüt auf die imponderabeln Gründe viel mehr reagiert als auf gewichtige." (Musil 2000, 1026) Im jungen Törless, einem Alter Ego seines Schöpfers, kann man den Prototyp des reaktiven Dichters sehen. Ihm steht der Mensch mit einem festen Standpunkt gegenüber, „der rationale Mensch auf ratioïdem Gebiet" (Musil 2000, 1026). Dieses Gebiet „ist gekennzeichnet durch eine gewisse Monotonie der Tatsachen" (Musil 2000, 1027), so dass es kohärent erscheint, eindeutigen Gesetzen und Begriffen unterliegt und dadurch die Vorstellung nährt, man könne die moralischen Beziehungen der Menschen ähnlich exakt wie die Gegenstände der Naturwissenschaft, nämlich gleichsam mathematisch regeln. Sobald man jedoch mit dem Empfindlichen, der ein besonderes Gespür für das Imponderable hat, das nichtratioïde Gebiet – und sei es auch nur in Gedanken – betritt, bekommt man es dort mit der Herrschaft der Ausnahmen über die Regeln zu tun. Hier geht es um jene „Reaktivität des Individuums" (Musil 2000, 1028), die sich nicht genau berechnen lässt, weil sie zwischen persönlicher Willkür und Unwillkür schwankt. „Dieses ist das Heimatgebiet des Dichters" (Musil 2000, 1029), der somit ausgerechnet dort tätig ist, wo es dem rationalen Typ unheimlich wird. Musil weist dem Dichter nun bezeichnenderweise keine irrationale, sondern eine ratioïde Aufgabe zu, nämlich „immer neue Lösungen, Zusammenhänge, Konstellationen, Variable zu entdecken, Prototypen von Geschehensabläufen hinzustellen, lockende Vorbilder, wie man Mensch sein kann, den inneren Menschen *erfinden.*" (Musil 2000, 1029).

Musil entwickelt seine *Ansätze zu neuer Ästhetik* – so der Titel jener Abhandlung von 1925, die seine *Skizze* ergänzt – in Auseinandersetzung mit der Gestaltpsychologie und der Filmdramaturgie, in Reden und Aufsätzen sowie in seinen Tagebüchern, aber auch ganz selbstverständlich in den narrativen Texten, die zur fiktionalen Literatur gehören. Er nutzt alle Formen der Prosa epistemologisch: zur Exploration und zur Reflexion, zur Juxtaposition und zur Rekonfiguration der Erscheinungen, auf die er an der Schnittstelle zwischen dem ratioïden und dem nichtratioïden Gebiet stößt. Entlang dieser Schnittstelle verläuft bei ihm auch die Bruchlinie der Sprache, da im Wort, im Satz, im Textgefüge auseinandertritt, was sich in der Empfindung, zumal im ‚anderen Zustand' überlagert. Musil macht schreibend aber auch die Erfahrung einer mitunter prekären, zuweilen sogar fatalen Zerstreuung von Energie und Sinn und bemerkt daher schon am 13. August 1910 in einem seiner *Tagebücher*: „Worauf es mir ankommt, ist die leidenschaftliche Energie des Gedankens. [...] Der Gedanke geht nach allen Richtungen sofort immer weiter, die Einfälle wachsen an allen Seiten auseinander heraus, das Resultat ist ein amorpher Komplex." (Musil 1993, 214–215)

Sieht man diese Notiz im Zusammenhang mit der Bemerkung im Roman, dass es nicht mehr ohne weiteres möglich sei, die „Mannigfaltigkeit des Lebens" und zudem alles, was in Raum und Zeit geschieht, auf den „Faden der Erzählung" zu ziehen (Musil 1986, 650), erscheint paradoxerweise gerade die Geschehensfülle als Ursache der Sinnkrise. Sofern nämlich der Sinn an eine narrative Ordnung, an eine konsekutive Ereignisfolge gebunden ist – man denke an die aristotelische Definition des Mythos als eines folgerichtigen, in sich abgeschlossenen und eben deswegen Erkenntnis vermittelnden Geschehens –, wecken die Komplexität und Kontingenz der modernen Welt Zweifel am Fassungsvermögen der umfangreichsten literarischen Gattung, am Roman. Hatte schon Karl Gutzkow (1811–1878) Mitte des 19. Jahrhunderts vom Roman des *Nebeneinander* gesprochen und darauf aufmerksam gemacht, dass sich die Welt keineswegs dem *Nacheinander* der Erzählung fügt, geht Musil in seiner Poetik wie in seiner literarischen Praxis noch einen entscheidenden Schritt weiter. Seine konstruktive Ironie reflektiert die Diskrepanz zwischen dem menschlichen Bewusstsein und der Ausdehnung des modernen Lebens in eine Fläche, die sich der Narration entzieht. Sie verhält sich in dieser Hinsicht komplementär zu der Erkenntnis, dass man schreibend niemals die Zeit einholen kann, die unaufhörlich verstreicht. Wie andere Riesenprojekte der Hoch- und Spätmoderne – *À la recherche du temps perdu* von Marcel Proust (1871–

1922), *Der Zauberberg* von Thomas Mann (1875–1955) oder *Die Schlafwandler* von Hermann Broch (1886–1951), *Die Ästhetik des Widerstands* von Peter Weiss (1916–1982), *Jahrestage* von Uwe Johnson (1934–1984) oder *Das alte Jahrhundert* von Peter Kurzeck (1943–2013) – überfordert die erzählerische Welterfassung die Kraft des Einzelnen, der sich – wie Musil – energetisch verausgabt, die auseinanderstrebenden Tendenzen der extensiven Erfahrung und der intensiven Mitteilung, der Ereignisfülle und ihrer Verdichtung aber nicht mehr zur Deckung bringen kann.

Der Ausweg aus diesem Dilemma, der sich nach dem Krieg – vor allem in Anknüpfung an Joyce – abzuzeichnen beginnt, läuft auf das offene Kunstwerk hinaus, das seine Erkenntnis vermittelnde Funktion gerade durch den Verzicht auf Kohärenz und Konsekutivität, Totalität und Extensivität erreicht. Umberto Eco (1932–2016) beschreibt es „als Vorschlag eines ‚Feldes' interpretativer Möglichkeiten, als Konfiguration von mit substantieller Indeterminiertheit begabten Reizen, so daß der Perzipierende zu einer Reihe stets veränderlicher ‚Lektüren' veranlaßt wird [...]" (Eco 1977, 154). Die offene Form des Romans fungiert dabei als „epistemologische Metapher: In einer Welt, in der die Diskontinuität der Phänomene die Möglichkeit für ein einheitliches und definitives Weltbild in Frage gestellt hat, zeigt sie uns einen Weg, wie wir diese Welt, in der wir leben, sehen und damit anerkennen und unserer Sensibilität integrieren können" (Eco 1977, 164–165). Das aber bedeutet, dass der empfindliche, reaktive Typus, von dem Musil gesprochen hat, proaktiv werden muss – als Leser, der Leerstellen überbrückt, wie als Autor, der Spielräume schafft und, sich selbst zurücknehmend, offen lässt.

Als Eco knapp zwanzig Jahre nach seiner wegweisenden Abhandlung *Opera aperta* (1962) selbst anfing, Romane zu schreiben, hielt er sich nur bedingt an dieses Programm. Zwar machte er für *Il nome della rosa* (1980, dt. 1982: *Der Name der Rose*) die rhizomorphe Struktur des Labyrinths geltend, das nach Gilles Deleuze (1925–1995) und Félix Guattari (1930–1992) viele Eingänge und Ausgänge hat und verschiedene Wege eröffnet (vgl. Eco 1986, 65), gleichzeitig hielt er sich aber an das Erzählschema der Detektion, das den Kriminalroman zu einer „*Konjektur*-Geschichte im Reinzustand" (Eco 1986, 63) macht, weil das Geschehen logisch stringent abgespult und aufgelöst werden kann. Die Doppelkodierung des Textes als Bestseller und als Metafiktion, als Mittelalter-Simulakrum und als Modell postmodernen Erzählens verhindert einen unmittelbaren Rückbezug auf die Großprojekte der Moderne. Eco nähert sich dem Wechselspiel von Wirklichkeits- und Möglichkeitssinn anders als Musil, trifft sich mit ihm aber doch darin, dass Romanhandlung und -deutung nicht aus einem vorab feststehenden Regelwerk abzuleiten sind. Der gemeinsame Bezugspunkt der Autorpoetik liegt bei Musil und Eco in der Relation von Kontingenz und Konjektur: Entscheidend ist der Gedanke, dass alles jeweils auch ganz anders sein könnte, dass folglich jede Lesart vor dem Hintergrund alternativer Interpretationen steht und der

Faden der Erzählung ein weites Feld umspannen muss, ohne auszufransen. Ecos italienischer Schriftstellerkollege Italo Calvino (1923–1985) hat es auf den Punkt gebracht: „Die Welt ist nicht lesbar, aber wir müssen gleichwohl versuchen, sie zu entziffern." (Calvino 1986, 11)

5 Grenzfall: Kafkas ‚Kleine Literatur'

Eine etwas andere Wendung findet man bei Milan Kundera (*1929) in seinem Essay *L'art du roman* (1986, dt. 1987: *Die Kunst des Romans*): „Der Roman untersucht die Existenz, nicht die Realität. Und die Existenz ist nicht das, was sich abgespielt hat; sie ist das Feld der menschlichen Möglichkeiten, ist all das, was der Mensch werden kann, wessen er fähig ist. Die Romanciers zeichnen die *Karte der Existenz*, indem sie diese oder jene menschliche Möglichkeit aufdecken. Aber noch einmal: Existieren bedeutet: ‚in-der-Welt-sein'. Man muß also *sowohl* die Figur *als auch* ihre Welt als *Möglichkeiten* begreifen." (Kundera 1992, 51) Das klingt wie eine Paraphrase der Aufgabe, die Musil dem Dichter in seiner *Skizze* zugedacht hatte. Doch Kundera fährt fort: „Bei Kafka ist alles klar: Die kafkaeske Welt ähnelt keiner vorhandenen Wirklichkeit, sie ist eine *extreme, nicht realisierte Möglichkeit* der Menschenwelt. [...] [Seine Romane] erfassen eine Seinsmöglichkeit (eine Möglichkeit des Menschen und seiner Welt) und zeigen uns dadurch, was wir sind und wessen wir fähig sind." (Kundera 1992, 53)

Man hat oft von dem Abgrund gesprochen, in den die Leser bei Franz Kafka (1883–1924) blicken, und dabei nach 1945 – vielleicht etwas kurzschlüssig – ausschließlich an den Abgrund gedacht, der sich nach dem frühen Tod des Autors unter Hitler und Stalin aufgetan hat. Die Assoziation ist unvermeidlich, entspricht aber kaum dem genealogischen Blick auf die Entstehung von Kafkas Werk. Vor allem geht sie allzu rasch über das Spannungsverhältnis von Politik und Ästhetik hinweg. Kafkas Poetik ist ein Grenzfall, zum einen, weil man sie aus verstreuten Bemerkungen in Briefen und Tagebüchern zusammentragen muss, zum anderen, weil sie eng mit dem Namen von Gustave Flaubert (1821–1880) und der Sonderstellung der jüdischen Literatur in Prag verbunden ist, einem Ort, an dem zu Kafkas Lebzeiten Deutsch, Jiddisch und Tschechisch gesprochen wurde.

Alles, was es zu sagen galt, musste, wie Kafka mit Blick auf seinen ersten Roman im Tagebuch bemerkte, durch das Nadelöhr einer Kunstprosa, die nicht gekünstelt wirkt. Es war eine furchtbare, kräftezehrende, Kafka oft deprimierend unfruchtbar erscheinende Arbeit. Er begann aber schreibend zu verstehen, „dass sein Tagebuch ihn etwas lehren würde, was unmittelbar in die Literatur führte: einen Blick, eine Haltung, einen sprachlichen und erzählerischen Gestus" (Stach

2014, 472). Zur Anregung befasste er sich immer wieder mit Flaubert: „Jetzt lese ich in Flauberts Briefen: Mein Roman ist der Felsen, an dem ich hänge und ich weiß nichts von dem was in der Welt vorgeht." (Kafka 2002, 425) Der Vergleich mit Flaubert wird wieder aufgenommen, als es knapp drei Jahre später, am 9. Februar 1915, heißt: „Ich schreibe Bouvard und Pécuchet sehr frühzeitig. Wenn sich die beiden Elemente – am ausgeprägtesten im ‚Heizer' und in ‚Strafkolonie' – nicht vereinigen, bin ich am Ende." (Kafka 2002, 726) Neben den eigenen Texten drängt sich der Flaubert-Vergleich auch bei der Lektüre fremder Texte auf: „Dieses Ende der 5 Bücher Moses hat eine Ähnlichkeit mit der Schlußszene der Education sentimentale." (Kafka 2002, 867) Obwohl Kafka auch Johann Wolfgang Goethe und Heinrich von Kleist, Søren Kierkegaard und Fjodor Dostojewskij liest und vielfach Gemeinsames mit ihnen entdeckt, spricht er nur auf Flauberts Prosa wie auf einen Leitstern an.

Hinzu tritt das Nachdenken über das Judentum. So interessiert er sich lebhaft für den Unterschied zwischen West- und Ostjuden sowie für das Jiddische und für künstlerische Darbietungen in diesem Idiom. Bereits am 8. Oktober 1911 verzeichnet er den „Wunsch, ein großes jiddisches Theater zu sehn [...]. Auch der Wunsch, die jiddische Litteratur zu kennen, der offenbar eine ununterbrochene nationale Kampfstellung zugewiesen ist, die jedes Werk bestimmt" (Kafka 2002, 68). Diese Kampfstellung macht Kafka am Machtgefälle zwischen der ‚kleinen' Literatur der jüdischen Minderheit und der Literatur der Mehrheit fest, wobei er das Gefälle dialektisch denkt: „Das Gedächtnis einer kleinen Nation ist nicht kleiner als das Gedächtnis einer großen, es verarbeitet daher den vorhandenen Stoff gründlicher. Es werden zwar weniger Litteraturgeschichtskundige beschäftigt, aber die Litteratur ist weniger eine Angelegenheit der Litteraturgeschichte als Angelegenheit des Volkes und darum ist sie wenn auch nicht rein so doch sicher aufgehoben." (Kafka 2002, 315) Diese Notwendigkeit, sich für die eigene, kleine Literatur zu verwenden, ist für Kafka eine Folge ihrer überschaubaren Reichweite und hängt unmittelbar mit ihrem sozialen Milieu zusammen (vgl. Kafka 2002, 321–322). Das „Schema zur Charakteristik kleiner Literaturen" (Kafka 2002, 326), das sich im Anschluss an diese Passagen im Tagebuch findet, belegt, wie wichtig Kafka die Angelegenheit war. Hatte ihn Flaubert mit dem ästhetischen Maßstab einer Prosa versorgt, die Detailgenauigkeit mit analytischer Durchdringung verband, aber in ihrer Makellosigkeit kaum etwas von der Mühsal des Schreibens erkennen ließ, wurde ihm die kleine Literatur zum Inbegriff einer politischen Kultur, die aus strukturellen Gründen dialogisch verfasst ist. Zudem ging es in dieser Literatur, wie in den Romanen von Flaubert – wenn auch aus anderen Gründen – um die konfliktträchtige Relation von Individuum und Kollektiv. Kafkas Entdeckung bestand darin, dass er einen Zusammenhang zwischen dieser Relation und jener wahrnahm, die zwischen Gesetz und Tradition auf der einen und Verlangen und Trieb auf der anderen Seite besteht.

Wird die bei Kafka besonders ausgeprägte Ungewissheit über individuelle und kollektive Identität zum Signum zahlreicher Autorpoetiken im 20. Jahrhundert, gewinnt das Anschreiben gegen Gewalt, die den Einzelnen oder ganze Gruppen trifft, größtenteils erst an der Wende zum 21. Jahrhundert im Zeichen des Postkolonialismus an Bedeutung. In beiden Hinsichten ist die Poetik Kafkas impulsgebend für eine Reihe von Schriftstellerinnen und Schriftstellern geworden, die sich mit der Fragmentarisierung des Selbst durch repressive Handlungen, durch Marginalisierung und *othering* auseinandersetzen – von Celan über Ingeborg Bachmann (1926–1973) bis hin zu Wolfgang Hilbig (1941–2007) und Herta Müller (*1953). Im Kontext postkolonialer Literatur zu nennen wären Schriftstellerinnen und Schriftsteller wie Chinua Achebe (1930–2013), bell hooks (*1952) oder Salman Rushdie (*1947). Für die nach 1989 in Europa zunehmend erfolgreiche inter- und transkulturelle Literatur stehen Autorinnen wie Emine Sevgi Özdamar (*1946), Yoko Tawada (*1960) oder Julya Rabinovich (*1970) ein.

In jedem Fall kann man in der einflussreichen Abhandlung von Deleuze und Guattari (1976) ein Verständnismodell sowohl der kleinen Literatur als auch von Kafkas Erzählwerk sehen. Dieses Modell beruht auf der zentralen Lektüreerfahrung, dass Kafkas Prosa eine Sogwirkung entfaltet, die primär nichts mit der Anziehungskraft ihrer ‚Gegenstände' zu tun hat. Einige dieser ‚Gegenstände' mag man sogar abstoßend finden und dennoch den Drang der Mitteilung verspüren, der präzisen, detaillierten Darstellung und rücksichtslosen Durchdringung des Sujets. Der Leser hat es in gewisser Weise eher mit Energie- als mit Sinnquanten zu tun. Kafkas Texte sind daher für Deleuze und Guattari „Zustände oder Stadien des Verlangens, ganz unabhängig von jeder Deutung" (Deleuze und Guattari 1976, 13). Man kommt ihnen nicht einmal mit der Traumdeutung bei, da es bei diesem Verfahren immer um die Rückführung des Verlangens auf Bedürfnisse geht, die sich – halluzinatorisch – befriedigen lassen. Doch diese Art der Befriedigung kennt Kafkas Prosa nicht.

Die Texte, die auf diese Weise entstehen, zeichnen die Fluchtlinien der ‚Deterritorialisierung' nach, des Auf- und Ausbruchs „in die innere Wüstenwelt, die Kafka sich angelegt hat" (Deleuze und Guattari 1976, 19). Sie verzeichnen aber auch gegenläufige Bestrebungen der ‚Reterritorialisierung', die zumeist mit dem übermächtigen Vater zusammenhängen – weniger dem realen als dem symbolischen von Sprache, Kultur und Bewusstsein. Kafkas kleine Literatur entspricht dem Konzept von Deleuze und Guattari genau: Als Literatur einer Minderheit besitzt sie einen „Deterritorialisierungskoeffizient[en], der ihre Sprache erfasst" (Deleuze und Guattari 1976, 24), sie ist politisch, indem sie „das ödipale Dreieck der Familie mit anderen, mit den geschäftlichen, ökonomischen, bürokratischen, justiziären Dreiecken" verbindet, ihren Aussagen kommt ein „kollektiver Wert" zu (Deleuze und Guattari 1976, 25). Die daraus entstehenden Verkettungen lassen den Roman zu einem Rhizom werden, bei dem es nicht auf diese oder jene Bedeutung, sondern auf den paradoxen Sinn ankommt, den das Verlangen hat: auf der Fluchtlinie des Schreibens fortzufahren. Die Schrift kennt sozusagen kein Ziel, sondern nur einen Antrieb, der zwar blockiert, aber nicht stillgestellt werden kann, ihm entspricht der oft bei Kafka festgestellte Kurzschluss von Schreiben und Leben (vgl. Kafka 2002, 341).

Für Gerhard Neumann, der sich in seiner Exegese an Deleuze und Guattari hält, zeigt sich bei Kafka „die Zwiespältigkeit moderner Autorschaft [...]: der Wunsch nach Verinnerlichung bis zur Selbstauslöschung – und der andere Wunsch, soziale Wirkungen zu zeitigen, [...] der Wunsch gelesen zu werden" (Neumann 1992, 228–229). Die Autorpoetik, die man mit Neumann, Deleuze und Guattari aus dem literarischen Nachlass Kafkas kompilieren kann, steht der Romantheorie von Bachtin zugleich nahe und entgegen. Wie Kafka bei der kleinen Literatur an die Möglichkeit einer Teilhabe an einer bestimmten Varietät der Sprache dachte, die zugleich eine Teilhabe an Kultur und Politik, Geschichte und Gesellschaft darstellt, schwebte Bachtin die Integration des schöpferischen Individuums in den kollektiven Prozess von Rede, Gegenrede und Widerrede vor. Der Karneval und der polyphone Roman heben die Trennung zwischen dem Leben und dem Bewusstsein des Einzelnen im grotesken Leib beziehungsweise im Korpus der Sprache idealiter auf. Realiter wird die Trennung, wenn überhaupt, aber immer nur für kurze Augenblicke überwunden. Während Kafka der Glaube an die dauerhafte Einlösung seiner Utopie wahrscheinlich fehlte (vgl. Neumann 1992, 238), wird der Mangel der Übereinstimmung bei Bachtin zum Motor der historischen Entwicklung – einer Entwicklung, die Vielfalt schafft und zu der Erkenntnis führt, dass die Nichtübereinstimmung die Bedingung des kulturellen Reichtums wie der Möglichkeit ist, das Gespräch auf der Ebene der inneren Dialogizität des Bewusstseins wie auf der Ebene der äußeren, zwischenmenschlichen Kommunikation endlos fortzusetzen.

6 Poetik ohne Autor?

Der entscheidende Unterschied zwischen Bachtin und Kafka besteht wohl darin, dass die Welt, die der Schriftsteller in seinen Romanen geschildert hat, für den Leser trotz aller Entzifferungskunst rätselhaft bleibt. Kafkas Werk stellt grundsätzlich in Frage, was der amerikanische Philologe Eric D. Hirsch für nicht verhandelbar hielt, als er 1960 dekretierte: „Die primäre Aufgabe des Interpreten ist es, in sich selbst die ‚Logik' des Autors, seine Haltungen, seine kulturellen Gegebenheiten, kurzum seine Welt zu reproduzieren." (Hirsch 2000, 178–179) Ein solcher Ansatz ist bei Kafka zum Scheitern verurteilt. Selbst die Psycho-Logik, die Deleuze und Guattari aufbieten, bleibt als Auflösung des Rätsels aporematisch und in ihrem Deutungspotential hinter den Texten zurück. Hirsch hatte die werkgetreue Interpretation gegen den Vorwurf verteidigen wollen, sie verfalle einem intentionalen Fehlschluss, sobald sie auf die Absichten des Autors rekurriere. Diesen Vorwurf hatten William K. Wimsatt und Monroe Beardsley 1946 erhoben. Für sie war die Intention „eine Art Entwurf oder Plan im Kopf des Autors" (Wimsatt und Beardsley 2000, 85), den kein Leser einsehen könne. Zum Aussagewert der Autorpoetik äußerten sich die beiden nicht. Sie meinten jedoch, „dass die Absicht oder die Intention des Autors weder eindeutig erkennbar noch ein wünschenswerter Maßstab ist, um den Erfolg eines literarischen Werkes zu beurteilen [...]" (Wimsatt und Beardsley 2000, 84).

Die französischen Strukturalisten gingen in der zweiten Hälfte der 1960er Jahre noch erheblich weiter. Sie waren zum einen durch Maurice Blanchot (1907–2003) geprägt, der in Abhandlungen wie *L'espace littéraire* (1955) oder *Le livre à venir* (1959) „nachdrücklich den autonomen Werkcharakter des Buches, der Schrift, der Kunst als Ort der Abwesenheit von Autor und Künstler bestimmt hatte" (Wetzel 2010, 491). Sie hatten zum anderen gerade die Schriften von Bachtin entdeckt. „Als Julia Kristeva in ihrem programmatischen Aufsatz *Bakhtine, le mot, le dialogue et le roman* (1967) den Ausdruck ‚Intertextualität' in die Literaturwissenschaft einführte, lautete die Konsequenz für den Autor: ‚en fait l'auteur n'est qu'un enchaînement de centres'." (Martínez 1999, 465) Ein Jahr später stellte Roland Barthes in *La mort de l'auteur* scheinbar apodiktisch fest: „Heute wissen wir, dass ein Text nicht aus einer Reihe von Wörtern besteht, die einen einzigen, irgendwie theologischen Sinn enthüllt (welcher die ‚Botschaft' des *Autor*-Gottes wäre), sondern aus einem vieldimensionalen Raum, in dem sich verschiedene Schreibweisen [*écritures*], von denen keine einzige originell ist, vereinigen und bekämpfen. Der Text ist ein Gewebe von Zitaten aus unzähligen Stätten der Kultur." (Barthes 2000a, 190)

Der Vorschlag von Kristeva (*1941), den Begriff der Intersubjektivität durch den Begriff der Intertextualität zu ersetzen, ist im Rahmen ihrer Argumentation nur konsequent. Da Bachtin die Dialogizität sowohl im individuellen Bewusstsein ausmacht, in dem sich das eigene und das fremde Wort unaufhörlich überlagern, als auch in den literarischen Texten, die diese Überlagerung reflektieren oder modellieren, war sie zu ihrer Ersetzung des einen Terminus durch den anderen berechtigt. Barthes (1915–1980) hingegen führte einen Symmetriebruch herbei. Während man Kristeva nämlich dahingehend verstehen kann, dass die

Intertextualität der Literatur ein Anschauungsmodell der Intersubjektivität darstellt, durchkreuzt Barthes diese Umkehrbarkeit der Gleichung. Sein Verständnis von Intertextualität verbietet einen entsprechenden Rückschluss und kappt die Relation von Text und Bewusstsein. Auf dieser Basis verkündete er 1967, im Kontext der antiautoritären Studentenrevolte, kurzerhand den ‚Tod des Autors'.

Dagegen haben sich seitdem zahlreiche Literaturwissenschaftler gewandt und Gegenargumente gesucht. Die wichtigsten von ihnen sind dem Sammelband *Rückkehr des Autors. Zur Erneuerung eines umstrittenen Begriffs* (1999) zu entnehmen. Matías Martínez demonstriert dort an Peter Handkes Tableau *Die Aufstellung des 1. FC Nürnberg vom 27.1.1968*, „daß der Begriff des Autors normalerweise zwei Funktionen in sich vereinigt, die systematisch zu unterscheiden sind: einerseits den *Urheber* des *Textes*, andererseits den *konzeptionellen Schöpfer* des *Werkes*. Obwohl beide Funktionen in der Regel in einer Person zusammenfallen, können sie sich gelegentlich auf verschiedene Personen verteilen. So ist im Fall der *Aufstellung* Handke zwar der konzeptionelle Schöpfer des literarischen Werkes, aber nicht der Urheber des Textes. Handkes Autorschaft besteht sozusagen aus einem Akt der Taufe, die einem gegebenen Objekt eine neue, ästhetische Identität verleiht" (Martínez 1999, 474–475). Das Beispiel ist äußerst geschickt gewählt und berechtigt Martínez zu der Behauptung, „daß heterogene und aus fremder Hand stammende Komponenten durchaus mit der homogenen und eigenständigen Komposition und Konzeption eines Werkes vereinbar sein können" (Martínez 1999, 476).

Dieser Lesart entspricht auch Bachtins Autorkonzept. Auch im Roman muss es eine Instanz geben, die Themen auswählt und orchestriert, die das innerlich überzeugende Wort verschriftlicht oder den dissonanten Chor der Stimmen arrangiert. Barthes wiederum ist weniger eindeutig, als es der Titel seines Essays vermuten lässt. Seine Attacke gilt, genau besehen, gar nicht dem Autor als Instanz der Textproduktion, sondern der Figur, zu der er im Rahmen einer bestimmten Argumentation mutiert. Das wird deutlich, wenn es in *La mort de l'auteur* heißt: „Sobald ein Text einen *Autor* zugewiesen bekommt, wird er eingedämmt, mit einer endgültigen Bedeutung versehen, wird die Schrift angehalten." (Barthes 2000a, 191) Durchaus zu Recht in Zweifel gezogen wurde von Barthes also die Deutungshoheit, auf deren Anmaßung die Autorität des Kritikers beruht, der angeblich im Namen des (verblichenen) Autors spricht und jede Interpretation kassiert, die seiner eigenen Intention zuwiderläuft. Die subversive Kraft der Literatur besteht für Barthes weniger im Einbildungs- und Ausdrucksvermögen der Autoren als in der Überlistung der Sprache durch die Eigenart einer Rede, die mit den Zeichen spielt, anstatt sie zur Machtausübung, Gesetzgebung und Unterwerfung einzusetzen. „Dieses heilsame Überlisten, dieses Umgehen, dieses großartige Lockmittel, das es möglich macht, die außerhalb der Macht stehende

Sprache in dem Glanz einer permanenten Revolution der Rede zu hören, nenne ich: *Literatur.*" (Barthes 1980, 23)

Barthes hat die Kraft des literarischen Zeichenspiels, die er als *semiosis* bezeichnet, in *Leçon/Lektion* an zwei andere Kräfte, an die Kraft des Wissens (*mathesis*) und an die Kraft der Nachahmung (*mimesis*) gekoppelt, die sich zuweilen durchaus agonal zu der subversiven Kraft der Rede verhalten, denn das Zeichenspiel unterläuft die Kategorien des Wissens und führt die Nachahmung in eine Aporie, da sich die mehrdimensionale Wirklichkeit nicht in der Eindimensionalität der Schrift reproduzieren lässt (vgl. Barthes 1980, 25–41). In gewisser Weise ist die semiotische List auch am Werk, wenn ein Schriftsteller wie Barthes den Tod des Autors verkündet, um das autoritäre Wort der Kritik zu desavouieren. In dieser Hinsicht entspricht die Poetik von Barthes der Romantheorie von Bachtin, in der das innerlich überzeugende Wort gegen das Regime der Sprach- und Gedankenpolizei, der Staatspropaganda und der Gehirnwäsche mobilisiert wird, das Stalin in der Sowjetunion errichtet hatte (vgl. Bachtin 1979, 230). Es bleibt ein Fremdkörper im Bewusstsein der Menschen, denen es mehr oder weniger gewaltsam eingetrichtert wird, und erscheint daher auch im Roman als ein „totes Zitat, das aus dem künstlerischen Kontext herausfällt" (Bachtin 1979, 231). „Im Unterschied zum äußerlich autoritären Wort verknüpft sich das innerlich überzeugende Wort im Prozeß seiner bestätigenden Aneignung eng mit dem ‚eigenen Wort'. Im Alltag unseres Bewusstseins ist das innerlich überzeugende Wort ein halb eigenes und ein halb fremdes Wort." (Bachtin 1979, 232) Der Roman reflektiert beides: die bestätigende Aneignung ungebundener Rede und die Entfremdung durch das autoritäre Wort, die Selbstermächtigung zum Sprechen aus eigener Überzeugung und die Unterdrückung durch die Sprache der Gesetzgebung, der Unterwerfung, der (Staats-)Gewalt.

Ähnlich wie Barthes hat es Michel Foucault (1926–1984) in seinem 1969 am Collège de France gehaltenen Vortrag *Qu'est-ce qu'un auteur?* gesehen. Foucault teilt das entscheidende Argument von Barthes: „Der Autor ist nicht die unendliche Quelle an Bedeutungen, die ein Werk füllen; der Autor geht den Werken nicht voran, er ist ein bestimmtes Funktionsprinzip, mit dem, in unserer Kultur, man einschränkt, ausschließt und auswählt: kurz gesagt, mit dem man die freie Komposition, Dekomposition und Rekomposition von Fiktion behindert." (Foucault 2000, 228) Auch Foucault spricht also nicht über den Autor, der einen Text verfasst, sondern über die rhetorische Operation, die dazu bestimmt ist, den Spielraum der Textauslegung zu begrenzen. „Der Autor ist demnach die ideologische Figur, mit der man die Art und Weise kennzeichnet, in der wir die Vermehrung der Kritik fürchten." (Foucault 2000, 229) Diese (Argumentations-)Figur ist jedoch leicht zu unterlaufen, indem man sich auf das bezieht, was – intersubjektiv jederzeit nachvollziehbar – zutage tritt: „Der Text liegt vor und schafft seine eigenen

Effekte." (Eco 2000, 286) Daher muss der Urheber, sobald sein Text erschienen ist, zugeben: „Das Geschriebene hat sich von mir abgelöst und führt ein Eigenleben." (Eco 2000, 291)

Interessant ist, wie Barthes, Foucault und Jacques Derrida (1930–2004) – mit seiner Dekonstruktion der Präsenz, die ebenfalls von Blanchot inspiriert worden war – am Ende des 20. Jahrhunderts im Kontext der Debatte um die Veränderung der Schriftkultur durch den Personal Computer und das Internet rezipiert wurden. So meinte zum Beispiel George P. Landow (*1940) im Jahre 1992: „[H]ypertext embodies many of the ideas and attitudes proposed by Barthes, Derrida, Foucault, and others" (Landow 1992, 73). Und Simone Winko konstatierte 1999: „Theoretisch totgesagt, lebt ‚der Autor' in verschiedenen Funktionen auch in den neuen Medien weiter, teilweise sogar, unter Ausnutzung der neuen technischen Möglichkeiten, mit extremer ausgeprägtem Personenkult als unter traditionellen Bedingungen linearer Texte." (Winko 1999, 512) Dem ist nur hinzuzufügen, dass es in der Praxis des Schreibens und Lesens eigentlich niemals ‚lineare' Texte gab. Denn wenn die Minimalbedingung für einen Text der transphrastische Rückbezug eines Satzes oder Satzteils auf einen Teil eines anderen, vorausgegangen Satzes ist, muss es ein beständiges Hin und Her geben, in dem sich der metaphorische Kern des Textbegriffs, Gewebe zu sein, offenbart.

7 Neue Web- und Schnittmuster (Brinkmann, Handke)

Insgesamt hat es im 20. Jahrhundert nicht an Versuchen gefehlt, neue Webmuster zu entdecken, das Schreiben durch das Verfahren der Montage gleichsam kinematografisch zu gestalten und den Text intermedial durch Gemälde, Zeichnungen oder Lichtbilder aus der Bleiwüste der Schrift herauszuführen. In seinem 1960 erstmals publizierten, in der Pop-Avantgarde emphatisch rezipierten Essay *Die Zukunft des Romans* hatte William S. Burroughs (1914–1997) die Funktion des Schriftstellers als die „eines Kartographen, eines Erforschers neuer Bewußtseinslagen" bestimmt (Burroughs 1984, 145) und die Machart seiner Werke wie folgt beschrieben: „Eine Textseite, von mir selbst oder von einem anderen, wird in der Mitte der Länge nach gefaltet und auf eine andere Seite Text gelegt – die beiden Texthälften werden ineinander ‚gefaltet', d. h. der neue Text entsteht dadurch, daß man halb über die eine Texthälfte & halb über die andere liest. – Die fold-in-Methode bereichert die Textherstellung um die Möglichkeit der Rückblende, wie sie im Film benutzt wird [...]." (Burroughs 1984, 145–146) Sie wurde in Deutschland unter anderem von Rolf Dieter Brinkmann (1940–1975) adaptiert.

Es liegt auf der Hand, dass diese Methode aus dem Schriftsteller tendenziell einen Arrangeur vorgefertigter Materialien macht, der über das Diskursuniversum der Literatur hinaus auf andere Medien (Fotografien und Plakate, Film-Stills oder Zeitungsschnipsel) zugreifen und diese in seine Texte einbauen kann, ohne zu kaschieren, dass es sich um Fundstücke, Fremdkörper handelt. Während der klassische Hollywoodstil des unsichtbaren Schnitts im Dienste einer Erzählung stand, die Illusionen wecken und melodramatische Affekte hervorrufen sollte, antizipierten Brinkmann und ähnlich verfahrende Autoren mit harten Schnitten die Remix- und Mashup-Produktionen des frühen 21. Jahrhunderts, bei denen es weniger um *plot* und *story* als darum geht, die Fertig- und Abfallprodukte einer Kulturindustrie gegen den Strich zu lesen oder mit den Resultaten einer Aneignung zu durchsetzen, die sich nicht mehr als Interpretation begreift und gar nicht erst nach den Absichten der Hersteller fragt, von denen das Material im Einzelnen stammt. Da es sich niemals um ‚Rohmaterial', sondern jeweils um bereits ästhetisch formatierte Artefakte handelt, entsteht eine Palimpsest-Literatur, die man eher mit dem Konzept der Hypertextualität als mit dem Konzept der Intertextualität erfassen kann. Das Augenmerk gilt weniger der markierten oder nicht markierten Bezugnahme auf einen anderen Text oder der epischen Integration eines fremden Wortes, das dem eigenen Text Struktur und Bedeutung verleiht, sondern der Vernetzung/Verlinkung des aktuellen Diskurses mit Signifikaten, die seinen Sinn zugunsten einer Teilhabe des Publikums ins Virtuelle verschieben, wobei die Grenzen zwischen Relektüre und Umschrift verschwimmen. Handelt es sich dabei zum einen um eine konsequente Entgrenzung der Kulturtechniken des Lesens und Schreibens, die sich der Digitalisierung aller Kommunikate verdankt, provozieren diese Entwicklungen zum anderen Selbstausgrenzungen vom Medien- und Literaturbetrieb, die ihrerseits wiederum Signalwirkung haben können.

An Peter Handke (*1942) lässt sich diese Selbstausgrenzung veranschaulichen. Handke hatte sich bereits in seinen frühen Texten gegen die Beschreibungsimpotenz einer Literatur gewandt, die eher auf Schablonen der Wahrnehmung als auf authentische Erfahrungsmomente setzt, und Mitte der 1960er Jahre – in Anknüpfung an den *nouveau roman* – ein mikroskopisches Schreiben entwickelt, das Ereignisfülle durch Beobachtungsdichte ersetzt (vgl. Hummel 2007, 70). Er reduzierte die konventionelle Syntax des Erzählens in *Der Hausierer* (1967) auf das Paradigma der Gattung – in diesem Fall des Kriminalromans – und bekannte schon im Titel eines programmatischen Essays aus demselben Jahr: *Ich bin ein Bewohner des Elfenbeinturms*. Beim Schreiben habe er nicht etwa die moralische Belehrung der Leser im Sinn, sondern die Entdeckung einer neuen Möglichkeit, die Welt wahrzunehmen, sich selbst zu empfinden und auszudrücken (vgl. Handke 1972, 19–20). Und Handke fügte, seine Position radikalisierend, hinzu:

„Eine Möglichkeit besteht für mich jeweils nur einmal. Die Nachahmung dieser Möglichkeit ist dann schon unmöglich." (Handke 1972, 20) Man kann Handkes Schreibimpuls bis auf den Formalismus und sein Bemühen um eine poetische Entautomatisierung der Wahrnehmung zurückführen (vgl. Šklovskij 1984, 12–13), sollte aber sogleich hinzufügen, dass er nicht etwa auf die Didaktik der Verfremdung, sondern auf das Prinzip der Entschleunigung setzt: „Als ich 36 Jahre war, hatte ich die Erleuchtung der Langsamkeit. Die Langsamkeit ist für mich seitdem ein Lebens- und Schreibprinzip." (*Die Welt*, 9. Oktober 1987, zit. n. Hummel 2007, 79–90)

Diesem Programm ist Handke von *Der kurze Brief zum langen Abschied* (1972) über *Langsame Heimkehr* (1979) und *Nachmittag eines Schriftstellers* (1987) bis zu *Mein Jahr in der Niemandsbucht. Ein Märchen aus neuen Zeiten* (1994) treu geblieben. Er hat das Leben und Schreiben im Prinzip der Spazierprosa, der bedachtsamen Welt- und Selbsterkundung, zunehmend weggeführt von den ‚Metropolensachen' und zugeführt auf die genuine Provinz seines Schreibens. Das Verfahren der Ausgrenzung aus dem allgemeinen Gerede und Palaver manifestiert sich im Verzicht auf kausale oder konsekutive Konjunktionen im Satzbau (vgl. Hummel 2007, 89) und in der Preisgabe jeder ‚*Hab*-sucht', die sich der Dinge rasch bemächtigt, nur um sie im nächsten Moment wieder fallen zu lassen. Nicht immer entgeht der Spaziergangschreiber der Versuchung zur Auratisierung der eigenen Wahrnehmung; doch selbst die bizarren Urteile, die der Zeitgenosse Handke über den Jugoslawienkrieg getroffen hat, ändern nichts am Reiz seiner Prosa und daran, dass er eine spezifische Möglichkeit, Autor zu sein, entdeckt hat – jenseits der üblichen Web- und Schnittmuster, die in den alten und neuen Medien endlos recycelt werden.

8 Rückblick und Ausschau

Ein umfassender Atlas der Autorpoetik im 20. Jahrhundert müsste auf zahlreiche Schriftstellerinnen und Schriftsteller eingehen, für deren Äußerungen in einem Artikel, der selbst Grundzüge lediglich skizzieren kann, leider kein Platz ist. Jedem Leser, jeder Leserin werden auf Anhieb andere, ebenfalls wichtige Schreibkonzepte einfallen, die hier nicht erwähnt wurden. So viel dürfte immerhin deutlich geworden sein: Der Roman verfolgt ein enzyklopädisches Programm der Welterfassung, das mit kosmologischen Akten der Welterzeugung einhergeht (vgl. Eco 1986, 31–37), und koppelt diese Akte an das komplementäre biografische Programm der Lebensschilderung, das ihm unter den Bedingungen der Moderne die erzählerische Erkundung des menschlichen Bewusstseins, seiner Untiefen und Abgründe abverlangt. Dank dieser Kopplung ist es dem Roman möglich, auf der ‚Karte der Existenz' (Kundera) sowohl die Möglichkeiten des inneren Menschen als auch die Strukturen der Wirklichkeit respektive ihrer Wahrnehmung darzustellen. Der Roman operiert daher an den Schnittstellen von Kartografie, Szenografie und Seismografie: Erfahrungen müssen auf die Anschauungsformen von Raum und Zeit bezogen werden, ohne dabei unbedingt die konkrete Verlaufsgestalt einer Geschichte anzunehmen; Erschütterungen hingegen sind eher zwischen den Zeilen zu spüren, als unmittelbar im Schriftbild auszumachen, solange Romane im Druck erscheinen.

Die spezifische Display-Funktion des Romans macht bis heute den Spielraum der Gattung aus, weshalb die poetologische Reflexion einerseits die Frage nach der Lesbarkeit von Ich und Welt und andererseits die Frage nach der Autonomie oder Heteronomie der Autorschaft umkreist. Die Romankrise in der ersten Hälfte des 20. Jahrhunderts hat eine Suche nach neuen Antworten auf beide Fragen in Gang gesetzt. Eine radikale Reaktion besteht in der Dekonstruktion von Lektüre und Autorschaft: Ich und Welt sind nicht zu entziffern; der Autor wird auf seine Funktion im juristischen Diskurs, auf das Rechtssubjekt reduziert, dem man ein geistiges Eigentum zuschreiben kann. Das andere Extrem besteht in der Mystifikation der Textproduktion, in einer Legendenbildung, die das Phantasma des Originalgenies gegen die Realitäten des Betriebs ausspielt und als ‚literarische Entdeckung', als ‚sensationelles Debüt' oder als ‚Jahrhundertroman' feiert, was sich in den meisten Fällen bei genauerer Lektüre als eine mehr oder weniger geschickte Collage aus sattsam bekannten Versatzstücken erweist.

Eine vermittelnde Position zwischen der Negation und der Affirmation schriftstellerischer Originalität hat Felix Philipp Ingold 1995 unter Berufung auf Jürg Laederach (1940–2018) in einem *Manuskripte*-Beitrag zur Autorpoetik entwickelt. Auch Ingold geht von der Konjektur des Zusammenschneidens und der Paradoxie dieses Verfahrens aus, das „den Akt des Zertrennens und den Akt des Verbindens ineins setzt" (Ingold 1995, 104) und die Heterogenität des Montierten ausblendet. „Der kreative Autor hat damit keineswegs ausgedient; seine Kreativität beweist sich nun aber ganz entschieden dort, wo es gerade nicht mehr um die Schaffung und Mehrung von Neuem geht, sondern um die *neuartige Aufarbeitung* und *Darbietung des je schon Vorhandenen*. Daß dieses bescheidenere, von jeglichem Schöpfungskult befreite Kreativitätsverständnis nicht erst von der literarischen Moderne aufgebracht und eingelöst wurde, hat Laederach inzwischen am Beispiel Jean Pauls gezeigt [...]. ‚Richter könnte richtig erkannt haben, daß es sich mit Kommentaren, Abschweifungen und direkten auktorialen Einmischungen viel reichhaltiger schreiben läßt als mit Erzählungen, da, rein kombinatorisch gesehen, selbstverständlich *immer, wenn einer etwas erzählen will, alles längst von anderen erzählt ist*: Die Forderung, es solle das nicht merken, pflegt sodann an das Publikum zu ergehen, doch Jean Paul erhob sie nie.'" (Laederach 1995, zit. n. Ingold 1995, 106)

Jean Paul hat demnach in seiner schriftstellerischen Praxis wie in seiner Poetologie ratifiziert, was Fielding im Ansatz und Laurence Sterne (1713–1768) in *The Life and Opinions of Tristram Shandy, Gentleman* (1760–1767) exzessiv vorgemacht hatten: Textprogression durch Digression. Der Exkurs, der Weltwissen, Menschenkunde und Erfahrung in den Roman einschleust, auf andere Genres ausgreift und zur schöngeistigen Literatur ganz selbstverständlich auch die gelehrten Texte zählt, die man für den Strukturaufbau der eigenen Erzählung verwenden kann, indem man sie so gegen den Strich liest, wie dies schon die menippeische Satire getan hatte, reiht den modernen ‚Roman der Diskurse' (Eisele 1974, 16) wie die postmoderne Metafiktion, ja selbst die Cut-up- und Fold-in-Produkte in eine immer schon plurale, hybride Tradition des Schreibens ein, die das ‚Romanhaftwerden der Welt' vom 17. bis zum 19. Jahrhundert ebenso reflektiert wie die Entdeckungsreisen, Schiffbrüche und Landnahmen der Gattung im 20. Jahrhundert. Die letzten Dekaden bestätigen Bachtins Einschätzung, „daß der Roman keiner seiner Spielarten die Möglichkeit gibt, sich zu stabilisieren" (Bachtin 1989, 213), und gerade dadurch „das Werden der Wirklichkeit tiefer, wesentlicher, feinfühliger und schneller widerspiegelt" (Bachtin 1989, 214) als das Epos, das stets auf eine in sich abgeschlossene Vorgeschichte zurückweist und nicht im Kontakt, im dialogischen Austausch mit der Gegenwart steht. Als Reflexionsmedium einer Welt, in der interkulturelle Begegnungen immer alltäglicher und Identitäten beständig hybrider werden, in der Polyphonie und Heteroglossia zunehmen, dürfte der Roman auch in Zukunft einen wichtigen Ort für den Erfahrungsaustausch von Menschen mit und ohne Migrationshintergrund bilden – für die Darstellung grenzüberschreitender Begegnungen und für die Vorstellung postkolonialer und postnationaler Gesellschaftsentwürfe. Das seltsame Paradox, dass an diesem Ort jede Autorin und jeder Autor eine eigene Provinz der Schriftstellerei gründen und eben dadurch die Grundlage für eine zwischenmenschliche Verständigung jenseits eingefahrener Vorurteile, Sprach- und Denkmuster schaffen kann, nährt die Erwartung, dass der Roman und die Erzählung gerade in der Zeit, in der die elektronischen Foren allzu oft nur Ressentiments verbreiten und die Massenmedien zugunsten der Einschaltquote auf die analytische Durchdringung der Wirklichkeit verzichten, dazu dienen werden, Empirie und Empathie sinnvoll zu vermitteln.

Weiterführende Literatur

Jannidis, Fotis, Gerhard Lauer, Matías Martínez und Simone Winko (Hg.) (1999). *Rückkehr des Autors. Zur Erneuerung eines umstrittenen Begriffs*. Tübingen.
Lützeler, Paul Michael (Hg.) (1994c). *Poetik der Autoren. Beiträge zur deutschsprachigen Gegenwartsliteratur*. Frankfurt a. M.
Schmitz-Emans, Monika, Uwe Lindemann und Manfred Schmeling (Hg.) (2009). *Poetiken. Autoren – Texte – Begriffe*. Berlin/New York.

III Zentrale Fragestellungen

III.1 Theorie der Poetizität – vom russischen Formalismus zur Dekonstruktion

Aage A. Hansen-Löve
III.1.1 Russischer Formalismus: Nomenklatur der Poetizität

1 Entstehung und Formation

Der russische Formalismus entspringt einer zweifachen Ausgangssituation, die den bipolaren Status der russischen Doppelhauptstadtkultur widerspiegelt: In Moskau formierte sich der ‚Moskauer Linguistikzirkel' (*Moskovskij lingvističeskij kružok*, MLK, 1915–1924), in Petrograd die ‚Gesellschaft zur Erforschung der poetischen Sprache' (*Obščestvo izučenija poétičeskogo jazyka*, OPOJAZ, 1916–1925; Erlich 1973, 58–77; Hansen-Löve 1978; Jameson 1972; Levčenko 2012; Steiner 2014). Die Moskauer Gruppe war eine primär linguistisch orientierte Formation mit einigen Inklinationen zur russischen Phänomenologierezeption Gustav Špets (Haardt 1985), der in den 1920er Jahren zum Kristallisationspunkt der GAChN (*Gosudarstvennaja Akademija chudožestvennych nauk*, d. h. ‚Staatsakademie der Kunstwissenschaften') gehörte. Hier gruppierten sich neben Roman Jakobson, Grigorij Vinokur, Sergej I. Bernštejn, Petr Bogatyrev unter anderem auch jene Formalisten wie Jurij Tynjanov und Viktor Šklovskij, die sich parallel dazu im Petrograder OPOJAZ versammelten: Hierher gehörten Boris Ėjchenbaum, Osip Brik, Viktor Žirmunskij, Boris Tomaševskij und andere. Die Grenze zwischen beiden Gruppierungen war fließend: Die ‚Moskauer' sahen in der Poetik eher eine Unterabteilung einer allgemeinen Linguistik (so vor allem Jakobson), während der OPOJAZ umgekehrt die linguistischen Strukturen als Teilbereich einer übergeordneten kreativen Sprachlichkeit und ihrer Poetizität einschätzten.

In der GAChN, also der formal-philosophischen Schule der 1920er Jahre, waren beide Gruppen vertreten, wobei hier das Interesse an einer Synthese von philosophischer Ästhetik (zumal im phänomenologischen und hermeneutischen Geiste), empirischer Forschung und Formalanalyse vorherrschte (Hansen-Löve 1999; Hansen-Löve 2012). Dieser dritte Pol des russischen Formalismus bildet – neben Jakobson – die methodologische Brücke zum tschechischen Strukturalismus (Jan Mukařovský) (Doležel 1999; Nekula 2003). Dagegen setzte die Tartu-Moskau-Schule der (Kultur-)Semiotik Jurij Lotmans, Boris Uspenskijs oder Vsevolod Ivanovs beide Tradition des Formalismus zwischen den 1960er bis 1990er Jahren fort (Semenenko 2012; Lotman 1986; Lotman 2010).

2 Jakobson und der ‚Moskauer Linguistik-Zirkel' (MLK)

Linguistische Poetik

Anders als der Symbolismus, bei dem es um mythologische, religiöse, eschatologische und hermetische Fragen ging, anders als die Vertreter eines ideologischen Weltanschauungsrealismus, denen Ursachen und Wirkungen der Literatur im sozialen, pragmatischen Feld am Herzen lagen, zielten die russischen Formalisten von Anfang an auf den alleinigen ‚Helden' der Literatur(wissenschaft) – das ‚Literarische', die ‚Literarizität' (*literaturnost'*) selbst. Jakobson hat diese ‚Intention(alität)' beziehungsweise ‚Einstellung' (*ustanovka*) der Methode ebenso wie ihres Objekts (der Literatur selbst) in seiner bahnbrechenden Chlebnikov-Studie von 1921 auf diese Formel gebracht: „Poesie ist Sprache in ihrer poetischen Funktion. Somit ist Gegenstand der Literaturwissenschaft nicht die Literatur, sondern die Literarizität. [...] Wenn aber die Literaturwissenschaft eine Wissenschaft werden will, ist sie genötigt, das ‚Verfahren' (*priem*) als ihren einzigen ‚Helden' zu akzeptieren." (Jakobson 1972, 32–33; Hansen-Löve 1978, 119–120; Hansen-Löve 2003; Hansen-Löve und Niederbudde 2007)

Wenn die Realisten verlangten, dass Kunst wie Dichtung dem Leben aufs Wort zu gehorchen hätte, verlangt die antimimetische Moderne die genau umgekehrte Wirkweise: Das neue Wort schafft ein neues Leben und eine neue Welt, indem es den uralten Lebenskern der Wörter in den (Ur-)Worten wiederentdeckt (Kručenych 2000, 323–333). Die poetische Sprache regeneriert sich über die inneren Texturen der Urtexte und schafft damit die Textwelten von morgen.

Jakobson – der Ahnherr des linguistischen Logozentrismus in Russland und dann nach dem Zweiten Weltkrieg auch international – erhob den Parallelismus zum zentralen Generator der sprachimmanenten Bedeutungserzeugung und bezog sich dabei nicht zufällig auf die Ideen des englischen Dichters Gerard Manley Hopkins, der nicht zuletzt aus seinem Kunstpriestertum schöpfend den Parallelismus als Motor des Sprachdenkens einer jeden Dichtung erkannte. In seiner kleinen Schrift *Poetic Diction* von 1865 schreibt Hopkins: „Vielleicht dürfen wir sogar sagen, alles Formale lässt sich auf das Prinzip des Parallelismus zurückführen. Die Strukturform der Poesie ist die eines fortlaufenden Parallelismus, angefangen mit dem [...] Parallelismus der hebräischen Poesie und der Antiphonen der Kirchenmusik bis zu den verwickelten Versformen griechischer, italienischer oder englischer Dichtung." (Hopkins 1954, 260; s. dazu Meyer 2003; Jakobson 1972, 41; Hansen-Löve 1978, 132–140)

Jakobsons berühmte Chlebnikov-Studie aus dem Jahr 1919 – erschienen in Prag 1921 (Jakobson 1972) – war nicht nur seine erste umfangreichere wissenschaftliche Monographie, sondern auch die Grundlegung jener funktionalen Poetik, mit der er zum Gründungsvater einer ‚Poesie der Grammatik und Grammatik der Poesie' werden sollte (Jakobson 1979d). In diesem Sinne lässt sich die Jakobson-Formel, ‚die Poesie ist Sprache in ihrer ästhetischen Funktion', erweitern: Eben damit ist sie aber auch Sprache in ihrer noetischen Funktion als Instrument der Erkenntnis. Als ‚Äußerung mit Ausrichtung auf den Ausdruck' schaffen die Worte die ‚Dinge' (‚Wort-Dinge': Hansen-Löve 2008a), die Signifikanten selbst vollziehen damit den ureigensten Kippeffekt des Poetischen. Deshalb wird im Kunstwerk – so Jakobson – nicht „mit Gedanken" oder Ideen operiert, „sondern mit Sprach-Fakten", die nach den Regeln der Kreuzung und des Parallelismus „Sach-Fakten" generieren (Jakobson 1972, 24).

Jakobson akzeptiert schon in seinem Chlebnikov-Aufsatz die Verwandtschaft zwischen poetischer und „emotionaler Sprache" (Jakobson 1972, 31), die gerade in der gesteigerten Expressivität und Relevanz der lautlichen Seite (der „Wort-Appelle", Jakobson 1972, 29) beruht – aber eben darin sich auch erschöpft: „Wenn in ersterer [i. e. der emotionalen Rede] der Affekt der verbalen Masse seine Gesetze diktiert, […] so richtet sich die Poesie, die nichts anderes als eine *Äußerung mit Ausrichtung auf den Ausdruck* ist, sozusagen nach immanenten Gesetzen; die kommunikative Funktion, die sowohl der praktischen als auch der emotionalen Sprache zukommt, wird hier auf ein Minimum reduziert." (Jakobson 1972, 31)

Genau diese Definition finden wir dann noch Jahrzehnte später in Jakobsons berühmter Formel von der poetischen Funktion als ‚Autofunktion'. Alle externen Funktionen reduzieren sich schon für den ‚futuristischen' Jakobson auf bloß formale „Rechtfertigungsmittel" (Jakobson 1972, 33), deren Wesen eben darin besteht, dass sie austauschbar sind und quasi nur sekundär auftreten. Gerade deshalb spricht Jakobson in seinem Chlebnikov-Text von der für eine jede poetische Semantik zentralen „Projektion eines literarischen Verfahrens in künstlerische Realität, die Umwandlung einer poetischen Trope in ein poetisches Faktum" (Jakobson 1972, 37–38).

In einer wenig beachteten Nebenbemerkung zum Problem der Etymologien in Viktor Chlebnikovs Sprachdenken weist Jakobson darauf hin, dass die in der Poetik des Futuristen so zentralen Her- und Ableitungen von Wörtern linguistisch zwar vielfach unhaltbar sind, dass dieser ‚Defekt' jedoch nicht zu einer Abwertung ihres Effekts führe, sondern zu einer Neuwertung etymologischer beziehungsweise semantischer Beziehungen. Dieser Status – und hierin liegt die eigentliche ‚linguistische Wende' Jakobsons – muss sich also nicht szientistisch rechtfertigen. Die poetische Sprachwirklichkeit ist autonom und bildet eine eigene Realität.

Sachfakten und Sprachfakten: Die Poetik als Generierung von Sprachwelten

Die ‚poetische Etymologie' hat also den Status einer eigenen Wirklichkeit, die über eine imaginative Eigengesetzlichkeit verfügt und daher nicht determinierbar ist durch eine naiv-realistisch postulierte allgemeine Realität, etwa als Realitätsprinzip im Sinne Sigmund Freuds. Eben dieser hatte ja auch so etwas wie die Autonomie einer psychischen Realität angenommen, nicht um das Prinzip der Notwendigkeit (Freuds ‚Ananke') auszuschalten, sondern um ihre Ausschaltung beziehungsweise Deformation als eigengesetzlich und damit überhaupt in ihrer Wirksamkeit wahrnehmen und reflektieren zu können. Die psychische Realität muss man als Analytiker durchaus nicht für wahr beziehungsweise richtig im Sinne eines Realitätsprinzips halten (ganz im Gegenteil, dieses bildet ja eben den konventionellen Hintergrund für jene). Der Status der psychischen Realität will ernst genommen werden, ebenso wie die ‚poetische Etymologie' (bzw. die poetische Semantik insgesamt) im Rahmen der künstlerischen Realität wortwörtlich genommen werden soll.

Hier geht es also nicht um Richtigkeit, sondern um Relevanz, Signifikanz und Konsequenz von poetischen Prozessen – wie jenen der ‚Entfaltung' (d. h. *razvertyvanie*) semantischer Figuren zu Texten (Hansen-Löve 1989a), der „Realisierung von Metaphern" (*realizacija metafory*), der Präsentation von Paregmena *als* poetische Texte, von Paradigmata *als* Syntagmata etc. (Jakobson 1972, 85). Die „poetische Etymologie" gilt Jakobson als „Faktum des Sprachdenkens" (Jakobson 1972, 97–98), das heißt einer Poetik, die zugleich eine eigene Noetik generiert: ein Denken, das mit linguistischen Einheiten und Regeln wie mit Fakten operiert. Bewusst wählt hier Jakobson nicht den mythopoetischen Begriff des futuristisch-archaistischen ‚Wort-Dinges', das den Kern einer ontologisch gefassten Onomatopoetik (Hansen-Löve 2016, 215–300) bildet und den poetischen Text als ‚Ausfaltung' (*razvertyvanie*) eines solchen semantischen Kerns konstruiert.

Häufiger noch als von der ‚poetischen Etymologie' ist im frühen Formalismus von der zentralen Bedeutung der alltagssprachlich wenig geachteten oder aufs Komische reduzierten Figur des ‚Kalauers' (*kalambur*) die Rede: Dieser generiert aus der Kontiguität der Signifikanten (zumeist einer lautlichen Assonanz) eine Analogie der entsprechenden Morpheme oder Lexeme auf der semantischen Ebene. So werden Kontiguitätsassoziationen zu solchen der Similarität.

3 Die Kunst als Verfahren: OPOJAZ und die Verfremdungsästhetik

Verfahren und Material versus Form und Inhalt

Der Begriff des künstlerischen beziehungsweise literarischen ‚Verfahrens' (*priem*) gehört zu den zentralen Termini des (frühen) Formalismus (Hansen-Löve 1978, 188–197): Er ist jenes (text-)organisierende Prinzip, das aus dem vorliterarischen ‚Material' (also den außerkünstlerischen Fakten und Faktoren) innerliterarische Motive und Sprachfakten macht, die ihrerseits text- beziehungsweise werkimmanent organisiert werden. In diesem Sinne ersetzt *priem* den überholten Formbegriff, während ‚Material' jenes des ‚Inhalts' zu ersetzen hat: Während der alte Form-Inhalt-Dualismus die Form als etwas Äußerliches, Attributives ansieht, das wie ein austauschbares Gefäß einen identischen Inhalt trägt und transportiert, impliziert der Begriff des Verfahrens die technische Vorstellung der ‚Umarbeitung' (*pererabotka*) eines Werkstückes, die Transformation von Ausgangs- in Endzustände und die Umfunktionierung außerkünstlerischer Gegebenheiten in spezifisch literarische, künstlerische.

Für Šklovskij, der den Begriff maßgeblich in seinem Schlüsseltext *Die Kunst als Verfahren* (Šklovskij 1969) geprägt hat, ist das Kunstwerk beziehungsweise der literarische Text nichts anderes, als die Summe seiner in ihm zur Anwendung kommenden Verfahren. Durch diese Schwerpunktsetzung hat es im frühen Formalismus den Anschein, als würden sich die Formalisten – daher die polemische Gruppenbezeichnung – ganz und gar nicht für Inhalte oder Fakten (biographische, historische, psychologische, ideologische etc.) interessieren und ausschließlich deren werkimmanente Strukturen studieren wollen.

Eine solche Auffassung wurde von den Kritikern des Formalismus in und außerhalb der Literatur- und Kunstwissenschaft als eine Art bewusster Reduktionismus angeprangert, welcher der Komplexität des Kunstwerkes in keiner Weise gerecht zu werden schien. Der Hauptfehler bestehe darin, eine provokante, ja taktische Reduktion der methodischen Perspektive auf das Sosein des Werkes selbst (und im weiteren der Gattungen, der Literatur und ihrer Geschichte insgesamt) zu übertragen und dadurch zu amputieren (Ėngel'gardt 1927; Medvedev 1928; Wygotski 1976, 78–108; Erlich 1973, 78–108; Hansen-Löve 1978, 175–210).

Während der frühe Formalismus (etwa 1915–1922, zumal in der Phase des OPOJAZ) die Verfahren primär ohne ihre werkimmanente Rolle, quasi paradigmatisch studierte (z. B. das Verfahren der Wahrnehmungserschwerung, der „Bremsung" (*tormoženie*), der Zyklisierung von Sujets, des Parallelismus, der Lautwiederholung, Šklovskij 1969, 15), ging es im Funktionsmodell des Formalismus Mitte der 1920er Jahre – zumal in den Theorien Tynjanovs, Ėjchenbaums und anderer – um die Funktion der einzelnen Verfahren und Motivkomplexe im Rahmen der Werkstruktur und ihrer Syntagmatik. Im dritten Modell des Formalismus in der zweiten Hälfte der 1920er Jahre und danach ging es um die diachrone Rolle dieser werkimmanenten Funktionen und Strukturmerkmale im Rahmen der synchronen Kontexte sowie um ihre Verknüpfung mit außertextuellen Fakten und Faktoren, die gleichwohl zum literarischen Prozess gerechnet wurden (Literatursoziologie, Verlagswesen, Literaturkritik, literarische Persönlichkeit des Autors). Die Entfaltung der Methode verläuft also von der ästhetischen ‚Bedingtheit' (*uslovnost'*, Hansen-Löve 1978, 139–141) des Werkes über eine ganze Reihe von Zwischenstufen zur ‚Unbedingtheit' (*bezuslovnost'*) des Kunstschaffens (*tvorčestvo*), das nicht die historische oder zeitgenössische Ordnung der Dinge ‚widerspiegelt' (*otraženie*), sondern sie auf spezifische Weise (quasi prismatisch) ‚bricht' (*prelomlenie*) und damit die gesellschaftlichen Prozesse aus kulturellen und diese wieder aus Prozessen des künstlerischen Schaffens ableitet.

Die Fixierung des frühen Formalismus auf den *priem-material*-Dualismus resultierte aus einer bewussten Reduktion der Komplexität des Textes auf seine technischen Strukturen, von denen aus Rückschlüsse auf die semantischen Neuverknüpfungen von ‚Bedeutungen' (*značenija*) (morphologischer Neologismus) und von da auf ‚Sinnelemente' (*smyslovye edinicy*) gezogen wurden. Semiotisch gesprochen verläuft die Transformationslinie von den paradigmatischen Einheiten zu den syntagmatischen und von da zu den pragmatischen (faktischer oder fiktionaler Komplexe). Damit wird die ursprüngliche Gleichung von futuristischer Wortkunst (*zaum'* bezeichnet ein Dichten in einer nichtrationalen Sprache, konkrete Poesie, vgl. Hansen-Löve 1978, 99–173) und abstraktionistischer ‚Ungegenständlichkeit' (*bespredmetnost'*) mit der ‚Ästhetizität' (*ėstetičnost'*) auf ein primäres Verfremdungsprinzip zurückgeführt, das seinerseits aus der nicht weiter hinterfragbaren Dynamik des Veränderungsstrebens und der Deformationslust resultiert. Die Verfremdung ist (*ostranenie*) mit anderen Universalmotivationen verwandt – der Triebdynamik der Psychoanalyse oder dem *désir* Jacques Lacans und der Postmoderne (Widmer 1990).

Frühe Rezeptionsästhetik

Auch die von Lotman für die gesamte Neuzeit konstatierte Ästhetik der Nichtübereinstimmung deckt sich mit diesem V-Prinzip, ebenso wie die in der Kritischen Theorie bei Adorno entwickelte negative Dialektik (Adorno 1966). Während die ‚positive Ästhetik' die Regeln der Kunst aus den Naturgesetzen der

Biosphäre ableitet (so schon die Pythagoreer), operiert die ‚negative Ästhetik' in den manieristischen, analytischen Kunsttraditionen. Dominiert wird die ‚negative Ästhetik' vom Verfremdungsprinzip der Differenzqualitäten und Normbrüche (Hansen-Löve 1984). In all diesen Fällen wird der primär destruktive Akt der Deformation, Entautomatisierung, Überraschung und des Schocks mit der primär ästhetischen Wirkung gleichgesetzt.

Das Kunstwerk konstituiert sich durch einen primären, nicht weiter begründbaren Akt der Destruktion und Dekontextierung, der sowohl auf der textästhetischen wie rezeptionsästhetischen Seite – zunächst kaum voneinander getrennt – wirksam ist. Daher ist der primäre, nicht näher differenzierte V-Akt auch immer komisch, polemisch, parodistisch, während in der weiteren Entwicklung des Formalismus die sekundären, konstruktiven Funktionen dieses Aktes ins Zentrum der Aufmerksamkeit rückten. Die Linie verläuft hier also von den konsti*tu*tiven Verfahren zu den kons*truk*tiven, von den prinzipiellen zu den speziellen beziehungsweise spezifischen Produktions- und Rezeptionshaltungen.

Diese Entwicklung vollzog sich auf eine sehr komplexe Weise schon im frühen Formalismus im Rahmen seines wahrnehmungsästhetischen Modells, in dem alle produktiven Merkmale und Regeln auf der Produktions- und Textebene zu solchen der Rezeption in eine feste Relation gesetzt wurden. Dies gilt für Begriffe wie ‚Intention' beziehungsweise ‚Einstellung' (*ustanovka*, Hansen-Löve 1989b, 258–277; Hansen-Löve 2012), die ebenso in eine primäre und eine sekundäre, eine konstitutive und eine konstruktive, eine generelle und eine spezielle Wirkung aufgespalten sind – wie etwa auch der Wahrnehmungsbegriff der ‚Empfindung' (*oščuščenie*), der im frühformalistischen Sensualismus im Zentrum einer noch durchaus phänomenalistischen Reduktion des ästhetischen Objekts steht (Hansen-Löve 1978, 215–224). Im Gegensatz dazu verweisen die ‚sekundären Wahrnehmungseffekte' von der sensitiven Ebene der Oberflächenphänomene in die Sphäre der Reflexion von Regeln und Semantiken (Grammatik, Code), die ihrerseits auf die Normen und Gesetzmäßigkeiten pragmatischer Kontexte projiziert werden (syn- und diachrone Systeme). – Entscheidend für die provokative Wirkung des Frühformalismus war eben diese Verzahnung von Produktions-, Text- und Rezeptionsästhetik: Alle drei Dimensionen konnten im zentralen V-Prinzip ihre Rechtfertigung wie ihre Irritation erfahren.

Als aus dem V-Prinzip resultierende ästhetische Effekte können die folgenden gelten: der Begriff der Verschiebung (*sdvig*, Hansen-Löve 1978, 90–93), die vielfach eingesetzten Termini Regel- oder Normabweichung (*otklonenie*), Differenz, Deformation, Destruktion und Erwartungstäuschung, die ihrerseits auf den kalkulierten Techniken der Wahrnehmungsverzögerung, also der Rückwendung der Aufmerksamkeit auf die Signifikanten (die Faktur von Texten oder ihre Konstruktion) beruhen (zum Begriff der Faktur vgl. Obermayr 2006; Hansen-Löve

2016, 347–372). Für den frühen Formalismus ist der Wahrnehmungsakt selbstwertig und prozessual gedacht. Er ist ein Phänomen und damit auch ein Wert an sich und wird durch diese Rückwendung oder Umlenkung der Aufmerksamkeit beziehungsweise Intention von den externen pragmatischen Zwecken zu den signifikanten Strukturen überhaupt erst wahrnehmungsästhetisch wirksam. Der Wahrnehmungsakt wird dadurch ästhetisch und im Weiteren, wenn es um die verbale Sprache geht, poetisch relevant, dass die einzelnen Wahrnehmungsphänomene durch eine Verschiebung der Aufmerksamkeit dekontextiert und ihrer pragmatischen Zwecke entkleidet werden. Dies gilt für Sachfakten ebenso wie für Sprachfakten, für kulturelle oder materielle Aspekte ebenso wie für die eingesetzten Verfahren selbst, die solchermaßen entblößt und zum zentralen Gegenstand der Wahrnehmung werden (,Entblößung des Verfahrens', *obnaženie priema*, durch Rücklenkung der Aufmerksamkeit auf die Struktur der Signifikanten). In der postmodernen Medientheorie figuriert dieses Prinzip dann in der Formel weiter: ,The medium is the message' (Marshall McLuhan; vgl. dazu Hansen-Löve 2008b).

Alle Phänomene sind nur deshalb relevante Gegenstände der Wahrnehmung (der sensitiven wie der reflexiven), als sie über ihre jeweils spezifische ,Differenzqualität' verfügen: Diese erhalten sie durch Akte des kontextuellen Vergleichens von Vordergrund und Hintergrund, (Abhebung der) Gestalt und ,Wahrnehmungshintergrund' (*appercepcionnyj fon*), von Text und Kontext. Ein jedes Werk kann nur vor dem Hintergrund anderer Texte (also intertextuell) wahrgenommen, rezipiert und gewertet werden. Auf sich alleine gestellt, bedürfte es einer ontologischen Stütze, die von den Formalisten (und späteren Strukturalisten wie Semiotikern) als metaphysisch abgelehnt wird.

Ähnlich der antiessentialistischen Definition von Phonemen bei Ferdinand de Saussure (1967, 44–46; Grewendorf et al. 1989, 76–107) sind die jeweiligen Elemente nicht aus sich heraus ontologisch erfassbar (als Lautsymbole etwa), sie beziehen vielmehr ihre Bestimmung jeweils aus ihrer Position im System, das heißt aus ihrer Differenzqualität, die sie gegenüber den ihnen äquivalenten Einheiten im Rahmen von binären Merkmalcodes erhalten (Eco 1987b, 76–77). So hat auch ein Verfahren oder ein Text keine Eigenschaften, die von einer ontologischen Wesensbestimmung (intuitiv) ableitbar wären. Sie verfügen einzig über Funktionen auf der horizontalen, werkimmanenten beziehungsweise der synchronen, kontextuellen Ebene sowie auf jener der diachronen Differenzierungen. Qualitäten, also Merkmalbündel, lassen sich nur epistemisch und eben nicht intuitiv oder magisch erfassen, also nur im systematischen Vergleich mit äquivalenten Merkmalen, die sich auf einer adäquaten Bezugsebene beziehungsweise den entsprechenden Systemen befinden. Um diese zu bestimmen, ist es jedoch unumgänglich, eine Theorie der Funktions- und Systemhaftigkeit zu entwickeln, wodurch es möglich sein sollte, die Bedeutung (und darüber hinaus den Sinn) von Elementen aus ihrer jeweiligen Position im kontextuellen wie hierarchischen internen und externen System von Systemen abzuleiten. Der Begriff ‚Bedeutung' (*značenie*) gehört in den semantischen Code, ist also ein Phänomen der Paradigmatik; ‚Sinn' (*smysl*) meint dagegen die Rolle der Bedeutung im kommunikativen Kontext, also in einer Ordnung der Pragmatik.

4 Syntagmatisches Funktionsmodell des Formalismus

Auf dem Weg zum Strukturalismus

Spätestens seit Tynjanovs bahnbrechender Schrift *Das Problem der Verssprache* (1924, 1965, dt. 1977) hat sich der frühe Formalismus mit seiner Fixierung auf avantgardistische Kunstmodelle der 1910er Jahre zu einer strukturalen Analyse der Funktion und Systemhaftigkeit von Artefakten geöffnet. Es ging nunmehr zunehmend darum, die konstruktive Funktion von Verfahren und Merkmalen innerhalb der Textsyntagmatik zu bestimmen. Die additive Reihung einzelner Verfahren wird nun von ihrer syntagmatischen Position her bestimmt – und zwar in Hinblick auf äquivalente Merkmale derselben analytischen Ebene und zwischen diesen Ebenen auf der Vertikalen des Textsystems insgesamt. Hier herrscht das Prinzip der Dominantenbildung, nach dem bestimmte konstruktive Fakt(or)en in dynamischer und veränderlicher Weise andere unterordnen und bei dieser Gelegenheit deformieren und umfunktionieren (Hansen-Löve 1978, 315–333).

Damit ist das generelle V-Prinzip durch eine spezielle systemische V-Funktion abgelöst: Die „Konstruktion" eines Textes ist aus einer solchen Sicht nie mit sich selbst identisch, sie ist vielmehr gespannt, polemisch und gewissermaßen auf dem Sprung – im Gegensatz zu einer statischen Vorstellung von Komposition, wie sie in der traditionellen Kunstbetrachtung vorherrscht: „Ich wage zu behaupten, dass das Wort ‚Komposition' in neun Zehntel aller Fälle das Verhältnis zur Form als etwas Statischem bezeichnet. Die Einheit [*edinstvo*] des Werkes ist nicht eine geschlossene, symmetrische Ganzheit (*celostnost'*), wie sie in den essentialistischen, intuitivistischen, hermeneutischen Konzepten vorgesehen ist. Zwischen ihren Elementen herrscht nicht das statische Gleichheitszeichen, sondern immer das dynamische Zeichen der Korrelativität [*sootnositel'nost'*] und Integration. Die Form des literarischen Werkes muss als dynamische erfasst werden." (Tynjanov 1965, 28)

Schematisch dargestellt ergibt sich solchermaßen folgende Gegenüberstellung der Hauptmerkmale des frühen Formalismus und des funktionalen Systemmodells einer strukturalen Methode:

Frühformalismus – Reduktionsmodell	Syntagmatisches Funktionsmodell
Artefakt = Serie paradigmatischer Elemente (Kontrastmontage)	Artefakt = System syntagmatischer Einheiten (semantische Montage)
additive Anreihung der Elemente	Unter- und Überordnung hierarchisierter Faktoren (Dominante)
offene Serie	geschlossene Textualität zwischen Anfang und Ende
Reversibilität	irreversible Sukzessivität
offene Form	Geschlossenheit und Dichte des Textes (*tesnota, edinstvo*)
Generierung von Bedeutung durch Äquivalenz (Jakobson) und ‚Entfaltung' semantischer Motive (Metaphern, Idiome) zu syntagmatischen Ketten und narrativen Sujets (*razvertavanie, realizacija*)	Generierung von Bedeutung durch ‚Semasiologisierung' von Elementen aufgrund ihrer syntagmatischen Position (*semasiologizacija*)
Multiperspektivik, Simultanität	Fixierung der Perspektive in der syntagmatischen Reihe
Wortkunst homolog zur Bildkunst	Sukzessivität des Mediums in Verssprache, Narrativik, Film
Poetische Sprache als Modell aller Medien	Poetische Rede: Differenzierung in Versologie, Narrativik und Filmtheorie
Logo- und Phonozentrismus	Textualismus
Anpassung des realen poetischen Artefakts an das theoretische Konstrukt (methodischer Konstruktivismus)	Anpassung des theoretischen Konstrukts an das komplexe ‚ästhetische Objekt' (Bernštejn)
MLK und OPOJAZ als Prästrukturalismus (1915–1922)	formalistische Phase des Strukturalismus (Mitte 1920er Jahre)

Verstheorie von Tynjanov zu Bernštejn

Parallel zur formalistischen Erzähltheorie entfaltete sich die Verstheorie mit dem Ziel, von einer undifferenzierten Konzeption der poetischen Sprache und der Wortkunst (*slovesnoe tvorcestvo*, Wolf Schmid 2008) zu einer Analytik der Verssprache (*jazyk*, *langue*, Code) und darüber hinaus zu einer solchen der Versrede (*reč'*, *parole*, Mitteilung, Performanz) zu gelangen. Dabei erwies es sich als unumgänglich, eine Syntax der Verssprache zu entwickeln, in der die (verbalen) Elemente (Silben) ihre zusätzliche semantische Relevanz (Semasiologisierung, Tynjanov 1965, 87; Hansen-Löve 1978, 325–333) durch ihre spezifische Position in der syntagmatischen Kette der Verszeile, durch ihre metrischen Gliederungssysteme oder durch ihre melodischen Kurven erlangen. Durch die Dichte (*tesnota*) und Einheit (*edinstvo*) der Verssyntax werden die primären Bedeutungen der solchermaßen unter Druck gesetzten Elemente zu sekundären Konnexen komprimiert (‚verdichtet'), wodurch die direkten, primären Wort- und Morphembedeutungen transformiert und sekundär verfremdet werden. Die Verszeile und andere Gliederungssysteme (Versfüße, metrische Segmente, Sukzession starker und schwacher Positionen in der Versreihe, rhythmisch-syntaktische Einheiten etc.) üben einen Systemdruck auf die Eigensemantik der Lexeme im Vers aus. Diese tritt gewissermaßen in einen neuen beziehungsweise anderen Aggregatzustand ein, wodurch der semantische Ausgangszustand der verbalen Einheiten zwar nicht materiell verändert wird, wohl aber ansonsten sekundäre Konnotationen aktualisiert und semantisiert werden.

Strukturbildend wirkt hier das vom deutschen Kunstphilosophen Broder Christiansen (1869–1958) übernommene Prinzip der Dominante (Christiansen 1909; Hansen-Löve 1986), das bei Tynjanov als konstruktives Prinzip innerhalb der Textsyntagmatik und ihrer Segmente über- und unterordnend wirksam wird. So ergeben sich in dynamischer und veränderbarer Weise dominierende beziehungsweise unterordnende und dominierte Faktoren (*podčinjajuščie/podčinennye faktory*). Dieses Prinzip berücksichtigt die Tatsache, dass ein und dasselbe Artefakt mit seiner fixen Textstruktur unterschiedliche, wenn auch nicht beliebige ästhetische Objekte (quasi Rezeptionsobjekte) auslöst, so etwa durch die Wirkung der rhythmisch-syntaktischen Segmentierungen der Verszeilen, die entweder unter der Dominante der Prosa (also einer narrativen Perspektive) gelesen werden oder unter der Dominante der Metrik, also einem Schema der markierten/unmarkierten Positionen (Syllabik, Syllabotonik etc.). Beide Optionen (die der Prosarezeption und jene der versologischen) ändern nichts am vorliegenden Text beziehungsweise Artefakt, sie folgen lediglich jenen Möglichkeiten, die in ihm angelegt sind und die auf unterschiedliche Weise realisiert, performiert und rezipiert werden können.

In diesem Zusammenhang wird ersichtlich, wie heftig schon in diesem syntagmatischen Systemmodell die extratextuellen Determinanten solcher Dominantenbildungen an die Tür klopfen, da diese nicht ohne Einwirkung der herrschenden Gattungs- und Literatursysteme realisierbar erscheinen. Genau an dieser Schnittstelle zwischen der Idee einer Textstruktur des stabilen Artefakts und ihrer flexiblen Realisierung in konkreten, letztlich auch hermeneutisch erfassbaren Kontexten wird das zentrale Problem einer jeden Strukturanalytik erkennbar, die immer auf dem schmalen Grat zwischen Textimmanenz und Texttranszendenz zu balancieren hat.

Bahnbrechend für die Verlängerung einer textfixierten Theorie der Verssprache zu einer rezeptionsorientierten Theorie des ästhetischen Objekts war Bernštejns empirische wie theoretische Auseinandersetzung mit Phänomenen der Performanz, also der Deklamation der Versrede (Bernštejn 1972). Dies bedeutete einen ganz entscheidenden Schritt aus der Beschränkung auf metrische Strukturen (also den Code der Verssprache) hinaus in Richtung einer Theorie des Versrhythmus als Phänomen der Performanz und der Interferenz von Metrik (Code) und Syntax (alltagssprachliche Gliederung des Verstextes) im Rahmen von dynamischen rhythmisch-syntaktischen Komplexen der Versrede. Ging es doch darum, das statische System der Differenzanalytik, das durch die Interferenzeffekte (metrische Matrix und syntaktische Gliederung wie etwa im Falle des Enjambements) schon ins Wanken geraten war, endgültig in ein dynamisches Verhältnis von Textvorgaben zu überführen. Bernštejn entwickelt konsequent Tynjanovs Dominanten-Konzept weiter in Richtung einer Typologie von ästhetischen Objekten, die sich aus der standardisierten Rezeption von statischen, wenn auch interferierenden (Vers-)Textstrukturen mit multiplen Potentialen ableiten lassen.

Sujettheorie

Zu den frühesten Theoriebeständen des Formalismus gehört zweifellos die frühe Erzähltheorie, die sich primär an der Differenz von Fabel (*fabula*) und Sujet (*sjužet*) ausrichtete (Hansen-Löve 1978, 238–260; Schmid 2014, 223–235; Schmid 2009). In der *fabula* dominiert der kausal-empirisch rekonstruierbare und dem jeweiligen Wahrscheinlichkeitsmodell folgende *ordo naturalis* (für Jakobson 1969 das jeweils herrschende ‚Wahrscheinlichkeitsmodell'), womit eigentlich ein *ordo culturalis* gemeint ist. Diese als vorgegeben gedachte Ordnung (die zeitliche, logische, alltägliche Reihung von Motiven und Motivationen) wird im jeweiligen narrativen Sujet deformiert, verfremdet und auf spezifische Weise transformiert. Auch hier wird die ursprünglich konstitutive Primärfunktion der Verfremdung in sekundäre, abgeleitete Differenzierungen verlagert, die aus den Regeln der Textsyntagmatik, einer Art narrativer Syntax resultieren. Diese ist regulativ und normbildend im Rahmen eines generellen narrativen Codes (der Erzählsprache und ihrer Syntagmatik), der wiederum in eine spezielle textuelle Performanz (im konkreten Einzeltext) und eine spezielle Realisierung im Rezipienten (durch die

Orientierung auf außertextuelle bzw. kulturelle Kontexte) perspektiviert wird. Hier haben wir es dann – analog zur Versrede – mit der Erzählrede zu tun. In der frühen, vor allem von Šklovskij entwickelten Sujettheorie (zusammengefasst in seiner *Theorie der Prosa*, 1925/1929) ging es vor allem um die V-Effekte einer maximalen Differenz zwischen vorgegebener beziehungsweise mitgedachter *fabula*-Ordnung und der konkreten, an generellen Regeln orientierten narrativen Syntax (Sujet).

Dabei wurden bei Šklovskij zwei Typen von Sujets unterschieden. Der Sujettyp I ist die ‚entfaltete Parallele' (*razvernutaja prallel'*), die sich analog zum Konzept der Textentfaltung aus semantischen beziehungsweise rhetorischen Figuren (*razvertyvanie*) entwickelt. Hier liegt ein Verbindungsstück zum frühen Formalismus vor, ebenso wie im Sujettyp II, der freilich zukunftsweisend als ‚Sujeträtsel' (*sjuzet zagadka/razgadka*) fungiert, da hier die viel komplexere Verrätselung (*zagaka*), etwa im Genre des Abenteuer- oder Kriminalromans, auf eine prinzipielle semantische Inkongruenz von Motivketten verweist, die vom Leser unter Zuhilfenahme der narrativen Codes rekonstruiert werden. Diese gestatten ihm den Einsatz seiner Ergänzungsleistung, wenn etwa im Gefolge der Spannungstechniken (der *sistema tajn*) die einzelnen narrativen Motive in einer umgekehrten Reihenfolge (der mitgedachten *fabula*-Ordnung) präsentiert werden. Dabei hat der Rezipient die Aufgabe, die Varianten einer wahrscheinlichen Kette und der damit einhergehenden Motivationen der Figuren zu rekonstruieren beziehungsweise zu ‚erraten' (*razgadka*). Auf Seiten der Textproduktion figurieren hier Verfahren der syntagmatischen Umstellung der einzelnen Sequenzen (*perestanovka častej*) oder ihre kausal-temporale Zerlegung und Neokonfiguration in Sujets, die vom Leser rückübersetzt werden sollen in mögliche Ausgangsgeschichten.

Dabei unterscheidet Šklovskij zwischen Sujetverfremdungen durch markante syntagmatische Umstellungen in massiv handlungsorientierten Genres (*ostrosjužetnye žanry*) wie Kurzgeschichten, Novellen, Kriminal- und Abenteuerromanen und bewusst sujetschwachen Genres, die dem Prinzip der Sujetlosigkeit (*bessjužetnost'*) folgen (Schmid 1992; Hansen-Löve 1978, 549–557). In beiden Fällen, den Sujetgenres und den sujetlosen (*bessjužetnye*), orientiert sich die formalistische Erzähltheorie wie schon in ihren Anfängen an den zeitgenössischen progressiven Formationen der Prosa, wie etwa an den *Serapionsbrüdern* oder der frühen Sowjetprosa (Isaak Babel, Vsevolod Ivanov, Boris Pilnjak u. a.), an der sie selbst – zumal Šklovskij und teilweise auch Tynjanov – durch eigenes literarisches Schaffen partizipierten. Ähnliches gilt im Übrigen auch für die formalistische Filmtheorie.

Formalistische Theorie der Erzählrede – skaz-Theorie

Neben der Problematik der narrativen Sujets – also einer genuin syntagmatischen Strukturanalytik – stellte sich parallel dazu (zumal für Èjchenbaum und Viktor Vinogradov) die Frage nach der Erzählrede, also der Stilistik und der Perspektivierung der Präsentation der Erzählung (Èjchenbaum 1969a; 1969b; Vinogradov 1969). Zusammengefasst sind die formalistischen Theorien zum Redeverhalten (*rečevoe povedenie*) der Figuren beziehungsweise Erzähler unter dem Titel ‚Theorie des *skaz*', wobei dieser Begriff die Simulation der mündlichen Rede eines konkreten Sprechers im Rahmen eines gedruckten Textes bezeichnet (Schmid 2014, 156–157; Schmid 2009). Es geht hier also auch um die intermediale Frage, auf welche Weise die Schriftlichkeit der Literatur (*pis'mennost'*) in der Lage ist, Verfahren und Merkmale der Mündlichkeit (*ustnost'*) zu markieren beziehungsweise in einer stilisierten Form zu präsentieren.

Gerade für die *skaz*-Technik gab es in der russischen Prosa von Nikolaj Gogol, Fëdor Dostoevskij und Nikolaj Leskov über die Symbolisten (Andrej Belyj) bis zu den Vertretern des ‚Östlichen Flügels' der ‚Serapionsbrüder von Petrograd' (1919/1921; vgl. die gleichnamige Anthologie 1963) beziehungsweise der zeitgenössischen ‚ornamentalen Prosa' eine reiche Tradition, die – analog zur Bindung des frühen Formalismus an die futuristische Avantgarde – ebenfalls eine Art Prosa-Avantgarde zum dia- und synchronen Gebrauch der formalistischen Erzähltheoretiker bereithielt (vgl. die frühsowjetischen Ornamentalisten: Ivanov, Pilnjak, Babel u. a.). Gleichzeitig wurde die Tendenz zur mündlichen Stilisierung in der *skaz*-Prosa mit dem sujetlosen Prosatypus verknüpft (Ornamentalismus + *besjužetnost'*), während traditionellere, realistische Formen der Erzählprosa den *skaz* vor allem zur Charakterisierung von Rednerpositionen attributiv einsetzten (‚Charakter-*skaz*', *charakternyj skaz*).

Im ersten Fall haben wir es mit zentrifugalen Genres zu tun, in denen die ornamentale Stilisierung von einer perspektivischen Festlegung auf einen Sprechertypus hin zu einer Montage oder einem verbalen Mosaik (*mozaika slov*) dissoziiert ist. Diese Redeweise resultiert aus einem dissoziierten Subjekt (*ressejannyj sub-ekt*), das die fiktionale, psychologische Deutung des Standpunktes (*točka zrenija*, *point of view*) in eine offene Reihe von verbalen Motiven auflöst, die eher den Prinzipien der Wortkunst als jenen der Narrativik und ihren mimetischen Ansprüchen gehorcht. Für Tynjanov wie Èjchenbaum regrediert dieser nichtfiktionale, ornamentale *skaz-I*-Typus letztlich auf die Poetik der *zaum'*-Sprache mit ihrer Tendenz zur Selbstwertigkeit und zu dezentrierten Lautoberflächen (*zaumnaja ustanovka na vnešnee zvučanie*). Diese Einstellung auf die mündliche Rede (*ustanovka na cužuju reč'*) kann aber auch im zentripetalen, zentrierten Typus des *skaz II* fiktionserzeugend eingesetzt werden, wobei hier eine konkret nachvollziehbare, repräsentative Darstellungsperspektive markiert wird.

Besonders relevant für die von Michail Bachtin favorisierte Entwicklung der Dialogizität und Polyphonie in der Erzählrede ist das frühe Interesse der formalistischen Narratologen am *skaz* als Stilisierung der dialogischen Rede im Rahmen der monologischen Genres und ihrer Fixierung auf die Schriftlichkeit (*pis'mennost'*). Dabei wurde zwischen Dialog und Monolog prinzipiell unterschieden und so ein wesentlicher Vorgriff auf die entsprechenden Theorien Bachtins geleistet (Jakubinskij 1923; Hansen-Löve 1978, 298–299; Bachtin 1971).

Für Vinogradov war es dann nur konsequent, seine differenzierte, wenn auch am charakterisierenden *skaz* orientierte Erzähltheorie mit dem Prinzip der Dialogizität zu verknüpfen („Problema skaza v stilistike") und als Einstellung auf die Dialogizität (*ustanovka na dialogičnost'*) zu definieren. Von hier ist es nur noch ein kleiner Schritt zur Bestimmung eines ‚realistischen' *skaz II*, der es gestattet, die Position des Sprechers, Erzählers als *point of view* (*točka zrenija*) in einer fiktiven Welt zu rekonstruieren beziehungsweise fiktional nachzuvollziehen. Der verbal fixierte *skaz I* geht dagegen eher dekonstruktiv vor, indem er eine solche monofunktionale Zuordnung zu einer Position in der Welt nicht zulässt oder gleich mehrere Positionen synchron anbietet, wobei zwei oder mehr Ebenen der Rezeption interferieren (‚Nichtzusammenfallen zweier Wahrnehmungsebenen', *nesovpadenie dvuch ploskostej vosprijatija*, Vinogradov 1926, 33).

Formalistische Filmtheorie

Die Filmtheorie der Formalisten war zum einen ein Kind der Poetik – zumal der Verstheorie – zum anderen ein Instrument zur Analyse von Erzähltexten mithilfe von Verfilmungen, aus denen Rückschlüsse auf die Ausgangstexte gezogen werden sollten. Darüber hinaus lieferten die Autoren der Mitte der 1920er Jahre erschienenen *Poetik des Films* (*Poètika kino*, 1927; dt. Beilenhoff 2005; Hansen-Löve 1978, 338–359) erste Texte zu einer Semantik und Semiotik der Filmsprache nach dem Modell der verbalen Sprache. Damit wurde auch der mediale Logozentrismus der russischen wie internationalen Semiotik grundgelegt, der erst in der rezenten Medientheorie und im Rahmen der Postmoderne seine dominierende Position einbüßte. – Im Wesentlichen waren Filmtheorie und -praxis in der Stummfilmära der 1920er Jahre eine Sache der Montage, die denn auch im Mittelpunkt der Theoriebildung der Formalisten, aber auch Sergej Eisensteins stand.

5 Formalistische Evolutionstheorie als Anti-Historie

Vom narrativen Sujet zur Syntax der Geschichte

Zu den in den russischen 1920er Jahren spektakulärsten Theoriekonzepten zählten zweifellos die Versuche im Rahmen des analytischen Kunstdenkens (zumal des russischen Formalismus und späterhin Strukturalismus), an die Stelle einer genetisch orientierten Geschichtsschreibung (der Literatur, der Kultur, der Kunst) die Strukturgesetze entsprechender Evolutionsmodelle zu setzen. Statt einer auktorialen, autoritären, generischen Schöpfungs- und Zeugungsgeschichte der Heldentaten und Generäle sollte eine systemische, nach autonomen Eigengesetzen sich entwickelnde Syntagmatik der Perioden und ihrer Evolutionsgesetze erkennbar werden. Als dominantes Modell dieser frühformalistischen Projektion von Text- auf Epochenstrukturen wäre die vor allem von Šklovskij entworfene frühe Sujettheorie anzusehen. Hier steht das komplexe Konzept eines Erzählsujets (*sjužet*) zur Debatte, dessen syntagmatische Struktur (d. h. die konkrete Abfolge der narrativen Motive beziehungsweise die dabei auftretenden universellen Regeln einer narrativen Syntax) auf das Konzept der Evolutionssyntagmatik einwirkt.

Als Fallbeispiel für ein biologistisches Entwicklungsmodell kann die formalistische beziehungsweise frühstrukturalistische Evolutionstheorie der russischen 1920er Jahre gelten – hier vor allem jene von Tynjanov, der den radikalen Versuch unternahm, die Entwicklungsgesetze der Geschichte aus ihrer temporalen Linearität und genetischen Determiniertheit ebenso zu befreien wie sie in ihrer autonomen Systembedingtheit (*uslovnost'*) und Eigendynamik zu erkennen. Dies führte zu einer explizit antigenerischen Kritik von Autorschaft im Narrativ der Kultur ebenso wie in Narrativen von Texten, deren Eigengesetzlichkeit aus einer allgemeinen und im Sinne Henri Bergsons enttemporalisierten (Kultur-) Evolution abgeleitet werden sollte.

Der ‚Kampf der Genres'

Tynjanovs Suche nach den Mutationsregeln der Evolution in der Kunst und Literatur landete bei einer antigenerischen Vorstellung des Genres (*žanr*), das nicht mehr primär als Gattung (*genus*) die Arten und Einzelfälle organisiert und eine Verwandtschaft inkorporiert, sondern aus einer dynamischen, ständig in Bewegung und Neuverknüpfung befindlichen Vernetzung von Merkmalen und Indizes besteht. Diese sind das Resultat einer grundlegenden Transformation, welcher alle genetischen Inhalte und Wertigkeiten unterworfen werden, die in den Geltungsbereich der Systemhaftigkeit einer bestimmten kulturellen Ordnung, also etwa der Literatur und Kunst geraten. Hier herrscht der Systemdruck über die genetische Herkunft aus den Sphären der Ideologie, Politik, Psychologie. Dieser Bereich der Genesis umfasst die konkrete historische Faktizität von Phänomenen, für die es auch entsprechende historisch-philologische oder andere Disziplinen gibt. Die Phänomene der Evolution dagegen unterliegen der Systemhaftigkeit und der für diese zuständigen im engeren Sinne literatur- und kunsttheoretischen Analytik.

Der ‚Kampf der Gattungen', wie ihn die Formalisten ausriefen, erinnerte jedenfalls unmissverständlich an den ‚Kampf ums Überleben' in der Natur, ohne freilich die aggressive Rhetorik des Sieges des Stärkeren über den Schwächeren fortzuschreiben, sondern ganz im Gegenteil: den Sieg der Effizienz und Äquivalenz über generische Abmachungen und Erbhöfe. Nach Ėjchenbaums berühmtem Diktum schafft „die Kunst [...] den Kanon, um ihn zu überwinden" (Ėjchenbaum 1924, 158).

Die traditionelle Vorstellung von Literatur als einer ontologischen, essentiell bestimmbaren und statischen Größe „zwang die Literarhistoriker dazu, auch die Phänomene der historischen Ablösung als Erscheinungen einer friedlichen Erbfolge zu betrachten, als eine friedliche und planmäßige Entfaltung dieses ‚Wesens'" (Tynjanov 1969a, 401). Es handelt sich um das Modell der genetischen Geschichtsträchtigkeit des Literarischen, quasi der generischen Fortpflanzung vom Vater auf den Sohn. Implizit bedeutet das Gegenteil – Sprunghaftigkeit, Verschiebung, Sieg über die patriarchale alte Welt und ihre Traditionen – also – Revolution. „Von einer Erbfolge [kann] nur bei dem Auftreten einer Schule, eines Epigonentums gesprochen werden, aber nicht bei Erscheinungen einer literarischen Evolution, deren Prinzip Kampf und Ablösung ist." (Tynjanov 1969a, 401)

Verfremdung und Innovation als ‚Motor der Evolution':
Diachrone Rezeptionstheorie

Das Streben nach Dekanonisierung ebenso wie nach Entautomatisierung galt in einer solchen Sicht zunächst als nicht weiter hinterfragbar – vergleichbar nur der Ökonomie der Triebe, die bei Freud ja auch als ‚Dampfmaschinen' der Evolution fungieren oder die bei Henri Bergson als *élan vital* alles durchwirken und in ein *perpetuum mobile* verwandeln (Fink 1999, 10–11). Dass solchen Zentralideen somit immer auch das Odium des Mythisch-Magischen anhaftet, lässt sich schwer entkräften, ändert aber nichts an der Wirkkraft solcher Automaten, die als Selbstbeweger zugleich auch zu Selbstläufern der Evolution mutieren. So führt auch Šklovskij die Veränderungen in der Kunstentwicklung nicht auf Wandlungen der Umwelt, des Milieus (*byt*) zurück, sondern primär auf die Evolution der Sensitivität (*oščutimost'*) der Verfahren: „Jegliche künstlerische Form durchschreitet den Weg von der Geburt zum Tod, vom Sehen und der sensitiven Rezeption [...] zum Wiedererkennen [...]. Es ist falsch zu glauben, dass sich die Kunst bei ihrer Veränderung verbessert. Der Begriff der Verbesserung, des Aufstiegs selbst ist anthropomorph. Die Formen der Kunst lösen einander ab." (Šklovskij 1923, 88, 103) Und dies geschieht nicht auf Zuruf aus dem Publikum oder nach dem Privatvermögen der Dichter und Denker, sondern quasi naturgesetzlich.

Aus einer solchen Sicht reduziert sich die Literaturgeschichte auf ein System von Systemen, genauer: auf eine Syntagmatik von Texten, die in die Texte der Geschichte umkippen: Synchronie und Diachronie folgen denselben Regeln – das war die Zauberformel, auf die sich der linguistische wie der literarische Strukturalismus (bis hin zu den Modellen der Kultursemiotik) reduzieren lässt (Eimermacher 1986).

Als Manifest dieser neuen literaturwissenschaftlichen Systemtheorie kann Tynjanovs Aufsatz *Über die literarische Evolution* (Tynjanov 1969b) gelten, ergänzt um die Abhandlung *Die Ode als oratorisches Genre*, sowie Tynjanovs und Jakobsons Zehn-Punkte-Programm eines künftigen Strukturalismus unter dem Titel *Probleme der Erforschung von Literatur und Sprache* (Tynjanov und Jakobson 1972, 387–391). Wesentlich für Tynjanovs Konzept ist seine konsequente Vermeidung teleologischer Erklärungsmodelle für Funktionen, die als konstruktive Faktoren das Werkganze strukturieren: „Der Begriff der Funktion schließt den der Teleologie aus" (Tynjanov 1972, 275), so, wie der funktionale Phänomenalismus eine Phänomenologie des Artefakts, das als Werkganzes wahrgenommen wird, ausschließt. Diese an den frühen Freud gemahnende bewusste Bescheidung auf das Phänomenale, auf die Oberfläche der Redeflüsse und die Faktur der Texte, dieser bewusste Reduktionismus prägt denn auch die Vorstellung von Evolution als einer Anti-Geschichte, als einem Phänomen, das sich nicht narrativieren und in eine nacherlebbare historische *fiction* übersetzen lässt.

Recycling zwischen Zentrum und Peripherie

Ebenso wie für den Kunsttext eine permanente Zufuhr von noch nicht automatisiertem Material aus peripheren, kunstfernen Bereichen erforderlich schien, entstammt der Zustrom neuer Verfahren, Motive oder Gattungen der literarischen beziehungsweise kulturellen Peripherie, die mit dem Zentrum des Gesamtsystems in einem permanenten Kreislauf verbunden ist. Der russische Begriff *byt* bezeichnet den Alltag des konkreten Daseins; im Rahmen der formalistischen Theorie des literarischen Alltags (*literaturnyj byt*) könnte man auch von Literaturszene sprechen – also jenes kommunikative Feld adressieren, das zwischen dem Autor als literarischer Persönlichkeit (*literaturnaja ličnost'*), den Literaturinstitutionen (Verlage, Salons, Literaturkritik etc.) und den stereotypen Rezipientenhaltungen vermittelt (Hansen-Löve 1978, 397–426; Hansen-Löve 1985, 91–103; Steiner 2014, 49–55, 85–88, 106–108).

Hier lässt sich eine Homologie zwischen der Konzeption der Faktenliteratur (*literatura fakta*) und der literarhistorischen Konzeption des literarischen Alltags (*literaturnyj byt*) beobachten, geht es doch in beiden Fällen um die permanente Neuvalorisierung der Grenze zwischen inner- und außerliterarischem Material, zwischen Norm und Exzentrik, Luxus und Abfall: „Jene Definitionen von Literatur, die mit ihren ‚grundsätzlichen' Zügen operieren, stoßen sich am lebendigen literarischen Faktum. [...]. Hier erweisen sich nicht nur die Grenzen, die ‚Peripherie', die Grenzgebiete der Literatur als fließend, nein, es geht um das ‚Zentrum' selbst. [...]. Das Zentrum hingegen gleitet an die Peripherie. Jedes beliebige Genre rückt in der Epoche seines Verfalls aus dem Zentrum an die Peripherie, an seinem Platz aber taucht aus den Kleinigkeiten der Literatur, aus ihren Hinterhöfen und Niederungen eine neue Erscheinung im Zentrum auf." (Tynjanov 1972, 399; vgl. Groys 1992)

Zwischen jenen Merkmalen, die – freilich nur zeitweilig – die Dominante eines Systems bilden und jenen, die untergeordnet sind, gibt es also einen permanenten Zu- und Abstrom, der in einer peripheren Zone einer steten Neudefinition unterzogen wird. Dort halten sich in einem Zustand des ‚Dazwischen' jene Merkmale und Verfahren, die noch nicht oder nicht mehr unter dem Zeichen der Literarizität stehen: Sie sind entweder kurz davor, kanonisiert zu werden oder diese Funktion zu verlieren. Tynjanov nennt diesen Status einen ‚Zwischenraum' der literarischen Evolution (Tynjanov 1977, 168–195). Dabei ist klar, dass es sich hier nicht um essentielle Eigenschaften handelt, sondern vielmehr um funktionale Zuordnungen beziehungsweise Zuschreibungen, die jeweils ein spezifisches ästhetisches Objekt zur Folge haben. Dieses besteht nicht in einer ontologischen Qualität, die *aere perenniter* identisch bleibt, sondern ganz im Gegenteil in seiner Unbeständigkeit, Dynamik, Potentialität.

Die heterogenen und heteronomen Reihen (*rjady*) einer Kultur verhalten sich zueinander systemisch und nicht kausal-genetisch, sie determinieren einander nicht, sondern wirken aufeinander transformativ, umfunktionierend aber nicht metamorphotisch, symbolisch-sakramental oder sonst wie. Dabei zeigen sich die Formalisten als Vertreter einer demokratischen *civil society* ebenso wie einer sportlich gedachten Marktwirtschaft, wobei die ‚Verlierer', also die unterlegenen und verdrängten Merkmale des Kampfes um Dominanz nicht etwa totgeschwiegen oder gar liquidiert werden, wie dies im zeitgenössischen Kulturkampf gang und gäbe war. Vielmehr wirken die unterlegenen Faktoren als untergeordnete zeitweilig weiter, ja sie werden gewissermaßen in den ‚Talon' übernommen, von wo aus sie jederzeit recycelt werden können. Die alten beziehungsweise veralteten Linien bleiben weiterhin ewige Thronprätendenten (Šklovskij 1925, 163), verändern aber bei ihrer Rehabilitierung im neuen synchronen Kontext ihre ursprünglichen Funktionen in der Weise, dass sie von den Dominanten der übrigen zeitgenössischen, jungen Schulen mitdeterminiert werden: „Letzten Endes bemüht sich jeder Neuerer um die Trägheit [...], jede Revolution wird zugunsten eines Kanons durchgeführt. In der Geschichte gibt es keine Sackgassen. Es gibt nur ‚Zwischenzeiten'." (Tynjanov 1977, 169)

So wurde auch den Formalisten zunehmend bewusst, dass aus der Sicht einer beliebigen Systemhaftigkeit alles Außersystematische grundsätzlich als unsystematisch beziehungsweise chaotisch erscheinen mag. In dem Maße also, wie man sich der Eigengesetzlichkeit der außerkünstlerischen Sphäre zuwandte, musste diese gleichfalls als strukturiert und strukturierend anerkannt werden: als ein Gedächtnisspeicher, aus dem sich die jeweils dominante Sphäre von Kunst und Kultur speiste – und in den automatisierte ehemalige literarische Fakten zurückkehren konnten.

Das gleichzeitige und fortwirkende Interesse der Dichter des Absurden (Daniil Charms, Aleksandr Vvedenskij) am parallelen Problem der Zufälligkeit und brachialen Brutalität (seit dem Ende der 1920er Jahre) überbietet das spätformalistische Interesse am scheinbaren Chaos einer nackten Gewalt, die jegliche evolutionsimmanente Syntagmatik radikal infrage stellte (Hansen-Löve 2006). Analog dazu wurde das für die Avantgarde systemfremde Phänomen des Todes (des Künstlers) – man denke etwa an Vladimir Majakovskijs Irritationen anlässlich des Selbstmordes Sergej Esenins (Majakowski 1964) – gerade im Kunstdenken der späten Avantgarde wieder akut.

Weiterführende Literatur

Erlich, Victor (1973). *Russischer Formalismus*. Frankfurt a. M.
Hansen-Löve, Aage A. (1978). *Der russische Formalismus. Methodologische Rekonstruktion seiner Entwicklung aus dem Prinzip der Verfremdung*. Wien.
Jakobson, Roman (1979d). *Poetik. Ausgewählte Aufsätze 1921–1971*. Hrsg. von Elmar Holenstein und Tarcisius Schelbert. Frankfurt a. M.

Rainer Grübel
III.1.2 Michail Bachtin und Julia Kristeva: Dialogik und Intertextualität

1 Der systematische und kulturhistorische Kontext Bachtins und Kristevas

Die Entwürfe von Michail Bachtins Dialogizität und Julia Kristevas Intertextualität in ihrer Bedeutung für die Poetik darzustellen, bedeutet, sie in eine literaturwissenschaftliche Perspektive zu rücken. Da Bachtin im Grunde Kulturphilosoph war (Eilenberger 2009; Soboleva 2010; Pape 2015; Clark und Holquist 1984) und Kristeva auch Psychoanalytikerin und Autorin ist (Ives 2010), sind ihre Konzepte zunächst auch auf diese unterschiedlichen kulturellen Kontexte zu beziehen. Weiterhin gilt es, die verschiedene kulturhistorische Einbettung Bachtins in die erste Hälfte sowie die Mitte und jene Kristevas in die zweite Hälfte des 20. Jahrhunderts mit der Entwicklung vom Strukturalismus zum Poststrukturalismus ins Verhältnis zu setzen und die Frage zu stellen, welche Relevanz ihnen nach dem Ende von Postmoderne und Dekonstruktivismus im frühen 21. Jahrhundert zukommt. Kristevas Intertextualitätskonzept ist zwar von ihrer Bachtin-Lektüre angestoßen worden, bildet aber weniger eine Fortentwicklung denn einen grundsätzlichen Neuansatz.

2 Bachtins Dialogik: Ein pragmatisch-anthropologisches und sprachphilosophisches Konzept

Die Entwicklung von Bachtins Denken erstreckt sich über mehr als ein halbes Jahrhundert, von den frühen 1920er Jahren bis in die frühen 1970er Jahre. Seine Kinder- und Jugendjahre in den mehrsprachigen russischen Provinzstädten Vilnius und Odessa, der frühe Erwerb der deutschen Sprache sowie der Schulsprachen Altgriechisch, Latein und Französisch haben dieses Denken befördert. Inspiriert wurde es von der Lektüre der Prosa Fëdor Dostoevskijs, dem Erlebnis der russischen Kultur des Symbolismus und der Avantgarde sowie der aufblühenden russischen Philosophie, beeinträchtigt durch eine frühe Erkrankung an Poliomyelitis, die 1938 eine Beinamputation erforderte, sowie durch von rigider Zensur und erschwertem

Zugang zur westlichen Literatur geprägte Bedingungen wissenschaftlicher Arbeit in der Sowjetunion. Hinzu traten die Umstände, dass Michail Bachtins Leben und Freiheit in der Stalinzeit auch nach seiner Verbannung nach Qostanai (Kasachstan) wegen seiner Teilnahme an einem religiösen Gesprächskreis (1929) gefährdet war und dass sein Bruder Nikolaj in den weißgardistischen Truppen gegen die Bolschewiki gekämpft, anschließend in der französischen Fremdenlegion gedient hatte und später als Emigrant in Frankreich und Großbritannien lebte. Revolution und Bürgerkrieg, totalitärer Stalinismus und zwei Weltkriege bildeten Lebenskontexte, die der Pragmatik im Denken Bachtins besondere Relevanz verliehen (zur Problematik der nicht unter Bachtins Namen erschienenen Arbeiten aus dem Bachtin-Kreis vgl. die treffende Darstellung in Sasse 2010, 65–79, 99–114).

Bachtins Dialogik ist aus seinem in den frühen Arbeiten der 1920er Jahre niedergelegten Versuch erwachsen, der Philosophie und insbesondere der Philosophie der Kultur durch eine pragmatische Anthropologie ein neues Fundament zu legen. In den Essays *Zur Philosophie der Handlung* (um 1922; Bachtin 2011) und *Autor und Held in der ästhetischen Tätigkeit* (um 1924; Bachtin 2008a) entwirft er den Menschen als soziales Wesen, das sich durch Handlung definiert, wobei diese Handlung stets eine Interaktion zwischen Menschen bildet. Zur Erfahrung seiner selbst bedarf der handelnde Mensch der Einsicht in das Bild, das andere von ihm gewinnen. Da er sich selbst nicht von außen wahrnehmen kann, muss er sein Eigenbild durch das im Blick des Anderen entstehende Fremdbild ergänzen. Hieraus entspringt die unabdingbare Alterität des Ich. Diese im Grunde phänomenologische und alteritäre Anthropologie bestimmt auch die Ethik des Handelns als Verantwortung aus der Perspektive der ‚Gegen-Handlung', des Reagierens auf Handeln oder der Vorwegnahme von Gegenhandlung. Im Gegensatz zu Husserls Ich-Phänomenologie legt Bachtin den Schwerpunkt statt auf das erfahrende Ich auf die Rolle des Anderen für das Ich: „Existenz ist Dialog." (Holquist 1990, 14; vgl. auch Haardt 2000) Er nimmt auch theologische Aspekte des möglichen Verhältnisses des Menschen zu Gott auf, der als Dritter die Interaktionen wahrnimmt. Bachtin bezieht sich dabei auf Martin Bubers Ich-Du-Theologie. Den philosophischen Kontext von Bachtins Frühwerk stellt Ulrich Schmid (2008) dar.

Ein zweiter Aspekt betrifft das Verhältnis zwischen Kunst und Leben, das im Konzept des „Lebenschaffens" (*žiznetvorčestvo*, Schahadat 2004, 38, 81, 99, 324) der Symbolisten als ästhetische Einheit entworfen, von Bachtin (Bachtin SS I, 5–6 [die Sigle SS verweist auf die russische siebenbändige Werkausgabe]; Bachtin 1981, 93) dagegen als wechselseitige ‚Ver-Antwortung' ethisch definiert worden ist. Diese Verantwortung ist grundlegend für den Standort des Künstlers im Verhältnis zum Kunstwerk, den Bachtin als Außenposition oder auch Außerhalbbefindlichkeit (ebenso: Extope) bestimmt hat; an die Stelle von Georg Wilhelm Friedrich Hegels zeitlicher Dominante tritt die räumliche. Damit wird nicht nur der symbolistische Entwurf der Leben-Kunst-Identität verworfen, sondern auch die Position der Autonomie der Kunst gegenüber dem Leben und das Streben russischer Avantgardisten, Kunst in Leben zu verwandeln. Der Künstler ist für Bachtin zwar nicht im Kunstwerk vorhanden, er ist in ihm nicht gegeben, doch trägt er als dessen Erzeuger, als dessen Mediator sowie als Rezipient Verantwortung dafür: Die Kunst ist ihnen aufgegeben. *Life writing* bildet somit für Bachtin eine Aktivität, die weder die Kunst ins Leben auflöst, noch das Leben in der Kunst aufgehen lässt, sondern eine Handlung an der Schnittstelle von Kunst und Leben, in der sich die Kunst fürs Leben bewähren muss und das Leben für die Kunst. Das Kunstwerk selbst kann das Aufgegeben-Sein des Lebens durch seine ästhetische Gestaltung und Vollendung in Gegeben-Sein verwandeln, ohne dass der Andere vom Ich in seiner Eigenheit (Alterität) verfremdet und damit sich entfremdet wird.

Bachtins alteritäre, auf die Stiftung des Ich durch den Anderen gründende Anthropologie findet ihre Entsprechung in seiner Auffassung von der prinzipiellen Alterität der Rede. Sie profiliert den sozialen Charakter des Sprechens dadurch, dass sie das Wort stets als Antwort, als ‚Re-Aktion' versteht: als Erwidern oder Beipflichten, als Ablehnen oder Zustimmen, als Frage oder Antwort, als Um- oder Neudeuten, als Ergänzen oder Fortschöpfen von bereits Gesagtem. Jedes gesprochene (oder geschriebene) Wort nimmt dabei die zu erwartende, ja sogar die *nicht* zu erwartende Antwort des Angesprochenen als Möglichkeit vorweg. Wer ein Gespräch beginnt, ohne dem Partner unerwartete Äußerungen zuzubilligen, beginnt im Grunde ein Selbstgespräch. Wer einen Dialog aufnimmt, bezieht in seine gegenwärtige Rede nicht nur die Vergangenheit bisherigen Sprechens (seine Motive, Themen, Konventionen und Gattungen), sondern auch die ganze Zukunft der potentiellen – erwarteten und unerwarteten – kommunikativen Reaktionen des mündlichen Gesprächspartners im engeren oder des schriftlichen Kommunikationspartners im sehr weiten Sinn unabdingbar mit ein. Dante erschuf seine *Divina Commedia* bereits im möglichen Horizont jener „menschlichen Komödie", mit der Nikolaj Gogol nach mehr als sechshundert Jahren in den *Toten Seelen* darauf geantwortet hat. Das Alte Testament impliziert seine Fortschreibung durch das Neue sowohl als Möglichkeit als auch als Unmöglichkeit.

Bei der Charakterisierung dialogischer Texte, also von Reden, die mehrere Sprecherstandpunkte enthalten, hat Bachtin auch zum metaphorischen musikologischen Begriff der ‚Polyphonie' gegriffen. Dieser tropologischen Ausdrucksweise gemäß artikulieren sich die verschiedenen Sprecher als ‚Stimmen', die unterschiedliche Sichtweisen der Wirklichkeit vortragen. Die Verschiedenheit der Sehweise ist unvermeidlich, weil keiner völlig den Standpunkt des Anderen einnehmen kann. Solcher Standort-, Stimmen- und Sprechvielfalt tritt als Alternative die Homophonie gegenüber, in der – wie zum Beispiel im Gesetz – eine einzige Stimme erklingt, das heißt ein einziger Standpunkt zur Welt eingenommen wird. In solchem ‚Monolog' kann es Bachtin zufolge nie zu einem lebendigen ‚Sprech-Austausch' kommen. Da Bachtin den Ausdruck ‚Dialog' nicht auf das Zwiegespräch im terminologischen Sinn begrenzt, hat man mit Grund vom metaphorischen Gebrauch des Ausdrucks gesprochen (vgl. insbes. Schmid 1984).

Wie der Bachtin'schen Anthropologie der Mehrwert der im Grunde unverzichtbaren Rücksicht auf den Anderen und des Anderen auf das Ich innewohnt, ist auch die dialogische Rede der monologischen durch ihre Lebensadäquatheit überlegen. Somit begründet diese Anthropologie auch eine ästhetische Axiologie (Freise 1993; Grübel 2001, 87–94), die dem Roman mit seiner Chance zur dialogischen Stimmführung und seiner Offenheit in die Zukunft gegenüber dem Epos den Vorzug gibt, das von einer einzigen Stimme und durch eine als bereits abgeschlossen dargestellte Vergangenheit beherrscht wird. Für die große Erzählgattung Roman hat Bachtin dann auch eine Typologie der narrativen Rede entworfen.

3 Die Typologie des narrativen Wortes als Entwurf einer Theorie der dialogischen Rede

Erstmals hat Bachtin sein Kommunikationskonzept in der 1929 unter dem Titel *Probleme des Schaffens bei Dostoevskij* erschienenen und 1963 in überarbeiteter Form mit der Überschrift *Probleme der Poetik Dostoevskijs* edierten Monographie als eine Typologie des narrativen Wortes systematisch ausgearbeitet (auch: Bachtin 1970). Es geht in dieser Typologie weniger darum, einander ausschließende Alternativtypen der narrativen Rede zu erheben, als vielmehr darum, ein Tableau von Übergangsformen zwischen verschiedenen Nuancierungen der Dominanz des Sprecherwortes gegenüber einem möglichen fremden Wort, dem Wort des Anderen oder aber ihrer Ausgewogenheit zu skizzieren. Bachtin unterscheidet dabei drei Grundtypen des narrativen Wortes, die sich in Untertypen gliedern. Diese Typologie wird hier detailliert nachgezeichnet, um an diesem Beispiel Bachtins Verfahrensweise zu erläutern. Er gliedert die Typen des narrativen Wortes nämlich nach Stufen steigender Dialogizität:

1. Das unmittelbar auf den Redegegenstand bezogene einstimmige Wort des Sprechers, zum Beispiel des Erzählers, der dann zugleich die entscheidende Sinn gebende Instanz verkörpert.
2. Das objekthafte einstimmige Wort einer dargestellten Person. Dieses Wort einer erzählten Figur, in das sich der Erzähler nicht einmischt, kann in zwei Varianten auftreten:
    2.1 als Wort mit Dominanz der sozialtypischen Bestimmtheit der Figur,
    2.2 als Wort mit Dominanz der individuellen Charakteristik der Figur.

3. Das Wort, das auf ein fremdes Wort eingestellt ist und daher als zweistimmiges Wort hervortritt. Dieses auf zwei Sinnzentren bezogene Wort zeigt drei Varianten:
   3.1 Das in nur eine Richtung gehende zweistimmige Wort, das zwar zwei Sprecher hat, aber doch nur eine Sinnorientierung zeigt. Es neigt bei Schwächung seiner Objekthaftigkeit, also bei nur wenig spürbarem Grad seiner Dargestelltheit, zum Wort des ersten Typus und kennt die folgenden Varianten:
      3.1.1 die Stilisierung (d. h. Rede im Stil eines Anderen),
      3.1.2 die Erzählerrede, insofern sie auf den Standpunkt Figur und/oder ihre Rede Bezug nimmt,
      3.1.3 das nicht objekthafte Wort der Figur, die zum (partiellen) Träger der Sinnposition des Autors wird,
      3.1.4 die Ich-Erzählung (bei geringer Differenz zwischen erzählendem und erlebendem Ich).
   3.2 Das in verschiedene Sinnrichtungen strebende zweistimmige Wort, das bei Minderung seiner Objekthaftigkeit und bei Aktivierung des fremden Gedankens innerlich dialogisiert wird und zum Zerfall in zwei Wörter beziehungsweise zwei Stimmen des ersten Typs neigt. Es kennt fünf Varianten:
      3.2.1 die Parodie mit all ihren verschiedenen Tönungen,
      3.2.2 die parodistische Erzählung,
      3.2.3 die parodistische Ich-Erzählung,
      3.2.4 das Wort des parodistisch dargestellten Helden,
      3.2.5 die mit einem Akzentwechsel einhergehende Wiedergabe des fremden Wortes.
   3.3 Der aktive Typ, das heißt das dargestellte fremde Wort. Das fremde Wort wirkt dabei von außen und tritt in unterschiedlichen Wechselbeziehungen und verschiedenen Stufen seiner deformierenden Wirkung hervor. Es begegnet in fünf Varianten:
      3.3.1 als verborgene innere Polemik,
      3.3.2 als polemische Färbung von Autobiographie und Beichte,
      3.3.3 als Wort, das mit Rücksicht auf ein fremdes Wort gesprochen wird,
      3.3.4 als Replik im Dialog,
      3.3.5 als verborgener Dialog. (Bachtin SS I, 96; Bachtin SS VI, 222; Bachtin 1971, 222–223)

Die komplexeste Form narrativer Rede bildet somit jenes Wort im ‚aktiven Typ' (3.3), welches das Sprechen des Anderen in die Manifestation von Standpunkt und Sinn des Sprechers aufnimmt. Am leichtesten ist der vierte Subtyp bestimmbar, in dem Repliken einander im zitierten Dialog gegenübertreten (3.3.4). Schwieriger ist das Wort zu fassen, das zwar mit Rücksicht auf das Wort des Anderen gesprochen wird, diese Rücksicht aber nicht thematisiert (3.3.3) oder dem in einer Autobiographie oder einer Beichte eine polemische Note eignet. Am schwersten fällt es, die verborgene innere Polemik (3.3.1) sowie den verborgenen inneren Dialog (3.3.5) zu durchschauen. Diese beiden seien daher an je einem Beispiel illustriert. In Thomas Manns Roman *Doktor Faustus* (1947) teilt der Ich-Erzähler zu Beginn des 21. Kapitels mit: „Heute morgen, während Helene, meine gute Frau, uns den Morgentrank bereitete [...], las ich im Blatt von dem glückhaften Wiederaufleben unseres Unterseeboot-Krieges, dem binnen vierundzwanzig Stunden nicht weniger als zwölf Schiffe, darunter zwei große Passagierdampfer [...] zum Opfer gefallen sind." (Mann 1967, 229)

Das ‚Humanistendeutsch' des Narrators Zeitblom entlarvt sich als zutiefst inhuman, indem der Tod von Zivilisten als ‚glücklich' bezeichnet wird. Damit gibt sich jene verborgene innere Polemik vom Typ 3.3.1 zu erkennen, auf die Mann selbst in *Die Entstehung des Doktor Faustus* hingewiesen hat. Der verborgene innere Dialog tritt im selben Roman wiederholt durch die verdeckte Parallelisierung der Biographie Leverkühns mit dem Lebenslauf Friedrich Nietzsches einerseits und dessen Stil in *Ecce homo* andererseits prägnant in Erscheinung (vgl. z. B. Mann 1967, 667).

Bachtin (Bachtin SS VI, 224–225; Bachtin 1971, 225) legt seine Typologie der Rede im Roman im ausdrücklichen Verweis auf die Redepraxis *außerhalb* der Literatur an. Er nennt die Wissenschaft, die sich mit dem Sprechen in der Lebenspraxis und der Literatur befasst, ‚Meta-Linguistik' (*metalingvistika*), wir können auch von Pragma-Linguistik sprechen, da es um die Funktion der Sprechakte im jeweiligen Lebenskontext geht. Er stellt sie der traditionellen Sprachwissenschaft (zumal bei Ferdinand de Saussure) gegenüber, die Sätze in aller Regel außerhalb von Kommunikationszusammenhängen untersucht hat.

In der Studie *Das Wort im Roman* führt Bachtin (Bachtin SS III, 9–120; Bachtin 1979, 154–300) in den 1930er Jahren die Analyse der Rede in der fiktionalen Prosa fort und stellt die Romanrede als dialogische ‚Redevielfalt' (*raznojazyčie*, d. h. eine Rede mehrerer Sprecher mit unterschiedlichen Standpunkten und Weltsichten) der Rede in der Lyrik mit ihrer Neigung zum Monolog eines einzigen Sprechers (des lyrischen Ich) gegenüber. Anders als der Romanautor entwerfe der traditionelle Lyriker die Sprache seines Textes als „einheitliches intentionales Ganzes" (Bachtin SS III, 49; Bachtin 1979, 188). Doch hatte Bachtin (Bachtin SS I, 223; Bachtin 1971, 223) zuvor betont, dass bereits Heine und dann viele Lyriker des 20. Jahrhunderts eine prosaisierte Versrede verwenden und so Polyphonie, Redevielfalt und Dialogizität auch der gebundenen Rede erschließen. Renate Lachmann (1982) hat die Auffassung vertreten, die von den Tropen poetischer Rede erzeugte semantische Mehrdeutigkeit könne (anders als Bachtin schreibt) gleichfalls als dialogisch angesehen werden. Poetische Polysemie ist jedoch Bachtin zufolge ebenso von der standpunktbezogenen Sinnvielfalt prosaischer Dialogik zu unterscheiden wie semantische Ambiguität von axiologischer Ambivalenz. Gleichwohl sieht er (Bachtin 1990, 481) die Selbstobjektivierung des Ich in der Lyrik auch als potentielle Dialogik an.

4 Bachtins Chronotopik: Abschied vom Historismus durch Raum-Zeit-Verschränkung

Den nächsten Schritt unternimmt Bachtin (Bachtin SS III, 340–512; 2008b) im kulturphilosophisch, literarhistorisch und gattungstheoretisch argumentierenden Essay *Formen der Zeit und des Chronotopos im Roman* Ende der 1930er Jahre. Diese Arbeit konterkariert ihren Untertitel *Skizzen zu einer historischen Poetik*, da sie im Gegensatz zu Hegels philosophischem Historismus, zu Karl Marx' Gesellschaftstheorie und zu Georg Lukács' *Theorie des Romans* im Kontext von Albert Einsteins Relativitätstheorie und Dmitrij Uchtomskijs Konzept der wahrnehmungsphysiologischen Dominante jegliche Teleologie der Geschichte verwirft und den philosophischen Entwurf, die empirische Erfahrung und die künstlerische Darstellung von Zeit und Raum als Verquickung von Chronos und Topos aufweist. Bachtin nimmt damit den von Michel Foucault in den späten 1970er Jahren angestoßenen *spatial turn* um fast ein halbes Jahrhundert vorweg (Frank und Mahlke 2008, 228).

Wie fest Bachtins (Bachtin SS III, 342; Bachtin 2008b, 8) Denken in der Kulturphilosophie verankert ist, zeigt der Umstand, dass er in der Einleitung zur Explikation des Chronotopos-Modells darauf hinweist, er teile einerseits Immanuel Kants Überzeugung, dass Raum und Zeit notwendige Formen jeder Erkenntnis bilden, bestehe andererseits aber darauf, sie im Unterschied zu Kant als Dimensionen der Realität (genauer: als Entwurf und Erfahrung der Realität) selbst anzusehen. Bachtin sucht vermöge modellhafter Chronotopoi, das heißt Raum-Zeit-Verschränkungen, eine Typologie des dem Epos mit seiner Fixierung auf die abgeschlossene Vergangenheit durch seine zukunftsoffene Struktur grundsätzlich entgegengesetzten Romans von seinen griechischen Anfängen her zu rekonstruieren. Er stellt sich damit gegen Lukács' der Fortschrittsidee verhafteten Maxime, es gelte im Rahmen des sozialistischen Realismus ein neues ‚realistisches' Epos zu begründen.

Bachtin setzt auf der Grundlage der Chronotopoi drei Grundtypen des antiken Romans gegeneinander ab, die bis in die Gegenwart praktiziert werden:

(1) den von einzelnen, privaten Menschen handelnden ‚abenteuerlichen Prüfungsroman', der von einer abstrakten fremden Welt als Raum und von einer als Prüfung der Figur angelegten Abenteuerzeit geprägt ist, in der die Ereignisse von Plötzlichkeit und Zufall bestimmt sind und die Zeit-Raum-Relation abstrakt und technisch ausgeprägt ist;

(2) den ‚abenteuerlichen Alltagsroman', der die Abenteuerzeit mit der Zeit des Lebensalltags verknüpft, freilich so, dass die Figur des noch stets privaten und isolierten Menschen diesen Alltag ohne das Aufkommen biographischer Zeit durchlebt, dabei der Metamorphose unterzogen wird und nun erstes (eigene Schuld des Handelnden) sowie letztes Ereignis (helfendes Eingreifen der Götter) dem Zufall entzogen sind. Der Widerstreit zwischen der Öffentlichkeit dieser literarischen Form und dem privaten Charakter ihres Inhalts sprengt Bachtin zufolge den Rahmen dieses Chronotopos und führt zur Entwicklung des dritten und letzten Typs.

(3) Biographie und Autobiographie. Obgleich dieser Chronotopos in der Antike noch nicht als Romanform ausgebildet wurde, entstand bereits eine Reihe von ihm entsprechenden Erzähltexten, die Bachtin zwei Subtypen zuordnet. Den ersten nennt er den platonischen Typus; er tritt in der *Apologie des Sokrates* und im *Phaidon* hervor. Es ist dies der Chronotopos des „Lebenswegs eines nach wahrer Erkenntnis suchenden Menschen" (Bachtin SS III, 385; Bachtin 2008b, 57). Er führt von arroganter Unwissenheit über selbstkritische Skepsis zu wahrer Erkenntnis. Dabei wechseln Momente der Krise mit solchen der Wiedergeburt. Auch hier durchläuft die Figur Metamorphosen, deren ideale und abstrakte Zeit die reale biographische Zeit noch fast völlig in den Hintergrund drängt.

Der zweite Untertyp der (Auto-)Biographie ist aus der Grabesrede erwachsen, von Rhetorik geprägt und hatte im Grunde keinen literarischen Charakter. Sein Ort war der griechische Marktplatz, die Agora, auf dem er öffentlich vorgetragen wurde. Dieser Ort schloss alles Private aus diesem Bild des Menschen aus und kehrte die dargestellte Person ganz und gar nach außen. Die Folge ist für Bachtin die „Extrovertiertheit" (*ovnešennost'*) des Menschen in der klassisch-antiken Literatur und Kunst (Bachtin SS III, 388; Bachtin 2008b, 60). Alles Denken fand hier hörbar *coram publico* statt (ein schweigend einsames Denken, das sich erst in der hellenistisch-römischen Zeit entwickeln sollte, war in diesem Kulturraum gar nicht vor- und darstellbar). Dieses öffentliche Denken ist Bachtin zufolge literarisch erst wieder bei François Rabelais und bei Johann Wolfgang Goethe prägnant ausgebildet.

Bachtin entfaltet diese Typologie, obgleich allein der ‚abenteuerlichen Prüfungsroman' in der Antike in vielen Exemplaren vorliegt, der ‚abenteuerliche Alltagsroman' dagegen nur in zwei Texten (Petronius' *Satyrikon* sowie Apuleius' *Goldenem Esel*) und Biographie sowie Autobiographie in der griechischen Antike als Romane noch gar nicht aufscheinen. Es kennzeichnet seine Vorgehensweise, dass er nicht auf die Gliederung großer Textmengen in vergleichbare Portionen aus ist, sondern auf das Profilieren von alternativen Möglichkeiten kultureller und literarischer Raum-Zeit-Verschränkung.

Ein zweites Charakteristikum von Bachtins Konzept bildet seine Überzeugung, die kulturelle Überlieferung werde weder im Gedächtnis des Individuums noch im Bewusstsein eines Kollektivs gespeichert, sondern in den kulturellen Formen (also auch den literarischen Formen) als Chronotopoi in die Gegenwart transportiert: „Die kulturellen und literarischen Traditionen werden nicht im individuellen subjektiven Gedächtnis des einzelnen Menschen und nicht in irgendeiner kollektiven ‚Psyche' aufbewahrt [...], sondern in den objektiven Formen der Kultur selbst (darunter in den Sprach- und Redeformen), und in diesem Sinne sind sie intersubjektiv und interindividuell (und in diesem Sinne auch sozial) [...]" (Bachtin SS III, 495; Bachtin 2008b, 186–187).

Auch der Roman als Gattung ist Bachtin zufolge ein solcher Speicher kultureller Überlieferung, verfügt über ein Gattungsgedächtnis, das Gattungsstile involviert (Bachtin 1986). In seinen Arbeiten der späten 1940er und frühen 1950er Jahre zu den *Sprechgattungen* hat er festgestellt: „Wo Stil ist, da ist auch Gattung" (Bachtin SS V, 166; Bachtin 2016, XX). An Goethes Romanen beobachtet er einen Chronotopos, der die Gegenwart als Einheit mit der Vergangenheit entwirft. Am Roman führt Bachtin auch die „Hybridisierung" (*gibridizacija*) vor (Bachtin SS III, 113; Bachtin 1979, 244), eine absichtliche oder unabsichtliche Kombination (nicht ihre Synthese!) von sozialen Sprachen in einer Sprache oder von mehreren Gattungen in einer einzigen. Die Alternative zur Bildung von Hybriden besteht in der wechselseitigen Erhellung von Sprachsystemen (und analog: Gattungssystemen), die als deren Stilisierung oder aber als ihre Variation hervortritt. Die dritte Erscheinungsform ist der Dialog selbst, der die Gegenüberstellung von Sinnpositionen durch ihnen entsprechende Sprachen und/oder das Sprachgebaren bezeichnet. Der Roman ist für Bachtin die dialogische Gattung par excellence, weil er alle Gattungen in sich aufnehmen kann und ihm die Dialogisierung als sprachlich-kommunikatives Grundprinzip eignet.

5 Der Karneval als kulturelles und literarisches Gedächtnis des Lachens

In einem letzten Schritt rekonstruiert Bachtin in den 1940er Jahren im Rabelais-Buch das karnevalistische Kulturgedächtnis des Lachens. Das karnevalistische Lachen verlacht (in Nietzsches Terminologie: als dionysisches Verhalten) die vergängliche Welt und ihre seriöse Ordnung. Es bildet (wieder in Nietzsches Ausdrucksweise) eine Alternative zur Kultur der apollinischen Welt und bietet Mittel zur Befreiung von Angst. Dabei unterscheidet Bachtin drei Typen des Lachens: rituell-szenisches, mündliches und schriftliches. Das rituell-szenische Lachen zur Fastnacht, auf Festen und Jahrmärkten sowie in Marktplatzszenen bildet Bachtin zufolge die öffentliche Grundform des Lachens, deren Varianten im Medium der Mündlichkeit (Schimpfereien, Flüche, Scheltgedichte) und Schriftlichkeit (groteske, komische und parodistische Texte) in die orale und literale Literatur aufgenommen werden. Ihre Kennzeichen sind Ambivalenz, Dynamik und Körperlichkeit. Bachtins These, dass der Karneval als Festkultur weitgehend durch die Folklore tradiert wird und der offiziellen Kultur als „Gegenkultur" (Lachmann 1987) entgegentrat, ist vielfach aufgegriffen, aber mit Verweis auf die Einbettung des Karnevals ins Kirchenleben und auf ihm innewohnende Momente des Terrors auch bestritten worden (Moser 1990; Gurevič 1991; Unger 1995; Simons 1996). Hierher gehört auch seine nicht unproblematische Opposition von Dialogik und Rhetorik (Lachmann 2000), die in der ostslavischen Textkultur verankert ist.

Von starker Wirkung war Bachtins (Bachtin SS IV, 2, 243, 349; Bachtin 1987, 267, 366 et passim) Ausarbeitung des karnevalesken grotesken Leibes, der keine Grenze hat, sich stetig verändert, das Innere nach außen kehrt, das Obere zum Unteren wendet und umgekehrt, der isst und gegessen wird, zugleich kollektiv und individuell ist und durch Übergang seines Todes in die Geburt kein zeitliches Ende kennt. In seinen Arbeitsnotizen bringt Bachtin den Karneval auf den Punkt des „lachenden Todes", nennt die zugehörige Philosophie „denkenden Tod" und kennzeichnet die Karnevalswelt als Welt grundsätzlicher Relativität und utopischer Freiheit (Bachtin SS IV, 2, 562–563). Damit korrespondiert seine Charakterisierung der Literaturwissenschaft als „der freieste (fast karnevaleske) Bereich der Forschung" (Bachtin SS VI, 410), dem die Philosophie als strikte „Metawissenschaft" gegenübertritt. Hierzu stimmt seine Überzeugung (Bachtin SS V, 444), dass Dialogik und Dialektik sich ausschließen, weil die Synthese die in den Antithesen gegebenen gegensätzlichen Sinnpositionen aufhebt. Das Konzept des Karnevalesken schöpft Rabelais Bachtin zufolge aus der Antike, das Material dagegen aus dem Mittelalter.

Im Grunde bildet Bachtins Karnevalskonzept ein utopisches Kulturmodell, das eine horizontale, symmetrische, angst- und herrschaftsfreie Kultur vertikalen, asymmetrischen, angstbesetzten und autoritären Kulturen entgegenhält. Der Karneval hat keinen Autor, sein angemessener Ort ist der öffentliche Platz. Daher ist sein Übergang in die Literatur mit ihrer Autorschaft bereits seine reduzierende Zähmung, die indes sein Überleben ermöglicht, das Bachtin exemplarisch an Rabelais' Roman *Gargantua et Pantagruel* und später an Dostoevskij und Gogol' untersucht und vorführt. Lachmann spricht mit Blick auf Bachtins Karnevals-Wort von einer „somatischen Semiotik" (Lachmann 1987, 25), in der die Trennung des Zeichens vom Körper des Sprechenden sowie des Zeichenwerts vom Zeichenkörper undenkbar sind. Wie sich Bachtins Karneval zur Kultur des totalitären Stalinismus verhält, ist von der Forschung unterschiedlich gesehen worden (Groys 1989; Ryklin 1993). Mit der Aufnahme der menippeischen Satire und der Karnevalsquellen bei der Überarbeitung des Dostoevskij-Buches hat Bachtin den Kreis seiner Monographien geschlossen. Sein Gesamtwerk lässt sich der russischen Konzeption einer europäischen Renaissance in drei Stadien zuordnen, wobei Rabelais dem ersten (romanischen), Goethe dem zweiten (germanischen) und Dostoevskij sowie Gogol dem dritten (slavischen) angehören, die nun endlich auch mit dem Karneval das dem Leben entsprechende Chaotische, Wilde und Freie in den Kulturkanon aufnehmen.

6 Bachtins Ort jenseits von Formalismus, Strukturalismus und Poststrukturalismus

Bachtin hat seine eigene Arbeit sowohl dem russischen Formalismus als auch dem Strukturalismus gegenübergestellt. Den (frühen) Formalismus hat er (Bachtin SS I, 171–172; Bachtin 1979, 101) als „Materialästhetik" (*material'naja èstetika*) zugleich wertgeschätzt und verworfen. Er vermisste das Eingehen auf die Sinn- und die Wertkomponente des Artefakts sowie dessen Einbettung in das „Ereignis des Seins" (*sobytie bytija*, Bachtin SS I, 314; Bachtin 1979, 142). Auch den Strukturalismus hat er als Arbeitsgrundlage zugleich anerkannt und abgewiesen (Bachtin SS VI, 431, 434); Strukturalisten erkennten nur das Subjekt des Forschers an. Wie bei Saussure schien ihm noch bei den russischen Semiotikern die Neigung zum Entwurf geschlossener Systeme von Regeln, zur Auffassung von Äußerung und Artefakt als *Ding* und nicht als Artikulation einer *Person* und damit die Entfernung von der Offenheit und Regellosigkeit des Lebens zu groß. In der Entgegensetzung der mechanischen Beziehungen in der Analyse und der organischen Beziehungen im dialogischen Vorgehen ist ebenso wie in Bachtins Naturbegriff ein dem russischen Kosmismus geschuldetes Moment romantischer Verklärung gegeben.

Schon in der erst 1996 veröffentlichten Skizze *Zu den philosophischen Grundlagen der Geisteswissenschaften* hat Bachtin (Bachtin SS III, 7–10, hier 7) in den frühen 1940er Jahren „Ding-Erkenntnis" (*poznanie vešči*) und „Erkenntnis der Person" (*poznanie ličnosti*) einander „als Extreme" entgegengesetzt. Er fasst dabei die Erkenntnis des „toten Dings", das nur für den Anderen existiert, als einseitigen (monologischen) Akt des Erkennenden auf und konfrontiert ihn dem Äußersten des „Denkens über Gott in Anwesenheit Gottes" als Dialog, in dem Denker und Gedachter über einen je eigenen Horizont verfügen. Der (sprachliche) Ausdruck findet dann als „Begegnung zweier Bewusstseine" (*Vstreča dvuch soznanij*, Bachtin SS III, 9) statt und die Erkenntnis der Vergangenheit als Einsicht in deren „Unvollendbarkeit" (*nezaveršimost'*) (Bachtin SS III, 9). War diese Reflexion wohl vor allem gegen Gustav Špets Phänomenologie gerichtet (vgl. zum Verhältnis Bachtin und Špet: Tihanov 2010, 52–54), die auch das Geistige als Gegenstand entworfen hatte, so hat Bachtin (1975, 204; 1979, 349–357, hier 350) im Aufsatz *Zur Theorie der Literaturwissenschaft*, der in der Tradition des russischen Personalismus erneut auf die Bedeutung der Person im Unterschied zum Ding in den Geisteswissenschaften hinweist, wohl neben dem ausdrücklich genannten Formalismus auch die Strukturalisten im Blick. Hierbei setzt er nun auch „Verdinglichung" (*oveščestvlenie*) und „Entfremdung" (*otčuždenie*, Bachtin 1975, 392) gegeneinander ab. Irina Wuttsdorff hat einerseits die Nähe von Bachtins Dialogizität zur Ästhetik des Prager Strukturalismus in der „Poetik des offenen Sinns" (Wuttsdorff 2006, 238) nachgezeichnet und andererseits ihre Distanz in der Polyfunktionalität als Konzept Mukařovskýs und der Dispension des Ethischen im Ästhetischen bei Bachtin bestimmt.

In einer späten philosophischen Etüde über den Textbegriff hat Bachtin (1990, 449, 477) Ende der 1950er, Anfang der 1960er Jahre den Text eine einmalige und unwiederholbare Artikulation ('Offenbarung') eines ebenso einmaligen und unwiederholbaren Individuums, einer ‚Persönlichkeit' genannt. Damit ist jene singuläre Ereignishaftigkeit des Schreib- und Sprech-, Lese- und Höraktes bestimmt, die ihrer Desubjektivierung im Poststrukturalismus klar widerspricht.

Mit dem Poststrukturalismus ist Bachtins Offenhalten der Grenze zwischen Artefakten vereinbar, sein Festhalten an der Verantwortung des Autors für den Text dagegen nicht. Seine Überzeugung ist, dass literarische Formen selbst Bestandteile des kulturellen Gedächtnisses bilden und von Schriftstellern aufgegriffen und abgewandelt werden können, so dass das Modell des sich autonom fortschreibenden Diskurses nicht plausibel erscheint. Dennoch haben seine Konzepte der Hybridität und der Dialogizität auf den postmodernen Postkolonialismus, auf die Gender- und die Orientalismusforschung gewirkt. Am unmittelbarsten und offensichtlichsten war seine Wirkung auf Kristevas Konzept der Intertextualität.

7 Kristevas Transfer der Bachtin'schen Dialogik in Intertextualität

Anders als Bachtin war die 1965 als Forschungsstipendiatin aus Bulgarien nach Paris emigrierte Kristeva zunächst im Strukturalismus verankert, ehe sie sich infolge der Lektüre von Bachtins Dostoevskij-Buch (Kristeva 1972a) sowie unter dem Einfluss von Jacques Lacan, Foucault und Roland Barthes dem Poststrukturalismus zuwandte (Angerer 2005, Becker-Leckrone 2005). Anfangs hatte Kristeva (1969, 9–28, 113–146) unter der Wirkung der sowjetischen Semiotik (vor allem Jurij Lotmans) mit den Schriften *Der Text und seine Wissenschaft* (*Le texte et sa science*) sowie *Für eine Semiologie der Paragramme* (*Pour une sémiologie des paragrammes*) (Kristeva 1972b) eine mathematisch-logisierende Form szientifischer Literaturwissenschaft angestrebt (vgl. auch Kristeva 1968a; 1968b). Der Begriff ‚Paragramm' meint eine sprachliche Einheit, die nicht statisch ist, sondern durch den Bezeichnungsprozess in Bewegung gerät und, wie Lachmann (2010, 27) ausführt, im Anschluss an Jean Starobinskis (1970; 1980) Edition der Anagrammstudien Saussures gebildet worden ist (vgl. auch Isekenmeier 2007). Diese Bewegung wird durch literarische Texte Wörtern zuteil, die in der Alltagssprache in ihrer Bedeutung erstarrt sind. Dies ist ein Konzept der russischen Formalisten, die, wie nun auch Kristeva, poetische und Alltagssprache einander gegenübergestellt haben. Zu den Ermöglichungsbedingungen des Intertextualitätskonzeptes gehört somit auch die wesentlich von Tzvetan Todorov (1965), einem anderen Pariser Bulgarien-Emigranten, angestoßene Rezeption des russischen Formalismus in Frankreich. 1968 war in der Zeitschrift *Langages* Bachtins (1979, 154–300) Essay *Das Wort im Roman* in französischer Übersetzung (Bachtin 1968) erschienen, zwei Jahre später wurde Kristevas (1970) Einleitung zur französischen Übersetzung von Bachtins Dostoevskijbuch ediert.

Mittlerweile war Kristeva durch Philippe Sollers unter den Einfluss des maoistischen Neomarxismus geraten und hatte sich im Rahmen der sich seit 1967 revolutionär gebärdenden Zeitschrift *Tel Quel* (1960–1982) der Analyse der herrschenden Diskurse und der Ideologiekritik zugewandt. Danach unterzog sie sich unter dem Einfluss von Lacan einer Psychoanalyse, ließ sich als Analytikerin ausbilden und entwarf eine eigene stadiale Psychoanalyse. Infolge ihrer Orientierung an Lacan ist ihr Subjektbegriff nicht statisch, sondern prozessual (Kristeva 1980). Sie setzt dabei aber der Lacan'schen Kategorie des die patriarchale Gesellschaft repräsentierenden Symbolischen die Kategorie des weiblichen, vorsymbolischen Semiotischen entgegen (Mersch 1999), das der Sprache und Gesellschaft vorausliegt. Die Überzeugung von der Prozessualität des Subjekts hat auch ihr Konzept der Sprache der Literatur und der Intertextualität geprägt (Kristeva 1980). Mit

Blick auf das Semiotische situiert sie den Sinn eines Textes in der Spalte beziehungsweise Kluft zwischen Wort und Bedeutung.

Kristevas Konzept der Intertextualität unterscheidet sich von Bachtins Dialog-Entwurf zunächst dadurch, dass es seinen Personalismus (der die Person dem Ding strikt gegenüberstellt) und seinen dialogischen Intersubjektivismus durch eine fließende, die Rolle des Autors schwächende Subjektkonzeption ersetzt. Es entspricht darin Barthes' (1968) These vom ‚Tod des Autors'. Ein weiterer Neuansatz gegenüber Bachtins Orientierung auf das dialogische Wort ist die Konzentration auf den Text als Ort von Permutation und Transformation, an dem sich die Intertextualität ereignet. Dabei wird die Differenz zwischen Objekttext und Metatext zunichtegemacht, der Autor ist nicht mehr Herr des Textes, sondern sein Gegenstand: Der Text bezieht sich nicht so sehr referentiell auf Wirklichkeit wie kontextuell auf andere Texte. Intertextualität bildet ein „textuelles Zusammenspiel, das im Innern eines Textes abläuft" (Kristeva 1972c, 255) und den Text nur mehr als ein „Mosaik aus Zitationen" (*mosaïque de citations*) sowie als „Absorption und Transformation" (*absorption et transformation*, Kristeva 1969, 85; Kristeva 1972c, 348) anderer Texte erscheinen lässt. Analog schreibt Roland Barthes: „Der Text ist ein Gewebe von Zitaten aus unzähligen Stätten der Kultur." (Barthes 2000a, 190) Abgelöst wird Bachtins Fundierung des Dialogs in einer Ethik der Handlung durch einen auffälligen Logozentrismus.

Wo Kristeva ihr Konzept zur Interpretation von Texten einsetzt, sucht sie multiple Logiken, Redeweisen und Daseinsformen. So spricht sie in der Monographie *Polylogue* (Kristeva 1977, 313) zwar von einer Position „außerhalb der Sprache", in der das Subjekt sich Lacan zufolge verliert, die aber nicht erreicht wird. Sie sucht den Ort, „où se détruit et se renouvelle le code social" [„wo der soziale Code zerstört und erneuert wird"] (Kristeva 1977, 158). Als Genotext versteht sie den zweisprachigen Prozess der Ausbildung einer Ausdrucksstruktur, als Phänotext die der Kommunikation dienende, Sprecher und Adressaten voraussetzende Sprachstruktur (Berressem 2004). Seit den 1990er Jahren wendet sie sich wieder dem Subjekt zu und nimmt Abschied von der Phase seiner Negation.

Wenige Begriffe haben im vergangenen Jahrhundert so stimulierend auf die Literaturwissenschaft gewirkt wie der weitgehend an die Stelle des Terminus ‚Einfluss' getretene Ausdruck ‚Intertextualität'. Harold Bloom hat freilich in seiner Poetiktheorie *The Anxiety of Influence* (1973), die moderne Literatur gleichsam als Camouflage und/oder Vermeidung von Intertextualität deutet, auch in der zweiten Edition von 1997 am Einflussbegriff festgehalten. Andere haben den Begriff vielfach variiert (Lotman 1993; Genette 1982; Genette 1996; Schmid und Stempel 1983; Broich und Pfister 1985; Plett 1991 usw.) und zu Teilkonzepten wie ‚Text im Text', ‚Anatext', ‚Hypotext', ‚Hypertext', ‚Intertext', ‚Metatext', ‚Transtext', ‚Paratext' und ‚Subtext' (Lachmann 2010, 32) ausdifferenziert.

Lotman (1981, 13) bestimmte den „Text im Text" als rhetorische Konstruktion, in der die Unterschiede in der Kodiertheit der verschiedenen Textteile als Faktor der Konstruktion durch den Autor und der Rezeption durch den Leser wirken und den spielerischen Charakter des Textes hervorkehren. Der Barthes-Schüler Genette (1982) hat Kristevas radikal subjektloses Konzept verworfen und im Rahmen seines Entwurfs von Transtextualität Intertextualität auf manifeste Text-Textbeziehungen beschränkt und daneben Paratextualität als Beziehung eines Textes zu ihn rahmenden Texten gestellt, Metatextualität als hierarchische Beziehung eines Textes, der einen anderen thematisiert, Architextualität als Zuordnung eines Textes zu einer Gattungstradition und Hypertextualität als Beziehung zwischen einem Prätext (Hypotext) und einem präsenten Text (Hypertext). Karlheinz Stierle (1984b) erhob – zu Bachtin zurückkehrend – Intersubjektivität wieder zur Voraussetzung von Intertextualität, und Michael Riffaterre (1994) gründete Intertextualität auf manifeste Kompatibilität der aufeinander beziehbaren Texte und grenzte sie gegen auf freier Assoziation gründende Hypertextualität ab. Um völlige Beliebigkeit zu vermeiden, scheint es sinnvoll zu sein, gegen Kristevas Absicht manifeste, durch Textindikatoren und/oder Kontexte intersubjektiv einsichtig zu machende Intertextualität zu trennen von jener latenten, letztlich beliebigen, gleichwohl aber möglichen Intertextualität, die einen jeden Text mit einem jeden anderen verknüpft. Man kann sich dabei sogar auf Bachtins ethisch durch Verantwortung untermauerten, auf Subjekte bezogenen und als je einmaliges Ereignis stattfinden Akt dialogischer Kommunikation berufen.

Weiterführende Literatur

Bachtin, Michail M. (2008a). *Autor und Held in der ästhetischen Tätigkeit*. Hrsg. von Rainer Grübel, Edward Kowalski und Ulrich Schmid. Übers. von Hans-Günter Hilbert, Rainer Grübel, Alexander Haardt und Ulrich Schmid. Frankfurt a. M.
Broich, Ulrich und Manfred Pfister (Hg.) (1985). *Intertextualität. Formen, Funktionen, anglistische Fallstudien*. Tübingen.
Lachmann, Renate (Hg.) (1982). *Dialogizität*. München.
Sasse, Sylvia (2010). *Michail Bachtin zur Einführung*. Hamburg.
Suchsland, Inge (1992). *Julia Kristeva zur Einführung*. Hamburg.

Hendrik Birus
III.1.3 Poetizität und Philologie: Roman Jakobson

1 Vom Formalismus zum Strukturalismus

Von Roman Jakobson stammen einige der wichtigsten fundamentalpoetischen Beiträge im 20. Jahrhundert wie *Linguistik und Poetik* (Jakobson 2007b, I, 155–236), *Poesie der Grammatik und Grammatik der Poesie* (Jakobson 2007b, I, 257–301), *Unterschwellige sprachliche Gestaltung in der Dichtung* (Jakobson 2007b, I, 125–153) und *Der grammatische Parallelismus und seine russische Spielart* (Jakobson 2007b, I, 303–364); als womöglich noch wichtiger könnte sich deren praktische Umsetzung in zahlreichen Einzelanalysen erweisen. Obwohl diese aber in ihrer komparatistischen Spannweite – Texte aus zwölf Jahrhunderten in 19 Sprachen – nicht ihresgleichen finden dürften, lassen sie zugleich prinzipielle gattungsspezifische Begrenzungen seines Ansatzes erkennen. Denn weder interessieren ihn Dramen noch Romane; und obwohl er sich gelegentlich mit Märchen, Chroniken und Erzählungen, ja selbst mit Filmen und Werbesprüchen beschäftigt, so sind doch Gedichte und allenfalls Versepen seine eigentliche Domäne. Ja, das monumentale Korpus seiner späten Gedichtanalysen beschränkt sich – in der Tradition Edgar Allan Poes und Charles Baudelaires – programmatisch auf kurze Gedichte, denn: „Die gleichzeitige Synthese, die durch die unmittelbare Erinnerung bei einem kurzen Gedicht zustande kommt, bestimmt klar seine Strukturierungsgesetze und unterscheidet diese von denen, die dem Aufbau von langen Gedichten zugrunde liegen." (Jakobson 2007b, II, 747–748)

Genau genommen geht es Jakobson von Anbeginn an gar nicht um eine Theorie der Literatur, womöglich gar in ihren gattungs-, epochen- und kulturenspezifischen Auffächerungen, sondern vielmehr um eine Theorie der *Literarizität*, das heißt dessen, „was das vorliegende Werk zum literarischen Werk macht", als „Gegenstand der Literaturwissenschaft" (Jakobson 2007b, I, 16). Und er hat noch heute die Lacher auf seiner Seite, wenn er hinzufügt: „Doch glichen die Literaturhistoriker bislang meist einer Polizei, die eine bestimmte Person verhaften will und zu diesem Zweck für alle Fälle alles und jeden, was sich nur in der Wohnung anfindet, samt den unbeteiligten Passanten auf der Straße mitnimmt. So kam denn auch den Literaturhistorikern alles zupaß – Soziales, Psychologie, Politik, Philosophie. Statt einer Literaturwissenschaft kam ein Konglomerat von hausbackenen Disziplinen zustande. Man vergaß gewissermaßen, daß diese Gebiete jeweils zu entsprechenden Wissenschaften gehören – zur Philosophiegeschichte, Kulturgeschichte, Psychologie usw., und daß diese natürlicherweise auch literarische Denkmäler als defekte und zweitrangige Dokumente verwenden können." Daraus zog Jakobson die provokante Konsequenz: „Wenn aber die Literaturwissenschaft eine Wissenschaft werden will, ist sie genötigt, das ‚Verfahren' [russ. *priëm*] als ihren einzigen ‚Helden' zu akzeptieren." (Jakobson 2007b, I, 16)

Der von Viktor Šklovskij geprägte und von den übrigen russischen Formalisten sogleich aufgegriffene Begriff *priëm* vereinigt allerdings zwei unterschiedliche Bedeutungskomponenten. Zum einen ganz allgemein: ‚Verfahren', wie in Šklovskijs Programmschrift *Kunst als Verfahren* (1916) – mit dem Schlüsselsatz dargelegt wird: „Das Verfahren der Kunst ist das Verfahren der ‚Verfremdung' der Dinge und das Verfahren der erschwerten Form, ein Verfahren, das die Schwierigkeit und Länge der Wahrnehmung steigert, denn der Wahrnehmungsprozeß ist in der Kunst Selbstzweck und muß verlängert werden […]." (Šklovskij 1969, 16) Zum anderen spezifischer: ‚Kunstgriff', sodass Šklovskij das literarische Werk als „Summe aller darin angewandten stilistischen Kunstgriffe" (Šklovskij 1966, 165) begreifen konnte und seine literaturtheoretischen Arbeiten dementsprechend weitgehend als katalogartige Beispielsammlungen angelegt sind. Eben dies gilt auch für Jakobsons literaturwissenschaftlichen Erstling *Die neueste russische Poesie: Erster Entwurf. Annäherungen an Chlebnikov* von 1919/1921 (Jakobson 2007b, I, 1–123), der freilich – in bemerkenswerter Übereinstimmung mit der „Auslegung des bedeutsameren Gesprächs" als Ausgangspunkt der Schleiermacher'schen Hermeneutik (Schleiermacher 2002a, 610) – von der zukunftsweisenden These ausgeht, dass nur das Studium der Prozesse lebendiger Rede ein Eindringen in die Geheimnisse der poetischen Sprachstruktur ermögliche (Jakobson 2007b, I, 4), und deshalb eine „besondere poetische Dialektologie" fordert (Jakobson 2007b, I, 8).

Jakobsons Übergang vom Formalismus zum Strukturalismus erfolgte in seiner Prager und Brünner Zeit, indem er in dem Aufsatz *Was ist Poesie?* statt des „Separatismus der Kunst" nunmehr die „Autonomie der ästhetischen Funktion" (Jakobson 1979a, 78) proklamierte und sich über die formalistische ‚Bloßlegung des Verfahrens' hinaus zunehmend auch für die kommunikativ-semantischen Verflechtungen der poetischen Funktion interessierte. Dabei folgte er Jurij Tynjanov, der in seinem Aufsatz *Über die literarische Evolution* das literarische Werk nicht mehr wie Šklovskij als bloße „Summe", sondern als „System" (Tynjanov 1969b, 437) seiner Komponenten begreift, wobei „das System keine gleichberechtigte Wechselwirkung aller Elemente bedeutet, sondern die exponierte Stellung einer Gruppe von Elementen (die ‚Dominante') und die Deformation der übrigen Elemente voraussetzt" (Tynjanov 1969b, 451). Auf diese Weise konvergierte die strukturalistische Literaturtheorie mit der Forderung der Schleiermacher'schen Hermeneutik, einen Text nicht bloß als „Aggregat" (Schleiermacher 2012, 101) von Einzelmomenten zu betrachten, sondern zuallererst nach seinem „Zusammenhang", seiner „Gliederung" und seiner ‚Dominante' zu fragen (Schleiermacher 2002b, 626–627). *Verstehen* heißt für Schleiermacher generell „Nachconstruiren" (Schleiermacher 2012, 128 u. ö.). Ein solches Nachkonstruieren ist aber bei poetischen Texten umso mehr am Platz, wenn man mit Šklovskij die poetische Sprache als „Konstruktions-Sprache" (Šklovskij 1969, 33) begreift und mit Tynjanov das einzelne literarische Werk als System, bei dem nach der „konstruktiven Funktion" jeder seiner Komponenten zu fragen sei (Tynjanov 1969b, 437, 439).

Indem Jakobson die Dichtung als den Typ sprachlicher Äußerungen bestimmt, in dem der poetischen Funktion eine „zwingende, bestimmende Rolle" zukommt (Jakobson 2007b, I, 172), definiert er die Poetik als „die genaue sprachwissenschaftliche Untersuchung der poetischen Funktion im Kontext der sprachlichen Botschaften im allgemeinen und in der Poesie im besonderen" (Jakobson 2007b, II, 740). Diese Verhältnisbestimmung darf allerdings nicht quantifizierend missverstanden werden (vgl. Simon 2009, 238) – denn: „So wirksam die betonte Wiederholung in der Dichtung auch ist, das Lautgewebe ist doch keineswegs auf Zahlenspielereien [*numerical contrivances*] beschränkt, und ein Phonem, das nur einmal, aber in einem Schlüsselwort an entscheidender Stelle vor einem kontrastiven Hintergrund vorkommt, kann eine bemerkenswerte Signifikanz entwickeln. Wie die Maler früher sagten: „Un kilo de vert n'est pas plus vert qu'un demi kilo. [...] Kurz, Poetizität ist keine Ergänzung der Rede durch rhetorischen Schmuck, sondern eine vollkommene Neubewertung der Rede und all ihrer Komponenten jeglicher Art." (Jakobson 2007b, I, 197, 205) Durch welches „System von Verfahren [...] die Transformation eines sprachlichen Aktes in ein poetisches Werk" erfolgen kann, dies wird von Jakobson kaum theoretisch elaboriert, sondern vielmehr „bei seiner Analyse von Gedichten entwickelt": „Entgegen den Beschuldigungen der Literaturkritik führt uns diese Methode zu einer Spezifizierung der untersuchten ‚literarischen Akte' und öffnet so den Weg zu Verallgemeinerungen, die sich von selbst anbieten [*which suggest themselves*]." (Jakobson 2007b, II, 740)

Eine erste Probe aufs Exempel war Jakobsons noch ganz skizzenhafte Analyse von *Andrew Marvells Gedicht ‚An seine spröde Herrin'* (1959), in der er fordert, „anstatt ein paar Merkmale zu isolieren, die gesamte Selektion und Anordnung der grammatischen Kategorien in Marvells Gedicht einer stichhaltigen Analyse zu unterziehen" (Jakobson 2007b, I, 678), um so durch eine „unvoreingenommene, aufmerksame, detaillierte und ganzheitliche Beschreibung die grammatische Struktur eines einzelnen Gedichts aufzudecken" (Jakobson 2007b, I, 272). Schon hier kann man die wesentlichen Operationen seiner späteren Gedichtanalysen erkennen: die Aufzählung der radikalen Beschränkungen im Repertoire der im ganzen Gedicht verwendeten grammatischen Kategorien vor dem Hintergrund des sonst in dieser Sprache Üblichen; die Beschreibung der durch solche Restriktionen ermöglichten poetischen ‚Aktualisierung' anderer grammatischer Kategorien; das Durchspielen möglicher Gliederungen des Gedichts unter metrischen, syntaktischen und sonstigen formalen Gesichtspunkten und der damit verbundenen Aussparung oder aber Akzentuierung grammatischer Kategorien in seinen so umschriebenen Teilen; Beobachtungen zur Klangtextur; schließlich die (hier unbeantwortet bleibende) Frage, inwiefern die „ausgewogene Wechselwirkung aller dieser grammatikalischen Merkmale [...] bedeutsame Aufgaben im semantischen Textgewebe von Marvells Gedicht" erfülle (Jakobson 2007b, I, 686).

Überhaupt ist bei all seinen Wandlungen die Kontinuität von Jakobsons poetologischem Ansatz bemerkenswert. Denn wenn er in seinem Erstling betont, dass die Poesie „nichts anderes als eine *Äußerung mit Ausrichtung auf den Ausdruck* [russ. *vyskazyvanie s ustanovkoj na vyraženie*] ist" (Jakobson 2007b, I, 15; vgl. Hansen-Löve 1978, 212–215), so heißt es vier Jahrzehnte später in seinem wohl bedeutendsten Beitrag zur Literaturtheorie, *Linguistik und Poetik*: „Die *Einstellung* auf die BOTSCHAFT als solche [*the set toward the* MESSAGE *as such*], die auf die Botschaft um ihrer selbst willen zentriert ist, ist die POETISCHE Funktion der Sprache." Wobei er hinzufügt: „Die poetische Funktion ist nicht die einzige Funktion der Wortkunst, sondern nur ihre dominante, bestimmende Funktion, während sie in allen anderen sprachlichen Handlungen als nachgeordnete, zusätzliche Konstituente auftritt." (Jakobson 2007b, I, 168) Die theoretische Ausarbeitung dieser Konzeption ruht nun allerdings auf einem doppelt abgesicherten Fundament. Zum einen ersetzt Jakobson die formalistische Antithese von ‚poetischer' und ‚praktischer Sprache' durch ein differenziertes Funktionenmodell der Sprache, das er seit seiner Prager Zeit im Anschluss an Karl Bühlers Trias von Ausdrucks-, Appell- und Darstellungsfunktion (vgl. Bühler 1978, 24–33) entwickelt hatte – und nicht erst an Claude E. Shannons und Warren Weavers Kommunikationsmodell (so Schüttpelz 2001, 189; Schüttpelz 2005b, 535–549), das sich vielmehr an Jakobson anschloss (vgl. Schüttpelz 2002, 263–264) – und das er nun um die phatische, die metasprachliche und die poetische Funktion erweiterte (vgl. Jakobson 2007b, I, 162–173). Zum anderen hat Jakobson, in Anknüpfung an Mikolaj Kruszewski, Ferdinand de Saussure und Louis Hjelmslev, seine Zweiachsentheorie der Sprache mit ihrer Gegenüberstellung folgender miteinander koordinierten Oppositionspaare (Holenstein 1975, 143) ausgearbeitet:

Paradigmatische Achse	Syntagmatische Achse
Selektion	Kombination
Substitution	Kontextur
Ähnlichkeit	Kontiguität
Metapher	Metonymie

2 Metapher versus Metonymie

Was das Oppositionspaar Metapher versus Metonymie angeht, so ist hier eine ähnliche Generalisierung zu beobachten wie beim Begriff der ‚Poetizität' beziehungsweise der ‚poetischen Funktion'. Ausgangspunkt dafür ist eine ganz an der rhetorischen Tradition orientierte Definition beider Tropen: „Die Metapher (oder Metonymie) ist die Übertragung eines *signans* auf ein sekundäres *signatum*, das durch Ähnlichkeit (oder Kontiguität) mit dem primären *signatum* verbunden ist." (Jakobson 1988, 92–93) Oder mit anderen Worten: „The internal relation of similarity (and contrast) underlies the metaphor; the external relation of contiguity (and remoteness) determines the metonymy." (Jakobson 1971, 232)

Jakobson begnügt sich aber nicht mit dem gängigen Verständnis von metaphorischer und metonymischer Sprachverwendung als einem in der Poetik wie Rhetorik hochgeschätzten, ja universell zu beobachtenden Verfahren der Überschreitung konventioneller Ausdruck-Inhalt-Zuordnungen (vgl. Birus 2000), sondern er verbindet diese mit den von ihm beschriebenen zwei Grundprinzipien allen sprachlichen Verhaltens: (a) des Verfahrens der Selektion (und Substitution) von Einheiten, die im sprachlichen Code durch verschiedene Grade von Similarität und Kontrast miteinander in interner Verbindung stehen, und (b) des Verfahrens der Kombination (und Kontexteinbettung) von Einheiten, die im aktuellen Mitteilungskontext durch Kontiguität extern miteinander verknüpft sind. Außer in der poetischen Sprachverwendung hat Jakobson diese Opposition vor allem bei seinem Studium verschiedener Formen des Sprachabbaus beobachtet, in denen es im Extremfall zu einem Ausfall oder aber zu einem krankhaften Übermaß einer der beiden Tropen kommt: „Von den beiden polaren Tropen, der Metapher und der Metonymie, wird die letztere, welche auf dem Prinzip der Kontiguität beruht, weitgehend von jenen Aphatikern verwendet, deren Fähigkeit zur Selektion in Mitleidenschaft gezogen ist. So wurde statt *Messer* das Wort *Gabel*, *Tisch* statt *Lampe*, *Rauch* statt *Pfeife*, *Essen* statt *Toaster* verwendet." (Jakobson 1974a, 128; korr. Übers.)

Wie nun bei den beiden Haupttypen der Aphasie – der Similaritäts- und der Kontiguitätsstörung – jeweils ein Ausfall der Metaphern beziehungsweise der Metonymien zu beobachten ist, trifft Jakobson für jede (normale oder gestörte) Redeentwicklung die Unterscheidung von „zwei verschiedenen semantischen Richtungen": „Der Gegenstand der Rede kann sowohl durch die Similaritätsoperation als auch durch die Kontiguitätsoperation in einen anderen Gegenstand überführt werden. Den ersten Weg könnte man als den METAPHORISCHEN, den zweiten als den METONYMISCHEN Weg bezeichnen, da diese Wege durch die Metapher beziehungsweise die Metonymie am besten zum Ausdruck kommen." (Jakobson 1974a, 133–134)

Jakobsons sprachtheoretische Generalisierung beider Tropen zu einem Gegensatz von similaritätsorientiertem ‚metaphorischem' und kontiguitätsorientiertem ‚metonymischem' Weg, und zwar „auf jeder sprachlichen Ebene – der morphematischen, der lexikalischen, der syntaktischen und der phraseologischen –" (Jakobson 1974a, 135), geht zurück auf seine *Randbemerkungen zur Prosa des Dichters Pasternak* (Jakobson 1979c, 421–432). Davon ausgehend hat er später den ‚metaphorischen' und den ‚metonymischen Weg' auch mit Poesie versus Prosa, romantischer versus realistischer Schreibweise, surrealistischer Phantastik versus kubistischer Gegenstandszerlegung sowie entsprechenden Filmtechniken, ja selbst noch mit der imitativen versus kontagiösen Magie in James Georg Frazers *The Golden Bough* und mit ‚Identifizierung'/‚Symbolismus' versus ‚Verdrängung'/‚Verdichtung' in Sigmund Freuds *Traumdeutung* assoziiert (Jakobson 1974a, 135–138) und damit weiteren Generalisierungen im französischen Strukturalismus und im Poststrukturalismus den Weg bereitet.

3 Poesie der Grammatik

In *Linguistik und Poetik* unternimmt Jakobson eine Engführung von Funktionenmodell und Zweiachsentheorie der Sprache, indem er auf die selbstgestellte Frage „Was ist das empirische linguistische Kriterium für die poetische Funktion?" die Antwort gibt: „*Die poetische Funktion bildet das Prinzip der Äquivalenz von der Achse der Selektion auf die Achse der Kommunikation ab.* Die Äquivalenz wird dabei zum konstitutiven Verfahren für die Sequenz erhoben." (Jakobson 2007b, I, 170) Woraus er die weitreichende Konsequenz zieht: „In der Dichtung wird jede auffällige lautliche Similarität mit Bezug auf Similarität und/oder Dissimilarität in der Bedeutung bewertet. [...] Die Relevanz des Laut-Bedeutungs-Nexus ist ein simples Korrelat zur Überlagerung der Kontiguität durch die Similarität." (Jakobson 2007b, I, 195)

Entsprechend der seit Beginn des 19. Jahrhunderts zunehmend zu beobachtenden Hinwendung zur ‚grammatischen Struktur' als der primären Schicht der Sprachen (vgl. Schlegel KFSA VIII, 137–165; dazu: Birus 1982, 28, 48–49) hatte schon Friedrich Schleiermacher innerhalb der von ihm konzipierten ‚grammatischen Interpretation' eine gleichberechtigte Behandlung des „formellen Element[es]" – beziehungsweise der „Structur" (Schleiermacher 2012, 42–43) – und des „materiellen Elementes" (Schleiermacher 2012, 141) gefordert; ja: „Eigentlich muß bei Bestimmung des Besonderen aus dem Allgemeinen zuerst vom Formellen Element die Rede sein weil dadurch bestimmt wird wie jedes zusammengehört." (Schleiermacher 2012, 22) ‚Formelle Elemente' waren für Schleiermacher solche

Elemente, die „nichts als Beziehungen bezeichnen" (Schleiermacher 2012, 43), also die „Personen des Verbi, [...] Casus, Präpositionen, Tempora, Modi" (Schleiermacher 2012, 90), ferner (als vermittelnd zu den ‚materiellen Elementen') „Partikeln" und „andere Redetheile, welche sich den Partikeln nähern, wie Pronomina und manche Adjective". Freilich sei deren Grundbedeutung weit schwerer zu eruieren als die der ‚materiellen Elemente' – handle es sich dabei doch nicht wie bei diesen um das „Schema einer Anschauung", sondern um das abstraktere „Schema einer Beziehungsweise" (Schleiermacher 2012, 80). Doch gleichwohl müsse sie „streng grammatisch erweislich" sein (Schleiermacher 2012, 90).

Jakobson geht einen entscheidenden Schritt über Schleiermacher hinaus, wenn er diese Betrachtungsweise nun auf poetische Texte, speziell auf kürzere Gedichte (vgl. Jakobson 2007b, II, 747–748), anwendet – eine Gattung also, von der Schleiermacher befürchtet hatte, in ihr werde der „Sinn des formalen Elements" nur „relativ vag" bestimmbar sein (Schleiermacher 2012, 92). In seinem programmatischen Vortrag *Poesie der Grammatik und Grammatik der Poesie* (Warschau 1960) hat Jakobson das Korpus der von ihm zu analysierenden Gedichte folgendermaßen umrissen: „Der bekannte Hussitenchoral vom Anfang der zwanziger Jahre des 15. Jahrhunderts, die Gedichte der großartigen englischen Lyriker Philip Sidney (16. Jahrhundert) und Andrew Marvell (17. Jahrhundert), zwei klassische Beispiele der Lyrik Puškins aus dem Jahr 1829, eines der Meisterwerke der slavischen Dichtung aus der zweiten Hälfte des 19. Jahrhunderts, ‚Przeszłość' [‚Vergangenheit'] von Norwid, das letzte Gedicht des größten bulgarischen Dichters Christo Botev und aus dem Schaffen der ersten Jahrzehnte unseres Jahrhunderts ‚Devuška pela v cerkovnom chore' [‚Ein Mädchen sang im Chor der Kirche'] (1906) von Aleksandr Blok und ‚Voz'mi na radost' iz moich ladonej' [‚Nimm zur Freude aus meinen Händen'] (1920) von Osip Mandel'štam." (Jakobson 2007b, I, 271–272)

Zwanzig Jahre später erschien dann kurz vor Jakobsons Tod (1982) als monumentales Alterswerk der Band III seiner *Selected Writings* unter dem Titel *Poetry of Grammar and Grammar of Poetry* (Jakobson 1981), in dem (ergänzt durch Beiträge in anderen Bänden) dieses Versprechen – mit Ausnahme des Mandel'štam-Gedichts – vollständig, ja mehr als verfünffacht eingelöst wurde; und was hinzugekommen ist, sind so bedeutende Analysen wie die von Gedichten Dantes, Joachim Du Bellays, William Shakespeares, Friedrich Hölderlins, Charles Baudelaires, Konstantinos Kavafis', William Butler Yeats', Fernando Pessoas und Bertolt Brechts.

Tatsächlich bestätigt die Durchführung dieser Analysen den höchst umstrittenen Kernsatz aus jenem Warschauer Vortrag Jakobsons: „Wenn die unvoreingenommene, aufmerksame, detaillierte und ganzheitliche Beschreibung die grammatische Struktur eines einzelnen Gedichts aufdeckt, dann kann das Bild der Auswahl, Verteilung und Wechselbeziehung der verschiedenen morphologischen

Klassen und syntaktischen Konstruktionen den Beobachter durch unerwartete, auffallend symmetrische Anordnungen, proportionale Konstruktionen, kunstvolle Anhäufungen äquivalenter Formen und grelle Kontraste in Erstaunen versetzen." (Jakobson 2007b, I, 272) Vielumstritten war dieser Satz vor allem, weil man aus ihm den Anspruch herauslas, „that if one follows patiently the procedure of linguistic analysis – and follows them mechanically so as to avoid bias – one can produce a complete inventory of the patterns in a text. The claim seems to be, first, that linguistics provides an algorithm for exhaustive and unbiased description of a text and, second, that this algorithm of linguistic description constitutes a discovery procedure for poetic pattern [...]." (Culler 1976, 57; vgl. auch Frank 1977, 265, 275) – Ja, man witterte hinter Jakobsons Programm einer grammatischen Analyse von Dichtung den „structuralist dream [...] of total control", der nur allzu leicht autoritären politischen Ambitionen dienstbar sein könne (Bersani 1972, 549). Nun lässt sich der letztgenannte Vorwurf – gerade angesichts Jakobsons lebenslang praktizierten Antitotalitarismus – leicht als eine haltlose Feindprojektion durchschauen; und es war nicht verwunderlich, dass sich Jakobson angesichts solcher Attacken an Kampagnen zu Beginn der fünfziger Jahre in Prag erinnert fühlte, in denen er selbst als „genuine evil spirit of our linguistics" (Jakobson 1971, 535) und die strukturale Linguistik insgesamt als „serving only to prolong and justify the domination of the bourgeoisie" (Jakobson 2007b, II, 751) denunziert worden waren. Dagegen scheint Jonathan Cullers erstgenanntem Einwand gegen Jakobsons linguistische Analyse poetischer Strukturen durchaus einige Plausibilität zuzukommen – zumal im Hinblick auf Jakobsons (keineswegs Vollständigkeit beanspruchende) Aufzählung derjenigen „grammatischen Kategorien, die für Entsprechungen auf der Basis von Ähnlichkeit oder Kontrast genutzt werden", nämlich: „alle Klassen der flektierbaren und nicht-flektierbaren Wortarten, Numeri, Genera, Kasus, Tempora, Aspekte, Modi, Genera verbi, die Klassen der Abstrakta und Konkreta, Negationen, finite und nicht-finite Verbformen, definite und indefinite Pronomina oder Artikel sowie schließlich die verschiedenen syntaktischen Einheiten und Konstruktionen" (Jakobson 2007b, I, 273).

Doch selbst angesichts einer solchen – gegenüber Schleiermacher einschüchternd angewachsenen – Liste kann jener Einwand nur dann Überzeugungskraft beanspruchen, wenn man (wie Culler) ‚unvoreingenommen' mit ‚mechanisch', ‚detailliert' mit ‚erschöpfend' und ‚ganzheitlich' mit ‚komplett' gleichsetzt und die von Jakobson geforderte ‚Aufmerksamkeit' des Interpreten durch die Suche nach einer aus einem linguistischen Algorithmus ableitbaren ‚*discovery procedure for poetic pattern*' ersetzt – und dies dann auch noch als Jakobsons eigentliche Intention unterstellt (ähnlich Posner 1971, 240–242, 254–255).

Dagegen spricht allein schon, dass eine ganze Anzahl von Jakobsons Gedichtanalysen keineswegs ‚erschöpfend' angelegt ist, sondern – wie seine kürzeren Aufsätze über Sidney, Marvell, einige Albumgedichte Aleksander Puškins oder poetische Nebenarbeiten Velimir Chlebnikovs – einerseits nur auf einige wesentliche Strukturmomente und ihre Verkettung konzentriert ist, andererseits aber seine großangelegten Studien – etwa die über Kyrills *Lob auf Gregorios den Philosophen*, über einen Hussitenchoral, über Sonette Dantes, Du Bellays, Shakespeares, Bloks und Yeats' – jeweils ganz unterschiedlich strukturiert sind. Aus ‚mechanischer' Textdeskription oder linguistischen ‚discovery procedures for poetic pattern' sind sie jedenfalls allesamt nicht gewonnen.

4 Strukturalistischer Funktionalismus

Das wirklich Neue – und zugleich Schleiermachers kühne Ideen einer ‚grammatischen Interpretation' Fortführende – an Jakobsons späten Gedichtanalysen liegt in seiner systematischen Einbeziehung formaler, grammatischer Bedeutungen in die Gesamtinterpretation. Begnügte er sich doch hier nicht mit einer Klassifikation der verschiedenen grammatischen Formen und der Deskription ihrer Häufigkeit, Verteilung etc. – der Erstellung ihres Pattern also –, sondern es ging ihm wesentlich auch um ihre semantische Interpretierbarkeit. Denn: „Strukturalist sein heißt, als erstes der Organisierung des Sinns [...] Aufmerksamkeit zu schenken" (Derrida 1976, 46). Die Suche nach einer semantischen Charakterisierung der Verbalkategorien (Jakobson 1971, 3–15), nach Gesamtbedeutungen der verschiedenen Kasus (Jakobson 1971, 23–71), nach der Funktion der Code und Sprechsituation verknüpfenden *shifters* (Jakobson 1971, 130–147), also nach der ‚Semantik der Form', dies gehörte ja zu Jakobsons keineswegs unumstrittenen und zugleich wichtigsten Beiträgen zur Sprachwissenschaft des 20. Jahrhunderts. Und er hat diese Invariantenforschung gerade für die Analyse ganz individueller Verwendungsweisen ebensolcher grammatischen Kategorien in einzelnen Gedichten nutzbar gemacht – etwa im Hinblick auf die dominierende und dabei ganz unterschiedliche Rolle der Pronomina der 1. und 2. Person in Gedichten Dantes (Jakobson 2007b, I, 465), Puškins (Jakobson 1971, 276–277, 295) und Brechts (Jakobson 2007b, II, 699–708) oder aber ihrer Tilgung in Gedichten Hölderlins (Jakobson 1971, 216–217) und Bloks (Jakobson 1971, 469).

Beispielsweise stützt sich Jakobsons Analyse von Brechts Gedicht *Wir sind sie* vor allem auf die Beobachtung des eigentümlichen quantitativen Verhältnisses zwischen den Wortklassen, besonders des Zurücktretens der normalerweise dominierenden Nomina mit selbständiger lexikalischer Bedeutung hinter den Personal- und Possessivpronomina, die in diesem Gedicht mehr als die Hälfte aller deklinierbaren Wörter ausmachen und deren formale Bedeutung darin besteht, eine Verbindung des bezeichneten Sachverhalts mit dem Redeakt und seinem Kontext herzustellen. So vermag er schließlich die ‚pronominale Manier' dieses Gedichts mit Brechts Einstellung auf Sprechbarkeit und auf den Gestus zu verknüpfen, ja selbst noch mit der Umfunktionierung der Spieler in dem Lehrstück *Die Maßnahme*, in dessen Kontext dieses Gedicht ursprünglich gehört; um Jakobsons Terminologie aufzunehmen: die *shifters* als Kunstgriff. – Ebenso behandelt er Hölderlins gegenläufige Rücknahme der Pronomina der 1. und 2. Person nicht als isoliertes Faktum, sondern im Zusammenhang mit dem Ausfall auch anderer grammatischer Klassen: dem alleinigen Erhalt der ‚merkmallosen' 3. Person, des Präsens und des Indikativs, verbunden mit dem Wegfall nicht nur der ‚merkmalhaften' 1. und 2. Person, sondern auch der Fragen, Bejahungen, Anrufe, Ausrufe sowie der *verba dictionis* in Hölderlins letzten Gedichten, schließlich deren Signierung mit einem fiktiven Sprechernamen („Mit Unterthänigkeit Scardanelli") und fiktiven Zeitangaben (z. B. „d. 24 Mai 1748" oder „d. 9ten Merz 1940"). Jakobson interpretiert dies als prinzipielle Verweigerung des Gesprächs und seiner deiktischen Bezugnahmen auf eine aktuelle Sprechsituation einerseits und andererseits ihre Substituierung im Gedicht durch ein ‚hinweisfreies Nennen' mittels verallgemeinernder *wenn*-Aussagen und Ketten abstrakter Nomina: Am Ende sei hier nur noch die monologische Kompetenz erhalten.

Selbst wenn der interpretatorische Ertrag solcher grammatischen Analysen für das einzelne Gedicht begrenzt sein sollte, können sie doch aufschlussreiche Entsprechungen und Kontraste zu Gedichten anderer Sprachen, Epochen und ästhetischer Richtungen zutage bringen. So zeigt sich in Jakobsons Analysen des Hussitenchorals *Ktož jsú boží bojovníci...* (‚Die die Gottes-Kämpfer sind...') (Jakobson 2007b, I, 509–535) und des Puškin'schen Liebesgedichts *Čto v imeni tebe moëm?* (‚Was liegt an meinem Namen Dir?') (Jakobson 2007b, I, 285–295), dass beide Gedichte mit einem doppelten Imperativ enden, der der 2. Person eine zweifache Replik suggeriert, die eine synthetische Antwort auf das anfängliche *Ktož* (‚Wer immer ...') beziehungsweise *Čto* (‚Was...') darstellt (Jakobson 2007b, I, 295). Gerade vor dem Hintergrund dieser Gemeinsamkeit aber treten die Unterschiede, die der poetischen Grammatik beider Gedichte zugrunde liegen, besonders deutlich hervor. Denn wo in dem militanten Choral des ausgehenden Mittelalters eine strenge Architektonik der grammatischen Similaritäten und Oppositionen ins Auge falle, da zeige das Liebesgedicht des frühen 19. Jahrhunderts – ähnlich wie dann in extremem Maße Baudelaires Sonett *Les chats* (Jakobson 2007b, II, 251–287) – ein ständiges Gleiten zwischen benachbarten grammatischen Kategorien und damit einen ununterbrochenen Wechsel der perspektivischen Verkürzungen. Ähnliches gilt für die Dominanz der unaufgelösten Antithesen bei Du Bellay (Jakobson 2007b, I, 597, 599) und ihre raffinierten Modulationen bei Baudelaire (Jakobson 2007b, II, 279–284) oder für den ganz unterschiedlichen

Gebrauch des Oxymorons bei Sidney (Jakobson 2007b, I, 616, 618) und bei Pessoa (Jakobson 2007b, II, 643–650, 657–658), wodurch das für den späten Jakobson zentrale Problem des grammatischen Parallelismus als eines basalen poetischen Verfahrens (Jakobson 2007b, I, 303–364) grundlegend dynamisiert erscheint. Können daher selbst Kurzanalysen im Korpus seiner Gedichtinterpretationen aufschlussreich für historische Realisationsformen des poetischen Parallelismus sein, so gilt dies erst recht für seine zentralen Sonett-Analysen von Dante bis Baudelaire, in denen so etwas wie die Geschichte einer Gedichtform durch das Prisma des grammatischen Baus einzelner Gedichte exemplarisch dargestellt wird.

Hatte schon der Formalist Šklovskij vorgeschlagen, von einem einzigen Kunstgriff (z. B. dem Oxymoron) her ein Werk im Ganzen zu begreifen (Šklovskij 1966, 174–175), und rühmte Gérard Genette den Strukturalismus generell als die literaturwissenschaftliche Methode, „die Einheit eines Werkes wiederherzustellen, sein Kohärenzprinzip, das, was Spitzer sein geistiges *Etymon* nannte" (Genette 1972, 78), so erweisen sich Jakobsons Analysen vor allem dann als interpretatorisch ertragreich, wenn es ihm gelingt, das Ensemble der grammatischen Strukturen eines Gedichts aus einem formalen Einheitsgesichtspunkt heraus zu rekonstruieren: zum Beispiel aus der Dominanz des antithetischen Centos (‚Flickgedicht') als Gestaltungsform fremder Rede bei Du Bellay (Jakobson 2007b, I, 561–567), aus dem monologischen Nennen beim späten Hölderlin (Jakobson 2007b, II, 211–216) oder aus der pronominalen Manier als Brecht'schen Kunstgriffs (Jakobson 2007b, II, 698–701).

So wichtig aber dieser strukturalistische Funktionalismus für Jakobsons Gedichtanalysen ist, so bestimmt er doch nicht ihr Gesamtbild. Denn oft wird dieses dermaßen von Einzelmomenten überbordet, dass man sich eher an die Detailbesessenheit von Jakobsons *Neuester russischer Poesie* erinnert fühlt denn an die asketischen Rekonstruktionen der Bauform mittelalterlicher und frühneuzeitlicher Liebesgedichte von Martin Codax, Džore Držić und Sidney, des letzten Gedichts Deržavins, eines Puškin-Vierzeilers oder einer Gedichtminiatur Oton Župančičs. Vor allem in seinen zu kleinen Monographien tendierenden Analysen von Gedichten Du Bellays, Shakespeares, Hölderlins oder Yeats' hat Jakobson jene ans Chaotische grenzende Fülle durch eine rigide, geradezu didaktische Gliederung zu bändigen versucht. Freilich haben diese Musteranalysen inzwischen vielleicht am meisten Rost angesetzt, und der Überdruss der Zunft gerade an diesen Analysen ist unübersehbar.

5 Der Leser Roman Jakobson

Es gibt aber noch einen anderen Jakobson zu entdecken: den passionierten Leser. Und dies im Gegenzug zu Hans-Georg Gadamer, der in seiner Laudatio anlässlich der Verleihung des Hegel-Preises 1982 an Jakobson behauptet hatte, dieser nehme den poetischen Text „nicht um seiner selbst willen", sondern allein „um des großen Rätsels der Sprache willen" zum Ausgangspunkt seiner Analysen (Gadamer 1984, 18). Wenn Gadamer nämlich dessen Hölderlin-Analyse entgegenhält: „Die Sprache selbst wird wahrnehmbar, und doch bewegt es uns, weil es etwas sagt" (Gadamer 1984, 20), so rennt er damit bei Jakobson offene Türen ein, der in seiner *Les-chats*-Analyse unmissverständlich die „semantische Fundierung" der „Phänomene der formalen Distribution" postuliert hatte (Jakobson 2007b, II, 278). „Des Sprachforschers legitimes Interesse" am Vermögen der Sprache als solcher und „des Lesers Interesse [...], teilzunehmen an dem, was das Gedicht sagt" (Gadamer 1984, 20) – sie stehen in diesen Gedichtanalysen, anders als Gadamer unterstellt, keineswegs in einem Gegensatz. Hatte doch Jakobson ihre ein Jahr zuvor in den *Selected Writings III: Poetry of Grammar and Grammar of Poetry* erschienene Sammlung (Jakobson 1981, 155–676) bezeichnenderweise stolz-bescheiden mit der Überschrift *Readings* versehen.

Diese Überschrift ist ernst zu nehmen. Denn das strukturalistische Analyseprogramm überschreitend zeugen viele dieser ‚Lektüren' – darin Peter Szondis *Lecture de Strette* (Szondi 1971) vergleichbar – von einem intensiven Interesse an der Verknüpfung von Inhalt und Faktur des Gedichts, darüber hinaus aber auch an seinem Kontext und seiner Gattungszugehörigkeit, an seinem Verhältnis zum Œuvre des Autors wie seinem literarhistorischen Ort und nicht zuletzt an seiner Rezeptions- und Forschungsgeschichte. Sie beginnen werkchronologisch mit einem Abschiedsgedicht des Dichters Takapasi Musimarö, bei dem Jakobson nicht nur der für die altjapanische Wortkunst charakteristischen „Verschmelzung von wirkungsvoller Vielförmigkeit und monumentaler Einfachheit in ihren Kompositionsprinzipien" (Jakobson 2007b, I, 367) nachgeht, sondern in dem er besonders die Parallelen zwischen dem der vertikalen Gesellschaftsstruktur entsprechenden System der sprachlichen Höflichkeitsformen unter den Protagonisten und den sich ebenso in der Landschaftsdarstellung des Gedichts zeigenden Spannungen von Nähe und Ferne wie von Horizontalität und „Auf und Nieder des vertikalen Stils" (Jakobson 2007b, I, 377) herausarbeitet – mit dem Ergebnis einer „verblüffenden Virtuosität, die auf einem echten Gleichgewicht zwischen den mannigfaltigen Konstituenten des Ganzen und auf einer packenden Kombination von kanonischer Regelmäßigkeit und kreativem Freiraum beruht" (Jakobson 2007b, I, 386). Und sie enden mit dem Nachtrag *Einige Schlußfolgerungen aus einem Gedicht von Cummings* aus Jakobsons postum erschienenem

Buch *Die Lautgestalt der Sprache* (mit Linda Waugh), der das fast nonsenseartige Liebesgedicht *love is more thicker than forget...* keineswegs nur unter phonologischen Gesichtspunkten analysiert und dabei besonders auf Sprachspiele achtet, „die die individuelle Erfindungsgabe von Kindern und Erwachsenen mit der Folklore teilt" (Jakobson 2007b, II, 726), sondern zugleich das „hervorstechende Thema" des Gedichts auf Edward Sapirs gleichzeitige sprachtheoretische Untersuchung *Grading* (‚Steigerung') bezieht (Jakobson 2007b, II, 721–724; vgl. Sapir 1924).

Dabei berühren sich die Lektüren einiger der älteren Texte aufs engste mit Jakobsons Studien zur slavischen Epik und generell zum slavischen Mittelalter. So analysiert er den *Lobpreis Konstantins des Philosophen auf Gregor den Theologen* (zwischen 869 und 882) als „herausragendes Beispiel für die hohe literarische Meisterschaft, die das neu entstandene slavische Schrifttum von Byzanz übernommen hat" (Jakobson 1985a, 207), und Ilarions *Rede über das Gesetz und die Gnade* (kurz vor 1051) samt dem eingefügten ‚Lobgesang' als „bemerkenswertes Beispiel der ältesten russischen Homiletik nicht nur im Hinblick auf die Tiefe der theologischen und geschichtsphilosophischen Symbolik, sondern auch und vielleicht sogar in erster Linie wegen der künstlerischen Meisterschaft, mit der sie die Einheitlichkeit im Aufbau geschickt mit der individuellen, fein differenzierenden Behandlung der Einzelteile und mit der minuziösen Aufmerksamkeit auf die kleinsten Details verbindet" (Jakobson 2007b, I, 392–393).

Doch ebenso ist Jakobsons Lektüre von *Komposition und Kosmologie des Klageliedes der Jaroslavna* (aus dem altrussischen *Igorlied*, nach 1185) geprägt sowohl vom „Interesse des Sprachforschers" an den Details der poetischen Sprachverwendung wie von „des Lesers Interesse [...], teilzunehmen an dem, was das Gedicht sagt" (Gadamer 1984, 20), wenn er das die *Klage* bis ins Kleinste prägende „Prinzip der Dreiheit" zu den „drei Rängen des Weltgebäudes" (Himmel, Erde und Zwischenwelt) in Beziehung setzt, „die sich in die kosmologische Tradition der indoeuropäischen Völker eingeprägt haben" (Jakobson 2007b, I, 421–422). Gemeinsam mit den Analysen der kirchenslavischen Eulogien *Siluans Lobpreis auf den Hl. Sava* und *Siluans Lobpreis auf Simeon* (14. Jahrhundert) und des Hussitenchorals *Die die Gotteskämpfer sind...* (um 1620) sind sie „Teil eines allgemeineren Projekts, nämlich die künstlerischen Valeurs des Mittelalters und zumal der byzantinischen Kunst (auch der Ikonen und Fresken) für die Wahrnehmung seiner Zeitgenossen zu erschließen. Es gelte nicht nur, die unerwarteten Versstrukturen aufzudecken, sondern die Geschichte einer großen Poesie zu entdecken" (so Erika Grebers Kommentar in Jakobson 2007b, I, 472) – und, so darf man hinzufügen, sie gleichberechtigt mit der gleichzeitigen poetischen Tradition des Westens, von den Troubadours und Dante bis zu den Petrarkisten und den ‚Metaphysical Poets', zu behandeln.

Als Höhepunkt all dieser Lektüren erweisen sich die – durch zwei ganz außergewöhnliche Gedichte Aleksandr Radiščevs (1791) und Gavrila Deržavins (1816) vorbereiteten – Analysen von nicht weniger als neun Gedichten Puškins, die gerade in ihrer Verschiedenheit dessen weltliterarischen Rang als Lyriker ganz unwidersprechlich ins Licht rücken. Zugleich aber zeigen sich Jakobsons Gedichtinterpretationen wohl nirgends inspirierter und konzentrierter als hier, wo ihn vor allem der Wunsch leitet, bis ins Detail zu demonstrieren, worin eigentlich die Klassizität des unstrittigen Klassikers der russischen Literatur besteht. Eingeleitet von zwei Baudelaire-Analysen, findet dies seine Fortsetzung in der Präsentation von exemplarischen Texten der slowakischen, polnischen, bulgarischen, slowenischen und russischen, aber auch der rumänischen und neugriechischen Lyrik des 19. und beginnenden 20. Jahrhunderts, die schlagend vor Augen führt, an welchen lyrischen Schätzen ein westlicher Tunnelblick achtlos vorbeigeht.

6 Russkij filolog

So sehr Jakobson also ein systematischer Neuerer auf dem Gebiet der Poetik war, so unmissverständlich ist doch sein programmatischer Traditionsbezug. Denn nicht von ungefähr steht auf seinem Grabstein außer seinem Namen und den Lebensdaten einzig die stolz-bescheidene Selbstcharakteristik: *Russkij filolog*. Doch was ist das für eine Philologie, in deren Tradition sich Jakobson hier einschreibt? Ganz gewiss nicht eine enge ‚Wort-Philologie' wie die Gottfried Hermanns und Karl Lachmanns oder derer, die seit einiger Zeit einer Rephilologisierung der Germanistik das Wort reden. Dagegen sprechen allein schon Jakobsons interdisziplinäre Rundumschläge wie *Die Linguistik und ihr Verhältnis zu anderen Wissenschaften* (Jakobson 1974b, 150–224), *Ein Blick auf die Entwicklung der Semiotik* (Jakobson 1988, 108–135) oder *Gehirn und Sprache. Hirnhälften und Sprachstruktur in gegenseitiger Beleuchtung* (Jakobson 1985b), aber auch biographisch-kulturhistorische Beiträge wie *Die Statue in Puškins poetischer Mythologie* (Jakobson 1979c, 237–280) oder der anlässlich von Vladimir Majakovskijs Selbstmord verfasste Gedenkartikel *Von einer Generation, die ihre Dichter vergeudet hat* (Jakobson 1990, 158–191).

Ungeachtet dieses weiten Horizonts beharrte Jakobson aber auf einer disziplinären Verankerung der Poetik in der Sprachwissenschaft: „Die Poetik, die das Werk eines Dichters durch das Prisma der Sprache interpretiert und die dominierende Funktion in der Poesie untersucht, [ist] *per definitionem* der Ausgangspunkt bei der Auslegung von Gedichten" – wobei „deren dokumentarischer Wert, sei er psychologischer, psychoanalytischer oder soziologischer Art, für die Erforschung offen bleibt" (Jakobson 2007b, II, 740–741). So hatte schon der Verfechter der umfassendsten Philologie-Konzeption im 19. Jahrhundert, August Böckh, deren vom Staats- und Privatleben bis zu Kunst und Wissenschaft reichendem materialen Teil einen der ‚Theorie des Verstehens' gewidmeten formalen Teil („Hermeneutik und Kritik") vorausgeschickt, der seinerseits bei der ‚Grammatischen Interpretation' seinen Ausgang nimmt (vgl. Birus 2008). Der profilierteste Erbe dieser von Schleiermacher über Böckh bis Heymann Steinthal reichenden Tradition einer sprachwissenschaftlichen Fundierung der Philologie ist zweifellos Roman Jakobson (vgl. Birus 2003).

Doch weit entfernt, einer *Philologia perennis* anzuhängen, gilt Jakobson zu Recht wie kaum ein anderer als Wortführer der modernen Sprach- und Literaturtheorie. Denn sein Engagement in beiden, für ihn untrennbaren Feldern ist von Anfang an inspiriert durch die Avantgarde-Bewegungen des 20. Jahrhunderts, vor allem den Futurismus und später den Konstruktivismus, aber auch durch gleichzeitige theoretische Strömungen, wie die Phänomenologie, die Semiotik und die Kybernetik, während er andererseits den Strukturalismus in den verschiedensten Humanwissenschaften entscheidend mitgeprägt hat. Damit nicht genug: Schließlich hat er sich durch die von dessen Schülern lange verheimlichten Anagrammstudien Saussures (Starobinski 1980) dazu inspirieren lassen, parallel zu Roland Barthes, Jacques Derrida und der *Tel Quel*-Gruppe wie auch zum ‚Postserialismus' der zeitgenössischen Neuen Musik (vgl. Birus 2007, I, XLVI–XLVII) eine Lektürepraxis zu entwickeln, die man in diesem Sinne ‚poststrukturalistisch' nennen darf. Sind doch seine späten Gedichtanalysen noch immer vom formalistischen Impuls seiner ersten Arbeiten getragen, indem sie vollkommen das rekonstruktive Instrumentarium des wesentlich von ihm selbst etablierten Strukturalismus beherrschen und sich doch die Freiheit nehmen, über ein rationalistisch verengtes Verständnis des Kunstwerks hinauszugehen und die Alternative von Autorintention und Zufall nonchalant zu unterlaufen.

Weiterführende Literatur

Birus, Hendrik (2007). „Der Leser Roman Jakobson – im Spannungsfeld von Formalismus, Hermeneutik und Poststrukturalismus". Roman Jakobson: *Poesie der Grammatik und Grammatik der Poesie: Sämtliche Gedichtanalysen. Kommentierte deutsche Ausgabe.* Bd. 1. Hrsg. von Hendrik Birus und Sebastian Donat. Berlin/New York: XIII–XLVIII.
Holenstein, Elmar (1975). *Roman Jakobsons phänomenologischer Strukturalismus.* Frankfurt a. M.
Simon, Ralf (2018). „Was genau heißt: ‚Projektion des Äquivalenzprinzips'? Roman Jakobsons Lehre vom Ähnlichen". *Strukturalismus, heute. Brüche, Spuren, Kontinuitäten.* Hrsg. von Martin Endres und Leonhard Herrmann. Stuttgart: 121–138.

Ruth Signer und Hubert Thüring
III.1.4 Roland Barthes: Von der Semiologie zur Lust am Text

Nirgendwo in seinem Werk hat sich Roland Barthes einem spezifischen Begriff von Poetik und Poetizität verpflichtet oder ein eigenes modellhaftes Konzept entwickelt. Seit den Anfängen seines wissenschaftlichen und publizistischen Schaffens arbeitet er indes an und mit Instrumenten und Konzepten, die das Spezifische der Literatur und das (potentiell) Literarische beziehungsweise Poetische jeder Rede im Vermögen zur Polysemie, zur Transformation der Codes und zur Selbstreferenz begreifen. Barthes' Analytik der poetischen Verfahren und Effekte setzt zunächst in zwei kulturellen Feldern an, zum einen in der Kritik der zeitgenössischen französischen Literaturwissenschaft und Literaturkritik (*critique littéraire* meint beides), die ihn zu einem Hauptvertreter der *nouvelle critique* werden lässt (*Le degré zéro de l'écriture*, 1953; *Sur Racine*, 1963; *Critique et Vérité*, 1966), zum anderen in der Analyse der neuen massenmedialen Alltagskultur im Zeichen einer ideologiekritischen *Mythologie* (*Mythologies*, 1957). Die Kapitalismus- (Karl Marx, Bertolt Brecht, Jean-Paul Sartre) und Moralkritik (Friedrich Nietzsche), die Semiologie (Ferdinand de Saussure, Roman Jakobson) und die Ethnologie (Claude Lévi-Strauss), die Psychoanalyse (Sigmund Freud, Jacques Lacan) und die Dekonstruktion (Jacques Derrida, Julia Kristeva) (Barthes 2010a, 171), deren Gemeinsamkeiten Barthes im Gebrauch des Strukturbegriffs ausmacht (Barthes 1996, 215–223), liefern die wissenschaftlichen und ideologischen Ansätze. Der Leitbegriff, der die theoretische Haltung und die kritische Praxis zusammenführt, ist die *écriture*, deren zwischen 'Schreibweise', 'Schrift' und 'Schreiben' oszillierende Bedeutung Barthes nach der ersten wirksamen Prägung in *Am Nullpunkt der Literatur* stets neu formuliert.

Nach den literatur- und kulturkritischen 1950er Jahren steht das 1960er Jahrzehnt im Zeichen der 'strengen' Wissenschaft. In *Éléments de sémiologie* (1964), *Système de la mode* (1966) sowie in den Aufsätzen zur strukturalen und textuellen Narratologie (1966–1973, in *L'aventure sémiologique*, 1985) und in *S/Z* (1970) sammelt, ordnet und entwickelt Barthes die verschiedenen neueren formalistischen und strukturalistischen Ansätze und Modelle, aber auch die Rhetorik sowohl im Hinblick auf eine allgemeine Semiologie als auch in spezifischen Analysen der Erzählung, des Bildes, der Musik. In den 1970er Jahren nähert er mit *Le plaisir du texte* (1973), *Roland Barthes par Roland Barthes* (1975) und *Fragments d'un discours amoureux* (1977) Semiologie und Literatur einander zunehmend an in einer vom Begehren und der Körperlichkeit des Subjekts durchdrungenen Praktik des Schreibens, welche die diskursive Ordnung ständig befragt, unterläuft und auflöst (Barthes 1980, 23, 25).

1 Poetizität: Skizze einer Matrix

Zunächst soll eine für Barthes' Begriff von Poetizität relevante Matrix gezeichnet werden, in der eine analytisch-deskriptive und eine kritisch-produktive Auffassung sowie eine Zwischenstufe oder Transformationsphase unterschieden werden können. Im ersten und engeren Sinn mit einer analytisch-deskriptiven Metasprache, die auf die Frage „*Wie ist das gemacht?*" – im Unterschied zu den Fragen nach der Bedeutung, der Geschichte und des Kontextes (Barthes 2006b, 198) – antwortet, beschäftigt er sich vor allem in der mittleren, strukturalistischen ‚Phase' der 1960er Jahre. Im Zuge der systematisierenden Aufarbeitung der verschiedenen Ansätze für eine künftige Semiologie behandelt er in *Elemente der Semiologie* im letzten Abschnitt des Kapitels „Syntagma und System" (III.) (neben „I. Langue und Parole", „II. Signifikant und Signifikat", „IV. Denotation und Konnotation") die „Übertretungen" der „übliche[n] Teilung" von Syntagma und System (bzw. Paradigma) als Quelle „schöpferischer Phänomene". Neben verschiedenen Wortspielen führt er auch den Reim an: Diese „Aufhebung" der „strukturale[n] Zensur" erzeuge eine „Spannung zwischen dem Affinitären und dem Unähnlichen" und stelle damit eine „Art strukturale[n] Skandal" dar. Mit Hinweis auf Jakobson und dessen Ausführungen zum Verhältnis von Syntagma und Paradigma zu Metonymie und Metapher sei schließlich die „gesamte Rhetorik die Domäne dieser schöpferischen Übertretungen" (Barthes 1979, 71–73). Gleichzeitig erarbeitet er in exemplarischen Studien wie *Die Sprache der Mode* und *Einführung in die strukturale Analyse von Erzählungen* deduktive Beschreibungsmodelle im Hinblick auf eine allgemeine narrative „‚Grammatik'" (Barthes 1988a, 116). Ihre Anwendung in konkreten Analysen erweist sich für Barthes jedoch recht schnell als mechanische Übung, die in den Texten nur das wiederfindet, was das Modell vorgibt. Auch wenn man als Gegenmittel die kategorial-deskriptive Differenzierung bis ins Infinitesimale treibt, verliert sich das spezifisch Poetische und Singuläre eines Textes. Deshalb führt Barthes schon gegen Ende der „Einführung in die strukturale Analyse" das „Charakteristikum" von Erzählungen auf das „Zusammenspiel" (und Widerspiel) zwischen den beiden „grundlegenden Prozessen" zurück, der (syntagmatischen) „Gliederung" von „Einheiten" (etwa in Distorsionen und Extensionen), was er mit Émile Benveniste „*Form*" nennt, und der (paradigmatischen) „Integration" dieser „Einheiten in ranghöhere[] Einheiten", die er als „*Sinn*" bezeichnet (Barthes 1988a, 131).

Dieses Zusammen- und Widerspiel von Form und Sinn entfaltet Barthes in der „*Textanalyse*", die er von der „*strukturale[n] Analyse*" absetzt und in *S/Z* sowie kürzeren Texten methodisch erläutert und praktisch vorführt. Diese Analysen können als Transformation zwischen dem engeren, analytisch-deskriptiven, und dem weiteren, kritisch-produktiven Poetizitätsbegriff betrachtet werden. „Die Textanalyse versucht nicht, die Struktur eines Werkes zu *beschreiben* [...], sondern vielmehr eine mobile Strukturierung des Textes zu produzieren", die *„Signifikanz"* (Barthes 1988a, 266). Sie involviert das Subjekt als wertendes, und zwar ausgehend von der Unterscheidung zwischen dem „schreibbaren" und dem „lesbaren" Text, die sich in der „Praxis des Schreibens" selbst vollzieht: Schreibbar sind Texte, von denen „ich akzeptieren [würde], daß sie [heute] geschrieben (neu geschrieben) und begehrt werden", während in einem lesbaren Text nur die feststehenden Bedeutungen gefunden und der Sinn erraten werden können (Barthes 1987, 8). Die Unterscheidung ist nur von der Seite des lesbaren, mit (ideologischen) Kriterien des Signifikats (der Bedeutung, des Sinns) besetzten Textes her kategorisch; die Praxis des Schreibbaren handhabt sie indes als quantitatives *„Mehr oder Weniger"* an signifikanter Pluralität der Bewegungen und Öffnungen (Barthes 1987, 9), die als Gradmesser der (subjektiven und praktischen) Poetizität verstanden werden kann: „Je pluraler der Text ist, um so weniger ist er geschrieben, bevor ich ihn lese." (Barthes 1987, 14) Das Instrument dazu ist die Konnotation, die, im klassischen System verwurzelt, als „absteckbare Spur eines *gewissen* Pluralen im Text" (Barthes 1987, 12), das heißt einer limitierten Signifikanz erhalten bleibt. Die eigentliche (induktive) Methode besteht dann darin, den Text im linearen Verlauf in beliebige *„Lexien"* einzuteilen, *„Schritt für Schritt"* mögliche Konnotationen beziehungsweise ihre „Translation und [...] Wiederholung" und die dabei sich herausbildenden oder wieder abgleitenden Codes zu notieren (Barthes 1987, 17–19). In der performierten und methodologisch reflektierten Textanalyse der Erzählung *Sarrasine* (1830) von Honoré de Balzac liest Barthes fünf Codes, wodurch sich Text und Lektüre als beschränkt plural beziehungsweise relativ klassisch erweisen. In diesen Codes lassen sich die in der deduktiven Analyse etablierten Strukturen der Funktion, Handlung und Narration teils wiedererkennen, doch soll „bewußt nicht versucht werden, den Code und die fünf Codes untereinander zu strukturieren, damit die Multivalenz des Textes, seine partielle Umkehrbarkeit Aufnahme findet". Die Zerstreuung des Sinns führt vielmehr zu „weißen und unscharfen Stellen", welche die „Flucht des Textes signalisieren" (Barthes 1987, 25). Diese Zonen der Unbestimmtheit kann man als Produkt der Verwischung der Grenze zwischen Form und Sinn fassen, die Barthes als ‚strukturalen Skandal' bezeichnet hat. Solche ‚skandalösen' Zonen des Bedeutungslosen, des Neutralen, der Leere werden Barthes zunehmend interessieren, so in *L'empire des signes* (1970) oder dann in der 1977/1978 gehaltenen Vorlesung *Le neutre*. Ebenso tauchen in den ‚Textanalysen' bereits Lust und Körperlichkeit als subjektive Kräfte auf, die nicht einem personal instituierten Subjekt entstammen, sondern nur in der Schreibpraxis selbst wirksam werden. Die Lust am Text und die Erotik des Schreibens betont Barthes zunehmend stärker, vornehmlich im gleichnamigen *Die Lust am Text* und in *Fragmente einer Sprache der Liebe*.

Eine Art Summa der kritisch-produktiven Auffassung von Poetizität umreißt Barthes in der als *Lektion* publizierten Antrittsvorlesung am Collège de France vom 7. Januar 1977, in der er die verschiedenen Stränge seines Schaffens zu einer weitreichenden Semio-Poetologie des Wissens und Schreibens zusammenzieht. An die bereits in *Kritik und Wahrheit* behauptete Nähe von „Kritik und Werk" anknüpfend (Barthes 2006a, 226), reformuliert er in der Annäherung von Literatur und Semiologie die Unmöglichkeit einer stabilen Trennung von Objekt- und Metasprache: Wenn „die menschliche Rede kein Außerhalb" kennt (Barthes 1980, 21), so muss die Semiologie auch bei der Betrachtung nichtsprachlicher Zeichen von der Sprache ausgehen (weshalb Barthes den Begriff der Semiologie dem der Semiotik vorzieht) (Barthes 1985b, 7–10). Als „Sprache über die Sprachen" (Barthes 1980, 55) verfährt sie weniger analytisch als demonstrativ und performativ: Sie ist „keine Hermeneutik: sie malt mehr, als daß sie nachgräbt, *via di porre* eher als *via di levare*" (Barthes 1980, 59). Die Semiologie wiederholt das, was die Literatur als Literatur tut, nämlich die Sprache „zu überlisten", das heißt, die Konventionen zu brechen, von der Seite der Wirkung her die dispersiven Effekte zu zeigen, und erweist sich so als komplementäre Kraft der Literatur: „Dieses heilsame Überlisten, dieses Umgehen, dieses großartige Lockmittel, das es möglich macht, die außerhalb der Macht stehende Sprache [,langue'] in dem Glanz einer permanenten Revolution der Rede [,langage'] zu hören, nenne ich: *Literatur.*" (Barthes 1980, 23) Indem die Semiologie das Literarische der Literatur aufnimmt und fortschreibt, entspricht sie ‚nur' der Möglichkeit der Literatur zur Selbstreferenz und Selbstreflexion, ihre eigene Materialität, Medialität und ihre Prozeduren zu thematisieren, zu performieren und zu reflektieren, die Barthes bereits in *Am Nullpunkt der Literatur* als ein Kennzeichen der modernen Literatur herausstellt (Barthes 2006a, 34–36). Das Zusammenspiel von literarischem und wissenschaftlichem oder kritischem Schreiben, von Produktion und Rezeption, radikalisiert Barthes in seiner letzten Vorlesung über *Die Vorbereitung des Romans* (1978–1980), in der er die Entstehung eines eigenen Romans im Modus des „*Als ob*" poetologisch kommentiert und dies bereits als Teil der „*Produktion*" versteht (Barthes 2008, 57–58). Die Poetizität der Literatur besteht für den späteren Barthes mithin nicht im Resultat oder Effekt eines bestimmten Verfahrens, sondern, in einem erweiterten Sinn, in der subjektiven Praxis der ambivalenten *écriture*: „den Code abgleiten zu lassen und dabei so zu tun, als hielte man ihn ein" (Barthes 2006b, 201).

Die gezeichnete Matrix des Barthes'schen Poetizitätsbegriffs lässt erkennen, dass bereits in der analytisch-deskriptiven Anlage mit dem ‚strukturalen Skandal' ein subversiver Impuls steckt und dass die *écriture* in ihrer subversiven Selbstreferenz den analytischen Anspruch aufrechterhält. Im Verhältnis zu dieser Matrix und mit Augenmerk auf Begriff und Praxis der *écriture* sollen in der Folge entlang der wichtigen Werke ein paar weitere Referenzpunkte und -felder der Poetizität skizziert werden.

2 Écriture am Nullpunkt

Der Nullpunkt der Schreibweise aus Barthes' frühem Essay *Le degré zéro de l'écriture* reagiert auf ein Dilemma der modernen Literatur, die entweder „das Thema des Werkes naiv den Konventionen der Form" ausliefert und damit blind für die Gegenwart bleiben muss, oder aber „die weite Neuartigkeit der gegenwärtigen Welt [erkennt] [...], um von ihr zu berichten, [gleichwohl aber] nur [...] eine glänzende, jedoch tote Sprache" besitzt (Barthes 2006a, 68). Die Befreiung der *écriture* und ihre Ethik vollziehen sich nach Barthes in der Reduktion, in der Bewegung hin zu „einem Nullzustand oder einer gesprochenen Stufe der Schreibweise", die den „homogenen Zustand[] der Gesellschaft" utopisch vorwegnehmen (Barthes 2006a, 69).

Erst die Moderne pluralisiert nach Barthes die Schreibweisen und zwingt den Schriftsteller so zu einer Wahl, in der er eine Ethik der *écriture* erkennt (Barthes 2006a, 67). Als Antwort auf Sartres Essay *Qu'est-ce que la littérature?* (1947) schreibt Barthes hier an gegen die Verortung des Engagements im Gehalt der Prosa, der damit letztlich immer instrumentell gedacht wird und die Form zum reinen Dekor werden lässt (vgl. hierzu Brune 2003, 45–62). Vom Moment an, in dem der „Schriftsteller aufhörte, Zeuge des Universellen zu sein und zu einem unglücklichen Gewissen wurde (etwa um 1850)" (Barthes 2006a, 10), ist die Form der Literatur gemäß Barthes zerrissen. Und von diesem Augenblick an wird sie zugleich zur Möglichkeit des Engagements (vgl. auch Ette 1998, 66–67). Eine Möglichkeit, die alsbald zur Bedrängnis wird, wenn die Übernahme einer vergangenen Schreibweise zwar eine „glänzend[e]", aber „veraltet[e]" Form generiert, deren Zurückweisung jedoch immer dazu tendiert, „asozial[e]" Schreibweisen hervorzubringen, die in der „Einsamkeit" verharren (Barthes 2006a, 11). Die neutralen Schreibweisen, die aus dem Dilemma folgen und zugleich führen, findet Barthes bei Albert Camus, Maurice Blanchot oder Alain Robbe-Grillet. Ihre Form der Abwesenheit steht als Sinnbild zugleich für „die Bewegung eines Negierens", „die Ohnmacht" und den Verweis auf einen differenzlosen Zustand der Gesellschaft (Barthes 2006a, 11–12). Gerade die zerrissene Form, die das harmonische Verhältnis zu ihrem Inhalt verlassen hat, macht neue, gegenläufige und innovative Übertretungen von Form und Sinn möglich. Und die *écriture* stellt die Schreibbewegung als ‚Haltung' ins Zentrum des poetischen Schreibens.

Löst sich die Literatur ab von ihrem Bestreben „‚Abdruck' der Welt" (Barthes 1996, 217) zu sein, klaffen ihre tradierten Formen und die historische Situation ihrer Entstehung auseinander; diagnostiziert man zudem einen „Verlust der Verweisfunktion des sprachlichen Zeichens auf eine außersprachliche Objektwelt" (Zaiser 2009, 10), so beginnt die Literatur – wie Barthes in seinem 1959 veröffentlichtem Essay *Littérature et méta-langage* schreibt – „à se sentir double: à la fois objet et regard sur cet objet, parole et parole de cette parole, littérature-objet et méta-littérature" [sich doppelt zu empfinden: zugleich als Objekt und als Blick auf dieses Objekt, als Objekt-Literatur und als Meta-Literatur] (Barthes 1964, 106; vgl. Zaiser 2009, 8–10). Diese Janusköpfigkeit der Literatur, deren Objekt- und Metasprache in diesem frühen Essay noch stärker unterschieden werden als in späteren, führt direkt in Barthes' Nachdenken über Poetizität, ohne dass der Begriff selbst fallen würde. Barthes beschreibt skizzenhaft, wie die moderne Literatur, beginnend mit Gustave Flaubert über Stéphane Mallarmé und Marcel Proust bis zu den Surrealisten und Robbe-Grillet, zunehmend selbstreflexiv wird und sich permanent die Frage stellt: „[Q]ui suis-je?" (Barthes 1964, 107). In Auseinandersetzung mit dieser Frage erschreibt sie sich. Bei Proust wird die Ankündigung des Schreibens zum Schreiben selbst, gleichermaßen wie später auch Barthes' Vorlesungen *Die Vorbereitung des Romans* (1978–1980) zum Substitut des Romans werden sollen. In dieser zunehmenden Selbstbefragung gibt die Literatur vor, „de se détruire comme langage-objet sans se détruire comme méta-langage, et [...] la recherche d'un méta-langage se définit en dernier instant comme un nouveau langage-objet" [sich als Objektsprache zu zerstören, ohne sich als Metasprache zu zerstören, und [...] die Suche nach einer Metasprache definiert sich letztlich als neue Objektsprache] (Barthes 1964, 107). Die Zerstörung der eigenen Objektsprache, die Reflexion auf ihr „être" und die dafür notwendige Selbstspaltung blieben dabei ein gefährliches Spiel mit der eigenen Auslöschung (Barthes 1964, 106–107).

3 Mythologie als Kritik

Die *Mythologies* bewegen sich noch in deutlichem Abstand zur kritischen Auseinandersetzung mit der Literaturkritik und der ethischen Bestimmung der *écriture*, können aber dennoch als praktische und theoretische Parallelaktion betrachtet werden. Die Praxis leistet die Sammlung von Zeitschriftenartikeln (1954–1956), in denen Barthes Phänomene der wachsenden massenmedialen Alltagskultur analysiert. Dabei kommen unter terminologischer Zurückhaltung Instrumente der traditionellen Poetik und Rhetorik (Analogie, Kontiguität, Tautologie, Kontrarität) zum Zug, gleichzeitig übt sich Barthes schon in den strukturalistischen Operationen des Zerlegens und Zusammensetzens (Barthes 1996, 218–221; vgl. Neumann 1979, 303) mittels jener semiologischen Unterscheidungen (aber ebenfalls, ohne sie zu benennen), die er dann nachträglich für den theoretischen Teil zum Mythos als Mitteilungssystem in der Buchpublikation explizit aktiviert.

In der Betrachtung einer Ausstellung über „Die große Familie der Menschen" zeigt er, wie der „Mythos" durch die Unterscheidung und Verbindung von „zwei Zeiten" „funktioniert", indem zunächst die „Unendlichkeit der Variationen" zur Geltung kommt, und dann über die Darstellung des Lebensganges von der Geburt zum Tod, mit besonderer Betonung der Arbeit in ihrer „Schicksalhaftigkeit", „auf magische Weise aus diesem Pluralismus eine Einheit" der „‚Natur'" des Menschen gewonnen wird. Die Darstellungsweise, so schließt Barthes, sei darauf angelegt, die „Unveränderbarkeit der Welt" zu rechtfertigen (Barthes 2003, 16–19). Auch in den Artikeln wie *Das Gesicht der Garbo* (oder auch *Der neue Citroën*) analysiert Barthes mittels De- und Rekomposition, wie Form und Sinn sich verhalten. Die archetypische und essentielle Schönheit des Garbo-Gesichts wirke nicht als „Addition von Linien", sondern erscheine „gipsartig[]" wie aus „zugleich verletzliche[m] und kompakte[m] Schnee" geformt, während das nun aktuellere Gesicht Audrey Hepburns „nichts Essentielles" mehr habe, sondern „durch ein unendliches Gewebe morphologischer Funktionen gebildet" werde (Barthes 2003, 73–75).

Im theoretischen Teil bestimmt Barthes das „Prinzip" des Mythos auf der Ebene der Diskurse als Transformation von „Geschichte in Natur" (Barthes 2003, 113) und zeigt, wie der Mythos als Rhetorik einer Ideologie begriffen werden kann. Dabei bezieht er sich nicht auf die Beispiele der Artikel, sondern auf neue, darunter die berühmte Fotografie des jungen Schwarzafrikaners in französischer Uniform, der unter der Trikolore salutiert (Barthes 2003, 95–96). Relevant für den Begriff der Poetizität ist indes die semiologische Modellierung mittels der Unterscheidung von zwei ineinandergreifenden ‚semiologischen Systemen', der „*Objektsprache*" und der „*Metasprache*" (Barthes 2003, 93), die Barthes dann in *Elemente der Semiologie* mit der Unterscheidung von Denotation als primärer Ebene und Konnotation sowie Metasprache als zwei Möglichkeiten einer sekundären Mitteilung wirkungsmächtig terminologisiert: Bei der Konnotation wird das aus Signifikant und Signifikat gebildete Zeichen zum Signifikanten eines neuen Signifikats, deren Relation eine sekundäre Bedeutung erzeugt. Bei der Metasprache wird das Zeichen zum Signifikat eines neuen Signifikanten, deren Relation einen Begriff bildet. Beim Mythos wird der „*Sinn*" des primären Systems (d. h. die Bedeutung des denotierten Zeichens) mit einem „*Begriff*" (Signifikat) korreliert (Barthes 2003, 95–96), der den Sinn in „*Form*" verwandelt (weswegen Barthes von einer „*Deformierung*" [Barthes 2003, 103] spricht). Diese Korrelation bringt eine neue „*Bedeutung*" hervor (so nennt das Barthes zur Unterscheidung vom „*Sinn*" des ersten Systems), welche die Aussage oder Botschaft des Mythos ist (Barthes 2003, 96). Die Wirkungsweise des Mythos besteht darin, den primären geschichtlichen Sinn aus dem Zeichen zurückzudrängen zugunsten einer begrifflichen Aussage, welche die sekundäre Bedeutung zur ‚Natur' erklärt. Die mythische Aussage verdrängt den geschichtlichen Sinn aber nur so weit, dass sie jederzeit auf seine ‚Realität' rekurrieren kann (Barthes 2003, 103–104).

Der mythische Bedeutungseffekt kommt durch ein fortdauerndes „Alternieren" von Sinn und Form zustande, das „gewissermaßen durch den Begriff zusammengehalten" wird. Der Begriff „bedient" „sich seiner wie eines doppeldeutigen Bedeutenden", „das zugleich verstandsmäßig und imaginär ist, willkürlich und natürlich" (Barthes 2003, 104). Das Spiel von Sinn und Form kann mithin als poetisches Moment des Mythos betrachtet werden. Die Poetizität im emphatischen Sinn, das heißt als freies Spiel zwischen Sinn und Form mit selbstreferentiellem Potential, wird jedoch vom Begriff mittels bildhafter Evidenz ideologiestrategisch reguliert. In den gebräuchlichen Termini ausgedrückt könnte man sagen, dass der Mythos eine konnotierte Bedeutung des primären Zeichens metasprachlich, das heißt als Begriff, entwendet und diesen durch Rekurs auf das primäre Zeichen naturalisiert, wie Barthes dann auch unter dem Titel des „Mythos als gestohlene Sprache" weiter ausführt (Barthes 2003, 115–123). Die poetische beziehungsweise poetologische Selbstreflexivität, die Barthes dann mit dem schreibbaren Text entwickelt, bestünde indes im offenen Spiel zwischen Konnotation und Metasprache. – Dass Barthes den Mythos als manipulative Oszillation zwischen Konnotation und Metasprache denkt, ohne dies jedoch in diesem technischen Sinn zu erfassen, darauf deutet der sonderbare (bislang unbemerkte?) Umstand hin, dass das Diagramm zum semiologischen System des Mythos (Barthes 2003, 93) nicht die Metasprache schematisiert (die er dann in *Elemente der Semiologie* auch richtig darstellt) (Barthes 1979, 76–77), sondern die Konnotation.

4 Apotheose der Zeichen

Barthes' Japan in *L'empire des signes* (1970) zeichnet ein schwärmerisches Gegenbild zur Herrschaft eines (mythologischen) Systems, dessen Signifikate zu erstarren neigen. Es ist ein Traum, der in der Logik der Differenz das Andere begehrt; eine Möglichkeit, „mit der Idee eines unerhörten und von dem unsrigen gänzlich verschiedenen Symbolsystems zu ‚liebäugeln'" (Barthes 1981, 13). Barthes' Faszination für Japan ist vor allem aber auch ein Blick auf eine fremde Sprache, die den Blickenden sinnlich affiziert, jedoch diesseits des begrifflich Verstehbaren lässt. Dieser Blick sieht primär Zeichen und keine Bedeutungen, Formen und keine Hierarchien. Sein Japan ist der schreibbare Text – „eine Galaxie von Signifikanten und nicht Struktur von Signifikaten" (Barthes 1987, 10), wie Barthes ihn in *S/Z* beschreibt. Die *écriture* betont ihre Materialität als Zeichen, die nur auf sich selbst verweisen, als Formen, die sich über den Inhalt hinwegsetzen. Tokyo als Stadt mit leerem Zentrum, das bewohnt ist von einem Kaiser, den „man nie zu Gesicht bekommt" (Barthes 1981, 50), um dessen unsichtbaren Wohnsitz der Verkehr sich tagtäglich schlängelt, wird zum Sinnbild eines Systems ohne strukturierende Vereinheitlichung.

Die Poetik Japans ist die Poetik des modernen Textes: die Freistellung des Sinns. In *Roland Barthes par Roland Barthes* reflektiert der Schreiber in der dritten Person über sich selbst: „Er denkt offenbar an eine Welt, die *vom Sinn frei* wäre (so wie man vom Militärdienst freigestellt ist). Mit dem *Nullpunkt* hat es angefangen, wo die ‚Abwesenheit aller Zeichen' geträumt wird; dann unzählige, beiläufige Affirmationen dieses Traums (wenn vom Avantgarde-Text, von Japan, von der Musik, vom Alexandriner usw. die Rede ist)." (Barthes 2010b, 100; vgl. auch Langer 2005, 242) Das Bestreben, das Signifikat, die Doxa, das System aufzulösen und ihnen den Atopos entgegenzuhalten, bildet einen roten Faden im Schreiben Roland Barthes' (Oster 2006). „Die Bedeutungslosigkeit ist der Ort der wahren Bedeutsamkeit. Das darf man nie vergessen." (Barthes 2002, 197) Die Atopie ist skandalös, „der Utopie überlegen (die Utopie ist reaktiv, taktisch, literarisch, sie rührt vom Sinn her und setzt ihn in Gang)" (Barthes 2010b, 54). Gleichermaßen wie im strukturalen Skandal der Abstand zwischen Syntagma und System schwindet und sich als „schöpferische[] Übertretung[]" (Barthes 1979, 73) zeigt, wird hier die Durchkreuzung des Signifikats durch die Signifikanten inszeniert. Als Poetik der Öffnung und der selbstreferentiellen Medialität befreit die Atopie die Signifikanten von jeglichen Hypostasen.

5 Von der Lust zur Wollust

Das „Sinnverstehen[] zugunsten des Lustgenießens" (Röttger-Denker 2004, 29) zurückzustellen, ist der Appell von *Le plaisir du texte*, der in den darin versammelten, alphabetisch geordneten 46 Figuren selbst performativ umgesetzt wird. *Die Lust am Text* provoziert nicht nur durch ihren fragmentarischen und spielerischen Charakter, ihre Widersprüchlichkeit und Unabgeschlossenheit, womit der Text jegliche Konventionen eines wissenschaftlichen Schreibens sprengt und sich selbst seinem Objekt annähert (vgl. hierzu auch Brune 2003, 199–212; Schmidt 2010, 231). Auch inhaltlich rüttelt er auf und diagnostiziert einen herrschenden

„Obskurantismus der Lust" (Barthes 1974, 69), wenn er bemerkt: „Die Idee der Lust scheint niemandem mehr zu schmeicheln. Unsere Gesellschaft erscheint zugleich als gesetzt und gewalttätig; auf jeden Fall: frigide." (Barthes 1974, 69)

Eine Theorie des Textes über den Begriff der Lust zu skizzieren, irritiert vor allem auch die politische Linke – so auch die Reflexion in der Figur *Droite/Rechte* (Barthes 1974, 34–35) –, denn die gesellschaftlichen Mythen begreifen die Lust am Text als „Idee der Rechten", während die Rechte alles, „was abstrakt, langweilig, politisch ist", der Linken zuweist (Barthes 1974, 34). *Die Lust am Text* entwirft, entgegen dieser Mythologie, über den Charakter der Wollust eine Idee des Subversiven, des Anstößigen, das immer von außen kommt und mit Konventionen bricht. Gerade die Lust beziehungsweise die Wollust am Text löst das Erstarrte auf, führt das Subjekt an seine Grenzen und lässt diese fluid werden. Sie ist nach Barthes zugleich „revolutionär", „asozial" und „skandalös" – und dies „nicht[,] weil sie unmoralisch, sondern weil sie *atopisch* ist" (Barthes 1974, 34–35), von keinem Ort aus spricht.

Die Lust am Text ist nicht ausschließlich eine Reaktion der Leserin, sondern ist gemäß Barthes gleichermaßen ein Moment der Textproduktion, die im Konzept des *schreibbaren Textes* ohnehin mit der Lektüre verschmilzt. Doch primär – und dies verbindet den Text mit Barthes' strukturalen Analysen – hat die Lust *am* Text ihren Impuls *im* Text selbst. Im französischen Titel tritt diese Leseweise durch den bestimmten Artikel (plaisir *du* texte) und den Genitivus subjectivus noch stärker hervor (vgl. Ette 2011, 116). In seinen Überlegungen zum Marquis de Sade findet Barthes den Auslöser der Lust in der sprachlichen Kombination sich widerstrebender Momente: „[D]ie Lust der Lektüre kommt offensichtlich von bestimmten Brüchen (oder bestimmten Kollisionen): antipathische Codes (das Erhabene und das Triviale zum Beispiel) stoßen aufeinander" (Barthes 1974, 13). In Flauberts *Bouvard et Pécuchet* (1881) entdeckt er seine Lust im Codewechsel, wenn die „manische Genauigkeit" der Beschreibung die literarische Sprache erschüttert und transgrediert (Barthes 1974, 42). In diesen Codewechseln erkennt man wiederum einen Aspekt dessen, was in Barthes' emphatisiertem Schreiben als Poetizität verstanden werden muss.

Anders als in der ‚strukturalen Phase' steht das Begehren des Lesers und Scriptors sowie die Materialität der Sprache im Mittelpunkt. Die Grundlagen des Sinns findet Barthes in der Sinnlichkeit, wenn er fragt: „Was ist die Signifikanz? Der Sinn, *insofern er sinnlich hervorgebracht wird.*" (Barthes 1974, 90) Und *Le plaisir du texte* will – in Referenz auf Kristeva – den Text selbst als Körper, als Sinnlichkeit begreifen (vgl. Ette 1998; Röttger-Denker 2004) und die Triebregungen erspüren, die durch die Dominanz des Sinns immer verdeckt werden: „[D]ie mit Haut bedeckte Sprache, einen Text, bei dem man die Rauheit der Kehle, die Patina der Konsonanten, die Wonne der Vokale, eine ganze Stereophonie der

Sinnlichkeit hören kann: die Verknüpfung von Körper und Sprache, nicht von Sinn und Sprache" (Barthes 1974, 97–98).

Freiwerden meint hier Befreiung vom Sinn und damit auch eine radikale Dispension von Einheit, Klarheit, Starrheit und Abgeschlossenheit. Die Atopie des Textes sprengt Redeweisen, Fiktionen, Systeme, und genau dies bezeichnet Barthes als die Signifikanz des Textes (Barthes 1974, 46). Der moderne Text „löst [...] jede Metasprache auf [...]: keine Stimme [...] steckt *hinter* dem, was er sagt" (Barthes 1974, 47), und damit auch keine Massenkultur, die Barthes in absolutem Kontrast zum Text der Wollust als durch und durch kleinbürgerlich und der Doxa verpflichtet bezeichnet (Barthes 1974, 58). Und doch braucht der Text, um fruchtbar und schreibbar zu sein, seinen eigenen Schatten, das heißt: „ein *bißchen* Ideologie, ein *bißchen* Darstellung, ein *bißchen* Subjekt" (Barthes 1974, 49).

Der Text der Wollust ist ein „*Gewebe*", ohne dabei ein originäres Produkt zu sein, hinter dem sich „der Sinn (die Wahrheit)" verbirgt. Er ist „ein ständiges Flechten" (Barthes 1974, 94), ein intertextuelles Konstrukt aus Strängen, die sich selbst immer weiterspinnen, in dessen Netz bekanntlich jedes Subjekt und jede Spinne aufgeht. Der Schreiber des Textes der Wollust (*jouissance*) ist jener moderne Schreiber, von dem Barthes in *Der Tod des Autors* sagt, er „besitzt keineswegs ein Sein, das vor oder über seinem Schreiben läge, er ist mitnichten das Subjekt, dessen Prädikat sein Buch wäre" (Barthes 2006b, 60). Die Poetik der Lust beziehungsweise Wollust ist, indem ihre Texte mit dem Bekannten brechen, eine Poetik des radikal Neuen, die jeglichen Schöpfer des Neuen außerhalb des Textes negiert. Die Poetik der Lust ist überdies eine Poetik der Öffnung, die subversiv Benennungen auflöst, eine Poetik des Begehrens, welche die Körperlichkeit des Textes abhorcht, und sie bleibt dabei eine Poetik des Intransitiven, deren Texte autonom sind und sich jeglicher Vereinnahmung entziehen.

6 Figur und Moment

Wenn die *Lust am Text* die Signifikanz der *écriture* bis zur Auflösung in der affektiven Intensität treibt, so dass die poetisch-poetologischen Determinanten nicht mehr begrifflich fassbar sind, so greift Barthes in *Fragmente einer Sprache der Liebe* auf die *Figur* als Leitbegriff zurück, um durch einen minimalen Abstand zwischen Meta- und Objektsprache eine analytische Erkenntnis zu ermöglichen, ohne jedoch die Drift der Dissemination zu verraten: Die Zahl der Figuren ist, wie er in seinem „Aide-mémoire" der „alten Rhetorik" (*L'ancienne rhétorique*, 1970) festgestellt hat, prinzipiell unbegrenzt (Barthes 1988a, 88). Die „*Figuren*" des

Liebesdiskurses will er zwar nicht „im rhetorischen Sinne verstanden" wissen, „sondern eher im gymnastischen oder choreographischen", als „Gebärde" des „Liebende[n] in Aktion". Dennoch siedelt er sie in einer ‚Quasitopik' an („als ob es eine Topik der Liebe gäbe"), die nur „zur Hälfte codiert, zur anderen Hälfte projektiv" ist, so dass die Lesenden die Figur aufsuchen, sie „nach Maßgabe [ihrer] eigenen Geschichte ausfüllen", „sich ihrer bemächtig[en], sie ergänz[en], sich [...] zunutze mach[en] und sie anderen weiterreich[en]" können (Barthes 1988b, 16–17).

Mit der (negierten) rhetorischen Konstellation von Topik und Figur ist die Transgressivität des Unterfangens poetologisch angelegt und wird vom Text in allen Dimensionen ausagiert: Die achtzig alphabetisch angeordneten, eine bis sieben Seiten umfassenden Fragmente unterlaufen als Textsorte und durch die kontingente Anordnung eine kohärente, zielorientierte Argumentation. Literarische Referenztexte (neben Johann Wolfgang Goethes *Werther* Texte von Platon, Victor Hugo, Stendhal, Nietzsche, Rainer Maria Rilke, Proust u. a.), eigene Erfahrung und theoretische Texte (Freud, Lacan u. a.) interagieren auf derselben Diskursebene. Die Modi des Referats und des Zitats, der Explikation und der Argumentation, des Narrativen und des Szenischen folgen übergangslos aufeinander oder fließen ineinander. Die Figuren, welche die Fragmente kurz umreißen, werden in der Kopfleiste noch einmal überschrieben mit einem motto- oder titelartigen „*Argumentum*: ‚Darstellung, Bericht, Zusammenfassung, kleines Drama, erfundene Geschichte'" (Barthes 1988b, 17–18); jeder der Texte der *Fragmente* ist dann selbst noch einmal in Abschnitte gegliedert. Die Figuren selbst benennen größtenteils typische Situationen, Emotionen, Vorstellungen, Gesten, Begriffe der Liebe, enthalten aber jeweils überraschende Wendungen, Brechungen und Verbindungen.

Das „*Ich*", das die Figuren der *Fragmente einer Sprache der Liebe* durchspielt, ist nicht psychologisch, sondern sprachlich-struktural konstituiert, und die Figuren sind der „‚dramatischen' Methode" gemäß „*Sprachszene[n]*", so dass das „Liebesgefühl" und die ganze Affektivität hier ganz von der Sprache her gedacht werden (Barthes 1988b, 15–16). Daher erstaunt es, dass Barthes in *La chambre claire* (1980), seinem letzten Buch, die ‚ontologische' Eigentümlichkeit der Fotografie dies- oder jenseits ihrer sprachlichen und zeichenhaften Vermitteltheit zu erkunden sucht (Barthes 1985a, 11). Dieser Wende liegt die Beobachtung des besonderen Verhältnisses der Fotografie zum „*Referenten*" zugrunde, der „haften" bleibe und nicht wie in der Kunst in der Signifikanz des Bildes aufgehe, was zum Scheitern der Theorien der Fotografie beigetragen habe. Die Insistenz des Referenten ist zum einen in der subjektiven „Betroffenheit" begründet, die Barthes hier noch entschiedener zum Ausgangspunkt der Erkenntnis erhebt (Barthes 1985a, 13–18), zum anderen im ‚Realismus' der Fotografie, die ein Objekt als singuläres Ereignis eines Ortes und einer Zeit festhält. Die Fotografie erscheint als magische „Emanation des *vergangenen Wirklichen*", ihr „Noema" ist deshalb das „'*Es-ist-so-gewesen*'" (Barthes 1985a, 99, 87).

Diese doppelte Insistenz des subjektiven Affekts und des objektiven Dagewesenseins durchbricht die Codes, welche die Fotografie auch mit „anderen Darstellungssysteme[n]" (Barthes 1985a, 86) teilt und deren kulturelles und technisches Wissen Barthes mit Bezug auf die drei Perspektiven vom *operator*, *spectator* und *spectrum* zusammenträgt (Barthes 1985a, 17). Das Verhältnis von Konventionalität der Lektüre, die etwa die „Kunst" eines bestimmten Fotografen erkennen lässt, und Singularität des Dagewesen- und Betroffenseins hat Barthes in die berühmte Formel von *studium* und *punctum* gegossen: zum einen das kulturelle Interesse, „fast könnte man sagen, eine Dressur", die „Hingabe an eine Sache [...], eine Art allgemeiner Beteiligung, beflissen zwar, doch ohne besondere Heftigkeit" (*studium*); zum anderen das *Moment* (*punctum*), „jenes Zufällige" an der Fotografie, das „wie ein Pfeil aus seinem Zusammenhang hervor[schießt]" und das *studium* „durchbricht" und „*mich besticht*" (Barthes 1985a, 35–36). Damit entwirft er eine Poetik, die das Prinzip der Struktur und der Semiose, auf das auch noch die Dissemination rekurriert, nicht einfach nur transgrediert, sondern transzendiert auf das irreduzible „'*Es-ist-so-gewesen*'" hin, dessen Wahrnehmung den Betrachter der „*Verrücktheit*" aussetzt (Barthes 1985a, 127–128).

Weiterführende Literatur

Barthes, Roland (2010b). *Über mich selbst*. Aus dem Französischen von Jürgen Hoch. Berlin.
Brune, Carlo (2003). *Roland Barthes. Literatursemiologie und literarisches Schreiben*. Würzburg.
Ette, Ottmar (1998). *Roland Barthes. Eine intellektuelle Biographie*. Frankfurt a. M.
Langer, Daniela (2005). *Wie man wird, was man schreibt: Sprache, Subjekt und Autobiographie bei Nietzsche und Barthes*. München.
Röttger-Denker, Gabriele (2004). *Roland Barthes zur Einführung*. Hamburg.
Schmidt, Frauke (2010). „Roland Barthes (1915–1980)". *Klassiker der modernen Literaturtheorie. Von Sigmund Freud bis Judith Butler*. Hrsg. von Matías Martínez und Michael Scheffel. München: 216–236.

Anselm Haverkamp
III.1.5 Poetik als Dekonstruktion

Einleitung und Übersicht

Das Wort ‚Dekonstruktion' ist nicht neu und war nicht ohne poetologische Implikationen, ist aber, von einer prägnanten Verwendung bei Friedrich Wilhelm Joseph Schelling abgesehen, ohne Echo geblieben (Müller-Sievers 2015, 112); genug hier, dass es unter anderem auch einen romantischen Hintergrund hat. Die im Französischen weitaus üblichere Verwendung des Wortes ist unauffälliger. Ein nennenswertes Gewicht von philosophischem Belang gewinnt der Begriff erst in den Werken von Jacques Derrida, Louis Marin und Paul de Man, wo ihm in der Augustinus-Rezeption von Port Royal bei Blaise Pascal und Jean-Jacques Rousseau ein methodisches Format zukommt (Derrida 1967a; Marin 1975; de Man 1981).

Allerdings ist Poetik als theoretische Disziplin beziehungsweise Poetizität als literarische Differenzqualität kaum mehr als einer der Aspekte der dekonstruktiven Begreifensbewegung, die in den Prozessen der philosophischen und literarischen Begriffs-, Bedeutungs- oder Sinnbildung vor sich geht. Dekonstruktion in der ersten, schon bei Schelling angezielten Bedeutung ist noch nicht die kritische Tätigkeit selbst, sondern das, was ‚Kritik' in einem transzendentalen Verstande explizit macht, provoziert, involviert. Erst sekundär, in dem Maße, in dem das, was im Verlauf einer Tradition vor sich geht und auf seine begriffliche Bedingtheit mit zu reflektieren ist, wandert Dekonstruktion ein in einen Prozess, der subjektbestimmend ist, ohne je zur Gänze durchschaubar zu werden und abschließbar zu sein. Die abgeleitete, literaturwissenschaftlich verengte Anwendung des Begriffs auf die analytische Aktivität der Kritik geht aus von der Involviertheit jeder Lektüre in die allfällige, in jedem signifikanten Material vor sich gehende differierende Bewegung, die in Texten als ‚Text' unterschiedlich wirksam wird und je andere Effekte nach sich zieht. Als untergründige, metakinetische Bewegtheit hermeneutischer Horizonte bestimmt und prägt sie die Rahmenbedingungen von ‚Repräsentation' in den von Sigmund Freud erkannten ‚Rücksichten auf Darstellbarkeit' (*Traumdeutung*, 1900) oder, in Termini von Alexander Gottlieb Baumgartens Ästhetik (*Aesthetica*, 1750), in der rhetorischen Verfasstheit der in den Werken operativen *figurae crypticae* (Haverkamp 2002a). Im poetologischen Grundmotiv ist Dekonstruktion deskriptiver, nicht normativer Natur, jedoch von exemplarischem Nutzen in normativen Hinsichten, etwa in der der *Ethics of Reading* (Miller 1987; s. auch Miller 2001). Ausgangspunkt, durchkreuzter ‚Ursprung' dekonstruktiven Beschreibens, ist das ‚historische Apriori' (Foucault) der ‚Paläonyme' (Derrida), deren Dekonstrukt für de Man wie Derrida die Metapher des Aristoteles – also nicht zuletzt seine *Poetik* – ist (Haverkamp 2007, 10; Haverkamp 2015).

In der ‚apriorischen' Begrenzung der von Foucault so genannten ‚Epistemen' (*Les mots et les choses*, 1966) entsteht allerdings die objektivistische Illusion, die kritische Analyse dekonstruiere selbst (aktiv) den im Text vorliegenden Sprachstand, während sie der in den Texten zu kurzer Ruhe gekommenen dekonstruktiven Bewegtheit de facto nur mit unterliegt. So hat die Rezeption der Dekonstruktion als Theorie der sprachhistorischen Gegebenheits- oder Vorkommensweisen von literarischen Texten in den Schulen des amerikanischen *New Criticism*, indem sie dessen formale Analysen schärfte und auf ein neues Niveau hob, Nebeneffekte produziert, welche die poetologischen Errungenschaften im engeren Sinne verdecken. Dabei hat man die Dekonstruktion (zu Recht) als implizite Kritik der bildungspolitischen Eignung des *New Criticism* und als Infragestellung der ‚humanistischen' Werte verstanden, um sie im Gegenzug (zu Unrecht) als Kernbegriff ‚nihilistischer' Einstellungen und Absichten zu denunzieren (Johnson 1987, 6). Mit der poetologischen Relevanz des Begriffs Dekonstruktion hat das nichts zu tun; nur indirekt bestätigt die durch die Dekonstruktion provozierte *Resistance to Theory* eine politische Reaktion (de Man 1986), die sich – sei es als Funktion, sei es als Dysfunktion von Poetik – bis auf ihre bei Aristoteles expliziten Anfänge zurückverfolgen lässt. Insofern dient die Dekonstruktion nicht zuletzt auch der Wiedergewinnung von klassischen, philosophisch motivierten Bestimmungen von Poetik, die in der neueren Literatur in den Hintergrund getreten sind oder in Diskredit gerieten.

1 Jenseits des Strukturalismus

‚Poetik' in dem seit Aristoteles leitenden philosophischen Interesse an den Gattungen der literarischen *poiesis* bezeugt eine lang angebahnte Ahnung von dem seit Petrus Ramus, René Descartes und Immanuel Kant in zunehmender methodischer Reflexion und transzendentaler Kritik neu begriffenen und zur Disposition gestellten Überlieferungsprozess, den Hans-Georg Gadamer ein ‚Überlieferungsgeschehen' nennt (*Wahrheit und Methode*, 1960). Muss für Gadamers Hermeneutik die Poetik als eine überholte Disziplin erscheinen, so kehrt sie mit Derridas Dekonstruktion als das in jedem hermeneutischen Verstehensprozess naturwüchsig überspielte, produktive Geschehensmoment wieder, das nach Ferdinand de Saussures Strukturalismus als linguistische Grundvoraussetzung jedes historischen Verstehens hervorgetreten ist. Derridas Konsequenz der *dif-*

férance als einer untergründig differierenden Bewegtheit im signifikanten Material ‚Sprache' verbindet Saussures Befund eines ohne substantielle Vorgaben in Differenzen spielenden Sprachgebrauchs mit der in Edmund Husserls *Krisis der europäischen Wissenschaften* zur Prämisse erhobenen Einsicht in die unvordenklichen ‚Sedimentierungen', auf denen die sprachliche Erschlossenheit der ‚Lebenswelt' aufruht (Husserl 1936, 72–73). Literatur ist die Quelle, an der die fortwährend weiter differierende Sprachsituation einer jeden Episteme das in ihr aktuelle ‚Sein der Sprache' (als eine ‚positive' Gegebenheit und ‚Geschichte' als Form dieser Gegebenheit) erfassbar ist (Foucault 1969), wenngleich diese nicht notwendig nachvollziehbar ist, sondern in situativer Gebundenheit auftritt. Poetik richtet sich auf das „Different-Werden der sprachlichen Elemente", das in Literatur und Philosophie „als Motor der Bedeutungsgenese überhaupt" ansichtig wird (Quadflieg 2006, 145). Die sprachlich-schriftliche Sphäre, die der Metapher vom Ansichtig-Werden der *différance* entspricht, ist die des Lesens und der Lesbarkeit; die Modi ihres Auftretens sind indirekte Thematisierung und implizite Reflexion. Das führt zurück zur romantischen ‚Selbstreflexion' der Texte als Quelle des Begriffs der Dekonstruktion (Menninghaus 1987).

So ist der Eindruck nicht falsch, dass Poetik als Prinzipienlehre Literatur und Kunst immer *mit* motiviert hat; falsch ist nur der Eindruck, dass sich diese Mitmotiviertheit im Selbstverständnis der Dichter niedergeschlagen hätte und im ‚Genie' oder in subjektiven Intentionen explizit geworden wäre (Fineman 1986). In Poetik begründet Dekonstruktion Literatur und Kunst in überindividuellen, geschichtsbildenden Hinsichten. Hatte Aristoteles die lebensweltliche Einbettung der Tragödie als Teilnahme einer individuell-allgemeinen Mimesis aufgefasst, so bietet eine dekonstruktive Poetik die Möglichkeit, den Komplex der Mimesis von einem historisch geschlossenen, ontologisch evidenten Kontext auf die Wirklichkeit einer radikaleren Kontingenz und die Reaktionsmuster des darin nötig gewordenen ‚Kontingenzbewusstseins' in einer opak gewordenen Welt zu beziehen (Blumenberg 1981, 47–51).

Die Aufmerksamkeit auf das dekonstruktive Bewegungsmoment beider, der Philosophie wie der Literatur, hat nicht zufällig skandalös auf die betroffenen Disziplinen gewirkt. Die interpretativen Konflikte, die in ihrem Querlaufen widersinnige, überschüssige Dysfunktion von Theorie, entsprechen dem offenen Charakter dekonstruktiver Poetiken; sie redefinieren Poetik als ‚Paläonym' für dekonstruktive Kritik. In der Vertiefung der alten Bestimmungen, die nach dem Vorbild des Aristoteles bis zu Theodor W. Adorno reichen (*Ästhetische Theorie*, 1970), liegen die Ansätze zu einer dekonstruktiven Analytik, die von Derrida, Marin, de Man und ihren Schülern entwickelt wurde. Sie richten sich in dem ‚logozentrischen' Zusammenspiel von Literatur und Philosophie auf eine metahistorische Dynamik, in der die sprachlichen Strukturen, Begriffe und Ökonomien dessen stehen, was historisch sagbar und darstellbar war und so ‚historisch' wurde. Kants Begriff der ‚Darstellung' und Freuds ‚Rücksicht auf Darstellbarkeit', Martin Heideggers ‚Aletheia-Struktur' und Jacques Lacans ‚Signifikanten-Kette' sind die Modelle, die nach Derrida und de Man in den 1970er Jahren der ersten Rezeption französischer Theorie in Amerika (*The Structuralist Controversy*, 1970) einen Raum eröffneten, der in Deutschland durch Adornos ‚negative Dialektik' nicht ganz unvorbereitet war (Menke 1988). Die Schwelle der theoretischen Emergenz der Dekonstruktion war die Revision der Psychoanalyse durch Lacan (Weber 1978), über den der Strukturalismus von Saussure und Roman Jakobson zu Derrida führt (Wahl 1968). Bereits die ersten Ansätze zu einer dekonstruktiven Poetik sind nicht neostrukturalistisch (Frank 1983) oder radikal-hermeneutisch (Hamacher 1998c); sie überschreiten auch dort, wo sie dem Milieu der strukturalistischen Analysen verhaftet bleiben (Gérard Genette), dessen terminologische Grenzen (Roland Barthes). Die Strategie der paläonymen Anknüpfungen macht es möglich, die linguistischen Errungenschaften Saussures weiterzudenken und zu einer Revision der rhetorischen Begriffe zu nutzen. So führt Derridas Kunstbegriff der *différance* Saussures revolutionäre Einsichten in den differentiellen Charakter der Sprache über die Schwelle der paläonymen Grenzen der linguistischen Differenzierungsbefunde hinaus (Derrida 1967c). In der Radikalisierung der Differenz-Struktur Saussures, die in der psychoanalytischen Effizienz der Signifikantenverschiebungen resultiert und nach Metapher und Metonymie unterschieden ist (Lacan 1966), wird die ursprungslos differierende Spur der Signifikantenbewegung auf die produktive Funktion der Poiesis hin durchsichtig (Haverkamp 1983). Die remarkierende Thematisierung der signifikanten Materie führt zu einer Kluft, in der die Materialität der Texte von der Selbst- oder Hyperreflexion der phänomenalen Oberfläche zu trennen ist und einer a-mimetischen Ästhetik Raum gibt. Ist das eine Erweiterung, Tieferlegung oder Widerlegung von Poetik, lautet die Folgefrage, auf die ‚Ästhetik' als transzendentale Hypothek dekonstruktiver Poetiken eine vorläufige, tentative Antwort verlangt (Campe et al. 2014).

2 *Deconstruction as Criticism*

Bereits auf der Schwelle zum Poststrukturalismus ist ‚Dekonstruktion' ein poetologisch ausgezeichneter Begriff, ‚Poetik' aber zunächst ein zweifelhaftes Paradigma. Jonathan Cullers früher, ebenso konziser wie mutiger Versuch *On Deconstruction* (1982) verharrt in der Folge seiner *Structuralist Poetics* (1975) auf dieser Schwelle. Er knüpft an Tzvetan Todorovs *Strukturale Poetik* in François Wahls Strukturalismus-Bilanz an (Wahl 1968) und zieht daraus erste Schlüsse für eine bis heute nicht ausgestandene Debatte, die ihre Blüte in der von Samuel Weber und Henry Sussman begründeten Zeitschrift *Glyph* hatte (1977–1981) und von Derridas *Limited Inc* (*Glyph* 2, 1977) bis zu Stephen Greenblatts *Invisible Bullets* (*Glyph* 8, 1981) zusammenbrachte, was an Anwendungsvarianten in der Luft lag, einschließlich des harten, selbstkritischen Widerrufs von *Deconstruction as Criticism* durch Rodolphe Gasché (*Glyph* 6, 1979). Darin verwies Gasché die schnelle Anwendungsbegeisterung von Dekonstruktion zurück auf Derridas phänomenologische Kontexte, auf Jean-François Lyotards *Discours, figure* (1971) und Maurice Merleau-Pontys *Le visible et l'invisible* (1964), deren Reflexionsniveau schlichte, thematische Illustrationen nicht gewachsen sein konnten (Gasché 1979, 186–189). Radikaler als es die strukturalistisch optimierte, formalistisch sensibilisierte Ausmünzung dekonstruktiver Theoriebildung ahnen ließ, bietet Dekonstruktion keine stabile Grundlage für literarisch-philosophische Anwendungen, sondern ein fluktuierendes Feld, das in der Gestalt ‚Text' eine in ‚Chiasmen' verstrickte, überkomplexe, hyperreflexive Materie umfasst (Merleau-Ponty 1964, 165–168). Die poetologischen Konsequenzen sind nicht umstandslos in die interpretative Praxis umzusetzen; umgekehrt ist die Theoriebildung aber auf eine neue Art von methodischer Aufmerksamkeit angewiesen, wie sie bei William Empson (1930; 1985) oder Kenneth Burke (1969) an den avantgardistischen Rändern des *New Criticism* praktiziert wurde und bei de Man als „a historical poetics [...] but in scattered form" ein nachhaltiges Interesse weckte (1983c, 241).

Während die ersten Ansätze zu einer dekonstruktiven Poetik bei Julia Kristeva, Barthes und Tel Quel zugleich die letzten Nachwehen der alten Avantgarden austrugen und hypermodernistische Erwartungen wie transhistorische Kategorien als orientierende Gesichtspunkte vorgaben, nutzten oder weitertrugen, gerieten auf neuen Feldern wie Intertextualität und Anagrammatik (Starobinski 1971) die semiotischen Kernbereiche der Semantik in eine Krise, deren Ausgang keine enthistorisierten Theoriesphären mehr rechtfertigte, sondern historisch neu zu vermessende Problemfelder schuf. Cullers erste Bestandsaufnahme experimentierte aushilfsweise mit einer ‚minimalen' Konzeption von Semantik, deren Möglichkeiten bei Donald Davidson vorbereitet waren (1984), bevor sie von Samuel Wheeler (2000) und Henry Staten (1986) als analytische Raffinierung von Dekonstruktion erkannt und weitergeschrieben wurden (Haverkamp 1998). Frederick Ahl, *Metaformations* (1986), Derek Attridge, *Peculiar Language* (1988), und Cullers Aufmerksamkeit *On Puns* (1988a) boten nach Empsons bahnbrechenden Untersuchungen zur *Structure of Complex Words* (1951; in der Neuauflage 1986 von Jonathan Culler mit einem Vorwort versehen) erste sprachanalytisch diskutable Weiterungen.

Der kontextunabhängigen historischen Herausforderung begegnet de Mans Revision des Allegoriebegriffs. Er arbeitet einem *New Historicism* in die Hände, der durch die Phase dekonstruktiver Aufmerksamkeit auf eine Revision des Repräsentations- und Geschichtsbegriffs hindrängt (Greenblatt 1981a, xiii). De Man spricht tentativ von ‚Dekonstruktion zweiten Grades' (1979, 19), die keine neue Geschichtstheorie in die Analyse einziehen soll, sondern die Dekonstruktion selbst, im selbst-dekonstruktiven Auf- und Abbau ihrer begrifflichen Konstitutionsleistungen zum Gegenstand nimmt. De Man nähert sich dem Begriff der Poetik, indem er das älteste Konstitutionsproblem der Poetik aufnimmt, ihr Verhältnis zur Rhetorik, die ihr, angefangen mit dem Metaphernbegriff, das begriffliche Repertoire liefert, aber qua ‚Erkenntnispragmatik' begrenzt ist (Blumenberg 2013). Die Grenzen werden in der Dichtung zwar oft mit thematisch, aber tendenziell auch immer schon überschritten. Das gibt dem Begriff der Form eine neue Brisanz (Gasché 2003). Die alte Poetik, die als rhetorisches Organon der poetischen Produktion ein privilegierter Gegenstand von Dekonstruktion sein muss, stellt sich als ihr exemplarischer Ort heraus. Dieser Seitenwechsel der Poetik vom Gegenstand der Dekonstruktion zu ihrer Agentur ist noch kein Ergebnis Derridas, aber die literaturwissenschaftliche Antwort auf eine Frage, die er provoziert und philosophischerseits vorbereitet hat. In der Gestalt von Poetik erweist sich der Chiasmus von Philosophie und Literatur an der Stelle der Gattungsverwirrung, die Habermas fälschlich in ihm erkannt hat (*Der philosophische Diskurs der Moderne*, 1985), als das kritische Relais einer in beiden Textformationen eingespielten Ökonomie ‚infrastruktureller' Spuren und Strategien, die in Gaschés transzendentaler Reformulierung der *différance* begegnen, sie kanalisieren (*The Tain of the Mirror*, 1985).

Das wichtigste poetologische Moment in der Dekonstruktion rhetorischer Begriffe ist die Auto-De-Konstruktion der Figuren, als deren Zentrum de Mans Allegoriebegriff fungiert (*Allegories of Reading*, 1979). Ironie, strukturell äquivalent mit der Allegorie, stellt in der Lektüre von de Man das in der textuellen (gewöhnlich narrativen) Ausweitung der Worttropen zur Gedankenfigur der Allegorie durchkreuzende, differierende Moment der unendlichen Verschiebbarkeit dar. Deren kontrollierter Anwendung galt, bei dem klarsten Bewusstsein der im differierenden Untergrund nicht ‚*fest*-stellbaren' Bedeutungsgeneration, die Aufmerksamkeit schon der alten Rhetorik (Haverkamp 2007). Für die Poetik wurde eine gewisse Lizenz zur kontrollierten Überschreitung zugestanden, die nach Longinus in Philosophie (Platon) und Dichtung (Sappho) gleichermaßen ‚sublimer' Natur war. Nach Ramus' Methodenreform wurde die pararhetorische Lizenz der Poetik zur Grundlage des von John Milton zu sublimer Höchstform durchrationalisierten *retroping* der Figuren, von Harold Bloom nach *rationes* des *misreading* ad hoc rekonstruiert. Die in der Yale School favorisierte romantische Figur der Allegorie ist die Prosopopoiia: als Figur des Namen- und Gesichtgebens, sowie des *misreading* als *defacement* (de Man 1983b; Chase 1986; Menke 2000).

So war die Gattungstheorie der Lyrik, exemplarisch das Merkmal der odischen Anrede, ein ausgezeichnetes erstes Bewährungsfeld der dekonstruktiven Poetik (Fry 1980; Culler 1977; Culler 2015).

Am entgegengesetzten Ende des Tropenspektrums tritt in der Rolle der ironischen *illusio* die Metalepsis auf, die an Stelle der phänomenal-illusorischen Belebung die pure stellen-ökonomische, abstrakte Thematisierung der Figurengeneration belegt und den virtuellen Ort der Umbesetzung im Auf- und Abbau poetischer Texte markiert: das *retroping* aufhält, es in die *différance* verschiebt, in ihr durchkreuzt. In dieser Umwertung des bei Quintilian selbst schon offengehaltenen Ensembles der Tropen und Figuren behauptet die Metapher ihren zentralen Platz und sei es nur als dekonstruktives Skandalon, denn der Modus der Übertragung, der die Metapher begründet, stellt sich dem Differieren in den Weg und verharrt in der konstruktiv totalisierenden Funktion, während die Metalepse die in den tropischen Übertragungen und Verschiebungen jeder Art zur Disposition stehenden Stellen herauspräpariert. Nicht die Metapher, sondern erst die Metalepse ist historisch produktiv in der Rhetorik (Bloom 1975; Butler 1990). Das betrifft vor allem, zentral wie für die Metapher insgesamt, die Metapher des ‚Subjekts' (Lacan 1966), deren Facetten Joel Fineman am *perjured eye* (Pun auf ‚I') der Sonette Shakespeares als *in-crease* in der Bewegung der *différance* interpretiert hat (1986, 45; auch Fineman 1991). Im parallelen *self-fashioning* des neuzeitlichen Subjekts (Greenblatt 1980) tritt erstmals die Mode als eine potentiell dekonstruktive Agentur auf den Plan (Vinken 1993a).

Die alte rhetorische Frage, was der Ort der Poetik in den Termini der Rhetorik sei – ob es diesen Ort gibt oder geben sollte, wird in der dekonstruktiven Analyse eher verschärft als gelöst. Minimal müsste er in mehr oder minder expliziten Markierungen des in der Regel unmarkiert ablaufenden Sprachgeschehens liegen. Die Diskontinuität von Rhetorik und Poetik, von dem Verhältnis von Poetik und Ästhetik noch abgesehen (Bohrer 1993), stellt sich in dekonstruktiven Hinsichten als eine historische Variable heraus, in der Historizität einen geschichtsbildenden statt dem Geschichtsverlauf folgenden Index meint. Anstelle der Geschichte der Rhetorik postuliert de Mans *Epistemologie der Metapher* (de Man, in: Haverkamp 1983, 414–437) eine ‚Rhetorik der Geschichte' (de Man 1996, 50; de Man, in: Haverkamp 1983, 436). Die Rhetorik der Geschichtsschreibung, etwa nach Giambattista Vicos Tropen (White 1991), stellt nur einen Seitenaspekt dar in der Ausweitung der Dekonstruktion von einer Theorie der Nachromantik (exemplarisch Rousseau, Friedrich Hölderlin, Heinrich von Kleist) und der Avantgarden (Stéphane Mallarmé, Paul Valéry, James Joyce) auf eine historisch differierende Poetik der Neuzeit (Dante, William Shakespeare); in der Grundsatzerklärung *Semiology and Rhetoric* (1973) ergänzt de Man das Proust-Kapitel antizyklisch durch Milton, Dante, Hölderlin (1979, 17).

3 Dekonstruktiver [*New*] *Historicism*

Als dekonstruktives Paradigma par excellence wird Poetik erst vor dem Hintergrund der neopragmatistischen Revision von Thomas Kuhns *Structure of Scientific Revolutions* (1962) erkennbar und spruchreif: in der Revision des literarischen und philosophischen Kanons. Dekonstruktive Poetik kann nur nach singulären, aufgrund ihrer Singularität inkommensurablen Werken verfahren, die Geschichte nicht voraussetzen, sondern ihrerseits ‚revolutionär' prägen (Kuhn 1962; Rheinberger 1992; 2006). Es ist ihnen nicht nur der historisch-epistemologische Stand einer ‚Sprachsituation' qua *différance* ablesbar (Blumenberg 2001a), sondern der Stand der Lesbarkeit qua ‚Erkennbarkeit' (Benjamin). Kein anderer Autor hat sich zur analytischen Erhellung dieses Aspekts von Dekonstruktion besser geeignet als Benjamin (Menke 1991). Seine singuläre Rolle als Katalysator für die überfällige Restitution der deutschen Literaturwissenschaft, die selbst ein kapitales Lehrstück von Dekonstruktion sein musste, konnte nur teilweise kompensieren, was in der englischen, italienischen, französischen Literatur an Paradigmen für eine dekonstruktive Poetik, präpariert durch Formalismus, Strukturalismus und *New Criticism*, vorlag. Nach Derridas und Kristevas Mallarmé, Marins Pascal, de Mans Rousseau und Hölderlin, Blooms Milton, Geoffrey Hartmans (1964) William Wordsworth und Geoffrey Mehlmans Karl Marx (Mehlman 1977) verschafften Paradigmen wie Shoshana Felmans Honoré de Balzac, Barbara Johnsons Charles Baudelaire, Cynthia Chase' John Keats (Chase 1986; 1993), Avital Ronells und Barbara Vinkens Gustave Flaubert, Jean-Michel Rabatés Joyce (Rabaté 1991), Webers Kafka der Dekonstruktion eine ungeahnte Tiefenschärfe, die vollends mit John Frecceros Dante und Stanley Cavells Shakespeare (Cavell 2003) die literarhistorische Periodisierung auf neue, eigene Füße stellten. Insofern ist es, als begründe die Dekonstruktion in der *différance* die avantgardistische Norm des *art pour l'art* als das transhistorisch entscheidende Bewegungsmoment in der Kunst neu; tatsächlich revidiert sie die *Querelle des Anciens et Modernes* (Jauß 1967). Die Paradigmen der dekonstruktiven Kritik kristallisieren sich nicht historisch isoliert heraus, sondern kommen als rezeptionsästhetische Ereignisse zu ihrer neuen, erneuerten, theorieträchtigen Wirkung.

Von der theoretischen Genese her tritt Derridas dekonstruktive Intervention ein in eine rezeptionsästhetische Latenz: Poetologischen Aufschluss bringt sie in der Konkretion singulärer Rezeptionskonstellationen. Diese bestand bei Kristeva, Barthes und Tel Quel noch in einer radikalisierten Fortführung der Avantgarden, die von Hugo Friedrich als *Struktur der modernen Lyrik* (1956) für inkommensurabel mit herkömmlichen Poetiken erklärt worden war. Derrida wie de Man folgen dem Überhang der Moderne nicht ohne postromantische Rücksichten (*Blindness and Insight*, 1971). Als Metatheorie ist Derridas Unternehmen einer *Grammatologie* (1967) zugleich ultratranszendental gelesen worden und – analog zu Adornos *Negativer Dialektik* (1966) – erfolgreich geworden, während ihr kritischer Ertrag – wie der Adornos – überwiegend in der Negation verharrt (Menke 1988, 229). Der ins Unendliche gehende ‚Aufschub' des Differierens der différance muss kritisch leer bleiben. Bei de Man beschränkte er sich auf das Nächstliegende, den Abbau fälschlich produzierter Illusionen, der den Avantgarde-Überschwang Kristevas untermauerte (*La révolution du langage poétique*, 1974; dt. Kristeva 1987). In der ersten dekonstruktiven Reaktion von poetologischem Belang, dem Abbau, unterliegt die Transzendenz der Immanenz, die Walter Benjamins Provokation der barocken Melancholie ausgemacht hatte und noch bei Gilles Deleuze eine probate Bestätigung fand (*Le Pli*, 1988), der Absage an die Illusion der falschen Unendlichkeit des Differierens. In Erweiterung des dekonstruktiven Horizonts, der Geschichte des ultratranszendentalen Überschusses qua geschichtsbegründender Erfahrung liegt der erste Aufschluss der unabschließbaren Bewegtheit der *différance*, die im jeweiligen konzeptuellen Sprachstand der Werke, ihrer Kanonizität, wie vorzeitig versiegelt liegt: angehalten, stillgestellt in den weiter differierenden, semantisch als Irritation oder Abweichung registrierten, quasi ‚epochalen' Begreifensmomenten der Erschließung von Welt (Husserls *epoché*).

Dekonstruktiv relevante Epistemen literarischer Produktion revidieren also folglich die literatur- und bildtheoretischen Epochenbegriffe. Blooms *Anxiety of Influence* (1973), Marins *Détruire la peinture* (1977), Cavells *Disowning Knowledge* (1987), Frecceros *Poetics of Conversion* (1988) liefern erste Großaufnahmen des in der Folge dekonstruktiv umzuschreibenden Kanons: In Dante und Augustinus, Milton und Shakespeare, Nicolas Poussin und Caravaggio etabliert die dekonstruktive Kritik keine neuen Paradigmen, aber sie betreibt die Revision der um ihre differierenden Momente beschnittenen, anästhesierten Bestandstücke eines erblindeten Überlieferungsgeschehens. Hermeneutik ist ein Name für diese Blindheit, für die das in der (zumeist narrativen) Phänomenalität der Darstellung überspielte Differieren des signifikanten Materials den vorläufigen Generalbefund darstellt. Über den historischen Stand der *différance* entscheiden die Paradigmen der Kritik. Dass vielen Einzelanalysen mehr am Generellen gelegen ist und dass de Man lakonisch, im Geiste Pascals und der französischen Moralisten, in einem ‚apathischen Formalismus' gegenüber den dekonstruktiven Befunden verharrt (Gasché 1998, 109), liegt in der Natur der Sache, der widerständigen Singularität der Texte als Gegenstände (Weber 2008). Gaschés ‚Infrastrukturen' ermöglichen eine poetologische Bestandsaufnahme, die eine ironische, minimale Lesbarkeit im Singulären sichert (1994, 17), ohne deren Wirkung über das quasitranszendentale Minimum hinaus – in der vollen Bandbreite der Reaktionsbildungen zwischen Moralistik und Politik – präjudizieren zu können.

Blooms *Map of Misreading* (1975) arbeitet an der Milton-Rezeption (die ihrerseits eine Shakespeare-Verarbeitung darstellt) ein Schema der Figurenfolge heraus, in dem der differierende Aufschub poetisch fruchtbar wird, aber doch fraglich bleibt, wie weit die psychoanalytische Dynamik den Aufschub artikuliert oder doch nur weiter verdrängt (de Man 1983c, 271-172). Als Poetik ist die *Anxiety of Influence* (1973) ein Interpretament, das die apathetische Destruktion de Mans konstruktiv wendet. Bloom und de Man haben so eine dekonstruktive Alternative aufgewiesen, die ihre romantische Herkunft nicht verleugnen kann. Hartmans Vorwort zu dem Yale Manifest *Deconstruction and Criticism* (1979) trennt den konsequenten, gnadenlosen Blick in den „,abysm' of words", den die *boa-deconstructors* de Man, Derrida und Hillis J. Miller sich leisten, von Blooms (Bloom 1973; 1975) und Hartmans (Hartman 1970; 1975; 1980; 1981) eigenem, dem beruflichen *ethos* verpflichteten Einhalten vor dem kritischen Abgrund der Dekonstruktion (*Preface*, ix). Von poetologischem Interesse ist dieses Eingeständnis dekonstruktiver Praktiker durch die Schwelle, *auf* der schon (nicht erst jenseits derer) die Poetik als *Return to Philology* dekonstruktiv wird: „as a rhetoric and poetics prior to being taught as a hermeneutics and a history" (de Man 1986, 25-26). Auf dieser Schwelle werden Pathos wie Ethos im Zusammenspiel ihrer bedeutungskonstitutiven Bedingtheit, in der bedeutungsaufschiebenden Grundbewegtheit der *différance* nach ihren dekonstruktiven Vektoren – sei es, sub specie des unendlichen Aufschubs, quasi ‚apathisch', sei es, in Hinsicht der allfälligen Entscheidungen, deren Ort die Lektüre ist, lebensweltlich ‚relevant' und gegebenenfalls ‚politisch'.

Methodisch weiter zurück führt Cavell in der Formation der Neuzeit in seinem Pendant zu de Mans *Allegorien des Lesens* Shakespeares Theater als dekonstruktive Allegorie des Skeptizismus vor; *Disowning Knowledge* (1987) ist der kongeniale Titel. Was Marin an Pascal als Ernstfall des cartesischen Zweifels aufgeboten hatte, der als dekonstruktive ‚Transversale' von Caravaggio zu Poussin führt und als Testfall durchkreuzter Allegorie an der Malerei durchgespielt wird (*Détruire la peinture*, 1977), erweist Freccero an der ‚infernalischen Ironie' Dantes als das dekonstruktive Relais eines überwölbenden Masterplots, der Konversionspoetik des Augustinus (*Dante – The Poetics of Conversion*, 1988). Der erste prägende Ansatz zu einer dekonstruktiven Poetik, den Derrida am Metaphernbegriff des Aristoteles als *mythologie blanche* beschrieben hat (*Marges*, 1972), sind Augustinus' *Confessiones*, deren eingedenk Derrida die eigenen *Cir-confession[s]* angelegt hat (1991a). Augustinus' Konversionspoetik zieht sich als ein roter Faden von Dante und John Donne über Descartes und Pascal zu Rousseau und Hölderlin, in deren Texten die *différance* ihre Spur einzeichnet. In dieser Transversale, unterhalb des ikonographischen, semantisch manifesten Artikulationsniveaus, aber hyperreflexiv mit ihm verflochten, legt Marin ein Spurenensemble ikonologischer Rücksichten auf Darstellbarkeit frei. Es ist Marin und nach ihm Daniel Arasse zu danken, dass in Fortführung des Spätwerks von Merleau-Ponty eine umfassende Poetik denkbar wird, die qua Dekonstruktion die Verflechtung von Philosophie und Literatur in der bildlichen Darstellung voraussetzt. Sie führt auf intermediale a-mimetische Aspekte, welche die dekonstruktive Poetik in der ‚Urspur' der Schrift entdeckt. Und sie führt in erste Ansätze zu einer dekonstruktiven Ästhetik, die Derrida zufolge die Poetik der Schrift in der *différance* genealogisch impliziert (*Die Schrift und die Differenz*, 1967). Das Modell der wechselseitigen Impliziertheit von Bild und Schrift lässt sich ausweiten in die Architektur von Peter Eisenman, der das dekonstruktive Moment auf den Terminus der ‚Kurvatur des Raumes' gebracht hat, oder auf Daniel Libeskinds Formen eines ins ‚Bild' gesetzten Bauens (Norris und Benjamin 1988).

In der literatur- und kunsttheoretischen Dekonstruktion qua ‚Poetik' kommt ein vor- und antinational literarisches Moment zum Tragen, in dem das nachlateinische, italienisch-französisch-englisch-deutsche Sprachviereck prägend ist. So beweist die dekonstruktive Kritik nicht zuletzt die grammatologische Verflochtenheit dieses mehrsprachigen an der Stelle des nationalen einsprachigen Untergrundes, als dessen letzte Klammer bei Derrida – wie zuvor in Husserls 1936 erschienener *Krisis der europäischen Wissenschaften und die transzendentale Phänomenologie* (1976) und Ernst-Robert Curtius' *Europäische Literatur und lateinisches Mittelalter* (1948) – ‚Cap Europa' steht (*L'autre cap*, 1991a). Das transatlantische Phänomen von *Deconstruction is/in America* (Haverkamp 1996b) ist ein Dekonstrukt, in dem dieses Substratum der alteuropäischen Paläonyme in ihrem unabsehbaren Differieren als ein Mittel und Medium der Universalisierung der zu Textgestalten geronnenen *différance* auftritt: als Modell der Dekonstruierbarkeit von alteingespielten Fixierungen und Normierungen der wechselseitigen, negativ-dialektischen Inklusion des Eigenen im Anderen, des Anderen im Eigenen. Hier schließt Derridas Verbindung von Dekonstruktion, Recht und Politik an (Derrida 1991b; Haverkamp 1994).

4 Dekonstruktive Ästhetik

Die subjektbegründende Rolle der *différance* wird synonym mit dem Begriff der ästhetischen Freiheit. In diesem Begriff überschreitet sich die dekonstruktive Poetik und wird zur Voraussetzung ästhetischer Theorie. Darin wiederholt, aktualisiert sich die übersehene, unterschätzte Anknüpfung der *Aesthetica* Baumgartens an die durch die Renaissance, maßgeblich von Ramus renovierte Rhetorik Quintilians. De Mans Anknüpfung an dasselbe, über die französische und englische Literatur vermittelte, im *New Criticism* aktualisierte, durch Jakobson und

Lacan (spezieller durch die Lütticher *Rhétorique générale*, 1972) strukturalistisch reformulierte Repertoire rhetorischer *termini technici* trifft Baumgarten intuitiv (Haverkamp 2016), über Friedrich Nietzsche und Kant. Baumgartens generalisierte *figura cryptica* subsumierte das Quintilian'sche Paar von Allegorie und Ironie, in dem der Zürcher Milton-Verteidiger Johann Jakob Bodmer der ‚heimlichen Ironie' den Vorrang gab (*Critische Abhandlung von dem Wunderbaren in der Poesie*, 1740). Insofern kann die ‚romantische Ironie' Friedrich Schlegels und Karl Wilhelm Ferdinand Solgers (samt Georg Wilhelm Friedrich Hegels Einrede) zu Recht als Vorläufer von Dekonstruktion gelten: Die in der Milton-Rezeption von Bloom vollzogene Ausdifferenzierung der Ironie qua *figura cryptica* – nach sechs statt der üblichen vier *master tropes* unterschieden (*A Map of Misreading*, 1975) – vermisst dieses weite Feld, auf dem Baudelaires *Passantin* als ‚verborgene Figur' in Benjamins Allegorie der Moderne folgt (*Über einige Motive bei Baudelaire*, 1936; Benjamin GS I, 605–653).

Während bei Baumgarten die ästhetische Funktion der *figura cryptica* im differierenden Auf- und Eingehen des Arsenals der Tropen in die Doppelfigur von Allegorie und Ironie liegt, verdeckt bei de Man die persuasive Leistung des bei Nietzsche notorisch zitierten ‚beweglichen Heeres' der Tropen (*Über Wahrheit und Lüge*, 1873) die für die Persuasion verantwortliche Figuration: Der wechselseitige ‚destruktive' Ausschluss von rhetorischer Performanz und figuraler Dekonstruktion hat seinen Ort im ‚Text' und definiert diesen als den unüberbrückbaren ‚Sprung', den die Rhetorik, so ‚inkompatibel' die Kluft auch sein mag, im Format ‚Text' verkraftet (de Man 1979, 131). Die Wirkung verdankt sich bei de Man indessen nicht, wie man Nietzsche missversteht und Baumgarten hinterrücks zumutet, in der vorprädikativen Evidenz einer Bedeutungskonstitution, die qua Performanz durchschlüge, sondern in der Verdecktheit der rhetorisch präparierten Mittel, die in der Poetik selbstdekonstruktiv – man mag hier schon implizit mitdenken: ‚ästhetisch' – zu Buche schlägt (Haverkamp 2002b, 35). Der bezeichnenden Funktion, geht die tropologische Ausnutzung der *différance* voraus, die in der Figur manifest wird: einer Figur, die vor den Phänomenen liegt, denen sie sich ‚grammatologisch' zuwendet wie ein Heliotrop der Sonne, wobei ihr bei de Man (1979, 151; 1981, 7) die Funktion des Bedeutens in der Bezugnahme als Referenz (erst) zuwächst (Haverkamp 2007, 62).

Die Sache verkompliziert sich, wenn man den von Kant verunklärten Baumgarten-Bezug durch den bei Derrida implizierten, aber umgangenen Merleau-Ponty ergänzt, wie Gasché es vorschlägt (1979). Merleau-Ponty insistiert wie Derrida darauf, dass die Sprache komplexer konstituiert sei, als es der in die Sisyphusarbeit des Ausdrucks verstrickte Philosoph weiß. Dass die Wahrheit ‚spricht' und nicht etwa stumm darauf wartet, dass sie passiert, ist kein Zufall: „Man muß sich entschließen, sie in ihrem lebendigen, werdenden Zustand zu untersuchen"

(Merleau-Ponty 1964, 165); das wird sie in Kunst und Literatur. Merleau-Pontys Metapher ruft in der Menge der Tropen die ‚natürliche Verflechtung' der Sprache mit dem Leben selbst auf den Plan. Die Natur der ‚leibhaften Verflechtung', die unmerklich die Ökonomie der Figurationen bestimmt, verbindet Verflechtung und Figur auf der Stufe einer zweiten, künstlich kunstfertigen Natürlichkeit, deren poetologische, in Aristoteles' *Poetik* überlieferte Urszene Derrida als *mythologie blanche* diagnostiziert hat (Derrida, 1972). Es findet sich aber die quasinatürliche Verflochtenheit in der tropisch differenten Figur nicht verdeutlicht als Natur, sondern in ihrer Auswirkung als Sprache. Anhand der tropischen Zweitnatur, die in Kunst und Literatur exponiert ist, ersieht man erst, was es *an* der Sprache und *in* der Kunst am besten zu ‚sehen' gibt als „Weise, die Dinge selbst zum Sprechen zu bringen", in einer Ordnung, in der „die natürliche Verflechtung ihres Sinnes" *sprachlich*, in der Sprache als Wortgestalt, manifest wird (Merleau-Ponty 1964, 167). Das ist der Kern der Logos-Zentrierung, auf die Derridas Dekonstruktion es abgesehen hat und die den *Allegorien des Lesens* von de Man als Zentralproblem dekonstruktiver Poetik vorausliegt (Gasché 1998, 22).

Die ‚Unlesbarkeit', die de Man als Resultat der Dekonstruktion ersten Grades konstatiert und Bloom als poetologisch notwendiges Moment des *misreading* im Modus der *re-tropings* identifiziert hat, produziert in de Mans kritischer Sicht allerdings vor allem das, was er als ‚ästhetische Ideologie' abweist und als Voraussetzung ideologischer Indienstnahmen von Literatur und Kunst verabscheut (Menke, in: de Man 1993). Für de Man bleibt die Phänomenalität der Sprache deshalb im Unterschied zu ihrer poetisch manifesten Gestalt qua Materialität – ähnlich wie bei Quintilian die Allegorie insgesamt – ein von Ideologie durchwachsenes, korrumpiertes Feld: ‚Ästhetik' ist latent schon (so gut wie) Ideologie, weil sie ohne den eingebauten a-mimetischen Widerstand ist, den das offene Differieren der Avantgarden im poetischen Material sucht.

Die nicht erst im *New Historicism* neue, sondern schon im *New Criticism* Empsons postulierte, gegen den Strich der herrschenden Hermeneutiken und Ästhetiken gerichtete ‚subversive' Wende ist kein Fait accompli einer ‚kulturellen Poetik', sie erscheint nur bestenfalls als eine vergängliche, vergangenheitsbesessene Hoffnung: „to speak with the dead" (Greenblatt 1988, 1). Ästhetik als die bereits im Transzendentalen dekonstruktive Voraussetzung eher denn subversive Folgeerscheinung von Poetik – als der ‚dunkle Untergrund' dekonstruktiver Poetik (Menke 2008, 51) – bezeugt unbeschwerter als die Rhetoriken, die sich ihrer bedienen, „a new sense of the political" (Haverkamp 1996b, vgl. auch Derrida 1994a). Oder, nicht unähnlich, Horaz, das Muster aller Poetiken: „a politics by other means" – um einen Aufsatztitel zu zitieren (Lowrie 2014).

Unbeschadet aller moralistischen Distanz der Dekonstruktion, aber begründet in ihr, gibt es keine Ästhetik *vor* der Rhetorik, aus der die Poetik dekonstruktive Schlüsse ziehen könnte: Es gibt kein ungebahntes, ungespurtes sinnliches Wahrnehmen außerhalb der Verflechtung, in der die infrastrukturelle Einbettung – Aristoteles und Adorno nannten sie in historisch je eigenen platonischen Reminiszenzen ‚mimetisch' – die Trends der *différance* verarbeitet, verkraftet, verwindet. Keinesfalls ist es so, dass die Poetik, so sie dekonstruktiver Art ist, die sinnliche Wahrnehmung, deren Mimesis sie als Ausdruck nicht in der Gewalt hat, aber oft genug zum Besten gibt (und damit zum Besten hält), *vor* der Vorurteilsstruktur des leiblichen Chiasmus zu fassen bekäme. Ihre schönen oder beizeiten verheerenden Nachbilder sind ursprungslose Rückprojektionen einer *in sich* falschen Mimesis, wie sie Hans Blumenbergs *Metaphorologie* in der neoplatonischen Tradition aufgewiesen hat (Blumenberg 2013, 171 und Kommentar 451–453). Auf welche Weise Merleau-Pontys ästhetische Verflechtung von der ‚Urspur' der Derrida'schen *différance* geprägt und nicht nur von ihren Spuren historisch-kontingent durchzogen ist, inwieweit also literarische Gattungen in ihren Grundzügen ein metaphorologisch von weit her vorgespurtes Gelände sind, bleibt die historische Provokation der Dekonstruktion wie jeder Poetik. Die seit Longinus in sublimer Latenz schlummernde Phänomenalität ‚Stimme', von Hegel gewärtigt (de Man 1983b), wird als Figur der postromantischen Ästhetik buchstäblich ‚Schrift' (Chase 1986). Deleuzes Kino-Buch, das im zweiten Band den dekonstruktiven Part vom ersten wohlweislich abtrennt, aber auf der Schwelle hält (*Cinéma II*, 1985), treibt das Phänomen nicht so sehr voran, wie es die nachteleologische, postnarrative, dekonstruktive Spitze als die ästhetische Provokation *nach* jeder Geschichte beweist. Als ‚Ästhetik' offenbart es sich aller literal gesonnenen Kritik (Kittler 1985), um noch im selben Zug, im Stande seiner ideologischen Immunisierung dekonstruierbar zu werden.

5 Dekonstruktiver Feminismus

Dekonstruktive Poetik hat es in Gestalt der Texte, exemplarisch in Werken der Literatur, Kunst und Philosophie, mit der Endlichkeit der im unendlichen, offenen Differieren des Bedeutungshaushalts fortschreitenden kulturellen Sinnbildungsprozesse zu tun. Die tiefstsitzende der kulturell zur zweiten Natur überformten Differenzen ist die der biologischen Geschlechter. Das macht die Geschlechterdifferenz zum transhistorisch konkurrenzlosen Paradigma dekonstruktiver Poetiken, zum eklatanten Testfall dekonstruktiver Analysen (Vinken 1993b). Freuds durch Lacan auf den nachsaussureschen Stand gebrachte Theorie (Weber 1978) bietet Termini, die zu den Paläonymen derselben rhetorischen Formation gehören wie die Poetik und die von der psychoanalytischen Anteilnahme an der strukturalistischen Kritik beflügelt wurden, zumal dort, wo sie die mythischen und literarischen Vorgaben teilte wie in Derridas und Jean Starobinskis Rousseau (*La rélation critique*, 1970), de Mans Ausgangskonstellation der Dekonstruktion *aus* Kritik (*Blindness and Insight*, 1971).

Das paläonyme Vexierbild des von Freud zitierten, von Lacan reinterpretierten Phallus als universalem Fixpunkt im Verschieben des Signifikanten-Differierens (Weber 1978, 114–214) bietet den zuverlässigsten Anhalt für die dekonstruktive Praxis der Interpretation: kulturwissenschaftlich unverwüstlich, medientheoretisch unumgänglich, öffentlich unübersehbar. Neigte Lacan noch zur allegorischen Illustration seiner Thesen in Literatur, notorisch in Edgar Allan Poes *Purloined Letter* (*Écrits*, 1966), so wiesen Derrida in seiner Lektüre Lacans und Barbara Johnson in ihrer Lektüre Derridas die Spiegelstruktur auf, in der die Lektüre endlos gefangen bleibt (Johnson 1977), die abgründige Grundgegebenheit dekonstruktiver Analysen (Culler 1988b, 27). Diese Befangenheit, in der sich Johnson mit Felman, Chase und Cathy Caruth in Yale fand, wird durch eine treffliche Formulierung von Cavell anlässlich *Hamlets* aufgenommen – „[of] our coming to know what we cannot just know" (Cavell 2003, 191) –, eine abrupte Wende, in der de Mans „tongue-in-cheek description of the philosophical tradition as a men's club" (de Man 1973) in die Aporie ewiger und sei es noch so „subtly male pseudo-genderlessness of language" getrieben ist (Johnson 1987, 38, 41). Vor, mit und neben Judith Butlers gender-theoretischem Befreiungsschlag *Gender Trouble* (1990) hat die weibliche Yale School von Felman bis Vinken die Differenzfrage in ihrer unvordenklichen zweiten Gender-Natur der Poetik als die Hypothek keines sokratischen, sondern eines systematischen Nichtwissens eingezeichnet: „[W]*oman* as one of the things *we do not know we do not know*" kann Johnson frei nach Hamlet definieren (Johnson 1987, 41). De Mans Kritik an Blooms ödipal kurzschlüssiger *anxiety of influence* zieht das ‚gefährliche Supplement' (Derrida) durchgängiger *gender anxiety* auf sich (Johnson 1987, 32). Dekonstruktive Poetik impliziert die Bürde der Geschlechterdifferenz und kommt nicht darum herum, sie als dauerhafte Hypothek zu explizieren; in *Hamlet*, von Cavell als *experimentum crucis* dekonstruktiver Lektüren erkannt (Cavell 2003, xi), wird sie von Gertrude, der Mutter als staatserhaltender *jointress* einer patriarchalischen Konstitution der Welt, auf die Bühne gebracht (Haverkamp 2001; Weber 2004).

Lacans Privilegierung des antiken Simulacrum des Phallus ist das ideale Demonstrationsobjekt für dekonstruktive Lektüren der Geschlechterdifferenz: Innerhalb des signifikanten Materials steht er auf der Kippe von der Stellvertretung in die ostentative Markierungsfunktion der falschen, bildhaften Mimesis, in der Freud ihn entdeckt (Lacan 1966, 690). In der Falschheit seiner Mimesis verkörpert der Phallus keine Natur, sondern stellt die Differenz der Geschlechter in der trügerischen Gestalt aus, der Luce Irigaray den Spiegel des ‚anderen

Geschlechts' vorhält (*Speculum. De l'autre femme*, 1974); er ist ‚Metapher' – das metaphorologisch hintergründige Konstrukt der verstellten Lektüre, die der Differenz auf der Spur ist. Die Spur indessen ist alt; sie führt bis zu Sappho zurück, einem spätestens seit Ovid genuinen Paradigma der klassischen Poetik, dessen Renaissanceprofil Joan DeJean rekonstruiert hat (*Fictions of Sappho*, 1990). Als die ‚eigentliche' Bedeutung von ‚Weiblichkeit', so die rhetorische Spur der Poetik, findet sich der Mann als ‚Mann' (erst) konstituiert (Felman 1993, 39). Der dekonstruktive Feminismus deckt nicht (nur) einen strukturell tiefsitzenden Sexismus auf, er ist das Resultat einer poetologischen Diagnose der rezeptionsästhetischen Verhältnisse der Lektüre (Chase 1987; Menke 1992). Der strukturell-poetologische Ertrag ist historisch von höchster Verallgemeinerungsfähigkeit, wie Caruths sprechender Titel der *Unclaimed Experience* zeigt (1996). Andere Felder wie postkoloniale Poetiken kommen früh in den Blick mit Gayatri Spivaks *subaltern studies* (*In Other Worlds*, 1987) und Henry Louis Gates' *signifying* (*The Signifying Monkey*, 1988).

„Die Rhetorik der Sexualität ist die Travestie der Travestie", schließt Felman (1981, 27; Menke 1992, 443). Die Travestie ist *Trans*-vestie und die Poetik der dekonstruktiven Mode folglich von einer seltenen, geschlechterpolitisch weitreichenden Konsequenz. Die dekonstruktive Wende der *Mode nach der Mode* (Vinken 1993a) nimmt den Lacan'schen Phallus zum Gegenstand einer unendlich vielfältigen Verkleidungspolitik (Vinken 1999). Sie wird terminologisch manifest in Martin Margielas Dekonstruktion der Haute Couture, deren *code* bei Barthes (*Système de la mode*, 1967) und Pierre Bourdieu (*La distinction*, 1979) zum Gegenstand strukturalistischer Bestandsaufnahmen geworden war. In Margielas dekonstruktiven Schnitttechniken ist das analytische Repertoire von de Man und Derrida nahtlos umgesetzt. Dabei ist einem weiteren Publikum begreifbar geworden, was sich selbst literarischen Experten nur wider Willen erschließen wollte. Auch hier war es Benjamin, der Anknüpfungspunkte wie ‚Choc' und ‚Aura' beitrug; in seiner Theorie des ‚dialektischen Bildes' sprach er von der „Rüsche am Kleid" (Benjamin, *Passagenwerk* N 3.2 = GS V, 578), die den ‚Zeitkern' bezeichnet, der in der dekonstruktiven Mode nach Margiela vom ehedem ‚modischen' Fortschritt der klassischen Mode zur postmodernen Gleichzeitigkeit der historischen Sedimente führt, in deren Wiederkehr sich die Differenz der Geschlechter als ein Spiel unabsehbaren Differierens erweist. Für die dekonstruktive Poetik gilt deshalb, was Benjamin an der Mode gezeigt, Lacan an der irreduzibel transhistorischen Funktion des Phallus psychoanalytisch illustriert hat und was in der Folge nach Derrida, Felman und Johnson an der Geschlechterdifferenz dekonstruierbar geworden ist. Die dekonstruktive Mode führt ostentativ vor Augen, agiert aus, was in Literatur mehr oder minder verdeckt ist, während es die Philosophie als nie erreichte, durchkreuzte Idee für sich behält.

Weiterführende Literatur

Bloom, Harold, Paul de Man, Jacques Derrida, Geoffrey Hartman und Hillis Miller (1979). *Deconstruction and Criticism*. New York.
Culler, Jonathan (1982). *On Deconstruction. Theory and Criticism after Structuralism*. London.
de Man, Paul (1993b). *Die Ideologie des Ästhetischen*. Hrsg. von Christoph Menke. Frankfurt a. M.
Menke, Christoph (1988). *Die Souveränität der Kunst. Ästhetische Erfahrung nach Adorno und Derrida*. Frankfurt a. M.
Vinken, Barbara (Hg.) (1993). *Dekonstruktiver Feminismus. Literaturwissenschaft in Amerika*. Frankfurt a. M.
Wahl, François (Hg.) (1968). *Qu'est-ce que le structuralisme? La philosophie entre l'avant et l'après du structuralisme*. Paris.
Weber, Samuel (1978). *Rückkehr zu Freud. Jacques Lacans Ent-stellung der Psychoanalyse*. Berlin.

III.2 **Felder der Poetik**

Stephan Jaeger
III.2.1 Lyrische Sprechsituation

1 Zur Poetizität des lyrischen Sprechens

Ist die lyrische Sprechsituation für die Poetizität von Lyrik grundlegend oder hängt diese vornehmlich von anderen Bestimmungen wie Form, rhetorischen Mitteln und grammatischen Eigenheiten ab? Ist die Sprechinstanz eines Gedichts ein Garant dafür, dass sich das Gedicht von anderen fiktionalen und nichtfiktionalen Redeformen unterscheidet oder verfügt ein Gedicht einfach über einen Sprecher, der Rede produziert? In der Forschungsgeschichte wird die besondere Poetizität der Lyrik immer wieder durch Bezug auf die besondere lyrische Sprechsituation begründet. Für die lyrische Sprechinstanz sind dabei verschiedene Begriffe entwickelt worden, die diese Besonderheit begründen sollen, allen voran der des lyrischen Ich, aber auch des lyrischen oder poetischen Subjektes und der lyrischen Subjektivität. Vertreter der Besonderheit der lyrischen Ausdruckssituation stehen Theoretikern allgemeiner Poetizität gegenüber, für die die Lyrik beziehungsweise zumindest ihre Sprechsituation in der Erkennung der Poetizität von Texten an sich aufgeht.

Folgt man Roman Jakobson, verschwindet die Bedeutung der lyrischen Sprechsituation hinter der Analyse der poetischen Sprache: „Die Poetizität des Textes besteht darin, daß das Wort als Wort [...] verstanden wird." (1979a, 67) Jakobsons Analysen der poetischen Funktion und sein Konzept der Entsprechung, Symmetrie und Äquivalenz (Lachmann 2014, 93), reduzieren die Bedeutung der Sprechsituation auf die Analyse der Personalpronomina ‚ich' und ‚du' als Momente der Verfahrensweise der Texte. Ohne Identifikation einer lyrikspezifischen Sprechsituation ist es keineswegs überraschend, dass etwa Ralf Simon jüngst in seinen „Vorüberlegungen zu einer Theorie der Prosa" zu dem Ergebnis kommt, dass die Prosa, nicht die Lyrik „die Option zur Poesie als der dichtesten Möglichkeit der Sprache" bietet, während Lyrik nur „deren durch Form induzierte Außenseite" sei (Simon 2014, 133).

Dem stehen Auffassungen, die gerade aus der lyrischen Sprechsituation die Poetizität und Besonderheit der Lyrik ableiten, gegenüber. Karlheinz Stierle sieht die lyrische Präsenzerfahrung in der „Maximierung von Intensität in der Korrespondenz von Innesein der Welt und Innesein des sie wahrnehmenden Bewusstseins, vermittelt in jenem intensiven Austausch von Subjekt und Objekt" (Stierle 2008b, 135). Das Lyrische bestimmt sich gerade im Kontrast zur Rede beziehungsweise zum Diskurs: „Das ‚Poetische' der Lyrik geht hervor aus der unaufhebbaren Einheit von formaler Artikulation auf der Ebene des Textes und reflexiver Funktion des Diskurses im Hinblick auf ein Subjekt, das in seiner emotiven Gestalt nicht mehr aufgeht, sondern zum Fluchtpunkt wird für eine Pluralität simultaner Kontexte." (Stierle 1984a, 521) Damit fungiert das lyrische Ich als „sujet de l'énonciation" (Stierle 1984a, 519), um die Transgression des Diskurses in poetische Vieldeutigkeit zu ermöglichen. Das nach Stierle der Lyrik eigene „Maximum innerer Verweisungen" (Stierle 2008b, 135), sofern es im aussagenden Subjekt begründet ist, macht also das Poetische der Lyrik aus, andernfalls wäre sie nach Simon nur als Unterform der Prosa einzuordnen. Ähnlich wie Stierle sieht auch Jonathan Culler die Besonderheit von Lyrik bis zu einem gewissen Grade in der Sprechsituation, allerdings weniger durch ein Ausdruckssubjekt geprägt als durch den lyrischen, im Text geschaffenen Adressaten. Culler gesteht der Lyrik, gerade in der englischen Sprache, ein lyrisches Präsens zu: „[L]yrics use a special nonprogressive present with verbs of action to incorporate events while reducing their fictional, narrative character and increasing their ritualistic feel." (Culler 2015, 287)

2 Das lyrische Ich und die lyrische Sprechsituation

Der Begriff des lyrischen Ich bildet im Raum deutschsprachiger Philosophie, Ästhetik und Literaturwissenschaft das Zentrum der Diskussion um die Poetizität des Lyrischen im Vergleich zu anderen Gattungen und Diskursen (vgl. auch die Zusammenfassungen bei Burdorf 2015, 183–193; Hermann 2010; Martínez 2002). Hiernach ist das lyrische Ich vom Sprecher zu unterscheiden. Der Begriff selbst wurde 1910 von Margarete Susman eingeführt, um das Wesen der deutschen Lyrik zu bestimmen und um über eine Textkategorie zu verfügen, die das in Lyrik aktive Subjekt vom empirischen Autor differenziert. Diese Beobachtung vom textuellen Charakter des lyrischen Ich wurde in Oskar Walzels Aufsatz *Die Schicksale des lyrischen Ich* von 1926 bestätigt. Matías Martínez argumentiert, dass die Unterscheidung von lyrischem Ich beziehungsweise einem im lyrischen Text generierten Subjekt und empirischem Autor-Ich bereits bei Georg Wilhelm Friedrich Hegel (W XV) und Wilhelm Dilthey (1922) durch das 19. Jahrhundert hinweg angelegt sei (Martínez 2002, 379–380). Diese vornehmlich auf die deutsche Lyrikgeschichte bezogene Diskussion neigt dazu, sich unter dem Begriff der Erlebnislyrik vom Sturm und Drang bis zum poetischen Realismus nur auf ein relativ geringes lyrisches Korpus zu beschränken (Feldt 1990; s. zudem Müller 1979 für die englische Lyrik).

Käte Hamburger entwickelt diesem Korpus entsprechend einen texttheoretischen Erlebnisbegriff, an dem sich alle weiteren lyriktheoretischen Ansätze kritisch abarbeiten. Hiernach sieht Hamburger Lyrik als existentielle Literaturform von der epischen und dramatischen Gattung dadurch unterschieden, dass sie nicht fiktional sei, also keine Welten mit fiktionaler Handlung und Figuren erschaffe. Für das Ich bedeutet dies, dass es keine fiktive Person hat, auf die es verweisen könnte, wodurch die Lyrik autoreflexiv wird. Daher argumentiert Hamburger, dass das lyrische Ich als „echtes Aussagesubjekt" spreche und lyrische Kunstgebilde „Wirklichkeitsaussagen" seien (Hamburger 1957, 188), was oft so gelesen wird, dass Hamburger der Lyrik zumindest bezüglich ihrer ‚realen' Sprechsituation die Poetizität im Vergleich mit anderen fiktiven Gattungen abspreche. Gerade die von Lyrik zum Erlebnis laufende Simplifizierung deutet bei Hamburger allerdings an, warum die lyrische Sprechsituation so zentral für die Frage nach der Poetizität von Lyrik ist. Die Doppelreferentialität zur Fremd- und Selbstreferenz, die in lyrischen Texten besonders stark ausgeprägt ist (Hühn und Schönert 2002, 289–290), erzeugt eine ständige Spannung zwischen der Identifikation mit einem scheinbar ganzheitlichen lyrischen Subjekt und der Aufhebung solch einer einheitlichen lyrischen Sprechsituation.

Kaspar Spinner (1975), später methodologisch ähnlich auch von Stierle (1984a) aufgenommen, kommt zu dem Ergebnis, dass das lyrische Ich als Leerdeixis zu sehen sei, wonach das Ich vom Leser besetzt beziehungsweise gefüllt werden kann. Heinz Schlaffer bündelt seinen Beitrag zur Theorie des lyrischen Ich im Merkvers „Wer ist das Ich im Gedicht? – Jeder, der es spricht" (Schlaffer 1995, 38) und schließt hieraus: „Da das ‚ich' des Gedichts nicht Privatbesitz seines Autors, sondern Gemeingut seiner Leser ist, muß Lyrik – entgegen der literaturgeschichtlichen Gewohnheit, jedem Text einen Verfasser zuzuschreiben – als strukturell anonym gelten." (Schlaffer 1995, 47) Schlaffer liest Lyrik entsprechend als stattfindende Handlung (1995, 54). Während die Handlung von Drama und Prosa referiert werden kann, kann die Handlung eines Gedichts nur mimetisch wiederholt werden. Schlaffers Überlegungen sind anders als die vielfältigen Studien zum lyrischen Ich, die um die Abgrenzung zum empirischen Autor kreisen, deshalb grundlegend, um die Relevanz lyrischen Sprechens für die Poetizität von Lyrik darzulegen, weil sie eine Differenz zwischen den Gattungen erkennen lässt, die in einer Diskussion um die Materialität von Lyrik im Jakobson'schen Sinne nicht nachweisbar ist. Lyrisches Sprechen beinhaltet in einer noch weiter zu diskutierenden spezifischen ästhetischen Präsenz und lyrischen Performativität eine Einladung, sich mit der Sprechsituation zu identifizieren, die andere Gattungen nicht oder nur in distanzierender Form haben. Der Begriff des lyrischen Ich an sich hilft bei dieser Debatte wenig weiter. Dieter Burdorf resümiert zu Recht, dass der Begriff im schulischen und universitären Literaturunterricht oft unpräzise als für eine wie auch immer geartete sinngebende Instanz in Texten gelesen wird (2015; vgl. auch Culler 2015, 350), was allerdings auch unterstreicht, dass

Lyrik trotz aller Selbstreferenz zu ständigen Zuschreibungen von Fremdreferenz einlädt. Dies führt Carolin Fischer dazu, einen poetischen Pakt, der in der textimmanenten Struktur eines jeden Gedichts implizit oder explizit enthalten sei, zu erkennen: Ein poetisches Ich als Aussagesubjekt tritt in der Rolle und Funktion des Dichters auf, was den Leser dazu verführen kann, die Äußerungen des poetischen Ich für die des empirischen Autors zu halten (Fischer 2007, 73).

3 Subjektivität und lyrische Sprechsituation

Eine Spezialdiskussion, die manchmal, insbesondere in der Diskussion von Erlebnislyrik, terminologisch ungenau mit der Diskussion des lyrischen Ichs oder Subjekts vermischt wird, ist die Analyse lyrischer Subjektivität. Der Bezug auf Hegels lyrisches Subjekt führt immer wieder zur Behauptung, dass die Unterscheidung zwischen lyrischem Sprechen und Alltagsdiskursen auf der Entfaltung eines modernen Subjekts basiere. Dadurch entsteht fast automatisch eine teleologische Geschichte des Subjekts, das beim jungen Johann Wolfgang Goethe noch in Perfektion in der Lage gewesen sein soll, sich selbst auszudrücken, und sich dann in der Materialität des modernen Ich um 1900 auflöse, womit die Gattungen Lyrik und Prosa bis zu einem gewissen Grade ununterscheidbar werden und lyrisches Sprechen sich zunehmend der Alltagssprache annähere, wie zum Beispiel Hiltrud Gnüg für die Lyrik der Neuen Subjektivität argumentiert: „Der Verzicht auf einen lyrischen Subjektivitätsentwurf [...] hat das Gedicht geöffnet für die unpoetischen Alltäglichkeiten, die das Leben prägen; gleichzeitig jedoch birgt diese Nähe zur alltäglichen Realität auch die Gefahr, tautologisch nur diese zu reproduzieren." (Gnüg 1983, 284) Es gibt bis heute entsprechende normative Subjektivitätsmodelle: Zum Beispiel argumentiert Alexander Brehm mit Bezug auf Immanuel Kant, Hegel und Theodor W. Adorno für ein Modell der lyrischen Sprechsituation, das auf der „Anerkennung der Freiheit" des Subjekts basiert. „Gedichtrezeption und Gedichtproduktion eröffnen eine ästhetische Erfahrung, in der das Subjekt unter den Bedingungen des Gedichts seine Subjektivität frei anerkennt und entfaltet." (Brehm 2013, 247) Derartige dialektische Subjektivitätstheorien führen allerdings aus der Diskussion der Poetizität des lyrischen Sprechens heraus. Letztlich wird Lyrik durch ein philosophisch-diskursives Gedankenkonzept erklärt, wodurch die Poetizität der Lyrik nicht zu verstehen ist. Daher werden bei Brehm die Ideen so unterschiedlicher Theoretiker vermischt, wie einerseits Adorno, der in Joseph von Eichendorffs Lyrik eine Versöhnung der Dinge durch die dichterische Sprache sieht, die ein an Sprache gebundenes Rauschen zur Musik transzendieren lässt (Adorno 1991, 84), und andererseits Emil

Staiger (1946), nach dessen Konzept der Stimmung das Subjekt in einer letzten totalen Stimmung objektiv aufgehoben wird, um das irrational Andere der Lyrik zu bestimmen.

4 Historische Entwicklung der lyrischen Sprechsituation

Statt die komplexe und oft widersprüchliche Diskussion über die ‚Natur' des lyrischen Ich in der Philosophie und Literaturwissenschaft weiter fortzusetzen, verfolgt ein zweiter Weg eine Analyse der Ausprägungen lyrischen Sprechens in der Geschichte der Lyrik (s. bspw. Sorg 1984). Dies hat den Vorteil, sich von der Norm der Erlebnislyrik vornehmlich in Sturm und Drang und Romantik zu lösen und die lyrische Sprechsituation in der gesamten deutschen Lyrikgeschichte besser in den Blick nehmen zu können.

In den letzten zwanzig Jahren haben verschiedene Wissenschaftler die Relevanz der lyrischen Sprechsituation jenseits des authentischen Ausdrucks des Subjekts vor und nach der Moderne überzeugend verdeutlicht. So zeigt Michael Bernsen für die mittelalterliche Lyrik – an die Überlegungen Stierles anschließend –, wie sich das lyrische Subjekt als eine reflektierende Instanz herausbildet, die die Geltung normativer Aussagen in Diskursen erkennt und überprüft (Bernsen 2001, 320), wodurch neue Sprecherrollen an Stellen entstehen, an denen Umformungen in der Wissensordnung der Epoche erkennbar sind (Bernsen 2001, 27). Günter Butzer (1999) argumentiert im Hinblick auf meditative Lyrik, die lyrische Subjektivität entstehen lässt, dass man durchaus von einem ‚lyrischen Ich' in den Gedichten der Frühen Neuzeit reden kann. Eva Horn liest Goethes Sturm-und-Drang-Gedichte als Inszenierung lyrischer Subjektivität, die nicht einfach Unmittelbarkeit eines sich ausdrückenden Subjekts aufzeigt, sondern zugleich die Mittel der Inszenierung selbstreflexiv transparent macht (Horn 1995). Stephan Jaeger führt aus, dass das im Lyrischen sich ausdrückende Ich bereits in der Romantik in eine Krise seines unmöglichen Ausdrucks gerät. Es versucht sich in eine lyrische Erfahrung zu entgrenzen, um zugleich zu erfahren, dass eine völlige Entgrenzung des lyrischen Ausdrucks vom Bewusstsein des Ich nur scheitern kann (Jaeger 2001, 39–44, 108–109). In der modernen Lyrik, die oft durch die Fragmentierung des Ich beschrieben wird (s. hierzu das Konzept vom Mantel-Ich, das sich aufspaltet: Böschenstein 1990), lässt sich einerseits argumentieren, dass Lyrik als materielle, nur in ihrer Semiotik erkennbare Textur in einem allgemeinen Textbegriff aufgeht (Baßler 1996), andererseits bleibt gerade hier immer nachweisbar, dass ein Ich auch im Scheitern der lyrischen Sprechsituation erhalten bleibt. Zum Beispiel zeigt sich in der dritten Fassung von Georg Trakls Gedicht *An Luzifer* (Trakl DB I, 335), dass die Sprechinstanz des Subjekts in den verdichteten Bewegungen des Gedichts aufgelöst wird, doch zugleich in seiner Krisenhaftigkeit im Text präsent bleibt (Jaeger 2000a, 373–380; Jaeger 2001, 219). Zusammenfassend lässt sich also festhalten, dass die Schablone einer historisch begrenzten Erlebnislyrik wenig zur Beantwortung der Frage beiträgt, ob die lyrische Sprechsituation grundlegend für die Poetizität der Gattung ist. Die lyrische Sprechsituation ist in unterschiedlichen Ausformungen durch die gesamte Lyrikgeschichte bedeutsam.

5 Fallbeispiel I (Clemens Brentano)

Um zu verdeutlichen, dass auch romantische Gedichte keineswegs ihre Poetizität aus dem einfachen Ausdruck einer ästhetischen Erfahrung des lyrischen Ich gewinnen, sei ein kurzer Blick auf Clemens Brentanos Gedicht *Danke, danke süße Feder* (Brentano W I, 531–532) geworfen. Das Gedicht vollzieht einen Wechselreigen zwischen Ich, Du und Schreiben (Jaeger 2000b, 116–119). Die anfänglich noch auszumachenden Rollen – Dichter, Geliebte und Feder, um der Geliebten zu schreiben – geraten im Schreibprozess verdichtend in Bewegung. So wird in spielerischem Ton der unüberwindbare Konflikt des Dichters vollführt, der diesen die Annäherung an eine Synthese von Ich und Du und die notwendige Brechung immer wieder austragen lässt. Allerdings bleibt das Verlangen ungestillt. Das Feder-Gedicht findet seinen Ausdruck zwischen der ausgedrückten Sehnsucht des Subjekts nach vollkommener Kommunikation beziehungsweise Liebe und einer verflüssigten, selbstreflexiven Bewegung poetischen, möglicherweise autoerotischen Schreibens. Dieser Konflikt und Prozess lässt sich zwar durch grammatische, bildliche, und rhythmische Elemente beschreiben (vgl. zu Brentano Simon 2011, 93–154), bleibt aber an den Vollzug des lyrischen Sprechaktes gebunden, sodass die Rollen von Subjekt, Objekt und Adressatin im Einzelnen nicht mehr zu identifizieren sind. Mit außertextuellen, empirischen Daten über Brentanos Biographie lässt sich durchaus eine Bedeutungsebene der Entstehung des Textes erklären, aber relevant für das Verständnis von Poetizität in der lyrischen Sprechsituation ist das Austragen eines Rollenkonfliktes, der eben nur lyrisch-präsentisch vollzogen werden kann. Er kann weder diskursiv ausgedrückt noch einfach erzählt werden.

6 Narratologie, lyrische Sprechsituation und Autorschaft

Eine radikale Alternative, die lyrische Sprechsituation und die Poetizität der Lyrik zu erklären, ist es, sie letztlich in einer allgemein für Texte gültigen Narrativität aufzuheben. Auch wenn narratologische Ansätze in der Regel auch versuchen, Besonderheiten der Lyrik zu betonen, wird Lyrik hier eher zu einer Sonderform des Erzählens (Hempfer 2014, 20). Die grundlegende Frage, ob eine narratologische Analyse die lyrische Sprechsituation aufschlüsseln kann, hängt stark davon ab, ob man davon ausgeht, dass Lyrik fiktionale Welten erschafft (Müller-Zettelmann 2011, 249; s. für einen guten Überblick vielfältiger neuerer Ansätze, die im weiteren Sinn von narratologischen Überlegungen geprägt sind, auch den Sammelband Müller-Zettelmann und Rubik 2005 sowie Schönert et al. 2007 für konkrete narratologische Fallanalysen). Jörg Schönert argumentiert, dass die Unterscheidung von narrativer und monologischer beziehungsweise dialogischer, auf eine Erzählerinstanz verzichtende Vermittlung ausreiche, um die Sprech- beziehungsweise Vermittlungssituation aller lyrischen Texte zu erfassen (Schönert 1999, 293). Hierbei wird durchaus anerkannt, dass die lyrische Sprechsituation eher dazu neigt, Ereignishaftigkeit auszudrücken (Hühn und Schönert 2002, 302), was die lyrische Sprechsituation für Modelle der kognitiven Erzähltheorie interessant macht (Petzold 2012, 296). Peter Hühn und Jörg Schönert sehen für die Vermittlung eines Textes vier gestaffelte perspektivierende Instanzen: „der empirische Autor/Textproduzent; das Kompositions- oder Textsubjekt/der abstrakte Autor; der Sprecher/das Äußerungssubjekt/die Stimme; der Protagonist/die Hauptfigur oder Figuren" (Hühn und Schönert 2002, 296), womit letztlich vornehmlich altbekannte Kategorien der strukturalistischen Narratologie und Texttheorie auf die lyrische Sprechsituation übertragen werden.

Gerade Ansätze aus der neueren kognitiven Narratologie zeigen allerdings durchaus Beschreibungsinstrumente für die Besonderheit lyrischen Sprechens auf. Werner Wolf setzt die Lyrik von Drama und Prosa wie folgt ab: „The lyric enables authors to treat their subjects from the monoperspectival point of view of one consciousness and allows them in particular to simulate an immediate access to the innermost recesses of a human mind without having to justify either the access to, or the content of, that mind, as would, for instance, usually be the case in the stream-of-consciousness novel" (Wolf 2005, 36). Wolf schließt dabei explizit aus, dass dieses Bewusstsein sich auf externe Realität bezieht. Zugleich riskiert er aber wiederum nur, das Diktum von Lyrik als emotionalem Ausdruck eines ganzheitlichen Textsubjekts (hier des Bewusstseins) zu wiederholen. Statt die lyrische Erlebniswirklichkeit einer empirischen Erlebniswirklichkeit gegenüberzustellen, vergleicht Wolf ein Textbewusstsein mit dessen Ausdruck. Wenn das Gedicht aber im textuellen Sprechakt lyrische Ausdrucksmöglichkeiten erst entstehen lässt, ist eine selbstreferentielle Norm nicht notwendig. Das Poetische – zumindest oft in Form eines möglichen Bewusstseins – entsteht nur im Gedicht. Wieder zeigt sich, warum performative Theorien auch für die Lyrik eine erhebliche Relevanz haben, um deren ästhetische Evidenz präsentisch zu generieren.

7 Fallbeispiel II (Durs Grünbein)

Ein weiteres Fallbeispiel, hier Durs Grünbeins Gedicht *Du, Allein*, kann helfen, die Spannung zwischen der Poetizität eines Textes, die von Prosa nicht zu unterscheiden ist, und einer lyrischen Poetizität, die auf einer spezifisch lyrischen Sprechsituation beruht, genauer zu verstehen: „Du, allein mit der Geschichte im/ Rücken, ‚Zukunft' ist/schon zuviel gesagt, ein paar Wochen/im voraus (es gibt/ keine Leere), dazwischen die//Augenblicke von Einssein mit dir/und den andern, die/seltsame Komik von Emigranten-/träumen in einer Zeit des/‚alles erlaubt'." (Grünbein 1988, 53) Ein Personalpronomen in der ersten Person taucht nicht auf. Die Anrede des Du könnte eine Selbstanrede eines monologischen Sprechers und eine selbstreflexive Aussage sein. Wer das Du ist, bleibt unklar: Vielleicht ist es eine konkrete Person oder die Gegenwart mit der Geschichte im Rücken beziehungsweise die Zeit an sich oder eine konkrete Augenblickserfahrung eines Subjekts, möglicherweise eines Emigranten, der das Alte verlassen hat und das Neue noch nicht gefunden hat oder nie finden kann. Grünbeins Gedicht kann als Kommentar zur Gegenwartslyrik, in der alles bis hin zur Prosaisierung erlaubt ist, explizit poetologisch gelesen werden. Es besteht kein Zweifel, dass dieses Gedicht eine Texterfahrung ausdrückt, die die fiktive Erfahrung einer Figur sein könnte. Dem imaginierenden Leser sind keine Grenzen einer fiktionalen Interpretation gesetzt. Zugleich verfehlt dies die poetische Besonderheit des lyrischen Textes. Es scheint ein Eindruck, eine Erfahrung, ein Gedanke oder eine Einsicht ausgedrückt zu werden; darin wird keine Welt geschaffen, die schlüssig durch einen Kontext, biographisch oder historisch, im nichtfiktionalen Diskurs aufgelöst werden kann. Doch ist die Poetizität des Textes unbestritten: Sie basiert neben Techniken der Formgestaltung sowie des Rhythmus und der Bildlichkeit im Besonderen auf der lyrischen Sprechsituation, der Anrede des Du und des Eindringens in die Existenz des Du. Hühn und Schönert argumentieren in ihrem Plädoyer für den Nutzen der Narratologie: „Ein besonders interessantes, in manchen Epochen der Lyrik weitverbreitetes Verfahren ist die Anrede in der 2. Person, in der ein sich nicht thematisierender Sprecher eine Erfahrungsgeschichte oder Bewußtseinshaltung in der Zuschreibung an einen Adressaten entwirft. Das Besondere dieser Sprechhaltung ist durch ihre betonte Ambiguität zwischen Distanz und Intimität bedingt – als Form der Selbstdistanzierung des Bewußtseins im Dialog mit sich selbst und als distanzierte Selbst-Konstitution." (2002, 299) Dies scheint Grünbeins Gedicht zur Analyse der lyrischen Sprechsituation fast perfekt zu beschreiben. Aber um tatsächlich zu einer ‚Erfahrungsgeschichte' zu kommen, muss der Leser die Lyrik in eine ‚Rede' (die gleichwohl ‚Diskurs' bleibt) rückübersetzen. Konsequenterweise fällt das Poetische des eigentlichen Sprechens oder Lesens des Gedichts, das den Leser in beinahe unendlich viele Bezüge versetzt, aus solch einem Erklärungsmodell heraus. Die Geschichte beziehungsweise *histoire* macht gerade nicht das Poetische des lyrischen Textes aus, was zeigt, dass eine Besonderheit der lyrischen Sprechsituation als Indikator lyrischer Poetizität gerade darin besteht, dass durch die Sprechsituation der Interpret dazu verführt wird, Lyrik jenseits ihrer zahlreichen formalen Verdichtungstechniken (‚Diskurs') semantisch als ‚Rede' zu vereinfachen. Gegenwärtige Autorschaftstheorien und narratologische Ansätze können entsprechend helfen, Entwicklungen in den Darstellungsmöglichkeiten von Lyrik zu historisieren und zu beschreiben, aber die Gattung macht immer wieder evident, dass sie nur bei Erfassung der lyrischen Sprechsituation und deren Facetten in ihren ästhetischen Evidenzen und Präsenzen beschrieben werden kann.

8 Lyrikologie, Poetizität und lyrische Sprechsituation

Um dieser Herausforderung zu begegnen, hat es in den letzten drei Jahrzehnten immer wieder Versuche gegeben, die Gattung der Lyrik oder umfassender das Gedicht an sich zu bestimmen. Dieter Lamping fasst das lyrische Gedicht als „Einzelrede in Versen" (Lamping 2000, 63), wobei er seinen typologischen Ansatz mit historischen Facetten der Gattung seit dem späten 19. Jahrhundert ergänzt. Dieter Burdorf versucht, anders als Lamping, alle Gedichte in einer Definition zu erfassen, die zwei notwendige Eigenschaften beinhaltet: „Es ist eine mündliche oder schriftliche Rede in Versen, ist also durch zusätzliche Pausen bzw. Zeilenbrüche von der normalen rhythmischen oder graphischen Erscheinungsform der Alltagssprache abgehoben. // Es ist kein Rollenspiel, also nicht auf szenische Aufführung hin angelegt." (Burdorf 2015, 21) Beide Definitionen legen einerseits formale Kriterien zugrunde, um Lyrik beziehungsweise das Gedicht von anderen Gattungen abzugrenzen. Gleichzeitig definieren sie das Gedicht als Rede monologischen beziehungsweise nichtszenischen Charakters, wodurch die Sprechsituation zwar eine gewisse Bedeutung für die Definition der Gattung hat. Dennoch ist das lyrische Sprechen wiederum auch nur ‚uneigentlich', also nicht Rede eines referentiellen Subjekts, sondern infolge abweichender rhythmischer Markierungen Teil eines artifiziellen Diskurses. Die lyrische Sprechsituation wäre also nicht im eigentlichen Sinne grundlegend für die Poetizität der Gattung.

Die elaborierteste Lyrikdefinition der neueren Lyriktheorie stammt von Rüdiger Zymner: „Lyrik: Repräsentation von Sprache als generisches Display sprachlicher Medialität und damit als generischer Katalysator ästhetischer Evidenz" (Zymner 2009, 140). Wie oben beim Durchgang durch lyrisches Sprechen in der deutschen Lyrikgeschichte angedeutet wurde, ist zwar zu hinterfragen, ob eine universelle Gattungsdefinition von Lyrik wirklich funktionieren kann beziehungsweise muss, jedoch erkennt Zymner durch die Diskussion von Typen der Aufmerksamkeitsfokussierung, dass das Lyrikspezifische in „eine[r] ‚nach innen gerichtete[n]' Autofokussierung des Rezipienten" begründet ist, während epikspezifische Attraktoren „eine ‚nach außen gerichtete', beobachtende und teilnehmende Fokussierung auf die Text-Welt" hervorrufen (Zymner 2009, 161). Zymner interessiert sich aber letztlich weniger für die Poetizität der Gattung, vielmehr entwirft er für Sprachwerke und Sprachkunstwerke eine spezifische lyrische Funktionsgeschichte. Hierbei identifiziert er als generelle Funktion von Lyrik deren Effekt, jenseits aller rhythmisch-metrischen Strukturierung durch die Formatierung von Innerem und Äußerem, von Vergangenem, Gegenwärtigem und Zukünftigem und von Ich und Welt als Erlebnisqualität „die Zeit in einem JETZT" stillzustellen (Zymner 2013, 314). Es zeigt, dass selbst eine funktional-diskursiv geprägte Theorie letztlich wieder auf die lyrische Sprechsituation und ein präsentisches Ereignis zurückkommt.

Deutlicher wird dies allerdings in den Überlegungen von Klaus W. Hempfer, der anders als Zymner das prototypisch Lyrische, wonach der Rezipient etwas intuitiv als Lyrik erkennt, zu bestimmen versucht. Alle Gattungsbedingungen Hempfers charakterisieren die lyrische Sprechsituation: eine Ich-Hier-Jetzt-Deixis der Sprechsituation und die Feststellung, dass jede besprochene Situation im und durch den Sprechakt selbst konstituiert wird. Durch Letztere entsteht im inszenierten Sprechakt eine Performativitätsfiktion, die nicht einer Kommunikationssituation zwischen Produzent und Rezipient entspricht, wodurch sich die Asymmetrie einer Sprecher-Adressaten-Relation festhalten lässt, „insofern der Sprecher die ‚Lizenz' hat, sich sowohl adressatenlos, unmittelbar und ohne explizite Motivation zu äußern als auch einen Adressaten explizit anzusprechen" (Hempfer 2014, 69).

Zusammenfassend lässt sich festhalten, dass man, wenn man die lyrische Sprechsituation im Sinne Jakobsons aus der Analyse von Lyrik ausschließt, zu der Schlussfolgerung kommen kann, dass Prosa und Lyrik, insbesondere seit etwa 1900, ähnliche Verdichtungsmöglichkeiten aufweisen. Bezieht man jedoch die Analyse der lyrischen Sprechsituation mit ein, wird deutlich, warum die Instanzen lyrischen Sprechens grundlegend sind, um lyrische Poetizität zu bestimmen. Die lyrische Sprechsituation ist zwar selbstreferentiell, fordert den Leser jedoch immer wieder dazu heraus, ein sprechendes Bewusstsein hinter der lyrischen Textoberfläche zu suchen. Weil lyrisches Sprechen erzählen kann, aber nicht muss, und oft keine Welt mit Figuren, Zeitabläufen, Raumstrukturen und Geschichten entsteht, sondern nur ein geschehendes Gedicht mit vieldeutigen Bezügen, kann sich der Leser der Bedeutung der sich vollziehenden Sprechsituation nicht entziehen. Damit wird die Frage nach lyrischer Poetizität, weil sie einerseits als lyrischer Sprechakt, andererseits als selbstreferentielle Textur wirkt, immer wieder neu auf das lyrische Subjekt zurückgeworfen.

Weiterführende Literatur

Burdorf, Dieter (^{3}2015). *Einführung in die Gedichtanalyse*. Stuttgart.
Hempfer, Klaus W. (2014). *Lyrik. Skizze einer systematischen Theorie*. Stuttgart.
Müller-Zettelmann, Eva und Margarete Rubik (2005). *Theory into Poetry. New Approaches to the Lyric*. Amsterdam.
Stierle, Karlheinz (1984a). „Die Identität des Gedichts. Hölderlin als Paradigma". *Identität. Poetik und Hermeneutik*. Bd. 8. Hrsg. von Odo Marquard und Karlheinz Stierle. München: 505–552.
Zymner, Rüdiger (2009). *Lyrik. Umriss und Begriff*. Paderborn.

Heinrich Detering
III.2.2 Poetische Selbstreflexivität in Vers, Strophe und Gedicht

1 Formen der Selbstreferenzialität im Gedicht

„Gedichte" seien „Texte in ‚gebundener' Rede", schreibt Christian Wagenknecht zu Beginn seiner *Deutschen Metrik*: „Verstexte" also, und zwar „gleichviel, welcher ‚Gattung' sie im übrigen angehören." (Wagenknecht 2007, 11) Diese Bemerkung fasst zusammen, worauf der Sprachgebrauch seit dem Aufkommen des (aus dem lateinischen *dictare*, nicht etwa dem volksetymologisch bevorzugten ‚verdichten' abgeleiteten) ‚getiht' zielt: eine zusammenfassende Bezeichnung epischer, dramatischer, didaktischer, lyrischer Texte, die in metrisch regulierter Form abgefasst sind. Martin Opitz führt in seiner Poetik (*Buch von der Deutschen Poeterey*, 1624), nicht anders, als Horaz es in seiner *Ars poetica* getan hatte, zunächst Versepen, Versdramen, Lehrdichtungen, Elegien und Epigramme als Beispiele für das „getiht" an; erst am Schluss seiner Aufzählung nennt er dann auch die „Lyrica oder getichte die man zur Music sonderlich gebrauchen kann" (Opitz 1624, 36), also im Sinne des griechischen Ausdrucks *lyrikós* (für ‚zur Lyra sangbar'), die er in Übereinstimmung mit dem Sprachgebrauch seiner Zeit auch ‚Oden' nennt. Die heute geläufige Einschränkung des Begriffs ‚Gedicht' auf ‚lyrische' Texte im Sinne einer allenfalls minimal narrativen, zustandsbetonten und subjektzentrierten Versdichtung kleineren Umfangs verbreitet sich erst im Laufe des 18. Jahrhunderts.

Die Frage, welche Äußerungen als ‚metrisch reguliert' gelten sollen, kann konventionell auf ganz unterschiedliche Weise beantwortet werden. Die möglichen Antworten unterscheiden sich einerseits danach, welche sprachlichen Merkmale als elementare Bausteine von Versen gelten sollen (also nach der jeweils geltenden Prosodie), andererseits danach, nach welchen Prinzipien diese Bausteine zu Versen verbunden werden dürfen (also nach den Regeln der jeweils geltenden Versifikation). Darüber hinaus kann eine metrische Regulierung auch über die Grenzen des Verses (das Versmaß) hinaus ganze Versgruppen (also Strophenmaße), ja sogar wie im Fall von Sonett und Stanze, Haiku oder Ghasel komplette Texte umfassen (also Gedichtmaße). Das bekannteste Zyklenmaß ist der Sonettenkranz. Inger Christensen, die mit dem Band *Das Schmetterlingstal* dieses Maß 1991 formvollendet realisiert hat, hat schon zuvor mit ihrem nach den Ordnungen des Alphabets und der mathematischen Fibonacci-Folge konzipierten Langgedicht *alfabet* 1981 ein Beispiel singulärer, also nur in einer einzigen Dichtung realisierter Zyklenmaße in der zeitgenössischen Avantgarde gegeben.

Keineswegs alle diese Möglichkeiten müssen realisiert sein, um von einem Gedicht zu sprechen, mindestens aber muss ein so rubrizierter Text ein prosodisches und versifikatorisches Verfahren erkennen lassen – oder sich doch jedenfalls in erkennbarer, etwa paratextuell markierter Weise auf entsprechende Traditionen berufen. Das Letztere ist offensichtlich der Fall bei expliziten Gattungsbezeichnungen wie ‚Prosagedicht' oder *poème-en-prose*, die im Übergang von der Spätromantik zur Frühmoderne mit ihrer demonstrativen Selbstwidersprüchlichkeit die klassische Gattungstrias herausfordern soll (zuerst wohl in Henrik Wergelands provozierend so überschriebenen *Sujets für Versemacher* 1845, dann in Charles Baudelaires seit den 1850er Jahren entstandenen *Petits poèmes en prose*).

Metrische Verfahren – gleich, ob sie so rudimentär schlicht bleiben wie der freie Knittel, der allein Assonanz oder Reim am Zeilenende vorschreibt, oder so diffizil geraten wie die variierenden Aneignungen griechischer Odenmaße bei Friedrich Klopstock und Friedrich Hölderlin – bestimmen die sprachliche Gestalt eines Textes ungleich auffälliger und kontinuierlicher, als es globale Gattungs- oder Genrebestimmungen tun. Auch eine noch so rigoros gemäß den strikten Tieck'schen und Heyse'schen Vorgaben regulierte Novelle, ein noch so gehorsam den Freytag'schen Schemata unterworfenes Drama erlauben ihren Verfassern in der individuellen Erfüllung dieser Vorschriften ungleich größere Gestaltungsfreiheiten, als es dann der Fall ist, wenn sie als ‚Versnovelle' oder als ‚dramatisches Gedicht' konzipiert sind. Mit der Unterwerfung unter Regeln von Prosodie und Versifikation wird nicht nur jeder Satz, sondern auch jedes Wort, ja bei allen strengeren Formen der Prosodie jede einzelne Silbe an klangliche Prinzipien gebunden, die unabhängig von aller Semantik und aller kommunikativen Pragmatik einzuhalten sind. Jeder Vers eines in Blankversen – also dem seit Gotthold Ephraim Lessing und dann seit der romantischen Shakespeare-Rezeption beliebtesten deutschen Dramenversmaß – abgefassten Dramas enthält fünf betonte und fünf oder sechs unbetonte, jambische Silben nicht deshalb, weil das der charakteristischen Redeweise dieser oder jener Figur entspräche, sondern weil es so der prosodischen und versifikatorischen Grundregel des ‚dramatischen Gedichts' entspricht. Die im Verhältnis zu jeder irgendwie ‚realistisch'-mimetischen Darstellungsweise höchst auffällige Künstlichkeit dieses Verfahrens kann allenfalls durch andere kunstvolle Verfahren unterlaufen werden – etwa durch Lessings virtuose, im *Nathan* (1779) kulminierende Verteilung eines Verses auf mehrere Sprecher. Sie lässt sich umgekehrt aber auch als demonstrativer Ausdruck stilisierter Sprachbeherrschung ausstellen, die als rhetorisches Äquivalent moralischer Selbstbeherrschung kodiert ist: so in Johann Wolfgang Goethes *Iphigenie* (1786) oder *Die natürliche Tochter* (1803).

In jedem Fall ist die Versform der dramatischen Rede, im Verhältnis zur beispielsweise tragischen Regulierung des dramatischen Geschehensverlaufs, in ihrer Artifizialität ungleich auffälliger, gibt sie deutlicher als jedes andere sprachliche Merkmal (um hier von Möglichkeiten der Bühnengestaltung oder der schauspielerischen Gestaltung abzusehen) die literarische Gemachtheit des Textes zu erkennen: die deutlichste Abweichung poetischer Rede von der Alltagskommunikation (vgl. Fricke 1981) und damit auch die deutlichste Markierung poetischer Selbstreflexivität, die innerhalb der traditionellen literarischen Ausdrucksformen zur Verfügung steht.

Dass die von Roman Jakobson beschriebene poetische Sprachfunktion, dass Poetizität als formale Selbstreferenzialität in keiner der traditionellen Gattungen so deutlich hervortrete wie in der ‚lyrischen' Dichtung, ist seit dem russischen Formalismus und der aus ihr hervorgegangenen strukturalen Gedichtanalyse Jakobsons zu einem Gemeinplatz der Lyriktheorie geworden, verkürzt aber – wie diese wenigen Stichworte zeigen sollten – die tatsächliche Reichweite dieser Entwürfe. Zeigt sich für Viktor Šklovskij im Gedicht, und zwar angefangen bei den einfachsten Grundformen des Kinderreims, des Rätselspruchs usf., auf elementare Weise die ‚Kunst als Verfahren' (Šklovskij 1969), so wird es für Jakobson zum Inbegriff einer ‚Literarizität', in der die aller Alltagskommunikation zugrunde liegenden paradigmatischen Elemente in der Ordnung der Syntax erscheinen – oder, mit seinem Ausdruck, von der „Achse des Paradigmas" auf die „Achse des Syntagmas" projiziert werden (Jakobson 1979d, 94). Die vieldiskutierte, oft angefochtene Formulierung zielt zuerst und vor allem auf diejenigen Merkmale, die auch von gänzlich theoriefernen und von ‚hochliterarisch' ungebildeten Hörern oder Leserinnen als auffallend poetisch wahrgenommen und benannt werden: Phänomene wie metrische Regulierung oder Reimbindung sprachlicher Äußerungen, die damit offenkundig nicht nur nach semantischen, sondern auch nach klanglichen Ordnungs- und Kompositionskriterien ausgewählt und verbunden sind. Wie immer man Jakobsons strukturalistische Systematik und die mit ihr verbundene Achsenmetapher beurteilt (zur Kritik vgl. Rühling 1996), dieser Wahrnehmung selbst ist wohl nicht zu widersprechen.

Sie betrifft zunächst Texte vorschriftlicher Mündlichkeit, und zwar in der Mediengeschichte der Menschheitskulturen wie in der Genese eines einzelnen Menschen, und ist damit vorrangig auf Merkmale konzentriert, die in mündlicher Rede deutlich zur Geltung kommen. In der Schriftkultur treten den akustisch dominierten Verfahren von metrischer und Reimorganisation noch weitere, durch die Schrift ermöglichte und an sie gebundene formale Merkmale an die Seite; sie alle betreffen die graphische Anordnung von Verszeilen auf dem Papier oder Bildschirm. Die Skala der Möglichkeiten beginnt bereits mit der graphischen Differenzierung zwischen x-a-x-a gereimten Kurz- oder, bei demselben Wortbestand, a-a gereimten Langzeilen. Ein Beispiel aus zwei unterschiedlichen Ausgaben von Bob Dylans *Lyrics*: „She opened up a book of poems/And handed it to me/Written by an Italian poet/From the thirteenth century" (Dylan 1985, 358) oder „She opened up a book of poems and handed it to me/Written by an Italian poet from the thirteenth century" (Dylan 2014, 480).

Erst die Schrift erlaubt schließlich auch so exzentrische Notationsverfahren wie die von aller Semantik gänzlich abstrahierten metrischen Schemata, die Klopstock seinen Gedichten in von ihm selbst entwickelten Odenmaßen voranstellt und die denjenigen Lesern, die wie Werther und Lotte schon vom ‚Klopstock-Sound' angezogen sind, über die bloße Lesehilfe hinaus gewissermaßen die metrische Struktur als musikalische Partitur präsentieren, bevor dann der semantisch kodierte Text einsetzt. Nicht mit dem ersten Vers („Willkommen, o silberner Mond") beginnt also der gedruckte Text von *Die frühen Gräber* (1764), sondern bereits mit diesen Chiffren (Klopstock 1771, 155):

```
∪ – ∪∪ – ∪∪ – ,
– ∪ – ∪∪ – ∪ – ,
∪∪ – , – ∪ – , – ∪ – ∪ – ,
– ∪∪ – ∪∪ – , – ∪∪ –
```

Das ‚prosaische' als ein nur noch graphisch geordnetes Gedicht, wie es im Umkreis des ‚Sturm und Drang' entwickelt wird – auch wenn es dort noch weitgehend an eine ‚rhythmisierende', etwa maximale und minimale Hebungszahlen festlegende Prosodie gebunden bleibt – und wie es in der Moderne dann zeitweise zur Norm wird (in Deutschland etwa in der überwiegenden Lyrikproduktion der 1970er Jahre), ist nur ein – wenn auch quantitativ auffallender – Sonderfall der möglichen Formen. Schon mit dem Zeilenbruch, der sich im Unterschied zu strengeren Formen leicht auch zu einer in Wahrheit beliebig verfahrenden Suggestion von Poetizität missbrauchen lässt, wird eine Spannung zwischen Schriftbild und Syntagmen erzeugt, die – ganz unabhängig von aller ästhetischen Wertung – von bloßer Prosa grundsätzlich verschieden ist: Jeder Zeilenschluss notiert eine Lesepause, im mündlichen Vortrag eine Atempause im Wortstrom.

Wie weitgehend tatsächlich jeder Aspekt nicht nur mündlicher, sondern auch schriftlicher sprachlicher Zeichen als formales Gestaltungsprinzip hervorgehoben werden kann, ist unübersehbar schon in der Tradition des Figurengedichts seit dem Barock. Aber auch der Reim, der doch zweifellos als Klangeffekt entstanden ist, lässt sich im – in englischsprachiger Dichtung zeitweise als besonders elegant geltenden – *eye rhyme* auch als rein graphemisches Phänomen realisieren (laughter/daughter vs. laughter/after). Dass unter den Bedingungen einer weit ausdifferenzierten Schriftkultur selbst typographische Textmerkmale prosodische und versifikatorische Funktionen annehmen können (allerdings ohne dass zwischen beidem noch trennscharf zu unterscheiden wäre), zeigen Beispiele wie Arno Holz' *Phantasus* (1898/1899) mit der zentralsymmetrischen – also einer von allen zeitgenössischen Druckkonventionen signifikant abweichenden – Achsenbindung aller Druckzeilen (Holz 1899b, 38):

> In den Grunewald,
> seit fünf Uhr früh,
> spie Berlin seine Extrazüge.
> Ueber die Brücke von Halensee,
> über Spandau, Schmargendorf, über den Pichelsberg,
> von allen Seiten, [...]

2 Funktionen der Selbstreferenzialität im Gedicht

Lenkt also in jedem Fall die akustisch oder optisch auffallende artifizielle Form von Vers und Strophe die Aufmerksamkeit auf die Beschaffenheit des Gedichts selbst, so kann diese Selbstreferenzialität doch auf unterschiedliche Weise *funktionalisiert* sein. Die drei (wie mir scheint) wichtigsten Grundformen einer Funktionalisierung lohnt es, gesondert in den Blick zu nehmen: die rhetorische, die semantische, die performative.

Rhetorische Funktionen poetischer Selbstreferenz

Rhetorisch funktional sind diejenigen formalen Eigenschaften von Gedichten, die den – laut oder im stummen Lesen imaginär realisierten – Vortrag eines Textes steuern: affektive Gestaltung, Tempo, Phrasierung; in Verserzählungen wie Alexander Sergejewitsch Puškins *Evgenij Onegin* (1825) oder Versdramen wie Goethes schon erwähnter *Iphigenie* (1786) können sie auch der Charakterisierung von Personen oder Situationen dienen. Rhetorisch funktionalisieren lässt sich aber auch schon die Versifikation eines Textes als solche. Wenn etwa Alexander Pope 1734 seine anthropologisch-moralphilosophische Abhandlung *An Essay on Man* veröffentlicht, dann realisiert sich der *Essay* als in *heroic couplets* verfasstes Lehrgedicht – obwohl auch nüchterne Wissenschaftsprosa dem Autor und seiner Epoche durchaus zu Gebote stand. Begründet ist die poetische Form des Textes mit dem Rang seines Gegenstands: Die Rede von der Beschaffenheit des Menschen wird nur als poetische dessen im Text proklamierter Würde gerecht. In vergleichbarer Weise reformuliert zwei Generationen später Goethe das von ihm proklamierte evolutionäre Naturprinzip der Metamorphose, das er 1790 bereits in wissenschaftlicher Fachprosa entwickelt hat (*Versuch die Metamorphose der Pflanzen zu erklären*), im Blick wiederum auf die Dignität des Gegenstandes als elegische Dichtung (*Die Metamorphose der Pflanzen*, 1798/1799), nun als Lehr- und – weil diese thematische Weiterung sich aus der Konsequenz des Arguments ergibt – Liebesgedicht. Noch Bertolt Brechts 1945 begonnener, unvollendeter Versuch, den geschichtsphilosophischen Entwurf des *Kommunistischen Manifests* aus der Prosa von Karl Marx und Friedrich Engels in eine Hexameter-Version zu übertragen und damit der für ihn höchst denkbaren Dignität des Textes die würdigste sprachliche Gestalt zu geben, setzt diese Tradition fort (wie sich die Norm, wonach wahre Texte auch schön klingen müssen, in Indien bis in die Wissenschaftssprache der Gegenwart hinein erhalten hat, zeigen Wilke und Moebus 2011).

Semantische Funktionalisierung poetischer Selbstreferenz

Poetische Selbstreferenz, verstanden als die sich demonstrativ zur Geltung bringende formale Gemachtheit des Gedichts, kann über ihre rhetorische Nutzbarkeit hinaus – und durchaus in Übereinstimmung mit ihr – auch semantisch kodiert werden. Semantisch relevant ist schon die Mimesis derjenigen affektiven Einstellungen oder Sprechhaltungen, die die Rhetorizität von Verstexten bestimmt – etwa wenn die gehetzten Rhythmen in Goethes *Erlkönig* (1782) oder *Willkommen und Abschied* (1775, 1789, 1810) die Anspannung der handelnden Personen vermitteln oder wenn die formal ‚unpolierten' Verse und Strophen in Georg Weerths Arbeiter-*Liedern aus Lancashire* (1845) mentalen Zuständen der verelendeten englischen Bergarbeiter äquivalent gesetzt werden sollen. Appellativ wird die Affektmimesis, wenn in einem agitatorischen Text wie Brechts *Lied von der Einheitsfront* die Erfüllung der expliziten Forderung „Reih dich ein in die Arbeitereinheitsfront" (Brecht GBA XII, 26) durch den ‚mitreißenden' Marschrhythmus der Verse erleichtert wird.

In mimetischer Weise semantisiert werden können die formalen Kunstgriffe des Gedichts aber auch im Hinblick auf kognitiv zu erfassende Zusammenhänge. So werden etwa in Brechts *Die Entstehung des Buches Taoteking auf dem Weg des Laotse in die Emigration* (1938/1939) die Wechsel von regelmäßig trochäischen Versfüßen, fünfhebigen Versmaßen und nach dem Hebungsschema 5-5-5-5-4 gebauten Strophenmaßen auf der einen Seite und markanten Unterbrechungen durch metrische Störungen in allen drei Bereichen auf der anderen Seite semantisiert: als formaler Ausdruck des Wechsels zwischen dem im Gedicht thematisierten freien Strömen des (zum Symbol des *Tao* erklärten) Wassers und den (sozial, politisch und moralisch konnotierten) Hindernissen, die ihm in den Weg treten (vgl. Detering 2008). Auch der gleichmäßige Wechsel von hexametrischem Wahrnehmungsstrom und pentametrisch-reflektierendem Innehalten in den elegischen Distichen von Goethes *Die Metamorphose der Pflanzen* (1798/1800) gibt sich im Text selbst implizit als formales Analogon der explizit geschilderten botanischen Konstruktionsprinzipien zu erkennen: „Gleich darauf ein folgender Trieb, sich erhebend, erneuet/Knoten auf Knoten getürmt, immer das erste Gebild." (Goethe WA I/1, 291) In ähnlicher Absicht, aber ungleich komplexer und unter Ausnutzung auch typographischer Möglichkeiten analogisiert Christensens schon erwähntes *alfabet* die mathematischen und semiotischen Konstruktionsprinzipien des Gedichtzyklus mit der Entwicklungsdynamik der in ihm reflektierten biologischen und sprachlichen Prozesse (vgl. Depenbrock 1993).

Das Potenzial einer gänzlich auf graphische Darstellungsmittel reduzierten Mimesis poetischer Selbstreflexivität zeigt – mit komischem Effekt – ein sich der Konkreten Poesie nähernder Text wie Christian Morgensterns *Fisches Nachtgesang* (1905), dessen Schriftzeichen Luftblasen im Wasser entsprechen sollen. In zwar pointierter, aber keineswegs mehr komischer Weise nutzt ein ganz der Programmatik der Konkreten Poesie verpflichtetes Text-Bild wie Eugen Gomringers *Schweigen* (1953) die Schriftform, wenn das durch das Wort Bezeichnete sich durch Aussparung der bezeichnenden Schriftzeichen in der graphischen Anordnung der Schriftzeichen ex negativo selbst artikuliert.

Nicht in jedem Fall lässt sich zwischen Affektions- und Kognitionsmimesis trennscharf unterscheiden. In Barthold Heinrich Brockes' berühmtem Gedicht über das *Gewitter* (1721) etwa werden beide Aspekte mit ein und demselben Kunstgriff erzielt. Hier soll, worauf der Verfasser selbst in einer vorangestellten Notiz ausdrücklich hinweist (Brockes 1721, Vorrede zum ersten Druck, unpag.), der Wechsel von der Bedrohlichkeit des Gewitters zur folgenden Windstille dadurch den Lesern spürbar werden, dass mit dem Abziehen des Gewitters auch die der Ruhe gewidmeten Verse auf den R-Laut als Äquivalent des rollenden Donners komplett verzichten: ein Extremfall, in dem allein ein einzelner Klangeffekt des Sprachmaterials semantisiert wird, der selbst nicht metrischer, sondern rhetorischer Beschaffenheit ist, der sich aber erst in der Verbindung mit der affektiven Geschmeidigkeit der Madrigalverse ganz entfaltet.

Schließlich kann jede spezifische Ausgestaltung von Versen, Strophen, Gedicht- und Zyklenmaßen, die sich erkennbar auf literarische Formtraditionen bezieht, damit implizit die mit ihnen jeweils assoziierten thematischen, sozialen, kulturellen Kodes aufrufen – so wenn (um nur zwei der bekanntesten Beispiele in Erinnerung zu rufen) Goethe im Anfangsmonolog des *Faust* den Knittelvers als kulturgeschichtliche Markierung der Frühen Neuzeit einsetzt, so auch wenn er im *Helena*-Akt (*Faust II*) die Zugehörigkeit der beiden Protagonisten Faust und

Helena zu Kultur und Sprache der griechischen Antike beziehungsweise des deutschen Spätmittelalters durch die Verwendung jambischer Trimeter als dem klassisch-griechischen Dramenvers und fünfhebig-jambischer deutscher Reimverse hörbar macht.

Performative Funktionalisierung poetischer Selbstreferenz

Der Schnittpunkt von Selbstreflexivität der poetischen Form, autoritativer Vermittlung von Bedeutung und rituell-rezitativer Praxis der Textinszenierung markiert den Ort, an dem ‚Poesie und Wissen' einander am engsten berühren. In archaischen Kulturepochen wie dem vorklassischen Griechenland gilt, darauf hat zuletzt und am nachdrücklichsten Heinz Schlaffer in seinem gleichnamigen Buch hingewiesen (1990, fortgesetzt 2012, anknüpfend an Überlegungen der russischen Formalisten und Clemens Lugowskis), die metrische Geformtheit von Rede oder Gesang als Ausweis göttlicher Autorisierung. Begriffe wie ‚Inspiration' (‚Einhauchung') und ‚Enthusiasmus' (das ‚In-dem-Gotte-Sein') und der Topos des Musenanrufs erinnern an solche mythisch bestimmten Überzeugungen. Die in der Versrede hörbare göttliche Autorisierung verbürgt nicht nur die Befähigung des Sprechers zur Vermittlung metaphysischer Wahrheiten oder moralischer Forderungen, sondern dezidiert auch seine Teilhabe an realem Weltwissen. Dass Homer etwa so handfeste Sachverhalte wie die Beschaffenheit der in Troja kämpfenden griechischen Truppen in Hexametern mitzuteilen vermag, beglaubigt für seine Hörer die sachliche Richtigkeit der Auskunft.

Ähnlich verhält es sich mit magisch-rituellen Praktiken, deren Wirksamkeit ebenfalls entscheidend von der ‚richtigen' metrischen Form und/oder Reimbindung abhängt und die deshalb einen besonders evidenten Anschauungsbereich für performative Funktionen poetischer Selbstreferenz abgeben. Ein geradezu idealtypisches Beispiel liefert der zweite der beiden *Merseburger Zaubersprüche*. Nachdem er im ersten Teil in stabgereimten und hebungszählend regulierten Versen die alltägliche Gebrauchssituation – ein Pferd hat sich das Bein verrenkt – auf eine analoge Ursprungskonstellation mit numinosen Akteuren zurückgeführt und durch diese Erzählung wirkungsmächtig mit ihr überblendet hat (mehrere germanische Götter versuchen vergebens, das in ebendieser Weise verletzte Fohlen des Baldur zu heilen, ehe der kundige Wotan die Heilung vollbringt), wird im zweiten Teil Wotans erfolgreicher Zauberspruch mitgeteilt und damit vom Rezitator auf die eigene Situation angewendet: „sose benrenki, sose bluotrenki, sose lidirenki:/ben zi bena,/bluot zi bluoda,/lid zi geliden/sose gelimida sin." (Mettke 1976, 84–86) Selbst sprachunkundige Leser vermögen doch wahrzunehmen, wie entscheidend die Wirksamkeit des Zaubers von der deutlich hörbaren metrischen Anordnung der Zauberworte abhängt: In drei zweihebigen, durch die Epipher ‚-renki' verbundenen Anrufungen werden drei Aspekte des verletzten Gliedmaßes sprachlich fixiert (die beschädigten Knochen, „benrenki", die verletzten Blutgefäße, „bluotrenki", die gezerrten Sehnen, „lidirenki"); in drei ebenfalls zweihebigen, nun aber auch noch durch die insistierende Wortwiederholung stabenden Kurzversen wird dann ihre Heilung befohlen („Bein zu Bein/Blut zu Blut/Glied zu Glied"); schließlich wird in einem einzelnen, ebenfalls stabenden („so/sin") Schlussvers diese Heilung gleichsam hörbar vollzogen: „als seien sie geleimt" (vgl. Rühmkorf 1981).

Wie sehr der Erfolg der magischen Heilungspraxis von der richtigen metrischen Form abhängt, zeigt sich am deutlichsten in diesem Schlussvers. Er enthält, nach sechs zweihebigen Kurzversen, als einziger drei Hebungen; auf der letzten endet er (in einer, wie man anachronistisch sagen könnte, betont ‚männlichen Kadenz'). Er markiert damit nicht nur hörbar den Abschluss der Strophe, sondern auch den Erfolg der Heilung, die der einzige Zweck seiner Rezitation war. Dass die Magie im Metrum liegt, und zwar im für menschliche und mythische Akteure gleichermaßen unüberhörbar ausgestellten Metrum, zeigt ein sehr viel späterer, aber noch immer nach derselben Grundregel verlaufender Heilungszauber: der Kindervers „Heile, heile Gänschen". Schlaffers These vom Überleben archaisch-mythischen Sinns in der poetischen Form wird hier im archaisch-infantilen Wirkungszusammenhang beglaubigt: „Heile, heile Gänschen,/Es ist bald wieder gut,/Das Kätzchen hat ein Schwänzchen,/Es ist bald wieder gut./ Heile, heile Mausespeck,/In hundert Jahren ist alles weg." Wie im germanischen Zauberspruch ist es auch im modernen Kinderreim die deutlich hörbare vierte Hebung in den beiden Schlussversen, die, im Einklang mit dem Nachdruck zweier männlicher Kadenzen, gegenüber den vier dreihebigen und weiblich kadenzierten Vorgängerversen mit dem Abschluss der Strophe auch den Vollzug des Heilungszaubers markiert (vgl. Detering 2009).

3 Funktionalität versus Subversion: Zur Dialektik poetischer Selbstreferenz

Auch in solchen Semantisierungen der poetischen Formen – für die noch zahlreiche weitere Typen zu nennen und Beispiele zu zitierten wären – bleibt aber ein ‚Überschuss' an poetischer Selbstreflexivität bemerkbar, der über die geforderte Wahrnehmung von Bedeutungszusammenhängen immer auch die poetische Redeweise des Textes selbst hervorhebt und wachhält. In der neueren deutschsprachigen Poetik hat darauf am nachdrücklichsten Robert Gernhardt verwiesen.

Sein selbst komisches und für die Frage nach poetischer Selbstreflexivität höchst instruktives Beispiel lenkt die Aufmerksamkeit auf den keineswegs seltenen Fall einer vermeintlich dominierenden Textsemantik, die sich ihrerseits nur als Effekt eines in Wahrheit dominanten formalen Prinzips verstehen lasse. Das Beispiel verlangt ein etwas längeres Zitat: „Die Worte Denker, Henker, Lenker und Schenker beispielsweise eint nichts als der Reim und die Tatsache, daß sie in dieser Reihenfolge im ‚Steputat' stehen; und solcher Beliebigkeit müßte eigentlich auch das Werk Rechnung tragen, das sich ihr verdankt: ‚Ein Denker/traf mal einen Henker/ und sagte: Gib mir deinen Lenker,/dann bist du ein prima Schenker' – so oder ähnlich unschuldig würde wahrscheinlich das aufgeweckte Kind reimen und sich des offenkundigen Unsinns oder des zutage geförderten Nichtsinns freuen. Nicht so der Erwachsene in seinem unstillbaren Sinnbedarf und Sinnbedürfnis: ‚Einst Land der Dichter und der Denker,/Dann Land der Richter und der Henker,/ Heut' Land der Schlichter und der Lenker –:/Wann Land der Lichter? Wann der Schenker?'" (Gernhardt 1990, 19–20)

Die These, die Gernhardt aus diesem erfundenen Fall ableitet, lautet in seiner Formulierung: „Solange das Gedicht nur hübschen Unsinn mitteilt, ist es noch ganz und gar ehrlich." (Gernhardt 1990, 19) Wissenschaftlich reformuliert besagt sie, dass die Wirkungsabsicht der poetischen Form – in diesem Fall der Reimbindungen von ‚-ichter' und ‚-enker' im Wechsel von Binnen- und Endreimstellung – in der Realisierung eines poetischen Verfahrens selbst liege, das seine Lust gerade aus dem Bedeutungsverzicht gewinne und damit aus einer Abweichung von den kommunikativen Konventionen der Alltagssprache, wie sie ja in der Tat gerade im Nonsens der hier in Erinnerung gebrachten Kinderreime, Abzählverse, *nursery rhymes* oft beschrieben worden ist.

Eine von Gernhardt nicht ausdrücklich benannte Pointe des Beispiels liegt aber auch darin, dass seine der bloßen Klangfolge unterlegte politisch-moralische Akzentuierung eben durch die hier offengelegte Textgenealogie – eine zufällige, lexikalisch-alphabetisch angeordnete Folge von Reimwörtern im Reimlexikon – die politische Moral mitsamt dem besinnlichen Redegestus ihrer Mitteilung subvertiert. Damit aber kommt eben doch eine – in diesem Fall performative – Semantisierung des vermeintlich bloß dem ästhetischen, infantil-subversiven Vergnügen dienenden Klangarrangements ins Spiel: eine satirische Kritik nämlich der politischen Lyrik seit 1968, wie Gernhardt sie auch sonst häufig vorgebracht hat. Genau darin konvergiert Gernhardts Bedeutungsspiel mit einer poetischen Praxis, die in Deutschland mit der Romantik einsetzt und die im mehr oder weniger expliziten Bezug auf ihr Vorbild auch in späteren Perioden wieder aktualisiert werden kann. Will Clemens Brentano mit seinen späten Gedichten, deren entweder monoton-litaneihafte (*Ein Becher voll von süßer Huld*, um 1840) oder umgekehrt demonstrativ manieristische Form (*Wenn der lahme Weber träumt*,

1838) der suggestiv-assoziativen Motivfügung entsprechen, die räsonierende Vernunft unterlaufen und seine Leser in einen Zustand träumerischer Entrückung versetzen, so mobilisieren Peter Rühmkorfs parodistische Verse aus den 1960er Jahren (etwa *Variation auf ‚Abendlied' von Matthias Claudius*, 1962) das Vergnügen an der virtuosen Form selbst gegen eine als lustfeindlich empfundene Reduktion der Poesie auf politisch-moralische Appellfunktionen. So weit die religiös schwärmerische Poesie des romantischen Katholiken im 19. und die des hedonistischen Agnostikers und Heine-Verehrers im 20. Jahrhundert ideologisch auch auseinanderliegen, in der provokativen Inszenierung poetischer Selbstreflexivität sind sich beide einig.

Weiterführende Literatur

Detering, Heinrich (2009). *Vom Zählen der Silben. Über das lyrische Handwerk*. München.
Lamping, Dieter (Hg.) (2016). *Handbuch Lyrik. Theorie, Analyse, Geschichte*. Stuttgart/Weimar.
Schlaffer, Heinz (2012). *Geistersprache. Zweck und Mittel der Lyrik*. München.
Wagenknecht, Christian (^{5}2007). *Deutsche Metrik. Eine historische Einführung*. München.

Matthias Schaffrick
III.2.3 Poetik der Funktion Autorschaft

1 Begriffskonstellation

Texte und Bücher werden von Autoren geschrieben. Wer etwas über die Autorschaft dieser Texte aussagen möchte, ist aufgefordert, das Verhältnis von Autor und Text zu bestimmen. Vorausgesetzt literarische Texte zeichnen sich durch einen selbstbezüglichen, poetischen Sprachgebrauch aus, lässt diese Annahme die These zu, dass literarische Texte ein selbstreferenzielles Verhältnis zu ihrer Autorschaft unterhalten, das etwa dadurch zum Ausdruck kommt, dass sie die Bedingungen ihrer Entstehung reflektieren. Das ist zum Beispiel der Fall, wenn Autoren als Figuren in eigenen Texten auftreten wie Christian Dietrich Grabbe als „der Verfasser dieses Stücks" (Grabbe 1978, 301) am Ende seines romantischen Lustspiels *Scherz, Satire, Ironie und tiefere Bedeutung* (1822) oder wie Wolf Haas in seinem autofiktionalen Interviewroman *Das Wetter vor 15 Jahren* (2006). Literarischen Texten ist das Wissen um ihre Autorschaft als ihrer Entstehungsbedingung nicht nur eingeschrieben, sie thematisieren Autorschaft als poetologisches Prinzip teils auch explizit.

Demnach ist der Gegenstand einer Poetik der Funktion Autorschaft die poetologische Reflexion von Autorschaft im literarischen Text. Diese Dimension immanenter Poetologie umfasst nicht alle innertextuellen Reflexionen auf die je textspezifischen Verfahren (immanente Werkpoetik), sondern lediglich die textimmanenten Referenzen auf die Autorschaft des jeweiligen Textes, also jene Elemente, in denen Autorschaft im Text präsent ist oder reflektiert wird (Erdbeer 2001, 99). Gesucht wird der Autor im Text, der Autor innerhalb der literarischen Kommunikation, der sich in semantischen, rhetorischen und strukturellen textinternen Figurationen von Autorschaft manifestiert. Die übergeordnete Frage lautet, was eine Poetik der Funktion Autorschaft, die sich aus den selbstreferenziell-auktorialen Poetizitätsmerkmalen im Text bildet, zur Poetizität literarischer Texte beiträgt. Die Poetik der Funktion Autorschaft umfasst also alle denkbaren Formen der Selbstreferenzialität literarischer Autorschaft.

Der gegenwärtige Stand der literaturtheoretischen und -wissenschaftlichen Forschung zur Autorschaft (Schaffrick und Willand 2014b) zeigt, dass die systematische Aufarbeitung einer derart konzeptualisierten Poetik der Funktion Autorschaft ein Desiderat ist. Im Feld der Autorschaftsforschung von den hermeneutischen bis zu den poststrukturalistischen Theorien, von den fiktions- bis zu den erzähltheoretischen Konzeptualisierungen von Autorschaft sowie den Theorien der Inszenierung von Autorschaft wird Autorschaft vielfältiger und ausführlicher denn je behandelt: als theoretisches Konstrukt der Interpretation literarischer Texte (Spoerhase 2007a; Spoerhase 2007b), im Hinblick auf die Differenzierungen und Interferenzen von Autor und Text sowie Autor und Erzähler sowie als performativer Effekt schriftstellerischer (Selbst-)Inszenierungspraktiken vor allem paratextueller Art (Jürgensen und Kaiser 2011). Zwar lassen sich nur wenige Anschlusspunkte für eine literarische Poetik der Funktion Autorschaft ausmachen, dennoch sind sie vorhanden: Giorgio Agamben hat Roland Barthes' und vor allem Michel Foucaults Beiträge zur Theorie der Autorschaft zu einem Konzept auktorial-textueller Subjektivierung weiterentwickelt, das den *Autor als Geste* an der Grenze zum Text positioniert (Agamben 2005). In der Literatur selbst bieten vor allem autofiktionale Verfahren literarischer Selbstkonstruktion, aber auch Herausgeberfiktionen (Wirth 2008) Anhaltspunkte für die textimmanente, performative Inszenierung von Autorschaft (Wagner-Egelhaaf 2008; Wagner-Egelhaaf 2013).

Als immanent-poetologischer Ansatz sind mit der Poetik der Funktion Autorschaft drei naheliegende Perspektiven auf das Verhältnis von Autorschaft und Poetik ausgeschlossen: Die Poetik der Funktion Autorschaft erfasst erstens nicht die Reflexionen über Autorschaft in der klassischen Poetik, verstanden als Textsorte für die regelgeleitete und systematische Lehre der Dichtkunst von Platon bis Gottsched („Poetik 3' im Sinne von Fricke 2003). Solche Poetik gibt Aufschluss über die Entstehung, Form und Funktion literarischer Werke und setzt sich daher auch mit der Funktion Autorschaft als Entstehungsbedingung von Literatur auseinander. In diesen Texten wird der ‚Dichter' als Voraussetzung der Entstehung literarischer Texte als quasitechnische Instanz oder als enthusiasmiertes Medium des Schreibens berücksichtigt, allerdings ohne dass sich daraus Rückschlüsse auf die selbstreferenziell zu bestimmende, immanente Poetizität literarischer Texte ziehen ließen. Es handelt sich dabei lediglich um poetologische Fremdbeobachtungen.

Zweitens behandelt dieser Beitrag ebenfalls nicht die exogene Poetik (Blumenberg 1966, 146) von Autorinnen und Autoren (vgl. Schmitz-Emans et al. 2009) beziehungsweise – mit Gérard Genette gesprochen – die epitextuelle Autorpoetik. Die Autorpoetik umfasst im Gegensatz zur immanenten Poetologie alle textexternen, nichtliterarischen Äußerungen von Autoren über ihre Schreibverfahren (Bickenbach 2013). Zu dieser Textsorte zählen etwa Poetikvorlesungen (Galli 2014), Dankreden aus Anlass von Literaturpreisverleihungen sowie poetologische Essays oder Selbstreflexionen (Guttzeit 2014, 381–384). Zwar denken hier ‚Dichter über Dichtung' (Allemann 1963) und damit über die Poetizität ihrer Texte nach, sie liefern aber ebenso wie die klassischen Poetiken keine Indizien für immanente Textpoetologien, weil es sich dabei – der institutionalisierten Kommunikationssituation geschuldet – nicht um literarische Texte sui generis handelt, auch wenn die Grenzen zur ‚poetischen Autorpoetik', wie man sie etwa in den Preisreden Thomas Bernhards findet, fließend sind (Bernhard 2009). Bei der Autorpoetik handelt es sich mithin um nichtpoetische Selbstbeschreibungen literarischen Schreibens sowie explizite poetologische Selbstreflexionen.

Drittens sind auch die schriftstellerischen Selbstinszenierungen kein Gegenstand einer Poetik der Funktion Autorschaft, sofern es sich dabei um die außerhalb des Buches liegenden epitextuellen, medialen oder habituellen Praktiken handelt, mit denen Autorinnen und Autoren „öffentlichkeitsbezogen für ihre eigene Person, für ihre Tätigkeit und/oder für ihre Produkte Aufmerksamkeit erzeugen" (Jürgensen und Kaiser 2011, 10). Damit sind also alle jenseits des literarischen Textes liegenden Inszenierungen von Autorschaft im literarischen Feld gemeint wie etwa die leibhaftigen Auftritte bei Dichterlesungen oder anderen Veranstaltungen des Literaturbetriebs – solange sie nicht Gegenstand literarisch-poetologischer Reflexion werden wie in Peter Kurzecks Hörbuch *Stuhl, Tisch, Lampe* (2004).

Gerade diese Abgrenzungen von der Poetik im klassischen Sinne, epitextuellen Autorpoetiken sowie schriftstellerischen Inszenierungspraktiken sind notwendig, um deutlich zu machen, dass die Funktion Autorschaft selbst kein Kriterium für die Differenzierung poetischer und nichtpoetischer Texte darstellt. Denn Autorschaft ist in ihren unterschiedlichsten Formen (individuell/kollektiv, onym/pseudonym/anonym) die Voraussetzung der meisten in unserer Gesellschaft zirkulierenden Texte, ganz gleich, ob poetisch oder nicht (Schaffrick 2014b). Auch die selbstreflexive Thematisierung der dem Text eingeschriebenen Autorschaft ist kein hinreichendes Kriterium dafür, poetische von nichtpoetischen Texten zu unterscheiden. Wie dann?

2 Die poetische Autorfunktion

Seit Beginn der 1960er Jahre wird die Frage nach dem Autor im Text forciert behandelt. Zuerst führte Wayne C. Booth in seiner *Rhetoric of Fiction* (1961) unter dem Stichwort *implied author* eine Instanz zwischen Autor und Erzähler ein, um Kategorien wie Aufrichtigkeit, Glaubwürdigkeit und (Un-)Zuverlässigkeit im Sinne des rhetorischen *ethos* literaturtheoretisch zu funktionalisieren (Booth 1991). Für das, was der *implied author* darstellt, findet Booth neben dem „second self" verschiedene Umschreibungen wie unter anderem „den moralischen und emotionalen Gehalt [...] eines vollständigen künstlerischen Ganzen" (Booth 2000, 146). Der *implied author* bezeichnet einerseits den Zusammenhang der Normen und Werte in einem bestimmten Text, andererseits die Strategie der Auswahl und

Anordnung der Textelemente. In der Erzähltheorie hat Booths Konzept rege Diskussionen, bei Gérard Genette und Ansgar Nünning vor allem Kritik hervorgerufen (Schaffrick und Willand 2014a, 76–83). Ein alternatives Konzept stellt der abstrakte Autor nach Wolf Schmid dar. Es handelt sich dabei um eine Instanz, die im Text nicht repräsentiert ist, sondern lediglich das „Dargestelltsein" verdeutlicht. „Sein Wort ist der ganze Text mit allen seinen Ebenen, das ganze Werk in seiner Gemachtheit und Komposition." (Schmid 2014, 60)

Ob *implied author* oder nicht, Booth weiß: „Wir haben […] nur das Werk" (Booth 2000, 148). Das heißt: „Wir kennen einen Autor durch sein Werk, oder besser: als sein Werk." (Baßler 2014b, 153) Insofern überrascht es nicht, dass die strukturalistischen Theoretisierungen der Autorschaft vom Text her argumentieren. Barthes' epochemachender Essay über den *Tod des Autors* (1967/1968) entfaltet ausgehend von avancierten theoretischen Ansätzen (Intertextualität, Performativität und Grammatologie) keine Autorschafts-, sondern eine Texttheorie (Neumann 2014), in der der Autor nur als mit dem Text hervortretender Schreiber Platz findet. Die schlagwortartige Metapher vom Tod des Autors hat Barthes selbst jedoch wenige Jahre später durch die „freundschaftliche Wiederkehr des Autors" relativiert (Barthes 2000b, 12; später auch Barthes 2008, 320). In *Vom Werk zum Text* spricht Barthes schließlich von einem „Papierautor" (Barthes 2006c, 70), der nicht als eine dem Text vorausgehende und die Bedeutung einschränkende Determinante des Textes fungiert, sondern durch den Text selbst erst performativ konstruiert wird. Dieser Papierautor findet sich also dort, wo eine immanente Poetik der Funktion Autorschaft zu suchen wäre: im Text (Baßler 2014b; Schaffrick und Willand 2014b, 42–44). In seiner *Vorbereitung des Romans* unterscheidet Barthes vier Rollen, die das (schreibende) Ich einnehmen kann: ‚Persona' („Privatperson, die ‚lebt', ohne zu schreiben"), ‚Scriptor' („Schriftsteller als soziale Imago"), ‚Auctor' („Urheber des Werkes") und ‚Scribens' („Ich in seiner [täglichen] Schreibpraxis") (Barthes 2008, 325).

Das Verhältnis von Autor und Text bildet den Ausgangspunkt für Foucaults einflussreichen Vortrag *Was ist ein Autor?* (1969), in dem er kritisch auf Barthes' Ausführungen zum *Tod des Autors* Bezug nimmt. Foucault interessiert sich darin für „die Art, in der der Text auf jene Figur verweist, die ihm, zumindest dem Anschein nach, äußerlich ist und ihm vorausgeht" (Foucault 2001b, 1007). Der Autor ist dem Text also nur „dem Anschein nach" äußerlich. Ähnlich wie Barthes versteht Foucault den Autor als ein dem Text innewohnendes und erst vom Text hervorgebrachtes Konstrukt. Für das mit jedem Text stets neu entstehende Verhältnis von Autor und Text legt nun die diskursiv konstituierte Autorfunktion fest, nach welchen Regeln Autor und Text zueinander in Beziehung gesetzt werden (Schaffrick 2014b, 10, 36). Foucault unterscheidet vier Dimensionen dieser diskursiven Autorfunktion, die „charakteristisch für die Existenz-, Zirkulations- und

Funktionsweise bestimmter Diskurse innerhalb einer Gesellschaft" ist (Foucault 2001b, 1015).

Erstens ist das Verhältnis zwischen Autor und Text seit dem Ende des 18. Jahrhunderts durch das Urheberrecht juristisch normiert und kodifiziert (Bosse 2014; Achermann 2002; Dommann 2014). Das Urheberrecht schafft eine Eigentumsordnung für Texte, die sich aus den Eigentümlichkeiten des Werkes und der Individualität seines Autors herleitet (Plumpe 1979). Zweitens ist die Autorfunktion nach Foucault diskursabhängig und variiert mit ihren kulturhistorischen Kontexten. Foucault erläutert das mit dem viel zitierten Chiasmus, demzufolge die Autorfunktion im Umbruch von der Vormoderne zur Moderne in der Wissenschaft an Bedeutung verliert, während sie in der Literatur zum bestimmenden Moment wird (Foucault 2001b, 1016–1017; Chartier 2003). Drittens, so Foucault, resultiert die Autorfunktion aus einer „komplexen Operation, die ein bestimmtes vernünftiges Wesen konstruiert, das man als Autor bezeichnet" (Foucault 2001b, 1017). Mittels dieser Verfahren wird der Autor als Prinzip von qualitativer Konstanz, stilistischer Einheit und Kohärenz konstruiert. Viertens schließlich weisen Diskurse mit Autorfunktion eine „Pluralität des Ego" auf (Foucault 2001b, 1020). Das heißt, die Autorfunktion eines Textes „verweist nicht schlicht und einfach auf ein reales Individuum", sondern „kann gleichzeitig mehreren Egos Raum geben, mehreren Subjekt-Positionen" (Foucault 2001b, 1021).

Foucaults Konzeption der Autorfunktion ist nicht auf literarische Diskurse, geschweige denn poetische Texte beschränkt, sondern ein diskursiver Ordnungs-, Kontroll- und Verknappungsmechanismus verschiedener, nicht notwendigerweise literarischer Diskursformationen (Foucault 2003, 20–22). Diese Beobachtung nehmen Niels Werber und Ingo Stöckmann (1997) in ihrer Replik auf Foucault zum Anlass, um den „Autor der Literatur" als „systemrelative Funktion literarischer Kommunikation" zu bestimmen (Werber und Stöckmann 1997, 250). Werber und Stöckmann lenken den Blick nachdrücklich auf die Funktion Autorschaft innerhalb literarischer Kommunikation – und eben nicht auf die Autorfunktion in der Umwelt des Systems Literatur, etwa in literaturwissenschaftlichen, philosophischen, urheberrechtlichen, öffentlichen Diskursen über Literatur oder gar den nichtliterarischen Formen von Autorschaft (Schaffrick 2014b). Indem sie den im Werk kommunizierten Figuren und Semantiken von Autorschaft nachgehen, kommen Werber und Stöckmann einer immanenten Poetik der Funktion Autorschaft noch näher als Barthes oder Foucault.

Agamben schließlich übersetzt in seinem 2005 erschienenen Essay *Der Autor als Geste* den ‚Tod des Autors' in eine poetologische Metapher für die bereits von Barthes angemerkte Abwesenheit des Autors im Text. Diese Abwesenheit setzt Agamben nun ins Verhältnis zur „irreduzible[n] Anwesenheit" (Agamben 2005, 69) des Autors, um die paradoxe „Anwesenheit-Abwesenheit des Autors im Werk"

(Agamben 2005, 62) zum Paradigma der Autorschaft zu erklären. Mit der Differenz von Anwesenheit und Abwesenheit trifft Agamben die Unterscheidung, von der aus die meisten Beiträge zur Theorie der Autorschaft argumentieren (Schaffrick 2014b, 45). Entscheidend an Agambens Beitrag ist allerdings, dass er die Foucault'sche Autorfunktion als einen „Prozeß der Subjektivierung" (Agamben 2005, 60) definiert. Autorschaft ergibt sich, folgt man Agambens Argument, aus einer Summe von Subjektivierungsprozessen, die in soziokulturelle, diskursive und nichtdiskursive performative Praktiken eingebunden sind. Die Dispositive des Schreibens, der Schrift und des Textes bestimmen diese Praktiken der Subjektivierung, wie umgekehrt Subjektivierungen die Formation der Dispositive modifizieren (Schaffrick und Willand 2014a, 45–47).

Nimmt man die genannten Positionen zusammen, so deuten die theoretischen Bemühungen um eine Poetik der Funktion Autorschaft darauf hin, Autorschaft erstens als Produkt des Textes zu verstehen und literarische Autorschaft daher zweitens im literarischen Text selbst zu untersuchen und aus dem literarischen Text heraus zu rekonstruieren. Damit kommt jedoch ein weiterer großer Unbekannter ins Spiel, nämlich der literarische Text, weil eine Bestimmung der Poetik der Funktion Autorschaft nicht umhin kommt, die Poetizität literarischer Sprache zu bestimmen.

Die Selbstreferenzialität poetischer Sprache und also literarischer Texte stellt das *tertium comparationis* dar, das die theoretischen Ansätze miteinander verbindet. In der von Martin Heideggers Sprachphilosophie abgeleiteten sprachontologischen Literaturtheorie Foucaults und Agambens ebenso wie in Barthes' semiotischem Strukturalismus und nicht zuletzt auch in Luhmanns Theorie literarischer Kommunikation zeichnet sich literarische Sprache dadurch aus, dass sie das Augenmerk auf ihre Materialität und Medialität, auf die Verfasstheit des Textes, auf die Form der Mitteilung oder auf die „Spürbarkeit der Zeichen" lenkt (Jakobson 1979b, 93). Darüber hinaus stimmen die poetologischen Ansätze des zwanzigsten Jahrhunderts von Viktor Šklovskij bis Hans Blumenberg darin überein, dass sie die Verfahren und Funktionen poetischer Sprache und Texte als „Entautomatisierung" der Alltagssprache einerseits und als semantische Selbstbezüglichkeit andererseits bestimmen, wodurch zugleich der fremdreferenzielle „semantische Dienstwert der Sprache" (Blumenberg 1966, 150) auf die Probe gestellt und gefährdet wird. Wie also kommt man dazu, die Unwahrscheinlichkeit der Anwesenheit des Autors im Text literarisch wahrscheinlich zu machen (Blumenberg 1966, 155)?

Insofern Ansätze zur Poetizität das Gemachtsein und die ‚Machart' eines Werkes untersuchen, lassen sie den außerhalb des Textes befindlichen ‚Macher' zumeist unberücksichtigt (Ausnahme: Veldhues 2003). Die Theoretisierung und Beschreibung poetischer Funktionen und Textverfahren vermeidet die Bezugnahme auf die Autorinstanz. Dann stellt sich aber die Frage, wie man von der Autoreferenzialität poetischer Sprache zur Autoreferenz des literarischen Textes kommt. Dazu müsste man die Ansätze zur Funktion Autorschaft mit den Ansätzen zur poetischen Funktion kombinieren. Um also der poetischen Funktion der Autorschaft gerecht zu werden, liegt es nahe, die basale Differenz der Autorschaftstheorie Anwesenheit/Abwesenheit mit der texttheoretischen Unterscheidung von Paradigma (*in absentia*) und Syntagma (*in praesentia*) zu kombinieren. Wie das Paradigma durch die Projektion des Äquivalenzprinzips auf die syntagmatische Achse einen Text zu einem poetischen macht, so ist es im Hinblick auf die Autorschaft ein „re-entry der Erzeugungsoperation [i. e. der Autorschaft] in das erzeugte Werk" (Luhmann 1998, 123), die künstlerische oder literarische Werke auszeichnet. Die systemtheoretische Figur des *Re-entry*, die Wiedereinführung einer Unterscheidung in das durch sie Unterschiedene, ist die Voraussetzung für auktoriale Selbstreferenz und ihre Selbstreflexivität. Mittels der Operation des *Re-entry* lässt sich die Unterscheidung von Autor und Text in den Text wiedereinführen, was zu einer Verdopplung der Autorschaft führt, die sich nun in eine Autorschaft innerhalb (Selbstreferenz) und eine Autorschaft außerhalb des Textes (Fremdreferenz) aufspaltet. Diese Verdopplung der Autorschaft führt zu einer auktorialen Ambiguität, weil sich die Figuren oder die Semantiken der Autorschaft sowohl auf sich selbst als auch auf eine Instanz außerhalb des Textes beziehen können. Die Autorinstanz funktioniert demnach nicht als Referenz- oder Bedeutungsstabilisator, sondern führt zu einer Oszillation des literarischen Textes und seiner Autorschaft. Fungiert das Äquivalenzprinzip als Verfahren der poetischen Funktion der Sprache, verfährt die Poetik der Funktion Autorschaft im Modus des *Re-entry*. Als Ergebnis wird Autorschaft im Text beobachtbar. Letztlich ergibt sich ein ganzes Bündel von Selbstbezüglichkeiten, die im Folgenden voneinander differenziert werden sollen.

3 Selbstfiktionalisierung: Poetik der Autofiktion

Was in der Kunst das Selbstporträt ist (Caduff 2008), ist in der Literatur die Autofiktion. Es ist die typische Form eines *Re-entry*, das Wiedereintreten des Autors in sein Werk, wodurch der Autor als Autor beobachtbar wird. Die Irritation, die es auslöst, wenn man in einem Text, den man gerade liest, auf den Namen des Autors stößt, weist auf die poetologische Dimension der Autofiktion hin. Wenn ‚Uwe Johnson' in seinem Roman *Jahrestage* (1970–1983) eine Rede hält und mit seiner Figur Gesine Cresspahl in Dialog tritt, wenn der Name ‚Navid Kermani' in Navid Kermanis Roman *Dein Name* (2011) fällt, werden Fragen von Identität, Fiktionalität und Autorschaft zum Thema des literarischen Textes, der durch eine dergestalt bezeugte Selbstreferenzialität seine Poetizität zur Diskussion stellt.

Mit Frank Zipfel (2009a; 2009b) lassen sich drei Autofiktionstypen unterscheiden. Erstens nennt Zipfel faktuale Autobiografien, die über die paratextuelle Gattungsbezeichnung als Fiktion klassifiziert werden. Die poetologische Funktion dieser vorgeblich fiktionalen Autobiografien besteht darin, auf den Konstruktionscharakter jeder Autobiografie zu verweisen, die ein Leben in Text, also in Zeichen, transformiert und dabei ein autobiografisches Subjekt und aus einer Auswahl von zu berichtenden Ereignissen aktiv und erinnernd eine Geschichte konstruiert. Zweitens gibt es autofiktionale Texte, die sich durch eine Namensidentität von Autor und Figur auszeichnen, jedoch deutliche Fiktionalitätsmerkmale wie faktual unmögliche Perspektiven oder fantastische Ereignisse aufweisen. Diese Texte führen einen immanenten poetologischen Diskurs über das Verständnis von Literatur und Autorschaft (Zipfel 2009b, 302–304). Als dritte Form der Autofiktion identifiziert Zipfel eine Gruppe von Texten, die den autobiografischen Pakt (Lejeune 1994) mit einem Fiktionspakt kombinieren und keine Auflösung zu einer der beiden Seiten hin zulassen. Solche Texte bleiben in der Schwebe zwischen Fakt und Fiktion und thematisieren damit den Wirklichkeitsbezug und die Fiktionalität von Literatur.

Allen Formen ist gemeinsam, dass sie, ob in Form einer als fiktional etikettierten Autobiografie, in Form eines fiktionalen Textes mit Namensgleichheit zwischen Autor und Figur oder in Gestalt der zwischen Autobiografie und Fiktion oszillierenden Hybridform, durch eine selbstreferenzielle Thematisierung ihrer Poetik ihre Autorschaft innerhalb literarischer Kommunikation thematisieren. Autofiktionale Texte, die „immer autobiografisch und fiktional zugleich" sind (Wagner-Egelhaaf 2008, 138), potenzieren durch ihre Konstruktion die Beobachtungsebenen literarischer Kommunikation. Die Autoren schreiben sich nicht nur als Beobachter der Welt (Kreknin 2014a), sondern als Selbstbeobachter in die Texte ein, beobachten sich bei dieser Selbstbeobachtung und geben diese Selbstbeobachtung zweiter Ordnung dem „Beobachtetwerden" (Luhmann 1998, 123) durch die Leserinnen und Leser preis. Das macht eine poetologische Beobachtung zweiter Ordnung möglich, indem Unterscheidungen zwischen fiktionaler (Dichtung) und tatsächlicher Realität (Wahrheit), zwischen Identität und Differenz, zwischen Inszenierung und Authentizität, zwischen Selbst- und Fremdreferenz nicht einfach nur getroffen werden, sondern beobachtet wird, wie diese Texte davon erzählen, wie und durch wen diese Unterscheidungen getroffen werden können oder auch nicht (Schaffrick und Willand 2014b, 56–57).

Inhaltlich behandeln diese autofiktionalen Texte zumeist das Leben und Selbstverständnis der Autoren als Autoren, ihr Literaturverständnis und daran anschließend das literarische Feld und den Literatur- und Kulturbetrieb, in dem sie agieren. Die Autorsubjekte autofiktionaler Literatur setzen mit einem Ausdruck Agambens ihr Leben in ihren Werken aufs Spiel (Agamben 2005, 66), was Maxim Biller (2011) als Signatur der literarischen Epoche der ‚Ichzeit' gilt, als deren begründenden Akt er Rainald Goetz' Auftritt beim Ingeborg-Bachmann-Preis in Klagenfurt 1983 beschreibt. Goetz hatte sich bei der Lesung seines Textes *Subito* (1983) mit einer Rasierklinge in die Stirn geschnitten – während er las: „Ihr könnts mein Hirn haben. Ich schneide ein Loch in meinen Kopf, in die Stirne schneide ich das Loch. Mit meinem Blut soll mir mein Hirn auslaufen" (Goetz 2003, 20) – und die Lesung mit blutüberströmtem Gesicht und aus einem blutverschmierten Manuskript lesend zu Ende gebracht. Mit dieser ‚Geste' inszeniert Goetz das zeitliche und performative Ineins von Wirklichkeit und Text, „dass es für ihn keinen Unterschied gibt zwischen seinem Leben und seinem Werk" (Biller 2011). Zugleich thematisiert er die medial präformierte Wirklichkeitsambivalenz, in dem der Text steht, („vielleicht gibt es das gar nicht in Wirklichkeit, das Klagenfurt, das gibt es doch bloß im Fernsehen, oder ist das Fernsehen schon wirklicher als wie die Wirklichkeit, oder ist die Wirklichkeit wirklicher wie das Fernsehen?" Goetz 2003, 18) sowie die Position der Autorschaft im Literaturbetrieb: „Wie muß es weitergehen, gerade jetzt, nach dem ersten Roman, was muß ich tun, daß ich nicht auch so ein blöder Literatenblödel werde, der locker und dumpf Kunst um Kunst hinschreibt." (Goetz 2003, 19)

Das *Ich als Text* (2012), wie Thomas Meinecke seine Frankfurter Poetikvorlesungen genannt hat, ist Signatur dieser autofiktionalen Epoche ‚Ichzeit', in der mit der Autorkonstruktion stets zugleich eine Poetik der Funktion Autorschaft entworfen wird. In Kermanis Roman *Dein Name*, in dem die Erzählinstanz in verschiedene auktoriale Funktionen dissoziiert ist, führt dies so weit, dass der „Poetologe befürchtet, selbst der Sonderfall eines Romanschreibers zu sein, der sich als Poetologe überbietet" (Kermani 2011, 1157), sodass es – wie der Erzähler augenzwinkernd anmerkt – poetologisch „die beste Pointe [wäre], wenn es den Roman überhaupt nicht gäbe, über den der Poetologe fünf Vorlesungen lang [in Frankfurt] so verheißungsvoll sprach" (Kermani 2011, 1158). Ein solcher Fall schließlich liegt mit dem Buch *Das Wetter vor fünfzehn Jahren* (2006) von Wolf Haas vor, das komplett aus einem fiktiven Interview besteht, in dem die Autorfigur namens Wolf Haas mit einer Interviewerin über die Entstehung, die Handlung und die Erzählweise eines Romans mit dem Titel „Das Wetter vor fünfzehn Jahren" spricht, den es nur in der fiktionalen Realität des Interviews, nicht in der außerliterarischen Wirklichkeit gibt (Schaffrick 2014a).

Autofiktionale Texte der zeitgenössischen Literatur integrieren, wenn sie mit Interviews, Poetikvorlesungen und Literaturpreisen die Institutionen und Rituale des Literaturbetriebs behandeln, die zu diesen Anlässen entstehenden Epitexte, die „*anywhere out of the book*" liegen (Genette 2001, 328), in den literarischen Text.

Werden die autorpoetischen Paratexte, wie hier dargestellt, in den literarischen Text integriert, konvergieren durch dieses Verfahren primäre literarische Kommunikation und (kommentierende oder explikative) sekundäre Literaturbetriebskommunikation in den genannten Textsorten. Für den Rainald-Goetz-Ich-Erzähler von *loslabern* (2009) stellt diese Form der Literatur das „ultimative Buchideal" dar, „die eigenen Sachen gleich so zu schreiben, dass sie selber beides zugleich wären, *text + kritik*. Dass dann ein Buch eigentlich erst fertig und eine in sich ganze Sache wäre, wenn die Interviews, die man nachher dazu geben könnte, im Buch selber schon enthalten wären, das Buch selbst die Antworten auf alle möglichen Interviewfragen geben würde, dass das dieser praktische Theoretizismus des Erzählens und Berichtens wäre, der mir immer vorschwebte, Handlung und Absicht ineinander verwickelt wie in echt, Erfahrung und Gedanke, Ereignis, Theorie, Erleben, Sache, Kommentar und Reflexion und was nicht noch alles." (Goetz 2009, 29)

Das Ich, der Autor und seine Biografie, die Poetik, die Erklärung und der Kommentar, das Interview über die Entstehung des Buches, die Schriftstellerkollegen und der Literaturbetrieb – alle diese Elemente werden in den literarischen Text eingebaut, womit die Autofiktion mehr beinhaltet als eine Selbstfiktionalisierung der Autorschaft, sondern eben auch Selbstkommentierung, Selbstautorisierung, Selbstreflexion (Assmann 2014; Kreknin 2014b). Die selbstreferenzielle Schließung dieser Texte führt wiederum zu einer Aporie der literarischen Darstellung, die innerhalb der Literatur nur dezisionistisch gelöst, aber nicht reflektiert werden kann. Denn das schreibende Reflektieren über das Schreiben und auch der Versuch, die Gegenwart literarisch zu erfassen, führen nicht nur zu der typisch autofiktionalen Ununterscheidbarkeit von Fiktion und Realität, sondern auch zu einer prinzipiellen Unabschließbarkeit oder Zirkularität autofiktionaler Projekte, die sich als Gegenstand literaturwissenschaftlicher Beobachtung dieser literarischen Poetologie eignet.

Darüber hinaus hat die autofiktionale Autorschaft das Zeug zum Skandal, wie Martina Wagner-Egelhaaf (2011) am Beispiel von Arnold Stadlers Roman *Salvatore* (2008) aufgezeigt hat. Die Poetik des Skandals wird laut Wagner-Egelhaaf initiiert, indem mittels autofiktionaler Verfahren die klassische narratologische Unterscheidung von Autor und Erzähler (und Figur) nivelliert und die unterschiedlichen Instanzen auf diese Weise in ein Spiegelkabinett der ‚Verwechslungen' geführt werden (vgl. auch Wagner-Egelhaaf 2014a). Eine solche Verwechslungspoetik zeigt sich auch im Zusammenhang anderer Skandale des Literaturbetriebs – etwa um Peter Handke (Wagner-Egelhaaf 2014b) – am Werk, und sie beruhen zumeist auf einem „Identifikationskurzschluss" (Goetz 2009, 30) zwischen dem lebensweltlichem Autor und seiner Geschichte einerseits und dem Erzähler des literarischen Textes andererseits, was wiederum für die Analyse dieser Texte eine Herausforderung dafür bedeutet, die Unterscheidung zwischen Erzähler (Vermittlungsinstanz) und Autor (Produktionsinstanz) strikt beizubehalten (Genette 1992).

In den autofiktionalen Inszenierungen der Autorschaft werden Werk und Biografie eines Autors auf eine Weise zusammengeführt, die Boris Tomaševskij bereits 1923 in seinem Aufsatz *Literatur und Biographie* unter der Frage „Brauchen wir die Biographie des Autors zum Verständnis seines Werkes oder nicht?" diskutiert hat (Tomaševskij 2000, 50). Er bezeichnet die „literarische Konzeption des Lebens des Dichters" als „biographische Legende". Diese mit den historischen Funktionalisierungen von Autorschaft variierende Konzeption sei notwendig „als wahrnehmbarer Hintergrund des literarischen Werks, als die Voraussetzung, die der Autor selbst einkalkulierte, als er seine Werke schuf" (Tomaševskij 2000, 57). Die „vom Autor selbst geschaffene Legende seines Lebens" stelle ein „literarisches Faktum" dar, das im Gegensatz zu den kulturhistorischen ‚dokumentarischen Biographien' Gegenstand einer Poetik der Funktion Autorschaft ist (Tomaševskij 2000, 61). Allerdings stellt Tomaševskij seinen Überlegungen die Beobachtung voran, dass es Epochen gab, in denen die Person des Künstlers das Publikum überhaupt nicht interessierte" (Tomaševskij 2000, 50). Wann und warum also setzt dieses bis zur Gegenwart bemerkenswert rege Interesse ein?

4 Historische Poetik der Funktion Autorschaft

Das Gemacht- oder „*Hergestelltsein* des Werkes" (Luhmann 1998, 112) ist ein Axiom formalistisch-strukturalistischer Theorien der Poetizität. Die immanente Poetik der Funktion Autorschaft, die diese auktoriale Dimension im Werk reflektiert, ist, wie Tomaševskijs Überlegungen zur biografischen Legende zeigen, kein auf die autofiktionale Literatur der ‚Ichzeit' beschränktes Phänomen, sondern entwickelt sich an der Grenze vom Mittelalter zur Neuzeit, an der sich das „schöpferische Selbstbewußtsein" herausbildet, indem es sich vom antiken Nachahmungsparadigma (*mimesis/imitatio*) ablöst (Blumenberg 2009, 62). Dass „der Autor von sich selbst und seiner schaffenden Spontaneität zu sprechen beginnt, gehört seit dem Ende des Mittelalters geradezu zur Erscheinungsform der Kunst" (Blumenberg 2009, 59). Augenfällig wird dieser Umbruch im Kunstwerk durch „die Signatur des schaffenden Menschen als des um seine Potenz Wissenden" (Blumenberg 2009, 56), der die Wirklichkeit nicht nur nachbildet, sondern die Wirklichkeit des Möglichen schafft, also Möglichkeiten realisiert. Dadurch, dass das Kunstwerk mit dem göttlichen Schöpfungswerk vergleichbar wird, erscheint der Künstler als dessen Schöpfer, als *alter deus* (Blumenberg 2009, 90).

Die Praxis, mit der Autoren oder Künstler beginnen, sich in ihr Werk einzuschreiben, ist historisch betrachtet die Signatur, mit der (nicht: durch die) sich auch das Verhältnis von Autor und Text, Künstler und Werk modifiziert. Erstens löst sich mit der Signatur die Kunst von den externen, vor allem von den religiösen Verpflichtungen. „Ganz allgemein darf man vielleicht behaupten, daß das Bedürfnis, den Schöpfer des Kunstwerkes zu nennen, darauf schließen lasse, daß das Kunstwerk nicht mehr ausschließlich im Dienste religiöser, kultlicher oder im weiteren Sinne magischer Aufgaben stehe, daß es nicht mehr allein einem *Zweck* diene, sondern daß sich seine Bewertung schon ein Stück weit von solcher Verknüpfung abgelöst habe." (Kris und Kurz 1995, 24) Mit der Einführung der Signatur deutet sich bereits das Autonomwerden der Kunst an, das erst mit der Autonomieästhetik des 18. Jahrhunderts zum Abschluss kommt. Die Signatur, markiert zweitens eine individuelle Aneignung des Werkes, die ebenfalls erst im 18. Jahrhundert, und zwar mit der urheberrechtlichen Funktionalisierung der Signatur, voll zum Tragen kommt. Aber bereits durch die Signatur, so Michael Wetzel, soll „die Authentizität als Individualität des Machens (als Attestat von Urheberschaft an dem mit eigener Hand Vollbrachten) objektiv gesichert werden" (Wetzel 2010, 495). Neben der sozialen Ablösung und individuellen Aneignung der Kunst schreibt die Signatur dem Werk ein Bewusstsein für die Abwesenheit des Künstlers im Werk ein (Derrida 1988b), wirkt aber zugleich als Aufforderung, Kunstkommunikation auf der Ebene der Beobachtung zweiter Ordnung anzusiedeln und „Aussagen durch Miterwähnung des Beobachters zu modalisieren" (Luhmann 1998, 112). In der Verwendung der Signatur, kommt damit zu einem frühen Zeitpunkt die Paradoxie der Anwesenheit-Abwesenheit (Agamben 2005) des Autors im Werk zum Ausdruck, die darin besteht, dass die Signatur die Figur des Autors als Abwesenden adressiert und sie zugleich in den Beobachtungszusammenhang einführt.

In der Geschichte der Kunst lassen sich die selbstreferenziellen Thematisierungen der Künstlerschaft ab dem 15. Jahrhundert im Selbstporträt und ab dem 17. Jahrhundert im Atelierbildnis beobachten. In diesen Bildern artikuliert sich das „neue Künstlerbewusstsein des Malers" (Caduff 2008, 58). Sie dienen als „Künstlerbeweis", als Selbstautorisierung und als Selbstreflexion des künstlerischen Schaffens, die in der Repräsentation der Repräsentation das Repräsentierte nicht mitrepräsentieren kann, wie Foucault (1971) in seiner Beschreibung der *Meninas* (1656) von Diego Velázquez nachvollzogen hat. Velázquez' Gemälde steht emblematisch für die selbstreflexiven Verspiegelungen der Kunst und illustriert die Bedingungen einer Beobachtung zweiter Ordnung.

Die Verwendung von Signaturen initiiert, wie bereits angedeutet, Entwicklungen der künstlerischen Autonomisierung und Individualisierung hin zu einem modernen Selbstverständnis der Künstler und Autoren, die erst mit „der schöpferischen Autonomie des neuzeitlichen Subjekts" voll eingelöst werden (Wetzel 2010, 480). „Die Genese des emphatischen Begriffs von künstlerischer Autorschaft ist Teil des allgemeinen Säkularisierungsprozesses" (Wetzel 2010, 503), in dessen Verlauf sich Autorschaft aus der Autor-Gott-Analogie, die ihn als *alter deus* (Scaliger) oder *second Maker* (Shaftesbury) imaginiert, ablöst und sich als Originalgenie, das der „Kunst die Regel gibt" (Kant 1995, 405), selbst begründet. Das Autonomwerden der Kunst und des Künstlers geht mit der Ablösung von Regeln und Religion einher und erst so entsteht ein Selbst, das sich in der Literatur auf sich selbst beziehen kann.

Diese ästhetisch-poetologischen Diskurse werden jedoch im Umfeld der Literatur geführt und sind daher lediglich für eine exogene Poetik der Funktion Autorschaft aussagekräftig. In den Poetiken proliferieren die seit der Antike bekannten Autorschaftsmodelle und -konzepte vom inspirierten *vates* (Seher) über den *poeta doctus* bis zum autonomieästhetischen Genie des 18. Jahrhunderts, die aus einem „Set verschiedener poetologischer Annahmen" über das Verhältnis von Autor und Text, aber auch über das Verhältnis des Autors zur Gesellschaft und den Anspruch und die Absicht seiner literarischen Tätigkeit bestehen (Hoffmann und Langer 2007, 139). In der Literatur werden diese Autorschaftsmodelle zum Medium für konkrete poetische Formen von Autorschaft (Schaffrick 2014b, 49), die aus den verfügbaren poetologischen Semantiken der Inspiration und Ursprünglichkeit, Autorität und Authentizität auswählen und ihnen durch individuelle Ausprägungen zu Evidenz verhelfen.

5 Fallbeispiele

Für die immanente poetologische Reflexion von Autorschaft im Übergang von Heteronomie zu Autonomie steht in der deutschsprachigen Literatur die Anrufung eines Autors: „Klopstock!" in Goethes *Werther* von 1774 (Goethe HA VI, 27). Im Eintrag vom „16. Junius" wird die Funktion Autorschaft in das Werk in Form einer gebetsartigen „Vergötterung" eingeführt. Klopstocks Autorschaft wird auf ihre religiös-künstlerische Doppelcodierung als „christianisierte[] Variante eines poeta vates" (Detering 2006, 191) hin durchsichtig und die „Person des Dichters sakralisiert" (Detering 2006, 192). Als *vates* aktualisierte Klopstock eines der prominentesten antiken Rollenmuster, das bis in die zeitgenössische Literatur hinein Relevanz besitzt. Klopstock markiert mit seiner werkpolitischen Selbststilisierung als ‚Messias' der Literatur (Martus 2007, 283) einen Punkt kunstreligiöser Ambivalenz zwischen göttlicher Inspiration und schöpferischer Autonomie auf der Schwelle zur Moderne.

Die moderne Selbstreflexion auktorialer Autonomie vollendet sich erst in der romantischen Transzendentalpoesie (Friedrich Schlegel), die ein Bewusstsein für die materiellen, medialen und sozialen Bedingungen ihrer Möglichkeit beweist. Alle poetologischen Konzepte romantischer Autorschaft – Identitätskonfusion, Genie, Imagination, Anonymität, Urheberschaft – werden in der berühmten Blumenmädchenszene aus E.T.A. Hoffmanns spätromantischer Erzählung *Des Vetters Eckfenster* (1822) anekdotisch verdichtet und damit zum Gegenstand einer paradigmatischen Szene immanenter poetologischer Metaauktorialität. Ein Autor berichtet davon, wie er auf dem Berliner Gendarmenmarkt ein Blumenmädchen sieht, das sichtlich angeregt in eines der von ihm verfassten Bücher vertieft ist. Angespornt durch den „Geist der Schriftstellereitelkeit" und „ganz entflammt von den süßesten Autorgefühlen" habe er sich dem Blumenmädchen „mit dem seligen Lächeln des wonnerfüllten Autors" offenbart: „Hier, mein süßer Engel, hier steht der Autor des Buchs, welches Sie mit solchem Vergnügen erfüllt hat, vor Ihnen in leibhaftiger Person." Weiter berichtet er: „Das Mädchen starrte mich sprachlos an, mit großen Augen und offenem Munde. Das galt mir für den Ausdruck der höchsten Verwunderung, ja eines freudigen Schrecks, daß das sublime Genie, dessen schaffende Kraft solch ein Werk erzeugt, so plötzlich bei den Geranien erschienen. [...] Ich versuchte nun ihr auf alle mögliche Weise meine Identität mit jenem Verfasser darzutun, aber es war, als sei sie versteinert, und nichts entschlüpfte ihren Lippen, als: ‚Hm – so – I das wäre – wie.' [...] Es fand sich, daß das Mädchen niemals daran gedacht, daß die Bücher, welche sie lese, vorher gedichtet werden müßten. Der Begriff eines Schriftstellers, eines Dichters war ihr gänzlich fremd, und ich glaube wahrhaftig, bei näherer Nachfrage wäre der fromme und kindliche Glaube ans Licht gekommen, daß der liebe Gott die Bücher wachsen ließe wie die Pilze." (Hoffmann 2002, 17–19)

Nicht nur von der komplexen gepflegten Semantik der romantischen Autorschaft, sondern überhaupt vom Schriftsteller hat das Blumenmädchen offensichtlich keinen Begriff, dessen Reaktion für den Autor und seine großen, genieästhetischen Erwartungen eine herbe Enttäuschung darstellt. Literarisch wird also der schwebende Geist romantischer Genieästhetik auf dem Wochenmarkt auf den harten Boden der Realität zurückgeholt und die autonomieästhetische Schließung auf gesellschaftliche Anschlussfähigkeit getestet.

Ein anderes Verfahren, Autorschaft zum Gegenstand textimmanenter poetologischer Reflexion zu machen, stellt die Herausgeberfiktion dar. Uwe Wirth (2008) hat die Praktiken ‚editorialer Rahmungen im Roman um 1800' – auch in Hoffmanns *Kater Murr* (1820) (dazu Wirth 2014) – dahingehend untersucht, wie Autorschaft von der Herausgeberfunktion gerahmt wird und inwiefern Autorschaft als Selbstherausgeberschaft zu verstehen ist. Die für eine Poetik der Funktion Autorschaft notwendige Selbstbeobachtung der Autorschaft wird im Fall des editorialen Dispositivs durch die Duplikation der Autorinstanz in Autorfunktion und Herausgeberfiktion ermöglicht. Die Herausgeberfiktion dient somit nicht nur der Schärfung des Fiktivitätsbewusstseins, sondern auch der „Einübung eines Bewußtseins für literarische Autorschaft" (Wirth 2008, 16), wird die Autorschaft durch die editoriale Rahmung doch erst ins Werk gesetzt und zum Gegenstand teils spielerischer Reflexion.

In der Literatur der klassischen Moderne werden die romantischen Ansätze einer Poetik der Funktion Autorschaft im Zeichen von Sprach- und Subjektkrise fortgeführt. In Friedrich Nietzsches später Selbsterzählung *Ecce homo* (1888/1889) – „Und so erzähle ich mir mein Leben" (Nietzsche 2008, 263) – verdichten sich alle Elemente der modernen Poetik der Funktion Autorschaft, wie Heinrich Detering gezeigt hat. Seine Konstitution als „Sprach-Spiel" ermöglicht dem Nietzsche-Ich „variierende Erscheinungsformen" (Detering 2010, 150) vom Antichristen über den Gekreuzigten bis zu Dionysos. Nietzsches kunstreligiöse Selbstermächtigung hat Folgen für die Literatur und kunstreligiösen Propheten-, Priester-, *vates*- und Christusfigurationen bei Stefan George und Rainer Maria Rilke ebenso wie für die moderne Dissoziation und Dezentrierung von Autorinstanzen und -identitäten. Es finden ebenso Auflösungen wie auch Sakralisierungen der Autorschaft statt.

Eine kleine Erzählung von Thomas Mann veranschaulicht die poetologischen Oppositionspaare. Die *Schwere Stunde* (1905) erzählt von Friedrich Schillers Arbeit am *Wallenstein*, ohne Schillers Namen zu nennen. Die Arbeit wird als „Leidensweg" (Mann 2004, 426) und „Leidenswerk" (Mann 2004, 428) semantisiert. Der Protagonist erhält „genuin christologische Prädikate" (Marx 2002, 60), leidet am Werk unter „Kampf" und „Not", „Leidenschaft" und „Schmerz" und unter der Notwendigkeit, sich „aufzuopfern" (Mann 2004, 423, 425). Schließlich wird das Werk fertig: „Und als es fertig war, siehe, da war es auch gut." (Mann 2004, 428) Die Autorfigur ‚Schiller' wird in dieser kleinen Erzählung zu einer Textfigur und die überspitzte christologische Semantik leidender, das Selbst verzehrender und aufopfernder Autorschaft durch die intertextuellen Verfahren der Textkonstitution – wie ein Blick in den Kommentar deutlich macht – konterkariert, sodass die Textpoetik in Opposition zur Poetik der Funktion Autorschaft steht.

6 Ausblick

Eine ausführliche Literaturgeschichte der Funktion Autorschaft, die hier nur ausschnittsweise angedeutet werden konnte, wäre noch zu schreiben und hätte die je kulturhistorischen Bedingungen für die Rede von Selbstreferenz und Autorschaft zu berücksichtigen. Als methodische Herausforderung stellt sich die Frage, wie sich die Konzepte auktorial-poetischer Selbstreferenzialität mit den historischen Semantiken von Autorschaft vermitteln lassen.

Insgesamt bündelt die Poetik der Funktion Autorschaft ein reichhaltiges Formenrepertoire, um Autorschaft im Text zu reflektieren: als rhetorische Figuration oder narrative Figur des Textes, als semantische Konstellation, in Form poetologischer Metaphern (Kohl 2007). Dabei ergeben sich sehr unterschiedliche Formen poetischer Selbstbezüglichkeit der Autorschaft von selbstreferenzieller Thematisierung über die literarische Selbstreflexion der Bedingung von Schreiben und Lesen bis hin zur Fiktionalisierung des Selbst und der Selbstautorisierung der Autorposition. Autorschaft erweist sich mithin als Autorisierungsstrategie, die in der Poetik der Funktion Autorschaft auf ihre literarische Konstitution, Inszenierung und Potenzierung hin befragt wird.

Weiterführende Literatur

Jannidis, Fotis, Gerhard Lauer, Matías Martínez und Simone Winko (Hg.) (2000). *Texte zur Theorie der Autorschaft*. Stuttgart.

Schaffrick, Matthias und Marcus Willand (Hg.) (2014b). *Theorien und Praktiken der Autorschaft*. Berlin/Boston.

Selbmann, Rolf (1994). *Dichterberuf. Zum Selbstverständnis des Schriftstellers von der Aufklärung bis zur Gegenwart*. Darmstadt.

Wagner-Egelhaaf, Martina (Hg.) (2013). *Auto(r)fiktion. Literarische Verfahren der Selbstkonstruktion*. Bielefeld.

Wirth, Uwe (2008). *Die Geburt des Autors aus dem Geist der Herausgeberfiktion. Editoriale Rahmung im Roman um 1800: Wieland, Goethe, Brentano, Jean Paul und E. T. A. Hoffmann*. München.

Klaus Birnstiel
III.2.4 Kritik und Poetik

1 Kritik und/als Literatur: Vom frühromantischen Phantasma zur Hypothese

Den engen Zusammenhang von literarischer Poetizität und Kritik hat die deutsche Frühromantik in der Person Friedrich Schlegels wiederholt postuliert. „In der Tat kann keine Literatur auf die Dauer ohne Kritik bestehen", formuliert er in *Lessings Gedanken und Meinungen* (1804) und fährt fort: „So wie Poesie der höchste Gipfel des Ganzen ist, in deren Blüte sich der Geist jeder Kunst und jeder Wissenschaft, wenn sie vollendet, endlich auflöst; so ist die Kritik der gemeinschaftliche Träger, auf dem das ganze Gebäude der Erkenntnis und der Sprache ruht." (Schlegel KFSA III, 55) Den besonderen Stellenwert der Kritik innerhalb der ‚modernen' (i. e. neuzeitlichen) Dichtung begründet Schlegel aus einer historischen Denkfigur. So sei die Literatur der Griechen lange vor ihrer Kritik entstanden. „Nicht so bei den Modernen, am wenigsten bei uns Deutschen. Kritik und Literatur ist hier zugleich entstanden; ja die erste fast früher; allverbreitete und genau prüfende Gelehrsamkeit und Kenntnis auch der unbedeutendsten ausländischen Literatur hatten wir früher als eine einheimische. Und noch jetzt weiß ich nicht, ob wir uns nicht mit mehrerm Rechte einer Kritik rühmen dürften, als eine Literatur zu haben." (Schlegel KFSA III, 81–82) Die Aufgabe seiner eigenen Gegenwart sieht Schlegel fürderhin darin, eine „Veränderung dieses Verhältnisses" ins Werk zu setzen und „die Idee einer Kritik von ganz andrer Art" zu realisieren: „Einer Kritik, die nicht so wohl der Kommentar einer schon vorhandnen, vollendeten, verblühten, sondern vielmehr das Organon einer noch zu vollendenden, zu bildenden, ja anzufangenden Literatur wäre." (Schlegel KFSA III, 82) Ohne die Bedeutung der kritischen und literarischen Lebensleistung Schlegels geringzuschätzen, darf wohl behauptet werden, dass eine tatsächliche Umsetzung dieses Programms in den ästhetischen Produktionen Schlegels und der Frühromantiker nicht gelungen ist. Doch verweist die notorische Omnipräsenz der Vokabel ‚Kritik' und ihrer Derivate im theoretischen Schaffen Schlegels nicht nur auf die gesteigerte Bedeutung der Kritik innerhalb der literarischen Praxis des 18. Jahrhunderts, sondern auch darauf, dass das Zeitalter selbst Einsicht nimmt in das Verhältnis von Kritik und Literatur – und über diese Beobachtung zweiter Ordnung ein dezidiert modernes Verständnis von Literatur entwickelt, doch dazu später. Schon vor Schlegel wird in den literarischen, philologischen und philosophischen Diskursen des 18. Jahrhunderts die Rede von der Kritik als

Aufgabe und Signum der Epoche beständig im Munde geführt. Von Immanuel Kant stammt die berühmte Wendung, das Zeitalter als Ganzes sei eigentlich ein kritisches: „Unser Zeitalter ist das eigentliche Zeitalter der Kritik, der sich alles unterwerfen muss." (Kant KrV, 9)

Meint ‚Kritik', entwickelt aus dem griechischen κριτική [τέχνη] (kritiké [téchne], ‚Kunst der Beurteilung bzw. Unterscheidung'), beziehungsweise aus dem Adjektiv κριτικός (kritikós, ‚urteilsfähig', ‚fähig zur Unterscheidung'), der Verbform κρίνειν (krinein, ‚entscheiden', ‚unterscheiden') und den ihr zugehörigen Ableitungen wie κρίσις (krisis, ‚entscheidende Wendung'), κριτήριον (kritérion, ‚Unterscheidungsmerkmal', ‚Mittel zur Entscheidung') oder κριτής (krités, ‚Richter'), im antiken Wortgebrauch zunächst die Grundoperation des Intellekts, an den Gegebenheiten der Welt Unterscheidungen zu treffen (Bormann 1976, Sp. 1249), so betont bereits das griechische Denken die Prominenz des Kritischen im Bereich der rechtlichen Urteilsbildung einerseits, der philologisch-ästhetischen Textbeurteilung andererseits (Bormann 1976, Sp. 1249–1255; Röttgers 1982, 652). Gerade Letztere ist es, die seit der hellenistischen Zeit als eigentlicher Aktionsraum der Kritik gesehen wird (Bormann 1976, Sp. 1249; Röttgers 1982, 652). Mit dieser Hauptbedeutung und einer Nebenbedeutung im medizinischen Bereich, in welchem die Beurteilung der Krisis als entscheidendes Element der ärztlichen Kunst gilt, wandern Sache und Begriff der Kritik unter dem lateinischen Flaggenwort *criticus* in die abendländische Tradition ein (Bormann 1976, Sp. 1249–1250; Röttgers 1982, 652). Der philologisch-textkritische Gesichtspunkt bleibt das entscheidende Bestimmungsmerkmal in der Folgezeit. Mit der Geschichte der abendländischen Literatur läuft die Geschichte der Kritik daher gleichsam mit, sie durchdringend und beeinflussend, wobei allein schon die Menge der einschlägigen Textbelege auf einen Höhepunkt dieser doppelsträngigen Geschichte im 18. Jahrhundert hindeutet: Sowohl die klassische begriffsgeschichtliche Forschung zur ‚Sattelzeit' (zum Begriff Koselleck 1972; zur Sache der Kritik in der Sattelzeit Koselleck 1959; zur Sache der Krise Koselleck 1982) als auch neuere korpuslinguistische Untersuchungen zur sogenannten Kunstperiode (Bär 2015) zeigen die Omnipräsenz des Kritikbegriffs im deutschen Vokabular der zweiten Hälfte des 18. Jahrhunderts. Unmittelbar evident ist auch, dass Begriff und Sache der Kritik keineswegs als ein exklusives Problem der deutschsprachigen literarischen Tradition, die hier bevorzugt beispielgebender Gegenstand ist, zu gelten haben, sondern mindestens in einem gesamteuropäischen, abendländischen oder ‚westlichen' Zusammenhang zu sehen sind. Alle europäischen Verkehrssprachen der Zeit kennen eigene, aus dem lateinischen *criticus* abgeleitete Wortformen: Was im Französischen *critique* und im Italienischen *critica* heißt, begegnet in den englischen Formen *criticism*, *critique* und *critic*, und das Deutsche kennt nicht nur die *critik*, die *Kritik* und den *Kritiker*, sondern auch das Adjektiv *kritisch* und das Verb *kritisieren* (Tonelli 1978,

119–120). Doch ergibt die Beobachtung einer gesteigerten Verwendungshäufigkeit seit Beginn des 18. Jahrhunderts noch kein systematisches Argument, und auch wenn die Rolle der Kritik für die Ausprägung des modernen Literatursystems vielfach betont wurde, so gelangt eine solche Darstellungsperspektive nicht über den Status eines empirischen Befundes hinaus. Insbesondere die publizistikgeschichtliche Forschung hat diese Sachverhalte eingehend beleuchtet (Hohendahl 1985). Zuvor hatte bereits die philosophisch-historische Sozialforschung aus ähnlichen Beobachtungen eine wesentlich weiter gespannte These entfaltet: „Die politische Öffentlichkeit geht aus der literarischen hervor" (Habermas 1962, 43), lautet ihr Kernsatz, aus dem folgt, dass die diskursive Verhandlungspraxis der politischen Ordnung von Herrschaft, Krise und Kritik seit dem 18. Jahrhundert als ein Derivat des literarischen Diskurses betrachtet werden muss. Betont dieser Strang der kritikgeschichtlichen Forschung also ihre politisch-soziale Funktion, lautet die hier zu entfaltende These demgegenüber, dass Kritik, neben all ihren pragmatischen und kommunikativen Funktionen, immanenter Bestandteil literarischer Poetizität ist und mit Notwendigkeit sein muss (i). Erst die entstehende literarische Moderne seit dem 18. Jahrhundert aber hat dieses Verhältnis selbst zum expliziten Thema gemacht (ii).

2 Begriffs- und ideengeschichtliche Erbschaften

Um das Problem der Reichweite und die Rolle der Kritik *in poeticis* auch nur annähernd einschätzen zu können, ist zunächst ein etwas weiterer Ausgriff in die abendländische Tradition erforderlich. Das griechische Adjektiv und seine Derivate finden von Beginn an nicht nur im Bereich der Logik und Erkenntnistheorie, sondern vor allem im Bereich des Sprachlichen, Textuellen und Literarischen Verwendung. So bezeichnet die ‚kritische' Einschätzung eines Textes die Beurteilung seiner kunstgemäßen Richtigkeit (Röttgers 1982, 651). Demgegenüber kommen Begriff und Sache der Kritik in der Antike aber auch rechtliche und politische Bedeutungen zu, die bis in die moderne Verwendung hinein zumindest untergründig erhalten bleiben. In den Bedeutungen von κρίνειν als ‚scheiden', ‚trennen', auch ‚entscheiden', ‚urteilen', ‚anklagen' und ‚streiten' erscheint die Fähigkeit zur Kritik als Voraussetzung, die mitbringen muss, wer innerhalb der Polis als mündiger, das heißt zum Richteramt befähigter Bürger erscheinen will (Röttgers 1982, 652). In der Traditions- und Begriffsbildung dominant geworden ist aber im Weiteren nicht die logische und rechtliche Verwendungsweise von Kritik, sondern eben die philologische. Mit der Pflege und dem Studium von Texten beschäftigt sich der *κριτικός* ebenso wie der *γραμματικός* und der φιλόλογος, allerdings kommt seinem Tun eine höhere Dignität zu (Bormann 1976, Sp. 1252). Trennscharfe Unterscheidungen zwischen diesen Bezeichnungen sind jedoch nicht zu treffen (Röttgers 1982, 652). Die bei Cicero und anderen lateinischsprachigen Autoren zu findende Übertragung der κριτική τέχνη in eine *ars iudicandi* betont demgegenüber den logisch-rechtlichen Aspekt so stark, dass der Zusammenhang mit der philologischen Begriffsdimension in der Folge verdunkelt wird (Röttgers 1982, 652–653)

In der Episteme des Mittelalters „fehlt" (Röttgers 1982, 651; ähnlich auch Tonelli 1978, 124) der Begriff der Kritik sodann schlichtweg. So wird die exegetische Lektürepraxis jahrhundertelang von der Lehre des vierfachen Schriftsinns bestimmt, während für künstlerische Texte vor allem der Maßstab der moralisch-religiösen Angemessenheit gilt. Auch im politisch-sozialen Raum erscheint Kritik als entbehrlich; das auf Mt 18,15–17 zurückgehende Prinzip der *correctio fraterna* unter Christen versteht sich als Auseinandersetzung unter Gemeindegliedern, also innerhalb einer Glaubens- und Überzeugungsgemeinschaft, nicht aber als öffentliche Kritik (vgl. Ernst 1994).

Erst die grundlegend veränderte Epistemologie des Humanismus und der Renaissance hat Bedarf an einem Ensemble von exegetischen Praktiken und theoretischer Reflexion, das der sorgfältig prüfenden Untersuchung der Überlieferung dienlich ist. An der Wiederaufnahme von Begriff und Sache der Kritik in den Disziplinen der Logik, der Philologie und der Ästhetik des 15. und 16. Jahrhunderts, mit ersten Ansätzen schon im 13. und 14. Jahrhundert, interessieren in unserem Zusammenhang vor allem die beiden letztgenannten Bereiche. Gegen das Exegesemonopol der scholastischen Theologie und der Philosophie bringt die Lektürepraxis des Humanismus die Verfahren einer philologischen Kritik in Stellung, welche beginnt, den Status der überlieferten Texte kritisch zu prüfen und daraus Schlüsse für ihre weitere Verwendbarkeit zu ziehen. Dabei entwickelt sich Kritik von einer eher technischen Beurteilung der Richtigkeit der Überlieferung zu einer *ars critica*, die insgesamt den gelehrten Umgang mit biblischen, philosophischen, wissenschaftlichen und künstlerischen Texten meint. Innerhalb einer literarischen Ästhetik der *imitatio* und *aemulatio* anerkannt gelungener Texte wird Kritik so zur notwendigen Vorstufe eigener poetischer Tätigkeit. Erst die sachgerechte Analyse der rhetorisch-grammatischen Struktur von Texten und die Einsicht in ihre topischen Prinzipien ermöglicht eine eigene künstlerische Produktion, die sich vor allem als regelgerechte Reiteration akzeptierter poetischer Prinzipien versteht. Der *poeta doctus* der Renaissance ist daher notwendig auch in der Kritik beschlagen, klassische und eigene Werke beurteilt er mit ihren Mitteln (Grimm 1992; zur Ambivalenz der *poeta-doctus*-Vorstellung vgl. auch Reichert 2003). Kritik wird damit zum unverzichtbaren Teil der Poetik: So enthält etwa das fünfte Buch der Poetik Julius Caesar Scaligers (*Poetices libri septem*,

1561), *Criticus* betitelt, sowohl selektive Urteile über klassische Werke als auch den grundsätzlichen Ratschlag, das eigene Schreiben wie mit fremden Augen zu beurteilen (Scaliger 1998, 44; vgl. Röttgers 1982, 654). Tatsächlich beschränkt sich Kritik hier nicht mehr nur auf eine philologische Praxis der Überlieferungssicherung, sondern befähigt zum wertenden Kunsturteil, welches selbst wiederum Voraussetzung für eigene Kunstproduktion als *aemulatio* ist. Damit löst sich Kritik einerseits aus den Bestimmungen der Grammatiktradition und entwickelt sich zu einer selbständig wertenden Weise des Umgangs mit Texten (Jaumann 1995, 163–164); andererseits tritt sie explizit in den Dienst der Poetik, hat also Teil an den Dispositiven der Hervorbringung von Texten als poetischen Texten (Scaliger 1998 [Einleitung], 28). Ist Kritik damit als ein zunehmend weniger verzichtbarer Teil nicht nur des literarischen Diskurses, sondern der poetischen Produktion selbst zu sehen, so findet ihre epistemische und soziale Reichweite weiterhin die Grenze im Religiösen. Bemühen sich humanistische Gelehrte um eine Ausweitung der philologisch-historischen Kritik auf Textgestalt und Gehalt der Heiligen Schrift, wie es der britische Protoreformator John Colet oder Erasmus von Rotterdam unternehmen (Röttgers 1982, 655), so tritt ihnen selbstverständlich der hartnäckige Widerstand der Theologie entgegen. So weist etwa Caspar Schoppe, konvertierter Katholik und vehementer Propagandist der Gegenreformation, den Anspruch der Kritik auf den Bibeltext ab und versucht sie auf ihr angestammtes Gebiet, die Kritik der griechischen und lateinischen Autoren, zu beschränken (Schoppe 1597; vgl. Wellek 1965, Anm. 6 zu 25, 225; Röttgers 1982, 655). Erst in der ersten Hälfte des 17. Jahrhunderts entsteht mit der *critica sacra* eine eigenständige, wissenschaftlich verfasste Bibelkritik, die sich aber keineswegs als antiklerikale, reformatorische oder aufklärerische Religionskritik verstehen lässt. Das grundlegende Argument der *critica sacra* des Oratorianers Richard Simon, die philologische Bibelbetrachtung zeige deutlich die Verderbtheit des Textes, läuft mitnichten auf eine grundsätzliche Glaubenskritik hinaus, sondern auf einen frontalen Angriff auf das protestantische *sola-scriptura*-Prinzip und eine Betonung der Wichtigkeit der apostolischen Tradition der katholischen Kirche und ihrer Interpretationspraxis (Simon 1967 [1685]; vgl. Röttgers 1982, 655–656). Auch die Reformationstheologie selbst befindet sich in einer eigenartigen Spannung zur humanistischen Kritik: Einerseits bedient sie sich ihrer Hilfsdienste; andererseits muss das gleichzeitige Festhalten am *sola-scriptura*-Grundsatz und am Gedanken der Verbalinspiration das kritisch-philologische Bemühen um den Bibeltext als Bedrohung empfinden (Jaumann 1995, 143–147). Autoren wie Jean Le Clerc, der in seiner *Ars critica* (1697) die kritische Prüfung des Bibeltextes nahelegt, haben auch in den von der Reformation geprägten Teilen Europas noch zum Ende des 17. Jahrhunderts Repressalien zu fürchten (Jaumann 1995, 176).

3 Das Zeitalter der Kritik

Zu einem echt aufklärerischen Unterfangen wird Kritik erst, als die engere Perspektive der Textkritik um eine Kritik der historischen und zeitgenössischen Realien um ihrer selbst willen erweitert wird. Sprechendstes Beispiel hierfür ist Pierre Bayles Ende des 17. Jahrhunderts zusammengestelltes *Dictionnaire historique et critique*. Es enthält gerade keinen systematischen Eintrag unter dem Stichwort ‚Kritik' selbst, sondern legt, wie aus der Überfülle der methodischen Anmerkungen hervorgeht, Theorie und Praxis der Kritik als epistemologisches Dispositiv seinen Darstellungen insgesamt zugrunde (Bayle 1697). Am Ende des 17. Jahrhunderts wird ‚Kritik' darüber zum Fahnenwort der Aufklärung. Nunmehr die Redeweise vom *iudicium* ablösend, bezeichnet es die freie Tätigkeit eines gelehrten Geistes gegenüber allen denkbaren Gegenständen von allgemeinem oder selbstgewähltem Interesse. Die Verbreitungsgeschwindigkeit von Begriff und Sache in den europäischen Verkehrssprachen und gelehrten Diskursen ist dabei höchst unterschiedlich. So hatte Francis Bacon das philologisch-kritische Vorgehen bereits Anfang des Jahrhunderts und in der vernakularen Sprache zum allgemeinen Erkenntnismodell erhoben, während Giambattista Vico den Gedanken einer *critica nova* einhundert Jahre später weiterhin im Latein der Gelehrten formuliert (Bacon 2000, 131; Vico 1947, 16). Ab dem beginnenden 18. Jahrhundert wird der Wortgebrauch derart inflationär, dass etwa Alexander Pope 1711 in den heroischen Couplets seines *Essay on Criticism* Kritik als eine der schlechten Karrieremöglichkeiten im Literatursystem apostrophiert – und die Kritiker als Schwundstufe der Dichter darstellt, die sich letztlich als „Fools" erweisen müssen: „Some have at first for *Wits*, then *Poets* past, / Turn'd *Criticks* next, and prov'd plain *Fools* at last; / Some neither can for *Wits* nor *Criticks* pass, / As heavy Mules are neither *Horse* or *Ass*. / Those half-learn'd Witlings, num'rous in our Isle, / As half-form'd Insects on the Banks of *Nile*: / Unfinish'd Things, one knows now what to call, / Their Generation's so *equivocal* [...]." (Pope 1961, 243) Der Spott über die kritische Pose hat Teil an ihrer Prominenz. Vierzig Jahre nach Pope notiert Henry Fielding lakonisch: „CRITIC. – Like *Homo*, a name common to all the human race." (Fielding 1970, 90)

Die ästhetisch-politischen Aspekte der Kritik, wie sie sich vor allem im englischen Sprachraum ausprägen, und die philosophisch-rationalistischen Aspekte, die den französischen Aufklärungsdiskurs bestimmen, beeinflussen den deutschsprachigen Diskurs seit Beginn des 18. Jahrhunderts massiv. Selbst Gegenstand kritischer Publizistik werden ab der Mitte des 18. Jahrhunderts die zahllosen, vor allem im deutschsprachigen Raum entstehenden Werke einer sogenannt ‚critischen' Dichtkunst. Erscheint das Adjektiv ‚kritisch' in den Titelgebungen dieser Werke auch oftmals als bloßes *epitheton ornans*, so ist doch klar, wie sich diese Werke zu den älteren Regelpoetiken des vorangegangenen Jahrhunderts verhalten. Zwar sind auch sie an der Etablierung anerkannter Standards für künstlerisches Tun in der vernakularen Sprache orientiert. Doch sucht die poetologische Diskussion hier immer wieder den Anschluss an den übergreifenden kritisch-ästhetischen Diskurs. Wenn Johann Christoph Gottsched den Kritiker beschreibt als „einen Gelehrten, der von freyen Künsten philosophiren oder Grund anzeigen kann" (Gottsched 1973, 145), rückt auch er das eigene Tun in den Würdebereich des Philosophischen. Die Rede von den eigenen „critischpoetischen Bemühungen" (Gottsched 1973, 11) zeigt darüber hinaus an, wie eng Gottsched das Verhältnis von Poesie beziehungsweise Poetik und Kritik denkt. Bereits in der Vorrede zur zweiten Auflage seiner *Critischen Dichtkunst* glaubt Gottsched, auf eine Erläuterung seiner eigentümlichen Titelgebung verzichten zu können, denn „[d]as Critisieren ist seit einigen Jahren schon gewoehnlicher in Deutschland geworden, als es vorhin gewesen" (Gottsched 1973, 16): „Auch junge Leute wissens nunmehro schon, daß ein Criticus oder Kunstrichter nicht nur mit Worten, sondern auch mit Gedanken; nicht nur mit Sylben und Buchstaben, sondern auch mit den Regeln ganzer Künste und Kunstwerke zu thun hat. Man begreift es schon, daß ein solcher Criticus ein Philosoph seyn, und etwas mehr verstehen müsse, als ein Buchstäbler" (Gottsched 1973, 16–17).

Die zeitgleich heftig geführte Debatte um Kritik als ‚Kunstrichtertum' und damit als eine eher übel beleumundete Praxis entstehender bürgerlicher Kultur spricht diesem Bemühen um philosophische Würde Hohn. Zusätzlich gerät ästhetische Kritik unter dem zunehmenden Druck einer Originalitäts- oder Genieästhetik immer mehr in Abhängigkeit vom und in Inferiorität gegenüber dem Kunstwerk selbst. Einen Rettungsversuch unternimmt Gotthold Ephraim Lessing, indem er der systematisch schwach begründeten Kritik im Erfolgsfall unterstellt, mit der künstlerischen Leistung des Genies zu koinzidieren (vgl. Strohschneider-Kohrs 1969, Röttgers 1973). Zugleich aber verweist die emergierende Genieästhetik das kritische Tun zunehmend auf den Rang des Inferioren, wie auch Lessing in der *Hamburgischen Dramaturgie* konzedieren muss: „Das Genie lacht über alle die Grenzscheidungen der Kritik." (Lessing FA 6, 217) Insbesondere in den ästhetischen und poetischen Diskussionen erfährt die Idee der Kritik im Angesicht der Genieästhetik eine konstante Abwertung, die ihrem Aufstieg zur umfassenden publizistischen Praxis und zum alleingültigen philosophischen Erkenntnisprinzip genau entgegengesetzt ist. So wird Schlegel zwar später versuchen, Lessings gesamtes Schaffen unter dem Leitwort ‚Kritik' zu subsumieren. Angesichts der schleichenden Entwertung des Kritikbegriffs ist es aber Lessing selbst, der vor bloßen „Wortkritteleien" (Lessing FA 10, 197) warnt – und für sein eigenes Unterfangen vergeblich nach begrifflichen Alternativen sucht.

Über den Niederungen publizistischer Tagesdiskurse erhebt sich durch das ganze 18. Jahrhundert hinweg aber auch ein gesamteuropäischer ästhetisch-philosophischer Höhenkammdiskurs der Kritik, dessen Wegmarken die Namen Anthony Ashley-Cooper Shaftesburys, Alexander Gottlieb Baumgartens und Kants tragen. Traditionslinien aus dem angloschottischen Empirismus folgend, entwickelt Shaftesbury eine Theorie und Praxis des ästhetischen Urteils, deren Kategorienbildung sich als kritische Geschmacksbildung im kritischen Subjekt vollziehen muss: Bevor der Kritiker dem Kunstwerk gegenübertritt, unterzieht er sein Urteilsvermögen und sich selbst einer Kritik im fortgesetzten Selbstgespräch. Die daraus folgende Stabilisierung ästhetischer und moralischer *common-sense*-Annahmen erhebt das kritische Geschmacksurteil über das erratische Urteil desjenigen, der ohne vorangegangene Selbstprüfung gewissermaßen einfach drauflos kritisiert: „For this reason we presume not only to defend the Cause of CRITICKS; but to declare open War against those indolent supine *Authors, Performers, Readers, Auditors, Actors* or *Spectators*; who making their HUMOUR alone the Rule of what is *beautiful* and *agreeable*, and having no Account to give of such their HUMOUR or odd FANCY, reject the *critizing* or *examining* Art, by which alone they are able to discover the *true* BEAUTY and WORTH of every Object." (Shaftesbury 1989, 202; vgl. Schmidt-Haberkamp 2000) Begreift Shaftesbury ästhetische Kritik also als gegründet auf einen reflexiven Erkenntnisvorgang, der innerhalb des wahrnehmenden und urteilenden Subjekts zur Maßstabsbildung führt, so entwickelt etwa Henry Home in direkter Nachfolge von Shaftesbury ein relativ starres Kategorienschema zur Beurteilung literarischer Ästhetik. Dieses unterscheidet sich von der alteuropäischen Regelpoetik aber durch seine empiristische Grundlage. Entscheidend für das Gelingen poetischer Kunst ist nicht die glückende Nachahmung regelhafter Vorbilder, sondern die gelingende Etablierung wohlgefälliger Korrespondenzverhältnisse zwischen dem poetischen Text beziehungsweise seinen Ordnungsmustern und den sinnlichen Vermögen des Rezipienten (Home 1970 [1762]). Die Linie einer philosophischen Begründung der Ästhetik (und damit implizit auch der Möglichkeit ästhetischer Kritik als philosophischem Vorgehen) verfolgt Baumgarten weiter, der Ästhetik als die Form des Urteils bestimmt, die den unteren, sinnlichen Erkenntnisvermögen entspringt (*gnoseologia inferior*; Baumgarten 2007, 10). Bei Baumgarten erscheint Kritik als Grundmodell wissenschaftlicher Logik ebenso wie als notwendiger Bestandteil ästhetischen Urteilens. Kant präzisiert diese Bestimmung, indem er, darin auf die Mittlerfigur Home zurückgehend, Kritik als das Prinzip empirischer Wissenschaft begreift. Während die Regeln der Logik als a priori gegeben begriffen werden müssen, ist Kritik eine Erkenntnisweise, deren Regeln erst im Vollzug erscheinen und nur a posteriori angeschrieben werden können. Es ist bekanntermaßen Kants Anliegen, auf dem Wege der Kritik die Selbstaufklärung der Vernunft herbeizuführen. Kurt Röttgers hat zeigen können, dass der von Kant zugrunde gelegte Kritik- und Urteilsbegriff im Kern ein ästhetischer (i. e. aisthetischer) ist (Röttgers 1975, 25–31). Nicht ohne Grund nimmt die Frage der Möglichkeit von Wahrnehmungsurteilen breiten Raum in der *Kritik der reinen Vernunft* (1781) ein, während das Vermittlungsbemühen zwischen Einbildungskraft und Verstand, mit dem die *Kritik der Urteilskraft* (1790) befasst ist, das (im engeren Sinne) ästhetische Urteil zum Modellfall nimmt. Kants entscheidender Spielzug innerhalb des spätaufklärerischen Tagesdiskurses ist es, sich über das unübersichtliche Feld der publizistischen Kritik mit einem Satz zu erheben – und die Vokabel der Kritik damit auf den philosophischen Höhenkamm zurückzuführen. Erstaunlicherweise gilt noch immer der von Giorgio Tonelli erhobene Befund, dass die Wurzeln und Hintergründe des Wortgebrauchs bei Kant nur unzureichend bestimmt sind (Tonelli 1978). Aus Kants Schriften selbst erhellen sie nicht. Mit dem eingangs zitierten jüngeren Schlegel findet dieser philosophisch bestimmte Kritikbegriff aber seinen Weg zurück in die Literatur.

Kants ebenfalls bereits aufgerufene Formulierung, sein Zeitalter sei eigentlich ein kritisches, impliziert indes eine weitreichendere Bedeutung, als Kant selbst sie möglicherweise zum Ausdruck bringen wollte. Versteht man die Moderne epistemologisch als denjenigen Moment, in welchem die beständige Historisierung der kulturellen Überlieferung Gegenwart und Zukunft als durch menschliches Handeln veränderbar erscheinen lässt (Koselleck 1979a; Gumbrecht 2010, 9–19), so ist klar, dass dieser Prozess der Historisierung und Horizontöffnung die Etablierung einer selbstreflexiven Struktur voraussetzt, welche nicht nur die historische und gegenwärtige Entwicklung beobachtet, sondern Einsicht in die Struktur dieser Beobachtung nimmt (Luhmann 1998). Die Modernität der Moderne liegt also gerade darin, nicht nur zu den vorangegangenen Epochen, sondern zu sich selbst in ein kritisches Verhältnis treten zu können. Die Einzelentwicklungen der literarischen, der ästhetischen, der politischen und der gesellschaftlichen Kritik brechen diesem Weltverständnis Bahn und haben an ihm teil.

4 Der Weg der Kritik

Um 1800 kann die Entwicklung der kritischen Dispositive der Moderne in ihren Kerngehalten als abgeschlossen gelten. Der forcierten Ausdifferenzierung dieser Dispositive steht der scheiternde romantische Syntheseversuch gegenüber, der ja explizit das Literarische zum Medium der Aufhebung der Differenzen des Kritischen erkoren hatte. Schlegels poetischer Kritikbegriff steht am Schlusspunkt der Entwicklung eines Jahrhunderts, welches durch die Integration des aufklärerischen Kritikparadigmas in die Literatur dieser selbst eine bis dahin ungekannte Welthaltigkeit und Reflexivität zugleich ermöglicht hat. Indem die Literatur des 18. Jahrhunderts sich des kritischen Dispositivs bedient, überschreitet sie ihre älteren Basisbestimmungen wie etwa diejenige ästhetischer Wohlgefälligkeit und wird selbst zum philosophischen oder paraphilosophischen Reflexionsmedium. Formal schlägt sich diese Entwicklung im Aufstieg des Romans beziehungsweise der ungebundenen prosaischen Rede nieder, in welcher Kritik erprobt wird und sich ausdrückt. Das Bemühen der Frühromantiker, die Differenzierungen des Kritischen wieder aufzuheben, ist dabei als ein doppeltes zu verstehen: Anknüpfung an die literarische Dimension der Kritik einerseits, Wiedergewinnung der kritischen Dimension der Literatur andererseits – und beides im Hinblick auf eine neue Formgebung dezidiert literarischer Natur.

Die folgenden Zeiten haben solch weit ausgreifendes Bemühen nicht mehr gesehen. So greift das 19. Jahrhundert auf die etablierten Praktiken der Kritik in publizistischer und philosophischer Hinsicht zurück, ohne dass die kritische Diskussion insbesondere des deutschsprachigen Zusammenhangs den Komplexitätsgrad der Zeit um 1800 erneut erreichen würde und ohne dass weitere Versuche im Hinblick auf eine Synthese der unterschiedlichen Diskussionsstränge unternommen werden würden. In der Verwendungsweise von Kritik als Literatur- oder Kunstkritik bleibt (Großbritannien, Frankreich) beziehungsweise wird (deutschsprachiger Raum) Kritik bestimmende Praxis der Publizistik mit hervorstechenden Einzelleistungen, ohne systematische Neuerungen erkennen zu lassen. In der Nachfolge Kants verliert sie ihre grundstürzende Kraft und gibt einem Schulrigorismus Raum, der erst im Zuge der Wiederbelebung des Kritikbegriffs von linkshegelianischer Seite (Marx MEW 29, 550 = Brief an Ferdinand Lassalle, 22. Februar 1858) gebrochen wird. Insbesondere der Aufschwung der publizistischen Kritik, sei sie literarischen, künstlerischen, politischen oder sonstigen Problemen zugewandt, ist von der theoretischen Verflachung des Kritikbegriffs vollkommen unberührt; auch das 19. Jahrhundert ist eines der Kritik – nämlich der gleichnamigen Textsorte in der Tagespresse. Wiederum die eher philosophischen Valenzen aufrufend, ist es nachfolgend zunächst der Vitalismus der Antikritik Friedrich Nietzsches, welcher die eingeschliffenen Diskursroutinen dieser und der Schwundstufen der ehedem ‚höher' genannten Kritik auf die philosophische Probe stellt. Die ohnehin fatale Alternative Kunst oder Leben verschärft sich zur Alternative Kritik oder Leben: „Nirgends kommt es zu einer Wirkung, nur wieder zu einer ‚Kritik'; und die Kritik selbst macht wieder keine Wirkung, sondern erfährt nur wieder Kritik. Dabei ist man übereingekommen, viel Kritiken als Wirkung, wenige als Mißerfolg zu betrachten. Im Grunde aber bleibt selbst bei sotaner ‚Wirkung', alles beim alten: man schwätzt zwar eine Zeit lang etwas Neues, dann aber wieder etwas Neues und tut inzwischen das, was man immer getan hat." (Nietzsche KGW III/1, 280–281) Erst mit der Kritischen Theorie entsteht im kontinentaleuropäischen Hallraum der Philosophiegeschichte in den 1930er Jahren eine Gesellschaftstheorie, welche erneut ästhetische, philosophische und soziale Reflexionen zu einem Gesamtkommentar der Moderne zu verbinden sucht, der selbst unübersehbar poetische Valeurs trägt (vgl. Demirović 1999, 669–695). Wird die Entwicklung des kritischen Denkens auch immer wieder von brachialen totalitären Interventionen unterbrochen – man denke etwa an Joseph Goebbels' schlichtes Verbot der Literatur-, Kunst- und Kulturkritik im Jahre 1936 (Goebbels 1952) – so führt die faschistische Blockade nicht zu einem Ende, sondern zu einer Internationalisierung der Kritischen Theorie zumindest in der westlichen Hemisphäre. In der Modernisierungskrise der 1960er Jahre wird sie so zum dominierenden Diskurs – der allerdings, herausgefordert von weltgeschichtlichen Veränderungsprozessen, dem Aufstieg der empirischen Sozialwissenschaften und dem intellektuellen Siegeszug amerikanisch-postmodernen und französisch-poststrukturalistischen Denkens, schnell an Legitimität verliert.

An der Wende zum 21. Jahrhundert und darüber hinaus erscheint die philosophisch-intellektuelle Problemlage rund um das *catchword* Kritik als äußerst unübersichtlich. So verspottet etwa in philosophischer Hinsicht Peter Sloterdijk insbesondere die spezifisch deutsche Ausprägung der Kritischen Theorie als zahnloses Gutmenschentum und erklärt sie kurzerhand für tot: „In ihrer älteren Version (Adorno) war die Frankfurter Schule ein gnostischer George-Kreis von links; sie lancierte die wunderbar hochmütige Initiative, eine ganze Generation in verfeinernder Absicht zu verführen. Sie löste eine tiefe Wirkung aus, die wir unter der Formel vom Eingedenken der Natur im Subjekt zusammenfassen können. In ihrer jüngeren Version (Habermas) war sie ein in Latenz gehaltener Jakobinismus – eine sozialliberale Version der Tugenddiktatur (in Verbindung mit journalistischem und akademischem Karrierismus)." (Sloterdijk 1999) Den Soziologen und Anthropozän-Denker Bruno Latour hingegen treibt die Frage um, warum der Kritik als modernem Erkenntnismotor unterdes der Saft ausgegangen ist: „Wars. So many wars. Wars outside and wars inside. Cultural wars, science wars, and wars against terrorism. Wars against poverty and wars against the poor. Wars against ignorance and wars out of ignorance. My question is simple: Should we be at war, too, we, the scholars, the intellectuals? [...] What has become of the critical spirit? Has it run out of steam?" (Latour 2004, 225) Während Sloterdijks Polemik hier ohne systematischen Belang ist, bewegt sich Latours insistierendes Fragen innerhalb einer Strömung, welche die gesamte, dem *linguistic turn* entsprungene Epistemologie der Hoch- und Spätmoderne in Frage stellt – und statt ihrer für einen neuen Realismus (Gabriel 2014) plädiert, wobei unklar bleibt, welche epistemologischen und ontologischen Angebote dieser ‚neue' Realismus der kritischen Episteme der Moderne tatsächlich entgegenhalten kann oder will. Vor dem Hintergrund der

Darlegungen zur Entwicklung der Kritik als Form und Bedingung der Möglichkeit von Modernität, verstanden als Struktur unbedingter Reflexivität (Gumbrecht 2004, 56–58), erscheint die fortgesetzte Abwertung der Kritik als bloß sekundärer Diskurs bemerkenswert, kann eine solch pejorative Bestimmung der Kritik doch nur unter denjenigen Bedingungen statthaben, welche durch Kritik selbst hergestellt worden sind. Offensichtlich blind gegenüber diesem gedanklichen und performativen Selbstwiderspruch formuliert selbst Niklas Luhmann, dessen Systemtheorie diese Grundstruktur von Modernität soziologisch ja gerade erst sichtbar gemacht hat, mit deutlich mokantem Unterton, Kritik lasse heutzutage jede „Entelechie" vermissen: „Kritik – das heißt nur noch: Beobachtung von Beobachtungen, Beschreibung von Beschreibungen von einem ebenfalls beobachtbaren Standpunkt aus." (Luhmann 1996, 17) Dieser ebenso grundlegenden (eigentlich: antimodernen) wie aporetischen Skepsis angesichts der vermeintlichen oder tatsächlichen Folgenlosigkeit von Kritik gegenüber steht die anhaltende Konjunktur einer halb feuilletonistischen, halb akademischen Kulturkritik, die ihre Orientierungspunkte in der poststrukturalistischen Dekonstruktion sprachlicher Verabredungen über das vermeintliche kulturelle Eigene und der historischen Diskursanalyse Michel Foucaults und anderer findet (Birnstiel 2016, 419–459). Ebenfalls zu beobachten ist eine Wiederbelebung ‚linker', undogmatisch marxistischer Kritikformen, die sich an Einzelaspekten des gesellschaftlichen Zusammenhangs wie etwa den Geschlechterverhältnissen (Penny 2012) abarbeiten. Alle diese Orientierungen folgen der von Foucault ausgegebenen Parole, Aufgabe der Intellektuellen der Gegenwart (seit den 1970er Jahren) sei nicht die allgemeine Kultur- und Ideologiekritik, sondern das Abarbeiten spezifischer Probleme (Foucault 1994).

5 Die kritische Poetik und Poetizität der Moderne

Die poetische Entwicklung der Hochmoderne seit der Wende vom 19. zum 20. Jahrhundert hat gegenüber diesen philosophischen Entwicklungen eigene Wege genommen. Bewegt sich das Verhältnis von Literatur und Kritik nach dem Ende des romantischen Syntheseversuchs das gesamte 19. Jahrhundert hindurch im etablierten Muster von ästhetischer Originalität und kritischer Komplementarität, so lässt sich erst in der Hoch- beziehungsweise klassischen Moderne (1890–1920) ein neues kritisches Moment beobachten, ohne dass die Vokabel ‚Kritik' von der Epoche selbst zur Bezeichnung des sachlichen Zusammenhangs herangezogen werden würde. Wiederum ist es eine philologische Wurzel im eigentlichen, nichtdisziplinären Sinn, die diesen kritischen Neueinsatz bestimmt. Anscheinend unabhängig von den entstehenden modernen Wissenschaftszusammenhängen der Linguistik und Semiotik, jedoch beeinflusst von der Entwicklung der Sprach- und sprachanalytischen Philosophie und ihrem Vorschatten (Mauthner 1901–1902; Wittgenstein 1921) gerät die Sprachontologie der modernen Literatur schon vor der Jahrhundertschwelle in eine Repräsentations- und Ausdruckskrise, welche nicht nur das überkommene mimetische Bemühen des literarischen Textes, sondern seine expressive und figurative Fähigkeit an sich in das Licht eines unausgesetzt kritischen Zweifels rückt. Endgültig verflüchtigen sich religiöse, philosophische, epistemische und ontologische Garantien der Einheit des Zeichens, des Bezeichneten und seiner Referenz, und eine zuweilen mystisch konnotierte Sprachskepsis und -askese sowie ein entfesselter Experimentalismus greifen Raum. Berühmt gewordene Texte wie Hugo von Hofmannsthals *Ein Brief* (1902) überführen den kritischen Zweifel an der Sprache selbst in poetische Produktion (Hofmannsthal HKA XXXI, 45–55). Das einmal erkannte Problem der kritischen Instabilität und Selbstverfehlung der Sprache – eine spätere Zeit wird sie als *différance* benennen (Derrida 1968) – ist damit aber keineswegs abgegolten. Die einander ablösenden Avantgarden der klassischen Moderne reagieren auf diese Lage, indem sie selbst kritische Poetiken entwickeln, die nicht nur die Frage nach der Kohärenz sprachlicher Zeichen weiterverhandeln, sondern das Literarische und Poetische per se auf seine Literarizität und Poetizität befragen (zu den klassischen Avantgarden allgemein vgl. Fähnders 1998): Indem sich die Avantgarden des Fin de Siècle und darüber hinaus an den Problemen der Sprache, der generischen Konventionen und der ästhetischen Gültigkeit abarbeiten und diesen Prozess selbst poetisch inszenieren, kritisieren sie die Poetizität des Poetischen selbst – und treiben so seinen Kern hervor: ein Verhältnis der kritischen Differenz des poetischen Zeichengefüges zu sich selbst. Der poetische Prozess der Moderne stellt ein kritisches Verhältnis zu sich selbst auf vorläufige Dauer, das ästhetische Vereindeutigungen mit ebensolcher Notwendigkeit abweist, wie es sie provoziert. Die kritische Instabilität des Poetischen fordert Stabilisierungsversuche auf dem Weg der Formfindung des Artefakts beständig heraus – und lässt sie im gleichen Moment an sich selbst scheitern. Moderne Formgebung bedeutet Kritik der Form, und noch das strengste formale Arrangement muss mit der Möglichkeit seiner kritischen Zersetzung rechnen, einer Zersetzung allerdings, die selbst Form annimmt und stiftet.

Vor diesem Hintergrund ist es bemerkenswert, dass die formalistische und strukturalistische Linie der poetologischen Theoriebildung, die im 20. Jahrhundert am nächsten Einsicht in die innere Konstitution des poetischen Textes genommen hat, diese Grundbestimmung zwar zumindest in Ansätzen erkannt hat, jedoch beinahe vollständig ohne die Begrifflichkeit des Kritischen ausgekommen ist. Mit der deskriptiven Rede von der ‚Abweichung' (Mukarovsky 1964; Fricke 1981) als konstitutivem Merkmal poetischer Rede bedient sie sich eines bloßen Oberflächenbegriffs, der das grundlegende Prinzip kritischer Selbstdifferenz zwar in seinem Figurationsmuster und seiner Wirkung benennt, den inneren Zusammenhang jedoch verschleiert. Die Gründe hierfür mögen vor allem wissenschaftsgeschichtlichen und nationalsprachlichen Kontingenzen geschuldet sein und bedürften gelegentlich einer ausführlicheren Exploration. Auch die neoformalistische Schule der Dekonstruktion, welche sich dem möglichst genauen Nachvollzug der kritischen Instabilität des literarischen Textes verschrieben hat, verzichtet auf den Begriff der Kritik, ja weist ihn sogar explizit ab (Derrida 1977, 103) oder beschränkt ihn auf eine Metakritik der literarischen Kritik (de Man 1983a) – freilich wiederum einer Motivlage folgend, die eher mit bestimmten philosophiehistorischen Absetzungsbestrebungen zu tun haben dürfte als mit dem Streben nach begrifflicher Prägnanz. Gegenwärtige Autorenpoetiken verzichten ebenso auf den Begriff. Lediglich die angloamerikanische Theoriebildung, die das eigene Tun ohnehin als *criticism* begreift, verwendet Redeweisen wie *critical poetics* (Johnson 2015), dies jedoch in terminologisch ungeregelter Weise.

6 Kritik der Poesie, kritische Poetik, kritische Poetizität – Schlusseinschätzung

Die Darstellung der komplexen Zusammenhänge von Kritik mit Poesie, mit Poetik und mit Poetizität zeigt, dass sich diese drei Problemfelder kaum letztgültig unter einem Gesichtspunkt vereinheitlichen lassen. Angesichts der begrifflichen wie systematischen Tatsache, dass ‚Kritik' stets mehr zu meinen scheint als eine bloße Methode, offenbar aber auch weniger und anderes als eine Philosophie oder eine Ästhetik, ist dieser Befund auch nicht weiter verwunderlich. Der systematisch am wenigsten schwierig zu begreifende Punkt ist dabei derjenige der begleitenden Kritik der Poesie. Textextern scheint der Stellenwert des publizistisch-kritischen Bemühens um die Literatur kaum bestreitbar zu sein. Schon immer, so lässt sich behaupten, ist die Produktion der Poesie von Kritik begleitet worden. Die Gelehrsamkeitspraktiken der Frühen Neuzeit und der enorme Aufschwung der kritischen Publizistik im 18. Jahrhundert institutionalisieren eine öffentliche Rede über Poesie, deren Vielfalt bis in die Gegenwart hinein unüberschaubar ist und beständig neue Formen annimmt. Dem Autonomiepostulat moderner literarischer Kunst steht somit ein Komplementärdiskurs gegenüber, der die poetischen Artefakte beständig auf ihre inneren Bestimmungen, die Strukturen ihres Baus und ihre ästhetischen Valenzen hin befragt. Die in die modernen Funktionslogiken literarischer Kommunikation eingelassene Poesie selbst und ihre Protagonisten reagieren vielfach auf dieses mehrstimmige kritische Konzert, ohne dass sich aus den Ansprüchen der kritischen Öffentlichkeit eine Forderung gegenüber der

Poesie zur Interaktion mit dieser ableiten ließe. So ist die Inszenierung monomaner, von den Diskussionen der Kritik vermeintlich unberührter Autorschaft eine fortgesetzt verfügbare werkpolitische Option und die Interaktion mit der kritischen Öffentlichkeit oftmals eine nur von pragmatischen Gesichtspunkten – etwa der Erhöhung von Sichtbarkeit der Autorpersona und Steigerung von Buchverkäufen – geleitete Handlungsweise. Was die interne Logik literarischer Produktion betrifft, so steht den flächendeckenden Rückgriffen auf realistische Prosamodelle des 19. Jahrhunderts, welche die Literaturkritik wahlweise als neue Subjektivität, Rückkehr des Erzählens oder Ähnliches apostrophiert, auch in der Gegenwart ein fortgesetzter kritischer Experimentalismus gegenüber. Wenn etwa der deutsche Schriftsteller Thomas Meinecke seine Frankfurter Poetikdozentur mit der inszenierten Kompilation kritischer Texte über sein eigenes Schaffen bestreitet, wird darin die tiefe Skepsis gegenüber subjektzentrierten Autorpoetiken als Ausdruck eines an dekonstruktiven Lektürepraktiken geschulten Schreibens deutlich (Meinecke 2012). Betrachtet man das in sich wiederum zwiefältige Feld der Poetik – normative Textsorte einerseits, gattungs-, epochen- und autorspezifischer Zusammenhang andererseits – in historischer ebenso wie in systematisch-theoretischer Absicht, so ist zunächst festzustellen, dass die Texte und Vorschriften der Regelpoetik, die aus der kritischen Auseinandersetzung mit dem Bestand der Überlieferung erwachsen, diese Bedingung der eigenen Möglichkeit nicht nur fortwährend reflektieren, sondern spätestens seit der Mitte des 18. Jahrhunderts auch mit dem Adjektiv ‚kritisch' markieren. Die reflektierte Auseinandersetzung mit gattungs- und unterepochenspezifischen poetischen Richtlinien ist ein Signum der Literatur im Allgemeinen und der neuzeitlichen und hochmodernen Literatur im Besonderen. Indem nicht nur die Avantgarden die Normen der Poetik befragen, sondern jeder moderne literarische Text eine eigene, implizite Poetik etablieren muss, um sich selbst als Literatur begreifen und also in den literarischen Kommunikationszusammenhang eintreten zu können, ist es jeglicher, avantgardistischer wie konventioneller moderner Literatur aufgegeben, ein kritisches Verhältnis zur umgebenden und eigenen Poetik zu entwickeln. Wird dieses Verhältnis an der Textoberfläche ausgetragen, wird aus der impliziten Kritik der Poetik, die jedem Text inhärent ist, eine explizite. Nämliches gilt für die Ebene der Autor- und Werkpoetik: Sieht sich die Poetik eines Autors immer dazu aufgerufen, sich implizit kritisch auf ihre eigenen Paradigmen zu beziehen, so entsteht eine explizite kritische Autorpoetik erst, wenn diese paradigmatischen Verhältnisse in das Syntagma des Artefakts übertragen werden. Wiederum erscheint die Auseinandersetzung mit der impliziten Autorpoetik als Aufgabe jeder modernen Literatur, ihre explizite Thematisierung hingegen als ästhetische Avantgarde-Option mit weitreichenden Folgen. Innerhalb etwa der deutschsprachigen Literatur im und seit dem 18. Jahrhundert schiene anhand einer Linie, die etwa von Lessing über

Schlegel, Jean Paul, Heinrich Heine und Arno Schmidt zu Uwe Dick führt, hier illustrativ ein Wesentliches dieser Form von kritischer Autorenpoetik getroffen. Bilden kritische Autorpoetiken die Wechselverhältnisse von Literatur und Kritik auf literarischer Seite ab und erzielen daraus ästhetische Effekte, so ist vor dem Hintergrund der Ausführungen über die epistemische und zeichenontologische Dimension der Kritik jedoch klar, dass sich das Problem und die theoretischen wie literarischen Dispositive der Kritik keinesfalls in den Figurationen manifester Autorenpoetiken erschöpfen. Auch ist der springende Punkt der Kritik nicht zu reduzieren auf die erläuterten Praktiken des Buchmarkts und der literarischen Kommunikation. Vielmehr ist Kritik selbst ein eigenständiges poetologisches Konstituens, ohne Literatur und ohne immanente Autorpoetik zu sein, und zugleich wird Kritik von der Literatur als konstituierendes Prinzip mitgeführt. Begreift man die Poetizität des literarischen Textes als Einheit der Differenz von sprachlicher beziehungsweise poetischer Norm und gradueller Abweichung von dieser, dann erhellt, warum dieses Verhältnis den Namen der Kritik tragen muss und die Poetizität der Literatur gar nicht anders kann, als eine kritische zu sein. Indem literarische Texte notwendig ein Verhältnis der Differenz zu sich selbst unterhalten, sehen sie sich je neu vor die Entscheidung gestellt, dieses Verhältnis aktualisierend auszutragen. Geschieht dies implizit (als vorgängige Form- und Gestaltungsentscheidung), verbleibt die kritische Struktur im Latenzbereich der ästhetischen Produktion; geschieht dies explizit (als Vorführung der kritischen Struktur an der Textoberfläche), so wird aus der kritischen Poetizität alles Literarischen eine kritische Poetik. Mag der Name der Kritik als politisches wie ästhetisches Dispositiv daher auch ins Gerede gekommen sein, wo immer Sprache, wo immer Literatur ist, bleibt sie zu finden.

Weiterführende Literatur

Fontius, Martin (2001). „Kritisch/Kritik". *Ästhetische Grundbegriffe. Historisches Wörterbuch in sieben Bänden*. Bd. 3. Hrsg. von Karlheinz Barck, Martin Fontius, Dieter Schlenstedt, Burkhart Steinwachs und Friedrich Wolfzettel. Stuttgart/Weimar: 450–489.

Habermas, Jürgen (1962). *Strukturwandel der Öffentlichkeit. Untersuchungen zu einer Kategorie der bürgerlichen Gesellschaft*. Neuwied/Berlin.

Hohendahl, Peter Uwe (1985). *Geschichte der deutschen Literaturkritik (1730–1980)*. Stuttgart.

Jaumann, Herbert (1995). *Critica. Untersuchungen zur Geschichte der Literaturkritik zwischen Quintilian und Thomasius*. Leiden/New York/Köln.

Koselleck, Reinhart (1959). *Kritik und Krise. Ein Beitrag zur Pathogenese der bürgerlichen Welt*. Freiburg/München.

Röttgers, Kurt (1975). *Kritik und Praxis. Zur Geschichte des Kritikbegriffs von Kant bis Marx*. Berlin/New York.

Ralf Simon
III.2.5 Theorie der Prosa

1 Kann es eine Poetik der Prosa geben?

„Was Prosa eigentlich sei, hat noch niemand gesagt." (Schlegel StA V, 211) Diese Auskunft Friedrich Schlegels kann nach 200 Jahren weiterhin Gültigkeit beanspruchen. Eine Theorie oder eine Poetik der Prosa liegt nicht vor. Radikaler noch: Man wird die Frage nach der Möglichkeit einer solchen Theoriebildung stellen müssen. Eine Poetik lässt sich vorderhand nur von solchen kulturellen Tätigkeiten behaupten und ausformulieren, die als bestimmte Formen identifizierbar sind, also sinnvollerweise als ein ontologisches Etwas einen Sonderbereich unter den in der Welt vorkommenden Tatsachen und Tätigkeiten ausmachen und entsprechend beschrieben werden können. So gibt es Theorien der Erzählung (Narratologie) im Unterschied zu allem, was nicht Erzählung ist, und Poetiken der Novelle im Unterschied zu anderen Erzählformen. Erzählung ist dabei nicht primär aus der Differenz zum Nichtnarrativen gedacht, sondern vielmehr intrinsisch: Die Erzählung ergibt sich aus der Gerichtetheit ihrer Elemente, also aus dem, was gemeinhin Form genannt wird. Die Elemente (Narrateme) unterliegen dabei einer Funktionalität, welche sich aus der Zielgerichtetheit eines größeren Syntagmas ableitet, das wiederum über eine triadische Form verläuft (Problem → Vermittlung → Lösung; s. Bremond 1972). Die Prosa kann eine solche Form offenkundig nicht aufbieten. Und damit stellt sich die Frage, ob sie überhaupt zu einem theoriefähigen Gegenstand erhoben werden kann.

Hat ein Handbuchartikel die Funktion, vorhandenes Wissen zusammenzufassen, zu bewerten und es auf seine Perspektiven hin zu erörtern, wird der vorliegende Artikel seinen Gegenstand weitgehend erfinden müssen. In diesem Sinne bleibt auch lange unentschieden, ob der Prosa eine Poetik oder eine Theorie angemessen werden kann.

2 Was gehört zur literarischen Prosa?

In einem eher niederschwelligen Sinne ist von einer Kunst der Prosa gesprochen worden (Mundt 1837; Norden 1898), und es lässt sich eine ‚Poetik' insofern andeuten, als eine solche Kunst lernbar ist und mithilfe ihrer Verfahren poetische Texte hergestellt werden können. Zur Prosakunst gehören unter anderem: Rhythmisierung der Sprache (Blass 1901), Wohlgestalt der Satzkonstruktion (Ruprecht

1993), der verständlichen Mündlichkeit angenäherte Wortstellung oder Stileigentümlichkeiten, die der Korrektheit nicht zuwiderlaufen (Arndt und Deupmann 2012; Weissenberger 2005). Der Wechsel der Stilregister bis hin zur Einfügung versifizierter Sprache hat als Prosimetrum eine lange Tradition (Pabst 1994). Im Kontext ästhetischer Modernität wurde der Prosa infolge ihrer Ungebundenheit und ihrer gegenüber dem Vers größeren Beweglichkeit die Fähigkeit zugesprochen, geistige oder philosophische Inhalte adäquat darstellen zu können (Mundt 1837; vgl. Arndt und Deupmann 2012, 29–31). Die Kunst der Prosa unterhält in derlei Bestimmungen einen engen Bezug zur Rhetorik und zu den Stillehren. Der Terminus ‚Prosa' adressiert in allen diesen Kontexten nicht spezifisch poetische Texte, vielmehr besteht hier ein Kontinuum zwischen gepflegter Schriftlichkeit und in die ‚Literatur' hineinreichenden Schreibweisen. Prosa kann also der Name für Vieles und für Disparates sein, von der Waschmaschinenanleitung über die *Phänomenologie des Geistes* bis zu *Zettel's Traum* oder *Finnegans Wake*, ihr Feld erstreckt sich vom großen Bereich der expositorischen Sachtexte über stark durchreflektierte philosophische Schreibweisen bis zur avanciertesten literarischen Avantgarde. Sie umfasst letztlich jede nicht versifizierte Rede, die nicht durch andere Formen definiert ist.

Spricht man (wie im Folgenden durchgängig) von literarischer Prosa und fasst man entsprechend die Frage nach der Poetik der Prosa qualitativ als Frage nach ihrer Literarizität oder Poetizität auf, dann versammeln sich unter dem Begriff der (literarischen) Prosa letztlich alle forminkompatiblen Texte, die dennoch zum Bereich der ‚Literatur' gezählt werden. Dies impliziert: In Prosa geschriebene Erzählformen werden hier nicht ‚Prosa' genannt. ‚Erzählprosa' ist entsprechend ein Unbegriff, nämlich die paradoxe Kombination von Nichtform (Prosa) und Form (Erzählung); entsprechend kann auch Tzvetan Todorovs ‚Poetik der Prosa' nicht als eine solche gelten, da sie eine Erzähltheorie ist (Todorov 1972).

Historisch gesehen ist die wohl wichtigste Tradition prosaischer Schreibweisen in der Satire, vornehmlich bei der menippeischen Satire zu finden. Schon ihre bekannteste Herleitung von der *lanx satura* (Quintilian, inst. X, 1, 93) verweist auf Formlosigkeit: In der Satire findet wie in einer mit unterschiedlichsten Früchten gefüllten Schale jede Artikulation einen Platz, ohne dass sie dadurch ihrerseits als Form definiert wäre. Tatsächlich haben nicht wenige der großen Prosatexte eine starke Affinität zu Satire, Humor und grotesker Verkörperung, so zum Beispiel bei François Rabelais, Johann Fischart, Jean Paul, Wilhelm Raabe, James Joyce oder Arno Schmidt.

Man wird die Bestimmung der Formlosigkeit durch die Unterscheidung vom Roman radikalisieren können. Wenn Friedrich Schlegel den Roman als Versammlung von in ihm eingelagerten kleinen Formen bestimmt (Schlegel StA II, 213), aber die Prosa offenkundig vom Roman unterscheidet (Simon 2013a, 202–209), dann wird deutlich, dass der Roman als solcher zwar keine positive Formbestimmung kennt, aber dennoch auf Formen in ihm angewiesen bleibt und sich folglich auch immer noch im Paradigma des Formbegriffs beschreiben lässt. Die Prosa hingegen kennt diesen Bezug auf immanente Formen nicht mehr – wenn sie solche in sich enthält, dann verhält sie sich zu ihnen anders als der Roman. Folglich ist sie von einem anderen Prinzip als dem der Form her zu denken. In diesem Sinne gibt es bei den großen Prosatexten trotz gewisser Affinitäten zum Roman eine klare Differenz: In den Prosatexten überwuchert eine wilde Semiose die gegebenenfalls vorhandenen romanaffinen Ordnungsmomente wie erzählerischen Fortgang, Charakterentwurf von Figuren, Stabilität einer vorgestellten Welt etc. Man kann folglich die Prosa als eine Reflexion des Romans bestimmen, nämlich als Schreibweise, die den Roman radikalisiert, seine Formmomente durch textuelle Überwucherungen aushebelt und einen *amplificatio*-Modus etabliert, der die Textarbeit richtungslos oder besser: plurifokal werden lässt. Diese Beschreibung impliziert: Prosatexte sind tendenziell lange Texte und sie sind enzyklopädische Texte. Sie sind mit einer umfangreichen Umarbeitung des kulturellen Lexikons befasst. In diesem Sinne berühren groteske Lexika den Bereich der Prosa, etwa Hanswilhelm Haefs' *Handbuch des nutzlosen Wissens*, Ulrich Holbeins *Narratorium* oder Albert Paris Güterslohs Wörterbuch zu seinem Großprojekt *Sonne und Mond*.

Geht man davon aus, dass die wenigsten Einträge in Georg Christoph Lichtenbergs *Sudelbüchern* Aphorismen in dem Sinne sind, in dem die ältere Forschung eine Formbestimmung hat finden wollen (Baasner 1992, 76–87), dann öffnet sich der Poetik der Prosa das interessante Gebiet groß angelegter Notiz- beziehungsweise Exzerpthefte (z. B. Ludwig Hohl oder Jean Paul), Sudelbücher (Lichtenberg) und Aufzeichnungen (z. B. Elias Canetti). Die Tendenz zur enzyklopädischen Größe ist hier ebenfalls vorhanden, aber noch nicht oder nicht mehr der Wille zum durchformulierten Text. Man kann vermuten, dass die Notizhefte einerseits als Prosa in statu nascendi beschreibbar sein können (vgl. Campe 2010), vielleicht aber auch schon als radikalisierte Reflexion auf die Unabschließbarkeit des enzyklopädischen Prosatextes. In Uwe Dicks *Sauwaldprosa*, die eine durchreflektierte Prosatheorie enthält, ist konsequenterweise der Schritt zum Durchbrechen der Textualität selbst vollzogen: Typographische Experimente lösen die Kontinuitätsidee des Textverlaufs auf und führen auf die Reflexion des immanenten Textualitätsprinzips.

Folgt man den bislang gegebenen, insgesamt noch vortheoretisch gebliebenen Hinweisen, dann liegt eine sehr vorläufige Korpusbestimmung (im Bereich der deutschsprachigen Literatur) vor, obwohl der Formbegriff, über den die Konstituierung des Korpus erfolgen müsste, abgewiesen worden ist. Tatsächlich stellt sich – erneut – das grundlegende Problem, wovon eigentlich zu reden ist, wenn eine Poetik der Prosa zwar ein Korpus zu adressieren hat, dieses aber mangels Form nicht in dem Sinne vorliegt, wie andere literarische Formen vorhanden sind. Offenkundig muss ein anderes, vom Formparadigma abweichendes Prinzip gefunden werden, um den Theoriehorizont einer Poetik der Prosa zu gewinnen.

3 Einige Axiomata für eine Poetik der Prosa

Statt Mimesis Darstellung, statt Poetik Ästhetik

Form ist gemäß der traditionellen Poetik an Mimesis gekoppelt: Nachahmung von Handlung führt zur Narration, Nachahmung von Interaktion zum Drama, Nachahmung von subjektiver Stimmung zum Gedicht. Für eine Poetik der Prosa wären mithin Gegenbegriffe zu benutzen: Statt Mimesis und Form sprachliche Explikation von Darstellung. Die Umorientierung von Mimesis zu Darstellung ist ein begriffsgeschichtlicher Vorgang, der im 18. Jahrhundert stattfindet; Alexander Gottlieb Baumgartens *Aesthetica* (1750/1758) kann hier als begriffspolitischer Nukleus gelten. Statt Nachahmung von Welt gemäß der Gattungstrias setzt Baumgarten ein neues Prinzip an. Kunst habe die Darstellung dessen zu besorgen, was die zeitgenössische Anthropologie als die niederen Vermögen des Menschen zu beschreiben unternommen hat. Die menschliche Wahrnehmung (*aisthesis*) und die in der Seele (*fundus animae*) sich anhäufenden, vielen kleinen Perzeptionen (*petites perceptions*) werden zum Darstellungsziel einer Kunst, die weder Welt noch Innerlichkeit explizieren will, sondern vielmehr sich der unendlichen Dichte der Sinnlichkeit und ihrer empirischen Psychologie widmet. – Damit ist ein neuer ‚Gegenstand' der Kunst gefunden, zu dem ein mimetisches Verhältnis kaum einzunehmen ist.

Diese begriffsgeschichtliche Wende etabliert neben dem tradierten Mimesisparadigma und dem ihm korrespondierenden Formbegriff neue Prinzipien: Es geht um die Darstellung einer opaken und unauslotbaren Dichte, die zwar im Subjekt eingeschlossen ist, dort aber quasi eine autonome Wirklichkeit ausbildet. Jean Paul spricht in diesem Sinne vom ‚inneren Afrika' (Jean Paul W I/4, 20 u. ö.). Offenkundig ist, dass die mimesisorientierte Poetik für die Theoretisierung der Prosa durch die darstellungsorientierte Ästhetik zu ersetzen ist. Nicht nur, dass Baumgartens *Aesthetica* erneut den Blick auf die Rhetorik geöffnet hat – Haverkamp (2002b, 8–9) spricht sogar von der *Aesthetica* als einer neuen Quintilian'schen *Institutio Oratoria* –, vielmehr hat ein ‚prosaisches' Paradigma Einzug gehalten. Das anthropologische Wissen wird zur Primärreferenz der Kunst und damit beginnt die Erforschung jener Innerlichkeit, die vor allem in die Sinnlichkeit der *petites perceptions* herabsteigt, Erfahrungsseelenkunde also mit poetischer Artikulation verbindet. Johann Gottfried Herder formuliert dieses Programm: „Wer ins Tollhaus gehet, findet alle Narren auf verschiedne Art, jeden in seiner Welt, rasen: so rasen wir alle sehr vernünftig, jeder nach seinen Säften und Launen. Der tiefste Grund unsres Daseins ist individuell, so wohl in Empfindungen als Gedanken. [...] Würde ein Mensch den tiefsten, individuellsten Grund seiner Liebhabereien und Gefühle, seiner Träume und Gedankenfahrten zeichnen können, welch ein Roman!" (Herder FA IV, 365) Was Herder hier ‚Roman' nennt, zielt auf die Prosa (Gaier 2010b) als Darstellung des tiefsten Grundes von Individualität, in dem die Unterscheidung von Normalität und pathogenem Dasein ununterscheidbar wird. Letzteres humoristisch zum Normalfall erklärt zu haben, ist dann Jean Pauls Schlussfolgerung aus Herders Theorem, in dem Anthropologie, ästhetische Theorie (als Theorie der Aisthesis) und literarische Darstellung konvergieren.

Festzuhalten ist: Der Weg zur Theoretisierung der Prosa führt ab dem 18. Jahrhundert über die Ästhetik und den Darstellungsbegriff als Gegenkonzept zu den Begriffen Form, Mimesis und Gattungspoetik.

Rhetorik, Selbstreferenz, Verdichtung

Wie findet nun die literarische Umsetzung dieses neuen Prinzips statt? Die an der Mimesis orientierte literarische Sprache kannte die drei Stilebenen (*genus humile, medium, grande*), vor allem aber eine durchformulierte Poetik der textinternen Pragmatik: Man denke an die pastorale Szene, an die Szenographien des Herrscherpalastes in der Tragödie oder an das Wirtshaus der Komödie. Ihnen entsprachen Handlungsschemata und Charakterführungen des literarischen Personals. Insgesamt hat sich also die weltbezogene Mimesis bis hinein in die Schematisierung der Schauplätze und ihrer Instrumentierung durchgesetzt. Die Prosa durchkreuzt diese, sie setzt einen anderen Realismus an die Stelle der Mimesis und sie tut dies vor allem durch ihren sprachlichen Gestus.

Man kann behaupten, dass die Prosa – auch und vor allem die vorliterarische – immer schon eine ihr angemessene Theorie gehabt hat, nämlich die Rhetorik. Die traditionellen Poetiken der Neuzeit stellen sich im angedeuteten Sinne als mimesisgeleitete Verkürzung und Auswahl aus dem Fundus der Rhetorik dar. Die volle und tiefgreifende, nicht auf formkompatible Mastertropen eingeschränkte Durchmodellierung der Sprache vor allem nach den Verfahren der *elocutio* findet in der Prosa statt (zu den Mastertropen: Strub 2004). So ist Rabelais' *Gargantua und Pantagruel* als Übersetzung Quintilians in literarische Performanz lesbar. Mit anderen Worten: Prosa verdichtet Sprache durch eine intensive enzyklopädische

Rhetorisierung, durch umfassende Aktivierung der Tropen und Figuren. Sie kann dies tun, weil sie nicht an die Formprinzipien der Mimesis und also auch nicht an die ihr entsprechenden Szenographien und Stilkonstanten gebunden ist. Prosa zeichnet sich durch eine gesteigerte Rhetorisierung der Sprache aus, auch deshalb ist sie mitunter als Manierismus beschrieben worden (Zymner 1995) oder als Wechselspiel von Desemantisierung und Hypersemantisierung mit dem Ziel einer umfassenden Überstrukturierung der Sprache auf allen ihren Ebenen (vgl. Bachorski 2006, 486).

Diese starke Insistenz auf sprachlicher Verdichtung ist das Korrelat jenes dichten *fundus animae*, zu dessen Darstellung Prosa antritt (wenn man in modelltheoretischer Verallgemeinerung die anthropologischen Dispositive des 18. Jahrhunderts ausdehnen möchte). Während mimesisorientierte Dichtung ihre primäre Aufmerksamkeit auf den Gegenstand der Nachahmung und auf die Formgegebenheiten richtet, ist Prosa stärker auf die (rhetorische) Selbstreferenz der Sprache ausgerichtet. Sie ist sprachschöpferisch: Kaum ein Autor kommt im Grimm'schen Wörterbuch öfter vor als Jean Paul. Joyce und Schmidt brechen die Worte selbst auf und finden über bewusste Falschschreibungen zu neuen Wörtern – eine ‚Verschreibkunst' (so im Untertitel von Schmidts *Abend mit Goldrand*), deren Beginn man bei Johann Fischart ansetzen kann. In anderen Texten wird mit Dialekten (Dicks *Sauwaldprosa*) oder mit Mehrsprachigkeiten (*Finnegans Wake*, *Abend mit Goldrand*) gearbeitet, deren Geschichte zurück bis zu den Gräzismen der römischen Menippeen geht. Auch typographische Experimente finden sich oft in Prosatexten. In einem ausgezeichneten Sinne wird Sprache selbstreferentiell, eben gerade deshalb, weil sie weder Mimesisziel noch Formlimitationen kennt und sich über die Verdichtung von Darstellung literarisiert. Mit anderen Worten: Keine literarische Schreibweise besitzt eine so explizite Lizenz zur Verdichtung wie die Prosa (– nicht einmal die Lyrik, s. u.).

Wilde Semiose, Humor, Karneval, unendliche Rekursion

Prosa ist historisch nicht an die skizzierte begriffsgeschichtliche Umlagerung von der Poetik zur Ästhetik im 18. Jahrhundert gebunden. Sie kann dort wichtige Bestandteile ihrer Theoretisierung finden. Interessanter ist die Frage, ob Prosa überhaupt einen historischen Ort und eine erzählbare Geistesgeschichte hat. Im abendländischen Raum tritt Prosa in dem hier qualifizierten Sinne in der Kaiserzeit (Lukian) und der Spätantike auf (menippeische Satire), im Spätmittelalter (bestimmte Phänomene des nachklassischen Artusromans und der Satire) und zunehmend ab der Frühneuzeit, mit steigender Tendenz bis zur Gegenwart. Abgesehen von der Satire lässt sich kaum eine Traditionslinie beschreiben. Die These lautet vielmehr, dass Prosa einem semiotischen Exzess entspringt, zu dessen Voraussetzungen eine kulturell durchformulierte und enzyklopädisch geordnete, ‚gepflegte Semantik' (Luhmann 1993, 19, 49, 53–55) gehört. Zu dieser verhält sich Prosa im Modus einer satirischen, humoristischen oder grotesken Entautomatisierung. Sie vollzieht eine Kontingenzreflexion, die die Ordnungen selbst zum Gegenstand hat. Prosa agiert nicht auf der Ebene der narrativen Syntagmen, sondern paradigmatisch, sie stellt die Rasterungen der symbolischen Ordnung in Frage, sie drängt die narrativen Kardinalfunktionen zurück und elaboriert die Katalysen (vgl. Barthes' *Einführung in die strukturale Analyse von Erzählungen*, in 1988a, 112–118). Die Liste (Eco 2009) – weithin als komische Außerkraftsetzung der Ordnungsmodelle – wird ihr damit zu einem Denkmodell, etwa in Rabelais' berüchtigter Arschwisch-Episode. Schon die Komik ist paradigmatisch orientiert (Warning 1976), die Prosa, reflexiv solche Komik steigernd, führt dies zum umfassenden *rewriting* der kulturellen Ordnungsmuster.

Aus dieser Konstellation erwächst die Affinität zum Karneval (Bachtin 1987). Pointiert gesagt: Die Darstellung des orgiastischen Karnevals buchstabiert den *fundus animae* des kollektiven Körpers, der sich im Fest die Befreiung von den zivilisatorischen Zwängen erlaubt. In Abgrenzung zur volkskundlichen Herleitung und zum Anarchismus der Mündlichkeit bei Michail Bachtin ist aber daran festzuhalten, dass Prosa zutiefst aus der Episteme der Schrift geboren ist. Sie ist dem Karneval affin, aber ihre Möglichkeit resultiert aus der zweiten Reflexion auf eine vorliegende Kultur gepflegter Semantik.

Jean Paul bestimmt den Humor aus der Figur einer Verkehrung heraus, als umgekehrt Erhabenes (Jean Paul W I/5, 125): Der Blick des Humoristen gleicht dem des Vogel Merops, der seine Himmelfahrt mit dem Hintern nach oben antritt, um rückblickend auf die Erde mit stets größer werdendem Überblick das sich zeigende Übel mit schmerzhaftem Lachen zu quittieren (Jean Paul W I/5, 129). Dieses Verlachen meint in der einzelnen Verkehrtheit stets die Einrichtung des Ganzen als eines Falschen. Das Thema der Prosa ist mithin die Idee der Ordnung als solcher, während sich ihr jeweiliger Einspruch immer am einzelnen, ‚realistischen' Detail entzündet. Deshalb tendiert Prosa zum großen Textumfang, sie ist enzyklopädisch. Zugleich ist sie humoristisch in ihrer auch selbstdestruktiven Kraft der Verkehrung; hier findet sie ihre Affinität zum Karneval und zur Satire.

Aus diesen Beobachtungen resultiert die These, dass Prosa eine starke wissenspoetologische Dimension hat und darin, vom gängigen Sprachgebrauch her, ‚prosaisch' ist (Barck 2003). Ihr epistemischer Gegenstand ist die kulturelle Ordnung: das Lexikon, die gepflegte Semantik, das anthropologische Wissen, die Hierarchie der Institutionen etc. In diesem Sinne kann man sagen, dass die Prosa aus einem Selbstbezug der Semantik entsteht. Sie ist eine ganz von den kulturellen Enzyklopädien abhängige, diese aber zugleich vollkommen unterwandernde

Tätigkeit, also die fortlaufende Markierung des blinden Flecks der Ordnungspolitiken. Wo Jurij M. Lotman seine Semiosphäre an den Peripherien der Systeme, an den Übergangszonen zu anderen Ordnungen ansiedelt, um das Argument für die produktive Unterwanderung stabiler Hierarchien zu finden (Lotman 2010, 163–290), unternimmt die Prosa den vermessenen Versuch, die ganze Enzyklopädie aus den Angeln zu heben. Prosa kann deshalb ihren Schauplatz in der Stadt haben (Joyce, John Dos Passos), aber auch die Provinz wählen (Schmidt, Dick), sie kann ihre Extension in der Welt einsammeln (Albert Vigoleis Thelen) oder im Bücherzimmer verharren. Für ihre Metaphysik ist alles Peripherie und als solche totaliter, aber immer aus individueller Erkenntnis heraus zu verlachen.

Georg Wilhelm Friedrich Hegels Vorwurf der schlechten Unendlichkeit, der der humoristischen Schreibweise gemacht werden kann, wird von der Prosa geradezu ins Affirmative gewendet. So wird aus Hegels schlechter Unendlichkeit in der Prosa die These, dass das Endliche unendlich schlecht sei und einzig satirisch und humoristisch, also in einer zur schlechten Unendlichkeit mimetisch angemessenen Weise zu behandeln wäre.

4 Vor und nach der Form

Prosa hat die Eigentümlichkeit, die ästhetische Form einer doppelten Negation zu unterziehen. Wenn Form eine Weise der Komplexitätsreduktion ist, mit der auf etwas vor der Form Liegendes reagiert wird, dann geht Prosa auf das zurück, worauf die Form die Antwort hat sein wollen. Und zugleich: Prosa reagiert auf Form dadurch, dass sie die Formung einer entautomatisierenden Kontingenzreflexion aussetzt, also nach der Form die Komplexitätssteigerung einfordert, die die Form hat stoppen müssen, um ihre mit Redundanz behaftete Gestalt wahren zu können (Simon 2016a). Vor der Form liegen: das Leben, der Karneval, die Gesellschaft (zur Prosa ausgehend von der bürgerlichen ‚Prosa der Verhältnisse' s. Fues 1990) etc. Diese Einheiten sind in sich natürlich nicht formlos, werden aber von der Form her als zu Formendes gesetzt. Nach der Form liegt: poetische Selbstreferenz, also eine solche Aktivierung der sprachlichen Register im Modus ihrer selbstbezüglichen Poetizität, die alle austarierende Form sprengt. In diesem Sinne sind Rabelais' *Gargantua und Pantagruel* oder Fischarts *Geschichtklitterung* Texte, die auf eine als basal behauptete karnevaleske Lebenswelt mit einem Exzess der Rhetorik reagieren, wobei sie die mögliche mittlere Ebene einer Formgebung überspringen. Schmidts *Zettel's Traum* ist radikal autobiographisch und als sprachliches Verfahren „Meta-Literatur" (Schmidt BA IV/1, 517), wobei die mögliche mittlere Ebene der Form ebenfalls übersprungen wird. Mit anderen Worten: Prosa ist der hybride Versuch, auf vor der Form liegende ‚Lebenskomplexität' mit jenseits der Form liegender sprachlicher Komplexität zu reagieren. Alles, was Form ist – und zum epistemischen Gegenstand geworden ist –, wird deshalb in der Prosa Gegenstand der satirischen und humoristischen Verspottung.

Die Unterscheidung Vor-der-Form versus Nach-der-Form ist eine, die perspektivisch verstanden werden muss. Sie behauptet nicht, dass das vor der Form Liegende ungeformt wäre. Aber es wird von der Prosa so behandelt: Der Karneval oder das autobiographische Substrat oder das satirisch exponierte falsche Leben erscheinen als eine undurchdringliche Dichte, als opake Masse, zu der Form immer nur ins komische Missverhältnis treten kann. Wenn Prosa einen mimetischen Impuls hat, dann ist es der, sich dieser Dichte durch die Rekursionsdichte der Sprache ähnlich zu machen. Denn sofern Prosa nicht von der Form her theoretisierbar ist und sofern sie vorderhand nicht mit einer beschreibbaren literarischen Gattung kongruiert und ihr auch keine basale Handlungsform entspricht, muss sie von einem anderen Prinzip her gedacht werden. Es ist die Selbstbezüglichkeit der Sprache, ihre Fähigkeit zur unendlichen Rekursion *in aestheticis* (s. u.), welche Prosa auszeichnet und sie so innovativ macht. Indem zum Beispiel das vor der Form liegende autobiographische Substrat sofort in Figuren der Selbstbezüglichkeit übersetzt wird, erscheint das vermeintlich Ontologische als Konstruktion. Es verliert sich die Unterscheidung von vorher und nachher, also die temporale Linie der Narration: Das Leben ist immer schon ausgedeutet und muss immer noch von Anfang an gedacht werden; immer ist alles schon als Wiederholung gelesen und doch muss es als Anfang inszeniert werden. Prosa überholt den traditionellen Ästhetizismus, nach dem das Leben die Kunst imitiere, durch eine doppelte Rekursionsfigur, die letztlich auf die rätselhafte und ins Humoristische mündende Identifikation von Leben und Konstruktion hinausläuft.

Theoriegeschichtlich kennt die Literaturwissenschaft eine interessante Variante der Prosa. In der Frühzeit des russischen Formalismus wurde von der Idee ausgegangen, dass die Sprache eine Art von semiotischem Nullniveau (Prosa) kenne, dessen Entautomatisierung und Verfremdung durch ein Ensemble von Verfahren und Kunstgriffen zur Literarizität von Texten führe. Der russische Formalismus folgt als Theorievorschlag der Figur, die hier als die der Prosa behauptet wird. Indem bei Viktor Šklovskij und anderen die Gattungsformen nur als ästhetische Verfahren gedeutet werden, erscheint diese Gründungsphase der eigentlichen Literaturwissenschaft aufschlussreicherweise – nämlich dezidiert nachhegelianisch – selbst als ‚prosaische' Theorie. Man kann hier eine anfängliche Prosa – unterschieden von einer durch Verfahren erzeugten Prosa – unter Auslassung der alten Formmetaphysik finden: Ein weiterer Hinweis darauf, dass Prosa als Metaliteratur (Arno Schmidt, s. o.) eine starke wissenspoetologische Dimension mitführt.

5 Prosa und Poetizität – Verhältnis zur Lyrik

Die bislang gegebene Beschreibung der Prosa führt auf eine Begriffskonstellation, die tief in die Konzeptbildungen der Literaturwissenschaft eingreift. Die Abweisung des Formbegriffs und die Insistenz auf poetischer Selbstreferenz unterläuft eine etablierte und mächtige Diskurstradition. Sie ist denn wohl auch der Grund dafür, dass Prosa bislang kein Theoriegegenstand der Literaturwissenschaft hat werden können. Traditionell wird der Formbegriff durch die Verfahren der poetischen Funktion quasi angereichert. Anspruchsvolle literaturwissenschaftliche Formbegriffe denken also in der traditionellen philosophischen Figur der Einheit des Mannigfaltigen dieses Mannigfaltige gerne als den Inbegriff der Verfahren und Kunstgriffe und als die Operationen der poetischen Selbstreferenz. Auf diese Weise emanzipiert sich der Formbegriff von seiner gattungspoetologischen Beschränktheit. Für eine Theorie der Prosa ist nun die Unterscheidung von Form und Selbstreferenz zentral: Prosa ist als maximale Entfaltung der poetischen Funktion zu verstehen und eben deshalb als forminkompatible Schreibweise. Traditionell wird Poesie mit Versrede, Prosa mit ungebundener (Roman-)Rede assoziiert, entsprechend widmen sich Theorien der Poetizität gerne der Lyrik als der vermeintlich dichtesten poetischen Schreibweise. Noch in Roman Jakobsons literaturwissenschaftlichem Werk (Jakobson 2007b; vgl. Birus et al. 2003) sind die Lektüren fast ausschließlich versifizierter Dichtung gewidmet. Die Verdichtungsleistung, die über die Formen der Lyrik zu gewinnen ist, wird bei Jakobson und anderen mit großer Selbstverständlichkeit mit der Verdichtungsleistung, die über die poetische Funktion zu erreichen ist, identifiziert. Der Formbegriff ist also weithin tief mit der poetischen Selbstreferenz verbunden. Gerade aber die Exzesse der wilden Semiotik in der Prosa zeigen, dass eine konsequent fortgesetzte poetische Selbstreferenz die gestaltaffine Einheit der Form außer Kraft setzen muss. Form und Selbstreferenz können über lange Sequenzen konkordant gehen und sich gegenseitig verstärken, aber angesichts der Prosa wird evident, dass es sich dabei um zwei genuin unterschiedliche Prinzipien handelt, die bei der Prosa instruktiv in Widerstreit geraten.

Wenn nach Jakobson die poetische Funktion alle anderen Funktionen poetisiert, dann gewinnt der poetische Text die Möglichkeit, die folgenden Register seiner Selbstbezüglichkeiten durchzudeklinieren (vgl. dazu im vorliegenden Band das Vorwort): poetische Metasprache als Artikulation immanenter Poetik, poetische Phatik als textimmanente Schreibszene, poetische Emotivität als Darstellung der Funktion Autorschaft, poetische Konativität als komplexe textimmanente Instituierung der Funktion Lesen, poetische Referentialität als Fiktionalität, schließlich die reflexive Selbstdeutung der poetischen Funktion als implizites Wissen über die Fiktionalität erzeugende Selbstreferenz.

Poetische Texte, die einer Form folgen, richten ihre Elemente auf ihre Form aus. Sie können dabei durch die spezifische poetische Mehrfachkodierung zugleich eine Sequenz als Allegorie der immanenten Poetik oder als Allegorie der Lektüre (de Man 1988) lesbar machen. So ist E.T.A. Hoffmanns *Der goldne Topf* als Verhandlung einer mehrfachen Schreibszene interpretierbar (Kittler 1995, 98–138) oder als Allegorisierung frühromantischer Poetik (Engel 2009) oder als Reflexion über die Grenze zwischen Realität und Fiktion. Aber eine solche Durchallegorisierung formfunktional eingebundener Sequenzen hat ihre Grenzen. Hoffmanns Märchen hat ein Erzählziel. Der Text muss daher seine Selbstthematisierung dem Fortgang der Erzählung kompatibel halten, er darf nicht zu einer extensiven Ausformulierung seiner immanenten Poetik (poetische Metasprache), seiner Phatik (poetische Schreibszene) oder seiner Fiktionalität (poetische Markierung der umorientierten Referenz) werden. Seine Allegorisierungen müssen immer auch – und in der Regel: primär – die erzählfunktionalen Erfordernisse erfüllen. Mit anderen Worten: Die allegorisierende Durchführung der selbstreferentiellen Register der poetischen Funktion muss mit der narrativen Form konkordant gehen, die Form definiert also den Explikationsraum für Selbstreferenz.

Prosa in dem hier beschriebenen Sinne hat die Lizenz, anders zu verfahren, sie kann den narrativen Fortgang stornieren und anstatt dessen die Register der Selbstbezüglichkeiten ausformulieren, also zum Beispiel die Allegorisierung der Schreibszene als den Klartext nehmen, der das primäre thematische Zentrum ist, um es wiederum zu allegorisieren, etwa als immanente Poetik oder als Darstellung der Funktion Autorschaft. Um ein Beispiel zu nennen: In Schmidts *Abend mit Goldrand* berichtet eine rudimentäre Handlung von einer Hausgemeinschaft, die für zwei Tage eine Gruppe von Gammlern und Hippies auf dem ländlichen Grundstück beherbergt. Deren Abreise schließen sich einige der Hausbewohner an. Der Text, dessen Umfang man bei normaler Drucklegung auf circa 700 Seiten schätzen kann, besteht darin, diese für eine Kurzgeschichte passgenaue Handlung nach allen Richtungen hin plurifokal zu überformen. So sind die handelnden Personen nach Schmidts Instanzentheorie Allegorisierungen der Freud'schen psychischen Instanzen (Über-Ich, Ich, Unbewusstes), mehrfach aufgespalten und nach Schmidt'schen Prämissen um die vierte Instanz (Humor) ergänzt. Dadurch wird der ganze Text zu einer Psychoanalyse des Autors, quasi zu dessen Kopfinnentheater. Die Konflikte der Personen sind immer auch solche der inneren psychischen Instanzen der Funktion Autorschaft (poetisierte Emotivität). Zugleich ist dieses Instanzentheater aber die Analyse der Schreibszene als Darstellung der literarischen Produktivität (poetische Phatik) und die Analyse der fortlaufenden Theorie des ganzen Textes (immanente Poetik = poetische Metasprache). Indem die Frage des Realismus unter dem Stichwort des ‚phantastischen Realismus' explizit verhandelt wird (Schmidt BA IV/3, 130), findet sich auch eine durchlaufende Debatte der Fiktionalität (Selbstmarkierung der poetischen Funktion). Und schließlich wird die Funktion Lesen (poetische Konativität) im Text permanent als das Lesen kurioser Gegenkanons thematisiert. Man kann nicht sagen, welche dieser Dimensionen in *Abend mit Goldrand* vorherrschend sei. Der Text spreizt sich in jedem Moment nach allen diesen Dimensionen auf und ist das unbeendbare Kombinationsspiel dieser Optionen (unendliche Rekursion). Dies alles wird durch eine Verdichtung der Sprache unterstützt, die Bachtins Polyphonie noch einmal steigert: Die Worte werden aufgebrochen, umgeschrieben und in der Etymsprache pluralisiert, sodass aus der Verschreibkunst eine ‚Vers-Reib-Kunst' wird. Man kann *Abend mit Goldrand* im eigentlichen Sinne nicht mehr lesen. Linearität versagt vollkommen, ein *sensus litteralis* ist nicht zu identifizieren. Es handelt sich um Schmidts Autobiographie, um seine allegorische Selbststilisierung, um seine eigene Psychoanalyse, die aber nur aufgeboten wird, um jegliche Selbstanalyse zu kaschieren, vor allem aber um die systematische Selbstsatire als angewandter Humor.

Prosa ist plurifokal, indem sie ihre Elemente, statt sie auszurichten – zum Beispiel auf die Form der Erzählung –, aufspreizt: Der Textraum expandiert in alle Dimensionen gleichzeitig. Schmidt hat dies in seinem letzten Text in der Allegorie eines nichteuklidischen Wohnraums, der nur aus Text besteht, dargestellt (Schmidt BA IV/4, 131) – eine Grundidee, die in Mark Z. Danielewskis *House of Leaves* (2000) konsequent durchgeführt wird. Indem der Text mit dieser Arbeit beschäftigt ist, geht er in die poetologische Tiefe seiner selbst, wird quasi zu seiner eigenen Literaturwissenschaft (Metaliteratur) und verhindert damit sein narratives Fortkommen, die Ausrichtung auf mögliche Form. Während die meisten poetischen Texte einen durch ihre Form gegebenen Fokus kennen und diesen nebenher plural kodieren können, etabliert Prosa nicht selten explizit einen mehrfachen Schriftsinn als den – paradox formuliert – eigentlichen plurifokalen Fokus (s. zu Joyce: Reichert 1989), zu dem sich die Handlung vorderhand nur als thematischer Vorwand, als bloße „Rennbahn der Charaktere" (Jean Paul W I/4, 252) darstellt. Da Prosa jedoch dahin tendiert, jedes ihrer Elemente wiederum zu ihrem thematischen Gegenstand zu machen, wird meist auch das, was als Handlung vorhanden ist, einer immanent poetologischen Reflexion unterzogen.

Giorgio Agamben hat in einem kurzen Text eine spekulative etymologische Figur etabliert (Agamben 2003, 21–24), die sich für eine Theorie der Prosa fruchtbar machen lässt: Während die Lyrik die Wende in die poetische Selbstreferenz zunächst über das Versende organisiert, ist es (Agamben radikalisierend) an der Prosa, eine solche Wende in jedem einzelnen Element bis hin zum Buchstaben zu vollziehen. Der seine Furche ziehende Ackerbauer, aus dessen Wende (*versus*) am Ende des Ackers das Wort ‚Vers' abgeleitet ist, wird in der Prosa, die nicht auf das Ende der Sequenz hin richtungsverpflichtet ist, zum Modell für jedes sprachliche Element. Agamben bleibt in der agrarischen Metaphorik, wenn er als neues Prinzip die boustrophedische Textbewegung einführt (griech. βoύς, bous, Ochse; στρέφειν, strephein, wenden; vgl. Strophe). Gemeint ist eine Schreib- und Leserichtung, bei der am Ende einer Zeile direkt unter dem letzten Zeichen die nächste Zeile beginnt und in der Gegenrichtung zur vorherigen geführt wird, der Zeilensprung also wegfällt, aber eine Parallelführung erhalten bleibt, wenngleich eine gegenwendige. Frühe Keilschriften, aber auch gegenwärtige Blindenschriften folgen diesem Bewegungsmuster, bei dem die Sprache immer sofort, aber in Gegenrichtung, an sich selbst vorbeikommt und auf engstem Raum Korrespondenzen entstehen lassen kann. Die Prosa ist ochsenwendig, nämlich in jedem Element, auf kleinstem Raum, immer schon in sich hinein gewendet, inversiv in die Tiefe der Rasterungen der poetischen Funktion gehend. Die Sprache der Prosa folgt nicht dem referentiellen Etwas der Erzählung (das, wovon erzählt wird), sondern sie referiert auf die Spur des gerade geschriebenen Wortes und im Extremfall (Fischart, Joyce, Schmidt) auf das in sich gefurchte Wort, das humoristisch auf seine Pseudoetymologien hin falsch geschrieben ist und in sich selbst plurifokal wird.

Prosa tritt damit in die Konkurrenz zur Lyrik. Natürlich beschränken sich Gedichte nicht darauf, ihre Parallelismen auf das sie konstituierende Versende zu erstrecken. In der Lyrik wandert die Wende (*versus*) ebenfalls ins Innere des jeweiligen Syntagmas. Aber Gedichte tendieren dazu, ihre Rekursionen auszurichten, sie als Verstärkung der grundsätzlichen Tendenz des Textes zu verstehen. Bachtin meinte wohl diese Struktureigenschaft vieler Gedichte, als er die umstrittene These aufstellte, Lyrik sei monologisch (Bachtin 1979, 177–180). Vielleicht sollte man eher von der Formgerichtetheit des Liedes ausgehen, während der literaturgeschichtliche Prozess der Lyrik als eine zunehmende Infiltrierung des Liedhaften durch die prosaaffine Schreibweise zu denken ist. Spätere Texte von Paul Celan oder von Thomas Kling spielen explizit mit der Grenze von Lyrik und Prosa. Bertolt Brechts Laotse-Gedicht, das einen Ochsen mehrfach eine Grenze überschreiten lässt, zieht im Kontext seiner Ochsengedichte explizit das Prosaprinzip in die Lyrik hinein (Simon 2013b). So wäre es das in der Lyrik arbeitende Prosaprinzip – also die Schriftlichkeit, die sich ins mündliche Liedsubstrat einnistet –, welches dort für eine komplexe Verdichtungsarbeit zuständig ist.

Diese Bemerkungen führen erneut auf die im Hintergrund stehende These: Form und poetische Selbstreferenz sind zwei genuin unterschiedliche Prinzipien. Sie stimmen oft überein und verstärken einander gegenseitig, auch ohne dabei ihre Differenz ausspielen zu müssen. Deshalb arbeiten fast alle literaturwissenschaftlichen Begriffsbildungen damit, poetische Selbstreferenzen als immanente Verstärkungen der Form zu denken. Der Blick auf die Prosa zeigt aber, dass eine

Schreibweise, die die vor der Form liegende Komplexität auf das nach der Form liegende Raster der poetischen Selbstreferenzen abbildet, zu einer genuinen Poetizität findet. In aufschlussreicher Weise verkehren sich damit die hergebrachten Begriffsmuster. Nicht mehr die Versrede wird zum Paradigma von Poetizität, sondern deren schieres Gegenteil, die zum Exzess sprachlicher Selbstreferenz gesteigerte Prosa.

Vielfach wird behauptet, dass der russische Formalismus den Paradigmenwechsel von der Literaturgeschichte zur Literaturwissenschaft vollzogen habe. Zu den Anfangsmotiven dieses Paradigmenwechsels gehörte die Auskunft des jungen Jakobson, dass der einzige legitime Gegenstand der Literaturwissenschaft die Analyse der Literarizität oder der Poetizität sei (Jakobson 2007b, I, 16): „Somit ist Gegenstand der Literaturwissenschaft nicht die Literatur, sondern die Literarizität, d. h. dasjenige, was das vorliegende Werk zum literarischen Werk macht." Jakobson ging diesen Weg, aber fälschlich auf den Spuren der Lyrik, die er wiederum als wilde Semiotik interpretierte, als ob sie Prosa wäre. Tatsächlich zeigt sich aber, dass, entgegen der traditionellen Begriffstopik, die das Fach konstituierende Frage nach der Poetizität dort zu stellen ist, wo mangels Form der Blick auf Poetizität überhaupt erst frei wird, also bei der Prosa. Ist es nicht so, dass eine Seite von *Finnegans Wake* oder von *Zettel's Traum* es spielend mit der poetischen Dichte fortgeschrittener Lyrik aufnehmen kann? Wenn man das nicht abstreiten möchte, stellt sich die irritierende Frage, wie und warum Texte möglich sind, die dies gerade infolge ihrer enzyklopädischen Extension bewerkstelligen. Die Antwort auf diese Frage ist bei einer ausformulierten Theorie der poetischen Selbstreferenzen zu suchen.

Damit dreht sich eine ganze disziplinäre Topik um: Nicht die Lyrik, sondern die Prosa müsste im Zentrum der literaturwissenschaftlichen Theoriebildung stehen. Nicht die mimesisorientierte Poetik, sondern die darstellungsbezogene Ästhetik liefert die wesentlichen Theoriebausteine. Nicht die Formbegrifflichkeit, sondern die poetische Funktion führt ins Zentrum der Fragestellung. Das Projekt einer Poetik der Prosa zielt auf die Ausformulierung der poetischen Funktion, also der Weisen der Selbstreferenz. Eine vielleicht sogar als Typologie der poetischen Selbstbezüglichkeiten ausdifferenzierte Theorie der Poetizität liegt nicht vor. Sie wäre im Rahmen einer Poetik der Prosa in Angriff zu nehmen.

Eine abschließende Überlegung: Ist es sinnvoll, von einer ‚Poetik der Prosa' zu sprechen? Wenn das Kerngeschäft der literaturwissenschaftlichen Beschäftigung mit der Prosa in der Frage nach der Poetizität besteht, läge dann nicht der Begriff einer ‚Theorie der Prosa' näher? Interessanterweise sind die vielfachen Optionen der poetischen Funktion viel genauer beschreibbar und weitaus expliziter auszuführen (‚zu machen' (ποιέω) – als Poetik), als es bei der formorientierten Poetik der Fall war. So hat zum Beispiel Ferdinand de Saussure versucht, die Anagrammatik einer programmierenden Beschreibung zu unterziehen (Starobinski 1980). Und was ist Anagrammatik anderes als die auf die Buchstabenebene angewandte poetische Funktion (Simon 2012a)? Die Poetisierungen der nichtpoetischen Sprachfunktionen als Raster der poetischen Selbstreferenzen folgen einer explizierbaren Methodik, sie sind als Poetik reformulierbar. In diesem Sinne wird man zwar von einer Theorie der poetischen Selbstbezüglichkeiten sprechen können, zugleich aber von einer Poetik der Prosa.

Weiterführende Literatur

Althaus, Thomas und Nicola Kaminski (Hg.) (2012). *Spielregeln barocker Prosa. Historische Konzepte und theoriefähige Texturen ‚ungebundener Rede' in der Literatur des 17. Jahrhunderts*. Bern.
Arndt, Astrid, Christoph Deupmann und Lars Korten (Hg.) (2012). *Logik der Prosa. Zur Poetizität ungebundener Rede*. Göttingen.
Kristeva, Julia (1972b). „Zu einer Semiologie der Paragramme". *Strukturalismus als interpretatives Verfahren*. Hrsg. von Helga Gallas. Darmstadt/Neuwied: 163–200.
Simon, Ralf (2013a). *Die Idee der Prosa. Zur Ästhetikgeschichte von Baumgarten bis Hegel mit einem Schwerpunkt bei Jean Paul*. München.
Simon, Ralf (2014). „Vorüberlegungen zu einer Theorie der Prosa". *Poetik. Historische Narrative und aktuelle Positionen*. Hrsg. von Armen Avanessian und Jan Niklas Howe. Berlin: 124–144.

Rüdiger Zymner
III.2.6 Gattungspoetik

1 Begriffsklärungen

Gattungen lassen sich beschreiben als Elemente habitualisierter Klassifikationshandlungen (Michler 2015, 47) in historisch-kulturell unterschiedlichen und jeweils veränderlichen sozialen Zusammenhängen (die man wiederum als spezifische soziale Konstellationen oder spezifische soziale Systeme beschreiben kann). Sie begegnen uns vor allem einerseits als Normen der Kommunikation, wie sie insbesondere in Poetiken, Grammatiken, Ästhetiken, Sachlexika oder allgemein Texten über Gattungen formuliert werden, aber auch in Gesprächen, in denen man sich über Sachverhalte verständigen will oder muss, und andererseits in Exemplifikationen *von* Normen der Kommunikation beziehungsweise Exemplifikationen *für* Normen der Kommunikation (also in oder mit einzelnen Texten, mit denen Normen der Kommunikation illustriert werden oder anhand deren sie überhaupt erst entwickelt werden). Bei diesen formulierten Normen der Kommunikation, mit denen oder durch die Gattungen gewissermaßen erst sichtbar werden, handelt es sich schließlich um die exosomatischen sprachlichen Repräsentationen von kognitiven Schemata, die sich historisch-kulturell relativ im Zuge der erwähnten habitualisierten Klassifikationshandlungen als sozial geteilte Kognition dauerhaft etabliert haben. Diese allgemeine Bestimmung betrifft nicht nur Gattungen der Literatur und der Dichtung, sondern auch Gattungen, die im vorliterarischen Feld, in der mündlichen Episteme, in den Gebrauchsformen der Kommunikation etc. vorhanden sind – dieser Bereich sei im Folgenden mit dem Begriff ‚Poetrie' bezeichnet (vgl. Zymner 2013, 11–38).

Die Bestimmung und die Unterscheidung von Gattungen ist eine von mehreren Möglichkeiten, die unübersichtliche Welt der Poetrie und der Literatur zu ordnen (und man kann sagen, dass ‚Dichtung', ‚Poetrie' oder ‚Literatur' selbst Gattungen sind – freilich solche von höchstem Allgemeinheitsgrad). Als Normen der Kommunikation haben Gattungen den Charakter konstituierter Sammelkategorien unterschiedlichen Allgemeinheitsgrades (wie z. B. Epik, Roman, Versroman, Liebesroman). Im Prinzip ist jede dieser Sammelkategorien mit anderen Sammelkategorien koordinierbar oder ihnen auch subordinierbar. Dadurch lassen sich wiederum unterschiedliche systematische Zusammenhänge von Gattungen bilden (wie vor allem die Nebenordnung von Gattungen in einer Aufzählung oder die hierarchisierende Ordnung in einem ‚Stammbaum' oder die gradierende Ordnung in einem Typenkreis). Gattungssysteme der Poetrie und solche der Literatur entsprechen dabei aber aus mehreren Gründen nicht der Klassifikation biologischer Gattungen (vgl. Strube 1993, 56) – vor allem, weil Gattungen in Poetrie und Literatur keineswegs trennscharf voneinander abgegrenzte Schemata sind und deren Systematisierung mehr mit biologischen Wahrnehmungsdispositionen des Menschen und kulturell eingespielten sozialen Praktiken als mit Logik oder den Regeln der Evolution zu tun hat.

Je nach theoretischem Hintergrund, je nach dem Textkorpus, das in der Kommunikationshandlung, in der Gattungen konstituiert werden, vor Augen steht, und je nach der Funktion in einem pragmatischen Kontext können Gattungen in wissenschaftlichen Zusammenhängen mithilfe unterschiedlicher Definitionsformen (Genus-differentia-Definition, Explikation, Realdefinition etc.) und unterschiedlicher Begriffstypen (univoke Begriffe, paronyme Begriffe, Familienähnlichkeitsbegriffe usw.) bestimmt werden. Es gibt also nicht *die* richtige Definitionsform oder *den* richtigen Begriffstyp bei der Normierung von Gattungsbegriffen (und damit auch nicht eine und nur eine ‚richtige' Definition einer Gattung), wohl aber Konventionalisierung und Vergesellschaftung von bestimmten Gattungsbegriffen und Gattungssystematisierungen. Die Konventionalisierung und die Vergesellschaftung von Gattungsbegriffen und -systematisierungen ist eine Frage ihrer Zweckmäßigkeit und ihrer Plausibilität, dazu eine Frage der geltenden Diskursmechanismen, der Herausbildung und Etablierung von Traditionen oder auch der wissenschaftlichen Schulbildungen (und auch der diskursiven Macht). Die Konventionalisierung und Vergesellschaftung von Gattungsbegriffen, die einerseits vor Willkür oder Beliebigkeit in der Verständigung über Gattungen schützen und dadurch andererseits Gattungen historisch-sozial stabilisieren, kann schließlich auch den Effekt haben, dass Gattungen nicht mehr als theorie-, paradigmen- und subjektabhängige, kulturell und historisch relative Konstrukte gesehen, sondern sogar für sozusagen objektive oder ‚natürliche' Gegebenheiten der unübersichtlichen Welt der Poetrie und der Literatur gehalten werden. Das ist freilich eine Täuschung, vor der die Gattungsforschung schützen kann.

Auf die Bestimmung und die Unterscheidung von dichterischen Gattungen ausgerichtete Klassifikationshandlungen sind in allen überlieferten Dichtungskulturen der Welt und hier wiederum von der Präantike bis in die Gegenwart nachweisbar und insbesondere in explizit formulierten oder implizierten Gattungspoetiken greifbar (vgl. Fowler 1982, Miner 1990; Lindberg-Wada 2006; Zymner 2010, 197–220). Aus pragmatischen Gründen konzentrieren sich westliche Geschichten der Gattungspoetik, die mit Blick auf eine westliche Semiosphäre geschrieben werden, zumeist auf eine abendländische Gattungspoetik seit der griechischen Antike. Diese Geschichte der Gattungspoetik kann man mit der *Poetik* des Aristoteles (ca. 335 v. Chr.) beginnen lassen und über eine europäische Entwicklungslinie bis in die Gattungspoetik einer internationalen Moderne führen.

2 Antike Gattungstheorie

In der ab ca. 335 v. Chr. als wissenschaftliche Lehrschrift entstandenen philosophischen Schrift des Aristoteles mit dem Titel *Peri Poietikes* (dt. *Die Poetik* i. S. v. ‚Über die Dichtkunst', eigentlich: ‚Über das Machen/das künstlerisch Gemachte') geht es nicht nur grundsätzlich um eine Bestimmung der Dichtkunst/des ‚künstlerisch Gemachten' selbst, sondern auch um die Erläuterung der Gattungen (*génē*) der Dichtkunst/des ‚künstlerisch Gemachten' (poet. 1,1447a 8). Dass die ‚Dichtkunst selbst'/das ‚künstlerisch Gemachte' sich *überhaupt* irgendwie aus ‚Gattungen' zusammensetzt und dass diese Gattungen irgendwie durch einzelne Werke oder Exemplare gebildet werden, scheint für Aristoteles noch kein besonderes Problem zu sein. Als Beispiele für Gattungen werden von ihm Epos, Tragödie, Komödie, Dithyrambendichtung sowie das Flöten- und das Zitherspiel genannt, die wie der Tanz, der philosophische Dialog, die Musik und die bildende Kunst als Formen der Nachahmung (*mímēsis*) zu betrachten seien. Allgemeine, naturgegebene Ursachen der Dichtkunst (poet. 1,1448b) seien dabei die menschliche Fähigkeit zur Nachahmung und die Freude an Nachahmungen. Eine Unterscheidung der Gattungen ergibt sich für Aristoteles durch die Mittel der Nachahmung (geformte Sprache, Rhythmus, Melodie), durch den Gegenstand der Nachahmung (Menschen, entweder schlechter oder besser als in der Erfahrungswelt) sowie durch ihre Art und Weise (indirekt berichtend in eigener Person oder durch einen anderen sowie direktes Nachahmen handelnder oder tätiger Figuren). Aristoteles skizziert knapp Entwicklungslinien dichterischer Gattungen und betrachtet die klassische attische Komödie und die attische Tragödie (Euripides, Sophokles) als deren Höhepunkte. In den weiteren Ausführungen konzentriert sich Aristoteles besonders auf die Tragödie. Als bis in die Gegenwart diskutierte Formelemente und Funktionen der Tragödie nennt er ‚Mythos' (verstanden als Handlung), weiter ‚Charakter', (fremde) ‚Sprache', ‚Katharsis' sowie ‚*eleos*' und ‚*phobos*' – also ‚Jammer, Rührung' und ‚Schrecken, Schauder' (bei Gotthold Ephraim Lessing übertragen als ‚Furcht' und ‚Mitleid'). Derartige gattungspoetologische Überlegungen finden sich ansatzweise auch schon vor und neben Aristoteles (siehe hierzu z. B. Puelma 1989), etwa bei seinem Lehrer Platon im dritten Buch der *Politeia* (dt. *Der Staat*, pol. 392a–394a). Dort werden formale Redekategorien voneinander unterschieden und mit bestimmten Gattungen verbunden (1. der Dichter spricht selbst [älterer Dithyrambus]; 2. der Dichter lässt Personen sprechen [Tragödie und Komödie]; 3. Mixtum aus 1. und 2. [Epos]). Bei Platon und Aristoteles geraten damit zwar schon die in späteren gattungssystematischen Ordnungen voneinander unterschiedenen Bereiche der Epik und der Dramatik in den Blick, ein in den europäischen Poetiken seit der Frühen Neuzeit unterschiedenes drittes generisches Feld, das der Lyrik, wird hier jedoch noch nicht statuiert. Vermutlich in das Umfeld der *Poetik* des Aristoteles gehört der sogenannte *Tractatus Coislinianus* (vgl. Janko 2002), der sich auf die Komödie konzentriert und zwischen mimetischer und nichtmimetischer Dichtung differenziert. Im Fall der mimetischen Dichtung unterscheidet er zwischen der berichtenden und der dramatischen Dichtung (und hier wiederum zwischen Tragödie, Komödie, Mimos und Satyrspiel), bei der nichtmimetischen zwischen der historischen Dichtung und der Lehrdichtung. Die Praxis der Aufzählung von Gattungen und ihrer gattungssystematischen Affirmation durch die Kanonisierung klassischer Autoren ist ein Charakteristikum der Gattungspoetik in hellenistischer und römischer Zeit. In seiner *Ars grammatica* (2. Jahrhundert v. Chr.) nennt etwa Dionysios Thrax neben Tragödie, Komödie, Elegie, und Epos auch die ‚lyrische Poesie' (*lyriké poíēsis*) als Sammelkategorie, ohne dabei allerdings schon ein generisches Feld der Lyrik neben Epik und Dramatik zu adressieren.

Die *Poetik* des Aristoteles ist als ein erstes antikes Grundbuch der abendländischen Poetik zu bezeichnen. Seit der italienischen Renaissance wurde es als Lehrbuch der Dichtung und näherhin als Gattungspoetik begriffen, und seit den gelehrten Aristoteles-Kommentaren Francesco Robortellos (1548), Lodovico Castelvetros (1570) und anderer wurden im sogenannten Zeitalter des dichtungstheoretischen Aristotelismus bis ins 18. Jahrhundert hinein sogar Regeln in der aristotelischen *Poetik* entdeckt oder auf diese zurückgeführt, die dort eigentlich nicht zu entdecken sind (wie etwa die Lehre von den drei Einheiten oder auch die sogenannte Ständeklausel). Während des Mittelalters blieb die *Poetik* (im Okzident – anders als in der ‚arabischen Welt') ebenso wie die beiden anderen Grundbücher der abendländischen Poetik jedoch zunächst unbekannt oder unbeachtet. Als zweites Grundbuch kann man die *Ars poetica* des Horaz (eigentlich *Epistula ad Pisones*, ca. 23–28 v. Chr.), als drittes den rhetorischen Traktat *Peri hypsous* (dt. *Über das Erhabene*, vermutlich 1. Jahrhundert n. Chr.) eines als Pseudo-Longin bezeichneten Verfassers betrachten. Nachhaltigen Einfluss auf die abendländische Theorie der Dichtkunst hatte Horazens Bestimmung: „Entweder nützen oder erfreuen wollen die Dichter" („aut prodesse volunt aut delectare poetae"), „oder zugleich, was erfreut und was nützlich fürs Leben ist, sagen" (Horaz 1980, 24–25, V. 333–344). Ebenso wirksam wurde Horazens Formulierung, die die Dichtung mit einem Gemälde vergleicht („ut pictura poesis"), und die strukturelle Unterscheidung von Darstellungen „ab ovo" oder „in medias res" (V. 361, 147–148). Erstmals belegt ist hier auch die generisch spezifizierende Bestimmung, dass ein Drama aus fünf Akten bestehen solle (V. 189). Bei Horaz stoßen wir nicht zuletzt auf die Übertragung des rhetorischen Konzeptes der Nachahmung kanonischer Vorbilder auf die Dichtung (V. 134, 317–318), so dass nun neben das aristotelische Mimesis-Konzept (Darstellung von möglichen Handlungen einzelner Figuren) ein zweites Konzept tritt (*imitatio* als Nachahmung literarischer Vorbilder) beziehungsweise eine Vermischung beider Konzepte stattfindet. Hinzu tritt eine Orientierung der Poetik an der Rhetorik, wie sie bis ins 18. Jahrhundert hinein vorherrschend werden und bleiben sollte. Fragen der Gattungspoetik behandelt Horaz insbesondere im ersten, dem sogenannten werkästhetischen Teil der *Ars poetica* (V. 1–294). Hier geht es um Fragen der Stilhöhe, die nach Gattungen und Situationen wechselt, und auch um einzelne Gattungen wie die Tragödie (V. 179–219) und das Satyrspiel (V. 251–294). Besonders dieser Abschnitt über das Satyrspiel wird als wichtiger Beitrag zur Frage der sogenannten gemischten Gattungen (also der aus ‚reinen' Gattungen irgendwie zusammengefügten oder gemixten Gattungen) betrachtet, die die Dichtungstheorie des 16. bis 18. Jahrhunderts intensiv beschäftigten. Charakteristisch für die Verknüpfung von Poetik und Rhetorik ist schließlich auch der rhetorische Traktat *Peri hypsous*, in dem es darum geht, wie jene Höhepunkte der Rede zu erreichen sind, von denen eine unwiderstehliche Macht auf jeden Hörer ausgehe. Erläutert werden die insgesamt fünf Quellen des Erhabenen fast ausschließlich an Textbeispielen der klassischen Literatur, denn zur Steigerung der Redekunst führe die Nachahmung der großen Schriftsteller und Dichter.

3 Gattungstheorie im Mittelalter und der Frühen Neuzeit

Im europäischen Mittelalter finden gattungspoetologische Normierungen vor allem in grammatischen, rhetorischen, exegetischen, metrisch-verspoetischen und enzyklopädischen Schriften in lateinischer Sprache vor dem Hintergrund der überlieferten antiken Dichtung und mit Bezug auf lateinischsprachige Dichtung statt. Begründungen volkssprachlicher Dichtung und generische Normierungen und Differenzierungen in diesem Bereich werden (etwa seit Otfrids von Weißenburg *Evangelienharmonie*) demgegenüber nur zögerlich vorgenommen. So wäre für das frühmittelalterliche Schrifttum insbesondere auf die *Etymologiae* des Isidor von Sevilla (ca. 560–636 n. Chr.) zu verweisen, in denen grundlegend zwischen Vers und Prosa unterschieden wird (Isidor I, XXXVIII), einzelne lyrische Gattungen von alttestamentlichen Vorbildern abgeleitet und Gattungen wie Fabel und historische Erzählung im Spannungsfeld zwischen *facta* und *ficta* (Isidor I, XL), tatsächlich Vorgefallenem und bloß Erfundenem, angesiedelt werden. Von gattungspoetischer Bedeutung wird überdies schon seit der Vergil-Vita des Grammatikers und Rhetorikers Aelius Donatus (ca. 320–380 n. Chr.) die Interpretation der *Aeneis*, der *Georgica* und der *Bucolica* des Vergil als Exemplifikationen dreier *genera dicendi* (Gattungen der Rede) – nämlich des *genus sublime* (hoher Stil) mit der Funktion des *movere*, des *genus medium* (mittlerer Stil) mit der Funktion des *docere*, und des *genus tenue* (niedriger Stil) mit der Funktion des *delectare*. Um 1200 entwickelt oder vielmehr behauptet demgegenüber der Spielmann Jean Bodel (ca. 1165–1209) in seiner Schrift *Chanson des saisnes* inhaltliche Kriterien zur Unterscheidung von Genres im Bereich der volkssprachlichen Epik. Pauschal bestimmt und bewertet er: „Es existieren nur drei Sagenkreise für den, der sich auskennt:/Von Frankreich, von der Bretagne und vom mächtigen Rom;/Und diese drei Sagenkreise unterscheiden sich in jeder Hinsicht./Die Erzählungen von der Bretagne sind eitel und bloß unterhaltsam,/Die von Rom sind lehrreich und sinnhaltig,/Die von Frankreich sind wahr, wie Tag für Tag offenkundig wird." (Ernst 2010, 201) Ähnlich entwickelt Antonio da Tempo in seiner Schrift *Summa artis rhitmici vulgaris dictaminis* (1332) eine Poetik lyrischer volkssprachlicher Formen. So unterscheidet er hier zwischen *sonetus, ballata, cantio extensa, rotundellus, mandrialis, serventius sive sermontesius* und *motus confectus*. Besonders aufschlussreich erscheinen seine Ausführungen zur Gattung *sonetus* (Sonett), die er ausführlich beschreibt und bei der er sechzehn Typen voneinander unterscheidet.

Die aufzählenden und nebenordnenden Gattungspoetiken des klassischen Altertums und des Mittelalters sind im Grunde Versuche der ahistorischen und statischen Ordnung von Feldern der gesellschaftlich (von den Eliten in Adel, Klerus und städtischem Bürgertum) hochgeschätzten Dichtung. Um derartige ahistorische Systematisierungen und Regulierungen bemühen sich auch die Gattungspoetiken der Frühen Neuzeit – in der deutschen Tradition ungefähr zwischen dem *Buch von der Deutschen Poeterey* (1624) des Martin Opitz und Johann Christoph Gottscheds *Versuch einer Critischen Dichtkunst vor die Deutschen* (1730). Dabei standen solche Systemversuche allerdings mehr und mehr unter dem Integrationsdruck einer volkssprachlichen Dichtkunst im Kontext einer Pluralisierung der poetologischen Diskurse, nicht zuletzt auch im Kontext einer Pluralisierung der prinzipiell als poesiefähig betrachteten Sprachen. Seit der (Wieder-)Entdeckung der *Poetik* des Aristoteles und besonders seit deren Edition durch Francesco Robortello (1548) stand in erster Linie dieser Text im Mittelpunkt einer frühneuzeitlichen kommentierenden und adaptierenden gattungspoetologischen Reflexion. Vor allem die hier vorgefundenen Normen der gattungspoetologischen Kommunikation mussten im Hinblick auf einen pluralisierten Gattungsdiskurs interpretiert und für eine homogenisierende Adaptation zugerichtet werden. Eine Verdichtung solcher Tendenzen findet sich in Julius Caesar Scaligers *Poetices libri septem* (1561) und ihrem Versuch, in Auseinandersetzung mit der aristotelischen *Poetik* Widersprüchliches und eigentlich Unvereinbares ‚methodisch' beziehungsweise ‚systematisch' zu integrieren. Scaligers *Poetices libri septem* wurden zum wichtigsten Bezugswerk für Opitzens *Buch von der Deutschen Poeterey* (aus dem

Opitz ganze Textpassagen in Übersetzung oder paraphrasierend übernimmt). In dieser Poetik stellt Opitz eine doppelte Gattungslehre vor – nämlich zum einen diejenige, die auf der klassischen Gattungslehre bei Scaliger und anderen aufruht, zum anderen aber eine, die die volkssprachlichen Gattungstraditionen zu erfassen versucht. Opitz redet im fünften Kapitel in einer Doppelformel von der „art der carminum vnd getichte" und behandelt zum einen die klassischen antiken Genera („Heroische getichte", „Tragedie", „Comedie" etc.), zum anderen ‚moderne' Genres vor allem der romanischen Dichtungen („Sonnet", „Quatrain" etc.). Die gekonnte Mischung von Systematisierung, klarer Regelgebung und Illustration der Regeln durch Beispiele sorgte unter anderem dafür, dass Opitzens *Buch von der Deutschen Poeterey* während des ganzen 17. Jahrhunderts zu einer Art Leitpoetik für die deutschsprachige Dichtung wurde, an der sich auch andere Poetiker und Poetiken orientierten – sei es zustimmend, sei es ergänzend, sei es in Abgrenzung von ihr.

4 Gattungstheorie im 18. Jahrhundert

Seit der Mitte des 18. Jahrhunderts entwickelte sich eine philosophische Ästhetik, die sowohl die Dichterpoetiken als auch die philosophischen Poetiken älteren Typs, wie man sie noch in Johann Christoph Gottscheds *Critischer Dichtkunst* antreffen konnte, verdrängte. Alexander Gottlieb Baumgarten (1714–1762) gab der neuen, von ihm begründeten philosophischen Disziplin mit seiner Schrift *Aesthetica* (1750–1758) den Namen, vorangegangen waren diesem Werk aber bereits seine ‚Philosophischen Betrachtungen über einige Bedingungen des Gedichtes' (*Meditationes philosophicae de nonnullis ad poema pertinentibus*, 1735). Wie Johann Christoph Gottsched, so war auch Alexander Gottlieb Baumgarten ein Schüler des rationalistischen Philosophen Christian Wolff und, vermittelt über diesen, von Gottfried Wilhelm Leibniz. Doch während es Gottsched in seiner *Critischen Dichtkunst* wie in allen anderen seiner philosophischen Schriften darum geht, die sozusagen immer gültigen Regeln (seien es die der Natur, seien es die der Kunst) eines letztendlich vernünftigen göttlichen Plans zu entdecken und kraft einer größeren und irgendwie privilegierten Einsicht seinen weniger aufgeklärten Zeitgenossen mitzuteilen, geht es Baumgarten um die Ergänzung der Leibniz-Wolff'schen Schulphilosophie um eine Theorie der sinnlichen Erkenntnis, der *cognitio sensitiva*. Dabei kommt es auch zu einer Aufwertung der Dichtung als eigener Erkenntnisform (ein geradezu revolutionärer Schritt, dessen Auswirkungen noch in der literaturtheoretischen Diskussion im 20. Jahrhundert zu spüren sind). Diese Aufwertung findet unter anderem schon ihren Ausdruck in der Bestimmung des Gedichtes als „oratio sensitiva perfecta" [vollkommen sinnliche Rede] (Baumgarten 1983, 10–11). Poetologisch bietet Baumgartens *Aesthetica* eine Art ‚Logik der Phantasie', die auch psychologische Aspekte des Erkenntnisvermögens berücksichtigt. Baumgarten geht dabei en passant auch auf gattungspoetologische und gattungstheoretische Fragen ein – und führt bereits in seinen *Meditationes* (§§ 106–107) die bislang in der deutschen (nicht jedoch in der italienischen und englischen) Poetik unbekannte triadische Einteilung der Dichtkunst nach den generischen Großbereichen Epik, Lyrik und Dramatik in die gattungspoetologische Diskussion ein. In der Unterscheidung von Lyrik, Epik und Dramatik kann man eine Abwendung der gattungspoetologischen Reflexion von Fragen der Regulierung einzelner Dichtarten und eine stärkere Konzentration auf allgemeine Prinzipienfragen sehen, die sich eben auch darauf richten, ob man die Gattungen der Dichtkunst nach ‚familienbildenden' Gemeinsamkeiten zusammenfassen und diese Gruppen voneinander unterscheiden könne. Bislang hatte man sich in der Geschichte der deutschen Poetik jedenfalls noch nicht um solche ‚philosophischen' Fragen gekümmert und – wie seit der Antike weithin üblich – eher jeweils nach den Regeln des Dekorums organisierte Gattungsreihen diskutiert. Unter den in der alten Rhetorik formulierten Regeln des Dekorums versteht man die Forderung nach Übereinstimmung von Gegenstand und Mittel der Dichtung, deren Beachtung dafür sorgte, dass man zum Beispiel zwischen Dichtungsarten, in denen Adlige, Prinzen oder Könige vorkommen (wie nach der sogenannten Ständeklausel in Tragödien oder Trauerspielen), und solchen, in denen Bauern, Hirten und Handwerker vorkommen (wie nach der Ständeklausel in Komödien und Possen), unterscheiden und damit die Unterscheidungen der Gattungen an Unterscheidungen der Gesellschaftsordnung orientieren konnte. Insgesamt haben wir es in der Frühen Neuzeit bis ungefähr zur Mitte des 18. Jahrhunderts mit kompilatorischen Lehr- und Anweisungspoetiken zu tun, die sich kaum um ein allgemeines und verbindliches Kunstprinzip bemühten, wie dies dann seit dem 18. Jahrhundert in den gleichwohl weiterhin normativen, nur jetzt eben systematisch hierarchisierten und an allgemeinen Prinzipien interessierten Poetiken anzutreffen ist. Von großem Einfluss auf die deutsche Gattungspoetik war hier das Werk des Franzosen Charles Batteux (1713–1780) mit dem Titel *Les beaux arts réduits à un même principe* (1746). Es handelt sich um ein Lehrbuch, dessen Titel verspricht, die schönen Künste auf ein einziges, gemeinsames Prinzip zurückzuführen, nämlich auf das Prinzip der Nachahmung der Natur. Batteux gelingt es in diesem Zusammenhang auch, die Lyrik auf dieses allgemeine Prinzip ‚zurückzuführen' und dadurch als dritte Hauptgattung neben den bereits eingeführten ‚mimetischen' (also handlungsnachahmenden) Gattungen, dem Epos und dem Drama, zu legitimieren. Was die Nachahmung von Handlungen in den mimetischen Dichtarten, das sei in der Lyrik nämlich die Nachahmung von Empfindungen in lyrischen Gedichten, so Batteux, der damit ein wichtiges gattungstheoretisches Problem vorläufig löst und der gattungstheoretischen Diskussion im 18. Jahrhundert wichtige Impulse verleiht. Noch beispielsweise für Friedrich Schiller sind einzelne lyrische Gattungen ‚Nachahmungen von Gemütsbewegungen'.

Batteux' ständig an Umfang zunehmendes Lehrbuch, das als eine Ästhetik vor der Baumgarten'schen *Aesthetica* betrachtet werden kann und wie diese die historische Tendenz zu einer allgemeinen Wissenschaft vom Schönen unterstreicht, trug ab der zweiten Auflage den Titel *Cours de belles lettres, ou principes de la littérature* (Bde. 1–4, 1747–1750) und später in der sechsten Auflage *Principes de la littérature* (Bde. 1–6, 1777–1788). Das Werk Batteux' wurde einem deutschen Publikum hauptsächlich in den Übersetzungen Johann Adolf Schlegels und Karl Wilhelm Ramlers vermittelt. Batteux' Gattungslehre wurde hierüber zu einem wichtigen Bezugspunkt der weiteren deutschen Gattungspoetik. Schon in der erweiterten dritten und vierten Auflage des *Cours de belles lettres* findet sich dabei eine gattungssystematische Aufteilung, die die triadische Gliederung gewissermaßen überschreitet und ihr eine Alternative zur Seite stellt. Neben Epik, Lyrik und Dramatik nennt Batteux nun nämlich als vierte Art der Poesie außerdem noch die ‚didaktische Poesie'.

Im Zusammenhang einer Ablösung der ‚alten' Gattungspoetik durch eine prinzipienorientierte Ästhetik einerseits und der Entwicklung eines historischen Denkens jenseits der Bestätigung einer supramundanen oder providentiellen, ‚immerwährenden' Ordnung kommt es im 18. Jahrhundert auch zu einer ‚Verzeitlichung' der Gattungspoetik, die beispielswiese in einer neuen, nicht mehr gelehrt-philologische Praxen betreffenden Form von Literaturkritik und der hier (etwa in Lessings *Hamburgischer Dramaturgie* oder in den *Briefen, die neueste Literatur betreffend*) gepflegten offenen, kritischen und öffentlichen, sich an ein breites Publikum wendenden gattungspoetologischen Reflexion ihren Ausdruck findet. Diese neue gattungspoetologische Reflexion führt insgesamt zu einer Schwächung des Systemanspruches einer rationalistischen Gattungspoetik und schließlich in manchen Diskurssektoren zu seiner Aufgabe. Begleitet und befördert wird diese Entwicklung durch ein Ende der alten Rhetorik als Wissensmatrix, in der alle Sachverhalte, die die Verwendung von Sprache betreffen, systematisch erschlossen und geregelt erscheinen, sowie durch die Entwicklung einer alle Regeln und Ordnungen infrage stellenden Genieästhetik. Die Entregelung der Gattungspoetik in der zweiten Hälfte des 18. Jahrhunderts öffnet die Gattungspoetik für gattungspoetische Spekulationen und stärkt andererseits alle Versuche gattungspoetologischer Bündelungen, in denen eine neue, nicht mehr durch die Orientierung an klassischen Kanones gebändigte Gattungsvielfalt systematisch auf allgemeine Sammelkategorien (wie Lyrik, Epik, Dramatik, didaktische Poesie) reduziert wird (wobei gattungspoetologische Bündelung und gattungspoetologische Spekulation hier eigentlich Hand in Hand gehen). Dabei richtet sich das Interesse verstärkt auf vermeintlich ‚innere Gesetzlichkeiten' der Gattungen (etwa in Johann Wolfgang Goethes und Schillers *Über epische und dramatische Dichtung*, 1797), während ihre ‚materialen' Erscheinungsweisen nun eher als äußerlich und zufällig aufgefasst werden (Willems 1981, 212–242). Die geschichtsphilosophische Deutung der Unterschiede zwischen der Antike und der Moderne und ein Prozess der umfassenden Individualisierung im gattungstheoretischen Denken um 1800 führen in der frühromantischen Gattungspoetik schließlich dazu, die Bestimmung der romantischen Poesie darin zu sehen, alle getrennten Gattungen der Poesie wieder zu vereinigen (116. Athenäumsfragment), weil dadurch sowohl die Individualität des Kunstwerkes gesichert als auch dessen Poetizität (als Poesie und zugleich Poesie der Poesie) potenziert werde. In diesem Zusammenhang steigen Fragment und Roman zu den neuen Leitgattungen der Poesie auf, während die Rezension zu einer neuen Leitgattung der Poetik avanciert.

5 Gattungstheorie ab dem 19. Jahrhundert

In der gattungspoetologischen Reflexion des 19. Jahrhunderts geht es zunächst um die Etablierung der sich um 1800 herausbildenden spekulativen Gattungspoetik (vgl. Szondi 1974) in idealistischen Gattungsästhetiken. Seit der Mitte des 19. Jahrhunderts ist sodann ein zunehmender Widerstand gegen alle gattungspoetische Spekulation zu konstatieren. Der Versuch, die spekulative Gattungspoetik zu etablieren, wird insbesondere mit Georg Wilhelm Friedrich Hegels *Vorlesungen über die Ästhetik* (posth. 1835–1838) und in Friedrich Theodor Vischers *Ästhetik oder Wissenschaft des Schönen* (3. Teil, 1857) greifbar. Unter anderem bestärkt Hegel in seiner Gattungspoetik das triadische Gattungssystem und bindet die einzelnen Gattungsbereiche an die Kategorien objektiv (Epos, Thematisierung ‚äußerer Realität'), subjektiv (Lyrik, Thematisierung ‚innerer Welt') und subjektiv-objektiv (Drama, Darstellung von ‚Handlung'). Weiter zieht Hegel die Gattungslehre in das Feld der Geschichtsphilosophie und bindet die einzelnen Gattungsbereiche an unterschiedliche, zeitlich bestimmte Kultur- und Gesellschaftszustände (‚Weltzustände'). So erscheine das ‚ursprüngliche' Epos in einem ‚epischen, allgemeinen Weltzustand', und seine ‚Helden' seien ‚totale Individuen', während der Roman als ‚moderne bürgerliche Epopöe' einen zur Prosa geordneten Weltzustand voraussetze. Vischer geht es darüber hinaus um die Darstellung einer Kontinuität der Ästhetik vom Naturschönen zum Kunstschönen. Wie andere idealistische Ästhetiker, so modellieren auch Hegel und Vischer ihre Gattungslehren nach dem Modell der Teilhabe von Einzeltexten an einer hypostasierten, als Gegenstand gedachten oder in einem Reich der Ideen irgendwie existierenden Gattung. Seit der Mitte des 19. Jahrhunderts leistet eine (unter anderem von den entstehenden Nationalphilologien getragene) Empirisierung der Gattungspoetik solchen idealistischen Gattungspoetiken Widerstand. Autoren wie Wilhelm Scherer (*Poetik*, posth. 1888), Wilhelm Dilthey (*Die Einbildungskraft des Dichters*, 1887) oder auch Ferdinand Brunetière (*L'évolution des Genres dans l'histoire de la littérature*, 1890) versuchen, dichterische Gattungen von allgemeinen Lebensvollzügen her zu erklären oder auch die Entwicklung von Gattungen und Gattungssystemen nach dem Muster biologischer Entwicklungsstadien (Geburt, Leben, Reife, Tod) zu beschreiben. Von Brunetières Gattungspoetik gehen wichtige Impulse für die internationale gattungspoetische Diskussion im frühen 20. Jahrhundert aus. So beziehen sich unter anderem die Theoretiker des russischen Formalismus mit ihren Konzepten der literarischen Evolution und dem Prinzip einer literaturimmanenten Genealogie auf Brunetière, während etwa Benedetto Croce (*Estetica*, 1902) in Abwendung von Brunetière seine ‚nominalistische' Infragestellung der Kategorie Gattung im Allgemeinen formuliert. Solche skeptischen gattungspoetischen Positionen (gar mit der Extremhaltung Croces: Gattungen gibt es nicht, Gattungsbezeichnungen sind zusammenfassende Etikette) sind mindestens bis in die zweite Hälfte des 20. Jahrhunderts hinein die Ausnahme und tauchen vermehrt erst wieder im Zusammenhang poststrukturalistischer Gattungstheorie auf (Derrida 1980; Schnur-Wellpott, 1983). Vielmehr stehen hier die meisten gattungspoetologischen Positionierungen in deutlicher Kontinuität mit den spekulativen Gattungspoetiken des frühen 19. Jahrhunderts und neigen nicht nur zu einer Ontologisierung von Gattungen, sondern auch zu einer geschichtsphilosophischen Koppelung von Gattungen und ‚Weltzuständen', anthropologischen Kategorien oder psychologischen Dispositionen sowie einer Verabsolutierung und Essentialisierung des doch nur kulturrelativen und historischen Konzeptes der Gattungstrias Lyrik, Epik und Dramatik. In diese Tradition gehören eine Reihe von literaturwissenschaftlichen Gattungspoetiken wie etwa Emil Staigers *Grundbegriffe der Poetik* (1946) und noch das an Staiger anknüpfende Buch von András Horn (1998). Spielarten solcher ‚idealistischen' wissenschaftlichen Gattungspoetiken bieten die morphologischen Gattungspoetiken und die Gestaltpoetiken, wie sie in Vladimir Propps *Morphologie des Märchens* (1928), André Jolles' *Einfache Formen* (1930) oder auch Günther Müllers *Die Gestaltfrage in der Literaturwissenschaft und Goethes Morphologie* (1944) vorliegen. Eine der zentralen Fragen der literaturwissenschaftlichen Gattungspoetik in der zweiten Hälfte des 20. Jahrhunderts betrifft die Verknüpfung von literaturwissenschaftlichen Gattungskonzepten und der Gattungsgeschichte. Die Unterscheidung zwischen theoretischen und historischen Gattungen treffen wir dabei in Tzvetan Todorovs *Introduction à la literature fantastique* (1970) ebenso wie (mit den Stichworten ,Textsorte' und ,Genre') in Harald Frickes *Norm und Abweichung* (1981) oder bei Klaus W. Hempfer mit der Unterscheidung zwischen Gattung und Schreibweise (Hempfer 1973). Versuche einer Historisierung der Gattungspoetik erfolgen vor dem Hintergrund rezeptionsästhetischer, systemtheoretischer oder auch sozialgeschichtlicher Bezugstheorien bei Hans Robert Jauß (1977) oder Wilhelm Voßkamp (1992; 1977) und anderen. In diesen Zusammenhang gehören funktionsgeschichtliche Gattungsforschungen (z. B. Fluck 1997; Zapf 2002) ebenso wie im weiteren Sinne kulturwissenschaftliche Gattungspoetologie (z. B. Michler 2015). Die wissenschaftliche Gattungsforschung wird seit dem ausgehenden 20. Jahrhundert mehr und mehr von Versuchen einer Integration von Gattungstheorie und Gattungsgeschichte geprägt (siehe z. B. die differentialistische Position in Strube 1993) und tendiert heute vor dem Hintergrund kognitionswissenschaftlicher Bezugstheorien (siehe z. B. Rosch 1978; Lakoff 1987; Evans und Green 2006; Wege 2013) dazu, Gattungen als kognitive Schemata aufzufassen (vgl. László und Viehoff 1993; Viehoff 1995; Paltridge 1997; Sinding 2002; Sinding 2005; Hallet 2007; Seibel 2007).

Außer als literaturwissenschaftliche Gattungstheorie begegnet Gattungspoetik seit dem ausgehenden 19. Jahrhundert und bis in die Gegenwart verstärkt auch in Autorpoetiken (wie z. B. Arno Holz, *Revolution der Lyrik*, 1899; Hugo von Hofmannsthal, *Über Charaktere im Roman und im Drama*, 1902 und *Gespräch über Gedichte*, 1903; Gottfried Benn, *Probleme der Lyrik*, 1951; Paul Celan, *Der Meridian*, 1960; Robert Gernhardt, *Zehn Thesen zum komischen Gedicht*, 2004 u. v. a.). Als normierend-regulierende Tätigkeit findet sich gattungspoetische Reflexion daneben vor allem in schriftstellerischen Gruppenprogrammen und -manifesten (z. B. Julian Schmidt, *Der neueste englische Roman und das Prinzip des Realismus*, 1856; Stefan George, *blätter für die kunst*, 1892–1919; Filippo Tommaso Marinetti, *Fondation et Manifeste du Futurisme*, 1909; Kurt Hiller, *Die Jüngst-Berliner*, 1911; Richard Huelsenbeck, *dadaistisches manifest* 1918; Oyvind Fahlström, *Manifest für konkrete Poesie*, 1953; Gruppe 61; *Werkkreis Literatur und Arbeitswelt*, 1970 u. v. a.). Zudem ist die gattungspoetische Normierung ein didaktisches Instrument in Schule und Universität (z. B. Braak 2001; Fricke und Zymner 2007), und nicht zuletzt taucht sie heute auch als moderne Form der Anweisungspoetik im Creative-writing-Kontext auf (z. B. Stein 1995; Knauss 1995).

Weiterführende Literatur

Behrens, Irene (1940). *Die Lehre von der Einteilung der Dichtkunst vornehmlich vom 16. bis 19. Jahrhundert. Studien zur Geschichte der poetischen Gattungen.* Halle.
Komfort-Hein, Susanne (1996). „Gattungslehre (Poetik)". *Historisches Wörterbuch der Rhetorik.* Bd. 3. Hrsg. von Gert Ueding. Tübingen: Sp. 528–557.
Lindberg-Wada, Gunilla (Hg.) (2006). *Literary History. Towards a Global Perspective.* Bd. 2: *Literary Genres. An Intercultural Approach.* Berlin/New York.
Michler, Werner (2015). *Kulturen der Gattung. Poetik im Kontext, 1750–1950.* Göttingen.
Miner, Earl (1990). *Comparative Poetics. An Intercultural Essay on Theories of Literature.* Princeton.
Scherpe, Klaus R. (1968). *Gattungspoetik im 18. Jahrhundert. Historische Entwicklung von Gottsched bis Herder.* Stuttgart.
Trappen, Stefan (2001). *Gattungspoetik. Studien zur Poetik des 16. bis 19. Jahrhunderts und zur Geschichte der triadischen Gattungslehre.* Heidelberg.
Zymner, Rüdiger (Hg.) (2010). *Handbuch Gattungstheorie.* Stuttgart/Weimar.

IV **Interdisziplinäre Implikationen und Konzepte: Kulturpoetiken**

Philipp Schweighauser
IV.1 Text als Paradigma der Kulturwissenschaft

1 Semiotik als Paradigma

Wenn man sich die Frage nach dem Ursprung des Textbegriffs innerhalb der Kulturwissenschaft stellt, fällt auf, dass jeder Versuch, Kultur als Text zu lesen, eine eingeschränkte Version des größeren Projekts der Semiotik darstellt, die Kultur als Zeichensystem zu verstehen. Ferdinand de Saussure nannte dieses Vorhaben „Semeologie" (*sémiologie*) und bekräftigte, dass die Sprachwissenschaft „Musterbeispiel und Hauptvertreter der ganzen Semeologie" (Saussure 2001, 80) werden kann, da sie sich mit Zeichen befasst, die in ihrer Arbitrarität am stärksten bezeugen, dass Bedeutung gesellschaftlichen Konventionen entspringt und den Zeichen nicht innewohnt. Doch fügt er gleich hinzu, dass „die Sprache nur ein System unter anderen ist" (Saussure 2001, 80) und die Sprachwissenschaft nur ein Teilbereich einer umfassenderen Wissenschaft: „Man kann sich also vorstellen eine Wissenschaft, welche das Leben der Zeichen im Rahmen des sozialen Lebens untersucht; [...] wir werden sie Semeologie (von griechisch *sēmeîon*, ‚Zeichen') nennen." (Saussure 2001, 19) „Die Sprachwissenschaft", fährt er fort, „ist nur ein Teil dieser allgemeinen Wissenschaft, die Gesetze, welche die Semeologie entdecken wird, werden auf die Sprachwissenschaft anwendbar sein, und diese letztere wird auf diese Weise zu einem ganz bestimmten Gebiet in der Gesamtheit der menschlichen Verhältnisse gehören." (Saussure 2001, 19)

Folgt man Saussures Argument, kommt man zum Schluss, dass die späteren Versuche, Kultur als Text zu lesen, welche im Zentrum der folgenden Ausführungen stehen, die Verhältnisse auf den Kopf stellen. War für Saussure die Sprachwissenschaft noch ein Teilbereich der Wissenschaft, welche die Kultur – die „Gesamtheit der menschlichen Verhältnisse" – aufschlüsseln helfen soll, weiten Strukturalismus und Poststrukturalismus das Anwendungsfeld der sprachlichen Analyse ungemein aus und riskieren damit, die Kultur auf Text zu reduzieren. Zumindest ist die Emergenz von Text als Paradigma der Kulturwissenschaft weitaus weniger Saussures Ruf nach einer Wissenschaft von den Zeichen geschuldet als der transdisziplinären Strahlkraft der von ihm ins Leben gerufenen allgemeinen Sprachwissenschaft.

Für die Entwicklung des Strukturalismus sind drei Weichenstellungen Saussures von entscheidender Bedeutung: sein Fokus auf die Sprache als gesellschaftliches System (*langue*) statt auf individuelle sprachliche Äußerungen (*parole*), seine Bestimmung des Werts von Zeichen als relational und differentiell und seine Analyse der Sprache mit Hilfe binärer Modelle (*langue/parole*, Signifikant/Signifikat, Syntagma/Paradigma). Auf diesen wegweisenden Entscheidungen baut das strukturalistische Programm letztlich auf. Zu nennen wären hier etwa Bestrebungen der strukturalistischen Erzähltheorie Gérard Genettes, die allen literarischen Erzählungen zugrunde liegende ‚Grammatik' zu bestimmen (Genette 1998), Roman Jakobsons und Claude Lévi-Strauss' akribische Analyse textinterner Beziehungen in Charles Baudelaires Gedicht *Les Chats* (Jakobson und Lévi-Strauss 2007), Jakobsons Bestimmung der ‚poetischen Funktion' als Projektion des „*Prinzip*[s] *der Äquivalenz von der Achse der Selektion auf die Achse der Kombination*" (Jakobson 1979b, 94) und Roland Barthes' Entwurf einer mit binären Begriffspaaren (Funktionen/Indizien, Kardinalfunktionen/Katalysen, personal/apersonal) operierenden strukturalen Analyse von Erzählung (Barthes 1988a).

2 Strukturalismus: Roland Barthes und Claude Lévi-Strauss

Mit dem französischen Literaturwissenschaftler Barthes und dem belgischen Kulturanthropologen Lévi-Strauss sind zwei zentrale Vertreter des Strukturalismus genannt, welche linguistische Methoden der Sprachanalyse wirkungsmächtig zur Kulturanalyse erweitern. Während Ersterer die eigene, westliche Kultur einer strukturalistischen Lektüre unterzieht, wendet sich Letzterer fremden Kulturen zu.

In *Mythen des Alltags* (1957) widmet sich Barthes vornehmlich der französischen Kultur. In Barthes' eigener Einschätzung verfolgen seine Aufsätze zwei unterschiedliche, in den Einzelanalysen verschränkte Ziele: denaturalisierende „Ideologiekritik" kleinbürgerlicher Vorstellungen und „semiologische Analyse" massenkultureller Ereignisse und Artefakte, in denen sich diese Vorstellungen manifestieren (Barthes 2010a, 9). Wenn LeserInnen des 21. Jahrhunderts Barthes' metaphorisch erweiterter Gebrauch von ‚Sprache' in Wendungen wie „die Sprache der sogenannten Massenkultur" oder „die Demontage dieser Sprache" (Barthes 2010a, 9) kaum auffällt und seine breite Anwendung auf Phänomene wie Wrestling, Striptease, Filme und Spielsachen nicht verwundert, dann ist dies der Osmose des strukturalistischen Verständnisses von Sprache in die Alltagssprache geschuldet.

Erst wenn Barthes im Vorwort den Mythos in aller Deutlichkeit als sprachliches Phänomen bezeichnet, wird wieder gegenwärtig, dass diese sehr weite

Auffassung von Sprache eine Geschichte hat: „Der Mythos ist eine Sprache" (Barthes 2010a, 11). In seinem programmatischen Aufsatz *Der Mythos heute* präzisiert Barthes, der Mythos sei „eine Rede" (Barthes 2010a, 251), welche von einer Vielzahl von Gegenständen und gesellschaftlichen Praktiken vermittelt werden könne: „Diese Rede ist eine Botschaft. Sie muss keine mündliche sein, sondern kann aus Schriftzeichen oder Darstellungen bestehen. Der schriftliche Diskurs, aber auch die Photographie, der Film, die Reportage, der Sport, Schauspiele, Werbung, all das kann als Träger der mythischen Rede dienen." (Barthes 2010a, 252) Im Folgenden weitet Barthes den Begriff der Rede noch weiter aus. Sie ist nun nicht mehr nur das, was von den Trägern vermittelt wird; die Träger selbst sind Rede: „Wir werden eine Photographie mit demselben Recht als Rede betrachten wie einen Zeitungsartikel; die Objekte selbst können Rede werden" (Barthes 2010a, 253). Genauer gesprochen, die Träger – das Cover von *Paris-Match*, auf dem ein schwarzer französischer Soldat stolz militärisch grüßt – sind Rede in einem semiologischen Sinne: Signifikanten, deren Signifikat ein mythischer Begriff ist – in diesem Beispiel die „französisch[e] Imperialität" (Barthes 2010a, 263).

Gegen Ende von *Der Mythos heute* benennt Barthes schließlich zwei Gegenspieler der mythischen Rede: den kulturkritischen Mythologen, der sich der Semiologie bedient, um die Mythen des Alltags zu entziffern und als Mythen kenntlich zu machen (Barthes 2010a, 312–316) und die selbstbezügliche poetische Rede zeitgenössischer nichtmimetischer Dichtung, welche „die Verbindung zwischen Signifikant und Signifikat bis zur Grenze des Möglichen [lockert]" und „vorgibt, sich in ein System von Essenzen zurückzuziehen" (Barthes 2010a, 283–284). Barthes' Überlegungen zur Widerständigkeit selbstreferentieller Dichtung reihen sich in eine Tradition des Nachdenkens über die Literatur ein, welche gerade in der Andersartigkeit literarischer Sprache, in ihrer Poetizität, kulturkritisches Potential sieht. Theodor W. Adorno wird genau das in einem berühmten Paradox auf den Punkt bringen: „Asozialität wird zur sozialen Legitimation von Kunst." (Adorno 1970, 348)

Das Adjektiv ‚elementar' im Titel von Lévi-Strauss' 1949 erschienener Schrift *Die elementaren Strukturen der Verwandtschaft* bezieht sich zunächst auf ein System der Verwandtschaftsstruktur, welches in vorindustriellen Gemeinschaften vorherrscht und starren Regeln bezüglich der Wahl des Gatten unterworfen ist: „Unter ‚elementaren Strukturen der Verwandtschaft' verstehe ich [...] Systeme, die zwar alle Mitglieder der Gruppe als Verwandte definieren, diese jedoch in zwei Gattungen unterteilen: mögliche Gatten und verbotene Gatten." (Lévi-Strauss 1993, 15) Hier zeigt sich nicht nur eine grundlegende Gemeinsamkeit zwischen Lévi-Strauss' und Barthes' strukturalistischen Zugriffen auf Kultur – die binäre Kodierung der Analysekategorien –, sondern es zeigen sich auch zwei wesentliche Unterschiede zwischen einem literaturwissenschaftlichen und einem kulturanthropologischen Strukturalismus. Der eine wurde bereits benannt: Barthes widmet sich der eigenen Kultur, Lévi-Strauss hingegen fremden Kulturen (im Wesentlichen den östlichen und südlichen Teilen Asiens sowie Australien). Der zweite Unterschied ist, dass sich die Kulturanthropologie der ersten Hälfte des 20. Jahrhunderts Kulturen zuwendet, die sie als einfacher, in sich geschlossener und ‚primitiver' als ihre eigene Kultur versteht. Für Lévi-Strauss hat die Beschäftigung mit ‚elementareren' Gesellschaftssystemen einen heuristischen Mehrwert, da man das strukturalistische Modell anhand einfacher Gegenstände entwickeln kann: „Streng genommen ist die vorliegende Arbeit also eine Einführung in eine allgemeine Theorie der Verwandtschaftssysteme. Denn nach dieser Studie über die elementaren Strukturen bedarf es einer anderen über die komplexen Strukturen." (Lévi-Strauss 1993, 16) Lévi-Strauss lässt offen, ob es für die Analyse komplexerer Systeme anderer Modelle bedarf, doch es darf bezweifelt werden, dass dies für ihn ein genuines Forschungsdesiderat ist, denn mit der Ausarbeitung einer „allgemeine[n] Theorie der Verwandtschaftssysteme" ist das strukturalistische Ziel bereits erreicht. Bezeichnenderweise gab Lévi-Strauss sein Vorhaben, seine Analysen in einer zweiten Monographie auf ‚komplexere' Gesellschaftssysteme auszuweiten, auf. Es zeigt sich hier eine zweite mögliche Bedeutung des Adjektivs ‚elementar' im Titel seines Buchs: Es geht ihm auch in einem strukturalistischen Sinne um Elementares, das heißt, um grundlegende, universelle Strukturen einer *langue* der Verwandtschaft. In der kulturanthropologischen Spielart des Strukturalismus ist diese Suche nach elementar-universellen kulturellen Grammatiken untrennbar mit der Fokussierung auf als elementar-einfach verstandene Gemeinschaften verbunden.

Wie bei Barthes sind es auch bei Lévi-Strauss die binären Kodierungen, welche am beredtesten Zeugnis von seinem strukturalistischen Zugriff ablegen: elementare/komplexe Strukturen der Verwandtschaft, mögliche Gatten/verbotene Gatten, Exogamie/Endogamie, Natur/Kultur. In Lévi-Strauss' wiederholter Verwendung des Begriffs ‚Dichotomie' zeigt sich ein weiteres Wesensmerkmal des Strukturalismus, der sich die Frage stellen muss, inwieweit binäre Unterscheidungen bloß ein heuristisches Werkzeug der Wissenschaft sind oder die Untersuchungsobjekte selbst strukturieren. Lévi-Strauss' Antwort ist differenziert: Manchmal gehe der Soziologe so vor wie der Genetiker, bei dem „eine strenge Übereinstimmung zwischen dem analytischen Verfahren und seinem Gegenstand" (Lévi-Strauss 1993, 180) bestehe, manchmal so wie der Mathematiker, bei dem dies nicht der Fall sei. Die allgemeine Stoßrichtung ist jedoch klar: Lévi-Strauss erhebt das menschliche Vermögen, die Welt binär zu kodieren, gar zu einem Wesensmerkmal des Kulturzustands (Lévi-Strauss 1993, 215). Mehr noch, man „wird vielleicht einräumen müssen, dass die Dualität, die Alternanz, der Gegensatz und die Symmetrie [...] nicht so sehr Phänomene sind, die es zu erklären gilt, als vielmehr die fundamentalen und unmittelbaren Gegebenheiten der geistigen und sozialen Realität" (Lévi-Strauss 1993, 215). Die Kultur ist hier nicht in dem Sinne Sprache, dass sie wie ein Text gelesen werden kann, sondern weil sie selbst, sowohl in ihrer Manifestation im individuellen Bewusstsein wie auch in der empirischen Wirklichkeit, wie eine Sprache strukturiert ist, nämlich dichotom und relational. Es ist deshalb nur folgerichtig, dass sich bei Lévi-Strauss Natur und Kultur nicht nur im Unvermögen/Vermögen der binären Kodierung, sondern auch in der Absenz/Präsenz von Sprache unterscheiden: „Mein Vorschlag war, dass man sich bei der Festlegung der Demarkationslinie zwischen beiden Ordnungen von der Anwesenheit oder Abwesenheit der artikulierten Sprache leiten läßt." (Lévi-Strauss 1993, 23)

Während die zwei prominentesten Vertreter der strukturalistischen Linguistik – Jakobson und Saussure – in *Die elementaren Strukturen der Verwandtschaft* nur in den Danksagungen erscheinen (Saussure gar nur über seinen Sohn Raymond), reflektiert Lévi-Strauss in einer Reihe von Aufsätzen aus den 1940er und 1950er Jahren eingehender über das Verhältnis von Sprache und Kultur sowie jenes von Sprachwissenschaft und Sozialwissenschaft. In *Die Strukturanalyse in der Sprachwissenschaft und in der Anthropologie* (1945, Lévi-Strauss 1967b), *Sprache und Gesellschaft* (1951, Lévi-Strauss 1967c) und *Sprachwissenschaft und Anthropologie* (1952, Lévi-Strauss 1967d) gesteht er der Sprachwissenschaft eine Führungsrolle zu und verlangt, dass sich die Anthropologie ihrer Analysekategorien und Methoden bediene. Im Zentrum stehen drei Aneignungen: die Analyse des Untersuchungsgegenstands in seine kleinsten Einheiten; die grundlegende Einsicht, dass diesen Einheiten nur in ihren wechselseitigen Beziehungen innerhalb eines Systems Bedeutung zuwächst, und die Suche nach einer universalen, binär kodierten Grammatik von Mythen und Kulturen. In seinem vielzitierten Aufsatz *Die Struktur der Mythen* (1955) entwickelt er schließlich seine Methode der Mythenanalyse explizit auf der Grundlage von Saussures und Émile Benvenistes Sprachtheorien und zerlegt den Mythos in Analogie zur Aufteilung der Sprache in Phoneme, Morpheme und Semanteme in Mytheme, welche die komplexeste der genannten Einheiten ist. Anders als Saussure und Barthes analysiert Lévi-Strauss nicht Beziehungen zwischen einzelnen Einheiten, sondern Relationen zwischen „*Beziehungsbündel*[n]" (Lévi-Strauss 1967a, 232), womit die Beziehungen zwischen allen Elementen auf der paradigmatischen Achse gemeint sind. Dennoch ist für Lévi-Strauss wie für Barthes der Mythos eine Sprache, nicht nur weil er sich sprachlich artikuliert, sondern auch weil er wie eine Sprache funktioniert und strukturiert ist.

3 Derridas Schriftbegriff, Foucaults Diskursanalyse, Butlers Genderbegriff

Für Barthes und Lévi-Strauss ist letztlich noch nicht in erster Linie der Text, sondern die Sprache das Paradigma der Kultur- und Sozialwissenschaft. Barthes spricht vom Mythos gemäß der ursprünglichen Bedeutung des Wortes μῦθος (*mythos*) gar explizit als ‚Rede'. Erst Jacques Derridas dezidierte Abkehr vom Phonozentrismus bringt eine zweite Engführung mit sich. Wir erinnern uns: Die strukturalistische Entscheidung, Kultur als Sprache zu lesen, ist bereits eine Eingrenzung des Saussure'schen Projekts der Semeologie, da es ein Zeichensystem unter vielen zum Modell aller Zeichensysteme erklärt. Die zweite Engführung, die Erhebung von Text zum Paradigma der Kulturwissenschaft, findet erst in dem Moment statt, in dem Derrida die Schrift und nicht die Stimme als akkurateres Modell für die Sprache an sich bestimmt. Nach Derrida ist es die Kontextunabhängigkeit geschriebener Sprache, die Tatsache, dass sie anders als die Rede von spezifischen Kontexten der Produktion und Rezeption loslösbar und jenseits dieser zu verstehen ist, der primäre Grund, wieso Text und Schrift die besseren Modelle für das Verständnis von Sprache liefern. Wert und Bedeutung sind sprachlichen Zeichen nicht inhärent, sondern kommen ihnen innerhalb des Systems der Sprache zu. Sie gehorchen einer Logik der Iterabilität, der Wiederholbarkeit mit einer Differenz, welche unabhängig von spezifischen Manifestationen oder Bezugnahmen auf eine außersprachliche Welt gilt. So kann etwa ein literarischer Text in gänzlich anderen geographischen Räumen gelesen und verstanden werden, als er geschrieben wurde und hunderte von Jahren nach dem Tod seines Autors oder seiner Autorin. Diese Kontextunabhängigkeit und Zitierbarkeit der Zeichen ist ein wesentliches Merkmal der Sprache im Allgemeinen. Sprache ist demnach Urschrift, „allgemeiner Text" (Derrida 1988a, 93, 120). Alles ist Text.

Derridas wohl berühmteste Bemerkung, „*Ein Text-Äußeres gibt es nicht*" (Derrida 1983, 274), bezieht sich allerdings in erster Linie auf die der Sprache inhärente Logik der *différance* – ein Begriff, der die bereits von Saussure geäußerte Einsicht, dass es „in der Sprache [...] nur Verschiedenheiten ohne positive Einzelglieder" (Saussure 2001, 143) gibt, in dem Sinne radikalisiert, dass er nicht nur die relationale und differentielle Natur der Zeichen benennt, sondern auch die Prozessualität und Selbstbezüglichkeit des Sprachspiels. Signifikanten verweisen immer nur auf andere Signifikanten, nie aber auf Signifikate (geschweige denn auf empirische Objekte), und Bedeutung wird stets aufgeschoben. In Derridas eigenen Worten: „Es hat immer nur Supplemente, substitutive Bedeutungen gegeben, die ihrerseits nur aus einer Kette von differentiellen Verweisen hervorgehen konnten, zu welchen das ‚Wirkliche' nur hinzukam, sich lediglich anfügte, wenn es – ausgehend von einer Spur und einem Ergänzungszeichen usw. – Bedeutung erlangte." (Derrida 1983, 274–275) Mit Derrida gelangen wir zu einem spezifischen Verständnis von Kultur als Text als unabgeschlossen, supplementär und spielhaft. Dies gilt es im Auge zu behalten, wenn wir auf den Textbegriff, den die *Writing-Culture*-Debatte in die Kulturanthropologie einführte, zu sprechen kommen.

Zunächst aber sei daran erinnert, dass Derridas poststrukturalistisches Programm in kritischer Auseinandersetzung mit der Kulturanthropologie entstand. Es war sein am 21. Oktober 1966 an der Johns Hopkins University gehaltener Vortrag *Die Struktur, das Zeichen und das Spiel im Diskurs der Wissenschaften vom Menschen*, welcher die Dekonstruktion in die Vereinigten Staaten einführte. Derrida hielt den Vortrag im Rahmen des Kolloquiums *The Language of Criticism and the Sciences of Man*, welches unter anderem darauf angelegt war, das Werk eines der Redner, Lévi-Strauss, zu würdigen. Dies hilft, die Sprengkraft von Derridas Vortrag zu erklären, denn Lévi-Strauss' Überlegungen zum Inzestverbot sind der Ausgangspunkt seiner Kritik an der binären Kodierung strukturalistischen Denkens. Für Lévi-Strauss ist das Inzestverbot eine Anomalie und kommt „nahezu" einem „Skandal" (Lévi-Strauss 1993, 52) gleich, weil es sowohl universell gilt, als auch kulturell spezifischen Normen und Regeln unterworfen ist und damit an den zwei inkommensurablen Ordnungen der Natur und Kultur partizipiert. Für Derrida hingegen ist das Inzestverbot die Aporie, in der das Scheitern des binären Denkens in Gegensatzpaaren wie Natur/Kultur in Erscheinung tritt. Bereits Lévi-Strauss verstehe, so Derrida, dass der Mythos letztlich kein Zentrum, keinen Ursprung und keine Autorschaft hat, die die binäre Ordnung garantieren könnten (Derrida 2000a, 432–433), doch in seiner Beschäftigung mit fremden, ‚elementareren' Kulturen verleihe er einem nostalgischen Begehren nach Unmittelbarkeit und Präsenz Ausdruck, dies am deutlichsten in *Traurige Tropen* (1955) (Derrida 2000a, 440–441). Wenn man, wie Derrida, versucht, sich von einer ‚Metaphysik der Präsenz' vollständig zu lösen, beginnt man zu verstehen, dass es in der Absenz eines Zentrums nichts mehr gibt, was das freie Spiel der Signifikanten eingrenzt: „Mit diesem Augenblick bemächtigt sich die Sprache des universellen Problemfeldes. Es ist dies auch der Augenblick, da infolge der Abwesenheit eines Zentrums oder eines Ursprungs alles zum Diskurs wird [...], das heißt zum System, in dem das zentrale, originäre oder transzendentale Signifikat niemals absolut, außerhalb eines Systems von Differenzen, präsent ist. Die Abwesenheit eines transzendentalen Signifikats erweitert das Feld und das Spiel des Bezeichnens ins Unendliche." (Derrida 2000a, 424)

Wie Derrida in der *Grammatologie* weiter ausführt, ist das Verständnis von Text, welches diesem Denken der Dezentrierung und Substitution verhaftet ist, im Gegensatz zur Idee des ‚Buchs' zu verstehen, das heißt als unabgeschlossen, unbestimmt und radikal offen (Derrida 1983, 16–48). Mit diesem Textverständnis erhält die Kulturwissenschaft ein heuristisches Werkzeug, mit dem sich Kultur als dynamisches System endloser Semiose verstehen lässt. Gleichzeitig verweist Derridas Nennung des Diskursbegriffs auf Foucaults parallel entstehende Diskursanalyse und ihren viel dezidierteren Fokus auf den performativen Charakter von Sprache und deren Rolle in der Herstellung von Wissen und Reproduktion von Macht.

Während Derrida die befreienden Momente eines Denkens jenseits transzendentaler Signifikate wie Bewusstsein, Mensch oder Gott hervorhebt und den Spielcharakter des nicht abschließbaren Zeichentauschs betont, richtet Foucault sein Augenmerk auf Festsetzungen durch Aussageformationen und sieht seine Aufgabe darin, „nicht – nicht mehr – die Diskurse als Gesamtheiten von Zeichen (von bedeutungstragenden Elementen, die auf Inhalte oder Repräsentationen verweisen), sondern als Praktiken zu behandeln, die systematisch die Gegenstände bilden, von denen sie sprechen" (Foucault 1981, 74). In seiner Fokussierung auf die Macht- und Subjekteffekte von Sprache und Denken bricht Foucault mit dem modernen, humanistisch-aufgeklärten Verständnis vom Menschen als selbstbestimmtes, autonomes Individuum und zeigt auf, wie Subjekte diskursiv erschaffen werden. So zeichnet er etwa im ersten Band seiner *Geschichte der Sexualität* (1976) die Produktion des ‚Homosexuellen' durch psychiatrische, juristische und literarische Praktiken, Untersuchungen, Schriften und Reden des 19. Jahrhunderts nach (Foucault 1998, 58).

Mit Judith Butler, deren Theorie der Performativität sowohl auf Foucaults Diskursanalyse aufbaut wie auch auf Derridas kritischer Auseinandersetzung mit John L. Austins Unterscheidung zwischen normalen und parasitären performativen Sprechakten (Derrida 1988b), rücken die diskursive Konstruktion von Geschlecht und die Einschreibung der Diskurse in Körper ins Zentrum des Interesses. Uwe Wirth spricht hier von den „Verkörperungsbedingungen" (Wirth 2002a, 42) des Performativen. In Butlers eigenen Worten: „Hinter den Äußerungen der Geschlechtsidentität (*gender*) liegt keine geschlechtlich bestimmte Identität (*gender identity*). Vielmehr wird diese Identität gerade performativ durch die ‚Äußerungen' konstituiert, die angeblich ihr Resultat sind." (Butler 1991, 49) Stärker als Foucault betont Butler jedoch die Handlungsfreiräume, welche ein antiessentialistischer Begriff von Identität sichtbar macht: „Als öffentliche Handlung und performativer Akt ist die Geschlechterzugehörigkeit keine radikale Wahl und kein radikales Projekt, das auf eine bloß individuelle Entscheidung zurückgeht, aber ebenso wenig wird es dem Individuum aufgezwungen oder eingeschrieben. [...] [D]er geschlechtsspezifische Körper [setzt] seine Rolle in einem kulturell beschränkten Körperraum um und inszeniert Interpretationen innerhalb der Grenzen bereits gegebener Anweisungen." (Butler 2002, 313) Das

Subjekt konstituiert sich in einem Wechselspiel von struktureller Determination (Performativität) und einer Selbstinszenierung (Performanz), die immer schon gesellschaftlich vorgeformt, nie aber völlig determiniert ist. Die Einsicht, dass Körper und Subjekte nicht biologisch bestimmt, sondern diskursiv konstituiert sind, öffnet den Blick für die Möglichkeit des iterativen Zitats, der Wiederholung tradierter Verhaltensmuster und Geschlechternormen mit einer Freiräume öffnenden Differenz. Darin liegt „das politische Versprechen der performativen Äußerung" (Butler 1997, 252).

Mit den Begriffen der Schrift (Derrida), des Diskurses (Foucault) und der Performativität/Performanz (Butler) erhält die Literatur- und Kulturwissenschaft drei poststrukturalistische Verständnisse von Text, welche das strukturalistische Projekt einer Untersuchung der Sprache jenseits der Referentialität weiterführen und in entscheidender Weise radikalisieren. ,Text' wird hier zur Chiffre für ein Sprachverständnis, welches die Sprache nicht nur von ihrem realweltlichen Verweischarakter löst, sondern auch von jeglicher Verankerung in metaphysischen Präsenzen wie Gott, Mensch oder Wahrheit. Letztere sind nun als Diskurseffekte zu verstehen, nicht als Zentren, die außerhalb der Sprache liegen und sie fundieren. Damit rückt sowohl ein befreiendes Moment in den Blick – Sprache als Sprachspiel – als auch die subjekt- und objektkonstituierende Macht von Sprache. Unter Derridas, Foucaults und Butlers Einfluss wenden sich viele Literatur- und KulturwissenschaftlerInnen von einem strukturalistischen Verständnis von Texten als geschlossene, weitgehend statische Systeme ab und betonen deren Offenheit, Prozessualität und performative Kraft.

4 *Writing Culture* und *New Historicism*

Wenn man bedenkt, dass eine der Initialzündungen des poststrukturalistischen Programms – Derridas Vortrag an der Johns Hopkins University – auf einer Kritik an Lévi-Strauss fußt, dann überrascht es nicht, dass dieses Programm weitreichende Rückwirkungen auf die Theoriebildung in der Kulturanthropologie hatte. Die *Writing-Culture*-Debatte der 1980er und 1990er Jahre nimmt die poststrukturalistische Einsicht in die wirklichkeitskonstituierende Kraft von Sprache auf und richtet ihr Augenmerk auf die Ethno*graphie* als Schreibpraxis. Die in James Cliffords und George E. Marcus' wegweisendem Band *Writing Culture: The Poetics and Politics of Ethnography* (1986) versammelten Aufsätze fokussieren auf die hierarchischen Machtgefüge, welche in der Verschriftlichung fremder Kulturen zum Ausdruck gebracht und konsolidiert werden. Die ethnographische Praxis – das Schreiben, Interpretieren und Übersetzen fremder Kulturen in Texte – ist stets in eine Kolonialgeschichte eingebettet und schreibt diese fort. Die Mehrzahl der BeiträgerInnen in *Writing Culture*, unter anderem Mary Louise Pratt (2011) und James Clifford (2011), unterziehen die rhetorischen und quasiliterarischen Verfahrensweisen, mit denen ethnographische Autorität erzeugt wird, einer kritischen Analyse; andere, darunter Stephen A. Tyler (2011) und Michael M. Fischer (2011), besprechen neuere, experimentelle, nichtrealistische Formen des ethnographischen Schreibens, welche einen dialogischeren, selbstreflexiveren oder im engeren Sinne literarischen Umgang mit nichtwestlichen Kulturen praktizieren. In den Blick gerät dabei sowohl, „wie in die Wahrnehmung von Natur und Landschaft Geschichte(n), Mythen, Legenden und Erinnerungen gleichsam eingeschrieben sind" (Bachmann-Medick 2004, 7), als auch, wie Einschreibungen *in* Kultur und Verschriftlichungen *von* Kultur epistemologische Macht produzieren.

Ein Kulturanthropologe, der oft mit der *Writing-Culture*-Debatte assoziiert wird, ist Clifford Geertz. Er wird gerne als Vorläufer dieser Debatte gesehen, doch sein Fokus ist ein anderer. Geertz' Augenmerk gilt weniger der Übersetzung fremder Kulturen in ethnographische Prosa denn der textuellen Verfasstheit des „selbstgesponnene[n] Bedeutungsgewebe[s]" (Geertz 2003a, 9) namens ‚Kultur'. So schreibt er in ‚*Deep Play*': *Bemerkungen zum balinesischen Hahnenkampf* (1972): „Die Kultur eines Volkes besteht aus einem Ensemble von Texten, die ihrerseits wieder Ensembles sind, und der Ethnologe bemüht sich, sie über die Schultern derjenigen, für die sie eigentlich gedacht sind, zu lesen." (Geertz 2003a, 259) Auch hier, in Geertz' Entschluss, die balinesische Kultur als Ansammlung von Texten zu lesen, zeigt sich das (post-)strukturalistische Erbe. Allerdings ist das Verständnis von Text, welches Geertz' interpretativer Kulturanthropologie zugrunde liegt, ein gänzlich anderes als jenes von Lévi-Strauss, Derrida oder Butler. Geertz vergleicht den balinesischen Hahnenkampf mit Shakespeare'schen Tragödien und schlägt folgerichtig vor, ihn wie ein literarisches Werk zu interpretieren. Ein solcher Zugang mache deutlich, dass es hier um eine von den Erfordernissen des Alltags losgelöste Verhandlung der großen Themen der balinesischen Kultur gehe – „Tod, Männlichkeit, Wut, Stolz, Verlust, Gnade und Glück" (Geertz 2003a, 246) – und dem Ethos dieser Kultur und ihrer kollektiven Gefühlsstruktur Ausdruck verliehen werde (Geertz 2003a, 254). Geertz interpretiert den Hahnenkampf und sieht ihn zugleich als den Ort, an dem sich die balinesische Kultur selbst deutet. Bei aller Affinität zwischen Geertz' Verständnis von Kultur als Text und (post-)strukturalistischen Theoremen liegt seinem Willen, fremde Kulturen zu interpretieren, ein traditionelles Verständnis von Literatur und Interpretation zugrunde, welches weder mit Derridas Konzeptualisierung von Text als freies Spiel der Signifikanten noch mit dessen antihermeneutischem Gestus oder mit Foucaults und Butlers Fokussierung auf den Macht-Wissen-Nexus in Einklang zu bringen ist. Bezeichnenderweise unterzieht Vincent Crapanzano in seinem Beitrag zum *Writing-Culture*-Band

Geertz' Selbstermächtigung als Meisterinterpret einer Kultur, deren Repräsentanten kaum zu Wort kommen (denn deren Kultur wird „über ihre Schulter" gelesen), einer harschen Kritik (Crapanzano 2011, 68–76).

Trotz dieser Divergenzen hatte Geertz' Werk im Allgemeinen und sein Hahnenkampf-Aufsatz im Besonderen beträchtlichen Einfluss auf just jene Spielart der Literaturtheorie, die den Einzug des poststrukturalistischen Denkens in die Literaturgeschichtsschreibung markiert: den *New Historicism*. Im Rahmen des vorliegenden Handbuchs zu *Poetizität/Poetik* ist Stephen Greenblatts Skizze einer ‚Poetik der Kultur' von besonderem Interesse. Greenblatts Überzeugung, dass vergangene Kulturen nicht wie irgendein Text gelesen werden sollen, sondern wie ein literarischer Text, knüpft an Geertz' Bestreben an, ‚dichte Beschreibungen' – im Wesentlichen mikroskopische Interpretationen mit den Mitteln des *close reading* – einzelner kultureller Ausdrucksformen anzufertigen (Geertz 2003b). Auch für Greenblatt ist „der soziale Diskurs schon mit ästhetischer Kraft geladen" (Greenblatt 1991, 120); auch er verfolgt Geertz' „Ziel einer Genauigkeit der Einzelbeschreibungen", welches sich klar von „den verallgemeinernden Abstraktionen des Strukturalismus" (Bachmann-Medick 2004, 25) absetzt; und auch er analysiert die „sozial[e] Formierungskraft kultureller Selbstauslegung, wie es Geertz am balinesischen Hahnenkampf entfaltet hat" (Bachmann-Medick 2004, 45).

Greenblatt begreift Kultur als prozessuales Feld, in dem Texte aller Art und gesellschaftliche Praktiken dynamisch zirkulieren, verhandelt und getauscht werden. Eine ‚Poetik der Kultur' analysiert, ähnlich wie Geertz, kulturelle Praktiken mit den Mitteln der Literaturwissenschaft und Rhetorik, wendet sich aber von einem rein textuellen Paradigma ab, indem sie die materiellen, ökonomischen und politischen Bedingungen des Zeichentauschs stets mitreflektiert. Damit schließt das Projekt der Kulturpoetik an die noch dezidierter kulturpolitisch akzentuierte Forschung innerhalb der postkolonialen Studien an (Bachmann-Medick 2004, 37–44). Zudem betont die ‚Poetik der Kultur' sehr viel stärker als Geertz, dass Kunst und Gesellschaft keine getrennten Sphären, sondern durch eine „beunruhigende Zirkulation von Materialien und Diskursen" (Greenblatt 1991, 121) untrennbar miteinander verbunden sind.

Wie in der zehnten Fußnote von *Grundzüge einer Poetik der Kultur* ersichtlich wird, leiht sich der Kulturpoetiker Greenblatt (1991) den Begriff der ‚Poetik' allerdings nicht von Geertz, sondern vom Kultursemiotiker Jurij M. Lotman, welcher in *Die Poetik des Alltagsverhaltens in der russischen Kultur des 18. Jahrhunderts* (Lotman 1985) von der Formierung von Individuen im Wechselspiel von Text und Kultur schreibt. Lotmans Augenmerk gilt der Figur des Autors, welche im Zwischenraum von Kunst (das in den literarischen Text eingeschriebene Bild des Dichters) und Leben (der empirische Autor) in Prozessen der Theatralisierung, Maskierung und des Rollenspiels entsteht. Damit antizipiert Lotman Greenblatts sehr viel stärker an Machtfragen interessierte Überlegungen zum *self-fashioning* von (Renaissance-)Subjekten im Spannungsfeld von Handlungsermächtigung und struktureller Bestimmtheit (Schahadat 2012). In Greenblatts Modell konstituieren sich Subjekte im Rahmen der Zirkulation von Zeichen, Texten und soziokulturellen Energien (Greenblatt 1980). Lotmans strukturalistisches Verständnis von Kultur und Identität wird von poststrukturalistischer Warte aus neu gedeutet.

Am deutlichsten hält der poststrukturalistische Textbegriff allerdings in den Arbeiten eines im deutschsprachigen Bereich weit weniger breit rezipierten *New Historicist* Einzug. Louis A. Montroses Charakterisierung des *New Historicism* als eine literatur- und kulturwissenschaftliche Schule, welche sich sowohl der „*Historizität von Texten*" als auch der „*Textualität von Historie*" (Montrose 1989, 20; Übersetzung Ph. Sch., Hervorhebungen im Original) widmet, betont, im zweiten Teil der Doppelformel und mit Rückgriff auf Hayden Whites Analyse der narrativen und figürlichen Verfasstheit der Geschichtsschreibung, die Vermitteltheit jeglichen Zugriffs auf die Vergangenheit. In den Blick gerät dabei nicht nur die unhintergehbare textuelle Verfasstheit von Geschichte, sondern auch die Einsicht, dass die Texte der Vergangenheit, welche HistorikerInnen und LiteraturwissenschaftlerInnen als Quellen oder Primärtexte bestimmen, selbst Interpretationen vergangener Welten sind und nur einen Bruchteil der schriftlichen Zeugnisse darstellen, die produziert und erhalten wurden. Zudem konstatiert Montrose, dass diese Quellen und Primärtexte im Rahmen der (Literatur-)Geschichtsschreibung weiteren Selektions- und Interpretationsvorgängen unterzogen werden. Auf all diesen Vermittlungsstufen spielen „gesellschaftliche Prozesse der Erhaltung und Tilgung" (Montrose 1989, 20; Übersetzung Ph. Sch.) eine zentrale Rolle, deren Einbettung in den Macht-Wissen-Nexus stets mitgedacht werden muss. Schließlich hebt Montrose hervor, dass literarische Texte nicht nur „gesellschaftlich produziert", sondern auch „gesellschaftlich produktiv" sind, nämlich in dem Sinne, dass „Schreiben und Lesen immer historisch und gesellschaftlich determinierte Ereignisse sind, welche von geschlechtsspezifischen Individuen und Kollektiven *in* der Welt vollzogen werden und *auf* die Welt einwirken" (*performed* in *the world and* upon *the world*, Montrose 1989, 23; Übersetzung Ph. Sch., Hervorhebungen im Original).

5 Kanonpolitik des *New Historicism*

New Historicists wie Greenblatt und Montrose gehen davon aus, dass Texte die kulturelle Wirklichkeit nicht primär reflektieren oder ausdrücken, sondern herstellen: Sie sind integrale Bestandteile gesellschaftlicher Debatten, formen sie und produzieren Subjektpositionen. Auch in dieser Betonung der performativen Kraft von Texten und von Identität als Performanz gehen die *New Historicists* mit poststrukturalistischen TheoretikerInnen wie Butler einig. Ihr Textverständnis hat jedoch sehr viel unmittelbarere Auswirkungen auf die literaturwissenschaftliche Praxis. In ihrem Bestreben, die Performativität und (bei Greenblatt) die ästhetische Kraft *aller* Texte zu ergründen und den Kanon der Literatur zu öffnen, nivellieren die *New Historicists* bewusst die Unterschiede zwischen literarischen und nichtliterarischen Texten. Bei ihrem historischen Zugriff geht es ihnen nicht darum, literarische Texte in ihre historischen Kontexte einzubetten, sondern Kultur als das Produkt einer Vielzahl von Ko-Texten zu verstehen. So stellt Greenblatt in *Invisible Bullets: Renaissance Authority and Its Subversion* (1981b) Thomas Harriots kolonialen Reisebericht *A Brief and True Report of the New Found Land of Virginia* (1588) gleichberechtigt neben Shakespeares Historiendrama *1 Henry IV* (1597) und liest beide als homologe Inszenierungen der simultanen Produktion und Eindämmung von Subversion durch mächtige (koloniale und königliche) gesellschaftliche Akteure. Reiseberichte, Gerichtsakten, politische Pamphlete und Fibeln sind für *New Historicists* weit mehr als Zeugnisse der historischen Wirklichkeit, auf die literarische Texte verweisen; sie haben, wie literarische Texte selbst, wirklichkeitskonstituierende Kraft.

Diese Nivellierung der Diskurse hat ein befreiendes Moment, öffnet sie doch den literarischen Kanon für Texte sozialer Minderheiten, deren schriftliche Produktion innerhalb der Literaturwissenschaft lange wenig Beachtung fand, unter anderem deshalb, weil sie nicht oder nur teils gängigen Vorstellungen des Literarischen entsprachen. Diese Öffnung des Kanons ist insbesondere auch dem *New Historicism* zu verdanken, welcher bis heute das dominante Theorieparadigma innerhalb der amerikanistischen Literatur- und Kulturwissenschaft ist (Schweighauser 2014). Gleichzeitig gerät mit dieser Enthierarchisierung der Diskurse die Frage der Poetizität, der Spezifizität literarischer Sprache, weitgehend in Vergessenheit und damit auch die allgemeinere Frage, wie die gesellschaftlichen Funktionen unterschiedlicher Textgattungen durch ihre unterschiedlichen Formen bedingt sind. Wenn Jane Tompkins, die den einflussreichen Begriff der *cultural work* prägte, schreibt, dass literarische Texte „der Gesellschaft die Möglichkeit geben, über sich selbst nachzudenken, dass sie gewisse Aspekte einer gesellschaftlichen Wirklichkeit, die AutorInnen und LeserInnen teilen, definieren, dass sie gesellschaftliche Konflikte inszenieren und Lösungen vorschlagen" (Tompkins 1985, 200; Übersetzung Ph. Sch.), dann schmelzen die Unterschiede zwischen politischen, erzieherischen und literarischen Texten dahin. Während das strukturalistische Projekt eines Jakobson noch untrennbar mit der Frage nach der Alterität literarischer Kommunikation verbunden war, verschiebt sich das Interesse einer auf einem poststrukturalistischen Textverständnis aufbauenden historischen Literaturwissenschaft weg von der Poetizität und hin zur Poetik der Selbstinszenierung, zur performativen Kraft jeglichen Sprachgebrauchs und (bei Greenblatt) zur poetischen Verfasstheit sämtlicher Diskurse. Damit ist viel gewonnen, geht aber auch etwas Wichtiges weitgehend verloren, nämlich die Einsicht, dass unterschiedliche Textgattungen deswegen unterschiedliche kulturelle Arbeit verrichten, weil ihre Formen divergieren.

Mit dem Aufkommen des *New Historicism* wird gleichzeitig auch eine Grenze des Textparadigmas in der Literatur- und Kulturwissenschaft sichtbar. Ausgehend von einer poststrukturalistischen Konzeptualisierung von Text, situieren *New Historicists* die Literatur sehr viel stärker in ihren historischen, materiellen und politischen Kontexten, als es ein Bestehen darauf, dass alles Text sei, zulässt. Der *New Historicism* ist zugleich als Verwindung und Überwindung (post-)strukturalistischer Doxa angelegt und für einige seiner Vertreter ist der Dekonstruktivismus letztlich wenig mehr als ein ‚New New Criticism': formalistisch, apolitisch und ahistorisch (Arac 1985, 346; Lentricchia 1980, 169). Weitere Bewegungen weg von einem rein textuellen Verständnis von Kultur fanden im Rahmen dessen statt, was Gottfried Boehm die ‚ikonische Wende' und W. J. T. Mitchell den *pictorial turn* nennt (Boehm 2001; Boehm 2010; Mitchell 1992, Mitchell 1994). Boehm und Mitchell erinnern uns daran, dass Bilder eine spezifische Form und Kraft haben, welche die Ausweitung des Textbegriffs in der Nachfolge des *linguistic turn* – in dessen Rahmen obenstehende Überlegungen anzusiedeln sind – zu verdecken droht (Rorty 1967). Schließlich seien auch Hans Ulrich Gumbrechts und Karl Ludwig Pfeiffers gemeinsame Arbeiten und die Medienarchäologie Friedrich Kittlers genannt, welche dem hermeneutischen Projekt eine Absage erteilen und stattdessen den Blick auf die Materialität von Texten und die sie determinierenden Aufschreibesysteme sowie die sie produzierenden Schreibwerkzeuge richten. Im angelsächsischen Bereich wurden letztere Arbeiten in jüngster Zeit auch im Rahmen des breiter angelegten Projekts des *surface reading* rezipiert, welches statt dichter Beschreibung, *close reading* oder *deep reading* (Birkerts 1994) eine Oberflächenlektüre propagiert, die unter anderem die Materialität der Kommunikation in den Blick nimmt (Best und Marcus 2009). Damit seien zum Schluss drei neuere Zugänge innerhalb der Literatur-, Kultur- und Medienwissenschaft genannt, welche zugleich auf dem (post-)strukturalistischen Textparadigma aufbauen und dessen uneingeschränkten Geltungsanspruch bestreiten.

<small>Ich danke A. Elisabeth Reichel und Ridvan Askin für Ihre wertvollen inhaltlichen Anregungen und Rahel Ackermann Hui für ihre sorgfältige Einrichtung des Manuskripts.</small>

Weiterführende Literatur

Bachmann-Medick, Doris (Hg.) (²2004). *Kultur als Text. Die anthropologische Wende in der Literaturwissenschaft*. Frankfurt a. M.
Culler, Jonathan (1975). *Structuralist Poetics. Structuralism, Linguistics, and the Study of Literature*. Ithaca, NY.
Culler, Jonathan (1982). *On Deconstruction. Theory and Criticism after Structuralism*. Ithaca, NY.
Rorty, Richard (1967). *The Linguistic Turn. Recent Essays in Philosophical Method*. Chicago.
Veeser, H. Aram (1989). *The New Historicism*. London.

Joseph Vogl
IV.2 Poetologie des Wissens

1 Problemstellung

Begreift man eine Geschichte des Wissens nicht nur als eine Geschichte von Aussagen und Ausgesagtem, sondern stellt auch die dazugehörigen Aussageweisen in Rechnung, so ist damit eine Perspektive eröffnet, die den Status von Wissensobjekten und Erkenntnisbereichen mit den Formen ihrer Darstellung korreliert. Dies prägt die Arbeitsweise einer ‚Poetologie des Wissens' und folgt der Annahme, dass jede Wissensordnung bestimmte Darstellungsoptionen ausbildet, sodass in ihrem Inneren besondere Verfahren wirksam sind, die über die Möglichkeit, über Sichtbarkeit und Aussagbarkeit, über die Konsistenz und die Korrelation ihrer Gegenstände befinden. In diesen Operationen lässt sich die ‚poietische' Kraft einer Wissensform erkennen, die nicht von ihrem Erkenntniswillen, nicht von der Art und Weise zu trennen ist, wie sie ihren eigenen Objektbereich sondiert, fasst und systematisiert. Mit solchen Konstellationen ergeben sich einige methodische Problemfelder, die den Untersuchungsbereich, die Untersuchungsebene, das Konzept des Wissens und die allgemeine theoretische Ausrichtung einer Poetologie des Wissens betreffen.

Das bedeutet *erstens*, dass sich die damit unterstellte Konzeption von *Wissen* nicht mit jenen normativen Beschränkungen deckt, die sich in einer langen abendländischen Tradition ausgebildet haben. Obwohl der Begriff des Wissens in der griechischen Antike noch die verschiedenen Bereiche von praktischen, technischen und poietischen Tätigkeiten umschloss, wurde bereits bei den Vorsokratikern eine Einengung auf den spekulativen Gebrauch bemerkbar. Spätestens seit Platon und Aristoteles führte die Ausgrenzung der *doxa*, des Meinens und Glaubens – aber auch der *phronesis*, der praktischen Kenntnisse und privaten Einsichten, und der *aisthesis*, der bloßen Sinneswahrnehmung –, aus dem Reich der *episteme* zu einer Verschmelzung von Wissen und Erkenntnislehre: eine folgenreiche Eingrenzung des Wissensbegriffs, deren Spuren und Abwandlungen sich bis in die Neuzeit verfolgen lassen. So hatte sich einerseits eine Verknüpfung von Wissen und wissenschaftlicher Erkenntnis ergeben, die eine befragende, ‚inquisitorische' Aktivität bestimmt und sich auf die verborgenen Konstanten und Gesetzmäßigkeiten der Natur bezieht: eine epistemologische Konfiguration, die etwa den engen Zusammenhang zwischen Wissen, Wissenschaftlichkeit und Experimentalkultur begründete. Andererseits dokumentierte sich die Einheit von Wissen und Erkenntnis auch dort, wo man die Rationalität eines Erkenntnissubjekts durch begriffliche Tätigkeit und entsprechende Beweisverfahren definierte.

Hier wird Wissen als gerechtfertigtes Fürwahrhalten bestimmt, als *true-justified belief*, der auch eine gegenwärtige ‚Standardanalyse' des Wissens charakterisiert: Wissen zeichnet sich demnach dadurch aus, dass der Gegenstand einer Proposition erstens geglaubt wird, dass er zweitens wahr ist und dass man drittens gute und adäquate Gründe zur Rechtfertigung des Glaubens an die Wahrheit des Geglaubten vorzubringen vermag (Williams 2001, 13–27).

Demgegenüber operiert eine Poetologie des Wissens mit einem schwach determinierten Wissensbegriff, der nicht mit der Gestalt propositionalen, das heißt aussagenlogisch explizierbaren Wissens koinzidiert. So erscheinen ‚Wissensobjekte' nicht einfach als gegebene und stabile Referenten von Aussagen, sie erweisen sich vielmehr als Schauplatz unterschiedlicher Verfahren, deren Dynamik und deren Spuren die Gestalt ihres Gegenstandsbereichs prägen. Wissenschaftliche oder epistemische Objekte stellen nicht eine ‚Natur draußen' dar, sie sind vielmehr das Resultat von konkreten Manipulationen, von materiellen und symbolischen Praktiken, denen sie ihre Existenz im System des Wissens verdanken. Erst daraus ergibt sich die Möglichkeit, ihren Status und ihre Qualität im Prozess gelehrter wie kultureller Verständigung zu klären; und erst mit ihrer ‚poietischen' Dimension werden Wissensobjekte in die Welt gebracht und ‚verwirklicht'. In Aussagesätzen lassen sich Referenten unschwer, schon in experimentellen Anordnungen meist aber nur sehr umständlich repräsentieren. In dieser Hinsicht bietet die normative Umschreibung von Wissen als ‚wahre gerechtfertigte Meinung' nicht einfach eine Lösung, sie stellt vielmehr das Problem und legt einige methodische Vorbehalte nahe. Dabei geht es nicht nur darum, die vielfältigen und kontroversen Verfahren in Betracht zu ziehen, die zu einem gerechtfertigten Fürwahrhalten führen mögen (Gettier 1963); sondern auch darum, die damit reklamierte Differenz des Wissens ins Milieu ihrer historischen Profilierung zu versetzen. Die Frage nach einer Geschichte des Wissens koinzidiert eben nur partiell mit einer Geschichte philosophischer und erkenntnistheoretischer Lehrmeinungen über das, was gewusst werden kann oder was der Begriff des Wissens bedeutet.

Dies legt zwei weitere Konsequenzen nahe. So folgt eine Poetologie des Wissens einerseits der Unterstellung, dass sich ihr Verhältnis zu den Objekten der Wissensgeschichte von einem wissenschaftlichen Objektverhältnis selbst unterscheidet. Schon der Bezug zwischen Wissenschaft und Wissenschaftsgeschichte ist weder unproblematisch noch direkt und legt die Vorsicht gegenüber einem Vorgehen nahe, das wissenschaftshistorische Gegenstände nach der Relation von Wissenschaften zu ihren Objekten modelliert. Das betrifft nicht nur die unterschiedliche Rolle, die etwa Irrtümer, falsche Ansichten oder barer Unsinn hier wie dort einnehmen; das betrifft auch die Frage danach, wie man mit den Sanktionen und Auslöschungen verfährt, die ebendiese Wissens- und Wissenschaftsgeschichten hinterlassen haben. In dieser Hinsicht mochte es ratsam erscheinen, die Vergangenheit einer Wissenschaft nicht mit derselben Wissenschaft in ihrer Vergangenheit zu verwechseln (Canguilhem 1981, 15); und für eine weiter gefasste Geschichte des Wissens bedeutet das den Bezug auf den Bereich eines Wissens, das heute nicht (mehr) selbstverständlich gewusst werden kann. Andererseits wird damit eine Grenze dessen markiert, was eine propositionale Explikation von Wissen überhaupt erfassen kann. Dies öffnet den Blick auf eine Reihe von materiellen und symbolischen Formatierungsprozessen, die sich der Verständigung über die Geltung des Wissens entziehen und als dessen Bedingungen nur insofern wirksam werden, als sie sich eben nicht als Bedingungen explizieren (Polanyi 1978, 49–65, 162).

Zweifellos setzt man sich mit Überlegungen dieser Art einer erweiterten Konzeption von ‚Wissen' aus, die auf ein instabiles Feld und einen schwach strukturierten Referenzbereich verweist. Daraus ergibt sich eine Reserve, die dazu anrät, mit dem Begriff des Wissens nicht ein logisches Kontrollprogramm abzurufen, sondern jene Unterscheidungen, jene internen und externen Schwellen und Grenzen in Betracht zu ziehen, an denen sich die Frage nach einer spezifischen Wissensgestalt, ihrer Relevanz, ihrer Konsistenz und ihrer Haltbarkeit jeweils erneut stellt. ‚Wissen' wird somit als Kollektivsingular begriffen, der auf eine Vielheit von Wissensformen verweist und auf deren Wechselverhältnis aufmerksam macht: auf das Verhältnis zwischen *ars* und *scientia*, zwischen theoretischen und praktischen, expliziten und impliziten, alltäglichen und wissenschaftlichen, öffentlichen und geheimen, hegemonialen und apokryphen Wissensformen, deren immanente Regeln nicht unter ein einheitliches Format subsumierbar sind. Dabei kommen auch Dramen des Übergangs in den Blick, welche jeweils die Schwellen zu disziplinären, institutionell gesicherten, epistemologisch geordneten oder stark formalisierten Wissensgebieten markieren. Mit diesen Grenzziehungen und Verwerfungen, mit diesen normativen Regulierungen, aber auch mit institutionellen und sozialen Prozeduren von Einschließung und Exklusion erscheint Wissen als variables, umkämpftes und *polemogenes* Feld, dessen historische Dimension sich nicht am Leitfaden spezifischer Erkenntnis- und Rationalitätsformeln beschreiben und ausrichten lässt.

Eine Poetologie des Wissens erarbeitet also keine Geschichte der wissenschaftlichen Gegenstände und Referenten, sondern führt Problematisierungsweisen dessen vor, was man Wahrheit oder Erkenntnis nennen mag. Sie untersucht nicht die umwegigen oder asymptotischen Annäherungen an einen Horizont von Realitäten, sie orientiert sich nicht am Ursprung und an der Begründung einer erkennenden Subjektivität. Mit der Frage der *Poetologie* wird vielmehr – zweitens – eine Perspektive eröffnet, die Wissensobjekte und Erkenntnisbereiche über den Prozess ihrer Herstellung und die Formen ihrer Darstellung begreift. Sie folgt der These, dass jede Wissensordnung bestimmte Repräsentationsweisen ausbildet und privilegiert, und sie interessiert sich demnach für die Regeln und Verfahren, nach denen sich ein historischer Äußerungszusammenhang formiert und abschließt und dabei die Gestalten diktiert, in denen er seine performative Kraft sichert. ‚Poetologie' ist dabei als eine Lehre von der Verfertigung der Wissensformen – von ihrer *poiesis* – zu verstehen, als Lehre von deren Genres und Darstellungsmitteln, die den Gattungsbegriff morphologisch ausweitet und etwa noch in einem statistischen Diagramm, in einer Karte, in einer Aufzählung, in einer Kurve bestimmte Regelsysteme für die Organisation von Wissensfeldern erkennt. Eine Poetologie des Wissens verfährt darum induktiv und schließt textuelle und piktturale, diskursive und nichtdiskursive, technische und mediale Repräsentationsweisen gleichermaßen ein. Der Begriff der Gattung wird dabei in einem elementaren Sinn verstanden. Er verknüpft die Aspekte von Genre, Genese, Genealogie und Generation, bezieht sich auf Gebilde, die sich durch das Vermögen auszeichnen, sich in bestimmter Form zu reproduzieren (Derrida 1994b); und er legt damit den Akzent auf diejenigen Differenzierungen und Verfahren, mit denen die Wissensobjekte ihre Unterscheidbarkeit in der Anschauung, im Symbolischen, im Begrifflichen garantieren. Eine Poetologie des Wissens unterstellt also, dass sich jede epistemische Sachlage, jede epistemologische Klärung mit einer ästhetischen beziehungsweise darstellungslogischen Entscheidung verknüpft.

Was allerdings *drittens* in dieser poetologischen Dimension sichtbar wird, ist die *Geschichtlichkeit* des Wissens selbst, ist die Tatsache, dass es jenseits seiner Darstellungsform keine Gegebenheiten gibt, die in einem zeitlosen und unberührten Außen darauf warten, von Diskursen, von Aussagen, von Existenzbehauptungen bezeichnet, erweckt und sichtbar gemacht zu werden. Jede Bezeichnung, jede Fassung eines Wissensobjekts vollzieht zugleich eine diskursive Bewerkstelligung desselben Objekts, eine Verfertigung, in der sich die Kodes und die Wertsetzungen einer Kultur, die Systematik und die Praxis eines Wissensbereichs reproduzieren. Dies betrifft nicht nur die Frage, an welchen Knotenpunkten und Verzweigungen sich einzelne Wissensordnungen, Fachgebiete, Disziplinen und deren jeweiligen Regeln und ‚Kulturen' ausgeprägt haben. Vielmehr gewinnt dadurch die Frage nach Diskontinuitäten im historischen Verlauf einen besonderen, arbeitstechnischen Wert. Die Dauerhaftigkeit von Themen und Themenkomplexen etwa verschlägt nicht, dass sich die dazugehörigen Objekte und Referenzbereiche gründlich verändert haben. Eine Geschichte des Wissens spielt sich nicht nach dem Modell eines Bühnengeschehens ab, sie trennt die Epochen nicht wie ein Vorhang die Akte und Schauplätze. Die ominöse und kontrovers diskutierte ‚Diskontinuität' im Prozess des Wissens fungiert vielmehr als heuristische Hypothese, als Annahme, dass historische Gegenstände sich nicht in guten Bekanntschaften und Vertrautheiten spiegeln. Wie jede konsequente Analyse unterstellt auch eine Poetologie des Wissens die Unselbstverständlichkeit ihrer Objekte. Wenn es dabei tatsächlich um ein keineswegs schnell entscheidbares Spiel zwischen Dauerhaftigkeit und Brüchen geht, wenn es darum geht, unterschiedliche Zeitverläufe und unterschiedlich lange Dauern zu identifizieren, so prägt diese Spannung den Einsatz dessen, was man eine Geschichte von Problemstellungen nennen mag. Ein Modell dafür hat schon vor längerer Zeit François Jacobs *Logik des Lebendigen* geboten. Eine Geschichte der Biologie und ihrer Themen wird hier durchkreuzt von einer Problemgeschichte, die es wenig sinnvoll erscheinen lässt, Georges-Louis Leclerc de Buffons Naturgeschichte und Charles Darwins Evolutionstheorie auf demselben Feld miteinander zu vergleichen. Und das heißt: Verschiedene Disziplinen und Diskurse können einander über einen bestimmten Zeitraum hinweg mehr ähneln, als das unterschiedliche Ausformungen ein und derselben Disziplin über längere Zeitstrecken hinweg tun (Jacob 1972; Lepenies 1989, 129) – dies ist der heuristische Einsatz des Diskontinuierlichen, der dazu anhält, Themen nicht mit Objekten und das Beharrungsvermögen von Ausdrücken nicht mit der Dauer von Begriffen zu verwechseln.

2 *poiesis* und *episteme*

Diese dreifache Problemstellung einer Poetologie des Wissens – die Frage nach den Formaten des Wissens, nach dem Verhältnis von Wissen und Darstellungsform, nach dem Einsatz der Geschichte – kann diverse Herkunftslinien und Inspirationen beanspruchen. Dabei ist zunächst daran zu erinnern, dass der Begriff der *poiesis* eine besondere Auswahl aus verschiedenen Tätigkeitsprofilen getroffen hat. Während etwa das griechische *prattein* auf das Telos und die Vollendung einer Handlung hin ausgerichtet ist und während *dran* den Aspekt des Tuns und Begehens, ein Entscheidungsmoment im Handeln umschließt, akzentuiert *poiein* ein Hervorbringen, ein Herstellen und Machen, eine Arbeit am Gegenstand und bezeichnet einen Prozess, der in der *téchne* begründet ist und in dessen Vollzug konkrete Umstände, materielle Widerstände und technische Bedingungen gleichermaßen eingegangen sind. In dieser Hinsicht lässt sich *poiesis* auch als ein umstandsbedingtes Tun begreifen, als ein Überführen in empirische Realität, in dessen Effekten und Resultaten die Spuren prozesshafter Bewerkstelligung eingeschlossen sind (Aristoteles 1995, 1140a1–1140a23; Snell 1928, 10–19; Derbolav 1989). Einerseits werden darin partielle Überschneidungen zur lateinischen *fictio* virulent. Denn so wenig der Fiktionsbegriff auf die bloße Repräsentation von Imaginärem oder Illusionen reduzierbar ist (Iser 1991), so sehr umfasst er ebenso Akte der Hervorbringung, des Bewerkstelligens, des Realisierens und der

Formung, die sich in spezifischen Gebilden oder Figuren manifestieren und – diesseits des Stigmas von Unwahrheit und Täuschung – auch die pragmatische Wirksamkeit gerechtfertigter oder heuristischer Fiktionen in verschiedenen Wissensgebieten und im Prozess intellektueller Welterschließung einbeziehen (Stierle 2001, 380–389; Vaihinger 1986). Andererseits wurde das damit verbundene Wissen systematisch vom theoretischen Wissen der *episteme* unterschieden. Bereits Platon separierte die poetische Tätigkeit der Dichter von den Bezirken gesicherten Wissens (Platon 1957, 536c; Schlaffer 2005, 11–25), und als Wissen vom Allgemeinen, vom Notwendigen und Prinzipiellen hat Aristoteles' *episteme* das situative Hervorbringen aus seinem Geltungsbereich ausgeschlossen (Aristoteles 1995, 1139b15–1139b31). Gerade diese Spannung – die noch in der Unterscheidung zwischen *knowing how* und *knowing that* durchscheint (Ryle 2002, 26–77) – wird aber zum Ausgangspunkt einer Poetologie des Wissens, die in der Geltung von Wissensordnungen genetische Spuren und variable Gestaltungen, aber auch kontingente Faktoren und Umstandsbestimmungen aufsucht.

Vor diesem Hintergrund beschäftigt sich eine Poetologie des Wissens nicht nur mit den performativen oder rhetorischen Überschüssen diskursiver Darlegungen und nicht nur mit jenen ‚metaphorischen' Rudimenten an Vieldeutigkeit, die innerhalb einer auf Eindeutigkeit abzielenden Begriffssprache insistieren (Blumenberg 2007). Sie verknüpft vielmehr den kreativen Aspekt von Wissensbildungen mit deren Konsistenzanspruch (Pethes 2003, 208), reklamiert die Kategorie des Gemachtseins für die Untersuchung von Wissensobjekten überhaupt und lässt dabei zunächst einige Anknüpfungspunkte zur jüngeren Wissens- und Wissenschaftsgeschichte erkennen. In diesen *science studies* wird die Konstruktionsweise epistemischer Objekte verfolgt, eine Vielzahl verschiedenartiger, interner und externer Faktoren – Praktiken, Labortechniken, symbolische Operationen, das Zusammenwirken von menschlichen und nichtmenschlichen Akteuren oder Agenten – in Rechnung gestellt und der wissenschaftshistorische Schauplatz vom Progress szientifischer Rationalität gelöst (Latour 2000; Rheinberger 1992). Diese Fragestellungen verweisen auf Untersuchungen der historischen Epistemologie und der Wissenssoziologie in den dreißiger Jahren zurück. Dabei geht es um den Status des ‚Wissenschaftswirklichen', um den Verfertigungsprozess wissenschaftlicher Tatsachen und nicht zuletzt darum, das Thema der Diskontinuitäten und epistemologischen Brüche in die Geschichte des Wissens einzuführen (Bachelard 1988, 11; Fleck 1980). Mit einer mehrfachen Distanzierung – zum wissenschaftlichen Faktum als Abbild, zur einheitsstiftenden Figur des Subjekts, zur Evidenz prädiskursiver Erfahrungen und zur invarianten Struktur von Erkenntnis – wurden die Fachgebiete und Wissenschaften in Richtung auf ihr eigenes Außen überschritten, und zwar in einer Weise, die die wissenschaftliche Aussage in einem heterogenen Komplex von Praktiken und Prozeduren lokalisiert. Die Ausbildung wissenschaftlichen Wissens führt nicht von Gegenständen zu Begriffen, sie verläuft vielmehr in umgekehrter Richtung, Beobachtung und Experiment sind nur unter dem Zwang vorausgehender Bahnungen möglich. Diese Denaturalisierung des wissenschaftlichen Tatsachenbegriffs bezieht das Gegebensein auf die Begriffspraxis selbst, an der sich die Institution des Faktischen entscheidet. Mit den Perspektiven einer historisierenden Epistemologie wurde der Blick auf die immanenten Normierungsprozesse gelenkt, die die verschiedenen wissenschaftlichen Tätigkeiten begründen und leiten, vor allem aber auf die Abschattung jener Kräfte, Interessen, Praktiken und ‚Phänomenotechniken', die an der Formierung von Erkenntnisobjekten unmittelbar beteiligt sind (Schäfer 2013, 37–39).

Ein zweiter Anknüpfungspunkt liegt in Konzeptionen, die sich schon seit dem 19. Jahrhundert und in verschiedenen Disziplinen – von der politischen Ökonomie über die Philosophie bis zur Ethnologie oder Psychoanalyse – mit den Wirksamkeiten unverfügbaren Wissens, mit der Virulenz ungewussten oder unbewussten Wissens, mit dem Einschluss von Nichtwissen im Wissen beschäftigten. So war Friedrich Nietzsches genealogisches Verfahren nicht nur von der Annahme geprägt, dass jede strenge Begriffsbildung mit dem Vergessen einer „primitiven Metaphernwelt" (Nietzsche 1969a, 316) koinzidiert und die Funktion der Sprachform selbst nicht an Logizität und Erkenntnissubstraten, sondern an effizienten Täuschungspotentialen und Beherrschungsgesten gemessen werden muss. Nietzsches Genealogie lässt sich auch als Historisierung dessen begreifen, was bisher keine Geschichte hatte, was nicht oder nur schwer historisierbar erschien. Grundbegriffe der Moral, der Erkenntnis und der Metaphysik werden ebenso wie Affekte, Körperzustände und die Komponenten der Menschenform überhaupt auf eine historische Analyse bezogen, die sich von historischer Wissenschaft wie Geschichtsphilosophie gleichermaßen unterscheidet. Das bedeutet einerseits, dass scheinbare Beständigkeiten wie moralische Empfindungen und Rationalitätsformen, Wahrheits- und Wertbegriffe nicht auf ideale Ursprünge, sondern auf verstreute Herkünfte bezogen werden, die sich dauerhaften Bezugssystemen nicht assimilieren lassen. Andererseits liegt die Adresse genealogischer Untersuchung stets im Wissen und in den Gewissheiten der eigenen Gegenwart – die Genealogie schreibt sich selbst nur ein partielles und perspektivisches Wissen zu (Nietzsche 1969b, 1969c). Spätestens seit dem 19. Jahrhundert jedenfalls kann man eine Auflösung der Einheit von Wissen, Bewusstsein und Erkenntnis bemerken. Sei es Nietzsches genealogisches Interesse, sei es der Marx'sche Begriff der ‚Ideologie' oder Sigmund Freuds Konzept der Interpretation: In all diesen Fällen wird eine Differenz zwischen Bewusstsein und jenem nicht gewussten Wissen gezogen, das sich in sozialen Formationen, aber auch in Instinkten, Physiologien und Körperzuständen zu einer notwendigen Illusion verdichtet hat und gerade mit seiner Latenz eine besondere Wirksamkeit entfaltet.

Ausgehend von Nietzsches prospektiver Geschichte des Wahrheitswillens haben sich insbesondere die Studien Michel Foucaults einer genealogischen Wendung verpflichtet; und mit den damit verbundenen Fragen nach einem abendländischen ‚Willen zum Wissen' und seiner Morphologie können Foucaults historische Untersuchungen in mehrfacher Hinsicht profilgebende Bedeutung für eine Poetologie des Wissens beanspruchen. Das bedeutet zunächst die Wahl einer Beschreibungsebene, die den Rückgriff auf globale Konzepte und Kategorien und insbesondere auf anthropologische, philosophische oder politische Universalien meidet, reduziert oder skrupulös kontrolliert. So wenig Foucault von dauerhaften Gegebenheiten *des* Wahnsinns, *des* Lebens, *der* Sexualität, *des* Staates oder *der* Delinquenz sprechen mag, so wenig lassen sich die Bestände und Transformationen historischer Wissensordnungen mit Bezug auf konstante Einheiten wie ‚Erfahrung' und ‚Sinn', ‚Erkenntnis', ‚Subjekt' oder ‚Vernunft' fassen (Foucault 2005a). Zugleich wird eine genealogische Frage dort virulent, wo Erkenntnis als ‚Erfindung' und Wissen selbst als Vollzug eines polemischen Akts, als Motiv und Effekt eines Machtwillens interpretiert werden sollen, wie Foucault das etwa am Verhältnis zwischen juridischer Praxis und Erkenntnisprozeduren interpretierte (Foucault 2002a). Sinnbeziehungen werden als Machtrelationen ausgelegt; und diese „politische Geschichte" von Erkenntnis und Erkenntnissubjekt (Foucault 2002b, 683) führt einerseits dazu, dass keine Übereinstimmung, kein affines Verhältnis zwischen Erkenntnis, Welt und menschlicher Natur unterstellt werden kann. Andererseits wird der Blick damit auf ‚Wahrheitsspiele' gelenkt, in denen sich Machtbeziehungen und Erkenntnisweisen wechselseitig unterstützen und steigern. Wissen ist demnach nicht durch die Achse ‚Bewusstsein – Erkenntnis – Wissenschaft' definiert. Was hier in den Blick genommen werden soll, ist vielmehr die Konfiguration eines Wissens, das weder in den Disziplinen und Wissenschaften aufgehoben ist, noch bloß lebensweltlichen Charakter besitzt, das vielleicht vorbegrifflich oder vorlogisch strukturiert, aber nicht vordiskursiv ist, das verstreut und zusammenhängend zugleich erscheint und die diversen Genres und Diskurse durchquert. Dieses Wissen ist jenes Milieu, in dem diskursive Gegenstände ebenso ermöglicht werden wie Subjekte, die darüber reden, es ist ein Gebiet, das die Regeln zur Koordination und Subordination von Aussagen bereitstellt, es ist ein Raum, der den Grenzziehungen zwischen Fächern, Disziplinen und Wissenschaften vorausliegt und allenfalls als entzogenes Wissen, als „positives Unbewußtes" virulent wird (Foucault 1971, 11; 1981, 259–260). Dieses Wissen meint also weder Wissenschaft noch Erkenntnis, es verlangt vielmehr die Suche nach operativen Faktoren und Themen, die auf verschiedenen Territorien wiederkehren, jeweils eine konstitutive Position darin besetzen und doch keine Einheit und keine Synthese des Gegenstands unterstellen. Und dieses Wissen wäre damit ein Bereich, auf dem unvergleichbare Redeweisen, Äußerungsformen und Textsorten miteinander korrespondieren.

Drittens schließlich bestehen wesentliche Resonanzen zwischen einer Poetologie des Wissens und einigen grundlegenden Überlegungen zum Verhältnis von Wissen und poetischen Formen. Der von Jacques Rancière geprägte Titel einer „Poetik des Wissens" meint die „Untersuchung aller literarischer Verfahren, durch die eine Rede sich der Literatur entzieht, sich den Status einer Wissenschaft gibt und ihn bezeichnet" (Rancière 1994, 17). Er verweist auf eine elementare Verschränkung von Erzählung und Wissenschaft in der Konstitution historischen Wissens, und er schließt damit an jene Studien zu einer Metageschichte an, mit denen Hayden White historiographische und geschichtsphilosophische Diskurse am Leitfaden von charakteristischen Tropen und Erzählformen analysierte (White 1991). Damit werden einerseits eine poietische Durchdringung historisch-hermeneutischer Erkenntnisse und die rhetorische beziehungsweise tropologische Verfassung argumentativer Strukturen überhaupt reklamiert; die spezifische Beziehung zwischen Gegenstand und Darstellung muss als grundlegende wissenshistorische Fragestellung begriffen werden (Althusser und Balibar 1972, 13).

Andererseits liegt der historische Horizont dieser Verschränkung in einer Transformation diskursiver Sachverhalte seit dem 19. Jahrhundert, die den Nenner eines *linguistic turn* erhalten hat und an die materiellen, arbiträren und selbstreferentiellen Dimensionen sprachlicher Äußerungen geknüpft ist. Gerade in den Überlegungen zum Status von Poetik und literarischen Sprachformen in der Moderne – von Mallarmé bis zum *nouveau roman* – wurden *poiesis* und die formative Kraft der Fiktion als ein der Sprache innewohnendes Vermögen der Selbstreferentialität behauptet, als Fähigkeit, „dem Abwesenden eine Gestalt zu geben oder das Anwesende in eine Abwesenheit zu entheben" (Stierle 2001, 420; Foucault 1971, 369–371). Der moderne Fiktionsbegriff selbst hat sich damit von repräsentativen Aspekten, von referentiellen Illusionen und der Darstellung des Imaginären gelöst, bezieht sich auf Momente referenzlosen Erscheinens und ermisst nicht die signifikative Distanz von Sprache und Dingen, sondern die in die Sprachform selbst eingelassene Distanz, als die „sprachliche Ader dessen, was so, wie es ist, nicht existiert" (Foucault 2001a, 381). Jeder verweisenden Funktion geht ein autoreferentieller Bezug voraus, der die Unterscheidungen zwischen Wirklichkeit und Imagination unterläuft, und gerade der literarische Diskurs erprobte damit ein Sprechen, für das die Geltung des Satzes vom Widerspruch aufgeschoben ist: „Dann ging ich in das Haus zurück und schrieb: ‚Es ist Mitternacht. Der Regen peitschte ans Fenster.' Es war nicht Mitternacht. Es regnete nicht." (Beckett 1976, 243) Das Fiktive als Abstand der Sprache zu sich selbst lässt sich somit als ein Darstellungshaftes begreifen, als genuine Poetizität, die jede repräsentative Darstellung bedingt, unterschiedslos die Diskursarten und Gattungen durchzieht (Bellour 1991) und in dieser Wendung auch als Möglichkeitsbedingung für eine Poetologie des Wissens begriffen werden muss.

3 Verfahren

Aus diversen Richtungen hat also eine Poetologie des Wissens einige sachliche, thematische und methodische Impulse erhalten und nimmt eine Pluralität von Wissensformen in Zusammenhang mit deren Repräsentationsweisen in den Blick. Sie bezieht sich damit auf einen Gegenstandsbereich, den man – sehr vorläufig – ‚kulturelles Wissen' nennen könnte. Dieses kulturelle Wissen lässt sich als ein Feld beschreiben, auf dem sich wesentliche Objekte und Referenzbereiche kultureller Verständigung, deren Regeln und Verfahrensweisen und schließlich die Kontroversen und Konflikte über Relevanz, Funktion und Gewichtung von Wissensobjekten abzeichnen. Die Verschränkung von Wissen und Kultur verweist auf ein dynamisches Ensemble aus symbolischen Ordnungen, Technologien und Strategien, die das Verhältnis von Gesellschaften zu sich selbst, zu ihrer Geschichte und zu jeweils anderen Gesellschaftsformationen bestimmen. Wenn Kultur allgemein als Horizont einer Verständigung darüber bestimmt werden kann, wozu Gesellschaften fähig sind, so sollte auch ‚kulturelles Wissen' als ein sozialer Möglichkeitsraum verstanden werden: als ein Bezirk, in dem sich die Grenzen, die Gesetzmäßigkeiten und Ausdrucksweisen dessen reflektieren, was in einer Gesellschaft innerhalb bestimmter Zeiträume ausgesagt und formuliert werden kann. Dieses Wissen kann weder Subjekten noch Menschen zugerechnet werden und erscheint allenfalls als eine „in der Kommunikation praktizierte Zurechnungskonvention" (Luhmann 1990, 142).

Von hier aus lassen sich einige methodische und thematische Orientierungen formulieren, welche die Verfahren und Objekte einer Poetologie des Wissens prägen. So werden erstens die Gegenstände des (kulturellen) Wissens nicht auf privilegierte Weise in den Wissenschaften und durch sie bereitgestellt. Sie sind weder in einer Teleologie szientifischer Erkenntnisprozesse noch in den Rationalitätsformen einzelner Fachgebiete auflösbar, sie gewinnen ihre größte Sichtbarkeit vielmehr an deren Rändern, an Randgebieten und in Übergangsfeldern, die nicht unbedingt an logischer Konsistenz und begrifflicher Einheit gemessen werden können. Wissensobjekte werden somit auf ihre divergenten Herkunftslinien und auf die heterogenen Spuren ihrer Verfertigung bezogen, sie lassen sich allenfalls als ein komplexes *referentielles System* begreifen, das nicht auf eine identische Sache zurückführbar ist (Vogl 2011, 64–65). In dieser Hinsicht verfolgt eine Poetologie des Wissens nicht eine unterstellte Einheit ihres Objekts, sondern jene Verteilungen und Migrationen von Kenntnissen, die an der Gestaltung dieser Gegenständlichkeit beteiligt sind. Der Blick auf deren interne Mannigfaltigkeit schafft überhaupt erst die Voraussetzung dafür, die Geltung von der Genese des Wissens zu unterscheiden und deren uneindeutiges Verhältnis zu beobachten. Wahrheitsregeln für Diskurse und Formationsregeln für Wissensobjekte sind nicht aufeinander abbildbar, sie lassen sich nicht aufeinander reduzieren. Während aber Wahrheitsansprüche wenig über den historischen Schauplatz ihrer Formulierung verraten, geben Entstehungsprozesse Auskunft über Relevanzkriterien, mithin über den Status und den strategischen Einsatzbereich des jeweiligen Wissens.

Zweitens bedeutet das auch eine Suche nach operativen Themen und Faktoren, die auf verschiedenen Sachgebieten wiederkehren, jeweils eine konstitutive Position darin besetzen und doch keine Synthese und kein kohärentes Objektfeld nahelegen. Als Beispiel dafür ließen sich etwa die Konzepte von Überfluss, Überschuss und Zirkulation im 18. Jahrhundert nennen, die eine Verflechtung und Korrespondenz verschiedener Wissensbereiche prägen: Sie erklären die Mechanismen des Warentausches und des Geldumlaufs in der politischen Ökonomie, sie beschreiben auf medizinischem Gebiet den Haushalt und die Homöostase von Körperflüssigkeiten, sie bestimmen die Formierung und den Austausch von Zeichen, sie werden in der Darstellung diätetischer oder naturhistorischer Sachverhalte bemüht. Terme oder Kategorien dieser Art sind also keine Ideen, sofern man darunter abgegrenzte und homogene Vorstellungen versteht, deren Wirksamkeit die Einheit eines Wissenszusammenhangs begründen würde. In den weitläufigen Diskussionen über ‚Luxus', Schwulst und Verschwendung, über ‚Frivolität', hitzige Leidenschaften und Schwärmerei durchqueren sie nicht nur die unterschiedlichen Gebiete von Naturgeschichte, Ökonomie, Medizin, Ästhetik usw., sie sind vielmehr in jedem dieser Gebiete selbst nur als begriffliche Mannigfaltigkeiten fassbar und stellen in ihrer Heterogenität einen immanenten Verweiszusammenhang her. Diese Kette, diese transversale Linie hat keinen Ursprung außerhalb ihrer selbst. Sie ist kein gemeinsames Maß der verschiedenen Bereiche; sie lässt nicht den Schluss zu, die Gebiete seien auf ähnliche Weise strukturiert oder mit denselben Gegenständen befasst. Ihre Besonderheit konstituiert sich vielmehr durch eine interne Resonanz oder ein Ensemble von *Implikationsrelationen*. So enthält etwa die Frage der Übersetzung ein Problem des Werts, so provoziert die Schatzbildung einen desaströsen Bedeutungsverlust der Wörter, so ist der Blutandrang kaum ohne Affektstörung denkbar, so ist etwa die Kommunikation von Zeichen korrelativ zu einer Hydraulik der Ströme (Vogl 1994). Diese wechselseitigen Implikationen errichten einen überdeterminierten Zusammenhang zwischen verschiedenen Wissensregionen, von denen keine als ursprünglich gedacht werden kann; sie konstituieren keinen einheitlichen Gegenstand, sondern markieren eine Schwelle, an der sich die besondere Gestalt der verschiedenen – ökonomischen, medizinischen, naturhistorischen, ästhetischen – Objekte formiert. Unterhalb thematischer Differenzierungen werden hier gemeinsame Regelsysteme identifizierbar.

Damit lässt sich drittens ‚kulturelles Wissen' zugleich als eine Region begreifen, in der aus verschiedenen Perspektiven eine begrenzte Reihe von möglichen – relevanten, richtigen, falschen, kontroversen – Aussagen formuliert werden kann, die in ihrem Zusammentreffen eine unverwechselbare historische Materialität konstituieren. Als Bedingung der Möglichkeit gemeinsamer Objekte verläuft dieses Wissen über Äußerungsweisen unterschiedlicher Ordnung und Art und erscheint in einem literarischen Text, in einer wissenschaftlichen Beobachtung, in einer Abbildung oder in einem alltäglichen Satz gleichermaßen. Einerseits werden damit Gegenüberstellungen wie die zwischen Subjektivem und Objektivem, Realem und Imaginärem, Beweisbarkeit und Fiktion unterlaufen. Andererseits ist keineswegs beabsichtigt, die jeweiligen Unterschiede zwischen Dichtung und Wissenschaft, Kenntnissen und Fiktionen zu nivellieren, und ebenso wenig, ein stabiles und entschiedenes Verhältnis von Wissenschaft, Wissen und etwa Literatur zu unterstellen. Die Möglichkeit einer Beziehung zwischen Literatur und Wissen liegt nicht in einer Widerspiegelung, sie liegt weder in einem Abbildverhältnis noch in einer Beziehung von Text und Kontext oder in einer Relation zwischen Stoff und Form. Das Wissen literarischer Texte ist nicht auf den propositionalen Gehalt ihrer Aussagen beschränkt. Die Verknüpfung zwischen ‚Literatur' und ‚Wissen' legt vielmehr nahe, das Wissenssubstrat poetischer Gattungen und die poetische Durchdringung von Wissensformen aufeinander zu beziehen und beide damit im Milieu ihrer Geschichtlichkeit festzuhalten. Es sei dabei an eine Bemerkung erinnert, die Gilles Deleuze einmal mit Blick auf Foucaults Arbeiten gemacht hat: „Das Wesentliche besteht nicht in der Überschreitung der Dualität Wissenschaft-Poesie [...]. Es liegt in der Entdeckung und Vermessung jenes unbekannten Landes, in dem eine literarische Fiktion, eine wissenschaftliche Proposition, ein alltäglicher Satz, ein schizophrener Unsinn usw. gleichermaßen Aussagen sind, wenngleich ohne gemeinsames Maß, ohne jede Reduktion oder diskursive Äquivalenz. Und dies ist der Punkt, der von den Logikern, den Formalisten und den Interpreten niemals erreicht worden ist. Wissenschaft und Poesie sind gleichermaßen Wissen." (Deleuze 1987, 34) Die Besonderheit eines Wissensobjekts ergibt sich für eine Poetologie des Wissens also aus der *Überschneidungsdichte* von Äußerungsweisen unterschiedlicher Ordnung und Art.

Wie eine Poetologie des Wissens nicht mit der Wahrheit der Aussagen, sondern mit den Verfahren und Regeln beginnt, die gewisse Aussagen ermöglichen, so lässt sich das Verhältnis von (literarischen) Texten und Wissen nicht auf Stoffe und Motive oder eine Serie von Prädikationen und Referenzakten reduzieren. Jeder literarische Text erscheint vielmehr als Teil von Wissensordnungen, sofern er die Grenzen von Aussagbarem und Nichtaussagbarem fortsetzt, bestätigt, korrigiert oder verrückt. Literarischer Text und Wissensordnung stehen in keiner vorhersehbaren und entschiedenen Relation zueinander, ihr Zusammenhang ergibt sich vielmehr in einem uneindeutigen Modus der Disparität. So sehr die Differenzierung von (schönen) Künsten und Wissenschaft seit Ende des 18. Jahrhunderts die Frage nach dem Verhältnis von Literatur und Wissen ermöglicht hat, so unterschiedlich wurden diese Relationen reflektiert – von der romantischen Einheit von Poesie und Wissenschaft über naturalistische Adaptionen szientifischer Paradigmen bis hin zur Frage genuin literarischer Erkenntnisleistungen (Musil 1978). Literatur kann selbst als eine spezifische Wissensform angesehen werden, dort etwa, wo sie zum besonderen Organ und Medium von Einheiten wie Werk oder Autor geworden ist; Literatur ist Gegenstand des Wissens, dort etwa, wo sie eine bestimmte Art des Kommentierens hervorgerufen und die Möglichkeit eines eigentümlichen Sprechens über das Sprechen geschaffen hat; Literatur ist ein Funktionselement des Wissens, dort etwa, wo sie, wie in der geistesgeschichtlichen Tradition, das Feld einer schöpferischen Subjektivität auf herausragende Weise besetzt; und Literatur wird schließlich durch eine Ordnung des Wissens produziert, dort etwa, wo ihre Sprache wie keine andere beauftragt schien, das Uneingestandene zu sagen, das Geheimste zu formulieren, das Unsagbare ans Licht zu holen.

Für eine Poetologie des Wissens ergeben sich also die Konsistenz kulturellen Wissens und die Gestalt der darin identifizierbaren Wissensobjekte durch ein mehrfaches Beziehungsgeflecht: durch ein referentielles System, das unterschiedliche Darstellungspraktiken miteinander korrespondieren lässt; durch Implikationsrelationen, mit denen sich analoge Darstellungsregeln auf unterschiedlichen thematischen Gebieten identifizieren lassen; und mit der Feststellung einer Überschneidungsdichte, die Äußerungsweisen unterschiedlicher Ordnung und Art an spezifischen Knotenpunkten zusammenführt. Damit sind schließlich zwei weitere Konsequenzen verbunden. Das bedeutet einerseits, dass jede Wissensform auch einen begrenzten Platz für die entsprechenden *Subjektpositionen* einräumt, dass sie also die – institutionellen, strategischen – Prämissen liefert, unter denen man sich im Verhältnis zu diesem Wissen artikuliert. Andererseits zeichnet sich kulturelles Wissen durch normative Implikationen aus und ruft eine *Wissenspragmatik* auf den Plan, die ein besonderes Wissensformat mit schwach über mäßig bis stark definierten Handlungsoptionen und Handlungsanweisungen verknüpft. Jede Wissensform korrespondiert direkt oder indirekt mit nomologischen Kenntnissen und bestimmt damit die Art und die Regeln ihrer Anschlüsse beziehungsweise Fortsetzungen: Optionen also, die darin bestehen, dass Wissen je nach Fall und auf die eine oder andere Weise eben gerechtfertigt, verwirklicht, befolgt, geschützt, preisgegeben, bekämpft, optimiert, gelehrt etc. werden muss.

4 Schluss

Das Verfahren einer Poetologie des Wissens operiert mit einem offenen, pluralen und schwach determinierten Wissensbegriff, verfolgt die spezifische Korrespondenz zwischen Darstellungsweisen und Wissensobjekten und beschreibt damit die historische Singularität von Wissensordnungen. Inspiriert von einer historischen Epistemologie, von genealogischen Problemstellungen und von Theorien zur ‚poietischen' Verfasstheit von Wissen wird sie von zwei grundlegenden Arbeitshypothesen geleitet. Sie folgt einerseits der Annahme, dass epistemologische Klärungen unmittelbar mit ästhetischen Entscheidungen verknüpft sind und dabei zur Ausbildung besonderer Darstellungstypen – Genres oder Gattungen im weitesten Sinn – führen. Andererseits nimmt sie Wissensordnungen nicht allein über thematische und sachliche Einheiten, über Fachgebiete, Disziplinen oder spezialisierte Wissenschaften in den Blick; sie konzentriert sich vielmehr auf Beziehungsgeflechte und Korrespondenzen, die in der Einheit von Wissensobjekten eine Vielzahl heterogener Herstellungsverfahren und – umgekehrt – auf unterschiedlichen thematischen Gebieten und Disziplinen analoge Bildungsregeln ausweisen können. Mit diesen Elementen charakterisiert sich eine Poetologie des Wissens durch ein idiosynkratisches Vorgehen und unterscheidet sich von einer robusten Methode dadurch, dass sie die Eingangsbedingungen ihres Verfahrens zu reduzieren versucht, deren normative Implikationen in Rechnung stellt und die Subsumtionskraft ihrer Begriffe minimiert. Während eine robuste Theorie ihre Gegenstände – etwa *das* Wissen, *die* Wissenschaft, *die* Realien, *die* Literatur, *die* Vernunft – immer schon kennt und darum keine Theorie benötigt, setzt ein idiosynkratisches Verfahren die Unerklärtheit seines Untersuchungsbereichs voraus und provoziert mit ihrer analytischen auch eine theoretische Aktivität, mithin die Arbeit an der Adaptionsfähigkeit ihrer Beschreibungen. Sofern sich eine Poetologie des Wissens weder epistemologisch noch in einer Philosophie des Bewusstseins begründet, hat sie ein *paganes* Wissen im Blick, wenn ‚pagan' (lat. *pagus*) sich auf einen lokalen, abgegrenzten und keineswegs globalisierbaren Bezirk bezieht. Das prägt auch ihr Verhältnis zur Geschichte als Kritik. In Abgrenzung gegen einen kritischen „Gerichtshof", der sich auf die Unterscheidung richtiger Erkenntnis von falschen Vorstellungen spezialisiert (Platon 1958, 201c), geht sie auf die Geschichtlichkeit derartiger Urteilsformen zurück und fragt nach den positiven Beschränkungen dessen, was Ereignisse der Universalisierbarkeit ermöglicht. Dies bedeutet die Wahl einer Beschreibungsebene, die nicht zwangsläufig die Teleologien und Kriterien ihrer Gegenstände reproduziert; und das bedeutet eine Kritik, die ihre eigene Generalisierungstendenz unterbricht. Sie ergibt sich aus einem historiographischen Unternehmen, das seinen Reflexionsraum gerade dadurch gewinnt, dass es das Wissen schließlich nicht hinsichtlich seines Wesens, seiner Natur, seiner Grundlegung und seiner Rechte, sondern hinsichtlich seiner Aktualität befragt und damit die historische Begrenztheit des eigenen Verfahrens konzediert.

Weiterführende Literatur

Borgards, Roland, Harald Neumeyer, Nicolas Pethes und Yvonne Wübben (Hg.) (2013). *Literatur und Wissen. Ein interdisziplinäres Handbuch*. Stuttgart/Weimar.
Gamper, Michael (2009). *Elektropoetologie. Fiktionen der Elektrizität 1740–1870*. Göttingen.
Geisenhanslüke, Achim (2011). *Dummheit und Witz. Poetologie des Nichtwissens*. München.
Krause, Marcus und Nicolas Pethes (Hg.) (2005). *Literarische Experimentalkulturen. Poetologien des Experiments im 19. Jahrhundert*. Würzburg.
Pethes, Nicolas (2004). „Poetik/Wissen. Konzeptionen eines problematischen Transfers". *Romantische Wissenspoetik. Die Künste und Wissenschaften um 1800*. Hrsg. von Gabriele Brandstetter und Gerhard Neumann. Würzburg: 341–372.
Renneke, Petra (Hg.) (2009). *Poesie und Wissen. Poetologie des Wissens der Moderne*. Heidelberg.
Vogl, Joseph (Hg.) (1999). *Poetologien des Wissens um 1800*. München.

Simon Aeberhard
IV.3 Mündlichkeit, Schriftlichkeit

1 Mündlichkeit als epistemischer Gegenstand und Geschichte der Schriftreflexion

Die wissenschaftliche Reflexion der poetologischen Potentiale von Mündlichkeit und Schriftlichkeit als Medien der Literatur hängt historisch von der erst im 20. Jahrhundert sich allmählich durchsetzenden Erkenntnis ab, dass Schrift und Rede nicht alleine einen Gegensatz in der Erscheinungsform von Sprachäußerungen bezeichnen, sondern dass die Medialitäten von Mündlichkeit und Schriftlichkeit mitunter die (literarische) Konstitution und (dichterische) Gestaltung von Texten direkt betreffen.

Diese Einsicht, die es in diesem Beitrag in der Folge wissenshistorisch nachzuzeichnen gilt, wurde lange Zeit systematisch von zwei gleichermaßen hochwirksamen sprachtheoretischen Vorurteilen verdeckt: So hat zum einen der (ebenso intrikate) Zusammenhang von Kognition und Kommunikation die intellektualistische Konzeption einer (mentalen) Sprache jenseits ihrer Verkörperungsformen in Rede und Schrift befördert. Solange aber sprachliche Äußerungen – egal, ob in schriftlicher oder mündlicher Form – alleine als Repräsentationen ‚innerer' Denkakte verstanden werden, bleibt die mündliche oder schriftliche Verfasstheit des Kommunikats eine rein instrumentelle Äußerlichkeit. Dieses Paradigma, welches das Sprachdenken in der Tradition dominiert, legt das Modell eines universellen, ideellen und abstrakten Sprachsystems nahe (vgl. Krämer 2001, 95–108), demgegenüber alle sinnlich wahrnehmbaren Instanziierungen, alle empirischen Verkörperungsformen in Rede und Schrift, notorisch defizient bleiben. Die Theoretisierung einer Sprache „hinter dem Sprechen" (Krämer und König 2002) verunmöglicht es aber geradezu, der Rolle der Medien systematisch auf die Spur zu kommen, die konstitutiv an sprachlicher Kommunikation mitbeteiligt sind.

Die zweite systematische Komplikation jeder Mediologie von Sprache ergibt sich daraus, dass über die Differenz von Schriftlichkeit und Mündlichkeit alleine im Medium der Sprache und deswegen nur in der Form von komplexen Re-entries und unübersichtlichen Wechselbestimmungen nachgedacht werden kann. Erst durch die Schrift erscheinen Mündlichkeit und Schriftlichkeit als unterschiedliche und unterschiedlich funktionierende mediale Kodierungen von verbaler Kommunikation; historisch wie systematisch bildet deshalb mediale Schriftlichkeit selbst die wesentliche Möglichkeitsbedingung von Schriftkritik. Diese vertrackte, sich selbst voraussetzende Epistemologie hat zur Folge, dass Mündlichkeit und Schriftlichkeit in der gesamten Geschichte der Sprachreflexion beinahe ausschließlich in kontrastiver Perspektive verhandelt wurden – „das eine wird durch Distinktion vom anderen definiert" (Assmann und Assmann 1990, 4).

Diese beiden Annahmen wurden planmäßig im Laufe des 20. Jahrhunderts allmählich auf den Prüfstand gestellt, weswegen theoriegeschichtlich erst in jüngster Zeit von Poetiken des Mündlichen und, zögerlich, von Poetologien der Schrift die Rede sein kann. Zunächst in der Ethnologie und in der Altphilologie mit einem Fokus auf die kulturellen Anfänge und Ränder der Schrift, später durch allgemeine medienwissenschaftliche, philosophische sowie kultur- und literaturwissenschaftliche Erwägungen, mit einer starken Konjunktur des *medial turn* in den 1980ern, wird infrage gestellt, dass Schrift und Rede alleine als konkurrierende Repräsentationsformen einer ideell bleibenden Sprache fungieren. Erst im Zuge dessen können die genuinen Qualitäten von Mündlichkeit und Schriftlichkeit als mediale Realisations-, Vollzugs- und Gestaltungsformen von verbaler Kommunikation und ihre Eigenschaften auch als „Technologie des Intellekts" (Kittler und Tholen 1989, 7) zutage treten. In den letzten Jahrzehnten haben sich in diesem Sinne ‚Oralität' und ‚Literalität' als jeweils eigenständige epistemische Objekte herausgebildet (vgl. Brockmeier 2004, 277).

Die Einführung einer differenzierten Schriftkultur in der griechischen Antike (mitsamt den zugehörigen Institutionen wie Autorschaft, Bibliothek, Buchhandel etc.) provozierte von allem Anfang an eine nachhaltige, für die gesamte westliche Ideengeschichte bedeutende Beschäftigung mit der Schrift. Dass das antike Griechenland insgesamt unter den Vorzeichen dieser nicht alleine medialen, sondern ‚kulturellen', und das heißt auch intellektuellen und noetischen ‚Revolution' zu verstehen ist, welche mit ihren Effekten und Konsequenzen in Politik, Wissenschaft und Philosophie „Grundlage des modernen Denkens" (Havelock 1990, 71) bilde – diese umfassende These freilich blieb nicht unwidersprochen. Unbestritten indes bleibt, dass der Einsatz der philosophischen Schriftkritik, der gewöhnlich in Platons *Phaidros* verortet wird, sich paradoxerweise selbst substantiell den Bedingungen der Schrift verdankt (vgl. Havelock 1963).

Die Vorbehalte gegenüber der Schrift beziehen sich im Wesentlichen auf ihre genealogische Nachträglichkeit als Notationssystem: Im (nicht nur) philosophischen Erbe der Schriftkritik erscheint die tote (weil situationsabstrakte) Schrift gerade wegen derjenigen Charakteristika defizitär, die sie vom lebendigen Gespräch unterscheidet. Kritisiert wird die in der Schrift fehlende Präsenz, ihre fragwürdige Überlieferung und materielle Äußerlichkeit – dies vor allem im direkten Vergleich mit dem (philosophischen) Gespräch als Medium dialogischer Erkenntnis.

2 Drei Medienbegriffe

Es erscheint sinnvoll, sich an einigen basalen medientheoretischen Unterscheidungen zu orientieren, ohne dabei die vielfältigen ökonomischen, politischen, gesellschaftlichen, diskursiven, sprachlichen und psychologischen Konsequenzen des historischen Medienwandels zu unterschlagen. Als Heuristik dient dabei im Folgenden die systemtheoretisch motivierte Einteilung von Medien in (a) sinnliche Wahrnehmungsmedien, (b) semiotische Informations- und Kommunikationsmedien sowie (c) technische Verbreitungs-, Verarbeitungs- und Speichermedien (vgl. Sandbothe 2005, XV). Das Verhältnis zwischen Mündlichkeit und Schriftlichkeit ist dabei auf allen diesen drei Ebenen jeweils neu zu skizzieren: Auf der Ebene der akustischen respektive optischen Kodierung von Sprache wird es ein anderes sein als auf der Ebene direkter respektive formaler Kommunikation; ein drittes Verhältnis wiederum ergibt sich auf der Ebene der linear-flüchtigen respektive zweidimensional-sinnstabilen Formatierung kulturell relevanter Informationen. Die unterschiedlichen Bestimmungen erweisen sich darüber hinaus als in höchstem Grade interdependent.

Wahrnehmungsmedialität: phonologisch-akustisch versus graphisch-visuell

Während mündliche Sprache sich in wahrnehmungsmedialer Hinsicht aus einem akustisch vernehmbaren Strom von Artikulationslauten zusammensetzt, ruht schriftliche Sprache der gerichteten Anordnung graphischer Zeichen auf einer Einschreibefläche auf. Deren relative Dauerhaftigkeit erlaubt die Entkoppelung der Rede von zeitlicher und räumlicher Kopräsenz der Kommunikationsteilnehmer. Sinnstabile Informationsvergabe ist in der Schrift über große Distanzen und virtuell über Generationen, vor allem auch über den eigenen Tod hinaus möglich. Zudem ist der Rezeptionsakt beliebig oft und in beliebigen Kontexten wiederholbar, schriftliche Äußerungen sind – buchstabentreu – zitierbar. Diese Vorteile bezahlt die Schrift damit, dass die Wahrnehmung von Kommunikation insgesamt unwahrscheinlicher wird: Geschriebene Buchstaben drängen sich sehr viel weniger auf als Artikulationslaute – ein Problem, für das die Schrift Kompensationen auf anderen medialen Ebenen entwickeln muss.

Alphabetische und Silbenschriften bedienen sich arbiträrer graphischer Zeichen zur (näherungsweisen) visuellen Repräsentation von (mündlichen) Sprachlauten. Dieses genealogische Repräsentationsverhältnis, das im westlichen Kulturkreis dominiert, verleitet zu zwei voneinander abhängigen theoretischen Annahmen, deren Selbstverständlichkeit in jüngster Zeit auch für die lateinische Alphabetschrift auf den Prüfstand gestellt wurde. Aus der ‚natürlichen' Genealogie der Schrift nach und aufgrund der Lautsprache wird ein Verhältnis abgeleitet, welches erstens impliziert, dass artikulatorische Lautlichkeit die primäre und eigentliche Erscheinungsform von Sprache ist, der gegenüber graphische Manifestationen generisch sekundär bleiben. Sprache sei essentiell Sprechen, lautet dieses Dogma; die Schrift verzeichne dieses Sprechen, indem sie mündliche Rede regelgeleitet in das optische Medium überführe (vgl. zur Rekonstruktion und Widerlegung dieses Dogmas Stetter 1999, 47–76). Damit ist zweitens vorausgesetzt, dass Mündlichkeit und Schriftlichkeit nicht nur dasselbe kodieren (vorbestehende Sprache), sondern auch, dass sie friktionsfrei wechselseitig ineinander überführbar sind. Was gesprochen wird, lässt sich mithilfe der Schrift notieren; was aufgeschrieben ist, lässt sich durch Lesen in die Mündlichkeit rückübersetzen (vgl. Lyons 1981, 11).

So gelten zum Beispiel Georg Wilhelm Friedrich Hegel die unterschiedlichen Funktionsweisen von Mündlichkeit und Schriftlichkeit in den *Vorlesungen über die Ästhetik* (1817–1829) als ein mediales Dilemma, das aufgelöst werden kann und soll: „Wir sind zwar gewohnt, epische und lyrische Gedichte zu lesen und nur dramatisch gesprochen zu hören und von Gebärden begleitet zu sehen; aber die Poesie ist ihrem Begriffe nach wesentlich *tönend*, und dies Erklingen darf ihr, wenn sie *vollständig* als Kunst heraustreten soll, umso weniger fehlen, als es ihre einzig[e] Seite ist, nach welcher sie mit der äußeren Existenz in realen Zusammenhang kommt." Buchstaben, gedruckt oder geschrieben, gelten Hegel daher als „nur gleichgültige Zeichen für Laute und Wörter" (Hegel W XV, 319). Diese idealisierende ‚romantische' Einschätzung friktionsfrei ineinander überführbarer medialer Materialitäten (die übrigens auch Basis der Hermeneutik ist) ändert sich fundamental erst, als mit Thomas Edisons Erfindung des Phonographen Mündlichkeit selbst medial reproduzierbar wird. Die neue technische Speicherfähigkeit und Wiederholbarkeit der physikalischen Akustik von Rede verleiht der Mündlichkeit konzeptuell nämlich einen „quasi-schriftlichen Charakter" (Wirth 2007, 205). Dies insofern, als artikulatorische Lautlichkeit – analog zur Buchstäblichkeit der Schrift – als technisch reproduzierbare, vom symbolischen Differenzgeschehen der Sprache dennoch differente Instanziierung durchsichtig wird (vgl. Kittler 1986, 72). Dadurch wird auch in der mündlichen Sprache der für die Schrift typische Unterschied zwischen materiellem Zeichenträger und seiner (abwesenden) Bedeutung sinnfällig. Das Modell von Schriftlichkeit als rein sekundärem Repräsentationsschema von als ‚natürlich' idealisierter, originär mündlicher Rede erscheint in der Folge als metaphysisch voreingenommen.

Insbesondere Jacques Derrida (1983; 2000b; 2003) hat in seiner Begründung der Dekonstruktion statuiert, „dass es kein sprachliches Zeichen gibt, das der Schrift vorherginge". Weil die „Exteriorität des Signifikanten [...] die Exteriorität der Schrift im Allgemeinen" ist, votiert Derrida (1983, 29) gerade umgekehrt für die denksystematische Vorgängigkeit des Graphems gegenüber dem Phonem. Diese strategische Umkehr erlaubt es ihm, ideologiekritisch zu zeigen, dass die Geschichte der Schriftkritik (von Platon über Jean-Jacques Rousseau bis Ferdinand de Saussure) fragwürdigen Voraussetzungen aufruht, wenn sie die Schrift in immer neuen dichotomischen Wendungen als rein negativen Gegenpol zur ‚Wahrheit', zum ‚Leben' und zur ‚Präsenz' der mündlichen Rede exponiert (vgl. Assmann und Assmann 2003, 395). In seinem strategischen Gegenkonzept der *écriture*, einer hypothetischen „Ur-Schrift" demonstriert Derrida, dass die „Spur" – die materielle Differenz zwischen Bedeutendem und Bedeutetem – jeder, auch mündlicher, Artikulation notwendig vorausliegt und dass daher das „phonologozentrische" Phantasma eines selbstidentischen Ursprungs sprachlicher Zeichen fruchtlos ist (Derrida 1983, 99; vgl. Bolz 1992).

Von Derridas umfangreicher Kritik an der abendländischen Philosophie der Schrift bleibt festzuhalten, dass die phonologisch-akustische beziehungsweise graphisch-visuelle Gestalt sprachlicher Kodierung an sich noch keine funktionale Priorisierung einer bestimmten sinnlichen Wahrnehmungsform voraussetzt. Das genealogische Primat gesprochener Sprache wird vom strukturellen Argument überholt, dass überhaupt erst durch die und in der Schrift herausgearbeitet werden kann, was (auch mündliche) ‚Sprache' eigentlich ist: Nur diejenigen Anteile eines prosodisch-akustischen Singulärereignisses, die von der Schrift als (virtuell lautliche) Formen notiert werden können, gelten als diskursive Rede. Umgekehrt ist nur Verbalschrift, was als Anweisung zur lautlichen Artikulation neuer Kommunikate eingesetzt werden kann. Nur unter der strategischen Vorannahme der vollständigen gegenseitigen Konvertibilität entsteht also überhaupt die (gemeinsame) Idee von (mentaler) Sprache, die in zwei (demgegenüber defizienten) Manifestationsformen gleichermaßen verkörpert werden kann. Die Frage nach dem Ursprung sprachlicher Wahrnehmungsmedialität wird in dieser Hinsicht obsolet.

Kommunikationsmedialität: Sprechakt und Textäußerung

Auch wenn der genaue Zusammenhang von Schrift und Rede beziehungsweise Buchstaben und Lauten als deren semiotische Komplemente (γράμματα und φωναί oder *litterae* und *voces*) in der Tradition immer wieder zum Gegenstand von Diskussionen wird (vgl. Stockhammer 2014) – nicht zuletzt, weil dieser Zusammenhang ein künstlicher und historisch gewachsener ist –, bildet doch weniger die binäre Opposition phonisch/graphisch als vielmehr die vielgestaltig davon abhängige Kommunikationsmedialität die Einheit, unter welcher die Differenz von Mündlichkeit und Schriftlichkeit hauptsächlich diskutiert wird. Die „*Verdoppelung der Sprache* in zwei Wahrnehmungsformen" (Luhmann 1994, 415), in akustische Lautsprache und visuelle Buchstaben- oder Schriftsprache, impliziert zwei gegensätzliche Modalitäten verbaler Kommunikation: einen (mündlichen) Modus der Nähe, der Kopräsenz und Innerlichkeit, und einen (schriftlichen) Modus der Distanz, der Abwesenheit und Äußerlichkeit (vgl. Koch und Oesterreicher 1985). Folgt das wahrnehmungsmediale Verhältnis von graphischem und phonischem Kode einer strikten Dichotomie, lassen sich verschiedenste Äußerungsformen auf einem (historisch auszudifferenzierenden) Kontinuum zwischen der konzeptionellen Mündlichkeit zum Beispiel intimer Briefkommunikation und der extremen Schriftlichkeit einer Verwaltungsvorschrift ansiedeln (vgl. Koch und Oesterreicher 1985, 18). Mündlichkeit(en) und Schriftlichkeit(en) sind in diesen beiden, wahrnehmungs- und kommunikationsmedialen Dimensionen relativ frei miteinander kombinierbar.

Als Medien der zwischenmenschlichen Kommunikation stehen Mündlichkeit und Schriftlichkeit für zwei unterschiedliche Strategien beziehungsweise Stile: Wo kommunikative Mündlichkeit durch Merkmale der Dialogizität, der Spontaneität und der thematischen Offenheit einen Kontext kultureller Nähe herstellt und weniger die Gleichzeitigkeit als vielmehr auch die Gemeinsamkeit von Produktion und Rezeption sprachlicher Äußerungen betont, steht kommunikative Schriftlichkeit für Monologizität, Reflektiertheit und Themenfixiertheit. In der Schrift wird virtuell öffentliche, streng sachorientierte Kommunikation zwischen fremden Partnern institutionalisiert, die in zeitlichen, örtlichen und situativen Abständen produzieren und rezipieren. Anders als auf der Ebene der sinnlichen Wahrnehmung impliziert die Unterscheidung von Schriftlichkeit und Mündlichkeit in dieser Hinsicht gerade keine friktionsfreie Konvertibilität. Die modal mündliche beziehungsweise schriftliche Verfasstheit eines Textes steht vielmehr für einander gegenüberstehende Formatierungen sprachlicher Information mit je anderen Register kultureller Sprachlichkeit.

Die Komplementarität der beiden sprachlichen Kommunikationsmodi ruht den visuellen beziehungsweise akustischen Wahrnehmungsmedialitäten von Mündlichkeit und Schriftlichkeit natürlich auf, ist durch sie alleine aber nicht erklärbar. Die Notizen einer öffentlichen Rede konfigurieren ihre Medien textstrategisch anders als die lyrischen Strophen eines konkreten Gedichts, ein wissenschaftlicher Handbuchartikel anders als ein freundschaftliches SMS. Die Wissenstradition unterschätzt tendenziell die komplexen und dynamischen Wechselbeziehungen, welche diese Textsorten zwischen Mündlichkeit und Schriftlichkeit – jeweils als Kodierungsform und als kommunikative Strategie – kulturell installieren, wenn sie der Schrift alleine Repräsentationsfunktionen zugesteht.

Die Möglichkeit ‚exkarnierter Rede' (Assmann 1993) wirft eine Reihe von kulturellen Folgeproblemen auf, namentlich Fragen nach der Autorschaft einer Textäußerung, Fragen nach der Speicherung und Archivierung von schriftlichen Informationen und Fragen nach der Distribution und Rezeptionssicherung schriftlicher Botschaften.

Verbreitungs- und Verarbeitungsmedialität: linear-flüchtige beziehungsweise zweidimensional-sinnstabile Formatierungen

In kommunikativer Hinsicht stehen also die sozialen Präsenzqualitäten eines publikumsorientierten Sprechakts den Abstraktionsmöglichkeiten einer von langer Hand konzipierten und situativ unterdeterminierten Textäußerung gegenüber. Zu den vielgestaltigen kulturhistorischen Reparationsbestrebungen, welche eine graphische Zeichenfolge als gerichtete Rede einsichtig machen, gehört neben der Ausbildung von genuin schriftsprachlichen Textgattungen eine ganze Reihe von Maßnahmen, so zum Beispiel die Einführung und Ausdifferenzierung metasprachlicher Operatoren in der Schrift selbst (Worttrennungen in der *scriptio continua*, Interpunktionszeichen, Groß- und Kleinschreibung, die Kenntlichmachung von zitierter Objektsprache). „Schriftliche Rede kompensiert das Fehlen situativer Determination durch rezeptionssteuernde Sicherungen. Das gilt nicht nur für die Formulierung, sondern auch für das graphische Layout des Textes." (Assmann und Assmann 1992, 1421)

Die Kompensation der wahrnehmungspraktischen Unauffälligkeit der Schrift durch äußere und zweidimensionale, chiro- oder typographische Gestaltung ist direkt abhängig von den Medien und Möglichkeiten ihrer technischen Verbreitung. Dabei ist zu unterscheiden zwischen den Vorgaben, welche die benutzten Schreibgeräte, Schriftträger und/oder Übertragungsinstitutionen machen, und den darauf aufbauenden, konventionalisierten paratextuellen Möglichkeiten zur internen Organisation eines Textes (zu denen auch die Textsortenzugehörigkeit im oben bestimmten, kommunikativen Sinne gehört).

Zunächst ausschließlich als Mnemotechnik in Handel und Verwaltung gebraucht, erwächst der Schrift die Fähigkeit, Sprechakte zu kodieren und dauerhaft zu machen, in kultischen Zusammenhängen als Inschrift (vgl. Assmann und Assmann 2003, 396). Die Umstellung von phonologisch-akustischer Sprache auf graphisch-visuelle bedingt dabei eine neue Formatierung des niedergelegten Wissens: Statt flüchtig-linear ist eine Textäußerung zweidimensional zu organisieren, um Sinnstabilität zu erhalten. Alleine durch diese Formatierung revolutioniert sich in der Folge der gesellschaftliche Begriff von ‚Wissen': An die Stelle „ritueller Wiederholung und festlicher, multimedialer Inszenierung periodisch erneuerter Überlieferung" treten abstrakte Notate eines sich wandelnden kulturellen Gedächtnisses zur Sicherung von „Identität, Kontinuität und Zusammenhang der Gruppe" (Assmann und Assmann 2003, 396).

Auf die entindividualisierte ‚Unkörperlichkeit' solchermaßen materiell kodifizierten Wissens reagiert die Mediengeschichte mit der Einführung von Konventionen und Institutionen, welche die Kommunikationsmedialität durch Simulation eines pragmatischen Kontextes für die (schriftlich kodierten) Sprechakte sichert (vgl. Svenbro 2005, 33). Nur im Zusammenspiel mit der Erfindung mobiler Textträger (Wachs, Holztafeln, Tierhäute, Palmblätter, Papyrus und schließlich Papier) und institutionellen Möglichkeiten der Fernkommunikation kann zweidimensionale Schriftlichkeit Merkmale ihrer Situationsentbundenheit ausbauen und zum Beispiel als Brief an die imaginäre Stelle eines (halben) Gesprächs treten. Für das Problem, dass das Urheber- und Textäußerungssubjekt nicht zugleich mit der Kommunikation gegeben ist, entwickelt sich in einem langen historischen Prozess das (paratextuelle) Konzept Autorschaft, das erst um 1800 seine vollgültige, auch im juristischen Sinne relevante Ausprägung erhält (Schaffrick und Willand 2014b).

Die (mehr oder minder von Institutionen unterstützte) Mobilität von Textträgern erzeugt das Bedürfnis zur Sammlung und zentralen Aufbewahrung kulturell relevanter Dokumente in der Form von Archiven und Bibliotheken, was nicht nur – wie oben skizziert – zu einer völlig neuen Organisationsform kulturellen Gedächtnisses führt, sondern auch andere Herrschaftsformen ermöglicht. Erst der Buchdruck liefert aber jene Voraussetzungen, welche die Institutionalisierung und Demokratisierung eines Buchhandels ermöglichen und damit schließlich jene (auf kodifiziertes Wissen aufbauende, situationsabstrakte) Öffentlichkeit einlösen, für welche Schrift in kommunikativer Hinsicht steht.

Der Buchdruck und damit die Ablösung von der individuellen, direkt mit dem Körper verbundenen (Kopisten-)Handschrift bringt auch auf der Ebene der optischen Textorganisation Standardisierungen mit sich, welche die virtuelle Zweidimensionalität der Buchseite zu Zwecken nutzen, die über die Repräsentation von Lautsprache hinausgehen. Die Einführung von Absätzen und Zeilenabständen, der Satzspiegel, die Wahl einer bestimmten (Druck-)Schrifttype sowie die Entscheidung für ein bestimmtes Papier gehören zu den typographischen Aspekten schriftlicher Dokumente, welche – wiewohl keineswegs zur Repräsentation von Sprache, geschweige denn von artikulatorischer Lautlichkeit intendiert – durchaus insofern bedeutsam sein können, als sie das Verständnis eines spezifischen Textes (mit-)steuern (vgl. Reuß 2006a). Spätestens in der Frühen Neuzeit wird die so bestimmte „Zwischenräumlichkeit" der Schrift daher zu einem „Darstellungsmodus sui generis" (Krämer 2002, 341), der nicht etwas der Schrift selbst Vorausliegendes repräsentieren würde, sondern Sachverhalte durch die Inskription selbst konstituiert. Auf diese Weise wird das funktionale „Werkzeug" Schrift als symbolische Form zu einem potenten „Denkzeug" im Sinne eines kognitiven Artefakts (Krämer 2013, 169).

Die digitale Verflüssigung des schriftlichen Textes durch das Internet, welche die Parameter der Buchseite und des Papiers in viele Möglichkeiten aufweicht und die Taktung von Rezeption und Produktion fast mündlichkeitsanalog erhöht, folgt oft genug noch den (digital simulierten) Vorgaben der Buch- und Druckkultur. Auch wenn die Veränderungen des Hypertextzeitalters gegenwärtig noch immer nicht abzusehen sind, wird aus der Geschichte der Schrift als Verbreitungs- und Verarbeitungsmedium doch deutlich, dass die sozialhistorischen Möglichkeiten der technischen Verbreitung und Verarbeitung von Kommunikaten vielschichtig und intrikat auf die kulturellen Semantiken zurückwirken, welche Mündlichkeit und Schriftlichkeit als sprachliche Medien annehmen.

3 Kulturpoetiken primärer und sekundärer Oralität

Solange das Verhältnis von Mündlichkeit und Schriftlichkeit konzeptionell als feststehender Gegensatz diskutiert wird, gilt die Schrift unzweideutig als sekundäre und komplementäre Hilfsform, die vorbestehende (mündliche) Sprache nur aufzeichnet. In dieser Funktionsbestimmung rückt zu Unrecht ein Aspekt ins alleinige Zentrum der Diskussion, welcher für die Vielschichtigkeit sowie die interdependente evolutionäre Entwicklung der Phänomene, vor allem aber auch die poetologischen Potentiale blind ist. Erst im 20. Jahrhundert setzt ein differenzierteres wissenschaftliches Nachdenken über einen gehaltvolleren und komplexeren Begriff der ‚Mündlichkeit' ein (ein Abstraktum, das als Substantivierung des zugehörigen Adjektivs zugleich miterfunden wird) (vgl. Zumthor 2002, 234). Dabei dient dieses Konzept der ‚Oralität' im Rahmen literatur- und kulturhistorischer sowie ethnologischer Untersuchungen als allgemeine Beschreibung des medienhistorischen Entwicklungsstands einer bestimmten Kommunikationsgemeinschaft.

Orale Kulturen

Der amerikanische klassische Philologe Milman Parry übernimmt dabei eine Vorreiterrolle (vgl. Ong 1987, 25), wenn er in seiner (französischen) Dissertation nachweist, dass die auffällig ‚formel-' und ‚floskelhaften' Wiederholungen in Homers

Epen keine abwegigen Stilismen sind, sondern das Ergebnis einer dichterischen Komposition unter den psychoökonomischen Bedingungen von Mündlichkeit. Zu seinen Ergebnissen ist Parry (1928) gelangt, indem er die Homerischen Hexameter und die dort immer wieder auftauchenden stereotypen Epitheta in aller Konsequenz auf ihre medienhistorischen Voraussetzungen zurückführte: Formeln, fest verbundene Phrasen und stehende Ausdrücke, die sich zu metrischen Strukturen fügen, sind die notwendigen Elemente einer Dichtung, die auf die Schrift weder als Gedächtnisstütze noch als Kompositionshilfe zählen kann. Durch ethnologische Untersuchungen, die Parry anschließend gemeinsam mit dem Slavisten Albert B. Lord an mündlich tradierten Erzählungen und Liedern auf dem Balkan unternommen hatte, bestätigte sich das folgenreiche Konzept der Oralität als einer Kulturpoetik: Eine Kultur, die gänzlich ohne Schrift auskommt, stellt zwangsläufig andere Anforderungen und wendet andere Verfahren der Textkonstitution an als eine literalisierte. Zu den Elementen einer so verstandenen Poetik des Mündlichen gehören neben der bereits genannten mnemotechnischen Formelhaftigkeit ein eher parataktisches und additives (statt subordinatives) Formulieren, ein eher aggregatives und zusammenfügendes (statt analytisches) Wahrnehmen, ein narratives, redundantes und wiederholendes (statt argumentatives) Schildern, sinnlich konkrete, performative und gegenwartsbezogene (statt statuarische und abstrakte) Bezugnahmen, genealogische (statt funktionale) Herleitungen sowie eine in der Tendenz personale, einfühlende und teilnehmende (statt objektive) Haltung zum Berichteten (vgl. die Liste bei Ong 1987, 42–61). Mit einem solchen Katalog wird das orale Dichten von epischen Versen erstmals nicht nur im Resultat und nicht nur in der medialen Kodierung, sondern als Prozess differenter schrifttextueller Kompositionsweisen einsichtig.

Das ‚romantische' Neben- und Gegeneinander von Mündlichkeit und Schriftlichkeit wird im Rahmen dieses kulturpoetischen Projekts zu einem mehr oder minder streng geschiedenen Nacheinander zwar nicht unabhängiger, aber doch komplett unterschiedlicher Strukturen: Voll ausgebildete Schriftkulturen heben sich in ihrer gesamten Funktionsweise durch den *Great Divide* der Etablierung von literalen Praktiken, Konventionen und Institutionen von vor- und außerliteralen Gemeinschaften ab – eine Unterscheidung, die ab den 1950er Jahren zu einer umfassenden Medienkulturtheorie ausgebaut wird. Vorbereitet wird sie aber schon vor Parry durch anthropologische (Marcel Jousse), kulturwissenschaftliche (Bronisław Malinowski) und kulturphilosophische (Ernst Cassirer, Lucien Lévy-Bruhl), ethnologische (Marcel Mauss) und volkskundliche (Arnold van Gennep), literaturwissenschaftliche (André Jolles) und kommunikationstheoretische Erkenntnisse, die sich der modernistischen Faszination für das ‚Primitive', Mythische und Prä-Logische verdanken (vgl. Schüttpelz 2005a, 374–376).

Im Zuge spätkolonialer Überlegenheitsgesten schafft sich die alteuropäische Buchkultur zwischen 1870 und 1960 in der Oralität ein Gegenüber, dessen Belege sie in der Form von Aufnahmen und Transkripten sammelt und das sie möglichst genau zu bestimmen sucht – sei es auch um den Preis eines Oxymorons wie im Begriff der „oral literature" (Schüttpelz 2005a, 20).

Schriftkulturen, Kulturen sekundärer Oralität

Literalität und Oralität, wie sie in den Untersuchungen des Medientheoretikers Marshall McLuhan (2011), des Gräzisten Eric A. Havelock (1963; 1990; 1992), des Ethnologen Jack Goody (1977; 1986; Goody et al. 1986) und des Literaturwissenschaftlers Walter J. Ong (1987) einander als Dichotomie gegenübergestellt werden, bezeichnen nicht nur verschiedene mediale Erscheinungsformen von Sprache, sondern ganz grundsätzlich unterschiedliche kulturelle Denkweisen. Diese breit abgestützte, in der Bewertung aber nicht einhellige nordamerikanische Theorieströmung konzentriert sich weniger auf eine akkurate Beschreibung des medienhistorischen Übergangs von Mündlichkeit zu Schriftlichkeit, sondern immer stärker auf „die unterschiedliche ‚Mentalität' oraler und schreibender Kulturen" (Ong 1987, 11) – mit anderen Worten darauf, wie epochal diese Zäsur in das Wahrnehmen, Denken und Handeln, in die „Psychodynamiken" (Ong 1987, 37) der Gesellschaftsmitglieder eingreift. Denn der langfristige Übergang von primärer Oralität zu schriftgestützter Kommunikation betrifft, so zeigt sich immer deutlicher, die kognitiven Strukturen der Kommunikationsteilnehmer ganz direkt – mit weitreichenden Folgen für die soziale, ökonomische, politische, diskursive und religiöse Organisation einer Gesellschaft, wie sie oben teilweise skizziert wurden. Erst die „interiorisierte Technologie" (Ong 1987, 85) der Schrift macht es zum Beispiel möglich (und in letzter Konsequenz auch nötig), Sprache als ein System, Elemente einer Rede als Objekte, schließlich den Diskurs als äußerlich zu begreifen.

Die Kritik an der Theorie vom *Great Divide* und insbesondere an der kognitiven Überlegenheit von Schriftkulturen, wie sie in den 1980ern einsetzt (vgl. Schüttpelz 2013), zielt an einer wichtigen Erkenntnis vorbei. Zwar ist es sicherlich problematisch, die Mediengeschichte des Westens als eine Fortschrittsgeschichte zu erzählen, wie es implizit oder explizit immer wieder geschieht, und orale Kulturen alleine aus der Perspektive dieses ‚Entwicklungsvorsprungs' zu begutachten, doch liegt der Fokus der einsetzenden Medientheorie auf dem Versuch einer adäquaten Beschreibung der eigenen kognitiven, kulturellen und medialen Möglichkeitsbedingungen des Denkens: die Selbstbeschreibung einer Schriftkultur als „interagierendes und interferierendes Zusammenwirken von Schreibtechniken, Schriftsystemen und Schriftfunktionen" (Wirth 2007, 207). Außerordentlich produktiv wurde die Theorie seit den 1980er Jahren denn auch vor allem in den Kultur- und Literaturwissenschaften in einer Reihe von Fallstudien rezipiert, welche die zunächst orale, dann chirographische und später typographische Verfasstheit von Literatur im Zusammenspiel mit ihrer erweiterten medialen Umgebung von ihren historischen Voraussetzungen her analytisch neu bewertet (Pionier dieser Vorgehensweise ist zweifelsohne Paul Zumthor, 1994). Gerade in nicht vollständig literalisierten Gesellschaften mit wirkungsstarken Oralitätsresiduen kann mit aufschlussreichen Mischformen gerechnet werden (vgl. z. B. Schaefer 1993).

Bedingung dafür, die Dichotomie zwischen Oralität und Literalität in ihrer noetischen Qualität als kognitive Interfaces überhaupt trennscharf in den Blick zu bekommen, ist, so formuliert es einer der beteiligten Medientheoretiker, die neuerliche Destabilisierung des Verhältnisses durch die medienhistorischen Entwicklungen seit dem ausgehenden 19. Jahrhundert. „Unser Interesse an den Unterschieden zwischen Oralität und Literalität entwickelte sich erst im elektronischen Zeitalter – nicht früher." (Ong 1987, 10) Insofern nämlich durch das Telephon, das Grammophon, das Radio, das Tonband und den Fernseher eine mediatisierte Mündlichkeit entsteht, die sich als Lautlichkeit der wahrnehmungsmedialen Schrift verdankt, die gleichsam durch die Schrift gegangen ist und in jedem Moment auf sie zurückweist, tritt eine neue technologische Formatierung sprachlicher Kommunikation auf. Erst die elektronische ‚Textverarbeitung' im hochtechnisierten Zeitalter der „sekundären Oralität" (Ong 1987, 10) lässt es zu, die wechselseitige Aufeinanderbezogenheit von Schriftlichkeit und Mündlichkeit auf den verschiedenen Ebenen, die Dynamiken und Wechselwirkungen in und mit sozialen, ökonomischen und politischen Praktiken und kulturellen Institutionen zu beobachten, die ganz konkrete Effekte auf die Bauformen und Macharten von Texten haben und relevant sind für deren Poetik.

Schrift erscheint erst hier nicht mehr a priori und unbedingt als zeitstabilisierte Mündlichkeit, die einige „Möglichkeiten der Kommunikation" hinzufügt, welche oralen Gesellschaften verwehrt waren; Schrift erscheint hier zuerst und vor allen Dingen als Dispositiv für alternative „Möglichkeiten, die Sprache zu benutzen" (Luhmann 1994, 411). Schrift und Rede sind nicht mehr alleine als Erscheinungs-, Präsentations- und Zirkulationsmedien für vorbestehende Kommunikate miteinander vergleichbar, sondern sprachliche Gestaltungs- und Vollzugsformen eigenen Rechts.

4 Mediale Poetologien der Literatur

Die Merkmale primärer Oralität, wie sie sich im Zuge philologischer und volkskundlicher Untersuchungen an mündlich tradierten Texten herausgestellt hatten, beziehen sich, so fällt auf, gerade nicht (jedenfalls nicht direkt) auf mediale, das heißt phonisch kodierte Mündlichkeit: Die vor-schriftliche Mündlichkeit der Dichtungen Homers ist in Schriftform vermittelt und tradiert; die Geschichten und Gesänge der ‚Primitiven' werden zu Studienzwecken aufgenommen und transkribiert, um an ihnen die Eigenheiten mündlichen Dichtens nachzuweisen. Gerade die Oralität oraler Kulturen zeigt sich so als ein Stil – ein Stil, paradoxerweise, der sich in die Schrift integrieren lässt, ja, der – als Stilform – seinen präzisen Ort in der Schrift hat, insofern er im graphischen Kode und unter buchkulturellen Distributionsbedingungen eine mündliche Kommunikationsmedialität simuliert.

Literarische Konfigurationen in der Moderne

Es ist wohl kein Zufall, dass gerade zu der Zeit, in welcher sich akustische Medien durch technische Innovationen etablieren (und damit das Verhältnis von Mündlichkeit(en) und Schriftlichkeit(en) gesellschaftlich neu zu denken geben), in der Literatur eine ästhetische Maxime durchzuschlagen beginnt, welche sich die mimetische Wiedergabe gesprochener Sprache zum poetologischen Programm macht. Zulasten der grammatischen Wohlgeformtheit der Literatursprache werden dia- und soziolektale Färbungen ebenso wie Satzabbrüche, Stammeln und Ausrufe literarisch verzeichnet und zu übergeordneten Darstellungszwecken genutzt. Moderne und modernistische Literatur umkreist fast schon systematisch die ‚phono-graphischen' Qualitäten literarischer Texte – die Möglichkeiten, Lautlichkeit, Klanglichkeit und Tonalität (nicht nur) mündlicher Rede literarisch in neuer Wiedergabetreue zur Darstellung zu bringen. „Töne, Klänge und Laute offenbaren sich [in der Moderne] als Gegenstände und semiotische Systeme, die an der Wissensproduktion beteiligt sind, eine Geschichte haben, Gedächtnis stiften und das kulturelle Imaginäre fundieren." (Herrmann 2015, 10 f.)

Immer gewärtigt Literatur, die sich einer Poetik des Mündlichen verschreibt, das Problem (aus dem sie ihre Innovationen generiert), die konzeptionelle Mündlich- und Lautlichkeit (oder gar ‚Auralität') eines Textes mit den Grenzen des schriftsprachlichen Notations- und buchkulturellen Distributionssystems zu vermitteln. Wofern sich poetologische Mündlichkeit nämlich nicht durch Parataxen, Wiederholungen, Konstruktionsbrüche, Interjektionen, einen reduzierten Wortschatz und die Verwendung von Umgangssprache alleine auf der stilistischen Ebene eines ansonsten fraglos ‚schriftlichen' Textes einträgt und also „durch (fingiertes) Reden, Schwatzen, Plaudern eine spezifische Nähe zwischen Text und Leser herzustellen" (Baumberger 2006, 27) oder zu simulieren versucht, fordert Literatur ihre eingespielten medialen Verfahren heraus. Auf diese Weise greifen die oben heuristisch differenzierten Begrifflichkeiten von Mündlichkeit(en) und Schriftlichkeit(en) spätestens und manifest in der ästhetischen Moderne ineinander und bilden – im Falle von avancierter Literatur – eigenständige medienkonzeptuelle Poetologien aus (vgl. Wirth 2007, 206). In ästhetischen Experimentalanlagen umkreisen diese literarischen Texte Mündlichkeiten und Schriftlichkeiten auf der wahrnehmungs-, kommunikations- und distributionsmedialen Ebene und kündigen so die ‚romantische' Voraussetzung der bruchfreien Konvertibilität auf. Sie exponieren und explorieren damit ihre „Sprachigkeit" (Stockhammer et al. 2007, 23) und stellen infrage, ob und gegebenenfalls was sie jenseits ihrer medialen Verkörperungen bedeuten.

Lautpoesie und Visuelle Poesie, um zwei richtungweisende und komplementäre Strömungen aus der ersten Hälfte des 20. Jahrhunderts zu nennen, stehen in dieser Perspektive beide für extreme Dichtungskonzepte, welche die (wahrnehmungs-)medialen Materialitäten von Sprache gegenüber der Wortbedeutung emanzipieren. Dabei wird oft übersehen, dass diese artistischen Formen und Formatierungen von Mündlich- beziehungsweise Schriftlichkeiten nie ohne (genuin sprachlichen) Bezug auf Kommunikation auskommen und – zumindest zu Beginn des 20. Jahrhunderts – auf buchkulturelle (und also schriftliche) Formate ausgerichtet bleiben. Visuelle Poesie, so sehr sie die Zweidimensionalität typographischer Gestaltung heraustreibt, ist „doch nicht bloß ein Bild" (Ong 1987, 129) und kommt niemals ohne Ansätze virtueller Sprachartikulation und verbale Kommunikationsbezüge aus. Umgekehrt verweist auch Lautpoesie, wofern sie abgedruckt und in Buchform verkauft oder auch nur als Sprechpartitur konzipiert wird, auf die „Grundparaxodie" medialer Konfigurationen: „‚Reine'", das heißt von Schriftbezügen freie, „Lautpoesie kann es nicht geben" (Dembeck 2016, 186). Es ist dies die Stelle, an welcher deutlich wird, dass unterkomplexe Konzeptualisierungen und monodimensionale Dichotomisierungen des Verhältnisses von Mündlichkeit und Schriftlichkeit es nicht vermögen, die in Rede stehenden Phänomene adäquat zu beschreiben, geschweige denn, deren poetologische Tragweite für die Konstitution und Gestaltung von Dichtung in den Blick zu bekommen.

Ein diesbezüglich avancierter literarischer Text problematisiert die scheinbar binäre Opposition zwischen Mündlichkeit und Schriftlichkeit, indem er sie in ihren poetischen Verfahren überschreitet und dabei – um ein sinnträchtiges Kunstwort Derridas zu bemühen – seine sprachlichen Markierungen „grammophoniert". Die Worte in James Joyce' *Ulysses* (der schon in seinem Titel programmatisch auf Dichtung unter den Bedingungen der Oralität rekurriert) bewegen sich in einem dynamischen Oszillations- und Zwischenraum wahrnehmungs-, kommunikations- und distributionsmedialer Mündlich- und Schriftlichkeiten; sie sind „als Graphem vokalisiert und als Phonem geschrieben" (Derrida 1988d, 58).

In der Literatur James Joyce', Samuel Becketts und auch Arno Schmidts wird die phonographische Mimesis an artikulatorische Mündlichkeit so weit getrieben, dass sie in extreme Schrifteffekte umschlägt und kaum mehr im herkömmlichen Sinne ‚lesbar' ist. Im folgenden Zitat stört das Geräusch eines Mähdreschers (der in der Wortfolge „Niemand, nirgends, nie" das Ende von Jean Pauls *Unsichtbarer Loge* zitiert, s. Jean Paul W I/1, 417) ein Gespräch; im Wort ‚Motor' wird das ‚Ohr' lesbar, zugleich auch das ‚Motto' (also: Jean Pauls Leitspruch): „(((.....))). / ((.....)). / (.....?) –: .....!: !!!: *Klaa!:* ‹*Nichz Niemannt Nirgnz Nie*›: ‹Nichz Niemannt Nirgnz Nie›: so plappert doch nur *1* Mottohr: *Ihr*=Mottohr! (Und das zer=döste Gesicht möklichst schrahlent geschtalltn [...]." (Schmidt BA 3/1, 213) Gerade in der akurat verschriftenden Verzeichnung von Umgebungs- und Artikulationsgeräuschen wird das Notat vieldeutig und lässt sich kaum mehr in die singuläre Lautlichkeit, der es entstammt und der es sich verdankt, rückübersetzen. Die Schrift Schmidts steht systematisch zwischen den Sprachen und zwischen den Medien und gewinnt gerade in ihrer extremen Formatierung ihr ästhetisch vexierendes Potential.

Das Verhältnis von Mündlichkeit und Schriftlichkeit wird in dieser und vielen weiteren literarischen Konfigurationen nicht als stabiles und überhistorisches System einsichtig, sondern als bewegliches Gefüge in Abhängigkeit von der erweiterten medialen Umgebung (und ihrer Geschichte), in welcher soziale, ökonomische und politische Praktiken stattfinden und kulturelle Institutionen operieren.

Stimme und Diagrammatik

Im Zentrum der jüngsten literaturwissenschaftlichen Forschung stehen jedoch weniger die impliziten Misch-, Überkreuzungs- und Widerstandsverhältnisse von Mündlichkeit und Schriftlichkeit, wie sie in vielgestaltigen literarischen Konfigurationen auf der Ebene ihrer medialen Poetologie exploriert werden, sondern die nichtdiskursiven Aspekte der Sprachmedien: diejenigen Anteile von Mündlichkeit und Schriftlichkeit, die sich einer Übersetzbarkeit verweigern. Auf der Seite des Mündlichen erfährt die Stimme als einzigartig-vergängliches, körperlich-individuelles, räumlich-emotionales Surplus der Mitteilung gegenüber dem gesprochenen Wort, gerade auch angesichts eines Aufschwungs performativer Literatur(vermittlungs)formen, erhöhte Aufmerksamkeit (vgl. Mersch 2000; Krämer

2005). Auf der Seite der Schrift sind hingegen im digitalen Zeitalter die verarbeitungsmedialen Aspekte, die ikonischen und diagrammatischen, das heißt spezifisch nichtphonetischen Dimensionen von (nicht nur sprachlichen) Notationsformen und Programmierungen ins Zentrum der interdisziplinär-wissenschaftlichen Aufmerksamkeit gerückt (vgl. Stetter 2005; Bauer und Ernst 2010; Krämer et al. 2012). Was aussteht, ist eine Theoretisierung der poetologischen Dimension literarischer Texte im Zusammenspiel der medialen Realisations- und der konzeptionellen Organisationsformen sowie der distributiven Formatierungsweisen.

Weiterführende Literatur

Assmann, Aleida und Jan Assmann (2003). „Schrift". *Reallexikon der deutschen Literaturwissenschaft*. Bd. 3. Hrsg. von Jan-Dirk Müller. Berlin/New York: 393–399.
Krämer, Sybille (2002). „Sprache – Stimme – Schrift. Sieben Gedanken über Performativität als Medialität". *Performanz. Zwischen Sprachphilosophie und Kulturwissenschaften*. Hrsg. von Uwe Wirth. Frankfurt a. M.: 323–346.
Luhmann, Niklas (1994). „Die Form der Schrift". *Germanistik in der Mediengesellschaft*. Hrsg. von Ludwig Jäger und Bernd Switalla. München: 405–425.
Ong, Walter J. (1987). *Oralität und Literalität. Die Technologisierung des Wortes*. Aus dem Amerikanischen übers. von Wolfgang Schömel. Opladen.
Wirth, Uwe (2007). „Sprache und Schrift". *Handbuch Literaturwissenschaft*. Hrsg. von Thomas Anz. Bd. 1: *Gegenstände und Grundbegriffe*. Stuttgart/Weimar: 203–213.

Fritz Breithaupt
IV.4 Poetizität der Gefühle

Wenn man die mögliche ‚Poetizität der Gefühle' erörtert, gibt es vier prinzipielle Auffassungen, worin eine solche bestehen könnte. Man kann erstens nach spezifischen Emotionen suchen, die von poetischen Gebilden hervorgerufen werden. Dabei stellt sich dann zentral die Frage, ob es Gefühle gibt, die ausschließlich von poetischen oder ästhetischen Gebilden erregt werden oder die primär ästhetisch sind. Zweitens kann man nach inneremotionalen Effekten suchen, die als poetisch bezeichnet werden könnten. Sofern man dabei Poetizität vor allem als Selbstbezüglichkeit versteht (Jakobson 1979b; Simon 2009, Kap. III), wird man in diesem Falle nach in sich geschlossenen Systemen der Selbstbezüglichkeit von Emotionen suchen. Drittens könnte man von der poetischen Erzeugung von Gefühlen sprechen, die ohne die Referenz auf einen emotionsbesetzten Gegenstand ermöglicht werden. Hierzu gehören etwa Phänomene der Lyrik, die eine traurige Stimmung nur durch Rhythmus und Wortmalerei auslösen. Diese dritte Auffassung unterstellt eine Verwandtschaft von poetischen Gebilden und Emotionen, die es erlaubt, dass beide direkt, ohne Umweg über Referenzen, ineinander übersetzt werden oder sich zumindest gegenseitig affizieren können. Viertens kann die Poetizität der Gefühle als poetisches Denken verstanden werden, welches etwa innerhalb der Kant'schen Philosophie die Funktion der Vermittlung von sinnlicher Wahrnehmung und begrifflichem Denken zu leisten hätte. – Dieser Artikel skizziert mithin ästhetische Gefühle (Abschnitt 1), poetische Effekte innerhalb der Emotionen (Abschnitt 2), Emotionen, die durch nichtsemantische Aspekte von Poesie erregt werden (Abschnitt 3), und poetisches Denken (Abschnitt 4).

Es wird sich dabei zeigen, dass sich diese vier zunächst grundsätzlich verschiedenen Auffassungen der ‚Poetizität der Gefühle' in einigen Punkten aneinander annähern, insofern Verwandtschaften zwischen Emotion und Poetik unterstellt werden.

1 Ästhetische Gefühle

Gibt es Gefühle, die ausschließlich von ästhetischen Gebilden erzeugt werden? In der Diskussion ästhetischer Phänomene wird seit Mitte des 18. Jahrhunderts verstärkt auf die mentalen Prozesse im Rezipienten abgestellt (zuvor aber bereits bei Aristoteles und in der Traditionslinie der aristotelischen Poetik). Dabei geraten im 18. Jahrhundert zunächst das Erhabene und das Schöne in den Blick (Edmund Burke, Immanuel Kant), dann auch als drittes Phänomen das Pittoreske (bezogen auf die Gartenbaukunst: Uvedale Price) beziehungsweise das Interessante (bezogen auf literarische Kunstwerke: Friedrich Schlegel). Jedes dieser Phänomene zeichnet sich dabei dadurch aus, dass die Rezipienten von dem Kunstwerk oder dem Naturereignis auf eine spezifische Art und Weise positiv erregt werden. Von besonderem Interesse war für die meisten Denker dabei das Erhabene, da das von ihm hervorgerufene Gefühl dezidiert an eine ästhetische Position der Beobachtung geknüpft ist. Das Schöne und das Pittoreske dagegen treten in einer Reihe von sozialen Sphären auf und sind eingebunden in soziale Praktiken, die nicht genuin auf Ästhetik verwiesen sind (das Schöne etwa in der Liebe; das Pittoreske beziehungsweise Interessante als Antrieb von Wissenschaft usf.). Die vielfach zitierten Diskussionen des Erhabenen bei Burke und Kant stellen dabei zwei Momente ins Zentrum der Überlegungen: a) Wie kann es sein, dass der Beobachter von Leiden (etwa bei der Beobachtung eines Schiffbruchs in der Ferne) das erhabene Gefühl letztlich als positiv bewerten kann? b) Wie kann der Beobachter mental ein ihn oder sie überwältigendes Ereignis verarbeiten? Burke löst die erste Frage dadurch, dass er das mitleidende Gefühl als positiven Beweis einer prosozialen Menschlichkeit deutet. Kant beantwortet die zweite Frage dadurch, dass er die ins Leere greifende, oszillierende Bewegung des Gemüts selbst als adäquaten Ausdruck (und also Begriffsersatz) des Erhabenen denkt.

Ist das Erhabene also ein genuin ästhetisches Gefühl? In jüngeren Jahren haben sich vor allem Winfried Menninghaus und seine Mitarbeiter der Suche nach ästhetischen Gefühlen gewidmet. Mit empirischen Mitteln unterschiedlichster Art – von der Untersuchung typischer Wortfelder von ästhetischen Phänomenen bis zu Verfahren des *Brain Imaging* (fRMI) – versuchen sie, sowohl die allgemeine Struktur von durch poetische Gebilde erzeugten Gefühlen zu ermitteln als auch die unterschiedlichsten mit poetischen Gebilden assoziierten Gefühle und Emotionen zu beleuchten. Einer ihrer Vorschläge geht dahin, das Gefühl der Rührung (das *movere* oder Bewegtsein) als eines der zentralen ästhetischen Gefühle zu fassen, welches in der Vielfalt ästhetischer Rezeptionen eine Leitfunktion haben könnte und als ein genuin ästhetisches Gefühl in Betracht kommt (Menninghaus et al. 2015). Ein weiteres Moment der Rührung kann in der Wiedererkennung (*anagnorisis*) ausgemacht werden, wie bereits Aristoteles es dargestellt hat (Breithaupt 2010). In ihren Arbeiten nehmen Menninghaus und seine Mitarbeiter auch die obige Frage auf, warum Beobachtungen des Leidens positiv erfahren werden können. Beobachtetes Leiden, zumindest im Film, bewegt den Zuschauer (Hanich et al. 2014). Insgesamt zielt ihr Projekt auf einen mit empirischen Mitteln erstellten Katalog der voneinander unabhängigen ästhetischen Emotionen. Die Gesamtzahl dieser Emotionen für eine künftige *Aesthetic Emotions Scale* dürfte dabei groß ausfallen.

2 Poetische Effekte innerhalb der Emotionen

Gibt es Effekte innerhalb der Emotionen, die als poetisch zu beschreiben sind? Um diese Frage sinnvoll stellen zu können, wird ‚poetisch' als ‚selbstbezüglich' im Sinne von ‚selbstreferentiell' aufgefasst (Jakobson 1979b; Simon 2009, Kap. III). Nicht gemeint sind also Gefühle wie etwa Scham, Peinlichkeit oder etwa Neid, in denen das Selbst des Fühlenden involviert ist, sondern Gefühle, die sich auf sich selbst beziehen.

Zunächst ist zu erörtern, wo im Standardmodell der Emotionsforschung, der sogenannten *Appraisal Theory* der Emotionen (Scherer et al. 2001), Raum für Selbstbezüglichkeit von Emotionen besteht. Dieses Standardmodell bezeichnet die Fälle, in denen jemand eine Situation evaluiert und aufgrund dieser Evaluation eine emotionale Reaktion beziehungsweise einen Affekt entwickelt (es gilt nicht für Situationen, in denen jemand eine unmittelbare physiologische Reaktion auf seine Umwelt hat). Wer etwa ein Ereignis innerhalb einer Situation als unwahrscheinlich auffasst, kann dann den Affekt der Überraschung empfinden. Eine gewisse Selbstbezüglichkeit von Emotionen im Allgemeinen könnte man dann dort unterstellen, wo der Affekt selbst wiederum zum Gegenstand eines Appraisals, also einer Beobachtung wird. Wer an sich Furcht, Stress oder Verliebtheit wahrnimmt, kann darauf mit einem neuen Affekt reagieren. Man kann sich über seine Verliebtheit erschrecken, kann seine Wut als peinlich empfinden etc. Doch auch hier sollte man nicht eigentlich von einer Selbstbezüglichkeit von Emotionen ausgehen, sondern eher beobachten, wie eine Emotion sekundär zu einer anderen führt.

Allerdings besteht die theoretische Möglichkeit, dass eine Emotion via Appraisal zu einer Verstärkung eben dieser Emotion führt und insofern einen Rückkoppelungseffekt entfaltet. Dies wäre auf dem Reißbrett so zu konstruieren: Jemand befindet sich in einer Situation, die zu einem Appraisal A führt, auf die er mit Emotion A' reagiert. Dann befindet er sich damit in einer Situation, die Emotion A' zu empfinden. Diese emotionale Situation von A' wird nun ihrerseits einem Appraisal unterzogen und führt zu Emotion A'', wobei A' und A'' im Falle der Selbstbezüglichkeit gleichwertig sind.

Nun ist die Frage, ob es solche poetischen (selbstbezüglichen), sich verstärkenden beziehungsweise sich rückkoppelnden Gefühle gibt oder geben kann? In jedem Falle müsste sich das Gefühl dabei von dem äußeren Impuls, also der Situation zunehmend abkoppeln und selbst als beobachtetes Gefühl zur Situation werden, auf die der Fühlende reagiert. Die externe Beobachtung müsste einer inneren Beobachtung weichen und dabei doch den gleichen affektiven Impuls beibehalten. Zu erwägen wäre, inwiefern Phänomene wie Verliebtheit, Rührung, Trauer oder Depression, Apathie sowie manische Zustände derartig beschrieben werden könnten. Man müsste dann nachweisen, inwiefern diese Gefühle, bei einem äußeren Gegenstand beginnend, zunehmend selbstbezüglich nur noch durch das innere Gefühl verstärkt werden und sich insofern von der äußeren Wahrnehmung abzuschotten beginnen. Der spekulative Charakter dieser Herleitung soll dabei aber betont werden. Zudem wäre es in sprachlicher Hinsicht sicher befremdlich, eine Depression als ‚poetisches Gefühl' zu beschreiben.

3 Emotionen, die durch nichtsemantische Aspekte von Poesie erregt werden

Können lyrische Werke ohne den Umweg der Semantik Emotionen auslösen? Die Poetiken der meisten Zeiten haben die nichtsemantischen Aspekte von Lyrik betont und ihnen in der Regel emotionale Wirksamkeit zugeschrieben. Dazu gehören: Reim, Alliteration und Wortähnlichkeiten, alle Formen der Lautmalerei (s. etwa: Auracher et al. 2010), alle Aspekte der Metrik inklusive Rhythmus, Takt und Wiederholung (s. Obermeier et al. 2013), Melodik, diverse rhetorische Figuren ebenso wie visuelle Aspekte der geschriebenen Dichtung beziehungsweise das Tempo und die Betonung im mündlichen Vortrag. Die Gattungspoetiken seit dem Barock haben dabei regelmäßig über die emotionalen Effekte bestimmter Formen nachgedacht.

Roman Jakobson (1979b) hat die parallelistische Struktur poetischer Sprache in den Vordergrund gestellt, die neben der Semantik diverse morphologische, phonologische und syntaktische Strukturen und Muster aufweise. In der ersten empirischen Studie zu den emotionalen Effekten von Gedichten konnten Menninghaus und seine Mitarbeiter nachweisen, dass derartige parallelistische Elemente in Gedichten in der Tat einen deutlich verstärkenden Charakter von positiven wie negativen Emotionen, Bewegtheit und allgemeiner Intensität bewirken (Menninghaus et al. 2017).

Zu betonen ist die grundlegende Annahme, die dieser emotionsgenerierenden Seite von Lyrik zugrunde liegt, nämlich dass Emotionen nicht allein durch direkte Situationen, in denen sich ein Mensch befindet, oder durch imaginäre Welten, in die er durch poetische Werke transportiert wird, ausgelöst werden können, sondern auch durch die sprachlichen Aspekte von Lyrik. Diese sprachlichen Aspekte können dabei mit musikalischen Auslösern von Gefühlen verglichen werden (Johnson-Laird und Oatley 2008). Eine der möglichen Erklärungen dieses Effekts der nichtsemantischen Wirkung von poetischen Werken oder Musik liegt dabei darin, dass die vom Rezipienten aktivierten Gehirnroutinen spezifischen emotionalen Abläufen ähneln.

4 Poetisches Denken

Gibt es ein Denken, das a) nicht propositional beziehungsweise nicht begrifflich verfährt und b) dennoch etwas wie einen emotionalen Wahrheitsgehalt besitzt? Diese und ähnliche Fragestellungen ergeben sich aus der Konstruktion von Kants *Kritik der reinen Vernunft*, in der sinnliche Wahrnehmung und begriffliches Denken in Einklang kommen müssen, um Erkenntnis zu ermöglichen. In der *Kritik der reinen Vernunft* bemüht Kant für diese Überbrückungsleistung den Begriff des Schemas, das für beide Seiten (sinnliche Wahrnehmung und begriffliches Denken) Gültigkeit habe und sie vermittle. In der *Kritik der Urteilskraft* weitert Kant die Diskussion dieses Schematismus' aus, indem er von der Vermittlungsleistung der Urteilskraft spricht. Anschließend an diese Überlegungen Kants zur Urteilskraft wird von seinen Interpreten bisweilen ein poetisches Denken vorgeschlagen, welches der Wahrnehmung und den Emotionen nahesteht, aber möglicherweise durchlässig für das propositionale, begriffliche Denken sein könnte. Dieser scheinbar paradoxe Gedanke findet seinen Höhepunkt im in der *Kritik der Urteilskraft* (§ 49) entwickelten Begriff der ‚ästhetischen Idee', deren Vorzug gerade darin bestehe, das Denken (und nicht nur das Gefühl) anzuspornen, ohne es aber in einem bestimmenden Begriff zur Ruhe kommen zu lassen (zu einer neueren Positionierung von Kant vgl. Chaouli 2016). Kant war es auch, der folgenreich den Begriff der Stimmung zu einem ästhetischen Grundbegriff nobilitierte (Wellbery 2003b, 707–709). Stimmung meint eine Harmonie, die ein Außen (z. B. eine Landschaft) mit dem Innen (Emotionen im weiteren Sinne) verbindet, ohne dass ihr ein eigentlicher Ort zukommt. Eine Stimmung kann mehrere Personen umfassen, was etwa metaphorisch mit dem Wort ‚Atmosphäre' verbunden wird (Böhme 1995). Stimmung wird Kant dabei auch zur ‚Zu-Stimmung'; so benutzt er in der *Kritik der Urteilskraft* in § 9 die Formulierung von der ‚proportionierten Stimmung der Erkenntniskräfte', um zu begründen, dass eine ästhetische Vorstellung zugleich sowohl die eigenen belebten Gemütskräfte als auch eine Zustimmung zur Allgemeinheit des ästhetischen Urteils adressieren kann. Damit ist im Stimmungsbegriff der doppelte Bezug zu den Emotionen und zu den Erkenntniskräften gegeben – ein Konzept, das weitreichende Folgen für die sich entwickelnde Stimmungsästhetik hatte (Wellbery 2003b; Meyer-Sickendiek und Reents 2013; Reents 2015).

Postuliert wird in Anschluss an Kant ein poetisches Denken (Chaouli 2016), welches in Übereinstimmung von sinnlichen Wahrnehmungen diese in eine emotionale Sprache übersetzt, die zwar nicht propositional-begrifflich verfährt, aber bereits Sprache genug ist, um eine Beziehung zu strenger Begrifflichkeit erahnen zu lassen. Aufbauend auf Kant, hat vor allem Martin Heidegger diese Gedanken weiterverfolgt.

Diese Herleitung eines poetischen Denkens erzeugt allerdings wieder eine Reihe von Folgeproblemen, da sie zu binären Unterscheidungen einlädt. Eine Argumentationslinie könnte darin bestehen, dass Emotionen per se als poetisch bezeichnet werden beziehungsweise umgekehrt Poesie als Ausdruck nicht propositionalen Wissens definiert wird und somit grundsätzlich ‚emotional' sei.

Eine solche Argumentation wird zwar in dieser kruden Form wohl von wenigen Autoren explizit artikuliert, ist aber dennoch strukturell häufig nahegelegt (auf wirkungsmächtige Art und Weise hat etwa Jerome Bruner (2009) den Dualismus von rationalem und narrativem Denken vorgeschlagen). Es wird etwa argumentiert, dass Poesie ein nicht propositionales Wissen sei, nach welchem es um die Darstellung anthropologischer Gehalte gehe, die sich dem propositional Formulierbaren entzögen. Kunst ergänzt nach dieser Vorstellung also unser Wissen vom Menschen, weil sie das artikulieren kann, was sich sonst einer manifesten Darstellung entzieht. Der poetische Text wird dabei als Ausdruck von Emotionalität verstanden.

Entgegen dieser zu einfachen Gleichsetzung von Emotion und Poetizität, entgegen ebenfalls der binären Gegenüberstellung des poetischen Wissens einerseits und eines propositionalen oder rationalen Wissens andererseits positionieren sich die meisten psychologischen und kognitiven Theorien der Emotion, indem sie ihr einen kognitiven Gehalt zusprechen, der sich etwa als Entscheidungshilfe (im Sinne von Damásio et al. 1996) oder als Reaktion auf eine Bewertung der Umwelt (*Appraisal Theory of Emotion*, Scherer et al. 2001) äußert. Hier wäre zumindest zu klären, wie sich die kognitiven Funktionen von Emotionen wiederum zu den begrifflichen und als nicht poetisch gedachten Strukturen verhalten.

Andere Denker haben sich der Frage des poetischen Denkens mit gelockertem Bezug auf Kant zugewandt. Paul Ricœur hat als einer der ersten Denker die performative Seite des interpretativen Aktes in den Vordergrund gestellt (Ricœur 1978). Poetische Gefühle sieht er dabei auf drei Ebenen. Erstens findet im Prozess der Rezeption eines poetischen Gebildes eine Assimilation von Gegenstand und Rezipient statt: ‚We *feel* like what we see *like*.' Ricœur spricht von einer ‚Selbstaffektion' des Rezipienten durch den poetischen Gegenstand und versteht darunter eine affektive Angleichung, insofern der Rezipient seine Distanz zum Gegenstand ablegt. Zweitens ist nach Ricœur ein poetisches Gebilde stimmungserzeugend. Das Gebilde als Ganzes kreiere eine Stimmung, die uns ikonisch gegenüberstehe. Drittens sieht Ricœur den zentralen emotionalen Aspekt von poetischen Gebilden in einem Effekt zweiter Ordnung, der einerseits die unmittelbaren emotionalen Beziehungen zur Welt negiere und andererseits auf der zweiten Ebene der poetisch erzeugten Illusion verstärke. In der Tragödie etwa seien *phobos* und *eleos* (Furcht und Mitleid) sowohl eine Verneinung von Furcht und Mitleid als auch deren Transformation. Eben in diesem letzten Punkt darf man die eigentliche ‚Poetizität der Gefühle' verorten. Es sind Gefühle nicht über konkrete Gegenstände, sondern Gefühle, die im poetischen Denken, also im Prozess des Aufspannens von Bedeutung, evoziert werden. Poetisch sind Gefühle dann, so dürfen wir folgern, wenn sie nicht aus dem Gegenstand, sondern dem performativen Prozess des Auslegens der verbalen Form eines poetischen Gebildes hervorgehen.

Die beiden ersten hier skizzierten Varianten der ‚Poetizität der Gefühle' kommen darin überein, dass sie Effekte der sich verstärkenden Bewegung innerhalb der Emotionen betonen. Dazu gehören etwa die Rührung, die Oszillation und die Rückkoppelungseffekte innerhalb eines emotionalen Prozesses. Die beiden letzten Varianten dagegen werfen die Frage auf, ob es eine Verwandtschaft zwischen Emotionen und poetischen Werken gibt, die sich etwa in Gehirnroutinen, in mentalen oder prälinguistischen Schemata oder performativen Akten ausdrücken.

Weiterführende Literatur

Breithaupt, Fritz (2009). *Kulturen der Empathie*. Frankfurt a. M.
Breithaupt, Fritz (2017). *Die dunklen Seiten der Empathie*. Berlin.
Studien der Forschergruppe Menninghaus am Max-Planck-Instituts für empirische Ästhetik, Frankfurt am Main. https://www.aesthetics.mpg.de/institut/mitarbeiterinnen/winfried-menninghaus.html (27. November 2017).

Jochen Hörisch
IV.5 Poetik der Medien

1 Technikbasierte Mediengesellschaft ab 1900

Der Begriff ‚Medien' ist in den letzten Jahrzehnten omnipräsent geworden. Das ist angesichts der Allgegenwart von Internet, Computern, Smartphones, Navigationsgeräten, Filmen, Joysticks, E-Publishing, Beamern etc. nicht verwunderlich. Verwunderlich ist im Rückblick vielmehr, dass der Begriff ‚Medien' erst so spät populär, ja alltäglich wurde – und dass er abweichend vom jahrhundertelang tradierten Wortgebrauch heute primär auf medientechnische Geräte und Infrastrukturen bezogen wird. Im vor gut einhundert Jahren erschienenen *Kleinen Konversations-Lexikon* (*Brockhaus*) von 1911 findet man einen bündigen Eintrag sub verbo ‚Medium'. Er lautet: „Medĭum (lat.), Mitte, Mittel, etwas Vermittelndes; im sog. Tierischen Magnetismus (s. d.) die mit dem Magnetiseur in Rapport stehende, im Spiritismus (s. d.) die die Geistermanifestationen vermittelnde Person; im Sanskrit, Zend, Griechischen und Gotischen ein Genus des Verbums, mit reflexivischer oder passiver Bedeutung" (Brockhaus 1911, II, 155). Das ist alles, der Lexikonartikel ignoriert souverän all die Medien und Mediengeräte, die es zur Zeit seines Erscheinens bereits gab – neben Büchern, Zeitungen und Zeitschriften aller Art immerhin auch schon und zum Teil seit langen Jahrzehnten die Photographie, die Phonographie, die Telegraphie, die Kinematographie und das Telephon. Aus der Perspektive eines Zeitgenossen von Johann Wolfgang Goethe (der 1832, also ein Jahr vor Erfindung der Photographie starb) sind das atemberaubende Innovationen. Für sie hält das verbreitete Lexikon nicht den Überbegriff ‚Medien' bereit. Wenn das Wort Medium/Medien denn doch vorkommt, dann etwa im Artikel ‚Brüten', in dem es heißt: „[...] bei Fischen, Schildkröten, Krokodilen, Fröschen geschieht die [für das Brüten erforderliche] Erwärmung durch das umgebende Medium (Luft, Wasser, Sand)" (Brockhaus 1911, II, 279).

Die fünfte Auflage des *Kleinen Brockhaus* von 1911 ist nun aber an Medientechnik nicht etwa desinteressiert. Vielmehr ist das Lexikon, das man selbst als einflussreiches Medium klassifizieren kann, von neuer Medientechnik ersichtlich fasziniert. Präsentiert es doch umfangreiche Artikel zur Photographie, zum Phonographen, zum Grammophon, zur Telegraphie, zum Telephon, ja selbst zu Spezialaspekten wie ‚Momentphotographie' („durch sehr kurze Belichtung entstandene Photographie, die bewegte Gegenstände in beliebigen Momenten festhält"), zum ‚Mutoskop' („(lat.-grch.), Apparat in Gestalt eines Guckkastens, in welchem Serienbilder behufs Erzeugung eines lebenden Bildes mittels einer Drehvorrichtung rasch durchblättert werden") oder zum „Kinematograph[en] (grch.), eine[r] von A. und L. Lumière konstruierte[n] Art Kinetoskop (s. d.), welches lebende Bilder durch Projektion auf einen Schirm vielen Personen zugleich vorführt." Und es führt seinerseits den vielfach technikverliebten Lesern des wilhelminischen Zeitalters bildlich vor, wie viele Mediengeräte es zu Beginn des 20. Jahrhunderts gibt. Umso erstaunlicher, dass der Überbegriff ‚Medien' für all diese Geräte und neuen Infrastrukturen wie dem Telephon- und Telegraphieverkehr um 1900 nicht zur Verfügung steht.

Die westliche Gesellschaft um 1900 ist bereits eine technikbasierte Mediengesellschaft, versteht und beschreibt sich selbst aber nicht als solche – noch nicht. Ihre Eliten stehen nämlich noch ganz im Bann der Buch- und Drucktechnologie und der ihr korrespondierenden poetischen und eben nicht technischen Metaphorik. Wer Durchblick in Anspruch nehmen möchte, muss sich um 1900 noch auf die poetische Kompetenz verstehen, im Buch der Geschichte, im Buch des Lebens, im Buch der Natur und im Buch der Bücher zu lesen (Blumenberg 1993). Die Buchmetaphorik ist um 1900 noch die Metaphorik schlechthin, gewissermaßen die Meta-Metaphorik. Buchmetaphern vermitteln zwischen dem Buch der Welt und den vielen unmetaphorischen Büchern. Was sich nach der wirkungsmächtigen Unterscheidung von Wilhelm Dilthey (1833–1911) geisteswissenschaftlich verstehen beziehungsweise naturwissenschaftlich erklären lässt (Dilthey 1992), ist verständlich und erklärbar, weil und sofern es Bücher und andere Drucksachen gibt.

2 Medienbegriffe

Der Medienbegriff hat viele Facetten: Medium ist ein Begriff, der im Kontext des Spiritismus benutzt wird (s. o.). Nur sehr zögerlich erscheint das Wort im Kontext der Philosophie; einer der Ersten, der den Terminus als solchen benutzte, war Johann Gottfried Herder (s. Hoffmann 2002). Im Laufe der Medienevolution des 19. Jahrhunderts wandelt sich der Begriff und wird zur Bezeichnung von Mediengeräten – ein Prozess, der insbesondere im Zusammenhang der Elektrifizierung Fahrt aufnimmt. Sobald aber Mediengeräte beginnen, umfassend und gravierend in die menschliche Kommunikation einzugreifen, etabliert sich ein weiterer Medienbegriff, der zwar immer noch die Mediengeräte mitmeint, aber vor allem die Medieneffekte in ihrer Auswirkung auf die Kultur adressiert. Zwar wird man ‚Kultur' ohne einen Begriff des Mediums kaum denken können, aber es macht einen Unterschied, ob zum Beispiel das Buch als inzwischen kaltes Medium immer noch eine Echtzeit (Lesezeit, gebunden an die Präsenz des Buches) impliziert oder ob heiße Medien wie Internet eine radikale Beschleunigung, Pluralisie-

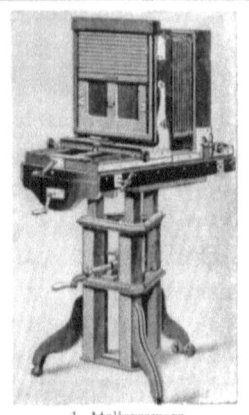
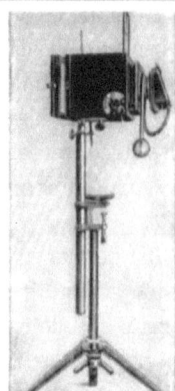

1. Ateliercamera.
2. Amateurporträtcamera.
3. Touristencamera auf Stativ, ausgezogen (fertig zur Aufnahme) und zusammengelegt (zum Tragen).

4. Momentklappcamera für Filmspulen; S Sucher, O Objektiv, g Getriebe zum Scharfeinstellen, m Einstellung des Momentverschlusses, n Einstellung der Blendenöffnung, h Hebelauslösung des Momentverschlusses, p pneumatische Auslösung des Momentverschlusses, F Wirbel zum Weiterdrehen des Filmbandes.

5. Panoramenapparat; O Objektiv, durch Hebel h drehbar, a b gebogener Film.

6. Stereoskopcamera, eine Doppelcamera zur Aufnahme von Stereoskopbildern.

7. Kinematograph zur Aufnahme und Projektion von Serienbildern; links geschlossen: O Objektiv, K Kurbel zur Bewegung des Filmstreifens; rechts geöffnet: F gelochter Filmstreifen, durch die gezahnte Trommel T gefaßt und mittels eines Schaltwerkes ruckweise hinter dem Objektiv O vorbeibewegt.

8. Mutoskop; S Schauöffnung, B Serienbilder, auf einer Walze radial befestigt und beim Drehen derselben durch Anschlag A momentan angehalten.

9. Vergrößerungscamera; P photographische Platte, O Objektivrahmen, N Rahmen für das zu vergrößernde Negativ.

10. Mikrophotographischer Apparat, eine Verbindung von Mikroskop und Camera zur Aufnahme von Mikrophotographien; L Lampe, S Sammellinse, O Objektivträger, M Mikroskop, C Camera.

Abb. 1: Tafel Photographie II, aus: Brockhaus. Kleines Konversations-Lexikon (1911).

rung und Dezentralisierung von Sender und Empfänger kodieren und dadurch kulturelle Kommunikation umfassend neu organisieren.

Der Medienbegriff, der für die jüngst entstandenen Medienwissenschaften zentral ist, ist also in instruktiver und konfligierender Weise aufgespannt zwischen einem technoiden beziehungsweise medienmaterialistischen und einem kulturalistischen Medienbegriff, je nachdem, ob die materiellen Dispositive oder die kulturellen Medieneffekte zum Ausgangspunkt der Theoriebildung genommen werden. Einen entschieden technoiden Medienbegriff vertritt Friedrich Kittler. Seine These lautet, dass mit dem Computerzeitalter nicht nur die Schriftkultur (Kittler 1988), sondern überhaupt das Ende der analogen Episteme, ja sogar der Software (Kittler 1993) vollzogen worden sei: Weil die Digitalität jede Analogizität bis zur Ununterscheidbarkeit simulieren kann, ist die erscheinende kulturelle Oberfläche letztlich nur ein Variantenspiel von 0/1-Ketten, die grundsätzlich als eine Art *characteristica universalis* immer schon vorhanden sind. Dichtung und ihre Poetizität werden so zu bloßen Fiktionen, die durch digitale Simulationen vollkommen ersetzt werden können: „So klar definiert es Jakobsons poetische Funktion, daß sie die vertikale Ordnung etwa eines Reimlexikons noch auf die horizontale Ordnung der Zeit legt, die Strukturierung eines Codes also maximiert. Damit das Ergebnis solcher Kalküle allerdings ‚die schönsten Verse der Menschen' heißen kann, muß eine Fiktion in Kraft sein, die alle Ästhetik getragen hat: Daß die Buchstaben – wiederum nach ihrer Aristotelischen Definition – Zeichen der Laute und die Laute Zeichen für Widerfahrnisse einer Seele sind. Dann schlagen Manipulationen an einem Code auf die Seele von Lesern oder Hörern durch, dann ist das Maximum ästhetischer Machbarkeit erreicht. Es verdient den Titel Fiktion, wie umgekehrt das Maximum datenverarbeitender Manipulation (mit Baudrillard) den Titel Simulation verdient." (Kittler 1990, 198) Es arbeiten nach Kittler Maschinen; die Buchstaben und ihre Seelenwiderfahrnisse sind nur die Außenseite eines Machtdispositivs, das sich in der Digitalität verbirgt.

Ein kulturalistischer Medienbegriff buchstabiert im Gegensatz dazu die Mediengeräte und ihre kulturellen Effekte als engen Zusammenhang aus. Medien können in diesem Kontext auch als Erweiterung der anthropologischen Möglichkeiten verstanden werden, was zugleich eine Zentrierung im menschlichen Subjekt impliziert und den Maschinendispositiven nicht die alleinige Aktivität zuspricht. – Der Rekurs auf Kittler zeigt immerhin, dass Poetizität, zumal wenn sie vom menschlichen Machen (s. u.) abgeleitet wird, innerhalb eines technoiden Medienbegriffs schwer zu denken ist. Kittler verabschiedet sie mitsamt der sie tragenden Schriftkultur. Folglich wird sich der vorliegende Handbucharikel mit der Orientierung auf Poetizität eher an einem kulturalistischen Medienbegriff ausrichten.

3 Aufmerksamkeit der Dichtung auf Medien

Philosophie und (Medien-)Technik stehen seit jeher in einem Spannungsverhältnis. Von Platons Kritik an der Schreibtechnik bis zu Martin Heideggers Verwerfung des technischen Gestells zieht sich die Kritik, mitunter die ostentative Verachtung von Medientechnik wie ein roter Faden durch die Geschichte des Denkens und der Philosophie – nicht aber der Poesie. Noch der 1980 erschienene fünfte Band (L–Mn) des monumentalen *Historischen Wörterbuchs der Philosophie* ignoriert die Medien; er weigert sich schlicht, diesem Wort einen Artikel zu widmen (Hörisch 2003). Ganz anders hingegen die sogenannte schöne Literatur, die Belletristik, die Poesie. Sie hat ein bemerkenswertes Interesse am jeweils neuesten Stand der Medientechnik. Um nur einige wenige Hinweise und Belege anzuführen: In Goethes 1809 erschienenem *Wahlverwandtschaften*-Roman fasziniert ein englischer Lord, der zu Besuch bei befreundeten Adeligen weilt, denen gemeinsame Lektüre, Hausmusik und gesellige Konversation kein Glück mehr beschert, seine Gastgeberin mit dem Zauber, der von seiner *camera obscura* ausgeht (vgl. Hörisch 1999, Kap. I.2). In Goethes 1828 in erweiterter Zweitfassung erschienenem Roman *Wilhelm Meisters Wanderjahre* berichten Lenardo und Odoard von der Infrastruktur, die ihre Lebenswelt reglementiert: „Die Uhren sind bei uns vervielfältigt und deuten sämtlich mit Zeiger und Schlag die Viertelstunden an, und um solche Zeichen möglichst zu vervielfältigen, geben die in unserm Lande errichteten Telegraphen, wenn sie sonst nicht beschäftigt sind, den Lauf der Stunden bei Tag und bei Nacht an, und zwar durch eine sehr geistreiche Vorrichtung." (Goethe HA VIII, 405) In seinem kurz nach Erscheinen der *Wanderjahre* geschriebenen Drama *Napoleon oder Die hundert Tage* weist Christian Dietrich Grabbe darauf hin, dass und wie die friedliche Telegraphie militärischen Kontexten entsprungen ist: „FOUCHÉ. [...] Siehst du, wie der Telegraph mit Feuerlichtern auch bei Nacht geht? Und weißt du, welche Nachricht er eben empfängt und sie nach allen Ecken an Frankreichs Präfekten und Gouverneure weiter verbreitet?/CARNOT. Nein./FOUCHÉ. Wart einen Augenblick – Da hab ich den Schlüssel der Chiffre, – er verbreitet: Bonaparte ist diesseits Lyon gefangen, seine Leute sind zersprengt" (Grabbe 1978, 575). Alexandre Dumas macht dann in seinem von 1844 bis 1846 erschienenen Fortsetzungsroman *Der Graf von Monte Christo* darauf aufmerksam, dass Telegraphen nicht nur militärischen, sondern auch finanzökonomischen Eroberungen dienen können. Friedlicher geht es im Kreis um den preußischen Landadeligen von Dubslav zu, den Theodor Fontanes letzter Roman *Der Stechlin* aus dem Jahr 1897 bei Tisch plaudern lässt: „Es ist das mit dem Telegraphieren solche Sache, manches wird besser, aber manches wird auch schlechter, und die feinere Sitte leidet nun schon ganz gewiß. Schon die Form, die Abfassung. Kürze soll eine Tugend sein, aber sich kurz fassen heißt meistens auch, sich grob fassen. Jede Spur von Verbindlichkeit fällt fort, und das Wort ‚Herr' ist beispielsweise gar nicht mehr anzutreffen." (Fontane 1973, 27)

Die angeführten ebenso wie viele weitere literarische Werke registrieren bemerkenswert aufmerksam den Umstand, dass mit der Erfindung der (optischen, vor allem aber der elektrischen) Telegraphie erstmals die Geschwindigkeiten entkoppelt werden, mit denen Menschen und Nachrichten transportiert werden können. Laufende Boten, Reiter, Kutschen und Schiffe bringen Menschen wie Nachrichten in ein und demselben Tempo von A nach B. Von hohem poetischen Reiz ist gerade vor diesem Hintergrund die Feststellung, die ausgerechnet Fontanes liebenswürdig konservativer Landadeliger ausspricht: „Der Teufel is nich so schwarz, wie er gemalt wird, und die Telegraphie auch nicht, und wir auch nicht. Schließlich ist es doch was Großes, diese Naturwissenschaften, dieser elektrische Strom, tipp, tipp, tipp, und wenn uns daran läge (aber uns liegt nichts daran), so könnten wir den Kaiser von China wissen lassen, daß wir hier versammelt sind und seiner gedacht haben. Und dabei diese merkwürdigen Verschiebungen in Zeit und Stunde." (Fontane 1973, 28) So konkret kann der poetische Zauber sein, den Medien der Post-Gutenberg-Ära entfalten. Und so aufmerksam können tradierte poetische Medien diesen neuen Technikzauber registrieren. In Thomas Manns Roman *Der Zauberberg* (1925), der in den sieben Jahren vor dem Ersten Weltkrieg, also von 1907 bis 1914 spielt, erreicht die literarische Aufmerksamkeit für die Poesie der neuen technischen Medien einen Höhepunkt. Hans Castorp lässt sich von der Röntgenphotographie, vom Kino, vor allem aber von der Phonographie in den Bann schlagen, jedoch nicht mehr von schöner Literatur (Hörisch 1992, Kap. 14). Er, der Maschinenbauingenieur, wird früh zu einer Figur, die erst viel später ein sozialpsychologisches Label erhält: Er wird zum Medienfreak.

In der Gegenwartsliteratur des Internetzeitalters sind, was nicht weiter verwunderlich ist, neue und neueste Medien ein verlässliches Dauerthema. Ein summarischer Hinweis auf Romane wie *The Circle* von Dave Eggers (2013, dt. 2014), *Purity* von Jonathan Franzen (2015, dt. *Unschuld* 2015), *La carte et le territoire* von Michel Houellebecq (2010, dt. *Karte und Gebiet* 2011) oder *Loslabern Bericht Herbst 2008* von Rainald Goetz (2009) muss und mag genügen, um anzuzeigen, wie unterschiedlich das alte Medium der (schönen) Literatur auf die medientechnisch hochgerüstete Allgegenwart von Internet und Smartphone, von Facebook und Google, von Digitalisierung und medialer Globalisierung reagiert. Selbstredend ist es unmöglich, diese und weitere umfangreiche und motivlich hochkomplexe Werke auf einen interpretatorischen Nenner zu bringen. Wer aber keine Angst vor aggregierender Lektüre und *distant reading* hat, kann dennoch einen gemeinsamen Impuls und eine Botschaft aus den angeführten und weiteren literarischen Beiträgen zu den Medien des Internetzeitalters herausfiltern: *Protect me from what I want*. Die neuesten Medien sind aus der Beobachterperspektive des klassischen Buchmediums zauberhaft, faszinierend, vielversprechend, unwiderstehlich – und eben deshalb ist es geboten, ihrem freundlichen Totalitarismus mit poetischer Distanz und literarischer Entschleunigung zu begegnen. Ein reizvolles Sonder-, mittlerweile auch Modethema ist das Verhältnis, das Schriftsteller zu ihren (häufig stilisiert unzeitgemäßen!) Schreibgeräten kultivieren (ein instruktiver Überblick findet sich bei Sommeregger 2009–2013). Legendär sind die Passagen aus Max Frischs *Homo faber*, die der Reiseschreibmaschine namens *Hermes Baby* gelten; Peter Handke hat sich mehrfach als Bleistiftenthusiast geoutet; ein poetisch aufgeladenes bis kultisches Verhältnis zu Federn, Füllern, Crayons (Hörisch 2015) oder bestimmten Papiersorten (Müller 2012) ist kaum einem Autor fremd; „[…] unser Schreibzeug arbeitet mit an unseren Gedanken" (Nietzsche, KSB VI, 172) – diesen Satz tippte der extrem kurzsichtige Friedrich Nietzsche in seine Schreibmaschine (er gehörte zu den frühesten Käufern dieser Innovation) und erwies sich damit als denkender Medienpionier. Nietzsches Satz vom Schreibzeug, das Gedanken formatiert, darf heute in keiner medienanalytischen Abhandlung fehlen.

4 Poesie der Medien

Die Formel ‚Poesie der Medien' lässt sich auf zwei Arten verstehen. Sie kann die enorm vielfältige schöne Literatur meinen, die von Medien(techniken) handelt – ein Motivfeld, das die Literaturwissenschaft allzu lange ignorierte (Kittlers Arbeiten markieren die Wende; vgl. Kittler 2003). Und sie kann die poetischen Qualitäten meinen, die Medien(-Techniken) innewohnen. Dass gerade Medientechnik zauberhaft und ästhetisch sein kann, dass sie poetischen Reiz entfaltet, ist unverkennbar. Libidinöse Bindungen an ein medientechnisches Gerät, wie sie bereits Hans Castorp mit dem Grammophon erfährt, sind heute der Normalfall. Smartphones, Laptops, iPods, iPads etc. werden als intime Freunde wahrgenommen. Dieses Motiv lässt sich unschwer vordatieren. Gleich zu Beginn der *Leiden des jungen Werthers*, also des Bestsellers der frühen Goethezeit schlechthin, wendet sich der Herausgeber direkt an den Leser: „Und du gute Seele, die du eben den Drang fühlst wie er, schöpfe Trost aus seinem Leiden, und laß das Büchlein deinen Freund sein, wenn du aus Geschick oder eigener Schuld keinen nähern finden kannst." (Goethe FA VIII, 10) Medien der damaligen Zeit wie Bücher (Friedrich Klopstock, Ossian, Gotthold Ephraim Lessings *Emilia Galotti*) oder Musik (Walzer) prägen denn auch entscheidend Werthers an Passionen reiches Leben. Nur ein Beispiel: An seinem Geburtstag, dem 28. August (der bekanntlich auch Goethes eigener Geburtstag ist), erhält Werther von Albert und Charlotte ein Mediengeschenk. „Heute ist mein Geburtstag, und in aller Frühe empfange ich ein Päckchen von Alberten. Mir fällt beim Eröffnen sogleich eine der blaßrothen Schleifen in die Augen, die Lotte vor hatte, als ich sie kennen lernte, und um die ich sie seither etlichemal gebeten hatte. Es waren zwey Büchelchen in Duodez dabei, der kleine Wetsteinische Homer, eine Ausgabe, nach der ich so oft verlangt, um mich auf dem Spaziergange mit dem Ernestischen nicht zu schleppen. Sieh! so kommen sie meinen Wünschen zuvor, so suchen sie alle die kleinen Gefälligkeiten der Freundschaft auf, die tausendmal werther sind als jene blendenden Geschenke, wodurch uns die Eitelkeit des Gebers erniedrigt. Ich küsse diese Schleife tausendmal, und mit jedem Atemzuge schlürfe ich die Erinnerung jener Seligkeiten ein, mit denen mich jene wenigen, glücklichen, unwiederbringlichen Tage überfüllten." (Goethe FA VIII, 111)

Eine Homer-Ausgabe besaß Werther schon zuvor – nicht aber eine mit diesem Design, das seinem poetischen Selbstbild entspricht und deshalb „tausendmal werther" ist als andere Geschenke. Ein poetisch-intimes Verhältnis zu Medien(geräten) aller Art, wie Werther es pflegt, ist heute der alltägliche Normalfall. Mediengeräte haben ästhetische Qualitäten, ohne elegantes, libidinös besetzbares Design wird ihnen selbst bei guter Funktionalität kein Markterfolg beschieden sein. Und sie poetisieren unablässig die Lebenswelt ihrer Nutzer, etwa indem sie sie mit Musik begleiten, Dauerkommunikation mit Abwesenden ermöglichen und große wie kleine Augenblicke photo- und videographisch bannen. Handfester als es heute medientechnisch möglich ist, könnte das Poesieprogramm von Goethes *Faust* nicht umgesetzt werden (Amelunxen 1988). Wer gegenwärtig Mediengeräte einsetzt – und wer tut das nicht? –, kann (um geflügelte Worte aus *Faust* zu bemühen) getrost darauf vertrauen, dass die Spur von seinen Erdentagen nicht in Äonen untergehen wird, weil er den Augenblick zum Verweilen bewegen kann – und weil sich mit der Speicherung, Auswertung und Weitergabe von persönlichen Daten viel Geld verdienen lässt. Dass die registrierten Daten überdies auch von Nutzern, die nicht im Verdacht stehen, große Künstler zu sein, leicht poetisiert und ästhetisiert werden können (etwa indem man das Bildprogramm auf Sepiafarbtönung umstellt), versteht sich von selbst. Der anfängliche Sinn des griechischen Wortes ‚Poesie' (ποίησις/*poiesis*: Herstellung, Erschaffung) erfüllt sich ausgerechnet in den Mediengeräten unserer Jetztzeit. Nie gab es so viele Möglichkeiten, Welt und Dasein unablässig zu poetisieren wie im Zeitalter der entfalteten Medientechnik.

Wie kunst- und poesietauglich die (aus damaliger Sicht: neuen) Medien der Nach-Gutenberg-Epoche seien, war in den lebhaften Debatten, die ihrer Erfindung zügig folgten, umstritten – und dies ist bis heute der Fall. Die sich im Laufe des 19. Jahrhunderts schnell durchsetzenden neuen Graphie- beziehungsweise

Aufzeichnungsmedien (die Photographie seit den 1830er Jahren, die Phonographie seit den 1850er Jahren, die Kinematographie seit den 1890er Jahren) wurden von den analytisch begabten Zeitgenossen mit bemerkenswerter Regelmäßigkeit danach abgetastet, wie realistisch beziehungsweise wie künstlich sie seien. Das lässt sich an den Debatten um den Status und die Funktion von Photo- und Kinematographie leicht illustrieren. Doch auch die Diskussionen darüber, ob der Zauber musischer Töne an die Präsenz des Sängers oder Musikers gebunden ist, gehen in dieselbe Richtung. Die Grundpositionen in solchen Debatten lassen sich leicht pointieren: Die neuen Graphiemedien sind realistisch, sie registrieren mit schwer zu überbietender Sachlichkeit real vorhandene Licht- und Tonwellen beziehungsweise Bewegungen, sie zeichnen auf, was wirklich der Fall ist beziehungsweise war, und eben deshalb sind sie als Aufzeichnungstechniken das Andere der Kunst – so die eine Grundthese. Falsch, denn gerade die neue Medientechnik eröffnet ungeahnte Formen der Manipulation, der künstlichen Projektionen, der ästhetischen Programmatik, der artifiziellen Suggestion und eben deshalb ist sie von genuin ästhetisch-poetischer Potenz – so die Gegenthese.

Mit der Erfindung der dem Realismus affinen Analogtechniken Photo- und Phonographie (so sieht diese Straße, dieses Gesicht, diese Landschaft tatsächlich aus, so klingt unabhängig von der sprachlichen Beschreibung begeisterter Hörer die Stimme von Enrico Caruso wirklich) steht das Verhältnis von Fakten und Fiktionen in neuer Weise zur Diskussion. Man kann ein Photo oder eine Tonaufzeichnung machen (das altgriech. Wort ποιεῖν/*poiein* bedeutet bekanntlich erst einmal nichts anderes als ‚machen'), man kann aber eben auch ein Gedicht oder ein Drama schreiben/machen, dessen Poetizität seit der Heraufkunft neuer Medien anders erfahren, analysiert, erlebt wird als zuvor.

5 Medialer Konstruktivismus

Um in einem Lexikonartikel nicht nur vertraute und tradierte Positionen zu referieren, sondern Diskussionen auch sachlich voranzubringen: Die Tiefenstruktur von Diskussionen um Alternativbegriffe wie Sein und Schein, Fakten und Fiktionen, Sachlichkeit versus Poetizität, Authentizität versus Manipulation, Realismus versus Konstruktivismus etc. erschließt sich schnell, wenn man auch nur ansatzweise dialektisch zu analysieren bereit ist. Ein Traum ist wirklich ein Traum (es gibt ihn tatsächlich), eine Fata Morgana ist wirklich eine Fata Morgana, auch Fiktionen gibt es faktisch, die manipulierte Photomontage ist wirklich manipuliert worden (im Zeichen der Digitaltechnik ist das bekanntlich leichter als zuvor). Kurzum, es ist realistisch (und konstruktiv in jedem Wortsinne!) davon auszugehen, dass wir häufig wirklich nicht anders können als (Weltbilder, Theoreme, Oberbegriffe etc.) zu konstruieren, dass also der Konstruktivismus der eigentliche Realismus ist. Fast alle Medien haben, wenn auch mit hochgradig unterschiedlicher Gewichtung, drei Funktionen: Sie können erstens speichern (wie u. a. Schrift, Druck, Photographie), zweitens übertragen (wie u. a. Post, Telegraphie, Rundfunk, E-Mails) beziehungsweise übertragen werden (man kann ja auch Speichermedien auf die Reise schicken) und drittens (Daten) prozedieren, bearbeiten. Die letzte Funktion verweist besonders intensiv auf die ‚poetischen' Möglichkeiten von Medien. Sie bezeichnet das mediale Rendezvous von Fakten und Fiktionen beziehungsweise Simulationen.

Zurück zum Streit um Realismus versus Poetizität: Vertreten werden beide Thesen (Photo- und Phonographie sind realistisch vs. sie sind poetisch, modulierbar, künstlich, manipulierbar etc.) mit vergleichbarer Intensität, seitdem es die jeweils neuen Medientechniken gab. Einer der Erfinder der Photographie (genauer: der Negativ-Positiv-Photographie), William Henry Fox Talbot (1800–1877), markierte schon im Titel seines 1844 erschienenen Buches *The pencil of nature* seine Leitthese: In der photographischen Technik registriert sich die Natur selbst. Photographie ist nicht der willkürlich und poetisch gestaltende Griffel oder Pinsel in der Hand eines Künstlers, sondern Produkt eines technischen Geräts, das anders als Kunst objektiv wiedergibt, was der Fall ist (das Wichtigste an einer Kamera ist ihr Objektiv). Schon zeitgenössische Rezipienten dieses für das frühe Verständnis der Photographie einflussreichen Buches haben bemerkt, dass sich diese These nicht ungebrochen durchhalten lässt. Signalisiert doch Talbots eigene Bezeichnung für seine einzeln hergestellten und dann den Büchern beigegebenen Abzüge (unfreiwillig?), dass ihnen poetisch schöne Momente innewohnen. Talbot sprach von *Calotype Photogenic Drawing*, also von schönen (griech. καλός/kalos) photographisch generierten Zeichnungen. Eine bemerkenswerte Bezeichnung – bringt sie doch ästhetische (*calotype*) und technische (*photogenic*) Dimensionen zusammen, wobei der tradierte ästhetische Signalbegriff *drawing* (Zeichnung) das letzte Wort behält.

Etablierte bildende Künstler wie Eugène Delacroix haben sich zügig der Kameratechnik bedient, um ihre Gemälde handwerklich zu perfektionieren. Die kunsthistorischen Auswirkungen der Erfindung von Photographie sind häufig dargestellt worden. Realistisch-naturalistische Malstile werden mit einer zuvor unbekannten, sich dank höherer Auflösung des Filmmaterials, kürzer werdender Verschlusszeiten etc. schnell präzisierenden medientechnischen Konkurrenz konfrontiert, der sie auf mittlere und längere Sicht nicht standhalten können. Und also entwickeln sich alsbald impressionistische, expressionistische, abstrakte, kubistische, surrealistische etc. Malstile, die keinen Zweifel daran aufkommen lassen, dass sie nicht am Maßstab des Photorealismus und Naturalismus gemessen werden wollen. Nun ist es reizvoll und irritierend zugleich, dass die scheinbar klare Opposition realistische Aufzeichnungstechnik versus impressionistische Kunst von beiden Seiten her dekonstruiert werden kann. Maler wie Gustave Courbet (1819–1877) können mit hyperrealistischen Gemälden etwa des *Ursprungs der Welt* (*L'origine du monde*, 1866) eine Öffentlichkeit schockieren, die sich mittlerweile an die Photographie gewöhnt hatte.

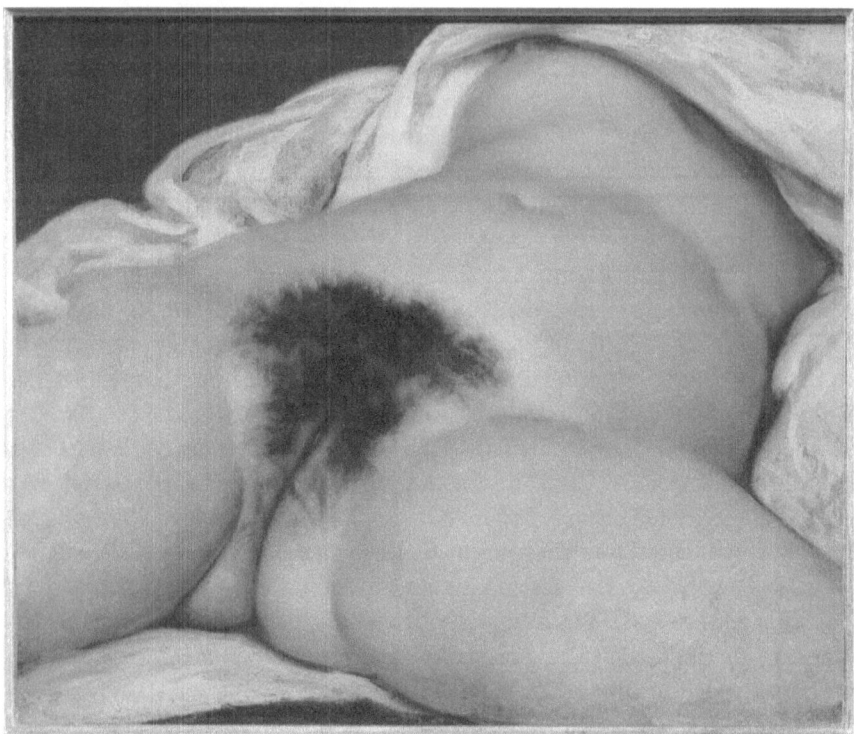

Abb. 2: Gustave Courbet: *L'origine du monde* (1866).

Umgekehrt lernen ästhetisch ambitionierte Photographen schon in der Frühphase des neuen Mediums, wie poetisch dieses sein kann: Photos lassen sich – die Feststellung wird schnell trivial – ästhetisch manipulieren (z. B. durch Über- und Unterbelichtung, lange Verschlusszeiten, Doppelbelichtungen, Weichzeichner etc.). Die Debatte, ob die (Technik der) Photographie den Ehrentitel verdiene, Kunst genannt zu werden, ist heftig und hält lange an (vgl. u. a. Koschatzky 1993; Fried 2008). Die Werkbundausstellung von 1929 in Stuttgart markiert eine entscheidende Etappe im Kampf um die Anerkennung der Photographie als Kunst; die legendäre, von Edward Steichen kuratierte Ausstellung *The Family of Men* im

Museum of Modern Art in New York (1955) und die *documenta 6* (1977), die eine Abteilung Photographie aufweist, zeigen, dass die Diskussion um den Kunststatus der Photographie einigermaßen verbindlich entschieden ist: Ja, Medientechnik und Kunst müssen nicht als sich wechselseitig ausschließende Sphären verstanden werden.

Bemerkenswert ist auch, dass viele Schriftsteller einen mehr als nur laienhaften Umgang mit der Photographie pfleg(t)en (u. a. Honoré de Balzac, Lewis Carroll, Hermann Hesse, Handke und Arno Schmidt, um nur sie zu nennen – schon Goethe nannte eine *camera obscura* sein Eigen). Mehrere Schriftsteller, unter anderem Handke und Winfried Georg Sebald, integrieren Photographien in ihre Texte und umkreisen damit ein so weitreichendes wie selten thematisiertes Problem: dass sich (visuelle) Wahrnehmung nicht kommunizieren lässt. Selbst Beschreibungsvirtuosen wie Thomas Mann würden schnell an Grenzen ihrer sprachlichen Möglichkeiten stoßen, wenn sie so schlichte Dinge wie die Struktur einer Raufasertapete oder eines Parkettfußbodens ‚kommunizieren' sollten. Dann gilt der Satz: Ein Bild, vor allem ein Photo, sagt mehr als tausend Worte. Um erneut zu pointieren: Es fällt auf, dass die bildende Kunst (mit obligatorischen Ausnahmen) in dem Maße auf un- bis antirealistische Stile setzt, in dem die neuen ‚realistischen' Medientechniken ihren Siegeszug antreten, während weite und erfolgreiche Teile der Literaturszene in den Jahrzehnten um 1900 realistische und naturalistische Poetiken pflegen. Dass ‚Realismus' und ‚Naturalismus' gerade in literarischen Gefilden problematische Charakterisierungen sind, leuchtet sofort ein. Selbst im einfachsten Fall, der sprachlichen Wiedergabe von Gesprächen, lässt sich ein strenger Realismus kaum durchhalten. Ein wirklich stattgehabtes, mitgeschnittenes und sorgfältig transkribiertes Tischgespräch verliefe sicher anders als ein vom Realisten Fontane oder vom Naturalisten Gerhard Hauptmann erfundenes, das (Ausnahmen bestätigen die Regel) ohne ‚ähs' und Durcheinanderreden auskommt. Was Molly Bloom im berühmten Schlussmonolog des 1922 erschienenen Romans *Ulysses* von James Joyce durch Kopf und Körper rauscht, ist schon ‚realistischer' – der Roman gilt aber nicht als Muster realistischer Literatur.

Die Diskussion um die poetischen Qualitäten von Medientechnik wiederholt sich mit der Erfindung des Films. Siegfried Kracauers einflussreiche Studie *Theorie des Films – Die Errettung der äußeren Wirklichkeit* (1964, engl. 1960) signalisiert schon in ihrem Titel, dass sie (wie Talbot im Hinblick auf die Photographie) den Reiz des neuen Mediums in seinem (poetischen!) Realismus erblickt. Der englische Untertitel ist noch ungleich pointierter: The *Redemption of Physical Reality* ist mit ‚Errettung der äußeren Wirklichkeit' zurückhaltend übersetzt; ‚Erlösung der Physis' wäre die angemessenere Übersetzung. Denn sie zielt auf Kracauers eigentliche Intuition: Wenn ein Film ‚realistisch' (und sei es, weil diese

Szene im Studio wirklich so gespielt und gedreht wurde) zeigt, wie poetisch sich eine schöne Frau in einer Pfütze spiegelt oder wie ein Blatt im Herbst vom Baum zum Erdboden tanzt, überwindet der innerweltliche Realismus des Films die Metaphysik, den Idealismus und jede Form von Ontotheologie. „Wenn der Film überhaupt eine Kunst ist, dann eine solche, die nicht mit den bestehenden Künsten verwechselt werden sollte. [...]. Definiert man (Filme) aber als Kunst, so muß man sich stets vergegenwärtigen, daß selbst der schöpferischste Filmregisseur weit weniger unabhängig vom naturgegebenen Rohmaterial ist als der Maler oder Dichter; daß sich sein Schöpfertum darin bekundet, daß er die Natur in sich eindringen läßt und sie durchdringt." (Kracauer 1973, 69)

Abb. 3: Goldsmith (2013) in der mexikanischen Labor Gallery beim Versuch, das ganze Internet auszudrucken.

Ein Buch der sogenannten schönen Literatur hat wie ein Photo in aller Regel nur einen Autor beziehungsweise Urheber. Der Abspann von Filmen lässt hingegen keinen Zweifel zu, dass dieser (wie auch TV-Produktionen, Internetpräsentationen etc.) viele Macher hat. Künstler und Ästhetiker, die noch am Geniegedanken hängen, sind natur- beziehungsweise technikgemäß irritiert, wenn der feindliche Bruder des Genies zum eigentlich Neues generierenden Macher (resp. Poeten) wird: der (Medien-)Ingenieur. Dass das Genie und der Ingenieur mehr miteinander zu tun haben, als ihrem jeweiligen Selbstverständnis lieb ist, zeigt nicht nur die gemeinsame Herkunft der Begriffe an. Beide generieren und beide können, wenn sie Reflexion nicht verweigern, kaum die Erfahrung umgehen, wie viel Poesie in Medientechniken und wie viel Medialität in der Poesie virulent ist. Der amerikanische Internetschriftsteller Kenneth Goldsmith hat diese Einsicht in einem Interview auf den Punkt gebracht: „*Durch das Internet und das Smartphone hat sich mittlerweile eine eigene Sprache entwickelt. Wann werden Emojis – etwa Smileys – und Abkürzungen – wie WTF – stärkeren Eingang in die Literatur finden?* [Goldsmith:] Die Sprache passt sich ständig an unseren Alltag an. Sie ist kein statisches Objekt, steht niemals still. Der umgangssprachliche Gebrauch der Sprache wie zum Beispiel Emojis hat unsere Kommunikation in einem unvorstellbaren Masse verändert. Nun stellt sich die Frage, ob Schriftsteller oder Kritiker diese Entwicklung als ‚literarisch' klassifizieren. Einige tun dies bereits, doch viele bleiben immer noch skeptisch bezüglich dieser Entwicklung. [...] Das Internet stellt für mich das grösste Stück Poesie der Menschheit dar. Man kann es zwar Seite für Seite lesen, aber in seiner Gesamtheit gesehen, ist es eigentlich eine Autobiografie unserer Gesellschaft." (Ruffo 2014)

Weiterführende Literatur

Bohnenkamp, Björn, Laura Frahm, Claudia Liebrand und Irmela Schneider (Hg.) (2005).
    Einführung in die Medienkulturwissenschaft. Münster.
Hoffmann, Stefan (2002). *Geschichte des Medienbegriffs*. Hamburg.
Hörisch, Jochen (1999). *Ende der Vorstellung – Die Poesie der Medien*. Frankfurt a. M.
Kittler, Friedrich A. (1986). *Grammophon, Film, Typewriter*. Berlin.
Kittler, Friedrich A. (^{4}2003). *Aufschreibesysteme 1800/1900*. München.
Mersch, Dieter (^{2}2009). *Medientheorien zur Einführung*. Hamburg.
Pütz, Susanne und Helmut Schanze (Hg.) (2002). *Metzler Lexikon Medientheorie. Medienwissenschaft. Ansätze – Personen – Grundbegriffe*. Stuttgart/Weimar.

Abbildungsnachweis

Abb. 1: Tafel Photographie II, aus: Brockhaus. Kleines Konversations-Lexikon. 5. Auflage, Bd. 2, Leipzig 1911, 404–405.
Abb. 2: Gustave Courbet: *L'origine du monde* (1866). RMN-Grand Palais (Musée d'Orsay). Quelle : Wikimedia Commons.
Abb. 3: Goldsmith (2013) in der mexikanischen Labor Gallery beim Versuch, das ganze Internet auszudrucken, Photo: Marisol Rodriguez.

Andreas Hetzel
IV.6 Rhetorizität und Poetizität der Philosophie

1 Poetik und Rhetorik der vollzugsorientierten Philosophie versus Wahrheitsanspruch der geltungsorientierten Philosophie

Die abendländische Philosophie wird seit ihrer Geburt von einer Spannung zweier Selbstverständnisse durchzogen. Einerseits versteht sie sich als mündlich oder schriftlich geführtes Gespräch, das darauf zielt, die Erfahrungsfähigkeit der am Gespräch Beteiligten zu erhöhen. Andererseits definiert sich Philosophie als Verkünderin überzeitlicher Wahrheiten, für deren Geltung es kontingent bleibt, ob und wie sie sprachlich artikuliert werden. Beide Tendenzen treten von Anfang an in einen Widerstreit: Auf der einen Seite steht eine kontigenzbewusste und ‚vollzugsorientierte' Philosophie, ihr gegenüber eine mit starken metaphysischen Ansprüchen einhergehende ‚geltungsorientierte' Philosophie. Die geltungsorientierte Philosophie sieht ihre Aufgabe in einer vollständigen rationalen und allgemeinverbindlichen Bestimmung des Seins. Die Texte oder Sprechakte, in denen theoretische Geltungsansprüche vorgebracht und geprüft werden, begreifen die entsprechenden Positionen als bloß sekundäre Vermittlungsformen. Die Geltung theoretischer Wahrheiten bestehe unabhängig von den Weisen ihrer sprachlichen Artikulation.

Demgegenüber definiert sich ein vollzugsorientiertes Philosophieren als eine an Texte und Gespräche gebundene und damit historisch situierte Tätigkeitsform, die es unmöglich macht, kategorial zwischen dargestellten Gehalten und Weisen oder Praktiken der Darstellung zu unterscheiden. Wissen und Geltungsanspruch werden an die Materialität sprachlicher Performanzen und historisch konkreter Sprecherpositionen gebunden. Philosophieren erscheint als sprachgebundene, gesellschaftlich vermittelte und an ein Publikum adressierte Tätigkeit; jeder Philosoph, jede Philosophin spricht immer auch als sie selbst, als je besonderes Individuum und kann sich nicht hinter einer allgemeinen Stimme der Vernunft verstecken.

Die genuin ‚poetische' Dimension der Philosophie besteht analog zur Dichtung in der Bindung an spezifische textuelle Verfahren, Darstellungsmittel und Weisen der Evidenzerzeugung. ‚Poetologisch' wird Philosophie ihrem Selbstverständnis nach immer dort, wo sie die Erkenntnis- und Wissensansprüche philosophischer Aussagen nicht unabhängig von diesen Verfahren und Darstellungsmitteln betrachtet. Die ‚Poetik' wurde als Teildisziplin der Philosophie entwickelt, die beschreiben soll, wie literarische Texte verfasst werden sollten und wie sie verfasst sind. Der Titel der aristotelischen *Poetik, peri poietikes*, geht auf die Eingangsformel der gleichnamigen Vorlesung zurück: „Von der Dichtkunst selbst [*peri poietikes autas*] und von ihren Gattungen, welche Wirkung eine jede hat und wie man die Handlungen zusammenfügen muß, wenn die Dichtung gut sein soll [...] wollen wir hier handeln." (poet. 1447a) Die Poetik als Disziplin benennt sich in dieser Formel nach ihrem Gegenstand; sie richtet sich auf die Wirkung und die Art der Zusammenfügung von Texten, greift die Eigenlogik dieser Texte auf und stellt die literarische Darstellung noch einmal dar. Sie erscheint hierin als Schwesterdisziplin der Rhetorik (Ueding 2000, 85), die ja ebenfalls eine Wissenschaft der Darstellung ist, nämlich der Zusammenfügung von sprachlichen Elementen zum Zwecke ihrer Wirksamkeit.

Aristoteles scheint noch nicht davon auszugehen, dass sich auch eine Poetik beziehungsweise Rhetorik philosophischer Texte schreiben lasse. Dass die Textualität der Philosophie ein genuin philosophisches Thema werden könnte, ist von der aristotelischen Perspektive her aber auch nicht explizit ausgeschlossen. Eine Untersuchung der Poetizität der Philosophie hat zunächst davon auszugehen, dass alles Philosophieren textuell verfasst ist. Ihre Textualität bleibt der Philosophie nicht äußerlich, „das Text-sein der Philosophie gehört zu ihrem Wesen" (IJsseling 1982, 59).

Mit der Aufmerksamkeit auf die Sprachlichkeit ihrer Darstellungsmittel situiert sich ein vollzugsorientiertes Philosophieren in einer großen Nähe zur Poetik, aber auch zur Rhetorik, die sich die geltungsorientierte Philosophie als Widersacherin auserkoren hat. Während diese das Verhältnis von Philosophie und Rhetorik als Ausschließungsverhältnis bestimmt, begreift sich die vollzugsorientierte Philosophie als ein rhetorikaffines oder sogar dezidiert rhetorisches Philosophieren (vgl. IJsseling 1988; Oesterreich 2003; Hetzel 2017), das nicht nur auf dem Wege logisch-argumentativen Folgerns Evidenzen zu schaffen sucht, sondern auch über Verfahren sprachlicher Darstellung, der Kommunikation von Affekten und den Habitus des Redners. In der Notwendigkeit, ihre Geltungsansprüche kommunikativ durchsetzen zu müssen, sowie in der Frage nach der adäquaten Wahl „der Ausdrucksmittel und der literarischen Form für die *Vermittlung des Wissens*" (Robling 2003, 968) muss sich Philosophie sprachkünstlerischer und tropologischer Verfahren bedienen, ohne dass ihr eine Ebene des natürlichen oder eigentlichen Sprachgebrauchs zur Verfügung stünde. Zudem: Nach der rhetorischen *ars-est-celare-artem*-Maxime ist gerade die Nichtrhetorizität eines Textes das Ergebnis höchster rhetorischer Kunst: „Dann nämlich ist Kunst am Ziel, wenn sie Natur erscheint; die Natur wieder ist vollendet, wenn sie die Kunst unmerkbar einschließt." (Long. sublim. 1988, 22,1).

Mit der Einsicht, dass Sprache und Sprechen für die philosophische Welterschließung und Wahrheitssuche unabdingbar sind, wird sowohl eine rhetorische Verfasstheit der Philosophie als auch ein philosophischer Anspruch der Rhetorik offensichtlich. In diesem Sinne kritisiert bereits Cicero jene „so unsinnige, nutzlose und tadelnswerte Trennung zwischen Sprache [*lingua*] und Herz [*cor*], die dazu führte, daß uns die einen denken, die anderen reden lehrten" (Cic. orat. III,61).

Ein poetologisches Philosophieren stellt dem universalen Wahrheitsanspruch der Philosophie nicht länger abstrakt die situationsgebundene und kontextabhängige Wirkungsabsicht der Rhetorik gegenüber. Es bricht vielmehr mit dem auf Platon zurückgehenden Vorurteil, dass Philosophie auf wahres und gerechtfertigtes Wissen (*episteme*) ziele, während es der Rhetorik um das gehe, was bloß als wahr erscheint, um Wahrscheinlichkeit (*eikos*) und Meinung (*doxa*), die sich mit Hilfe sprachlicher Kunstgriffe lenken und beeinflussen lasse. So wenig sich Rhetorik auf eine Technik reduzieren lässt, die es erlaubt, ein Publikum zu manipulieren, so wenig erschöpft sich Philosophie in sprachloser Kontemplation ewiger Wahrheiten. Erst im Dialog mit der Rhetorik vermag Philosophie zu einem Begriff ihrer eigenen Sprachlichkeit und damit ihrer Möglichkeiten und Grenzen zu gelangen. Der Dialog mit der Rhetorik erlaubt es der vollzugsorientierten Philosophie, auf ihre eigene textuelle Verfasstheit, ihre Darstellungsmittel und -strategien ebenso zu reflektieren wie auf ihre gesellschaftliche Position und Verantwortung sowie auf die mit ihr als Disziplin und spezifischer Diskursform einhergehenden Machteffekte. Die Rolle der Rhetorik in der Philosophie wird somit zu derjenigen eines Korrektivs hyperrationalistischer Geltungs- und Systemansprüche. Das metaphysische Unterfangen, ein überzeitlich gültiges Wissen sowie Kriterien für ein solches Wissen zu etablieren, wird von der Rhetorik mit der Kontingenz philosophischer Sprachen, Sprecherpositionen und Darstellungsmittel konfrontiert. Der rhetorische Blick macht darauf aufmerksam, dass sich Sprache nie auf ein neutrales und transparentes Medium der Offenbarung von objektiven Geltungen oder Gehalten reduzieren lässt, sondern eine Arena der Auseinandersetzung um Bedeutungen bleibt, die von keiner hegemonialen Position aus kontrolliert werden können und insofern immer mit konstitutiven Unbestimmtheiten einhergehen.

In diesem Artikel können allenfalls ausgewählte Szenen des Spannungsverhältnisses von vollzugs- und geltungsorientierten philosophischen Selbstverständnissen benannt werden. Nach einigen kurzen Überlegungen zum Verhältnis von Ästhetik und Poetik (Abschnitt 2) fällt der Fokus zunächst auf poetische Selbstverständnisse antiken Philosophierens. Zu zeigen ist, wie Parmenides und

Platon in ihren Versuchen, die Ebene reiner Geltung gegenüber einer immer auch poetischen Sprache zu immunisieren, tendenziell scheitern (Abschnitt 3). Im Anschluss daran werden exemplarisch Gorgias und Cicero als Autoren angeführt, die der poetischen Dimension philosophischer Sprache explizit Rechnung tragen, indem sie performative Modi philosophischer Evidenzerzeugung vorschlagen (Abschnitt 4). Abschließend wird kurz ein Verständnis philosophischer Moderne angedeutet, das im Gegensatz zu Max Weber und Jürgen Habermas nicht primär den Konzepten der Säkularisierung, Rationalisierung und der Ausdifferenzierung unterschiedlicher Geltungssphären folgt, sondern eine gesteigerte Vollzugs- und Verfahrensreflexivität ins Zentrum stellt (Abschnitt 5).

2 Zum Programm einer Poetik literarischer und philosophischer Texte

Als textuell verfasste steht Philosophie in einer großen Nähe zur Literatur. Richtet man die Aufmerksamkeit auf die textuellen Strategien philosophischer Texte, wird es zunehmend unklar, „ob Literatur und Philosophie gattungsidentische oder gattungsdifferente Textsorten sind" (Nagel 1994, 8). Während ein geltungsorientiertes Philosophieren darum bemüht ist, jede vermeintliche Einebnung des „Gattungsunterschiedes zwischen Philosophie und Literatur" (Habermas 1985, 224; kritisch dazu Gamm 1987, 11–13) mit dem Argument zurückzuweisen, dass sich Philosophie durch einen besonderen Wahrheitsbezug auszeichne, der literarischen Texten mangele, lassen vollzugsorientierte Autorinnen und Autoren nicht nur die Möglichkeit einer „philosophy of literature", etwa im Gefolge der *Poetik* des Aristoteles zu, sondern auch die Forschungsperspektive einer „philosophy as literature" (Danto 1985), in der ein Text als je besondere Stimme gerade in seiner Einmaligkeit vernehmbar wird (Cavell 2002).

Über einen langen Zeitraum ist die Poetik durch ihre bereits bei Aristoteles angelegte normative Ausrichtung, die in den starren Regelpoetiken des Barock und der Aufklärung (Nicolas Boileau, Martin Opitz, Johann Christoph Gottsched) ihren Höhepunkt findet, in Misskredit geraten. Spätestens mit dem 18. Jahrhundert formiert sich unter dem Titel ‚Poetik' allerdings eine auf die besondere Darstellungsart von Texten zielende, kritisch-rekonstruktive Diskursform. Die modernen Poetiken brechen nicht nur mit den auf Aristoteles zurückgehenden normativen Vorgaben zur Gestaltung von Texten, sondern auch mit dem Anspruch der sich im 18. Jahrhundert etablierenden philosophischen Ästhetik, die *differentia specifica* des Schönen und der Kunst jenseits konkreter Kunstwerke theoretisch bestimmen zu können. Die Poetik nimmt demgegenüber ihren Ausgang von der Eigenreflexion des einzelnen Werkes. Nur vom einzelnen Werk her lässt sich aus poetischer Sicht die Frage nach der Literarizität des literarischen Textes sinnvoll stellen, nicht dagegen durch einen abstrakten Vergleich zwischen literarischer Sprache einerseits, philosophischer, wissenschaftlicher und alltäglicher Sprache andererseits. Schlüsseltexte der Poetik wie Friedrich Schillers *Über naive und sentimentalische Dichtung* (1795–1796), Friedrich Schlegels *Über das Studium der griechischen Poesie* (1795) oder Hölderlins *Über die Verfahrensweise des poetischen Geistes* (1798–1800) brechen mit dem impliziten Rationalismus der von Alexander Gottlieb Baumgarten begründeten und von Immanuel Kant weitergeführten Ästhetik, die sich vor allem als Wahrnehmungs- und Urteilslehre formiert. Die Protagonisten der Poetik (auch Karl Philipp Moritz, Gotthold Ephraim Lessing, Johann Wolfgang Goethe und Jean Paul wären hier zu nennen) sind Schriftsteller; sie interpretieren Werke nicht länger von einer geltungsorientierten Philosophie her, sondern aus sich selbst heraus. Jedes einzelne Werk hat für die erwähnten Autoren seine eigene, ‚immanente Poetik' (Blumenberg 1981); Novalis formuliert das in unübertroffener Weise: „Jedes Kunst Werk hat ein Ideal a priori – hat eine Nothwendigkeit bey sich da zu seyn. Hierdurch wird erst ächte Kritik [...] möglich." (Novalis W, II, 648) Poetische Reflexion lässt sich nie eindeutig von der Poetik des Werkes selbst trennen und insofern auch nicht in Begriffen einer universellen Wahrnehmungs-, Vermögens- oder Urteilslehre formalisieren.

Die sich im späten 18. und frühen 19. Jahrhundert abzeichnende Spaltung zwischen der philosophischen Ästhetik und poetologischen Theoriebildungen, die sich exegetisch einzelnen Werken zuwenden, setzt sich im 20. Jahrhundert fort. Im New Criticism (Ivor Armstrong Richards, William Empson, Cleanth Brooks, Robert Penn Warren, René Wellek), im Strukturalismus (Roman Jakobson, Jan Mukařovský, Tzvetan Todorov), in der Hermeneutik (Hans-Georg Gadamer, Peter Szondi, Arbeitsgruppe *Poetik und Hermeneutik*) und bei den Yale Critics (Paul de Man, Geoffrey Hartman, Hillis J. Miller, Harold Bloom) emanzipiert sich die Reflexion auf literarische Werke weitgehend von den begrifflichen Vorgaben rationalistischer Ästhetiken. So spielt Todorov die Poetik bewusst gegen subsumtionslogische und projektive Methoden der Ästhetik aus, die das einzelne Werk unter abstrakte Gattungsbegriffe zu subsumieren suchen (Todorov 1968). Das Programm einer Poetik verweist dabei auf ein doppeltes: Zunächst interpretiert sie das Werk nicht als fertiges Produkt, sondern als *poiesis*, als Instanz und Vollzug einer Schöpfung, die zu einer permanenten Abständigkeit des Textes zu sich selbst führt (Henrich 2011). Zugleich ist sich die Poetik der Tatsache bewusst, dass sie selbst eine Form von *poiesis* darstellt; dass sie sich nicht auf ein vorliegendes Werk bezieht, sondern das Werk in der Lektüre mit hervorbringt.

Poetik lässt sich, unabhängig davon, ob sie sich auf genuin literarische oder philosophische Texte bezieht, als Lehre von der Darstellung begreifen. Nur in der je spezifischen Art seines Darstellens ist das literarische oder philosophische Werk sich selbst und uns gegeben, nur darstellend bezieht es sich auf die Welt. Darstellen beschreibt eher einen Vollzug als einen Gegenstand oder ein Phänomen; darüber hinaus impliziert es eine mindestens dreistellige Relation. Im Gegensatz zur zweistelligen Repräsentation (a repräsentiert b) wäre die Darstellung zunächst immer Darstellung von etwas als etwas anderes (a stellt b als c dar). Während die Repräsentation etwas wiederholt, geht die Darstellung mit einer Transformation einher und bekommt so einen produktiven beziehungsweise performativen Überschuss. Mit den Worten Christiaan L. Hart-Nibbrigs verdankt sie „sich einer ursprünglichen Differenz, die zu überbrücken sie da ist, und die doch in jedem Versuch ihrer Aufhebung enthalten bleibt" (Hart-Nibbrig 1994, 10–11). Neben ihrer Rezeptivität (von etwas) und Produktivität (als etwas anderes) kommt der Darstellung immer auch eine gewisse negative Selbstbezüglichkeit zu. Sie kann nur dadurch etwas als etwas anderes darstellen, indem sie sich selbst, ihren eigenen Vollzug, mit ins Spiel bringt oder sichtbar macht. Ihr Vollzug ist in gewisser Weise dieses ‚etwas als etwas anderes', diese Unmöglichkeit, die gerade nicht repräsentierbar ist. Darstellen setzt in Literatur und Philosophie etwas anderes ins Sein, sie verwirklicht eine Unmöglichkeit.

Jede Darstellung bleibt als solche selbst undarstellbar. Werner Hamacher spricht, im Anschluss an poetologische Reflexionen Heinrich von Kleists, von der Darstellung als „suspendiertem Sturz" (Hamacher 1998b, 252) des Sinns, der sich in der Darstellung über eine ihn fundierende Leere hinweg reproduziert und generiert. Jedes Darstellen entzweit sich von sich selbst, verhält sich exzentrisch zu sich. Die Poetizität literarischer und philosophischer Texte wäre genau auf der Ebene dieser negativen Selbstbezüglichkeit der Darstellung anzusiedeln. – Dass Texte vollzugs- und verfahrensreflexiv sind, dass sie immer auch versuchen darzustellen, wie sie etwas darstellen und darin tendenziell scheitern, eignet sich nicht als Kriterium, um literarische Texte von philosophischen Texten zu unterscheiden.

3 Platon und Parmenides: Zur Spannung zwischen metaphysischen Ansprüchen und poetischen Verfahren

Der Begriff der Philosophie wird durch Platon geprägt, um in seinem Namen den Anspruch auf ein wahres und gerechtfertigtes Wissen zu begründen, das weniger aus der sprachlich geführten Auseinandersetzung hervorgeht, sondern vielmehr in Form eines prädiskursiven Ideenwissens immer schon orientierend zugrunde liegen soll. In einem der ältesten Dokumente griechischen Philosophierens, im Lehrgedicht des Parmenides, wird diese Relativierung der Sprache vorweggenommen und zugleich in einer sprachkünstlerisch höchst anspruchsvollen Form dramatisiert: Der Philosoph tritt hier nur auf, um sogleich zu verstummen und seine Stimme der Göttin (Dike) zu leihen, die durch seinen Mund „die wirklich überzeugende Wahrheit" (Vorsokratiker, 28 B 1) erklingen lässt. Diese Wahrheit bestehe darin, dass das, was eigentlich ist, „nicht hervorgebracht und unzerstörbar ist, einzig, aus einem Glied, unerschütterlich und nicht zu vervollkommenen" (Vorsokratiker, 28 B 8). Das vollkommen sich selbst genügende und mit sich identische Seiende, das im Zentrum des Kosmos stehe, lässt sich für Parmenides im strengen Sinne nicht sagen. Das „Erkennbare" (*noeton*) lässt sich nicht im Medium des sprachlich „Meinbaren" (*doxaston*) abbilden, da das „Meinbare etwas Unzuverlässiges ist" (Vorsokratiker, 28 A 34, B 10). Das Sein als das dem Philosophen Erkennbare ist unabhängig von der Sprache und kann nur *ordine inverso*, über die Inszenierung der Unangemessenheit der Mittel der Darstellung an das Darzustellende, bezeugt oder aufgezeigt werden. Diese Inszenierung erfolgt bei Parmenides in einer hymnischen, äußerst kunstvollen Sprache. Mit Parmenides beginnt das Projekt der abendländischen Metaphysik, der Versuch also, das Ganze des Seins auf ein zentrales Prinzip zurückzuführen; und schon bei Parmenides verwickelt sich diese Metaphysik in den performativen Widerspruch, dass sie dieses Sein in einer poetischen Sprache aufscheinen und vor Augen führen muss, die als adäquates Mittel zur Erschließung dieses Seins nicht in Frage kommen soll.

Platon folgt Parmenides in seiner Skepsis gegenüber der Wahrheitsfähigkeit der Sprache: Alle Entitäten sollen sowohl logisch als auch genealogisch auf höchste Prinzipien zurückzuführen sein, die Platon ‚Ideen' nennt. Diese sind wiederum in einem höchsten, göttlichen Prinzip gegründet, das in einer Art kosmologischer Synthesis die Einheit und Ordnung des Weltganzen garantiert. Der „Gott ist einfach und wahr und verwandelt sich weder selbst noch hintergeht er andere"; er offenbart sich „weder in Erscheinungen noch in Reden", sondern bleibt ganz bei sich, so Platon in der *Politeia* (rep. 382e). Er gibt allenfalls seine Identität an die Ideen und die diesen Ideen entsprechende Welt im Rahmen einer Art Geltungsübertragung weiter, wobei sich diese Identität in den äußeren Regionen des Seins, zu denen auch die Sprache gehört, nach und nach abschwächt. Die Aufgabe der Philosophie besteht darin, diese Bewegung umzukehren, alles periphere Nichtsein wieder in die Identität des Seins im Zentrum zurückzuführen.

Platons philosophische Sprache orientiert sich dabei am *nous*, an der vernünftigen Einsicht in die Ideen. Konstitutiv für den *nous*-Begriff wird dabei die Ökonomie eines unerreichbaren Maßstabes: Der *logos* findet sein Kriterium an der unmittelbaren Ideenschau des *nous*, vermag diesem Kriterium aber niemals gerecht zu werden (Borsche 1990, 37–106). Aus der Betonung dieses Unvermögens resultieren nicht zuletzt einige der skeptischen Einschätzungen der Macht des *logos* in Platons Spätdialogen, vornehmlich die Dramatisierung der Aporie, dass der *logos* als Ort der Wahrheit keinen Index *sui et falsi*, kein eindeutiges Kriterium der Unterscheidung von wahren und falschen Aussagen zu verbürgen vermag. Die skeptische Betonung dieser Aporizität bildet dabei aber gleichsam nur die andere Seite jener im *nous*-Begriff formulierten Verpflichtung der Rede auf einen prädiskursiven Begriff von Wahrheit und Vernunft. Die platonische Depotenzierung sprachlicher Vernunft (des *logos*) verdankt sich ihrer vorgängigen Überforderung durch die unmögliche Möglichkeit des *nous*. Hannah Arendt bemerkt hierzu: „Worte sind, wie Plato meint, zu ‚schwach' für das Wahre, das daher überhaupt in der Rede nicht gefaßt werden kann, und Aristoteles bestimmte das höchste Vermögen des Menschen, den *nous*, als eine Fähigkeit, der sich das zeigt, ‚von dem es einen *logos* nicht gibt'." (Arendt 1994, 284)

Die Erfindung der Philosophie in der klassischen Antike geht nicht nur mit emphatischen, vorher so nicht gekannten Wahrheitsansprüchen und neuen argumentativen Verfahren, sondern auch mit der Suche nach neuen Darstellungsformen einher, mit denen die Autoren zu experimentieren beginnen, so etwa dem Lehrgedicht (Parmenides, Empedokles, Xenophanes, Kleanthes, Lukrez), der Sentenz (Heraklit), dem Dialog (Platon), Mythos und Gleichnis (Protagoras, Platon), der Abhandlung (Aristoteles, Epikur, die Stoiker), Briefen (Platon, Epikur, Seneca), Hymnen (Plotin) usw. In diesen unterschiedlichen Formen drückt sich immer auch eine Art inhaltlicher Überschuss aus. So versteht Platon die von ihm favorisierte Dialogform als Einspruch gegen die vermeintliche Monologizität der rhetorischen Rede und des Mythos. Die Dialogform trägt aus seiner Sicht der Notwendigkeit Rechnung, dass Argumente geprüft werden müssen und dass diese Prüfung nur in öffentlicher Debatte möglich sei. Zugleich ermöglicht es der Dialog den Lesern, den Weg des Gewinnens einer Erkenntnis mit abzuschreiten, dem Gedanken bei seiner Entstehung und Ausformulierung (man könnte auch sagen: bei seiner *poiesis*) zuzusehen (Mugerauer 1992, 263–266). Weiterhin erlaubt es die offene Dialogform, andere Darstellungsformen und Stilmittel (Drama, Rede, Narration, Ironie etc.) sowie unterschiedlichste Stilniveaus (Thesleff 2009, 51–64) mit einzubeziehen, den Dialog in Rahmenhandlungen einzubetten und mit Binnenerzählungen zu versehen, kurz, Philosophie als Literatur zu betreiben und die philosophisch-argumentative Erzeugung von Evidenzen durch Verfahren poetisch-rhetorischer Evidenzerzeugung zu unterstützen.

Dialoge kulminieren, wie Platon zum Beispiel im *Menon* und im *Theaitetos* performativ zugestehen muss, nicht notwendig im Konsens über die eine vorgängige Wahrheit, sondern immer wieder auch in der Aporie. Dies steht in einer eigentümlichen Spannung zum metaphysischen Monismus der platonischen Ideen- und Gotteslehre. Liest man Platon allerdings, wie unter anderem von Leo Strauss vorgeschlagen (Strauss 1964, 52; vgl. Hart und Tejera 1997), als vollzugsorientierten Philosophen, dann eröffnet gerade die Aporie der Leserin oder des Zuhörers die Möglichkeit, den Gedankengang selbst fortzusetzen oder die Frage (etwa nach der Lehrbarkeit der Tugend im *Menon*) nicht theoretisch zu entscheiden, sondern in die Öffentlichkeit zu tragen. Die Aporien wären also weniger als Indiz für eine geheime, nur mündlich vermittelte Lehre Platons zu lesen, sondern als Hinweise auf ein poetisches oder performatives Philosophieverständnis.

Auch das Verhältnis der Schriften Platons zum Mythos, den die Philosophie ja überwinden soll, ist alles andere als eindeutig. Den Mythos, den Platon aus seinem idealen Staat verbannen will, da er bloße Geschichten erzähle und die Götter vermenschliche, nimmt er immer wieder selbst in Anspruch, etwa im Höhlengleichnis (rep. 514a–518b), das die Kernelemente seiner Ideenlehre in Form eines narrativen Experiments eher vergegenwärtigt als begründet, oder im Mythos von der jenseitigen Welt, der am Ende des *Phaidon* erzählt wird. Platon versucht, Philosophie gegenüber literarischen und rhetorischen Verfahren abzugrenzen, muss diese Verfahren für diesen Versuch aber immer wieder selbst nutzen.

Ähnlich verhält es sich mit seinem Verhältnis zur Schrift (bzw. zur Schriftlichkeit seines eigenen Philosophierens) und zur Rhetorik. Einerseits kritisiert Platon, exemplarisch etwa im *Phaidros*, die Schrift dafür, dass sie gegenüber dem gesprochenen Wort uneigentlich, sein bloßes Abbild sei, dass sie darüber hinaus vom Autor nicht mehr kontrolliert werden, sich in Raum und Zeit disseminieren und somit unabsehbare Folgen zeitigen könne; andererseits muss er Metaphern der Schrift und der Schriftlichkeit beanspruchen, wenn er den Erkenntnisprozess beschreiben will, so etwa in *Philebos* 39a, wo er die Seele als Buch beschreibt, in das Erkenntnisse ‚eingeschrieben' werden (Derrida 1995, 193–322). Ähnlich ambivalent positioniert er sich zur Rhetorik. Während der frühe Dialog *Gorgias* die Rhetorik grundsätzlich ablehnt, verfolgt Platon im *Phaidros* explizit das Programm einer philosophisch fundierten Rhetorik. Die von Quintilian geübte Kritik – „Denn manche pflegen heftig über sie [i. e. die Rhetorik] herzufallen und benützen, was sie doch am stärksten kompromittieren dürfte, zu ihrer Anklage gegen das Reden selbst die Kraft der Rede" (Inst. Orat., II 16,1) – trifft Platon also nur bedingt.

4 Gorgias und Cicero: Rhetorische Evidenzerzeugung in einer vollzugsorientierten Philosophie

Die Zugeständnisse, die Parmenides und Platon einer sprachorientierten Vollzugsphilosophie eher wider Willen machen (s. o.), werden in der Sophistik zum expliziten Programm eines rhetorischen und poetischen Philosophierens. Exemplarisch zeichnet sich dies zunächst in der Helena-Rede des Gorgias von Leontinoi ab (im Folgenden zit. nach Gorgias 1989), die eine vollkommen andere Strategie der Evidenzerzeugung verfolgt als die klassische Philosophie. Für Platon erweist sich ein Argument dann als evident, wenn es im Einklang mit der Idee steht, die das Argument gleichsam emaniert. Für Gorgias ergibt sich Evidenz eher daraus, dass eine in der darzustellenden Sache liegende Möglichkeit mittels der rednerischen Darstellung verwirklicht wird. Darin erweist sich die Kraft der Rede. Sie stellt sich in die Sache und unterscheidet in ihr, ohne transzendenten Maßstab, das Vortreffliche von dem, was ihm entgegensteht.

Veranschaulichen lässt sich dies über eine kurze Lektüre der Helena-Rede, der die Aufnahme in den Kanon klassisch-philosophischer Texte versagt blieb. Zu sehr ähnelt der Text auf dem ersten Blick einer rhetorischen Schulrede, genauer: einem Muster für Lobreden. Der Text beginnt weder mit einer (im weiteren Verlauf zu belegenden) These noch mit der Definition eines Problems, sondern formuliert eine Art poetologische Maxime, an der er sich selbst messen lassen möchte: „Zier [*kosmos*] – das ist für eine Stadt die gute Mannschaft, für einen Körper Schönheit, für die Seele Weisheit, für ein Ding Tauglichkeit und für die Rede Wahrheit" (Gorgias 1989, 3). So, wie sich ein Körper in seiner Vollendetheit als schöner Körper präsentiert, vollendet sich die Rede in einer Wahrheit. Die Wahrheit seiner eigenen Rede soll sich für Gorgias darin erweisen, Helena vom Vorwurf zu befreien, für das Ausbrechen des Trojanischen Krieges schuldig zu sein.

Die Rede preist zunächst Helenas „gottgleiche Schönheit, welche sie annahm und unverdeckt trug" (Gorgias 1989, 5; die folgende Lektüre fasst Ergebnisse aus Hetzel 2011, 397–401 zusammen). Bereits aufgrund ihrer göttlichen Herkunft – sie ging aus der Verbindung von Zeus und Leda hervor – musste Helena in vollendeter Weise schön sein. Ihre Schönheit kam ihr allerdings nicht nur als Eigenschaft zu. In einem mehr als ästhetischen Sinne schön wurde Helena vor allem dadurch, dass sie ihre Schönheit annahm, sie mit Würde trug und ihr in ihrem Verhalten die Treue erwies. Gorgias erläutert dies über ihre politische Wirkung: Helena zieht alle griechischen Fürsten an, die um sie werben (vgl. Gorgias 1989, 5). Um eine Situation der Konkurrenz und des Konflikts zu vermeiden, schließen die Freier auf den Rat des Odysseus einen Bund, der beinhaltet, dass sie Helenas

Wahl eines Gatten akzeptieren werden und diesen späteren Gatten unterstützen werden, sollte Helena jemals geraubt werden. Mit diesem Synoikismus konstituieren sich die Helenen, die sich bereits mit der Wahl ihres Namens vor Helena verbeugen, allererst als Volk. Helena vermag es also, mit ihrer Schönheit eine Welt der Gewalt und Rache abzuwenden und stattdessen eine ‚gute Mannschaft' entstehen zu lassen, die wiederum die Voraussetzung bildet für ein geordnetes politisches Gemeinwesen.

Helena besiegt und vereint allein mit ihrer körperlichen Schönheit die mächtigsten Fürsten der griechischen Welt. Dies nimmt bereits den weiter unten im Text angestimmten Lobpreis der Rede vorweg, jenem „großen Bewirker", der „mit dem unscheinbarsten Körper die göttlichsten Taten vollbringt" (Gorgias 1989, 9). Das Enkomion auf Helena entfaltet seine Evidenz also an einem Gegenstand, der ihm in eigentümlicher Weise entspricht. Helena verfügt über die gleiche persuasive Kraft, Menschen zu versammeln und eine politische Ordnung zu begründen, wie die Rede. Helena zu verteidigen, bedeutet also zugleich, eine Rede zu verteidigen, die von einer am Geben von Gründen orientierten Philosophie unter Verdacht gestellt wird.

Gorgias übergeht in seiner Rede die näheren Umstände (etwa den Streit zwischen Athene, Aphrodite und Hera sowie das Paris-Urteil), die Helena im Vorfeld des Krieges nach Troja gebracht haben. Er geht davon aus, dass diese Umstände den zeitgenössischen Lesern bekannt sind. Er fragt stattdessen nach möglichen Ursachen für Helenas Verbindung mit Paris. Vier mögliche Ursachen kommen für ihn in Betracht: „Entweder nämlich nach dem Willen des Geschicks, den Beschlüssen der Götter und der Abstimmung der Notwendigkeit tat sie, was sie tat, oder aber mit Gewalt geraubt oder mit Reden bekehrt oder mit Verlangen gefangen" (Gorgias 1989, 6). Vor allem für die dritte dieser Möglichkeiten interessiert er sich nun intensiver: „Wenn es hingegen Rede war, die bekehrte und ihre Seele trog, dann ist es auch nicht schwer, daß sie in diesem Punkte verteidigt und von der großen Anschuldigung befreit werde, wie folgt: Rede ist ein großer Bewirker, mit dem kleinsten und unscheinbarsten Körper vollbringt sie göttlichste Taten: vermag sie doch Schrecken zu stillen, Schmerz zu beheben, Freude einzugeben und Rührung zu mehren." (Gorgias 1989, 9) Die persuasive Kraft der Rede beerbt in diesem Passus die Macht des Schicksals, die Beschlüsse der Götter und die physische Gewalt, um sie zugleich zu ersetzen.

Entscheidend für unsere Zusammenhänge ist dabei, dass der Redner die Wirksamkeit der Rede nicht einfach nur im Rahmen einer propositionalen Aussage behauptet, sondern sie zugleich in einer prädiskursiven Weise ‚zeigt', sie vor unseren Augen und Ohren entstehen lässt (weiterführend zur Theorie des nichtdiskursiven Zeigens: Mersch 2002). Was die Rede zeigen will, wird vor allem durch ihren Vollzug eingelöst. Die performative und die propositionale Ebene der

Rede tragen sich wechselseitig und generieren genau in dieser Wechselseitigkeit eine Evidenz, die sich nicht länger über einen Rekurs auf Ideen und Gründe stabilisieren muss. Damit zeichnet sich in der Rede des Gorgias auf performative Weise eine Alternative zur parmenideisch-platonischen Strategie der Evidenzerzeugung über das Geben von Gründen ab.

Zugleich wird deutlich, dass die rhetorische Evidenz das eigentliche Thema der Rede ist. Wie soziale Wirklichkeiten geschaffen, soziale Situationen verändert und Menschen von etwas überzeugt werden können, definiert jene Wirksamkeit und Kraft der Rede, die die Griechen im Verb *peithein* zusammenfassen und als Göttin Peitho verehren. Die im Eingangssatz aufgestellte poetische Maxime verlangte vom Redner, alle Dinge in ihrer Vortrefflichkeit oder Zier erscheinen zu lassen, auf dem höchsten Punkt ihres Vollendetseins. Diese Maxime führte Gorgias auf Helena, den Inbegriff des Vollendeten, zurück. Die Rede lässt sich von der Schönheit Helenas evozieren und gleichsam anstecken; sie bleibt aber nicht beim Lobpreis Helenas stehen, sondern wird sich angesichts der Schönheit Helenas ihrer eigenen Möglichkeiten gewahr. Jenseits des Zwangs der Götter, der Gründe und der physischen Gewalt entfaltet Rede eine ganz eigene Wirksamkeit; sie vermag „Schrecken zu stillen, Schmerz zu beheben, Freude einzugeben und Rührung zu mehren" (Gorgias 1989, 9). Im Gegensatz zu einem rationalistischen Logos, der Gründe gibt und einfordert und damit tendenziell eine Ökonomie wechselseitiger Verschuldung etabliert, tendiert die Rede im Sinne des Gorgias auf eine Entschuldung.

Am Ende seiner Lobrede führt Gorgias aus: „Ich nahm durch die Rede die Verleumdung von der Frau und handelte so im Einklang mit dem Gesetz, das ich zu Anfang der Rede aufstellte." (Gorgias 1989, 17) Wolfram Groddeck kommentiert diesen Passus wie folgt: „Das ‚Gesetz' der Rede ist jenes von der Einheit aller guten Dinge, der Schönheit des Körpers, der Weisheit der Seele und der Wahrheit der Rede. Indem die Rede des Gorgias mit ihrem eigenen Gesetz im ‚Einklang' steht, kann es gar nicht anders sein, als daß Helenas Unschuld zum Beweis ihrer Schönheit wird, und, indem die Verteidigungsrede sich am Ende als Preisrede der schönsten Frau der Antike entdeckt, zeigt sich die Schönheit der Körper als Wirkung einer an sich selbst körperlichen Rede, die zur ‚unverdeckten' Schönheit ‚bekehrt', als zu ihrer eigenen Wahrheit." (Groddeck 1995, 13) Erst im *kosmos* der Rede erweist sich, nach Groddecks Deutung, die Schönheit der Helena, und an dieser Schönheit bewährt sich wiederum die Wahrheit der Rede.

Aufgegriffen wird dieses Verfahren poetisch-rhetorischer Evidenzerzeugung von Cicero. *Evidentia* übersetzt in einem philosophischen, lateinischsprachigen Text ein Konzept der griechischen Rhetorik, die *enargeia*. Das rhetorische Stilideal der *enargeia* wird oft mit Klarheit oder Deutlichkeit wiedergegeben, bedeutet aber zunächst, etwas mit Glanz (*argos*) zu versehen, es aus sich selbst heraus leuchten zu lassen. Die rednerischen Techniken der Erzeugung von *enargeia* entsprechen dem rhetorischen Anliegen, an jeder Sache das, „was des Lobes wert ist, mit Lob zu ehren" (Gorgias 1989, 3).

Cicero nimmt die Übersetzung von *enargeia* in *evidentia* in seinem Dialog *Lucullus* vor, der zu den *Akademischen Abhandlungen* gerechnet wird, also zu einer Gruppe von erkenntnistheoretischen Schriften. Streng genommen übersetzt Cicero hier nicht selbst, sondern legt die Übersetzung dem Politiker Licinus Lucullus in den Mund, seinem Gesprächspartner. Während sich Cicero (bzw. der Cicero im Dialog) zustimmend auf Karneades, das skeptische Oberhaupt der Akademie im 2. Jahrhundert vor unserer Zeit, bezieht, vertritt Lucullus die jüngere Position des Antiochos aus Askalon, der sich wieder stärker auf die platonischen Wurzeln der Akademie zurückbesinnt. Lucullus kritisiert also die Skepsis und versucht zu zeigen, dass sich bestimmte Wahrheiten sowie bestimmte Kriterien, die es erlauben, wahre von falschen Aussagen zu unterscheiden, sinnvollerweise nicht bestreiten lassen. Cicero hält im Dialog demgegenüber am rhetorischen *eikos* fest, an der bloßen Wahrscheinlichkeit, von der er sagt, dass sie uns in der Lebenspraxis genügend Orientierung ermögliche. Wer demgegenüber vorgebe, die Lebenspraxis im Namen einer zeitlosen Wahrheit regieren zu wollen, gefährde die Möglichkeit menschlichen Lebens. Er knüpft hier an eine Bemerkung des Aristoteles an, für den die Dinge, welche die Rhetorik verhandelt, „von solcher Art" sind, „daß sie sich auch anders verhalten können; menschliches Handeln nämlich, was Gegenstand der Beratung und der Erwägung ist, ist generell von solcher Art und nichts davon sozusagen aus Notwendigkeiten" (rhet. 1357a). In der sozialen und politischen Welt handeln wir immer vor dem Hintergrund eines Nichtwissens, das wir niemals ganz auflösen können.

Lucullus hält das Konzept der Evidenz nun interessanterweise nicht der Skepsis entgegen, sondern führt Evidenz als skeptische Kategorie ein. Gegen die Skeptiker der älteren Akademie wendet er ein: „Namentlich behaupteten sie, es müsse nicht definiert werden, was ‚Erkenntnis' sei oder ‚Erfassen' oder [...] ‚Begreifen', wofür jene *katalepsis* sagen; und sie stellten überdies fest, daß die, welche durchsetzen wollten, es gebe etwas, das ‚begriffen' oder ‚erfaßt' werden könne, durchaus unwissenschaftlich vorgingen – deswegen, weil nichts deutlicher sei als die *enargeia* (so sagen die Griechen; unsererseits könnten wir, wenn es beliebt, von ‚Anschaulichkeit' [*perspicuitas*] oder ‚Evidenz' [*evidentia*] sprechen, und wir können, wo nötig, ebenfalls Begriffe zimmern [...]): auf jeden Fall aber glaubten sie, daß sich keine sprachliche Äußerung finden lasse, die einleuchtender sei als die ‚Evidenz' selbst, und sie vertraten die Auffassung, was so deutlich sei, müsse nicht definiert werden." (Cicero 1990, 2,17) Diese poetische Ursprungsszene der Evidenz ist alles andere als unkompliziert. Es seien nur drei der vielen Fragen angedeutet, die von diesem Passus aufgeworfen werden.

a) Wer spricht? – Die Einführung der Evidenz als Übersetzung der *enargeia* wird einem Vertreter des Platonismus zugeschrieben, doch dieser verwendet den Begriff nicht affirmativ, sondern charakterisiert mit ihm eine These seiner skeptischen Gegner. Das Wesen der Erkenntnis und die Kriterien für wahre Erkenntnisse müssten aus skeptischer Sicht nicht eigens definiert werden, da diese evident seien. Eine skeptische Position zu beziehen, bedeutet dann also gerade nicht, die Möglichkeit wahren Wissens zu bestreiten, sondern die Möglichkeit und Notwendigkeit seiner Begründung. Weder ergibt es aus skeptischer Perspektive Sinn, Evidentes begründen zu wollen, noch, Evidenzen als Gründe zu verwenden. Was gewiss, klar oder selbstexplikativ sei, zeige sich, lasse sich aber nicht definieren. Das wirft auch ein Licht auf das rhetorikaffine philosophische Selbstverständnis Ciceros. Es geht ihm nicht darum, der Suche nach der Wahrheit abzuschwören, sondern darum, diese Suche offenzuhalten, das heißt, letzte Definitionen von Erkenntnis sowie von Kriterien der Erkenntnissicherung zurückzuweisen. Cicero entwickelt ein Denken, das weder die Abwesenheit von Gründen behauptet, noch den Verzicht auf die Suche nach Begründungen fordert.

b) Wie wird gesprochen? – Interessant an dieser Ursprungsszene der Evidenz ist vor allem, dass die Einführung, die zugleich eine Übersetzung ist, explizit als solche benannt wird: „Wir", gemeint sind die Römer, „können, wo nötig, ebenfalls Begriffe zimmern"; zugleich wird explizit übersetzt, da gesagt wird, dass „wir" dort, wo die Griechen von *enargeia* sprechen, *evidentia* verwenden können. Mittels der Prägung eines neuen Begriffs soll also etwas veranschaulicht werden, und zwar das Veranschaulichen selbst, das als *e-videntia*, als ein Hervorscheinen-Lassen und Vor-das-Gesicht-Bringen expliziert wird. Wie in einem explizit performativen Satz von der Art ‚Ich verspreche Dir, dass ich morgen kommen werde' führt der Satz also das, was er sagt, zugleich vor, exemplifiziert sich selbst. Veranschaulicht wird die Evidenz darüber hinaus mittels eines Neologismus, der sich in die Gestalt einer Metapher kleidet. Auch diese Metapher ist in eigentümlicher Weise selbstreflexiv, eine Übersetzung im wörtlichen Sinn, sie zeigt, was Metaphern generell leisten: Sie veranschaulichen etwas, führen es vor Augen. Wenn im zitierten Passus gesagt wird, dass „sich keine sprachliche Äußerung finden lasse, die einleuchtender sei als die ‚Evidenz' selbst", dann ist dies sowohl objekt- als auch metasprachlich gemeint. Der Begriff der Evidenz gilt selbst als Beispiel für das, was er benennt.

c) Welche Evidenz? – Ein Verweisungsverhältnis von Philosophie und Rhetorik spiegelt sich im Begriff der Evidenz selbst. Sie bedeutet zunächst das, was intuitiv gewiss ist, ein Überzeugtsein, das keiner weiteren Beweise bedarf. Wo etwas evident geworden ist, müsste nicht länger argumentiert werden.

Evidenz in diesem Sinne wird aus rhetorischer Sicht einerseits als das Resultat eines Prozesses einer über Reden vermittelten Verständigung gelesen, andererseits als Inbegriff all dessen, worüber bereits Verständigung herrscht, der *topoi* oder Gemeinplätze (nach Ludwig Wittgenstein ließe sich auch sagen: des Gewöhnlichen oder Gewissen). In diesem Sinne verwendet auch Cicero Evidenz. In der neuzeitlichen Philosophie wird Evidenz dann umgeprägt. Sie bezeichnet das, was einen Grund für eine Überzeugung oder eine Theorie liefert. Während vollzugsorientiertes Philosophieren Evidenz eher als Statthalter der Überflüssigkeit von Begründungen verwendet, fungiert sie in der geltungsorientierten Philosophie selbst als Grund, dessen Geltung auf weitere Argumente zu übertragen sei.

Die griechische *enargeia*, die von der lateinischen *evidentia* aufgegriffen wird, steht für mehr als ein bloßes Stilideal. Eine Sache aufglänzen zu lassen, sie in ihrer je eigenen Wirksamkeit vor Augen zu führen, kann darüber hinaus als ethischer Anspruch rhetorischen und philosophischen Sprechens gelten. Bereits Gorgias formuliert das wie folgt: „An Mann und Frau und Rede und Tat und Stadt und Ding muß man, was des Lobes wert ist, mit Lob ehren." (Gorgias 1989, 3) Die Aufgabe des Redners bestehe darin, den *kosmos* (Schmuck) an jeder Sache zu zeigen, ihn mittels der Rede aus der dargestellten Sache hervorscheinen zu lassen, diese Sache zu steigern, sie auf ihr mögliches Vollendetsein hinzutreiben. Peter Oesterreich begreift den Rhetoriker vor diesem Hintergrund als Person, die „immer auch Partei ergreift für jemanden, dessen Seinsmöglichkeiten durch das Erreichen des Redeziels eröffnet und gefördert werden sollen" (Oesterreich 1990, 109). Aristoteles definiert die Rhetorik geradezu als diejenige Disziplin, die „bei jeder Sache das möglicherweise Überzeugende betrachtet" (rhet. 1355b), wobei das Überzeugende (*pithanon*) nicht nur argumentationstheoretisch begriffen werden sollte, sondern für die *arete* einer Sache steht, ihre höchste Seinsmöglichkeit.

5 Vollzugsorientierung als Kriterium moderner Philosophie

Den beiden anfangs unterschiedenen idealtypischen Selbstverständnissen des Philosophierens entsprechen keine klaren philosophiehistorischen Epochengrenzen. Vielleicht findet sich kein Autor, kein Œuvre, das nicht von beiden Tendenzen durchquert wird. Und doch lassen sich Zuordnungen versuchen. Ein vorsichtiges Plädoyer kann die philosophische Moderne als Reflexivierung der Performanz deuten, durchaus in Abgrenzung von konkurrierenden Auffassungen, welche sie etwa über die Ausformulierung eines Methodenbewusstseins, über eine Rationalisierung oder über eine Detranszendentalisierung philosophischer Grundbegriffe anzusprechen versuchen. Spezifisch modern wäre hingegen eine Philosophie, die sich in der Materialität ihres sprachlichen, textuellen und institutionellen Selbstvollzugs zu begreifen trachtet.

Als Vertreter einer so verstandenen philosophischen Moderne lassen sich Autoren wie Georg Wilhelm Friedrich Hegel, Friedrich Nietzsche, Søren Kierkegaard, Georges Bataille, Maurice Blanchot, Martin Heidegger, Ludwig Wittgenstein, John Langshaw Austin, Theodor W. Adorno und Jacques Derrida lesen, die mit einigem Recht als Philosophen der Performanz bezeichnet werden könnten. Den entsprechenden Autoren ist ein Bewusstsein von Philosophie als Darstellung gemeinsam. Sie binden Gehalt und Vollzug, Dargestelltes und Darstellung bis zur Ununterscheidbarkeit aneinander. Sie konzipieren Philosophie als Sprachphilosophie, ohne eine eigene Bindestrich-Sprachphilosophie zu formulieren. Philosophie wird von ihnen nicht über die Sprache gestellt, sondern als Gestalt der Sprache dechiffriert, als zu sich selbst gekommene Sprachlichkeit der Sprache. Darin gleicht Philosophie bei allen genannten Autoren der Kunst.

Bereits Hegel betont in diesem Sinne in der *Phänomenologie des Geistes* den zentralen Stellenwert der sprachlichen Darstellung für jede Philosophie. „Gerade weil die Form dem Wesen so wesentlich ist" (Hegel W III, 24), lasse sich der Gehalt eines philosophischen Arguments nicht in einem „Resultat" zusammenfassen. Die „Sache", um die es der Philosophie zu tun sei, wäre nicht unabhängig von der „Ausführung" des Gedankens im Medium textueller Darstellung zu haben, das Resultat nur „zusammen mit seinem Werden". Jeder Versuch, das „nackte Resultat" von der Weise seiner Darstellung zu isolieren, verwandele es in einen „Leichnam" (Hegel W III, 13). Denken bedeutet für Hegel, wie Jean-Luc Nancy bemerkt, „mit der Sprache das zu sagen, was die Sprache nicht sagt und was zugleich die Sprache selbst ist" (Nancy 2011, 194). Die vermeintliche Schwierigkeit der Hegel'schen Philosophie ergibt sich gerade aus ihrer Vollzugsorientiertheit, daraus, dass sich Hegel weigert, eine Ebene der Ergebnisse oder Inhalte von den Weisen ihrer Darstellung zu trennen. Der Gedanke ist für Hegel vielmehr seine Darstellung, er geht ihr nicht voraus, lässt sich nicht von ihr isolieren. In dieser vermeintlichen Schwierigkeit offenbart sich aber zugleich das demokratische Potenzial der Hegel'schen Philosophie. Diese kann nur ‚verstehen', wer die Bewegung des Gedankens selbst mit vollzieht beziehungsweise sie zu seiner eigenen Sache macht. Wie bei Platon in der Lesart von Leo Strauss gibt Philosophie auch hier kein fertiges Wissen weiter, sondern lädt dazu ein, Gedanken in einem poetischen Sinne zu machen.

In der Frühromantik und bei Nietzsche, bei Heidegger, Adorno, Bataille und Derrida wird ein solches poetisches Philosophieren, das sich wesentlich als Darstellung begreift, radikalisiert. Dies führt auch zu einer neuen Aufgeschlossenheit der Philosophie gegenüber der Rhetorik. Eine durch Heidegger und Gadamer hermeneutisch gewendete Philosophie besinnt sich auf ihre eigenen rhetorischen Verfahren, auf ihre Darstellungsmittel und auf ihre sprachliche Verfasstheit. Die unterschiedlichsten Versuche einer philosophischen Aktualisierung der Rhetorik im 20. Jahrhundert eint, dass sie die über Jahrhunderte auf eine bloße Stilkunde oder Lehre von den Tropen eingeschränkte Rhetorik wieder zu einem allgemeinen Deutungsformular des *logos* in all seinen Aspekten zu erweitern trachten.

Weiterführende Literatur

Danto, Arthur (1985). „Philosophy as/and/of Literature". *Post-analytic Philosophy*. Hrsg. von John Rajchman und Cornel West. New York: 64–83.
Hetzel, Andreas und Gerald Posselt (Hg.) (2017). *Handbuch Rhetorik und Philosophie*. Berlin.
IJsseling, Samuel (1988). *Rhetorik und Philosophie. Eine historisch-systematische Einführung*. Stuttgart-Bad Cannstatt.
Oesterreich, Peter L. (2003). *Philosophie der Rhetorik*. Bamberg.

Martin Endres
IV.7 Poetiken des Materiellen

1 Was sind ‚Poetiken des Materiellen'?

Die Bestimmung dessen, was unter ‚Poetik[en] des Materiellen' (= PdM) gedacht werden kann, bedarf zunächst einer terminologischen Fassung des Begriffs ‚Material' – eingedenk der Tatsache, dass eine Grenzziehung zwischen den Begriffen ‚Materie', ‚Material' und ‚Materialität' nicht trennscharf erfolgen kann (vgl. Benne 2015, 83–87). Was insbesondere in der Diskussion zur Materialität in der Editionsphilologie vielfältig problematisiert wird, gilt grundsätzlich auch für die Definition einer ‚Poetik des Materiellen': Die Begriffe ‚Material' und ‚Materialität' sind „*mehrdeutig*, weil gleichzeitig mehrere verschiedene Bedeutungen des Ausdrucks kursieren, die teilweise von der umgangssprachlich vertrauten erheblich abweichen, [...] *vage*, weil [oftmals] unklar bleibt, welche Gegenstände und Sachverhalte mit dem Ausdruck eigentlich bezeichnet werden sollen (und welche nicht)" (Röcken 2008, 25). Darüber hinaus sind die Begriffe ‚Material' und ‚Materialität' mitunter *widersprüchlich*, sofern sie miteinander unvereinbare Verwendungen erlauben. Entsprechend nötigt das genannte Begriffsfeld zu heuristischen Festlegungen, die die theoretische Fassung der PdM sowie die Auswahl der hier exemplarisch thematisierten Texte und Autoren leiten.

Eine Unterscheidung, die wesentlich dazu beitragen kann, den Begriff des Materials mit Blick auf *Poetiken* hin zu konturieren, ist die zwischen physikalischem und ästhetischem Material. Unter ‚physikalischem' Material wird zumeist der natürliche, unbearbeitete Ausgangs-, Werk- oder Rohstoff verstanden, der zu einer künstlerischen Produktion herangezogen und in dieser zu ‚ästhetischem Material' verarbeitet wird. Der Begriff des physikalischen Materials benennt primär die Stofflichkeit: Papier, Schreibstoffe etc. Der Begriff des ästhetischen Materials hebt dagegen nicht mehr auf die nur rein physikalisch-stoffliche Dimension des Materials ab, sondern bezeichnet das, was im weitesten Sinne in ästhetischen Praktiken be- und erarbeitet wird: Konzepte, Vorstellungen und Ideen. Davon zu unterscheiden ist ein engeres Verständnis, das nur das als ästhetisches Material auffasst, was in Kunstwerken als solches geltend gemacht wird. Verständlich machen kann man sich diesen *normativen* Aspekt des Materialbegriffs mit Blick auf den Wandel dessen, was beispielsweise zu spezifischen Zeitpunkten als legitimes Wortmaterial der Literatur gilt. Lange Zeit – vor allem im Zeichen der Opitz'schen Regelpoetik – galt die Verwendung von idio-, sozio- oder dialektaler Sprache als ‚illegitim', das heißt als nicht ‚literaturfähig' (oder zumindest, denkt man an Hans Jakob Christoffel von Grimmelshausens *Simplicissimus*, als bewusster Bruch mit poetischen Regeln und Normen); spätestens mit dem Naturalismus wurde jedoch gerade dieses Material anerkannt und ästhetisch produktiv gemacht. Solche normativen Verschiebungen lassen sich über das Wortmaterial hinaus auch für andere Bereiche nachzeichnen, beispielsweise für die Etablierung autonomer Metren, bestimmter literarischer Gattungen (z. B. Essay, lyrische Prosa) oder rhetorischer Figuren und Tropen (Metapher, Allegorie etc.). Solchen Erweiterungen stehen Verengungen des Materialverständnisses gegenüber – Theodor W. Adorno spricht in diesem Zusammenhang vom ‚Kanon des Verbotenen' (vgl. Adorno 1969, 57–59). Man denke hier an reine Reime (z. B. Herz/ Schmerz), die heutzutage als ‚verbraucht' gelten oder als Kitsch verpönt sind. Vor allem dieses spezifische Verständnis zeigt, dass der Begriff des ästhetischen Materials stets an konkrete historische und soziokulturelle Bedingungen und Verständnisse gekoppelt ist.

Charakteristisch für die PdM ist nun, dass sie ausgehend von dieser terminologischen Grundunterscheidung insbesondere der *Physikalität* des *ästhetischen* Materials Aufmerksamkeit schenkt, sofern sie dieser in der ästhetischen Reflexion einen hohen Stellenwert zuspricht, von einer Eigenlogik des physikalischen Materials ausgeht und dabei insbesondere dessen Widerständigkeit für die Reflexion als das ansieht, was die literarische Tätigkeit wesentlich prägt. Eine solche Widerständigkeit behauptet sich letzlich auch in der Rezeption des Geschriebenen als zum Teil ‚Unlesbares', Nichtverstehbares und Asemantisches (vgl. Strowick 2005). Um dies zu präzisieren: Das physikalische Material ‚ist' nicht an und für sich widerständig, sondern erst die literarische Tätigkeit lässt es als für die Reflexion partiell Unverfügbares hervortreten. Die PdM ist im Kern dadurch bestimmt, dass sie das Entgegenstehende, das Inkommensurable und den Nichtsinn des physikalischen Aspekts des Materials ernst nimmt und als ein wesentliches Moment der poetischen Praxis und der Poetizität eines Textes begreift. Der Gedanke Friedrich Nietzsches, dass das ‚Schreibzeug' an den Gedanken ‚mitarbeitet' (Nietzsche KGB III/1, 172), ist für die PdM gültig, muss jedoch erweitert beziehungsweise differenziert werden: Die Physikalität des Materials gibt nicht nur Anlass zu einer poetischen Reflexion und prägt diese wesentlich mit, sie entzieht sich ihr auch zum Teil. Damit bricht die PdM mit der Idee einer Vorrangstellung des Geistigen vor dem Physischen und mithin der Idee einer vollständigen Verfügbarkeit des Materials. Kennzeichnend für die PdM ist dies insofern, als die Aufmerksamkeit für die Widerständigkeit des Physikalischen gegen eine es kontrollierende Be- und Verarbeitung dem grundsätzlichen Anspruch jeder ästhetischen Produktion entgegensteht, nämlich sich das verwendete Material poetisch anzueignen und es so zu einem ‚eigenen' ästhetischen Material zu machen (vgl. Hindrichs 2014, 46). Poetiken des Materiellen zeichnen sich also dadurch aus, sich dem folgenden Paradox der literarischen Tätigkeit zu stellen: sich ästhetisches Material erarbeiten zu wollen, in der Auseinandersetzung mit dem physikalischen Ausgangsstoff diesen nur bedingt be- und verarbeiten zu können und entsprechend *mit* dessen Widerständigkeit poetisch umgehen zu müssen. Das heißt, die PdM beziehen die Physikalität als solche ins poetisch-poetologische Kalkül ein, lassen sich in ihren Verfahrens- und Schreibweisen, Themen, Formen etc. durch sie bestimmen. Damit ist auch eine grundsätzliche Aufwertung physikalischer Aspekte des Materials verbunden, da diese in der literarischen Produktion daraufhin befragt werden, inwieweit sie „Träger von Sinn und Bedeutung" (Jacobs 2009, 16) sein können und inwieweit sie auf die Sinnstiftung oder Sinnerfassung eines Textes Einfluss nehmen.

Um ein erstes Resümee zu ziehen: Kann die Reflexivität eines Textes auf das in ihm beanspruchte Material (Vokabular, tradierte literarische Formen etc.) als Kriterium für *Poetizität* im Allgemeinen und somit für jeden literarischen Text gelten, so zeichnen sich die PdM im Besonderen dadurch aus, dass sie die physikalischen Aspekte literarischer Produktion (Schreibinstrumente, -stoffe etc.) sowie die physikalische Verfasstheit des Textes als die ästhetische Reflexion leitend verstehen und zugleich die Grenzen dieser Reflexion gegenüber dem Material ausloten.

Die literarische Arbeit an und mit einem (physikalischen) Material kann im Sinne der PdM dabei in verschiedener Weise erfolgen. In produktionsästhetischer Hinsicht sind hier drei Hauptformen zu differenzieren:

1. Ein kalkuliertes Verfahren, in dem die Reflexion auf das Material von *vornherein* als wesentliches Movens des poetischen Sprechens verstanden wird und das von einer bewussten Entscheidung für ein besonderes Material anhebt.
2. Eine poetische Verfahrensweise, die *im* Schreiben an einem Text mit einem unvorhergesehenen und womöglich kontingenten materialen Moment konfrontiert wird, auf dieses im Folgenden reagiert und es formal oder thematisch aufgreift.
3. Eine literarische Produktion, die den Text erst *nach* dessen Fertigstellung und etwa auf seine Drucklegung hin mit einer bewusst gewählten materialen ‚Ausstattung' versieht und so der (zunächst von der materiellen Realisierung unabhängigen) Aussage des Textes eine zusätzliche Ausdrucksdimension hinzufügt – Letztere kann die Aussage des Textes affirmieren oder eine Spannung zu dieser erzeugen.

In allen drei genannten Formen wird mit der Vorstellung eines ‚abstrakten' Textes gebrochen, der lediglich in kontingenter Weise ‚materialisiert' vorliegt: Die Materialität der Sprache (in Schrift oder Laut) wird von den PdM als eine Bedingung der Möglichkeit sprachlichen und schließlich poetischen Ausdrucks überhaupt verstanden, als ‚Notwendigkeit seiner Verkörperung' (vgl. Mersch 2002, 138). Da der literarische Text von seiner *spezifischen* Materialität geprägt und abhängig ist, wird das Material in seiner Besonderheit und Singularität gedacht. Für die Erzählungen und Erzählentwürfe in Franz Kafkas *Oktavheften* (vgl. Kafka FKA) etwa ist entscheidend, dass sie mit Bleistift und nicht mit Tinte verfasst sind, dass die Bleistiftmine einen bestimmten Härtegrad besitzt, dass das Geschriebene bei weicher Mine auf dem Papier eher aufliegt, als dass es dieses ‚graviert'. Für Kafkas Schreiben ist nun kennzeichnend, dass die Reflexion auf die spezifische Materialität des verwendeten Schreibmittels zu einem Nachdenken über literarisches ‚Schreiben' grundsätzlich führt und dies im Geschriebenen thematisch wird. Entsprechend ist es für die Rezeption beziehungsweise Interpretation solcher Texte maßgeblich, das Schreibmittel in die Deutung einzubeziehen.

Die PdM setzen sich darüber hinaus auch von einer rein semiologischen Sprachauffassung ab, da sie die repräsentative, referentielle Funktion des Gesagten mit dessen singulärer materialer Präsenz (von Schrift oder Laut) in Spannung setzen. Diese Spannung erhält sich dadurch, dass die Sprache zum einen so gedacht wird, dass sie aufgrund ihrer Physikalität nicht in einer reinen Zeichenhaftigkeit aufgeht (und sich zumindest zum Teil der Iterabilität des Zeichens widersetzt); zum anderen, dass die Sprache – um *Sprache* zu sein – wiederum nicht auf die Physikalität des Geschriebenen reduziert werden kann und verweisenden Charakter besitzen muss: „Materialität und Bedeutung gehören [in den PdM] ebenso zusammen, wie sie sich gegenseitig unterlaufen und stören können, ohne in einer unmittelbaren Einheit gegeneinander aufzugehen" (Mersch 2002, 143). Insofern die PdM auf diese Spannung der materiell-nicht-signifikativ-präsenten und der immatriell-signifikativ-repräsentierenden Dimension von Sprache reflektieren, sind sie von einem ‚doppelten Bewusstsein' geprägt. Sie suchen eine poetische Form, die beide Dimensionen aufeinander hin vermittelt zum Ausdruck bringt.

Allen PdM ist weiterhin gemein, dass sie von einer ‚Agentenhaftigkeit' des Materials ausgehen, das heißt von einem dem Material je eigenem Sinnpotential, einer *Eigenlogik* sowie einer daraus resultierenden ‚Mitarbeit' an der literarischen Produktion und an der Bedeutungsgenerierung eines Textes. Das Material wird quasi als eigenständiger (und mitunter sogar gleichwertiger) ‚Akteur' aufgefasst, mit dem der Autor im poetischen Verfahren in Dialog tritt. Es handelt sich bei diesem ‚Dialog' um eine dynamische Wechselwirkung, bei der die starre Dichotomie zwischen einem tätig-formenden Subjekt und einem untätig-geformten Objekt aufgegeben wird. Der Text wird also in den PdM verstanden als Ergebnis einer Ko-Konstitution, einer „Interaktion zwischen physikalischen bzw. materialen und mentalen bzw. semiotischen […] Phänomenen" (Benne 2013, 13).

Den PdM eignet somit eine permanente Aushandlung mit dem Material als einem ‚Anderen'. Dieses Andere wird dabei jedoch weder als ein *objet inconnu* und als das ‚ganz Andere' aus jeglicher reflexiven Bezugnahme ausgeschlossen, um so das Material in seiner unmittelbaren oder unverstellten ‚Präsenz' hervortreten zu lassen (vgl. Gumbrecht 1997; Gumbrecht 2004) – noch verstehen die PdM dieses Andere als etwas nur Kontingentes, das im Rahmen eines Sinngebungsprozesses (hegelianisch-idealistisch gefasst) nach und nach ‚bewältigt' werden muss, um das Sinnlich-Physikalische letztlich im rein Geistig-Abstrakten des Textes aufgehen zu lassen.

Bezogen auf die poetische Verfahrensweise verstehen die PdM die Widerständigkeit und Eigenlogik des Materials als eine produktive Restriktion, eine *contrainte*, der sich das Schreiben gezielt aussetzt und sich von dorther bestimmen lässt. Robert Walser etwa wählt für seine *Mikrogramme* (Walser KWA VI/1; vgl. Giuriato 2006; Kammer 2003) kleine Kalenderblätter oder nur visitenkartengroße Zettel, die den Schreibraum extrem einschränken und zu einer äußerst kleinen Schriftgröße nötigen. Da er zudem einen weichen Bleistift verwendet und in Kurrentschrift schreibt, sind die Texte kaum zu entziffern. Diese Einschränkungen sind bei Walser Ausdruck seiner Haltung zum Akt des poetischen Schreibens, einer besonderen „körperliche[n] und geistige[n] Disposition" (Echte 1997, 3) und letztlich bestimmend für seine Poetologie (vgl. Groddeck 1997; Thut et al. 2012). Für die PdM gilt jedoch, dass sie *verschiedene* Konsequenzen aus der Spezifik des Materials bezüglich ihrer Poetologien ziehen können; das heißt, dass die Reflexion auf die Spezifik des Materials nicht zu nur einer möglichen Poetologie führt. Dies macht folgende Überlegung deutlich: Eine dünnflüssige Tinte in Verbindung mit einer schnell leitenden Schreibfeder auf einem glatten Papier ‚nötigt' zu einer schnellen Schreibbewegung, um ein lesbares Schriftbild zu garantieren. Die Reflexion auf diese Anforderung der Schreibmittel hat nun weitreichende poetologische Implikationen. In diesem Fall verlangt sie sogar eine Entscheidung zwischen zwei diametral entgegengesetzten Auffassungen literarischer Tätigkeit. Da die Schreibmittel kein Zögern oder Innehalten der Schreibbewegung erlauben, fordern sie entweder eine auf vorschriftliche Intentionalität gründende Poetik ein, in der das Schreiben nur als Verschriftlichung eines vorab gefassten Gedankens verstanden wird, oder im Gegensatz dazu eine der *écriture automatique* nahe Poetik, in der sich die poetische Verfahrensweise und die literarische Aussage (zumindest im Zuge der ersten Niederschrift) vollständig dem kontinuierlichen Schreibvorgang überantwortet.

Diese Überlegung zeigt auch, dass die PdM nicht an das Konzept einer ‚Materialgerechtigkeit' gebunden sind. Die PdM sind nicht darum bemüht, dem je spezifischen Material des Schreibens in einer idealen Art und Weise zu entsprechen und so dessen ‚Wesen' oder das ihm je eigene Formprinzip in einer ästhetischen Form zur Darstellung zu bringen. Die PdM zielen also nicht darauf, einem ‚Bildungstrieb der Stoffe' (vgl. Goethe 1973) zu folgen, die formbildende Kraft des Materials freizusetzen (vgl. Wagner 2001, 873) oder den ‚mimetischen Impuls' des Materials (vgl. Adorno 1969, 175) in der künstlerischen Produktion geltend zu machen. So geht es, um das Beispiel von eben noch einmal aufzugreifen, Walser in seinen *Mikrogrammen* nicht darum, das Spezifikum eines Kalenderblattes herauszuarbeiten, das er unter anderem als Schreibgrund wählte – oder mit der Wahl seines Schreibinstruments das ‚Bleistifthafte' hervortreten zu lassen. Vielmehr reflektieren die PdM auf die Wirkung, den Effekt oder den Einfluss, den das Material auf das Schreiben hat; mit Blick auf den Ausdruck und die Darstellung in einer poetischen Form lässt dieser Einfluss jedoch *vielfältige* Realisierungsmöglichkeiten zu. Im Unterschied zum normativen Konzept der ‚Materialgerechtigkeit' und der damit verbundenen tendenziell essentialistischen Vorstellung, dass im Zuge der künstlerischen Arbeit ein dem Material innewohnendes Sinnpotential freigelegt wird, verstehen die PdM die poetische ‚Formung' des Materials zum Teil auch als dessen ‚De-Formation', das heißt als eine unvermeidliche und mitunter gewaltsame Fügung des Materials in eine ihm immer auch auferlegte, äußerliche Form. Die Arbeit *am* und *mit* dem Material ist für die PdM also immer auch Arbeit *gegen* das Material. Auch hier ist somit entscheidend, dass die PdM diesen Konflikt der literarischen Tätigkeit – dass Formung immer auch ‚De-Formation' ist – nicht harmonisieren oder ausblenden, sondern als konstitutiv für ihre poetische Verfahrensweise sowie die Poetizität ihrer Texte begreifen.

2 Schreibszene

Ein für die PdM entscheidendes Konzept ist das der ‚Schreibszene'. Es taucht begrifflich zum ersten Mal in den subjekt- und zeichenphilosophischen Überlegungen Jacques Derridas als ‚scène de l'écriture' im Rahmen seiner Freud-Lektüre auf (vgl. Derrida 1967d); im deutschsprachigen Raum wurde es schließlich insbesondere durch Rüdiger Campe etabliert und diente hier als wesentlicher Bezugspunkt und Leitbegriff der Schreibprozessforschung, so etwa des größer angelegten Forschungsprojekts *Zur Genealogie des Schreibens* (vgl. Stingelin 2007). Die an Derrida orientierte Auffassung der Schreibszene stellt einen ‚theatralen' Aspekt des Schreibens in den Vordergrund, verstanden als eine (Selbst-)Inszenierung des (schreibenden) Subjekts und seines Schreibakts im Geschriebenen. Das Materielle der literarischen Tätigkeit wird in der Schreibszene – wie bei allen PdM – als Reflexion auf die Schreibmaterialien (i. e. die Schreibinstrumente, -mittel, Papier etc.) thematisch; diese Reflexion ist dabei aber in eine das konkrete physikalische Material übersteigende, historisch spezifische und soziokulturell komplexe Schreibsituation eingebunden, die stets von gleich mehreren Diskursen abhängt und aus diesen hervorgeht. Die Komplexität der so gefassten

Schreibszene liegt nicht nur „in der Vielzahl der unerlässlichen Faktoren" des Schreibens, sondern zudem in deren „Heterogenität" (Flusser 1991, 39). Campe versteht die Schreibszene in Abgrenzung zu Derrida als einen „Vorgang [...], in dem Körper sprachlich signiert werden oder Gerätschaften am Sinn, zu dem sie sich instrumental verhalten, mitwirken" (Campe 1991, 760) – er betont damit das physikalisch-materiale Moment des Schreibens, dessen techn(olog)ischen Voraussetzungen und die Körperlichkeit des Schreibenden (etwa „der muskuläre Akt des Schreibens, des Buchstabenziehens", Barthes 1982, 20; s. weiterhin Stingelin 2012) unter Abblendung des inszenatorischen Aspekts ungleich stärker. Beiden Verständnissen der Schreibszene liegt eine poststrukturalistisch fundierte Subjektkritik zugrunde. Deren Hauptmomente sind die grundsätzliche Abkehr von einer phonozentrischen und logozentrischen Sprach- und Schriftauffassung und dabei insbesondere die Skepsis gegenüber der Intentionalität eines vom Material des Schreibens unabhängig handelnden Subjekts. Zurückgewiesen wird damit zugleich die Vorstellung einer bloß materialen Ausführung eines vor- oder außersprachlichen Gedankens in Schrift, im Sinne einer notwendigen, jedoch letztlich marginalen materialen Repräsentation, die keinerlei Einfluss auf den Sinn oder den Gehalt des Geschriebenen besitzt. Die Schreibszene betont demgegenüber die nicht vollständig erfassbare oder kontrollierbare Eigenlogik des Materiellen, die die PdM allgemein prägt. In der Tätigkeit des Schreibens vollzieht sich eine Trennung des *vouloir-dire* in das ‚Sagen-Wollen' des Subjekts und die ‚Bedeutung' des Geschriebenen; eine Trennung, die reflektiert, thematisiert und ausgedrückt wird.

Ausgehend von Campes Bestimmung der Schreibszene als „nicht-stabiles Ensemble von Sprache, Instrumentalität und Geste" (Campe 1991, 760) führt Martin Stingelin eine für die PdM wichtige begriffliche Differenzierung ein, indem er zwischen ‚Schreibszene' und ‚Schreib-Szene' unterscheidet. Letztere bezeichnet das bei Campe nur im Hintergrund stehende literarische Schreiben als „Problematisierung des Schreibens [im Schreiben], die (es) zur (Auto-)Reflexion anhält (ohne daß es sich gerade in seiner Heterogenität und Nicht-Stabilität gänzlich transparent werden könnte)" (Stingelin 2004a, 15). Zugleich übersetzt Stingelin das zitierte ‚Ensemble' Campes in die Trias ‚Semantik', ‚Schreibwerkzeug' und ‚körperlicher Schreibakt' und betont die individuelle wechselseitige Aushandlung dieser drei ‚Faktoren' (vgl. Stingelin 2004a, 15).

Das Konzept der Schreibszene beziehungsweise Schreib-Szene – Letztere steht mit Blick auf die PdM aufgrund ihrer stärker (selbst-)reflexiven Problematisierung der Materialität des Schreibens im Vordergrund – kann die Auffassung dessen, was allgemein unter dem Material der PdM verstanden werden kann, in einem wesentlichen Punkt erweitern. Denn es fasst auch das physikalische (und eben nicht nur das ästhetische) Material als etwas, das im kulturellen Kontext menschlicher Tätigkeit zu verorten ist. Auch das Stoffliche ist kein naturhaft Gegebenes, „objektive[s] Naturmaterial" (Adorno 1984, 433–434). So ist das Schreiben mit Tinte keine literarische Tätigkeit unter Verwendung eines bloßen ‚Rohstoffs', sondern eines kulturellen Erzeugnisses mit einer circa 5000 Jahre alten Geschichte. Das Schreiben beansprucht hier ein Material, das in unterschiedlichen Epochen und Kulturen jeweils andere chemische Zusammensetzungen aufweist und Herstellungsprozesse durchläuft, das zu verschiedenen Zeiten einen spezifischen Gebrauch erfährt etc. Ganz zu schweigen davon, dass die tintenführenden Schreibwerkzeuge (Schreibrohr, Federkiel, Füllfederhalter mit Stahlfeder bis hin zum Tintenstrahldrucker) in eine historisch spezifische kulturelle Praxis eingebettet sind. Somit ist all diesen Poetiken gemein, dass sie die Art und Weise, *wie* sie ihr Material auffassen und *was* ihnen überhaupt als ‚Material' gilt, als vermittelt und abhängig von konkreten historischen und soziokulturellen Rahmenbedingungen verstehen. *Was* geschrieben wird, ist mit dem *Womit*, dem *Worauf* und dem *Wie* unauflöslich verflochten.

Für die Poetiken, die sich wesentlich durch eine ihnen charakteristische Schreib-Szene auszeichnen, bedeutet dies jedoch nicht, dass sie restlos von einem „Arbeiten des Geistes in geistfähigem Material" (Hanslick 1990, 79) ausgehen. Das heißt, dass für sie die literarische Tätigkeit nichts anderes darstellen würde als Arbeit an „vergegenständlichter Subjektivität" (Hindrichs 2011, 48). Als eine solche fasst man die vorangehende kulturelle und ästhetische ‚Vorarbeit', die sich im und als Material sedimentiert. Vielmehr reflektieren diese Poetiken immer auch auf die Stofflichkeit und Physikalität des Materials, die von der kulturellen Einbettung nicht überschrieben wird.

3 Schriftbildlichkeit/Typographie

Mit der Rückbindung der poetischen Verfahrensweise an die Materialität des Schreibens ist oftmals die Aufwertung der graphischen und bildlichen Dimension des Geschriebenen verbunden. Der Sinn eines Textes wird dabei auf seine Sinnlichkeit, genauer: die visuell wahrnehmbare Gestalt seiner Schriftlichkeit, hin reflektiert. Das ‚Schriftbild' des Geschriebenen sowie die der „Schrift *inhärente* ‚Bildlichkeit'" (Krämer und Totzke 2012, 23) wird so zu einem „nichtreduzierbaren Element auf dem Schauplatz der Bedeutung", die keine davon unabhängige „Idealität des Sinns" mehr zulässt (Wellbery 1993, 343).

Der stärkere Fokus auf nonlinguistische und ikonische Aspekte von Textualität geht einher mit einer Revision des dominanten Schriftverständnisses, nach dem Schrift bloße Repräsentation der Lautsprache ist. Für beides kann die poststrukturalistisch informierte Kritik am Phonozentrismus und der Vorschlag einer

‚Grammatologie' (vgl. Derrida 1967b) als maßgeblicher Theorierahmen verstanden werden.

Poetische Texte, die die schriftbildliche Dimension des Geschriebenen reflektieren und als wesentliches Moment der literarischen Bedeutung hervorheben, loten das Spannungsfeld von Sprache und/als Bild aus, der Schrift als ‚sagendem' und zugleich ‚zeigendem' Medium der Literatur – wobei das Sagende und Zeigende nicht ineinander aufgehen müssen. Die ‚Gleichgültigkeit' beider Aspekte der Schrift setzt sich in der Aufwertung des Nichtgeschriebenen als dem ‚Unbeschriebenen' fort; die zweidimensionale Topographie einer Aufzeichnung, die die lineare Zeitlichkeit oraler Sprachlichkeit übersteigt, entsteht durch die Beziehung realisierter Schrift zu den Leer- beziehungsweise Weißräumen des Blattes. Dies kann zu einer Semantisierung des Schreibuntergrunds führen und/oder für eine singuläre Konstellation und Konfiguration des Notierten auf dem gegebenen Blattfeld sensibilisieren (vgl. Endres 2015). Im Fall von Friedrich Hölderlins Aufzeichnungen im *Homburger Folioheft* ist für einzelne Blätter die spatiale Ordnung der Schrift und die räumliche Verteilung und Überlagerung einzelner Verse auf dem Blatt relevant für die Semantik des Geschriebenen (vgl. Hölderlin 1986 = FHA Suppl. III). Bei Georg Trakl finden sich wiederum mehrere Gedichtentwürfe, die auf die Rückseite von Briefumschlägen notiert sind; dabei ist entscheidend, dass die Brieflasche den Blattraum in Bereiche einteilt, die vom Autor mitunter als einzelne, miteinander in Spannung tretende Texträume interpretiert und poetisch reflektiert werden (vgl. die Dichtungen vom Sommer 1912 bis Frühjahr 1913 in Trakl W II).

Eine Sonderstellung innerhalb der schriftbildlich geprägten PdM nimmt die Typographie ein. PdM, die der typographischen Dimension erhöhte Aufmerksamkeit schenken, reflektieren in radikaler Weise die Verschränkung und spannungsvolle Wechselwirkung des „Körperlich-Materiellen [und] Geistig-Immateriellen" als Verhältnis von „‚Textur' und ‚Textualität'" (Krämer und Totzke 2012, 24). Dies drückt sich besonders augenfällig in Texten der sogenannten Konkreten Poesie aus. Im Zentrum stehen hier Poetiken von Autoren – beispielsweise von Franz Mon, Eugen Gomringer oder Helmut Heißenbüttel –, die in ihren Texten die visuelle Seite der Sprache in den Vordergrund rücken, dadurch eine ‚Selbstdarstellung' (Schneider 1965, 1204) des gedruckten Wortes erzielen wollen und mitunter bewusst durch die ‚Diskretion' sprachlicher Elemente die semantische Einheit eines Wortes oder Textes riskieren. Die konkrete Poesie wendet sich in der Konzentration auf die materiale Buchstäblichkeit von Schrift explizit gegen kommunikationstheoretisch orientierte Bedeutungskonzeptionen: ‚Konkret' und „materiale Kunst" sind diese Poetiken, insofern sie „ihr Material so gebrauch[en wollen], wie es den materiellen Funktionen entspricht, nicht aber, wie es im Sinne von Übertragungsvorstellungen unter Umständen möglich wäre" (Bense

1965, 1240). Die Selbstexposition poetischer Rede entthront hier den „Sinn als absoluten Regenten" (Jandl 1979, 165) und zielt auf die radikale Selbstreferenz des Textes und seine materiale Verfasstheit. Eugen Gomringers Gedicht *schweigen* oder – noch stärker in den Bereich der optischen Poesie gehend – Christian Morgensterns *Die Trichter* können hier als Beispiele genannt werden.

Die Materialität der Typographie besitzt nicht nur im Fall gedruckter Figurengedichte, sondern allgemein für die Poetizität und die Form eines Textes Relevanz. Die Entscheidung für ein bestimmtes Buch- und Papierformat, für eine bestimmte Papierqualität mit spezifischen haptischen und optischen Eigenschaften oder für einen besonderen Satzspiegel und damit für die Anordnung von Text auf der Seite können für eine PdM leitend sein. So problematisiert Arno Schmidts *Zettels Traum* (Schmidt 2002) durch den Druck auf DIN-A3-Seiten und die Einrichtung des Textes in fast durchgehend drei Kolumnen wechselnder Ausrichtung das Verhältnis von ‚Haupt-' und ‚Nebentext' (bzw. Marginalie, Annotation etc.), irritiert durch einen Spaltensatz mancher Abschnitte die Vorstellung eines monodirektional-linearen Textverlaufs, diskutiert durch die im Druck faksimilierten handschriftlichen Eintragungen und Überarbeitungen den Status des Textes (Entwurf, Druckfahne, Druckfassung), evoziert durch Schwärzungen einzelner Worte oder ganzer Passagen die Frage nach der ‚Lesbarkeit' von Literatur oder erzeugt durch eigenhändige Zeichnungen und Grafiken eine Spannung von Text und Bild. Die Typographie ist hier nicht nur ‚Ausstattung' eines von ihr unabhängigen Textes, sondern unablösbares materiales Moment der poetischen Aussage. Diese kann nicht von der Typographie abstrahiert oder in anderer Form reproduziert werden.

Was für die Materialität der Makrotypographie gilt, kann auch in der Mikrotypographie realisiert sein: Die Wahl und der Einsatz einer Schrift besitzt nicht nur im Rahmen einer kulturellen Konnotation eine eigene Semantik (vgl. Wehde 2000), sondern erweitert über das Schriftbild den Bedeutungsraum eines Textes. In Johann Georg Hamanns *Aesthetica in nuce* (Hamann 1762) etwa treten mit der Versammlung mehrerer unterschiedlicher Alphabetschriften (lateinisch, griechisch, hebräisch) nicht nur gleich mehrere Zeichensysteme miteinander in Konstellation, die zum Teil vier- bis fünfstufige Differenzierung der Schriftgröße und unterschiedliche Auszeichnungen (Sperrung, Kursive, Versalien und Zierinitialen) erweitern diese graphisch-semantische Spannung auf unterschiedlichen ‚Textebenen', welche im Normalfall das Verständnis des Textes lenken und die Aussage des Textes wesentlich mitkonstituieren (vgl. Veitenheimer 2016). Die Bedeutung der Schriftwahl kann im Einzelfall so weit gehen, dass eine Schriftart aufgrund der Ähnlichkeit von Handschrift und gedruckter Schrift – wie etwa Kafkas Entscheidung für eine Walbaum-Type in seinen Erzählbänden *Betrachtung* und *Ein Landarzt* – eine typographische ‚Signatur' des Autors bedeutet (vgl. Reuß 2006b). Im Fall Stefan Georges wurde vom Autor sogar eine handschriftliche Drucktype entworfen (vgl. Kurz 2007), die in Teilen eine eigene Interpunktion realisiert (ein ‚Hochkomma' und besondere Anführungszeichen).

Die typographische Spezifik eines Textes ist – beispielsweise bei Typoskripten – auch vom Schreibwerkzeug abhängig. Nicht nur ist mit der Wahl einer bestimmten Schreibmaschine auch eine Schriftwahl verbunden, die Schreibmaschine schränkt zudem das typographische Spektrum an Interpunktions- und Sonderzeichen ein. Die Reflexion auf diese Einschränkung kann in einer PdM Ausdruck finden, wenn auch sie als produktionsästhetische *contrainte* aufgefasst wird. Arno Schmidts *Zettels Traum* kann auch hier als ein Beispiel gelten: Standen Schmidt nur ein Prime (Minutenzeichen: ') oder ein Doppelprime (Zollzeichen: ") zur Verfügung, nutzt er diese Restriktion mitunter bewusst aus, um Auszeichnungen für einfache und doppelte Anführungszeichen sowie Apostrophe zu überblenden oder ineinander übergehen zu lassen; ganz abgesehen davon, dass Schmidt die ‚Zeichensetzung' als eine eigene schriftgraphische Ebene des poetischen Ausdrucks nutzt.

4 Poetiken des Elementaren

Ist es für die PdM im Allgemeinen charakteristisch, dass sie der *Physikalität* des *ästhetischen* Materials Aufmerksamkeit schenken, sofern sich diese der ästhetischen Reflexion widersetzt, so sind davon Poetiken zu unterscheiden, die sich zwar mit physikalischem Material auseinandersetzen, nicht aber insofern es an die Physikalität des Schreibens gebunden ist. Im Vordergrund dieser Poetiken, die als ‚Poetiken des Elementaren' (PdE) bezeichnet werden können, steht die Thematisierung eines bestimmten (Grund-)Stoffs wie etwa Wasser, Luft, Feuer, Staub, Stein oder Sand. Kennzeichnend für die PdE ist, dass sie diese Stoffe als unbearbeitete verstehen und auf die ihnen ursprünglich zukommenden Materialeigenschaften (die Fluidität des Wassers, die Härte des Steins etc.) hin geltend machen. Ziel der literarischen Reflexion auf das Elementare ist nicht nur eine inhaltliche Beschäftigung, sondern eine Analogie zu einem bestimmten Rohstoff in der poetischen Verfahrensweise beziehungsweise eine Assimilation und Anverwandlung (vgl. Wolfzettel 1998; Frei Gerlach 2003; Bey 2012; Knobel 2013). Am Beispiel des Wassers kann es etwa darum gehen, einen möglichst kontinuierlichen ‚Sprachfluss' zur Darstellung zu bringen, die ‚Bewegung' in der Sprache mit einer Bewegung im Wasser gleichzusetzen und so allgemein Schreiben und Schwimmen miteinander in Beziehung zu setzen und zu koordinieren. Exemplarisch für eine solche ‚Poetik des Wassers' stehen die Texte John von Düffels (vgl. Düffel 2000; Düffel 2002; Düffel 2006). Die mimetische Annäherung an die besondere Beschaffenheit eines Stoffs hat zum Ziel, das Andere, das dem Schreiben und der Sprache Unverfügbare und Entzogene *im* Schreiben und *in* der Sprache zum Ausdruck zu bringen – nicht, um das Elementare und Materielle nachahmend in die Sprache zu integrieren und in ihren Kategorien und Formen wiederkehren zu lassen, sondern umgekehrt: um die Sprache diesem fremden Stoff auszusetzen und sie auf ihn hin zu erweitern. Entsprechend handelt es sich nicht um ein möglichst adäquates Sprechen und Schreiben *über* Materie und Materielles, sondern um ein Schreiben *wie* Materielles. Erweitert auf den Bereich der belebten Natur kann hierfür Hölderlins Vers aus dessen Gedicht *Brod und Wein* als Leitformel gelten: „Nun, nun müssen dafür Worte, wie Blumen, entstehn." (Hölderlin MA I, 376) Francis Ponge hat diesem besonderen Anspruch vielleicht am stärksten Rechnung getragen (vgl. Ponge 2005).

5 Poetiken des Materiellen und Editionsphilologie

Eine unabdingbare Voraussetzung dafür, die Aufwertung, Reflexion und Thematisierung des Materiellen für die poetische Verfahrensweise und für poetische Texte im Sinne der PdM in den Blick nehmen zu können, ist die Editionspraxis und -theorie der modernen Editionsphilologie des 20. und 21. Jahrhunderts. Neue Textausgaben und Editionsmodelle haben die Rezeption von Texten bestimmter Autoren wie etwa Hölderlin, Kafka, Trakl, Friedrich Schlegel, Gottfried Benn oder Nietzsche grundlegend verändert. Sie belegen damit die Notwendigkeit einer kritischen Prüfung der materialen Textgrundlage auch für Texte und Aufzeichnungen von Autoren, deren Werk bislang noch keine kritische (Neu-)Edition erfahren hat beziehungsweise von denen nur Einzeltexte in dieser Weise aufbereitet wurden (z. B. Johann Wolfgang Goethe, Jean Paul, Novalis, E.T.A. Hoffmann).

Im Fokus stehen Editionen, die einer PdM insofern Rechnung tragen und diese erst nachvollziehbar machen, als sie die Materialität eines Textes dokumentieren und präsentieren. Anspruch dieser Editionen ist es, einen möglichst umfassenden Einblick in die stofflichen Eigenschaften der Textträger sowie der Beschreib- beziehungsweise Druckstoffe zu geben, um so auf die damit verbundenen produktionsästhetischen beziehungsweise publikatorischen Rahmenbedingungen reflektieren zu können (Neumann 2012). Dies hat in seiner radikalsten Form die in jüngster Zeit geführte Debatte um sogenannte (vornehmlich digitale) Archivausgaben befördert, die bewusst auf jegliche editorische Entscheidung mit Blick auf (zumeist linearisierte) Textkonstitutionen verzichten und sich einer möglichst ungefilterten Dokumentation der Überlieferungsträger verpflichtet sehen (vgl. Nutt-Kofoth 2013).

Ein anderes dezidiert an der produktionsästhetischen Seite der PdM interessiertes und engstens mit der sogenannten Schreibprozessforschung verknüpftes Editionskonzept ist demgegenüber die in den 1960er Jahren in Frankreich entstandene *critique génétique*. Deren Vertretern geht es in ihrer über die reine Editionsarbeit hinausgehenden und dezidiert als „literaturwissenschaftliche Methode" ausgewiesenen Praxis darum, „anhand von materiellen Spuren den Schreibprozeß sprachlicher Kunstwerke zu rekonstruieren und damit Einblicke in das allmähliche Verfertigen von Texten beim Schreiben zu vermitteln" (Grésillon 2007, 73). Aufmerksamkeit erfährt dementsprechend nicht so sehr der einzelne Text oder das gedruckte Werk, sondern der gesamte materiale „Verschriftungskomplex" (Grésillon 2007, 73). Jeder Textträger besitzt im Sinne der *critique génétique* als ‚Schriftbild' und dank seiner spezifischen, nichtsubstituierbaren materiellen Verfassheit eine singuläre Bedeutung, die gegen jede Normierung und Standardisierung in Form eines Lesetextes zu schützen sei (vgl. Grésillon 1994).

Für jede ‚historisch-kritische' respektive ‚textkritische' Ausgabe, die eine editorische Aufbereitung der Materialität von Textträgern unternimmt, gilt die Untrennbarkeit der Textkonstitution vom interpretierenden Zugang des Editors und dessen Erkenntnisinteresse. Bedeutsam ist, dass die Interpretation des Editors in der (Re-)Präsentation einer Handschrift, eines Typoskripts oder eines Drucktextes immer nur einen spezifischen Ausschnitt der Materialität dieser Textträger liefert; der Editor präsentiert unter Umständen nur, was er für relevant für das Verständnis des Textes hält. An der editorischen Darbietung kann sich also entscheiden, ob Aufzeichnungen oder Drucke überhaupt als Texte einer PdM aufgefasst werden können. Damit verbunden ist, dass jede noch so ‚materialreiche' Edition einen „medialen Kompromiß" (Ries 2010, 164) darstellt, weil selbst die hochauflösende Faksimilierung eines Textträgers die präzise Beschreibung seiner Stofflichkeit, die Dokumentation nicht wahrnehmbarer materialer Momente (Wasserzeichen, Beschaffenheit des Papiers etc.) sowie die Bereitstellung von Informationen zu den verwendeten Schreibstoffen und -mitteln (Zusammensetzung der Tinte, Hersteller der Schreibmaschine etc.) nötig macht.

Weiterführende Literatur

Benne, Christian (2015). *Die Erfindung des Manuskripts. Zur Theorie und Geschichte literarischer Gegenständlichkeit.* Frankfurt a. M.
Stingelin, Martin (Hg.) (2004b). *„Mir ekelt vor diesem tintenkleksenden Säkulum". Schreibszenen im Zeitalter der Manuskripte.* München.
Falk, Rainer und Thomas Rahn (Hg.) (2016). *Text. Kritische Beiträge 11: Sonderheft Typographie & Literatur.* Frankfurt a. M.

Stephan Günzel
IV.8 Poetik des Raums

Dieser Beitrag stellt die Grundlage räumlicher Poetizität anhand eines Vergleichs der zwei wichtigsten Raumtheoretiker des 20. Jahrhunderts dar, in deren Werk Raum nicht bloß als physisch unveränderliche Gegebenheit, sondern als Hervorbringung durch unterschiedliche Faktoren verstanden wird: Gaston Bachelard und Henri Lefebvre. Während Bachelard in der Literaturwissenschaft und darüber hinaus hinsichtlich seines raumpoetischen Beitrags hinreichend rezipiert worden ist, wird Lefebvre bislang zumeist nur von der Architektur, der Geographie, der Philosophie und der Soziologie zur Kenntnis genommen. Sowohl Bachelards *La Poétique de l'éspace* von 1957 wie auch Lefebvres *La production de l'espace* von 1974 behandeln die künstlerische und kulturelle Erzeugung von Raum – eingedenk der Tatsache, dass *poiein* im Griechischen letztlich das Gleiche heißt wie *producere* im Lateinischen: ‚machen' beziehungsweise ‚hervorbringen'.

Freilich sind und bleiben die Konnotationen andere: ‚Poetik' verweist zumeist auf Literatur und ‚Produktion' zumeist auf Industrie. – Und so waren die beiden Untersuchungen zunächst auch angelegt: Bachelard betrachtete die Erzeugung von Raum in erster Linie durch die seit Gotthold E. Lessing als vermeintlich bloß zeitlich organisierte Form des Textes und Lefebvre im Anschluss an Karl Marx die Erzeugung von Raum in erster Linie durch materielle und immaterielle Gesellschaftsverhältnisse. Und doch betonen beide jeweils im Gegenzug die Relevanz wissenschaftlichen Denkens für Literatur – so bei Bachelard die ebenfalls poetische Erzeugungskraft physikalischer Raumvorstellungen – beziehungsweise die Kraft der Literatur zur gesellschaftlichen Veränderung –, bei Lefebvre die Poetik als Antrieb für die Kritik an bestehenden Produktionsbedingungen. So gesehen sind beide Ansätze auf ihre je eigene Weise ‚kritisch': Bachelard kritisiert als Epistemologe die poetische ‚Blindheit' der Naturwissenschaften und der Philosophie, Lefebvre kritisiert als revolutionärer Denker die sozialen Verhältnisse.

An dieser Stelle werden auch die großen Unterschiede deutlich, die es trotz der Nähe zwischen ihnen gibt: Während Bachelard das dialektische Interpretationsschema des Hegelianismus hinter sich lassen möchte, universalisiert es Lefebvre in marxistischer Tradition. Jedoch ist mit einer ‚Dialektik des Raumes' bei beiden nicht das Gleiche gemeint: Für Bachelard ist die Raumdialektik des philosophischen Denkens oder der kartesischen Metaphysik zwischen den Polen des ‚Drinnen' und ‚Draußen' gefangen, während Lefebvre meint, dass zwischen

---

Dieser Beitrag basiert in Teilen auf: Stephan Günzel. Raum. Eine kulturwissenschaftliche Einführung. Bielefeld 2017. Die Wiederverwendung erfolgt mit freundlicher Genehmigung durch den transcript Verlag (2018).

https://doi.org/10.1515/9783110410648-030

Praxis und Theorie des Raums eine Dialektik besteht, insofern beide gegenseitig aufeinander wirken. Somit ist Dialektik bei Bachelard ein Gegenstand der Kritik, während es bei Lefebvre ein Mittel der Beschreibung ist.

1 Henri Lefebvre: Raumproduktion

Bachelards Poetologie wurde seit ihrem Erscheinen kontinuierlich rezipiert – und sei es auch negativ, wie etwa durch Michel Foucault (2005b, 934), der seine Theorie der ‚Anderen Räume' ausdrücklich gegen die der bloß ‚psychischen' Raumerzeugung Bachelards stellt. Dagegen wurde Lefebvres Theorie der Raumhervorbringung erst im Zuge des sogenannten *Spatial Turn* beachtet. Die Namensgebung dieser Raumkehre erfolgte 1989 durch den US-amerikanischen Sozialgeographen Edward W. Soja in seinem Buch *Postmodern Geographies (1989)*, das im Untertitel die *Wiederbehauptung des Raums in der kritischen Sozialtheorie* verkündet und das Verdienst der Wiederentdeckung der Raumkategorie Lefebvre zuschreibt. Der Grund für die zunächst geringe Beachtung von Lefebvre lag darin, dass *espace* noch primär mit dem *outer space* verbunden war und eine ‚Produktion des Weltraums' in den 1970er Jahren als ein merkwürdiges Thema erscheinen musste. Ein anderer Grund ist das auch in der französischen Soziologie auf Max Horkheimer und Theodor W. Adorno zurückgehende Stigma, wonach „[d]er Raum [...] die absolute Entfremdung ist" (1969, 189). Lefebvre hat aber nicht den Naturraum vor Augen, sondern den Stadtraum, der ihm zufolge gesellschaftlich hervorgebracht wird und sich durch die Geschichte hindurch verändert.

Wichtigen Einfluss auf Lefebvres Raumverständnis hatte die 1957 gegründete Bewegung ‚Situationistische Internationale' um Guy Debord (1995), welche mit dem Ansinnen einer ‚Psychogeographie' die Architektur der Städte als Resultat von Ideologien begreift, die durch ihre Materialisierung wiederum auf das Verhalten der Menschen wirken. Neben Unternehmungen zur Kartierung mentaler Karten versuchte die Bewegung, gegebene Strukturen durch eine veränderte Performanz zu kritisieren, die sie durch ein nicht zielgerichtetes ‚Umherschweifen' (frz. *dérive*) erzielen wollten, um der kapitalistischen Stadt einen anderen Raum entgegenzusetzen.

Erst die englische Übersetzung als *The Production of Space* (1991) avancierte zu einer ‚Bibel' der neueren Raumtheorie. Maßgeblich hat daran wiederum Soja Anteil, da er fünf Jahre später in seinem Buch *Thirdspace* eine detaillierte Deutung von Lefebvres Raumtheorie vorlegte. Mittlerweile ist die Formulierung *Spatial Turn* in aller Munde. Gleichwohl ist Sojas Interpretation umstritten. Das kann auf die teils problematische Übersetzung von Lefebvres Text zurückgeführt werden, aber auch Unachtsamkeiten Sojas sind zu benennen: So charakterisiert er Lefebvres Theorie als ‚Trialektik' (Abb. 1) – insinuierend, dass ‚Dialektik' sich auf zwei Momente (wie in der Antinomie) allein bezieht, nicht aber wörtlich den ‚Durchgang' (griech. *dia*) durch das Denken, die Sprache oder den Geist (griech. *logos*) meint. Zudem wird Lefebvre zu einem Denker des im Buchtitel so bezeichneten Drittraums gemacht.

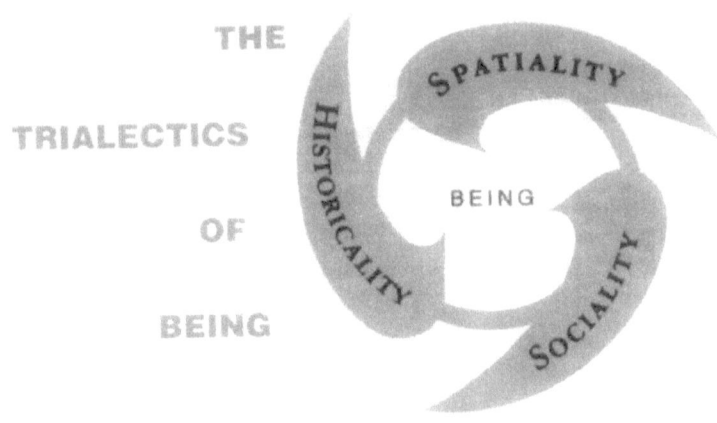

Abb. 1: Trialectics, aus Edward W. Soja: *Thirdspace*.

Thirdspace ist eine Wortschöpfung des postkolonialen Theoretikers Homi Bhabha, die mit Blick auf die Bücherverbrennungen 1989 durch indische Muslime im englischen Bradford geprägt wurde. Auslöser für die Unruhen war die Ausrufung eines Kopfgelds auf den Schriftsteller Salman Rushdie, dessen im selben Jahr erschienene *Satanic Verses* schon dem Titel nach eine Provokation darstellten, da der Autor sich auf getilgte Passagen im Koran bezieht: In diesen gestattet der Prophet die Anbetung dreier Göttinnen (was weder mit islamischen Geschlechtervorstellungen noch dem Monotheismus des Islam vereinbar sei). Da beide Protagonisten in Rushdies Roman indische Muslime sind, die im heutigen England als Gottheit und Teufel agieren, wurde zunächst Protest aus Indien laut (sowohl der Muslim Rushdie als auch der Parse Bhabha sind dort aufgewachsen und haben in Großbritannien studiert). In einem Interview stellt Bhabha die ‚Hybridität' der kulturellen Situation heraus, aufgrund derer es nicht möglich sei, „to trace two original moments from which the third emerges, rather hybridity to me is the ‚third space' which enables other positions to emerge. This third space displaces the histories that constitute it, and sets up new structures of authority, new political initiatives, which are inadequately understood through received wisdom" (Bhabha 1990, 211). Die postkoloniale Situation zeichnet sich vielmehr dadurch aus, dass das Aufeinanderprallen innerhalb einer globalisierten Welt geschieht. Dies ist insofern eine ‚Anmaßung' (griech. *hybris*), als authentische Traditionen nicht mehr auszumachen sind. Die eigentliche Provokation Rushdies liegt so gesehen auch nicht in den vordergründigen Anspielungen auf den Islam, sondern in der Hybridität der postmodernistischen Erzählweise, welche die kulturelle Situation der Gegenwart spiegelt.

Soja übernimmt Bhabhas Begriff, will ‚Drittraum' aber mit Lefebvre eine Bedeutung für die Sozialanalyse geben, insofern Raum in drei dialektischen Momenten auftreten kann. Soja nennt sie ‚Erst-', ‚Zweit-' und ‚Drittraum', die im Zusammenspiel eine ‚Veranderung' (engl. *othering*) des Raums bewirken. Lefebvre selbst unterscheidet zwischen ‚Raumpraxis' (frz. *pratique spatiale*), ‚Raumrepräsentationen' (frz. *représentations de l'espace*) und ‚Repräsentationsräumen', wörtlich: ‚Räumen der Repräsentation' (frz. *espaces de représentation*). Ihrer Modalität nach unterscheiden sie sich als ‚empfundener Raum' (frz. *espace perçu*), als ‚konzipierter Raum' (frz. *espace conçu*) und – mit einem Begriff des Psychopathologen Eugène Minkowski (1972) – als ‚gelebter Raum' (frz. *espace vécu*).

Die Triaden Lefebvres lassen sich als semiotische und phänomenologische Einteilung unterscheiden, sodass die gleiche Konstellation einmal über die Referenz oder Repräsentation, das andere Mal über die Erscheinungs- oder Wahrnehmungsweise thematisiert wird. – Beide Einteilungen haben Verwirrungspotential, das Lefebvre durchaus bewusst anlegt: So ist in der ersten Trias eine Verwechslungsmöglichkeit von Raum*repräsentation* und *Repräsentation*sräumen gegeben sowie in der zweiten die Zuordnung der *gelebten* Weise zur Letzteren und nicht zur Raum*praxis*, die nach Lefebvre ‚perzipiert' oder ‚empfunden' wird. Die sich ergebenden Verwechslungen können als Motor der Dialektik angesehen werden, sodass Lefebvre hier zwar eine ‚zergliedernde' Analyse des Raums durch die betreffenden Kategorien vorstellt, aber zugleich unterstreicht, dass sie nur in der dialektischen Synthese anzutreffen sind. Obwohl sie sich unterscheiden lassen, gibt es keinen der drei Räume für sich: „a) *Die räumliche Praxis*: Sie umfasst die Produktion und Reproduktion, spezielle Orte und Gesamträume, die jeder sozialen Formation eigen sind, und sichert die Kontinuität in einem relativen Zusammenhalt. [...] b) *Die Raumrepräsentationen*: Sie sind mit den Produktionsverhältnissen verbunden, mit der ‚Ordnung', die sie durchsetzen, und folglich auch mit Kenntnissen, Zeichen, Codes und ‚frontalen' Beziehungen. c) *Die Repräsentationsräume*: Sie weisen (ob kodiert oder nicht) komplexe Symbolisierungen auf, sind mit der verborgenen und unterirdischen Seite des sozialen Lebens, aber auch mit der Kunst verbunden [...]." (Lefebvre 2006, 333)

Der Erstraum ist damit eine *subjektive* Sichtweise des Raums, der Zweitraum eine *objektive* und der Drittraum eine *kollektive*. Alle drei bestehen zugleich: So erfolgt in der alltäglichen Praxis ein individuelles Erleben von Raum, während in wissenschaftlichen Untersuchungen dieser Raum konzipiert und schließlich als kultureller Raum gesellschaftlich gelebt wird. – Um ein Beispiel zu nennen, kann das analytische Werkzeug Lefebvres auf die 1937 fertiggestellte Brücke am Golden Gate bei San Francisco angewendet werden: Als *Erstraum* wird sie tagtäglich von Pendlern benutzt, die sie zur Arbeit und zurück zum Wohnort überqueren, als *Zweitraum* ist die Brücke ein planerisches Konstrukt des Architekten Joseph Strauss und existiert bereits als Imagination, bevor sie als Erstraum benutzt werden kann. Als *Drittraum* oder ‚komplexe Symbolisierung' schließlich ist die Brücke repräsentativ für die kulturelle Grenzraumauffassung der Vereinigten Staaten: Diese ist laut der einschlägigen Untersuchung des Kulturhistorikers Frederick J. Turner (1947) im Unterschied zu der auf das Festschreiben eines Territoriums gerichteten ‚Kante' (engl. *border*) in Europa die ‚Front' (engl. *frontier*). Die Siedler verschieben diese Grenze von Osten her kommend nach Westen bis zum Golden Gate, wo die Brücke heute als Wahrzeichen der ‚Überschreitung' und des ‚Weiter' zu finden ist. Selbst das US-amerikanische Raumfahrtprogramm kann als eine Verschiebung der Front verstanden werden – zwar nicht mehr in der Horizontalen, wohl aber in der Vertikalen. Die Symbolisierungsweise der Brücke besteht dabei in einer besonderen Art der Repräsentation, die – in semiotischen Kategorien gesprochen (Goodman 1998, 59–60) – nicht wie diejenige des Zweitraums ‚asymmetrisch', also bloße Designation in Richtung des Bezeichneten ist, sondern ‚symmetrisch' in einem reziproken Verweis besteht, der auch zurück auf das Bezeichnende geht: Während etwa die Baupläne die Brücke ‚darstellen' (die Brücke aber nicht die Baupläne), ist die Brücke selbst Teil der Menge aller Fronten, die sie repräsentiert, und wird also auch durch diese bezeichnet. – Anders gesagt ist sie ein Beispiel dieser besonderen Art von Grenze und ‚exemplifiziert' die besondere kulturelle Form.

Nach Lefebvre greifen alle drei Momente ineinander und produzieren gleichermaßen Raum, wobei es sich in vielen Fällen um eine *Re*produktion handelt: So verändert die Frontiersymbolik der Brücke nicht die bestehende Raumauffassung, sondern perpetuiert sie. – Anders sieht es mit dem Selbstmörder aus, der auf der Brücke seine ‚Final Frontier' sucht: Diese Raumpraxis bringt einen neuen ‚Code' der Grenze hervor. Lefebvre selbst spricht von den (produktiv wirksamen) Repräsentationsräumen auch als ‚klandestinen' (lat. *clandestinus*, ‚heimlich') Räumen, durch die sich Widerstand gegen etablierte Strukturen artikuliert.

Für Lefebvre ist die revolutionäre Kraft auch an den Repräsentationsräumen der Literatur greifbar, die beispielhaft Alternativen zu einem bestehenden Gesellschaftsgefüge formulieren. Zu denken ist in erster Linie an die aus England stammende Literaturgattung der Utopie (griech. *ou-*, ‚nicht', und *topos*, ‚Ort'). Die „Ortsbestimmungen" (Bloch 1980, 43) sind für sie insofern konstitutiv, als sich darin kommende, noch nicht existierende Zustände ausdrücken. Die wohl bemerkenswerteste Utopie ist vielleicht *Erewhon* von Samuel Butler aus dem Jahr 1872, deren Titel sich aus der Umkehrung von *nowhere* ergibt: Der Roman berichtet von einem Land hinter den Bergen, in dem die existierenden gesellschaftlichen Verhältnisse verkehrt sind, ohne dass sie als erstrebenswert erscheinen. Vielmehr kann der ‚heimliche Raum' Butlers als eine Kritik an sich abzeichnenden Entwicklungen angesehen werden: So werden Verbrecher in Erewhon zum Arzt geschickt, während Kranke bestraft werden. Butlers Raumbeschreibung rückt damit in die Nähe der Dystopie (griech. *dys-*, ‚un-') wie George Orwells *Nineteen Eighty-Four* von 1949, die vor dem Überwachungsstaat der Zukunft warnt.

2 Gaston Bachelard: Raumpoetik

In den genannten Beispielen findet etwas statt, das der französische Wissenshistoriker Bachelard 1957 in *La poétique de l'espace* als letztlich für alle literarischen Beschreibungen konstitutiv beschreibt: die im Titel genannte Erzeugung von Raum. – Durch die Beschreibungen von Raumformen, wie die des Hauses und seiner Teile (Keller und Dachboden oder Winkel und Ecken) über Möbel (wie Schublade, Truhe und Schrank) bis hin zu natürlichen Formen (wie dem Nest oder der Muschel) ist Literatur für Bachelard stets Raumpoetik. Das Besondere an seinem, Lefebvres Theorie der Raumproduktion gewissermaßen vorlaufendem Ansatz ist, dass der Befund nicht nur für die Literatur gilt, sondern auch für Naturwissenschaften und Philosophie: Bachelard (1978, 127–129) selbst nennt als Beispiel die Vorstellung vom Raum als ‚Schwamm', die im 18. Jahrhundert als Erklärung für die Fähigkeit der Luft zur Wasseraufnahme diente.

Für die rationalistische Philosophie konstatiert Bachelard eine Dominanz der Unterscheidung von ‚(dr)innen' und ‚(dr)außen': Das paradigmatische Beispiel ist die Subjektvorstellung René Descartes', wonach die Vernünftigkeit als ‚denkende Sache' (lat. *res cogitans*) sich unausgedehnt *in* Menschen befinden soll, gegenüber der materiellen, vernunftfreien Welt als ‚*aus*gedehnte Sache' (lat. *res extensa*). Martin Heideggers für die moderne Existenzphilosophie paradigmatische, vermeintlich antikartesianische Konzeption des Menschen in *Sein und Zeit* (1927) als ‚*Da*-sein' trennt nach Bachelards Beobachtung solcherart ein ‚Hier' (*Da*) von einem ‚Dort' und verortet damit den Grund des Seins *im* Raum, während er an anderer Stelle dafür eintritt, dass der (geometrische) Raum der Konstitution von Welt nachgeordnet ist. – Bachelard kommentiert lapidar: „Viele Metaphysiker benötigen einen Kartographen." (1987, 212) Tatsächlich hätte er auch schreiben können: Viele Metaphysiker benötigen einen Topologen – denn die hier in Frage stehenden Aspekte sind gerade nicht solche der Topographie.

Die topologische Kritik philosophischen Schreibens geht bis auf den wohl berühmtesten Schüler des Aufklärungsphilosophen Immanuel Kant zurück, den deutschsprachigen Begründer der Kulturwissenschaft Johann G. Herder, der die philosophische Vernunftkritik seines Lehrers selbst einer poetologischen Kritik unterzieht: In seiner 1799 veröffentlichten *Metakritik zur Kritik der reinen Vernunft* zeigt Herder an Kants Unterscheidung zwischen den beiden Anschauungsformen auf, dass – wie schon bei Descartes – dem an sich nicht begrenzten Raum als ,*äußere*[r] Form der Anschauung' ein Ort zugewiesen wird, gegenüber der Zeit als ,*innere*[r] Form der Anschauung'. Weitergehend behauptet Kant 1781 in der von Herder kritisierten *Kritik der reinen Vernunft*, dass die Anschauungsformen ,a priori' sind, das heißt ,*vor* der Erfahrung' liegen, und zudem ihren Ursprung „im Gemüt" (KrV, A20/B34) des Menschen haben. Nach Herder wird daran offensichtlich, dass die Metaphysik des Raums sich immer schon innerhalb der Topologie einer Erfahrungsräumlichkeit bewegt, deren sprachlicher Ausdruck die Präpositionen sind: „*vor, nach, zu, in, bei, über, unter*" (1955, 59).

Da philosophische Beschreibungen solcherart nicht ohne die Verräumlichung auskommen, will Bachelard den „geometrischen Krebswucherungen des sprachlichen Zellgewebes in der zeitgenössischen Philosophie" (1987, 212) zumindest eine andere Raumform entgegensetzen, die von ihm so bezeichnete ,Phänomenologie des Runden'. Bachelard beruft sich dabei auf einen Gegenspieler Heideggers, den Psychiater Karl Jaspers, der schreibt, dass „[j]edes Dasein [...] in sich rund [scheint]" (1947, 57). Gemeint ist damit, dass die unmittelbar leibliche Wahrnehmung weder eine ausgezeichnete Richtung kennt noch die Unterscheidung zwischen innen und außen. Doch auch wenn es gerade Belege für die Figur des runden Raums in der Literatur gibt (Poulet 1988), schlägt Bachelards kritische Raumpoetik an dieser Stelle in eine präskriptive Anthropologie um.

Der Rückfall in das antinomische Raumdenken führt gleichwohl zu einer Konjunktur dieser von Bachelard als ,Topophilie' bezeichneten Art von Phänomenologie. Diese findet sich zunächst in der angelsächsischen Humangeographie bei Yi-Fu Tuan (1961), der damit im Unterschied zur ,Topophobie' die Ortsliebe eines Menschen oder auch die Begegnung mit einer Landschaft bezeichnet. In der gegenwärtigen Populärphilosophie wiederum macht sich ab 1998 Peter Sloterdijk in dem dreibändigen Werk *Sphären* für eine ,Anthropologie des Runden' stark. – Als phänomenologische Begründung führt er die Situation des Ungeborenen im Uterus an: Hier bestehe keine Differenz zwischen innen und außen (oder ,Ich' und ,Anderem'). Der Schwebezustand im Fruchtwasser bedingt nach Sloterdijk vielmehr das Gefühl des Einsseins und begründet das phänomenologische Primat von Nähe: „Wo die Mutter zu denken gibt, ist alles innen." (1998, 278)

Im Blick auf Lefebvre kann an dieser Stelle festgehalten werden, dass die Raumbeschreibungen der Philosophie, gleich ob sie von der rationalistischen Trennung oder der anthropologischen Vereinigung ausgehen, als Repräsentationsräume anzusehen sind, die mit Raumpraktiken und Raumrepräsentationen im dialektischen Zusammenhang stehen. – Die metaphysische Teilung des Raums etwa erfolgte in einer Zeit, als sich Descartes in den Niederlanden aufhielt, wo eine bis heute nachwirkende Heeresreform durchgeführt wurde: Zu den entscheidenden Neuerungen gehörte die Verwendung einer Befehlssprache, mit der vom Kommandostand aus über eine Befehlskette die Anweisung für bestimmte Bewegungen oder Handlungen in das vorderste Glied gelangt. Der kartesische Dualismus von Denk- und Ausdehnungssubstanz exemplifiziert diese Struktur: Der Befehlsstand entspricht dem (Selbst-)Bewusstsein, das den ausgedehnten, vernunftlosen Körper lenkt (Schäffner 1997). Als Repräsentationsraum ist der Rationalismus somit das Produkt einer militärischen Raumpraxis, die ihrerseits in einer Raumrepräsentation gründet, insofern die Skizzen für den operativen Dualismus des niederländischen Heeres an die doppelte Buchführung der Renaissance angelehnt ist: Darin werden Soll und Haben auf einem T-Kontenblatt in getrennten Räumen verrechnet. Das graphische Prinzip der beiden Spalten ist mit Lefebvre gesprochen der ‚Raumcode' und der Dualismus Descartes' der ‚Code der Repräsentationsräume'.

Eingedenk dieser Komplexität der Erzeugung von Räumlichkeit, unternimmt Soja den Versuch, die Gesamtheit aller (poetisch-philosophisch-politischen) Repräsentationsräume als Raum der Veränderung zu begreifen, der im umfassenden Sinne ‚Welt' ist. Hierzu rekurriert er auf die Erzählung *El Aleph* des argentinischen Schriftstellers Jorge Luis Borges aus dem Jahr 1949, dessen titelgebendes Objekt darin wie folgt beschrieben wird: „Im Durchmesser mochte das Aleph zwei oder drei Zentimeter groß sein, aber der kosmische Raum war darin, ohne Minderung seines Umfangs. [...] Ich sah das belebte Meer, ich sah Morgen- und Abendröte, ich sah die Menschenmassen Amerikas, ich sah ein silbriges Spinnennetz im Zentrum einer schwarzen Pyramide, sah ein aufgebrochenes Labyrinth (das war London), sah unzählige ganz nahe Augen, die sich in mir wie in einem Spiegel ergründeten [...]." (1992, 144)

Nach Soja ist dieses Aleph als ‚Welt in der Nussschale' der literarische Repräsentationsraum aller möglichen Repräsentationsräume. Borges' Erzählung ist damit sowohl ein Text über eine Metatheorie des Raums (genau genommen also eine Metametaraumtheorie) als auch ein Aufweis der Grenzen von Raumtheorie: So ist χ (Aleph) als Vorläufer des griechischen α und des lateinischen A der erste Buchstabe des hebräischen Alphabets. Der ursprünglich selbst nur in Verbindung mit anderen Buchstaben als Anlaut aussprechbare Buchstabe ist das Äquivalent der Zahl 1 und damit Symbol des all-einen Gottes. In der mathematischen

Mengenlehre wiederum steht er für die ‚Mächtigkeit' einer Menge, das heißt für die Eigenschaften, welche die ihr zugehörigen Elemente besitzen. Damit kann eine Zahlenmenge topologisch beschrieben werden, ohne jedes ihrer Elemente anzuführen. Die Menge der ‚natürlichen Zahlen' wird so anstelle der endlosen Aufzählung von 1, 2, 3 … über den Zahlenraum beschrieben: Er beginnt mit der ersten positiven Zahl, wobei die nächste jeweils durch die Addition mit der ersten bestimmt wird. Auch die Raumform der Front, welche durch die Golden Gate Bridge exemplifiziert wird, kann solcherart als Aleph und Mächtigkeitsbestimmung dieser Menge gelesen werden. Entsprechend wäre Soja dahin gehend zu korrigieren, dass es nicht ein Aleph gibt, das alle Räume umfasst (dies wäre ein erneuter Rückfall in eine ausschließliche Wahrheitsbehauptung), sondern dass ein Aleph die spezifische Form einer Repräsentationsräumlichkeit beschreibt.

Auch wenn Räumlichkeit für Lefebvre ein Mittel ist, den sozialen Raum in seinen verschiedenen Aspekten zu analysieren, ohne diesen dabei zu verdinglichen, besteht die Gefahr, gerade den erlebten Raum der räumlichen Praxis mit einem vorgefundenen, physischen Raum gleichzusetzen. – Dass Raum für diese Herangehensweise keine ontologische Kategorie (des Sozialen) ist, sondern ein Mittel zur Kultur- und Gesellschaftsanalyse, wird auch bei einem anderen Neomarxisten deutlich: Fredric Jameson. Zumeist wird er nicht mit dem *Spatial Turn*, sondern mit dem *Cultural Turn* in Verbindung gebracht. – Jedoch hat dieser für ihn eine gänzlich unvermutete Bedeutung: Während heute damit innerakademisch meistens eine Zuwendung vieler Disziplinen zu Fragen der Kultur bezeichnet wird, wollte Jameson auf die Wende des Kapitalismus zur Kultur aufmerksam machen. In seinem Essay *Postmodernism or, The Cultural Logic of Late Capitalism* von 1984 führt er entsprechend an, dass es besagtem Spätkapitalismus gelungen sei, sich in das Gewand von Kultur zu hüllen: So trinkt heute kaum mehr jemand einfach nur Kaffee, sondern nimmt – vorzugsweise – Teil an der italienischen Kultur in Form eines Espressos oder darauf aufbauender Kreationen. Doch die vermeintliche Teilhabe ist letztlich nur der Konsum einer durch den Kapitalismus vermarkteten Italianità als Fetischcharakter dieser Ware jenseits ihres Gebrauchswerts.

Abb. 2 und 3: ‚Bonaventure'-Hotel in Los Angeles.

Für die Raumtheorie von Jameson ist in erster Linie relevant, dass er zu Zwecken der Kapitalismuskritik die Analyse eines Raums unternimmt, den er im Sinne Lefebvres als Repräsentationsraum versteht. Es handelt sich um das ‚Bonaventure'-Hotel der Westin-Kette in Los Angeles, welches seit seiner Erbauung zwischen 1974 und 1976 das größte Hotel der Stadt ist und auch weltweit zu den größten seiner Art zählt. – Außen hat das Gebäude jedoch nichts Postmodernes an sich, sondern mutet vielmehr modern an (Abb. 2): So entspricht die Stahl-Glas-Konstruktion auf den ersten Blick dem Credo des Hochhauspioniers Louis Sullivan: *Form follows function.* Allerdings zeigt sich bei näherer Betrachtung die Dysfunktionalität, dass das Hotel keinen Eingang zu haben scheint. Wie seine verspiegelten Fensterfronten weist es die Besucher ab, es sei denn, sie betreten oder vielmehr befahren es durch die Tiefgarage, von wo aus Zugang zur Lobby besteht. Dort angekommen öffnet sich ein lichter Innenhof im Stile eines römischen Atriums (Abb. 3); genau jene Bauweise also, die heute fast in jeder Shopping-Mall anzutreffen ist. Für Jameson tritt hier der Widerspruch zur modernen Fassade auf, die geschichtslos daherkommt. Im Inneren dagegen wird Geschichte aufgerufen, aber eben nur als Zitat. Dennoch können sich die Besucher ‚verortet' fühlen, indem sie in Los Angeles Anteil an der europäischen Bautradition nehmen. Zur Spannung von Geschichtslosigkeit und inszenierter Geschichte trägt das Element der Wendeltreppen bei, die zur Einkaufspassage des Hotels führen: Die Windungen geben an keiner Stelle den Blick frei auf die Gesamtheit des Raums. Viele Geschäfte mussten daher schließen, da die Kunden den Weg zum Laden nicht fanden. – Spätestens hier wird das Gebäude für Jameson zum Repräsentationsraum, in dem „es dem postmodernen Hyperraum gelungen ist, die Fähigkeit des individuellen menschlichen Körpers zu überschreiten, sich selbst zu lokalisieren, seine unmittelbare Umgebung durch die Wahrnehmung zu strukturieren und kognitiv seine Position in einer vermeßbaren äußeren Welt durch Wahrnehmung und Erkenntnis zu bestimmen". Es deutet sich hier nach Jameson zugleich das Dilemma des Bewusstseins an, „das große, globale, multinationale und dezentrierte Kommunikationsgeflecht zu begreifen, in dem wir als individuelle Subjekte gefangen sind" (1986, 89).

3 Topologische Raumanalyse

Dass topologisches Denken zur Analyse der Strukturen räumlicher Poetizität vor allem der Einübung einer neue Sichtweise bedarf, legte 1969 der wohl außergewöhnlichste Logiker des 20. Jahrhunderts, George Spencer-Brown, in *Laws of Form* dar. Das Buch ist nicht nur die konsequenteste Kritik des räumlichen Schachteldenkens, sondern zugleich die reduzierteste Variante einer topologischen Beschreibungsweise, durch welche eine seit zweieinhalb Jahrtausenden bestehende Tradition der westlichen Philosophie reformiert werden soll: das Denken der Identität. Aufgrund der Größe dieser Aufgabe vermittelt Spencer-Brown seinen Ansatz denn auch nicht rein argumentativ, sondern durch die Aufforderung ‚Lasse e(twa)s sein'. Damit ist wie schon in dem im gleichen Jahr von den Beatles aufgenommenen Song *Let It Be* nicht ein ‚Aufgeben' gemeint, sondern ein ‚Ins-Sein-Lassen': Lasst uns die Welt *so* sehen! Wie? – Topologisch.

Das ‚E(twa)s' kennzeichnet Spencer-Brown mit einem m für ‚Markierung' (engl. *mark*, lat. *margo*, ‚Grenze' oder ‚Rand'). Er will damit die reine Form der Unterscheidung hervorheben, durch die eine topologische Trennung (Einschluss und Ausschluss) erfolgt. Das Identitätsdenken gründet dagegen in einer containerräumlichen Annahme, die sich bereits in Aristoteles' Schrift *Über die Seele* findet, wenn dieser behauptet, dass nicht „zwei Körper zugleich in demselben [Orte] sein" (an. 418b) können. Daraus ergibt sich für die Logik, dass beispielsweise ein Apfel keine Birne sein kann: $A \neq B$. Innerhalb des physischen Ortskonzepts erscheint dieser Gedanke denn auch plausibel, jedoch nicht für den der Raumpraxis. Daher betont Spencer-Brown am Akt der vermeintlichen Identifizierung die dabei erfolgende Grenzziehung, durch die ein ‚markierter Raum' (engl. *marked space*) von einem ‚unmarkierten Raum' (engl. *unmarked space*) getrennt wird. Ein Identifizieren von Etwas definiert daher zugleich sein Gegenteil (als es Selbst). – ‚Nicht-A' kann somit gar nicht anders bestimmt werden als durch ‚A', weil die Menge ‚B' alles das ist, was ‚A' *nicht* ist. So lässt Spencer-Brown die Markierung *m* sowohl das Innen wie das Außen einer Unterscheidung bezeichnen (Abb. 4). Aristoteles' Ortsvorstellung wird hiermit nicht gänzlich obsolet, wohl aber wird ‚Topos' nicht mehr über seinen Inhalt begriffen, sondern ausgehend von seiner reinen Form: der Grenzen. Darüber wird Spencer-Browns Vorschlag zu einem Kalkül, mittels dessen die von ethnologischen Beschreibungen ritueller Ein- oder Ausgrenzungshandlungen implizierte Räumlichkeit strukturell fassbar ist.

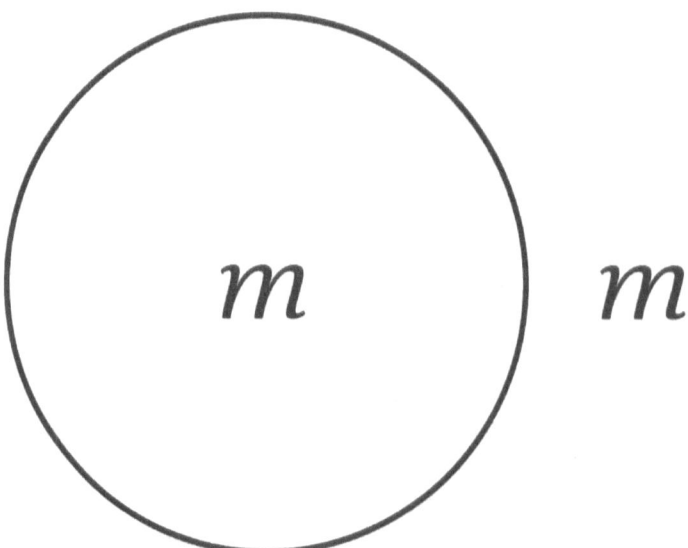

Abb. 4: George Spencer-Brown: markierter und unmarkierter Raum.

Um für den radikalen Konstruktivismus Spencer-Browns ein Beispiel zu nennen, kann auf die feministische Theorie verwiesen werden, in der davon ausgegangen wird, dass durch (sprachliche) Unterscheidungen Gewalt ausgeübt und Sexualität ‚per*formt*' wird: Dies geschieht, wenn das biologische Geschlecht (engl. *sex*) einer Person durch wiederholte Erwähnung des sozialen Geschlechtes (engl.

gender) zu einem Distinktionsmerkmal wird. In diesem Fall wird die Wirklichkeit der Geschlechter als eine beidseitige Markierung diskursiv erzeugt, von der zwar jeweils immer nur eine Seite beobachtet wird, aber deren unmarkierter Raum (das andere Geschlecht) in der Unterscheidung miterzeugt ist (Massey 1994). Daher ist der aktuelle, aus Skandinavien kommende Vorstoß, über die Einführung von Unisextoiletten die Abschaffung der an den Raumschleusen zumeist piktographisch manifestierten Differenz zu bewirken, nicht hoch genug zu bewerten: So hat der ebenfalls topologisch arbeitende Psychoanalytiker Jacques Lacan schon 1957 angemerkt, dass „zwei [...] Türen [...] den Imperativ symbolisieren [...], der [...] [des Menschen] öffentliches Leben den Gesetzen der urinalen Segregation unterwirft" (1991, 24–25).

Mit einer topologischen Analyse gesellschaftlicher Verhältnisse am weitesten gegangen ist jedoch der Soziologe Pierre Bourdieu, der 1979 in seinem Hauptwerk über *Die feinen Unterschiede* – im Original schlicht *La Distinction* betitelt – eine Kartierung der französischen Gesellschaft unternimmt (s. auch Bourdieu 2006). Bourdieu, der seine Ergebnisse stets auch durch Diagramme verdeutlicht, löst damit einen regelrechten Skandal aus, da er die scheinbar wohlbegründete politische Spaltung in ‚links' und ‚rechts' zwar auch am Niveau des ökonomischen und kulturellen Kapitals (‚Geld' bzw. ‚Bildung') festmacht, die stabile Korrelation mit dem Wahlverhalten aber an geschmacklicher Orientierung (wie Getränkevorlieben und Freizeitverhalten): Gleich, wie nahe sich die einzelnen Menschen topographisch auch sein mögen, zwischen Nachbarn, die reiten und Champagner trinken und denen, die Fußball spielen und Bier trinken, ist die Distanz im Sozialraum nach Bourdieu schier unüberbrückbar.

Im Nachgang zu Jurij Lotmans (1974a) topologischer Textanalyse hat Bourdieus Diagrammatik zuletzt Einzug in die Literaturwissenschaften gehalten: Namentlich verfolgt Franco Moretti (1999) ein Kartierungsprojekt des europäischen Romans, im Zuge dessen er zunächst auf verschiedenen Ebenen die Topographien der Literatur erfasst, sodann aber auch deren Topologien. Zu Ersterem gehören zunächst die Orte der Verlage und Autoren, dann vor allem die Geographie der Handlungsorte; zu Letzterem gehören die sozialen Relationen und Mengen oder Gruppen(übertritte), die in den Erzählungen verhandelt werden. Topographisch wird hierüber deutlich, dass bestimmte Orte – wie London und Paris als Wohnstätten der meisten Autoren – recht häufig repräsentiert werden, während sich topologisch die These Lotmans bestätigt, dass ein Roman erst dann ‚sujethaltig' ist, wenn darin ein Übertritt im sozialen Raum (etwa von ‚arm' nach ‚reich') erfolgt.

Wie Spencer-Brown begreifen genannte Autoren die beiden Seiten einer Unterscheidung als Momente derselben Markierung – ‚männlich/weiblich', ‚rechts/links', ‚arm/reich' sind allesamt Unterscheidungen, die sich in ihrer

Beidseitigkeit stabilisieren. Ein solches Denken hat seine Wurzeln in der östlichen Antike und findet sich etwa in den hinduistischen Upanischaden (Panikkar 1991), die von der westlichen Philosophie jedoch erst im 19. Jahrhundert rezipiert werden und dann auch auf deren Logik Einfluss auszuüben beginnen. Rückblickend wird so auch erkannt, dass bereits Platons im Dialog *Timaios* (Tim. 49a) vorgebrachtes Raumkonzept der *chora*, das als *Zwischen* von ‚Sein' und ‚Werden' definiert ist, eine Distinktionsvorstellung ist. Entsprechend hat sich die Dekonstruktion mit Jacques Derrida (1990, 17) dafür eingesetzt, das Wort nicht in den Terminus ‚Raum' zu übertragen, sondern es unübersetzt zu lassen. – Derrida hätte durchaus vorschlagen können, es mit ‚Differenz' wiederzugeben. Hierfür spricht auch, dass Platon sich an ein Konzept Hesiods anlehnt, demzufolge der Anfang allen Seins *chaos* ist (Kratzert 1998). Im Altgriechischen bezeichnet das Wort insofern die damit im Deutschen assoziierte ‚Un-Ordnung' als es sich mit ‚Klaffendes' oder ‚Offen-Stehendes' übersetzen lässt. Als solches umfasst *chaos* die Möglichkeit von Ordnung durch deren Negation. Das *chaos* ist ein Grund ‚ohne Boden' oder wie Heidegger es im Blick auf den Raum formuliert: Es ist „[d]er Ab-grund [...] die ursprüngliche Wesung des Grundes. [...] Im Sichversagen bringt der Grund in einer ausgezeichneten Weise in das Offene, nämlich in das erst Offene *jener* Leere, die damit eine bestimmte ist." (1989, 379–380)

Weniger mystisch als Heidegger stellt der französische Dichter Georges Perec in seinem Buch *Espèces d'espaces* über ‚Arten von Räumen' aus dem Jahr des Erscheinens von Lefebvres Theorie der Raumproduktion sein Projekt vor: „Das Thema dieses Buches ist nicht eigentlich die Leere, sondern vielmehr das, was drum herum oder darin ist." (1990, 10) – Darauf verweist auch eine Darstellung, die er seinem Text voranstellt und die der Ballade *The Hunting of the Snark* des Schriftstellers Lewis Carroll von 1876 entnommen ist: Es handelt sich dabei um eine Seekarte, die außer eines beschrifteten Rahmens nur Leere zeigt (Abb. 5), das heißt: Raum als potentiell differenzierbaren oder als die ‚Wesung' des ‚Offenen'.

Differenzlogische Beschreibungen finden sich auch in monotheistischen Schöpfungsberichten, wie der biblischen *Genesis*, der zufolge die erste Schöpfungshandlung in der Teilung von Himmel und Erde besteht, durch die erst mit dem ‚Tohuwabohu' (hebr. *tohu*, ‚wüst', und *vavohu*, ‚leer') der (leere) Raum entsteht. Hesiod nimmt dagegen umgekehrt die Erde (symbolisiert durch die Göttin Gaia) als aus dem Chaos hervorgegangen an: „Zuallererst wahrlich entstand das Chaos, aber dann die breitbrüstige Gaia, der niemals wankende Sitz." (1993, 53) In der Forschung wird die Auffassung vertreten, dass mit diesem Satz die Emanzipation vom mythisch-theologischen Denken erfolgt, da mit *chaos* keine Gottheit mehr angesprochen wird, sondern ein Prinzip.

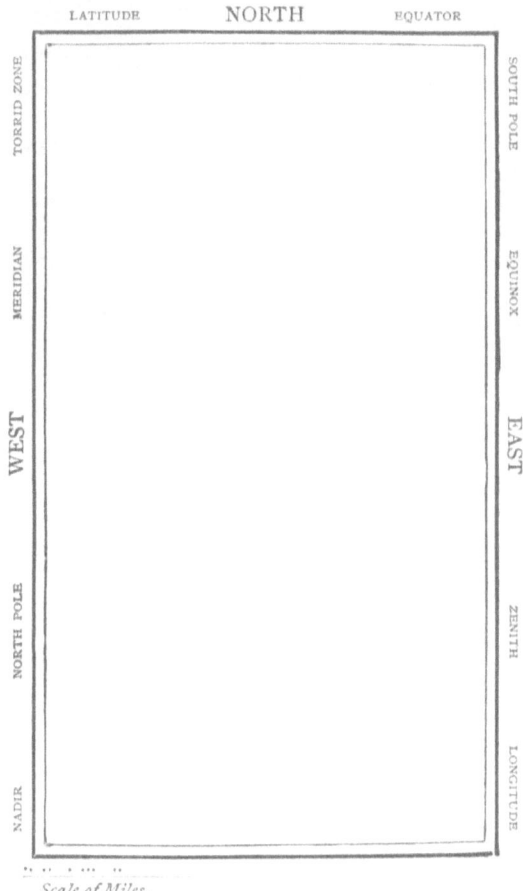

Abb. 5: ‚Ozeankarte' aus Lewis Carroll: *The Hunting of the Snark*.

Tatsächlich besteht an dieser Stelle die Versuchung, einen ‚wahren' Begriff des Raums zu postulieren, nämlich einen solchen, in dem *chora* und Topos *als* (chaotisch-abgründige) Differenz verbunden sind. ‚Orte' wären demnach die markierte Seite der Unterscheidung ‚Raum', auf deren unmarkierter Seite sich alle ‚Nichtorte' befinden. – Doch eingedenk Lefebvres dialektischen Ansatzes ist jedwede ontologische Annäherung wiederum ein Beitrag zur Raumproduktion, der sich diesem Prozess nicht entziehen kann. Daher geht es in einer reflektierten Raumtheorie darum, eine möglichst transdisziplinäre Methode zur Anwendung zu bringen, mit der eine Analyse räumlicher Formen möglich ist. Diese besteht in einer topologischen Beschreibung (Günzel 2007), deren Potential gerade in der Beschreibung literarischer Texte zu Tage tritt.

Weiterführende Literatur

Bachelard, Gaston (⁷1987). *Poetik des Raumes*. Aus dem Französischen von Kurt Leonhard. Frankfurt a. M.
Dünne, Jörn und Stephan Günzel (Hg.) (2006). *Raumtheorie. Grundlagentexte aus Philosophie und Kulturwissenschaften*. Frankfurt a. M.
Günzel, Stephan (Hg.) (2007). *Topologie. Zur Raumbeschreibung in den Kultur- und Medienwissenschaften*. Bielefeld.
Soja, Edward W. (1989). *Postmodern Geographies. The Reassertion of Space in Critical Social Theory*. London/New York.
Turner, Frederick J. (1947). *Die Grenze. Ihre Bedeutung in der amerikanischen Geschichte*. Bremen.

Abbildungsnachweis

Abb. 1: Soja, Edward W. *Thirdspace. Journeys to Los Angeles and Other Real-and-Imagined Places*. Cambridge/Oxford 1996, 74.
Abb. 2: A view of the Westin Bonaventure Hotel in Downtown Los Angeles. Wikimedia Commons, Visitor7, CC BY-SA 3.0.
Abb. 3: Fountain in the lobby of the Westin Bonaventure Hotel. Wikimedia Commons, Grendelkhan, CC BY-SA 3.0.
Abb. 4: Spencer Brown, George. *Gesetze der Form*. Lübeck 1997 [engl. 1969], 63.
Abb. 5: Carroll, Lewis. *The Hunting of the Snark. An Agony in Eight Fits. With nine Illustrations by Henry Holiday*. London 1876.

Till Dembeck
IV.9 Poetik des Rahmens

1 Begriffsbestimmung

Die Poetik des Rahmens entfaltet sich, der Mehrschichtigkeit des Rahmenbegriffs entsprechend, auf mehreren Ebenen. Sie bezieht sich zum einen in Analogie zum Bilderrahmen auf all jene Elemente um einen Text herum, durch die dem Text eine Grenze gesetzt ist. Das Verhältnis dieser Elemente zum Text selbst kann sehr unterschiedlich sein – auch darin liegt eine Parallele zum Bilderrahmen. Als Rahmen können in diesem Sinne solche Elemente gelten, die selbst Text sind, aber auch die typographische Einrichtung oder der Buchdeckel sind als Teil des Textrahmens aufzufassen. Zum anderen kann sich der Begriff des Rahmens auf Kontexte oder Situationen beziehen, in denen ein Geschehen oder ein Text zu verorten ist. In diesem Sinn hat der Begriff des Rahmens vor allem in der Soziologie Bedeutung gewonnen. Aber auch diese Facette des Begriffs ist für die Poetik des Rahmens relevant.

Zentrales Konzept der Poetik des Rahmens ist der Begriff des Paratextes, den Gérard Genette geprägt und in einer Monographie vor allem am Beispiel neuzeitlicher Erzählliteratur genauer konturiert hat (Genette 1996, 4; Genette 2001). Genette nennt eine Vielzahl von Elementen des Paratextes – zum Beispiel Vorwort, Autorname, Titel und Autoreninterview – und schreibt ihnen gemeinsam eine doppelte Funktion zu: Sie gewährleisten zum einen die Wiedererkennbarkeit des Textes, isolieren ihn also von allen anderen Texten. Zum anderen dienen sie der Rezeptionssteuerung im Sinne „des Autors und seiner Verbündeten" (Genette 2001, 10). Daraus geht hervor, dass der Paratext als Rahmen eine zentrale Bedeutung für dasjenige hat, was als Identität des Textes wahrgenommen wird. Er wirkt insofern von einer scheinbaren Randstellung aus auf das Innerste des Textes ein. Diese Beobachtung macht den Begriff mit dem Konzept des Parergons kompatibel, das Jacques Derrida in Auseinandersetzung mit Immanuel Kants *Kritik der Urteilskraft* geprägt hat (Derrida 1992a). Als Parergon bezeichnet Derrida ein Beiwerk des Kunstwerks, das, obgleich scheinbar nur äußerlicher Anhang, dennoch den Kern des Kunstwerks zumindest mit ausmacht. Im Anschluss an Derrida kann man von einem „Ablöseproblem" sprechen (Bunia 2007, 320; Dembeck 2007, 46): Das Parergon (der Paratext) kann nicht vom Kunstwerk selbst abgelöst werden, obschon es zugleich als ihm äußerlich betrachtet werden muss.

Als Parergon ist der Paratext unmittelbar auf den Kontext des Textes, auf die gesellschaftliche Situation, in der er wirken soll, bezogen. Die Rezeptionssteuerung, die dem Paratext laut Genette obliegt, ist ein Akt der Vermittlung zwischen

Text und Kontext. Gerade weil der Paratext, trotz der Unmöglichkeit, ihn vom Text zu lösen, als Rand des Textes betrachtet werden muss, findet er am ehesten Zugang zum sozialen und kulturellen Kontext des Textes. Er ist als nach außen hin sichtbare Seite des Textes gewissermaßen dessen Stellvertreter in der Gesellschaft. Insofern Paratextualität als diejenige Struktur aufzufassen ist, die Text zum Erscheinen bringen kann, lässt sich auf der Grundlage des Paratextbegriffs auch eine allgemeine Theorie der Textmedialität entwerfen.

Eine der Funktionen des Textrahmens kann schließlich in der Markierung von Poetizität als solcher gesehen werden. Es ist nicht zuletzt der Paratext, der einen Text als Literatur ausweist, beispielsweise durch Gattungsangaben, die Gestalt des Titels, den Autornamen als solchen oder die Ausstattung des Buchs. Im Grunde aber kann jede Markierung von Poetizität als Teil des Rahmens eines Textes angesehen werden, insofern sie seine Abgrenzung vom Nichtpoetischen impliziert. Vor diesem Hintergrund ist es nicht verwunderlich, dass viele literarische Texte in ihren immanenten Poetiken insbesondere Probleme der Rahmung bearbeiten und dass umgekehrt der Rahmen literarischer Texte sich oft Fragen der Poetik zuwendet.

2 Systematische Beschreibung

Der Paratext als Rahmen

Textelemente mit rahmender Funktion sind selbstverständlich schon lange vor Genettes Begriffsprägung beschrieben worden. So betrachtet führt Genettes Buch über den Paratext (im französischen Original betitelt als *Seuils*, ‚Schwellen') existentes Wissen zusammen. Neu ist aber die Systematisierung, die Genette vorschlägt (Genette 2001, 9–21). Sie besteht zum einen darin, dass er den Elementen des Paratextes gemeinsame Funktionen zuweist, und zum anderen in der Differenzierung in Peritext, das heißt Elemente, die unmittelbar räumlich mit dem Text verbunden sind, und Epitext, das heißt auf den Text bezogene, aber frei flottierende Elemente. Unter der Rubrik des Peritextes analysiert Genette unter anderem Vorreden, Mottos, Fußnoten, Randnoten, Widmungen, Titel, Autornamen, Gattungsangaben, Zwischenüberschriften, Inhaltsverzeichnisse und Indices. Als Epitexte erscheinen Rezensionen, Verlagskataloge und -anzeigen, Interviews, Briefe und Tagebücher. Genettes Buch zeigt sehr deutlich, dass diese Paratextelemente jeweils sehr unterschiedlich funktionieren können. Am ausführlichsten widmet sich Genette der Vorrede, die er wiederum in Untersorten unterteilt. Diese Präferenz hängt wohl nicht zuletzt damit zusammen, dass in der

Vorrede jene Verfahren der Rezeptionssteuerung am unmittelbarsten beobachtbar sind, die laut Genette zentrale Funktionen des Paratextes darstellen.

Gegen Genettes Begriffsprägung ist der Einwand erhoben worden, das Konzept produziere keinerlei Mehrwert, da es rein additiv zustande komme; es trage eher zur Verunklarung bereits an sich komplexer Phänomene bei, insofern es dazu einlade, die sehr unterschiedlichen Elemente des Paratextes über einen Kamm zu scheren. In der Forschung werden daher auch nach Genette oft einzelne Paratextelemente isoliert voneinander betrachtet (z. B. Schwitzgebel 1996; Antonsen 1998; Moennighoff 2003; Williams [im Erscheinen]). Zudem finden sich mehrere Vorschläge, die das Konzept auf die eine oder andere Weise vereindeutigen wollen. Vorgeschlagen wurde beispielsweise, den Begriff auf Peritexte einzuschränken, da es im Bereich des Epitextes schwierig sei, klar zu sagen, wo noch ein Bezug zum eigentlichen Text vorliegt und wo nicht mehr (Moennighoff 2003, 23; Jürgensen 2007, 24). Vorgeschlagen wurde weiter, den Begriff eindeutig auf textförmige und/oder eindeutig nichtfiktionale Elemente des Beiwerks des Buchs einzuengen (Moennighoff 2003, 23; Wolf 1999, 108). Schließlich hat man sich dafür eingesetzt, für die Bestimmung des Paratextes die Autorisierung durch den Verfasser als klare Voraussetzung festzulegen (Wolf 1998). Gegenüber diesen Tendenzen zur Eingrenzung des Paratextbegriffs muss darauf hingewiesen werden, dass Genettes Konzept seinen Mehrwert daraus zieht, dass es durch den Nachweis der gemeinsamen Funktionalität aller paratextuellen Elemente Vergleichbarkeit erzeugt, ohne Differenzen zu unterschlagen. Peritext und Epitext werden ja gerade unterschieden, um sie vergleichen zu können. Diesem Anliegen wäre mit der Ausarbeitung einer Typologie, wie man sie hinter der aufzählenden Darstellungsstruktur des Genette'schen Buchs vermuten mag, nicht gedient. Genettes Paratextbegriff hat der Erforschung einer Poetik des Rahmens gerade durch die funktionale Grundlegung den Weg bereitet.

Hinter einigen kritischen Interventionen gegen Genettes Paratextbegriff verbirgt sich die Frage, wie Elemente des Rahmens ‚nach innen' abgegrenzt werden können. Genette selbst fragt an verschiedenen Stellen, wie genau die Grenzen zwischen Paratext und Haupttext zu ziehen sind. Solche Überlegungen betreffen beispielsweise die Anmerkung, von der zumindest in einigen Fällen behauptet wird, sie stelle eher eine ausgelagerte Parenthese dar, könne also auch als Teil des Haupttextes gelten (Genette 2001, 313). An anderer Stelle behauptet Genette, es sei für einen Text schlechthin unmöglich, ohne paratextuelle Strukturen überhaupt in Erscheinung zu treten (Genette 2001, 11), ja, er rechnet klar auch die typographische Gestaltung des Textes zum Paratext hinzu (Genette 2001, 14). Insbesondere für diese Zurechnung ist Genette scharf angegriffen worden (Rockenberger und Röcken 2009). Beide fraglichen Fälle, Anmerkung wie Typographie, weisen aber darauf hin, dass Genette den Paratext von Beginn an mit der grundlegenden Problematik des Rahmens in Verbindung bringt, wie sie Derrida unter dem Schlagwort des Parergon diskutiert: Jedes Gerahmte, ob es sich nun um einen Text oder ein Bild oder etwas anderes handelt, ist von seinem Rahmen, der ihm einerseits nur äußerlich ist, andererseits doch nicht ohne weiteres ablösbar. Genettes Ansatz, mit diesem Problem umzugehen, ist, überall dort Paratextuelles zu sehen, wo ein solches Ablöseproblem besteht. Dies ist sowohl bei der Typographie als auch bei der Anmerkung der Fall, denn beide verbinden den Anschein der Äußerlichkeit mit Unverzichtbarkeit (oder zumindest dem Anschein davon).

Das Konzept des Paratextes ermöglicht es einer Poetik des Rahmens also alles in allem, ganz unterschiedliche, auch ebenendifferente Strukturen von Text als Rahmen zusammenzudenken. Die literaturwissenschaftliche Forschung hat von dieser Möglichkeit durchaus Gebrauch gemacht. In mehreren Arbeiten wurden die Konzepte Paratext und Parergon miteinander verschaltet (Dugast 2001; Wirth 2002b; Dembeck 2007, 25–26). Insbesondere ist vorgeschlagen worden, Paratextualität grundsätzlich als die Möglichkeit zu beschreiben, den für sich genommen linear scheinenden Text auf einer Fläche anzuordnen (Dembeck 2007, 20–25). Im Schriftlichen ist dies die Voraussetzung jeder Erscheinung von Text: Schriftlicher Text kann nur linear verarbeitet werden, wenn er nichtlinear, zweidimensional vorliegt. Diese Zweidimensionalität des Textes umfasst die Gestaltung der Schrifttypen ebenso wie die Unterbrechung der Linearität durch Anordnung auf der Seite. Letztere ermöglicht dann insbesondere die Ausbildung von Dispositiven, die einzelne Textelemente als Paratexte ausdifferenzieren: Man weiß, wie eine Titelseite aussieht, daher kann man erkennen, was Titel, was Autorname usw. sind. Noch die Fußnote differenziert sich in diesem Sinne paratextuell aus, ja letztlich sind dann auch ‚echte' Parenthesen zumindest insofern ein paratextuelles Instrument, als sie die Möglichkeit einer Unterbrechung des linearen Textes zumindest andeuten. So gesehen umfasst Paratext sowohl die schiere Mehrdimensionalität des schriftlich vorliegenden Textes als auch als Paratexte ausdifferenzierte Elemente.

Dass der Paratext als Rahmen Teil daran hat, dass sich literarische Texte als Werke, also als irgendwie fixierte, wiederholt aufrufbare Einheiten von Text ansprechen lassen, verweist auf seine allgemeine Funktion für die Konstitution von Literarizität oder Poetizität. Allgemeinere kunsttheoretische Überlegungen haben diesen Zusammenhang zwischen der Rahmung und dem Kunststatus von Texten und anderen Artefakten immer schon hervorgehoben. Für die Poetik im Besonderen verweist Jurij M. Lotman auf die Notwendigkeit, dass sich der poetische Text als solcher isolieren lassen muss, damit seine Poetizität greifbar wird (Lotman 1993, 300–301). Mit Blick auf Derridas Kant-Lektüre und seine Auslegung des Kant'schen Parergon-Begriffs lässt sich der Zusammenhang genauer erläutern. Derrida interessiert sich für das Parergon zunächst deshalb, weil es für Kant paradigmatischer Gegenstand des reinen Geschmacksurteils ist: Gerade weil es nur Beiwerk ist, wird der Blick nicht auf einen äußerlichen Zweck gelenkt, und so kann „Zweckmäßigkeit ohne Zweck" sichtbar werden (Kant 1995, 143 [B 44]). Derrida legt viel Wert auf die Feststellung, dass diese Abgeschnittenheit vom Zweck ihrerseits unsichtbar gemacht werden muss beziehungsweise nicht als Negation in Erscheinung treten darf. Derrida spricht von einem „Ohne des reinen Einschnitts" als Konstituens des Geschmacksurteils (Derrida 1992a, 105). Das bedeutet, wenn man die Perspektive wechselt und das Parergon als Rahmen eines schönen Kunstwerks begreift, dass es einerseits als Begrenzung (Einschnitt) funktionieren muss, andererseits aber nicht als solche in Erscheinung treten darf. Es löst das Kunstwerk von seiner Umgebung, von der Welt ab, ist seinerseits vom Kunstwerk abgelöst, weil selbst nicht (mehr) Gegenstand des Geschmacksurteils – und *darf* doch nicht vom Kunstwerk abgelöst werden, soll dieses seinen Status nicht verlieren. Von dieser paradoxalen Existenzweise des Rahmens hängt nicht nur der Kunststatus von Kunstwerken im Allgemeinen ab, sondern im Besonderen auch die Poetizität der Literatur.

Medienspezifische Modifizierungen des Genette'schen Konzepts haben sich dadurch ergeben, dass man versucht hat, den Begriff des Paratextes insbesondere auf den Film zu übertragen. Die Untersuchung von Vor- und Abspann als filmische Paratexte (Böhnke et al. 2006; Böhnke 2007) hat unter anderem darauf aufmerksam gemacht, dass der Film immer schon auf buchmediale Strukturen zurückgreift, und zwar sowohl in den Dispositiven, nach denen Schrift angeordnet wird, als auch teils durch explizite Medienzitate, etwa wenn der Vorspann das Umblättern eines Buchs zeigt, auf dessen Seiten die Texte des Vorspanns zu lesen sind. Umgekehrt finden sich literarische Paratexte, in denen beispielsweise die Struktur filmischer Credits nachgeahmt wird. Hiervon ausgehend ist der Vorschlag gemacht worden, das Buchmedium insgesamt als lose gekoppelte Menge paratextueller Elemente zu beschreiben (Stanitzek 2010; Bunia 2005). Die Medientheorie Niklas Luhmanns bestimmt als Medium in diesem Sinne eine Menge lose gekoppelter, körniger Elemente, in denen fest gekoppelte Fixierungen, Formen erscheinen können, und zwar auf der Grundlage der Strukturvorgaben und Konditionierungen, die sich aus der Körnigkeit der Elemente ergeben (Luhmann 2001). Auf diesem Vorschlag aufbauend lassen sich auch andere Formate von literarischer Werkmedialität beschreiben (Binczek et al. 2013). Auch wenn für Genette das Buch zentrales Bezugsmedium ist, gibt es keinen Grund dafür, nicht auch Broschüren, Zeitungen, Webseiten usw. als letztlich paratextuell organisierte Medien zu beschreiben, die es ermöglichen, je unterschiedliche Formen zu bilden. In jedem dieser Fälle ist die (je nach Medium im Einzelnen unterschiedlich gestaltete) Paratextualität, sowohl mit Blick auf die schiere Mehrdimensionalität der Schrift als auch mit Blick auf die Ausdifferenzierung der vielen unterschiedlichen Elemente von Paratext, als eine lose gekoppelte Menge zu beschreiben, welche die Bildung der konkreten Formen bedingt. Schließlich lässt sich so das Konzept des Paratextes auch für Medien des mündlichen Sprachgebrauchs fruchtbar machen. Theoretische Vorschläge hierzu stellt bereits die antike Rhetorik zur Verfügung, die seit jeher Rahmenelemente der Rede, wie etwa das *exordium*, Unterbrechungsfiguren und die Möglichkeit der Heraushebung einzelner Passagen mit den Mitteln der *actio* vorsieht. Auch hier geht es im Grunde um Techniken, durch welche die schiere Linearität der Rede unterbrochen werden kann – Techniken, die insofern funktional analog zur paratextuellen Nutzung der Schreibfläche im Falle von schriftlichen Texten sind.

Intrinsische und extrinsische Rahmung

Genette zufolge dient der Paratext unter anderem der Rezeptionssteuerung im Sinne des Autors. Kritisch einwenden kann man dagegen zumindest, dass paratextuelle Rezeptionssteuerung auch funktionieren kann, ohne dass sie auf jemandes Intention zurückzuführen ist: Sogenannte Buchbindersynthesen beispielsweise stiften zweifellos einen paratextuellen Zusammenhang zwischen unterschiedlichen Texten und wirken damit auch auf deren Rezeption ein. Eine solche Revision des Genette'schen Konzepts enthebt aber nicht der Frage, wie es dazu kommt, dass Paratexte in privilegierter Weise auf Rezeption wirken und den Texten so einen privilegierten Zugang zur Öffentlichkeit eröffnen.

Aus kommunikationstheoretischer Perspektive kann vorab formuliert werden, dass der schiere Text ausgesprochen hilflos ist, wenn es darum geht, die Aussichten darauf, in der Kommunikation wirksam zu werden, zu verbessern (Baecker 2004). Ohne paratextuelle Hilfsmittel, und wenn sie in der Wahl einer gewissermaßen schreienden Type bestehen, bleiben ihm keinerlei Mittel der Aufmerksamkeitsbündelung. Rezeptionssteuerung wird umso wünschenswerter, je mehr die Situationsunabhängigkeit des Textes eine Rezeption im Sinne des Autors unwahrscheinlich macht. Aus dieser Perspektive hat die Ausdifferenzierung paratextueller Elemente, die auch unabhängig vom Text zirkulieren können, erhebliche Vorteile: Sie ermöglicht es, dass der Text schon deshalb kommunikativ wirkt, weil sein Titel oder sein Autor unabhängig von der Lektüre des gesamten Textes erwähnt werden können – was es wiederum nahelegt, Autorname und Titel so kenntlich zu machen, dass sie sofort auffallen. Die Ausdifferenzierung von Paratexten steigert die Wahrscheinlichkeit, dass ein Text in der Öffentlichkeit bemerkt wird, weil sie – zumindest gilt dies für einige von ihnen – gewissermaßen selbst immer schon Teil der Öffentlichkeit sind.

Paratexte haben als Rahmen von Texten also unter anderem die Funktion, Texte in Kommunikation einzuspeisen, sie sind Übergangszonen von Text in Gesellschaft. Diese Beschreibung lässt sich sowohl mit der Frage nach dem Zusammenhang zwischen Rahmung und Poetizität verbinden als auch allgemeiner soziologisch perspektivieren. Die wahrscheinlich wirksamste soziologische Arbeit, die den Rahmenbegriff nutzt, hat Erving Goffman mit seinem Buch *Frame Analysis* vorgelegt (Goffman 1980). Rahmen (oder genauer: ‚Modulationen' von Rahmen) werden hier verstanden als Abgrenzungen von Situationen, die bewirken, dass im Innen des Abgegrenzten andere Regeln gelten als im Außen und dass es wiederum Regeln für den Übertritt über die Abgrenzung nach innen oder außen gibt (Goffman 1980, 19, 52–97). Ein Standardbeispiel Goffmans ist der Rahmen der Theateraufführung (Goffman 1980, 143–176): Im Innern der Situation, die dieser Rahmen abgrenzt, gelten, das ist klar sichtbar, andere Regeln als außen. Man spricht beispielsweise nach einem Skript oder zumindest so, dass es dem Charakter, den man darstellt, entspricht und man nicht aus der Rolle fällt. Zugleich gibt es klare Regeln für den Übertritt der Grenze: Schauspieler registrieren andauernden Szenenapplaus, indem sie das Spiel anhalten, ignorieren aber das Klingeln eines Mobiltelefons im Zuschauerraum. Goffman erkennt in Rahmensetzungen ein wesentliches Moment sozialer Ordnungskonstitution. Sein Konzept lässt sich aber im Besonderen beispielsweise auch auf Fiktionalität beziehen. Remigius Bunia hat gezeigt, dass Fiktionalität eine Rahmensetzung mit komplexen Übergangsregeln impliziert (Bunia 2007). So ist es für den Umgang mit fiktionalen Darstellungen charakteristisch, dass man nur auf ganz bestimmte Weise Rückschlüsse aus dem Wissen über die reale Realität auf die fiktionale Realität ziehen darf (sog. Realitätsprinzip) (Bunia 2007, 88–93) und umgekehrt (sog. Korrealitätsprinzip) (Bunia 2007, 150–162). Ferner wirkt gerade das Ende der fiktionalen Darstellung, obgleich es ganz offenkundig ‚von außen', nämlich in der realen Realität gesetzt ist, auf die Wahrnehmung des Inneren (der fiktionalen Realität) unmittelbar ein. Es versiegelt die Darstellung und macht es unmöglich, weitere Auskunft zu erhalten (Bunia 2007, 303–306).

Die Eigenschaft von rahmenden Grenzen, zugleich eine Unterscheidung von Innen und Außen zu ziehen und Innen und Außen in ein bestimmtes Verhältnis zueinander zu setzen, hat Auswirkungen auf den Stellenwert desjenigen, was sich als Rahmen (im Sinne von Grenzregion) beschreiben lässt, insbesondere auf den Stellenwert des parergonalen Paratextes. Für den Bilderrahmen ist gezeigt worden, dass über die schiere Abgrenzungsfunktion hinaus zunächst extrinsische Rahmungsfunktionen erfüllt werden, etwa die Einbettung in die Heilsgeschichte (Kemp 1996), und dass spätestens in der Neuzeit dem Bild zunehmend zugetraut wird, sich selbst einen Rahmen zu geben – beispielsweise mittels der Zentralperspektive, durch die Einführung von Figuren des Rahmens wie Fenstern, Türen usw. in den Bildraum oder durch die Eliminierung des Rahmens im Trompe-l'Œil (Simmel 1922; Lebensztejn 1988; Marin 1996; Stoichita 1998).

Auch der literarische Paratext lässt sich als Schauplatz zugleich extrinsisch wie intrinsisch motivierter Rahmungen beschreiben (Dembeck 2007; vgl. für erste Schritte in diese Richtung Ansorge 1969; Weber 1974). Als extrinsische Rahmung lässt sich dabei all jenes beschreiben, was den Text auf ihm vorgängige soziale oder kulturelle Strukturen bezieht. In diesem Sinne lassen sich beispielsweise frühneuzeitliche Langtitel als der Versuch auffassen, den folgenden Text in eine bestehende Weltordnung einzupassen (Rothe 1970) – eine Funktion, die zeitgleich viele Vorreden und Kapitelüberschriften erfüllen (Wieckenberg 1969). Auch erklärende Fußnoten sind meist extrinsisch motiviert, weil sie ein Verständnis sichern wollen, das man bei den realen Rezipienten nicht voraussetzen zu können glaubt; Mottos und Gattungsangaben können die extrinsische Motivation haben, den Text in eine literarische oder generische Tradition einzuschreiben; Klappentexte, Autornamen und Verlagsangaben, ganz zu schweigen von vielen (verlegerischen) Epitexten, wollen Leser vom Wert der Lektüre und des Textes überzeugen usw. Es sind zweifellos die extrinsisch motivierten Rahmungen, die im Mittelpunkt von Genettes Analyse des Paratextes stehen.

Jede extrinsische Motivierung hat, geht man von Derridas Rekonstruktion des Geschmacksurteils und von den kunsttheoretischen Beschreibungen des Rahmens aus, den Nachteil, dass sie die Abhängigkeit des Inneren vom Außen, mithin die Heteronomie des (literarischen) Kunstwerks unübersehbar werden lässt. Eine Möglichkeit ihrer Invisibilisierung besteht darin, dem Rahmen den Anschein zu geben, als sei er aus dem Inneren des Kunstwerks heraus motiviert. Luhmann spricht in seiner Kunsttheorie in diesem Sinne vom Erfordernis einer doppelten Rahmung (Luhmann 1998, 53), die unabdingbar ist, um den Kunstwerken selbst die Konditionierung ihrer Rezeption und die Programmierung der Kunst zu übertragen. Eine doppelte Rahmung ist beispielsweise immer dann gegeben, wenn in einer fiktionalen Darstellung Elemente des paratextuellen Rahmens motiviert sind beziehungsweise wenn klar erkennbar ist, dass ein Paratextelement auch Teil der fiktiven Welt ist – wenn also fiktive Herausgebervorworte verwendet werden, der Autorname auch der Name einer handelnden Figur ist, wenn die Produktion des Buchs Teil der fiktionalen Darstellung ist usw. Doch auch ohne die Voraussetzung von Fiktionalität ist intrinsisch motivierte Rahmung möglich – wenn beispielsweise in der Konkreten Poesie die Anordnung des Textes auf der Seite als piktorale Darstellung mit dem wörtlichen Inhalt in Verbindung gebracht werden kann oder wenn eine gefälschte Verlagsortsangabe sich aus dem im Text entfalteten Programm einer Ursprungsverschleierung erklären lässt. Intrinsische Rahmung unternimmt in jedem Fall letztlich den Versuch, das Außen des Rahmens von innen her zu determinieren: Nach der Herausgeberfiktion wird die fiktionale Darstellung faktuale Darstellung und die gefälschte Verlagsortsangabe veranschaulicht in der Wirklichkeit des Buchmarkts die Ursprunglosigkeit, von welcher der Text phantasiert. Man hat es mithin mit der Inszenierung einer Überschreitung der Rahmengrenze von innen nach außen zu tun.

3 Historische Beschreibung

Medien des Rahmens

Historisch betrachtet ist die Funktionsweise paratextueller Rahmen stark vom jeweiligen Stand der Medientechnik abhängig. Mit Bezug auf vorschriftliche Poetiken des Rahmens kann man zum einen auf der Grundlage der rhetorischen Theoriebildung vorsichtige Rückschlüsse ziehen. Zum anderen kann man unter Umständen auch Erscheinungen wie den Vers, der freilich ebenfalls erst in verschriftlichter Form für uns greifbar wird, als Rahmung vorschriftlicher Formen von Literatur auffassen; dann allerdings ist die poetische Rahmung mehr oder weniger deckungsgleich mit der Kennzeichnung von Poetizität als solcher.

Die schriftlich verfassten griechischen und lateinischen Texte der (Spät-) Antike und des Frühmittelalters haben, nach einer Formulierung von Ivan Illich, die Form eines „Korridor[s]" (Illich 1991, 101): Sie sind verfasst in *scriptio continua*, also ohne Wortzwischenräume und (zunächst meist noch) in einer Schriftrolle, die wie ein Computerbildschirm nach oben und unten aufgerollt werden kann. Der Text bietet damit intern kaum Orientierung, man rezipiert ihn in der Regel so, wie er erscheint, als ganzen Text vom Anfang zum Ende. Es ist unmittelbar einsichtig, dass ein solcher Text ähnlich gerahmt sein wird wie eine Rede, denn er weist die gleiche fast rein lineare Struktur auf: Exordium und Schlussformeln grenzen den Text ab, als Titel dienen einerseits sogenannte σίλλυβοι (*sillyboi*, lat. *tituli*), aus der Buchrolle heraushängende Streifen mit Informationen über den Text, andererseits die Eingangsworte (*incipit*) oder die Schlussworte (*explicit*) des Textes – wobei letztere, auch als Kolophon bezeichnet, dazu tendieren, ausführlichere Informationen zu enthalten, da sie im geschützten Inneren der Buchrolle stehen und somit ihr Verlust unwahrscheinlicher ist (Schmalzriedt 1970; Rothe 1986, 32–38, 53–54).

Zwei Erfindungen revolutionieren im Zeitraum von der Spätantike bis zum Hochmittelalter die Rahmung des Textes. Erstens erzeugt die Durchsetzung des Kodex im 4. Jahrhundert n. Chr. eine neuartige Schreib- und Lesefläche: Sie ist nicht beweglich nach oben und/oder unten fortgesetzt wie im Falle der Buchrolle, sondern jeweils für sich ganz übersehbar. Die Seiten haben jeweils die gleiche

Größe, und diese Normierung eröffnet wiederum neue Möglichkeiten der Normierung des Schriftbilds. Von hier aus kann das Hochmittelalter eine gänzlich neuartige paratextuelle Organisation des Textes entwickeln (Illich 1991, 101–110). Einen wichtigen Schritt hin zur weiteren Ausdifferenzierung paratextueller Textelemente stellt zweitens die Einführung der Wortzwischenräume dar, die ab dem 8./9. Jahrhundert von Irland aus in Europa eingeführt wurden. Keinesfalls handelte es sich hierbei um eine neue Erfindung, denn die *scriptio continua* hatte sich ihrerseits nur in solchen Sprachen etablieren können, die Vokalzeichen kannten, nicht also im hebräischen und arabischen Schrifttum (Saenger 1997, 9–12), und begegnet zudem auch in antiken Inschriften (Raible 1991). Der Wortzwischenraum ist als Unterbrechung des linearen Textes eine Minimalform paratextueller Gestaltung. In der Forschung wird die These vertreten, diese neuartige Form der paratextuellen Rahmung habe das stille Lesen wenn nicht ermöglicht, so doch befördert (Saenger 1997; Parkes 1993).

Auch wenn in der Mediengeschichtsschreibung der Topos verbreitet ist, die moderne Gestalt des biblionomen Textes, wie sie heute noch Textverarbeitungsprogramme am Computer zu simulieren versuchen, sei durch die Erfindung und Durchsetzung des Buchdrucks in die Welt getreten (s. z. B. Eisenstein 1979; Giesecke 1991), lässt sich auch umgekehrt behaupten, dass die Neuordnung der Buchseite im Hochmittelalter einem Denken den Weg gebahnt hat, das diese Erfindung überhaupt erst ermöglicht hat (Illich 1991, 123). Neuerungen, die sich seit dem Ende des 12. Jahrhunderts verbreiteten, waren die Aufteilung des Textes in Kolumnen, die Ausdifferenzierung von Absätzen, von Glossen und anderen Formen der Anmerkungen, Überschriften, Tabellen und Indices – allesamt paratextuelle Gestaltungsmittel, die es ermöglichen, auf den Text stellenbezogen, das heißt unabhängig von seiner schieren Linearität zuzugreifen. Die scholastische Philosophie gilt als Effekt und zugleich als Ursache dieser neuen Art und Weise der Rahmung von Text (Illich 1991).

Eine paratextuelle Erfindung, die klar auf den Buchdruck zurückzuführen ist, ist die (normierte) Titelseite – ein Werkzeug zur Feststellung identischer Drucke ein und desselben Textes, das für den entstehenden Buchmarkt unabdinglich war (Volkmann 1967, 1157; Smith 2000). Die Zusammensetzung der Titelseite, die noch heute mehr oder weniger üblich ist, setzte sich um 1500 durch. Weitere medientechnische Neuerungen betrafen zum einen die Einbindung von Bildelementen in den Text – seit dem 15. Jahrhundert durch Holzschnitte, dann auch durch Kupferstiche, seit dem 19. Jahrhundert durch Lithographien und im Anschluss durch photomechanische Reproduktionsverfahren beziehungsweise digitalen Satz (Harthan 1981); zum anderen die Entwicklung von Kapitelüberschriften, Versdispositiven, Dispositiven zum Druck von Dramen, unter anderem durch die Ausdifferenzierung von Personenverzeichnissen und Ähnlichem. Die stetige Optimierung und Verbilligung der Druckprozesse führte zur Etablierung periodischer Erscheinungsformen, die neue typographische Gestaltungen sowie auch literarische Gattungsvorgaben (z. B. den Fortsetzungsroman) mit sich brachten. Neben potentiell höheren Auflagenzahlen und damit einer potentiell weiteren Verbreitung der Druckwaren senkten sich innerhalb dieses Prozesses auch die Zugangsschwellen zur Öffentlichkeit bis hin zum modernen Desktop-Publishing.

Auch die digitale Textverarbeitung, die Voraussetzung des Desktop-Publishings ist, hat unmittelbare Auswirkungen auf die peritextuelle Rahmung literarischer Texte. Das betrifft zum einen Vereinfachungen in der Umsetzung komplexer Seitengestaltung für gedruckte Bücher, zum anderen die Etablierung neuer paratextueller Formate für digitale Anzeigegeräte. Das Dispositiv der Seite kann aufgebrochen werden, mit der Scroll-Funktion kehrt das paratextuelle Format der Buchrolle zurück, und Hyperlinks konkretisieren die über paratextuelle Hilfsmittel wie Indices, Seitenzahlen, Rubrizierung usw. immer schon gegebenen Verweismöglichkeiten. Diese neuartigen Textrahmen erzeugen neue Arten von Literarizität, deren Potential von der Literaturwissenschaft aller Wahrscheinlichkeit nach noch nicht abgeschätzt werden kann.

Rahmenprogramme der Literatur

Die Entwicklung der paratextuellen Medialität prägt Literatur in mehrfacher Hinsicht. Sie hat unmittelbaren Einfluss darauf, wie ein Text zum Erscheinen gebracht und in sich organisiert werden kann. Das ist am Beispiel des Versdispositivs und des Hyperlinks bereits deutlich geworden. Die explizite Poetik von Textrahmen ist daher in Verbindung mit der Medienevolution zu sehen. Das Gleiche gilt für die den literarischen Texten immanenten Poetiken. Übergreifend muss im Anschluss an die obigen Überlegungen jeweils gefragt werden, inwiefern literarische Poetiken des Rahmens auf die Bestimmung von Poetizität Auswirkung haben.

Für schriftgestützte, aber auf Mündlichkeit hin konzipierte Textualität wurde eine Poetik des Rahmens wirkmächtig in der antiken Rhetorik ausformuliert (s. zum Folgenden Dembeck 2007, 78–80). Dies betrifft zunächst die Lehre von den Texträndern, also vom *exordium* oder *prooemium*, dem Einstieg in die Rede, dem Funktionen wie die *captatio benevolentiae* zugewiesen wurden, und dem Redeschluss. Ist der Anfang der Rede der Ort, an welchem der Wirkung der eigentlichen Rede der Boden bereitet wird, so stellt der Schluss als derjenige Teil der Rede, der dem Gedächtnis der Adressaten am frischesten erscheinen muss, den Ort für Pointierungen und affektive Hinwendungen zum Publikum dar. Eine weitere Form der rhetorischen Rahmung stellen all jene Figuren dar, die Heinrich

Lausberg als *aversiones* kategorisiert (Lausberg 1990, 187): einerseits Digressionen, also Abwendungen von der eigentlichen Sache, die aber als typische Parerga eine sehr zentrale Wirkung haben können (s. hierzu ausführlich Härter 2000), andererseits Abwendungen vom Adressaten, etwa in Form von Apostrophen. Es ist nicht verwunderlich, dass die *aversio* in ihren beiden Formen einen typischen Platz am Eingang und am Schluss des Textes findet. Aber auch grundsätzlich geht die Rhetorik mehr oder weniger implizit immer von Überlegungen zum Rahmen aus, insofern sie die Rede von ihrer Situationsangemessenheit her denkt. Für diese Angemessenheit hat sie den Begriff des *aptum* geprägt, der unterschiedliche Aspekte umgreift, nämlich sowohl die Angemessenheit von Stil (*genus*), Tonlage und Redeweise (*actio*) als auch die Angemessenheit der gewählten Argumente (Topik). In den Poetiken der Antike spielen die Grundüberlegungen der Rhetorik eine zentrale Rolle. Als spezifisch für das poetische *exordium* (nach Aristoteles als πρόλογος [*prólogos*] bezeichnet) gilt dabei seit Quintilian die *invocatio*, der Musenanruf, dem in der Epostheorie schnell ein fester Ort zwischen *propositio* und *narratio* zugewiesen wird (Till 2000, 184).

Die Poetiken des Mittelalters und der frühen Neuzeit setzen in weiten Teilen die rhetorische Poetik der Antike fort und reflektieren insofern nicht die neuen medientechnologischen Voraussetzungen des literarischen Textes – oder doch nur insofern, als sie die tradierten Vorgaben in kleinschrittigen Abweichungen weiterentwickeln, die ihrerseits immer vor dem Hintergrund der Medienevolution gesehen werden können. Das Hauptmerkmal der rhetorischen Poetik des Rahmens, von extrinsischen Motivierungen auszugehen, bleibt bis hin zu Genette erhalten. Die Erfordernisse des *aptum* werden dabei auf die neuen Gegebenheiten übertragen. So wird die Exordialtopik etwa der Ordnung der Ständegesellschaft angepasst. Noch die sparsamen Hinweise zur Gestaltung von Titeln in der Aufklärungspoetik Johann Christoph Gottscheds richten sich in erster Linie auf die Notwendigkeit, der Leserschaft Orientierung mit Blick auf den zu erwartenden Inhalt, genauer auf die zu erwartende moralische Belehrung zu geben (zu weiteren Poetiken der literarischen Rahmung in früher Neuzeit und Frühaufklärung s. Dembeck 2007, 64–83).

Zur Poetik des Rahmens zählen auch Überlegungen, die im weitesten Sinne die Fiktionalität von literarischen Darstellungen betreffen. Bereits Aristoteles' Argument, die Dichtung sei zwischen Historiographie und Lüge im Reich des Wahrscheinlichen anzusiedeln, steckt der literarischen Darstellung den Rahmen ab. Für alles, was als Dichtung gekennzeichnet ist – im Zweifel durch die Versform –, gilt daher die Maßgabe, dass Rückschlüsse auf die reale Realität nur bedingt möglich sind. Der Forschungsstreit darüber, inwiefern man für die vormoderne Literatur von einem voll entwickelten Fiktionalitätsverständnis ausgehen kann, ist nicht zuletzt auch ein Streit darüber, wie genau die Regeln für den Übertritt der Grenzen der Darstellung festgelegt waren (s. hierzu Glauch 2014a; Glauch 2014b). Noch die Diskussionen der Aufklärungspoetik über die Differenz zwischen Wahrscheinlichem und Wunderbarem zeugen letztlich davon, dass diese Regeln stark umstritten waren – nicht zuletzt deshalb, weil man sich nicht sicher sein konnte, was die Leser wirklich tun.

Alles in allem treten Poetiken der Fiktionalität meist als immanente Poetiken in Erscheinung, insofern Texte gerne selbst die Frage danach zu beantworten streben, in welches Verhältnis sie zu anderen Texten und Semantiken gesetzt werden können und sollen. Bereits der Musenanruf als Teil des poetischen *exordium* dient diesem Zweck, insofern er die Darstellung mit einer höheren Ordnung in Verbindung zu setzen versucht. Mittelalterliches Erzählen zeichnet sich dadurch aus, dass es über flexible Formen der darstellerischen Rahmung verfügt, welche die je zu erzählende Geschichte in einen Kosmos anderer erzählbarer Geschichten einfügen (s. Bendheim 2017). Frühneuzeitliche Langtitel sind oft nichts anderes als Explikationen des jeweils anzuwendenden ‚(Kor-)Realitätsprinzips', ebenso die zeitgleich sich etablierenden zusammenfassenden Kapitelüberschriften und die Fußnoten in gelehrten Formen des Romans: In allen diesen Fällen geht es darum, die literarische Darstellung zu gesellschaftlichen und kulturellen Semantiken in Bezug zu setzen. Auch wenn diese Semantiken lange Zeit in Form rhetorischer Topiken aufgeschrieben werden, sind sie Teil und Effekt der neuzeitlichen Medienevolution – und bedingt durch die jeweils paratextuell gegebenen Möglichkeiten der Rahmung. Dies gilt noch für die Evolution neuer Gliederungsdispositive im Erzählen der Neuzeit und der Moderne.

Paratexte sind grundsätzlich ein privilegierter Ort für die Entfaltung von Poetiken – was angesichts der von Genette hervorgehobenen Funktion der Rezeptionssteuerung kaum verwundert. Schon Titel können explizit oder auch in ihrem Format Gattungsangaben enthalten – und damit implizit an der Fortentwicklung von Gattungspoetiken mitwirken (vgl. Volkmann 1967; Rothe 1970, Moennighoff 2000). Gotthold Ephraim Lessings gegenüber den Langtiteln des 17. und des beginnenden 18. Jahrhunderts nachgerade lakonischen, ja programmatisch nichtssagenden Titel sind ein Beispiel für die kulturpolitische Nutzung dieses Paratextelements. Lessing und andere Aufklärer wenden sich überhaupt gegen die aus ihrer Perspektive überreichen Paratexte der frühen Neuzeit, deren Funktion in der Fortsetzung einer Art Gesellschafts- und Weltpoetik bestand, und zwar mit Blick auf mehr oder weniger alle Gattungen der Literatur. Auch wenn die beeindruckendsten Beispiele der „barocke[n] Buchfassade" (Ehrenzeller 1955, 81) aus dem Bereich der höfischen Literatur stammen (vgl. von Ammon und Vögel 2008, VII–IX), da hier neben der heilsgeschichtlichen Einbettung eine sehr aufwendige soziale und persönliche Einbettung erforderlich ist (s. auch Schottenloher 1953 zur Widmungsvorrede), sind etwa auch die Vorreden zu populärer

Sammelliteratur des 16. Jahrhunderts als extensive Poetiken lesbar, deren Auswechselbarkeit ihren übergreifenden und nicht werkbezogenen Status anzeigt (Schwitzgebel 1996). Auch wenn sich die Aufklärung polemisch gegen die entmündigende Tendenz solcher paratextueller Lesevorschriften wendet, kann sie doch nicht darauf verzichten. Nicht nur Titel, sondern auch Vorreden (Ansorge 1969) und Kapitelüberschriften (Wieckenberg 1969) erfahren eine Umfunktionalisierung: Sie werden Teil des Unternehmens, Leser zur eigenständigen Aneignung des im Text gegebenen Wissens anzuregen; als „*Digression* an bevorzugter Stelle" (Ansorge 1969, 216) ist die Vorrede der Ort, an dem der aufklärerische Autor seine wohlmeinenden Absichten am unmittelbarsten ausspricht.

Spätestens mit der Autonomisierung der Kunst im Laufe des 18. Jahrhunderts, das heißt vor dem Hintergrund eines Prozesses, in dem sich die Forderung mehr und mehr durchsetzt, jedes Kunstwerk habe das Gesetz seiner Gestaltung in sich selbst zu tragen, gewinnen sowohl in der expliziten Poetik als auch in den immanenten Poetiken vieler Texte Verfahren der intrinsisch motivierten Rahmung an Interesse. Die Entfaltung einer immanenten Poetik wird zum Muss, weil sie maßgeblicher Teil der intrinsischen Rahmung ist. Die Theorie der intrinsischen Rahmung entfaltet sich allerdings zunächst eher in Beschreibungen der bildenden Kunst. Schon der Winckelmann'sche Klassizismus lässt sich als Theorie der intrinsischen Rahmung auffassen, denn klassische Schönheit etabliert sich Winckelmann zufolge nicht zuletzt dadurch, dass sie in sich ruhende Bewegung ist – eine Spannung, der nicht nur eine Bewegung innewohnt, sondern die selbst als Resultat dieser Bewegung aufzufassen ist. Die Illusion von Lebendigkeit, die den Statuen innewohnt, ist Effekt einer intrinsischen Rahmung. Ausgeführt findet sich dieses klassizistische Argument in Karl Philipp Moritz' Kunsttheorie und teilweise auch bei Friedrich Schlegel und Novalis, die das Kunstwerk als eine sich selbst isolierende, sich also aus dem Innen heraus eine Grenze, einen Rahmen gebende Struktur beschreiben. Kants Beschreibung des reinen Geschmacksurteils lässt sich, wie gesehen, ebenfalls in diesem Sinne lesen (s. Dembeck 2007, 242–294).

Auf Texte übertragen lässt sich das Konzept der intrinsisch motivierten Rahmung einerseits mit Blick auf die Selbstreflexion von Fiktionalität denken: Die Thematisierung des eigenen Status mit Blick auf die reale Realität kann, das zeigen die zahlreichen fiktiven Herausgebervorworte aus dem 18. Jahrhundert (und zuvor), als Versuch der intrinsischen Rahmung gelesen werden (Wirth 2008; vgl. auch Ansorge 1969). Ähnliches gilt für Übersetzungsfiktionen (Babel 2015). Konkrete Beispiele für intrinsische Rahmung liegen unter anderem im humoristischen Roman des 18. Jahrhunderts vor, im Fall der deutschen Literatur oft in der Nachfolge Laurence Sternes, etwa bei Christoph Martin Wieland und Jean Paul (Dembeck 2007).

Man kann davon ausgehen, dass sich (immanente) Poetiken der intrinsisch motivierten Rahmung seit dem 18. Jahrhundert durchgängig umgesetzt finden. Ein Beispiel hierfür ist die Poetik des sogenannten Idealrealismus. Die ästhetische Überformung der realistischen Darstellung, wie sie dem realistischen Roman des (deutschen) 19. Jahrhunderts zugrunde liegt und wie sie auch an den Paratexten abzulesen ist (beispielsweise in der Verknappung der oft nur aus dem Romanzusammenhang heraus überhaupt verständlichen Titel), ist ja letztlich auf eine Motivationsumkehr hin angelegt: Was zunächst als auf Realität bezogene Darstellung erscheint, kann von innen heraus als Effekt einer ästhetischen Zielsetzung verstanden werden. Auch die Programme der Grenzüberschreitung in den Avantgarden der Jahrhundertwende um 1900 bedienen sich letztlich des Mittels der intrinsischen Rahmung, wenn sie aus sich heraus die Gesellschaft selbst zu programmieren versuchen. Das Genre des Manifests etabliert die Literatur als eine Form von Epitextualität – als autonom gewordener Rahmen, der keine Differenz von Innen und Außen mehr gelten lassen möchte.

4 Forschungsdesiderate

Die Paratextforschung setzt weiterhin in erster Linie auf Einzelstudien, entweder zu einzelnen Texten, Autoren oder zu einzelnen Paratextelementen, zu denen es daher auch die einzigen Ansätze für eine umfassende literaturhistorische Darstellung gibt. Ein Desiderat für eine Erforschung der Poetik des Rahmens liegt daher nicht zuletzt in einer Zusammenführung der existierenden, zerstreuten Befunde. Dabei dürfte eine medientheoretisch angereicherte Auffassung von Paratext von Nutzen sein, insofern die Evolution literarischer Medien die Bedingungen der Möglichkeit textueller Rahmung beeinflusst. In Wechselwirkung dazu steht die Literatur, spätestens dann, wenn sie ihre Autonomie behauptet, deshalb eine „doppelte Rahmung" (Luhmann) anstrebt und mithin selbst dafür Sorge trägt, sich ihr Medium zu schaffen und damit auf die Evolution der literarischen Medien einzuwirken.

Weiterführende Literatur

Bunia, Remigius (2007). *Faltungen. Fiktion, Erzählen, Medien*. Berlin.
Dembeck, Till (2007). *Texte rahmen. Grenzregionen literarischer Werke im 18. Jahrhundert (Gottsched, Wieland, Moritz, Jean Paul)*. Berlin/New York.
Derrida, Jacques (1992b). *Die Wahrheit in der Malerei*. Wien.

Genette, Gérard (⁵2001). *Paratexte. Das Buch vom Beiwerk des Buches*. Übers. von Dieter Hornig. Frankfurt a. M.
Stanitzek, Georg (2010). „Buch: Medium und Form – in paratexttheoretischer Perspektive". *Buchwissenschaft in Deutschland. Ein Handbuch*. Bd. 1: *Theorie und Forschung*. Hrsg. von Ursula Rautenberg. Berlin/New York: 157–200.

Helmut Hühn
IV.10 Poetik der Zeit

1 Annäherung an das Untersuchungsfeld

„Natürlich, was Zeit ist, wissen wir alle; sie ist das Allerbekannteste. Sobald wir aber den Versuch machen, uns über das Zeitbewußtsein Rechenschaft zu geben [...], verwickeln wir uns in die sonderbarsten Schwierigkeiten, Widersprüche, Verworrenheiten." Mit diesen Worten beginnt Edmund Husserl seine *Vorlesungen zur Phänomenologie des inneren Zeitbewußtseins* (Husserl 1928, 368). Es ist die Zeitlichkeit und Geschichtlichkeit des menschlichen Lebens in allen seinen Vollzügen, die Zeit für uns zu einem Vertrauten und Bekannten macht, das, mit Georg Wilhelm Friedrich Hegel zu sprechen, gleichwohl nicht erkannt ist. Mit der unhintergehbaren Zeitlichkeit der Lebensvollzüge ist auch ein wichtiges Motiv dafür benannt, warum Literatur und Künste neben Wissenschaft, Philosophie und Religion Zeit so vielgestaltig zum Thema machen und sich dabei auf das Problem einlassen, ‚die Zeit', die eine, nicht fassen zu können, ihr aber nichtsdestotrotz in der Erfahrung stets ausgesetzt zu sein.

Das Nichtsein der Zeit, ihre Irrealität, ist – im Anschluss auch an die wichtige Zeitabhandlung der aristotelischen *Physik* (IV, 10–14, hier bes. 217b29–218b34) – mit unterschiedlichen Argumentvarianten behauptet worden: Liegt die Vergangenheit hinter uns, ist die Zukunft noch nicht vorhanden, und entzieht sich die vermeintlich präsente Gegenwart beharrlich dem Zugriff, so scheint die Zeit nicht zu sein oder zumindest so zu sein, dass ihr Sein sich nicht objektivieren lässt, weil sie zum Nichtsein tendiert. Augustinus' vielzitiertes Diktum, dass man zu wissen meine, was die Zeit sei, diese dem Begreifen und Erklären jedoch entgehe, sobald man es zu formulieren versuche (*Confessiones* XI,XIV,17; Augustinus 2009, 587; Flasch 1993), konstatiert diesen Entzug auch auf der Ebene des Zeitverstehens. So wird die Formulierung ‚Poetik der Zeit', die in der Lesart des *genitivus subjectivus* eine problematische ‚Subjekthaftigkeit', in der Lesart des *genitivus objectivus* eine ebenso problematische ‚Objekthaftigkeit' der Zeit unterstellt, der eine Dimension des Machens oder Hervorbringens (*poiesis*) zugedacht werden könnte, schon im Ansatz unterlaufen. Offenkundig lässt sich weder ein Machen noch ein Gemachtes *intentione recta* behaupten, und es ist in hohem Maße fraglich, ob und wie eine *intentio obliqua* in dieser Hinsicht gedacht werden könnte.

Dem epistemischen Entzug der Zeit korrespondiert, ebenso paradox wie unvermeidlich, eine Allgegenwart höchst differenter Zeitbegriffe. Kaum eine wichtige Philosophie kommt ohne das Nachdenken über Zeit aus, kaum eine Poetik verzichtet auf Überlegungen zur Zeit, und intensive Exegesen von Dichtungen münden geradezu vorhersehbar, an dem Gipfel ihrer verschieden gestaffelten Nachvollzüge, im Nachweis einer poetischen Eigenzeitlichkeit. Zeitbestimmungen resultieren, so könnte man sagen, dann, wenn man nicht versucht, Zeit selbst begrifflich fassen zu wollen, wenn man sie vielmehr ‚indirekt' – anhand ihrer komplexen Manifestationen und Erfahrbarkeiten – erschließt. Friedrich Hölderlins „Zeitbild" (*Friedensfeier*, V. 94), Johann Wolfgang Goethes „Augenblick", der verweilen dürfte (*Faust II*, V. 11581–11586 *Vermächtniß*, V. 50; Rennie 2005), Eduard Mörikes *Idylle* (Schneider 1978), Rainer Maria Rilkes ‚Wendung' (Eckel 1994; Nelson 2005, 135–160; Storck 2006, 167–181, Allemann 1961) oder Franz Kafkas „stehender Sturmlauf" (*Tagebücher*, 20. November 1911; Allemann 1998, 15–36): Alle diese Denkbilder, die in unterschiedlicher Weise Zeitlichkeit und Geschichtlichkeit menschlicher Lebensvollzüge artikulieren, sind nur als komplex vermittelte zu adressieren, als Ergebnis eines selbst fundamental zeitlich verfassten Verstehensvorgangs. Mit dem Oxymoron des „stehende[n] Sturmlaufs", das Kafka im Bild des „stehenden Marschierens" später wiederaufnimmt (*Tagebücher*, 23. Januar 1922), wird die Temporalstruktur eines unentwegten Beginnens erfasst, das, wie die Forschung herausgearbeitet hat (Allemann 1998), niemals enden kann, weil es nicht von der Stelle kommt.

Aus diesen Beobachtungen lässt sich eine Schlussfolgerung ableiten: Zeit kann immer nur als ein solches, das an etwas anderem und durch etwas anderes erscheint, thematisiert werden. Sie muss offenkundig in eine gewisse Wahrnehmbarkeit eingehen. In diesem Sinne kann Zeit geschichtlich werden: Geschichte ist eine Zeit modellierende Wahrnehmungsform. Aus der Perspektive geschichtlicher Zeit lassen sich die einander widerstreitenden antiken Zeitgestalten Chronos und Aion (Theunissen 1991, 299–317), lassen sich die Zeit des Kosmos (griechisch) oder die heilsgeschichtliche Zeit (christlich) unterscheiden (Cancik 1983; Bender und Wellbery 1991) oder die sich beschleunigende, aber zugleich offene Zeit der Moderne (Rosa 2005). Zeit kann auch hinsichtlich ihrer messbaren Regelmäßigkeit differenziert werden: Als zyklisch wiederkehrende (Mythos), kalendarisch strukturierte oder chronikalisch metrisierte wird Zeit nicht nur unterschiedlich formiert und konzeptualisiert. Mit den geschichtlich-kulturellen Modellierungen verändern sich zugleich auch die sozialen Wahrnehmungsweisen der Zeit (Elias 1988). Diese kann kulturell sehr different erscheinen, westlich oder östlich (Jullien 2004), südlichen oder nördlichen Rhythmen folgend. Zeit ist anthropologisch referentialisierbar, im Gedächtnis vergangenheitsbezogen oder in der produktiven Einbildungskraft futurisch-entwurfsbezogen oder auch apokalyptisch-finalisierend. Liest man sie am Phänomen der Bewegung ab, so lässt sie sich von der Kategorie des Raumes nicht trennen. Mit den Vorstellungsformen des Räumlichen kann sie schematisiert werden als einsinnige ‚Linie' (vgl. Kant 1787, B. 50) des Zeitstrahls, als aufgefächerte Struktur übereinander gelagerter ‚Schichten' (Husserl 1928), als pulsierende, nach allen Seiten sich ausdehnende dreidimensionale Gebildehaftigkeit (wie in Friedrich Wilhelm Joseph Schellings *Weltalter*-Fragmenten). Zeit kann nicht allein in die Relation des Früher und des Später und in die Dimensionen oder Modi Vergangenheit, Gegenwart und Zukunft differenziert werden (McTaggart 1908; dazu poetologisch Simon 2015), sie kann ebenfalls hinsichtlich einer dieser Dimensionen totalisiert werden mit der Folge, dass die anderen Dimensionen als die Innenbestimmungen einer vorherrschenden erfasst werden. So kann es ein Gegenwartsdenken geben, ein *nunc stans* aller Bestimmungen, ein vorrangig oder allein der *memoria* oder dem Zukunftsentwurf gewidmetes Verständnis der Zeit. Martin Heidegger zeichnet als den primären Sinn der „Existenzialität" die Zukunft aus, interpretiert das Phänomen Zeit also von der Zukünftigkeit des Menschen her: „Zeitlichkeit zeitigt sich ursprünglich aus der Zukunft." (Heidegger 1927, § 65, 331) Im Licht der Sorgestruktur menschlichen Daseins werden ihm die beiden anderen Zeitekstasen Vergangenheit und Gegenwart sichtbar. Literarische Schreibweisen haben in diesem Sinne Zeitdimensionen vertiefende Thematiken und Verfahrensweisen: Idylle und Gegenwärtigkeit, Utopie beziehungsweise Apokalypse und Zukünftigkeit. Das vielschichtige Verhältnis von Erzählen und Zeit beziehungsweise Zeiten, vergangenen wie auch gegenwärtigen und zukünftigen (Weixler und Werner 2015), ist ein Fokus der Erzähltheorie wie der Zeitpoetologie. In seiner dreibändigen Studie *Temps et récit* hat der Philosoph Paul Ricœur deutlich gemacht, dass die menschliche Zeit nichts ist, solange man sie nicht erzählt und im Erzählen aneignet (Ricœur 1983–1985). Bringt bereits Augustinus die Art und Weise, wie wir uns der Zeit vergewissern, in der Form einer Verschränkung der Zeitmodi zum Ausdruck („tempora sunt tria, praesens de praeteritis, praesens de praesentibus, praesens de futuris" [Es gibt drei Zeiten, die Gegenwart von Vergangenem, die Gegenwart von Gegenwärtigem und die Gegenwart von Zukünftigem], *Confessiones* XI,XX,26, Augustinus 2009, 599; Flasch 1993), so kann diese Verschränkung weiter komplettiert werden, indem man außer der Gegenwart auch Vergangenheit und Zukunft als gleichberechtigte Standorte zulässt. Das auf diesem Weg entstandene Zeitgefüge lässt sich in der Form einer dreireihigen Matrix darstellen, in der vergangene Vergangenheit, vergangene Gegenwart, vergangene Zukunft und gegenwärtige Vergangenheit, gegenwärtige Gegenwart, gegenwärtige Zukunft sowie zukünftige Vergangenheit, zukünftige Gegenwart und zukünftige Zukunft unterschieden werden (Luhmann 1972; Müller 1978, 142–144, 194–196; Link 1991, 445–454). Diese Ausdifferenzierung der Tempora, die die besondere Art und Weise, in welcher die Zeit in der geschichtlichen Erfahrung in Erscheinung tritt, verständlich machen soll, führt – in der Konsequenz – auch zur weiteren Ausdifferenzierung der Poetik der Zeit.

In dieser kurzen *tour d'horizon* durch unterschiedliche kulturelle Formierungen von Zeit zeigt sich, dass diese immer einer aisthetischen Konkretion bedarf. Eine literaturwissenschaftliche Poetik der Zeit kann mithin immer nur anlässlich der oder innerhalb von Poetiken bestimmter, aisthetisch konkretisierter Konzepteinheiten gedacht werden. Dies lässt sich auch so formulieren, dass Zeit immer nur als Eigenzeitlichkeit auftritt, nämlich anhand der Eigenheiten konkreterer Zeitformierungen. Es wird deutlich, dass die mit der Chronometrie gegebene Ubiquität der Zeit offenkundig eine sehr problematische Abstraktion darstellt. ‚Die Zeit' wird so zu vielen Eigenzeiten und – hinsichtlich der literaturwissenschaftlichen Fragestellungen – zu all den Eigenzeitlichkeiten, die an der Literatur manifest zu machen sind. So gibt es also Poetiken der Geschichtsphilosophie (Steinwachs 1986), etwa als Poetiken der Konfrontation oder Übereinanderlagerung geschichtlicher Zeitebenen, die das Bewusstsein einer offenen, ungleichzeitigen Zukunft hervorbringen (Schneider und Brüggemann 2011; Brüggemann 2015) oder als Poetiken des historischen Romans (Göttsche 2001; Midekke 2002) etc. Poetiken der verstetigten Wiederholung finden sich auf verschiedenen Ebenen: als Poetiken der zyklischen Zeit des Mythos (Lotman 1993), als Poetiken des Kalendarischen (Honold 2013), als Poetiken, die die Folgen der chronikalischen Zeitmessungstechniken bedenken, so etwa als Beschleunigung oder als Verlangsamung (Handke exemplarisch in *Versuch über den geglückten Tag: ein Wintertagtraum*, 1991). Mit dem Konzept des ‚Chronotopos' (1973) hat Michail M. Bachtin Poetiken der differenten Verzeitlichung des Raumes untersucht (Bachtin 2008b; Detmers und Ostheimer 2016). Kulturell verschiedene Zeiterfahrungen werden zunehmend im Rahmen des interkulturellen Schrifttums thematisch, zum Beispiel in den Texten von Yoko Tawada, in Reiseberichten oder ethnographisch orientierter Literatur. Eine anthropologisch basierte Poetik der Zeit hat Emil Staiger, Überlegungen Heideggers aufnehmend, als Verlaufsformen der Einbildungskraft des Dichters zu entwickeln versucht (Staiger 1939). Auch die in den 1990er Jahren entstandene Gedächtnisforschung unterhält Bezüge zu einer (kultur-) anthropologischen Theoriebildung, die vor dem Hintergrund der Frage nach den Möglichkeiten und Grenzen der kulturellen Archivierung gleichwohl ausgeweitet wird zu einer umfassenden Architektur des Gedächtnisses. Im Kontext der Theorie der geschichtlichen Zeiten wie der Theorie des kulturellen Gedächtnisses werden die geschichtlichen Energien der Kulturalisierung der Zeit, ihrer kulturellen und sozialen Konstruktion, erkennbar (Raulff 1999, 9), so dass das „kulturelle Gedächtnis als ein Steuerungsinstrument für das Manövrieren in dieser selbst hervorgebrachten Zeit" fungiert (Assmann 2013, 274; Assmann 1999).

Zweifelsohne gibt es Autoren, die Fragen der Zeit in ausgezeichneter Weise zum Thema ihrer Werke, vor allem aber zur Poetik ihres Schreibens gemacht haben. Marcel Prousts *À la recherche du temps perdu* ist wohl an erster Stelle zu nennen, verdichtet sich doch in diesem Werk die Kunst literarischer Zeitgestaltung in neuer Form (Jauß 1986; Bohrer 2003; Genette 2007; Stierle 2008a; Warning 2016). Der Roman umkreist die Frage, wie Leben in der Zeit – und trotz ihr – gelingen kann. Im Phänomen der *mémoire involontaire* entdeckt Proust die Möglichkeit einer Erfahrbarkeit dessen, was sich im unaufhaltsamen Fortgang der Zeit durchhält und der Zerstückelung des Lebens durch die Zeit widersteht. In Auseinandersetzung mit Proust spricht Samuel Beckett von der Zeit als dem „double-headed monster of damnation and salvation" (Beckett 1965, 11), dem man nicht entrinnen könne. Mit Blick auf Brüchigkeiten des Proust'schen Projekts hält er fest, dass Zeit nicht ‚wiedergefunden', sondern nur ausgelöscht werden könne: „Time is not recovered, it is obliterated." (Beckett 1965, 75) Im Sinne dieser Einsicht gestaltet er als Dramatiker wie als Erzähler die im Leiden erfahrene Zeit und die in der Katastrophe erfahrene Geschichte (Hühn 2002). Peter Weiss' *Die Ästhetik des Widerstands* arbeitet mit literarischen Mitteln an einer Gerechtigkeit erzeugenden Trauerarbeit des Widerstands gegen den Faschismus im Sinne einer an Dantes *Commedia* angelehnten literarischen Gedächtnisarchitektur. Die Aufzählung exemplarischer Autoren und ihrer in der Geschichte der literarischen Zeitdarstellung und -gestaltung paradigmatisch gewordenen Werke ließe sich weiterführen (Hughes 2000; Zanetti 2006; Neumann 2013): Shakespeares *Sonnets* setzen die Negativität menschlicher Zeiterfahrung in eindringlichen Szenarien poetologisch um. Hölderlins Hymnen, die mit poetischen Mitteln eine Wende der Zeit figurieren, werden als geschichtsphilosophische Poetik lesbar, die die Episteme der Zeit (Foucault 1971, 357) in radikaler und selbstreflexiver Weise gestaltet und dabei das dichterische Sprechen in seiner zeitlichen und geschichtlichen Gebundenheit ausstellt (Hühn 1997; Urbich 2014).

Man findet zentrale Beiträge zur Poetik der Zeit folglich vor allem in denjenigen Spezialgebieten der Forschung, die Autoren mit komplexen Zeitüberlegungen gewidmet sind. Auch hier wird evident, dass zeitpoetologische Überlegungen gerade da, wo sie materialreich und eng argumentierend erfolgen, nicht ‚übertragbar' zu sein scheinen: Sie sind irreduzibel an die Texte, die Autorenpoetiken und die thematischen Fokussierungen gebunden.

Eine informierte und auf relative Vollständigkeit angelegte Überschau zu dem, was in der Forschung mit dem Begriff ‚Poetik der Zeit' bezeichnet wird, würde aus den genannten Gründen schnell in eine absehbar kriterienlose Aufzählung münden. Zeitpoetologisches kann sich letztlich an allem, was der Zeitlichkeit unterworfen ist, darstellen. Die Forschung zur Poetik der Zeit ist de facto an der aktuellen ‚Inflation' des Poetikbegriffs (wie die Poetik der Kultur, des Wissens, des Raumes u. ä.) nicht unbeteiligt. Die Alternative, eine philosophische Theorie der Zeit entwerfen zu wollen, um daraus Kriterien für eine kompakte Schließung des Theoriefeldes zu gewinnen, wäre nicht nur literaturwissenschaftlich unbefriedigend, sie ist wohl auch philosophisch naiv. Die Studien von Karen Gloy zeigen, dass eine Philosophie der Zeit selbst wieder in eine Reihe der jeweils anders sich darstellenden Zeitformen mündet und schließlich sogar in eine Morphologie, die ihrerseits eine der Zeit unterworfene Theorieform ist, überführt wird (Gloy 2006).

Um den vorliegenden Handbucharartikel nicht in die ‚schlechte Unendlichkeit' der skizzierten Listen und Reihen münden zu lassen, sei im Folgenden ein neuer Anfang gewagt. Er legitimiert sich nicht zuletzt dadurch, dass ‚Poetik der Zeit', anders als andere Poetik-Genitive, keinen kompakt gegliederten Referenzgegenstand des poetologischen Wissens für sich reklamieren kann.

2 Poetik und Poietik der Zeit

Im Anschluss an die platonisch-aristotelische, die frühromantische und die strukturalistische Tradition wie an die moderne Zeitphilosophie (Theunissen 1991; Gloy 2006) soll zunächst ein Vorbegriff gewonnen werden. ‚Poetik' besagt im Kontext des Folgenden zweierlei: 1. dass künstlerische Werke sich im Prozess ihrer eigenen Verfertigung – in ganz unterschiedlicher Weise – auf sich selbst beziehen und damit zugleich sich selbst, ihre Form und ihre Komposition, ausstellen; 2. dass künstlerische Werke etwas hervorbringen, das ohne diese Hervorbringung nicht existieren würde. Diese zweite Bedeutung des Ausdrucks ‚Poetik' rekurriert auf die ποιητική τέχνη (*poiētikḗ téchnē*), die in der platonisch-aristotelischen Philosophie zunächst allgemein das produktive Können meint, etwas, „was vorher nicht da war, ins Dasein zu überführen" (Platon Soph. 219b; Symp. 205b8–205c2; Agamben 2012, 91–92). In diesem Sinne liegt die *poiesis* (ποίησις), wie Platon betont hat, allen Künsten zugrunde, entsprechend bringen alle Künste auch Zeitlichkeit und Zeitverhältnisse hervor. Die ‚Poetik der Zeit' wird damit als eine *Poietik der Zeit* verstehbar.

Im Falle der Dichtung heißt das: Dichterische Texte generieren und figurieren im Medium der Sprache kulturelle Formen von Zeit und machen damit Zeitverhältnisse über deren Darstellung reflektierbar. Zeitphilosophisch betrachtet besagt das, dass ‚die' Zeit nicht einfach gegeben ist, sondern unter geschichtlich-kulturellen Bedingungen formiert und transformiert wird. Verbindet man die beiden Bedeutungen der reflexiven Selbstbezugnahme literarischer Texte und der Hervorbringung von Zeitweisen miteinander, dann lässt sich der Sachverhalt, um den es geht, so explizieren: Wenn literarische Texte in der spezifischen Form ihres jeweiligen Selbstbezugs zugleich ihre eigene Form und Organisation im Modus ihrer Darstellung mitthematisieren und wenn diese Form und Organisation mit der bewussten Hervorbringung und Modellierung von Zeit untrennbar verbunden ist, dann lässt sich von einer jeweiligen (nicht von ‚der') ‚Poetik der Zeit' sprechen.

Die folgenden Überlegungen konzentrieren sich mithin allesamt auf ‚implizite' beziehungsweise ‚immanente' Poetiken der Zeit, vermeiden also große Theoriekonzepte der Zeitlichkeit wie zum Beispiel die Geschichtsphilosophie. Literarische Texte können selbst, wie es die frühromantische Tradition der „Poesie der Poesie" (Schlegel KFSA II, 204; Engel 1993, 389–404; Matuschek 2012) gefordert hat, zum Medium dichtungstheoretischer Reflexion werden. Die romantische Poesie kann, so Friedrich Schlegels Konzept der reflexiven Potenzierung im *Athenäums*-Fragment 116, „am meisten zwischen dem Dargestellten und dem Darstellenden frei von allem realen und idealen Interesse auf den Flügeln der poetischen Reflexion in der Mitte schweben, diese Reflexion immer wieder potenzieren und wie in einer endlosen Reihe von Spiegeln vervielfachen" (Schlegel KFSA II, 182–183). Poetische sind zugleich poetologische Texte, wenn sie auf ihre eigenen Möglichkeitsbedingungen, ihre Anlage und ihre immanenten ‚Gestaltungsgesetze' mit den Mitteln des Poetischen reflektieren. Solche Reflexion im Medium der Darstellung kann auch an der Form des Textes abgelesen werden, die ihre eigene Semantik erzeugt (Formsemantik) und so selbst ‚sprechend' wird. „Darstellung hat", wie schon Friedrich Gottlieb Klopstock programmatisch hervorgehoben hat, „Theorie" (Klopstock 1989, 157; Menninghaus 1994). Die immanente Poetik einer Darstellung freizulegen, verlangt einen Akt der Interpretation.

Eine wichtige Explikation der Selbstbezüglichkeit dichterischer Texte hat Roman Jakobson entwickelt. In seinem Aufsatz *Was ist Poesie?* von 1934 legt er dar, dass weder stoffliche noch formale Kriterien es erlauben, eine sprachliche Mitteilung von einem Sprachkunstwerk eindeutig zu unterscheiden (Jakobson 1979a, 67–82). Dichtung bestimmt sich nach Jakobson nicht durch äußere Merkmale und deren Kombination, sondern durch die Manifestation ihrer „poetischen Funktion", die als eine Sprachfunktion sui generis erläutert wird: „Gewinnt in einem Wortkunstwerk die Poetizität, die poetische Funktion, richtungsweisende Bedeutung, so sprechen wir von Poesie. Doch wodurch manifestiert sich die Poetizität? Dadurch, daß das Wort als Wort, und nicht als bloßer Repräsentant des benannten Objekts oder als Gefühlsausbruch empfunden wird. Dadurch, daß die Wörter und ihre Zusammensetzung, ihre Bedeutung, ihre äußere und innere Form nicht nur indifferenter Hinweis auf die Wirklichkeit sind, sondern eigenes Gewicht und selbständigen Wert erlangen." (Jakobson 1979a, 79; Jakobson 2007a, 15–16; Bode 1988) Die ‚Überschreitung' der Referenz bei gleichzeitiger Aktualisierung der „äußeren und inneren Form" markiert die Selbstbezüglichkeit der poetischen Sprache, die Jakobson auch mit Rekurs auf die frühromantische Konzeption Friedrich von Hardenbergs artikulieren kann (Novalis 1981). In Weiterentwicklung des ‚Organonmodells' der Sprache, das Karl Bühler entfaltet hat, unterscheidet er in *Linguistik und Poetik* aus dem Jahr 1960 sechs unabdingbar implizierte Faktoren und Funktionen der sprachlichen Kommunikation: Zu dem Sender (emotive Funktion), dem Empfänger (konative Funktion) und dem Kontext (referentielle Funktion) kommen das Kontaktmedium (phatische Funktion), der Kode (metasprachliche Funktion) und die Nachricht (poetische Funktion) hinzu (Holenstein 1979). Diese Funktionen treten praktisch nie rein, sondern gemischt und in bestimmter Abstufung ‚gebündelt' auf. Poetizität bedeutet, dass die Botschaft auf sich selbst ‚eingestellt', ‚ausgerichtet' oder ‚zentriert' ist: „Die *Einstellung* auf die BOTSCHAFT als solche, die Ausrichtung auf die Botschaft um ihrer selbst willen, stellt die POETISCHE Funktion der Sprache dar." (Jakobson 1979b, 92–94) In der linguistischen Analyse dichterischer Werke rücken zum einen besonders die sprachlichen Verfahren der Rekurrenz (Jakobson 1979b, 110) in den Blick: Die Poetizität der Sprache wird aufgewiesen als eine der phonetischen und syntaktischen Similaritäten, das heißt der Parallelismen (Lachmann 2014, 92). Zum anderen kann die Einsicht, dass die poetische Funktion ein Prinzip ist, das „die übrigen Elemente notwendigerweise verändert und die Beschaffenheit des Ganzen mitbestimmt" (Jakobson 1979a, 78), auch texttheoretisch expliziert werden (Simon 2009, 237–239). Ein Text, in dem die poetische Funktion strukturbestimmend geworden ist, kann alle anderen sprachlichen Funktionen dazu nutzen, die Aufmerksamkeit auf die Machart und Form des Textganzen zu lenken. Indem die poetische Funktion sich in dieser Weise manifestiert, konstituiert sie dadurch notwendigerweise Mehrdeutigkeit: „Mehrdeutigkeit ist eine unabdingbare, unveräußerliche Folge jeder in sich selbst zentrierten Mitteilung, kurz eine Grundeigenschaft der Dichtung." (Jakobson 1979b, 110–111)

3 Der Untersuchungsgang – Übersicht

Der Grundgedanke, dass ‚Poetik der Zeit' ein solches Ins-Dasein-Setzen meint, das seine eigene temporale Logik reflexiv mit darstellt, soll nun durch Überlegungen zur Evolution der antiken Dichtung exemplifiziert werden. Die literarische Zeitgestaltung wird in aufeinander aufbauenden Schritten vom Epos in die archaische Lyrik und in das griechische Drama hinein verfolgt. Den Ausgangspunkt bilden die Ependichter Homer und Hesiod. Die *Theogonie* figuriert in Gegenüberstellung zwei differente Formen von Temporalität, die nicht nur für das Werk und seine Gestalt formprägend sind: die „ewige Gegenwart des Seins" (Picht 1969a, 36–86; Picht 1969b, 141–159) auf der einen und die geschichtliche Zeit der Welt und der Menschen, die als Erzeugungszusammenhang „von ihrem Anfang an" (Theog.

115) begriffen werden soll, auf der anderen Seite. Was ‚Zeit' ist, wird aus diesem Gegensatz heraus modelliert.

Zeigt Archilochos, der Begründer der ‚archaischen Lyrik', in Medium und Form seiner Dichtung, wie die persönliche und geschichtliche Gegenwart des je Gegenwärtigen nicht nur poetisch inszeniert, sondern zugleich epistemisch distanziert werden kann – die dichterische Zeitgestaltung führt zur Aufgabe, den ῥυσμός (rhythmós) der Zeit (West 1989, Fr. 128, 7) zu gewahren –, so lässt Sappho die Figur einer Wende der Zeit poetisch formgebend werden. Diese Wende zeigt sich als Umschlag, der in doppelter Richtung verlaufen kann, von der ‚erfüllten' in die ‚leere Zeit' und von der ‚leeren' in die ‚erfüllte Zeit', in der sich die Nähe und Präsenz des Göttlichen im Alltäglichen menschlichen Lebens spiegeln kann (Theunissen 2000, 266–296; Schadewaldt 1950). In der Hinsicht eines plötzlichen Aufscheinens des göttlichen Glanzes im Leben der Menschen wird die Lyrik Sapphos prägend auch für diejenige Pindars (Pyth. 8, 96–97). Formt der *ordo artificialis* der homerischen Epen die lang sich hinziehende Zeit, so der *ordo* der archaischen Lyrik die in sich übergängliche und ‚entgängliche' Zeit des Tages (ἧμαρ, später ἡμέρα [heméra]). Im Rahmen dieser Zeitform wird die poetisch-poetologische Reflexion auf das Hier und Jetzt konstitutiv. Solons ‚Musen-Elegie' erhebt – vor dem Hintergrund der hesiodeischen *Theogonie* – die χρόνος-Zeit (*chrónos*) zum Subjekt, indem Zeit als ein Gerichtsprozess vergegenwärtigt wird, der zur Enthüllung der Wahrheit und zur Bestrafung der Übeltäter führt. In neuer Form kommt es in Solons Elegie zur poetischen Ausleuchtung des menschlichen Zukunftshorizontes.

Die Tragödie verbindet und verschmilzt die konstitutiven Zeitformen des Epos und der Lyrik in ihrer „Chronodramaturgie" (Schwindt 1996, 1177) auf neue Weise miteinander, indem sie die Tagesspanne poetisch-strukturell zu nutzen weiß (Schwindt 1994, 181–187). Sie verdichtet die Zeit zum einen in einen Augenblick der Katastrophe, der Vor- und Nachgeschichte auseinanderreißt, und rückt das augenblicklich Geschehende zum anderen in den Horizont längst vergangener (zukunftsschwangerer) wie auch zukünftiger Ereignisse (Theunissen 2002; Theunissen 2007).

4 Zeitpoetische Selbstreferenzen bei Homer und Hesiod

Die homerischen Epen enthalten zwar keine direkten Aussagen über Dichtung, jedoch spiegeln sie die Bedingungen des epischen Gesangs literarisch (Od. 8, 62–84; Od. 22, 347–348). *Ilias* und *Odyssee* beginnen beide mit einem Anruf der

Muse, der zugleich das jeweilige Grundthema der Epen benennt: den „Zorn des Peleiaden Achilleus,/der zum Verhängnis unendliche Leiden schuf den Achaiern" (Il. 1, 1–2; Homer 1994, 7), und die Heimkehr des „vielgewandten" Odysseus, „der gar viel umhergetrieben wurde, nachdem er Trojas heilige Stadt zerstörte" (Od. 1, 1–9; Homer 1983, 7). In diesen Anrufen artikuliert sich ein dichtungstheoretisches Selbstverständnis, nach dem der Gesang nicht vom Sänger, sondern durch dessen Mund von der Muse gesungen wird. Der Sänger versichert sich zu Beginn der Bedingungen der Möglichkeit seines eigenen Tuns. Sein Gesang gewinnt im Musenanruf einen impliziten Selbstbezug. Bevor der Schiffskatalog im zweiten Buch der *Ilias* die zur Eroberung Trojas versammelten Griechen aufzählt, unterbricht der Dichter den Gang der Erzählung, um erneut die Hilfe der Musen herbeizurufen (Il. 2, 484–487; vgl. Od. 8, 491; Od. 11, 368). Das göttliche Wissen wird an dieser Stelle menschlicher „Kunde" (Kenntnis) gegenübergestellt, die auf das Hörensagen angewiesen ist. Mit Hilfe der Musen transzendiert der Sänger, der nicht selbst gesehen hat, was er singt, sein Nichtwissen wie seine eigene Zeitlichkeit. Er rückt dem Seher nahe, der wie Kalchas in der *Ilias* „vor Augen hatte das Seiende und das Seinwerdende und das vormals Seiende" (τά τ' ἐόντα τά τ' ἐσσόμενα πρό τ' ἐόντα, Il. 1, 70). Diese zentrale Formel, die in den homerischen Epen nur einmal auftaucht, differenziert die ‚Dimensionen' des Seienden als solche der Zeit und führt sie in ihrem Ineinandergreifen zusammen. Die Formel markiert den Grund, auf dem die eigentümliche Freiheit narrativer Zeitgestaltung im Epos möglich wird. Hinter dem „Seienden" verbergen sich „die gegenwärtigen Kriegsereignisse, die Kalchas in eins mit dem vormals Seienden und dem Seinwerdenden vor sich zu bringen vermag, weil ihm als Seher beschieden ist, auf ihre Vorgeschichte zurück und auf den weiteren Verlauf des Krieges hinauszuschauen" (Theunissen 2002, 9). Die Formel holt im Medium der Sprache das Geschichtliche der Zeit ein.

Hermann Fränkel glaubte in seinem richtungsweisenden Aufsatz *Die Zeitauffassung in der frühgriechischen Literatur* aufgrund lexikalischer Arbeiten zum Ensemble der temporalen Ausdrücke bei Homer die These vertreten zu können, dass Homer „einen unentwickelten Zeitsinn" besitze, bei dem Zeit „noch nicht als besonderer und einheitlicher Gegenstand ins Bewußtsein getreten" sei (Fränkel 1960a, 6; Fränkel 1960b, 23–39). Berücksichtigt man dagegen die poetisch-narrative Zeitgestaltung Homers (Rengakos 1995, 10–19; Jong und Nünlist 2007), dann fällt auf, dass bereits in der *Ilias*, erst recht in der *Odyssee* die Erzählzeit nach Belieben gedehnt, gerafft und dass mit Rückblicken auf Vergangenes und Vorblicken auf Zukünftiges gearbeitet wird. Zeit kommt in der antiken Epik zunächst über die Darstellung zeitlich sich erstreckender Geschehnisse zur Erscheinung (Ingarden 1965, 251). Der Blick der Untersuchung kann gleichwohl von der dargestellten Zeit auf die Narratologie der Zeit übergehen. Wolfgang Kullmann hat im Unterschied zu Fränkel deutlich gemacht, dass „die einfachen Grundformen menschlichen Zeiterlebnisses, so wie sie in der abendländischen Literatur immer neu abgewandelt worden sind, bei Homer größtenteils bereits vorhanden sind" (Kullmann 1968, 35).

In einem singulären Vorausblick auf die eigene Gegenwart, der vom Schicksal der achaischen Mauer handelt, entwickelt bereits die *Ilias* (12, 3–35) eine genuin geschichtliche Perspektive (Zeitoffenheit und Progression): Das gewaltige Mauerwerk habe nur solange aufrecht gestanden, wie die Troer Widerstand leisteten. Doch nach Trojas Fall und der Rückkehr der Achaier hätten Poseidon und Apollon alle Flüsse auf die Mauer umgeleitet, und Zeus habe es ununterbrochen regnen lassen, so dass von ihr keine Spur übrig geblieben sei. Homer überbrückt hier – es ist eine der wenigen Stellen, an denen der Dichter die Zeitebene seiner Erzählung verlässt – die Distanz zwischen der erzählten und seiner eigenen Zeit. „Nirgends tritt wie hier", so Uvo Hölscher, „das Zeitbewußtsein des Dichters so unverhüllt hervor, nirgends ist Homer so nahe dem historischen Denken der späteren Geschichtsschreibung." (Hölscher 1990, 161; Hölscher 1994, 22)

Mit einem Hymnos auf die Musen beginnt die hesiodeische *Theogonie* (Θεογονία, ‚Götter-Entstehung'). Als „Diener" beziehungsweise „Gefährte der Musen" (Theog. 99–100) besingt der Dichter, der mit eigenem Namen hervortritt (Theog. 22), die Entstehung der Welt aus dem Chaos bis zur Ergreifung der Macht und Sicherung der olympischen Herrschaft des Zeus. Hesiods Werk, das poetische Kosmogonie, Göttergenealogie und Erkundung menschlichen Daseins in einen inneren Zusammenhang bringt, verfolgt die Geschichte des Universums als eine Geschichte dreier göttlicher Generationen bis zu dem gegenwärtigen Stadium der Welt.

Im Proömium preist der Dichter die Musen und verdeutlicht darin zugleich sein eigenes Verständnis von Dichtung (Theog. 22–42). Er weiß sich von den Musen instruiert und durch den Lorbeerzweig zum Dichter geweiht. Diese hauchten ihm „Sprache ein, gottgegebene, damit ich künden könne das Zukünftige und das vorher Gewesene, und hießen mich preisen der Seligen Geschlecht, der immerseienden, sie selbst aber immer *zuerst und zuletzt* zu besingen" (Latacz 1991, 101–102; Hervorhebung H. H.). Die Rede der Musen, ihre Selbstvorstellung im Rahmen der ‚Dichterweihe', wird in der Folge zu einem zentralen Ausgangspunkt frühgriechischer dichterischer Selbstreflexion (Hölscher 1990, 217–222; Rösler 1980; Kambylis 1965; Barmeyer 1968). Die Musen wissen nach Hesiod „viel Erlogenes zu sagen, das dem Wirklichen gleicht", sie wissen aber auch, wenn sie wollen, „Wahres zu singen" (ἴδμεν ψεύδεα πολλὰ λέγειν ἐτύμοισιν ὁμοῖα,/ἴδμεν δ' εὖτ' ἐθέλωμεν ἀληθέα γηρύσασθαι, Theog. 26–28). Hesiod markiert an dieser Stelle nicht nur den Wahrheitsanspruch seines eigenen Dichtens, er lässt auch das der Realität nur Ähnliche, das ‚Erlogene' als das poetisch Fingierte, zur Sängerkunst zählen. Im Proömium variiert der Dichter die Temporalformel der *Ilias* an zwei Stellen (Theog. 31–32, 38) und umschreibt damit den Horizont, in den die musische Inspiration den Dichter versetzt: „[D]as, was gegenwärtig ist, wird hier dem Zukünftigen und vormals Seienden nicht gleichgeordnet, sondern gegenübergestellt als das Göttliche, welches immer ist. Nur die Götter stehen in der ewigen Gegenwart des Seins; hingegen kann das, was in der Zeit entsteht und vergeht, wegen seiner Zeitlichkeit und Vergänglichkeit niemals rein und vollständig zur Gegenwart und damit zum Dasein gelangen; es ‚ist' immer nur im Übergang von dem, was vormals war, zum Zukünftigen." So hat Georg Picht die Stelle kommentiert, der die Anfänge griechischer Philosophie mit der Hervorbringung erster kategorialer Unterscheidungen (wie der des Beständigen und des Vergänglichen) über die Auseinandersetzung mit der hesiodeischen „Ewigkeitsformel" rekonstruiert (Picht 1969a, 44; Heidegger 1950, 316–324). Das Proömium trägt so in den Rahmen der poetischen Selbstbezugnahme die Funktion poetischer Zeitgestaltung ein. Insofern lässt sich von einer impliziten Zeitpoetik des Hesiod sprechen. Es ist eine Poetik des Immer-wieder-von-Anfang-an, der Sein und Werden miteinander versöhnen soll. Die Iterativität bezeugt auch der doppelte Musenanruf (Theog. 1 und 36). Die ewige Gegenwart des Göttlichen kann poetisch nur durch ständige erinnernde Wiederholung erzeugt werden. Der Dichter muss sich seines eigenen Sprechens immer wieder versichern. Poetische Kosmogonie und Göttergenealogie figurieren in prototypischer Weise geschichtliche Zeit und restringieren sie zugleich. Die temporale Sukzession erst lässt eine Ordnung entstehen, die als eine des Rechts Anspruch auf zeitüberwindende Dauer stellen kann. Die poetisch ins Dasein gesetzte ewige Gegenwart des Göttlichen transzendiert die für Menschen geltende geschichtliche Zeitform (Vidal-Naquet 1960), die sich im bestandlos Labilen des ständigen Übergangs zeigt. In der Darstellung der Ewigkeit-Zeit-Konflikte wird die *Theogonie* wirkmächtig.

In seine implizite Zeitpoietik schreibt Hesiod auch die poetische Funktion produktiver Lesmosyne (Vergessenheit) ein (Theog. 96–103). Sie hat dem Proömium gemäß eine spezifisch temporale Gestalt, indem sie zwischenzeitige Ablenkung vom Kummer gewährt. Fließt nämlich dem durch die Musen inspirierten Sänger „süß vom Munde die Sprache", so gilt auch: „rasch vergißt er [‚den sich die Musen zum Freunde machen,] dann seine Mißgestimmtheit, und an die Leiden denkt er nicht mehr: schnell lenkten ihn ab die Gaben der Göttinnen" (Latacz 1991, 103). Die Musen, Töchter der Mnemosyne und damit der Erinnerung, bewirken zugleich Vergessenheit der Übel und Trost der Sorgen (Theog. 54–55: λησμοσύνην τε κακῶν ἄμπαυμά τε μερμηράων). Der Hörer kann aus diesem Vergessen wieder neu auf sich selbst zurückkommen und sein Leid am Gegenstand des Gesangs verallgemeinern. Musische Selbstvergessenheit ermöglicht Erinnern, musisches Erinnern ermöglicht Selbstrückkehr. Hesiod weitet die Kraft des Musischen auch auf das Wort des klug und gerecht entscheidenden Königs aus (Theog. 80–93). Das Sängertum, das von Apollon und den Musen kommt, steht damit neben dem Königtum, das von Zeus kommt. Beide sind durch die Gabe der gewinnenden Rede ausgezeichnet (Fränkel 1993, 119).

5 Selbstreflexive Zeitgestaltung in der archaischen Lyrik

Rhythmus der Zeit: Gegenwärtigkeit

Archilochos von Paros galt den Griechen von früh an als einer ihrer größten Dichter. Mit dem Satz, wonach den Menschen jeweils entsprechend dem Tag zumute ist, den Zeus gerade heraufführt, verschärft er eine der *Odyssee* (Od. 18, 130–137) entnommene und für diese zentrale Sentenz: „So pflegt sich der Sinn den Menschen – Glaukos, Sohn des Leptines! –/zu gestalten (da sie sterblich), wie der Tag, den Zeus bringt,/und sie denken so, wie das ist, woran sie geraten sind." (West 1989, Fr. 131/132, 1–3; Latacz 1991, 250–251; Fränkel 1993, 191–214; Theunissen 2000, 161–199) Die Lyrik des Archilochos bringt in der neuen Kurzform des Liedes die Erfahrung des Gegenwärtigen zur Sprache, das heißt dessen, woran die Menschen am Tag geraten. Die Erschließung von Realität führt die Lyrik zur Zeit- und Darstellungsform des Tages. Der Tag ist die konstitutive dichterische Erfahrungsform der frühgriechischen Lyrik und prägt deren Gestalt: Gegenstand des lyrisch artikulierten Zeitbewusstseins ist nicht mehr die mythohistorische Vergangenheit, die das Epos in seiner Langform vergegenwärtigt hatte, sondern die dem individuellen Erleben und der individuellen Erfahrung zugängliche Gegenwart. Diese steht, auch wenn sie individualisiert erlebt wird, für jene widerständige Realität, die zugleich den Wechsel und die Unkalkulierbarkeit menschlicher Dinge bedeutet. In der Anrede an den Freund Glaukos artikuliert das hervortretende poetische Ich die Erfahrung einer Überwältigung. „Die Menschen denken so, wie das ist, woran sie geraten sind." (West 1989, Fr. 131/132, 1) Im Denken reproduzieren sie, solchermaßen tagverfallen, jene ihnen zuvorkommende Wirklichkeit, die sich am Tage auf sie legt und sie beherrscht. Sie können dieser Wirklichkeit nichts entgegensetzen.

Es lohnt sich, jener Zwiesprache, die das poetische Ich im Gedicht des Archilochos mit der literarischen Figur des Odysseus hält (Seidensticker 1978, 15), genauer nachzugehen. Odysseus hatte, heimgekehrt nach Ithaka und noch als Bettler verkleidet, so erzählt es der 18. Gesang der *Odyssee*, Amphinomos im

Blick auf den wechselhaften und von Anmaßungen nicht freien Verlauf seines eigenen Lebens folgende Einsicht mitgeteilt: „Nichts Hinfälligeres ernährt die Erde als den Menschen [...] Darum überschreite durchaus kein Mensch je das Göttliche Gesetzte, sondern empfange in Schweigen die Gaben der Götter, was sie auch geben!" (Od. 18, 130–142; Hölscher 1990, 315)

Der Ependichter thematisiert – aus der Perspektive seines vielerfahrenen Protagonisten – das dem Menschen gemäße Verhalten. Aus der Betrachtung der Lebensläufe kann die ‚anthropologische' Einsicht gewonnen werden, sich nicht zu überheben und schweigend anzunehmen, was die Götter schicken. Ein solches Verhalten wird dem Ephemeren menschlichen Daseins gerecht und macht Gebrauch von der Duldekraft, die die Götter den Menschen gegeben haben (Il. 24, 49): der Kraft der τλημοσύνη.

Das Gedicht des Archilochos totalisiert die Abhängigkeit des Menschen vom Tage. Dessen „Gedanken- und Gefühlswelt wird von den Ereignissen", die [ihn] treffen, „radikal umgemodelt" (Fränkel 1993, 149–150): Er ist in noch weit radikalerer Art und Weise *ephemer*, das heißt, den Ereignissen, in denen er sich gerade befindet, preisgegeben. Und genau dies zeigt sich auch in seinem schwankenden praktischen Verhalten, das in den Fokus der Aufmerksamkeit rückt. Die Dichtung des Archilochos setzt solcher radikalisierten Abhängigkeit vom Tage eine die unmittelbare Gegenwart distanzierende Erkenntnis entgegen:

> Herz, mein Herz! Von unstillbaren Kümmernissen angstverwirrt!
> Standgehalten! Bleibe fest nur! Wehr dich! Und entgegen wirf
> kühn die Brust! Beharre trotzig! An die Feinde tritt heran
> ohne Schwanken! Weder – siegst du – wirf dich offen in die Brust
> noch – besiegt – fall um im Hause und brich laut in Jammer aus!
> Sondern: über Freuenswertes freu dich – über schlimmes klag
> Nicht zu sehr! Erkenne lieber, welcher Rhythmus Menschen hält!
> (West 1989, Fr. 128; Latacz 1991, 254–255)

Das Gedicht ist eine poetische Selbstanrede an den *thymos*. Ihr Vorbild bezieht Archilochos wiederum aus dem Epos, aus einer berühmten Selbstermahnung des Odysseus: „Halte aus Herz! Einst hast Du noch Hündischeres ausgehalten an dem Tage, als mir der Kyklop, der Unbändige in seinem Drange, die trefflichen Gefährten verzehrte. Du aber hieltest aus, bis dich ein kluger Einfall aus der Höhle führte, der du schon wähntest, daß du sterben müßtest!" (Od. 20, 18–21; Homer 1983, 261)

In dem Rekurs auf die *tlemosyne* geht Archilochos aber, wie sich zeigen wird, über beide homerischen Epen hinaus. Die Ermahnung im Selbstgespräch des Liedes hat zwei Teile und bündelt sich in einem abschließenden Imperativ. In einem ersten Teil geht es darum, dass das angstverwirrte, von Angst umwogte

Subjekt (κήδεσιν κυκώμενε) sich überhaupt der Situation stellt, in die es geraten ist. Der Dichter überblendet dabei, wie Michael Theunissen demonstriert hat, zwei Metaphoriken, die beide die *conditio humana* zum Ausdruck bringen: die soldatische des Nahkampfs und die nautische des Schiffes, das in schwerer Seenot mit den Wogen kämpft (Theunissen 2000, 173). Der Soldat kann, wenn er denn standhält, auch seinerseits ohne Schwanken den Feinden entgegentreten. In der zweiten Stufe der Ermahnung zur Selbstbehauptung geht es um eine Strategie für den affektiven Umgang mit den Folgen. Der Gefühlsüberschwang muss vermieden werden, weil er den Moment unrechtmäßig verewigt: Im Falle des Erfolgs soll der Standhaltende sich nicht zu sehr freuen, im Falle des Misserfolgs nicht zu sehr verzagen. Die Befolgung des altgriechischen „Nicht zu sehr!" (μὴ λίην) wird möglich, weil der *thymos* die Temporalität des Gegenwärtigen in der Erkenntnis distanzieren kann: „γίνωσκε δ' οἷος ῥυσμὸς ἀνθρώπους ἔχει" [Erkenne lieber, welcher Rhythmus Menschen hält!] (West 1989, Fr. 128, 7). Zu erfassen ist der Rhythmus, in dem die in sich bewegliche Gegenwart sich zeitigt. Der Begriff *rhythmós* bedeutet in der Frühzeit, wie Émile Benveniste in einer wichtigen Studie dargelegt hat, noch nicht die ‚regelmäßige Bewegung der Wellen'. Der Ausdruck steht für eine abgrenzbare, aber in sich bewegliche Form, die sich in der Bewegung herstellt (Benveniste 1974, 366). Die Erkenntnis verlangt ein die unmittelbare Gegenwart transzendierendes Erinnern, das selbst ein zeitlicher Vollzug ist.

Archilochos' Dichten situiert den Menschen zwischen totalisierter Abhängigkeit vom Tage und distanzierter Erkenntnis der Gestalt, die sich in der Zeitigung der Zeit manifestiert. In der poetischen Darstellungsform des Perspektivwechsels zeigt sich die Abhängigkeit vom Tag, in der die Menschen keine eigene Identität ausbilden können und ihr Handeln dem Wechsel angleichen. Im Widerstand gegen diese herrschende Zeitform soll eine ‚Gegenzeit', ein als Rhythmus artikuliertes Zeitverständnis und mit ihm innerer Halt gewonnen werden. Mit der τλημοσύνη (*tlemosyne*), die die Götter den Menschen als Heilmittel (φάρμακον) gegeben haben (West 1989, Fr. 13, 5–7), existiert eine menschliche Kraft, die nach Archilochos aber nicht in passivem Erdulden, sondern in wagendem Ertragen besteht. In ihrer Aktivierung erzeugt sich die menschliche Freiheit vom Tag, die immer wieder neu gewonnen werden muss. Die Formen der Dialogizität, die Adressierbarkeit des Anderen, und die der Intertextualität geben dem Autor die Möglichkeit, sein eigenes dichterisches Sprechen zu thematisieren. Im Aufruf der Intertexte und in der poetischen Abgrenzung von ihnen gewinnen seine Gedichte zugleich ihre Zentrierung auf sich selbst. Archilochos stellt seine implizite Poetik der Erkenntnis der Gegenwart im Perspektivwechsel seiner Gedichte dar, und er gewinnt sie in Auseinandersetzung mit den Referenztexten der *Odyssee*.

Wende der Zeit: Erinnerung und Hoffnung in der Gegenwärtigkeit

Wie Archilochos entdeckt Sappho die Wirklichkeit des gegenwärtig Wirkenden. Wie Archilochos dichtet sie das Gegenwärtige in seiner Transienz. Wie Archilochos entfaltet sie dabei Möglichkeiten einer poetischen Transzendenz der unmittelbaren Gegenwart. Ein anderer, zarterer ist allerdings ihr Ton. Sapphos Sprache setzt feinste Gefühlsregungen auf ebenso nuancierte Weise um. Die Dichterin aus Lesbos manifestiert die Geschehensabläufe, die sie um sich und an sich selbst beobachtet, poetisch im Gang der Gedichte und erzeugt so deren prozessuale, sich aus sich selbst heraus entfaltende Form (vgl. Erb 1983, 107). Der gegenwärtige Zustand, der dichterisch erfasst werden soll, erschließt sich erst in der Bewegung, die er selbst auslöst. Das spezifisch Poetische besteht in einer Reproduktion „der dargestellten Bewegung in der Darstellung selbst" (Theunissen 2000, 294). Der temporale ‚Inhalt' führt zur Temporalisierung der Form. Der alexandrinischen Buchausgabe der Gedichte Sapphos war die folgende Ode an Aphrodite vorangestellt, die vollständig erhalten ist. Sie knüpft an die traditionellen kletischen Hymnen an, indem sie deren Gestalt auf eigenwillige Weise transformiert:

> Buntthronig unsterbliche Aphrodite,
> Kind des Zeus du, listenflechtende! Ich bitte dich:
> drück mir nicht in Überdruß und Qualen nieder,
> Herrin, den Mut!
> Sondern: Komm herbei! Wenn du einmal auch zu andrer Zeit schon
> diese meine Stimme hörend aus der Ferne
> ihr dein Ohr geschenkt hast und des Vaters Haus verlassend
> *gekommen* bist – nachdem den goldnen
> Wagen du unters Joch geschirrt hast und schön dich zogen
> hurtige Sperlingsvögel hoch über der schwarzen Erde,
> eifrig die Flügel schlagend, herab vom Himmel, hindurch
> durch des Luftraums Mitte:
> flugs waren sie da – und du, o Selige:
> lächelnd mit göttlichem Antlitz
> hast du gefragt, was ich denn jetzt wohl wieder für ein Leid nur hätte und wonach
> ich *jetzt* denn wieder riefe
> und was ich denn am sehnlichsten bekommen möchte,
> in meinem liebestollen Sinn? – ‚Wen soll ich *jetzt* denn wieder überreden,
> daß du ihn führen kannst in deine Liebe? Wer macht dich,
> meine Sappho, krank?
> Denn wenn sie flieht – bald wird sie suchen!
> und wenn Geschenke sie nicht annimmt – geben wird sie!
> und wenn sie *nicht* liebet – rasch *wird* sie lieben –
> auch wenn sie *nicht* will!'

Komm zu mir auch jetzt! und von dem schlimmen
Kummer mach mich frei! Und alles das, was meine Sinne
daß es geschehe glühend wünschen, laß geschehen! Und du selber:
Mitstreiterin sei mir!
(Lobel/Page 1955, Fr. 1; Latacz 1991, 419–421)

Das Gedicht entfaltet sich in einer Ringkomposition (Schadewaldt 1950, 105). Es beginnt mit dem Anruf der Aphrodite in der ersten Strophe und geht nach einem fünfstrophigen Mittelstück in der siebten Strophe wieder in diesen Anruf zurück (Schadewaldt 1950, 70). Der Rückgang in den Anfang markiert einen Bewusstseinswandel (Burnett 1983, 251–252). Das Gedicht versucht in seinem Fortgang eine Befreiung vorzuführen, in der das poetische Ich zu sich selbst kommt, indem es sich an die Göttin wendet. Die Bitte ist zunächst eine, in der die Liebesgöttin zugleich als Verursacherin von Lebensüberdruss und unerfüllter Sehnsucht erscheint. Ihr Herbeikommen wäre aber selbst schon, worauf am Ende insistiert wird, „Erlösung von schwerem Kummer". Erst über solche „Negation von Negativem" (Theunissen 2000, 289; Schadewaldt 1950, 88) kann die Dimension des Gewünschten vom poetischen Ich angedeutet werden – dass Aphrodite als ‚Mitstreiterin', als Bundesgenossin herbeikommen möge (σύμμαχος ἔσσο). Der Mittelteil, das Herzstück des Gedichts, transzendiert die gegenwärtige Not im Hier und Jetzt in der Erinnerung an vergangene Erfüllungen der Bitte. Er verdeutlicht, dass die Bitte schon unzählige Male an die Göttin gerichtet wurde, weil das poetische Ich schon unzählige Male in seinem „liebestollen Sinn" in solche Trübsal versunken war. Der Mittelteil vergegenwärtigt zugleich, dass die Göttin nicht nur ein Ohr für die sie Anrufende hat, sondern dass sie auch wiederholt ‚flugs' (13: αἶψα) gekommen ist, nachdem sie ihr himmlisches Haus verlassen hat. Die Erinnerung an vergangene ‚Epiphanien' der Göttin evoziert ihr lächelndes Antlitz und auf dem Höhepunkt der Darstellung ihres Erscheinens ihre direkte Ansprache an die Dichterin. Die Göttin kann mit ihrem Vermögen die unmittelbare Gegenwart, der der Mensch zu verfallen droht, alsbald in ihr Gegenteil wenden, wie die vorletzte Strophe mit Blick auf die Umschläge im Bereich der unerfüllten Liebe sichtbar macht. Veränderung vollzieht sich, das arbeitet das Gedicht in seinem Vollzug heraus, inmitten der Gegenwart selbst. Die Erinnerung an das vergangene Kommen der Göttin ist bereits heilsam, weil bewusstseinsstiftend (vgl. auch Lobel/Page 1955, Fr. 94). Sie vermag das Subjekt aus seiner verengten gegenwärtigen Gegenwart zu befreien, es mit seiner vergangenen Gegenwart in Verbindung zu bringen und es auf eine veränderte zukünftige Gegenwart hin zu öffnen. Das Innewerden vergangener Gegenwart schafft gegenwärtige Zukunft (Schadewaldt 1950, 88). Der augenblickliche Moment des Leidens verliert den Schein unendlicher Dauer. Befreiung geschieht durch die Weitung der verengten Gegenwart (Theunissen 2000, 283), durch die Appräsentation, das Mitgegenwärtigmachen des im Kummer Abgeblendeten. Indem sie das Zeitbewusstsein der ihr Untergebenen zu transformieren hilft, zeigt sich Aphrodite als Schutzgöttin. Das poetische Ich kann sich aus dem Schmerz zur Haltung des Ertragens zurückrufen (vgl. auch Lobel/Page 1955, Fr. 31), weil es die vorübergehende Zeitlichkeit des Schmerzes selbst erfasst: Eine temporale Einsicht, die das ganze Lied, auch seinen Anfang, in ein verändertes Licht rückt. Das Gedicht ist ein Erkenntnisprozess. In seinem Gang wird die Struktur der Zeit, die mit dichterischen Mitteln hervorgebracht wird, das heißt die in sich veränderliche Zeitlichkeit erlebten Lebens, vom poetischen Ich in sein Bewusstsein aufgenommen. Zeitlichsein heißt aber trotz aller Haltung, die das Subjekt der Zeit gegenüber gewinnt, unablässiges Mit-sich-Uneinswerden (vgl. insgesamt auch Latacz 1985).

Gericht der Zeit: Gegenwart und ausstehende Zukunft

Solons ‚Musen-Elegie' (West 1992, Fr. 13) beginnt mit der Anrufung der pierischen Musen. Das Gedicht reflektiert die *conditio humana* wie die politisch-geschichtliche Situation, indem es den gerechten und ungerechten Reichtum und dessen Folgen zum thematischen Dreh- und Angelpunkt macht. Die Konsequenzen menschlichen Handelns und Verhaltens werden unter dem Gesichtspunkt der *dike* (Gerechtigkeit) vergegenwärtigt, über die Zeus wacht und die dauerhafte Gültigkeit besitzt. Der *adikia*, dem menschlichen Unrecht, folge, so Solon, das Unheil der Strafe zwangsläufig nach. Wann die Strafe eintrete, bleibe ungewiss, dass sie eintreten werde, wenn auch erst in der Generation der Kinder oder Kindeskinder, sei gewiss. Das Gedicht spricht – in Anknüpfung an Hesiods *Theogonie* – im Dienst der von Zeus garantierten kosmischen Gerechtigkeit. Dieser schafft dem verletzten Recht Genugtuung. Es spricht aber zugleich im Dienst der Polis und ihrer Bürger, denen es im Medium der Dichtung vor Augen führt, welche Langzeitfolgen menschliches Unrechttun hat.

Bei dem Lyriker Solon zieht Chronos alles Interesse an temporalen Verhältnissen auf sich (West 1992, Fr. 6; Fr. 10; Fr. 13; Fr. 36). Er ist nicht mehr bloß Medium, sondern Subjekt. Als Subjekt deckt er alle Wahrheit auf und erfüllt oder vollendet das Ausstehende. Erfüllen und vollenden kann er nur, weil er – im Unterschied zu den geschichtlichen Subjekten – stetig fortschreitet. Zu seiner enthüllenden Funktion gehört, dass er die Wahrheit über alles Böse ans Licht bringt und Übeltäter gerechter Strafe überantwortet. Nicht zuletzt dadurch erweist er sich schließlich als göttlich. Im Zusammenspiel solcher Tätigkeiten wird Solons Lehre vom Zeitsubjekt zu einer Geschichtsphilosophie, die am Ende den Charakter einer Geschichtstheologie annimmt (Theunissen 2007, 1191; Mülke 2002, 235).

An der chronischen Zeit ist nicht mehr wichtig, dass sie in eine ferne Vergangenheit zurückreicht. Der Dichter lenkt den Blick vielmehr auf eine ferne, wenn auch absehbare Zukunft. Die *chrónos*-Zeit steht, das ist von der Struktur her hesiodeisch, ganz im Dienst der *dike*, die ihrerseits Zeus dient. Die geschichtliche Zeit wird als ein Gerichtsprozess gedacht, der Gerechtigkeit auch gegen alle Widerstände und damit über die Köpfe der geschichtlichen Subjekte hinweg durchsetzt: Das Göttliche bricht – unerwartet und jäh – nicht nur in das Dasein von Menschen, sondern auch in den Weltlauf ein. Solon entfaltet hierzu sein Gleichnis vom Frühlingssturm, der die Wolken am Himmel vertreibt und plötzlich neue Klarheit schafft:

> so wie ein Sturm die Wolken jählings auseinandertreibt
> im Frühling (hat zuvor des wogenreichen, öden Meeres
> Grund aufgewühlt, dann auf der Erde, die den Weizen trägt,
> verwüstet schönes Saatland, kommt jetzt hoch zum Sitz der Götter,
> zum Himmel, macht, daß man die klare Helle wieder sieht:
> [...] und von den Wolken ist nichts mehr zu sehn) –
> so ist auch Zeus' Vergeltung.
> (West 1992, Fr. 13, 17–25; Latacz 1991, 195)

Die klare und unverstellte Sicht des strafenden Gottes, der von allem das Ende überblickt, der das Telos in Händen hält und der sich selbst enthüllt, steht in scharfem Kontrast zu den kurzsichtigen Illusionen der Menschen, die ihre Zukunftsbezüge allein ihren Wünschen gemäß ausmalen. Die Menschen wissen nicht nur nicht um das Zukünftige, sie wollen es auch nicht wissen: Ein jeder meint, dass schon alles gutgehen werde, was nach Solon aber nur leere Hoffnung und leerer Wahn ist. In das Zentrum der Elegie rückt die temporale Analyse menschlicher Praxis. Jedes menschliche Handeln ist Risiken ausgesetzt, die zu Beginn des Handelns nicht überschaubar sind. Auf allem menschlichen Tun liegt deshalb Gefahr (*kíndunos*). Besonders gefährlich ist die unersättliche und blinde menschliche Gier nach Reichtum. Dieser lässt sich nicht unbegrenzt vermehren. Die Gier erzeugt ihrerseits den Komplex der ἄτη (*átē*) (Verblendung), die durch plötzliches Umschlagen der Verhältnisse die Strafe herbeiführt. Die gesamte Wirklichkeit, die das Handeln und Erleiden bestimmt, wird also temporal gefasst: die Gier in Verblendung (das Immer-mehr-und-mehr-Haben-Wollen) genauso wie die menschliche *adikia* und die nachfolgende göttliche Strafe. Aufgrund der Verblendung, die den Missgriff und damit das Missgeschick erst entstehen lässt (Fränkel 1993, 272), begehren die Menschen mehr als das, was ihnen die Götter aus Gnade zukommen lassen, und provozieren dadurch das Schicksal (μοῖρα [*moira*]). Dieses Schicksal führt einen plötzlichen Umschlag herbei, indem es die Missgriffe der Menschen zu deren eigener Bestrafung werden lässt. Durch seine Folgen bestraft sich das Unrechte selbst und belohnt sich das Rechte.

Solons Dichtung ordnet sich in den politischen und geschichtlichen Lebenszusammenhang der Generationen ein. Aufgabe und Selbstverständnis des Dichters ist es, gegen menschliche Blindheit in der geschichtlichen Gegenwart die Perspektive der Zukunft zu eröffnen. Die Elegie vergegenwärtigt einen Kosmos, der in rechtlicher Hinsicht stabil ist. Vor diesem Hintergrund markiert sie die Wechselhaftigkeit des menschlichen Schicksals als Folge allein menschlicher Schuld. Auf diese Weise spricht sich immer noch, wie bei Hesiod angelegt, die kosmische Ordnung durch den Sänger aus. Aber in neuer Gestalt ist die politischgeschichtliche Wirklichkeit entdeckt: Die Verborgenheit der Zukunft überschattet menschliches Dasein, die Folgen des Handelns sind prinzipiell unabsehbar, das Nichtwissen des Zukünftigen ist für Sterbliche unüberwindbar. Schon durch die Wahl der elegischen Form ergibt sich ein didaktischer Sinn der Vermittlung von poetischer Zukunftsorientierung: Geschichtliches Handeln verlangt eine elementare Voraussicht, die jene Verblendung zu vermeiden hat, die im kleinen Missgriff großes Unheil nach sich zieht. Vermieden werden kann sie nur durch Mäßigung. Solon, der Dichter und Staatsmann, denkt sich in der Elegie selbst geschichtlich und verortet die Handelnden poetisch in der geschichtlichen Situation (West 1992, Fr. 13, 72; Theunissen 2000, 134): „[U]nd wer von *uns* am meisten *jetzt* zum Leben hat,/der hetzt sich doppelt ab [Hervorhebung H. H.]." In solcher Selbstansprache am Ende des Gedichts wird auch der Musenanruf zu Beginn in neuer Weise verständlich: Das poetische Ich ruft die Musen an, weil sie auch das schauen können, was kommen wird und sich menschlichem Wissen entzieht.

6 ‚Chronodramaturgie': Reflexive Zeitverdichtung in der attischen Tragödie

Das griechische Drama macht in seiner Weise der Zeitgestaltung Gebrauch von den konstitutiven Zeitformen des Epos und der frühlyrischen Dichtung. Es führt sie in einer eigentümlichen Dialektik zusammen, die Zeit als geschichtliche erfahrbar macht über die Verbindung von tragischem Ereignis (ἡμέρα) und langer Dauer (χρόνος). In der Tragödie verdichtet sich die Zeit zum einen in den Augenblick der Katastrophe, die radikale Diskontinuität erzeugt. Gegenstand der Tragödie „is always one great event, which overthrows all that existed before: it means death, destruction, reversal of fortune; its strength rests on a contrast before and after; and the deeper the contrast, the more tragic the event. That is why so many people, in tragedy, comment about time and its action" (Romilly

1968, 6–7). Gleichzeitig kommt im Augenblick der Katastrophe die verborgene Macht der langen Zeitdauer zur Erscheinung, die als komplexe Vorgeschichte zutage tritt, welche ihrerseits das Zustandekommen des Ereignisses bedingt.

In seiner *Poetik* hat Aristoteles die Differenz der epischen und der dramatischen Zeit- und Handlungsdarstellung exponiert. Im Gegensatz zum Epos und dessen narrativen Möglichkeiten bedürfe die Tragödie sowohl, was die dargestellte Zeit als auch, was die Darstellungszeit betrifft, einer hohen Konzentration. Die Tragödie versuche „möglichst innerhalb eines Sonnenumlaufs zu bleiben oder nur wenig darüber hinauszugehen, die epische Dichtung hat keine zeitliche Begrenzung. Das unterscheidet sie von der Tragödie [...]." (Poet. 5, 149b12–149b15; Schmitt 2011, 9) Die zeitliche Konzentration und Spannung der sukzessiven Handlungsdarstellung auf der Bühne und der notwendige Verzicht auf mehrere gleichzeitig verlaufende Teilhandlungen empfehle sich auch wirkungsästhetisch: „Außerdem hat man (die ganze Tragödie) klar vor Augen – sowohl bei der Lektüre als auch, wenn sie zur Aufführung kommt. Grund (ihrer Überlegenheit) ist auch, dass sie weniger lang sein muss, um eine vollendete Nachahmung zu sein (denn die konzentriertere Darstellung bereitet mehr Vergnügen als die, die durch eine lange (Erzähl-)Zeit verdünnt wird, also etwa so, wie wenn man den *Ödipus* des Sophokles in einem Epos vom Umfang der *Ilias* darstellen wollte)." (Poet. 26, 1462a20–1462b3; Schmitt 2011, 41) Hegel schließt unmittelbar an Aristoteles an, wenn er herausarbeitet, dass im Drama die „Zusammengezogenheit auf die bestimmte Kollision [...] am vollständigsten" wirke (Hegel W XV, 501). Die Handlung zieht sich auf der Bühne, aber nicht nur in die Gegenwart zusammen; die dramatische Darstellung kann die Handlungszeit auch beschleunigen oder verlangsamen, was erstmals Hölderlin in seinen Sophokles-Anmerkungen zum Gegenstand der darstellungstheoretischen wie geschichtsphilosophischen und -theologischen Betrachtung gemacht hat (Hölderlin 1988 = FA XVI, 247–258, 409–421; Hühn 1997, 165–248, bes. 243–245). Hölderlin begreift die Tragödie als Darstellung einer geschichtlichen Zeitenwende.

Für Aristoteles ist die Chronodramaturgie, die Sophokles im *Ödipus Tyrannos* entfaltet, vorbildlich. Die Aufklärungshandlung erziele ihre Spannung durch den Zusammenfall von Peripetie (definiert als Umschlag dessen, was erreicht werden sollte, in sein Gegenteil) und Anagnorisis (dem Umschlag des Nichtwissens der Handelnden ins Wissen). Mit selbstreflexiver Energie und in wirkmächtiger Weise markiert die Tragödie ihre eigene Zeitform. Ödipus erkennt im Drama bekanntlich erst spät, dass er seinen Vater Laios ermordet und seine Mutter Iokaste geheiratet hat. Vers 1082 markiert den doppelten Umschlag der dramatischen Zeit: *„ἰοὺ ἰού τὰ πάντ' ἂν ἐξήκοι σαφῆ"* [„*Iuh, iuh! Alles wäre nun klar heraus!*"] (Soph. Oid. T. 1082; Sophokles 1990). Im ,Herauskommen des Ganzen' zeigt sich die Macht der *chrónos*-Zeit, die alles an den Tag bringt. Ödipus muss fortan mit einem Wissen leben, das seine ganze Vergangenheit betrifft und das seine ganze Zukunft überschattet. Der Seher Tiresias hatte Ödipus gegenüber die Wahrheit seiner Situation, erregt durch den Streit, bereits unmissverständlich ausgesprochen. In Vers 438 kündigt er an: „ἥδ' ἡμέρα φύσει σε καὶ διαφθερεῖ" [„Dieser Tag wird dich hervorbringen und vernichten"] (Soph. Oid. T. 438; Sophokles 1990). In diesen prophetischen Worten kündigt sich nicht nur die Schicksalswende an, die Ödipus ereilen wird, sondern auch die Zeitgestaltung der Tragödie selbst: die Dramaturgie des Schicksalstages. In der Gegenstrophe des vierten Stasimons, also nach der Entdeckung der Wahrheit, heißt es in Vers 1213: „ἐφηῦρέ σ' ἄκονθ' ὁ πάνθ' ὁρῶν χρόνος" [„Ohne dass du es wolltest, entdeckte dich die alles sehende Zeit"] (Soph. Oid. T. 1213; Sophokles 1990).

Die Zeit ist, wie bereits bei Solon angelegt, in ihrem Voranschreiten richtend tätig (Soph. Oid. T. 613–615; Soph. Oid. K. 609). Am Schluss der Tragödie spricht der Chor aus, was er selbst, verstrickt in das Geschehen, gelernt hat (Soph. Oid. T, 1528–1530): „Daher blicke man bei jedem, der da sterblich, auf den Tag,/der zuletzt erscheint, und preise selig keinen, eh er denn/Durchgedrungen bis zum Ziel des Lebens, nie von Leid berührt!" (ὥστε θνητὸν ὄντ' ἐκείνην τὴν τελευταίαν ἰδεῖν/ἡμέραν ἐπισκοποῦντα μηδέν' ὀλβίζειν, πρὶν ἂν/τέρμα τοῦ βίου περάσῃ μηδὲν ἀλγεινὸν παθών, Schadewaldt 1973, 70). Die Sterblichen, die nicht auf ihre Zukunft vorausschauen können, sollen in ihrer Lebenszeit die Ziellinie des Endes im Auge behalten. Das Verständnis der Lebenszeit gerät bei Sophokles zum einen unter die Botmäßigkeit des ‚letzten Tages', so wie das Verständnis des einzelnen Tages umgekehrt unter die Botmäßigkeit des durch die Abfolge der Tage sichtbar werdenden Chronos gerät. Das Zusammenspiel der beiden Zeitweisen im Kontext der Zeitwende wird in der Gesamtform der Tragödie nicht nur poetisch modelliert, sondern auch an exponierten Stellen des literarischen Textes offengelegt. In ihrem poetischen Procedere spricht die Tragödie auch poetisch über sich selbst. Die Polistragödie des Sophokles stellt ihre eigene Zeitgestaltung heraus und markiert dadurch, dass die Natur des Menschen ephemer ist (Fränkel 1960b, 35). Indem sie die Latenz der Zeit politisch denkt, macht sie – in der Tradition Solons – einen veränderten Raum politischer Verantwortung bewusst.

7 Eigenzeitlichkeit: Poetiken der Zeit

Die Überlegungen zur Poetik der Zeit haben in die frühe literarische Entdeckungsgeschichte der Zeitformen geführt. Diese hängt eng mit der philosophischen Problemgeschichte der Zeit und mit der Genese und Ausformung der literarischen Gattungen Epos, Lyrik und Drama zusammen. Die Literatur hat unterschiedliche

Zeitformen hervorgebracht und im Hervorbringen auch epistemisch als solche entdeckt und mit anderen korreliert. Sie bringt heute weiter Zeitweisen und -verhältnisse hervor (vgl. Öhlschläger und Perrone Capano 2013; Erdle 2015). Die am Anfang der europäischen Literaturgeschichte hervorgetretenen Zeitformen sind, vereinfacht gesagt, die elementarsten, die späteren die komplexeren.

Es ist verfehlt, das ‚Wesen' des Epischen, Lyrischen und Dramatischen überhistorisch durch eine Zuordnung zu den sogenannten ‚Zeitekstasen' Vergangenheit, Gegenwart und Zukunft bestimmen zu wollen (Staiger 1946). Instruktiv scheint, die historische Rekonstruktion der Entdeckungsgeschichte der Zeitformen auch für die Theorie der literarischen Gattungsformen produktiv zu machen. Das griechische Epos, die griechische Lyrik und die griechische Tragödie sind jeweils durch spezifische formkonstituierende Zeitlichkeiten geprägt, die alle aisthetisch gebunden sind: das Epos durch „die lang sich hinziehende Zeit" (Theunissen 2000, 519), die mit dem Wechsel von Götter- und Menschenperspektive einhergeht, die Lyrik durch die Zeit des Tages, wie sie als vorübergehende „persönliche oder geschichtliche Gegenwart" (Theunissen 2007, 1190) mit ihrem eigenen ‚Zeithof' erfahren wird, und die Tragödie durch die Verdichtung der Zeit in den Augenblick der Katastrophe sowie durch die gleichzeitige Ausweitung des Zeithorizontes auf längst Vergangenes wie auf die Langzeitfolgen des gegenwärtig Geschehenden (vgl. Theunissen 2007).

Welche Ergebnisse lassen sich in aller Kürze und Zuspitzung benennen? Literarische Texte sind unhintergehbar und auf je individuelle Weise eigenzeitlich, das heißt 1. die Zeit ist ihnen im Medium ihres Sprachkörpers eingeschrieben, der ihren ‚Ablauf' bestimmt; und 2. in ihrem Vollzug rufen sie im Zusammenspiel ihrer je besonderen sprachlichen Mittel die Zeitweisen und Zeitverhältnisse hervor, die ihnen eigen sind, und machen sie als idiosynkratische Zeitlichkeiten wahrnehmbar und reflektierbar. Darin besteht ihr Erkenntniswert. „Ästhetische Eigenzeiten" literarischer Texte können in diesem Sinn als exponierte „Formen komplexer Zeitgestaltung, -modellierung und -reflexion" (Gamper und Hühn 2014, 23–26) verstanden werden. Die dargestellte Zeit, plural gedacht in der Differenz ihrer kulturellen Formierungen, hat wie die Darstellungszeit einen fundamentalen Charakter für die Literatur, nicht nur in der erzähltheoretischen Unterscheidung von erzählter und Erzählzeit (Müller 1947). Im Rahmen der literarischen Zeitdarstellung spielt, wie alle ausgewählten Modelltexte zeigen, die poetische Verschränkung von Kontinuität und Diskontinuität eine wichtige Rolle.

Jeder Text hat seine eigene Poetik der Zeit, die Interpretationen freilegen können. Mit Blick auf die Historizität der Poetiken lässt sich sagen, dass schon die Wirklichkeit, die antike Dichtungen in je eigener Weise erschließen und modellieren, polychron verfasst ist. Das ist kein Alleinstellungsmerkmal der Moderne. Im Spiegel der literarischen Entwicklung vom griechischen Epos zur Tragödie wird deutlich, dass die ‚Zeit der Literatur' ein kulturelles Phänomen ist, das sich im Laufe der Zeiten wandelt.

Die literaturwissenschaftliche Forschung zur Poetik der Zeit wird, wenn sie sich im Horizont einer Poetik der Künste bewegt, die medialen Differenzen der Hervorbringung von Zeit genauso zu bedenken haben wie die der künstlerischen Selbstbezugnahme auf solches Hervorbringen.

Weiterführende Literatur

Bender, John und David Wellbery (1991). *Chronotypes. The construction of time*. Stanford, CA.
Bohrer, Karl Heinz (2003). *Ekstasen der Zeit. Augenblick, Gegenwart, Erinnerung*. München.
Gamper, Michael und Helmut Hühn (2014). *Zeit der Darstellung. Ästhetische Eigenzeiten in Kunst, Literatur und Wissenschaft*. Hannover.
Gamper, Michael und Helmut Hühn (2015). *Was sind Ästhetische Eigenzeiten?* Hannover.
Gloy, Karen (2006). *Zeit. Eine Morphologie*. München.
Theunissen, Michael (1991). *Negative Theologie der Zeit*. Frankfurt a. M.

Literatur

In der Bibliographie finden sich die Nachweise aller im vorliegenden Handbuch zitierten und erwähnten Texte. Zitiert wird grundsätzlich nach einem Siglensystem, das aus Autorname und Jahreszahl besteht, im Fall von Werkausgaben auch aus Autorname und Sigle, in der Regel gemäß den eingebürgerten Siglen für die jeweiligen Ausgaben. Der Herausgeber hat sein Augenmerk auf die schnelle und eindeutige Identifizierbarkeit jedes Literaturnachweises gelegt. Weitere Systematisierungen wurden nicht vorgenommen. Die Autorinnen und Autoren des vorliegenden Handbuchs haben mitunter verschiedene Ausgaben eines Autors zitiert. Der Herausgeber hat in vielen Fällen keine Vereinheitlichungen nach einer jeweils vermeintlich ‚geltenden' Ausgabe vorgenommen, sondern die verschiedenen Ausgaben eines Autors nebeneinander bestehen lassen. Gleiches gilt auch für verschiedene Übersetzungen von Forschungsliteratur, in einigen Fällen sogar für verschiedene Publikationsorte eines Textes, vor allem dann, wenn diese forschungsgeschichtliche Relevanz besitzen.

In einigen Beiträgen wird nach den in den Altphilologien gebräuchlichen Konventionen und Abkürzungen zitiert. Eine Liste dieser Siglen findet sich u. a. bei Wikipedia: https://de.wikipedia.org/wiki/Liste_der_Abk%C3%BCrzungen_antiker_Autoren_und_Werktitel (5.1.2018).

Über die in den Beiträgen zitierten und erwähnten Texte hinaus finden sich keine weiteren bibliographischen Angaben. So kann es durchaus vorkommen, dass einige Standardwerke zur Poetik nicht aufgeführt werden, weil sie in keinem der Beiträge erwähnt wurden.

Achermann, Eric (2002). „Ideenzirkulation, geistiges Eigentum und Autorschaft". *Gedächtnis und Zirkulation. Der Diskurs des Kreislaufs im 18. und frühen 19. Jahrhundert.* Hrsg. von Harald Schmidt und Marcus Sandl. Göttingen: 127–144.

Adler, Hans (1990). *Die Prägnanz des Dunklen. Gnoseologie – Ästhetik – Geschichtsphilosophie bei Johann Gottfried Herder.* Hamburg.

Adorno, Theodor W. (1966). *Negative Dialektik.* Frankfurt a. M.

Adorno, Theodor W. (1970). *Ästhetische Theorie.* Hrsg. von Gretel Adorno und Rolf Tiedemann. Frankfurt a. M.

Adorno, Theodor W. (1977). „Résumé über Kulturindustrie". Ders. *Kulturkritik und Gesellschaft I.* Frankfurt a. M.: 337–345.

Adorno Theodor W. (1984). „Ernst Krenek und Theodor W. Adorno. Arbeitsprobleme des Komponisten. Gespräch über Musik und soziale Situation". Ders. *Musikalische Schriften VI. Gesammelte Schriften.* Bd. 19. Hrsg. von Rolf Tiedemann. Frankfurt a. M.: 433–439.

Adorno, Theodor W. (^{5}1991). „Zum Gedächtnis Eichendorffs". Ders. *Noten zur Literatur.* Hrsg. von Rolf Tiedemann. Frankfurt a. M.: 69–94.

Adorno, Theodor W. und Max Horkheimer (1969). *Dialektik der Aufklärung. Philosophische Fragmente.* Frankfurt a. M.

Agamben, Giorgio (2003). *Idee der Prosa*. Aus dem Italienischen von Dagmar Leupold und Clemens-Carl Härle. Mit einem Nachwort von Reimar Klein. Frankfurt a. M.

Agamben, Giorgio (2005). „Der Autor als Geste". Ders. *Profanierungen*. Aus dem Italienischen von Marianne Schneider. Frankfurt a. M.: 57–69.

Agamben, Giorgio (^{2}2012). „Poiesis und Praxis". Ders. *Der Mensch ohne Inhalt*. Berlin: 91–124.

Agrippa von Nettesheim, Heinrich Cornelius (1970 [1600]). *Opera*. 2 Bde. Lyon [Nachdruck Hildesheim/New York 1970].

Ahl, Frederik (1986). *Metaformations. Soundplay and Wordplay in Ovid and Other Classical Poets*. Ithaca, NY.

Alanus ab Insulis (1966). *Der Anticlaudian oder Die Bücher von der himmlischen Erschaffung des Neuen Menschen*. Übers. und eingeleitet von Wilhelm Rath. Stuttgart.

Alanus ab Insulis (2013). *De planctu Naturae. Die Klage der Natur*. Lateinischer Text, Übersetzung und philologisch-philosophiegeschichtlicher Kommentar. Johannes B. Köhler. Münster.

Alexis, Willibald (1823). „Romane vom [sic] *Walter Scott* […]". *Jahrbücher der Literatur* 22 (1823): 1–75.

Allemann, Beda (1957). *Über das Dichterische*. Pfullingen.

Allemann, Beda (1961). *Zeit und Figur beim späten Rilke. Ein Beitrag zur Poetik des modernen Gedichtes*. Pfullingen.

Allemann, Beda (1963). „Dichter über Dichtung". *Definitionen. Essays zur Literatur*. Hrsg. von Adolf Frisé. Frankfurt a. M.: 9–34.

Allemann, Beda (1969). „Wahrheit und Dichtung". *Weltgespräch 7: Sprache und Wahrheit*. Hrsg. von der Arbeitsgemeinschaft Weltgespräch. Freiburg i. Br.: 31–45.

Allemann, Beda (Hg.) (^{2}1971). *Ars Poetica. Texte von Dichtern des 20. Jahrhunderts zur Poetik*. Darmstadt.

Allemann, Beda (1998). *Zeit und Geschichte im Werk Kafkas*. Göttingen.

Alt, Peter-André (^{3}2007). *Aufklärung. Lehrbuch Germanistik*. Stuttgart/Weimar.

Althaus, Thomas und Nicola Kaminski (Hg.) (2012). *Spielregeln barocker Prosa. Historische Konzepte und theoriefähige Texturen ungebundener Rede in der Literatur des 17. Jahrhunderts*. Bern.

Althusser, Louis und Etienne Balibar (1972). *Das Kapital lesen I*. Übers. von Klaus-Dieter Thieme. Reinbek bei Hamburg.

Amelunxen, Hubertus von (1988). *Die aufgehobene Zeit – Die Erfindung der Photographie durch William Henry Fox Talbot*. Berlin.

Ammon, Frieder von (2012). „Von Epenchefs und Studienabbrechern. Zur Essayistik Thomas Klings". *Das Gellen der Tinte. Zum Werk Thomas Klings*. Hrsg. von Frieder von Ammon, Peer Trilcke und Alena Scharfschwert. Göttingen: 41–66.

Ammon, Frieder von (2016). „Performative Essayistik. Der Essay zwischen Aufführung und Schrift". *Der Essay als Universalgattung des Zeitalters. Diskurse, Themen und Positionen zwischen Jahrhundertwende und Nachkriegszeit*. Hrsg. von Michael Ansel, Hans-Edwin Friedrich und Jürgen Egyptien. Amsterdam: 362–385.

Ammon, Frieder von und Herfried Vögel (2008). „Einleitung". *Die Pluralisierung des Paratextes in der Frühen Neuzeit*. Hrsg. von Frieder von Ammon und Herfried Vögel. Münster: VII–XIX.

Ammon, Frieder von, Peer Trilcke und Alena Scharfschwert (Hg.) (2012). *Das Gellen der Tinte. Zum Werk Thomas Klings*. Hrsg. von Frieder von Ammon, Peer Trilcke und Alena Scharfschwert. Göttingen.

Amrein, Ursula (Hg.) (2016). *Gottfried-Keller-Handbuch. Leben – Werk – Wirkung*. Stuttgart.

Anacker, Regine (2007). „Unaufhörliche Verwandlungen – Poetik und Mutation in Benns Werk". *Gottfried Benn – Wechselspiele zwischen Biographie und Werk*. Hrsg. von Matías Martínez. Göttingen: 11–34.
Angerer, Eva (2005). *Die Literaturtheorie Julia Kristevas. Von Tel Quel zur Psychoanalyse*. Wien.
Anglade, Joseph (Hg.) (1919–1920). *Las Leys d'amors*. 4 Bde. Toulouse.
Anon. (1838). „Deutsche Literatur und Sprache/Deutsche novellistische Literatur". *Conversations-Lexikon der Gegenwart*. 4 Bde. Leipzig (Brockhaus) 1838–1841, Bd. 1: 951–964, 983–999.
Ansorge, Hans-Jürgen (1969). *Art und Funktion der Vorrede im Roman. Von der Mitte des 18. Jahrhunderts bis zum Ende des 19. Jahrhunderts*. Würzburg.
Antonsen, Jan Erik (1998). *Text-Inseln. Studien zum Motto in der deutschen Literatur vom 17. bis 20. Jahrhundert*. Würzburg.
Anz, Thomas et al. (Hg.) (1994). *Manifeste und Dokumente zur deutschen Literatur 1848–1933*. Sonderausgabe in 6 Bänden. Stuttgart.
Arac, Jonathan (1985). „Afterword: Lyric Poetry and the Bounds of New Criticism". *Lyric Poetry: Beyond New Criticism*. Hrsg. von Chaviva Hošek und Patricia Parker. Ithaca, NY: 345–355.
Arasse, Daniel (2000). *On n'y voit rien. Descriptions*. Paris.
Arbogast, Hubert (1967). *Die Erneuerung der deutschen Dichtersprache in den Frühwerken Stefan Georges*. Köln.
Arendt, Hannah (1994). *Vita activa oder Vom tätigen Leben*. München.
Aristoteles (1982). *Poetik*. Übers., hrsg. und komm. von Manfred Fuhrmann. Stuttgart.
Aristoteles (1995). *Die Nikomachische Ethik*. Hrsg. von Olof Gigon. München.
Aristoteles (1999). *Rhetorik*. Hrsg. von Gernot Krapinger. Stuttgart.
Aristoteles (2002). *Rhetorik*. Übers. von Christoff Rapp. In: Aristoteles. *Werke in deutscher Übersetzung*. Bd. 4, Teil 1. Hrsg. von Hellmut Flashar. Darmstadt.
Aristoteles (^{2}2011). *Poetik*. Übers., hrsg. und erl. von Arbogast Schmitt. Berlin.
Armisen-Marchetti, Mireille (Hg.) (2001). *Macrobe: Commentaire au Songe de Scipion*. Paris.
Arndt, Andreas und Jörg Dierken (Hg.) (2016). *Friedrich Schleiermachers Hermeneutik. Interpretationen und Perspektiven*. Berlin.
Arndt, Astrid und Christoph Deupmann (2012). „Poetik der Prosa. Zur Reflexionsgeschichte und Topik des Prosa-Diskurses". *Logik der Prosa. Zur Poetizität ungebundener Rede*. Hrsg. von Astrid Arndt, Christoph Deupmann und Lars Korten. Göttingen: 19–34.
Arndt, Astrid, Christoph Deupmann und Lars Korten (Hg.) (2012). *Logik der Prosa. Zur Poetizität ungebundener Rede*. Göttingen.
Asmuth, Bernhard (1994). „Anfänge der Poetik im deutschen Sprachraum: Mit einem Hinweis auf die von Celtis eröffnete Lebendigkeit des Schreibens". *Renaissance-Poetik/ Renaissance Poetics*. Hrsg. von Heinrich F. Plett. Berlin/New York: 94–113.
Asmuth, Bernhard (1996). „Gebundene/ungebundene Rede". *Historisches Wörterbuch der Rhetorik*. Bd. 3. Hrsg. von Gert Ueding. Tübingen: Sp. 605–629.
Assmann, Aleida (1993). „Exkarnation. Gedanken zur Grenze zwischen Körper und Schrift". *Raum und Verfahren*. Hrsg. von Jörg Huber und Alois M. Müller. Basel/Frankfurt a. M.: 133–155.
Assmann, Aleida (1999). *Zeit und Tradition. Kulturelle Strategien der Dauer*. Köln.
Assmann, Aleida (2013). *Ist die Zeit aus den Fugen? Aufstieg und Fall des Zeitregimes der Moderne*. München.
Assmann, Aleida und Jan Assmann (1990). „Einleitung. Schrift – Kognition – Evolution. Eric A. Havelock und die Technologie kultureller Kommunikation". Eric A. Havelock. *Schriftlichkeit. Das griechische Alphabet als kulturelle Revolution*. Weinheim: 1–35.

Assmann, Aleida und Jan Assmann (1992). „Schrift". *Historisches Wörterbuch der Philosophie.* Bd. 8. Hrsg. von Joachim Ritter, Karlfried Gründer und Gottfried Gabriel. Basel: Sp. 1417–1429.
Assmann, Aleida und Jan Assmann (2003). „Schrift". *Reallexikon der Deutschen Literaturwissenschaft.* Bd. 3. Hrsg. von Jan-Dirk Müller. Berlin/New York: 393–399.
Assmann, David-Christopher (2014). *Poetologien des Literaturbetriebs. Szenen bei Kirchhoff, Maier, Gstrein und Händler.* Berlin/Boston.
Attridge, Derek (1988). *Peculiar Language. Literature as Difference from the Renaissance to James Joyce.* Ithaca, NY.
Auerbach, Erich ([11]2015). *Mimesis. Dargestellte Wirklichkeit in der abendländischen Literatur.* Tübingen.
Auerbach, Erich (2016). *Mimesis und Figura.* Hrsg. von Friedrich Balke und Hanna Engelmeier. München.
Augustinus (1990). *„De musica" di Agostino d'Ippona.* Hrsg. von Ubaldo Pizzani und Guido Milanese. Palermo.
Augustinus (2009). *Confessiones/Bekenntnisse.* Übers. und hrsg. von Kurt Flasch und Burkhard Mojsisch. Stuttgart.
Aumont, Jacques (1996). *Métrique et stylistique des clausules dans la prose latine. De Cicéron à Pline le Jeune et de César à Florus.* Paris.
Auracher, Jan, Sabine Albers, Yuhui Zhai, Gulnara Gareeva und Tetyana Stavniychuk (2010). „P Is for Happiness, N Is for Sadness: Universals in Sound Iconicity to Detect Emotions in Poetry". *Discourse Processes* 48.1 (2010): 1–25.
Aurnhammer, Achim, Werner Frick und Günter Saße (Hg.) (2009). *Gottfried Benn – Bertolt Brecht. Das Janusgesicht der Moderne.* Würzburg.
Aust, Hugo ([3]2000a). *Literatur des Realismus.* Stuttgart.
Aust, Hugo (2000b). „Kulturelle Traditionen und Poetik". *Fontane-Handbuch.* Hrsg. von Christian Grawe und Helmuth Nürnberger. Stuttgart: 306–465.
Avanessian, Armen (2015). *Irony and the Logic of Modernity.* Übers. von Nils F. Schott. Berlin/Boston.
Baasner, Rainer (1992). *Georg Christoph Lichtenberg. Erträge der Forschung.* Darmstadt.
Babel, Reinhard (2015). *Translationsfiktionen. Zur Hermeneutik, Poetik und Ethik des Übersetzens.* Bielefeld.
Bachelard, Gaston (1978). *Die Bildung des wissenschaftlichen Geistes. Beiträge zu einer Psychoanalyse der objektiven Erkenntnis.* Übers. von Michael Bischoff, mit einer Einleitung von Wolf Lepenies. Frankfurt a. M.
Bachelard, Gaston ([7]1987). *Poetik des Raumes.* Aus dem Französischen von Kurt Leonhard. Frankfurt a. M.
Bachelard, Gaston (1988). *Der neue wissenschaftliche Geist.* Übers. von Michael Bischoff. Frankfurt a. M.
Bachmann-Medick, Doris (Hg.) (1996). *Kultur als Text. Die anthropologische Wende in der Literaturwissenschaft.* Frankfurt a. M.
Bachmann-Medick, Doris ([2]2004). „Einleitung". *Kultur als Text: Die anthropologische Wende in der Literaturwissenschaft.* Hrsg. von Doris Bachmann-Medick. Frankfurt a. M.: 7–64.
Bachmann-Medick, Doris ([3]2009). „Performative Turn". Dies. *Cultural Turns. Neuorientierungen in den Kulturwissenschaften.* Reinbek bei Hamburg: 104–143.
Bachorski, Hans-Jürgen (2006). *Irrsinn und Kolportage. Studien zum „Ring", zum „Lalebuch" und zur „Geschichtklitterung".* Trier.

[Bachtin] Bakhtine, Mikhail (1968). „L'énoncé dans le roman". *Langages* 12 (1968): 126–132.
[Bachtin] Bakhtine, Mikhail (1970). *La Poétique de Dostoïevski*. Trad. par Isabelle Kolitcheff. Introd. Julia Kristeva. Paris.
Bachtin, Michail M. (1971). *Probleme der Poetik Dostoevskijs*. Aus dem Russischen von Adelheid Schramm. München.
Bachtin, Michail M. (1974). „K metodologii literaturovedenija". *Kontekst (1974)*: 203–212.
Bachtin, Michail M. (1979). *Die Ästhetik des Wortes*. Hrsg. und eingel. von Rainer Grübel. Übers. von Rainer Grübel und Sabine Reese. Frankfurt a. M.
Bachtin, Michail M. (1986). *Untersuchungen zur Poetik und Theorie des Romans*. Aus dem Russischen von Michael Dewey. Hrsg. von Edward Kowalski und Michael Wegner. Berlin.
Bachtin, Michail M. (1987). *Rabelais und seine Welt. Volkskultur als Gegenkultur*. Aus dem Russsischen von Gabriele Leupold. Hrsg. von Renate Lachmann. Frankfurt a. M.
Bachtin, Michail M. (1989). *Formen der Zeit im Roman. Untersuchungen zur historischen Poetik*. Hrsg. von Edward Kowalski und Michael Wegner. Übers. von Michael Dewey. Frankfurt a. M.
Bachtin, Michail M. (1990). „Das Problem des Textes in der Linguistik, Philologie und in anderen Humanwissenschaften. Versuch einer philosophischen Analyse". *Poetica* 22.3/4 (1990): 436–487.
Bachtin, Michail M. (2008a). *Autor und Held in der ästhetischen Tätigkeit*. Hrsg. von Rainer Grübel, Edward Kowalski und Ulrich Schmid. Übers. von Hans-Günter Hilbert, Rainer Grübel, Alexander Haardt und Ulrich Schmid. Frankfurt a. M.
Bachtin, Michail M. (2008b). *Chronotopos*. Aus dem Russischen von Michael Dewey. Mit einem Nachwort von Michael C. Frank und Kirsten Mahlke. Frankfurt a. M.
Bachtin, Michail M. (2011). *Zur Philosophie der Handlung*. Aus dem Russischen von Dorothea Trottenberg. Berlin.
Bachtin, Michail M. (2016). *Sprechgattungen*. Hrsg. von Rainer Grübel, Renate Lachmann und Sylvia Sasse. Berlin.
Bachtin, Michail M. (SS). *Sobranie sočinenij v semi tomach*. Erschienen sind die Bände 1–7. Moskau/Sankt Petersburg 1997–2012.
Bacon, Francis (2000 [1605]). *The Advancement of Learning*. The Oxford Francis Bacon. Bd. IV. Hrsg. von Michael Kiernan. Oxford.
Baecker, Dirk (2004). „Hilfe, ich bin ein Text!". *Paratexte in Literatur, Film, Fernsehen*. Hrsg. von Klaus Kreimeier und Georg Stanitzek. Berlin: 43–52.
Baeumler, Alfred (1981). *Das Irrationalitätsproblem in der Ästhetik und Logik des 18. Jahrhunderts bis zur Kritik der Urteilskraft*. Darmstadt.
Balke, Friedrich (2004). „Rhetorik nach ihrem Ende. Das Beispiel Adam Müllers". *Figuration und Performanz. DFG-Symposion 2002*. Hrsg. von Jürgen Fohrmann. Stuttgart/Weimar: 444–470.
Bär, Jochen A. (2015). „Der romantische Kritik-Begriff aus linguistischer Sicht". *Der Begriff der Kritik in der Romantik*. Hrsg. von Ulrich Breuer und Ana-Stanca Tabarasi-Hoffmann. Paderborn: 93–128.
Barck, Karlheinz (2003). „Prosaisch – poetisch". *Ästhetische Grundbegriffe. Historisches Wörterbuch in sieben Bänden*. Bd. 5. Hrsg. von Karlheinz Barck, Martin Fontius, Dieter Schlenstedt, Burkhart Steinwachs und Friedrich Wolfzettel. Stuttgart/Weimar: 87–112.
Baridon, Silvio F. (Hg.) (1954–1957). Guillaume de Lorris und Jean de Meung: *Le Roman de la rose dans la version attribuée à Clément Marot*. 2 Bde. Mailand.
Barmeyer, Eike (1968). *Die Musen. Ein Beitrag zur Inspirationstheorie*. München.
Barner, Wilfried (2000). „Spielräume. Was Poetik und Rhetorik nicht lehren". *Künste und Natur in Diskursen der Frühen Neuzeit*. Bd. 1. Hrsg. von Hartmut Laufhütte. Wiesbaden: 33–67.

Barth, John (1967). „The Literature of Exhaustion". *The Atlantic Monthly* (August 1967): 29–34.
Barth, John (1980). „The Literature of Replenishment". *The Atlantic Monthly* (January 1980): 65–71.
Barthes, Roland (1960). *Sur Racine*. Paris.
Barthes, Roland (1964). „Littérature et méta-langage". Ders. *Essais critiques*. Paris: 110–111.
Barthes, Roland (1968). „La mort de l'auteur". *Mantéia* 5 (1968): 12–16.
Barthes, Roland (1970). *S/Z*. Paris.
Barthes, Roland (1973). *Le plaisir du texte*. Paris.
Barthes, Roland (1974). *Die Lust am Text*. Aus dem Französischen von Traugott König. Frankfurt a. M.
Barthes, Roland (1979). *Elemente der Semiologie*. Aus dem Französischen von Eva Moldenhauer. Frankfurt a. M.
Barthes, Roland (1980). *Leçon/Lektion*. Französisch und Deutsch. Antrittsvorlesung am Collège de France. Übers. von Helmut Scheffel. Frankfurt a. M.
Barthes, Roland (1981). *Das Reich der Zeichen*. Aus dem Französischen von Michael Bischoff. Frankfurt a. M.
Barthes, Roland (1982). „Was versteht man unter Schreibweise?". Ders. *Am Nullpunkt der Literatur. Literatur oder Geschichte. Kritik und Wahrheit*. Aus dem Französischen von Helmut Scheffel. Frankfurt a. M.: 15–25.
Barthes, Roland (1985a). *Die helle Kammer. Bemerkungen zur Photographie*. Übers. von Dietrich Leube. Frankfurt a. M.
Barthes, Roland (1985b). *Die Sprache der Mode*. Aus dem Französischen von Horst Brühmann. Frankfurt a. M.
Barthes, Roland (1987). *S/Z*. Aus dem Französischen von Jürgen Hoch. Frankfurt a. M.
Barthes, Roland (1988a). *Das semiologische Abenteuer*. Aus dem Französischen von Dieter Hornig. Frankfurt a. M.
Barthes, Roland (1988b). *Fragmente einer Sprache der Liebe*. Aus dem Französischen von Hans-Horst Henschen. Frankfurt a. M.
Barthes, Roland (1994). „La mort de l'auteur". Ders. *Œuvres complètes. Tome II. 1966–1973*. Édition établie et présentée par Éric Marty. Paris: 491–495.
Barthes, Roland (1996). „Die strukturalistische Tätigkeit". *Texte zur Literaturtheorie der Gegenwart*. Hrsg. von Dorothee Kimmich, Rolf Günter Renner, Bernd Stiegler. Stuttgart: 215–223.
Barthes, Roland (2000a). „Der Tod des Autors". *Texte zur Theorie der Autorschaft*. Hrsg. und komm. von Fotis Jannidis, Gerhard Lauer, Matías Martínez und Simone Winko. Stuttgart: 185–193.
Barthes, Roland (^{2}2000b). *Sade, Fourier, Loyola*. Aus dem Französischen von Maren Sell und Jürgen Hoch. Frankfurt a. M.
Barthes, Roland (2002). *Die Körnung der Stimme*. Aus dem Französischen von Agnès Bucaille-Euler, Birgit Spielmann und Gerhard Mahlberg. Frankfurt a. M.
Barthes, Roland (2003). *Mythen des Alltags*. Aus dem Französischen von Helmut Scheffel. Frankfurt a. M.
Barthes, Roland (2005). *Das Neutrum*. Hrsg. von Eric Marty. Übers. von Horst Brühmann. Texterstellung, Anmerkungen und Vorwort von Thomas Clerc. Frankfurt a. M.
Barthes, Roland (2006a). *Am Nullpunkt der Literatur. Literatur oder Geschichte. Kritik und Wahrheit*. Aus dem Französischen von Helmut Scheffel. Frankfurt a. M.

Barthes, Roland (2006b). *Das Rauschen der Sprache. Kritische Essays IV.* Aus dem Französischen von Dieter Hornig. Frankfurt a. M.
Barthes, Roland (2006c). „Vom Werk zum Text". Ders. *Das Rauschen der Sprache. Kritische Essays IV.* Aus dem Französischen von Dieter Hornig. Frankfurt a. M.: 64–72.
Barthes, Roland (2008). *Die Vorbereitung des Romans. Vorlesung am Collège de France 1978–1979 und 1979–1980.* Aus dem Französischen von Horst Brühmann. Hrsg. von Éric Marty. Texterstellung, Anmerkungen und Vorwort von Nathalie Léger. Frankfurt a. M.
Barthes, Roland (2010a). *Mythen des Alltags.* Aus dem Französischen von Horst Brühmann. Frankfurt a. M.
Barthes, Roland (2010b). *Über mich selbst.* Aus dem Französischen von Jürgen Hoch. Berlin.
Baßler, Moritz (1996). „Die Textur der modernen Lyrik". *Historismus und literarische Moderne.* Hrsg. von Moritz Baßler, Christoph Brecht, Dirk Niefanger und Gotthart Wunberg. Tübingen: 197–234.
Baßler, Moritz (2005a). *Die kulturpoetische Funktion und das Archiv. Eine literaturwissenschaftliche Text-Kontext-Theorie.* Tübingen.
Baßler, Moritz (^{2}2005b). *Der deutsche Pop-Roman. Die neuen Archivisten.* München.
Baßler, Moritz (2013a). „Realismus – Serialität – Fantastik. Eine Standortbestimmung gegenwärtiger Epik". *Poetiken der Gegenwart. Deutschsprachige Romane nach 2000.* Hrsg. von Silke Horstkotte und Leonhard Herrmann. Berlin/Boston: 31–46.
Baßler, Moritz (2013b). „Zeichen auf der Kippe. Aporien des Spätrealismus und die Routines der Frühen Moderne". *Entsagung und Routines. Aporien des Spätrealismus und Verfahren der Frühen Moderne.* Hrsg. von Moritz Baßler. Berlin: 3–21.
Baßler, Moritz (2014a). „Bewohnbare Strukturen und der Bedeutungsverlust des Narrativs. Überlegungen zur Serialität am Gegenwarts-*Tatort*". *Zwischen Serie und Werk. Fernseh- und Gesellschaftsgeschichte im „Tatort".* Hrsg. von Christian Hißnauer, Stefan Scherer und Claudia Stockinger. Bielefeld: 347–359.
Baßler, Moritz (2014b). „Mythos Intention. Zur Naturalisierung von Textbefunden". *Theorien und Praktiken der Autorschaft.* Hrsg. von Matthias Schaffrick und Marcus Willand. Berlin/Boston: 151–167.
Baßler, Moritz (2015). *Deutsche Erzählprosa 1850–1950. Eine Geschichte literarischer Verfahren.* Berlin.
Baßler, Moritz und Martin Nies (Hg.) (2018). *Short Cuts. Ein Verfahren zwischen Roman, Film und Serie.* Marburg.
Bastert, Bernd (2010). *Helden als Heilige. Chanson de geste-Rezeption im deutschsprachigen Raum.* Tübingen.
Bauer, Matthias und Christoph Ernst (Hg.) (2010). *Diagrammatik. Einführung in ein kultur- und medienwissenschaftliches Forschungsfeld.* Bielefeld.
Baumberger, Christa (2006). *Resonanzraum Literatur. Polyphonie bei Friedrich Glauser.* München.
Baumgarten, Alexander Gottlieb (1983). *Meditationes philosophicae de nonnullis ad poema pertinentibus/Betrachtungen über einige Bedingungen des Gedichtes.* Übers. und hrsg. von Heinz Paetzold. Hamburg.
Baumgarten, Alexander Gottlieb (^{2}1986). *Theoretische Ästhetik. Die grundlegenden Abschnitte aus der ‚Aesthetica' (1750/1758).* Übers. und hrsg. von Hans Rudolf Schweizer. Hamburg.
Baumgarten, Alexander Gottlieb (2007). *Ästhetik.* Hrsg. und übers. von Dagmar Mirbach. 2 Bde. Hamburg.
Bayle, Pierre (1697). *Dictionnaire historique et critique.* 2 Bde. Rotterdam.

Becker-Leckrone, Megan (2005). *Julia Kristeva and Literary Theory*. Basingstoke.
Beckett, Samuel (1965). *Proust/Three Dialogues*. London.
Beckett, Samuel (1976 [1951]). „Molloy". Ders. *Werke*. Bd. III/1. Hrsg. von Elmar Tophoven und Klaus Birkenhauer. Frankfurt a. M.
Beda Venerabilis (1991). *Libri II De Arte Metrica et De Schematibus et Tropis. The Art of Poetry and Rhetoric*. Hrsg. von Calvin B. Kendall. Saarbrücken.
Beda Venerabilis (²1997). *Historia ecclesiastica gentis Anglorum. Kirchengeschichte des englischen Volkes*. Hrsg. von Günter Spitzbart. Darmstadt.
Begemann, Christian (1999). „Kommentar". Annette von Droste-Hülshoff: *Die Judenbuche. Ein Sittengemälde aus dem gebirgichten Westphalen*. Frankfurt a. M.: 81–136.
Begemann, Christian (2007). „Adalbert Stifter und die Ordnung des Wirklichen". *Realismus. Epoche – Autoren – Werke*. Hrsg. von Christian Begemann. Darmstadt: 63–84.
Begemann, Christian (2013). „Gespenster des Realismus. Poetologie – Epistemologie – Psychologie in Fontanes *Unterm Birnbaum*". *Realismus und Romantik in der deutschsprachigen Literatur*. Hrsg. von Dirk Göttsche und Nicholas Saul. Bielefeld: 229–259.
Behler, Ernst (1988). „Die Theorie der romantischen Ironie". Ders. *Studien zur Romantik und zur idealistischen Philosophie*. Bd. 1. Paderborn u. a.: 46–65.
Behler, Ernst (1992). *Frühromantik*. Berlin/New York.
Behrens, Irene (1940). *Die Lehre von der Einteilung der Dichtkunst vornehmlich vom 16. bis 19. Jahrhundert. Studien zur Geschichte der poetischen Gattungen*. Halle.
Beierwaltes, Werner (1985). *Denken des Einen. Studien zur neuplatonischen Philosophie und ihrer Wirkungsgeschichte*. Frankfurt a. M.
Beilenhoff, Wolfgang (Hg.) (2005). *Poetika Kino. Theorie und Praxis des Films im russischen Formalismus*. Frankfurt a. M.
Bellour, Raymond (1991). „Auf dem Weg zur Fiktion". *Spiele der Wahrheit. Michel Foucaults Denken*. Hrsg. von François Ewald und Bernhard Waldenfels. Frankfurt a. M.: 124–135.
Bender, Hans (Hg.) (1964). *Mein Gedicht ist mein Messer. Lyriker zu ihren Gedichten*. München.
Bender, John und David Wellbery (Hg.) (1991). *Chronotypes. The Construction of Time*. Stanford, CA.
Bender, John und David Wellbery (1996). „Die Entschränkung der Rhetorik". *Texte und Lektüren. Perspektiven der Literaturwissenschaft*. Hrsg. von Aleida Assmann. Frankfurt a. M.: 79–104.
Bendheim, Amelie. *Wechselrahmen. Medienhistorische Fallstudien zum Romananfang des 13. Jahrhunderts*. Heidelberg 2017.
Benjamin, Walter (GS). *Gesammelte Schriften*. Hrsg. von Rolf Tiedemann und Hermann Schweppenhäuser. Frankfurt a. M. 1972–1999.
Benjamin, Walter (Briefe). *Briefe*. Hrsg. von Gershom Scholem und Theodor W. Adorno. 2 Bde. Frankfurt a. M. 1978.
Benn, Gottfried (2004). *Das Hörwerk 1928–1956. Lyrik, Prosa, Essays, Vorträge, Interviews, Rundfunkdiskussionen*. 10 CDs. Frankfurt a. M.
Benn, Gottfried und Friedrich Wilhelm Oelze (BennOelze). *Briefwechsel 1932–1956*. Hrsg. von Harald Steinhagen, Stephan Kraft und Holger Hof. 4 Bde. Göttingen 2016.
Benn, Gottfried (SW). *Sämtliche Werke. Stuttgarter Ausgabe*. In Verbindung mit Ilse Benn hrsg. von Gerhard Schuster und Holger Hof. 7 Bde. Stuttgart 1986–2003.
Benne, Christian (2013). „Aporetik der Materialität und Philosophie der Philologie – läßt sich mit Handschriften philosophieren?". *Text. Kritische Beiträge/Philosophie & Philologie*. Hrsg. von Roland Reuß, Wolfram Groddeck und Walter Morgenthaler. Frankfurt a. M.: 3–21.

Benne, Christian (2015). *Die Erfindung des Manuskripts. Zur Theorie und Geschichte literarischer Gegenständlichkeit*. Frankfurt a. M.
Benoît de Sainte-Maure (1904–1912). *Le Roman de Troie par Benoît de Sainte-Maure*. 6 Bde. Hrsg. von Léopold Constans. Paris.
Bense, Max (1965). „Konkrete Poesie". *Sprache im technischen Zeitalter* 15 (1965): 1236–1244.
Benveniste, Émile (1974). „Der Begriff des ‚Rhythmus' und sein sprachlicher Ausdruck". Ders. *Probleme der allgemeinen Sprachwissenschaft*. Übers. von Wilhelm Bolle. München: 363–374.
Bergengruen, Maximilian (2003). *Schöne Seelen, groteske Körper. Jean Pauls ästhetische Dynamisierung der Anthropologie*. Hamburg.
Berger, Roger (Hg.) (2004). *Les séquences de Sainte Eulalie*. Genf.
Bernard, Wolfgang (1990). *Spätantike Dichtungstheorien. Untersuchungen zu Proklos, Herakleitos und Plutarch*. Stuttgart.
Bernhard, Thomas (2009). *Meine Preise*. Frankfurt a. M.
Bernardus Silvestris (2008). *Bernardo Silvestre: Commente all'Eneide*. Libri I–VI. Hrsg. von Bruno Basile. Rom.
Bernsen, Michael (2001). *Die Problematisierung lyrischen Sprechens im Mittelalter. Eine Untersuchung zum Diskurswandel der Liebesdichtung von den Provenzalen bis zu Petrarca*. Tübingen.
Bernštejn, Sergej (1972). „Ästhetische Voraussetzungen einer Theorie der Deklamation". *Texte der russischen Formalisten*. Bd. II: *Texte zur Theorie des Verses und der poetischen Sprache*. Hrsg. von Inge Paulmann, Wolf-Dieter Stempel und Jurij Striedter. München: 338–385.
Berressem, Hanjo ([3]2004). „Genotext und Phänotext". *Metzler Lexikon Literatur- und Kulturtheorie. Ansätze – Personen – Grundbegriffe*. Hrsg. von Ansgar Nünning. Stuttgart/Weimar: 228.
Bersani, Leo (1972). „Is There a Science of Literature?". *Partisan Review* 39 (1972): 535–563.
Beßlich, Barbara (2003). „Vates in Vastitate. Poetologie, Prophetie und Politik in Stefan Georges *Der Dichter in Zeiten der Wirren*". *Poetologische Lyrik von Klopstock bis Grünbein. Gedichte und Interpretationen*. Hrsg. von Olaf Hildebrand. Köln: 198–219.
Beßlich, Barbara (2007). *Der deutsche Napoleon-Mythos. Literatur und Erinnerung 1800–1945*. Darmstadt.
Best, Stephen und Sharon Marcus (2009). „Surface Reading: An Introduction". *Representations* 108.1 (2009): 1–21.
Bey, Hansjörg (2012). „‚Eine Katze im Meer suchen'. Yoko Tawadas Poetik des Wassers". *Yoko Tawada: Fremde Wasser. Hamburger Gastprofessur für Interkulturelle Poetik. Vorlesungen und wissenschaftliche Beiträge*. Hrsg. von Ortrud Gutjahr. Tübingen: 237–268.
Beyer, Marcel (2006). *Aurora*. München.
Beyer, Marcel (2014). „Oskar Pastior: Angst macht genau. Dankrede zum Oskar-Pastior-Preis 2014". *Sprache im technischen Zeitalter* 212 (2014): 390–404.
Beyer, Marcel (2015a). *XX. Lichtenberg-Poetikvorlesungen*. Göttingen.
Beyer, Marcel (2015b). „Der Schnitt am Hals der heiligen Cäcilie. Rede zur Verleihung des Kleist-Preises 2014". *Kleist-Jahrbuch* (2015): 12–20.
Beyer, Marcel (2016). *Muskatblut, Muskatblüt*. Heidelberg.
Bezner, Frank (2005). *Vela veritatis. Hermeneutik, Wissen und Sprache in der* Intellectual History *des 12. Jahrhunderts*. Leiden.

[BfdK] *Blätter für die Kunst* (BfdK). Begründet von Stefan George. Hrsg. von Karl August Klein 1892–1919. Abgelichteter Neudruck in sechs Bänden. Hrsg. von Robert Boehringer. Düsseldorf/München 1968.

Bhabha, Homi (1990). „The Third Space". *Identity. Community, Culture, Difference.* Hrsg. von Jonathan Rutherford. London: 207–221.

Bickenbach, Matthias ([2]2001). „Autorpoetik". *Metzler Lexikon Literatur- und Kulturtheorie. Ansätze – Personen – Grundbegriffe.* Hrsg. von Ansgar Nünning. Stuttgart/Weimar: 38–39.

Bickenbach, Matthias ([5]2013). „Autorpoetik". *Metzler Lexikon Literatur- und Kulturtheorie. Ansätze – Personen – Grundbegriffe.* Hrsg. von Ansgar Nünning. Stuttgart/Weimar: 48–49.

Biller, Maxim (2011). „Ichzeit. Über die Epoche, in der wir schreiben". *Frankfurter Allgemeine Zeitung* 39, 2. Oktober (2011): 23.

Binczek, Natalie, Till Dembeck und Jörgen Schäfer (2013). „Einleitung". *Handbuch Medien der Literatur.* Hrsg. von Natalie Binczek, Till Dembeck und Jörgen Schäfer. Berlin/Boston: 1–8.

Birkerts, Sven (1994). *The Gutenberg Elegies. The Fate of Reading in an Electronic Age.* New York.

Birnstiel, Klaus (2016). *Wie am Meeresufer ein Gesicht im Sand. Eine kurze Geschichte des Poststrukturalismus.* Paderborn.

Birus, Hendrik (1982). „Zwischen den Zeiten. Friedrich Schleiermacher als Klassiker der neuzeitlichen Hermeneutik". *Hermeneutische Positionen: Schleiermacher – Dilthey – Heidegger – Gadamer.* Hrsg. von Hendrik Birus. Göttingen: 15–58.

Birus, Hendrik (2000). „Metapher"/„Metonymie". *Reallexikon der deutschen Literaturwissenschaft. Neubearbeitung des Reallexikons der deutschen Literaturgeschichte.* Bd. 2. Hrsg. von Harald Fricke. Berlin/New York: 571–576, 588–591.

Birus, Hendrik (2003). „Hermeneutik und Strukturalismus. Eine kritische Rekonstruktion ihres Verhältnisses am Beispiel Schleiermachers und Jakobsons". *Roman Jakobsons Gedichtanalysen. Eine Herausforderung an die Philologien.* Hrsg. von Hendrik Birus, Sebastian Donat und Burkhard Meyer-Sickendiek. Göttingen: 11–37 (Anhang: 309–317).

Birus, Hendrik (2007). „Der Leser Roman Jakobson – im Spannungsfeld von Formalismus, Hermeneutik und Poststrukturalismus". In: Roman Jakobson: *Poesie der Grammatik und Grammatik der Poesie: Sämtliche Gedichtanalysen. Kommentierte deutsche Ausgabe.* Bd. 1. Hrsg. von Hendrik Birus und Sebastian Donat. Berlin/New York: XIII–XLVIII.

Birus, Hendrik (2008). „Philologie als Kulturwissenschaft: Das Paradigma August Böckh". *Akten des XI. Internationalen Germanistenkongresses Paris 2005.* Bd. 5. Hrsg. von Jean-Marie Valentin, unter Mitarbeit von Laure Gauthier. Bern u. a.: 21–25.

Birus, Hendrik, Sebastian Donat und Burkhard Meyer-Sickendiek (Hg.) (2003). *Roman Jakobsons Gedichtanalysen. Eine Herausforderung an die Philologien.* Göttingen.

Biti, Vladimir (1997). *Literatur- und Kulturtheorie. Ein Handbuch gegenwärtiger Begriffe.* Reinbek bei Hamburg.

Blass, Friedrich (1901). *Die Rhythmen der attischen Kunstprosa. Isokrates – Demosthenes – Platon.* Leipzig.

Bloch, Ernst (1980). „Topos Utopia". Ders. *Abschied von der Utopie? Vorträge.* Frankfurt a. M.: 43–64.

Bloom, Harold (1973). *The Anxiety of Influence.* New York.

Bloom, Harold (1975). *A Map of Misreading.* New York.

Bloom, Harold (1995). *Einfluss-Angst. Eine Theorie der Dichtung.* Basel/Frankfurt a. M.

Bloom, Harold (1997). *Eine Topographie des Fehllesens.* Frankfurt a. M.

Bloom, Harold, Paul de Man, Jacques Derrida, Geoffrey Hartman und Hillis Miller (1979). *Deconstruction and Criticism.* New York.

Blumenberg, Hans (1966). „Sprachsituation und immanente Poetik". *Immanente Ästhetik, ästhetische Reflexion. Lyrik als Paradigma der Moderne.* Hrsg. von Wolfgang Iser. München: 145–155.
Blumenberg, Hans (1981). *Wirklichkeiten, in denen wir leben.* Stuttgart.
Blumenberg, Hans (³1993). *Die Lesbarkeit der Welt.* Frankfurt a. M.
Blumenberg, Hans (2001a). „Sprachsituation und immanente Poetik". Ders. *Ästhetische und metaphorologische Schriften.* Hrsg. von Anselm Haverkamp. Frankfurt a. M.: 120–135.
Blumenberg, Hans (2001b). *Ästhetische und metaphorologische Schriften.* Hrsg. von Anselm Haverkamp. Frankfurt a. M.
Blumenberg, Hans (2007). *Theorie der Unbegrifflichkeit.* Hrsg. von Anselm Haverkamp. Frankfurt a. M.
Blumenberg, Hans (2009). „'Nachahmung der Natur'. Zur Vorgeschichte der Idee des schöpferischen Menschen". Ders. *Wirklichkeiten, in denen wir leben. Aufsätze und eine Rede.* Stuttgart: 55–103.
Blumenberg, Hans (2013). *Paradigmen zu einer Metaphorologie.* Kommentar von Anselm Haverkamp unter Mitarbeit von Dirk Mende und Mariele Nientied. Berlin.
Bode, Christoph (1988). *Ästhetik der Ambiguität. Zur Funktion und Bedeutung der Mehrdeutigkeit in der Literatur der Moderne.* Tübingen.
Bodmer, Johann Jakob und Johann Jakob Breitinger (1727). *Von dem Einfluß und Gebrauche der Einbildungs-Krafft.* Frankfurt/Leipzig.
Boehm, Gottfried (Hg.) (³2001). *Was ist ein Bild?* München.
Boehm, Gottfried (³2010). *Wie Bilder Sinn erzeugen. Die Macht des Zeigens.* Berlin.
Böhme, Gernot (1995). *Atmosphäre. Essays zur neuen Ästhetik.* Frankfurt a. M.
Böhnke, Alexander (2007). *Paratexte des Films. Über die Grenzen des filmischen Universums.* Bielefeld.
Böhnke, Alexander, Rembert Hüser und Georg Stanitzek (Hg.) (2006). *Das Buch zum Vorspann. „The Title is a Shot".* Berlin.
Boethius (1867). *Anicii Manlii Severini Boethii: De institutione arithmetica libri duo. De instituione musica libri quinque.* Hrsg. von Gottfried Friedlein. Leipzig.
Boethius (2006). *Trost der Philosophie.* Hrsg. von Ernst Gegenschatz und Olof Gigon. Düsseldorf.
Bogumil, Sieghild (2002). „Das Letzte was bleibt". *Interpretationen. Gedichte von Paul Celan.* Hrsg. von Hans-Michael Speier. Stuttgart: 134–147.
Bogumil-Notz, Sieghild (2009). „Celan, Paul (1920–1970)". *Poetiken. Autoren – Texte – Begriffe.* Hrsg. von Monika Schmitz-Emans, Uwe Lindemann und Manfred Schmeling. Berlin/Boston: 78–81.
Bohnenkamp, Björn, Laura Frahm, Claudia Liebrand und Irmela Schneider (Hg.) (2005). *Einführung in die Medienkulturwissenschaft.* Münster.
Bohrer, Karl Heinz (Hg.) (1993). *Ästhetik und Rhetorik. Lektüren zu Paul de Man.* Frankfurt a. M.
Bohrer, Karl Heinz (2003). *Ekstasen der Zeit. Augenblick, Gegenwart, Erinnerung.* München.
Bollack, Jean (2000). *Paul Celan. Poetik der Fremdheit.* Wien.
Bolz, Norbert (1992). „Schrift II". *Historisches Wörterbuch der Philosophie.* Bd. 8. Hrsg. von Joachim Ritter, Karlfried Gründer und Gottfried Gabriel. Basel: Sp. 1429–1431.
Booth, Wayne C. (1991). The Rhetoric of Fiction. Chicago/London.
Booth, Wayne C. (2000). „Der implizite Autor". *Texte zur Theorie der Autorschaft.* Hrsg. von Fotis Jannidis, Gerhard Lauer, Matías Martínez und Simone Winko. Stuttgart: 142–152.
Borchardt, Rudolf (1995). *Über den Dichter und das Dichterische. Drei Reden von 1920 und 1923.* Aus dem Nachlaß hrsg. und erl. von Gerhard Neumann, Gerhard Schuster und Edith Zehm.

Mit einer Dokumentation sämtlicher Reden Borchardts 1902–1933 von Gerhard Schuster. München.
Borgards, Roland (2007). *Poetik des Schmerzes. Physiologie und Literatur von Brockes bis Büchner.* München.
Borgards, Roland, Harald Neumeyer, Nicolas Pethes und Yvonne Wübben (Hg.) (2013). *Literatur und Wissen. Ein interdisziplinäres Handbuch.* Stuttgart/Weimar.
Borges, Jorge Luis (1992 [1949]). „Das Aleph". Ders. *Das Aleph. Erzählungen 1944–1952.* Übers. von Karl August Horst und Gisbert Haefs. Frankfurt a. M.: 131–148.
Bormann, Claus von, Giorgio Tonelli und Helmut Holzhey (1976). „Kritik". *Historisches Wörterbuch der Philosophie.* Bd. 4. Hrsg. von Joachim Ritter und Karlfried Gründer. Basel: Sp. 1249–1282.
Borsche, Tilman (1990). *Was etwas ist. Fragen nach der Wahrheit der Bedeutung bei Platon, Augustin, Nikolaus von Kues und Nietzsche.* München.
Böschenstein, Bernhard (^{2}2012). „Der Meridian". *Celan-Handbuch. Leben – Werk – Wirkung.* Hrsg. von Markus May, Peter Goßens und Jürgen Lehmann. Stuttgart/Weimar: 167–175.
Böschenstein, Renate (1990). „Das Ich und seine Teile. Überlegungen zum anthropologischen Gehalt einiger lyrischer Texte". *Das Subjekt der Dichtung. Festschrift für Gerhard Kaiser.* Hrsg. von Gerhard Buhr, Friedrich A. Kittler und Horst Turk. Würzburg: 73–97.
Bosse, Heinrich (2014). *Autorschaft ist Werkherrschaft. Über die Entstehung des Urheberrechts aus dem Geist der Goethezeit.* Neue, mit einem Nachwort von Wulf D. v. Lucius versehene Auflage. Paderborn.
Bourdieu, Pierre (1999). *Die Regeln der Kunst. Genese und Struktur des literarischen Feldes.* Aus dem Französischen von Bernd Schwibs und Achim Russer. Frankfurt a. M.
Bourdieu, Pierre (2006). „Sozialer Raum, Symbolischer Raum (1989)". *Raumtheorie. Grundlagentexte aus Philosophie und Kulturwissenschaften.* Hrsg. von Jörg Dünne und Stephan Günzel. Frankfurt a. M.: 354–368.
Bozza, Maik (2016). *Genealogie des Anfangs. Stefan Georges poetologischer Selbstentwurf um 1890.* Göttingen.
Braak, Ivo (1969). *Poetik in Stichworten.* Kiel.
Braak, Ivo (^{8}2001). *Poetik in Stichworten.* Berlin.
Brandmeyer, Rudolf (^{2}2016a). „Poetologische Lyrik". *Handbuch Lyrik. Theorie, Analyse, Geschichte.* Hrsg. von Dieter Lamping. Stuttgart/Weimar: 164–168.
Brandmeyer, Rudolf (^{2}2016b). „Poetiken der Lyrik: Von der Normpoetik zur Autorenpoetik". *Handbuch Lyrik. Theorie, Analyse, Geschichte.* Hrsg. von Dieter Lamping. Stuttgart/Weimar: 2–15.
Braun, Michael (2005). „Ein nomadischer Sprachreisender". *Neue Zürcher Zeitung* vom 4.4.2005, https://www.nzz.ch/articleCPI47-1.116261 (3. Januar 2018).
Brauneck, Manfred und Christine Müller (Hg.) (1987). *Naturalismus. Manifeste und Dokumente zur deutschen Literatur 1880–1900.* Stuttgart.
Braungart, Wolfgang (1997). *Ästhetischer Katholizismus. Stefan Georges Rituale der Literatur.* Tübingen.
Bray, René (1927). *La formation de la doctrine classique en France.* Paris.
Brecht, Bertolt (GBA). *Werke. Große kommentierte Berliner und Frankfurter Ausgabe in 30 Bänden.* Hrsg. von Werner Hecht, Jan Knopf, Werner Mittenzwei und Klaus-Detlef Müller. Berlin/Weimar/Frankfurt a. M. 1988–1996.
Brehm, Alexander (2013). *‚Lyrisches Ich'. Begriff und Praxis.* Bielefeld.
Breithaupt, Fritz (2009). *Kulturen der Empathie.* Frankfurt a. M.

Breithaupt, Fritz (2010). „Wiedererkennung und Empathe. Anagnorisis bei Goethe und Stifter". *Empathie und Erzählung*. Hrsg. von Claudia Breger und Fritz Breithaupt. Freiburg i. Br.: 187–204.
Breithaupt, Fritz (2017). *Die dunklen Seiten der Empathie*. Berlin.
Bremond, Claude (1972). „Die Erzählnachricht". *Literaturwissenschaft und Linguistik III*. Hrsg. von Jens Ihwe. Frankfurt a. M.: 177–217.
Brentano, Clemens (W). *Werke*. Hrsg. von Wolfgang Frühwald, Bernhard Gajek und Friedhelm Kemp. 4 Bde. München ²1978.
Briefe, die Neueste Litteratur betreffend (LitBr). Von Gotthold Ephraim Lessing, Moses Mendelssohn, Christoph Friedrich Nicolai. 4 Bde. Berlin 1759–1765 [Nachdruck Hildesheim 1974].
Brinkmann, Hennig (1980). *Mittelalterliche Hermeneutik*. Darmstadt.
Brockes, Barthold-Heinrich (²1721). *Herrn B. G. Brockes Irdisches Vergnügen in Gott*. Hamburg.
Brockhaus (⁵1911). *Kleines Konversations-Lexikon*. 2 Bde. Leipzig.
Brockmeier, Jens (2004). „Literale Kultur". *Medialität und Mentalität. Theoretische und empirische Studien zum Verhältnis von Sprache, Subjektivität und Kognition*. Hrsg. von Ludwig Jäger und Erika Linz. München: 277–304.
Broich, Ulrich und Manfred Pfister (Hg.) (1985). *Intertextualität. Formen, Funktionen, anglistische Fallstudien*. Tübingen.
Brüggemann, Heinz (2015). *Modernität im Widerstreit. Zwischen Pluralismus und Homogenität. Eine Theorie-, Kultur- und Literaturgeschichte (18.–20. Jahrhundert)*. Würzburg.
Brune, Carlo (2003). *Roland Barthes. Literatursemiologie und literarisches Schreiben*. Würzburg.
Bruner, Jerome S. (2009). *Actual Minds, Possible Worlds*. Cambridge, MA.
Brunner, Horst (1975). *Die alten Meister. Studien zu Überlieferung und Rezeption der mittelhochdeutschen Sangspruchdichter im Spätmittelalter und in der frühen Neuzeit*. München.
Bucher, Max, Werner Hahl, Georg Jäger und Reinhard Wittmann (Hg.) (1981). *Realismus und Gründerzeit. Manifeste und Dokumente zur deutschen Literatur 1848–1880*. Bd. 2. Stuttgart.
Buck, August (1952). *Italienische Dichtungslehren vom Mittelalter bis zum Ausgang der Renaissance*. Tübingen.
Buck, August (1965). „Gli studi sulla poetica e sulla retorica di Dante e del suo tempo". *Atti del congresso internazionale di studi danteschi, a cura della Società dantesca italiana e dell'Associazione internazionale per gli studi di lingua a letteratura italiana e sotto il patrocinio dei Comuni di Firenze, Verona e Ravenna (20–27 aprile 1965)*. Bd. 1. Florenz: 249–278.
Buck, August (1972). „Einleitung". *Dichtungslehren der Romania aus der Zeit der Renaissance und des Barock*. Hrsg. von August Buck, Klaus Heitmann und Walter Mettmann. Frankfurt a. M.: 11–57.
Bühler, Karl (1978). *Sprachtheorie. Die Darstellungsfunktion der Sprache*. Frankfurt a. M.
Bunia, Remigius (2005). „Die Stimme der Typographie. Überlegungen zu den Begriffen ‚Erzähler' und ‚Paratext', angestoßen durch die *Lebens-Ansichten des Katers Murr* von E. T. A. Hoffmann". *Poetica* 36.3/4 (2005): 373–392.
Bunia, Remigius (2007). *Faltungen. Fiktion, Erzählen, Medien*. Berlin.
Burdorf, Dieter (2004). *Poetik der Form. Eine Begriffs- und Problemgeschichte*. Stuttgart.
Burdorf, Dieter (2007). „Benn als Fest- und Gedenkredner". *Gottfried Benn – Wechselspiele zwischen Biographie und Werk*. Hrsg. von Matías Martínez. Göttingen: 85–112.
Burdorf, Dieter (³2015). *Einführung in die Gedichtanalyse*. Stuttgart.

Bürger, Peter (2013). „‚Heillos nach außen gekehrt'. Rilkes mimetisches Erleben". *Sinn und Form* 3 (2013): 362–370.
Burke, Kenneth (1969). *A Grammar of Motives*. Berkeley, CA.
Burnett, Anne Pippin (1983). *Three Archaic Poets. Archilochus, Alcaeus, Sappho*. London.
Burrichter, Brigitte (1996). *Wahrheit und Fiktion. Der Status der Fiktionalität in der Artusliteratur des 12. Jahrhunderts*. München.
Burrichter, Brigitte (2010). „Fiktionalität in französischen Artustexten". *Historische Narratologie. Mediävistische Perspektiven*. Hrsg. von Harald Haferland und Matthias Meyer. Berlin/New York: 263–279.
Burroughs, William S. (1984). „Die Zukunft des Romans". *Mammut. März Texte 1 & 2 1969–1984*. Hrsg. von Jörg Schröder. Herbstein: 145–147.
Butler, Judith (1990). *Gender Trouble*. London.
Butler, Judith (1991). *Das Unbehagen der Geschlechter*. Aus dem Amerikanischen von Katharina Menke. Frankfurt a. M.
Butler, Judith (1997). *Körper von Gewicht: Die diskursiven Grenzen des Geschlechts*. Aus dem Amerikanischen von Karin Wördemann. Frankfurt a. M.
Butler, Judith (2002). „Performative Akte und Geschlechterkonstitution: Phänomenologie und feministische Theorie". *Performanz. Zwischen Sprachphilosophie und Kulturwissenschaften*. Hrsg. von Uwe Wirth. Frankfurt a. M.: 301–320.
Büttner, Stefan (2000). *Die Literaturtheorie bei Platon und ihre anthropologische Begründung*. Tübingen.
Butzer, Günter (1999). „Schicksale des lyrischen Ich". *Sprache und Literatur in Wissenschaft und Unterricht* 30.2 (1999): 3–15.
Caduff, Corina (2008). „Selbstporträt, Autobiografie, Autorschaft". *Autorschaft in den Künsten. Konzepte, Praktiken, Medien*. Hrsg. von Corina Caduff und Tan Wälchli. Zürich: 54–67.
Calvino, Italo (1986). „Die Welt ist nicht lesbar, aber wir müssen gleichwohl versuchen, sie zu entziffern". *Zibaldone. Zeitschrift für italienische Kultur der Gegenwart* 1.1 (1986): 8–18.
Campe, Rüdiger (1991). „Die Schreibszene. Schreiben". *Paradoxien, Dissonanzen, Zusammenbrüche. Situationen offener Epistemologie*. Hrsg. von Hans Ulrich Gumbrecht und K. Ludwig Pfeiffer. Frankfurt a. M.: 759–772.
Campe, Rüdiger (2009). „Form und Leben in der Theorie des Romans". *Vita aesthetica. Szenarien ästhetischer Lebendigkeit*. Hrsg. von Armen Avanessian, Winfried Menninghaus und Jan Völker. Zürich/Berlin: 193–212.
Campe, Rüdiger (2010). „Vorgreifen und Zurückgreifen. Zur Emergenz des Sudelbuchs in Georg Christoph Lichtenbergs ‚Heft E'". *Notieren, Skizzieren. Schreiben und Zeichnen als Verfahren des Entwurfs*. Hrsg. von Karin Krauthausen und Omar W. Nasim. Zürich: 61–87.
Campe, Rüdiger (2014). „Das Argument der Form in Schlegels ‚Gespräch über die Poesie'. Eine Wende im Wissen der Literatur". *Merkur* 68.777 (2014): 110–121.
Campe, Rüdiger (2015). „Kritik der Poetik, Theorie der Ästhetik. Zu einer Konstellation aus der Vorgeschichte des modernen Literaturwissens". *Gegen/Stand der Kritik*. Hrsg. von Andrea Allerkamp, Pablo Valdivia Orozco und Sophie Witt. Zürich/Berlin: 163–179.
Campe, Rüdiger, Anselm Haverkamp und Christoph Menke (2014). *Baumgarten-Studien. Zur Genealogie der Ästhetik*. Berlin.
Camus, Albert (1984). *Der Mythos von Sisyphos. Ein Versuch über das Absurde*. Mit einem kommentierenden Essay von Liselotte Richter. Übertragen von Hans Georg Brenner und Wolfdietrich Rasch. Hamburg.

Canal, Hector (2017). *Romantische Universalphilologie. Studien zu August Wilhelm Schlegel*. Heidelberg.
Cancik, Hubert (1983). „*Die Rechtfertigung Gottes durch den ‚Fortschritt der Zeiten'*: Zur Differenz jüdisch-christlicher und hellenisch-römischer Zeit- und Geschichtsvorstellungen". *Die Zeit*. Hrsg. von Anton Peisl und Armin Mohler. München/Wien: 257–288.
Canguilhem, Georges (²1981). *Idéologie et rationalité dans l'histoire des sciences de la vie*. Paris.
Caruth, Cathy (1996). *Unclaimed Experience. Trauma, Narrative, and History*. Baltimore, MD.
Cathey, James E. (Hg.) (2002). *Hêliand. Text and Commentary*. Morgantown.
Cavell, Stanley (2002). *Die andere Stimme. Philosophie und Autobiographie*. Berlin.
Cavell, Stanley (2003). *Disowning Knowledge in Seven Plays of Shakespeare*. Cambridge.
Celan, Paul (HKA). *Werke. Historisch-kritische Ausgabe*. Begründet von Beda Allemann, besorgt von der Bonner Arbeitsstelle für die Celan-Ausgabe, Rolf Bücher und Axel Gellhaus. Frankfurt a. M. 1990–1993.
Cessi, Viviana (1987). *Erkennen und Handeln in der Theorie des Tragischen bei Aristoteles*. Frankfurt a. M.
Chaouli, Michel (2016). *Thinking with Kant's Critique of Judgment*. Cambridge, MA.
Chartier, Roger (2003). „Foucault's Chiasmus. Authorship between Science and Literature in the Seventeenth and Eighteenth Centuries". *Scientific Authorship. Credit and Intellectual Property in Science*. Hrsg. von Mario Biagioli und Peter Galison. New York/London: 13–31.
Chase, Cynthia (1986). *Decomposing Figures. Rhetorical Readings in the Romantic Tradition*. Baltimore, MD.
Chase, Cynthia (1987). „The Witty Butcher's Wife. Freud, Lacan, and the Conversion of Resistance to Theory". *Modern Language Notes* 102 (1987): 989–1013.
Chase, Cynthia (Hg.) (1993). *Romanticism*. London.
Chrétien de Troyes (1992). *Erec et Enide. Édition critique d'après le manuscrit B.N. fr. 1376*. Hrsg. von Jean-Marie Fritz. Paris.
Christiansen, Broder (1909). *Die Philosophie der Kunst*. Hanau.
Cicero, Marcus Tullius (1990). *Hortensius, Lucullus, Academici libri*. Lateinisch/Deutsch. Hrsg. und übers. von Laila Straume-Zimmermann, Ferdinand Broemser und Olof Gigon. München/Zürich.
Cicero, Marcus Tullius (1997). *De oratore/Über den Redner*. Lateinisch/Deutsch. Hrsg. und übers. von Harald Merklin. Stuttgart.
Cicero, Marcus Tullius (1998). *De inventione. Über die Auffindung des Stoffes. De optime genere oratorum. Über die beste Gattung von Rednern*. Hrsg. von Theodor Nüßlein. Düsseldorf/Zürich.
Cizek, Alexandru N. (1994). *Imitatio et tractatio. Die literarisch-rhetorischen Grundlagen der Nachahmung in Antike und Mittelalter*. Tübingen.
Clark, Katerina und Thomas Holquist (1984). *Michail M. Bakhtin*. Cambridge, MA/London.
Clifford, James (2011). „On Ethnographic Allegory". *Writing Culture. The Poetics and Politics of Ethnography*. Hrsg. von James Clifford und George Marcus. Berkeley: 98–121.
Collet, Olivier und Pierre-Marie Joris (Hg.) (2005). *Le Roman de Partonopeu de Blois. Édition, traduction et introduction de la rédaction A (Paris, Bibliothèque de l'Arsenal, 2986) et de la Continuation du récit d'après les manuscrits de Berne (Burgerbibliothek, 113) et de Tours (Bibliothèque municipale, 939)*. Paris.
Combes, Annie (2001). *Les voies de l'aventure. Réécriture et composition romanesque dans le Lancelot en prose*. Paris.

Cotten, Ann und Daniel Falb, Peter Jackson, Steffen Popp, Monika Rinck (2011). *Helm aus Phlox. Zur Theorie des schlechtesten Werkzeugs*. Berlin.
Crapanzano, Vincent (2011). „Hermes's Dilemma: The Masking of Subversion in Ethnographic Discourse". *Writing Culture. The Poetics and Politics of Ethnography*. Hrsg. von James Clifford und George Marcus. Berkeley: 51–76.
Culler, Jonathan (1975). *Structuralist Poetics. Structuralism, Linguistics, and the Study of Literature*. Ithaca, NY.
Culler, Jonathan (^{2}1976). *Structuralist Poetics. Structuralism, Linguistics, and the Study of Literature*. Ithaca, NY.
Culler, Jonathan (1977). „Apostrophe". *Diacritics* 7 (1977): 59–69.
Culler, Jonathan (1981). *The Pursuit of Signs. Semiotics, Literature, Deconstruction*. Ithaca, NY.
Culler, Jonathan (1982). *On Deconstruction. Theory and Criticism after Structuralism*. Ithaca, NY.
Culler, Jonathan (Hg.) (1988a). *On Puns. The Foundation of Letters*. Oxford.
Culler, Jonathan (1988b). *Dekonstruktion. Derrida und die poststrukturalistische Literaturtheorie*. Reinbek bei Hamburg.
Culler, Jonathan (2015). *Theory of the Lyric*. Cambridge, MA.
Curtius, Ernst Robert (^{11}1993). *Europäische Literatur und lateinisches Mittelalter*. Tübingen/ Basel.
Damásio, António R., Hanna Damásio und Yves Christen (1996). *Neurobiology of Decision-Making*. Berlin.
Dante Alighieri (1993). *Das Schreiben an Cangrande della Scala*. Hrsg. von Thomas Ricklin. Hamburg.
Dante Alighieri (1996–2004). *Das Gastmahl*. Hrsg. von Thomas Ricklin. 4 Bde. Hamburg.
Dante Alighieri (2011a). *Commedia*. Übers. und hrsg. von Kurt Flasch. 2 Bde. Franfurt a. M.
Dante Alighieri (2011b). *Vita nuova*. Hrsg. von Stefano Carrai. Milano.
Dante Alighieri (2012). *De vulgari eloquentia*. Hrsg. von Enrico Fenzi. Rom.
Dante Alighieri (2015). *Philosophische Werke in einem Band*. Übers. von Thomas Ricklin, Dominik Perler und Francis Cheneval. Hrsg. von Ruedi Imbach. Hamburg.
Danto, Arthur (1985). „Philosophy as/and/of Literature". *Post-analytic Philosophy*. Hrsg. von John Rajchman und Cornel West. New York: 64–83.
Davidson, Donald (1984). *Inquiries into Truth and Interpretation*. Oxford.
Debord, Guy (1995). „Theorie des Umherschweifens". *Der Beginn einer Epoche. Texte der Situationisten*. Hrsg. von Pierre Gallissaires, Hanna Mittelstädt und Roberto Orth. Hamburg: 64–67.
Dehrmann, Mark-Georg (2015). „Was ist Kritik? Zum Zusammenhang von ästhetisch-literarischer und philologischer Kritik in der Aufklärung und bei Friedrich Schlegel". *Der Begriff der Kritik in der Romantik*. Hrsg. von Ulrich Breuer und Ana-Stanca Tabarasi-Hoffmann. München: 71–89.
DeJean, Joan (1990). *Fictions of Sappho 154–1937*. Chicago, IL.
Deleuze, Gilles (1985). *Cinéma II. L'image-temps*. Paris.
Deleuze, Gilles (1987). *Foucault*. Frankfurt a. M.
Deleuze, Gilles (1988). *Le pli. Leibniz et le baroque*. Paris.
Deleuze, Gilles und Félix Guattari (1976). *Kafka. Für eine kleine Literatur*. Übers. von Burkhart Kroeber. Frankfurt a. M.
de Man, Paul (1979). *Allegories of Reading*. New Haven, CT.
de Man, Paul (1981). „Pascal's Allegory of Persuasion". *Allegory and Representation*. Hrsg. von Stephen Greenblatt. Baltimore, MD: 1–25.

de Man, Paul (²1983a). „The Rhetoric of Blindness: Jacques Derrida's Reading of Rousseau". Ders. *Blindness and Insight. Essays in the Rhetoric of Contemporary Criticism.* Minneapolis: 102–141.
de Man, Paul (1983b). *The Rhetoric of Romanticism.* New York, NY.
de Man, Paul (²1983c). *Blindness and Insight. Essays in the Rhetoric of Contemporary Criticism.* New York.
de Man, Paul (1986). *The Resistance to Theory.* Minneapolis, MN.
de Man, Paul (1988). *Allegorien des Lesens.* Hrsg. von Werner Hamacher. Frankfurt a. M.
de Man, Paul (1993a). „Autobiographie als Maskenspiel". Ders. *Die Ideologie des Ästhetischen.* Frankfurt a. M.: 131–146.
de Man, Paul (1993b). *Die Ideologie des Ästhetischen.* Hrsg. von Christoph Menke. Frankfurt a. M.
de Man, Paul (1996). *Aesthetic Ideology.* Hrsg. von Andrzej Warminski. Minneapolis/London.
Dembeck, Till (2007). *Texte rahmen. Grenzregionen literarischer Werke im 18. Jahrhundert (Gottsched, Wieland, Moritz, Jean Paul).* Berlin/New York.
Dembeck, Till (2016). „Was ist hier defekt? Sprachdifferenz und Laut in Gedichten Ernst Jandls und Oskar Pastiors". *Dichtung für die Ohren. Literatur als tonale Kunst in der Moderne.* Hrsg. von Britta Herrmann. Berlin: 167–189.
Demirović, Alex (1999). *Der nonkonformistische Intellektuelle. Die Entwicklung der kritischen Theorie zur Frankfurter Schule.* Frankfurt a. M.
Depenbrock, Heike (1993). „Reflexive Verfahren in Inger Christensens alfabet". *Arbeiten zur Skandinavistik.* 11. Arbeitstagung der deutschsprachigen Skandinavistik in Sigtuna (8.–14. August 1993). Hrsg. von Hans Schottmann. Frankfurt a. M.: 246–253.
Derbolav, Josef (1989). „Poiesis". *Historisches Wörterbuch der Philosophie.* Bd. 7. Hrsg. von Joachim Ritter, Karlfried Gründer und Gottfried Gabriel. Basel: Sp. 1024–1025.
Derrida, Jacques (1967a). *La voix et le phénomene.* Paris.
Derrida, Jacques (1967b). *De la grammatologie.* Paris.
Derrida, Jacques (1967c). *L'écriture et la difference.* Paris.
Derrida, Jacques (1967d). „Freud et la scène de l'écriture". Ders. *L'écriture et la différance.* Paris: 293–340.
Derrida, Jacques (1968). „La différance". *Tel Quel. Théorie d'ensemble.* Hrsg. von Philippe Sollers. Paris: 43–68.
Derrida, Jacques (1972). *Marges. De la philosophie.* Paris.
Derrida, Jacques (1976). „Kraft und Bedeutung". Ders. *Die Schrift und die Differenz.* Übers. und hrsg. von Rodolphe Gasché. Frankfurt a. M.:9–52.
Derrida, Jacques (1977). „Ja, ou le faux-bond [IIe partie]". *Digraphe* 11 (1977): 83–121.
Derrida, Jacques (1980). „Le loi du genre". *Glyph* 7 (1980): 176–201.
Derrida, Jacques (1983). *Grammatologie.* Aus dem Französischen von Hans-Jörg Rheinberger und Hanns Zischler. Frankfurt a. M.
Derrida, Jacques (1988a). *Positionen. Gespräche mit Henri Ronse, Julia Kristeva, Jean-Louis Houdebine, Guy Scarpetta.* Hrsg. von Peter Engelmann. Wien.
Derrida, Jacques (1988b). „Signatur Ereignis Kontext". Ders. *Randgänge der Philosophie.* Hrsg. von Peter Engelmann. Wien: 291–314.
Derrida, Jacques (1988c). *Mémoire. Pour Paul de Man.* Paris.
Derrida, Jacques (1988d). „Ulysses Grammophon: Ja-hören-sagen von Joyce". *ulysses grammophon.* Übersetzt aus dem Französischen von Elisabeth Weber. Berlin: 41–116.
Derrida, Jacques (1991a). *L'autre cap.* Paris.

Derrida, Jacques (1991b). *Gesetzeskraft. Der „mystische Grund der Autorität"*. Aus dem Französischen von Alexander García Düttmann. Frankfurt a. M.
Derrida, Jacques (1992a). *Acts of Literature*. Hrsg. von Derek Attridge. London.
Derrida, Jacques (1992b). *Die Wahrheit in der Malerei*. Wien.
Derrida, Jacques (1994a). *Politiques de l'amitié*. Paris.
Derrida, Jacques (1994b). „Das Gesetz der Gattung". Ders. *Gestade*. Hrsg. von Peter Engelmann. Aus dem Französischen von Monika Buchgeister und Hans-Walter Schmidt. Wien: 245–284.
Derrida, Jacques (1995). „Die zweifache Séance". Ders. *Dissemination*. Hrsg. von Peter Engelmann, übers. von Hans-Dieter Gondek. Wien: 193–320.
Derrida, Jacques (2000a). „Die Struktur, das Zeichen und das Spiel im Diskurs der Wissenschaften vom Menschen". Ders. *Die Schrift und die Differenz*. Frankfurt a. M.: 422–442.
Derrida, Jacques (2000b). *Die Schrift und die Differenz*. Aus dem Französischen von Rolophe Gasché und Ulrich Köppen. Frankfurt a. M.
Derrida, Jacques (2003). *Die Stimme und das Phänomen. Ein Essay über das Problem des Zeichens in der Philosophie Husserls*. Aus dem Französischen von Hans-Dieter Gondek. Frankfurt a. M.
Derrida, Jacques (2004). *Die différance. Ausgewählte Texte*. Hrsg. von Peter Engelmann. Stuttgart.
Deschamps, Eustache (1994). *L'art de dictier*. Hrsg. von Deborah M. Sinnreich-Levi. East Lansing.
Detering, Heinrich (1990). *Theodizee und Erzählverfahren. Narrative Experimente mit religiösen Modellen im Werk Wilhelm Raabes*. Göttingen.
Detering, Heinrich (2006). „Kunstreligion und Künstlerkult. Bemerkungen zu einem Konflikt von Schleiermacher bis zur Moderne". *Schleiermacher-Tag 2005. Eine Vortragsreihe*. Hrsg. von Günter Meckenstock. Göttingen: 179–200.
Detering, Heinrich (2008). *Bertolt Brecht und Laotse*. Göttingen.
Detering, Heinrich (2009). *Vom Zählen der Silben. Über das lyrische Handwerk*. München.
Detering, Heinrich (2010). *Der Antichrist und der Gekreuzigte. Friedrich Nietzsches letzte Texte*. Göttingen.
Detmers, Ines und Michael Ostheimer (2016). *Das temporale Imaginäre. Zum Chronotopos als Paradigma literaturästhetischer Eigenzeiten*. Hannover.
Devaux, Jean (2006). „Tradition textuelle et technique de réécriture: le ‚Roman de la Rose moralisé' de Jean Molinet". *De la Rose. Texte, Image, Fortune*. Hrsg. von Catherine Bel. Leuven: 377–391.
Diels, Hermann und Walther Kranz (Hg.) (1961). *Die Vorsokratiker*. Griechisch/Deutsch. Berlin.
Dilthey, Wilhelm (⁸1922). *Das Erlebnis und die Dichtung. Lessing – Goethe – Novalis – Hölderlin*. Leipzig/Berlin.
Dilthey, Wilhelm (⁸1992). „Der Aufbau der geschichtlichen Welt in den Geisteswissenschaften". Ders. *Gesammelte Schriften*. Bd. XII. Hrsg. von Bernhard Groethuysen. Göttingen.
Dirscherl, Margit (2016). *Heinrich Heines Poetik der Stadt*. Stuttgart.
Doležel, Lubomir (1990). *Occidental Poetics*. Lincoln/London.
Doležel, Lubomir (1999). *Geschichte der strukturalen Poetik. Von Aristoteles bis zur Prager Schule*. Dresden/München.
Dommann, Monika (2014). *Autoren und Apparate. Die Geschichte des Copyrights im Medienwandel*. Frankfurt a. M.
Dover, Carol (Hg.) (2003). *A Companion to the Lancelot-Grail-Cycle*. Cambridge.
Dronke, Ursula (Hg.) (1969–1997). *The Poetic Edda*. 2 Bde. Oxford.

Dröse, Albrecht (2013). *Die Poetik des Widerstreits. Konflikt und Transformation der Diskurse im ‚Ackermann' des Johannes von Tepl*. Heidelberg.
Düffel, John von (2000). *Schwimmen. Kleine Philosophie der Passionen*. München.
Düffel, John von (2002). *Wasser und andere Welten. Geschichten vom Schwimmen und Schreiben*. Köln.
Düffel, John von (2006). *Vom Wasser*. München.
Dünne, Jörn und Stephan Günzel (Hg.) (2006). *Raumtheorie. Grundlagentexte aus Philosophie und Kulturwissenschaften*. Frankfurt a. M.
Dugast, Jacques (2001). „Parerga und Paratexte. Eine Ästhetik des Beiwerks". *Vom Parergon zum Labyrinth. Untersuchungen zur kritischen Theorie des Ornaments*. Hrsg. von Gérard Raulet und Burghart Schmidt. Wien/Köln/Weimar: 101–110.
Dyck, Joachim (^{3}1991). *Ticht-Kunst. Deutsche Barockpoetik und rhetorische Tradition*. Tübingen.
Dylan, Bob (1985). *Lyrics, 1962–1985*. New York.
Dylan, Bob (2014) *The Lyrics*. Hrsg. von Christopher Ricks, Lisa Nemrow und Julie Nemrow. New York/London.
Echte, Bernhard (1997). „,Ich verdanke dem Bleistiftsystem wahre Qualen.' Zur Edition von Robert Walsers Mikrogrammen". *Text. Kritische Beiträge. Heft 3. Entzifferung 1*. Hrsg. von Roland Reuß. Frankfurt a. M.: 1–21.
Eckel, Winfried (1994). *Wendung. Zum Prozeß der poetischen Reflexion im Werk Rilkes*. Würzburg.
Eco, Umberto (1977). *Das offene Kunstwerk*. Aus dem Italienischen von Günter Memmert. Frankfurt a. M.
Eco, Umberto (^{7}1986). *Nachschrift zum ‚Namen der Rose'*. Deutsch von Burkhart Kroeber. München.
Eco, Umberto (1987a). *Lector in fabula. Die Mitarbeit der Interpretation in erzählenden Texten*. Aus dem Italienischen von Heinz-Georg Held. München.
Eco, Umberto (1987b). *Semiotik. Entwurf einer Theorie der Zeichen*. Aus dem Italienischen von Günter Memmert. München.
Eco, Umberto (1994). *Apokalyptiker und Integrierte. Zur kritischen Kritik der Massenkultur*. Aus dem Italienischen von Max Looser. Frankfurt a. M.
Eco, Umberto (2000). „Zwischen Autor und Text". *Texte zur Theorie der Autorschaft*. Hrsg. und komm. von Fotis Jannidis, Gerhard Lauer, Matías Martínez und Simone Winko. Stuttgart: 279–294.
Eco, Umberto (2009). *Die unendliche Liste*. Aus dem Italienischen von Barbara Klein. München.
Ehrenzeller, Hans (1955). *Studien zur Romanvorrede von Grimmelshausen bis Jean Paul*. Bern.
Eichner, Siglinde (1974). *Die Prosafabel Lessings in seiner Theorie und Dichtung. Ein Beitrag zur Ästhetik des 18. Jahrhunderts*. Bonn.
Eikels, Kai van (2000). *Zwei Monologe. Die Poetik der sprechenden Sprache bei Heidegger und Novalis. Das Denken der Sprache und die Performanz des Literarischen um 1800*. Würzburg.
Eilenberger, Wolfram (2009). *Das Werden des Menschen im Wort. Eine Studie zur Kulturphilosophie Michail M. Bachtins*. Zürich.
Eimermacher, Karl (Hg.) (1986). *Semiotica Sovietica. Sowjetische Arbeiten der Moskauer und Tartuer Schule zu sekundären modellbildenden Zeichensystemen (1962-1973)*. Aachen.
Eisele, Ulf (1974). *Die Struktur des modernen deutschen Romans*. Tübingen.
Eisenstein, Elizabeth L. (1979). *The Printing Press as an Agent of Change. Communications and Cultural Transformations in Early Modern Europe. 2 Bde.* Cambridge u. a.

Ėjchenbaum, Boris (1924). *Skvoz' literaturu*. Leningrad.
Ėjchenbaum, Boris (Hg.) (1927). *Poėtika kino*. Moskau/Leningrad.
Ėjchenbaum, Boris (1969a). „Die Illusion des *skaz*". *Texte der russischen Formalisten*. Bd. I: *Texte zur allgemeinen Literaturtheorie und zur Theorie der Prosa*. Hrsg. von Witold Kośny und Jurij Striedter. München: 160–167.
Ėjchenbaum, Boris (1969b). „Wie Gogol's ‚Mantel' gemacht ist". *Texte der russischen Formalisten*. Bd. I: *Texte zur allgemeinen Literaturtheorie und zur Theorie der Prosa*. Hrsg. von Witold Kośny und Jurij Striedter. München: 122–159.
Elias, Norbert (1988). *Über die Zeit*. Hrsg. von Michael Schröter. Frankfurt a. M.
Empson, William (1930). *Seven Types of Ambiguity*. London.
Empson, William (1985). *The Structure of Complex Words*. Hrsg. von Jonathan Culler. Cambridge, MA.
Endres, Johannes (Hg.) (2017). *Friedrich Schlegel-Handbuch. Leben – Werk – Wirkung*. Stuttgart.
Endres, Martin (2015). „Re/Signation. Revision einer ‚(ein)schreibenden Entschreibung'". *Die Sinnlichkeit der Zeichen. Zur aisthetischen Dimension von Schrift und Bild bei Roland Barthes*. Hrsg. von Elisabeth Birk, Mark Halawa-Sarholz und Björn Weyand. Tübingen: 261–282.
Engberg-Pedersen, Anders (2015). *Empire of Chance. The Napoleonic Wars and the Disorder of Things*. Cambridge, MA.
Engel, Manfred (1993). *Der Roman der Goethezeit. Anfänge in Klassik und Frühromantik. Transzendentale Geschichten*. Bd. 1. Stuttgart/Weimar.
Engel, Manfred (2009). „E. T. A. Hoffmann und die Poetik der Frühromantik – am Beispiel von *Der Goldne Topf*". *Einheit der Romantik? Zur Transformation frühromantischer Konzepte im 19. Jahrhundert*. Hrsg. von Bernd Auerochs und Dirk von Petersdorff. Paderborn/München: 43–56.
Ėngel'gardt, Boris (1927). *Formal'nyj metod v istorii literatury*. Leningrad.
Entner, Heinz (1972). „Zum Dichtungsbegriff des deutschen Humanismus. Theoretische Aussagen der neulateinischen Poetik zwischen Conrad Celtis und Martin Opitz". *Grundpositionen der deutschen Literatur im 16. Jahrhundert*. Hrsg. von Ingeborg Spriewald et al. Berlin/Weimar: 330–479.
Erb, Elke (1983). „Bericht über eine neue Darstellungsweise". Dies. *Vexierbild*. Berlin/Weimar: 103–107.
Erdbeer, Robert Matthias (2001). „Der Text als Verfahren". *Zeitschrift für Ästhetik und Allgemeine Kunstwissenschaft* 46.1 (2001): 77–105.
Erdbeer, Robert Matthias (2016). *Poetik der Modelle. Untersuchungen zum ludischen Dispositiv*. Habil. masch. Münster.
Erdle, Birgit R. (2015). *Literarische Epistemologie der Zeit. Lektüren zu Kant, Kleist, Heine und Kafka*. Paderborn.
Erker, Sandra (2016). *Bild und Bildlichkeit in den Dialogen Platons*. Berlin.
Erlich, Victor (1973). *Russischer Formalismus*. Frankfurt a. M.
Ernst, Josef (1994). „Brüderliche Zurechtweisung". *Lexikon für Theologie und Kirche*. Bd. 2. Hrsg. von Walter Kasper et al. Freiburg u. a.: Sp. 715–716.
Ernst, Ulrich (2010). „Gattungstheorie im Mittelalter". *Handbuch Gattungstheorie*. Hrsg. von Rüdiger Zymner. Stuttgart/Weimar: 201–203.
Eschenbach, Gunilla (2011). *Imitatio im George-Kreis*. Berlin/New York.
Ette, Ottmar (1998). *Roland Barthes. Eine intellektuelle Biographie*. Frankfurt a. M.
Ette, Ottmar (2011). *LebensZeichen. Roland Barthes zur Einführung*. Hamburg.

Evans, Vyvyan und Melanie Green (2006). *Cognitive Linguistics. An Introduction*. Edinburgh.
Fähnders, Walter (1998). *Avantgarde und Moderne 1890–1933*. Stuttgart.
Falk, Rainer und Thomas Rahn (2016). „Einleitung". *Text. Kritische Beiträge 11: Sonderheft Typographie & Literatur*. Hrsg. von Rainer Falk und Thomas Rahn. Frankfurt a. M.: 1–11.
Feldman, Karen (2010). „The Temporal Aside: ‚Transzendentale Buffonerie' in Two Works of Novalis". *Germanic Review* 85 (2010): 142–155.
Feldt, Michael (1990). *Lyrik als Erlebnislyrik. Zur Geschichte eines Literatur- und Mentalitätstypus zwischen 1600 und 1900*. Heidelberg.
Felman, Shoshana (1981). „Rereading Femininity". *Yale French Studies* 62 (1981): 19–44.
Felman, Shoshana (1993). *What Does a Woman Want?* Baltimore, MD.
Fielding, Henry (1970). „A Modern Glossary". *The Criticism of Henry Fielding*. Hrsg. von Ioan Williams. London: 90–93.
Fielding, Henry (1985). *The History of Tom Jones*. Edited by R. P. C. Mutter. London.
Fineman, Joel (1986). *Shakespeare's Perjured Eye. The Invention of Poetic Subjectivity in the Sonnets*. Berkeley, CA.
Fineman, Joel (1991). *Subjectivity Effect in Western Literary Tradition*. Cambridge, MA.
Fink, Hilary L. (1999). *Bergson and Russian Modernism, 1900–1930*. Evanston, IL.
Fischer, Bernhard (2016a). „Essays, Reden und Aphorismen: ‚Probleme der Lyrik' (1951)". *Benn-Handbuch. Leben – Werk – Wirkung*. Hrsg. von Friederike Reents und Christian M. Hanna. Stuttgart: 215–219.
Fischer, Bernhard (2016b). „Konzeptionen und Strukturen: Probleme der Lyrik". *Benn-Handbuch. Leben – Werk – Wirkung*. Hrsg. von Friederike Reents und Christian M. Hanna. Stuttgart: 311–312.
Fischer, Carolin (2007). *Der poetische Pakt. Rolle und Funktion des poetischen Ich in der Liebeslyrik bei Ovid, Petrarca, Ronsard, Shakespeare und Baudelaire*. Heidelberg.
Fischer, Michael M. J. (2011). „Ethnicity and the Post-Modern Arts of Memory". *Writing Culture. The Poetics and Politics of Ethnography*. Hrsg. von James Clifford und George Marcus. Berkeley: 194–233.
Fischer-Lichte, Erika (2012). *Performativität. Eine Einführung*. Bielefeld.
Flasch, Kurt (1993). *Augustinus von Hippo. Das XI. Buch der „Confessiones"*. Historisch-philosophische Studie; Text, Übersetzung, Kommentar. Frankfurt a. M.
Flashar, Hellmut (1979). „Die klassizistische Theorie der Mimesis". *Le classicisme à Rome aux I^{ers} siècles avant et après J.-C.* Hrsg. von Hellmut Flashar. Genève: 79–97.
Fleck, Ludwik (1980). *Entstehung und Entwicklung einer wissenschaftlichen Tatsache*. Hrsg. von Lothar Schäfer und Thomas Schnelle. Frankfurt a. M.
Fleischman, Suzanne (1995). „Treatises on Grammar, Rhetoric, Poetics". *A Handbook of the Troubadours*. Hrsg. von F. R. P. Akehurst und Judith M. Davis. Berkeley: 178–180.
Floris, Bernard (2012). *Poetry and its Contexts in Eleventh-Century Byzantium*. Farnham.
Fluck, Wilhelm (1997). *Das kulturelle Imaginäre. Eine Funktionsgeschichte des amerikanischen Romans 1790–1900*. Frankfurt a. M.
Flusser, Vilém (1991). „Die Geste des Schreibens". Ders. *Gesten. Versuch einer Phänomenologie*. Düsseldorf: 39–49.
Fohrmann, Jürgen (1989). *Projekt der deutschen Literaturgeschichte. Entstehung und Scheitern einer nationalen Poesiegeschichtsschreibung zwischen Humanismus und Deutschem Kaiserreich*. Stuttgart.
Fohrmann, Jürgen (1994). „Über die (Un-)Verständlichkeit". *Deutsche Vierteljahrsschrift für Literaturwissenschaft und Geistesgeschichte* 68 (1994): 197–213.

Fontane, Theodor (1973 [1897]). „Der Stechlin". Ders. *Romane und Erzählungen in acht Bänden.* Bd. 8. Hrsg. von Peter Goldhammer, Gotthard Erler, Anita Golz und Jürgen Jahn. Berlin/Weimar.
Fontane, Theodor (W). *Werke, Schriften und Briefe.* Hrsg. von Walter Keitel und Helmuth Nürnberger. München 1969–1997.
Fontius, Martin (2001). „Kritisch/Kritik". *Ästhetische Grundbegriffe. Historisches Wörterbuch in sieben Bänden.* Bd. 3. Hrsg. von Karlheinz Barck, Martin Fontius, Dieter Schlenstedt, Burkhart Steinwachs und Friedrich Wolfzettel. Stuttgart/Weimar: 450–489.
Foucault, Michel (1966). *Les mots et les choses. Une archéologie des sciences humaines.* Paris.
Foucault, Michel (1969). *L'archéologie du savoir.* Paris.
Foucault, Michel (1971). *Die Ordnung der Dinge. Eine Archäologie der Humanwissenschaften.* Aus dem Französischen von Ulrich Köppen. Frankfurt a. M.
Foucault, Michel (1981). *Archäologie des Wissens.* Aus dem Französischen von Ulrich Köppen. Frankfurt a. M.
Foucault, Michel (1994). „La fonction politique de l'intellectuel". Ders. *Dits et écrits 1954–1988.* Bd. III. Hrsg. von Daniel Defert, François Ewald und Jacques Lagrange. Paris: 109–114.
Foucault, Michel (1998). *Sexualität und Wahrheit I. Der Wille zum Wissen.* Aus dem Französischen von Ulrich Raulff und Walter Seitter. Frankfurt a. M.
Foucault, Michel (2000). „Was ist ein Autor?". *Texte zur Theorie der Autorschaft.* Hrsg. und komm. von Fotis Jannidis, Gerhard Lauer, Matías Martínez und Simone Winko. Stuttgart: 198–229.
Foucault, Michel (2001a). „Distanz, Aspekt, Ursprung". Ders. *Dits et Ecrits. Schriften in vier Bänden.* Bd. I: 1954–1969. Hrsg. von Daniel Defert, François Ewald und Jacques Lagrange. Aus dem Französischen von Michael Bischoff, Hans-Dieter Gondek, Hermann Kocyba und Jürgen Schröder. Frankfurt a. M.: 370–387.
Foucault, Michel (2001b [1969]). „Was ist ein Autor? (Vortrag)". Ders. *Dits et Ecrits. Schriften in vier Bänden.* Bd. I: 1954–1969. Hrsg. von Daniel Defert, François Ewald und Jacques Lagrange. Aus dem Französischen von Michael Bischoff, Hans-Dieter Gondek, Hermann Kocyba und Jürgen Schröder. Frankfurt a. M.: 1003–1041.
Foucault, Michel (2002a [1971]). „Der Wille zum Wissen". Ders. *Dits et Ecrits. Schriften in vier Bänden.* Bd. II: 1970–1975. Hrsg. von Daniel Defert, François Ewald und Jacques Lagrange. Aus dem Französischen von Michael Bischoff, Hans-Dieter Gondek, Hermann Kocyba und Jürgen Schröder. Frankfurt a. M.: 294–299.
Foucault, Michel (2002b [1974]). „Die Wahrheit und die juristischen Formen". Ders. *Dits et Ecrits. Schriften in vier Bänden.* Bd. II: 1970-1975. Hrsg. von Daniel Defert, François Ewald und Jacques Lagrange. Aus dem Französischen von Michael Bischoff, Hans-Dieter Gondek, Hermann Kocyba und Jürgen Schröder. Frankfurt a. M.: 669–792.
Foucault, Michel (^{9}2003). *Die Ordnung des Diskurses.* Übers. und hrsg. von Walter Seitter. Mit einem Essay von Ralf Konersmann. Frankfurt a. M.
Foucault, Michel (2005a [1984]). „Foucault". Ders. *Dits et Ecrits. Schriften in vier Bänden.* Bd. IV: 1980-1988. Hrsg. von Daniel Defert, François Ewald und Jacques Lagrange. Aus dem Französischen von Michael Bischoff, Hans-Dieter Gondek, Hermann Kocyba und Jürgen Schröder. Frankfurt a. M.: 776–782.
Foucault, Michel (2005b [1984]). „Von anderen Räumen". Ders. *Dits et Ecrits. Schriften in vier Bänden.* Bd. IV: 1980-1988. Hrsg. von Daniel Defert, François Ewald und Jacques Lagrange. Aus dem Französischen von Michael Bischoff, Hans-Dieter Gondek, Hermann Kocyba und Jürgen Schröder. Frankfurt a. M.: 931–942.

Fowler, Alastair (1982). *Kinds of Literature. An Introduction to the Theory of Genres and Modes.* Oxford.
Frank, Manfred (1977). *Das individuelle Allgemeine. Textstrukturierung und -interpretation nach Schleiermacher.* Frankfurt a. M.
Frank, Manfred (1983). *Was ist Neostrukturalismus?* Frankfurt a. M.
Frank, Manfred (1989). *Einführung in die frühromantische Ästhetik. Vorlesungen.* Frankfurt a. M.
Frank, Manfred und Gerhard Kurz (1977). „Ordo Inversus. Zu einer Reflexionsfigur bei Novalis, Hölderlin, Kleist und Kafka". *Geist und Zeichen.* Festschrift für Arthur Henkel. Hrsg. von Herbert Anton, Bernhard Gajek und Peter Pfaff. Heidelberg: 75–97.
Frank, Michael C. und Kirsten Mahlke (2008). „Nachwort". Michail Bachtin: *Chronotopos.* Übers. von Michael Dewey. Frankfurt a. M.: 201–242.
Franke, Ursula (1972). *Kunst als Erkenntnis. Die Rolle der Sinnlichkeit in der Ästhetik des Alexander Gottlieb Baumgarten.* Wiesbaden.
Fränkel, Hermann (^{2}1960a). „Die Zeitauffassung in der frühgriechischen Literatur". *Wege und Formen frühgriechischen Denkens.* Hrsg. von Franz Tietze. München: 1–22.
Fränkel, Hermann (^{2}1960b). „ΕΦΗΜΕΡΟΣ als Kennwort für die menschliche Natur". *Wege und Formen frühgriechischen Denkens.* Hrsg. von Franz Tietze. München: 23–39.
Fränkel, Hermann (^{4}1993). *Dichtung und Philosophie des frühen Griechentums. Eine Geschichte der griechischen Epik, Lyrik und Prosa bis zur Mitte des fünften Jahrhunderts.* München.
Freccero, John (1988). *Dante. The Poetics of Conversion.* Hrsg. von Rachel Jacoff. Cambridge, MA.
Frei Gerlach, Franziska (2003). „Sandkunst. Korrespondenzen zwischen Anselm Kiefer, Paul Celan und Ingeborg Bachmann". *Poetiken der Materie. Stoffe und ihre Qualitäten in Literatur, Kunst und Philosophie.* Hrsg. von Thomas Strässle und Caroline Torra-Mattenklott. Freiburg i. Br./Berlin: 225–242.
Freise, Matthias (1993). *Michail Bachtins philosophische Ästhetik.* Frankfurt a. M.
Freytag, Gustav (1977). *Soll und Haben. Roman in sechs Büchern.* München.
Fricke, Harald (1977). *Die Sprache der Literaturwissenschaft. Textanalytische und philosophische Untersuchungen.* München.
Fricke, Harald (1981). *Norm und Abweichung. Eine Philosophie der Literatur.* München.
Fricke, Harald (2003). „Poetik". *Reallexikon der deutschen Literaturwissenschaft.* Bd. 3. Hrsg. von Jan-Dirk Müller. Berlin/New York: 100–105.
Fricke, Harald und Rüdiger Zymner (^{5}2007). *Einübung in die Literaturwissenschaft. Parodieren geht über Studieren.* Paderborn/München.
Fried, Michael (2008). *Why Photography Matters as Art as Never Before.* New Haven.
Friedrich, Hugo (1985). *Die Struktur der modernen Lyrik.* Erweiterte Neuausgabe. Reinbek bei Hamburg.
Friis-Jensen, Karsten (2015). *The Medieval Horace.* Hrsg. von Karin Margareta Fredborg, Minna Skafte Jensen, Marianne Pade und Johann Ramminger. Rom.
Frischmuth, Barbara (2009). *Traum der Literatur – Literatur des Traums. Münchner Poetik-Vorlesungen* (1990). Mit einem Nachwort von Silvana Cimenti. Wien.
Fry, Paul (1980). *The Poet's Calling in the English Ode.* New Haven, CT.
Fues, Wolfram Malte (1990). *Poesie der Prosa, Prosa als Poesie. Eine Studie zur Geschichte der Gesellschaftlichkeit bürgerlicher Literatur von der deutschen Klassik bis zum Ausgang des 19. Jahrhunderts.* Heidelberg.
Fuhrmann, Manfred (1973). *Einführung in die antike Dichtungstheorie.* Darmstadt.
Fuhrmann, Manfred (1992). *Die Dichtungstheorie der Antike. Aristoteles – Horaz – ‚Longin'. Eine Einführung.* Darmstadt.

Gabler, Hans-Jürgen (1982). *Geschmack und Gesellschaft. Rhetorische und sozialgeschichtliche Aspekte der frühaufklärerischen Geschmackskategorie*. Frankfurt a. M./Bern.
Gabriel, Markus (Hg.) (2014). *Der neue Realismus*. Berlin.
Gadamer, Hans-Georg (1960). *Wahrheit und Methode*. Tübingen.
Gadamer, Hans-Georg (1984). „Hegel und der Sprachforscher Roman Jakobson". Roman Jakobson, Hans-Georg Gadamer und Elmar Holenstein: *Das Erbe Hegels II*. Frankfurt a. M.: 13–20.
Gaier, Ulrich (1991). „Das Lachen des Aufklärers. Über Lessings ‚Minna von Barnhelm'". *Der Deutschunterricht* 43.6 (1991): 42–56.
Gaier, Ulrich (1993a). *Hölderlin. Eine Einführung*. Tübingen/Basel.
Gaier, Ulrich (1993b). „‚…ein Empfindungssystem, der ganze Mensch'. Grundlagen von Hölderlins poetologischer Anthropologie im 18. Jahrhundert". *Der ganze Mensch. Anthropologie und Literatur im 18. Jahrhundert*. Hrsg. von Hans-Jürgen Schings. Stuttgart: 724–746.
Gaier, Ulrich (1998). „Herders Systemtheorie". *Allgemeine Zeitschrift für Philosophie* 23 (1998): 3–17.
Gaier, Ulrich (2003). „Herder und Oetinger". *Pietismus und Neuzeit* 28 (2003): 213–236.
Gaier, Ulrich (2006). „Hamann und Herder – eine philosophische Alternative zu Kant?". *Herder im Spiegel der Zeiten. Verwerfungen der Rezeptionsgeschichte und Chancen einer Relektüre*. Hrsg. von Tilman Borsche. München: 103–125.
Gaier, Ulrich (2007). „Philosophie der Systeme und Organisationen beim frühen und späten Herder". *Der frühe und der späte Herder. Kontinuität und/oder Korrektur*. Hrsg. von Sabine Groß und Gerhard Sauder. Heidelberg: 33–44.
Gaier, Ulrich (2008). „‚So wäre alle Religion ihrem Wesen nach poetisch'. Säkularisierung der Religion und Sakralisierung der Poesie bei Herder und Hölderlin". *Ästhetik – Religion – Säkularisierung*. Bd. 1: *Von der Renaissance zur Romantik*. Hrsg. von Silvio Vietta und Herbert Uerlings. München: 75–92.
Gaier, Ulrich (2010a). „Mängel der Einbildungskraft als Gegenstände der Satire". *Jahrbuch der Jean-Paul-Gesellschaft* 45 (2010): 5–19.
Gaier, Ulrich (^{2}2010b). „Die Prosatheorie des jungen Herder". *Vernunft, Freiheit, Humanität. Über Johann Gottfried Herder und einige seiner Zeitgenossen. Festgabe für Günter Arnold zum 65. Geburtstag*. Hrsg. von Claudia Taszus. Eutin: 74–99.
Gaier, Ulrich (2012). *Lesarten von Goethes ‚Faust'*. Eggingen.
Gaier, Ulrich (2014a). *Hölderlin-Studien*. Hrsg. von Sabine Doering und Valérie Lawitschka. Tübingen/Eggingen.
Gaier, Ulrich (2014b). *Hölderlin: Vordenker der „künftigen Schweiz"*. Konstanz.
Gaier, Ulrich (2016). *Urpflanze, Meerkatzen, Vesuv* [Vortragsmanuskript, noch unveröffentlicht].<B></B>
Galand-Hallyn, Perrine und Fernand Hallyn (Hg.) (2001). *Poétiques de la Renaissance. Le modèle italien, le monde franco-bourguignon et leur héritage en France au XVIe siècle*. Genf.
Galli, Matteo (2014). „The Artist is Present. Das Zeitalter der Poetikvorlesung". *Merkur* 68.1 (2014): 61–65.
Gallo, Ernest (Hg.) (1971). *The Poetria nova and its sources in early rhetorical doctrine*. Den Haag/Paris.
Gamm, Gerhard (1987). *Eindimensionale Kommunikation. Vernunft und Rhetorik in J. Habermas' Deutung der Moderne*. Würzburg.
Gamper, Michael (2009). *Elektropoetologie. Fiktionen der Elektrizität 1740–1870*. Göttingen.
Gamper, Michael und Helmut Hühn (2014). *Was sind Ästhetische Eigenzeiten?* Hannover.

Garber, Klaus (1984). „Martin Opitz". *Deutsche Dichter des 17. Jahrhunderts. Ihr Leben und Werk.* Hrsg. von Harald Steinhagen und Benno von Wiese. Berlin: 116–184.
Gasché, Rodolphe (1979). „Deconstruction as Criticism". *Glyph. Johns Hopkins Textual Studies* 6 (1979): 177–215.
Gasché, Rodolphe (1985). *The Tain of the Mirror. Derrida and the Philosophy of Reflection.* Cambridge, MA.
Gasché, Rodolphe (1994). *Inventions of Difference. On Jacques Derrida.* Cambridge, MA.
Gasché, Rodolphe (1998). *The Wild Card of Reading. On Paul de Man.* Cambridge, MA.
Gasché, Rodolphe (2003). *The Idea of Form. Rethinking Kant's Aesthetics.* Stanford, CA.
Gates, Henry Louis (1988). *The Signifying Monkey. A Theory of African-American Literary Criticism.* Oxford.
Geertz, Clifford (2003a). „,Deep Play': Bemerkungen zum balinesischen Hahnenkampf". Ders. *Dichte Beschreibung. Beiträge zum Verstehen kultureller Systeme.* Frankfurt a. M.: 202–260.
Geertz, Clifford (2003b). „Dichte Beschreibung. Bemerkungen zu einer deutenden Theorie von Kultur". Ders. *Dichte Beschreibung. Beiträge zum Verstehen kultureller Systeme.* Frankfurt a. M.: 7–43.
Geisenhanslüke, Achim (2011). *Dummheit und Witz. Poetologie des Nichtwissens.* München.
Genette, Gérard (1972). „Strukturalismus und Literaturwissenschaft". *Strukturalismus in der Literaturwissenschaft.* Übers. von Erika Höhnisch. Hrsg. von Heinz Blumensath. Köln: 71–88.
Genette, Gérard (1982). *Palimpsestes. La littérature de second degré.* Paris.
Genette, Gérard (1989). *Paratexte. Das Buch vom Beiwerk des Buches.* Aus dem Französischen von Dieter Hornig. Frankfurt a. M./New York.
Genette, Gérard (1992). „Fiktionale Erzählung, faktuale Erzählung". Ders. *Fiktion und Diktion.* Aus dem Französischen von Heinz Jatho. München: 65–94.
Genette, Gérard (1994). *Die Erzählung.* Aus dem *Französischen* von Andreas Knop. Mit einem Nachwort hrsg. von Jürgen Vogt. München.
Genette, Gérard (^{2}1996). *Palimpseste. Die Literatur auf zweiter Stufe.* Aus dem Französischen von Wolfram Bayer und Dieter Hornig. Frankfurt a. M.
Genette, Gérard (^{2}1998). *Die Erzählung.* Aus dem Französischen von Andreas Knop. Stuttgart.
Genette, Gérard (^{5}2001). *Paratexte. Das Buch vom Beiwerk des Buches.* Übers. von Dieter Hornig. Frankfurt a. M.
Genette, Gérard (2007). *Discours du récit.* Paris.
Geoffrey of Monmouth (2007). *The History of the Kings of Britain. An Edition and Translation of ,De gestis Britonum' (Historia regum Britanniae).* Hrsg. von Michael D. Reeve und Neil Wright. Woodbridge.
George, Stefan (GSW). *Sämtliche Werke in 18 Bänden.* Hrsg. von der Stefan George Stiftung. Stuttgart 1982–2013.
Geppert, Hans Vilmar (1976). *Der ,andere' historische Roman. Theorie und Strukturen einer diskontinuierlichen Gattung.* Tübingen.
Geppert, Hans Vilmar (2009). *Der historische Roman. Geschichte umerzählt – von Walter Scott bis zur Gegenwart.* Tübingen.
Gernhardt, Robert (1990). *Gedanken zum Gedicht.* Zürich.
Gernhardt, Robert (2008). *Gesammelte Gedichte. 1954–2006.* Frankfurt a. M.
Gernhardt, Robert (2010). *Was das Gedicht alles kann: Alles. Texte zur Poetik.* Hrsg. von Lutz Hagestedt und Johannes Müller. Frankfurt a. M.

Gerok-Reiter, Annette (1996). *Wink und Wandlung. Komposition und Poetik in Rilkes „Sonette an Orpheus"*. Tübingen.
Gervais von Melkley (1965). *Ars poetica. Kritische Ausgabe*. Hrsg. von Hans-Jürgen Gräbener. Münster.
Gettier, Edmund L. (1963). „Is Justified True Belief Knowledge?". *Analysis* 23.6 (1963): 121–127.
Giesecke, Michael (1991). *Der Buchdruck in der frühen Neuzeit. Eine historische Fallstudie über die Durchsetzung neuer Informations- und Kommunikationstechnologien*. Frankfurt a. M.
Giles, Steve (2012). „Realism after Modernism. Representation and Modernity in Brecht, Lukács and Adorno". *Aesthetics and Modernity from Schiller to the Frankfurt School*. Hrsg. von Jerome Carroll, Steve Giles und Maike Oergel. Oxford/Bern: 275–296.
Giuriato, Davide (2006). *Mikrographien. Zu einer Poetologie des Schreibens in Walter Benjamins Kindheitserinnerungen (1932–1939)*. München.
Glauch, Sonja (2009). *An der Schwelle zur Literatur. Elemente einer Poetik des höfischen Erzählens*. Heidelberg.
Glauch, Sonja (2014a). „Fiktionalität im Mittelalter". *Fiktionalität. Ein interdisziplinäres Handbuch*. Hrsg. von Tobias Klauk und Tilmann Köppe. Berlin: 385–418.
Glauch, Sonja (2014b). „Fiktionalität im Mittelalter; revisited". *Poetica* 46.1/2 (2014): 85–139.
Gloy, Karen (2006). *Zeit. Eine Morphologie*. München.
Glyph. Johns Hopkins Textual Studies (Glyph). Hrsg. von Samuel Weber und Henry Sussman. 8 Bde. Baltimore, MD 1977–1981.
Gnüg, Hiltrud (1983). *Entstehung und Krise lyrischer Subjektivität. Vom klassischen lyrischen Ich zur modernen Erfahrungswirklichkeit*. Stuttgart.
Godman, Peter (1985). *Poetry of the Carolingian Renaissance*. London.
Goebbels, Joseph (1952). „Erlass zur Neuformung des deutschen Kulturlebens". *Handbuch des Feuilletons*. Hrsg. von Wilmont Haacke. Emsdetten: 118–119.
Goethe, Johann Wolfgang (1973). „Material der bildenden Kunst". Ders. *Poetische Werke. Kunsttheoretische Schriften und Übersetzungen. Berliner Ausgabe in 22 Bänden*. Bd. 19. Hrsg. von einem Bearbeiter-Kollektiv unter Leitung von Siegfried Seidel et al. Berlin/Weimar: 76–77.
Goethe, Johann Wolfgang (2011). *Faust. Eine Tragödie. Erster Theil. Frühere Fassung (Urfaust). Studienausgabe*. Hrsg. und komm. von Ulrich Gaier. Stuttgart.
Goethe, Johann Wolfgang (HA). *Goethes Werke. Hamburger Ausgabe in 14 Bänden*. Hrsg. von Erich Trunz. München ^{10}1981.
Goethe, Johann Wolfgang (HABr). *Briefe*. Hrsg. von Karl Robert Mandelkow und Bodo Morawe. Hamburg 1952.
Goethe, Johann Wolfgang (FA). *Sämtliche Werke. Briefe, Tagebücher und Gespräche*. Hrsg. von Hendrik Birus et al. 40 Bde. Frankfurt a. M. 1987–2013.
Goethe, Johann Wolfgang (MA). *Sämtliche Werke nach Epochen seines Schaffens. Münchner Ausgabe*. Hrsg. von Karl Richter. München/Wien 1990.
Goethe, Johann Wolfgang (WA). *Goethes Werke. Weimarer Ausgabe (oder Sophienausgabe) in 143 Bänden*. Weimar 1887–1919.
Goetz, Rainald (2003). „Subito". Ders. *Hirn. Schrift*. Frankfurt a. M.: 9–25.
Goetz, Rainald (2009). *Loslabern. Bericht. Herbst 2008*. Frankfurt a. M.
Goffman, Erving (1980). *Rahmen-Analyse. Ein Versuch über die Organisation von Alltagserfahrungen*. Frankfurt a. M.
Goodman, Nelson (^{2}1998). *Sprachen der Kunst. Entwurf einer Symboltheorie*. Aus dem Englischen von Bernd Philippi. Frankfurt a. M.

Goody, Jack (1977). *The Domestication of the Savage Mind.* Cambridge.
Goody, Jack (1986). *The Logic of Writing and the Organization of Society.* Cambridge.
Goody, Jack, Ian Watt und Kathleen Gough (1986). *Entstehung und Folgen der Schriftkultur.* Frankfurt a. M.
Gorgias von Leontinoi (1989). *Reden, Fragmente und Testimonien.* Griechisch/Deutsch. Hrsg. und übers. von Thomas Buchheim. Hamburg.
Goßens, Peter (²2012). „Edgar Jené und der Traum vom Traume". *Celan-Handbuch. Leben – Werk – Wirkung.* Hrsg. von Markus May, Peter Goßens und Jürgen Lehmann. Stuttgart/Weimar: 154–158.
Goślicka, Xenia (2015). *Die Kraft der Berührung. Eine Poetik der Auserwählung. Das Körperbild der Stigmatisation. Clemens Brentanos Emmerick-Projekt. Die Josephsromane Thomas Manns.* Paderborn.
Göttsche, Dirk (2000). *Zeitreflexion und Zeitkritik im Werk Wilhelm Raabes.* Würzburg.
Göttsche, Dirk (2001). *Zeit im Roman. Literarische Zeitreflexion und die Geschichte des Zeitromans im späten 18. und im 19. Jahrhundert.* München.
Göttsche, Dirk (2007). „Wilhelm Raabes Erzählungen und Romane". *Realismus. Epoche – Autoren – Werke.* Hrsg. von Christian Begemann. Darmstadt: 121–138.
Göttsche, Dirk (2013). „The Place of Romanticism in the Literary Memory of the Anti-Napoleonic Wars (1848–1914). Roquette, Raabe and Jensen". *Realism and Romanticism in German Literature.* Hrsg. von Dirk Göttsche und Nicholas Saul. Bielefeld: 341–384.
Göttsche, Dirk (2013–2014). „Erinnerungsarbeit und Geschichtspolitik. Die literarische Modellierung der Befreiungskriege zwischen Restauration und Vormärz (1815–1848)". *Zeitschrift für deutsche Philologie* 132.4 (2013): 543–561 (Teil I); 133.2 (2014): 217–245 (Teil II).
Göttsche, Dirk (2016). „Raabes Realismusverständnis". *Raabe-Handbuch. Leben – Werk – Wirkung.* Hrsg. von Dirk Göttsche, Florian Krobb und Rolf Parr. Stuttgart: 16–21.
Göttsche, Dirk (2018). „‚Zeitbilder' zwischen Zeitroman und Kleiner Prosa. Zur Modellierung zeitgeschichtlichen Erzählens im 19. Jahrhundert". *Darstellungsoptik. Bild-Erfassung und Bilderfülle in der Prosa des 19. Jahrhunderts.* Hrsg. von Thomas Althaus. Bielefeld: 247–266 [im Druck].
Göttsche, Dirk und Nicholas Saul (Hg.) (2013). *Realismus und Romantik in der deutschsprachigen Literatur.* Bielefeld.
Göttsche, Dirk, Florian Krobb und Rolf Parr (Hg.) (2016). *Raabe-Handbuch. Leben – Werk – Wirkung.* Stuttgart.
Gottfried von Straßburg (2011). *Tristan und Isold. Mit dem Text des Thomas.* 2 Bde. Hrsg. von Walter Haug und Manfred Günter Scholz. Frankfurt a. M.
Gottfried von Straßburg (³2013). *Tristan.* Hrsg. von Christoph Huber. Berlin.
Gottsched, Johann Christoph (1962 [1751]). *Versuch einer critischen Dichtkunst vor die Deutschen.* Leipzig 1751 [Nachdruck Darmstadt 1962].
Gottsched, Johann Christoph (1973 [1737]). „Versuch einer critischen Dichtkunst". Ders. *Ausgewählte Werke.* Bd. 6/1. Hrsg. von Joachim Birke und Brigitte Birke. Berlin/New York.
Grabbe, Christian Dietrich (1978). *Werke in einem Band.* Hrsg. von Roy C. Cowen. München/Wien.
Grass, Günter (1974). *Aus dem Tagebuch einer Schnecke.* Reinbek bei Hamburg.
Grass, Günter (1990). *Schreiben nach Auschwitz. Frankfurter Poetik-Vorlesung.* Frankfurt a. M.
Grätz, Katharina (2003). „Dionysos in der Staatsbibliothek. Gottfried Benns ekstatische Poetologie der Spätzeit". *Poetologische Lyrik von Klopstock bis Grünbein. Gedichte und Interpretationen.* Hrsg. von Olaf Hildebrand. Köln: 242–259.

Grawe, Christian und Helmuth Nürnberger (Hg.) (2000). *Fontane-Handbuch*. Stuttgart.
Greenberg, Nathan A. (1990). *The Poetic Theory of Philodemus*. London.
Greenblatt, Stephen (1980). *Renaissance Self-Fashioning. From More to Shakespeare*. Chicago.
Greenblatt, Stephen (Hg.) (1981a). *Allegory and Representation*. Baltimore, MD.
Greenblatt, Stephen (1981b). „Invisible Bullets. Renaissance Authority and Its Subversion". *Glyph* 8 (1981): 40–61.
Greenblatt, Stephen (1988). *Shakespearean Negotiations. The Circulation of Social Energy in Renaissance England*. Berkeley, CA.
Greenblatt, Stephen (1990). *Verhandlungen mit Shakespeare. Innenansichten der englischen Renaissance*. Berlin.
Greenblatt, Stephen (1991). „Grundzüge einer Poetik der Kultur". Ders. *Schmutzige Riten. Betrachtungen zwischen Weltbildern*. Berlin: 107–122.
Greimas, Algirdas Julien (1971). *Strukturale Semantik*. Übers. aus dem Französischen von Jens Ihwe. Braunschweig.
Grésillon, Almuth (1994). *Eléments de critique génétique. Lire les manuscrits modernes*. Paris.
Grésillon, Almuth (2007). „,Critique génétique'. Handschriften als Zeichen ästhetischer Prozesse". *Ästhetische Erfahrung und Edition*. Hrsg. von Rainer Falk und Gert Mattenklott. Tübingen: 73–87.
Grewendorf, Günther, Fritz Hamm und Wolfgang Sternefeld (1989). *Sprachliches Wissen. Eine Einführung in moderne Theorien der grammatischen Beschreibung*. Frankfurt a. M.
Grimm, Gunter E. (1992). „Vom poeta doctus zum Volksdichter? Bemerkungen zum Selbstverständnis deutscher Schriftsteller im 18. Jahrhundert". *Europäische Aufklärung(en). Einheit und nationale Vielfalt*. Hrsg. von Siegfried Jüttner und Jochen Schlobach. Hamburg: 203–217.
Grimm, Gunter E. (1998). *Letternkultur. Wissenschaftskritik und antigelehrtes Dichten in Deutschland von der Renaissance bis zum Sturm und Drang*. Tübingen.
Groddeck, Wolfram (1995). *Reden über Rhetorik. Zu einer Stilistik des Lesens*. Basel/Frankfurt a. M.
Groddeck, Wolfram (1997). „,Weiß das Blatt, wie schön es ist?' Prosastück, Schriftbild und Poesie bei Robert Walser". *Text. Kritische Beiträge. Heft 3. Entzifferung 1*. Hrsg. von Roland Reuß. Frankfurt a. M.: 25–41.
Groys, Boris (1989). „Grausamer Karneval: Michail Bachtins ästhetische Rechtfertigung des Stalinismus". *Frankfurter Allgemeine Zeitung* 140, 21. Juni (1989).
Groys, Boris (1992). *Über das Neue. Versuch einer Kulturökonomie*. München.
Grübel, Rainer (2001). *Literaturaxiologie. Zur Theorie und Geschichte des ästhetischen Wertes in slavischen Literaturen*. Wiesbaden.
Grubmüller, Klaus (1977). *Meister Esopus. Untersuchungen zur Geschichte und Funktion der Fabel im Mittelalter*. München.
Grünbein, Durs (1988). *Grauzone morgens. Gedichte*. Frankfurt a. M.
Grzybowski, Jacek (2015). *Cosmological and Philosophical World of Dante Alighieri*. The Divine Comedy *as a Medieval Vision of the Universe*. Frankfurt a. M.
Gumbrecht, Hans Ulrich (1997). „Ein Hauch von Ontik. Genealogische Spuren der New Philology". *Zeitschrift für deutsche Philologie* 116 (1997): 31–45.
Gumbrecht, Hans Ulrich (2004). *Diesseits der Hermeneutik. Die Produktion von Präsenz*. Frankfurt a. M.
Gumbrecht, Hans Ulrich (2010). *Unsere breite Gegenwart*. Berlin.

Gumbrecht, Hans Ulrich und Karl Ludwig Pfeiffer (Hg.) (1988). *Materialität der Kommunikation*. Frankfurt a. M.
Günzel, Stephan (Hg.) (2007). *Topologie. Zur Raumbeschreibung in den Kultur- und Medienwissenschaften*. Bielefeld.
Günzel, Stephan (2017). *Raum. Eine kulturwissenschaftliche Einführung*. Bielefeld.
Gundolf, Friedrich (1908). „Der siebente Ring". *Die Zukunft* 16 (1908): 164–167.
Gurevič, Aron (1991). „Bachtin und der Karneval. Zu Dietz-Rüdiger Moser: ‚Lachkultur des Mittelalters? Michael Bachtin und die Folgen seiner Theorie'". *Euphorion. Zeitschrift für Literaturgeschichte* 85 (1991): 423–429.
Guttzeit, Gero (2014). „Writing backwards? Autorpoetik bei Poe und Godwin". *Theorien und Praktiken der Autorschaft*. Hrsg. von Matthias Schaffrick und Marcus Willand. Berlin/Boston: 379–404.
Gutzkow, Karl (1850–1851). *Die Ritter vom Geiste. Roman in neun Büchern*. 9 Bde. Leipzig.
Haardt, Alexander (1985). *Husserl in Russland. Phänomenologie der Sprache und Kunst bei Gustav Špet und Aleksej Losev*. München.
Haardt, Alexander (2000). „Michail Bachtin – ein Phänomenologe der Intertextualität?". *Phänomenologische Forschungen/Phenomenological Studies/Recherches phénoménologiques* 5 (2000): 217–229.
Habermas, Jürgen (1962). *Strukturwandel der Öffentlichkeit. Untersuchungen zu einer Kategorie der bürgerlichen Gesellschaft*. Neuwied/Berlin.
Habermas, Jürgen (1985). *Der philosophische Diskurs der Moderne*. Frankfurt a. M.
Hahn, Reinhard (1984). *‚Die löbliche Kunst'. Studien zu Dichtung und Poetik des späten Meistergesangs am Beispiel Adam Puschmanns (1532–1600)*. Wroclaw.
Halfen, Roland (2011). *Chartres. Die Kathedralschule und ihr Umkreis*. Stuttgart.
Hallet, Wolfgang (2007). „Gattungen als kognitive Schemata. Die multigenerische Interpretation literarischer Texte". *Gattungstheorie und Gattungsgeschichte*. Hrsg. von Marion Gymnich, Birgit Neumann und Ansgar Nünning. Trier: 53–72.
Halliwell, Stephen (1987). *Poetics of Aristotle*. Bristol.
Halliwell, Stephen (^{2}1998). *Aristotle's Poetics*. Chicago.
Hallmann, Jan (2015). *Studien zum mittelhochdeutschen ‚Wartburgkrieg'. Literaturgeschichtliche Stellung – Überlieferung – Rezeptionsgeschichte. Mit einer Edition der ‚Wartburgkrieg'-Texte*. Berlin.
Hamacher, Werner (1998a). „Der ausgesetzte Satz. Friedrich Schlegels poetologische Umsetzung von Fichtes absolutem Grundsatz". Ders. *Entferntes Verstehen. Studien zu Philosophie und Literatur von Kant bis Celan*. Frankfurt a. M.: 195–234.
Hamacher, Werner (1998b). „Das Beben der Darstellung. Kleists Erdbeben in Chili". Ders. *Entferntes Verstehen. Studien zu Philosophie und Literatur von Kant bis Celan*. Frankfurt a. M.: 235–279.
Hamacher, Werner (1998c). *Entferntes Verstehen. Studien zu Philosophie und Literatur von Kant bis Celan*. Frankfurt a. M.
Hamann, Christof (2014). *Zwischen Normativität und Normalität. Zur diskursiven Position der ‚Mitte' in populären Zeitschriften nach 1848*. Heidelberg.
Hamann, Johann Georg (1762). „AESTHETICA. IN. NUCE. Eine Rhapsodie in kabbalistischer Prose". Ders. *Kreuzzüge des Philologen*. [o. O.]: 159–220.
Hamann, Johann Georg (1968). *Sokratische Denkwürdigkeiten. Aesthetica in nuce*. Hrsg. und komm. von Sven-Aage Jørgensen. Stuttgart.
Hamburger, Käte (1957). *Die Logik der Dichtung*. Stuttgart.

Hammann, Joachim (2007). *Die Heldenreise im Film. Drehbücher, aus denen die Filme gemacht werden, die wirklich berühren*. Frankfurt a. M.
Handke, Peter (1972). *Ich bin ein Bewohner des Elfenbeinturms*. Frankfurt a. M.
Handke, Peter (1991). *Versuch über den geglückten Tag – Ein Wintertagtraum*. Frankfurt a. M.
Hanich, Julian, Valentin Wagner, Mira Shah, Thomas Jacobsen und Winfried Menninghaus (2014). „Why We Like to Watch Sad Films. The Pleasure of Being Moved in Aesthetic Experiences". *Psychology of Aesthetics, Creativity, and the Arts* 8.2 (2014): 130–143 [doi:10.1037/a0035690].
Hansen-Löve, Aage A. (1978). *Der russische Formalismus. Methodologische Rekonstruktion seiner Entwicklung aus dem Prinzip der Verfremdung*. Wien.
Hansen-Löve, Aage A. (1984). „Die Theorie der Verfremdung im russischen Formalismus". *Verfremdung in der Literatur*. Hrsg. von Hermann Helmers. Darmstadt: 393–427.
Hansen-Löve, Aage A. (1985). „Bytologija meždu faktami i funkcijami". *Revue des Études Slaves* LVII.1 (1985): 91–103.
Hansen-Löve, Aage A. (1986). „Dominanta". *Russian Literature* XIX (1986): 15–26.
Hansen-Löve, Aage A. (1989a). „Entfaltung, Realisierung". *Glossarium der russischen Avantgarde*. Hrsg. von Aleksandar Flaker. Graz/Wien: 188–211.
Hansen-Löve, Aage A. (1989b). „Intention, Einstellung". *Glossarium der russischen Avantgarde*. Hrsg. von Aleksandar Flaker. Graz/Wien: 258–277.
Hansen-Löve, Aage A. (1999). „Jan Mukařovský im Kontext der ‚synthetischen Avantgarde' und der ‚Formal-Philosophischen Schule' in Rußland (Fragmente einer Rekonstruktion)". *Jan Mukařovsky and the Prague School*. Hrsg. von Vladimir Macura und Herta Schmid. Potsdam: 219–262.
Hansen-Löve, Aage A. (2003). „Randbemerkungen zur frühen Poetik Roman Jakobsons". *Roman Jakobsons Gedichtanalysen. Eine Herausforderung an die Philologien*. Hrsg. von Hendrik Birus, Sebastian Donat und Burkhard Meyer-Sickendiek. Göttingen: 89–120.
Hansen-Löve, Aage A. (2006). „Der absurde Körper und seine Tot-Geburt: Verbale Brachialitäten bei Daniil Charms". *Wiener Slawistischer Almanach* 57 (2006): 151–230.
Hansen-Löve, Aage A. (2008a). „,Wir sind alle aus *Pljuškins Haufen* hervorgekrochen...'. Ding – Gegenstand – Ungegenständlichkeit – Verdinglichung – Unding: Vom Realismus zum Konzeptualismus". *Der dementierte Gegenstand. Artefaktskepsis der russischen Avantgarde zwischen Abstraktion und Dinglichkeit*. Hrsg. von Anke Hennig und Georg Witte. Wien/München: 251–346.
Hansen-Löve, Aage A. (2008b). „Zum medialen Ort des Verbalen – mit Rückblicken auf russische Medienlandschaften". *Intermedialität analog/digital. Theorien – Methoden – Analysen*. Hrsg. von Joachim Paech und Jens Schröter. München: 155–180.
Hansen-Löve, Aage A. (2012). „Die formal-philosophische Schule in Russland 1920–1930". *Zwischen den Lebenswelten. Interkulturelle Profile der Phänomenologie*. Hrsg. von Jens Bonnemann, Nikolaj Plotnikov und Meike Siegfried. Berlin: 205–257.
Hansen-Löve, Aage A. (2016). *Über das Vorgestern ins Übermorgen. Neoprimitivismus in Wort- und Bildkunst der russischen Moderne*. Paderborn.
Hansen-Löve, Aage A. und Anke Niederbudde (2007). „Einleitung und Kommentare zu: Roman Jakobson, ‚Die neueste russische Poesie'". *Roman Jakobson: Poesie der Grammatik und Grammatik der Poesie. Sämtliche Gedichtanalysen. Kommentierte deutsche Ausgabe*. Bd. 1. Hrsg. von Hendrik Birus und Sebastian Donat. Berlin/New York: 1–123.

Hanslick, Eduard (1990). *Vom Musikalisch-Schönen 1. Historisch-kritische Ausgabe.* Hrsg. von Dietmar Strauß. Mainz.
Harder, Annette (2013). „From Text to Text. The Impact of the Alexandrian Library on the Work of Hellenistic Poets". *Ancient Libraries.* Hrsg. von Jason König, Katerina Oikonomopoulou und Greg Woolf. Cambridge: 96–108.
Hart, Richard und Victorino Tejera (Hg.) (1997). Plato's Dialogues – The Dialogical Approach. Lewiston, NY.
Hart-Nibbrig, Christiaan L. (1994). „Zum Drum und Dran einer Fragestellung. Ein Vorgeschmack". *Was heißt „Darstellen"?* Hrsg. von Christiaan L. Hart-Nibbrig. Frankfurt a. M.: 7–14.
Hart-Nibbrig, Christiaan L. (Hg.) (1994). *Was heißt „Darstellen"?* Frankfurt a. M.
Härter, Andreas (2000). *Digressionen. Studien zum Verhältnis von Ordnung und Abweichung in Rhetorik und Poetik. Quintilian – Opitz – Gottsched – Friedrich Schlegel.* München.
Harthan, John (1981). *The History of the Illustrated Book. The Western Tradition.* London.
Hartman, Geoffrey (1964). *Wordsworth's Poetry, 1787–1814.* Cambridge, MA.
Hartman, Geoffrey (1970). *Beyond Formalism: Literary Essays, 1958–1970.* Baltimore, MD.
Hartman, Geoffrey (1975). *The Fate of Reading and Other Essays.* Chicago, IL.
Hartman, Geoffrey (1980). *Criticism in the Wilderness. The Study of Literature Today.* New Haven, CT.
Hartman, Geoffrey (1981). *Saving the Text. Literature/Derrida/Philosophy.* Baltimore, MD.
Haubrichs, Wolfgang (²1995). *Die Anfänge: Versuche volkssprachiger Schriftlichkeit im frühen Mittelalter (ca. 700–1050/60).* Frankfurt a. M.
Hauff, Wilhelm (1969). *Werke.* Hrsg. von Bernhard Zeller. 2 Bde. Frankfurt a. M.
Haug, Walter (²1992). *Literaturtheorie im deutschen Mittelalter. Von den Anfängen bis zum Ende des 13. Jahrhunderts. Eine Einführung.* Darmstadt.
Haug, Walter und Benedikt Konrad Vollmann (Hg.) (1991). *Frühe deutsche Literatur und lateinische Literatur in Deutschland 800–1150.* Frankfurt a. M.
Haug, Walter und Burghart Wachinger (Hg.) (1991). *Exempel und Exempelsammlungen.* Tübingen.
Haug, Wolfgang Fritz (2009). *Kritik der Warenästhetik.* Überarbeitete Neuausgabe. Frankfurt a. M.
Havelock, Eric A. (1963). *Preface to Plato. A History of the Greek Mind.* Cambridge.
Havelock, Eric A. (1990). *Schriftlichkeit. Das griechische Alphabet als kulturelle Revolution.* Aus dem Amerikanischen von Gabriele Herbst. Mit einer Einleitung von Aleida und Jan Assmann. Weinheim.
Havelock, Eric A. (1992). *Als die Muse schreiben lernte.* Aus dem Amerikanischen von Ulrich Enderwitz und Rüdiger Hentschel. Frankfurt a. M.
Haverkamp, Anselm (Hg.) (1983). *Theorie der Metapher.* Darmstadt.
Haverkamp, Anselm (Hg.) (1994). *Gewalt und Gerechtigkeit. Derrida – Benjamin.* Frankfurt a. M.
Haverkamp, Anselm (Hg.) (²1996a). *Theorie der Metapher.* Darmstadt.
Haverkamp, Anselm (Hg.) (1996b). *Deconstruction Is/In America. A New Sense of the Political.* New York.
Haverkamp, Anselm (Hg.) (1998). *Die paradoxe Metapher.* Frankfurt a. M.
Haverkamp, Anselm (2000). „Anagramm". *Ästhetische Grundbegriffe. Historisches Wörterbuch in sieben Bänden.* Bd. 1. Hrsg. von Karlheinz Barck, Martin Fontius, Dieter Schlenstedt, Burkhart Steinwachs und Friedrich Wolfzettel. Stuttgart/Weimar: 133–153.
Haverkamp, Anselm (2001). *Hamlet, Hypothek der Macht.* Berlin.
Haverkamp, Anselm (2002a). *Figura cryptica. Theorie der literarischen Latenz.* Frankfurt a. M.

Haverkamp, Anselm (2002b). „Wie die Morgenröthe zwischen Tag und Nacht. Alexander Gottlieb Baumgarten und die Begründung der Kulturwissenschaften in Frankfurt an der Oder". *Deutsche Vierteljahrsschrift für Literaturwissenschaft und Geistesgeschichte* 76 (2002): 3–26.
Haverkamp, Anselm (2007). *Metapher. Die Ästhetik in der Rhetorik*. München.
Haverkamp, Anselm (2015). *Marginales zur Metapher. Poetik nach Aristoteles*. Berlin.
Haverkamp, Anselm (2016). „Die Wiederkehr der Allegorie in der Ästhetik der Avantgarde. Baumgarten in der Vorgeschichte des New Criticism". *Allegorie* (DFG-Symposion 2014). Hrsg. von Ulla Haselstein. Berlin/Boston: 244–272.
Hegel, Georg Wilhelm Friedrich (W). *Werke in zwanzig Bänden*. Hrsg. von Eva Moldenhauer und Karl Markus Michel. Frankfurt a. M. 1970 [Suhrkamp *Theorie Werkausgabe*, später in seitenidentischen Einzelbänden bei Suhrkamp stw].
Heidegger, Martin (1927). *Sein und Zeit*. Halle.
Heidegger, Martin (1950). „Der Spruch des Anaximander". Ders. *Holzwege*. Frankfurt a. M.: 296–343.
Heidegger, Martin (1989 [1936–1938]). *Beiträge zur Philosophie (Vom Ereignis)*. Gesamtausgabe. III. Abteilung: Unveröffentlichte Abhandlungen. Vorträge – Gedachtes. Bd. 65. Frankfurt a. M.
Heinrich von dem Türlin (2012). *Diu Crône. Kritische mittelhochdeutsche Leseausgabe mit Erläuterungen*. Hrsg. von Gudrun Felder. Berlin.
Heinrich von Veldeke (1992). *Eneasroman. Die Berliner Bilderhandschrift mit Übersetzung und Kommentar*. Hrsg. von Hans Fromm. Frankfurt a. M.
Heinse, Wilhelm (1903 [1795–1796]). „Hildegard von Hohenthal". Ders. *Sämmtliche Werke*. Bd. 5. Hrsg. von Carl Schüddekopf. Leipzig.
Heinzle, Joachim (Hg.) (2013). *Das Nibelungenlied nach der Handschrift 857 der Stiftsbibliothek St. Gallen und Die Klage*. Berlin.
Hempfer, Klaus W. (1973). *Gattungstheorie. Information und Synthese*. München.
Hempfer, Klaus W. (2014). *Lyrik. Skizze einer systematischen Theorie*. Stuttgart.
Hempfer, Klaus W. und Jörg Volbers (Hg.) (2011). *Theorien des Performativen. Sprache – Wissen – Praxis. Eine kritische Bestandsaufnahme*. Bielefeld.
Henkel, Nikolaus (1987). „Die Zwölf alten Meister. Beobachtungen zur Entstehung des Katalogs". *Beiträge zur Geschichte der deutschen Sprache und Literatur* 109 (1987): 375–389.
Henrich, Dieter (2011). *Werke im Werden. Über die Genesis philosophischer Einsichten*. München.
Herberichs, Cornelia (2010). *Poetik und Geschichte. Das „Liet von Troye" Herborts von Fritzlar*. Würzburg.
Herbort von Fritzlar (1837). *Herbort's von Fritslâr liet von Troye*. Hrsg. von Karl Frommann. Quedlinburg/Leipzig.
Herder, Johann Gottfried (1955). *Metakritik zur Kritik der reinen Vernunft*. Berlin.
Herder, Johann Gottfried (FA). *Werke*. Hrsg. von Martin Bollacher et al. 10 Bde. Frankfurt a. M. 1985–2002.
[Herennium] (1994). *Rhetorica ad Herennium*. Hrsg. von Theodor Nüßlein. Zürich/München.
Hermann, Iris (2010). „Formen der Figur in der Lyrik. Lyrisches Ich und lyrisches Du". *Formen der Figur. Figurenkonzepte in Künsten und Medien*. Hrsg. von Henriette Heidbrink und Rainer Leschke. Konstanz: 109–132.
Herrick, Marvin Theodore (1946). *The Fusion of Horatian and Aristotelian Literary Criticism, 1531–1555*. Urbana, Ill.

Herrmann, Britta (2015). „Auralität und Tonalität in der Moderne. Aspekte einer Ohrenphilologie". *Dichtung für die Ohren. Literatur als tonale Kunst in der Moderne.* Hrsg. von Britta Herrmann. Berlin: 9–32.
Herrmann, Hans Peter (1970). *Naturnachahmung und Einbildungskraft. Zur Entwicklung der deutschen Poetik von 1670 bis 1740.* Bad Homburg v. d. H./Berlin/Zürich.
Herzog, Reinhart (1975). *Die Bibelepik der lateinischen Spätantike. Formgeschichte einer erbaulichen Gattung.* München.
Hesiod (⁵1993). *Theogonie.* Hrsg., übers. und erl. von Karl Albert. Sankt Augustin.
Hetzel, Andreas (2011). *Die Wirksamkeit der Rede. Zur Aktualität klassischer Rhetorik für die moderne Sprachphilosophie.* Bielefeld.
Hetzel, Andreas und Gerald Posselt (Hg.) (2017). *Handbuch Rhetorik und Philosophie.* Berlin.
Heumann, Konrad (1999). „‚Stunde, Luft und Ort machen alles' – Hofmannsthals Phänomenologie der natürlichen Gegebenheiten". *Hofmannsthal-Jahrbuch* 7 (1999): 233–287.
Hildebrand, Olaf (Hg.) (2003). *Poetologische Lyrik von Klopstock bis Grünbein. Gedichte und Interpretationen.* Köln.
Hindrichs, Gunnar (2011). „Der Fortschritt des Materials". *Adorno-Handbuch. Leben – Werk – Wirkung.* Hrsg. von Richard Klein, Johann Kreuzer und Stefan Müller-Doohm. Stuttgart/Weimar: 47–58.
Hindrichs, Gunnar (2014). *Die Autonomie des Klangs. Eine Philosophie der Musik.* Frankfurt a. M.
Hirsch, Eric D. (2000). „Objektive Interpretation". *Texte zur Theorie der Autorschaft.* Hrsg. und komm. von Fotis Jannidis, Gerhard Lauer, Matías Martínez und Simone Winko. Stuttgart: 157–180.
Hoffmann, E. T. A. (2002). *Des Vetters Eckfenster.* Stuttgart.
Hoffmann, Stefan (2002). *Geschichte des Medienbegriffs.* Hamburg.
Hoffmann, Torsten und Daniela Langer (2007). „5. Autor". *Handbuch Literaturwissenschaft. Gegenstände, Konzepte, Institutionen.* Bd. 1. Hrsg. von Thomas Anz. Stuttgart/Weimar: 131–170.
Hofmannsthal, Hugo von (HKA). *Sämtliche Werke. Kritische Ausgabe.* Veranstaltet vom Freien Deutschen Hochstift. Hrsg. von Rudolf Hirsch, Edward Reichel, Christoph Perels, Mathias Mayer und Hein Rölleke. Frankfurt a. M. 1975–2015.
Hohendahl, Peter Uwe (1985). *Geschichte der deutschen Literaturkritik (1730–1980).* Stuttgart.
Hölderlin, Friedrich (1986 [1802–1807]). „Homburger Folioheft". Ders. *Sämtliche Werke. Historisch-kritische Ausgabe in 20 Bänden und 3 Supplementen. Frankfurter Ausgabe* (FHA). Supplement III. Hrsg. von Dietrich Sattler und Emery George. Frankfurt a. M.
Hölderlin, Friedrich (1988 [1804]). „Anmerkungen zum Oedipus"/„Anmerkungen zur Antigonä". Ders. *Sämtliche Werke. Historisch-kritische Ausgabe in 20 Bänden und 3 Supplementen. Frankfurter Ausgabe* (FHA). Bd. 16: *Sophokles.* Hrsg. von Michael Franz, Michael Knaupp und D. E. Sattler. Basel/Frankfurt a. M.: 247–258, 409–421.
Hölderlin, Friedrich (MA). *Sämtliche Werke und Briefe.* Hrsg. von Michael Knaupp. München 1992.
Hölderlin, Friedrich (StA). *Sämtliche Werke. Große Stuttgarter Ausgabe.* Hrsg. von Friedrich Beißner und Adolf Beck. Stuttgart 1943–1985.
Holenstein, Elmar (1975). *Roman Jakobsons phänomenologischer Strukturalismus.* Frankfurt a. M.
Holenstein, Elmar (1979). „Einführung. Von der Poesie und der Plurifunktionalität der Sprache". Roman Jakobson: *Poetik – Ausgewählte Aufsätze 1921–1971.* Hrsg. von Elmar Holenstein. Frankfurt a. M.: 7–63.

Holland, Jocelyn (2006). „The Poet as Artisan: Novalis' *Werkzeug* and the Making of Romanticism". *Modern Language Notes* 121.3 (2006): 617–630.
Höllerer, Walter (Hg.) (2003). *Theorie der modernen Lyrik*. Neu hrsg. von Norbert Miller und Harald Hartung. 2 Bde. München/Wien.
Holquist, Michael (1990). *Dialogism. Bakhtin and his World*. London.
Hölscher, Uvo (³1990). *Die Odyssee. Epos zwischen Märchen und Roman*. München.
Hölscher, Uvo (1994). „Kontinuität der epischen Denkform – Zum Problem der ‚dunklen Jahrhunderte'". *Das nächste Fremde. Von Texten der griechischen Frühzeit und ihrem Reflex in der Moderne*. Hrsg. von Joachim Latacz und Manfred Kraus. München: 6–22.
Holz, Arno (1899a). *Revolution der Lyrik*. Berlin.
Holz, Arno (1899b). *Phantasus*. 2. Heft. http://www.deutschestextarchiv.de/book/show/holz_phantasus02_1899. Berlin (30. Juli 2016).
Home, Henry (1970 [1762]). *Elements of Criticism*. 3 Bde. Hildesheim.
Homer (1983). *Die Odyssee*. Deutsch von Wolfgang Schadewaldt. Hamburg.
Homer (1994). *Ilias*. Griechisch und Deutsch. Übertragen von Hans Rupé. Zürich.
Honold, Alexander (2013). *Die Zeit schreiben. Jahreszeiten, Uhren und Kalender als Taktgeber der Literatur*. Basel.
Hopkins, Gerard Manley (1954). *Gedichte. Schriften. Briefe*. Hrsg. von Hermann Rinn, Ursula Clemen und Friedhelm Kemp. München.
Hörisch, Jochen (1992). *Brot und Wein – Die Poesie des Abendmahls*. Frankfurt a. M.
Hörisch, Jochen (1999). *Ende der Vorstellung – Die Poesie der Medien*. Frankfurt a. M.
Hörisch, Jochen (2003). „Der blinde Fleck der Philosophie: Medien". *Deutsche Zeitschrift für Philosophie* 51.5 (2003): 888–890 [= Rezension zu: Münker, Stefan (Hg.) (2003). *Medienphilosophie. Beiträge zur Klärung eines Begriffs*. Frankfurt a. M.].
Hörisch, Jochen (2015). „Crayon". *Rücksendungen. Ein essayistisches Glossar zu Jacques Derridas Envois/Sendungen*. Hrsg. von Matthias Schmidt. Wien: 97–110.
[Horaz] Quintus Horatius Flaccus (1980). *Ars Poetica/Die Dichtkunst*. Übers. und hrsg. von Eckart Schäfer. Stuttgart.
Horn, András (1998). *Theorie der literarischen Gattungen. Ein Handbuch für Studierende der Literaturwissenschaft*. Würzburg.
Horn, Eva (1995). „Subjektivität in der Lyrik. ‚Erlebnis und Dichtung', ‚lyrisches Ich'". *Einführung in die Literaturwissenschaft*. Hrsg. von Miltos Pechlivanos, Stefan Rieger, Wolfgang Struck und Michael Weitz. Stuttgart/Weimar: 299–310.
Horn, Hans Jürgen (1989). „Stoische Symmetrie und Theorie des Schönen in der Kaiserzeit". *Aufstieg und Niedergang der römischen Welt*. Bd. II/36. Hrsg. von Hildegard Temporini und Wolfgang Haase. Berlin/New York: 1454–1472.
Huber, Christoph (1988). *Die Aufnahme und Verarbeitung des Alanus ab Insulis in mittelhochdeutschen Dichtungen. Untersuchungen zu Thomasin von Zerclaere, Gottfried von Straßburg, Frauenlob, Heinrich von Neustadt, Heinrich von St. Gallen, Heinrich von Mügeln und Johannes von Tepl*. München.
Hübner, Gert (2014). „Der künstliche Baum. Höfischer Roman und poetisches Erzählen". *Beiträge zur Geschichte der deutschen Sprache und Literatur* 136 (2014): 415–471.
Hübner, Gert (2015). „Hofhochschuldozenten". *Sangspruchdichtung um 1300*. Hrsg. von Gert Hübner und Dorothea Klein. Hildesheim: 69–87.
Hughes, Jula (2000). *Eigenzeitlichkeit. Zur Poetik der Zeit in der englischen und deutschen Romantik. Blake, Schiller, Coleridge, Fr. Schlegel, v. Hardenberg*. Erlangen/Nürnberg.

Hühn, Helmut (1997). *Mnemosyne. Zeit und Erinnerung in Hölderlins Denken*. Stuttgart/Weimar.
Hühn, Helmut (2002). „Das Unerträgliche und die Schmerzfluchten. Gedanken zu Samuel Becketts *Warten auf Godot*". *Der Sinn der Zeit*. Hrsg. von Emil Angehrn, Christian Iber, Georg Lohmann und Romano Pocai. Weilerswist: 347–362.
Hühn, Peter und Jörg Schönert (2002). „Zur narratologischen Analyse von Lyrik". *Poetica* 34.3/4 (2002): 287–305.
Hummel, Volker Georg (2007). *Die narrative Performanz des Gehens. Peter Handkes „Mein Jahr in der Niemandsbucht" und der „Bildverlust" als Spaziergängertexte*. Bielefeld.
Husserl, Edmund (1928). „Vorlesungen zur Phänomenologie des inneren Zeitbewußtseins". *Jahrbuch für Philosophie und phänomenologische Forschung* 9 (1928): 367–498.
Husserl, Edmund (^{2}1976). *Die Krisis der europäischen Wissenschaften und die transzendentale Phänomenologie*. Hrsg. von Walter Biemel. Den Haag.
IJsseling, Samuel (1982). „Philosophie und Textualität. Über eine rhetorische Lektüre philosophischer Texte". *Zur Phänomenologie des philosophischen Textes*. Hrsg. von Ernst Wolfgang Orth. München: 57–76.
IJsseling, Samuel (1988). *Rhetorik und Philosophie. Eine historisch-systematische Einführung*. Stuttgart-Bad Cannstatt.
Illich, Ivan (1991). *Im Weinberg des Textes. Als das Schriftbild der Moderne entstand. Ein Kommentar zu Hugos „Didascalicon"*. Aus dem Englischen von Ylva Eriksson-Kuchenbuch. Frankfurt a. M.
Ingarden, Roman (^{3}1965). *Das literarische Kunstwerk*. Tübingen.
Ingarden, Roman (1969). „Das Form-Inhalt-Problem im literarischen Kunstwerk". Ders. *Erlebnis, Kunstwerk und Wert. Vorträge zur Ästhetik 1937–1967*. Tübingen: 31–50.
Ingold, Felix Philipp (1995). „‚… daß Text da sei …'. Beispiele heutiger Autorenpoetik". *Manuskripte* 127 (1995): 104–109.
Irigaray, Luce (1974). *Speculum. De l'autre femme*. Paris.
Isekenmeier, Guido (2007). „Textuelle Performativität als Produktion von Sinn. Julia Kristevas Texttheorie und die Semiologie der Paragramme". *Textbewegungen 1800/1900*. Hrsg. von Matthias Buschmeier und Till Dembeck. Würzburg: 72–89.
Iser, Wolfgang (1972). *Der implizite Leser. Kommunikationsformen des Romans von Bunyan bis Beckett*. München.
Iser, Wolfgang (1976). *Der Akt des Lesens. Theorie ästhetischer Wirkung*. München.
Iser, Wolfgang (1991). *Das Fiktive und das Imaginäre. Perspektiven literarischer Anthropologie*. Frankfurt a. M.
Isidor von Sevilla (1985). *Isidori Hispalensis episcopi Etymologiarum sive originum libri XX*. Hrsg. von Wallace Martin Lindsay. Oxford.
Ives, Kelly (2010). *Julia Kristeva. Art, Love, Melancholy, Philosophy, Semiotics and Psychoanalysis*. Crescent Moon.
Jacob, François (1972). *Die Logik des Lebenden. Von der Urzeugung zum genetischen Code*. Aus dem Französischen von Jutta und Klaus Scherrer. Frankfurt a. M.
Jacob, Joachim (1997). *Heilige Poesie. Zu einem literarischen Modell bei Pyra, Klopstock und Wieland*. Tübingen.
Jacobs, Wilhelm G. (2009). „Materie – Materialität – Geist". *Editio* 23 (2009): 14–20.
Jaeger, Stephan (2000a). „‚Die Finsternis flammenden Sturzes': Das Lesen dynamischer Bilder und deiktischer Räume in Georg Trakls Lyrik". *Bildersprache verstehen. Zur Hermeneutik der Metapher und anderer bildlicher Sprachformen*. Hrsg. von Ruben Zimmermann. München: 363–385.

Jaeger, Stephan (2000b). „Der spätromantische Spalt. Lyrische Schreibweisen bei Brentano und Keats". *Athenäum. Jahrbuch für Romantik* 10 (2000): 109–134.
Jaeger, Stephan (2001). *Theorie lyrischen Ausdrucks. Das unmarkierte Zwischen in Gedichten von Brentano, Eichendorff, Trakl und Rilke*. München.
Jaeschke, Walter und Andreas Arndt (2012). *Die klassische deutsche Philosophie nach Kant. Systeme der reinen Vernunft und ihre Kritik. 1787–1845*. München.
Jäger, Ludwig (2010). *Ferdinand de Saussure zur Einführung*. Hamburg.
Jahn, Günter (2000). *Lessings Fabelabhandlungen. Ein Elementarbuch der Didaktik und Methodik*. Gütersloh.
Jahn-Sudmann, Andreas und Frank Kelleter (2012). „Die Dynamik serieller Überbietung. Amerikanische Fernsehserien und das Konzept des Quality-TV". *Populäre Serialität: Narration – Evolution – Distinktion. Zum seriellen Erzählen seit dem 19. Jahrhundert*. Hrsg. von Frank Kelleter. Bielefeld: 205–224.
Jakobson, Roman (1969). „Über den Realismus in der Kunst". *Texte der russischen Formalisten.* Bd. 1: *Texte zur allgemeinen Literaturtheorie und zur Theorie der Prosa*. Hrsg. von Witold Kośny und Jurij Striedter. München: 372–391.
Jakobson, Roman (1971). *Selected Writings II: Word and Language*. Den Haag/Paris.
Jakobson, Roman (1972). „Die neueste russische Poesie". *Texte der russischen Formalisten.* Bd. II: *Texte zur Theorie des Verses und der poetischen Sprache*. Hrsg. von Inge Paulmann, Wolf-Dieter Stempel und Jurij Striedter. München: 18–135.
Jakobson, Roman (1974a). „Zwei Seiten der Sprache und zwei Typen aphatischer Störungen". Ders. *Aufsätze zur Linguistik und Poetik*. Hrsg. von Wolfgang Raible. Übers. von Regine Kuhn, Georg Friedrich Meier und Rande Agnete Hartner. München: 117–141.
Jakobson, Roman (1974b). *Aufsätze zur Linguistik und Poetik*. Hrsg. von Wolfgang Reible. Übers. von Regine Kuhn, Georg Friedrich Meier und Randi Agnete Hartner. München.
Jakobson, Roman (1979a). „Was ist Poesie?". Ders. *Poetik. Ausgewählte Aufsätze 1921–1971*. Hrsg. von Elmar Holenstein und Tarcisius Schelbert. Frankfurt a. M.: 67–82.
Jakobson, Roman (1979b). „Linguistik und Poetik". Ders. *Poetik. Ausgewählte Aufsätze 1921–1971*. Hrsg. von Elmar Holenstein und Tarcisius Schelbert. Frankfurt a. M.: 83–121.
Jakobson, Roman (1979c). *Selected Writings V: On Verse, Its Masters and Explorers*. Hrsg. von Stephen Rudy und Martha Taylor. Den Haag/Paris/New York.
Jakobson, Roman (1979d). *Poetik. Ausgewählte Aufsätze 1921–1971*. Hrsg. von Elmar Holenstein und Tarcisius Schelbert. Frankfurt a. M.
Jakobson, Roman (1981). *Selected Writings III: Poetry of Grammar and Grammar of Poetry*. Hrsg. von Stephen Rudy. Den Haag/Paris/New York.
Jakobson, Roman (1985a). „Pochvala Konstantina Filosofa Grigoriju Bogoslovu". Ders. *Selected Writings VI: Early Slavic Paths and Crossroads*. Bd. 1: *Comparative Slavic Studies. The Cyrillo-Methodian Tradition*. Hrsg. von Stephen Rudy. Berlin/New York/Amsterdam: 207–239.
Jakobson, Roman (1985b). „Brain and Language. Cerebral Hemispheres and Linguistic Structure in Mutual Light". Ders. *Selected Writings VII: Contributions to Comparative Mythology. Studies in Linguistics and Philology*. Hrsg. von Stephen Rudy, Vorwort von Linda R. Waugh. Berlin/New York/Amsterdam: 163–180.
Jakobson, Roman (1988). *Semiotik. Ausgewählte Texte 1919–1982*. Hrsg. von Elmar Holenstein. Frankfurt a. M.
Jakobson, Roman (2007a). „Die neueste russische Poesie. Erster Entwurf. Annäherungen an Chlebnikov". Ders. *Poesie der Grammatik und Grammatik der Poesie. Sämtliche*

Gedichtanalysen. Kommentierte deutsche Ausgabe. Bd. 2: *Analysen zur Lyrik von der Romantik bis zur Moderne*. Hrsg. von Hendrik Birus und Sebastian Donat. Berlin: 1–112.
Jakobson, Roman (2007b). *Poesie der Grammatik und Grammatik der Poesie: Sämtliche Gedichtanalysen. Kommentierte deutsche Ausgabe*. Hrsg. von Hendrik Birus und Sebastian Donat. 2 Bde. Berlin/New York.
Jakobson, Roman und Claude Lévi-Strauss (2007). „‚Die Katzen' von Charles Baudelaire". Roman Jakobson: *Poesie der Grammatik und Grammatik der Poesie. Sämtliche Gedichtanalysen*. Bd. 2. Hrsg. von Hendrik Birus und Sebastian Donat. Berlin: 251–288.
Jakobson, Roman und Krystyna Pomorska (1992). *Poesie und Grammatik. Dialoge*. Frankfurt a. M.
Jakubinskij, Lev (1923). „O dialogičeskoj reči". *Russkaja reč'* 1 (1923): 96–195.
Jameson, Fredric (1972). *The Prison-House of Language. A Critical Account of Structuralism and Russian Formalism*. Princeton.
Jameson, Fredric (1986). „Postmoderne – Zur Logik der Kultur im Spätkapitalismus". *Postmoderne. Zeichen eines kulturellen Wandels*. Hrsg. von Andreas Huyssen und Klaus R. Scherpe. Reinbek bei Hamburg: 45–102.
Jameson, Fredric (2013). *The Antinomies of Realism*. London.
Jandl, Ernst (1979). „Anmerkungen zur Dichtkunst". *Literatur und Kritik* 133 (April 1979): 163–168.
Jandl, Ernst (1985). *Das Öffnen und Schließen des Mundes. Frankfurter Poetik-Vorlesung*. Darmstadt/Neuwied.
Jandl, Ernst (1997). *Poetische Werke*. Hrsg. von Klaus Siblewski. 10 Bde. München.
Jandl, Ernst (2010). *Das Öffnen und Schließen des Mundes. Frankfurter Poetikvorlesungen 1984/1985*. Hrsg. von Johannes Ullmaier. Frankfurt a. M.
Janka, Markus und Christian Schäfer (Hg.) (2002). *Platon als Mythologe. Neue Interpretationen zu den Mythen in Platons Dialogen*. Darmstadt.
Janko, Richard (2002). *Aristotle on Comedy. Towards a Reconstruction of Poetics II*. London.
Jannidis, Fotis, Gerhard Lauer, Matías Martínez und Simone Winko (Hg.) (1999). *Rückkehr des Autors. Zur Erneuerung eines umstrittenen Begriffs*. Tübingen.
Jannidis, Fotis, Gerhard Lauer, Matías Martínez und Simone Winko (Hg.) (2000). *Texte zur Theorie der Autorschaft*. Stuttgart.
Japp, Uwe (1983). *Theorie der Ironie*. Frankfurt a. M.
Japp, Uwe (1988). „Der Ort des Autors in der Ordnung des Diskurses". *Diskurstheorien und Literaturwissenschaft*. Hrsg. von Jürgen Fohrmann und Harro Müller. Frankfurt a. M.: 223–234.
Jaspers, Karl (1947). *Von der Wahrheit*. München.
Jaumann, Herbert (1995). *Critica. Untersuchungen zur Geschichte der Literaturkritik zwischen Quintilian und Thomasius*. Leiden/New York/Köln.
Jauß, Hans Robert (1967). *Literaturgeschichte als Provokation der Literaturwissenschaft*. Konstanz.
Jauß, Hans Robert (Hg.) (1968). *Die nicht mehr schönen Künste. Grenzphänomene des Ästhetischen*. München.
Jauß, Hans Robert (1973). „Schiller und Schlegels Replik auf die ‚Querelle des Anciens et des Modernes'". Ders. *Literaturgeschichte als Provokation*. Frankfurt a. M.: 67–106.
Jauß, Hans Robert (^{3}1977). „Theorie der Gattungen und Literatur des Mittelalters". Ders. *Alterität und Modernität der mittelalterlichen Literatur. Gesammelte Aufsätze 1956–1976*. München: 327–358.

Jauß, Hans Robert (²1986). *Zeit und Erinnerung in Marcel Prousts 'À la recherche du temps perdu'. Ein Beitrag zur Theorie des Romans.* Frankfurt a. M.
Jean Paul (W). *Sämtliche Werke.* Hrsg. von Norbert Miller und Walter Höllerer. Frankfurt a. M. 2000.
Jeffreys, Elizabeth (Hg.) (2003). *Rhetoric in Byzantium.* Aldershot.
Jeserich, Philipp (2008). *Musica naturalis. Tradition und Kontinuität spekulativ-metaphysischer Musiktheorie in der Poetik des französischen Spätmittelalters.* Stuttgart.
Johannes de Garlandia (1974). *The Parisiana Poetria of John of Garland.* Hrsg. von Traugott Lawler. New Haven/London.
Johannes von Tepl (1994). *Johannes de Tepla, Civis Zacensis. Epistola cum Libello ackerman und Das büchlein ackerman. Nach der Freiburger Hs. 163 und nach der Stuttgarter Hs. HB X 23.* 2 Bde. Hrsg. von Karl Bertau. Berlin/New York.
Johnson, Barbara (1977). „The Frame of Reference. Poe, Lacan, Derrida". *Yale French Studies* 55/56 (1977): 457–505.
Johnson, Barbara (1987). *A World of Difference.* Baltimore, MD.
Johnson, Eleanor (2015). „Critical poetics: A meditation on alternative critical vernaculars". *Postmedieval* 6 (2015): 375–384.
Johnson-Laird, Philip N. und Keith Oatley (³2008). „Emotions, Music, and Literature". *Handbook of Emotions.* Hrsg. von Michael Lewis, Jeanette M. Haviland-Jones und Lisa Feldman Barrett. New York/London: 102–113.
Jolles, André (²1958). *Einfache Formen.* Tübingen.
Jones, Catherine M. (2014). *An Introduction to the Chansons de geste.* Gainesville.
Jong, Irene J. F. de und René Nünlist (2007). *Time in Ancient Greek Literature. Studies in Ancient Greek Narrative.* 2 Bde. Leiden/Boston.
Jullien, François (2004). *Über die „Zeit". Elemente einer Philosophie des Lebens.* Zürich.
Jung, Werner (2007). *Poetik. Eine Einführung.* München.
Jürgensen, Christoph (2007). *„Der Rahmen arbeitet". Paratextuelle Strategien der Lektürelenkung im Werk Arno Schmidts.* Göttingen.
Jürgensen, Christoph und Gerhard Kaiser (2011). „Schriftstellerische Inszenierungspraktiken – Heuristische Typologie und Genese". *Schriftstellerische Inszenierungspraktiken. Typologie und Geschichte.* Hrsg. von Christoph Jürgensen und Gerhard Kaiser. Heidelberg: 9–30.
Kablitz, Andreas (2009). „Mimesis versus Repräsentation. Die Aristotelische Poetik in ihrer neuzeitlichen Rezeption". *Aristoteles Poetik.* Hrsg. von Otfried Höffe. Berlin: 215–232.
Kafka, Franz (1982). *Schriften, Tagebücher, Briefe. Kritische Ausgabe.* Hrsg. von Jürgen Born, Gerhard Neumann, Sir Malcolm Pasley und Jost Schillemeit. Frankfurt a. M.
Kafka, Franz (2002). *Tagebücher.* Hrsg. von Hans-Gerd Koch, Michael Müller und Malcolm Pasley. Frankfurt a. M.
Kafka, Franz (FKA). *Historisch-kritische Ausgabe sämtlicher Handschriften, Drucke und Typoskripte.* Hrsg. von Roland Reuß und Peter Staengle. Basel/Frankfurt a. M. 1995 ff.
Kaiser, Gerhard (1963). *Klopstock: Religion und Dichtung.* Gütersloh.
Kaiser, Gerhard (1991). *Geschichte der deutschen Lyrik von Heine bis zur Gegenwart.* Frankfurt a. M.
Kambylis, Athanasios (1965). *Die Dichterweihe und ihre Symbolik. Untersuchungen zu Hesiodos, Kallimachos, Properz und Ennius.* Heidelberg.
Kaminski, Nicola (1998). „Imitatio/Imitatio auctorum". *Historisches Wörterbuch der Rhetorik.* Bd. 4. Hrsg. von Gert Ueding. Tübingen: Sp. 235–285.

Kammer, Stephan (2003). *Figurationen und Gesten des Schreibens. Zur Ästhetik der Produktion in Robert Walsers Prosa der Berner Zeit*. Tübingen.
Kant, Immanuel (1787). *Kritik der reinen Vernunft*. Riga.
Kant, Immanuel (1995). *Kritik der Urteilskraft*. Hrsg. von Wilhelm Weischedel. Frankfurt a. M.
Kant, Immanuel (KdU). *Critic der Urtheilskraft*. Kant's gesammelte Schriften. Bd. VIII. Hrsg. von der Königlich Preußischen Akademie der Wissenschaften. Berlin 1908.
Kant, Immanuel (KrV). *Kritik der reinen Vernunft*. Kant's gesammelte Schriften. Bd. IV. Hrsg. von der Königlich Preußischen Akademie der Wissenschaften. Berlin 1903.
Kappl, Brigitte (2006). *Die Poetik des Aristoteles in der Dichtungstheorie des Cinquecento*. Berlin/New York.
Kauffmann, Kai (2015). *Stefan George. Eine Biographie*. Göttingen.
Kehlmann, Daniel (2007). *Diese sehr ernsten Scherze. Poetikvorlesungen*. Göttingen.
Kelly, Douglas (1991). *The Arts of Poetry and Prose*. Turnhout.
Kelly, Douglas (1992). *The Art of Medieval French Romance*. Madison.
Kemp, Wolfgang (1996). „The Narrativity of the Frame". *The Rhetoric of the Frame. Essays on the Boundaries of the Artwork*. Hrsg. von Paul Duro. Cambridge: 11–23.
Kemper, Hans-Georg (1995). „Religion und Poetik". *Religion und Religiosität im Zeitalter des Barock*. Bd. 1. Hrsg. von Dieter Breuer. Wiesbaden 1995: 63–92.
Kermani, Navid (2011). *Dein Name. Roman*. München.
Kertész, Imre (1993). *Galeerentagebuch*. Aus dem Ungarischen von Kristin Schwamm. Berlin.
Kiedaisch, Petra (Hg.) (1995). *Lyrik nach Auschwitz? Adorno und die Dichter*. Stuttgart.
Kiermeier, Joseph (1980). *Der Weise auf den Thron! Studien zum Platonismus Jean Pauls*. Stuttgart.
Kim, Eun-Ae (2002). *Lessings Tragödientheorie im Licht der neueren Aristoteles-Forschung*. Würzburg.
Kittler, Friedrich (Hg.) (1980). *Austreibung des Geistes aus den Geisteswissenschaften. Programme des Poststrukturalismus*. Paderborn.
Kittler, Friedrich (1985). *Aufschreibesysteme 1800/1900*. München.
Kittler, Friedrich (1986). *Grammophon, Film, Typewriter*. Berlin.
Kittler, Friedrich (1990). „Fiktion und Simulation". *Aisthesis. Wahrnehmung heute oder Perspektiven einer anderen Ästhetik*. Hrsg. von Karlheinz Barck, Peter Gente, Heidi Paris und Stefan Richter. Leipzig: 196–213.
Kittler, Friedrich (1993). „Signal – Rausch – Abstand". Ders. *Draculas Vermächtnis. Technische Schriften*. Leipzig: 161–181.
Kittler, Friedrich (^{3}1995). *Aufschreibesysteme 1800/1900*. München.
Kittler, Friedrich (^{4}2003). *Aufschreibesysteme 1800/1900*. München.
Kittler, Friedrich (2013). *Philosophien der Literatur. Berliner Vorlesung 2002*. Berlin.
Kittler, Friedrich und Georg Christoph Tholen (1989). „Vorwort". *Arsenale der Seele. Literatur- und Medienanalyse seit 1870*. Hrsg. von Friedrich A. Kittler und Georg Christoph Tholen. München: 7–12.
Kleiner, Marcus S. und Thomas Wilke (Hg.) (2013). *Performativität und Medialität Populärer Kulturen. Theorien, Ästhetiken, Praktiken*. Wiesbaden.
Kling, Thomas (1997). *Itinerar*. Frankfurt a. M.
Kling, Thomas (2001). *Botenstoffe*. Köln.
Kling, Thomas (2005). *Auswertung der Flugdaten*. Köln.
Kling, Thomas (2006). *Gesammelte Gedichte. 1981–2005*. Hrsg. von Marcel Beyer und Christian Döring. Köln.

Kling, Thomas (2012). *Das brennende Archiv. Unveröffentlichte Gedichte, Briefe, Handschriften und Photos aus dem Nachlaß sowie zu Lebzeiten entlegen publizierte Gedichte, Essays und Gespräche*. Hrsg. von Ute Langanky und Norbert Wehr. Frankfurt a. M.

Klingenberg, Heinz (1984). „Dichter". *Reallexikon der Germanischen Altertumskunde*. Bd. 5. Hrsg. von Heinrich Beck. Berlin/New York: 376–392.

Klopstock, Friedrich Gottlieb (1771). *Oden*. http://www.deutschestextarchiv.de/book/show/klopstock_oden_1771. Hamburg (30. Juli 2016).

Klopstock, Friedrich Gottlieb (1839). *Sämmtliche Werke*. Bd. IX. Leipzig.

Klopstock, Friedrich Gottlieb (1857). *Sämmtliche Werke*. Bd. X. Leipzig.

Klopstock, Friedrich Gottlieb (1948). *Oden und Elegien. Nach der Ausgabe in vierunddreißig Stücken Darmstadt 1771*. Hrsg. von Walter Bulst. Heidelberg.

Klopstock, Friedrich Gottlieb (1989). „Darstellung und Abhandlung". Ders. *Gedanken über die Natur der Poesie. Dichtungstheoretische Schriften*. Hrsg. von Winfried Menninghaus. Frankfurt a. M.: 157–165.

Klopstock, Friedrich Gottlieb (2010). *Werke und Briefe. Historisch-kritische Ausgabe. Oden*. Bd. 1: Text. Hrsg. von Horst Gronemeyer und Klaus Hurlebusch. Berlin/New York u. a.

Kloss, Gerrit (2003). „Möglichkeit und Wahrscheinlichkeit im 9. Kapitel der aristotelischen Poetik". *Rheinisches Museum für Philologie* 146 (2003): 160–183.

Knape, Joachim (1984). ‚Historie' *in Mittelalter und früher Neuzeit. Begriffs- und gattungsgeschichtliche Untersuchungen im interdisziplinären Kontext*. Baden-Baden.

Knape, Joachim (2006). *Poetik und Rhetorik in Deutschland 1300–1700*. Wiesbaden.

Knapp, Fritz Peter (1997). *Historie und Fiktion in der mittelalterlichen Gattungspoetik. Sieben Studien und ein Nachwort*. Heidelberg.

Knapp, Fritz Peter (2005). *Historie und Fiktion in der mittelalterlichen Gattungspoetik (II). Zehn neue Studien und ein Vorwort*. Heidelberg.

Knapp, Fritz Peter (2014). „Poetik". *Germania Litteraria Mediaevalis Francigena (GLMF). Handbuch der deutschen und niederländischen mittelalterlichen literarischen Sprache, Formen, Motive, Stoffe und Werke französischer Herkunft*. Bd. 1: *Die Rezeption lateinischer Wissenschaft, Spiritualität, Bildung und Dichtung aus Frankreich*. Hrsg. von Fritz Peter Knapp. Berlin/Boston: 217–242.

Knauss, Sibylle (1995). *Schule des Erzählens. Ein Leitfaden*. Frankfurt a. M.

Knobel, Karin (2013). *Poetik des Staubes bei Goethe und Hafis*. Nordhausen.

Knoblich, Aniela (2014). *Antikenkonfigurationen in der deutschsprachigen Lyrik seit 1990*. Berlin/Boston.

Knopf, Jan (2003). „Über den Gesang in finsteren Zeiten". *Poetologische Lyrik von Klopstock bis Grünbein. Gedichte und Interpretationen*. Hrsg. von Olaf Hildebrand. Köln: 260–267.

Koch, Oliver (2013). *Individualität als Fundamentalgefühl. Zur Metaphysik der Person bei Jacobi und Jean Paul*. Hamburg.

Koch, Peter und Wulf Oesterreicher (1985). „Sprache der Nähe – Sprache der Distanz: Mündlichkeit und Schriftlichkeit im Spannungsfeld von Sprachtheorie und Sprachgeschichte". *Romanistisches Jahrbuch* 36 (1985): 15–43.

Kohl, Katrin Maria (2007). *Poetologische Metaphern. Formen und Funktionen in der deutschen Literatur*. Berlin.

Köhnen, Ralph ([3]2007). „Autorpoetik". *Metzler Lexikon Literatur. Begriffe und Definitionen*. Begründet von Günther und Irmgard Schweikle. Hrsg. von Dieter Burdorf, Christoph Fasbender und Burkhard Moennighoff. Stuttgart/Weimar: 62.

Komfort-Hein, Susanne (1996). „Gattungslehre (Poetik)". *Historisches Wörterbuch der Rhetorik.* Bd. 3. Hrsg. von Gert Ueding. Tübingen: Sp. 528–557.
Kommerell, Max (1969). *Essays, Notizen, poetische Fragmente.* Aus dem Nachlass hrsg. von Inge Jens. Olten/Freiburg i. Br.
Kommerell, Max (⁵1984). *Lessing und Aristoteles. Untersuchungen über die Theorie der Tragödie.* Frankfurt a. M.
Kopperschmidt, Josef (Hg.) (1999). *Fest und Festrhetorik. Zu Theorie, Geschichte und Praxis der Epideiktik.* München.
Korte, Hermann (2012). „'Kopfjägermaterial Gedicht'. Das lyrische Werk Thomas Klings in sechs Facetten". *Das Gellen der Tinte. Zum Werk Thomas Klings.* Hrsg. von Frieder von Ammon, Peer Trilcke und Alena Scharfschwert. Göttingen: 25–39.
Koschatzky, Walter (1993). *Die Kunst der Photographie. Technik, Geschichte, Meisterwerke.* Köln.
Koschorke, Albrecht (2012). *Wahrheit und Erfindung. Grundzüge einer Allgemeinen Erzähltheorie.* Frankfurt a. M.
Koselleck, Reinhart (1959). *Kritik und Krise. Ein Beitrag zur Pathogenese der bürgerlichen Welt.* Freiburg/München.
Koselleck, Reinhart (1972). „Einleitung". *Geschichtliche Grundbegriffe. Historisches Lexikon zur politisch-sozialen Sprache in Deutschland.* Bd. 1. Hrsg. von Otto Brunner, Werner Conze und Reinhart Koselleck. Stuttgart: XIII–XXVII.
Koselleck, Reinhart (1979a). „'Erfahrungsraum' und 'Erwartungshorizont' – zwei historische Kategorien". *Vergangene Zukunft. Zur Semantik geschichtlicher Zeiten.* Frankfurt a. M.: 349–375.
Koselleck, Reinhart (1979b). *Vergangene Zukunft. Zur Semantik geschichtlicher Zeiten.* Frankfurt a. M.
Koselleck, Reinhart (1982). „Krise". *Geschichtliche Grundbegriffe. Historisches Lexikon zur politisch-sozialen Sprache in Deutschland.* Bd. 3. Hrsg. von Otto Brunner, Werner Conze und Reinhart Koselleck. Stuttgart: 617–650.
Kracauer, Siegfried (1973). „Theorie des Films. Die Errettung der äußeren Wirklichkeit". Ders. *Schriften.* Bd. 3. Hrsg. von Karsten Witte. Frankfurt a. M.
Kraft, Stephan (2016). „Briefwechsel mit Friedrich Wilhelm Oelze". *Benn-Handbuch. Leben – Werk – Wirkung.* Hrsg. von Friederike Reents und Christian M. Hanna. Stuttgart: 268.
Krämer, Sybille (2001). *Sprache, Sprechakt, Kommunikation. Sprachtheoretische Positionen des 20. Jahrhunderts.* Frankfurt a. M.
Krämer, Sybille (2002). „Sprache – Stimme – Schrift. Sieben Gedanken über Performativität als Medialität". *Performanz. Zwischen Sprachphilosophie und Kulturwissenschaften.* Hrsg. von Uwe Wirth. Frankfurt a. M.: 323–346.
Krämer, Sybille (2005). „Medienphilosophie der Stimme". *Systematische Medienphilosophie.* Hrsg. von Mike Sandbothe und Ludwig Nagl. Berlin: 221–237.
Krämer, Sybille (2013). „Diagrammatisch". https://rheinsprung11.unibas.ch/fileadmin/documents/Edition_PDF/Ausgabe05/Glossar_Kraemer.pdf. *Rheinsprung 11. Zeitschrift für Bildkritik* 5 (2013): 162–176 (13. Juni 2017).
Krämer, Sybille und Ekkehard König (Hg.) (2002). *Gibt es eine Sprache hinter dem Sprechen?* Frankfurt a. M.
Krämer, Sybille und Rainer Totzke (2012). „Einleitung". *Schriftbildlichkeit. Wahrnehmbarkeit, Materialität und Operativität von Notationen.* Hrsg. von Sybille Krämer, Eva Cancik-Kirschbaum und Rainer Totzke. Berlin: 13–35.

Krämer, Sybille, Eva Cancik-Kirschbaum und Rainer Totzke (Hg.) (2012). *Schriftbildlichkeit. Wahrnehmbarkeit, Materialität und Operativität von Notationen.* Berlin.
Krause, Marcus und Nicolas Pethes (Hg.) (2005). *Literarische Experimentalkulturen. Poetologien des Experiments im 19. Jahrhundert.* Würzburg.
Kratzert, Thomas (1998). *Die Entdeckung des Raums. Vom hesiodischen „χάος" zur platonischen „χώρα".* Amsterdam/Philadelphia.
Kreknin, Innokentij (2014a). „Der beobachtbare Beobachter. Visuelle Inszenierung von Autorschaft am Beispiel von Rainald Goetz". *Theorien und Praktiken der Autorschaft.* Hrsg. von Matthias Schaffrick und Marcus Willand. Berlin/Boston: 485–518.
Kreknin, Innokentij (2014b): *Poetiken des Selbst. Identität, Autorschaft und Autofiktion am Beispiel von Rainald Goetz, Joachim Lottmann und Alban Nikolai Herbst.* Berlin.
Kris, Ernst und Otto Kurz (⁶1995). *Die Legende vom Künstler. Ein geschichtlicher Versuch.* Mit einem Vorwort von Ernst H. Gombrich. Frankfurt a. M.
Kristeva, Julia (1968a). „La sémiologie: science critique et/ou critique de la science". *La Nouvelle Critique* 16 (1968): 15–20.
Kristeva, Julia (1968b). „Die Semiologie: Kritische Wissenschaft und/oder Wissenschaftskritik". *Demaskierung der bürgerlichen Kulturideologie. Marxismus, Psychoanalyse, Strukturalismus.* Hrsg. von Jean-Louis Baudry, Jean-Joseph Goux, Marcelin Pleynet, Jean-Louis Houdebine, Julia Kristeva und Philippe Sollers. Tel Quel. München: 21–35.
Kristeva, Julia (1969). *Sēméiotikè. Recherches pour une sémanalyse.* Paris.
Kristeva, Julia (1970). *Le texte du roman. Approche sémiologique d'une structure discursive transformationnelle.* Den Haag/Paris/New York.
Kristeva, Julia (1972a). „Bachtin, das Wort, der Dialog und der Roman". *Literaturwissenschaft und Linguistik.* Bd. 3. Hrsg. von Jens Ihwe. Frankfurt a. M.: 345–375.
Kristeva, Julia (1972b). „Zu einer Semiologie der Paragramme". *Strukturalismus als interpretatives Verfahren.* Hrsg. von Helga Gallas. Darmstadt/Neuwied: 163–200.
Kristeva, Julia (1972c). „Probleme der Textstrukturation". *Strukturalismus in der Literaturwissenschaft.* Hrsg. von Heinz Blumensath. Köln: 243–262.
Kristeva, Julia (1974). *La révolution du langage poétique. L'avant-garde à la fin du XIXe siècle: Lautréamont et Mallarmé.* Paris.
Kristeva, Julia (1977). *Polylogue.* Paris.
Kristeva, Julia (1978). „Bachtin, das Wort, der Dialog und der Roman". *Zur Struktur des Romans.* Hrsg. von Bruno Hillebrand. Darmstadt: 388–407.
Kristeva, Julia (1980). „Das Subjekt im Prozeß. Die poetische Sprache". *Identität. Ein interdisziplinäres Seminar unter Leitung von Claude Lévi-Strauss.* Hrsg. von J.-M. Benoist. Stuttgart: 187–221.
Kristeva, Julia (1987). *Die Revolution der poetischen Sprache.* Frankfurt a. M.
Krobb, Florian (Hg.) (2005). *150 Jahre Soll und Haben. Studien zu Gustav Freytags kontroversem Roman.* Würzburg.
Kručenych, Aleksej (2000). „Deklaration des Worts als solchen". *Der große Bruch. Russland im Epochenjahr 1913. Kultur. Gesellschaft. Politik.* Hrsg. von Felix Philipp Ingold. München: 323–324.
Kuhn, Thomas S. (1962). *The Structure of Scientific Revolutions.* Chicago, IL.
Kullmann, Wolfgang (1968). „Vergangenheit und Zukunft in der Ilias". *Poetica* 2.1 (1968): 15–37.
Kundera, Milan (1992). *Die Kunst des Romans. Essay.* Übers. von Brigitte Weidmann. Frankfurt a. M.

Kurz, Gerhard (⁶2009). *Metapher, Allegorie, Symbol*. Göttingen.
Kurz, Stephan (2007). *Der Teppich der Schrift. Typografie bei Stefan George*. Frankfurt a. M.
Labanyi, Jo (1993). *Galdós*. London.
Lacan, Jacques (1966). *Écrits*. Paris.
Lacan, Jacques (³1991). „Das Drängen des Buchstabens im Unbewussten oder die Vernunft seit Freud (1957)". Ders. *Schriften II*. Olten/Freiburg i. Br.: 15–55.
Lachmann, Renate (1982). „Dialogizität und poetische Sprache". *Dialogizität*. Hrsg. von Renate Lachmann. München: 51–62.
Lachmann, Renate (1987). „Bachtin und das Konzept der Karnevalskultur". Michail Bachtin: *Rabelais und seine Welt. Volkskultur als Gegenkultur*. Hrsg. von Renate Lachmann. Frankfurt a. M.: 7–46.
Lachmann, Renate (2000). „Dialogisches Denken und Rhetorik bei Michail Bachtin". *Jahrhundertbücher*. Hrsg. von Walter Erhart und Herbert Jaumann. München: 224–244.
Lachmann, Renate (2010). „Migration der Konzepte". *Blickwechsel. Perspektiven der slawischen Moderne*. Hrsg. von Gun-Britt Kohler. Wien: 19–44.
Lachmann, Renate (2014). „Roman Jakobson: Verborgene und manifeste Form". *Poetik. Historische Narrative und aktuelle Positionen*. Hrsg. von Armen Avanessian und Jan Niklas Howe. Berlin: 83–106.
Lacoue-Labarthe, Philippe und Jean-Luc Nancy (2016). *Das Literarisch-Absolute. Texte und Theorie der Jenaer Frühromantik*. Übers. von Johannes Kleinbeck. Wien/Berlin.
Lakoff, George (1987). *Women, Fire and Dangerous Things. What Categories Reveal About the Mind*. Chicago.
Lämmert, Eberhart, Hartmut Eggert, Karl-Heinz Hartmann, Gerhard Hinzmann, Dietrich Scheunemann und Fritz Wahrenburg (Hg.) (1971). *Romantheorie. Dokumentation ihrer Geschichte in Deutschland 1620–1880*. Köln/Berlin.
Lampart, Fabian (²2016). „Aktuelle poetologische Diskussionen". *Handbuch Lyrik. Theorie, Analyse, Geschichte*. Hrsg. von Dieter Lamping. Stuttgart/Weimar: 15–23.
Lamping, Dieter (³2000). *Das lyrische Gedicht. Definitionen zu Theorie und Geschichte der Gattung*. Göttingen.
Lamping, Dieter (Hg.) (2016). *Handbuch Lyrik. Theorie, Analyse, Geschichte*. Stuttgart/Weimar.
Landgraf, Edgar (2006). „Comprehending Romantic Incomprehensibility. A Systems-Theoretical Perspective on Early German Romanticism". *Modern Language Notes* 121.3 (2006): 592–616.
Landow, George P. (1992). *Hypertext. The Convergence of Contemporary Critical Theory and Technology*. Baltimore/London.
Langer, Daniela (2005). *Wie man wird, was man schreibt: Sprache, Subjekt und Autobiographie bei Nietzsche und Barthes*. München.
Langlois, Jean Ernest (Hg.) (1902). *Recueil d'Arts de seconde rhétorique*. Paris.
Langner, Beatrix (2013). *Jean Paul. Meister der zweiten Welt*. München.
László, János und Reinhold Viehoff (1993). „Literarische Gattungen als kognitive Schemata". *SPIEL* 12.2 (1993): 230–251.
Latacz, Joachim (1985). „Realität und Imagination. Eine neue Lyrik-Theorie und Sapphos φαίνεται μοι κῆνος-Lied". *Museum Helveticum* 42.2 (1985): 67–94.
Latacz, Joachim (Hg.) (1991). *Die griechische Literatur in Text und Darstellung*. Bd. 1: *Archaische Periode*. Stuttgart.
Latour, Bruno (2000). *Die Hoffnung der Pandora. Untersuchungen zur Wirklichkeit der Wissenschaft*. Aus dem Englischen von Gustav Roßler. Frankfurt a. M.

Latour, Bruno (2004). „Why Has Critique Run out of Steam? From Matters of Fact to Matters of Concern". *Critical Inquiry* 30 (2004): 225–248.
Latour, Bruno (2007). *Eine neue Soziologie für eine neue Gesellschaft. Einführung in die Akteur-Netzwerk-Theorie*. Frankfurt a. M.
Lausberg, Heinrich (³1990). *Handbuch der literarischen Rhetorik. Eine Grundlegung der Literaturwissenschaft*. Stuttgart.
Lauster, Martina (2007). *Sketches of the Nineteenth Century. European Journalism and its Physiologies, 1830–1850*. Basingstoke/New York.
Le Clerc, Jean (1696). *Ars critica* [...]. 2 Bde. Amsterdam.
Lebensztejn, Jean-Claude (1988). „Framing Classical Space". *Art Journal* 47.1 (1988): 37–41.
Lefebvre, Henri (2006). „Die Produktion des Raums". *Raumtheorie. Grundlagentexte aus Philosophie und Kulturwissenschaften*. Hrsg. von Jörg Dünne und Stephan Günzel. Frankfurt a. M.: 330–342.
Lehmann, Jürgen (²2012a). „Die Bremer Rede". *Celan-Handbuch. Leben – Werk – Wirkung*. Hrsg. von Markus May, Peter Goßens und Jürgen Lehmann. Stuttgart/Weimar: 160–164.
Lehmann, Jürgen (²2012b). „Die Dichtung Ossip Mandelstams". *Celan-Handbuch. Leben – Werk – Wirkung*. Hrsg. von Markus May, Peter Goßens und Jürgen Lehmann. Stuttgart/Weimar: 164–167.
Lehmann, Paul (1934). „Die Institutio oratoria des Quintilianus im Mittelalter". *Philologus* 89.3 (1934): 349–383.
Lejeune, Philippe (1994). *Der autobiographische Pakt*. Aus dem Französischen von Wolfram Bayer und Dieter Horning. Frankfurt a. M.
Lemoine, Michel (1998). *Théologie et platonisme au XIIe siècle*. Paris.
Lentricchia, Frank (1980). *After the New Criticism*. Chicago.
Lepenies, Wolf (1989). *Gefährliche Wahlverwandtschaften. Essays zur Wissenschaftsgeschichte*. Stuttgart.
Lessing, Gotthold Ephraim (FA). *Werke und Briefe in zwölf Bänden*. Hrsg. von Wilfried Barner et al. Frankfurt a. M. 1981–1994.
Levčenko, Jan (2012). *Drugaja nauka. Russkie formalisty v poiskach biogafii*. Moskau.
Lévi-Strauss, Claude (1967a). „Die Struktur der Mythen". Ders. *Strukturale Anthropologie I*. Frankfurt a. M.: 226–254.
Lévi-Strauss, Claude (1967b). „Die Strukturanalyse in der Sprachwissenschaft und in der Anthropologie". Ders. *Strukturale Anthropologie I*. Frankfurt a. M.: 43–67.
Lévi-Strauss, Claude (1967c). „Sprache und Gesellschaft". Ders. *Strukturale Anthropologie I*. Frankfurt a. M.: 68–79.
Lévi-Strauss, Claude (1967d). „Sprachwissenschaft und Anthropologie". Ders. *Strukturale Anthropologie I*. Frankfurt a. M.: 80–94.
Lévi-Strauss, Claude (²1993). *Die elementaren Strukturen der Verwandtschaft*. Aus dem Französischen von Eva Moldenhauer. Frankfurt a. M.
Lévi-Strauss, Claude (¹⁸2009). *Traurige Tropen*. Aus dem Französischen von Eva Moldenhauer. Frankfurt a. M.
Lienert, Elisabeth (2001). *Deutsche Antikenromane des Mittelalters*. Berlin.
Lindberg-Wada, Gunilla (Hg.) (2006). *Literary History. Towards a Global Perspective*. Bd. 2: *Literary Genres. An Intercultural Approach*. Berlin/New York.
Link, Christian (1991). *Schöpfung. Schöpfungstheologie angesichts der Herausforderungen des 20. Jahrhunderts*. Gütersloh.
Link, Jürgen (1983). *Elementare Literatur und generative Diskursanalyse*. München.

Linn, Marie-Luise (1991). „A. G. Baumgartens ‚Aesthetica' und die antike Rhetorik". *Rhetorik.* Bd. II: *Wirkungsgeschichte der Rhetorik.* Hrsg. von Josef Kopperschmidt. Darmstadt: 81–106.
Lobel, Edgar und Denys Page (Hg.) (1955). *Poetarum Lesbiorum Fragmenta.* Oxford.
Loetscher, Hugo (1988). *Vom Erzählen erzählen. Münchner Poetikvorlesungen.* Mit einer Einleitung von Wolfgang Frühwald. Zürich.
[Longin[us]] Pseudo-Longinus (1988). *Vom Erhabenen/Peri hypsos.* Griechisch/Deutsch. Hrsg. von Otto Schönberger. Stuttgart.
Lotman, Jurij (1972). *Die Struktur literarischer Texte.* Übers. von Rolf-Dietrich Keil. München.
Lotman, Jurij (1974a). „Zur Metasprache typologischer Kultur-Beschreibungen". Ders. *Aufsätze zur Theorie und Methodologie der Literatur und Kultur.* Hrsg. von Karl Eimermacher. Kronberg Ts.: 338–377.
Lotman, Jurij (1974b). *Aufsätze zur Theorie und Methodologie der Literatur und Kultur.* Hrsg. von Karl Eimermacher. Kronberg Ts.
Lotman, Jurij (1981). „Tekst v tekste". *Sēmeĭotikè. Trudy po znakovym sistemam* 14 (1981): 3–18.
Lotman, Jurij (1985). „The Poetics of Everyday Behavior in Eighteenth Century Russian Culture". *The Semiotics of Russian Cultural History. Essays by Iurii M. Lotman.* Hrsg. von Alexander D. Nakhimovsky und Alice Stone Nakhimovsky. Ithaca: 67–94.
Lotman, Jurij (^{2}1986). *Die Struktur des künstlerischen Textes.* Übers. von Rainer Grübel. Frankfurt a. M.
Lotman, Jurij (^{4}1993). *Die Struktur literarischer Texte.* Übers. von Rolf-Dietrich Keil. München.
Lotman, Jurij (2010). *Die Innenwelt des Denkens. Eine semiotische Theorie der Kultur.* Aus dem Russischen von Gabriele Leupold und Olga Radetzkaja. Hrsg. und mit einem Nachwort von Susi K. Frank, Cornelia Ruhe und Alexander Schmitz. Frankfurt a. M.
Lotman, Jurij, Boris Uspenskij, Vjac V. Ivanov, Vladimir N. Toporov und Alexandr M. Pjatigorskij (1986). „Thesen zur semiotischen Erfoschung der Kultur (in Anwendung auf slavische Texte)". *Semiotica Sovietica. Sowjetische Arbeiten der Moskauer und Tartuer Schule zu sekundären modellbildenden Zeichensystemen (1962–1973).* Hrsg. von Karl Eimermacher. Aachen: 85–120.
Lowrie, Michèle (2014). „Politics by Other Means: Horace's *Ars Poetica*". *New Approaches to Horace's Ars Poetica.* Hrsg. von Attila Ferenczi und Philip R. Hardie. Pisa: 121–142.
Luhmann, Niklas (1972). „Weltzeit und Systemgeschichte". *Kölner Zeitschrift für Soziologie und Sozialpsychologie.* Sonderheft 16 (1972): 81–115.
Luhmann, Niklas (1990). *Die Wissenschaft der Gesellschaft.* Frankfurt a. M.
Luhmann, Niklas (1993). *Gesellschaftliche Struktur und semantische Tradition. Studien zur Wissenssoziologie der modernen Gesellschaft.* Bd. I. Frankfurt a. M.
Luhmann, Niklas (1994). „Die Form der Schrift". *Germanistik in der Mediengesellschaft.* Hrsg. von Ludwig Jäger und Bernd Switalla. München: 405–425.
Luhmann, Niklas (1996). *Die neuzeitlichen Wissenschaften und die Phänomenologie.* Wien.
Luhmann, Niklas (1998). *Die Kunst der Gesellschaft.* Frankfurt a. M.
Luhmann, Niklas (2001). „Das Medium der Kunst". Ders. *Aufsätze und Reden.* Hrsg. von Oliver Jahraus. Stuttgart: 198–217.
Lukács, Georg (1994). *Die Theorie des Romans. Ein geschichtsphilosophischer Versuch über die Formen der großen Epik.* Mit dem Vorwort von 1962. München.
Lutz, Eckart Conrad (1984). *Rhetorica divina. Mittelhochdeutsche Prologgebete und die rhetorische Kultur des Mittelalters.* Berlin/New York.

Lützeler, Paul Michael (1994a). „Einleitung: Poetikvorlesungen und Postmoderne". *Poetik der Autoren. Beiträge zur deutschsprachigen Gegenwartsliteratur*. Hrsg. von Paul Michael Lützeler. Frankfurt a. M.: 7–19.

Lützeler, Paul Michael (1994b). „Ethik, Traum und Lust: Barbara Frischmuth, ‚Traum der Literatur – Literatur des Traums' (1991)". *Poetik der Autoren. Beiträge zur deutschsprachigen Gegenwartsliteratur*. Hrsg. von Paul Michael Lützeler. Frankfurt a. M.: 295–310.

Lützeler, Paul Michael (Hg.) (1994c). *Poetik der Autoren. Beiträge zur deutschsprachigen Gegenwartsliteratur*. Frankfurt a. M.

Lyons, John (1981). *Language and Linguistics*. Cambridge.

Lyotard, Jean-François (1971). *Discours, Figure*. Paris.

MacCannell, Dean (1986). „Sights and Spectacles". *Iconicity. Essays on the Nature of Culture*. Hrsg. von Paul Bouissac, Michael Herzfeld und Roland Posner. Tübingen: 421–435.

Majakovski, Vladimir (1964). *Wie macht man Verse?* Frankfurt a. M.

Malato, Enrico und Ciro Perna (Hg.) (2011–2014). *Censimento dei commenti danteschi*. 3 Bde. Rom.

Malinowski, Bernadette (2002). *„Das Heilige sei mein Wort". Paradigmen prophetischer Dichtung von Klopstock bis Whitman*. Würzburg.

Mann, Thomas (1967). *Doktor Faustus. Die Entstehung des Doktor Faustus*. Frankfurt a. M.

Mann, Thomas (2004). „Schwere Stunde". Ders. *Frühe Erzählungen 1893–1912*. Hrsg. von Terence J. Reed unter Mitarbeit von Malte Herwig. Frankfurt a. M.: 419–428.

Marin, Louis (1975). *La critique du discours. Etudes sur la „Logique de Port-Royal" et les „Pensées" de Pascal*. Paris.

Marin, Louis (1977). *Détruire la peinture*. Paris.

Marin, Louis (1996). „The Frame of Representation and Some of its Figures". *The Rhetoric of the Frame. Essays on the Boundaries of the Artwork*. Hrsg. von Paul Duro. Cambridge: 79–95.

Markwardt, Bruno (1937–1967). *Geschichte der deutschen Poetik*. 5 Bde. Berlin.

Martínez, Matías (1999). „Autorschaft und Intertextualität". *Rückkehr des Autors. Zur Erneuerung eines umstrittenen Begriffs*. Hrsg. von Fotis Jannidis, Gerhard Lauer, Matías Martínez und Simone Winko. Tübingen: 465–479.

Martínez, Matías (2002). „Das lyrische Ich. Verteidigung eines umstrittenen Begriffs". *Autorschaft. Positionen und Revisionen*. Hrsg. von Heinrich Detering. Stuttgart: 376–389.

Martus, Steffen (2007). *Werkpolitik. Zur Literaturgeschichte kritischer Kommunikation vom 17. bis ins 20. Jahrhundert mit Studien zu Klopstock, Tieck, Goethe und George*. Berlin.

Marx, Friedhelm (2002). *„Ich aber sage Ihnen...". Christusfigurationen im Werk Thomas Manns*. Frankfurt a. M.

Marx, Karl und Friedrich Engels (MEW). *Werke*. Berlin (DDR) 1956–1990.

Massey, Doreen (1994). „Place, Space and Gender". Dies. *Place, Space, and Gender*. London/Minneapolis: 185–190.

Matt, Peter von (1994). „Der geliebte Doppelgänger. Die Struktur des Narzißmus bei Stefan George". Ders. *Das Schicksal der Phantasie. Studien zur deutschen Literatur*. München: 257–276.

Mattenklott, Gert (1985). *Bilderdienst. Ästhetische Opposition bei Beardsley und George*. Berlin.

Mattern, Pierre (2009). „Benn, Gottfried (1886–1956)". *Poetiken. Autoren – Texte – Begriffe*. Hrsg. von Monika Schmitz-Emans, Uwe Lindemann und Manfred Schmeling. Berlin/Boston: 36–37.

Matthäus von Vendôme (1988). *Mathei Vindocinensis: Opera*. Bd. 3: *Ars versificatoria*. Hrsg. von Franco Munari. Rom.

Matuschek, Stefan (2012). „Literarischer Idealismus. Oder: Eine mittlerweile 200-jährige Gewohnheit, über Literatur zu sprechen". *Deutsche Vierteljahrsschrift für Literaturwissenschaft und Geistesgeschichte* 86 (2012): 396–418.
Mauthner, Fritz (1901–1902). *Beiträge zu einer Kritik der Sprache*. 3 Bde. Stuttgart.
May, Markus (2012). „Von der ‚Flaschenpost' zum ‚Botenstoff'. Anmerkungen zu Thomas Klings Celan-Rezeption". *Das Gellen der Tinte. Zum Werk Thomas Klings*. Hrsg. von Frieder von Ammon, Peer Trilcke und Alena Scharfschwert. Göttingen: 197–213.
McInnes, Edward (1996). „Drama und Theater". *Bürgerlicher Realismus und Gründerzeit 1848–1890*. Hrsg. von Edward McInnes und Gerhard Plumpe. München: 343–393.
McInnes, Edward und Gerhard Plumpe (Hg.) (1996). *Bürgerlicher Realismus und Gründerzeit 1848–1890*. München.
McLuhan, Marshall (2011). *Die Gutenberg-Galaxis. Die Entstehung des typographischen Menschen*. Mit einem Vorwort von Richard Cavell. Aus dem Amerikanischen von Max Nänny. Hamburg.
McTaggart, John McTaggart Ellis (1908). „The Unreality of Time". *Mind. A Quarterly Review of Psychology and Philosophy* 17 (1908): 456–473.
Medvedev, Pavel (1928). *Formal'naj metod v literaturovedenii. Kritičeskoe vvedenie v sociologičeskuju poėtiku*. Leningrad.
Mehlman, Geoffrey (1977). *Revolution and Repetition. Marx, Hugo, Balzac*. Berkeley, CA.
Meinecke, Thomas (2012). *Ich als Text. Frankfurter Poetikvorlesungen*. Berlin.
Mendelssohn, Moses (1986). *Ästhetische Schriften in Auswahl*. Hrsg. von Otto F. Best. Darmstadt.
Menke, Bettine (1991). *Sprachfiguren. Name – Allegorie – Bild nach Walter Benjamin*. München.
Menke, Bettine (1992). „Verstellt. Der Ort der Frau. Ein Nachwort". *Dekonstruktiver Feminismus*. Hrsg. von Barbara Vinken. Frankfurt a. M.: 436–476.
Menke, Bettine (2000). *Prosopopoiia. Stimme und Text bei Brentano, Hoffmann, Kleist und Kafka*. München.
Menke, Christoph (1988). *Die Souveränität der Kunst. Ästhetische Erfahrung nach Adorno und Derrida*. Frankfurt a. M.
Menke, Christoph (2008). *Kraft. Ein Grundbegriff ästhetischer Anthropologie*. Berlin.
Menninghaus, Winfried (1987). *Unendliche Verdoppelung. Die frühromantische Grundlegung der Kunsttheorie im Begriff absoluter Selbstreflexion*. Frankfurt a. M.
Menninghaus, Winfried (1994). „Darstellung. Zur Emergenz eines neuen Paradigmas bei Friedrich Gottlieb Klopstock". *Was heißt „Darstellen"?* Hrsg. von Christiaan H. Nibbrig. Frankfurt a. M.: 205–226.
Menninghaus, Winfried, Valentin Wagner, Julian Hanich, Eugen Wassiliwizky, Milena Kuehnast und Thomas Jacobsen (2015). „Towards a Psychological Construct of Being Moved". *PloS one* 10.6 (2015), e0128451 [doi:10.1371/journal.pone.0128451].
Menninghaus, Winfried, Valentin Wagner, Eugen Wassiliwizky, Thomas Jacobsen und Christine A. Knoop (2017). „The emotional and aesthetic powers of parallelistic diction". *Poetics* 63: 47–59 [doi: 10.1016/j.poetic.2016.12.001].
Mergenthaler, Angela May (2012). *Zwischen Eros und Mitteilung. Die Frühromantik im Symposion der Athenäums-Fragmente*. Paderborn.
Merleau-Ponty, Maurice (1964). *Le visible et l'invisible*. Hrsg. von Claude Léfort. Paris.
Mersch, Dieter (1999). „Das Semiotische und das Symbolische. Julia Kristevas Beitrag zum Strukturalismus". *Von Michel Serres bis Julia Kristeva*. Hrsg. von Josef Jurt. Freiburg: 113–133.

Mersch, Dieter (2000). „Jenseits von Schrift. Die Performativität der Stimme". *Dialektik* 2 (2000): 79–92.
Mersch, Dieter (2002). *Was sich zeigt. Materialität, Präsenz, Ereignis*. München.
Mersch, Dieter (²2009). *Medientheorien zur Einführung*. Hamburg.
Mersmann, Birgit (2015). *Schriftikonik. Bildphänomene der Schrift in kultur- und medienkomparativer Perspektive*. München.
Mettke, Heinz (1976). *Älteste deutsche Dichtung und Prosa*. Leipzig.
Meyer, Herman (1961). *Das Zitat in der Erzählkunst. Zur Geschichte und Poetik des europäischen Romans*. Stuttgart.
Meyer, Holt (2003). „G. M. Hopkins' Lyrik und Meta-Lyrik und/als die kulturelle Provokation der ‚poetic function of language' und der ‚message as such'". *Roman Jakobsons Gedichtanalysen*. Hrsg. von Hendrik Birus, Sebastian Donat und Burkhard Meyer-Sickendiek. Göttingen: 196–231.
Meyer-Kalkus, Reinhart (2012). „‚Ohrenbelichtung für alle'. Thomas Kling über den Dichter als ‚Live-Act'". *Das Gellen der Tinte. Zum Werk Thomas Klings*. Hrsg. von Frieder von Ammon, Peer Trilcke und Alena Scharfschwert. Göttingen: 241–262.
Meyer-Sickendiek, Burkhard und Friederike Reents (Hg.) (2013). *Stimmung und Methode*. Tübingen.
Michelsen, Peter (1966). „Die Erregung des Mitleids durch die Tragödie. Zu Lessings Ansichten über das Trauerspiel im Briefwechsel mit Mendelssohn und Nicolai". *Deutsche Vierteljahrsschrift für Literaturwissenschaft und Geistesgeschichte* 40 (1966): 548–565.
Michler, Werner (2015). *Kulturen der Gattung. Poetik im Kontext, 1750–1950*. Göttingen.
Midekke, Martin (Hg.) (2002). *Zeit und Roman. Zeiterfahrung im historischen Wandel und ästhetischer Paradigmenwechsel vom sechszehnten Jahrhundert bis zur Postmoderne*. Würzburg.
Miller, J. Hillis (1987). *The Ethics of Reading. Kant, de Man, Eliot, Trollope, James and Benjamin*. New York, NY.
Miller, J. Hillis (2001). *Acts of Literature*. Stanford, CA.
Millet, Victor (2008). *Germanische Heldendichtung im Mittelalter. Eine Einführung*. Berlin/New York.
Millet, Victor und Heike Sahm (Hg.) (2014). *Narration and Hero. Recounting the Deeds of Heroes in Literature and Art in the Early Medieval Period*. Berlin/Boston.
Miner, Earl (1990). *Comparative Poetics. An Intercultural Essay on Theories of Literature*. Princeton.
Minio-Paluello, Lorenzo (²1968). *Aristoteles Latinus. De arte poetica. Translationes Guillelmi de Moerkeba. Accedunt expositio media Averrois sive ‚Poetria' Hermanno Alemanno interprete et specimina translationis Petri Leonii*. Brüssel/Paris.
Minkowski, Eugène (1972). „Ansätze zu einer Psychopathologie des gelebten Raumes". Ders. *Die gelebte Zeit*. Bd. 2. Salzburg: 232–267.
Minnis, Alastair J. (2001). *Magister amoris. The ‚Roman de la Rose' and vernacular hermeneutics*. Oxford.
Minnis, Alastair J. und Ian Johnson (Hg.) (2005). *The Cambridge History of Literary Criticism*. Bd. 2: *The Middle Ages*. Cambridge.
Mitchell, Bruce und Fred C. Robinson (Hg.) (1998). *Beowulf. An edition with relevant shorter texts*. Oxford.
Mitchell, W. J. T. (1992). „The Pictorial Turn". *Artforum* 30.7 (1992): 89–94.

Mitchell, W. J. T. (1994). *Picture Theory. Essays on Verbal and Visual Representation.* Chicago.
Moennighoff, Burkhard (2000). *Goethes Gedichttitel.* Berlin/New York.
Mölk, Ulrich und Günter Holtus (Hg.) (1999). „Alberics Alexanderfragment. Neuausgabe und Kommentar". *Zeitschrift für romanische Philologie* 115 (1999): 582–625.
Molli, Gian Maria (2010). *La rinascita di Dante. Commento integrale allegorico-anagogico della ‚Vita nuova'.* Rom.
Molnár, Geza von (1970). *Novalis' „Fichte Studies" The Foundations of His Aesthetics.* The Hague.
Montrose, Louis A. (1989). „Professing the Renaissance. The Poetics and Politics of Culture". *The New Historicism.* Hrsg. von H. Aram Veeser. London: 15–36.
Moos, Peter von (1976). „*Poeta* und *historicus* im Mittelalter. Zum Mimesis-Problem am Beispiel einiger Urteile über Lucan". *Beiträge zur Geschichte der deutschen Sprache und Literatur* 98 (1976): 93–130.
Moos, Peter von (1988). *Geschichte als Topik. Das rhetorische Exemplum von der Antike zur Neuzeit und die historiae im „Policraticus" Johanns von Salisbury.* Hildesheim.
Moos, Peter von (1993). „Was galt im lateinischen Mittelalter als das Literarische an der Literatur? Eine theologisch-rhetorische Antwort des 12. Jahrhunderts". *Literarische Interessenbildung im Mittelalter.* Hrsg. von Joachim Heinzle. Stuttgart/Weimar: 431–451.
Mora-Lebrun, Francine (2008). *‚Mettre en romanz'. Les Romans d'Antiquité du XIIe siècle et leur postérité (XIIIe–XIVe siècle).* Paris.
Moretti, Franco (1999). *Atlas des europäischen Romans. Wo die Literatur spielte.* Köln.
Morgan, Kathryn A. (2000). *Myth and Philosophy from the Presocratics to Plato.* Cambridge.
Moritz, Karl Philipp (1962). *Schriften zur Ästhetik und Poetik.* Hrsg. von Hans Joachim Schrimpf. Tübingen.
Morley, Michael (2003). „Über reimlose Lyrik mit unregelmäßigen Rhythmen". *Brecht-Handbuch.* Bd. 4: *Schriften, Journale, Briefe.* Hrsg. von Jan Knopf. Stuttgart/Weimar: 257–262.
Moser, Dietz-Rüdiger (1990). „Lachkultur des Mittelalters? Michail Bachtin und die Folgen seiner Theorie". *Euphorion. Zeitschrift für Literaturgeschichte* 84 (1990): 89–111.
Mugerauer, Roland (1992). *Sokratische Pädagogik.* Marburg.
Mukařovský, Jan (1964). „Standard Language and Poetic Language". *A Prague School Reader on Esthetics, Literary Structure and Style.* Hrsg. von P. L. Garvin. Georgetown: 17–30.
Mülke, Christoph (2002). *Solons politische Elegien und Iamben (Fr. 1–13; 32–37 West). Einleitung, Text, Übersetzung, Kommentar.* München/Leipzig.
Müller, Adam (1967). *Kritische, ästhetische und philosophische Schriften.* Hrsg. von Walter Schroeder und Werner Siebert. 2 Bde. Neuwied/Berlin.
Müller, Adolf M. Klaus (1978). *Wende der Wahrnehmung. Erwägungen zur Grundlagenkrise in Physik, Medizin, Pädagogik und Theologie.* München.
Müller, Dominik (2007). „Gottfried Kellers Erzählungen und Romane". *Realismus. Epoche – Autoren – Werke.* Hrsg. von Christian Begemann. Darmstadt: 85–102.
Müller, Götz (1983). *Jean Pauls Ästhetik und Naturphilosophie.* Tübingen.
Müller, Günther (1947). *Die Bedeutung der Zeit in der Erzählkunst.* Bonn.
Müller, Günther (1974). *Morphologische Poetik. Gesammelte Aufsätze.* Hrsg. von Elena Müller. Tübingen.
Müller, Lothar (2012). *Weiße Magie – Die Epoche des Papiers.* München.
Müller, Wolfgang G. (1979). *Das lyrische Ich. Erscheinungsformen gattungseigentümlicher Autor-Subjektivität in der englischen Lyrik.* Heidelberg.

Müller, Wolfgang G. (1981). *Topik des Stilbegriffs. Zur Geschichte des Stilverhältnisses von der Antike bis zur Gegenwart*. Darmstadt.
Müller-Sievers, Helmut (2015). *The Science of Literature*. Berlin/Boston, MA.
Müller-Zettelmann, Eva (2011). „Poetry, Narratology, Meta-Cognition". *Current Trends in Narratology*. Hrsg. von Greta Olson. Berlin/New York: 232–253.
Müller-Zettelmann, Eva und Margarete Rubik (2005). *Theory into Poetry. New Approaches to the Lyric*. Amsterdam.
Mundt, Theodor (1837). *Die Kunst der deutschen Prosa*. Berlin.
Murphy, James Jerome (2005). „The Arts of Poetry and Prose". *The Cambridge History of Literary Criticism*. Bd. 2: *The Middle Ages*. Hrsg. von Alastair Minnis und Ian Johnson. Cambridge: 42–67.
Musil, Robert (1978 [1918]). „Skizze der Erkenntnis des Dichters". Ders. *Gesammelte Werke*. Bd. 2. Hrsg. von Adolf Frisé. Reinbek bei Hamburg: 1025–1030.
Musil, Robert (1983). *Tagebücher*. Hrsg. von Adolf Frisé. 2 Bde. Reinbek bei Hamburg.
Musil, Robert (1986). *Der Mann ohne Eigenschaften*. Hrsg. von Adolf Frisé. 2 Bde. Reinbek bei Hamburg.
Musil, Robert (2000). *Gesammelte Werke*. Bd. 2: *Prosa und Stücke. Kleine Prosa, Aphorismen, Autobiographisches, Essays und Reden, Kritik*. Hrsg. von Adolf Frisé. Reinbek bei Hamburg.
Nagel, Ludwig (1994). „Philosophie und Literatur – Textualität der Philosophie". *Textualität der Philosophie. Philosophie und Literatur*. Hrsg. von Ludwig Nagel und Hugh J. Silverman. Wien: 7–31.
Nahl, Jan Alexander van (2013). *Snorri Sturlusons Mythologie und die mittelalterliche Theologie*. Berlin/Boston.
Nancy, Jean-Luc (2011). *Hegel. Die spekulative Anmerkung. Die Unruhe des Negativen*. Aus dem Französischen von Jörn Etzold. Zürich.
Nekula, Marek (Hg.) (2003). *Prager Strukturalismus. Methodologische Grundlagen*. Heidelberg.
Nelson, Erika M. (2005). *Reading Rilke's Orphic Identity*. Oxford.
Nennius (1980). *British History and The Welsh Annals*. Hrsg. von John Morris. London.
Nestler, Sebastian (2014). *Performative Kritik. Eine philosophische Intervention in den Begriffsapparat der Cultural Studies*. Bielefeld.
Neumann, Anja (2013). *Durchkreuzte Zeit. Zur ästhetischen Temporalität der späten Gedichte von Nelly Sachs und Paul Celan*. Heidelberg.
Neumann, Gerhard (1979). „Roland Barthes (*1915)". *Klassiker der Literaturtheorie. Von Boileau bis Barthes*. Hrsg. von Horst Turk. München: 298–310.
Neumann, Gerhard (1992). „Hungerkünstler und singende Maus. Franz Kafkas Konzept der ‚kleinen Literaturen'". *Metamorphosen des Dichters. Das Rollenverständnis deutscher Schriftsteller vom Barock bis zur Gegenwart*. Hrsg. von Gunter E. Grimm. Frankfurt a. M.: 228–247.
Neumann, Gerhard (2012). „Schreiben und Edieren". *Schreiben als Kulturtechnik. Grundlagentexte*. Hrsg. von Sandro Zanetti. Frankfurt a. M.: 187–213.
Neumann, Maik (2014). „Der Autor als Schreibender. Roland Barthes' Konzept einer ‚freundschaftlichen Wiederkehr des Autors'". *Theorien und Praktiken der Autorschaft*. Hrsg. von Matthias Schaffrick und Marcus Willand. Berlin/Boston: 263–286.
Neumeyer, Harald (2007). „Theodor Storms Novellistik". *Realismus. Epoche – Autoren – Werke*. Hrsg. von Christian Begemann. Darmstadt: 103–120.
Ní Dhonnchadha, Máirín (2006). „Bardic Order in Ireland". *Celtic Culture. A Historical Encyclopedia*. Bd. 1. Hrsg. von John T. Koch. Santa Barbara: 174–176.

Nicolai, Carl (1819). *Versuch einer Theorie des Romans. Kritisch-philosophisch behandelt.* Quedlinburg/Leipzig.
Nietzsche, Friedrich (⁶1969a [1873]). „Über Wahrheit und Lüge im außermoralischen Sinn". Ders. *Werke.* Bd. 3. Hrsg. von Karl Schlechta. München: 309–322.
Nietzsche, Friedrich (⁶1969b [1886]). „Jenseits von Gut und Böse. Vorspiel einer Philosophie der Zukunft". Ders. *Werke.* Bd. 2. Hrsg. von Karl Schlechta. München: 563–759.
Nietzsche, Friedrich (⁶1969c [1887]). „Zur Genealogie der Moral. Eine Streitschrift". Ders. *Werke.* Bd. 2. Hrsg. von Karl Schlechta. München: 761–900.
Nietzsche, Friedrich (2008 [1888–1889]). „Ecce Homo". Ders. *Der Fall Wagner u. a.* Hrsg. von Giorgio Colli und Mazzino Montinari. München: 255–374.
Nietzsche, Friedrich (BAW). *Werke und Briefe. Historisch-kritische Gesamtausgabe. Werke.* Hrsg. von Hans Joachim Mette, Karl Schlechta und Carl Koch. München 1933–1940 [Nachdruck München 1994].
Nietzsche, Friedrich (KGB). *Nietzsche Briefwechsel. Kritische Gesamtausgabe.* Hrsg. von Giorgio Colli und Mazzino Montinari. Berlin/New York 1975–2004.
Nietzsche, Friedrich (KGW). „Vom Nutzen und Nachteil der Historie für das Leben". *Nietzsche Werke. Kritische Gesamtausgabe.* 3. Abt. Bd. 1. Hrsg. von Giorgio Colli und Mazzino Montinari. Berlin/New York 1972: 280–281.
Nietzsche, Friedrich (KSB). *Sämtliche Briefe. Kritische Studienausgabe.* Hrsg. von Giorgio Colli und Mazzino Montinari. München/New York 1986.
Norden, Eduard (1898). *Die antike Kunstprosa vom VI. Jahrhundert v. Chr. bis in die Zeit der Renaissance.* 2 Bde. Leipzig.
Norden, Eduard (³1915). *Die antike Kunstprosa vom VI. Jahrhundert v. Chr. bis in die Zeit der Renaissance.* 2 Bde. Leipzig.
Norris, Christopher und Andrew Benjamin (1988). *What is Deconstruction?* New York.
Novalis (1981). „Monolog". Ders. *Schriften. Die Werke Friedrich von Hardenbergs.* Bd. 2. Hrsg. von Richard Samuel. Stuttgart: 672–673.
Novalis (W). *Schriften. Die Werke Friedrich von Hardenbergs.* Begründet von Paul Kluckhohn und Richard Samuel. Hrsg. von Richard Samuel (†) in Zusammenarbeit mit Hans-Joachim Mähl und Gerhard Schulz. Historisch-kritische Ausgabe in vier Bänden, einem Materialienband und einem Ergänzungsband in vier Teilbänden mit dem dichterischen Jugendnachlaß und weiteren neu aufgetauchten Handschriften. Stuttgart 1960–1999.
Novalis (WTB). *Werke, Tagebücher und Briefe Friedrich von Hardenbergs.* Hrsg. von Hans-Joachim Mähl und Richard Samuel. Darmstadt 1999.
Nünning, Ansgar (2007). „Kriterien der Gattungsbestimmung: Kritik und Grundzüge von Typologien narrativ-fiktionaler Gattungen am Beispiel des historischen Romans". *Gattungstheorie und Gattungsgeschichte.* Hrsg. von Marion Gymnich, Birgit Neumann und Ansgar Nünning. Trier: 73–99.
Nutt-Kofoth, Rüdiger (2013). „Sichten – Perspektiven auf Text". *Medienwandel/Medienwechsel in der Editionswissenschaft.* Hrsg. von Anne Bohnenkamp. Berlin/Boston: 19–29.
Ó hAodha, Donncha (2006). „Metrics, medieval Irish". *Celtic Culture. A Historical Encyclopedia.* Bd. 4. Hrsg. von John T. Koch. Santa Barbara: 1293–1295.
Obbink, Dirk (Hg.) (1995). *Philodemus and Poetry. Poetic Theory and Practice in Lucretius, Philodemus, and Horace.* Oxford.
Obermaier, Sabine (1995). *Von Nachtigallen und Handwerkern. ‚Dichtung über Dichtung' in Minnesang und Sangspruchdichtung.* Tübingen.
Obermayr, Brigitte (Hg.) (2006). *Faktur/Fraktur.* Wien.

Obermeier, Christian et al. (2013). „Aesthetic and Emotional Effects of Meter and Rhyme in Poetry". *Frontiers in psychology* 4.10 (2013): 1–10 [doi:10.3389/fpsyg.2013.00010].
O'Donnell, Daniel Paul (2005). *Cædmon's Hymn. A Multi-media Study, Edition and Archive*. Cambridge.
Oelmann, Ute (1992). „Das Eigene und das Fremde. Stefan Georges indische Romanze". *Jahrbuch des Freien Deutschen Hochstifts* (1992): 294–310.
Oelmann, Ute (2012). „Die Fibel". *Stefan George und sein Kreis. Ein Handbuch*. Bd. 1. Hrsg. von Achim Aurnhammer, Wolfgang Braungart, Stefan Breuer und Ute Oelmann. Berlin/Boston: 95–106.
Oesterreich, Peter L. (1990). *Fundamentalrhetorik. Untersuchung zu Person und Rede in der Öffentlichkeit*. Hamburg.
Oesterreich, Peter L. (2003). *Philosophie der Rhetorik*. Bamberg.
Oestersandfort, Christian (2012). „Antike-Rezeption". *Stefan George und sein Kreis. Ein Handbuch*. Bd. 3. Hrsg. von Achim Aurnhammer, Wolfgang Braungart, Stefan Breuer und Ute Oelmann. Berlin/Boston: 647–671.
Ohl, Hubert (1968). *Bild und Wirklichkeit. Studien zur Romankunst Raabes und Fontanes*. Heidelberg.
Öhlschläger, Claudia und Lucia Perrone Capano (Hg.) (2013). *Figurationen des Temporalen. Poetische, philosophische und mediale Reflexionen über Zeit*. Göttingen.
Olschner, Leonard (^{2}2012a). „Die Bender-Briefe und andere verstreut publizierte Dokumente". *Celan-Handbuch. Leben – Werk – Wirkung*. Hrsg. von Markus May, Peter Goßens und Jürgen Lehmann. Stuttgart/Weimar: 158–160.
Olschner, Leonard (^{2}2012b). „Die Ansprache in Israel". *Celan-Handbuch. Leben – Werk – Wirkung*. Hrsg. von Markus May, Peter Goßens und Jürgen Lehmann. Stuttgart/Weimar: 175–177.
O'Meara, Dominic J. (1993). *Plotinus: An Introduction to the Enneads*. Oxford.
Ong, Walter J. (1987). *Oralität und Literalität. Die Technologisierung des Wortes*. Aus dem Amerikanischen übers. von Wolfgang Schömel. Opladen.
Opitz, Martin (1624). *Buch von der Deutschen Poeterey*. http://www.deutschestextarchiv.de/book/show/opitz_buch_1624. Breslau u. a. (13. Mai 2017).
Opitz, Martin (2002). *Buch von der Deutschen Poeterey*. Hrsg. von Herbert Jaumann. Stuttgart.
Orchard, Andy (2003). *A Critical Companion to Beowulf*. Cambridge.
Ort, Claus-Michael (1998). *Zeichen und Zeit. Probleme des literarischen Realismus*. Tübingen.
Ort, Claus-Michael (2007). „Was ist Realismus?". *Realismus. Epoche – Autoren – Werke*. Hrsg. von Christian Begemann. Darmstadt: 11–26.
Oschmann, Dirk (2007). *Bewegliche Dichtung. Sprachtheorie und Poetik bei Lessing, Schiller und Kleist*. München.
Oster, Angela (2006). *Ästhetik der Atopie. Roland Barthes und Pier Paolo Pasolini*. Heidelberg.
Osterkamp, Ernst (2010). *Poesie der leeren Mitte. Stefan Georges Neues Reich*. München.
Ostmeier, Dorothee (2003). „Zur Lyrik". *Brecht-Handbuch*. Bd. 4: *Schriften, Journale, Briefe*. Hrsg. von Jan Knopf. Stuttgart/Weimar: 247–257.
Otfrid von Weißenburg (2004–2010). *Evangelienbuch*. 2 Bde. Hrsg. von Wolfgang Kleiber und Ernst Hellgardt. Tübingen.
Pabst, Bernhard (1994). *Prosimetrum. Tradition und Wandel einer Literaturform zwischen Spätantike und Spätmittelalter*. 2 Bde. Köln.
Paetzold, Heinz (1983). *Ästhetik des deutschen Idealismus*. Wiesbaden.
Pálsson, Heimir (Hg.) (2012). *Snorri Sturluson. The Uppsala Edda. DG 11 4to*. London.

Paltridge, Brian (1997). *Genre, Frames and Writing in Research Settings*. Amsterdam/ Philadelphia.
Panikkar, Raimon (1991). „There Is No Outer Without Inner Space". *Concepts of Space Ancient and Modern*. Hrsg. von Kapila Vatsyayan. Neu Delhi: 7–38.
Pape, Carina (2015). *Autonome Teilhaftigkeit und teilhaftige Autonomie. Der Andere in Michail M. Bachtins Frühwerk*. Hrsg. von Wolfgang Eßbach und Bernhard Waldenfels. München.
Parkes, M[alcolm] B. (1993). *Pause and Effect. An Introduction to the History of Punctuation in the West*. Berkeley/Los Angeles.
Parry, Milman (1928). *L'Epithète traditionelle dans Homère*. Paris.
Paulus, Dagmar (2014). *Abgesang auf den Helden. Geschichte und Gedächtnispolitik in Wilhelm Raabes historischem Erzählen*. Würzburg.
Penny, Laurie (2012). *Fleischmarkt. Weibliche Körper im Kapitalismus*. Hamburg.
Perec, Georges (1990). *Träume von Räumen*. Übers. von Eugen Helmlé. Bremen.
Pestalozzi, Karl (1958). *Sprachskepsis und Sprachmagie im Werk des jungen Hofmannsthal*. Zürich.
Petersen, Jürgen H. (2000). *Mimesis – Imitatio – Nachahmung. Eine Geschichte der europäischen Poetik*. München.
Pethes, Nicolas (2003). „Literatur- und Wissenschaftsgeschichte. Ein Forschungsbericht". *Internationales Archiv für Sozialgeschichte der deutschen Literatur* 28.1 (2003): 181–231.
Pethes, Nicolas (2004). „Poetik/Wissen. Konzeptionen eines problematischen Transfers". *Romantische Wissenspoetik. Die Künste und Wissenschaften um 1800*. Hrsg. von Gabriele Brandstetter und Gerhard Neumann. Würzburg: 341–372.
Petit, Aimé (1985). *Naissances du roman. Les techniques littéraires dans les romans antiques du XIIe siècle*. 2 Bde. Genf.
Petit, Aimé (Hg.) (1997). *Le Roman d'Eneas. Édition critique d'après le manuscrit B. N. fr. 60*. Paris.
Petzold, Jochen (2012). *Sprechsituationen lyrischer Dichtung. Ein Beitrag zur Gattungstypologie*. Würzburg.
Pfotenhauer, Helmut (2006). „Hofmannsthal, die hypnagogen Bilder, die Visionen. Schnittstellen der Evidenzkonzepte um 1900". *Nicht völlig Wachen und nicht ganz ein Traum. Die Halbschlafbilder in der Literatur*. Hrsg. von Helmut Pfotenhauer und Sabine Schneider. Würzburg: 87–104.
Picht, Georg (1969a). „Die Epiphanie der ewigen Gegenwart. Wahrheit, Sein und Erscheinung bei Parmenides". Ders. *Wahrheit, Vernunft, Verantwortung. Philosophische Studien*. Stuttgart: 36–86.
Picht, Georg (1969b). „Die Musen". Ders. *Wahrheit, Vernunft, Verantwortung. Philosophische Studien*. Stuttgart: 141–159.
Pietzker, Carl (1985). „‚Mutter', sagt er zu seiner Frau, ‚…ich fress' mich aber noch vor Liebe, Mutter!'. Oder: Jean Paul bereitet uns mit seinem ‚Leben des vergnügten Schulmeisterlein Maria Wutz' ein bekömmliches Mahl". Ders. *Trauma, Wunsch und Abwehr. Psychoanalytische Studien zu Goethe, Jean Paul, Brecht, zur Atomliteratur und zur literarischen Form*. Würzburg: 65–94.
Pikulik, Lothar (1992). *Frühromantik. Epoche – Werke – Wirkung*. München.
Pindar (1992). *Siegeslieder*. Griechisch/Deutsch. Hrsg., übers. und mit einer Einführung versehen von Dieter Bremer. München.
Platon (1957). „Ion". Ders. *Sämtliche Werke*. Bd. 1. Hrsg. von Walter F. Otto, Ernesto Grassi und Gert Plamböck. Hamburg: 97–110.

Platon (1958). „Theaitetos". Ders. *Sämtliche Werke*. Bd. 4. Hrsg. von Walter F. Otto, Ernesto Grassi und Gert Plamböck. Hamburg: 103–181.
Platon (1990). *Werke*. Griechisch/Deutsch. Hrsg. von Gunther Eigler, übers. von Friedrich Schleiermacher. Darmstadt.
Plett, Bettina (Hg.) (2007). *Theodor Fontane. Neue Wege der Forschung*. Darmstadt.
Plett, Heinrich F. (1991). „Intertextualities". *Intertextuality*. Hrsg. von Heinrich F. Plett. Berlin: 3–29.
Plett, Heinrich F. (1994). „Renaissance-Poetik. Zwischen Imitation und Innovation". *Renaissance-Poetik/Renaissance Poetics*. Hrsg. von Heinrich F. Plett. Berlin/New York: 1–20.
Plumpe, Gerhard (1979). „Eigentum – Eigentümlichkeit. Über den Zusammenhang ästhetischer und juristischer Begriffe im 18. Jahrhundert". *Archiv für Begriffsgeschichte* 23 (1979): 175–196.
Plumpe, Gerhard (1992). „Realismus IV. Literatur und Kunst". *Historisches Wörterbuch der Philosophie*. Bd. 8. Hrsg. von Joachim Ritter, Karlfried Gründer und Gottfried Gabriel. Basel: Sp. 169–178.
Polanyi, Michael (^{2}1978). *Personal Knowledge. Towards a Post-Critical Philosophy*. London.
Polheim, Karl Konrad (1966). *Arabeske. Ansichten und Ideen aus Friedrich Schlegels Poetik*. München/Paderborn/Wien.
Ponge, Francis (2005). *L'opinion changée quant aux fleurs. Änderung der Ansicht über Blumen. Dossier im Faksimile*. Hrsg., aus dem Französischen übers., mit einem Kommentar und einem Essay versehen von Thomas Schestag. Basel/Weil am Rhein/Wien.
Pope, Alexander (1961). „An Essay on Criticism". Ders. *Pastoral Poetry and An Essay on Criticism*. Hrsg. von E. Audra und Aubrey Williams. London/New Haven: 239–326.
Posner, Roland (1971). „Strukturalismus in der Gedichtinterpretation. Textdeskription und Rezeptionsanalyse am Beispiel von Baudelaires ‚Les Chats'". *Literaturwissenschaft und Linguistik. Ergebnisse und Perspektiven*. Bd. II/1: *Zur linguistischen Basis der Literaturwissenschaft I*. Hrsg. von Jens Ihwe. Frankfurt a. M.: 224–266.
Posner, Roland (1972). „Strukturalismus in der Gedichtinterpretation". *Strukturalismus in der Literaturwissenschaft*. Hrsg. von Heinz Blumensath. Köln: 202–242.
Pott, Sandra (2004). *Poetiken. Poetologische Lyrik, Poetik und Ästhetik von Novalis bis Rilke*. Berlin/New York.
Poulet, Georges (1988). *Metamorphosen des Kreises in der Dichtung*. Frankfurt a. M.
Pratt, Mary Louise (2011). „Fieldwork in Common Places". *Writing Culture. The Poetics and Politics of Ethnography*. Hrsg. von James Clifford und George Marcus. Berkeley: 27–50.
Preisendanz, Wolfgang (1963). *Humor als dichterische Einbildungskraft. Studien zur Erzählkunst des poetischen Realismus*. München.
Proust, Marcel (1913–1927). *À la recherche du temps perdu*. Paris.
[Prudentius] Aurelius Prudentius Clemens (2011). *Das Gesamtwerk*. Hrsg. von Wolfgang Fels. Stuttgart.
Pseudo-Longinus (1988). *Vom Erhabenen/Peri hypsos*. Griechisch/Deutsch. Hrsg. von Otto Schönberger. Stuttgart.
Puelma, Mario (1989). „Der Dichter und die Wahrheit in der griechischen Poetik von Homer bis Aristoteles". *Museum Helveticum* 46 (1989): 66–100.
Pütz, Susanne und Helmut Schanze (Hg.) (2002). *Metzler Lexikon Medientheorie. Medienwissenschaft. Ansätze – Personen – Grundbegriffe*. Stuttgart/Weimar.
Quadflieg, Dirk (2006). *Das Sein der Sprache. Foucaults Archäologie der Moderne*. Berlin.
Quadlbauer, Franz (1962). *Die antike Theorie der genera dicendi im lateinischen Mittelalter*. Graz.

[Quintilian] Quintilianus, Marcus Fabius (³2006). *Institutionis oratoriae libri XII. Ausbildung des Redners. 12 Bücher*. Hrsg. von Helmut Rahn. 2 Bde. Darmstadt.

Raabe, Wilhelm (SW). *Sämtliche Werke. Braunschweiger Ausgabe*. Hrsg. von Karl Hoppe. Im Auftrag der Braunschweigischen Wissenschaftlichen Gesellschaft nach dem Tode von Karl Hoppe besorgt von Jost Schillemeit. 20 Bde. und 5 Ergänzungsbde. Göttingen 1966–1994.

Rabaté, Jean-Michel (1991). *Joyce upon the Void. The Genesis of Doubt*. London.

Radke, Gyburg (2007). *Die Kindheit des Mythos. Die Erfindung der Literaturgeschichte in der Antike*. München.

Raffi, Alessandro (2004). *La gloria del volgare. Ontologia e semiotica in Dante dal „Convivio" al „De vulgari eloquentia"*. Soveria Mannelli.

Raible, Wolfgang (1991). *Die Semiotik der Textgestalt. Erscheinungsformen und Folgen eines kulturellen Evolutionsprozesses*. Heidelberg.

Rancière, Jacques (1994). *Die Namen der Geschichte. Versuch einer Poetik des Wissens*. Frankfurt a. M.

Raulff, Ulrich (1999). *Der unsichtbare Augenblick. Zeitkonzeptionen in der Geschichte*. Göttingen.

Reents, Friederike (2009). *„Ein Schauern in den Hirnen". Gottfried Benns „Garten von Arles" als Paradigma der Moderne*. Göttingen.

Reents, Friederike (2015). *Stimmungsästhetik. Realisierungen in Literatur und Theorie vom 17. bis ins 21. Jahrhundert*. Göttingen.

Regino von Prüm (1989). *Epistula de harmonica institutione*. Bernhard, Michael (Hg.). *Clavis Gerberti. Eine Revision von Martin Geberts Scriptores ecclesiastici de musica sacra potissimum (St. Blasien 1794)*. München: 37–73.

Reichert, Klaus (1989). *Vielfacher Schriftsinn. Zu ‚Finnegans Wake'*. Frankfurt a. M.

Reichert, Klaus (2003). „Gelehrte Dichter. Zur Geschichte eines behaupteten Widerspruchs". *Spielräume des auktorialen Diskurses*. Hrsg. von Klaus Städtke und Ralph Kray. Berlin: 39–48.

Renfrew, Alastair (2014). *Mikhail Bakhtin*. London.

Rengakos, Antonios (1995). „Zeit und Gleichzeitigkeit in den homerischen Epen". *Antike und Abendland* XLI (1995): 1–33.

Renneke, Petra (Hg.) (2009). *Poesie und Wissen. Poetologie des Wissens der Moderne*. Heidelberg.

Rennie, Nicholas (2005). *Speculating on the Moment. The Poetics of Time and Recurrence in Goethe, Leopardi and Nietzsche*. Göttingen.

Reuß, Roland (1988). „‚Die Verlobung in St. Domingo' – Eine Einführung in Kleists Erzählen". *Berliner Kleist-Blätter* 1 (1988). Frankfurt a. M.: 3–45.

Reuß, Roland (2006a). „Spielräume des Zufälligen. Zum Verhältnis von Edition und Typographie". *Text. Kritische Beiträge. Heft 11. Edition & Typographie*. Hrsg. von Roland Reuß, Wolfram Groddeck und Walter Morgenthaler. http://www.textkritik.de/pdfarchiv/text/edition_typographie.pdf. Frankfurt a. M.: 55–100 (3. Februar 2017).

Reuß, Roland (2006b). „Zu diesem Faksimilenachdruck". *Franz Kafka: Ein Landarzt. Faksimile der Erstausgabe im Kurt Wolff Verlag 1919*. Hrsg. von Roland Reuß und Peter Staengle. Frankfurt a. M: 1–24.

Rheinberger, Hans Jörg (1992). *Experiment, Differenz, Schrift. Zur Geschichte epistemischer Dinge*. Marburg.

Rheinberger, Hans-Jörg (2006). *Epistemologie des Konkreten. Studien zur Geschichte der modernen Biologie*. Frankfurt a. M.

Richter, Sandra (2010). *A History of Poetics. German Scholarly Aesthetics and Poetics in International Context, 1770–1960.* Berlin/New York.
Richter, Sandra (2011). „Außer Konkurrenz? Die *Ars poetica* des Horaz in Kommentar und Poetik des 16. und 17. Jahrhunderts". *Welche Antike? Konkurrierende Rezeptionen des Altertums im Barock.* Bd. 2. Hrsg. von Ulrich Heinen. Wiesbaden: 934–956.
Ricœur, Paul (1978). „The Metaphorical Process as Cognition, Imagination, and Feeling". *Critical Inquiry* 5.1 (1978): 143–159.
Ricœur, Paul (1983–1985). *Temps et récit.* 3 Bde. Paris.
Ricœur, Paul (2007). *Zeit und Erzählung.* 3 Bde. München.
Riedel, Wolfgang (1985). *Die Anthropologie des jungen Schiller. Zur Ideengeschichte der medizinischen Schriften und der ‚Philosophischen Briefe'.* Würzburg.
Ries, Thorsten (2010). „‚Materialität'? Notizen aus dem Grenzgebiet zwischen editorischer Praxis, Texttheorie und Lektüre. Mit einigen Beispielen aus Gottfried Benns ‚Arbeitsheften'". *Materialität in der Editionswissenschaft.* Hrsg. von Martin Schubert. Berlin/Boston: 159–178.
Riffaterre, Michael (1994). „Intertextuality vs. Hypertextuality". *New Literary History* 25.4 (1994): 779–788.
Rilke, Rainer Maria (RBr). *Briefe.* Hrsg. von Kurt Altheim. Frankfurt a. M. 1980.
Rilke, Rainer Maria (RCz). *Briefe über Cézanne.* Hrsg. von Heinrich Wiegand Petzet. Frankfurt a. M. 1983.
Rilke, Rainer Maria (RSW). *Sämtliche Werke.* Hrsg. von Ernst Zinn. 6 Bde. Frankfurt a. M. 1966.
Rilke, Rainer Maria und Lou Andreas-Salomé (R/AS). *Briefwechsel.* Hrsg. von Ernst Pfeiffer. Frankfurt a. M. 1989.
Rimbaud, Arthur (1873). *Une saison en Enfer.* Brüssel.
Ritter, Joachim (1953). „Die Lehre vom Ursprung und Sinn der Theorie bei Aristoteles". Ders. *Metaphysik und Politik. Studien zu Aristoteles und Hegel.* Frankfurt a. M.: 9–33.
Robert, Jörg (2003). *Konrad Celtis und das Projekt der deutschen Dichtung. Studien zur humanistischen Konstitution von Poetik, Philosophie, Nation und Ich.* Tübingen.
Robert, Jörg (2007a). „Vor der Poetik – vor den Poetiken. Humanistische Verse- und Dichtungslehre in Deutschland (1480–1520)". *Maske und Mosaik. Poetik, Sprache, Wissen im 16. Jahrhundert.* Hrsg. von Jan-Dirk Müller und Jörg Robert. Münster: 47–74.
Robert, Jörg (2007b). „Ex disceptationibus veritas. Julius Caesars Scaligers kritisch-polemische Dichtkunst". *Maske und Mosaik. Poetik, Sprache, Wissen im 16. Jahrhundert.* Hrsg. von Jan-Dirk Müller und Jörg Robert. Münster: 249–279.
Robert, Jörg (2007c). „Vetus Poesis – nova ratio carminum. Martin Opitz und der Beginn der Deutschen Poeterey". *Maske und Mosaik. Poetik, Sprache, Wissen im 16. Jahrhundert.* Hrsg. von Jan-Dirk Müller und Jörg Robert. Münster: 397–440.
Robert, Jörg (2011). „Die Ciceronianismus-Debatte". *Diskurse der Gelehrtenkultur in der Frühen Neuzeit.* Hrsg. von Herbert Jaumann. Berlin: 1–54.
Robert, Jörg (2015). „Poetologie". *Handbuch Literarische Rhetorik.* Hrsg. von Rüdiger Zymner. Berlin/Boston: 303–332.
Roberts, David (1994). „‚Gesinnungsästhetik'? Günter Grass, *Schreiben nach Auschwitz* (1990)". *Poetik der Autoren. Beiträge zur deutschsprachigen Gegenwartsliteratur.* Hrsg. von Paul Michael Lützeler. Frankfurt a. M.: 235–261.
Robling, Franz-Hubert (2003). „Philosophie". *Historisches Wörterbuch der Rhetorik.* Bd. 6. Hrsg. von Gert Ueding. Tübingen: Sp. 966–969.

Röcken, Per (2008). „Was ist – aus editorischer Sicht – Materialität? Versuch einer Explikation des Ausdrucks und einer sachlichen Klärung". *Editio* 22 (2008): 22–46.
Rockenberger, Annika und Per Röcken (2009). „Typographie als Paratext? Anmerkungen zu einer terminologischen Konfusion". *Poetica* 41.3/4 (2009): 293–330.
Roloff, Simon (2016). *Robert Walsers Poetik des Sozialstaats*. Paderborn.
Romilly, Jacqueline de (1968). *Time in Greek Tragedy*. Ithaca, NY.
Rorty, Richard (1967). *The Linguistic Turn. Recent Essays in Philosophical Method*. Chicago.
Rosa, Hartmut (2005). *Beschleunigung. Die Veränderung der Zeitstrukturen in der Moderne*. Frankfurt a. M.
Rosch, Eleanor (1978). „Principles of Categorization". *Cognition and Categorization*. Hrsg. von Eleanor Rosch und Barbara B. Loyd. Hillsdale: 27–48.
Rösler, Wolfgang (1980). „Die Entdeckung der Fiktionalität in der Antike". *Poetica* 12.3/4 (1980): 283–319.
Rothe, Arnold (1970). *Der Doppeltitel. Zu Form und Geschichte einer literarischen Konvention*. Wiesbaden.
Rothe, Arnold (1986). *Der literarische Titel. Funktionen, Formen, Geschichte*. Frankfurt a. M.
Röttger-Denker, Gabriele (2004). *Roland Barthes zur Einführung*. Hamburg.
Röttgers, Kurt (1973). „Kritik zwischen System und Produktion: Lessing". *Kant-Studien* 64 (1973): 200–212.
Röttgers, Kurt (1975). *Kritik und Praxis. Zur Geschichte des Kritikbegriffs von Kant bis Marx*. Berlin/New York.
Röttgers, Kurt (1982). „Kritik". *Geschichtliche Grundbegriffe. Historisches Lexikon zur politisch-sozialen Sprache in Deutschland*. Bd. 3. Hrsg. von Otto Brunner, Werner Conze und Reinhart Koselleck. Stuttgart: 651–675.
Rötzer, Hans Gerd (Hg.) (1982). *Texte zur Geschichte der Poetik in Deutschland*. Darmstadt.
Rühling, Lutz (1996). „Fiktionalität und Poetizität". *Grundzüge der Literaturwissenschaft*. Hrsg. von Heinz Ludwig Arnold und Heinrich Detering. München: 25–51.
Rühmkorf, Peter (1981). *Agar agar – zaurzaurim. Zur Naturgeschichte des Reims und der menschlichen Anklangsnerven*. Reinbek bei Hamburg.
Ruffo, Nico (2014). *„Das Internet ist die größte Poesie der Menschheit"*. http://www.srf.ch/kultur/kunst/das-internet-ist-die-groesste-poesie-der-menschheit (14. November 2017).
Ruprecht, Robert (1993). *Die Syntax als Metrik der Prosa. Zur Rolle der Syntax für die Textinterpretation*. Bern u. a.
Rush, Fred (2016). *Irony and Idealism. Rereading Schlegel, Hegel and Kierkegaard*. Oxford.
Ruth, Wolfgang (1984). „‚Meager Fact And Solid Fancy': Die Erfindung der Vergangenheit in John Barths ‚The Sot-Weed Factor'". *Anglistik und Englischunterricht* 24 (1984): 97–116.
Rutherford, Richard (2007). „Poetics and literary criticism". *The Cambridge Companion to Horace*. Hrsg. von Stephen Harrison. Cambridge: 248–261.
Ryan, Judith (1994). „Poetik als Experiment: Christa Wolf, *Voraussetzungen einer Erzählung: Kassandra* (1983)". *Poetik der Autoren. Beiträge zur deutschsprachigen Gegenwartsliteratur*. Hrsg. von Paul Michael Lützeler. Frankfurt a. M.: 80–94.
Ryklin, Michail (1993). „Bodies of Terror. Theses towards a Logic of Violence". *New Literary History* 24.1 (1993): 51–74.
Ryle, Gilbert (2002). *Der Begriff des Geistes*. Aus dem Englischen von Kurt Baier. Stuttgart.
Saenger, Paul (1997). *Space Between Words. The Origins of Silent Reading*. Stanford.
Sammons, Jeffrey L. (2004). *Friedrich Spielhagen. Novelist of Germany's False Dawn*. Tübingen.

Sandbothe, Mike (2005). "Wozu systematische Medienphilosophie?". *Systematische Medienphilosophie*. Hrsg. von Mike Sandbothe und Ludwig Nagl. Berlin: XIII–XXVII.
Sannelli, Massimo (Hg.) (2004). *Alani de Insulis Anticlaudianus*. Lavis.
Sapir, Edward (1924). "Grading: A Study in Semantics". Ders. *Selected Writings*. Hrsg. von David G. Mandelbaum. Berkeley, CA: 122–149.
Sartre, Jean-Paul (1981). *Was ist Literatur?* Aus dem Französischen von Traugott König. Reinbek bei Hamburg.
Saße, Günter (2003). "Die andere Sprache als Sprache des *Anderen*. Zu Paul Celans *Weggebeizt*". *Poetologische Lyrik von Klopstock bis Grünbein. Gedichte und Interpretationen*. Hrsg. von Olaf Hildebrand. Köln: 294–305.
Sasse, Sylvia (2010). *Michail Bachtin zur Einführung*. Hamburg.
Saussure, Ferdinand de (^{2}1967). *Grundfragen der allgemeinen Sprachwissenschaft*. Aus dem Französischen von Herman Lommel. Hrsg. von Charles Bally und Albert Sechehaye unter Mitwirkung von Albert Riedlinger. Berlin.
Saussure, Ferdinand de (^{3}2001). *Grundfragen der allgemeinen Sprachwissenschaft*. Übers. von Herman Lommel. Hrsg. von Charles Bally und Albert Sechehaye. Berlin.
Scaliger, Julius Caesar (1994 [1561]). *Poetices libri septem. Sieben Bücher über die Dichtkunst*. Bd. I/1. Hrsg., übers., eingel. und erl. von Luc Deitz und Gregor Vogt-Spira. Stuttgart-Bad Cannstatt.
Scaliger, Julius Caesar (1998 [1561]). *Poetices libri septem. Sieben Bücher über die Dichtkunst*. Bd. IV/5. Hrsg., übers., eingel. und erl. von Gregor Vogt-Spira. Stuttgart-Bad Cannstatt.
Schadewaldt, Wolfgang (1950). *Sappho. Welt und Dichtung. Dasein in der Liebe*. Potsdam.
Schadewaldt, Wolfgang (1973). *Sophokles: König Ödipus*. Übertragen und hrsg. von Wolfgang Schadewaldt. Mit einem Nachwort, drei Aufsätzen, Wirkungsgeschichte und Literaturnachweisen. Frankfurt a. M.
Schäfer, Armin (2013). "Poetologie des Wissens". *Literatur und Wissen. Ein interdisziplinäres Handbuch*. Hrsg. von Roland Borgards, Harald Neumeyer, Nicolas Pethes und Yvonne Wübben. Stuttgart: 36–41.
Schaefer, Ursula (Hg.) (1993). *Schriftlichkeit im frühen Mittelalter*. Tübingen.
Schäffner, Wolfgang (1997). "Operationale Topographie. Repräsentationsräume in den Niederlanden um 1600". *Räume des Wissens. Repräsentation, Codierung, Spur*. Hrsg. von Hans-Jörg Rheinberger, Michael Hagner und Bettina Wahrig-Schmidt. Berlin: 63–90.
Schaffrick, Matthias (2014a). "Das Interview als Roman. Das Wetter vor 15 Jahren von Wolf Haas". *Echt inszeniert. Interviews in Literatur und Literaturbetrieb*. Hrsg. von Torsten Hoffmann und Gerhard Kaiser. Paderborn: 417–430.
Schaffrick, Matthias (2014b). *In der Gesellschaft des Autors. Religiöse und politische Inszenierungen von Autorschaft*. Heidelberg.
Schaffrick, Matthias und Marcus Willand (2014a). "Autorschaft im 21. Jahrhundert. Bestandsaufnahme und Positionsbestimmung". *Theorien und Praktiken der Autorschaft*. Hrsg. von Matthias Schaffrick und Marcus Willand. Berlin/Boston: 3–148.
Schaffrick, Matthias und Marcus Willand (Hg.) (2014b). *Theorien und Praktiken der Autorschaft*. Berlin/Boston.
Schahadat, Schamma (2004). *Das Leben zur Kunst machen. Lebenskunst in Russland vom 16. bis zum 20. Jahrhundert*. München.
Schahadat, Schamma (2012). "Russische Poetik des Verhaltens und amerikanische Poetics of Culture: Jurij Lotman und Stephen Greenblatt". *Explosion und Peripherie. Jurij Lotmans*

Semiotik der kulturellen Dynamik revisited. Hrsg. von Susi K. Frank, Cornelia Ruhe und Alexander Schmitz. Bielefeld: 153–173.

Schapp, Wilhelm (⁵2012). *In Geschichten verstrickt. Zum Sein von Ding und Mensch.* Frankfurt a. M.

Scheffel, Michael (1997). *Formen selbstreflexiven Erzählens. Eine Typologie und sechs exemplarische Analysen.* Tübingen.

Scherer, Klaus R., Angela Schorr und Tom Johnstone (2001). *Appraisal Processes in Emotion. Theory, Methods, Research.* Oxford.

Scherer, Stefan (2003). *Witzige Spielgemälde. Tieck und das Drama der Romantik.* Berlin.

Scherpe, Klaus R. (1968). *Gattungspoetik im 18. Jahrhundert. Historische Entwicklung von Gottsched bis Herder.* Stuttgart.

Schiller, Friedrich (FA). *Werke und Briefe in zwölf Bänden.* Hrsg. von Otto Dann et al. Frankfurt a. M. 1988–2004.

Schiller, Friedrich (SA). *Sämtliche Werke. Säkularausgabe in 16 Bänden.* Hrsg. von Eduard von der Hellen. Stuttgart 1904–1905.

Schings, Hans-Jürgen (1980). „Der anthropologische Roman. Seine Entstehung und Krise im Zeitalter der Spätaufklärung". *Deutschlands kulturelle Entfaltung. Die Neubestimmung des Menschen.* Hrsg. von Bernd Fabian, Wilhelm Schmidt-Biggemann und Rudolf Vierhaus. München: 247–275.

Schings, Hans-Jürgen (2003). „Lyrik des Hauchs. Zu Hofmannsthals ‚Gespräch über Gedichte'". *Hofmannsthal-Jahrbuch* 11 (2003): 311–340.

Schlaffer, Heinz (1990). *Poesie und Wissen. Die Entstehung des ästhetischen Bewußtseins und der philologischen Erkenntnis.* Frankfurt a. M.

Schlaffer, Heinz (1995). „Die Aneignung von Gedichten. Grammatisches, rhetorisches und pragmatisches Ich in der Lyrik". *Poetica* 27.1/2 (1995): 38–57.

Schlaffer, Heinz (2005). *Poesie und Wissen. Die Entstehung des ästhetischen Bewußtseins und der philologischen Erkenntnis.* Frankfurt a. M.

Schlaffer, Heinz (2012). *Geistersprache. Zweck und Mittel der Lyrik.* München.

Schlegel, August Wilhelm (KAV). *Kritische Ausgabe der Vorlesungen.* Hrsg. von Ernst Behler. Paderborn u. a. 1989–2016.

Schlegel, Friedrich (KFSA). *Kritische Friedrich-Schlegel-Ausgabe.* Hrsg. von Ernst Behler. München/Paderborn/Wien 1958 ff.

Schlegel, Friedrich (StA). *Studienausgabe.* Hrsg. von Ernst Behler. 6 Bde. Paderborn 1988.

Schleiermacher, Friedrich (HuK). *Hermeneutik und Kritik.* Hrsg. von Manfred Frank. Frankfurt a. M. 1977.

Schleiermacher, Friedrich (KGA). *Kritische Gesamtausgabe.* Hrsg. von Günter Meckenstock, Andreas Arndt, Jörg Dierken, Lutz Käppel und Motker Sleczka. Berlin/Boston 1980–2014.

Schleiermacher, Friedrich (2002a). „Über den Begriff der Hermeneutik. Erste Abhandlung". Ders. *Akademievorträge* (= Kritische Gesamtausgabe 1. Abt. Bd. 11). Hrsg. von Martin Rössler unter Mitwirkung von Lars Emersleben. Berlin/New York: 599–621.

Schleiermacher, Friedrich (2002b). „Über den Begriff der Hermeneutik. Zweite Abhandlung". Ders. *Akademievorträge* (= Kritische Gesamtausgabe 1. Abt. Bd. 11). Hrsg. von Martin Rössler unter Mitwirkung von Lars Emersleben. Berlin/New York: 623–641.

Schleiermacher, Friedrich (2012). *Vorlesungen zur Hermeneutik und Kritik* (= Kritische Gesamtausgabe 2. Abt. Bd. 4). Hrsg. von Wolfgang Virmond unter Mitwirkung von Hermann Patsch. Berlin/Boston.

Schmalzriedt, Egidius (1970). *Peri Physeos. Zur Frühgeschichte der Buchtitel*. München.
Schmid, Ulrich (2008). „Der philosophische Kontext von Bachtins Frühwerk". *Michail Bachtin: Autor und Held in der ästhetischen Tätigkeit*. Hrsg. von Rainer Grübel, Edward Kowalski und Ulrich Schmid. Frankfurt a. M.: 7–32.
Schmid, Wolf (1984). „Bachtins Dialogizität – eine Metapher". *Roman und Gesellschaft. Internationales Michail-Bachtin-Colloquium*. Hrsg. von Hans-Günter Hilbert. Jena: 70–77.
Schmid, Wolf (2008). „,Wortkunst' und ‚Erzählkunst' im Lichte der Narratologie". *Wortkunst. Erzählkunst. Bildkunst*. Festschrift für Aage A. Hansen-Löve. Hrsg. von Rainer Grübel und Wolf Schmid. München: 23–38.
Schmid, Wolf (Hg.) (2009). *Slavische Erzähltheorie. Russische und tschechische Ansätze*. Berlin/New York.
Schmid, Wolf (^{3}2014). *Elemente der Narratologie*. Berlin.
Schmid, Wolf und Wolf-Dieter Stempel (Hg.) (1983). *Dialog der Texte*. Wien.
Schmidt, Arno (2002). *Zettels Traum*. Frankfurt a. M. [Faksimile-Wiedergabe des einseitig beschriebenen, 1334 Blätter umfassenden Manuskriptes des Werkes *Zettels Traum* von Arno Schmidt].
Schmidt, Arno (BA). *Bargfelder Ausgabe*. Zürich/Bargfeld 1986 ff.
Schmidt, Frauke (2010). „Roland Barthes (1915–1980)". *Klassiker der modernen Literaturtheorie. Von Sigmund Freud bis Judith Butler*. Hrsg. von Matías Martínez und Michael Scheffel. München: 216–236.
Schmidt, Jochen (^{3}2004). *Die Geschichte des Genie-Gedankens in der deutschen Literatur, Philosophie und Politik 1750–1945*. 2 Bde. Heidelberg.
Schmidt-Biggemann, Wilhelm (1975). *Maschine und Teufel. Jean Pauls Jugendsatiren nach ihrer Modellgeschichte*. Freiburg/München.
Schmidt-Biggemann, Wilhelm (1998). *Philosophia perennis. Historische Umrisse abendländischer Spiritualität in Antike, Mittelalter und Früher Neuzeit*. Frankfurt a. M.
Schmidt-Haberkamp, Barbara (2000). *Die Kunst der Kritik. Zum Zusammenhang von Ethik und Ästhetik bei Shaftesbury*. München.
Schmitz, Walter (Hg.) (1998). *Strukturalismus. Osteuropa und die Entstehung einer universalen Wissenschaftskultur der Moderne*. Dresden.
Schmitz-Emans, Monika, Uwe Lindemann und Manfred Schmeling (Hg.) (2009). *Poetiken. Autoren – Texte – Begriffe*. Berlin/New York.
Schneider, Helmut J. (1978). „Dingwelt und Arkadien. Mörikes *Idylle vom Bodensee* und sein Anschluss an die bukolische Gattungstradition". *Zeitschrift für deutsche Philologie* 97, Sonderheft (1978): 24–51.
Schneider, Jost (2009). „Brecht, Bertolt (1898–1956)". *Poetiken. Autoren – Texte – Begriffe*. Hrsg. von Monika Schmitz-Emans, Uwe Lindemann und Manfred Schmeling. Berlin/Boston: 56–58.
Schneider, Peter (1965). „Konkrete Dichtung". *Sprache im technischen Zeitalter* 15 (1965): 1197–1214.
Schneider, Sabine (2006). „Das Leuchten der Bilder in der Sprache. Hofmannsthals medienbewusste Poetik der Evidenz". *Nicht völlig Wachen und nicht ganz ein Traum. Die Halbschlafbilder in der Literatur*. Hrsg. von Helmut Pfotenhauer und Sabine Schneider. Würzburg: 105–137.
Schneider, Sabine und Heinz Brüggemann (2011). *Gleichzeitigkeit des Ungleichzeitigen. Formen und Funktionen von Pluralität in der ästhetischen Moderne*. München.

Schnur-Wellpott, Margrit (1983). *Aporien der Gattungstheorie aus semiotischer Sicht.* Tübingen.
Schönert, Jörg (1999). „Empirischer Autor, Impliziter Autor und Lyrisches Ich". *Rückkehr des Autors. Zur Erneuerung eines umstrittenen Begriffs.* Hrsg. von Fotis Jannidis, Gerhard Lauer, Matías Martínez und Simone Winko. Tübingen: 289–294.
Schönert, Jörg, Peter Hühn und Malte Stein (2007). *Lyrik und Narratologie. Textanalysen zu deutschsprachigen Gedichten vom 16. bis zum 20. Jahrhundert.* Berlin.
Schoppe, Caspar (1597). *De arte critica [...] commentariolus.* Nürnberg.
Schottenloher, Karl (1953). *Die Widmungsvorrede im Buch des 16. Jahrhunderts.* Münster.
Schrader, Hans-Jürgen (1973). „Zur Vergegenwärtigung und Interpretation der Geschichte bei Raabe". *Jahrbuch der Raabe-Gesellschaft* (1973): 12–53.
Schrader, Hans-Jürgen (1989). „Gedichtete Dichtungstheorie im Werk Raabes. Exemplifiziert an ‚Alte Nester'". *Jahrbuch der Raabe-Gesellschaft* (1989): 1–27.
Schröder, Bianca-Jeanette (Hg.) (2003). *Studium declamatorium. Untersuchungen zu Schulübungen und Prunkreden von der Antike bis zur Neuzeit.* München.
Schuhmann, Klaus (Hg.) (1995). *Lyrik des 20. Jahrhunderts. Materialien zu einer Poetik.* Reinbek bei Hamburg.
Schulz, Armin (2004). „Spaltungsphantasmen. Erzählen von der ‚gestörten Mahrtenehe'". *Wolfram-Studien* 18 (2004): 233–262.
Schulze, Ursula (2013). *Das Nibelungenlied.* Stuttgart.
Schumacher, Eckart (2000). *Die Ironie der Unverständlichkeit. Johann Georg Hamann, Friedrich Schlegel, Jacques Derrida, Paul de Man.* Frankfurt a. M.
Schuster, Jana (2011). *„Umkehr der Räume". Rainer Maria Rilkes Poetik der Bewegung.* Freiburg i. Br.
Schüttpelz, Erhard (1996). *Figuren der Rede. Zur Theorie der rhetorischen Figur.* Berlin.
Schüttpelz, Erhard (2001). „Quelle, Rauschen und Senke der Poesie. Roman Jakobsons Umschrift der Shannonschen Kommunikation". *Schnittstelle. Medien und Kulturwissenschaften.* Hrsg. von Georg Stanitzek und Wilhelm Voßkamp. Köln: 187–206.
Schüttpelz, Erhard (2002). „Eine Ikonographie der Störung: Shannons Flußdiagramm der Kommunikation in ihrem kybernetischen Verlauf". *Transkribieren. Medien/Lektüre.* Hrsg. von Ludwig Jäger und Georg Stanitzek. München: 233–280.
Schüttpelz, Erhard (2005a). *Die Moderne im Spiegel des Primitiven. Weltliteratur und Ethnologie (1870–1960).* Paderborn.
Schüttpelz, Erhard (2005b). „Von der Kommunikation zu den Medien/In Krieg und Frieden (1943–1960)". *Gelehrte Kommunikation. Wissenschaft und Medium zwischen dem 16. und 20. Jahrhundert.* Hrsg. von Jürgen Fohrmann. Köln/Wien: 481–551.
Schüttpelz, Erhard (2013). „Mündlichkeit/Schriftlichkeit". *Handbuch Medien der Literatur.* Hrsg. von Natalie Binczek, Till Dembeck und Jörg Schäfer. Berlin/Boston: 27–40.
Schweighauser, Philipp (2014). „Early American Studies Now. A Polemic from Literary Studies". *Amerikastudien/American Studies* 58.3 (2014): 500–505.
Schwindt, Jürgen Paul (1994). *Das Motiv der ‚Tagesspanne' – Ein Beitrag zur Ästhetik der Zeitgestaltung im griechisch-römischen Drama.* Paderborn u. a.
Schwindt, Jürgen Paul (1996). „Zur ‚Poetik der Zeit' im griechisch-römischen Drama". *Merkur* 50.573 (1996): 1175–1179.
Schwitzgebel, Bärbel (1996). *Noch nicht genug der Vorrede. Zur Vorrede volkssprachlicher Sammlungen von Exempeln, Fabeln, Sprichwörtern und Schwänken des 16. Jahrhunderts.* Tübingen.

Seibel, Klaudia (2007). „Mixing Genres: Levels of Contamination and the Formation of Generic Hybrids". *Gattungstheorie und Gattungsgeschichte*. Hrsg. von Marion Gymnich, Birgit Neumann und Ansgar Nünning. Trier: 137–150.

Seidensticker, Bernd (1978). „Archilochus and Odysseus". *Greek Roman and Byzantine Studies* 19 (1978): 5–22.

Seifert, Arno (1977). „Historia im Mittelalter". *Archiv für Begriffsgeschichte* 21 (1977): 226–284.

Selbmann, Rolf (1994). *Dichterberuf. Zum Selbstverständnis des Schriftstellers von der Aufklärung bis zur Gegenwart*. Darmstadt.

Selbmann, Rolf (2007). „Die Lyrik des Realismus". *Realismus. Epoche – Autoren – Werke*. Hrsg. von Christian Begemann. Darmstadt: 189–206.

Semenenko, Aleksej (2012). *The Text of Culture. An Introduction to Yuri Lotman's Semiotic Theory*. New York.

Seriacopi, Massimo (2013). *La Commedia di Danti Alighieri interpretata secondo gli antichi commenti*. Rom.

Shaftesbury, Anthony Ashley Cooper (1989). *Miscellaneous Reflections. Standard Edition: Complete Works, Selected Letters and Posthumous Writings*. Bd. 6. Hrsg. von Wolfram Benda, Gerd Hemmerich, Friedrich A. Uehlein, Wolfgang Lottes und Erwin Wolff. Stuttgart-Bad Cannstatt.

Shannon, Claude Elwood und Warren Weaver (1949). *The Mathematical Theory of Communication*. Urbana, Ill.

Short, Ian (Hg.) (2010). *La Chanson de Roland*. Paris.

Siegrist, Christoph (1994). „Zeitgenossenschaft: Hugo Loetscher, *Vom Erzählen erzählen* (1988)". *Poetik der Autoren. Beiträge zur deutschsprachigen Gegenwartsliteratur*. Hrsg. von Paul Michael Lützeler. Frankfurt a. M.: 194–207.

Simmel, Georg (1922). „Der Bilderrahmen. Ein ästhetischer Versuch". Ders. *Zur Philosophie der Kunst. Philosophische und kunstphilosophische Aufsätze*. Hrsg. von Gertrud Simmel. Potsdam: 46–54.

Simon, Ralf (1990). *Einführung in die strukturalistische Analyse des höfischen Romans. Analysen zu deutschen Romanen der matière de Bretagne*. Würzburg.

Simon, Ralf (2009). *Der poetische Text als Bildkritik*. München.

Simon, Ralf (2011). *Die Bildlichkeit des lyrischen Textes. Studien zu Hölderlin, Brentano, Eichendorff, Heine, Mörike, George und Rilke*. München.

Simon, Ralf (2012a). „Das Wort beim Namen nennen. Die Anagrammatik als konstituierendes Element des poetischen Textes". *Name, Ding. Referenzen*. Hrsg. von Stefan Börnchen, Georg Mein und Martin Roussel. München: 91–106.

Simon, Ralf (2012b). „Die Szene der Einfluß-Angst und ihre Vorgeschichten. Lyrik und Poetik beim frühen Hofmannsthal". *Hofmannsthal-Jahrbuch* 20 (2012): 37–77.

Simon, Ralf (2013a). *Die Idee der Prosa. Zur Ästhetikgeschichte von Baumgarten bis Hegel mit einem Schwerpunkt bei Jean Paul*. München.

Simon, Ralf (2013b). „Ochsenwendig. Statt Stimmung Gestus (Brecht)". *Stimmung und Methode*. Hrsg. von Friederike Reents und Burkhard Meyer-Sickendiek. Tübingen: 263–279.

Simon, Ralf (2013c). „Einleitung I. Zwischen Architektur und literarischer Imagination". *Zwischen Architektur und literarischer Imagination*. Hrsg. von Andreas Beyer, Ralf Simon und Martino Stierli. München: 9–14.

Simon, Ralf (2014). „Vorüberlegungen zu einer Theorie der Prosa". *Poetik. Historische Narrative und aktuelle Positionen*. Hrsg. von Armen Avanessian und Jan Niklas Howe. Berlin: 124–144.

Simon, Ralf (2015). *Erzähltheorie, Gastsemantik, Philosophie der Zeit (McTaggart). Ein Essay zu den Eigenzeiten der Erzählung mit Hinweisen zu Kleist, Raabe und Arno Schmidt.* Hannover.
Simon, Ralf (2016a). „Vor und nach der Form. Zur Temporalität des ästhetischen Formprozesses". *Zeit der Form – Formen der Zeit.* Hrsg. von Michael Gamper, Eva Geulen, Johannes Grave, Andreas Langenohl, Ralf Simon und Sabine Zubarik. Hannover: 63–82.
Simon, Ralf (2016b). „Jean Paul und die Gnosis". *Jahrbuch der Jean-Paul-Gesellschaft* 51 (2016): 5–58.
Simon, Ralf (2018). „Was genau heißt: ‚Projektion des Äquivalenzprinzips'? Roman Jakobsons Lehre vom Ähnlichen". *Strukturalismus, heute. Brüche, Spuren, Kontinuitäten.* Hrsg. von Martin Endres und Leonhard Herrmann. Stuttgart: 121–138.
Simon, Richard (1967 [1685]). *Histoire critique du Vieux Testament.* Frankfurt a. M.
Simons, Anton (1996). *Carnaval en terreur.* Utrecht.
Sinding, Michael (2002). „After Definitions. Genre, Categories and Cognitive Science". *Genre* 35.2 (2002): 181–219.
Sinding, Michael (2005). „*Genera mixta*: Conceptual Blending and Mixed Genres in *Ulysses*". *New Literary History* 36.4 (2005): 589–621.
Šklovskij, Viktor (1923). *Chod konja.* Moskau/Berlin.
Šklovskij, Viktor (1925). *Teorija prozy.* Moskau/Leningrad.
Šklovskij, Viktor (1966). *Theorie der Prosa.* Hrsg. und übers. von Gisela Drohla. Frankfurt a. M.
Šklovskij, Viktor (1969). „Die Kunst als Verfahren". *Texte der russischen Formalisten.* Bd. I: *Texte zur allgemeinen Literaturtheorie und zur Theorie der Prosa.* Hrsg. von Witold Kośny und Jurij Striedter. München: 3–35.
Šklovskij, Viktor (1984). *Theorie der Prosa.* Hrsg. und übers. von Gisela Drohla. Frankfurt a. M.
Sloterdijk, Peter (1998). *Sphären.* Bd. 1: *Blasen. Mikrosphärologie.* Frankfurt a. M.
Sloterdijk, Peter (1999). „Die Kritische Theorie ist tot". *Die Zeit* 37, 9. September (1999): 35–36.
Smith, Margaret M. (2000). *The Title-Page. Its Early Development 1460–1510.* London.
Snell, Bruno (1928). *Aischylos und das Handeln im Drama.* Leipzig.
Soboleva, Maja (2010). *Die Philosophie Michail Bachtins. Von der existentiellen Ontologie zur dialogischen Vernunft.* Hildesheim.
Soja, Edward W. (1989). *Postmodern Geographies. The Reassertion of Space in Critical Social Theory.* London/New York.
Solger, Karl Wilhelm Ferdinand (1970 [1907]). *Erwin. Vier Gespräche über das Schöne und die Kunst.* Nachdruck der Ausgabe Berlin 1907 zusammen mit Solgers Rezension von A. W. Schlegels „Vorlesungen über dramatische Kunst und Literatur". Hrsg. von Wolfhart Henckmann. München.
Solms, Friedhelm (1990). *Disciplina aesthetica. Zur Frühgeschichte der ästhetischen Theorie bei Baumgarten und Herder.* Stuttgart.
Sommeregger, Georg (2009–2013). *Schreibmaschinen. Modelle, Geschichte(n), Personen.* http://typewriters.ch/writers_typewriters.html (2. August 2017).
Sophokles (1990). *Sophoclis Fabulae.* Hrsg. von Hugh Lloyd-Jones und Nigel Guy Wilson. Oxford.
Sorg, Bernhard (1984). *Das lyrische Ich. Untersuchungen zu deutschen Gedichten von Gryphius bis Benn.* Tübingen.
Spencer-Brown, George (^{2}1997). *Laws of Form. Gesetze der Form.* Lübeck.
Spielhagen, Friedrich (1898). *Neue Beiträge zur Theorie und Technik der Epik und Dramatik.* Leizpig.

Spielhagen, Friedrich (1969 [1883]). *Beiträge zur Theorie und Technik des Romans*. Mit einem Nachwort von Hellmuth Himmel. Göttingen [Nachdruck Leipzig 1883].
Spinner, Kaspar H. (1975). *Zur Struktur des lyrischen Ich*. Frankfurt a. M.
Spivak, Gayatri (1987). *In Other Worlds. Essays in Cultural Politics*. London.
Spoerhase, Carlos (2007a). *Autorschaft und Interpretation. Methodische Grundlagen einer philologischen Hermeneutik*. Berlin.
Spoerhase, Carlos (2007b). „Hypothetischer Intentionalismus. Rekonstruktion und Kritik". *Journal of Literary Theory* 1.1 (2007): 81–110.
Stach, Reiner (2014). *Kafka. Die frühen Jahre*. Frankfurt a. M.
Stackelberg, Jürgen von (1956). „Das Bienengleichnis. Ein Beitrag zur Geschichte der literarischen *Imitatio*". *Romanische Forschungen* 68 (1956): 271–293.
Staiger, Emil (1939). *Die Zeit als Einbildungskraft des Dichters. Untersuchungen zu Gedichten von Brentano, Goethe und Keller*. Zürich.
Staiger, Emil (1946). *Grundbegriffe der Poetik*. Zürich.
Stanitzek, Georg (2010). „Buch: Medium und Form – in paratexttheoretischer Perspektive". *Buchwissenschaft in Deutschland. Ein Handbuch. Bd. 1: Theorie und Forschung*. Hrsg. von Ursula Rautenberg. Berlin/New York: 157–200.
Starkey, Kathryn (2013). *A Courtier's Mirror. Cultivating elite identity in Thomasin von Zerclaere's Welscher Gast*. Notre Dame.
Starobinski, Jean (1970). *La rélation critique*. Paris.
Starobinski, Jean (1971). *Les mots sous les mots. Les anagrammes de Ferdinand de Saussure*. Paris.
Starobinski, Jean (1980). *Wörter unter Wörtern. Die Anagramme Ferdinand de Saussures*. Aus dem Französischen von Henriette Beese. Frankfurt a. M.
Staten, Henry (1986). *Wittgenstein and Derrida*. Lincoln, NA.
Stein, Sol (1995). *Stein on writing*. New York.
Steinecke, Hartmut (1987). *Romanpoetik von Goethe bis Thomas Mann. Entwicklungen und Probleme der „demokratischen Kunstform" in Deutschland*. München.
Steiner, Peter (2014). *Russian Formalism. A Metapoetics*. Geneva/Lausanne.
Steinwachs, Burkhart (1986). *Epochenbewußtsein und Kunsterfahrung. Studien zur geschichtsphilosophischen Ästhetik an der Wende vom 18. zum 19. Jahrhundert in Frankreich und Deutschland*. München.
Stetter, Christian (1999). *Schrift und Sprache*. Frankfurt a. M.
Stetter, Christian (2005). „Medienphilosophie der Schrift". *Systematische Medienphilosophie*. Hrsg. von Mike Sandbothe und Ludwig Nagl. Berlin: 129–146.
Stierle, Karlheinz (1973). „Geschichte als Exemplum – Exemplum als Geschichte. Zur Pragmatik und Poetik narrativer Texte". *Geschichte – Ereignis und Erzählung*. Hrsg. von Reinhart Koselleck und Wolf-Dieter Stempel. München: 347–375.
Stierle, Karlheinz (1984a). „Die Identität des Gedichts. Hölderlin als Paradigma". *Identität. Poetik und Hermeneutik. Bd. 8*. Hrsg. von Odo Marquard und Karlheinz Stierle. München: 505–552.
Stierle, Karlheinz (1984b). „Werk und Intertextualität". *Das Gespräch*. Hrsg. von Karlheinz Stierle. München: 139–150.
Stierle, Karlheinz (2001). „Fiktion". *Ästhetische Grundbegriffe. Historisches Wörterbuch in sieben Bänden. Bd. 2*. Hrsg. von Karlheinz Barck, Martin Fontius, Dieter Schlenstedt, Burkhart Steinwachs und Friedrich Wolfzettel. Stuttgart/Weimar: 380–428.
Stierle, Karlheinz (2008a). *Zeit und Werk. Prousts À la recherche du temps perdu und Dantes Commedia*. München.

Stierle, Karlheinz (2008b). „Lyrik – eine Gattung zweiter Ordnung? Ein theoretischer Vorschlag und drei Paradigmen". *Sprachen der Lyrik. Von der Antike bis zur digitalen Poesie*. Festschrift für Gerhard Regn. Hrsg. von Klaus W. Hempfer. Stuttgart: 131–149.
Stifter, Adalbert (1961). *Bunte Steine und Erzählungen*. München.
Stillers, Rainer (1988). *Humanistische Deutung. Studien zu Kommentar und Literaturtheorie in der italienischen Renaissance*. Düsseldorf.
Stingelin, Martin (2004a). „,Schreiben'. Einleitung". *„Mir ekelt vor diesem tintenkleksenden Säkulum." Schreibszenen im Zeitalter der Manuskripte*. Hrsg. von Martin Stingelin. München: 7–21.
Stingelin, Martin (Hg.) (2004b). *„Mir ekelt vor diesem tintenklecksenden Säkulum". Schreibszenen im Zeitalter der Manuskripte*. München.
Stingelin, Martin (2007). *Zur Genealogie des Schreibens. Die Literaturgeschichte der Schreibszene von der Frühen Neuzeit bis zur Gegenwart*. http://www.schreibszenen.net (1. Juli 2016).
Stingelin, Martin (2012). „,UNSER SCHREIBZEUG ARBEITET MIT AN UNSEREN GEDANKEN'. Die poteologische Reflexion der Schreibwerkzeuge bei Georg Christoph Lichtenberg und Friedrich Nietzsche". *Schreiben als Kulturtechnik. Grundlagentexte*. Hrsg. von Sandro Zanetti. Frankfurt a. M.: 283–304.
Stockhammer, Robert (2014). *Grammatik. Wissen und Macht in der Geschichte einer sprachlichen Institution*. Berlin.
Stockhammer, Robert und Susan Arndt, Dirk Naguschewski (2007). „Die Unselbstverständlichkeit der Sprache". *Exophonie. Anders-Sprachigkeit (in) der Literatur*. Hrsg. von Robert Stockhammer, Susan Arndt und Dirk Naguschewski. Berlin: 7–27.
Stockhorst, Stefanie (2008). *Reformpoetik. Kodifizierte Genustheorie des Barock und alternative Normenbildung in poetologischen Paratexten*. Tübingen.
Stockhorst, Stefanie (2011). „Signale aus der Vergangenheit. Formen und Funktionen des Traditionsverhaltens in Thomas Klings Essayistik". *Zeitschrift für Germanistik* 21.1 (2011): 114–130.
Stockinger, Claudia (2010). *Das 19. Jahrhundert. Zeitalter des Realismus*. Berlin.
Stoichita, Victor (1998). *Das selbstbewußte Bild. Vom Ursprung der Metamalerei*. München.
Storck, Joachim W. (2006). „Rilkes *Wendung* und die Anfänge des literarischen Expressionismus um 1910". *Wende, Bruch, Kontinuum. Die moderne österreichische Literatur und ihre Paradigmen des Wandels*. Hrsg. von Renata Cornejo und Ekkehard W. Haring. Wien: 167–181.
Strauss, Leo (1964). *The City and Man*. Chicago.
Striedter, Jurij (Hg.) (1969). *Texte der russischen Formalisten*. Bd. I. München.
Striedter, Jurij (Hg.) (^{3}1971). *Russischer Formalismus. Texte zur allgemeinen Literaturtheorie und zur Theorie der Prosa*. München.
Strohschneider-Kohrs, Ingrid (1969). *Vom Prinzip des Maßes in Lessings Kritik*. Stuttgart.
Strohschneider-Kohrs, Ingrid (^{2}1977). *Die romantische Ironie in Theorie und Gestaltung*. Tübingen.
Strowick, Elisabeth (2005). „Lesen als *material event*. Materialität in Literatur und Literaturtheorie". *Poetiken der Materie. Stoffe und ihre Qualitäten in Literatur, Kunst und Philosophie*. Hrsg. von Thomas Strässle und Caroline Torra-Mattenklott. Freiburg i. Br./Berlin: 77–93.
Strub, Christian (2004). „Ordo troporum naturalis. Zur Systematisierung der Tropen". *Rhetorik. Figuration und Performanz*. Hrsg. von Jürgen Fohrmann. Stuttgart/Weimar: 7–38.

Strube, Werner (1993). *Analytische Philosophie der Literaturwissenschaft. Definition, Klassifikation, Interpretation, Bewertung*. Paderborn.
Strubel, Armand (Hg.) (2008). Guillaume de Lorris und Jean de Meun: *Le Roman de la rose. Édition d'après les manuscrits BN 12786 et BN 378*. Paris.
Strubel, Armand (Hg.) (2012). Guillaume de Lorris und Jean de Meun: *Le Roman de la rose*. Paris.
Suchsland, Inge (1992). *Julia Kristeva zur Einführung*. Hamburg.
Susman, Margret (1910). *Das Wesen der modernen deutschen Lyrik*. Stuttgart.
Svenbro, Jesper (2005). *Phrasikleia. Anthropologie des Lesens im alten Griechenland*. Aus dem Französischen von Peter Geble. München.
Szondi, Peter (1971). „Lecture de *Strette*. Essai sur la poésie de Paul Celan". *Critique* 288 (1971): 387–420.
Szondi, Peter (1974). *Poetik und Geschichtsphilosophie II. Von der normativen zur spekulativen Gattungspoetik*. Hrsg. von Wolfgang Fietkau. Frankfurt a. M.
Szondi, Peter (1975). *Das lyrische Drama des Fin de Siècle*. Frankfurt a. M.
Szondi, Peter (1976). „Friedrich Schlegel und die romantische Ironie. Mit einer Beilage über Tiecks Komödien". Ders. *Satz und Gegensatz*. Frankfurt a. M.: 5–24.
Tatarkiewicz, Wladyslaw (2003). *Geschichte der sechs Begriffe Kunst, Schönheit, Form, Kreativität, Mimesis, Ästhetisches Erlebnis*. Frankfurt a. M.
Ter-Nedden, Gisbert (1986). *Lessings Trauerspiele. Der Ursprung des modernen Dramas aus dem Geist der Kritik*. Stuttgart.
Thesleff, Holger (2009). Platonic Patterns. Las Vegas.
Theunissen, Michael (1991). *Negative Theologie der Zeit*. Frankfurt a. M.
Theunissen, Michael (2000). *Pindar. Menschenlos und Wende der Zeit*. München.
Theunissen, Michael (2002). „Griechische Zeit-Begriffe vor Platon". *Archiv für Begriffsgeschichte* 44 (2002): 7–23.
Theunissen, Michael (2007). „Zeit II. A". *Historisches Wörterbuch der Philosophie*. Bd. 12. Hrsg. von Joachim Ritter et al. Basel: Sp. 1190–1196.
Thomas von Capua (1929). *Ars dictandi*. Hrsg. von Emmy Heller. Heidelberg.
Thomasin von Zerklaere (1965). *Der Wälsche Gast des Thomasin von Zirclaria*. Hrsg. von Heinrich Rückert. Berlin.
Thurneysen, Rudolf (Hg.) (1891). „Mittelirische Verslehren". *Irische Texte mit Wörterbuch*. Bd. 1. Hrsg. von Ernst Windisch und Whitley Stokes. Leipzig: 1–182.
Thut, Angela, Christian Walt und Wolfram Groddeck (2012). „Schrift und Text in der Edition der Mikrogramme Robert Walsers". *Text. Kritische Beiträge. Text & Schrift* 13 (2012): 1–15.
Tieck, Ludwig (W). *Werke in vier Bänden*. Hrsg. von Marianne Thalmann. Darmstadt 1973.
Tigerstedt, Eugene N. (1968). „The Poet as Creator. Origins of a Metaphor". *Comparative Literature Studies* 5 (1968): 455–488.
Tihanov, Galin (2010). „Mikhail Bakhtin: Multiple discoveries and cultural transfers". *Blickwechsel. Perspektiven der slawischen Moderne*. Hrsg. von Gun-Britt Kohler. Wien: 45–58.
Till, Dietmar (2000). „Invocatio". *Reallexikon der deutschen Literaturwissenschaft*. Bd. 2. Hrsg. von Harald Fricke. Berlin/New York: 183–185.
Till, Dietmar (2003). „Poetik (A.I.)". *Historisches Wörterbuch der Rhetorik*. Bd. 6. Hrsg. von Gert Ueding. Tübingen: Sp. 1304–1307.
Till, Dietmar (2004). *Transformationen der Rhetorik. Untersuchungen zum Wandel der Rhetoriktheorie im 17. und 18. Jahrhundert*. Tübingen.

Till, Dietmar (2012). „*Oratio ligata/oratio soluta*. Zur Genese einer Opposition und den mit ihr entstehenden Normierungslücken in der Poetik der Frühen Neuzeit". *Spielregeln barocker Prosa. Historische Konzepte und theoriefähige Texturen ‚ungebundener Rede' in der Literatur des 17. Jahrhunderts*. Hrsg. von Nicola Kaminski und Thomas Althaus. Frankfurt a. M.: 229–246.
Titzmann, Michael (2003). „Semiotische Aspekte der Literaturwissenschaft: Literatursemiotik". *Semiotik. Ein Handbuch zu den zeichentheoretischen Grundlagen von Natur und Kultur*. Hrsg. von Roland Posner. Bd. 3. Berlin/Boston: 3028–3103.
Todorov, Tzvetan (1965). *Théorie de la littérature: textes des formalistes russes*. Paris.
Todorov, Tzvetan (1968). *Poétique*. Paris.
Todorov, Tzvetan (1972). *Poetik der Prosa*. Aus dem Französischen von Helene Müller. Frankfurt a. M.
Tomaševskij, Boris (2000). „Literatur und Biographie". *Texte zur Theorie der Autorschaft*. Hrsg. von Fotis Jannidis, Gerhard Lauer, Matías Martínez und Simone Winko. Stuttgart: 49–64.
Tompkins, Jane (1985). *Sensational Designs. The Cultural Work of American Fiction, 1790–1860*. Oxford.
Tonelli, Giorgio (1978). „‚Critique' and Related Terms Prior to Kant: A Historical Survey". *Kant-Studien* 69 (1978): 119–148.
Trakl, Georg (DB). *Dichtungen und Briefe. Historisch-kritische Ausgabe*. Hrsg. von Walther Killy und Hans Szklenar. 2 Bde. Salzburg 1969.
Trakl, Georg (W). *Sämtliche Werke und Briefwechsel. Innsbrucker Ausgabe*. Hrsg. von Eberhard Sauermann und Hermann Zwerschina. Frankfurt a. M. 1995–2007.
Trappen, Stefan (2001). *Gattungspoetik. Studien zur Poetik des 16. bis 19. Jahrhunderts und zur Geschichte der triadischen Gattungslehre*. Heidelberg.
Trilcke, Peer (2012). *Historisches Rauschen. Das geschichtslyrische Werk Thomas Klings*. Elektronische Dissertation. http://webdoc.sub.gwdg.de/diss/2012/trilcke/ (5. Februar 2016).
Tuan, Yi-Fu (1961). „Topophilia, or Sudden Encounter with the Landscape". *Landscape* 11.1 (1961): 29–32.
Turner, Frederick J. (1947). *Die Grenze. Ihre Bedeutung in der amerikanischen Geschichte*. Bremen.
Tyler, Stephen A. (2011). „Post-Modern Ethnography. From Document of the Occult to Occult Document". *Writing Culture. The Poetics and Politics of Ethnography*. Hrsg. von James Clifford und George Marcus. Berkeley: 122–140.
Tynjanov, Jurij (1965). *Poblema stichotvornogo jazyka*. Moskau.
Tynjanov, Jurij (1969a). „Das literarische Faktum". *Texte der russischen Formalisten*. Bd. I: *Texte zur allgemeinen Literaturtheorie und zur Theorie der Prosa*. Hrsg. von Witold Kośny und Jurij Striedter. München: 392–431.
Tynjanov, Jurij (1969b). „Über die literarische Evolution". *Texte der russischen Formalisten*. Bd. I: *Texte zur allgemeinen Literaturtheorie und zur Theorie der Prosa*. Hrsg. von Witold Kośny und Jurij Striedter. München: 432–461.
Tynjanov, Jurij (1972). „Die Ode als oratorisches Genre". *Texte der russischen Formalisten*. Bd. II: *Texte zur Theorie des Verses und der poetischen Sprache*. Hrsg. von Inge Paulmann, Wolf-Dieter Stempel und Jurij Striedter. München: 272–337.
Tynjanov, Jurij (1977). „Promežutok". Ders. *Poétika. Istorija literatury. Kino*. Moskau: 168–195.
Tynjanov, Jurij und Roman Jakobson (1972). „Probleme der Literatur- und Sprachforschung". *Texte der russischen Formalisten*. Bd. II: *Texte zur Theorie des Verses und der poetischen Sprache*. Hrsg. von Inge Paulmann, Wolf-Dieter Stempel und Jurij Striedter. München: 386–391.

Uecker, Heiko (2004). *Geschichte der altnordischen Literatur*. Stuttgart.
Ueding, Gert (2000). *Antike Rhetorik*. München.
Ueding, Gert et al. (1994). „Dichtung". *Historisches Wörterbuch der Rhetorik*. Bd. 5. Hrsg. von Gert Ueding. Tübingen: Sp. 668–736.
Ullrich, Wolfgang (2013). *Alles nur Konsum. Kritik der warenästhetischen Erziehung*. Berlin.
Unger, Thorsten (1995). „Differente Lachkultur? Eine Einleitung". *Differente Lachkulturen? Fremde Komik und ihre Übersetzung*. Hrsg. von Thorsten Unger, Brigitte Schultze und Horst Turk. Tübingen: 14–31.
Urbich, Jan (2014). „Poetische Eigenzeiten in Hölderlins *Brod und Wein* im Licht seiner Zeitphilosophie". *Zeit der Darstellung. Ästhetische Eigenzeiten in Kunst, Literatur und Wissenschaft*. Hrsg. von Michael Gamper und Helmut Hühn. Hannover: 209–244.
Vaihinger, Hans ([10]1986). *Die Philosophie des Als Ob. System der theoretischen, praktischen und religiösen Fiktionen der Menschheit auf Grund eines idealistischen Positivismus. Mit einem Anhang über Kant und Nietzsche*. Aalen.
Veeser, H. Aram (1989). *The New Historicism*. London.
Veitenheimer, Bernhard (2016). „Synästhetik des Bedeutens. Zur Semantik der Typographie bei Johann Georg Hamann". *Text. Kritische Beiträge. Sonderheft Typographie & Literatur*. Hrsg. von Rainer Falk und Thomas Rahn. Frankfurt a. M.: 75–103.
Veldhues, Christoph (2003). *Formalistischer Autor-Funktionalismus. Wie Tynjanovs Puškin gemacht ist*. Wiesbaden.
Venus, Jochen (2013). „Die Erfahrung des Populären. Perspektiven einer kritischen Phänomenologie". *Performativität und Medialität Populärer Kulturen. Theorien, Ästhetiken, Praktiken*. Hrsg. von Marcus S. Kleiner und Thomas Wilke. Wiesbaden: 49–73.
Vickers, Brian (1988). *In Defence of Rhetoric*. Oxford.
Vico, Gian Battista (1947). *De nostri temporis studiorum ratione/Vom Wesen und Weg der geistigen Bildung*. Hrsg. von Walter F. Otto. Bad Godesberg.
Vidal, Raimon (1972). *The Razos de trobar of Raimon Vidal and Associated Texts*. Hrsg. von John H. Marshall. London.
Vidal-Naquet, Pierre (1960). „Temps des dieux et temps des hommes. Essai sur quelques aspects de l'expérience temporelle chez les Grecs". *Revue de l'histoire des religions* 157 (1960): 55–80.
Viehoff, Reinhold (1995). „Literary Genres as Cognitive Schemata". *Empirical Approaches to Literature*. Hrsg. von Gerhard Rusch. Siegen: 72–76.
Vietta, Silvio (1992). *Die literarische Moderne. Eine problemgeschichtliche Darstellung deutschsprachiger Literatur von Hölderlin bis Thomas Bernhard*. Stuttgart.
Vietta, Silvio (Hg.) (2012). *Texte zur Poetik. Eine kommentierte Anthologie*. Darmstadt.
Vinken, Barbara (1993a). *Mode nach der Mode. Geist und Kleid*. Frankfurt a. M.
Vinken, Barbara (Hg.) (1993b). *Dekonstruktiver Feminismus. Literaturwissenschaft in Amerika*. Frankfurt a. M.
Vinken, Barbara (1999). „Transvesty – Travesty. Fashion and Gender". *Fashion Theory* 3.1 (1999): 33–49.
Vinogradov, Viktor (1926). *Ètjudy o stile Gogolja*. Leningrad.
Vinogradov, Viktor (1969). „Das Problem des *skaz* in der Stilistik". *Texte der russischen Formalisten*. Bd. I: *Texte zur allgemeinen Literaturtheorie und zur Theorie der Prosa*. Hrsg. von Witold Kośny und Jurij Striedter. München: 168–207.
Vogel, Juliane (1997). „Priesterin künstlicher Kulte. Ekstasen und Lektüren in Hofmannsthals *Elektra*". *Tragödie – Idee und Transformation*. Hrsg. von Hellmut Flashar. Stuttgart: 287–306.

Vogel, Juliane (2007). „Realismus und Drama". *Realismus. Epoche – Autoren – Werke*. Hrsg. von Christian Begemann. Darmstadt: 173–188.
Vogl, Joseph (1994). „Homogenese. Zur Naturgeschichte des Menschen bei Buffon". *Der ganze Mensch. Anthropologie und Literatur im 18. Jahrhundert*. Hrsg. von Hans-Jürgen Schings. Stuttgart: 80–95.
Vogl, Joseph (1997). „Für eine Poetologie des Wissens". *Die Literatur und die Wissenschaften*. Festschrift zum 75. Geburtstag von Walter Müller-Seidel. Hrsg. von Karl Richter, Jörg Schönert und Michael Titzmann. Stuttgart: 107–127.
Vogl, Joseph (Hg.) (1999). *Poetologien des Wissens um 1800*. München.
Vogl, Joseph (2011). „Poetologie des Wissens". *Einführung in die Kulturwissenschaft*. Hrsg. von Harun Maye und Leander Scholz. München: 49–72.
Vogler, Christopher (^{2}1998). *Die Odyssee des Drehbuchschreibers*. Frankfurt a. M.
Vogt-Spira, Gregor (2002). „Warum Vergil statt Homer? Der frühneuzeitliche Vorzugsstreit zwischen Homer und Vergil im Spannungsfeld von Autorität und Historisierung". *Poetica* 34.3/4 (2002): 323–344.
Völker, Ludwig (Hg.) (2000). *Lyriktheorie. Texte vom Barock bis zur Gegenwart*. Hrsg. von Ludwig Völker. Stuttgart.
Volkmann, Herbert (1967). „Der deutsche Romantitel (1470–1770). Eine buch- und literaturgeschichtliche Untersuchung". *Archiv für die Geschichte des Buchwesens* 8 (1967): 1145–1323.
[Vorsokratiker] (^{6}1952). *Die Fragmente der Vorsokratiker*. Übers. von Hermann Diels. Hrsg. von Walther Kranz. Hildesheim.
Voßkamp, Wilhelm (1977). „Gattungen als literarisch-soziale Institutionen. Zu Problemen sozial- und funktionsgeschichtlich orientierter Gattungstheorie und -historie". *Textsortenlehre – Gattungsgeschichte*. Hrsg. von Walter Hinck. Heidelberg: 27–42.
Voßkamp, Wilhelm (1992). „Gattungen". *Literaturwissenschaft. Ein Grundkurs*. Hrsg. von Helmut Brackert und Jörn Stückrath. Reinbek bei Hamburg: 253–269.
Vossler, Karl (1900). *Poetische Theorien in der italienischen Frührenaissance*. Berlin.
Vulpius, Christian August (1790–1791). *Szenen in Paris, während, und nach der Zerstöhrung der Bastille. Nach Französischen und Englischen Schriften und Kupferstichen*. 5 Bde. Leipzig.
Wace (1938–1940). *Le Roman de Brut de Wace*. 2 Bde. Hrsg. von Ivor Arnold. Paris.
Wagenknecht, Christian (^{2}1989). *Deutsche Metrik. Eine historische Einführung*. München.
Wagenknecht, Christian (^{5}2007). *Deutsche Metrik. Eine historische Einführung*. München.
Wagner, Jan (2011). *Die Sandale des Propheten. Beiläufige Prosa*. Berlin.
Wagner, Monika (2001). „Material". *Ästhetische Grundbegriffe. Historisches Wörterbuch in sieben Bänden*. Bd. 3. Hrsg. von Karlheinz Barck, Martin Fontius, Dieter Schlenstedt, Burkhart Steinwachs und Friedrich Wolfzettel. Stuttgart/Weimar: 866–882.
Wagner-Egelhaaf, Martina (2008). „Autofiktion & Gespenster". *Kultur & Gespenster* 7 (2008): 135–149.
Wagner-Egelhaaf, Martina (2011). „Autorschaft als Skandal. Matthäus – Pasolini – Stadler". *Deutsche Vierteljahrsschrift für Literaturwissenschaft und Geistesgeschichte* 85.4 (2011): 585–615.
Wagner-Egelhaaf, Martina (Hg.) (2013). *Auto(r)fiktion. Literarische Verfahren der Selbstkonstruktion*. Bielefeld.
Wagner-Egelhaaf, Martina (2014a). „Autorschaft und Skandal. Eine Verhältnisbestimmung". *Skandalautoren. Zu repräsentativen Mustern literarischer Provokation und Aufsehen erregender Autorinszenierung*. Bd. 1. Hrsg. von Andrea Bartl und Martin Kraus. Würzburg: 27–46.

Wagner-Egelhaaf, Martina (2014b). „Peter Handke – Eine Skandalgeschichte". *Autorschaften im Spannungsfeld von Religion und Politik*. Hrsg. von Christian Sieg und Martina Wagner-Egelhaaf. Würzburg: 97–118.
Wahl, François (Hg.) (1968). *Qu'est-ce que le structuralisme? La philosophie entre l'avant et l'apres du structuralisme*. Paris.
Waibel, Violetta (2000). *Hölderlin und Fichte: 1794–1800*. Paderborn u. a.
Walser, Robert (KWA). *Kritische Robert Walser-Ausgabe. Kritische Ausgabe sämtlicher Drucke und Manuskripte*. Hrsg. von Wolfram Groddeck und Barbara von Reibnitz. Frankfurt a. M. 2008 ff.
Waltenberger, Michael (2012). „,paddelnde mediävistik'. Über Thomas Klings Umgang mit mittelalterlichen Texten". *Das Gellen der Tinte. Zum Werk Thomas Klings*. Hrsg. von Frieder von Ammon, Peer Trilcke und Alena Scharfschwert. Göttingen: 137–161.
Walzel, Oskar (1926). „Schicksale des lyrischen Ichs". Ders. *Das Wortkunstwerk. Mittel seiner Erforschung*. Leipzig: 260–276.
Warning, Rainer (1976). „Elemente einer Pragmasemiotik der Komödie". *Das Komische. Poetik und Hermeneutik VII*. Hrsg. von Wolfgang Preisendanz und Rainer Warning. München: 279–333.
Warning, Rainer (2016). *Marcel Proust*. Paderborn.
Weatherby, Leif (2016). *Transplanting the Metaphysical Organ. German Romanticism between Leibniz and Marx*. New York.
Weber, Ernst (1974). *Die poetologische Selbstreflexion im deutschen Roman des 18. Jahrhunderts. Zur Theorie und Praxis von „Roman", „Historie" und pragmatischem Roman*. Stuttgart.
Weber, Samuel (1978). *Rückkehr zu Freud. Jacques Lacans Ent-stellung der Psychoanalyse*. Berlin.
Weber, Samuel (2004). *Theatricality as Medium*. New York.
Weber, Samuel (2008). *Benjamin's -abilities*. Cambridge Mass.
Wege, Sophia (2013). *Wahrnehmung – Wiederholung – Vertikalität. Zu Theorie und Praxis der Kognitiven Literaturwissenschaft*. Bielefeld.
Wehde, Susanne (2000). *Typographische Kultur. Eine zeichentheoretische und kulturgeschichtliche Studie zur Typographie und ihrer Entwicklung*. Tübingen.
Weimar, Klaus (1989). *Geschichte der deutschen Literaturwissenschaft bis zum Ende des 19. Jahrhunderts*. München.
Weimar, Klaus (1994). „Wo und was ist der Erzähler?". *Modern Language Notes* 109 (1994): 495–506.
Weimar, Klaus (²2003). *Geschichte der deutschen Literaturwissenschaft bis zum Ende des 19. Jahrhunderts*. München.
Weinberg, Bernhard (1961). *A History of Literary Criticism in the Italian Renaissance*. 2 Bde. Chicago.
Weiss, Peter (1983). *Die Ästhetik des Widerstands*. Berlin.
Weissenberger, Klaus (2005). „Prosa". *Historisches Wörterbuch der Rhetorik*. Bd. 7. Hrsg. von Gert Ueding. Tübingen: Sp. 321–348.
Weixler, Antonius und Lukas Werner (Hg.) (2015). *Zeiten erzählen. Ansätze – Aspekte – Analysen*. Berlin.
Wellbery, David (1993). „Die Äußerlichkeit der Schrift". *Schrift*. Hrsg. von Hans Ulrich Gumbrecht und K. Ludwig Pfeiffer. München: 337–348.

Wellbery, David (2003a). „Die Opfer-Vorstellung als Quelle der Faszination. Anmerkungen zum Chandos-Brief und zur frühen Poetik Hofmannsthals". *Hofmannsthal-Jahrbuch* 11 (2003): 281–310.
Wellbery, David (2003b). „Stimmung". *Ästhetische Grundbegriffe. Historisches Wörterbuch in sieben Bänden*. Bd. 5. Hrsg. von Karlheinz Barck, Martin Fontius, Dieter Schlenstedt, Burkhart Steinwachs und Friedrich Wolfzettel. Stuttgart/Weimar: 703–733.
Wellek, René (1965). *Grundbegriffe der Literaturkritik*. Aus dem Amerikanischen von Edgar und Marlene Lohner u. a. Stuttgart.
Wels, Volkhard (2009). *Der Begriff der Dichtung in der Frühen Neuzeit*. Berlin/New York.
Wenzel, Franziska (2012). *Meisterschaft im Prozess. Der Lange Ton Frauenlobs. Texte und Studien*. Mit einem Beitrag zu vormoderner Textualität und Autorschaft. Berlin.
Werber, Niels und Ingo Stöckmann (1997). „Das ist ein Autor! Eine polykontexturale Wiederauferstehung". *Systemtheorie und Hermeneutik*. Hrsg. von Henk de Berg und Matthias Prangel. Tübingen: 233–262.
Werner, Karl Ferdinand (1987). „Gott, Herrscher und Historiograph. Der Geschichtsschreiber als Interpret des Wirkens Gottes in der Welt und Ratgeber der Könige (4. bis 12. Jahrhundert)". *Deus qui mutat tempora. Menschen und Institutionen im Wandel des Mittelalters*. Festschrift für Alfons Becker. Hrsg. von Ernst-Dieter Hehl. Sigmaringen: 1–31.
Wesche, Jörg (2004). *Literarische Diversität. Abweichungen, Lizenzen und Spielräume in der deutschen Poesie und Poetik der Barockzeit*. Tübingen.
West, Martin L. (1970). „Burning Sappho". *Maia* 22 (1970): 307–330.
West, Martin L. (^{2}1989). *Iambi et Elegi Graeci*. Editio altera. Bd. I: *Archilochus, Hipponax, Theognidea*. Hrsg. von Martin L. West. Oxford.
West, Martin L. (^{2}1992). *Iambi et Elegi Graeci*. Editio altera. Bd. II: *Callinus, Mimnermus, Semonides, Solon, Tyrtaeus, Minora adespota*. Hrsg. von Martin L. West. Oxford.
Wetzel, Michael (2010). „Autor/Künstler". *Ästhetische Grundbegriffe. Historisches Wörterbuch in sieben Bänden. Studienausgabe*. Bd. 1. Hrsg. von Karlheinz Barck, Martin Fontius, Dieter Schlenstedt, Burkhart Steinwachs und Friedrich Wolfzettel. Stuttgart/Weimar: 480–544.
Wheeler, Samuel (2000). *Deconstruction as Analytic Philosophy*. Stanford, CA.
White, Hayden (1991). *Metahistory. Die historische Einbildungskraft im 19. Jahrhundert in Europa*. Aus dem Amerikanischen von Peter Kohlhaas. Frankfurt a. M.
Wickram, Georg (1992). *Das Rollwagenbüchlein*. Hrsg. von Johannes Bolte und Elisabeth Endres. Stuttgart.
Widmer, Peter (1990). *Subversionen des Begehrens. Jacques Lacan oder Die zweite Revolution der Psychoanalyse*. Frankfurt a. M.
Wieckenberg, Ernst-Peter (1969). *Zur Geschichte der Kapitelüberschrift im deutschen Roman vom 15. Jahrhundert bis zum Ausgang des Barock*. Göttingen.
Wiedemann, Barbara (^{2}2012). „Nachgelassene theoretische Prosa". *Celan-Handbuch. Leben – Werk – Wirkung*. Hrsg. von Markus May, Peter Goßens und Jürgen Lehmann. Stuttgart/Weimar: 177–179.
Wiegmann, Hermann (1977). *Geschichte der Poetik*. Stuttgart.
Wiegmann, Hermann (1996). „Poetik". *Das Fischer Lexikon: Literatur*. Bd. 3. Hrsg. von Ulfert Ricklefs. Frankfurt a. M.: 1504–1537.
Wienbarg, Ludolf (1973). *Wanderungen durch den Thierkreis*. Frankfurt a. M.
Wilke, Annette und Oliver Moebus (2011). *Sound and Communication. An Aesthetic Cultural History of Sanskrit*. Berlin.

Willems, Gottfried (1981). *Das Konzept der literarischen Gattung. Untersuchungen zur klassischen deutschen Gattungstheorie, insbesondere zur Ästhetik F. Th. Vischers.* Tübingen.
Willems, Gottfried (1989). *Anschaulichkeit. Zu Theorie und Geschichte der Wort-Bild-Beziehungen und des literarischen Darstellungsstils.* Tübingen.
Williams, Michael (2001). *Problems of Knowledge. A Critical Introduction to Epistemology.* Oxford u. a.
Williams, Seán M. (im Druck). *Pretexts for Writing: German Prefaces around 1800.* Lewisburg/Penn.
Wimsatt, William K. und Monroe C. Beardsley (2000). „Der intentionale Fehlschluss". *Texte zur Theorie der Autorschaft.* Hrsg. und komm. von Fotis Jannidis, Gerhard Lauer, Matías Martínez und Simone Winko. Stuttgart: 84–101.
Winckelmann, Johann Joachim (1925). *Kleine Schriften und Briefe.* Hrsg. von Hermann Uhde-Bernays. 2 Bde. Leipzig.
Winko, Simone (1999). „Lost in Hypertext? Autorkonzepte und neue Medien". *Rückkehr des Autors. Zur Erneuerung eines umstrittenen Begriffs.* Hrsg. von Fotis Jannidis, Gerhard Lauer, Matías Martínez und Simone Winko. Tübingen: 511–533.
Wirth, Uwe (2002a). „Der Performanzbegriff im Spannungsfeld von Illokution, Iteration und Indexikalität". *Performanz. Zwischen Sprachphilosophie und Kulturwissenschaften.* Hrsg. von Uwe Wirth. Frankfurt a. M.: 9–60.
Wirth, Uwe (2002b). „Performative Rahmung, parergonale Indexikalität. Verknüpfendes Schreiben zwischen Herausgeberschaft und Hypertextualität". *Performanz. Zwischen Sprachphilosophie und Kulturwissenschaften.* Hrsg. von Uwe Wirth. Frankfurt a. M.: 403–433.
Wirth, Uwe (Hg.) (2002c). *Performanz. Zwischen Sprachphilosophie und Kulturwissenschaften.* Frankfurt a. M.
Wirth, Uwe (2007). „Sprache und Schrift". *Handbuch Literaturwissenschaft.* Bd. 1: *Gegenstände und Grundbegriffe.* Hrsg. von Thomas Anz. Stuttgart/Weimar: 203–213.
Wirth, Uwe (2008). *Die Geburt des Autors aus dem Geist der Herausgeberfiktion. Editoriale Rahmung im Roman um 1800: Wieland, Goethe, Brentano, Jean Paul und E. T. A. Hoffmann.* München.
Wirth, Uwe (2009). „Paratext und Text als Übergangszone". *Raum und Bewegung in der Literatur. Die Literaturwissenschaft und der Spatial Turn.* Hrsg. von Wolfgang Hallet und Birgit Neumann. Bielefeld: 167–177.
Wirth, Uwe (2014). „Autorschaft als Selbstherausgeberschaft. E. T. A. Hoffmanns *Kater Murr*". *Theorien und Praktiken der Autorschaft.* Hrsg. von Matthias Schaffrick und Marcus Willand. Berlin/Boston: 363–378.
Wittgenstein, Ludwig (1921). „Logisch-Philosophische Abhandlung". *Annalen der Naturphilosophie* 14 (1921): 185–262.
Wittgenstein, Ludwig (1980). *Traktatus logico-philosophicus.* Frankfurt a. M.
Wittschier, Heinz Willi (2009). *Dantes Convivio. Einführung und Handbuch. Erschriebene Immanenz.* Frankfurt a. M.
Wolf, Christa (1983). *Voraussetzungen einer Erzählung: Kassandra.* Darmstadt/Neuwied.
Wolf, Werner (1998). „Paratexte". *Metzler Lexikon Literatur- und Kulturtheorie. Ansätze – Personen – Grundbegriffe.* Hrsg. von Ansgar Nünning. Stuttgart/Weimar: 413–414.
Wolf, Werner (1999). „Framing Fiction. Reflections on a Narratological Concept and an Example: Bradbury, *Mensonge*". *Grenzüberschreitungen: Narratologie im Kontext/Transcending*

Boundaries: Narratology in Context. Hrsg. von Walter Grünzweig und Andreas Solbach. Tübingen: 97–124.
Wolf, Werner (2005). „The Lyric. Problems of Definition and a Proposal for Reconceptualisation". *Theory into Poetry. New Approaches to the Lyric*. Hrsg. von Eva Müller-Zettelmann und Margarete Rubik. Amsterdam: 21–56.
Wolff, Christian (GW). *Gesammelte Werke*. Hrsg. und bearb. von Jean Ecole, Hans Werner Arndt, Robert Theis, Werner Schneiders und Sonia Carboncini-Gavanelli. Hildesheim 1965–1981.
Wolfzettel, Friedrich (1998). „,Consentons à la pierre': Zur Poetik des Steins in der modernen französischen Lyrik". *Romanistische Zeitschrift für Literaturgeschichte* 22/1 (1998): 71–105 (= 1. Teil); *Romanistische Zeitschrift für Literaturgeschichte* 22/2 (1998): 321–344 (= 2. Teil).
Woods, Marjorie Curry (2010). *Classroom Commentaries. Teaching the ‚Poetria nova' across Medieval and Renaissance Europe*. Colombus.
Worstbrock, Franz Josef (1983). „Die ‚ars versificandi et carminum' des Konrad Celtis: Ein Lehrbuch eines deutschen Humanisten". *Studien zum städtischen Bildungswesen des späten Mittelalters und der frühen Neuzeit*. Hrsg. von Bernd Moeller, Hans Patze und Karl Stackmann. Göttingen: 462–498.
Wünsch, Marianne (2007). *Realismus (1850–1890). Zugänge zu einer literarischen Epoche*. Mit Beiträgen von Jan-Oliver Decker, Peter Klimczak, Hans Krah und Martin Nies. Kiel.
Wuttsdorff, Irina (2006). *Bachtin und der Prager Strukturalismus*. München.
Wygotski, Lew (1976). *Psychologie der Kunst*. Dresden.
Zaiser, Rainer (2009). *Inszenierte Poetik: Metatextualität als Selbstreflexion von Dichtung in der italienischen Literatur der frühen Neuzeit*. Berlin.
Zanetti, Sandro (2006). *„zeitoffen". Zur Chronographie Paul Celans*. München.
Zapf, Hubert (2002). *Literatur als kulturelle Ökologie. Zur kulturellen Funktion imaginativer Texte an Beispielen des amerikanischen Romans*. Tübingen.
Zarnegin, Kathy (1999). „O(h)rpheus oder Vom Baum im Wort". *Interpretationen. Gedichte von Rainer Maria Rilke*. Hrsg. von Wolfram Groddeck. Stuttgart: 230–236.
Zink, Michel (2013). *Les Troubadours. Une histoire poétique*. Paris.
Zipfel, Frank (2009a). „Autofiktion". *Handbuch der literarischen Gattungen*. Hrsg. von Dieter Lamping. Stuttgart: 31–36.
Zipfel, Frank (2009b). „Autofiktion. Zwischen den Grenzen von Faktualität, Fiktionalität und Literarität?". *Grenzen der Literatur. Zu Begriff und Phänomen des Literarischen*. Hrsg. von Simone Winko, Fotis Jannidis und Gerhard Lauer. Berlin/New York: 285–314.
Zumthor, Paul (1994). *Die Stimme und die Poesie in der mittelalterlichen Gesellschaft*. Aus dem Französischen von Klaus Thieme. München.
Zumthor, Paul (2002). „Mündlichkeit/Oralität". *Ästhetische Grundbegriffe. Historisches Wörterbuch in sieben Bänden*. Bd. 4. Hrsg. von Karlheinz Barck, Martin Fontius, Dieter Schlenstedt, Burkhart Steinwachs und Friedrich Wolfzettel. Stuttgart: 234–256.
Zymner, Rüdiger (1995). *Manierismus. Zur poetischen Artistik bei Johann Fischart, Jean Paul und Arno Schmidt*. Paderborn.
Zymner, Rüdiger (2003). *Gattungstheorie. Probleme und Positionen der Literaturwissenschaft*. Paderborn.
Zymner, Rüdiger (2009). *Lyrik. Umriss und Begriff*. Paderborn.
Zymner, Rüdiger (Hg.) (2010). *Handbuch Gattungstheorie*. Stuttgart/Weimar.
Zymner, Rüdiger (2013). *Funktionen der Lyrik*. Münster.

Register der Namen und Begriffe

Personenregister

Abel, Jakob Friedrich 148 f.
Achebe, Chinua 264
Achermann, Eric 387
Adler, Hans 127
Adorno, Theodor W. 29, 203, 217, 224, 231 ff., 245, 255, 284, 344 f., 350, 355, 364, 409, 447, 527, 530, 534, 536, 543
Aeberhard, Simon 5
Aelius Donatus 434
Aesop 132
Agamben, Giorgio 384, 387 f., 391, 394, 426 f., 580
Agricola, Rudolf 116, 124
Agrippa von Nettesheim, Heinrich Cornelius 130
Ahl, Frederick 346
Aischylos 73
Alain de Lille 91, 100
Alanus ab Insulis 91
Alexander der Große 63, 95, 131
Alexander de Villa Dei 109
Alexander von Aphrodisias 85
Alexis, Willibald 181, 188
Allemann, Beda 5, 24, 244, 384, 576
Althusser, Louis 468
Altman, Robert 230
Amelunxen, Hubertus von 505
Ammon, Frieder von 5, 238, 247, 571
Anacker, Regine 240
Andreas-Salomé, Lou 219
Anglade, Joseph 98
Antonio da Tempo 435
Anz, Thomas 20
Apollonios von Rhodos 76
Apuleius, Lucius 306
Arac, Jonathan 458
Arasse, Daniel 351
Arbogast, Hubert 205 f.
Archilochos 583, 587 ff.
Arendt, Hannah 519
Aristoteles 3 f., 7 ff., 25 ff., 61 f., 64, 68 ff., 77 ff., 82, 85 ff., 90, 101, 105, 109, 114 ff., 119, 121, 123 f., 126 f., 132 ff., 152, 165, 260, 343 f., 351, 354 f., 431 ff., 435, 460, 464 f., 491 f., 501, 513, 515, 519, 524, 526, 553 f., 570, 575, 595
Armisen-Marchetti, Mireille 99
Arndt, Andreas 159 f., 162, 169
Arndt, Astrid 416
Arnim, Achim von 183, 186
Asmuth, Bernhard 105, 119 ff.
Assmann, Aleida 476, 479, 481 f., 578
Assmann, David-Christopher 392
Assmann, Jan 476, 479, 481 f.
Attridge, Derek 346
Auerbach, Berthold 175, 178, 180, 184, 188 f., 191
Auerbach, Erich 14, 28, 175 f.
Augustinus 89, 98, 342, 350 f., 575, 577
Aumont, Jaques 101
Auracher, Jan 494
Aust, Hugo 175, 184, 193
Austin, John Langshaw 46, 452, 527
Avanessian, Armen 163

Baasner, Rainer 417
Babel, Isaak 291 f.
Babel, Reinhard 572
Bachelard, Gaston 465, 542 f., 547 f.
Bachmann, Ingeborg 238, 258, 264
Bachmann-Medick, Doris 45 f., 454 f.
Bachorski, Hans-Jürgen 420
Bachtin, Michail M. 253 f., 256 f., 259, 265 ff., 273, 293, 299 ff., 307, 421, 426 f., 578
Bacon, Francis 210, 404
Baeumler, Alfred 19
Balibar, Etienne 468
Balke, Friedrich 14, 170 f.
Balzac, Honoré de 50, 182, 331, 349, 509
Barck, Karlheinz 421
Baridon, Silvio F. 100
Bär, Jochen A. 400
Barmeyer, Eike 585
Barner, Wilfried 111

Barthes, Roland 45, 47, 193, 225, 227, 230, 232, 266 ff., 311 ff., 328 ff., 345 f., 349, 357, 384, 386 ff., 421, 446 ff., 535
Barth, John 252 f., 257
Barzizza, Gasparino 113
Baßler, Moritz 5, 46, 178, 186, 198, 225 ff., 229, 365, 386
Bastert, Bernd 94
Bataille, Georges 527
Batteux, Charles 26, 142, 437 f.
Baudelaire, Charles 50, 201, 205, 234, 241, 314, 320, 323 f., 327, 349, 353, 373, 446
Baudrillard, Jean 501
Bauer, Matthias 5, 490
Baumberger, Christa 488
Baumgarten, Alexander Gottlieb 19, 124, 126 f., 145, 342, 352 f., 406, 418, 436 ff., 516
Bayle, Pierre 404
Beardsley, Monroe C. 266
Beckett, Samuel 213, 468, 489, 579
Beda Venerabilis 89, 93
Begemann, Christian 179, 187 ff.
Behler, Ernst 157, 159, 162 f.
Beierwaltes, Werner 131
bell hooks 264
Bellour, Raymond 469
Belyj, Andrej 292
Bembo, Pietro 113
Bender, Hans 241
Bender, John 16 f., 576
Benjamin, Andrew 352
Benjamin, Walter 29, 162 ff., 173, 203, 217, 255, 349 f., 353, 357
Benne, Christian 44, 159, 166, 529, 532
Benn, Gottfried 234 ff., 246, 250, 441, 540
Benoît de Sainte-Maure 95 f.
Bense, Max 537
Benveniste, Émile 330, 449, 589
Bergengruen, Maximilian 154
Berger, Roger 94
Bergson, Henri 294 f.
Bernard, Emile 218
Bernard, Wolfgang 75, 84
Bernardus Silvestris 91
Bernhard, Thomas 104, 385

Bernsen, Michael 365
Bernštejn, Sergej 279, 288, 290
Bersani, Leo 321
Beßlich, Barbara 186 f., 235
Best, Stephen 458
Beyer, Marcel 250
Bey, Hansjörg 539
Bezner, Frank 91
Bhabha, Homi K. 544 f.
Bickenbach, Matthias 252, 384
Biller, Maxim 391
Birken, Sigmund von 122
Birkerts, Sven 458
Birnstiel, Klaus 5, 18, 410
Birus, Hendrik 5, 31, 318 f., 328, 424
Biti, Vladimir 45
Blanchot, Maurice 266, 269, 333, 527
Blass, Friedrich 415
Bleibtreu, Karl 199
Bloch, Ernst 546
Blok, Alexandr Alexandrowitsch 320, 322
Bloom, Harold 16, 35, 54 ff., 312, 347 ff., 353 f., 356, 516
Blumenbach, Johann Friedrich 142
Blumenberg, Hans 23, 29, 344, 347, 349, 355, 384, 388, 393, 465, 499, 516
Boccaccio, Giovanni 99, 112, 114, 185
Böckh, August 328
Bode, Christoph 225, 581
Bodel, Jean 435
Bodmer, Johann Jakob 18, 124, 353
Boehlendorff, Casimir Ulrich Karl 152
Boehm, Gottfried 458
Boethius 89, 98, 100
Bogatyrev, Petr 279
Bogumil-Notz, Sieghild 244, 246
Bohrer, Karl Heinz 348, 579
Boileau, Nicolas 118, 515
Bollack, Jean 24
Bölsche, Wilhelm 199
Bolz, Norbert 479
Booth, Wayne C. 40, 385 f.
Borchardt, Rudolf 238, 245
Borgards, Roland 24, 48
Borges Acevedo, Jorge Francisco Isidoro Luis 549
Bormann, Claus von 400, 402

Borsche, Tilman 519
Böschenstein, Bernhard 244
Böschenstein, Renate 365
Bosse, Heinrich 387
Botev, Christo 320
Bourdieu, Pierre 230, 357, 555
Bozza, Maik 204
Braak, Ivo 5, 441
Brandmeyer, Rudolf 234, 236
Brecht, Bertolt 115, 199, 235, 241 ff., 320, 322 ff., 329, 377, 427
Brehm, Alexander 364
Breithaupt, Fritz 5, 24, 492
Breitinger, Johann Jakob 18, 124, 138, 145
Bremond, Claude 415
Brentano, Bettina 157
Brentano, Clemens 157, 191, 366, 381
Breton, André 225
Brik, Osip 279
Brinkmann, Hennig 91
Brinkmann, Rolf Dieter 269 f.
Broch, Hermann 261
Brockes, Barthold Heinrich 378
Brockmeier, Jens 476
Brooks, Cleanth 516
Brüggemann, Heinz 578
Bruner, Jerome S. 496
Brunetière, Ferdinand 440
Bruni, Leonardo 112, 114
Brunner, Horst 101
Buber, Martin 245, 300
Buck, August 99, 111 ff.
Buffon, Georges-Louis Leclerc, Comte de 464
Bühler, Karl 32, 34, 317, 582
Burdorf, Dieter 26, 239, 243, 362 f., 369
Bürger, Gottfried August 138
Bürger, Peter 217
Burke, Edmund 491 f.
Burke, Kenneth 346
Burnett, Anne Pippin 591
Burrichter, Brigitte 90, 96
Burroughs, William S. 269
Butler, Judith 348, 356, 452 ff., 457
Butler, Samuel 547
Büttner, Stefan 66
Butzer, Günter 365

Caduff, Corina 389, 394
Calvino, Italo 41, 262
Camerarius, Joachim 121
Campbell, Joseph 227
Campe, Rüdiger 5, 20, 43, 160, 162 f., 345, 417, 534 f.
Camus, Albert 256 f., 333
Canal, Hector 159
Cancik, Hubert 576
Canetti, Elias 417
Cangrande della Scala 99
Canguilhem, Georges 462
Caravaggio 350 f.
Carroll, Lewis 509, 556
Caruth, Cathy 356 f.
Carver, Raymond 230
Cassirer, Ernst 10, 484
Castelvetro, Lodovico 115 f., 433
Cathey, James E. 94
Cavell, Stanley 349 ff., 356, 515
Celan, Paul 235, 238 f., 241, 244 ff., 255, 264, 427, 441
Celtis, Konrad 120 f.
Cervantes Saavedra, Miguel de 160, 253
Cessi, Viviana 72
Cézanne, Paul 218 ff.
Chaouli, Michel 495
Chapelain, Jean 117 f.
Charms, Daniil 298
Chartier, Roger 387
Chase, Cynthia 347, 349, 355 ff.
Chaucer, Geoffrey 257
Chlebnikov, Viktor Vladimirovič 281
Chlebnikov, Welimir 322
Chrétien de Troyes 96
Christensen, Inger 372, 378
Christiansen, Broder 289
Cicero 14, 77, 86, 88, 90, 101, 104, 110, 112 ff., 402, 514 f., 523 ff.
Cizek, Alexandru N. 87, 101
Clifford, James 453 f.
Codax, Martin 324
Colet, John 403
Collet, Olivier 96
Combes, Annie 97
Conz, Carl Philipp 148
Corneille, Pierre 118

Cortes, Paolo 113
Cotta, Johann Friedrich 148
Cotten, Ann 250
Courbet, Gustave 508
Courths-Mahler, Hedwig 227
Crapanzano, Vincent 454 f.
Croce, Benedetto 440
Culler, Jonathan 49, 321, 345 f., 348, 356, 362 f.
Cummings, Edward Estlin 325
Curtius, Ernst Robert 109, 352

Damásio, António R. 496
Danielewski, Mark Z. 426
Dante Alighieri 50, 91, 99, 111, 114, 160, 301, 320, 322, 324, 326, 348 ff., 579
Danto, Arthur 515
Darwin, Charles 464
David, Jacques-Louis 186
Davidson, Donald 346
Debord, Guy 543
Dehrmann, Mark-Georg 163
DeJean, Joan 357
Delacroix, Eugène 507
Deleuze, Gilles 261, 264 ff., 350, 355, 471
de Man, Paul 16, 50 ff., 56 f., 342 ff., 412, 425, 516
Dembeck, Till 5, 37 f., 488, 559, 562, 566, 569 f., 572
Demirović, Alex 409
Depenbrock, Heike 378
Derbolav, Josef 464
Derrida, Jacques 50, 55 f., 269, 322, 328 f., 342 ff., 349, 351 ff., 394, 411 f., 440, 450 ff., 463, 478 f., 488 f., 520, 527, 534 f., 537, 556, 559, 562 f., 566
Deržavin, Gavrila 324, 327
Descartes, René 140, 343, 351, 547 ff.
Deschamps, Eustache 98 f.
Detering, Heinrich 5, 15, 36, 195, 378, 380, 395, 397
Detmers, Ines 578
Deupmann, Christoph 416
Devaux, Jean 100
Dickens, Charles 182
Dick, Uwe 414, 417, 420, 422
Diderot, Denis 134 f.

Dierken, Jörg 159
Dilthey, Wilhelm 362, 440, 499
Diomedes 109, 117
Dionysios Thrax 433
Dionysios von Halikarnass 74, 77, 80
Dirscherl, Margit 24
Döblin, Alfred 225
Doležel, Lubomir 5, 279
Dommann, Monika 387
Donne, John 351
Dos Passos, John 229, 422
Dostojewskij, Fjodor 253, 263, 292, 299, 308 f.
Dover, Carol 97
Dronke, Ursula 93
Dröse, Albrecht 102
Droste-Hülshoff, Annette von 187
Držić, Džore 324
Du Bellay, Joachim 117, 320, 322 ff.
Duchamp, Marcel 38, 41
Düffel, John von 539
Dumas, Alexandre 182, 502
Dyck, Joachim 105, 107, 110
Dylan, Bob 375

Echte, Bernhard 533
Eckel, Winfried 221, 576
Eco, Umberto 33, 40, 45, 52, 227, 231, 261 f., 269, 271, 286, 421
Edison, Thomas Alva 478
Eggers, Dave 503
Ehrenzeller, Hans 571
Eichendorff, Joseph von 140, 183, 189 f., 364
Eich, Günter 245
Eilenberger, Wolfram 299
Eimermacher, Karl 296
Einstein, Albert 305
Eisele, Ulf 273
Eisenman, Peter 352
Eisenstein, Elizabeth L. 568
Eisenstein, Sergei Michailowitsch 293
Ejchenbaum, Boris 21, 279, 284, 292, 295
Elias, Norbert 576
Eliot, Thomas Stearns 234
Empedokles 153, 519
Empson, William 346, 354, 516
Endres, Johannes 157

Endres, Martin 5, 37, 42, 537
Engberg-Pedersen, Anders 182
Ėngel'gardt, Boris 283
Engel, Manfred 425, 581
Engels, Friedrich 377
Epikur 75, 519
Erasmus von Rotterdam 120, 403
Erb, Elke 590
Erdbeer, Robert Matthias 232, 383
Erdle, Birgit R. 597
Erker, Sandra 64
Erlich, Victor 21, 279, 283
Ernst, Christoph 490
Ernst, Josef 402
Ernst, Max 249
Ernst, Ulrich 435
Eschenbach, Gunilla 208
Euripides 73, 432
Evans, Vyvyan 441

Fahlström, Oyvind 441
Fähnders, Walter 411
Falb, Daniel 250
Fallada, Hans 229 f.
Feldman, Karen 164
Feldt, Michael 362
Felman, Shoshana 349, 356 f.
Fichte, Johann Gottlieb 148 ff., 155, 157, 167, 169, 172
Ficino, Marsilio 114, 143 f., 147
Fiedler, Conrad 218
Fielding, Henry 252 f., 257, 273, 404
Fineman, Joel 344, 348
Fink, Hilary L. 295
Fischart, Johann 416, 420, 422, 427
Fischer, Bernhard 240
Fischer, Carolin 364
Fischer, Johann Georg 148
Fischer-Lichte, Erika 46
Fischer, Michael M. J. 454
Flaubert, Gustave 50, 262 f., 334, 338, 349
Fleck, Ludwik 465
Fleischman, Suzanne 97
Floris, Bernard 87
Fluck, Wilhelm 441
Flusser, Vilém 535
Fohrmann, Jürgen 20, 157

Fontane, Theodor 175, 177 ff., 182 ff., 193 f., 196, 198, 502 f., 509
Fonte, Bartolomeo della 114
Foucault, Michel 46, 48, 268 f., 305, 311, 342 ff., 384, 386 ff., 394, 410, 452 ff., 467 f., 471, 543, 579
Fouqué, Caroline de la Motte 183
Fränkel, Hermann 584 f., 587 f., 593, 596
Franke, Ursula 124
Frank, Manfred 159, 163, 168 ff., 321, 345
Frank, Michael C. 305
Franzen, Jonathan 503
Frazer, James Georg 319
Freccero, John 349 f.
Frei Gerlach, Franzisca 539
Freise, Matthias 302
Freud, Sigmund 282, 295 f., 319, 329, 340, 342, 345, 355 f., 425, 466
Freytag, Gustav 175, 177, 182, 190 ff., 373
Fricke, Harald 5, 31, 104, 374, 384, 411, 441
Fried, Michael 508
Friedrich, Hugo 201, 220, 349
Friis-Jensen, Karsten 87
Frisch, Max 504
Frischmuth, Barbara 258
Fry, Paul 348
Fues, Wolfram Malte 422
Fuhrmann, Manfred 9, 13, 77, 114 ff., 121

Gabler, Hans-Jürgen 108
Gabriel, Markus 409
Gadamer, Hans-Georg 325 f., 343, 516, 528
Gaier, Ulrich 5, 19, 126, 135, 141, 146 ff., 152 ff., 419
Galand-Hallyn, Perrine 111
Galdós, Benito Pérez 182
Galfred von Vinsauf 88, 97
Galli, Matteo 384
Gallo, Ernest 88
Gamper, Michael 24, 597
Garber, Klaus 122
Gasché, Rodolphe 346 f., 350, 353 f.
Gates, Henry Louis 357
Geertz, Clifford 454 f.
Genette, Gérard 36 f., 41, 229, 312 f., 324, 345, 384, 386, 391, 393, 446, 559 ff., 566, 570 f., 579

Gennep, Arnold van 484
Geoffrey von Monmouth 95 ff.
George, Stefan 37, 201 ff., 216, 235, 241, 397, 441, 538
Geppert, Hans Vilmar 182
Gernhardt, Robert 235, 237, 380 f., 441
Gervais von Melkley 89, 101
Gettier, Edmund L. 461
Giesecke, Michael 37, 568
Giles, Steve 199
Girard, René 29
Girolamo Terramagnino da Pisa 98
Glauch, Sonja 97, 570 f.
Gloy, Karen 580
Gnüg, Hiltrud 364
Godman, Peter 87
Goebbels, Joseph 409
Goethe, Johann Wolfgang 25, 27, 29, 50, 53, 131, 135, 138 ff., 144 ff., 153, 157 f., 161 f., 177 f., 180, 184, 198, 234, 263, 306 f., 309, 340, 364 f., 373, 376 ff., 395, 439, 498, 502, 504 f., 509, 516, 533, 540, 576
Goetz, Rainald 391 f., 503
Goeze, Johann Melchior 136
Goffman, Erving 565
Gogol, Nikolai Wassiljewitsch 292, 301, 309
Goldsmith, Kenneth 510 f.
Gomringer, Eugen 378, 537 f.
Goodman, Nelson 546
Goody, Jack 485
Gorgias 515, 521 ff., 526
Gorgias von Leontinoi 63
Goślicka, Xenia 24
Goßens, Peter 244
Gottfried von Straßburg 97
Gottschall, Rudolf 182
Göttsche, Dirk 5, 20, 180, 183, 185, 188 ff., 197 ff., 578
Gottsched, Johann Christoph 16 ff., 120, 122 ff., 384, 405, 435 f., 515, 570
Grabbe, Christian Dietrich 383, 502
Grass, Günter 255 ff.
Grätz, Katharina 239 f.
Greber, Erika 326
Greenberg, Nathan A. 75
Greenblatt, Stephen 46 f., 346 ff., 354, 455 ff.

Gregor der Große 112
Greimas, Algirdas Julien 47
Grésillon, Almuth 541
Grewendorf, Günter 286
Grimmelshausen, Hans Jakob Christoffel von 529
Grimm, Gunter E. 111, 402
Groddeck, Wolfram 523, 533
Groys, Boris 297, 309
Grübel, Rainer 5, 302
Grubmüller, Klaus 91
Grünbein, Durs 247, 368 f.
Grzybowski, Jacek 99
Guattari, Félix 261, 264 ff.
Guillaume de Lorris 99 f.
Guillaume de Machaut 98
Gumbrecht, Hans Ulrich 407, 410, 458, 533
Gundolf, Friedrich 208
Günzel, Stephan 5, 40, 557
Gurevič, Aron 308
Gütersloh, Albert Paris 417
Guttzeit, Gero 384
Gutzkow, Karl 177, 180, 183, 191 ff., 260

Haardt, Alexander 279, 300
Haas, Wolf 383, 391
Habermas, Jürgen 347, 401, 409, 515
Haefs, Hanswilhelm 417
Hahn, Reinhard 100
Halfen, Roland 91
Hallet, Wolfgang 441
Halliwell, Stephen 72
Hallmann, Jan 101
Hallyn, Fernand 111
Hamacher, Werner 160, 246, 345, 517
Hamann, Christof 185
Hamann, Johann Georg 137 f., 538
Hamburger, Käte 362 f.
Hammann, Joachim 227
Handke, Peter 38, 267, 270 f., 392, 504, 509, 578
Hanich, Julian 492
Hansen-Löve, Aage A. 5, 20 ff., 279 ff., 289 ff., 293, 297 f., 317
Hanslick, Eduard 536
Harder, Annette 76
Harriot, Thomas 457

Harsdörffer, Georg Philipp 16
Hart, Heinrich 199
Hart, Julius 199
Hart, Richard 520
Hartman, Geoffrey 349, 351, 516
Hart-Nibbrig, Christiaan L. 29, 517
Harthan, John 568
Haubrichs, Wolfgang 94
Hauff, Wilhelm 185 ff.
Haug, Walter 94, 97, 102
Haug, Wolfgang Fritz 224
Hauptmann, Gerhard 509
Havelock, Eric A. 476, 485
Haverkamp, Anselm 5, 16, 36, 342 f., 345 ff., 352 f., 356, 418
Hédelin, François 118
Hegel, Georg Wilhelm Friedrich 25, 149, 151, 165 f., 173, 176 ff., 228, 253, 301, 305, 353, 362, 364, 422, 439 f., 478, 527, 575, 595
Heidegger, Martin 24, 244, 345, 388, 495, 502, 527 f., 547 f., 556, 577 f., 586
Heine, Heinrich 140, 304, 414
Heinrich von dem Türlin 97
Heinrich von Veldeke 95
Heinse, Wilhelm 128 f., 152
Heinsius, Daniel 121
Heinzle, Joachim 94
Heißenbüttel, Helmut 537
Hellingrath, Norbert von 205
Hemingway, Ernest 225, 232
Hempfer, Klaus W. 46, 135, 367, 370, 441
Henkel, Nikolaus 101
Henrich, Dieter 516
Heraklit 519
Herberichs, Cornelia 96
Herbort von Fritzlar 95 f.
Herder, Caroline 139
Herder, Johann Gottfried 18 ff., 24, 29, 128, 131, 137 ff., 144 ff., 148 ff., 152, 176, 419, 499, 548
Hermann, Gottfried 327
Hermann, Iris 362
Herrick, Marvin Theodore 115
Herrmann, Britta 487
Herrndorf, Wolfgang 226
Herzog, Reinhart 91

Hesiod 63, 67, 75, 84, 114, 556, 582, 585 f., 592 ff.
Hesse, Hermann 509
Hetzel, Andreas 5, 513, 521
Heumann, Konrad 209
Heyse, Paul 184, 192 f., 373
Hilbig, Wolfgang 264
Hildegard von Bingen 258
Hiller, Kurt 441
Hindrichs, Gunnar 530, 536
Hirsch, Eric D. 265 f.
Hjelmslev, Louis 45, 317
Hoffmann, Ernst Theodor Amadeus 44, 191, 396, 425, 540
Hoffmann, Stefan 396, 499
Hoffmann, Thorsten 395
Hofmannsthal, Hugo von 199, 201 f., 209 ff., 241, 411, 441
Hohendahl, Peter Uwe 401
Hohl, Ludwig 417
Holbein, Ulrich 417
Hölderlin, Friedrich 29, 42 f., 50, 131, 141 f., 148 ff., 205, 234, 320, 322 ff., 348 f., 351, 373, 516, 537, 540, 576, 579, 595
Holenstein, Elmar 317, 582
Holland, Jocelyn 158
Holquist, Michael 300
Holquist, Thomas 299
Hölscher, Uvo 585, 588
Holtus, Günter 95
Holz, Arno 234 f., 376, 441
Home, Henry 406
Homer 9, 63, 67, 73, 75, 81, 84 f., 113 f., 117, 123, 127, 152, 379, 483, 487, 505, 582 ff., 588
Honold, Alexander 578
Hopkins, Gerard Manley 280
Horaz 13 ff., 17, 61 f., 74, 77 ff., 86 ff., 104, 106 ff., 111, 113 ff., 117 ff., 121, 123 f., 127, 203, 205, 248, 354, 372, 433 f.
Hörisch, Jochen 5, 502 ff.
Horkheimer, Max 255, 543
Horn, András 440
Horn, Eva 365
Houellebecq, Michel 503
Huber, Christoph 91
Hübner, Gert 5, 90, 101

Huelsenbeck, Richard 441
Hughes, Jula 579
Hugo, Victor 182, 340
Hühn, Helmut 5, 24, 579, 595, 597
Hühn, Peter 363, 367f.
Hummel, Volker Georg 270f.
Husserl, Edmund 21, 300, 344, 350, 352, 575, 577

Ibsen, Henrik 199
IJsseling, Samuel 513
Ilarion 326
Illich, Ivan 37, 567f.
Ingarden, Roman 26, 584
Ingold, Felix Philipp 272f.
Irigaray, Luce 356
Iser, Wolfgang 33, 40, 52, 464
Isidor von Sevilla 90, 434
Ivanov, Vsevolod 279, 291f.
Ives, Kelly 299

Jackson, Hendrik 250
Jacob, François 464
Jacob, Joachim 131
Jacobs, Wilhelm 531
Jaeger, Stephan 5, 365f.
Jaeschke, Walter 160, 162, 169
Jäger, Ludwig 50
Jahn-Sudmann, Andreas 229
Jakobson, Roman 6, 21, 30ff., 39, 44ff., 51, 202, 229, 232f., 279ff., 290, 296, 314ff., 345, 352, 361, 363, 370, 374, 388, 424, 428, 446, 449, 457, 491, 493f., 501, 516, 581f.
Jakubinskij, Lev 293
Jameson, Fredric R. 180, 279, 550, 552f.
Jandl, Ernst 236, 238, 538
Janka, Markus 84
Janko, Richard 433
Jannidis, Fotis 33
Japp, Uwe 7, 163
Jaspers, Karl 548
Jaumann, Herbert 120, 403
Jauß, Hans Robert 14, 159, 161, 349, 441, 579
Jean de Meun 99f.
Jean Paul 20, 38, 41, 50, 131, 153ff., 194, 254, 273, 414, 416ff., 426, 489, 516, 540, 572

Jeffreys, Elizabeth 87
Jensen, Wilhelm 194
Jeserich, Philipp 89, 99
Jofre de Foixà 98
Johannes Philoponos 84
Johannes von Garlandia 89, 101
Johannes von Tepl 102
Johnson, Barbara 343, 349, 356f.
Johnson, Eleanor 412
Johnson, Uwe 261, 389
Johnson-Laird, Philip N. 494
Jolles, André 27, 440, 484
Jones, Catherine M. 94
Jong, Irene J.F. de 584
Joris, Pierre-Marie 96
Jousse, Marcel 484
Joyce, James 225, 253, 257, 261, 348f., 416, 420, 422, 426f., 488f., 509
Jullien, François 576
Jung, Werner 5
Jürgensen, Christoph 384f., 561

Kablitz, Andreas 9
Kafka, Franz 44, 262ff., 349, 532, 538, 540, 576
Kaiser, Gerhard 131, 214, 384f.
Kalb, Charlotte von 148
Kallimachos 76f., 79, 81
Kambylis, Athanasios 585
Kaminski, Nicola 77
Kant, Immanuel 27, 126, 137, 144, 149ff., 160f., 231, 305, 343, 345, 353, 364, 395, 400, 406ff., 491f., 495f., 516, 548, 559, 562f., 572, 576
Kappl, Brigitte 77, 115
Kassios Longinos 80
Kauffmann, Kai 206
Kavafis, Konstantínos Pétrou 320
Keats, John 349
Kehlmann, Daniel 226, 232
Keller, Gottfried 175, 177f., 191f.
Kelleter, Frank 229
Kelly, Douglas 88, 95f.
Kemper, Hans-Georg 122
Kermani, Navid 389, 391
Kertész, Imre 253f., 257
Kierkegaard, Søren 263, 527

Kiermeier, Joseph 155
Kim, Eun-Ae 134
Kindermann, Baltasar 116, 122
King, Stephen 226
Kittler, Friedrich A. 30 ff., 173, 355, 425, 458, 476, 478, 501, 504
Kleanthes 519
Klein, C. A. 203
Kleist, Heinrich von 23, 50, 153, 263, 348, 517
Kling, Thomas 235, 247 ff., 427
Klingenberg, Heinz 93
Klinger, Friedrich Maximilian 138
Klopstock, Friedrich Gottlieb 16, 18 f., 128 ff., 139 f., 143, 152, 373, 375, 395, 504, 581
Kloss, Gerrit 72
Knape, Joachim 5, 90, 105, 107, 110, 120 ff.
Knapp, Fritz Peter 88, 90
Knausgård, Karl Ove 226, 232
Knauss, Sibylle 441
Knebel, Karl Ludwig von 139
Knobel, Karin 539
Knoblich, Aniela 249
Knopf, Jan 243
Koch, Manfred 5
Koch, Oliver 155
Koch, Peter 480
Koeppen, Wolfgang 229
Kohl, Katrin Maria 398
Köhnen, Ralph 236
Kommerell, Max 13, 203
Kompert, Wilhelm 184
König, Ekkehard 475
Kopperschmidt, Josef 87
Korte, Hermann 248 f.
Koschatzky, Walter 508
Koschorke, Albrecht 232
Koselleck, Reinhart 29, 175, 400, 407
Kracauer, Siegfried 509 f.
Kraft, Stephan 237, 240
Krämer, Sybille 475, 482 f., 489 f., 536 f.
Kratzert, Thomas 556
Kreknin, Innokentij 390, 392
Kris, Ernst 394
Kristeva, Julia 256, 266, 299, 310 ff., 329, 338, 346, 349 f.
Krobb, Florian 190

Kronberger, Maximilian 206
Kručenych, Aleksej 280
Kruszewski, Mikołaj 317
Kuhn, Thomas 349
Kullmann, Wolfgang 584 f.
Kundera, Milan 262, 272
Kurzeck, Peter 261, 385
Kurz, Gerhard 52, 168
Kurz, Otto 394
Kurz, Stephan 539
Kyrill von Saloniki 322

Labanyi, Jo 182
Lacan, Jacques 284, 311 f., 329, 340, 345, 348, 353, 355 ff., 555
Lachmann, Karl 327
Lachmann, Renate 304, 308 f., 311 f., 361, 582
Lacoue-Labarthe, Philippe 158, 164, 167, 173
Laederach, Jürg 272 f.
Lakoff, George 441
Laktanz 112
Lambert, Johann Heinrich 141
Lämmert, Eberhart 28
Lampart, Fabian 250
Lamping, Dieter 369
Landgraf, Edgar 157
Landino, Christoforo 114
Landow, George P. 269
Langer, Daniela 395
Langner, Beatrix 153
László, János 441
Latacz, Joachim 585 ff., 591 ff.
Latour, Bruno 44, 409, 465
Lauster, Martina 183
Lavant, Christine 235
Le Clerc, Jean 403
Lefebvre, Henri 542 ff., 549 f., 552, 556 f.
Lehmann, Jürgen 244 f.
Lehmann, Paul 87
Leibniz, Gottfried Wilhelm 124, 126 f., 154, 436
Lejeune, Philippe 390
Lemoine, Michel 91
Lentricchia, Frank 458
Lenz, Jakob Michael Reinhold 115, 138
Leskov, Nikolai Semjonowitsch 292

Lessing, Gotthold Ephraim 18 f., 29, 115, 128, 131 ff., 139 f., 143, 145 f., 163, 373, 405, 413, 432, 438, 504, 516, 542, 571
Levčenko, Jan 279
Lévi-Strauss, Claude 47, 329, 446 ff., 453 f.
Lévy-Bruhl, Lucien 484
Libeskind, Daniel 352
Lichtenberg, Georg Christoph 417
Lienert, Elisabeth 96
Liliencron, Detlev von 198
Lindberg-Wada, Gunilla 431
Link, Christian 577
Link, Jürgen 30
Linn, Marie-Louise 20
Lispector, Clarice 258
Loetscher, Hugo 258 f.
Lord, Albert B. 484
Lotman, Jurij M. 34, 39, 41, 46, 225, 279, 284, 311 ff., 422, 455 f., 555, 562, 578
Lowrie, Michèle 354
Lowth, Robert 141
Ludwig, Otto 175, 177 f.
Lugowski, Clemens 379
Luhmann, Niklas 388 ff., 393 f., 407, 410, 421, 469, 480, 486, 563, 566, 573, 577
Lukács, Georg 178, 253, 305
Lukrez 519
Luther, Martin 121
Lutz, Eckart Conrad 93
Lützeler, Paul Michael 252, 258
Lyons, John 478
Lyotard, Jean-François 346

MacCannell, Dean 224, 229
Macrobius 99, 105
Mahlke, Kirsten 305
Majakowskij, Vladimir 298, 327
Malato, Enrico 99
Malinowski, Bernadette 129
Malinowski, Bronisław 484
Mallarmé, Stéphane 50, 201 f., 234, 241, 334, 348 f., 468
Mandelstam, Ossip 245, 320
Mann, Thomas 261, 304, 397, 503, 509
Manutius, Aldus 115
Manzoni, Alessandro 182
Marcus, George E. 453

Marcus, Sharon 458
Margiela, Martin 357
Marinetti, Filippo Tommaso 441
Marini, Giambattista 118
Marin, Louis 342, 344, 349 ff., 566
Markwardt, Bruno 5
Marlitt, Eugenie 226 f.
Marlowe, Christopher 145
Marot, Clément 100
Marquez, Gabriel García 225
Martial (Marcus Valerius Martialis) 139
Martínez, Matías 266 f., 362
Martus, Steffen 395
Marvell, Andrew 316 f., 320, 322
Marx, Friedhelm 397
Marx, Karl 305, 329, 349, 377, 408, 466, 542
Masen, Jacob 121
Mattenklott, Gert 216
Mattern, Pierre 239
Matthäus von Vendôme 88
Matt, Peter von 204
Matuschek, Stefan 581
Mauss, Marcel 484
Mauthner, Fritz 411
May, Karl 227
May, Markus 247
McInnes, Edward 176
McLuhan, Marshall 286, 485
McTaggart, John McTaggart Ellis 577
Medvedev, Pavel 283
Mehlman, Geoffrey 349
Meinecke, Thomas 391, 413
Menander Rhetor 109
Mendelssohn, Moses 132 ff., 142
Menke, Bettine 53, 347, 349, 357
Menke, Christoph 345, 350, 354
Menninghaus, Winfried 8, 158, 163, 344, 492, 494, 581
Mergenthaler, Angela May 164
Merleau-Ponty, Maurice 346, 352 ff.
Mersch, Dieter 311, 489, 522, 531 f.
Mersmann, Birgit 36
Meyer, Conrad Ferdinand 199
Meyer, Herman 180
Meyer, Holt 280
Meyer-Kalkus, Reinhart 248

Michaelis, Johann David 141
Michelsen, Peter 133
Michler, Werner 430, 441
Micyllus, Jakob 120
Midekke, Martin 578
Miller, Hillis J. 342, 351, 516
Millet, Victor 94
Milton, John 50, 347 ff.
Miner, Earl 431
Minio-Paluello, Lorenzo 86
Minkowski, Eugène 545
Minnis, Alastair J. 100
Mitchell, Bruce 93
Mitchell, W.J.T. 458
Moebus, Oliver 377
Molière 146
Molinet, Jean 100
Molinier, Guilhem 98
Mölk, Ulrich 95
Molli, Gian Maria 99
Molnár, Geza von 169
Mon, Franz 537
Montesquieu, Charles-Louis de Secondat, Baron de La Brède de 141
Montrose, Louis A. 456
Moos, Peter von 90 f.
Mora-Lebrun, Francine 95
Moretti, Franco 555
Morgan, Kathryn A. 84
Morgenstern, Christian 378, 538
Morhof, Daniel Georg 122
Mörike, Eduard 576
Moritz, Karl Philipp 20, 142 ff., 516, 572
Morley, Michael 242
Moser, Dietz-Rüdiger 308
Mugerauer, Roland 519
Mukařovský, Jan 279, 310, 411, 516
Mülke, Christoph 592
Müller, Adam 169 ff.
Müller, Adolf M. Klaus 577
Müller, Christine 199
Müller, Dominik 193
Müller, Götz 154
Müller, Günther 27, 440, 597
Müller, Herta 264
Müller, Lothar 504
Müller, Wolfgang G. 106, 362

Müller-Sievers, Helmut 342
Müller-Zettelmann, Eva 367
Mundt, Theodor 415 f.
Murphy, James Jerome 88
Musil, Robert 259 ff., 472
Musimarö, Takapasi 325
Mussato, Albertino 112

Nagel, Ludwig 515
Nahl, Jan Alexander van 93
Nancy, Jean-Luc 158, 164, 167, 173, 527
Napoleon 153, 183, 185 f.
Nekula, Marek 279
Nelson, Erika M. 576
Neoptolemos von Parion 79
Nestler, Sebastian 46
Neumann, Anja 579
Neumann, Gerhard 265, 335, 540
Neumann, Maik 386
Nicolai, Carl Ludwig 181
Nicolai, Friedrich 132
Ní Dhonnchadha, Máirín 92
Niethammer, Friedrich Immanuel 148
Nietzsche, Friedrich 43, 209, 215, 223, 240, 304, 307 f., 329, 340, 353, 397, 408 f., 466 f., 504, 527, 530, 540
Norden, Eduard 101, 415
Norris, Christopher 352
Norwid, Cyprian Kamil 320
Novalis 131, 140, 157, 167, 169 ff., 191, 211, 241, 516, 540, 572, 581
Nünlist, René 584
Nünning, Ansgar 135, 386
Nutt-Kofoth, Rüdiger 540

Oatley, Keith 494
Obbink, Dirk 75
Obermaier, Sabine 100
Obermayr, Brigitte 285
Obermeier, Christian 494
O'Donnell, Daniel Paul 93
Oelmann, Ute 204
Oelze, Friedrich Wilhelm 237, 239
Oesterreich, Peter L. 513, 526
Oesterreicher, Wulf 480
Oestersandfort, Christian 208
Oetinger, Friedrich Christoph 141, 152

Ó hAodha, Donncha 92
Ohl, Hubert 180, 186, 194
Öhlschläger, Claudia 597
Olschner, Leonard 244
Olympios 84
Ong, Walter J. 483 ff., 488
Opitz, Martin 15 ff., 119 ff., 372, 435 f., 515, 529
Orchard, Andy 93
Ort, Claus-Michael 175 ff., 195
Orwell, George 547
Oschmann, Dirk 138
Ossian 138, 504
Oster, Angela 337
Osterkamp, Ernst 204, 208 f.
Ostheimer, Michael 578
Ostmeier, Dorothee 241
Oswald von Wolkenstein 248
Otfrid von Weißenburg 94, 434
Otto-Peters, Luise 184
Ovid 63, 95, 97, 100, 357
Özdamar, Emine Sevgi 264

Pabst, Bernhard 416
Paetzold, Heinz 19
Pálsson, Heimir 92
Paltridge, Brian 441
Panikkar, Raimon 556
Panizza, Oskar 198
Pape, Carina 299
Parmenides 514, 518 f., 521
Parry, Milman 483 f.
Pascal, Blaise 342, 349 ff.
Patrizi, Francesco 114
Paulus, Dagmar 197
Pazzi, Alessandro 115
Peirce, Charles Sanders 45
Penny, Laurie 410
Perec, Georges 556
Perna, Ciro 99
Perrone Capano, Lucia 597
Pessoa, Fernando 320, 324
Pestalozzi, Karl 209, 211
Petersen, Jürgen H. 5, 7 ff., 12, 70
Pethes, Nicolas 48, 465
Petit, Aimé 95
Petrarca 112 ff.

Petronius Arbiter, Titus 306
Petzold, Jochen 367
Pfeiffer, Karl Ludwig 458
Pfotenhauer, Helmut 212
Philodem 74, 77
Picht, Georg 582, 586
Pico della Mirandola, Gianfrancesco 113
Pietzker, Carl 155
Pikulik, Lothar 157
Pilnjak, Boris 291 f.
Pindar 114, 127 f., 139, 583
Platner, Ernst 153
Platon 7, 15, 27, 61 ff., 75, 77, 82 ff., 112 f., 127, 130, 143 f., 152, 208, 340, 347, 384, 432, 460, 465, 473, 476, 479, 502, 514 f., 517 ff., 527, 556, 580
Plett, Bettina 194
Plett, Heinrich F. 109 f.
Plotin 82 ff., 142, 519
Plumpe, Gerhard 176 f., 387
Poe, Edgar Allan 201, 234, 252, 314, 356
Polanyi, Michael 462
Polheim, Karl Konrad 162, 166
Poliziano, Angelo 113
Pollock, Jackson 249
Pomorska, Krystyna 36
Ponge, Francis 540
Pontanus, Jacobus 121
Pope, Alexander 376, 404
Popp, Steffen 250
Porphyrios 79, 83 f., 114
Poseidonios 75
Posner, Roland 30, 35, 321
Pott, Sandra 236
Poulet, Georges 548
Pound, Ezra 234
Poussin, Nicolas 350 f.
Pratt, Mary Louise 454
Preisendanz, Wolfgang 178, 180
Price, Uvedale 492
Proklos 84 f.
Propp, Vladimir 227, 440
Protagoras 519
Proust, Marcel 50, 260, 334, 340, 578 f.
Prudentius 100
Prutz, Robert 175, 177, 184
Ps.-Acron 114

Pseudo-Dionysios von Halikarnassos 109
Pseudo-Longinus 13, 61 f., 80, 347, 355, 433, 514
Puelma, Mario 432
Puškin, Alexander Sergejewitsch 320, 322 ff., 327, 376
Pythagoras 113

Quadflieg, Dirk 344
Quadlbauer, Franz 89
Quintilian, Marcus Fabius 14, 75, 86 f., 105, 108 f., 114, 348, 352 ff., 416, 418 f., 520, 570

Raabe, Wilhelm 175, 179 f., 183 f., 188, 191, 194 ff., 416
Rabaté, Jean-Michel 349
Rabelais, François 306 f., 416, 419, 421 f.
Rabinovich, Julya 264
Radiščev, Branko 327
Radke, Gyburg 76
Raffi, Alessandro 99
Ramler, Karl Wilhelm 438
Ramus, Petrus 343, 347, 352
Rancière, Jacques 468
Rapp, Christof 74
Raulff, Ulrich 578
Reents, Friederike 239, 495
Regino vom Prüm 89
Reichert, Klaus 105, 402, 426
Reimarus, Hermann Samuel 136
Rengakos, Antonios 584
Rennie, Nicholas 576
Reuß, Roland 24, 482, 538
Rheinberger, Hans-Jörg 349, 465
Ricci, Bartomoleo 113
Richards, I.A. (Ivor Armstrong) 516
Richardson, Samuel 253
Richter, Sandra 5, 121
Ricœur, Paul 8, 26, 496, 577
Riedel, Wolfgang 154
Riehl, Wilhelm Heinrich 184
Ries, Thorsten 541
Riffaterre, Michael 313
Rilke, Rainer Maria 50, 201 f., 216 ff., 237, 241, 340, 397, 576
Rimbaud, Arthur 202

Rinck, Monika 250
Ritter, Joachim 11
Robbe-Grillet, Alain 333 f.
Robert, Jörg 5, 107, 109, 113, 116 f., 120 f.
Roberts, David 255
Robinson, Fred C. 93
Robling, Franz-Hubert 513
Robortello, Francesco 80, 115, 433, 435
Röcken, Per 43, 529, 561
Rodin, Auguste 201, 218 ff.
Roloff, Simon 24
Ronell, Avital 349
Ronsard, Pierre 116 f.
Rorty, Richard 458
Rosa, Hartmut 576
Rosch, Eleanor 441
Rösler, Wolfgang 585
Röttger-Denker, Gabriele 337 f.
Röttgers, Kurt 400 ff., 405, 407
Rotth, Albrecht Christian 109, 122
Rötzer, Hans Gerd 5
Rousseau, Jean-Jacques 342, 348 f., 351, 356, 479
Rowling, Joanne K. 226
Ruffo, Nico 511
Rühling, Lutz 374
Rühmkorf, Peter 235, 380, 382
Rush, Fred 163, 167 f.
Rushdie, Salman 264, 544 f.
Ruth, Wolfgang 253
Ryan, Judith 257 f.
Ryklin, Michail 309
Ryle, Gilbert 465

Saar, Ferdinand von 199
Sade, Donatien Alphonse François, Marquis de 338
Sahm, Heike 94
Sallustios 84
Salutati, Coluccio 112
Sammons, Jeffrey L. 192
Sandbothe, Mike 477
Sapir, Edward 326
Sappho 81, 347, 357, 583, 590
Sartre, Jean-Paul 329, 333
Saße, Günter 246 f.
Sasse, Sylvia 300

Saussure, Ferdinand de 31, 45, 50, 286, 304, 309, 311, 317, 328 f., 355, 428, 445, 449 f., 479
Saussure, Raymond de 449
Scaliger, Julius Caesar 15, 116 ff., 121 ff., 402 f., 435 f.
Schadewaldt, Wolfgang 583, 591, 596
Schäfer, Armin 466
Schäfer, Christian 84
Schäffner, Wolfgang 549
Schaffrick, Matthias 5, 33, 383, 385 ff., 390 f., 395, 482
Schahadat, Schamma 300, 456
Schapp, Wilhelm 258
Scheffel, Michael 35
Schelling, Caroline 157
Schelling, Friedrich Wilhelm Joseph 142, 148 f., 157, 167, 172, 342, 577
Scherer, Klaus R. 493, 496
Scherer, Stefan 165
Scherer, Wilhelm 20, 440
Scherpe, Klaus R. 160
Schiller, Friedrich 20, 50, 139, 148 ff., 161, 177, 198, 234, 397, 438 f., 516
Schings, Hans-Jürgen 154, 214 f.
Schlaffer, Heinz 48, 363, 379 f., 465
Schlegel, August Wilhelm 157 ff., 162, 166
Schlegel, Friedrich 131, 148, 157 ff., 171 ff., 319, 353, 396, 399, 405, 407, 414 ff., 492, 516, 540, 572, 581
Schlegel, Johann Adolf 142, 438
Schleiermacher, Friedrich 157, 159, 162 f., 166, 169 ff., 315 f., 319 ff., 328
Schlink, Bernhard 226, 232
Schmid, Ulrich 300
Schmid, Wolf 288, 290 ff., 302, 312, 386
Schmidt, Arno 37, 50, 414, 416, 420, 422 f., 425 ff., 489, 509, 538 f.
Schmidt, Frauke 337
Schmidt, Jochen 28
Schmidt, Julian 177, 187, 441
Schmidt-Biggemann, Wilhelm 91, 154
Schmidt-Haberkamp, Barbara 406
Schmitt, Arbogast 8 ff., 13, 70, 72, 595
Schmitz, Walter 31
Schmitz-Emans, Monika 19, 250, 384
Schneider, Helmut J. 576

Schneider, Jost 241
Schneider, Peter 537
Schneider, Sabine 212, 578
Schnitzler, Arthur 198
Schönaich, Otto von 123
Schönert, Jörg 363, 367 f.
Schopenhauer, Arthur 209
Schoppe, Caspar 403
Schrader, Hans-Jürgen 194, 197
Schröder, Bianca-Jeanette 102
Schröder, Rudolf Alexander 244
Schulz, Armin 96
Schulze, Ursula 94
Schuster, Jana 217, 220
Schüttpelz, Erhard 31 f., 317, 484 f.
Schweighauser, Philipp 5, 25, 45, 457
Schwindt, Jürgen Paul 583
Scott, Walter 178, 181 f.
Scudéry, George de 118
Sebald, Winfried Georg 509
Sedlmayr, Hans 240
Seibel, Klaudia 441
Seidensticker, Bernd 587
Seifert, Arno 90
Semenenko, Aleksej 279
Seneca 112 f., 519
Seriacopi, Massimo 99
Shaftesbury (Anthony Ashley-Cooper, 3. Earl of) 127, 142, 395, 406
Shakespeare, William 46 f., 50, 138, 145 f., 192, 198, 320, 322, 324, 348 ff., 373, 457, 579
Shannon, Claude Elwood 32, 34, 317
Shikibu, Murasaki 258
Short, Ian 94
Sidney, Philip 320, 322, 324
Signer, Ruth 5, 45
Simon, Ralf 5, 12, 35 f., 40, 42, 51, 96, 156, 206 f., 211, 316, 361 f., 366, 416, 422, 427, 429, 491, 493, 577, 582
Simon, Richard 403
Simons, Anton 308
Sinding, Michael 441
Šklovskij, Viktor 4, 21, 271, 279, 283, 291, 294, 296, 298, 315 f., 324, 374, 388, 423
Sloterdijk, Peter 409, 548

Snell, Bruno 464
Snorri Sturluson 92 f.
Soboleva, Maja 299
Soja, Edward William 543 ff., 549 f.
Sokrates 64, 113
Solger, Karl Wilhelm Ferdinand 157, 167, 353
Sollers, Philippe 311
Solms, Friedhelm 19, 29
Solon 583, 592 ff., 596
Sommeregger, Georg 504
Sophokles 73, 432, 595 f.
Sorg, Bernhard 365
Spencer-Brown, George 553 ff.
Špet, Gustav 279, 310
Spielhagen, Friedrich 175, 180, 183, 189, 192, 194, 198 f., 227
Spinner, Kaspar H. 363
Spinoza, Baruch de 140, 172
Spitzer, Leo 324
Spivak, Gayatri 357
Spoerhase, Carlos 384
Stach, Reiner 262
Stackelberg, Jürgen v. 113
Stadler, Arnold 392
Staiger, Emil 24, 365, 440, 578, 597
Starkey, Kathryn 95
Starobinski, Jean 36, 311, 328, 346, 356, 429
Staten, Henry 346
Stäudlin, Gotthold Friedrich 148 f.
Steichen, Edward 508
Stein, Sol 441
Steinecke, Hartmut 194
Steiner, Peter 279, 297
Steinthal, Heymann 328
Steinwachs, Burkhart 29, 156, 578
Stendhal 182, 340
Sterne, Laurence 273, 572
Stetter, Christian 478, 490
Stierle, Karlheinz 90, 313, 361 ff., 365, 465, 468, 579
Stifter, Adalbert 175, 183, 188 f., 198
Stillers, Rainer 114 ff.
Stingelin, Martin 43, 534 f.
Stockhammer, Robert 479, 488
Stockhorst, Stefanie 111, 247 f.
Stöckmann, Ingo 387
Storck, Joachim W. 576

Storm, Theodor 175, 179, 184 f., 188, 191, 193 f., 198
Strauss, Joseph Baermann 546
Strauss, Leo 520, 527
Striedter, Jurij 21
Strohschneider-Kohrs, Ingrid 157, 163, 165, 167, 170, 405
Strowick, Elisabeth 530
Strub, Christian 419
Strube, Werner 431, 441
Strubel, Armand 99
Sturm, Johannes 121
Sue, Eugène 184
Sullivan, Louis Henry 552
Süskind, Patrick 226
Susman, Magarete 237, 362
Sussman, Henry 346
Svenbro, Jesper 482
Swinburne, Algernon Charles 201
Szondi, Peter 165, 202, 325, 439, 516

Talbot, William Henry Fox 507, 509
Tatarkiewicz, Wladyslaw 26, 29
Tawada, Yoko 264, 578
Tejera, Victorino 520
Terenz 90
Ter-Nedden, Gisbert 134
Thackeray, William Makepeace 182
Thelen, Albert Vigoleis 422
Thesleff, Holger 519
Theunissen, Michael 576, 580, 583 f., 587, 589 ff., 594, 597
Thomasin von Zerklaere 95
Thomas von Capua 89
Thüring, Hubert 5, 45
Thurneysen, Rudolf 92
Thut, Angela 533
Tieck, Ludwig 140, 157, 165 f., 185, 373
Tigerstedt, Eugene N. 114
Tihanov, Galin 310
Till, Dietmar 5, 15 f., 23, 104 f., 124
Titzmann, Michael 35
Todorov, Tzvetan 311, 345, 416, 441, 516
Tolkien, John Ronald Reuel 225
Tolstoi, Leo 182
Tomaševskij, Boris 279, 393
Tompkins, Jane 457

Tonelli, Giorgio 400, 402, 407
Totzke, Rainer 536 f.
Trakl, Georg 366, 537, 540
Trappen, Stefan 3, 26, 116 f.
Trilcke, Peer 249
Tuan, Yi-Fu 548
Turner, Frederick J. 546
Tyler, Stephen A. 454
Tynjanov, Jurij 21, 279, 284, 287, 289 ff., 294 ff., 315 f.

Uchtomskij, Dmitrij 305
Uecker, Heiko 92 f.
Ueding, Gert 513
Uhlmann, Gyburg 5, 8, 13
Ullrich, Wolfgang 232
Unger, Thorsten 308
Urbich, Jan 579
Uspenskij, Boris 279

Vadian (Watt), Joachim 121
Valéry, Paul 234, 348
Valla, Giorgio 115
van Eikels, Kai 167, 169
Veit, Dorothea 157
Veitenheimer, Bernhard 538
Velázquez, Diego 394
Veldhues, Christoph 388
Venus, Jochen 224, 228
Vergil 89, 91, 95, 99, 109, 111, 113 f., 117, 119, 127, 434
Verlaine, Paul 201
Vettori, Pietro 115
Vickers, Brian 23, 51
Vico, Giambattista 24, 348, 404
Vida, Girolamos 114, 121, 123
Vidal, Raimon 98
Vidal-Naquet, Pierre 586
Viehoff, Reinhold 441
Vietta, Silvio 5, 176
Vinken, Barbara 348 f., 355 ff.
Vinogradov, Viktor 292 f.
Vinokur, Grigorij 279
Vischer, Friedrich Theodor 177, 179 ff., 189, 439 f.
Vögel, Herfried 571
Vogel, Juliane 185, 215

Vogl, Joseph 5, 48, 469 f.
Vogler, Christopher 227
Vogt-Spira, Gregor 117
Volbers, Jörg 46
Vollmann, Benedikt Konrad 94
von Ammon, Frieder 5, 238, 247, 571
Vossius, Gerhard Johannes 116
Voßkamp, Wilhelm 135, 441
Vossler, Karl 111
Vulpius, Christian August 183
Vvedenskij, Aleksandr 298

Wace 96
Wachinger, Burghart 102
Wagner, Heinrich Leopold 138
Wagner, Jan 235
Wagner, Monika 533
Wagner-Egelhaaf, Martina 384, 390, 392
Wahl, François 345
Waibel, Violetta 149
Waiblinger, Friedrich Wilhelm 153
Walser, Robert 44, 198 f., 533 f.
Waltenberger, Michael 248
Walzel, Oskar 362
Warning, Rainer 421, 579
Warren, Robert Penn 516
Waugh, Linda 326
Weatherby, Leif 158
Weaver, Warren 32, 34, 317
Weber, Ernst 566
Weber, Max 515
Weber, Samuel 345 f., 349, 355 f.
Weerth, Georg 377
Wege, Sophia 441
Wehde, Susanne 538
Weimar, Klaus 20, 40 f., 124
Weinberg, Bernhard 111
Weiss, Peter 37, 261, 579
Weissenberger, Klaus 416
Weixler, Antonius 577
Wellbery, David 16 f., 209 f., 215, 495, 536, 576
Wellek, René 403, 516
Wels, Volkhard 114
Wenzel, Franziska 101
Werber, Niels 387
Wergeland, Henrik 373

Werner, Karl Ferdinand 90
Werner, Lukas 577
Werner, Paul 135
Wesche, Jörg 111
West, Martin L. 583, 587, 589, 592 ff.
Wetzel, Michael 266, 394 f.
Wezel, Johann Karl 153
Wheeler, Samuel 346
White, Hayden 348, 456, 468
Wickram, Georg 102
Widmer, Peter 284
Wiedemann, Barbara 244
Wiegmann, Hermann 5
Wieland, Christoph Martin 572
Wienbarg, Ludolf 181
Wilke, Annette 377
Willand, Marcus 33, 383, 386, 388, 390, 482
Willems, Gottfried 11, 28, 439
Williams, Michael 461
Williams, Seán M. 561
Willich, Jodocus 121
Willkomm, Ernst 184
Wimpfeling, Jakob 120
Wimsatt, William K. 266
Winckelmann, Johann Joachim 151, 572
Winko, Simone 269
Wirth, Uwe 38, 46, 384, 396 f., 452, 478, 486, 488, 562, 572

Wittgenstein, Ludwig 213, 411, 526 f.
Wittschier, Heinz Willi 99
Wolf, Christa 257 f.
Wolf, Werner 367 f.
Wolff, Christian 17, 124, 126 f., 131 ff., 436
Wolfzettel, Friedrich 539
Woods, Marjorie Curry 88
Wordsworth, William 50, 349
Worstbrock, Franz Josef 120
Wünsch, Marianne 175
Wuttsdorff, Irina 310
Wygotski, Lew 283

Xenophanes 519

Yeats, William Butler 320, 322, 324

Zanetti, Sandro 579
Zapf, Hubert 441
Zarnegin, Kathy 237
Zesen, Philipp von 16
Zink, Michel 97
Zipfel, Frank 390
Žirmunskij, Viktor 279
Zola, Émile 199
Zumthor, Paul 483, 486
Župančič, Oton 324
Zymner, Rüdiger 5, 26, 135, 370, 420, 430 f., 441

Sachregister

Abschweifung 22, 196, 273
Abweichung 22, 111, 285, 350, 374, 381, 411
actio 14, 106, 564, 570
Adressat 41 f., 312, 362, 370, 570
aemulatio 87, 105, 113, 402
Affekt 13 f., 87, 138, 377, 493
Ähnlichkeit 30, 34 f., 89, 317 f., 494
Aion 576
Aisthesis 150, 419, 460, 578
Allegorie 33 f., 52 f., 346 f., 353, 425
Alltag 297
Alterität 300 f.
Ambiguität 305, 365, 389
Ambivalenz 305, 308
Amplifikation 35, 39, 417
Anagnorisis 492, 595
Anagrammatik 36, 346, 429
anima Stahlii 154
animal symbolicum 10, 13
Animismus 217
Anschaulichkeit 27 f., 74, 105, 121, 145
Anschauung 11
Anthropologie 10 f., 154, 300 ff.
Antikenroman 95
Aphasie 318
Apostrophe 53
aptum 110
Äquivalenz 30 f., 34, 41, 202, 229 f., 361
Äquivalenzprinzip 30 ff., 35, 389
Architextualität 313
ars 106, 108, 117
Artistik 240
Artusroman 96
Assonanz 282
Ästhetik 3 f., 19 ff., 25, 124, 127, 157, 175, 279, 342, 354, 418 ff., 428, 436, 438, 514 ff.
ästhetische Ideologie 354
Ästhetizismus 212
Atopos 337
Aufschub 55 f., 350 f.
Aufstieg zum Schönen 83 f.
Ausdruck 28, 105, 144 f., 216, 281, 317, 365, 367 f., 496
Autobiografie 390
Autofiktion 389 ff.

Autonomie 394 f., 572 f.
Autor 252 ff., 256 f., 259, 261, 266 ff., 271 ff., 384
Autor, abstrakter 386
Autor, als Arrangeur 270
Autor, als Schreiber 386
Autor, impliziter 385 f.
Autoreflexivität 363
Autorpoetik 3 f., 19 ff., 25, 175, 235, 250
Autorschaft (Funktion Autorschaft) 32 f., 38, 40, 49, 383 ff., 395 ff., 482
Avantgarde 413

Bedeutung 50, 287, 336
Begehren 329
Begriffstypen 431
Beobachtung zweiter Ordnung 390, 394
Bestandheit 133, 136 f., 145
Bibelkritik 403
Bildbruch 22
Bildlichkeit 35, 67, 81, 180, 536
Bildung 142
Binarität 447 ff., 451
Blankvers 373
bon goût 118
bon sens 118
Botschaft 32, 316 f., 582
Boustrophedon 427
Buch 451
Buchdruck 482, 499
Buchmetaphorik 499
Buffonerie 164

camera obscura 502, 509
Chanson de geste 94 f.
Chaos 556
Charakter 13, 67, 69–72, 123–135, 154
Chiasmus 355
chora 556 f.
Chronos 576
Chronotopos 197, 305 ff., 578
close reading 455, 458
Code (Kode) 186, 227, 285 ff., 290, 312, 329, 378, 463, 480, 482, 501, 546, 549

commercium mentis et corporis 154
Computer 498
critique génétique 541
Cultural Turn 550

Darstellbarkeit 342
Darstellung 4, 8 ff., 19, 22, 29, 48 f., 56, 345, 418 ff., 425, 428, 460, 463, 516 f., 521, 527 f.
decorum 78, 117, 437
Definitionsform 431
Deformation 22, 285, 315, 534
Deklamation 290
Dekonstruktion 6, 16, 23, 33, 36 f., 49 ff., 53 ff., 342, 412, 451, 556
Dekonstruktivismus 458
Dekontextierung 285
delectare 87, 110
Denotation 335
Destruktion 285
Dezentrierung 451
Diagramm 555
Dialektik 308, 544
Dialektik des Raums 542
dialektisches Bild 357
Dialog 300 ff., 307, 309 f., 312 f., 519
Dialogizität 245, 266, 293, 299, 302, 304, 310, 480
Dichte 289, 418, 423, 428
Diegese 229 f.
différance 50 ff., 55, 344 f., 347 ff., 355, 411, 450
Differenz 285, 345
Differenzqualität 286
Digitalisierung 503
Digression 38, 273, 570, 572
Dihärese 36
Diskontinuität 463, 594, 597
Diskurs 453
Diskursanalyse 452
Diskurseffekt 453
dispositio 14 f., 17, 106, 109, 114
Dissemination 339, 341
distant reading 503
docere 87, 110
Dolce stil nuovo 99

Dominante 287, 289, 297, 316
Doppelweg 97
Dorfgeschichte 184, 187
doxa 460
Drama 9, 28, 42
Drittraum/Thirdspace 544 f.
Dualismus 153 f.

écriture 329, 332 ff., 337, 339, 479
écriture automatique 533
Editionsphilologie 20, 42–45, 529, 540 f.
eidos 62
Eigenzeitlichkeit 576, 578, 597
Einbildungskraft 24, 118, 126, 137, 145, 578
Einheit 69 f.
Einheit der Handlung 70
Einheit des Werks 62, 78
Einstellung 280, 285, 292
eleos und phobos, bei Lessing 132
elocutio 4, 14 ff., 23, 36, 49, 51, 56, 106, 110, 114
eloquentia 105, 107, 112
Emotion 491 ff.
Emotivität 32, 38, 40
Empfänger 32 f., 40, 45, 501, 582
Empfindung 128
enargeia 523 ff.
Engagement 333
Enjambement 220, 290
Entautomatisierung 22, 49, 285, 388, 421, 423
Entblößung des Verfahrens 286
Entelechie 27
Enthusiasmus 66, 81, 107, 114, 379
Epideiktik 106, 108, 112
Epideixis 87
Epigenese 142
Epigramm 139
Episteme 343, 460, 465
Epitext 560 f.
Epitextualität 573
Epos 109, 114, 117, 119, 123, 161, 179, 253, 302, 305, 439
Ereignis 39, 370
Ergon 62
Erhabenheit 80 f., 155, 421, 491 f.
Erkenntnis, sinnliche 127, 436

Erlebnislyrik 362
Eros 143
Erwartungstäuschung 285
Erzähler 9, 32 f., 40 ff., 185, 189, 196, 257, 292 f., 302 f., 384 f., 392 f.
Erzähl-Rede 292
Erzählung 415, 425 ff., 468
Erzählung, parodistische 303
Essay 236
Essentialismus 534
Ethnographie 453
Etymologie, poetische (s. auch Anagrammatik) 282
evidentia 121, 523 ff.
Evidenz 521 ff.
Evolution, literarische 294 f., 297
Exkurs 273
exordium 564, 570 f.
Expressionismusdebatte 242
Extope 300

Fabel 131, 290 f.
Faktur 285
Fehlschluss, intentionaler 266
Feuilleton 183
Figur 110, 162, 339, 353 f.
figura cryptica 353
Figurengedicht 375
Fiktion 12, 390, 392, 464, 468, 506
Fiktionalität 12, 32 f., 39, 41, 102, 105, 565 f., 570 ff.
Fiktionalitätsbewusstsein 97
fili (Seher) 92
Film 509
Filmtheorie 293
Form 3 f., 6, 10, 15, 17, 22 f., 26 ff., 34, 36, 39, 49 ff., 55 ff., 159 f., 164 ff., 172 f., 206 f., 237, 283, 330, 333, 336, 347, 411, 415 ff., 422 ff., 463, 471, 581
Form, innere 27, 142
Formalismus 309 ff.
Formalismus, russischer 3 ff., 20 ff., 30 f., 35, 423, 428
Formel 484
Fotografie (Photographie) 340, 498, 506 ff.
Fragment 162, 164, 264, 439
Frame 225

Fundamentalpoetik 25
fundus animae 418, 420 f.
Funktion 286, 296, 331
Funktion, emotive 32
Funktion, konative 32
Funktion, kulturpoetische 37, 46
Funktion, metasprachliche 32
Funktion, phatische 32 f.
Funktion, poetische 6, 21, 30 ff., 35, 37, 39, 41, 44, 47, 49, 202, 233, 280 f., 315 ff., 361, 374, 389, 424 ff., 501, 581 f.
Funktion, referentielle 32 f., 41
furor poeticus 107, 112, 114

Gattung 3, 8, 17, 19, 22, 25, 104, 109, 134, 159 f., 163, 294, 307, 463, 596
Gattungsgeschichte 79, 440
Gattungspoetik 3 f., 431, 433, 438, 441
Gattungspoetik, spekulative 439
Gattungstheorie 109
Gattungstrias 26, 437 ff.
Gedicht 372 ff., 377
Gedicht, absolutes 240 f.
Gedicht (Definition) 369
Gedichtmaß 372
Gefühle 491 ff., 496 f.
Gender 356, 452, 554 f.
Gender-Studies 310
Genealogie 463, 466
genera dicendi 110, 434
Genie 115, 395 f., 405, 438, 510
Genieästhetik 79
Genotext 312
Genre 294
Genrebild 183
genus deliberativum 14
genus demonstrativum 14, 87, 108
genus grande 14
genus humile 14
genus iudiciale 14
genus medium 14
Germanistik 20
Geschichte 576
Geschichtsphilosophie 439
Geschlechterdifferenz 355 ff.
Geschmack 108, 118, 124, 127, 231, 406, 563
Geschmacksurteil 563, 566, 572

Geschwindigkeit 503
Gesellschaftsroman 191
Gestus 242, 323, 419
Gewebe 148, 202, 257 f., 266, 269, 312, 339, 454
Glanz 26, 83, 523, 583
Grammatik der Poesie 33 f., 47, 281
Grammatik, Strukturalismus 449
Grammophon 486, 498
Grazie 151
grotesk 308, 417
Gruppe 47 200

hamartia 71, 133
Handlung 8 f., 22 f., 26, 28, 62 f., 69, 72, 126, 179, 191, 300 f., 312, 331, 363, 433
Handlungsträger 39 f.
Harmonie, prästabilierte 154
Harte Fügung 205
Herausgeberfiktion 396 f., 566
Hermeneutik 162, 169, 171, 343, 350, 478
Heteroglossia 253, 273
historia 90 f., 94 ff.
Historisches Apriori 342
Homerphilologie, alexandrinische 75
Humangeographie 548
Humanität 150
Humor 155, 178, 416, 421, 425 f.
Hybridisierung 307
Hybridität 310, 544 f.
Hymne 128
Hypertextualität 270, 313, 483

Ich-Erzählung, parodistische 303
Ich, lyrisches 237, 361 ff., 365
Idealismus 177 f., 180, 185, 189
Idealleser 33
Idee, ästhetische 144
Ideenlehre, platonische 64, 83
Ideologie 311, 329, 335, 354, 466
Idylle 151, 154
Illusionsbildung 121
imitatio 7, 87 f., 110, 112, 402
imitatio auctorum 75, 77, 113 f.
influxus physicus 154
ingenium 106, 108, 117
Inkommensurables 530

Inspiration 91, 105, 107, 114, 122, 207, 379
Inszenierung 384 f.
integumentum 91, 99
Intermedialität 216
Internet 483, 498, 503
Interpretation, bei Freud 466
Intertextualität 145 f., 180, 245, 256, 266 f., 270, 299, 310 ff., 346
inventio 14 f., 17, 88, 90, 106, 108 f.
Inzestverbot 451
Ironie 52 f., 157 f., 162 ff., 259 f., 347, 351, 353
iudicium 108

Jambus 15, 129

Kalauer 282
Kanon 108, 457
Karneval 308 f., 421 ff.
Karte 543
Kartierung 555
Katharsis 12 f., 26, 73
Kinematograph 498
Kinematographie 498, 506
Kino 293, 355, 503
Kleine Literaturen 263 f.
Kombination 30, 307, 317 f.
Komik 421
Kommunikation 32, 40, 170, 302, 317, 374, 430, 475, 479 ff., 486, 564 f.
Kommunikationsmodell 317
Komödie 63, 134, 165 f.
Komödientheorie 165 f.
Konativität 32, 49
Konkrete Poesie 378, 537
Konnotation 331, 335 f.
Konstruktivismus 507
Kontiguität 318
Kontingenz 261, 344
Kontingenzreflexion 421 f.
Kontinuität 597
Ko-Opposition 39
Kosmismus 309
Kraft 140, 150
Kratylismus 24
Kriminalroman 261
Kritik 162 f., 166, 231, 267 f., 342 ff., 349 f., 352, 355 f., 542

Kultur 469, 499
Kulturpoetik 4, 6, 25, 43, 45, 47 ff., 105, 484
Kunstgriff 315, 423 f.
Kunstreligion 203

Labyrinth 261
Lachen 134 f., 155, 421
Lächerliches 134
langue 445 f., 448
L'art pour l'art 201
Latenz 349, 355, 466
Latinitas 110
Lautpoesie 488
Lautwiederholung 283
Leben 209
Lebenswelt 344
Leerdeixis 363
Leerstelle 261
Lektüre 338, 342
Lesbarkeit 344
Lesen 51 f., 54 f., 211, 270, 426, 568
Liebe 132 f.
Life writing 301
Literalität 476, 485 f.
Literarizität 21, 30, 51, 280, 314, 374, 416, 423, 428, 516
Literaturkritik 438
Literaturwissenschaft 3 f., 16, 20 f., 23 ff., 27, 31, 35, 46, 182, 280, 312, 424, 428, 541
Lizenz 105, 111
Lust 331, 338
Lyrik 4, 9, 22, 28, 185, 201–223, 234–251, 304 f., 361–371, 373–382, 424–429, 437 f., 494, 587–594
Lyrik, frühgriechische 63
Lyrikerpoetik 235 ff., 250 f.
lyrisches Ich 32, 304, 361–371

Macht 467, 514
Magie 341, 379 f.
Manipulation 506
Märchen 137
Markt 224
Material 283 f., 536
Materialität 44, 332, 458, 529 ff., 537 ff.
matière de Bretagne 96
Medialität 238, 332, 477 ff.

medial turn 476
Medien 159, 162, 475, 477, 498 f., 502 ff.
Medieneffekte 499, 501
Mediengeräte 499, 505
Medientechnik 498, 504 ff., 509, 511
Medium 170, 475, 477 ff., 498 f., 501, 503, 563, 573
Mehrdeutigkeit 305, 582
memoria 14, 106
Metalepse 348
Meta-Linguistik 304
Metapher 319, 330, 343, 345, 348, 525
Metaphorik 499
Metasprache 32 f., 49, 330, 332, 334 ff., 424
Metatextualität 313
Metonymie 229, 319, 330, 345
Metrik 15, 110
Metrum 101, 129, 234, 242, 380
Midcult 231 f.
Milieu 296
Mimesis (s. Nachahmung) 3 f., 6 ff., 11 f., 19, 22 f., 25 f., 28 f., 34, 55, 66, 70, 77, 86, 193, 221 f., 355 f., 418 ff., 428, 433
Mimetischer Impuls 533
Mischung 161
misreading 51, 54 f., 347, 354
Mitleid 132 f., 432, 496
Mnemotechnik 481
Modell-Leser 33, 225
Moderne 175 f., 193 f., 197 f., 215, 257, 333, 337, 407, 410, 488, 526
Monade 38
Monolog 167 ff.
Monolog bei Bachtin 302, 304, 310
Montage 269
Moraldidaxe 123
movere 87, 107, 110, 492
Mündlichkeit 105, 292, 416, 421, 475 ff., 480, 483 ff.
Musenanruf 584
Musik 89, 98, 128, 180
Mythem 449
Mythen des Alltags 446 f.
Mythologie 159, 161
Mythopoetik 257
Mythos 45, 69, 172, 230, 260, 335, 446 f., 449 ff., 519 f.

Nachahmung (s. Mimesis) 7 ff., 17 f., 22, 26, 56, 64 f., 70, 72, 105, 142, 268, 418, 420, 432, 437
Nachmärz 175, 177, 179, 187 f., 190, 192, 195, 197
naiv 151, 154, 156
Narration 9 f., 28, 331
Narratologie 329, 367 f., 415
Naturalismus 177 f., 184, 189, 199, 509
Nebeneinander 191
Neues 339
Neue Sachlichkeit 199
Neuplatonismus 61, 82, 100, 131, 142, 144, 149
Neupythagoreismus 84
New Criticism 343, 346, 349, 352, 354, 516
New Historicism 346, 354, 455
Nichtpropositionales Denken 495 f.
Norm 105 f., 430, 435
nouveau roman 468
Novelle 182, 184 f.

Offenes Kunstwerk 261
Okkasionalismus 154
Opfer(poetik) 214
Optische Poesie 538
Orales Dichten 484
Oralität 476
Oralität, sekundäre 486
oratio figurata 105
oratio ligata 105
oratio soluta 105
ornatus 110
Oszillation 389

Pakt, poetischer 364
Paläonym 343 f., 352, 356
Palimpsest 270
Paradigma 30, 330, 374, 389
Paradox 168
Paragramm 311
Parallelismus 22, 280, 283, 324, 494, 582
Paratext 111, 237, 559 ff., 573
Paratexte 37 f., 41
Paratextualität 37, 39, 41 f., 313
Parekbase 166
Parergon 559, 562 f.

Parodie 303
parole (s. langue) 289, 446
partes rhetoricae 106
Pathos 81
Performanz 290, 353, 453, 457, 512, 526 f.
Performativität 11, 25, 46, 363, 368, 452 f., 457, 496, 515, 522 f., 525
Peripetie 595
Peripherie 296 f.
Peritext 560 f., 569
Personalismus 310, 312
Perspektivität 178, 194, 196
Perspektivität (Realismus) 187
perspicuitas 110
Phallus 356 f.
Phänomenologie 21, 300, 310
Phänotext 312
phobos und eleos 496
Phonographie 483, 487, 498, 503, 506 f.
Phonozentrismus 479, 536
Photographie (Fotografie) 340, 498, 506 ff.
phronesis 460
Pittoreske 491 f.
Plötzlichkeit 214
Plurifokalität 417, 425 ff.
Poesie 16 ff., 34, 53, 105 ff., 178 ff., 281, 412 f., 424, 502 f., 505, 511
Poesie der Medien 504
poésie pure 201 f.
poeta doctus 105, 124, 395
poeta theologus 112
Poetik 3 ff., 10 ff., 28 ff., 34, 36 f., 42 ff., 51, 55 ff., 61, 104 ff., 109 ff., 114 ff., 157, 342 ff., 351 ff., 384, 513 ff., 542, 580
Poetik der Kultur 455, 483
Poetiken des Elementaren 539
Poetikgeschichte 3 ff., 26, 29, 157
Poetik, immanente 23, 32 f., 104, 236, 386 f., 581
Poetik, implizite 63, 104, 413
Poetik, normative 61
Poetik, theologische 112
Poetik, topische 109
Poetizität 3 ff., 11, 21 ff., 30 f., 33 ff., 41 f., 44, 46 ff., 55 ff., 67, 105, 107 f., 110, 121, 332, 335 f., 338, 342, 364, 368 f., 374 f., 383, 388, 393, 401, 411, 414, 416, 422, 424,

428, 439, 469, 501, 506 f., 513, 531, 560, 562 f., 565, 567, 569, 582
Poetizität der Gefühle 497
Poetrie 430 f.
Poiesis 11 f., 25, 46, 61, 131, 158 f., 161, 166, 172, 343, 345, 463 f., 468, 516, 519, 575, 580
Poietik 158
Polychronie 597
Polyphonie 265, 273, 293, 301, 304
Polysemie 329
Populäre Literatur 225
Postmoderne 299, 310
Poststrukturalismus 299, 310 f., 535
praeteritio 243
Präformation 142
Pragmatik 300
prattein 464
priëm, s. Verfahren 315
prodesse 87
propositionale Aussage 522
Prosa 4, 22, 91, 101 f., 105, 113, 178, 361, 368, 415 ff.
Prosa, Kleine 183
Prosagedicht 373
Prosa, Kunst der 415
Prosaskizze 183
Prosimetrum 416
Prosodie 15, 372 f., 375
Prosopopöie 53 f., 56, 347
Psychoanalyse 311
Psychogeographie 543
Publizistik 408

Querelle des Anciens et des Modernes 159

Rahmen 22, 38 ff., 313, 397, 559 ff., 565 ff.
Rahmung 6, 39 ff.
Rationalismus 126
Raum 24, 39 f., 42 f., 140, 186, 221, 223, 305, 467, 542 f., 545 ff., 553 ff., 576
Raumform 547 f., 550
Rauschen 34
Realismus 14, 175 ff., 225 ff., 229 f., 419, 506 f., 509 f.
Realismus, hedonistischer 232
Realismus, sozialistischer 200

Re-entry 31 ff., 229, 389
Referenz 33 f., 54, 56, 340, 469
Reflexion 163, 165, 580 f.
Reflexivität 410
Regelpoetik 15 ff., 21, 25, 62, 104, 114, 515, 529
Reim 16, 35, 234
Reinigung 133
Rekurrenz 582
Rekursion 423, 426 f.
Rephilologisierung 327
Repräsentation 342, 394
res (s. verba) 106, 116
Rezeption 332, 559, 561, 564, 571
Rezeptionsästhetik 62
Rhetorik 3 f., 8, 14 ff., 22 f., 25, 28 f., 34, 36, 50 f., 56, 74, 79 f., 86 ff., 92, 98, 101 f., 104 ff., 110, 113 ff., 117, 122, 164, 169 ff., 306, 308, 334, 347 f., 352 ff., 376, 416, 418 f., 422, 434, 438, 513 f., 520, 523 ff., 528, 564, 569 f.
Rhizom 261, 265
Rhythmus 101, 129, 234, 242 f., 290, 415, 576, 589
Roman 109, 154, 161 ff., 179 ff., 228, 271, 273, 302, 304 f., 307 f., 311, 408, 416 f., 419, 424, 439
Roman, antiker 305
Roman, historischer 181 f., 188, 199
Romantheorie 253
Romantik 140, 175 ff., 184 ff., 189 f., 199, 381
Röntgenphotographie 503

Sangspruchdichtung 100
Satire 273, 309, 416, 420 f.
Sattelzeit 400
Schein 26 f., 83, 179, 525, 583
Schema 8, 170, 320, 375, 430 f., 441, 495, 497, 576
Schließung (clôture) 229
Schmuck 109
Schock 285
schöne Literatur 86, 101
Schönheit 83, 142, 152, 491 f., 521 f.
Schöpfungshieroglyphe 131, 141, 145 ff., 152
Schreibbewegung 533

Schreibmaterialien 534
Schreibmittel 532
Schreibszene 32 ff., 42 f., 205, 425, 534 ff.
Schreibweise 329, 441
Schreibwerkzeuge 536
Schrift 450, 453, 475 ff., 520
Schriftbild 488, 533, 536, 538, 541
Schrifteffekt 489
Schriftkritik 476, 479
Schriftlichkeit 105, 292 f., 421, 475 ff., 480, 482 ff.
Schriftsinn, mehrfacher 426
Schriftsteller 385 f., 396
Sedimentierung 344
Selbstbezüglichkeit 4, 22, 30, 33 f., 37, 87, 383, 491, 493, 517, 581
Selbstreferenz 4, 6, 22 f., 25, 27 ff., 34 ff., 39, 41, 44 f., 49 ff., 55 ff., 329, 332, 377, 379, 389, 420, 422, 424 ff., 580
Selbstreferenzialität 374, 376, 383, 388, 390, 392, 398, 468
Selbstreflexion 332, 344
Selbstreflexivität 374, 378 ff., 389
Selektion 318
Semantik, gepflegte 421
Semantik, strukturale 31, 47, 50
Semasiologisierung 289
Semiologie 332
Semiose 452
Semiose, wilde 417
Semiosphäre 422
Semiotik 35, 45, 47, 309, 311, 332, 445, 447, 450
Semiotische 311
Sender 32 f., 40, 45, 501, 582
Sensualismus 126, 132
sentimentalisch 151
Serie 226, 228 ff.
Shoah 255
Signatur 394
Signifikanz 339
Signifikat 331
Signifikat, transzendentales 451
Similarität 318
Simulacrum 356
Simulation 501
Simultaneität 259

Singularität 349 f., 541
Sinn 287, 330, 335 f.
skáld 92
Skandal 392
skaz 292 f.
Skepsis 525
skop 93
Skript 225
Sonett 15 f., 28, 36, 237, 372, 435
Sophistik 63
Spatial Turn 305, 543
Spiegel 356
Spieltrieb 154
Sprachkritik 194
Sprechakt 304
Sprechakt, performativer (s. Performanz) 25
Sprechinstanz 361
Sprechsituation, lyrische 361, 365, 368 ff.
Spur 345
Spürbarkeit der Zeichen 22, 45, 233, 388
Staatsroman 155
Ständeklausel 437
Stil 14, 28, 68, 75, 77, 79 f., 105, 110, 114, 138, 229, 232, 293, 325, 416, 419, 434, 487, 519, 570
Stil, bei Bachtin 303 f., 307
Stilebenen 14
Stillehre 110
Stimme 489
Stimmung 365, 491, 496
Stoff 44, 88, 117, 126, 132, 145, 172, 471, 529, 535 f., 539 f.
Störung, noise 32
stream of consciousness 253
Strophenmaß 372, 377
Strophik 110
Strukturalismus 22, 31, 45, 287 f., 296, 299, 309 ff., 315, 324, 343 f., 388, 445
Sturm und Drang 138, 375
Subjektivität, lyrische 361, 364
Substitution 214, 318, 451
Subversion 332, 338
Sujet 290 f., 294
Sujetlosigkeit 39, 291 f.
Supplementarität 450 f.
Symbol 53, 214, 311
Symbolismus 201, 280

Syntagma 30, 330, 374, 389
System 315
System, sekundäres modellbildendes 225, 230

Technik (téchne) 7, 158, 173, 464
Telegraphie 498, 502 f., 507
Teleologie, geschichtliche 305
Telephon 486, 498 f.
Text 342, 384, 450
Text im Text 313
Textkritik 400
Textsorten 481
Textualität 25, 417, 513, 536 f., 569
Theater 121, 165
Theorie 160 f., 167, 171
Tinte 536
Topik 108, 340
Topographie 548
Topoi 109, 112
Topologie 548, 553, 555
Tragödie 12, 63, 109, 114, 132, 165, 432
Transtextualität 313
Trauerspiel, bürgerliches 134, 146
Travestie 357
triceps 138, 140, 152
Trobadordichtung 97
Trochäus 15
Tropen 36, 51 f., 110, 304 f., 318, 353
Trouvèrelyrik 98
Typographie 481, 536 ff.

Überschreitung 158
Übersetzbarkeit 489
Unbestimmtheit 331
Unlesbarkeit 354
Urheberrecht 387
Ursprache 137
Urteilskraft 495
Utopie 546
ut pictura poesis 248

vates 395
Verantwortung, bei Bachtin 300 f.
verba (s. res) 106
Verfahren 25, 158 f., 161 ff., 166, 172 f., 280, 283 f., 315

Verflechtung 354
Verfremdung 284 f., 287, 290, 423
Verkehrung 421
Verklärung 177, 179, 186 f., 191, 196
Vers 89, 91, 128, 289, 372, 416, 426, 434, 567
Verschiebung 285 f.
Versifikation 87, 91 f., 94, 100 f., 372 f., 376
Versifizierung 4, 109
Versmaß 79, 372 f.
Verstheorie 288
Verzeitlichung 438
virtutes 108, 110
Visuelle Poesie 488
vitia 108, 110
Volkslieder 137
Vorbilder, kanonische 433
Vormärz 183 ff., 189, 191 f., 195
Vorrede 560, 566, 571 f.
Vorwand 216, 426

Wahrheit 90 f., 93 ff., 512
Wahrnehmung (s. aisthesis) 212, 222, 271 f., 286, 355, 418, 479, 495
Wahrnehmungserschwerung 283
Wahrnehmungshintergrund 286
Wahrnehmungsverzögerung 285
Wahrscheinlichkeit 18, 123, 131
Ware 224, 232
Wechsel der Töne 152
Werk 159, 393
Wissen 418, 460, 462, 481 f., 496
Wissen der Literatur 471
Wissenschaft 468
Wissenspoetik 6, 25, 43, 48 f.
Wollust (jouissance) am Text 338
Wort, bei Bachtin 301 ff.
Wortfuß 128 f.

Zeilenbruch 375
Zeitgestaltung 579, 582 ff., 586, 594, 596 f.
Zeitroman 182 f.
Zentrum 297
Zweckmäßigkeit 143
Zyklenmaß 372
Zyklisierung 283

Grundthemen der Literaturwissenschaft

Herausgegeben von Klaus Stierstorfer

Rainer Emig, Lucia Krämer (Hrsg.)
Grundthemen der Literaturwissenschaft: **Adaption**
ISBN 978-3-11-040781-5
e-ISBN (PDF) 978-3-11-041066-2
e-ISBN (EPUB) 978-3-11-041079-2

Michael Wetzel (Hrsg.)
Grundthemen der Literaturwissenschaft:
Autorschaft
ISBN 978-3-11-029692-1
e-ISBN (PDF) 978-3-11-029706-5
e-ISBN (EPUB) 978-3-11-038908-1

Andreas Englhart, Franziska Schößler (Hrsg.)
Grundthemen der Literaturwissenschaft: **Drama**
ISBN 978-3-11-037956-3
e-ISBN (PDF) 978-3-11-037959-4
e-ISBN (EPUB) 978-3-11-037963-1

Martin Huber, Wolf Schmid (Hrsg.)
Grundthemen der Literaturwissenschaft: **Erzählen**
ISBN 978-3-11-040118-9
e-ISBN (PDF) 978-3-11-041074-7
e-ISBN (EPUB) 978-3-11-041080-8

Lut Missinne, Ralf Schneider, Beatrix Theresa van Dam (Hrsg.)
Grundthemen der Literaturwissenschaft:
Fiktionalität
ISBN 978-3-11-046602-7
e-ISBN (PDF) 978-3-11-046657-7
e-ISBN (EPUB) 978-3-11-046633-1

Robert Matthias Erdbeer, Florian Kläger, Klaus Stierstorfer (Hrsg.)
Grundthemen der Literaturwissenschaft: **Form**
ISBN 978-3-11-036433-0
e-ISBN (PDF) 978-3-11-036438-5
e-ISBN (EPUB) 978-3-11-038578-6

Eric Achermann (Hrsg.)
Grundthemen der Literaturwissenschaft:
Interpretation
ISBN 978-3-11-040782-2
e-ISBN (PDF) 978-3-11-057771-6
e-ISBN (EPUB) 978-3-11-057585-9

Rolf Parr, Alexander Honold (Hrsg.)
Grundthemen der Literaturwissenschaft:
Lesen
ISBN 978-3-11-036467-5
e-ISBN (PDF) 978-3-11-036525-2
e-ISBN (EPUB) 978-3-11-039128-2

Norbert Otto Eke, Stefan Elit (Hrsg.)
Grundthemen der Literaturwissenschaft:
Literarische Institutionen
ISBN 978-3-11-036469-9
e-ISBN (PDF) 978-3-11-036530-6
e-ISBN (EPUB) 978-3-11-039129-9

Christiane Lütge (Hrsg.)
Grundthemen der Literaturwissenschaft:
Literaturdidaktik
ISBN 978-3-11-040120-2
e-ISBN (PDF) 978-3-11-041070-9
e-ISBN (EPUB) 978-3-11-041084-6

Rainer Grübel, Gun-Britt Kohler (Hrsg.)
Grundthemen der Literaturwissenschaft:
Literaturgeschichte
ISBN 978-3-11-035968-8
e-ISBN (PDF) 978-3-11-035975-6
e-ISBN (EPUB) 978-3-11-038687-5

Ralf Simon (Hrsg.)
Grundthemen der Literaturwissenschaft:
Poetik und Poetizität
ISBN 978-3-11-040780-8
e-ISBN (PDF) 978-3-11-041064-8
e-ISBN (EPUB) 978-3-11-041081-5

Vittoria Borsò, Schamma Schahadat (Hrsg.)
Grundthemen der Literaturwissenschaft:
Weltliteratur
ISBN 978-3-11-040119-6
e-ISBN (PDF) 978-3-11-041072-3
e-ISBN (EPUB) 978-3-11-041078-5

Alle Bände der Reihe sind auch als eBook erhältlich

www.ingramcontent.com/pod-product-compliance
Lightning Source LLC
Chambersburg PA
CBHW021217300426
44111CB00007B/344